전면개정판

일본노동법
Japanese Labor Law

菅野和夫 著
이 정 譯

法 文 社

[전면개정판] 한국의 독자들께

먼저 졸저 『労働法(제10판)』이 한국에서 출간되어 한국의 독자들과 만나게 된 데 대해 저자로서 대단히 기쁘게 생각합니다.

졸고가 1985년에 초판이 나온 이래 벌써 30년이 흘렀습니다. 초판을 집필할 당시에는 일본노동법은 '판례의 시대'로, 전후의 비교적 간소한 입법체계를 보완하는 중요한 판례가 조금씩 형성·축적되어 왔습니다. 초판은 입법과 판례로 형성된 일본노동법의 전체상을 제시하는 이론적 체계서를 목표로 한 것으로, 동경대학에서 강의해 오던 내용들을 중심으로 만들었습니다. 그래서 법학과 학생들이 교과서와 수험서로 많이 사용했으며, 법원판사들이나 변호사들과 같은 법조인들도 졸저를 인용하기 시작했습니다.

그 후, 일본노동법은 전후 노동법제를 재편하는 '입법의 시대'를 맞이하게 되었으며, 중요한 입법이 연속적으로 이루어지게 되었습니다. 그 결과 일본의 노동법제는 매우 복잡한 양상을 띠게 되었습니다. 이에 졸저 『노동법』도 개정을 거듭하면서, 그 체계와 내용도 더욱 복잡해지고 고도화되기에 이르렀습니다. 양적으로도 초판의 2배가 넘는 분량의 체계서로 되었으며, 제8판에 이르러서는 독자층도 법원판사, 변호사, 사회보험노무사(공인노무사), 기업의 인사노무담당자, 국가 및 지방자치단체의 노무행정담당자에 이르기까지 매우 다양하게 되었습니다. 그래서 현재는 정치하고 방대한 일본노동법의 전체상을 실무가들에게 소개하는 체계서가 되었다는 인식을 하고 있습니다.

이처럼 방대하고 복잡한 졸저를 완역한다는 것은 지난한 일이라 생각됩니다. 역자가 일본노동법에 정통한 학자이었기에 가능했다고 생각합니다. 매우 바쁜 일정에도 불구하고 졸저를 완역하여 출간해주신 역자를 비롯하여, 출판사 관계자들에게 진심으로 감사의 말씀을 드립니다. 일본의 학자와 실무가들이 최근 한국노동법의 발전으로부터 많은 것을 배우고 있듯이, 졸저가 한국의 학자 및 실무가들이 일본노동법의 변화와 판례법리의 형성을 이해하는 데 조금이나마 도움이 된다면 더 없는 영광으로 생각하겠습니다.

2015년 8월

동경대학 법학부 명예교수
중앙노동위원회 위원장 역임
노동정책연구·연수기구(JILPT) 이사장

저자 菅野和夫 (스게노 카즈오)

[전면개정판] 번역판을 내며

노동법을 공부하겠다고 현해탄을 건넌 지 30여년이 다 되어 간다. 그 동안 어설픈 지식으로 나름 몇 권의 책과 여러 편 논문을 세상에 내놓은 바 있다. 그때마다 내 책상 위에 펴놓고 바이블처럼 참고해온 한권의 책이 있다. 그 책이 바로 이 번역서의 원저자인 스게노·카즈오(菅野和夫) 교수의 노작(勞作)『노동법(労働法)』이란 책이다. 이 책이 일본에서 출간된 것은 30년 전이지만 아직도 일본에서 수험서나 실무서로 가장 많은 사랑을 받고 있으며, 수 년 전에는 영어로 번역되기도 하였다.

역자가 이 책의 번역서(초판)를 낸 지도 8년이 지났다. 그때는 유학생활을 마감하면서 이 책의 원저자이자 스승이신 스게노·카즈오 교수님께 소박한 보은의 심정으로 번역본을 출판하였다. 당시에는 일본노동법을 있는 그대로 소개할 뿐, 사실 별로 기대를 하지 않았다. 그런데 의외로 많은 독자들께서 역서가 많은 도움이 된다는 격려의 말씀을 보내주셨다. 오랜 공백기를 거쳐 이번에 개정판을 내게 된 것도 어쩌면 그분들의 성원에 보답하고자 하는 마음이 동기가 되었다.

번역서 초판이 나온 시기에는 일본에서 노동계약법이 제정되고 노동심판제도가 새롭게 도입되는 등 일본노동법에 있어 일대 변혁기였었다. 그러나 초판에는 시간적 제약으로 변화된 법제도를 모두 소개하지 못하였다. 그래서 개정판에서는 개정된 노동관련법은 물론, 최근 아베정권 하에서 추진되고 있는 비정규직 관련 법제도를 비롯하여, 고용정책, 최근 노동판례에 이르기까지 그 내용을 상세하게 소개하였다.

우리나라에서도 비정규직문제를 비롯하여 고령·저출산으로 인한 정년연장과 근로조건의 변경, 청년실업 등 노동개혁이 최대의 화두가 되고 있다. 아이러니하게도 오늘날 우리사회가 직면하고 있는 문제를 일본도 똑같이 고민해오고 있다. 이런 점에서 일본의 경험은 우리의 문제해결에 많은 참고가 되리라 생각한다. 아무쪼록 이 책이 독자들에게 조금이나마 도움이 되길 바라는 마음 뿐이다.

2015년 盛夏

역자 씀

[초판] 한국의 독자들께

　우선 졸저인 『노동법(제7판)』의 번역판이 한국에서 출판되는 데 대해 기쁨을 감출 수가 없습니다. 아울러 강의와 연구로 매우 바쁜 가운데서도 방대한 분량의 저의 저서를 기꺼이 번역을 해준 한국외국어대학교 이 정 교수에게 진심으로 감사드립니다.

　이 책은 일본에서 노동관련 분야에 종사하는 판사나 변호사, 행정관료, 인사노무 담당자, 노동조합 실무자 등을 대상으로 하여, 그들에게 일본의 노동법적 이론과 내용을 체계적으로 소개를 하기 위한 목적으로 1985년에 출판되었습니다. 초판이 나온 이래 많은 실무자들이 이 책을 인용하게 되었고, 현재는 일본의 대학에서 노동법을 연구하는 학자 및 학생들에게까지 널리 애용되고 있습니다. 그동안 일본기업의 경영환경이나 노동시장이 매우 빠르게 변화함에 따라, 노동입법 및 판례법리 또한 많은 변화를 거듭해 왔습니다. 이 책도 이러한 시대적인 트렌드를 반영하여 수차례에 걸친 개정과 보정을 통하여 현재는 제7판에 이르렀습니다.

　이 책의 제2판 및 제5판은 University of California, Hastings College의 Leo Kanowitz 교수가 영어로 번역을 하여 "Japanese Labor Law"(University of Washington Press, 1992) 및 "Japanese Employment Law"(Carolina Academic Press, 2002)란 이름으로 출판된 바가 있어, 국제적으로도 많은 연구자와 실무자가 이 책을 참고로 하고 있습니다.

　노동법은 노사 간의 이해가 극렬하게 대립하는 독특한 사회관계를 대상으로 하고 있으므로, 그 이론과 해석에 있어서도 노사 어느 일방에 치우치거나 노동관계의 특수성을 지나치게 강조하려는 경향이 있습니다. 이 책의 기본적인 방법론은 제1편 제1장에서도 서술하고 있듯이, 노동법이 전체 법체계 속에서 정합적인 보편적 성격과 독특한 사회관계를 독자적인 원리로 규율하는 전문적인 성격을 조화시키는 데 중점을 두고자 하였습니다. 다시 말씀드리면, 노동관계의 실태를 충분히 고려하면서 법률학으로서의 보편적 논리를 추구하는 법해석을 시도하고자, 노사 간에 대립하는 이해에 대하여 논리적으로나 실질적으로 최대한 균형 잡힌 해석을 하고자 노력하였습니다. 이러한 저의 노력이 나름대로 인정을 받아, 현재는 많은 노사 쌍방의 실무자들도 이 책을 이용하고 있는 데 대해 보람과 기쁨을 느낍니다.

아무쪼록 한국에서도 노동법이나 노동관계에 종사하시는 많은 분들이 비교법적인 시점에서 이 책을 참고로 하여, 학문적 연구 및 노사관계의 발전에 조금이라도 도움이 된다면 더 없는 영광으로 생각하겠습니다.

2006년 12월 1일

동경대학 명예교수
명치대학 로스쿨 교수
중앙노동위원회 회장

菅野和夫

[초판] 번역본을 내면서

우리는 일본을 흔히 '가깝고도 먼 나라'라고 한다. 그 이유는 일본은 지리적으로 우리나라에 제일 가까이 있지만, 과거의 역사 때문에 아직도 소원한 관계가 유지되고 있기 때문일 것이다. 한편 나는 일본은 '쉽고도 어려운 나라'라는 표현을 즐겨 쓴다. 그 이유는 일본에 대해서 연구하면 할수록 점점 더 어렵게 느껴지기 때문이다. 내 자신 일본에서 유학생과 교수신분으로 약 15년 가까이 생활한 경험이 있지만, 일본인들의 속내를 알기가 얼마나 어려운지 실감하고 있다. 다시 말해서 언뜻 보기에는 일본인들이 우리나라 사람들과 같은 문화권에서 비슷한 모습을 하고 있지만, 알면 알수록 이질감을 느끼게 되는 나라가 일본인 것 같다.

우리나라의 법제가 일본법과 매우 비슷한 체계를 가지고 있고, 내용면에서도 매우 유사한 부분이 많다는 것은 부인할 수 없는 사실일 것이다. 노동법 또한 예외일 수는 없다. 하지만 실제로 특정 법규정을 해석하거나 적용하는 데 있어서는 양국 간에 상당한 격차가 있다. 그 이유는 우리나라와 일본과는 엄연히 국민정서나 가치관, 의식구조, 생활양식이 다르기 때문이다. 특히 노동법은 시시각각으로 다이내믹하게 변화하는 노사 간의 룰을 규율하는 분야이기 때문에, 그 시대적 상황이나 기업을 둘러싼 특수한 노동시장 및 노사관계를 이해하지 않으면 그 실체를 파악하기가 어렵다. 그럼에도 불구하고 일본의 법체계가 우리나라와 비슷한 형상을 하고 있다는 이유 때문에, 일본에서는 이미 더 이상 지지를 받지 못하는 주장이나 판례들이 전혀 여과되지 않은 채 국내에 소개되거나, 심지어는 번역상의 오류까지 답습되는 문헌들을 접할 때마다 안타까움을 느끼곤 하였다. 이것이 본 역서를 출간하게 된 직접적인 동기가 되었다.

하지만 본 역서의 번역·출판과정이 그렇게 순탄하지만은 않았다. 우선 역서의 텍스트로는 동경대학 법학부에서 오랫동안 노동법을 강의해 온 스게노카즈오 교수의 저서 '노동법(제7판)'을 선정하였는데, 그 이유는 일본의 학자들이나 실무자 및 수험생들 사이에 가장 정평이 나 있을 뿐만 아니라, 국내에서도 비교적 지명도가 높고 잘 알려져 있다는 점, 그리고 이 책은 역자가 평소에 자주 활용해온 탓에 친숙해 있다는 점 등에서이다. 이 책에 대한 번역작업에 착수한 것은 8년 전의 일이나, 역자의 게으름 탓도 있지만 일본 노동법이 빈번히 개정되는 바람에 완성된 번역본을 수차례에 걸쳐 수정을 해야만 하는 어려움이 있었다. 그러한 탓에 본문의 내용이 다소 매끄럽지 못한 부분도 있으리라 생각되나, 이 점에 대해서는 독자 여러분들의 양해를 구하면서 개정판을 낼 기회가 있으면 그 때 반드시 보완하려고 한다.

마지막으로 철부지 유학생이던 역자를 학문의 길로 인도해 주신 스게노카즈오 교수님께 다시 한 번 감사를 드리며, 아울러 출판사정이 어려움에도 불구하고 선뜻 번역서의 출판을 허락해주신 법문사측에 심심한 감사의 뜻을 전한다.

2006년 늦가을에
역자 씀

차   례

제 3 편 개별적 노동관계법

제 4 편 단체적 노사관계법

제 5 편   노동관계분쟁의 해결절차

약 어 표

1. 법 령

본문 중에 약어로 표기한 법령명 등은 다음과 같다. 그 외의 법령의 인용에 대해서는 일반적인 관례에 따른다.

育児介護休業法 育児休業、介護休業等育児又は家族介護を行う労働者の福祉に関する法律
労働契約承継法 会社分割に労働契約の承継等に関する法律
高年齢者雇用安定法 高年齢者等の雇用の安定等に関する法律
国行組法 国家行政組織法
国公法 国家公務員法
個別労働紛争解決促進法 個別労働関係紛争の解決の促進に関する法律
雇用機会均等法 雇用の分野における男女の均等な機会及び待遇の確保等に関する法律
最賃法 最低賃金法
障害者雇用促進法 障害者の雇用の促進等に関する法律
職安法 職業安定法
求職者支援法 職業訓練の実施等による特定求職者の就職の支援に関する法律
職開法 職業能力開発促進法
パートタイム労働法 短時間労働者の雇用管理の改善等に関する法律
地公労法 地方公営企業等の労働管理に関する法律
地公法 地方公務員法
賃確法 賃金の支払の確保等に関する法律
特労法 特定独立法人等の労働関係に関する法律
通則法 法の適用に関する通則法
労安法 労働安全衛生法
労調法 労働関係調整法
労基法 労働基準法
労基則 労働基準法施行規則
労組法 労働組合法
労組令 労働組合法施行令
労契法 労働契約法
労災保険法 労働者災害補償保険法
労働者派遣法 労働者派遣事業の適正な運営の確保及び派遣労働者の保護等に関する法律
労審員則 労働審判員規則
労審法 労働審判法
労審則 労働審判規則

2. 고시・통달

厚労告　厚生労働大臣が発する告示
労告　労働大臣が発する告示
基収　労働基準局長が疑義に答えて発する通達
基発　職業安定局長通達
発基　労働基準局関係の事務次官通達

3. 판례집・잡지・주요 문헌

(1) 판례집 등

民集　最高裁判所民事判例集
刑集　最高裁判所刑事判例集
裁判集　最高裁判所裁判集(民事)
判時　判例時報
判タ　判例タイムズ
命令集　不当労働行為事件命令集
別冊中労時・重要命令・判例　別冊中央労働時報・不当労働行為重要命令・判例
労民　労働関係民事裁判例集
労経速　労働経済判例速報
労判　労働判例

(2) 잡지

季労　季刊労働法(総合労働研究所)
金商　金融・商事判例
ジュリ　ジュリスト(有斐閣)
中労時　中央労働時報(労委協会)
曹時　法曹時報(法曹会)
法時　法律時報(日本評論社)
労働法　日本労働法学会誌・労働法(日本労働法学会)
労旬　労働法律旬報(労働旬報社)
日労研　日本労働研究雑誌(日本労働研究機構)

(3) 교과서・강좌・코멘타르 외

荒木　荒木尚志, 労働法, [有斐閣, 2009]
荒木=菅野=山川　荒木尚志=菅野和夫=山川隆一, 詳説労働契約法, [弘文堂, 2008]
有泉　有泉亨, 労働基準法, [有斐閣, 1963]

石井　石井照久, 新版労働法(第3版), [弘文堂, 1973]

労働法大系　石井照久＝有泉享編, 労働法大系1巻-5巻, [有斐閣, 1963]

石川　石川吉右衛門, 労働組合法, [有斐閣, 1978]

今井ほか　今井功ほか司法研修所編, 救済命令等の取消訴訟の処理に関する研究(改訂版), [法曹会, 2009]

労基局労基法　厚生労働省労働基準局編, 平成22年版労働基準法上・下, [労務行政, 2011]

厚労省労働組合法・労働関係調整法　厚生労働省労政担当参事官室編, 労働法コメンタール①　労働組合法・労働関係調整法(5訂新版), [労務行政研究所, 2006]

下井　下井隆史, 労使関係法, [有斐閣, 1995]

下井　下井隆史, 労働基準法(第4版), [有斐閣, 2007]

實務民訴講座　鈴木忠一＝三ヶ月章監修, 実務民事訴訟講座9巻, [日本評論社, 1970]

新實務民訴講座　鈴木忠一＝三ヶ月章監修, 新実務民事訴訟講座11巻, [日本評論社, 1982]

争点　角田邦重＝森塚勝利＝浅倉むつ子編, 労働法の争点(第3版), [有斐閣, 2004]

塚本　塚本重頼, 労働委員会, [日本労働協会, 1977]

土田　土田道夫, 労働契約法, [有斐閣, 2008]

土田　土田道夫, 労働法概説(第2版), [弘文堂, 2012]

東大勞研　東京大学労働法研究会編, 注釈労働組合法上・下, [有斐閣, 上1980, 下1982]

東大勞研　東京大学労働法研究会編, 注釈労働基準法上・下, [有斐閣, 2003]

西谷　西谷敏, 労働法, [日本評論社, 2008]

西谷　西谷敏, 労働組合法(第2版), [有斐閣, 2006]

講座　日本労働法学会編, 労働法講座1巻-7巻, [有斐閣, 1956-1959]

新講座　日本労働法学会編, 新労働法講座1巻-8巻, [有斐閣, 1966-1967]

現代講座　日本労働法学会編, 現代労働法講座1巻-15巻, [総合労働研究所, 1980-1985]

講座21　日本労働法学会編, 講座21世紀の労働法1巻-8巻, [有斐閣, 2000]

外尾　外尾健一, 労働団体法, [筑摩書房, 1975]

盛　盛誠吾, 労働法総論・労使関係法, [新世社, 2000]

安枝=西村　安枝英神＝西村健一郎, 労働基準法(労働法Ⅱ), [青林書院, 1996]

山川　山川隆一, 雇用関係法(第4版), [新世社, 2008]

山川　山川隆一, 労働紛争処理法, [弘文堂, 2012]

山口　山口浩一郎, 労働組合法(第2版), [有斐閣, 1996]

渡辺　渡辺章, 労働法講義上・下, [信山社, 上2009, 下2011]

제 **1** 편

총　　론

노동법의 의의와 연혁

1. '노동법'의 의의와 체계

오늘날 '노동법'이라고 불리는 전문적 법 분야는 한 가지 정의로서 '노동시장, 개별적 노동관계 및 집단적 노사관계에 관한 법규정(法規整)의 총체를 말한다'고 파악할 수 있을 것이다. 이 정의 중 '노동시장'이란 노동력의 수급조정을 둘러싼 사회적 구조이고, '개별적 노동관계'란 '개개의 근로자와 사용자와의 사이의 근로계약의 체결, 전개, 종료를 둘러싼 관계'를 말한다. 또한 '집단적 노사관계'란 '근로자의 단결체인 노동조합의 결성, 조직, 운영 및 그 단결권과 사용자 또는 사용자단체 간의 단체교섭을 중심으로 한 관계'를 말한다. 위의 '법규정'이란 '법적 장치를 이용한 사회생활의 통제'를 말한다. 여기에는 행위규범으로서의 실체법적 룰과 그 감독실시나 분쟁해결의 절차 및 구조가 소속된다.

본서는 '노동법'이라는 법 분야를 상기와 같이 파악한 뒤, 그것을 노동법의 원리적 연혁, 일본 노동법의 발전과정, 노동법학의 방법론, 헌법의 기본규정 등을 논하는 '제1편 총론', 노동력의 수급조정 서비스의 법규제와 노동시장의 사회안전망(safety net)의 내용을 논하는 '제2편 노동시장의 법', 개별적 노동관계를 논하는 '제3편 개별적 노동관계법', 노동조합과 사용자간의 단체적 노사관계의 법적 룰과 구조를 검토하는 '제4편 집단적 노사관계법', 노사분쟁의 신속·공정한 해결을 위한 절차적 구조를 명확히 하는 '제5편 노사분쟁의 해결절차'로 체계화하여 논하기로 한다.

2. 노동법의 원리적 연혁

(1) 노동관계에 관한 시민법의 문제점

'사적 소유권의 보장', '계약의 자유' 및 '과실책임주의'를 기본 원리로 하는 시민법 하에서는 근로자가 사용자에 대해 노동력을 제공하고 임금을 받는 관계 (노동관계)는 법적으로는 독립 대등한 당사자간의 자유로운 합의에 기초한 계약관계(= '고용계약')로 이해될 수 있다. 이러한 노동관계에서는 시민법의 기본원리가 적용된 결과, 과거 역사가 말해주듯 다음과 같은 문제가 생겨나게 되었다.

첫째, 상기의 자유로운 계약관계의 구성 하에서는 근로자와 사용자의 교섭력의 차이(거래의 실질적 불평등)가 사상(捨象)되며, 고용계약의 내용으로 성립되는 임금·근로조건은 어떠한 것이든 자유로운 의사에 기초한 약속의 결과로서 법적으로 시인되었다. 이리하여 저임금·장시간 근로 등의 열악한 근로조건이 '계약의 자유'라는 이름하에 방치되었고, 특히 이러한 근로조건하에서 여성 및 연소자에 대한 혹사가 그들의 건강을 훼손하는 등 많은 사회적인 문제가 생겨나게 되었다.

둘째, 근로자가 열악한 작업환경과 장시간 근로에 의한 피로로 인하여 산업재해를 당한 경우에도 '과실책임의 법리'가 적용된 결과, 이에 대한 보상을 받기란 매우 곤란했다.

셋째, 고용계약에 있어 계약체결의 자유와 해약의 자유는 사용자를 위한 채용의 자유 및 해고의 자유로 되어, 근로자는 사용자의 자의(恣意) 및 경제상황에 따라 실업을 당하는 아픔을 겪게 되었다. 뿐만 아니라 이러한 약자의 입장에 있는 근로자의 경우, 구직 및 취직을 둘러 싼 영리직업소개업 등에 의한 중간착취나 경제적 및 비경제적 수단에 의한 강제노동(구속노동)이 행하여졌다.

넷째, 근로자의 자구행위로서의 단결활동은 시민법상의 기본원칙에 저촉되어 금지되었다. 즉 근로자가 단결하여 근로조건의 기준을 협의하여 사용자에게 이에 대한 준수를 요구하는 행위는 사용자 및 개개인 근로자의 노동력에 관한 거래의 자유를 제한하는 위법한 행위로서 금지되었다. 또한 단결의 주요한 무기로서의 스트라이크(노동력의 집단적인 제공거부)는 고용계약상의 근로의무위반과 집단적인 업무저해 행위로서 위법이 되었다.

(2) 노동법에 의한 시민법의 수정

위에서 정의한 의미의 노동법은, 각국에 있어 시민법하의 노동관계 이상의 여러 가지 문제에 대처하고자 생성·발달된 것이라고 할 수 있다.

우선 첫 번째의 열악한 근로조건에 대처하기 위하여 생성된 것이 공장노동에 관한 근로조건의 최저기준을 정하고 이에 대한 준수를 벌칙과 행정감독으로 강제하는 입법(工場法)이다. 이 법은 당초에는 공장에서 여성·연소자에 대한 근로시간을 제한하는 것을 중심적인 내용으로 하고 있었지만 점차 적용사업, 적용대상 근로자 및 보호의 내용을 확충하여 일반적인 노동기준입법으로 되었다.

두 번째 산업재해 문제에 대해서는 근로자의 업무상 재해에 대하여 사용자의 과실입증을 요하지 않고, 당연히 사용자로부터 일정액(비율)의 보상을 받을 수 있는 산업재해보상제도가 수립된다. 또 사용자의 산업재해보상 책임을 국영의 강제보험제도로 보전하는 산업재해보험제도도 수립된다.

세 번째 실업 및 취직 문제에 대해서는 사용자의 채용의 자유는 유지하면서도 국가가 구직자에 대해 직업소개와 직업훈련서비스를 제공하여 취직활동을 지원하는 제도와 실업자에 대해 보험급여를 지급하거나(실업보험) 잠정적인 근로의 기회를 제공하는 등 근로자들의 생활을 지원하는 제도가 발달하게 되었다. 또한 영리직업소개업 등의 폐해가 있었던 점에 비추어 근로자의 구직·취직에 관여하는 사업을 엄격하게 규제하는 입법도 성립되었다. 뿐만 아니라 사용자의 해고권을 규제하는 입법도 성립하게 되었다.

네 번째는 단결금지에 대해서는 근로자의 단결활동의 금지를 철폐하고, 그 활동과 관련하여 시민법상의 위법성을 제거하는 입법이 각국에서 성립되었다. 우선 단결(노동조합의 결성)을 허용하는 입법(단결금지철폐법)이 만들어지고 이어서 근로자의 파업, 피케팅 등의 쟁의행위로 인하여 파생되는 시민법상의 책임을 면책하는 입법이 제정되었다. 이런 조치들은 이른바 노동조합과 그 활동을 자유롭게 하는 소극적 보호에 그친 것이지만, 나라에 따라서는 점차적으로 단체협약에 특별한 효력(규범적 효력·일반적 구속력)을 부여하거나, 사용자의 반조합적 활동을 부당노동행위(unfair labor practice)라 하여 금지하고, 이에 대한 특별 구제절차를 만드는 등 단결활동의 적극적인 조성을 꾀하는 법제도 성립하기에 이르렀다.

3. 제2차 세계대전 전의 노동관계와 노동법

일본 노동법의 골격을 이루는 주요 입법은 제2차 대전 후의 미군정 하에서 제정된 것인데, 이는 그 이전의 노동법 및 노사관계의 생성발전과 중요한 관련을 가지고 있다.[1] 이에 대한 주요한 점은 다음과 같다.

(1) 원생적 노동관계

첫째는 봉건적 전근대적인 노사관계('원시적 노동관계')의 경험이다. 제2차 세계대전 전의 노동관계에 있어서는 특히 메이지(明治) 후기에 발전된 제사(製絲)·방적업에서의 '여공애사(女工哀史)'라 칭해지는 방적업에 종사하는 여공의 노동관계[2]로 대표되는 가혹한 공장근로와 탄광·토목공사 등에서 성냥갑 같은 방(이를 일본에서는 '문어 방'이라고 함: 역자 주), 농촌 자녀의 인신매매적 연계봉공(年季奉公: 기간을 미리 정하여 주인집에서 일하는 전근대적 일본의 고용제도 : 역자 주) 등을 전형적인 예로 하는 착취·전제적 노동관계를 흔히 볼 수 있었다. 이러한 실정과 폐해는 이미 橫山源之助 「日本の下層社会」(1899년), 農商務省商工局 「職工事情」(1903년), 細井和喜藏 「女工哀史」(1925년) 등의 명저에 극명하게 기술되어 노동관계의 국가적 보호의 필요성을 많은 사람들에게 인식시키고 있었다. 전후 노동관계에 대한 민주화정책의 일환으로서 제정된 '노동기준법'(1947년 법49)은 전전(戰前)의 노동관계에 있어 사용자의 전제지배의 경험에 비추어 '근로조건의 결정에 관한 기본원칙을 천명'함과 동시에 '노동관계에 잔존하는 봉건적 유물제도의 일소'(의회에서 동법의 제안이유 설명)를 주된 목표로 하고 있으며, '노동헌장'이라고 일컬어지는 근로자의 인권보호 규정을 풍부하게 담고 있다.

(2) 노동조합의 억압

두 번째는 노동조합운동에 대한 형벌법규에 의한 억압의 경험이다. 이러한 억압의 대표적인 것이 1900년에 제정된 '치안경찰법'(1900년 법36)상의 단체에 가입시키기 위한 폭행·협박·공공연한 비방과 동맹파업으로의 유혹·선동을

---

1) 渡辺章, 労働法講義(上), 69-76면은 자료를 사용하여 묘사하고 있다.
2) 전차금 연계(年季) 계약, 위약금, 구금적 기숙사, 장시간 근로, 심야업, 저임금, 열악한 직장 환경, 벌금제 등.

처벌하는 규정(17조)이다. 이 규정은 문언이 모호하고 광범위할 뿐만 아니라, 단속하는 당국의 확장해석에 의하여 근로자들의 처우개선을 위한 행동을 위협하거나 또는 억압하는 수단으로 이용되어 당시의 나약했던 직업별 노동조합을 괴멸시키는 유력한 하나의 요인이 되었다. 이는 1926년에 와서 삭제되었지만, 같은 해에 제정된 '노동쟁의조정법'(1926년 법57)에는 공익사업 혹은 군수공장에 대해 조정이 개시된 경우에는, 그 쟁의에 관계없는 제3자가 근로자를 동맹파업에 참가시키기 위해 유혹·선동하는 것을 금지하는 유사한 규정이 만들어졌다. 그 외에도 1900년의 '행정집행법'3)(1900년 법84), 1908년의 '경찰범처벌령'4)(1908년 내무성령 16), 1926년의 '폭력행위 등 처벌에 관한 법률'5)(1926년 법60) 등이 노조활동가의 조직 활동과 조합지도자의 정치운동의 억압에 이용되었다.

그래서 1945년의 구 노동조합법(1945년 법51)을 제정할 때에는 '현행법 중 부당하게 파업수단을 억제하는 법령을 철폐함과 동시에 종래의 일반형법 기타 경찰법규가 파업을 억압하는 목적과 유사하여 남용되는 예가 적지 않음에 비추어, 이러한 폐단을 방지하기 위한 취지의 규정을 제정할 것'(勞務法制審議委員会 末弘意見書)이 하나의 목표가 되어 같은 법 중에 형사면책규정을 두게 되었다.

⑶ 노동보호법의 생성

세 번째는 노동보호법의 생성이다. 위에서 이미 서술한 바와 같이 공장근로자의 열악한 근로조건에 관심을 가진 정부는 1896년부터 '산업의 발달'과 '국방'의 견지에서 근로자를 보호할 필요가 있음을 깨닫고 이를 재계에 호소하여 1911년에는 드디어 '공장법'(1911년 법46)을 탄생시키게 되었다. 이 법은 당초에는 상시 15인 이상의 직공을 사용하는 공장(1923년에는 '상시 10인 이상'으로 개정) 및 사업의 성질이 위험한 공장 혹은 위생상 유해 위험이 있는 공장을 적용대상으로 하여 다음과 같은 두 개 사항을 규정하였다. 첫째는 여자·연소자('보호직공(保護職工)')의 취업제한으로서 최저 취업 연령의 설정, 최장근로시간의 법정, 심야업의 금지, 일정한 휴일·휴식의 의무화, 위험유해업무에 대한 취업제한 등을 규제하였다. 둘째는 직공 일반에 대한 보호로서 공장의 안전·위생을 위한 행정관청의 임검·명령권, 업무상의 상해·질병·사망에 대한 본인 혹은

---

3) 동법에서는 '공안을 해칠 우려가 있는 자'에 대한 '예방검속'을 가능케 했다.
4) 같은 영에서는 '일정한 주민 또는 생업을 잃고 이곳저곳 배회하는 자' 등을 30일 미만의 구류에 처한다고 규정하고 있었다.
5) 이 법률에서는 단체 또는 다중의 위력을 과시하여 폭행·협박·훼기(毁棄)나 집단적 또는 상습적 면회강요·강담(強談)협박 등에 대한 가중처벌을 규정하고 있었다.

유족에 대한 부조제도, 직공의 채용·해고·알선에 관한 감독을 규정하였다. 그리고 1916년에는 이 법을 시행하기 위한 '공장법시행령'(1916년 칙193)이 제정되었으며, 업무재해의 부조내용도 구체화됨과 동시에 직공명부의 작성·비치, 매월 1회 이상 임금의 통화지불, 근로자가 사망·해고된 경우 금품의 반환, 위약금·손해배상예정의 금지, 저축금 관리의 허가제 등이 규정되었다. 뿐만 아니라 공장법의 1923년 개정에 따라, 1926년에는 상기 시행령 중에서 해고에 관한 예고 또는 예고수당지불(14일간의 예고기간 또는 그 기간에 해당하는 임금지불: 역자주), 해고시의 고용증명서의 교부, 취업규칙의 제정·신고의무가 추가되었다.

공장법 외에는 '직업소개법'[6](1921년 법55), '노동자재해부조법(労働者災害扶助法)'·'노동자재해부조책임보험법'[7](1931년 법54·55), '상점법'[8](1938년 법28) 등도 제정되었다. 또한 1937년의 중일전쟁이 시작된 후의 전시체제 하에서도 '공장취업시간제한령'(1939년 칙127)과 '임금통제령'(1939년 칙128)에 의한 근로조건의 통제와 보호가 실시되었다.

이상의 노동보호입법에 대해서는 해석예규도 다수 나와, 감독·관리상의 경험도 축적되었다. 또한 기업 측도 이러한 법규제를 계속 수용하고 있었다. 이러한 경험이 전후의 노동기준법 제정의 기반이 된 것이다. 동법은 공장법을 비롯한 전전의 노동보호법규를 집대성하여 발전시킨 측면을 가지고 있다.[9]

(4) 노동조합법 제정의 시도

네 번째는 1919년부터 1931년에 걸친 노동조합법 제정에 대한 시도이다. 우애회(友愛會)에 의한 온건한 노동조합운동의 재건(1910년대 초반)을 접한 정·재계는 노동조합에 대한 인식이 심화되었다. 특히 1919년의 ILO(국제노동기구)의 제1차 회의에 대한 근로자대표 파견문제로 힘든 경험을 했던 것을 계기로 정부는 노동조합에 대한 단순한 억압보다는 오히려 이를 법적으로 인정하여 건전한 노동조합운동으로 육성하는 쪽이 옳다고 판단하여 1919년부터 노동조합법 제정에 착수하게 되었다. 그리하여 1920년에는 농상무성안(農商務省案) 및 내무성 사

---

6) 시정촌(市町村: 한국의 시읍면 등에 해당하는 일본의 행정구역: 역자주)의 무료직업소개소를 국가의 감독 하에 두었다. 그 후 영리직업소개사업이 「営利職業紹介事業取扱規則」(1925년 內30)에 의하여 허가제로 되었고, 직업소개법의 개정(1938년 법61)으로 원칙적으로 금지되었다.

7) 산재보상(労災補償)법제의 정비.

8) 상점에 대해 오후 10시 이후에는 폐점하고 월 1회의 휴일을 부여할 것을 의무화하고 50인 이상의 근로자를 사용하는 상점에 대해서는 여자·연소자의 최장 취업시간과 휴일의 특례를 법률로 정함.

9) 廣政順一, 労働基準法, 10면 이하.

회국안(內務省 社會局案)의 작성·공표를 시작으로 수차례에 걸쳐 노동조합법안을 작성하여 의회에 제출하였다. 또한 헌정회(憲政會), 혁신구락부(革新俱樂部) 등의 야당도 각각 독자적인 안(案)을 제출하였다. 그러나 계속되는 심각한 불황 속에서 각 산업계의 반대가 강하여 노동조합법제정 시도는 관계자들의 10년 이상에 걸친 집요한 노력에도 불구하고 1931년 정부안에 대한 귀족원(貴族院)의 심의가 끝나지 않아 결국 좌절되고 말았다.

정부와 각 정당의 여러 노동조합법안은 대개 ① 노동조합을 공인하여 일정하게 보호함과 동시에 그 활동의 범위를 규정할 것(대표적인 예로서 1919년 및 1925년의 내무성 사회국안), ② 노동조합 규제에 주안을 둘 것(대표적인 예로서 1925년 및 1931의 정부확정법안), ③ 노동조합과 그 활동의 보호에만 그 의미를 적용할 것(사회민중당, 일본대중당, 노농당 등의 무산자 정당의 안)으로 대별된다. 이러한 제안들 간의 주요한 논점은 노동조합의 설립에 대해 신고주의, 허가주의, 자유설립주의 중 어느 것을 택할 것인가의 여부를 비롯하여, 조합원의 요건과 관련하여 직업 및 인원수를 어떻게 설정할 것인가, 연합단체를 인정할 것인가, 법인격 취득을 인정할 것인가(혹은 이를 요건으로 할 것인가), 조합원인 점을 이유로 해고하는 것을 금지할 것인가, 쟁의행위에 관한 손해배상책임의 면제(이른바 민사면책)를 명기할 것인가, 단체협약의 효력을 어떻게 할 것인가, 노동조합의 해산권 및 규약·결의의 변경명령권과 같은 행정청에 의한 규제를 어느 정도로 규정할 것인가 등이었다.

이와 같이 전전의 노동조합법 제정의 움직임 속에서 노동조합법 본연의 모습에 관한 논의가 거듭되어 주요한 논점이 거의 명확해졌다. 이러한 축적이 전후 4개월이란 단기간에 구 노동조합법을 탄생시킨 기반이 된 것이다.

4. 전후의 노동법제의 성립과 발전

일본의 현재의 노동법제는 1945년 8월의 패전 후의 전후 노동법 체제의 성립과 그로부터 67년간의 발전으로 형성되었다. 그 동안의 일본의 경제사회의 변천을, 전후 부흥기(1945년~54년), 고도경제성장기(1955년~73년), 경제조정·안정성장기(1974년~1980년대), 세계화와 경제침체기(1990년대~현재)의 네 개의 시기로 나누어 경제사회의 변천과 노동법제의 동향을 개관하면 다음과 같다.

(1) 전후 부흥기(1945년 ~ 54년)

1945년 8월 15일의 패전으로 시작된 전후 부흥기에서는 연합국군 최고사령 관 총사령부(GHQ)의 주도로, 일본을 평화적인 민주주의국가로 개혁하는 시책을 계속하여 마련하였다. 먼저 5대개혁지령10)이 내려져 노동조합의 결성장려와 노 동관계의 근대화가 도모되었다. 다음 해인 1946년 5월에는 국민주권, 상징천황 제, 전쟁포기, 의회제 민주주의, 기본적 인권, 자유주의 시장체제를 기본으로 하 는 일본국헌법이 공포되었으며, 그러한 가운데 국민의 생존권 보장과 더불어 근로의 권리와 의무, 근로조건의 법정, 노동기본권의 보장이라는 노동관계의 기 본원칙이 선명(宣明)되었다. 이러한 기본원칙에 따라서 노동조합법(1945년 법51), 노동관계조정법(1946년 법25), 노동기준법(1947년 법49), 직업안정법(1947년 법141) 이 제정되었으며, 또한 이러한 노동입법을 시행하는 행정기관으로서 노동위원 회(1946년)와 노동성(1947년)이 설치되었다.

이러한 가운데, 1945년 12월에 이미 제정·공포되었던 구 노동조합법은 현 행의 노동조합법과 같은 체계로 되었지만, 노동조합의 설립에 대하여 신고주의 를 취하고 있었던 점, 부당노동행위구제제도가 불이익취급에 대하여 이를 형벌 로 금지하는 데 그치고 있었다는 점, 행정관청의 개입·감독권한을 규정하고 있었던 점 등에서 현행 노동조합법과 큰 차이를 가지고 있었다. 노동관계조정 법은 노동조합법을 받아들여 노동쟁의의 조정 절차, 공익사업에서의 쟁의행위 의 제한 등을 내용으로 삼았다. 노동기준법은 노동헌장의 설정과 ILO의 국제노 동기준(8시간 근로제, 주휴무제, 연차유급휴가 등)의 가급적인 실현을 목표로 하고, 동시에 노동자재해보상보험법(1947년 법50)도 공포되었다.11) 직업안정법은 전전 에 폐해를 보였던 민영직업소개사업과 근로자공급사업을 원칙 금지하고, 국가 가 독점적으로 직업소개사업을 실시하여 직업의 안정을 도모하는 것이었다.

또한, 전후 부흥기에는 황폐했던 국토와 산업 속에서 대량의 복귀자(復員者) 와 인양자(引揚者)를 떠안게 되어 실업자가 거리에 넘쳐나 그들에 대한 구제가 급무가 되었다. 그래서 앞에서 언급한 직업안정법에 근거하여 국가의 공공직업 안정소에 의한 직업소개체제가 정비되었고, 실업자에게 실업수당을 지급하기 위한 실업수당법(1947년 법145)·실업보험법(1947년 법146), 실업자를 일시적으로

---

10) 이는 정치법의 석방·치안유지법의 철폐, 학교교육의 자유화, 노동조합의 결성촉진, 재벌해 체, 부인참정권의 부여, 농지해방을 그 내용으로 하고 있다.

11) 노동기준법의 제정과정에 관한 자료로서는 渡辺章ほか, 日本立法資料全集 51~54 勞働基 準法,「立法史からみた勞働基準法」, 勞働法 95호.

공공사업 등에 흡수하기 위한 긴급실업대책법(1949년 법89)이 제정되었다.

뿐만 아니라 GHQ에 의한 상기 노동조합결성장려 하에서, 1946년에는 전전의 총동맹의 흐름을 이어받은 일본노동조합총동맹(총동맹) 및 재건된 공산당과 밀접한 전일본산업별노동조합회의(산별회의)가 결성되었다.12) 대부분의 기업에서도 노동조합이 결성되어 전후의 해방감과 생활궁핍 속에서 생산관리투쟁 등의 경영권을 무시한 투쟁으로 치달았다.13) 또한 당초는 노동기본권 보장의 산하에 있던 관공청 조합도, 정부에 대하여 2.1 제네스트(general strike-총파업: 역자 주) 계획(1946년) 등의 잇따른 대공세를 폈다.

이에 대해서는 정부의 사회질서유지 성명과 중앙노동위원회의 경영협의회 지침 등이 내려졌으며(1946년), 또 GHQ에 의한 2.1 제네스트 중지지령이 실시되었다. 그리고 1948년에는 맥아더 서한을 근거로 하여, 공무원의 단체교섭권을 부정하고 쟁의행위를 금지하는 정령 201호(1948년 7월 31일)가 내려진 후, 국가공무원법이 그 취지에 따라 개정되었으며(1948년 법222), 또한 국철, 전매사업이 각각 입법으로 공사화(公社化)되어(일본국유철도, 일본전매공사), 이들 기업에 대한 쟁의행위를 금지하면서 단체교섭의 절차와 특별한 쟁의조정제도를 규정하는 「공공기업체 등 노동관계법」(1948년 법257)이 제정되었다.14) 1950년에 제정된 지방공무원법(1950년 법261)에서도 국가공무원과 마찬가지의 단체교섭권을 부정하고 쟁의행위를 금지하였다.15)

1949년에는 GHQ의 주도에 의해 노동조합법 개정이 추진되었다(1949년 법174). 개정된 사항으로는 첫째, 노동조합의 자주성 강화를 위한 조치로, 설립신고주의에서 자유설립주의로의 변경, 행정관청의 개입·감독권한의 폐지, 결격사유로서의 사용자의 이익대표자와 경비원조의 범위의 확대 등이 이루어졌다. 둘

---

12) 산별회의에서는 공산당의 조합지도에 대한 비판에서 민주화 동맹의 운동이 발생하여, 이것이 원동력이 되어 1950년에 민동파와 총동맹 좌파가 연대하여 일본노동조합총평의회(총평)가 결성되었다. 총평은 GHQ의 알선으로 반공(反共)노동운동으로서 발촉되었지만, 머지않아 사회당 좌파계의 운동체가 되어 일본 노동운동의 중심적인 존재가 되었다.

13) 1946년의 요미우리신문사(読売新聞社) 쟁의, 케이세이전차(京成電車) 쟁의, 덴산(電産) 쟁의, 토우요우시계(東洋時計) 카미오 공장 쟁의 등.

14) 1948년에는 노동조합의 공세에 대항하여 경영권의 옹호를 내세운 일본경영자단체연맹(일경련)이 수립되었다.

15) 그 후 지방공영기업노동관계법(1952년 법289)이 제정되어, 지방공무원 가운데 지방공영기업의 직원에 대하여 공공기업체노동관계법과 마찬가지로 노사관계를 취급하기 시작했다. 또한 공공기업체노동관계법은 1952년 개정(1952년 288)으로 '공공기업체 등 노동관계법'으로 명칭이 개정되어, 일본전신전화공사(동시에 입법으로 설립) 및 우편사업 등의 다섯 가지의 국가의 직영사업(5현업)도 적용대상이 되기에 이르렀다.

째, 노동조합의 민주성 확보를 위한 개정으로 규약의 필수 기재사항 중에 조합원의 기본적 권리와 임원선거의 요건 등을 규정하는 내용이 포함되었다. 셋째, 부당노동행위에 대한 구제제도의 개혁으로 단체교섭거부 및 지배개입의 금지가 추가되고, 또한 구제절차가 과벌주의(科罰主義)에서 행정구제방식으로 바뀌었다.

또 1948년~49년에는 전후의 악성 인플레이션을 수습하게 하여, 단일환율설정을 가능하게 하기 위하여 긴축예산, 징세강행, 보조금의 대폭적인 삭감 등을 내용으로 하는 '도지라인(dodge line: 경제안전 9원칙)'이 수행되었다. 관공청과 산업계 양측에서 대량의 인원정리가 실시되었으며,[16] 노동조합은 인원정리에 저항하여 대규모 쟁의를 계속 하였다.[17] 이 시기에는 조합의 임금요구를 둘러싸고도 치열한 대쟁의가 다수 발생하고 있어 노사대결 대쟁의 시대였지만, 쟁의의 대부분은 노동위원회의 조정절차(알선 등)으로 종결되었다.

일본경제는 1950년 6월에 발발한 한국전쟁(6.25 전쟁)의 특수로 부흥의 계기를 잡았다. 그리고 1952년 4월 대일강화조약의 발효로 독립을 이루어, 부흥으로 향하게 되었다.

(2) 고도경제성장기(1955년~73년)

경제백서에서 '더 이상 전후가 아니다'라고 강조되었던 1956년부터 제1차 오일쇼크가 발생한 1973년까지는 실질 GDP 성장률이 연평균으로 9.1%라는 고도경제성장의 시대이다. 1955년에는 좌우양파의 사회당이 통일되어 보수합동으로 자유민주당(自由民主党)도 결성되어, 이른바 55년 체제가 성립되었다. 1960년에는 미일안전보장조약의 개정 반대투쟁과 미츠이 미이케(三井三池) 탄광의 인원정리 반대 대쟁의가 발생하여 세정소연(世情騷然: 세상이 혼란함을 말함: 역자주)하게 되었지만, 같은 해에 성립된 이케다(池田) 내각이 '관용과 인내'의 정치를 강론하여, '소득 2배 증가'의 경제정책을 추구하여 고도경제성장기가 본격화되었다. 1964년에는 도쿄 올림픽이 개최되었으며 일본경제는 '놀랄 말한 일본(驚くべき日本)'[18]으로 표현될 만큼 성장하게 되었다. 1971년에는 닉슨쇼크가 발생하였지만, 성장률은 5.1% 저하에 그쳤다.

---

16) 관공청에서도 1949년 5월에 행정기관직원정원법(1949년 법 126)이 제정되어 국철 약 9만 5000명, 우정 약 2만 6000명을 비롯한 약 16만명의 인원정리가 실시되게 되었다. 그래서 같은 해 7월~8월, 시모야마(下山)사건, 미타카(三鷹)시간, 마츠카와(松川)사건이라는 기묘한 사건이 발생하여, 공산당·산별회의계열의 노동운동에 타격을 주었다. 또한 GHQ가 1950년 5월에 레드퍼지(red purge)를 지령하여 같은 해 후반에는 공산당계의 노동조합활동가가 다수 직장에서 배제되게 되었다.

17) 1950년의 토시바(東芝)쟁의, 히타치제작소(日立製作所)쟁의, 덴산(電産)쟁의 등.

18) Norman Macrea, Consider Japan, 1962.

노사관계에서는 1955년에 일본생산성본부가 발족했으며 일본적 노사관계의 행동원리가 된 생산성 3원칙[19]이 수립되었다. 또, 고도경제성장에 따른 고액의 임금인상을 근로자 전체에게 파급시키는 '춘투(春鬪)'의 운동이 총평의 주도로 시작되어 1964년에는 '이케다·오오타 회담(池田·太田会談)'에서 공공기업체 직원의 임금에 관한 민임(民賃)준거원칙이 수립되어 민간 임금인상이 공공부문으로 파급되는 방식이 확립되었다.

또한 앞에서 언급한 미츠이 미이케 쟁의까지는 전후 부흥기의 노사대결의 계속으로서, 대우개선 요구나 인원정리 반대를 둘러싼 대쟁의가 상당수 발생하고 있었는데, 노사양측이 이러한 쟁의에서 철저한 대결에 많은 비용이 드는 것을 알게 되어, 이후에는 노사가 대결하는 대쟁의는 민간부문에서는 거의 발생하고 있지 않다. 민간부문에서는 노동운동의 주류는 계급대립사상에 의하여 자본과의 투쟁에 맞서는 노사대결파에서, 기업에서의 생산성을 향상시켜 성과의 분배를 얻고자 하는 노사협력파로 이행하여 전투적인 조합은 소수조합이 되었다. 한편, 공공부문에서는 쟁의행위금지에 대하여 합헌적 한정해석을 시행한 최고법원판결[20]이 나왔으며, 또한 국철, 우정 등의 조합이 춘투에서 시세(相場)확정의 역할을 담당하기에 이르러 위법적인 파업이 빈번히 발생하게 되었다.

이 시기의 입법으로서는 전후 부흥기에 성립된 노동기준법제의 발전·보완으로써 최저임금법(1959년 법137), 노동안전위생법(1972년 법57), 임금지불확보법(1976년 법34)의 제정과, 노동자재해보상보험법의 여러 차례의 개정에 따른 산재보험제도의 발전이 있다.

고도경제성장기에서는 완전실업률이 1960년부터 1%대를 유지했으며, 노동력(특히 젊은 층의 기능근로자)이 부족하게 되었다. 그래서 경제부흥기가 끝나갈 무렵부터 농촌(주로 토호쿠(東北)지방)의 중졸자를 대량으로 도시부 공업지대로 취직시키는 집단취직 시스템이, 학교, 공공직업안정소, 국철 등의 협력으로 형성되었다. 또한, 노동력대책입법으로서 직업훈련법(1958년 법133), 탄광이직자임시조치법(1959년 법199), 고용대책법(1966년 법132), 신직업훈련법(1969년 법64), 중고연령자고용촉진특별조치법(1971년 법68)이 제정되었다.

---

19) ① 생산성의 향상은 궁극적으로는 고용을 증대시키는 것이지만, 과도적인 잉여인원에 대해서는 해고가 아닌 배치전환으로 해결한다, ② 생산성 향상의 수단에 대해서는 노사가 협의한다, ③ 생산성 향상의 성과는 경영자, 근로자, 소비자가 공정하게 배분한다는 원칙이다.

20) 全遞東京中郵事件 — 最大判 昭41. 10. 26, 刑集 20권 8호, 901면; 都教組事件 — 最大判 昭44. 4. 2, 刑集 23권 5호, 305면; 全司法仙台高裁事件 — 最大判 昭44. 4. 2, 刑集 23권 5호, 685면.

또한 노동력 부족을 배경으로 기업에서는 신규졸업자를 정기채용하고 정년까지 장기적으로 육성하여 활용하는 고용시스템(장기고용시스템)이 보급되었다. 그리고 법원은 해고권남용법리, 배치전환명령권의 법리, 취업규칙의 법리, 유기계약근로자의 고용중지 법리 등, 상기의 고용시스템에 따른 노동계약법리(룰)를 판례법리로서 수립했다.

(3) 경제조정·안정성장기(1974년~80년대)

1973년말의 석유가격의 급등(제1차 오일쇼크) 후, 1974년에는 물가가 23% 급등하고, 동시에 전후 처음으로 마이너스 성장(-1.2%)이 되었다. 그 후에도 산업계에서는 제2차 오일쇼크(1979년), 플라자합의(1985년)라는 큰 변동에 휩싸이게 된다. 그러나 일본경제는 이러한 국제적인 변동에 대하여 필요한 경제조정을 완수하고, 1990년까지는 실질 GDP성장률에서 연평균 4.2%의 안정성장을 이루었다. 이 시기는 안정적인 자민당 정권, 관료기구, 산업계의 협동이 잘 기능하고 있었으며, 그러한 점은 미국 및 유럽의 관찰자로부터, 혹은 칭찬받거나[21] 혹은 비판받았다.[22]

고도경제성장기의 후반에는 춘투도 철강주도로부터 JC주도[23]로 이행하였으며, 또한 절정기에 교운(交運) 총파업이 본격화되고 있었다. 1973년 춘투에서는 약 20%(주요 기업)의 임금인상을 획득하였지만, 제1차 오일쇼크 후인 1974년 춘투에서는 광란물가를 임금인상에 반영시키기 위하여, 3일간의 교운 파업 등 많은 파업이 이루어져 약 33%(주요 기업)의 고액의 임금인상이 이루어졌으며, 물가상승과 고액의 임금인상의 악순환에 따른 인플레이션이 우려되었다. 한편, 산업계에서는 대규모의 고용조정도 진행되었다. 그래서 정부는 1970년부터 노사단체대표자에 유식자를 참가시킨 산업노동문제간담회를 활용하여 노사에 대하여 임금인상 억제와 고용유지의 노력을 호소하였고, 노사도 이에 응하여 수년에 걸쳐 사회계약에 따른 인플레이션을 억제하게 되었다.[24] 고용조정에서도 각 기업의 노사가 협의하여 잔업억제, 신규채용억제, 배치전환, 일시휴업 등의 수단으로 고용량을 조정하고, 희망퇴직이나 해고를 가능한 한 삼가는 수법이 이 시기에 확립되어 이후의 경제위기 때마다 답습되었다. 여기에 종업원의

---

21) Ezra Vogel, Japan as Number One, 1979.
22) Karel Volferen, The Enigma of Japanese Power, 1989.
23) 국제금속노련일본협의회(IMF·JC)에 가입하는 금속산업노조의 주도를 말한다.
24) 千葉利雄, 戰後賃金運動-軌跡と展望, 239면 이하 참조.

고용을 존중하고, 그 장기적인 육성·활용·조정을 도모하는 장기고용시스템과, 기업별노조와 경영간의 협력적 노사관계(기업별 노사관계)가 원숙기를 맞이했다.

한편, 공공부문에서는 최고법원이 쟁의행위의 금지를 전면적으로 합헌으로 하는 판례 변경을 했지만,[25] 위법파업을 감행하는 경향은 변하지 않고, 파업권 회복을 요구하는 공노협(公勞協)의 국철에서의 1975년 11월 26일부터 8일간의 파업(파업권 파업)에서 절정에 달했다. 그러나 이 파업은 실패로 끝났으며 공공부문에서도 위법파업은 종식되게 되었다.[26]

노동법면에서는 1974년에 고용보험법이 제정되어(1974년 법116), 경제변동기에 기업의 고용유지노력을 지원하는 고용조정급부금(1981년부터 고용조정보조금으로)의 제도가 만들어졌다. 그리고 철강, 조선 등 개발도상국이 바짝 뒤쫓아 와서 구조적으로 불황이 된 업종이나, 엔화강세 등의 타격을 받은 기업이 집중된 지역을 고용면에서 지원하는 정책 구조도 만들어졌다.

또, 판례면에서는 고도경제성장기에 형성된 장기고용시스템의 근로계약법리로서, 정리해고의 4요건, 징계권의 법리, 채용·채용내정의 법리, 시간외 근로명령의 법리, 출향명령의 법리 등도 추가되었다.

게다가 이 시기의 마지막에는 노동법제는 '입법의 시대'라고 불리는 새로운 움직임에 들어갔다. 이것은 노동시장에서 고령근로자의 증가, 여성의 직장진출, 고용형태의 다양화 등의 구조변화가 진전되었고, 또 UN 여성차별철폐협약의 채택·조인, 일본의 장시간 근로에 대한 유럽 및 미국의 비판 등, 국제적인 환경변화도 발생한 것에 대응하기 위한 입법에서 시작된다. 즉, 1985년부터 고용기회균등법(1985년 법45), 노동자파견법(1985년 법88), 고연령자고용안정법(1986년 법43)의 입법화나, 노동기준법의 개정(1987년 법99) 등이 이루어졌다. 이러한 노동정책은 3자 구성의 심의회에서의 노사의 이해 조정을 거쳐서 이루어졌지만, 그 과정에서 행해진 노동조합의 정책공투가 노동전선의 통일의 움직임으로 발전하여, 1989년 일본노동조합총연합회(연합: 렌고)의 결성으로 결실을 맺었다.

---

25) 全農林警職法事件 ― 最大判 昭48. 4. 25, 刑集 27권 4호, 547면; 岩手県教組事件 ― 最大判 昭51. 5. 21, 刑集 30권 5호, 1178면; 名古屋中郵事件 ― 最大判 昭52. 5. 4, 刑集 31권 3호, 182면.

26) 그 후 1984년 이후의 행정개혁 가운데, 일본국유철도, 일본전매공사, 일본전신전화공사는 순차적으로 민영(특수 주식회사)화(국철에 대해서는 분할 민영화)되었고, 공공기업등노동관계법의 적용을 제외하게 되어 노동조합법만이 적용되기에 이르렀다. 그리고 공공기업등노동관계법은 국영기업만을 대상으로 하는 국영기업노동관계법으로 되었다(1988년 법82).

⑷ 세계화와 경제 침체기(1990년대~현대)

1989년부터 90년대 초기에 걸쳐서는 소련 및 동유럽 사회주의체제가 붕괴되었고 시정경제의 세계화가 시작되었다. 이와 더불어 일본에서는 1990년대 초반에 거품경제가 붕괴되어 기업은 거액의 불량채권을 떠안으면서 글로벌 경쟁에 직면하게 되었다. 그래서 산업계에서는 기업의 재구축·재편성이 진행되었다. 한편 일본사회의 소자고령화(저출산·고령화)도 진전되어 노동정책이나 사회보장제도 등에 대하여 큰 문제가 되었다. 일본경제는 1991년도~2011년도 사이에 평균 성장률 0.9%라는 침체시대가 되었으며, 물가도 임금도 떨어지는 디플레이션 경제로 바뀌었다.

일본기업은 국내시장의 수축에 따라 동아시아를 비롯한 해외시장에 활로를 찾아 대외직접투자, 해외생산비율, 해외매출고비율이 증가하여, 산업구조는 풀세트(full set)형의 구조에서 국제분업형 구조로 전환되었다. 또 국내에서는 외국인이 가진 주식 비율도 증가하여 경제의 세계화가 진전되었다.

고용실업정세로서는 거품경제 붕괴 후의 경기후퇴를 맞이했어도, 희망퇴직·해고를 회피한 기존의 방법으로의 고용조정이 이루어져 완전실업률은 1990년대 후반까지는 2%대에 그치고 있었다. 그러나 1997년의 도시은행(都市銀行)·대형 증권회사의 경영파탄 등의 경제위기 즈음부터, 기업은 희망퇴직모집에 의한 대량 인원삭감에 나섰으며, 2000년대 초반의 IT불황시에는 완전실업률은 한꺼번에 증가하여 2002년에는 5.4%로 정점에 달했다.

또한, 1995년경까지는 정사원도 계속 증가하면서 비정규 근로자가 그 이상으로 증가하는 상황이었지만, 비정규 근로자의 비율의 증가가 완만하여, 1990년대 후반에도 2배 정도로 그쳤다. 그러나 1997년의 금융위기 이후에는 정사원이 감소하는 한편, 비정규 근로자가 더욱 증가하는 경향이 되어 비정규 근로자의 비율은 2000년대 중반에 3분의 1에 달했다. 그리고 신규졸업자의 취직시장은 초(超)빙하기라고 불리는 어려운 상황이 되어 청년 취직난이 전후 부흥기이래 문제가 되었다.

2004년~2007년에는 경기가 회복되어 완전실업률도 2007년에는 3.9%로 호전되었지만, 2008년의 미국에서 발단된 세계금융위기(리먼브라더스 쇼크)에 의하여 생산은 급락하였고, 특히 파견근로자 등 비정규 근로자가 대량으로 고용중지되는 등, 완전실업률은 2009년에는 다시 5.1%로 악화되었다.

정치적으로는 1993년에 비(非)자민연립정권의 호소카와(細川) 내각이 성립되어 다음해에는 소선거구 비례대표재, 정치자금 규제강화, 정당조성제도 등을 내용으로 하는 정치개혁 4법이 성립되었다. 1996년부터의 자민당 정권인 하시모토(橋本) 내각 하에서는 중앙성청 재편 등의 행정기구 개혁(1998년 법103 등)이 실시되었고, 2001년부터의 자공연립정권인 코이즈미(小泉) 내각에서는 시장기능의 강화를 위한 규제개혁(사전 규제완화, 사후 규제룰의 투명화, 사법제도의 강화)이 실시되었다. 그리고 2009년에는 렌고가 지원하는 민주당이 중의원 선거에서 큰 승리를 거두어 민주당을 중심으로 하는 정권으로 교체되었다.

이 시기의 노동법제의 동향으로서는 전기중인 1985년부터 시작된 입법의 시대가 한층 더 진전되었다. 우선은 계속된 노동시장의 구조변화・환경변화에 대한 대응으로서 고연령자고용안정법의 개정(1994년 법34, 2004년 법103), 고용기회균등법의 개정(1997년 법92, 2006년 법82), 육아휴업법의 제정(1991년 법76), 육아휴업개호법의 제정(1995년 법107)・개정(1997년 법92, 2001년 법118, 2004년 법160, 2009년 법65) 등이 이루어졌다.

다음으로, 코이즈미 내각의 규제개혁 중에는 직업안정법 개정(1999년 법85)과 노동자파견법 개정(1999년 법84, 2003년 법82)에 따른 노동시장 서비스의 규제완환, 회사분할제도 창설에 따른 노동계약계승법 제정(2000년 법103)과 노동기준법 개정(1998년 법112)에 따른 근로시간 규제나 계약기간의 규제의 완화가 이루어졌다. 또, 개별노동분쟁의 증가경향에 대해서는 개별노동관계분쟁해결촉진법(2001년 법112)과 노동심판법(2004년 법45)의 제정으로 개별노동분쟁해결을 위한 행정・사법상의 전문절차・서비스가 정비되었다.[27] 기업의 법령준수의 촉진을 위해서 공익통보자보호법(2004년 법122)도 제정되었다.

계속하여 고용실업정세의 악화, 비정규 근로자의 증가, 청년의 취직난이 계속되는 가운데, '격차사회', '워킹푸어(working poor)' 등의 표어에 의하여 노동시장에서의 사회적 약자의 보호를 요구하는 목소리가 높아져 근로자보호입법이 진전되었다. 자공연립정권의 말기의 파트타임노동법 개정(2007년 법72), 노동계약법 제정(2007년 법128), 최저임금법 개정(2007년 법129), 노동기준법 개정(2008년 법89), 민주중심정권으로의 이행후의 고용보험법 개정(2010년 법15), 구직자지

---

27) 이 외에, 1999년 4월에 각의결정된 국가의 행정조직 등 개혁의 기본계획에 따라서 국가의 89개 연구소 및 센터 등이 독립행정법인으로 재편성되었고, 이들 중 직원에게 공무원의 신분을 부여하는 특정독립행정법인에 대해서는 그 노동관계는 국영기업과 동일하게 취급하게 되었다. 이로써 국영기업노동관계법은 '특정독립행정법인등의노동관계에관한법률'(特労法)로 재편성되었다(1999년 법104, 2002년 법98).

원법 제정(2011년 법47), 노동자파견법 개정(2012년 법27), 유기노동계약의규제를
강화하는노동계약법의 개정(2012년 법56) 등이다.

이들 외에, 비현업 국가공무원의 근무조건에 대하여 단체교섭권·쟁의권을
인정하지 않고, 인사원 권고에 의하여 정세적응을 도모해오던 전후의 공무원
노동법제가, 자공정권의 말기부터 국가공무원제도의 전체적인 재검토가 이루어
지는 가운데 재검토되었다.[28] 그 결과 근무조건 상세법정주의를 유지한 채, 쟁
의권 없는 단체교섭제도를 채택하게 되어, 2011년 6월에 국가공무원제도개혁
관련 4법안의 한 가지로서, '국가공무원의 노동관계에 관한 법률안'이 국회에
상정되었다. 지방공무원의 근로관계에 대해서도 동종의 개혁이 검토되고 있
다.[29]

2011년 3월 11일에는 동일본 대지진이 일어나 이에 따른 미증유의 원자력
발전소 사고도 발생하였다. 정부는 이에 대한 긴급대책의 일환으로서 다양한
고용노동대책을 실시하였다.[30]

5. 노동법 변동의 시대

이상과 같이, 일본의 노동법제는 1980년대 후반에 노동시장의 구조변화(여성
근로자·고령자의 증가, 고용형태의 다양화 등)와 경영환경의 변화(무역마찰 등)에
대응한 신입법이나 법개정이 잇따른 '입법의 시대'에 들어선 뒤 오늘날에 이르
고 있다. 이와 더불어, 일본경제의 장기침체가 계속되는 가운데 1990년대 말부
터 2000년대 중반에 걸쳐 경제제도 전체의 구조(규제) 개혁의 움직임에 호응한
노동법제의 규제완화·규제개혁이 이루어졌고, 이어서 2000년대 후반부터는 약
자보호의 사회적 요청에 대응한 노동보호법제의 개혁이 이루어지고 있다. 그리
고 최근의 노동법제에서의 이러한 규제완화 → 규제강화의 전환도, 유동적인 정

---

28) 2008년 6월의 국가공무원제도개혁기본법의 성립으로, 국가공무원제도 개혁추진본부가 설치
되었다. 그 중에 노사관계제도검토회 보고서 '자율적 노사관계제도의 조치를 위하여'(2009년 12
월), 자율적 노사관계제도에 관한 개혁소안(2010년 12월, 국가공무원제도 개혁추진본부 사무국),
국가공무원의 노동기본권(쟁의권)에 관한 간담회 보고(2010년 12월), '국가공무원제도개혁기본법등
에 근거로 하는 개혁의 전체상'(2011년 4월 5일, 국가공무원제도 개혁추진본부 결정)으로 정리되
었다.

29) 総務省, 「地方公務員制度改革について(素案)」, 2012년 5월.

30) 재해를 입은 피해자에 대한 실업보험급부의 특례 지급, 재해를 입은 피해지역 기업에 대한
고용조정보조금의 특례 적용, 재해를 입은 피해지역에서의 고용창출기금사업의 확충, 지진으로 인
한 재해사고에 대한 산재보험의 지급, 피박선량 관리의 관리, 복구사업의 안전위생대책 등.

치정세와 과제가 산적된 경제정세 속에서는 정착되든지, 혹은 재차 전환되든지 예단을 허용하지 않는 상황에 있다. 요컨대 노동법제는 불안정한 '변동의 시대'에 들어서 있다고도 표현할 수 있을 것이다.

　일본의 노동법제는 경제사회의 그때그때의 요청에 응하는 법정책을 구체화해왔지만, 3자 구성 심의회의 이해조정하에서 단계적 방법이 취해져 현실성과 실효성이 확보되어 왔다. 고용시스템과의 관계에서는 1970~80년대에는 장기고용시스템이 고용의 안정과 경영의 유연성을 양립시켰으며, 노동법제는 장기고용시스템의 장점(기업의 고용유지노력)을 보강하고 부분적인 문제점(남녀별관리, 고령화, 장시간근로 등)을 보정하는 정책을 실시해왔다. 비정규직 근로자도 90년대 후반까지는 고용근로자의 2할을 차지할 정도로 자발적 선택자(학업과정자, 자유도 우선자, 가사중시자, 은퇴과정자)가 많았기 때문에 큰 문제는 되지 않았다.

　장기고용시스템의 변화는 1990년대 후반부터 진행되었지만, 정사원의 장기고용시스템 자체는 임금·처우제도의 수정을 시행하면서도 기본적으로는 유지되고 있다. 현저한 변화는 정사원의 축소와 비정규직 근로자의 대폭적인 증가로, 비정규직 근로자가 본의가 아닌 선택자(정사원이 되고 싶지만 될 수 없는 자)를 다수 포함하여 약 34%까지 증가된 상황은 장기고용시스템하의 정규·비정규고용의 제도적 분단과 처우격차에 의하여 증폭되고 있다. 비정규고용의 문제는 정규·비정규 근로자의 관계 여하라는 고용시스템 전체의 문제가 되어, 그 전체적 보정이라는 새로운 과제가 발생하고 있다고 생각된다.

　최근의 노동법 개혁론에는 규제강화론,[31] 규제완화론,[32] 고용시스템재구축론,[33] 규제방법개혁론[34] 등이 있지만, 문제가 된 상황은 대규모·복잡하고, 한 가지의 입장이나 방법론으로 다룰 수 있는 것이 아니다. 또 입법의 현실성을 확보하기 위해서는 목표를 정한 뒤 노사의 이해조정 프로세스를 이용하여 단계적인 개혁을 도모해야 한다. 앞으로는 진전된 글로벌 경쟁을 살아남기 위해서 핵심적 인재의 장기적인 육성이나 헌신이 여전히 필요함과 동시에, 국제인재·고도인재의 육성·보충도 한층 더 중요하게 된다. 또한 세계화 등에 따라 산업구조도 변화하고 노동이동이 필연적이게 되었다. 게다가 고령화는 70세 정도까

---

　31) 예를 들면, 西谷敏, 人権としてのディーセント・ワーク―働きがいのある人間らしい仕事.
　32) 예를 들면, 規制改革会議, 「規制改革推進のための第3次答申－規制の集中改革プログラム」, 2008년 12월 22일, 小嶌典明, 労働市場改革のミッション.
　33) 예를 들면, 濱口桂一郎, 新しい労働社会―雇用システムの再構築へ.
　34) 예를 들면, 水町勇一郎＝連合総研, 労働法改革.

지의 취업시스템을 갖추어야 하게 된다. 결국 핵심으로서의 장기고용시스템은 임금·처우제도를 상당히 수정하면서 유지될 것이지만, 국제인재·고도인재의 조달과 처우가 진전되어 산업구조도 전환되는 가운데 외부노동시장이 형성되어 갈 것이다. 이와 더불어 취업형태는 더욱 더 다양화될 것이며, 내부·외부노동시장의 연결, 능력개발·커리어형성의 지원, 일과 가정의 조화(work-life balance)의 존중이 한층 더 중요하게 된다.

노동정책의 기축은 어느 시대에서도 고용사회의 안정성·공정성의 확보와 다양성의 존중위에 놓여져야 한다.35) 이를 바탕으로 한 향후의 기본문제는 ① 해고규제의 바람직한 방법, ② 비정규고용규제의 바림직한 방법, ③ 집단적 노사관계의 재구축으로, 특히 정규 고용자와 비정규 고용자간의 공평한 처우체계를 실현하기 위해서는 비정규 고용자도 포함한 기업이나 직장의 집단적인 대화의 장을 어떻게 구축할 것인가를, 종업원대표법제와 노동조합법제의 쌍방에 걸쳐 검토해야 한다고 생각된다.

6. 노동법의 보편성과 전문성

노동법은 노동관계(노동시장, 개별적 노동관계, 집단적 노사관계)라는 독특한 사회관계를 규제하는 법분야이지만, 현대 일본의 전 법체계의 한 부분으로서 다른 법분야와 개념·원리·체계를 공유하고 있다. 이러한 의미에서 노동법은 전 법체계에 정합적(整合的)인 보편적인 성격과 함께 독특한 사회관계를 독자적 원리로 규정(規整)하는 전문적 성격을 아울러 가지고 있다.

(1) 노동법의 보편적 성격

현행 노동법은 실체법·절차법의 쌍방에 걸쳐 그 기본이념·원리·체계의 상당부분을 민사법·형사법·행정법 등의 기본적 법분야에 의거하며, 이러한 법들과 정합성(整合性)을 유지하도록 구성되어 있다.

개별적 노동관계법에서 보면, 원래 노동관계란 계약관계(민법상으로는 고용, 노계법·노기법상에서는 근로계약)로 구성되어(민 623조, 노계 1조·3조, 노기 2조·13조), 노동법상의 수정원리·규정이 없는 한 계약법(민법)상의 원리(계약자유·신의칙·공서 등) 및 법규정에 따른다. 노동관계의 기본법인 노동계약법은 그 계

---

35) 労働政策審議会2007年12月21日建議, 「今後の雇用労働政策の基本的考え方について－働く人を大切にする政策の実現に向けて」.

약관계에 대하여 기본원칙과 기본 룰을 민사법규로서 설정한다. 또 노동기준법은 근로계약 관계에 대하여 강행적·직률적 기준을 설정하고, 이들에 대한 실효성을 확보하기 위하여 행정적 감독의 기구·절차와 위반에 대한 형벌을 규정하고 있다. 이러한 법규정이 민사법·형사법·행정법 체계에 기초를 두고 있음은 말할 나위도 없다.

집단적 노사관계법에 있어서는 기본법인 노동조합법이 노동조합의 개념을 정한 뒤(2조, 5조), 그 단체로서의 권리의무관계를 명확히 하기 위하여 일반사단·재단법인법을 수정한 법적 룰을 설정하고(11조~13조의 14), 단체협약에는 근로계약을 규율하는 규범적 효력을 부여하고(16조), 그리고 노동조합의 정당한 행위에 대해서는 형법상의 정당행위로 취급함과 동시에(1조 2항) 민법상의 손해배상책임에 대한 면책을 규정하고 있다(8조). 또한 부당노동행위의 금지(7조)는 일정한도 내에서 민사법상의 효력 및 책임을 인정하면서도, 주로 노동위원회라고 하는 행정위원회를 통한 행정구제에 의한 실효성을 꾀하고 있다. 이리하여 집단적 노사관계법도 민사법·형사법·행정법의 체계를 기초로 하여 이들과 접합되어 있다.

노동시장의 법에 있어서는 직업안정법이 노동력의 수급조정을 위한 행정서비스 체계와 함께 민간의 수급조정서비스에 대한 행정규제를 정하고 있다. 또한 고용보험법 기타 노동시장법규도 실업자에 대한 급여체계와 고용의 안정·촉진을 위한 행정서비스를 주요 내용으로 하고 있다. 요컨대 노동법 중의 이 분야는 행정법의 특별한 한 분야라고도 할 수 있는 성격을 지니고 있다.

그 외 노동법을 분쟁해결이라는 시점에서 절차법적으로 본다면, 노동관계의 법적 분쟁은 권리의무 분쟁인 한 민사소송의 여러 가지 절차(통상적인 민사소송, 보전소송, 소액소송, 민사조정)에 따른다. 노동법은 이러한 것을 전제로 하면서, 집단적 노사분쟁(노동쟁의)에 대해서는 노동관계조정법에서, 그리고 개별노동관계분쟁에 대해서는 개별노동관계분쟁해결촉진법에서, 각각 노동행정기관에 의한 특별 조정절차를 두고 있다. 또한 개별노동관계의 권리의무에 대해서는 지방법원에서 쟁송적 비송(爭訟的非訟)사건 절차로서의 노동심판절차를 제도화했다.

이처럼 현행 노동법은 헌법을 정점으로 한 민사법·형사법·행정법(각각의 실체법 및 절차법)을 근간으로 한 전 법체계 중에 편입되어 있으며, 따라서 이러한 관련법들과 개념·원리·체계면에 있어 공통적이다. 이러한 의미에서 노동법의 해석이나 입법은 관련법 분야와의 정합성(整合性)을 가지도록 항상 유의할 필요가 있으며, 법률학으로서의 보편성을 가지는 논리와 귀결을 추구할 필요가 있다.

(2) 노동법의 전문적 성격

그러나 한편으로 노동법은 노동시장·개별적 노동관계·집단적 노사관계라는 독특한 사회관계를 법규정(法規整)의 대상으로 하고 있으며, 이러한 대상들의 실태에 적합한 원리와 규정(規整)을 요청한다. 이러한 점에서 노동법은 다음과 같은 전문적 특색을 가지고 있다.

첫째, 노동법은 노동시장에 있어 노사간 교섭력의 기본적인 불균형을 시정하고, 근로자를 보호하기 위하여 일반시민에게 공통되는 계약자유의 원칙을 수정하는 것을 출발점으로 하고 있다. 여기서부터 근로계약관계에 있어 민사법규로서의 강행적 룰의 설정, 행정단속법규로서의 최저기준의 설정, 노동조합에 의한 집합적 계약교섭의 보장, 노동시장에서의 사적 노동력수급조정서비스의 규제와 공적서비스의 제공 등의 법규제가 파생된다. 또한행정서비스나 사법절차에서 전문성을 갖춘 간이·신속·저렴하고 공정한 분쟁해결의 체계를 수립하는 것이 중요하게 된다.

둘째, 노동법은 노동시장과 고용·노사관계에 있어 근로자보호를 임무로 하지만, 이들은 항상 사용자의 기업경영권리 및 필요성과의 균형을 꾀하면서 이루어진다. 뿐만 아니라 이들과 균형을 꾀해야 할 근로자 측의 이해도 직종, 고용형태, 연령층 등에 따라 달라지며, 종종 근로자 내부에서 일정한 집단적인 조정을 거칠 필요가 있다. 또한 노동관계는 개개의 근로자와 사용자 사이의 계약관계이지만, 기업이라는 사업조직 속에서 행하여지는 협동관계이며 본질적으로는 조직적·집단적 성격을 갖는다. 따라서 노동관계에서의 문제나 분쟁은 민법의 개별적 계약관계의 사고로는 부족한 조직적·집합적 양상을 띤다. 이리하여 노동법의 입법·해석에 있어서는 노사간의 집단적 이해에 대한 복잡한 비교형량과 조정을 필요로 한다.

셋째, 노동관계에 있어서는 고용·인사관리 및 노사관계상의 독특한 제도·관행이 존재하므로 노동법의 입법과 해석은 이러한 이해를 필수적인 전제로 한다. 그리고 일본의 노사관계에서는 장기고용시스템('종신고용제')을 핵심으로 하는 일본형 노동시장·고용인사관리·노사관계에서의 여러 가지 시스템(관행, 제도)이 성립하여 노동법의 규정내용도 이러한 시스템에 의한 영향을 받음과 동시에 이러한 시스템에 영향을 주어왔다. 1990년대 이후에는 글로벌시장경쟁의 격화와 사회의 저출산 고령화, 정보화, 근로자상(像)의 다양화 등을 배경으로 고용시스템에도 커다란 변화가 생기고 있으며, 이러한 변화가 노동법의 해석과 입법에 수용되어가고 있다. 이리하여 노동법의 해석과 입법은 노동관계의 여러 시스템(제도·관행)과의 활발한 상호작용을 이해하면서 행할 필요가 있다. 이를 위해서는 노동경제학, 산업사회학, 노사관계론 등의 인적과학의 연구성과를 활용하거나 그러한 협력을 얻으면서 노동관계의 여러 시스템의 내용과 변화의 파악에 힘쓸 필요가 있다.

넷째, 노동법은 다이내믹하게 변화하는 복잡한 법분야이다. 이미 서술했듯이 일본의 노동입법은 제2차 세계대전 이후의 노동기준법, 노동조합법, 노동관계조정법, 직업안정법을 골격으로 출발했지만, 제1차 오일쇼크를 계기로 고용보험법을 기본으로 한 고용정책입법이 여기에 추가되었다. 그리고 1980년대 중반부터는 경영환경과 노동시장의 변화에 의하여 생기는 정책적 과제에 대응하여 이러한 기본적 입법의 대폭적 개정과 중요한 새로운 입법의 제정36)과 그 개정이 계속해서 이루어지고 있다. 그 결과, 노동입법의 규정(規整)내용은 대폭적으로 늘어남과 동시에 기술성이 높아지고 복잡하게 되어가고 있다. 최근의 노동입법이 심의회 및 국회에서의 정치적인 이해조정을 거쳐 행해진 결과, 일정한 정책이념을 향한 법규정과 이를 견제하는 법규정이 병존하는 것도 노동입법의 복잡성을 증폭시키고 있다.

---

36) 고용기회균등법, 노동자파견법, 고연령자고용안정법, 육아개호휴업법, 회사분할에있어서의노동계약승계법, 개별노동관계분쟁해결촉진법, 단시간노동자법, 공익통보자보호법, 노동심판법, 노동계약법, 구직자지원법 등.

제 2 장

헌법상의 기본규정

1. 헌법 27조·28조의 기본적 성격

(1) 헌법상의 기본규정의 존재와 그 성격

일본 노동법의 한 가지 큰 특색은 노동법의 기본적인 원칙 내지는 권리가 헌법이라는 국가의 최고 규범에 있어 체계적으로 표명되어 있다는 점이다. 근로의 권리·의무(헌 27조 1항), 근로조건 기준의 법정(헌 27조 2항), 단결권·단체교섭권·단체행동권의 보장(헌 28조)이 그러한 규정이다. 이러한 것은 '모든 국민은 건강하고 문화적인 최소한도의 생활을 영위할 권리를 가지고 있다'는 헌법규정(25조 1항)을 총칙으로 한 생존권적 기본권의 일종으로 복지국가(사회국가)의 이념에 기초하여 근로자들의 건강하고 문화적인 생존을 실질적으로 보장하기 위해 만들어진 것으로 전통적으로 이해되어 왔다(본서도 이 견해를 따르고 있다). 그러나 근래에는 특히 헌법 28조에 대해 자유권적 성격을 강조하는 견해가 강해지고 있고, 또한 이것을 헌법 13조에 근거한 인격적 자율권(자기결정권)으로 설명하는 견해도 나타나고 있다.[1]

(2) 헌법 27조·28조의 공통성·독자성

근로권·근로조건기준의 법정(法定) 및 단결권 등을 규정한 헌법 27조·28조는 국민의 '건강하고 문화적인 최저한도의 생활을 영위할 권리'(헌법 25조 1항)를 총칙으로 하면서 노동관계(노동시장, 개별적 노동관계 또는 집단적 노사관계)라는 독자적 분야를 대상으로 하고 각각 특유의 개별적인 원칙 내지 권리를 규정하고 있다. 따라서 헌법 27조·28조는 헌법 25조에 대해 생존권적 기본권으로서의 이념과 효과를 공유하면서도 독자적인 법적 의의와 효과를 가지고 있

---

1) 西谷, 37면.

다. 헌법 27조·28조는 헌법 25조와 같이 근로자의 생존권 확보를 위해 국가의 적극적 정책의무 및 그러한 정책을 실현하기 위한 입법을 수권(授權)하는 효과를 가지고 있다고 생각할 수 있는데 이에 대한 구체적인 내용, 그 밖의 독자적인 의의·효과 등은 각 규정의 취지·내용에 대한 개별적인 검토를 필요로 한다.

① 노동관계와 그 밖의 헌법규정

헌법 27조·28조는 노동관계의 법규정에 대해 기본원칙을 체계적으로 명시하고 있으나 노동관계의 입법정책과 노동관계에서 발생하는 법률문제에 관련된 헌법규정이 이들 조문에 한정되는 것은 아니다.

예를 들면 구인구직의 매개의 구조로서의 노동시장 및 계약관계로서의 노동관계에 대한 법적 개입(근로기준의 설정과 그 해석)에 대해서는 '직업선택의 자유'와 '계약의 자유'(시장경제를 기본 전제로 한 헌법 22조·29조를 근거로 한다)가, 그리고 쟁의권 등에 의한 사용자의 재산권과 영업자유의 제한에 대해서는 '재산권의 보장'(헌 29조)과 '영업의 자유'(헌 22조)가 당연히 고려되어야 할 필요가 있다.

노동관계에서 인권, 신조, 성별, 사회적 신분 혹은 가문에 의한 차별 금지와 규제에 대해서는 '법아래 평등'(헌 14조)이 기본이념이 된다. 노동관계에서 국적, 신조, 사회적 신분에 의한 차별 대우의 금지(노기 3조)와 남녀동일임금원칙(노기 4조)은 후술하는 '근로조건 기준의 법정'이라는 이념(헌 27조 2항)과 '법아래 평등'의 이념이 중첩되어 입법화된 것이라 할 수 있다. 이에 대해 고용기회균등법은 여성차별철폐조약 비준을 위한 입법적 대응이라는 입법경위에서도, 또한 모집·채용단계(근로계약관계 성립 이전)에서 차별을 규제한다는 점에서도 오히려 '법아래 평등' 이념에 의한 입법으로 받아들이는 편이 적절하다.

또 기업이 근로자의 복장·행색, 사생활 등을 복무규율과 업무명령에 의해 어느 정도 규제할 수 있는가 하는 문제에 있어서는 근로자의 '인격의 자유'(개인의 존중, 헌 13조)가 취업규칙·근로계약의 합리적 해석과 공공질서·미풍양속 위반의 유무 등을 고려하여 이를 판단할 수 있다.

2. 근로의 권리(헌법 27조 1항)

(1) 서   설

'모든 국민은 근로의 권리를 가지며 의무를 진다'고 하는 헌법 27조 1항은 그 근로에 의해 생활하는 국민(근로자)이 모든 노동시장에서 적절한 근로의 기회를 가질 수 있도록 해야 한다는 국정의 기본방침을 선언한 것이다. 이것은 자유시장경제에서 근로자의 고용이 노동력 수급의 변동에 우롱되어 온 점을 반성하고 완전고용을 국정의 중요목표로서 선언한 규정이라 할 수 있다.[2] 따라서

---

2) 노동권의 내용에 관한 문헌으로서는 黑川道代, 「雇用政策法としての職業能力開發 (1)」, 法協 112권 6호, 762면 이하; 諏訪康雄, 「労働市場法の理念と体系」, 講座21世紀(2), 2면 이하. 또 노동권의 개념·사상의 형성에 관한 연구로서 內野正幸, 労働権の歴史的展開 — 労働権を中心にして, 79면 이하.

이 항은 노동시장의 법 정비에 관한 기본원칙을 규정한 것이다.[3]

(2) 근로의 권리

'근로의 권리'란 국가의 두 가지의 정책의무를 의미하는 것이라 할 수 있다. 첫째는 근로자가 자기의 능력과 적성을 살려 근로의 기회를 얻을 수 있도록 노동시장의 체제를 정비하는 의무이다. 그리고 두 번째는 그러한 노동의 기회를 얻을 수 없는 근로자에 대해 생활을 보장할 의무이다. 헌법 27조 1항은 국가에 대해 이러한 적극적인 정책의무를 부과함과 동시에 입법부에 대해 그러한 의무의 실시를 위한 입법의 수권(授權)을 부여하고 있다.

첫 번째 의무에 대응하는 정책(입법)으로서는 '직업안정법'(1947년 법141), '고용대책법'(1966년 법132), '직업능력개발촉진법'(1969년 법64), '장애자의고용촉진등에관한법률'(1960년 법123), '고연령자등의고용안정등에관한법률'(1971년 법68), '근로자파견사업의적절한운영의확보및파견근로자의취업조건의정비등에관한법률'(1985년 법88) 등이 있다. 뒤에서 언급하는 고용보험법 중에 고용안정·능력개발사업도 여기에 속한다. 두 번째 의무에 대응하는 정책(입법)으로서는 '고용보험법'(1974년 법116, 그 전신은 '실업보험법'(1947년 법146)이 있다. '긴급실업대책법'(1949년 법89)도 여기에 속해 있었는데 최근 폐지되었다(1995년 법54). 한편, 노동시장의 새로운 사회안전망(safety net)으로서 최근에 '구직자지원법'(2011년 법47)이 제정되었다.

이러한 입법은 제2편에서 볼 수 있듯이 전후 노동관계의 민주화와 실업자의 구제 → 고도성장하의 노동력수급의 조정 → 구조조정하의 고용안정·실업방지 등 시대적 상황에 따른 정책과제를 맡아왔다. 특히 최근 일본정부의 적극적 고용정책과 이를 위한 다수의 입법조치는 헌법의 '근로의 권리' 이념에 대한 적극적 대응으로 평가될 수 있다.

더구나 근로자의 생존확보를 위한 국정 기본방침의 표명이라는 이념에서 보면 근로의 권리는 위와 같은 정책 의무에 명백히 반하는 국가의 입법·행정행위를 위헌·무효화하는 효과(자유권적 효과)도 포함하고 있다고 해석된다.[4]

---

3) 기본문헌으로는 芦部信喜編, 憲法Ⅲ人権(2), 427면 이하.
4) 諏訪康雄, 「キャリア権の構想をめぐる一試論」, 日労研 468호, 54면에서는 '커리어권'의 개념을 설정한 다음, 이를 근로권의 중심에 두어 근로자의 능력·적성 등에 적합한 취로기회의 보장을 논하고 있다.

(3) 근로의 의무

쉽게 말하자면, 국가는 일하지 않는 자를 돌봐줄 의무는 없다는 방침의 표명이다(石井, 65면). 즉 국가는 근로의욕을 갖지 않은 자를 위해 생존을 확보하기 위한 시책을 강구할 필요가 없다는 정책상의 방침을 표방한 것이다. 그래서 고용보험법상의 실업급여는 근로의 의사를 가지는 실업자에게만 지급되고 공공직업안정소를 통한 구직활동을 요건으로 하고 있다(고보 4조, 15조 2항). 또 생활보호법은 '보호는 생활에 곤궁한 자가 그 이용할 수 있는 자산, 능력, 그 밖의 여러 가지 것을 그 최저한도의 생활 유지를 위해 활용하는 것을 요건으로서 시행된다'(보호의 보족성(補足性))고 규정하고 있다(생활보호 4조). 이렇게 '근로의 의무'는 '근로의 권리'와는 달리 사회 입법 전반에 통용되는 당연한 이념을 표명하고 있다고 할 수 있다.

3. 근로조건기준의 법정(헌법 27조 2항·3항)

(1) 서 설

'임금, 취업시간, 휴식, 그 밖의 근로조건에 관한 기준을 법률로써 정한다'고 하는 헌법 27조 2항은 개별적 노동관계의 법규정에 관한 기본원칙을 정한 규정이다. 또한 '아동은 이를 혹사해서는 안 된다'고 하는 동조 3항은 개별적 노동관계를 중심으로 사회생활에 있어서 아동 보호의 원칙을 규정한 것이다.

(2) 근로조건기준의 법정

헌법 27조 2항은 근로(노동)조건의 결정을 사용자와 근로자간의 계약에 맡기지 않고 국가가 계약내용에 직접 개입하여 '임금, 취업시간, 휴식, 그 밖의 근로조건'의 기준을 '법률'로 정해야 할 정책의무를 진다는 것을 표명하고 있다. '법률'로 정한다고 한 것은 근로조건 기준의 설정이 근로자 및 사용자를 중심으로 국민의 이해(利害)에 중대한 연관을 가지기 때문이라고 생각할 수 있다. 그 결과 같은 항은 국회에 대해 부여하는 입법의 수권도 실시하게 된다.

이러한 정책의무에 대응할 입법으로서는 '노동기준법'(1947년 법49), '최저임금법'(1959년 법137), '임금의지불확보등에관한법률'(1976년 법34), '노동안전위생법'(1972년 법57), '진폐(塵肺)법'(1960년 법30), '노동자재해보상보험법'(1947년 법50), '선원법'(1947년 법100) 등이 있다. 2007년에 성립된 '노동계약법'(2007년 법

128)은 근로계약의 성립·전개·종료에 관한 민사법(계약법)의 강행규정을 근로자보호와 분쟁방지를 위해 설정한 것으로, 본조가 법정해야 하는 '기준'의 현대적(발전적)인 모습이라고 할 수 있을 것이다. 헌법 27조 2항은 그 정책의무에 명백히 반하는 국가의 입법 및 행정행위를 위헌무효화 한다는 자유권적 효과도 포함하고 있다고 해석된다.

(3) 아동혹사의 금지

많은 국가에서는 공업화 초기 단계에 아동혹사가 큰 사회문제가 되자 노동보호법은 아동의 보호에서 출발하였다. 헌법 27조 3항은 이 역사적 경험을 전례로 삼아 특별히 1항을 만들어 아동보호를 꾀했다. 이 조항도 국가는 아동혹사를 방지하는 조치를 강구할 정책 의무를 진다는 것을 의미한다. 이 의무에 대응하는 것으로서 노동기준법은 취직연령, 근로시간·안전위생 등에 관한 연소자 보호규정(56조~64조)을 두고 있다(그 밖에 69조의 도제(徒弟)의 폐해 배제를 위한 규정도 여기에 속한다고 할 수 있다). 그리고 아동복지법(1947년 법164)은 아동에게 해서는 안 될 행위를 열거하고 있다(34조).

4. 단결권·단체교섭권·단체행동권(헌법 28조)

(1) 총 설

(가) 기본취지   헌법 28조는 '근로자가 단결할 권리 및 단체교섭 그 밖의 단체행동을 할 권리는 이를 보장한다'고 규정하여, 단결권, 단체교섭권 및 단체행동권이라는 이른바 노동3권(노동기본권)을 보장한다.[2] 동조는 단체적 노사관계에 관한 법규정의 기본규정이지만, 단순히 국가의 정책상 책무의 표명으로서의 성격과 국가의 입법·행정을 제약하는 효과(자유권적 효과)를 가지는 데 그치지 않고 사적 인간의 법률관계에서 일정한 법적 효과도 인정된다. 이 점에서 동조는 헌법상의 기본적 인권규정 안에서 특별한 의의를 가진다.

앞 장(章)에서 기술한 대로 근로자의 인간적 생활을 확보하기 위한 주요한 시책으로서 각국의 노동운동에 의해 추구되고 입법에 의해 실현되어 온 것은 노동보호법의 추진과 단체교섭의 법인(法認)이었다. 이들은 시민법상의 자유주의적 원칙을 수정하는 신시대적 시책인 만큼 생존권적 기본권의 하나로서 헌법 27조 및 28조에 명시되었다. 특히 이 중 단체교섭권은 이를 위한 단결권과 단체행동권을 포함하여 시민법의 원칙간에 심각한 갈등을 빚어냈기 때문에 28조의 자유주의적 법원칙을 수정하는 신시대의 권리로서 명기될 필요가 있었던 것이다. 이렇게 28조는 연혁에서도, 생존권적 권리로서의 기본적 취지(성격)에서도, 단체교섭에 의한 근로조건의 대등한 결정과 단체교섭의 조성을 기본 목적으로 하는 규정으로 해석된다.[5] 바꿔 말하자면 동조는 단체교섭을 중심으로 한 노사자치에 법적 기초를 부여하는 것을 본래의 취지로 하는 규정이다.[3]

② 단체교섭과 기타 단체행동

헌법 28조는 '단결할 권리 및 단체교섭, 그 외의 단체행동을 할 권리'를 말하고 있는데, 헌법이 보장하는 것은 단결권과 단체행동권이라는 2종류의 권리로, 단체교섭을 하는 권리는 단체행동권에 포함되는 것이다는 이해가 표명되게 되었다.

헌법 28조는 전후의 점령군총사령부의 기원이 된 규정으로, 그 과정에서 모델로 여겨진 것은 미국의 1935년 와그너법(전국노동관계법)에서의 '피용자(employees)는 스스로가 단결하고, 노동조합을 결성하고, 거기에 참가하고, 이를 지원하는 권리, 자신들이 선출하는 대표자를 통하여 단체교섭에 종사할 권리, 그리고 단체교섭, 그 외의 상호부조 내지 상호보호의 목적을 위하여 그 외의 단체행동(concerted activities)에 종사할 권리를 가진다'는 기본규정(동법 7조)이었다고 생각된다. 이렇게 와그너법에서는 노사관계에 대한 근로자의 기본적인 권리로서 분명히 단결권, 단체교섭권, 단체행동권이라는 3종류의 권리가 표명되어 있다. 헌법 28조는 그 가운데 뒤의 두 가지의 권리에 관한 상기의 표현을 매우 간결하게 '단체교섭, 그 외의 단체행동을 할 권리'라고 표현한 것일 것이다.

또한, 단체교섭권은 이하에 설명했듯이, 노사의 대등한 교섭의 구조를 보장하는 것으로, 노동3권의 중심을 이루고 또한 단결권, 단체행동권과는 다른 독자적인 권리내용과 법적 효과를 가진다.

이상과 같은 헌법 28조의 배경과, 단체교섭권 그 자체의 독자적인 의의와 중요성에 비추어보면, 상기의 이해는 헌법상 문언의 피상적인 이해로서 찬성할 수 없다.

③ 헌법 28조의 기본취지 · 보론

헌법 28조의 기본취지에 대해서는 이러한 단체교섭중심의 이해 외에도, 동조는 생존권적 기본권의 일종으로서 넓게 근로자의 생활이익의 옹호를 위한 활동을 보장한 것이라는 설(外尾, 9면)과 근로자의 인간다운 생활의 확보는 근로자의 일반적 지위 향상도 실현할 수 있어야 하므로 국가에 대해 단결 구성원의 이익을 옹호하는 것도 단결권 등의 목적이 될 수 있다는 설(片岡昇, 労働法(1), 92면)도 유력하다. 이처럼 28조의 배경인 노동운동의 전개 중에는 노동조합에 의한 공제활동과 노동 · 사회보장입법을 위한 정치운동도 포함되어 있기 때문에 동조가 단체교섭 이외의 근로자의 상호부조활동을 일절 시야 밖에 두고 있다고는 볼 수 없다. 그러나 동조의 모든 권리가 생존권적 기본권으로 여겨지는 것은 위에서 기술한 대로 단체교섭을 중심으로 하는 근로자의 단결활동의 법적 보장이 시민법적 자유권에 대한 일대 수정 원리가 되기 때문이다. 따라서 동조의 기본취지 자체는 단체교섭의 조성에 있다고 해석해야 한다(최근에도 西谷, 30면은 헌법 28조를 헌법 13조에 기초를 둔 근로자의 자기결정권으로 받아들이는 사고방식에서 위와 같은 단체교섭중심주의를 비판하고 있다.)

---

5) 法学協会, 註解日本国憲法上卷, 528면; 石井照久, 労働法[補正版]総論, 310면; 石川, 12면.

(나) **법적 효과·총설** 헌법 28조의 세 가지의 권리는 그러한 연혁에서 생각하면 다음과 같은 법적 효과를 공통으로 가진다고 할 수 있다.

① 먼저 선진 자본주의의 국가에서는 근로자의 단결과 단체교섭 및 쟁의행위, 그 밖의 단체행동은 당초에는 형사책임을 부과하는 입법과 법리에 의해 억압되었고, 그 다음으로는 민사책임(손해배상과 injunction)을 부과하는 법리에 따라 억제되었다. 이러한 국가들에 있어 일찍이 이러한 입법들의 철폐와 책임법리의 수정이 실시되고 그것에 의해 단결 및 단체교섭과 단체행동의 법인이 이루어진 것이다. 따라서 단결, 단체교섭 및 단체행동의 법적 보장의 첫걸음은 국가가 근로자의 그러한 행동에 대해 입법과 행정으로 억압해서는 안 된다고 하는 자유권적 규범의 설정이며 또한 근로자의 그러한 행동에 대한 형사책임 및 민사책임의 면책이다. 따라서 헌법 28조의 모든 권리가 우선 첫 번째로 이러한 자유권적 효과와 면책부여의 효과를 포함하고 있다는 것은 분명하다.

이리하여 헌법 28조의 자유권적 효과에 의해 노동조합의 결성·운영 및 단체교섭과 단체행동을 각별한 합리적 이유 없이 제한·금지하는 입법과 행정조치는 위헌·무효로 된다. 이와 마찬가지로 그 면책부여의 효과에 의해 조합의 결성·운영 및 단체교섭과 단체행동은 일정한 한계(정당성)를 넘지 않는 한 형법상의 위법성이 조각되고, 민사상으로도 채무불이행과 불법행위의 위법성이 조각된다. 노동조합의 정당한 행위는 형법상의 정당행위로 간주된다는 노동조합법의 규정(1조 2항)은 헌법 28조에 포함되는 형사면책의 효과를 형법과의 정합성을 가지면서 확인적으로 규정된 것이다. 또한 정당한 쟁의행위에 대해서 사용자는 손해배상을 요구할 수 없다는 규정(노조 8조)은 헌법 28조의 민사면책 효과 중 실제로 그 필요성이 가장 높은 쟁의행위를 따로 정하여 특별히 주의 깊게 그 효과를 규정한 것이다.[6]

② 다음으로 헌법 28조의 연혁으로서는 1919년 바이마르 헌법의 '단결의 자유'의 보장[7]의 계보가 있고,[8] 헌법 28조에 대해서는 바이마르 헌법의 보장을 발전시켜 그 내용을 충실히 한 생존권적 기본권으로서의 성격이 중요하다. 이 성격에서 보자면 먼저 헌법 28조는 국가는 동조의 정책목표(단체교섭의 조성)에

---

6) 따라서 노조법 적용분야는 단체행동에 대한 형사면책 및 민사면책의 유무는 노조법 1조 2항 및 8조의 요건에 입각하여 논해지기 때문에, 헌법 28조가 원용되는 경우는 적다.

7) 동 헌법은 '제5장 경제생활' 속에서 각종 생존권적 규정과 함께 '노동·경제조건을 유지·개선하기 위한 단결의 자유는 모든 사람 및 직업에 대하여 보장한다. 이 자유를 제한하거나 혹은 방해하려 하는 모든 합의 및 조치는 위법이다'라고 규정했다.

8) 竹前栄治, 戦後労働改革 ─ GHQ労働政策史, 82면 이하 참조.

따른 입법체제를 정비해야 한다는 정책의무를 선언한 의의(정책의무로서의 효과)를 가지게 된다. 이 정책의무에 대응하여 제정된 입법이 노동조합법(1949년 법 174), 노동관계조정법(1946년 법25) 등이다. 그리고 이 정책의무의 선언은 동시에 그 정책목표를 위한 입법의 수권규정으로서의 의의도 가진다. 노조법(労組法)에 있어 단체협약의 특별 효력과 부당노동행위 구제제도(여기서는 사용자의 시민법상의 권리·자유가 여러 형태로 제한되고 있다) 등은 헌법 28조의 이러한 수권에 근거한 입법이라 할 수 있다.

③ 헌법 28조의 생존권적 기본권으로서의 효과에는 이상과 같은 입법의 요청과 수권에 그치지 않는 구체적인 법률 효과도 포함되어 있다. 즉 앞서 언급한 바이마르 헌법은 '단결의 자유를 제한하거나 혹은 방해하려 하는 모든 합의 및 조치는 위법이다'라고 규정하고 근로자와 사용자의 관계에 대해 근로자를 위한 구체적인 후견적 개입을 이행하고 있다. 이 경제적 기본권으로서의 단결의 자유를 발전시켜 그 내용을 충실히 한 헌법 28조는 이러한 후견적 개입도 계승하였다고 할 수 있다. 이 효과를 일본의 법체계에 입각하여 구성하면 헌법 28조는 사용자, 그 밖의 관계자에 대해 근로자의 단결권, 단체교섭권 및 단체행동권을 존중해야 할 '공(公)적 질서'(민 90조)를 설정했다고 할 수 있다(공서설정의 효과). 따라서 단결권 등의 존중 이념에 반하는 행위(예를 들어 정당한 노조활동을 이유로 하는 해고와 징계처분)는 '공적 질서'에 반하는 것으로서 무효가 되거나(민 90조), 아니면 불법행위(민 709조)의 위법성을 갖추게 된다.[9]

(다) 근로자　위와 같이 모든 권리를 보장받는 '근로자'란 노조법에 정의된 '근로자'(노조 3조)와 거의 같은 의미로 볼 수 있다. 노조법상의 정의는 1945년에 제정된 구 노조법에 이미 존재하고 있던 것으로 후술하는 바와 같이 '급여생활자'에 한해서는 넓게 노동조합의 구성원이 될 수 있다는 점을 인정하려는 입법취지에서 비롯하였다. 실제로 구 노조법은 공무원도 '근로자'로 포함시킨 후 공무원의 단결과 그 밖의 사항에 관한 특별규정을 두고 있었다. 이러한 넓은 의미의 정의는 헌법 28조의 '근로자'의 정의와도 어울리며, 이 조항은 노조법의 정의를 전제로 하면서 그러한 근로자(노동자)에 대한 단결권 등의 보장 원칙을 표명했다고 해석된다. 또한 공무원도 헌법 28조상의 '근로자'라는 것은

---

9) 石井, 74면; 石川, 15면. 실제로는 노조법 7조 1호가 동호 위반 행위의 효력을 무효로 하고, 7조 1호~4호의 위반 행위만으로도 불법행위의 위법성을 갖추게 되기 때문에, 노조법 적용분야에서는 헌법 28조의 이러한 효력을 원용할 필요성은 적다.

최고법원에서 국철히로마에기관구사건(国鉄弘前機関区事件) 판결10)이래 일관되게 인정되어,11) 오늘에는 학설·판례상 거의 논쟁이 없는 명제가 되었다.

(2) 단 결 권

(가) 의 의   단결권은 근로자가 근로조건의 유지·개선을 꾀하는 것을 주된 목적으로 일시적 혹은 계속적인 단결체를 결성하여 그것을 운영하는 것을 보장하는 권리이다. 주로 '노동조합'의 결성·운영권이나 일시적인 단결체(쟁의단)의 결성·운영권을 포함한다고 할 수 있다.

그리고 단결권의 보장에 대해서는 ILO 98호 조약('단결권 및 단체교섭권에 대한 원칙의 적용에 관한 조약') 및 87호 조약('결사의 자유 및 단결권의 보호에 관한 조약')이 있어 일본은 이에 각각 1954년 및 1965년에 비준했다. 따라서 이러한 조약도 단결권에 관한 중요한 실정법이다.12)④

④ 결사의 자유와 단결권

단결권은 생존권적 기본권으로서 보장되고 있다는 점에서 순수한 자유권적 기본권인 '결사의 자유'(헌 21조)와는 원리적으로 다르다. 즉 결사의 자유는 결사하지 않을 자유를 불가분의 것으로서 포함하는데 대해, 단결권은 단결하지 않을 자유('소극적 단결권'이라고 불리는 것이 있다)를 포함하지 않는다. 단결하지 않을 자유는 현행법상에는 공무원의 직원단체 내지는 노동조합에 가입하지 않을 자유로서 규정되고 있지만(국공 108조의 2 3항, 지공 52조 3항, 특노 4조 1항, 지공노 5조 1항), 이러한 명문의 규정이 없으면 보장되지 않는 것이다. 단결하지 않을 자유가 보장되고 있을 경우에는 유니언숍(union shop)협정을 체결할 수 없게 된다. 또 결사의 자유는 국가와 국민과의 관계에서 국가권력의 발동을 억제하는 규정에 그치는데 비해, 단결권은 위에서 설명한 대로 그러한 자유권적 효과 외에 정책의무의 선언과 입법의 수권으로서의 효과를 가지며, 또한 사적 개인에 있어서도 일정한 구체적인 효과(면책부여의 효과 및 공서설정의 효과)를 가지는 것이다.

(나) 법적 효과   단결권에 대해서는 이미 기술했듯이 자유권적 효과, 면책부여의 효과, 정책의무로서의 효과(입법의 요청과 수권의 효과), 공서설정의 효과라는 모든 효과가 인정된다.

단결권의 자유권적 효과와 관련하여 현행법상 특히 문제가 될 수 있는 것은 경찰·소방직원 등의 직원단체결성의 금지인데(국공 108조의 2 제5항, 지공 52조 제5항), 이들 직원에 대한 직무의 특수성을 생각한다면 입법정책상의 정당성과는 별도로, 금지 그 자체는 위헌이 될 수 없다고 생각한다.13)

---

10) 最大判 昭28. 4. 8, 刑集 7권 4호, 775면.
11) 全農林警職法事件 — 最大判 昭48. 4. 25, 刑集 27권 4호, 547면.
12) 그 의미 및 내용, ILO의 조약 준수의 감시기구에 대해서는 橫田喜三郎, 組合の自由 참조.
13) 菅野, 「公共部門労働法(3)」, 曹時 35권 12호, 7면.

단결권의 면책부여의 효과에 대해서는 현행법상 단결체의 결성과 운영이 형벌법규와 불법행위에 해당하는 것은 거의 있을 수 없기 때문에 실제로 그 효과는 거의 문제가 되지 않는다.[14]

단결권의 정책의무로서의 효과에 대해서는 그러한 정책의무에 따른 입법조치로서 노조법에 부당노동행위 구제제도가 있다는 것은 말할 필요도 없다.

이상에 대해 단결권의 공서설정의 효과는 황견(黃犬)계약과 노동조합 가입을 이유로 하는 해고·징계처분·배치전환 등을 '공적 질서'에 반하는 것으로서 무효로 하는 점에서 매우 중요하다. 또한 이 공서설정의 효과에는 사용자에 의한 조합원에 대한 차별대우와 노동조합에 대한 지배개입 등, 사용자의 단결권 침해행위에 대해 불법행위의 위법성을 띠게 한다고 하는 효과도 포함되어 있다. 단, 불법행위에 근거하여 손해배상청구권이 인정되기 위해서는 권리(이익)의 침해, 고의 또는 과실, 상당인과관계가 있는 손해의 발생 등 여러 요건을 충족할 필요가 있다.[15] ⑤

⑤ **단결권에 근거한 방해배제청구의 가부**

단결권의 법적 효과로서 위에 기술한 것 외에 단결권에 근거하여 사용자의 단결방해(지배개입)행위에 대한 방해배제 내지는 예방청구권이 인정되는가 하는 문제가 거론되어 왔다. 이 문제에 대해서 이를 긍정한 대표적인 판례(大日通運事件 ― 神戸地判 昭51. 4. 7, 労判 255호, 73면), 부정한 대표적인 판례(富田機器製作所事件 ― 津地四日市支決 昭48. 1. 24, 労経速 807호, 3면)가 모두 있지만, 실무상으로는 부정설로 결착되어 있다고 할 수 있다.

사용자에 의한 단결권 침해행위를 법적으로 무효로 하면서 손해배상책임을 지우는 단결권의 효과는 '공서양속(公序良俗)'(민 90조)과 '불법행위'(민 709조)라고 하는 사법(私法)상의 일반조항을 신 헌법하의 법질서(헌 28조)에 적응시켜 해석함으로써 비교적 무리 없이 도출할 수 있다. 이에 대해 방해배제(예방)청구권은 부정판결례에서처럼 헌법 28조의 추상적 규정 이외에 실정법상 단서가 되는 규정은 찾을 수 없고, 사법상의 권리로서 근거와 범위의 확정이 곤란하다. 노동조합의 결성·운영에 대한 사용자의 방해·간섭 행위의 저지·배제도 계속적·유동적인 노사관계의 장래를 위해 정당화시키는 한 수단이며, 전문적인 행정구제절차에 의한 동적·탄력적인 시정조치로서 이루어진다는 점에서 적절하다. 따라서 개인적으로는 부정설에 동의한다(상세한 내용은, 菅野, 「団体交渉拒否および支配介入と司法救済」, 新実務民訴講座(11), 110면 이하).

---

14) 단 조합의 방침에 반하여 입후보한 조합원에 대한 통제행위가 공직선거법 위반으로 인정될 것인가가 다투어진 三井美唄労組事件 ― 最大判 昭43. 12. 4, 刑集 22권 13호, 1425면은, 실질적으로는 단결권에 의한 형사면책의 범위 여하의 문제였다.

15) 공무원조합이 당국에 의한 위법한 지배개입에 의하여 단결권이 침해당하였다는 이유로 국가를 상대로 한 손해배상청구가 인정된 판례로서는 横浜税関事件 ― 最一小判 平13. 10. 25, 労判 814호, 34면.

(3) 단체교섭권

(가) 의 의   단체교섭권은 근로자가 사용자와 단체교섭을 행하는 것을 보장하는 권리이다. 단체교섭이란 근로자가 그 대표자를 통하여 사용자 혹은 그 단체와 근로조건 그 밖의 대우와 노사관계상의 원칙에 대해 단체협약의 체결 및 그 밖의 결정을 목표로 하여 교섭을 행하는 것을 말한다.

(나) 법적 효과   단체교섭권도 위에서 언급한 것처럼 자유권적 효과, 면책부여의 효과, 정책의무로서의 효과 및 공서설정의 효과를 가진다. 자유권적 효과에 대해서 현행법상 특히 문제가 되는 것은 국공법 및 지공법에서 비현업직원에 대해 단체협약체결권을 부정하는 규정(국공 108조의 5 2항, 지공 55조 2항)의 합헌성이다. 개인적으로는 공무원의 근무조건결정에 대해 헌법상 존재하는 단체교섭제약원리(헌 15조 1항 2항, 73조 4호, 83조)로 인해 공무원의 헌법상의 단체교섭권은 상대화되고 탄력화되므로 국공법·지공법상의 근로조건상세법정주의(勤務條件詳細法定(条例)主義)와 그에 따르는 단체협약체결권 부정은 교섭권의 보장에 반하지 않는다고 해석하고 있다.[16]

면책부여의 효과로서는 근로자의 대표자가 단체교섭사항에 대해 평온한 태도로 사용자에 대해 단체교섭을 요구하는 행위는 강제적 면회요청과 퇴거불응이라는 점에서의 위법성(민사·형사상의)이 조각된다. 또한 교섭장소에서의 언동도 정당성을 일탈하지 않는 한 면책된다.

정책의무의 효과에 상응한 입법조치로서는 노조법상의 부당노동행위 구제제도(7조 2호, 27조는 사용자에게 성실교섭의무를 부과하고 그 위반에 대해 노동위원회가 구제명령을 내릴 수 있도록 하고 있다) 및 단체협약의 규범적 효력(노조 16조)이 중요하다. 노조법상의 쟁의조정절차도 단체교섭을 원조하는 입법조치로서 이에 포함될 수 있다.

공서설정의 효과에 대해서는 사용자에 의한 단체교섭의 부당한 거부는 헌법 28조가 설정한 공적 질서(민 90조)에 반하는 위법한 행위이다. 그러나 그것이 불법행위를 성립하는지의 여부에 대해서는 권리 내지는 이익의 침해, 고의 또는 과실의 존재, 상당인과관계가 있는 손해의 발생 등 그 밖의 제반 요건을 따져봐야 한다.

단체교섭권의 법적 효과에 대해서는 이들 외에 단결권의 경우와 똑같이 단체교섭청구권의 유무가 큰 문제로 되어 왔다. 이러한 청구권을 긍정하는 판례

---

16) 菅野,「『財政民主主義と団体交渉権』覚書」, 法協百周年記念 제2권, 328면.

(主文에서 제시한 일정사항에 대해 단체교섭을 하라고 명하는 것 또는 주문에서 제시한 사유를 이유로 단체교섭을 거부해서는 아니 된다는 가처분명령)가 1960년대 후반에 다수 출현했는데, 1970년대 전반부터 이를 부정하는 판례가 늘었다.[17] 단결권의 경우와 마찬가지로 사법이론과의 조화의 측면에서나 또는 분쟁의 성질에서도 긍정설은 적절하지 않지만 노동조합이 단체교섭을 요구할 수 있는 기초적인 법적 지위를 가지는 것은 사법상으로도 인정해야 한다. 판례도 근래에는 이 입장에 서고 있다.[18] ⑥

⑥ **소수조합의 단체교섭권**

　　일본에서는 노조법상 단체교섭권은 병존하는 복수노조 중 소수노조에 대해서도 보장되고 있다. 이것이 미국·캐나다 등의 배타적 교섭대표제(적절한 교섭단위에 있어 과반수 근로자들의 지지를 얻은 노동조합이 해당 단위의 전체 근로자에 대해 배타적으로 단체교섭권을 취득하는 제도)와 비교할 경우, 일본 단체교섭법제의 기본적 특색이다. 여기서는 현행 복수노동조합 교섭대표제가 헌법상의 요청인지(헌법 28조의 단체교섭권은 소수조합의 단체권을 당연히 전제하고 있는지)가 이론적 문제가 되는데 부정적으로 해석해야 할 것이다(盛, 212면은 반대). 즉 복수노동조합 교섭대표제를 채택할지 아니면 배타적 교섭대표제를 채택할지에 대해서 헌법 28조는 입법정책에 위임하고 있으므로 배타적 교섭대표제를 채용해도 각별히 위법이라고는 할 수 없다고 해석된다(1949년 노조법 개정에 즈음하여 동제도의 도입이 신중하게 검토되었다. 또한 1948년에 제정된 당초의 공노법은 배타적 교섭대표제를 채택하였으며 이는 1956년 법개정(1956년 법 108)에 이르기까지 존속했다)(같은 취지, 荒木, 劳働法, 501면).

(4) 단체행동권

　(가) 의　의　　헌법 28조의 단체행동권은 종래에는 '쟁의권'과 동일시되어 왔으나,[19] '쟁의권'과 '조합활동권'(쟁의행위 이외의 단체행동을 할 권리)이라는 두 종류의 권리를 내용으로 한다고 해석하는 것이 보다 정확하다.[20] 즉 '쟁의권'은 일정한 범위 안에서의 쟁의행위(근로자에 의한 시위 혹은 관철을 위한 압력행위)의 법적 보장을 내용으로 하는 권리이며, '조합활동권'은 쟁의행위 및 단체교섭 이외의 단결체의 행위(전형적으로는 전단지 붙이기, 전단지 배포, 집회, 연설 등의 정보선전활동)를 일정 한도에서 보장하는 권리이다.

　(나) **쟁의권의 내용과 효과**　　쟁의권의 법적 효과도 이미 기술했듯이 자유권적 효과, 면책부여의 효과, 정책의무로서의 효과 및 공서설정의 효과 등 네 가지이다.

---

17) 특히 新聞之新聞社事件 ― 東京高決 昭50. 9. 25, 劳民 26권 5호, 723면.
18) 国鉄事件 ― 最三小判 平3. 4. 23, 劳判 589호, 6면.
19) 예를 들어 石井, 68면; 法学協会, 註解日本国憲法上卷, 545면.
20) 예를 들어 外尾, 9면.

이들 중 자유권적 효과는 현행법상 사기업 부문에 있어 노조법(労調法) 제5
장에서의 쟁의행위의 제한·금지, 전기사업및석탄광업에서의쟁의행위방법의규제
에 관한 법률(1953년 법 171) 등이 문제가 될 수 있으나, 모두 쟁의관계자의 생
명·건강과 국민생활의 이익옹호(공공의 복지)의 관점에서 쟁의권의 합헌적인
제한에 속한다고 해석할 수 있다. 그리고 공공부문에 있어서는 공노법(현재 특
노법), 지공노법, 국공법 및 지공법상의 쟁의행위금지(특노 17조, 지공노 11조, 국
공 98조 2항, 지공 37조)의 합헌성이 격렬하게 논의되어 왔다. 이 문제에 대한 최
고법원 판례의 핵심은 '공무원과 3공사(三公社) 및 그 밖의 공공직무에 종사하
는 직원은 재정민주주의에 나타나 있는 의회제 민주주의의 원칙에 의해 그 근
무조건의 결정에 관하여 국회 또는 지방의회의 직접·간접적 판결을 기다리지
않을 수 없는 특수한 지위에 있으며 … 그 때문에 이들은 노사에 의한 근무조건
의 공공결정을 내용으로 하는 단체교섭권 나아가서는 쟁의권을 헌법상 당연히
주장할 수 없는 입장에 있다'라는 것이다.21) 개인적으로는 이러한 재정민주주의
우위론에는 의문이며, 단체교섭권 및 쟁의권(헌 28조)이 대립적 헌법원리(재정민
주주의, 민주적 공무원제도의 이념, 공공복지 등)에 의해 어느 정도 제한되면서, 관
련직 종사자들에게 미치고 있는가를 고찰해야 한다고 생각한다.22)

또 쟁의권의 정책의무로서의 효과에는 이 정책의무에 대응하는 입법조치로
서 노조법상 부당노동행위 구제제도가 있다. 이로 인해 정당한 쟁의행위에 대
한 사용자의 불이익취급과 간섭·개입을 적극적으로 시정하는 규범과 절차가
만들어졌다.

쟁의권에 대한 곤란한 문제는 면책부여의 효과 및 공서설정의 효과와 관련
한 쟁의권의 내용이다. 이 점에 대해서 먼저 주의해야 할 것은 쟁의권은 모든
쟁의행위를 보장하는 권리가 아니라 쟁의행위의 주체, 목적, 양태상의 한계를
가지며, 이 한계가 쟁의행위의 정당성(노조 1조 2항, 7조 1항, 8조 참조)의 범위가
되는 것이다. 그리고 쟁의행위의 정당성의 범위는 헌법 28조의 기본취지에 의
해 제한된다. 요컨대 쟁의권은 기본적으로는 단체교섭에 있어 노사간의 대등성
을 확보하고 교섭의 결렬을 타개하기 위한 권리로서 파악해야 한다. 따라서 쟁
의행위가 정당성을 인정받기 위해서는(쟁의권의 보장범위에 들어가기 위해서는), 이

21) 名古屋中郵事件 ― 最大判 昭52. 5. 4, 刑集 31권 3호, 182면. 최근에는 全農林[82秋期年末闘
争]事件 ― 最二小判 平12. 3. 17, 労判 780호, 6면.
22) 상세한 것은 菅野, 「公共部門労働法(一)―(三)」, 法曹 35권 10~12호.

는 단체교섭의 주체에 의해 이루어져야 하고(그래서 '산고양이 파업'은 정당성을 인정받지 못한다), 또한 목적에서도 단체교섭의 목적사항에 해당할 것을 필요로 한다('정치파업'은 정당성을 인정받을 수 없다). 그리고 노동력의 집단적 거래로서의 단체교섭에 있어 근로자의 기본적 압력수단은 노동력제공의 집단적 거부(스트라이크)이기 때문에, 쟁의권은 양태상으로는 이러한 파업(스트라이크)의 법적 보장(파업권)을 중심으로 한 권리로 파악해야 한다. 즉 쟁의권은 '노무제공의 집단적 거부(파업, 태업)의 보장'을 중심 내용으로 하며, '이 노무제공의 집단적 거부를 유지·강화하기 위한 일정 한도의 피켓행위(피케팅, 직장점거) 및 사용자와의 거래거부호소(보이콧)의 보장'을 부수적 내용으로 하는 권리라고 해석해야 한다.⑦

　　위에서 살펴본 바와 같이 쟁의권의 보장 범위 내에 있다(정당성을 인정할 수 있다)고 여겨지는 경우, 해당 쟁의행위는 쟁의권의 면책부여효과에 의해 형사면책 및 민사면책을 향유한다. 이러한 법적 효과는 각각 노조법에서 확인적으로 명기되어 있다(노조 1조 2항, 8조). 또한 공서설정의 효과로서 정당한 쟁의행위를 이유로 하는 해고, 그 밖의 불이익취급은 법률행위(해고, 징계처분 등)일 경우에는 '공적 질서'(민 90조)의 위반으로 무효가 되며, 사실행위(예를 들어 인사고과상의 차별)일 경우에는 불법행위의 위법성을 갖추게 된다(민 709조). 단 불법행위의 성립에는 그 밖의 여러 요건을 구비할 필요가 있는 것은 여기에서도 마찬가지이다.

⑦ 쟁의권을 업무 저해권으로 받아들이는 학설

　　쟁의권의 내용에 관한 이상의 견해에 대해서는 모두 이론(異論)이 있다. 특히 헌법 28조의 취지를 '단체교섭의 조성'보다 넓게 '근로자 생활이익의 옹호'로 해석하고 쟁의행위의 목적상 한계를 넓히는(경제적 정치파업은 쟁의권보장의 범위 내에 있는 것으로 본다) 설이 학설상으로 유력하다(예를 들어 外尾, 422면 이하). 이에 대한 개인적인 견해는 헌법 28조의 기본취지에서 전술한 바와 같다.

　　또한 쟁의행위의 양태에 대해서는 쟁의권을 파업권을 중심으로 한 권리라고 받아들이는 사견은 학설상으로는 지지자가 늘어나고 있지만(그 밖에 下井, 労使関係法, 169면 이하. 최근에는 荒木, 労働法, 537면. 그리고 大成観光事件 — 最三小判 昭57. 4. 13, 民集 36권 4호, 659면에서 이토(伊藤)재판관의 보족(補足)의견도 기본적으로 이 입장을 취하고 있다), 여전히 소수설에 그친다. 대다수의 학설은 쟁의행위의 양태를 유형적으로 한정하지 않고 쟁의시 근로자의 압력행위에 한해 쟁의권 보장을 받을 가능성이 있다고 본다(예를 들면, 山口, 233면; 西谷, 409면). 요약하면 다수설은 쟁의권을 사용자의 업무를 저해하는 근로자의 모든 행동을 전반적으로 보장하는 권리(업무저해권)로 받아들이는 것이다. 이것은 쟁의행위를 '업무의 정당한 운영을 저해하는 행위'로 파악하는 노조법(労働法)과 공노법(현재 특노법), 지공노법의 규정(노조(労調) 7조=노조법(労調法))상의 쟁의행위의 정의, 특노 17조, 지공노 11조=쟁의행위의 금지)에 영향을 받은 견해로 생각할 수 있다. 그러나 이러한 규정은 원래 쟁의권에 의해 보호되어야 마땅한 행위일 뿐만 아니라, 그 보호의 대상이 될 수 없는 행위를 포함하여 업무저해행위 일체를 조정절차와 제한·금지의 대상으로 하는 것으로, 여기에서의 '쟁의행위'는 쟁의권(헌 28조)의 보장대상인 '쟁의행위'(예를 들면 노조법 8조의 민사면책에 있어서 '쟁의행위')와 표리관계에 있는 것은 아니다. 쟁의권은 보다 좁게 근로자가 단체교섭상의 압력수단으로서 평상시에는 행할 수 없는 특별한 행위(단체교섭상의 기본적 압력수단이면서 평상시에는 허용되지 않는 노무제공의 집단적 거부 및 이를 유지·강화하기 위한 거래차단행위)의 적법화를 내용으로 하는 권리라고 해석된다.

　　(다) 조합활동권의 내용과 효과　　　단체교섭권 및 쟁의권에 의하면 면책될 수 없는 유형(양태)의 단체행동(선전물 부착, 선전물 배포, 리본·완장·머리띠의 착용, 데모, 집회 등)은 일정범위(정당성의 범위 내)에서 '조합활동권'에 의해 보장된다. 이 보장의 범위는 쟁의권과 마찬가지로 조합활동의 주체, 목적, 양태라는 세 가지 측면으로 나눠진다.

　　조합활동의 주체면에서는 단결체의 통제 하에 있는 활동이라고 할 수 있는 점이 필요하다. 목적의 면에서 그것은 쟁의권에 의한 보장의 경우와 같이 '단체교섭상의 압력수단'일 것은 필요하지 않으나, 헌법 28조의 기본취지로부터 제한된다. 개인적으로는 그것을 '단체교섭 또는 그 밖의 근로자의 상호부조 내지 상호보호'라고 표현하는 것이 적절하다고 생각한다. 양태면에서 보면 쟁의행위의 경우와 달리 근로계약상의 근로의무위반과 성실의무위반, 그리고 사용자의 업무운영에 대한 고의적인 저해는 조합활동에 있어 허용될 수 없다. 그 밖의 점에서는 개개의 행위의 종류마다 사용자의 권리와 균형을 맞춰 개별적 구체적으로 검토하는 방법밖엔 없다. 쟁의수단으로서 행해지는 선전물 부착과 리본착용도 쟁의 중에 행해지는 것을 중요한 사정으로서 고려하면서도 조합활동권의 틀 안에서 정당성을 판단해야 한다.

　　조합활동권의 효과는 쟁의권의 모든 효과와 공통되며, 자유권적 효과, 면책부여의 효과, 정책 의무로서의 효과 및 공서설정의 효과를 가진다. 이 중 면책부여의 효과에 대해서는 노조법의 민사면책규정(8조)이 같은 법의 형사면책규정(1조 2항)과는 달리 '쟁의행위'에 대해서만 면책을 규정하고 있다는 점에서부터 '쟁의행위' 이외의 조합활동에는 민사면책이 인정되지 않는다는 학설이 생겼다. 그러나 헌법 28조의 면책효과에 대해 조합활동을 제외해야 할 이유가 없기 때문에 통설은 조합활동에도 민사면책이 당연히 미친다고 해석하고 있다.

제**2**편

노동시장법

총   설

　'노동시장'이란 다의적이고 불명확한 개념이지만 가장 좁은 의미로는 불특정 다수의 사업주와 근로자간의 구인·구직의 매개·결합의 구조(외부 노동시장)를 의미하며, 가장 넓은 의미로는 이러한 구인·구직의 결합구조에 기업에서의 노동력의 육성·조달·공급·조정구조(내부 노동시장)를 더한 경제사회 전체에서의 노동력의 수급조정 구조를 의미하는 것으로 파악한다. 본편에서는 이러한 광의의 노동시장 중, 구인·구직의 매개·결합의 구조 및 사회전체에서의 노동력의 육성·조달·공급·조정의 구조에 대해 법규정의 양상을 개략적으로 설명하기로 한다.[1]

1. 법규정의 기본원칙

　노동시장의 법규정에 관한 기본원칙으로서는 첫째, 계약체결 및 직업선택에 대한 근로자 및 사용자의 시민법적 자유가 있다. 즉 근로자와 사용자간의 근로계약에 대해서는 계약체결의 자유가 계약자유원칙의 근간을 유지하고 있다. 이것은 근로자에게 있어서는 취업의 자유를 의미하며, 사용자에게 있어서는 채용의 자유를 의미한다. 또한 헌법 22조는 직업선택의 자유를 규정하고 있는데, 이는 근로자와 사용자 쌍방에게 타당하다(사용자에 대해서는 영업의 자유로서 나타난다).

　둘째, 위에서 말한 근로의 권리와 의무(특히 근로의 권리)이다. 즉 국가는 근로자들의 적절한 고용의 확보와 실업자의 구제에 노력해야 할 정책상의 의무를

---

1) 노동시장법의 이념·체계에 대해서는 諏訪康雄,「勞働市場法の理念と體系」, 講座21世紀 2, 2면 이하. 기본문헌으로 東大硏究, 注釈労基法(上), 118면 이하[諏訪];「シンポジウム雇用政策法の基本原理」, 労働法 103호. 최근의 동향에 대해서는 諏訪康雄,「労働市場と法－新しい流れ」, 季労 211호, 2면 이하.

진다.

이러한 두 가지의 기본원칙 중, 첫째는 법규정의 한계를 정하는 자유주의적 원칙이고, 둘째는 법규정의 방향(목표)을 정하는 사회국가적 원칙이다. 이러한 두 개의 관계에 대해서는 둘째의 원칙에 따라 법규정을 추진한 경우, 첫째의 원칙 중 사용자의 채용의 자유에 저촉하는 입법도 생길 수 있는데, 그러한 경우에는 헌법상의 근로권 규정이 같은 규정의 정책의무실현을 위해 필요하며 합리적인 규범 내에서 사용자의 채용의 자유를 제한하는 입법을 헌법상 적법한 것으로 본다(근로권규정의 입법수권적 효과).[2]

□ **직업선택의 자유**

이른바 직업선택의 자유에는 헌법상의 자유권적 기본권으로서의 그것과, 근로계약상의 합의의 자유(계약의 자유)로서의 그것이 있다고 생각된다. 전자는 봉건사회의 신분적 구속과의 대비로, 거주 이전의 자유, 직업의 자유와 더불어 국민의 경제활동의 자유를 보장한 것으로, 국민의 '직업'을 선택하는 자유에 대한 공권력에 따른 합리적 이유가 없는 제한을 금지한 것이다. 그리고 이 자유의 사적 인간에게 있어서의 현저히 불합리한 제한도 민법에서의 공서양속의 위반으로서 위법이 될 수 있다. 이에 대하여 후자의 '계약의 자유'의 일환으로서의 직업선택의 자유는 계약을 체결하는 자유에서 발생하는 근로계약의 상대방(취직회사)을 선택하는 자유이다.

2. 법규정의 변천

제2차 대전 후 일본 노동시장의 법규정은 대체로 다음과 같은 변천을 거쳐왔다.[3]

(1) 경제부흥과정(1945~1954년)

이 시기의 기본적 과제는 노동관계의 민주화와 실업자 구제를 위한 체제를 만드는 것이었다. 특히 종전직후에는 황폐해진 국가경제 속에서 군수공장으로부터 방출된 실업자, 군의 해체에 의하여 복귀한 군인, 해외로부터의 귀향한 자들이 거리에 넘쳐났다. 또한 1948년 이후 경제안전 9원칙의 실시에 따른 공무원과 사기업 근로자의 인원정리에 따라 대량의 실업자가 발생했다. 이리하여 1947년 말에는 직업안정법(1947년 법141) 및 실업보험법(1947년 법146)이 제정되

---

2) 고대법(雇對法) 1조 2항 및 직안법 제2조에는 근로자의 직업선택의 자유 및 사업주의 고용관리의 자주성의 존중이 강조되고 있다. 또한, 두 원칙간의 관계를 고찰한 문헌으로서 黑川道代, 「雇用政策としての職業能力開發(1)」, 法協 112권 6호, 766면 이하.

3) 문헌으로서 高梨昌, 「雇用政策」, ジュリ 1073호, 197면; 諏訪康雄, 「雇用政策法の構造と機能」, 日勞研 423호, 4면.

었고, 직업소개・근로자공급사업에 대한 엄격한 규제가 수립됨과 동시에 공공직업안정소에 의한 직업소개 및 실업자에 대한 실업보험금의 지급체제가 정비되었다. 이어 1949년에는 긴급실업대책법(1949년 법89)이 제정되었고 실업보험금의 지급이 중단된 실업자를 실업대책사업으로 흡수하기 시작했다.

⑵ 경제성장시동기(1955~1960년)

이 시기에는 기술혁신의 진전에 의해 기능근로자가 부족해지기 시작하고 '노동력 대책' 입법제정이 시작된다. 즉 1958년 제정된 직업훈련법(1958년 법133)은 기능근로자의 양성을 위해 직업훈련과 기능검정체제를 정비함과 동시에 직업훈련을 공공직업훈련과 사업장 내 직업훈련으로 나누어, 전자로서 여러 직업훈련소를 설치했다. 또한 경제성장에 따른 근로자 수급불균형(지역간・산업간・연령계층간)이 발생하기 시작하여 이에 대처할 입법도 이루어지기 시작했다. 우선 1959년에는 석탄산업의 사양화와 합리화에 대처하기 위해 탄광이직자임시조치법(1959년 법199)이 제정되었고 탄광이직자의 취업원조로 여러 조치가 취해졌다. 그리고 1960년 직업안정법 개정(1960년 법18)에 의해 광역직업소개(동 19조의 2[현 17조 2항])가 도입되었고 광역직업소개에 의한 이직 취업자를 위한 숙소의 설치・운영 등의 사업도 실시되었다. 나아가 1960년에는 신체장애자고용촉진법(1960년 법123)이 제정되어 신체장애자의 고용촉진을 위한 시책이 시작되었다. 1950년대 후반~1960년대에는 농촌출신의 중졸자가 취업안정소의 직업소개에 의해 도시의 산업에 대량으로 취업을 한 시대이기도 하다.[4]

⑶ 고도경제성장기(1961~1973년)

일본경제는 1960년부터 소득을 두 배로 늘리는 계획을 계기로, 1973년 말에 있었던 제1차 오일쇼크까지의 기간에 연평균 명목 GDP 10 몇 퍼센트・실질 GDP 10퍼센트의 경제성장을 달성한 시기였다. 그래서 노동시장의 상황도 1965년대 전후로 하여 구인이 초과하게 되었고, 이는 해마다 진전되어 기술근로자를 중심으로 한 젊은 근로자의 부족현상이 일반화되었다. 한편 중고연령자의 취직난 및 지역 간의 노동력수급불균형(과밀・과소) 등의 노동력수급의 각종 불균형도 현저해졌다. 이리하여 정부는 노동력의 수급조정(국민경제를 위한 노동력의 유효한 활용)을 목표로 한 적극적인 노동력 정책을 추진하기에 이르렀다.

우선 1962・63년에는 탄광이직자임시조치법이 잇따라 개정되었고, 탄광 이

---

4) 菅山真次, 就社社会の誕生, 355면 이하.

직자에 대한 수첩교부, 훈련수당의 지급, 탄광 이직자를 새로이 고용하는 사업주에 대한 조성금 지급 등, 이후의 이직자대책의 기초가 만들어졌다. 그리고 1966년에는 적극적 노동력정책의 기본법이라고도 할 수 있는 고용대책법(1966년 법132)이 제정되었고, 그 다음해인 1967년에는 이 법에 근거하여 제1차 고용대책기본계획이 각의·결정되었다. 이어 1969년에는 직업훈련법을 근본적으로 개정한 신직업훈련법(1969년 법64)이 제정되었고, '평생훈련'의 체계설정과 더불어 공공직업훈련 및 직업훈련인정기준에 대한 통합이 이루어졌다. 또한 1971년에는 중고연령자등고용촉진에관한특별조치법(1971년 법68)이 제정되었다.

(4) 저성장기(1974~1985년대)

1973년 말 제1차 오일쇼크부터 1980년경에 걸쳐서 두 차례의 오일쇼크(제2차는 1979년) 후의 엔화강세 등으로, 실질 GDP에서 4~5퍼센트의 안정성장을 확보하는 경제조정이 실시된 시기이다.

제1차 오일쇼크의 영향을 받은 후에는 생산은 급격히 줄어들었고 기업은 대규모의 구조조정(일본에서는 신규채용의 보류, 일시휴업, 인원감축 등의 구조조정을 '고용조정'이라 함: 역자 주)을 실시했다. 또 구조적인 불황업종이나 불황산업이 존재하였기 때문에 업종간, 지역간의 노동력수급에 있어서도 불균형이 두드러지게 되었다. 이러한 정세 속에서 일본정부는 '적극적 고용정책'의 주요 목표를 '성장률 저하 속에서 인플레 없는 완전고용을 달성·유지하는 것'(제3차 고용대책기본계획)으로 바꾸어 여러 가지 입법과 시책을 강구하였다.[5]

우선 1974년 말에는 실업보험법을 대폭적으로 개정한 고용보험법(1974년 법116)이 제정되었다. 이 법은 실업보험제도의 합리화를 도모함과 동시에, 기존의 실업급여(급여를 일본에서는 '급부'라고 함: 역자 주)에 더불어 고용의 개선과 실업의 방지를 위한 적극적인 시책으로서 고용개선 등 3사업(三事業)을 제도화하였다. 특히 이들 중 구체적 시책의 하나인 '고용조정급부금'(1981년부터 '고용조정조성금')은 기업이 불황으로 일시적으로 휴업을 할 경우에는 기업이 근로자에게 지불한 휴업수당의 2분의 1 내지 3분의 2를 국가가 기업에 지급한다는 것으로, 고용보험법의 인기상품으로 되어 시행 후 빠른 속도로 활용되었다.

또한 1977년에는 고용보험법의 개정[6](1977년 법43) 및 특정불황업종이직자

---

5) 상세한 것은 氏原正治郎, 「雇用保険と雇用政策」, 社会保険福祉協会·社会保険構造の課題, 257면 이하.

6) '고용개선 등 3사업'에 '고용안정사업'을 추가하고 '고용안정자금'을 설치함.

임시조치법의 제정7)(1977년 법95)이 이루어졌으며, 그 다음해인 1978년에는 특정불황지역이직자임시조치법8)(1978년 법107)이 제정되었다. 이 시기에 있어 위와 같은 일련의 적극적인 시책은 두 번에 걸친 오일쇼크 때에 실시된 기업의 구조조정을 원활하게 하여, 노사간의 극심한 대결과 곤궁한 실업자의 급증 등을 방지하는 데 상당히 기여했다고 볼 수 있다.

이러한 고용안정·실업방지를 위한 적극적 고용정책은 1980년대 전반의 안정성정경제 하에서 계속하여 추진되어,9) 특히 1987년에는 당시의 엔고 불황하의 구조적 불황지역의 고용의 개발과 안정을 도모하기 위하여 지역고용개발등촉진법이 제정되었다(1987년 법23).

⑸ 노동시장의 구조적 변화에 대한 대응

1980년대 이후의 안정성장경제 속에서의 일본의 노동시장에서는 고용형태의 다양화, 이·전직의 증가, 노동력의 중고연령화, 여성근로자의 증가 등의 변화가 현저하게 나타났다.10)

그래서 고용보험제도에 대해서는 근로자의 취업(전직)행동이 변화하는 가운데 1982년도부터 적자로 돌아선 실업급부재정을 재건하기 위하여 1984년에는 고용보험법에 대한 대폭적인 개정이 이루어졌다(1984년 법54). 그리고 1989년에는 파트타임 근로자 증가에 대응하여 실업급여체계에 '단시간근로피보험자'제도를 설치했다(1989년 법36).

다음으로 고령사회가 진전되는 가운데 고용정책의 주요한 정책과제가 되었던 고령자의 고용의 안정과 촉진을 위해서는 1986년에 '중고연령자등의고용촉진에관한특별조치법'이 '고연령자등의고용안정등에관한법률'(이하 '고연령자고용안정법'으로 약칭)로 대폭적으로 개정되어, '60세 이상'의 정년제가 사업주의 노력의무로 규정되었다(1986년 법43). 또한 1990년에는 고연령자고용안정법의 개정으로 65세까지 계속해서 고용할 것을 노력의무로 되었다(1990년 법60).

그 외에도 1985년 '노동자파견사업의적정한운영확보및파견노동자의취업조건의정비등에관한법률'(1985년 법88. 이하 '노동자파견법'으로 약칭)이 제정되어, 종래

---

7) 특정불황업종에 있어 이직자에 대한 취직활동의 원조, 고용보험의 급부일수의 연장.

8) 특정불황지역 이직자에 대한 직업훈련·직업소개에 대한 특별조치, 고용보험의 급부일수의 연장.

9) 1983년에는 특정불황업종·특정불황지역관계근로자의고용안정에관한특별법을 제정(1983년 법39).

10) 상세한 것은 加藤孝, 構造変動期の雇用政策, 37면 이하.

의 직업안정법 체제에 중요한 수정을 가했다. 이 법은 오일쇼크 후의 서비스 경제화·감량경영화 속에서 급속하게 증가된 인재파견사업에 대해 일정 업무를 제도화하면서 파견근로자 보호를 꾀하는 것이었다. 또한 직업생활의 전기간에 걸친 직업능력의 개발·향상을 촉진하기 위하여 '직업훈련법'이 '직업능력개발촉진법'으로 대폭 개정되었다(1985년, 법56).

1994년에는 후생연금지급개시연령이 60세에서 65세로 단계적으로 늦추는 후생연금보험법의 개정(1994년 법95)에 따라, 고연령자고용안정법이 개정되어 60세 미만의 정년제가 금지됨과 동시에, 65세까지 계속 고용하도록 노력의무의 이행을 촉진하기 위한 규정이 신설되었다(1994년 법34). 또한 60~64세 층의 소득보전을 위하여 후생연금제도상의 부분연금제도의 신설과 함께 고용보험법에서도 정년후의 재고용이나 전직 등에 의한 임금의 대폭적인 하락을 보상하기 위한 '고연령고용계속급부' 제도가 도입되었다(1994년 법57). 고용보험법상의 동 개정은 1991년에 제정된 육아휴업법의 실효성을 확보하기 위하여 육아휴업기간 중의 임금의 25%를 지급하는 '육아휴업급부'제도가 도입되었다. 1998년에는 개호(간호)휴업제도가 1999년부터 의무화됨에 따라 마찬가지로 '개호휴업급부'제도가 도입되었다(1998년 법19).

(6) 불황의 장기화와 노동이동 지원 대책

1992년 이후에는 거품경제가 붕괴된 후의 불황이 장기화되고 고용실업정세가 악화되어, 2000년에는 실업급여 수급자가 100만명을 넘어 2001년에는 실업률이 5%대 중반이 되었다.

일본 정부는 당초에는 고용조정조성금의 지급요건을 대폭적으로 완화하는 등, 종래의 고용대책(기업에 의한 고용유지의 지원)을 강화하고, 또 지역의 교육·복지·환경 등에 관계되는 사업에 대한 임시적인 고용을 조성하는 등의 긴급한 실업자를 흡수하는 방책을 도모하였다. 그러나 산업·기업의 재편성이 진전되어 노동력수급의 미스매치가 확대되거나, 노동이동의 지원(외부 노동시장의 정비)의 정책을 추진하였다. 우선 1998년에는 근로자 스스로가 비용을 부담하여 일정한 교육훈련을 받았을 경우에는, 그 비용의 일부를 급부하는 '교육훈련급여' 제도를 고용보험제도 내에 신설하였다(1998년 법19에 의한 고보법 개정). 이어서 1999년에는 직업안정법을 대폭적으로 개정하여, 국가가 독점적으로 직업소개서비스를 공급하고 민간사업을 예외적으로만 인정해 오던 종래의 직업소개체제를, 민간직업소개업자 등과 공공직업안정소(헬로 워크=hello work: 역자 주)가 공존하여 노동력수급조정 서비스를 제공하는 체제로 개정되었다(1999년 법85). 또한 노동자파견법을 동시에 개정하여, 근로자파견의 대상업무를 종래의 한정열거(positive list)방식에서 일정한 제외업무 외에는 이를 제한하지 않는 네거티브(negative list)방식으로 전환한 다음, 종래의 대상 업무 외에는 파견기간을 1년 이내로 한정했다(1999년 법84). 이어서 2003년에는 동법을 재차 개정하여 파견기간 1년의 제한이 있는 업무에서의 파견을 3년까지는 가능하도록 하였고, 제조업을 적용제외업무에서 제외하여 제조현장으로의 파견을 가능하게 하였으며, 소개예정파견을 법률상 명확히 규정하게 되었다(2003년 법82). 그리고 2001년에는 고용대책법을 개정하여, 근로자의 직업생활의 적절한 설계와, 그 설계에 따른 능력개발·전직의 지원이 노동시장정책의 기본이념으로서 강조되었다(2001년 법35).

⑺ 노동력 감소사회에 대한 대응·금융위기 불황 후의 고용정책

2005년·2006년경부터는 경기도 회복기조였으며, 고용실업정세도 호전되어 갔지만, 그 대신 저출산 고령화가 한층 더 진전되어 노동력인구의 중장기적인 감소의 전망이 경제성장에 대한 악영행 때문에 정부전체의 중요한 관심사가 되었다. 이리하여 고령자·여성·청년 등의 취업을 촉진함으로써 감소를 대폭적으로 억제하는 것이 노동시장의 기본적인 과제가 되었다.[11]

그래서 종래부터 추진되어 왔던 고령자의 고용촉진책으로서 2004년에는 고연령자고용안정법이 개정되어 65세 정년제 등 65세까지의 고용확보조치를 단계적으로 의무화하는 법규정이 정비되었다(2004년 법103). 또한 정사원의 고용에 취직할 수 없고 단기의 비정규 고용을 반복하고 있는 청년 등의 불완전 취업문제가 사회적으로 우려되어, 학교교육에서의 커리어 교육의 강화, 잡 카드(job card)[2] 등에 의한 직업커리어 형성의 지원 등의 고용촉진책이 강구되어 있다. 또한 여성의 취업촉진에 대해서 남녀 근로자 모두 가정생활과 직업생활을 조화시켜 나갈 수 있는 환경을 정비하기 위한 '일과 생활의 균형(work-life balance)'의 종합적인 추진책이 채택되어 있다.[12] 그리고 2007년에는 여성·고령자·청

---

11) 2010년 6월에 각의결정된 '신성장 전략-"건강한 일본" 부활 시나리오(新成長戦略-『元気な日本』復活シナリオ)'에서는 20~64세의 연령층의 같은 해의 취업률은 74.6%, 취업자는 6,256만명이었는데, 여성, 고령자, 청년, 장애인 등의 노동시장으로의 참여가 진행되지 않는 경우에는 2020년에는 이 수치가 75.2%, 5,849만명이 될 전망으로, 이것을 80%, 6,232만명까지 향상시키기 위하여 이러한 자의 노동시장 참가를 촉진한다고 되어 있다.

년 등에게 다양하고 양호한 고용기회를 제공하는 관점에서, 비정규 종업원에 대한 균형처우의 법적 요청도 파트타임노동법(단시간노동자법)의 개정(2007년 법 72)으로 구체화되었다.

② 잡 카드(job card) 제도

최근 정부의 경제·고용정책의 중요한 시책으로서 잡 카드 제도가 있다. 이것은 프리터(freeter), 자녀양육을 마친 여성, 모자가정의 어머니 등, 직업능력형성이나 상용취직이 어려운 구직자에 대하여 헬로 워크 등에서 직무경력, 학습력, 자격 등을 기재한 문서(잡 카드)의 작성과 취직·훈련의 희망에 관한 커리어 컨설팅을 한 뒤, 기업에서의 실습과 전수학교 등의 교육기관에 의한 교육훈련을 편성한 1~2개월에서 2년 정도까지의 직업능력형성프로그램에 해당 구직자를 참가하게 하여, 그 결과의 평가를 잡 카드에 정리하여 커리어 컨설팅을 하여, 훈련실시 기업으로의 취직, 상용취직을 목표로 한 취직활동, 커리어 형성 등에 도움을 줄 수 있다는 것이다. 정부의 '성장력 향상 전략팀'이 제언되어(2007년 2월), 같은 해 6월에 각의결정 된 후, '잡 카드 구상위원회'의 최종 보고(같은 해 12월)에서 제도내용이 마련되었다. 여기에는 인구감소사회에서의 지속적인 경제성장을 가능하게 하기 위한 능력개발의 중요성, 1990년대 후반부터의 취직 빙하기에 일을 시작했기 때문에 비정규 고용에 머물고 있는 젊은이들의 능력형성·상용취직의 지원의 필요성, 정사원의 장기고용을 기본으로 하는 일본 기업에게 비정규 고용의 경험을 평가하게 하는 것의 어려움 등이 제도창설의 동기로 언급되고 있다. 잡 카드의 작성과 커리어 컨설팅은 넓게 헬로 워크, 잡 카페, 민간직업소개기관 등에서 실시된다. 또한 직업능력형성프로그램에는 ① 유기실습형 훈련, ② 실천형 인재양성시스템(직업능력개발촉진법의 실습병용훈련), ③ 일본판 듀얼 시스템, ④ 기업선행형 훈련시스템 등이 있다. 그리고 정부는 관계 기간 및 기업과 연계하면서 커리어 컨설팅의 양성이나 훈련생을 고용하는 기업에 대하여 커리어형성촉진조성금을 지급하는 등, 다양한 지원을 실시한다. 이 제도는 2008년 4월부터 실시되어 발전을 도모하고 있다.

2008년 가을에는 미국의 리먼 브라더스 도산을 발단으로 세계금융위기가 발발하여 일본경제도 급격한 불황에 빠졌다. 고용실업정세는 급속하게 악화되었고,[13] 특히 1990년대 후반부터 증가하고 있던 비정규 근로자의 고용중단이 대량으로 발생하여, 사택에서도 쫓겨난 제조업 파견근로자의 곤경이 '파견중단(派遣切り)'으로 사회문제가 되었다. 그래서 일본정부는 고용조정조성금의 지급요건과 비율의 대폭완화 등으로 기업의 고용유지의 노력을 전면 지원하고, 비정규 근로자로 이직한 사람들을 위한 긴급 고용창출·생활지원·재취직지원책을 강구했다. 또한 2009년 3월의 고용보험의 적용확대 등, 비정규 근로자들의 터졌던 사회안전망의 수리에도 힘썼다(2009년 법5).

2009년 8월에는 중의원 의원 총선거로 민주당을 중심으로 한 신정권이 탄

---

12) 2007년의 정부의 '일과 생활의 조화(work-life balance) 헌장' 및 '일과 생활의 조화추진을 위한 행동지침'의 제정.

13) 실업률은 2009년 7월에 과거 최악인 5.5%에 달했고, 또 유효구인배율은 같은 해 8월에는 과거 최저인 0.43배가 되었다.

생했다. 이 정권은 시장중시에서 사회적 약자 보호로의 방향전환을 기본방침으로 하고, 구 정권하에서의 앞에서 언급한 고용실업대책을 강화하고, 또 비정규 근로자가 증가되고 있는 상황하에서 노동시장의 사회안전망 정비에 나섰다.

먼저, 소정근로시간이 '주 20시간 이상으로 6개월 이상 계속 고용될 전망'이라는 고용보험의 적용기준에서의 '6개월'을 '30일'로 완화하고, 동시에 이 기준을 법률에 명기하는 고용보험법 개정이 실시되었다(2010년 법15). 또한 고용보험의 수급자격이 없는 구직자에게 일정기간 직업훈련과 취직지원을 하여, 그 기간의 생활급여를 지급하는 구직자지원제도가 새롭게 만들어졌다(구직자지원법. 2011년 법47).

2011년 3월 11일의 동일본 대지진 후에는 재해를 입은 이재민을 위한 긴급 고용노동대책이 실시되었다.[14]

---

14) 재해를 입은 이재민을 위한 실업수당의 특례지급, 직업소개서비스·프로젝트, 고용창출사업, 고용조정조성금의 특례적용, 노동보험료의 기간연장이나 면제 등.

제 2 장

각　설

1. 고용대책의 기본 — 고용대책법

(1) 고용대책의 기본법

헌법상 근로권에 기초하는 일본의 노동시장정책의 기본방침과 전체상을 명확히 하는 것이 고용대책법이다. 동법은 구인구직의 매개(직업안정법), 직업능력의 개발(직업능력개발촉진법), 실업자·고용중단자에 대한 보험급여와 고용의 유지·개발을 위한 조성사업(고용보험법), 고령자의 고용촉진(고연령자고용안정법), 장애인의 고용의 촉진(장애자고용촉진법), 지역고용개발의 촉진(지역고용개발촉진법) 등의 개별 노동시장법의 기본이 되는 이념과 시책을 명확히 한 후, 이러한 개별법에 공통된 사업주의 책무를 규정한다. 동법은 저출산 고령화에 따른 노동력 감소사회로의 이행이라는 노동시장의 구조변화에 대하여 종합적인 고용대책의 방침을 명확히 하기 위하여 2007년에 큰 개정이 이루어졌다(2007년 법79).

(2) 고용정책의 목적과 기본이념

동법은 '소자고령화(저출산고령화)에 따른 인구구조의 변화 등의 경제사회 정세의 변화에 대응하여, 고용에 관하여 그 정책전반에 걸쳐 필요한 시책을 종합적으로 강구함으로써, 노동시장의 기능이 적절하게 발휘되어 노동력의 수급이 질과 양 모든 면에 걸쳐 균형을 이루는 것을 촉진하여, 근로자가 가진 능력을 유효하게 발휘할 수 있도록 하고, 이를 통하여 근로자의 직업안정과 경제적 사회적 지위의 향상을 도모함과 동시에, 경제 및 사회의 발전 및 완전고용의 달성에 이바지하는 것'을 목적으로 한다(1조 1항).

동법의 운용에 있어서는 '근로자의 직업선택의 자유 및 사업주의 고용의 관리에 대한 자주성을 존중해야 하고' 또한 직업능력의 개발·향상을 도모하고 직업을 통하여 자립하고자 하는 근로자의 의욕을 향상시키고 이와 동시에 근로자의 직업을 안정시키기 위한 사업주의 노력을 조장하도록 노력해야 한다(1조 2항). 근로자는 직업생활의 설계가 적절하게 이루어지도록 그 설계에 입각한 능력의 개발·향상, 전직에 있어서의 원활한 재취직의 촉진, 그 외의 조치가 효과적으로 실시됨으로써 '직업생활의 전기간을 통하여 그 직업의 안정이 도모되도록 배려되는 것으로 한다'(3조).

(3) 고용정책의 체계

동법은 상기의 목적을 달성하기 위하여 행해야 하는 시책을, 다음과 같이 열거하고 있다(4조)(이 중, ⑤ 여성, ⑥ 청소년, ⑩ 외국인에 관한 시책에 대한 언급은 2007년 개정에 따른다). 노동력감소시대의 고용정책의 신체계이다.

① 각자의 능력에 적합한 직업에 취업하는 것을 알선하고, 산업이 필요로 하는 노동력을 충족시키기 위해 직업지도 및 직업소개에 관한 시책을 충실히 할 것.

② 각자의 능력에 적합하고, 동시에 기술의 진보, 산업구조의 변동 등에 적응한 기술·지식을 습득하고, 이러한 것에 적합한 평가를 받는 것을 촉진하기 위하여 직업훈련 및 직업능력검정에 관한 시책을 충실히 할 것.

③ 취업이 곤란한 자의 취업을 쉽게 하고, 동시에 노동력 수급의 불균형을 시정하기 위하여 근로자의 직업의 전환, 지역 간의 이동, 직장에 대한 적응 등을 원조하기 위해서 필요한 시책을 충실히 할 것.

④ 사업규모의 축소 등을 할 때에, 실업을 예방함과 동시에 부득이하게 이직을 하는 근로자의 원활한 재취업을 촉진하기 위해서 필요한 시책을 충실히 할 것.

⑤ 여성의 직업안정을 도모하기 위해 임신, 출산 또는 육아를 이유로 하여 휴업 또는 퇴직한 여성에 대한 고용의 계속 또는 원활한 재취업의 촉진, 편모 가정의 어머니 및 과부에 대한 고용촉진, 그 외 여성의 취업을 촉진하기 위해서 필요한 시책을 충실히 할 것.

⑥ 청소년의 직업안정을 도모하기 위해 직업에 대한 청소년의 관심과 이해를 심화시킴과 동시에, 고용관리의 개선촉진, 실천적인 직업능력의 개발·향상의 촉진 그 외 청소년의 고용을 촉진하기 위해 필요한 시책을 충실히 할 것.

⑦ 고연령자의 직업안정을 도모하기 위하여 정년인상, 계속고용제도의 도입 등의 원활한 실시의 촉진, 재취업의 촉진, 다양한 취업기회의 확보, 그 외 고연령자가 연령에 관계없이 의욕·능력에 따라 취업할 수 있도록 하기 위해서 필요한 시책을 충실히 할 것.

⑧ 장애인의 직업의 안정을 도모하기 위하여 고용의 촉진, 직업재활의 추진, 그 외 장애인이 직장생활에서 자립하는 것을 촉진하기 위해서 필요한 시책을 충실히 할 것.

⑨ 불안정한 고용상태의 시정을 도모하기 위하여 고용형태 및 취업형태의 개선 등을 촉진하기 위해서 필요한 시책을 충실히 할 것.

⑩ 고도의 전문적인 지식 또는 기술을 가진 외국인의 일본에서의 취업을 촉진함과 동시에, 근로에 종사하는 것을 목적으로 체류하는 외국인에 대하여 적절한 고용기회의 확보가 도모되도록 하기 위하여, 고용관리의 개선 촉진 및 이직한 경우의 재취직의 촉진을 도모하기 위해서 필요한 시책을 충실히 할 것.

⑪ 지역적인 고용구조의 개선을 도모하기 위해서 고용기회가 부족한 지역에서의 근로자의 고용을 촉진하기 위해서 필요한 시책을 충실히 할 것.

⑫ 앞의 각 호에서 열거하는 것 외에, 직업의 안정, 산업이 필요로 하는 노동력의 확보 등에 이바지 하는 고용관리의 개선촉진, 그 외 근로자가 그 능력을 발휘할 수 있도록 하기 위해서 필요한 시책을 충실히 할 것.

⑷ 지방공공단체의 시책

지방공공단체는 국가의 시책과 더불어 해당 지역의 실정에 따라 고용에 관한 필요한 시책을 강구하도록 노력해야 한다(5조). 1999년의 「지방분권일괄법」 성립 시에, 고용대책에 관한 지방공공단체의 책무를 고용대책법에서 명시한 것이다.

⑸ 사업주의 기본적 책무 ― 모집·채용에서의 연령에 관계없는 균등한 기회의 확보

고용대책법은 사업규모의 축소 등에 따라 부득이 하게 이직을 해야 하는 근로자, 청소년, 외국인에 대하여 앞의 ④, ⑥, ⑩의 시책에 따른 사업주의 기본적 책무를 노력의무로 표명한다(6조~8조). 그리고 ⑥ 청소년, ⑦ 고연령자에 관한 시책과의 관련에서 모집·채용에서 연령에 관계없이 균등한 기회를 제공해야 하는 책무를 노력의무에서 의무규정으로 강화했다(10조). 다만, 이 의무규정은 기간의 정함이 없는 근로자를 정년연령을 하회하는 것을 조건으로 모집·채용하는 경우, 청소년, 그 외 특정 연령을 하회하는 자를 장기고용을 위해 모집·채용하는 경우, 특정 직종에서 특정 연령층의 근로자가 적은 경우에 그 연령층의 자를 보충하기 위한 모집·채용인 경우 등에는 적용되지 않는다(고대칙 1조의 3 제1항). 이 의무규정에 대해서는 도도부현 노동국장에 의한 조언·지도 또는 권고가 이루어지지만(32조·36조), 벌칙은 없고 사법상의 효력도 상정하고 있지 않다고 해석된다.①

① **외국인고용상황의 신고의무**
    외국인의 고용에 대해서는 고용대책법이 2007년도에 개정되기 전에는 통달에 따라 사업장으로 하여금 고용자수의 보고를 요구하는 것뿐이었는데, 같은 해 개정법은 정부가 상기 ⑩의 시책을 강구할 때에, 외국인의 불법취업 활동을 방지하고 노동력의 부적절한 공급이 이루어지지 않도록 노동력의 수급조정에 노력할 것을 강조하고(4조 3항), 이를 위해서 외국인고용상황신고제도를 제도화하였다. 즉 사업주는 새롭게 외국인을 고용한 경우 또는 그 외국인이 이직한 경우에는 그 자의 재류자격, 재류기간 등의 사항에 대하여 확인하고, 해당 사항을 후생노동대신에게 신고해야 한다. 이러한 신고가 이루어졌을 때 정부는 직업안정기관에서 사업주에게 해당 외국인이 가진 재류자격, 지식경험 등에 따른 적정한 고용관리 등에 대하여 필요한 지도·조언을 행할 것과, 해당 외국인에 대한 고용정보의 제공 및 구인의 개척 및 직업소개를 행할 것, 그리고 공공직업능력개발시설에서 필요한 직업훈련을 행할 것 등의 조치를 강구함으로써, 해당 외국인의 고용관리의 개선의 촉진 또는 재취직의 촉진에 노력한다(28조).

2. 구인구직의 매개체제 — 직업안정법

(1) 법규제의 연혁

사업주와 근로자간의 구인·구직의 매개·결합과정(협의의 노동시장)에서는 근로자의 모집·소개·공급 등의 사업(서비스)이 민간업자에 의해 행해진다. 자본제 경제초기의 자유방임적인 노동시장에서 그들은 열악한 노동관계에의 유도와 중간착취 등의 문제를 발생시키고, 유료직업소개사업 등을 규제하는 국제노동기준을 성립시켰다. 일본에서도 이에 따라 전전에 직업소개법이 성립되었다.②
전후의 민주개혁 속에서 제정된 직업안정법(1947년 법14. 이하 '직안법'이라 함)은 전전의 법규제를 강화해서 직업소개 서비스를 국가가 독점적으로 제공하면서 민간의 사업은 예외적으로만 허용하여 규제하는 것을 노동시장의 기본적 틀로 했다.
    즉, 근로자공급사업은 GHQ에 의하여 '노동보스(boss)'에 의한 근로자의 지배와 착취의 형태로 간주되어 거의 전면적으로 금지되었으며, 유료직업소개사업에 대해서는 소개자가 보수를 얻기 위해 근로자의 이익을 고려하지 않고 계약 성립에 매진하고 근로자를 불이익한 노동관계로 몰고 갈 우려가 크다[1]고 해서 금지를 원칙으로 하고, 미술이나 음악 및 원예 그 외 특별한 기술을 필요로 하는 직업에 관한 것만 노동대신의 허가제하에 가능케 하였다. 국제노동기준으로서도 제2차 대전 후, 1949년에 채택된 ILO 제96호 조약(개정 유료직업소개조약)은 공공직업안정기관을 직업소개기관의 기본으로 하는 사고를 유지하여 가맹국에 대해 민간의 유료직업소개소를 점진적으로 폐지하든지(제2부), 일정한 규제 하에 두도록 요구하여(제3부), 일본은 1956년에 완화된 제3부를 선택해서 동 조약을 비준했다.

② 직업안정법의 연혁

일본에서는 19세기 말의 제사(製絲) 및 방적업의 여공의 취직에서 전형적으로 볼 수 있듯이 민간의 사적 직업소개업이 인신매매, 강제노동, 중간착취 등의 폐해를 동반하여 규제의 필요성을 인식하게 되었다. 또 국제적으로도 1919년의 ILO 총회에서 '노동은 상품이 아니다'(ILO의 설치를 강조한 1919년 베르사유 평화조약 제13편 제1관)라는 기본이념에 근거하여 '실업에 관한 조약'(제2호) 및 '실업에 관한 권고'가 채택되었다. 이들은 근로자의 취직과 구직에 개입하여 이익을 얻는 사업을 원칙으로 허용하지 않고 직업소개에 대해서는 국가의 서비스체제를 정비하여 사적 영리사업을 금지할 것을 강조한 것이다(일본도 이 조약을 1922년에 비준). 그리하여 1921년에는 시정촌(市町村)에서 직업소개소의 설치와 영리직업소개사업의 금지를 내용으로 한 직업소개법(1921년 법55)이 제정되고, 1938년에는 직업소개사업의 국영화와 노무공급·근로자 모집업의 허가제를 정한 새로운 직업소개법(1938년 법61)이 제정되었다. 이것이 직업안정법의 전신이다.

구인·구직의 매개·결합에 관한 모든 사업은 오랫동안 위와 같은 연혁을 배경으로 한 직안법의 규제 하에 극히 한정적으로 운영되어 왔는데, 제1차 오일쇼크(1973년) 이후의 사회경제와 노동시장의 변화 속에서 다양한 변화와 발전을 이룩했다. 먼저 기술혁신·서비스 경제화, 감량경영, 여성근로자의 증가 등을 배경으로 하여 인재파견사업이 생겨나고 증가했다. 그 대부분은 직안법의 근로자공급사업금지에 저촉될 우려가 있는 것이었지만, 노동력의 수요·공급 양측의 현실적 요구에 따른 것이었고, 이것을 노동력수급조정시스템의 하나로서 제도화하여 적절한 규제를 가해야 한다는 목소리가 높았다. 그래서 일정 업무에 대해서는 근로자파견사업을 노동대신에 의한 사업규제를 조건으로 적법화하여 파견근로자의 보호를 꾀하는 노동자파견법이 제정되었다(1985년 법88).

이어 거품경제 붕괴 후(1990년대 초)의 장기적 불황 속에서 일본경제의 규제

---

1) 最大判 昭25. 6. 21, 刑集 4권 6호, 1049면.

완화・구조개혁이 중요한 정책과제가 되었고, 그 일환으로 유료직업소개사업과
근로자파견사업의 규제완화가 경제계로부터 강하게 요구되기에 이르렀다. 또
급속한 기술혁신・산업구조의 변화 등에 따른 노동력수급의 부조화가 확대되
고, 노동력수급조정시스템의 정비・강화가 중요한 정책과제로 되었다. 실제로도
직업소개사업은 스카우트 행위, 아웃플레이스먼트 등에 걸쳐 다양화되면서 발
전하고 있으며, 또한 근로자파견사업도 이를 통하여 일하는 근로자수도 증가하
는 추세에 있다.

　이와 같은 배경하에 1997년 2월에 직안법의 시행규칙이 개정되고(1997년 성
령 9호), 유료직업소개사업을 운영하는 직업의 범위를 종래의 한정열거(positive
list)로부터 일정 직업 이외는 가능하다고 하는 방식(negative list)으로 변경하고
수수료 규제도 완화하는 개혁이 행해졌다.

　같은 해 6월에는 종래의 ILO 제96호 조약에 대신하여 제181호 조약(중개사
업소에 관한 조약)이 채택되었다. 이 조약은 민간직업소개사업 외에 근로자파견
사업, 그 외의 고용관련 서비스를 포함한 '민간직업사업소'(private employment
agency)를 공공직업소개소와 함께 노동력수급조정기관으로 위치시키고 가맹국
이 그 운영을 규율하는 조건을 결정함과 동시에, 그것에 의한 노동력수급조정
서비스의 원칙(근로자의 균형대우, 근로자의 개인정보의 보호, 근로자로부터의 수수료
등의 원칙적 징수의 불허 등)을 수립해야 할 것을 강조했다.

　이상과 같은 흐름 속에서 직업안정법을 노동시장의 새로운 상황과 국제노동
기준에 합치하도록 전면 개정하는 것이 큰 정책과제가 되었다. 이렇게 해서 민
간사업의 역할을 정면으로 인정하고 관민사업이 공존협력해서 노동력수급조정
기능을 수행하는 체제를 수립하고 또한 근로자보호를 위한 노동시장의 규범 정
비와 이행확보를 도모하기 위한 새로운 직안법이 1999년 6월에 국회에서 성립
했다(1999년 법85).[2]

　　(2) 기본이념
　새로운 직안법은 '공공직업안정소, 그 외의 직업안정기관이 …… 직업소개사
업 등을 행하는 것'이라고 하면서, '직업안정기관 이외의 자가 행하는 직업소개
사업 등이 노동력의 수요공급의 적정 또는 원활한 조정을 해야 하는 역할을 감

---

　　2) 2000년 4월 1일 시행. 문헌으로서 馬渡淳一郎, 「職業安定法改正の意義と問題点」, ジュリ
1173호, 33면.

안하여 그 적정한 운영을 확보하는 것'을 동법의 직접적인 목적으로 했다(1조). 이에 의해 '모든 사람에게 그가 가진 능력에 적합한 직업에 취업할 기회를 부여하고, 산업에 필요한 노동력을 충족하고, 이로써 직업의 안정을 도모함과 동시에 경제 및 사회의 발전에 기여하는 것'이 동법의 궁극적 목적이다(동조). 그리고 이 목적 달성을 위해 행해야 할 정부의 업무를 분명히 하면서(5조), 직업안정기관과 직업소개사업자 등의 상호 협력을 강조했다(5조의 2).③

③ **기본개념**

　직안법이 규제하는 '직업소개' 등의 기본개념에 대하여 개정법은 종래의 것을 답습하고 있다.

　우선, '직업소개'라 함은 '구인 및 구직의 신청을 받아 구인자와 구직자 사이에서 고용관계의 성립을 알선하는 것'을 말한다(4조 1항). 개정 전에는 구인자에게 소개하기 위해 구직자를 탐색한 후 당해 구직자를 취직하도록 권장하고, 이에 따라 구직 신청을 한 자를 알선하는 '스카우트 행위'('헤드헌팅') 등의 새로운 서비스가 이에 해당하는지가 문제가 되고 있다(東京エグゼクティブ・サーチ事件ー最二小判 平16. 4. 22, 民集 48권 3호, 944면은 이를 긍정함). 개정법은 스카우트 행위도 더 나아가서는 기업의 요구에 응해서 그 피용자를 위해 전직할 곳을 탐색하여 전직알선을 행하는 '아웃플레이스먼트(outplacement)'도 '직업소개'에 해당한다는 입장을 취한 후(48조에 근거하여 후생노동대신지침에서 이를 명시) 사업규제를 하고 있다. 직업소개는 어떠한 수수료・보수도 받지 않는 '무료직업소개'와 수수료・보수를 받는 '유료직업소개'로 대별된다(4조 2항, 3항).

　그 외, '직업지도'란 '취업하고자 하는 자에 대해 실습, 강습, 지시, 조언, 정보의 제공, 기타 방법으로 당해 근로자의 능력에 적합한 직업의 선택을 용이하게 하고, 그 직업에 대한 적응성을 증대시키기 위해 행하는 지도'를 말한다(4조 4항).

　'근로자모집'이란 '근로자를 고용하려고 하는 자가 스스로 또는 타인에게 위탁하여 근로자가 되려는 자에 대해 그 피용자가 되는 것을 권유하는 것'을 말한다(4조 5항). 이 중 '타인에게 위탁하여' 모집을 행하는 것이 '위탁모집'(36조)이다.

(3) 직업안정기관・민간 사업자에 공통되는 행위 규범

　노동시장에서는 '직업소개', '직업지도', '위탁모집' 등을 기본개념(유형)으로 하면서도 구인・구직의 매개・결합을 위한 서비스가 국가의 직업안정기관과 민간 사업자에 의해 다양한 형태로 행해진다. 새로운 직안법은 이들 관민사업자의 노동시장에서의 고용관련서비스에 다음과 같은 공통의 규범을 설정하고 있다.3)

　첫째는 직업선택의 자유이다. 직업소개 등의 서비스는 구직자의 직업선택의 자유를 존중해서 행해야 한다(헌법 22조, 직안법 2조).

　둘째는 차별적 취급의 금지이다. 고용관련 서비스는 근로자의 생활기반인 직업선택에 관한 것이기에 서비스 수급자에 대한 불공정한 차별적 취급을 억지

---

　3) 菅野, 「労働市場の契約ルール」, 講座21世紀(2), 23면 이하 참조.

하는 것이 기본적인 사회적 요청이 된다. 이리하여 직안법은 '누구도 인종, 국적, 신조, 성별, 사회적 신분, 가문, 종전의 직업, 노동조합의 조합원인 것 등을 이유로 직업소개, 직업지도 등에 있어서 차별적 취급을 받지 않는다'라고 하여, 헌법 14조를 확충한 균등대우원칙을 규정하고 있다(3조).

셋째는 근로조건 등의 명시이다. 노동시장의 노동력수급조정기능이 적절히 기능하고 근로자가 자기의 희망과 적성에 맞는 직업을 선택할 수 있게 하기 위해서는 구인 등에 관한 정보가 적정하게 공개될 필요가 있다. 그래서 공공직업안정소 및 직업소개사업자는 직업소개에 있어서 구직자에게 그리고 구인자는 구인의 신청에 있어서 공공직업안정소 및 직업소개사업소에 대하여 구직자가 종사해야 하는 업무내용 및 근로조건을 명시해야 하고, 그 중 기본적인 사항(업무내용, 계약기간, 취업장소, 임금, 근로시간, 노동 · 사회보험)에 대해서는 서면으로 명시해야 한다(5조의 3, 직안칙 4조의 2).4) 구인자가 이러한 명시를 하지 않는 경우에는 공공직업안정소 및 직업소개사업자는 그 구인신청을 수리하지 않을 수 있다(5조의 5). 명시적 방법에 대해서는 후생노동대신이 정한 지침(48조에 근거하여 1999년 노고 141호)에서 구체적인 기준을 제시하고 있다. 또 직업소개 · 근로자모집 등에서 허위의 광고 · 조건제시에 대해서는 처벌규정을 두고 있다(65조 8호).

넷째는 개인정보의 보호이다. 개정 직안법은 관민공존의 서비스체제를 수립하는 데 있어 개인정보에 대한 보호의 필요성을 인식하고 근로자 개인정보의 수집 · 보관 등에 관한 원칙을 두고 있다. 즉, 직업소개사업자 등은 그 업무에 관해 구직자, 모집에 응한 자 등의 '개인정보'5)를 수집하고 보관하거나 또는 사용하는 데 있어서는 그 업무의 목적 달성에 필요한 범위 내에서 수집하고, 당해 수집목적의 범위 내에서 이를 보관하고 사용해야 하며, 또한 개인정보를 적정하게 보관하기 위해 필요한 조치를 강구해야 한다(5조의 4). 후생노동대신이 정하는 지침(48조에 근거로 하는 1999년 노고 141호의 '네 번째' 부분)은 개인정보의 수집, 보관, 사용에 관해 직업소개사업자 등이 준수해야 할 사항을 구체적으로 정하고 있다. 또한 유료직업소개사업자 및 그 종업자는 준수의무가 부과된다(51조, 벌칙은 66조 9호).

---

4) 이 법규는 근로자 모집 및 근로자공급에 대해서도 모집수탁자와 구인자 및 근로자공급업자와 근로자공급을 받고자 하는 자에 대하여 마찬가지의 근로조건 등의 명시의무를 부과하고 있다.

5) '개인에 관한 정보에 있어 특정 개인을 식별할 수 있는 것'이라고 정의될 수 있다(4조 9항).

다섯째는 '근로권' 보장을 위한 직업소개의 기본 원칙이다. 우선 공공직업안정소 및 직업소개사업자는 모든 구인·구직신청서를 수리하여야 하는 구인구직 수리의 원칙이 있다(5조의 5, 5조의 6). 또 구직자에 대해서는 그의 능력에 적합한 직업을, 구인자에 대해서는 고용조건에 적합한 구직자를 소개하도록 노력해야 하며 적직(適職) 소개의 원칙이 있다(5조의 7).

여섯째는 노동쟁의에 대한 불개입의 원칙이다. 공공직업안정소도 직업소개사업자도 파업 또는 로크아웃(lock out) 중인 사업장에 대한 구직자의 소개와 근로자의 모집이 금지된다(20조, 34조, 42조의 2).

(4) 직업안정기관이 행하는 직업소개사업 등

국가에 의한 직업의 소개 및 지도 서비스를 담당하는 기관은 후생노동대신의 지휘감독 하에 있는 직업안정주관국, 도도부현노동국, 공공직업안정소 등이며(6조~8조), 이들은 '직업안정기관'이라 칭하여진다. 현장 실무는 공공직업안정소(통칭 헬로 워크(hello work))가 담당한다. 이러한 곳은 2011년 말 시점에서 전국에 437곳이 설치되어 있다.6)

개정 직안법이 목표하는 고용관련서비스의 관민공존체제가 실현되어도 공공직업안정소에 의한 서비스는 '공공에 봉사하는'(1조) 행정서비스이므로 이용자와의 계약에 기초하는 임의의 서비스는 아니다. 공공직업안정소는 노동시장에서 근로권 및 직업선택의 자유를 보장하기 위한 사회안전망(safty net)의 행정기구이므로 모든 상담, 구인·구직을 수리하고 공평하게 서비스를 행하여야만 한다. 이러한 관점에서 관민사업에 공통되는 위의 원칙에 더하여 직업소개에 대한 소개지역(17조), 구인구직의 개척(18조), 공공직업훈련의 알선(19조) 등, 직업지도에 대해서는 그 실시(22조), 적성검사(23조), 공공직업능력개발시설 등과의 연대(24조) 등에 대한 행정기관의 독자적인 업무수행기반이 정해져 있다.④

또한 전체 취직자 중 공공직업안정소의 소개에 의한 취직자는 약 2할이며, 취직정보지 등의 민간사업의 역할이 높아지고 있다.7) 민간의 인재서비스가 사업전개하고 있는 개정 직안법하의 노동시장에서는 국가의 직업안정기관의 주요

---

6) 그 밖의 출장소, 분실(分室), 인재은행, 파트뱅크, 학생직업센터, 고령자 직업상담실 등이 설치되어 있다. 또 도도부현이 주로 설치 및 운영하고 있는 청년을 위한 취직지원시설인 잡 카페(job cafe)에서도 헬로 워크의 창구가 병설되어 있는 경우가 있으며, 시설이용자에 대한 직업소개가 행해지고 있다.

7) 2010년의 고용동향조사에서는 22%. 그 외에 연고에 의한 자가 21%, 광고에 의한 자가 29%, 학교를 통한 자가 6%.

한 역할은 민간 비즈니스에 있어서 채산이 맞지 않는 취직곤란자(고령자, 프리터, 장애인, 생활보호수급자, 편모가정의 어머니 등)에 대한 사회안전망의 기능을 완수하는 것이다.

공공직업안장소의 직업소개서비스에 대해서는 그 민간위탁을 추진하기 위한 '시장화 테스트'의 시도가 실시되어 논의를 불러일으켰다.[8] 또 지방분권추진의 움직임 속에서 국가의 선출기관개혁(원칙폐지)의 한 가지의 주요한 사항으로서 헬로 워크 업무의 지방이양이 검토되었다. 결국 당분간은 국가의 동업무와 지방자치단체의 직업안정·복지 등에 관한 상담업무 등의 일체적 실시의 방법에 대하여 지방자치단체의 제안에 의하여 양자가 운영협의회에서 협의한 뒤, 지방자치단체에서 필요한 조치를 강구하고 국가가 이에 성실하게 대응하게 되었다.[9]

④ 학생·생도의 직업소개·지도

직업안정기관이 실시하는 학생, 생도 혹은 학교졸업자에 대한 취업소개·지도에 대해서는 특칙을 두고 있다. 먼저 공공직업안정소는 이들의 직업소개에 대해서는 학교와 협력하여 직업지도를 행하면서 될 수 있는 한 많은 적절한 구인을 개척하고 적당한 직장알선에 노력해야 한다(26조 1항). 공공직업안정소장은 이들의 직업소개에 대해서는 구인·구직 신청의 수리, 구직자의 구인자에 대한 소개, 직업지도 등의 업무를 학교장에게 분담시킬 수 있다(27조). 이것은 이른바 공공직업안정소의 창구를 학교까지 연장하는 것으로 고교·중학교 졸업예정자의 취업알선에서 활용되고 있다.

(5) 민간사업자의 사업규제

신 직안법의 관민사업공존·민영사업의 역할승인의 입장에서 민영사업의 고용관련서비스에 대한 참여와 사업수행에 관한 규제는 다음과 같이 재검토되었다.

우선, 사업범위에 대해서는 유료직업소개사업의 경우는 동 사업을 행함으로써 수반되는 폐해가 명확히 예상되는 일정직업(항만운송업무, 건설업무)을 제외하고는 동 사업을 행할 수 있도록 하는 네거티브 리스트(negative list)방식이 법률상 규정되었다(31조 1항, 32조의 11). 무료직업소개사업의 경우에는 이러한 대상직업에 대한 규제는 정하고 있지 않다.[10]

---

8) 小嶌典明,「労働市場と市場かテスト－職業紹介は誰がするのか」, 季労 211호, 29면 참조.

9) 이러한 협의에 의한 일체적 실시를 3년 정도 실시하고, 그 과정에서 성과와 과제를 충분히 검증하여 광역적 실시체제의 정비상황을 바탕으로, 지방자치단체로의 권한이양에 대하여 검토하는 것으로 되어 있다(2010년 12월 28일의 각의결정인「アクションプラン～出先機関の原則廃止にむけて～」).

10) 호텔이 경비절감을 위해 배선인 소개업자를 동일기업 그룹에 속하는 A사에 맡기는 것을 A사와 공동으로 기도하여 A사 이외에 등록되어 있는 배선인에 대해 A사로 등록을 바꾸도록 권고한 것이 사회적 상당성을 일탈하고 있다고까지는 말할 수 없고, 등록 교체의 피해를 입은 소개

참가규제의 방법에 대해서는 유료든 무료든 어느 직업소개사업에 대해서도
'부적격한 업자의 참가를 배제함으로써 사업운영의 적격성을 확보하고 구직자
의 이익을 확보하는 관점으로부터 허가제를 유지하는 것이 필요'11)하다고 하였
다(30조 1항, 33조 1항). 단 무료직업소개사업에 대해서는 종래는 인정되지 않았
던 영리법인도 허가대상으로 하게 되었다. 또한 학교교육법상의 학교(실제로는
취직업무 체제를 정비하고 있는 고등학교, 고등전문학교, 단기대학, 대학), 전수학교,
공공직업능력개발시설(능개 15조의 6 제3항), 직업능력개발종합대학교의 장이 행
하는 무료직업소개에 대해서는 종래처럼 신고만으로 가능하도록 하고 있다(33
조의 2). 그 후의 2003년 법개정에서는 특별법에 의한 일정법인(상공회의소, 상공
회, 농협 등)이 구성원을 위해 실시하는 무료직업소개나, 지방공공단체가 주민복
지 등을 위해 행하는 것을 신고제로 했다(33조의 3, 33조의 4).

이상과 같은 허가제는 직업소개사업 등을 국가가 독점하는 체제 하에서 예
외적·한정적으로 참가금지를 해제한다는 종래의 허가제와는 다른 것이다. 새
로운 허가제는 민영사업의 노동시장으로의 참가를 원칙적으로 허용하면서, 노
동시장 원칙의 실효확보를 도모하기 위한 사전규제로서 참가자격을 체크한다는
성격의 것이다.12) 이 때문에 개정법에서는 허가기준의 명확화(31조, 32조), 허가
절차의 간소화·명확화(30조), 허가에 대한 조건부여(32조의 5), 허가기간을 종전
보다 길게 하는 것(3년간, 갱신의 경우 5년간. 32조의 6) 등을 규정하고 있다.

또한 개정 직안법은 민영직업소개사업에 대해서 당해 직업에 관한 전문적
지식을 요하거나 구직자에 대해 충분히 정보제공·지도·상담 등을 행할 필요
가 있는 분야가 있기 때문에 직업과 구직자의 속성을 한정한 직업소개를 실시
할 수 있도록 하기 위하여, 후생노동대신에 대한 신고로 대상직업 등을 한정할
수 있도록 했다(32조의 12 제1항, 33조 4항). 구인구직신청수리의 원칙에 대해서
는 그 한정된 범위에서 모두 수리해야 하는 것으로 하고 있다(32조의 12 제2항,
33조 4항).⑤⑥

⑤ 유료직업소개에 대한 수수료의 규제

유료직업소개사업의 수수료의 경우, 기본적 서비스만을 행하는 사업에 대해서는 개정 전과
같이 정율(定率)의 수수료로 하며(32조의 3 제1항 1호), 그 비율은 계속해서 6개월을 넘어서

업자에 대해 호텔·A사 모두 불법행위 책임을 지지 않는다고 한 사례로 케이오프라자호텔사건(京
王プラザホテル事件 — 東京地判 平16. 4. 23, 労判 878호, 63면).
11) 中央職業安定審議会の職安法改正建議の基礎となった民間需給調整小委員会報告.
12) 1998년 10월의 雇用法制研究会報告,「今後の労働市場法制のあり方について」.

고용된 경우에는 6개월분 임금의 10.5% 등으로 정하고 있다(직안칙 20조 1항). 또한 부가적 서비스를 행하는 사업에 대해서는 사전에 후생노동대신에게 서비스의 종류마다 금액을 신고한 수수료로 하며, 후생노동대신은 유료직업소개사업의 수수료 징수의 실정 등을 고려하여 정하는 기준(지불임금액의 5할. 1년을 넘는 고용에 있어서는 1년간의 임금액의 5할. 1999. 11. 17 직발 815호)에 비추어 현저히 부당하다고 인정되는 때는 그 수수료의 변경을 명령할 수 있도록 했다(32조의 3 제1항 2호, 4항). 또한 구직자로부터의 수수료는 원칙적으로 징수를 금지한 다음, 예능인 또는 모델, 과학기술자, 경영관리자, 숙련기능자의 직업에 소개된 구직자로부터는 6개월 간 고용에 지불된 임금액의 10.5% 이하로 수수료를 징수할 수 있도록 했다(31조의 3 제2항 단서, 직안칙 20조 2항. 이 외, '당분간', 가정부, 배선인(配膳人), 조리사 등에 대해서 670엔의 접수 수수료 징수가 허용된다. 32조 3 제2항 단서, 직안칙 20조 3항).

6 근로자의 모집 규제

근로자의 모집에 대해서는 간행물(신문, 취직정보지 등)에 광고를 게재하거나 혹은 문서의 게시・배포, 인터넷, 컴퓨터통신 등을 통한 모집은 자유이다. 단 모집에 있어서는 명시해야 하는 업무의 내용・근로조건에 대해 응모자에게 오해가 생기게 하지 않도록 정확히 표시하도록 노력해야 한다(42조). 또한 1999년 개정 전에는 통근권 외에서의 직접모집(문서 이외의 방법으로 사업주 자신 혹은 그 피용자가 모집을 실시하는 것)은 신고가 필요하였지만, 불필요한 규제로 간주되어 폐지되었다.

'피용자 이외의 자'에 대한 보수를 동반하는 '위탁모집'에 대해서는 모집을 하는 사업주, 모집의 수탁자 및 모집종사자 등에 대해서 적격성을 사전에 체크할 필요성 때문에 허가제가 유지되었다(36조 1항). 단 종래는 위탁처가 중소기업사업주단체에 한정되었던 것을 법개정 후에는 일정 요건을 만족하면 넓게 제3자에게 근로자 모집을 위탁할 수 있게 되었다.

모집을 하는 자 또는 모집에 종사하는 자가 모집에 응한 근로자로부터 보수를 수령하는 것을 금지하였다(39조). 또 모집을 하는 자가 모집에 종사하는 피용자에 대해 임금, 급료, 기타 이에 준하는 것 이외의 보수를 주는 것도 금지되었다(40조). 위탁모집에서 위탁자로부터 수탁자에 대한 보수에 대해서는 종전의 허가제가 인가제로 개정되었다(36조 2항). 직안법의 1999년 개정이 근로자의 모집에 대해서는 규제개혁이 불충분했었다는 문헌으로서는 小嶌典明, 労働市場改革のミッション, 87면 이하.

(6) 근로자공급사업의 금지

전전에서는 자신의 지배하에 있는 근로자를 광산, 토목건축, 항만하역 등의 노동현장에 공급하여 노무에 종사시키는 인부공급업(노무공급업)이 행해져 왔다. 이러한 '근로자공급사업'7은 근로자를 계속적으로 지배하에 두고 타인에게 사용시키는 점에서, 근로의 강제, 중간착취, 사용자책임의 불명확화 등의 폐해를 수반하는 경향이 있어, 전후의 직안법에서는 이를 전면적으로 금지하였고(44조, 벌칙은 64조, 64조 9호), 노동조합법에 의한 노동조합 또는 이에 준하는 것이 후생노동대신의 허가를 받는 경우에만 무료로 사업을 할 수 있도록 해왔다(45조). 개정 직안법도 이러한 엄격한 규제를 답습하고 있다(조문은 그대로 유지). 2010년도에 무료로 근로자공급사업의 허가를 받고 있는 조합수는 80개이다.13)

⑦ 근로자공급의 개념

　전후의 직안법에서 근로자공급이라 함은 공급계약에 의해 근로자를 타인으로 하여금 사용케 하는 것이라 정의되어 왔다(구 5조 6항). 그리고 근로자공급계약이 아니라 업무처리도급계약의 형식을 취하여 근로자를 타인으로 하여금 사용케 하는 것에 대해서는, 근로자를 제공하여 이를 타인으로 하여금 사용케 하는 자는 설령 계약형식이 도급이더라도 다음의 4요건을 만족시키지 않으면 근로자공급사업을 행하는 자로 취급해 왔다(직안칙 4조). 즉, ① 작업의 완성에 대해 사업주로서의 재정상(제경비상)·법률상(민 632조~642조 등)의 모든 책임을 부담할 것, ② 작업에 종사하는 근로자를 지휘·감독할 것, ③ 작업에 종사하는 근로자에 대해 사용자로서 법률(노기법·노안위법·노재보험법·노조법 등)에 규정된 모든 의무를 부담할 것, ④ 스스로 제공하는 기계, 설비, 기재(간단한 공구는 제외) 또는 그 작업에 필요한 재료·자재를 사용하거나, 혹은 기획 또는 전문적인 기술·경험을 필요로 하는 작업을 행하는 것으로, 단순히 육체적인 노동력을 제공하는 것은 아닐 것 등이다.

　1985년의 노동자파견법의 제정과 이에 수반되는 직안법의 개정에 따라, 그 이후는 '자기가 고용하는 근로자를 당해 고용관계 하에서, 동시에 타인의 지휘·명령을 받아서 당해 타인을 위해 근로에 종사시키는 것'이라고 정의되는 '근로자파견'(노파견 2조 1호)이 '근로자공급'의 적용범위로부터 제외되게 되었다(1999년 개정 전의 직안 5조 6항). 즉 1985년 노동자파견법 제정 후에는 자신이 고용하는 근로자를 자신의 지휘·명령 하에 타인의 사업장에서 근로에 종사케 하는 '업무처리도급'뿐만 아니라, 자신이 고용하는 근로자를 타인의 지휘명령 하에 그 타인으로 하여금 이를 사용케 하는 '근로자파견'도 '근로자공급'의 적용범위 밖에 놓이게 되었다. 결국 아래 그림과 같이, 앞에서와 같이 정의된 '근로자파견'에 해당하지 않는 형태로 자신의 지배하에 있는 근로자를 타인에게 공급하는 것(자신의 지배하에 있는 자를 타인의 지휘·명령 하에 그 타인을 위한 근로에 종사시키는 것)을 업으로(일정의 목적을 가지고 반복적으로 계속해서) 행하는 것이 '근로자공급사업'으로서 계속해서 금지되는 것이다. 1999년에 대폭적으로 개정된 직안법에 있어서도 이상의 근로자공급의 개념은 유지되고 있다(4조 6항).

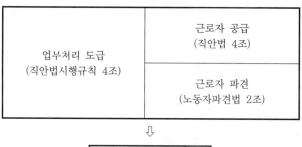

[그림 1]　근로자공급·근로자파견·업무처리도급의 관계

---

13) 간호사, 가정부, 자동차 운송, 항만운송 등에 많다. 또한 노동조합의 행하는 근로자공급사업에서 공급장소와 공급근로자의 관계를 논한 판례로서는 鶴菱運輸事件 — 横浜地判 昭49. 12. 21, 労判 333호, 30면, 渡辺倉庫運輸事件 — 東京地判 昭61. 3. 25, 労判 471호, 6면, 泰進交通事件 — 東京地判 平19. 11. 16, 労判 952호, 24면. 모두 공급장소와 공급근로자의 관계는 근로계약이지만, 그 계약관계는 노동조합과 공급장소와의 사이에서 해당 근로자에 관계되는 공급계약이 존속하는 한 계약이라고 판단하고 있다.

(7) 벌   칙

직업소개・근로자모집・근로자공급에 관한 이상의 규제에 대해서는 각각 처벌규정이 있다(64조, 65조). 또 직업소개・근로자모집・근로자공급을 폭행, 협박, 감금 그 밖의 정신적 또는 신체적 자유를 부당하게 구속하는 수단으로 실시하는 것, 공중위생 혹은 공중도덕상 유해한 업무에 취직하게 하려는 목적으로 실시하는 것, 허위광고를 하거나 또는 허위조건을 제시하는 것, 근로조건이 법령에 위반되는 공장사업장 등을 위해 실시하는 것 등에 대해서는 특별 처벌규정이 마련되어 있다(63조, 65조 8호・9호).

3. 직업능력의 개발—직업능력개발촉진법

(1) 서   설

근로자의 직업능력 개발・향상에 대해서는 종래에는 공공직업훈련의 체계・기준・시설을 설치(설정)하면서 민간에게 직업훈련을 동일한 체계・기준 하에 인정하고 장려하는 직업훈련법(1969년 법 64)이 존재했다. 그러나 급속한 기술혁신(ME화, OA화 등)과 직업생애의 변용(고령사회의 도래) 속에서 광범위한 근로자가 직업생활의 전 기간을 통해 직업능력의 개발향상을 필요로 여기는 시대가 되고 노동행정상으로도 사업주에 의한 근로자의 직업능력개발을 계통적으로 적극적으로 원조하는 것이 중요한 과제가 되었다. 따라서 1985년에 직업훈련법의 대폭적인 개정(1985년 법 56)에 의해 성립한 것이 직업능력개발촉진법이다.[14] 동법은 노동이동을 지원하는 견지에서 2001년의 고용대책법 등이 개정(2001년 법 35)될 때에 근로자의 자발적인 직업능력개발을 촉진하기 위하여 근로자가 장기적으로 직업에 관한 목적을 정하고 직업선택 및 직업능력의 개발・향상을 계획적으로 행할 것('직업생활설계')에 대한 이념과 시책을 마련하였다.[15]

(2) 기본정책

직업능력개발촉진법(이하 '능개법'으로 약칭)은 고용대책법과 함께 직업훈련

---

14) 兩角道代,「職業能力開發と勞働法」, 講座21世紀(2), 154면 이하.

15) 이 개정은 諏訪康雄 교수가 제창한 「커리어權」을 지도이념으로 하고 있다고 볼 수 있다. 동 「キャリア權の構想をめぐる一試論」, 日勞硏, 468호, 54면. 최근의 유럽국가의 직업교육훈련정책을 참고로, 일본의 직업교육훈련정책의 과제를 논하고 문부행정과 노동행정의 제휴, 횡단적인 직업자격제도의 정비 등을 주장한 문헌으로서, 岩田克彦,「改革が進む欧州各国の職業教育訓練と日本」, 日勞硏, 595호, 54면.

및 직업능력검정의 내실 강화와 근로자가 스스로 교육훈련·직업능력검정을 받을 기회를 확보하기 위한 시책 등을 종합적·계획적으로 강구함으로써, 근로자의 직업능력 개발·향상을 촉진하고, 또한 직업의 안정과 근로자의 지위 향상을 꾀함과 동시에, 경제 및 사회의 발전에 기여하는 것을 목적으로 한다(1조). 그리고 동법에 의한 직업능력의 개발·향상의 촉진은 산업구조의 변화, 기술진보, 그 외 경제적 환경의 변화에 따른 업무내용의 변화에 대한 근로자의 적응성을 증대시키고, 전직 시에 원활한 재취직에 이바지 하도록 근로자 직업생활설계에 배려하면서, 그 직업생활16)의 전 기간을 통해 단계적·체계적으로 실시하는 것을 기본이념으로 한다(3조). 또 근로자의 자발적인 직업능력의 개발·향상의 촉진은 위의 기본이념에 따라 직업생활설계에 따라 필요한 직업훈련·직업교육의 기회를 확보하고 필요한 실무의 경험이 되어, 이에 습득된 기능 및 지식의 적정한 평가를 실시함에 따라 도모되어야 한다(3조의 2). 사업주는 그가 고용하는 근로자에 대해 필요한 직업훈련의 실시와 직업생활설계에 입각하여 자발적인 직업능력의 개발·향상을 도모하는 것을 용이하게 하기 위해 필요한 원조를 실시하는 등, 직업능력의 개발·향상의 촉진에 노력할 책무를 가진다(4조 1항). 또 국가 및 도도부현(都道府県)은 사업주, 그 밖의 관계자에 대해 그 자주적인 노력을 존중하면서 직업훈련·직업능력검정에 관한 원조 등을 실시하고, 근로자가 직업생활설계에 따라 자발적인 직업능력의 개발·향상을 용이하게 하기 위한 원조를 실시하는 등의 책무를 가진다(4조 2항).

이상에서와 같은 기본정책을 구체화하기 위해 후생노동대신은 직업능력개발기본계획을, 그리고 도도부현 지사는 도도부현 직업능력개발계획을 책정한다(5조~7조).

(3) 사업주 등이 실시하는 직업능력개발촉진 조치

사업주는 그가 고용하는 근로자가 다양한 직업훈련을 받는 등 그 직업능력의 개발·향상을 꾀할 수 있도록 기회의 확보에 배려해야 한다(8조). 사업주에 의한 직업훈련은 근로자의 업무 수행의 과정 내에서나(이른바 OJT) 또는 그 과정 밖에서(이른바 Off-JT), 스스로 또는 공동으로 시행하는 외에 공공직업능력개발시설 등, 그 밖의 운영자가 설치하는 훈련시설에 의한 직업훈련을 받도록

---

16) '직업생활'의 개념을 관계법령에 대하여 검토하고 직업능력개발의 촉진을 위해서 정련(精鍊)과 활용을 주장한 문헌으로서, 諏訪康雄, 「職業能力開發をめぐる法的課題－『職業生活』をどう位置づけるか？」, 日労研, 618호, 4면 이하.

함으로써 실시할 수 있다(9조). 그 외에도 사업주에 대해서는 다른 운영자가 설치하는 시설에 의해 실시되는 직업훈련이나 다른 사람이 실시하는 직업능력검정을 받게 할 것(10조), '실습병용 직업훈련'을 실시할 것(10조의 2), 근로자가 직업생활설계에 입각한 자발적인 직업능력의 개발·향상을 실시할 수 있도록 업무수행에 필요한 능력·지식에 관한 정보의 제공·상담 등에 따른 원조나, 근로자의 배치, 그 외의 고용관리에서의 배려를 할 것(10조의 3), 유급교육훈련휴가(노동기준법상의 연차유급휴가와는 다른, 교육훈련을 위한 유급휴가), 장기교육훈련휴가, 재취직준비휴가를 부여할 것(10조의 4)을 장려한다(후생노동대신은 사업주의 이러한 조치에 관한 지침을 공표한다. 10조의 5). 또한 사업주는 그가 고용하는 근로자의 직업생활설계에 따른 직업능력개발·향상이 단계적·체계적으로 시행되는 것을 촉진하기 위하여 직업훈련 및 그 원조에 관한 계획을 작성하도록 노력하지 않으면 안 되며(11조), 또한 이 계획의 작성·실시, 근로자에 대한 상담·지도 등의 업무를 담당할 직업능력개발추진자를 선임하도록 노력해야 한다(12조).

이상의 사업주 및 그 밖의 민간단체에 의한 직업훈련과 그 밖의 능력개발에 관한 조치에 대해서는 국가 및 도도부현은 근로자가 다양한 직업훈련을 받는 등 근로자의 직업능력을 개발·향상할 기회를 확보하게 하기 위해 모든 종류의 원조와 조성을 실시하도록 되어 있다(15조 이하). 업무수행에 필요한 기능·지식의 상담에 관한 강습의 실시, 능력개발 계획의 작성·실시에 관한 조언·지도, 능력개발의 기술적 사항에 관한 상담·원조, 정보·자료의 제공, 직업능력개발추진자의 강습 실시, 직업훈련지도원의 파견, 위탁훈련의 실시, 공공직업능력개발시설의 이용 등의 편의제공(15조의 2), 사업주 등에 대한 조성(커리어형성촉진조성금의 지급 등. 15조의 3), 조사연구(15조의 4), 홍보계발(15조의 5) 등이다.

⑷ 국가·도도부현에 의한 직업훈련의 실시

국가 및 도도부현은 근로자가 단계적·체계적으로 직업에 필요한 기능·지식을 습득할 수 있도록 직업능력개발학교, 직업능력개발단기대학교, 직업능력개발대학교, 직업능력개발촉진센터 및 장애인 직업능력개발학교를 설치·운영한다(15조의 6). 이러한 '공공직업능력개발시설'에서 직업훈련의 과정은 보통직업훈련과 고도직업훈련으로 나누어지는데, 이것은 또 각각 단기간의 훈련과정과 장기간의 훈련과정으로 나누어진다(19조, 능개칙 9조).

공공직업능력개발시설은 직업훈련의 수준 유지향상을 위한 기준으로서 성령

(省令) 또는 조례에서 정하는 것에 따라 공공직업훈련 및 고도직업훈련을 실시한다('공공직업훈련' 19조). 공공직업훈련 수료자에게는 수료증서가 교부된다(22조). 또 장기간 훈련과정에 대해서는 기능조사(技能照查)가 실시된다(합격자를 기능사보(技能士補)라고 칭한다. 21조).

(5) 인정직업훈련

도도부현 지사는 사업주 등의 신청에 기초로 하여 해당 사업주 등이 실시하는 직업훈련에 대하여 공공직업훈련의 교과, 시간, 시설 등에 관한 기준에 적합한 것이라는 인정을 할 수 있다(24조). 이 인정직업훈련을 실시하는 사업주 등은 사업에 지장이 없는 범위에서 직업훈련을 위한 시설을 다른 사업주 등이 실시하는 직업훈련을 위해서 사용하게 하고 또는 위탁을 받아 다른 사업주 등의 근로자에게 직업훈련을 실시하도록 노력하는 것으로 되어 있다(26조). 인정직업훈련은 사업주 등이 실시하는 직업훈련을 공공직업훈련과 동일한 기준을 충족시키는 것이라고 인정하고 양자를 통합하는 제도로, 2009년도는 1187개의 시설에서 실시되고 있다.

(6) 실습병용 직업훈련

'실습병용 직업훈련'은 기업이 주체가 되어 청소년(15~40세 미만, 2009년 개정으로 연령 상한이 35세로 인상되었다. 능개칙 2조의 2)에 대하여 공공직업능력개발시설, 인정직업훈련, 전수학교 등에서의 교육훈련(학습)과 고용계약 하에서의 OJT(실습)을 편성하여 실시하는 직업훈련이다(10조의 2). 2006년 개정(2006년 법 81)시에 청년에게 기업의 현장능력을 담당하는 실천적 직업능력을 습득시키는 훈련제도로서 구상되었다. 그리고 2007년에 구상되어 다음해인 2008년 4월부터 실시되고 있는 잡 카드(job card) 제도에서는 잡 카드 작성자의 직업훈련형성 프로그램의 일종으로서 규정되어 있다.

실습병용 직업훈련을 실시하기 위해서는 사업주가 교육훈련기관에서의 학습과 자기업에서의 실습을 효과적으로 편성한 훈련계획을 작성하여 후생노동대신에게 신청하고, 청소년의 실천적 직업능력의 개발·향상에게 효과적이라는 점을 인정받을 필요가 있다(14조, 26조의 3). 인정을 받은 사업주는 면접 등으로 훈련생을 선고하고 고용하여 상기의 병용훈련을 실시하고, 훈련수료시에는 훈련생에게 직업능력평가를 실시한다(10조의 2).

(7) 기능검정

기능검정은 후생노동대신이 정령(政令)으로 정하는 직종마다 후생노동성령(厚生労働省令)으로 정하는 등급으로 구분하여 실시한다. 이 검정은 실기시험 및 학과시험에 의해 실시되며, 그러한 기준 및 그 밖의 기능검정에 필요한 사항은 후생노동성령으로 정하고 있다(62조). 수험자격자는 후생노동성령에서 정한 준칙훈련을 수료한 자, 후생노동성령에서 정한 실무경험을 가진 자 및 이에 준하는 자로서 후생노동성령에서 정한 자이다(45조). 합격자는 합격증서를 교부받으며(49조), 이들을 기능사라 칭한다(50조). 근로자의 직업생활설계에 따른 자발적인 직업능력의 개발·향상을 기본이념으로 한 2001년의 직업능력개발촉진법의 개정(2001년 법 35)은 이러한 기본이념에 따른 직업능력 평가제도의 정비(평가의 기준·방법의 내실화 등)를 꾀하고 있다. 법규정으로서는 기능검정시험업무를 실시할 수 있는 민간시험기관의 범위 및 업무의 확대(47조), 기능사 명칭의 사칭에 관한 벌칙의 강화(50조 3항) 등에 대한 개정이 이루어졌다.

4. 실업자·고용중단자 등에 대한 보험급여—고용보험법

(1) 제도의 변천

근로자가 실업을 한 경우의 경제생활을 지원하기 위해서는 실업보험법[8] 이후의 '실업급여' 제도가 고용보험법(1974년 법 116) 상에 도입되었다. 동법은 고령화 및 저출산 사회의 새로운 니즈에 대응하기 위해 1994년에 대폭적인 개정이 이루어져(1994 법 57), 고용보험제도 속에 '근로자에 대하여 계속적인 고용이 곤란한 사유가 발생한 경우에 필요한 급여를 지원'하기 위한 '고용계속급여' 제도가 도입되었다(1조, 10조). 그리고 종래의 '실업급여'는 이 '고용계속급여'를 포괄하는 개념으로서 '실업 등 급여'로 개정되었다. 또한 글로벌 경쟁 하에서의 산업구조의 변화와 근무방식의 다양화가 진행되는 가운데 근로자 개개인의 주체적인 능력개발을 지원하는 것이 정책과제가 되어 1998년의 동법 개정(1998년 법 19)으로 '근로자가 스스로 직업에 관한 교육훈련을 받은 경우에 필요한 급여를 실시'하기 위한 '교육훈련급여'가 '실업 등 급여' 속에 추가되었다(1조, 10조). 뿐만 아니라 2000년에는 고용실업정세의 악화에 대응하여 기본수당의 소정급여 일수를 이직사유에 따라 기본적으로 구별하는 개정 등이 이루어졌다(2000년 법 59). 그 후에도 고용보험재정의 악화에 대한 대처, 조기재취직의 촉진과 다양한

근무방식에 대한 대응의 관점으로부터의 재검토(2003년 법 31)와 행정개혁촉진법
에 따른 제도개혁과 직면한 과제에 대한 대응이 실시되고 있다(2007년 법 30).17)
그리고 2008년 가을의 리먼 브라더스 쇼크 후의 고용정세악화가 계속되는 가운
데, 주로 비정규 근로자에 대한 사회안전망 기능을 강화하기 위해서 고용보험
의 적용확대나 급여의 개선이 실시되고 있다(2010년 법 15).

> ⑧ **고용보험법의 전신인 실업보험법의 연혁**
>
>   고용보험법은 실업보험법(1947년 법 146)이 1974년에 근본적으로 개정되어 탄생한 것이
> 지만, 그 전신인 실업보험법은 다음과 같은 연혁을 가진다.
>
>   실업이라는 생활리스크에 대하여 공적인 보험제도에 의해 급여를 실시한다는 실업보험제
> 도는 1919년의 세계대공황 후에 검토되어, 1922년에는 헌정회·국민당의 공동에 따른 실업보
> 험법안이 효시로서 제국의회에 제출되었다(심의 미완료). 동 제도는 그 후에도 정부부내에서
> 검토되었지만 당분간은 단념되었으며, 그 대신에 실업시의 생활비 보전의 역할을 완수할 수
> 있는 퇴직적립금과 퇴직수당을 근로자와 기업에게 적립시키는 제도를 입법화하는 것이 목표
> 가 되었다. 이리하여 공장법·광업법 적용사업 가운데 상시 50인 이상의 근로자를 사용하는
> 사업에 관한 퇴직적립급 및 퇴직수당법안이 작성되어 1936년에 성립되어 시행되었다. 그러나
> 이 법률은 1941년에 노동자연금법안이 작성되어 1944년에 동법이 후생연금보험법으로 개조
> 됨과 동시에, 퇴직탈퇴금제도를 포함한 근로자연금제도로 흡수되게 되어 폐지되었다.
>
>   패전 후, 정부부내에서 실업보험제도의 검토가 재개되었으나, 전후의 혼란기 속에서 적극
> 론과 소극론이 대립하였다. 그러나 경제 재건을 이루기 위하여 산업합리화를 단행하기 위해
> 서는 배출된 과잉노동력의 구제책이 긴요한 과제가 되어, 직업안정행정과 실업보험제도의 수
> 립을 서두르게 되었다. 이리하여 국가가 운영하는 강제가입의 보험제도로서의 실업보험제도
> 의 요강은 1946년 12월에 마련되어, 실업보험법안과 동 보험제도가 본격 시동될 때까지의 잠
> 정조치로서의 실업수당법안이 1947년 8월에 국회에 제출되어 같은 해 11월에 성립되었다
> (1947년 법 146. 문헌으로서, 菅沼隆, 「日本における失業保険の成立過程(1)~(3)」, 社会科学
> 研究 43권 2호, 81면, 4호 245면, 44권 3호 65면; 小西康之, 「退職リスクに対する生活保障制
> 度の基本構造と雇用システム」, 日労研 598호, 19~21면).

(2) 고용보험의 적용사업과 피보험자

  고용보험은 '근로자가 고용된 사업'인 경우에 한하여, 그 업종·규범 등에
관계없이 모두가 당연하게 고용보험의 적용사업이 된다(당연적용사업(5조 1항)).
단 농림·축산·수산업 중 근로자 5인 미만의 개인경영 사업은 잠정적으로 임
의적용 사업으로 되어 있다(동 부칙 2조 1항). 이러한 적용사업에 대한 보험관계
의 성립 및 소멸에 대해서는 '노동보험의 보험료 징수 등에 관한 법률'(1969년
법 84)이 정하는 바에 의한다(5조 2항).

  피보험자는 적용사업에 고용된 근로자로서, 다음에 열거하는 자 이외의 자
를 말한다(4조 1항, 6조).

---

17) 고용보험법에 관한 의욕적인 연구로 藤原稔弘, 「雇用保険法制の再検討」, 労働法 103호, 52면.

① 65세에 달한 날 이후에 새롭게 고용된 자(동일사업주에게 65세 전까지 고용되어 있던 자 및 뒤에서 언급할 단시간고용특례피보험자(38조 1항) 또는 일용노동피보험자(43조 1항)에 해당되는 자를 제외한다)

② 주 소정 근로시간이 20시간 미만인 자(6조 2호)

③ 동일 사업주의 사업장에 계속하여 31일 이상 고용되는 것이 예상되지 않는 자(앞 2개월의 각월에 18일 이상 고용된 자 및 일용근로자피보험자가 될 수 있는 자를 제외한다)(6조 3호)

④ 계절적 사업에 고용된 자로, 4개월 이내의 기간을 정하여 고용된 자, 또는 주 소정 근로시간이 20시간 이상 30시만 미만인 자(6조 4호, 38조에 관한 2011년 노고 154호)

⑤ 학교교육법상의 학생으로 ①~④에 준하는 자(6조 5호)

⑥ 국가, 도도부현, 시정촌 등에 고용되어, 이직한 경우에 다른 법령에 의하여 구직자급여 및 취직촉진급여의 내용을 초월하는 급여 등을 받는 자(6조 7호)

①의 적용제외는 1984년 법개정에 의해 제정된 것으로 65세를 노동시장에서 일반적인 은퇴연령으로 보는 견해에 근거하고 있다. ②, ③은 종래의 소정 근로시간이 주 30시간 미만인 자는 고용기간이 1년 이상이어야 한다고 되어 있었기에, 2008년 가을의 리먼 브라더스 쇼크 후에 고용정세가 악화되는 가운데 비정규 근로자에 대한 고용보험의 적용확대가 큰 과제가 되어, 2009년 3월 31일부터 '1년 이상'의 요건은 '6개월 이상'으로 완화되었다. 그리고 2009년 8월의 정권교체 후, 비정규 근로자에 대한 고용보험 적용확대책으로서 '주 30시간 미만'이라는 제외사유를 '주 20시간 미만'으로 완화하고, 또 계속고용기간상에서의 제외사유는 31일 미만으로 축소하고, 제외사유를 정리하는 법개정이 이루어졌다(2010년 법 15). 또한 ⑤도 같은 개정 속에서 학생의 고용보험법상의 취급을 명확히 하기 위해서 새롭게 규정되었다.

이러한 것 외에, 선원보험의 피보험자도 포괄적으로 적용 제외되고 있었는데, 선원보험의 고용보험부분의 고용보험으로의 통합(2007년 법 30)에 의하여, 선원은 1년을 통해서가 아니라 고용된 어선승조원을 제외하고, 고용보험의 피보험자에 포함되게 되었다(6조 6호). '고용된 근로자'인지의 여부('고용관계'의 유무)는 고용보험의 보호를 받게 해야 할지 아닐지의 관점에서부터 판단되어야 하는데, 실제로는 노동계약법상의 '사용되어 근로하고 임금을 지급받는' 근로자(2조 1항)의 개념과 거의 일치한다.[18]

피보험자는 네 종류로 나눠진다. 첫 번째는 일반피보험자이다(13조 1항).19)
두 번째는 고연령계속피보험자(어떤 사업주에 계속 고용되어 65세를 경과한 피보험
자)(37조의 2), 세 번째는 단기고용특례피보험자(피보험자가운데 계절적으로 고용된
자로 상기 ④의 제외자를 제외한 자)(38조, 2010년 법 15에 의하여 개정), 그리고 네
번째는 일용근로피보험자(43조 1항)이다.

(3) 실업 등 급여체계

실업 등 급여는 ① 구직자급여, ② 취직촉진급여, ③ 교육훈련급여, ④ 고용
계속급여로 대별된다. ① 구직자급여는 일반피보험자에 대해서는 기본수당, 기
능습득수당, 기숙수당 및 상병(傷病)수당의 4가지이다. 그 밖의 피보험자에 대한
구직자급여로서는 고연령계속피보험자에 대한 고연령구직자급부금, 단기고용특
별피보험자에 대한 특례일시금, 일일근로피보험자에 대한 일일근로구직자급여금
으로 되어 있다. ② 취직촉진급여로는 취업촉진수당(재취직수당, 취업수당, 상용취
직준비금(常用就職支度金), 이전비(移転費) 및 광역구직활동비 등이 있다.⑨ ③ 교
육훈련급여로는 교육훈련급여금이 있고, ④ 고용계속급여로는 고연령고용계속
급여(고연령고용계속기본급여금과 고연령재취직급여금), 육아휴직급여(육아휴업기본급
여금)20) 및 개호휴업급여(개호휴업급여금)로 되어 있다(이상 10조).

⑨ **취직촉진급여**

　취직촉진급여에는 우선 이직자의 조기 재취직을 촉진하기 위한 취직촉진수당이 있는데
(56조의 3), 그 중 재취직수당은 2008년 가을의 리먼 브라더스쇼크 후의 불황에 대한 고용대
책으로서, 2009년 3월 31일부터 2012년 3월 31일까지 동안에 재취직한 자에 대한 잠정조치
로서 지급잔일수가 소정급여일수의 3분의 2 이상인 경우는 기본수당이 지급잔일수의 50%, 3
분의 1 이상인 경우는 40%로 인상되었다(본칙상 모두 30%)(2009년 법 5호의 개정법부칙 9
조. 지급요건에서도 '지급잔일수 3분의 1 이상, 그리고 45일 이상'에서의 '45일 이상'이 필요
하지 않게 되었다). 그 외, 장애인 등 취직이 어려운 자가 안정된 직업에 취직한 경우의 상용
취직준비수당이 있으며(56조의 3 제1항 2호), 이에 대해서도 상기의 고용대책으로서 지급대
상자를 확대하여 급여률을 30%에서 40%로 인상하는 잠정조치가 실시되었다(동부칙). 또한
공공취업안정소가 소개한 직업에 취업하기 위해 또는 동소장이 지시한 공공직업훈련을 받기
위해 그 주소 혹은 거주지를 변경할 경우에는 소정액의 이전비가 지급된다(58조). 게다가 공

　18) '경영컨설턴트'에 대해 근로자성을 부정한 판례로서 所沢職安所長事件 ― 東京高判 昭59. 2.
29, 労民 35권 1호, 15면. 공사현장에서 1인 사용자에 대하여 근로자성을 부정한 판례로서 池袋職
安所長[アンカー工業]事件 ― 東京地判 平16. 7. 15, 労判 880호, 100면.
　19) 이는 다시 단시간근로피보험자(주 소정근로시간이 20시간 이상 30시간 미만으로 1년간 이
상의 고용에 취직한 자)와, 그 이외의 일반피보험자로 구분하고 있었는데, 2007년의 개정으로 단
시간근로피보험자의 구분은 폐지되어 일반피보험자로 흡수되었다.
　20) 2009년 법 65에 의하여, 육아휴업기본급여금과 육아휴업자 직장복귀급여금이 육아휴업급여
금으로 통합되었다.

공직업안정소에 의한 광역직업소개를 받을 경우에는 광역구직활동비가 지급된다(59조). 이러한 취직촉진급여는 일반피보험자에 관한 것이지만 상용취직준비금은 단기고용특례피보험자 및 일일근로피보험자에 대해서도 지급된다.

(4) 일반피보험자의 구직자급여

실업 등 급여의 가장 기본적이면서도 주된 급여는 기본수당이다. 기본수당은 피보험자가 실직한 경우에 이직(離職)하기 이전의 2년간에 피보험자기간이 통산하여 12개월 이상일 때 지급된다(13조 1항). 이 기간은 이직한 날로부터 1개월마다 소급한 기간 내에 임금지불기초일수가 11일 이상인 경우를 1개월로 계산한다(14조). 이러한 수급자격기간을 마련한 취지는 일정기간 보험료를 납부하는 것이 보험경제의 건전한 운영의 전제가 되기 때문이며, 또한 근로의 의사가 없는 자의 수급을 방지하는데 있어서도 필요하다고 생각되었기 때문이다. 그러나 2007년 개정으로 이직의 이유가 도산·사업의 축소·폐지, 해고 등인 자에 대해서는 이직일 이전 1년간에 피보험자 기간이 통산하여 6개월 이상이었을 때에도 지급되게 되었다(13조 2항). 또 2009년 3월의 개정(2009년 법 5)에서는 유기근로계약이 만료되어 갱신되지 못한 이직자 또는 정당한 이유가 있는 자기사정으로 인한 이직자('특정이유 이직자', 13조 3항)에 대해서도 마찬가지의 취급이 이루어지게 되었다(동조 2항).

'실업'이란 피보험자가 이직하여, 근로의 의사 및 능력을 가지고 있음에도 불구하고 직장에 취업할 수 없는 상황에 있는 것을 말한다(4조 3항).[21] 회사 등의 임원에 취임하여 보수 등 경제적 이익의 취득을 법적으로 기대할 수 있는 계속적 지위에 있는 경우에는 '직장에 취직한' 것으로 보아 실업급여를 받을 수 없다.[22]

기본수당을 수급함에 있어 수급자격을 가지는 자는 이직 후 공공직업안정소에 출두하여 구직신청을 하여 실업인정을 받지 않으면 안 된다. 공공직업안정소는 수급자격자가 최초에 출두한 날부터 4주마다 통합하여 인정하고 있다(이

---

21) 2011년 3월 11일의 동일본 대지진 후의 긴급고용대책 중에는 지진재해 이재민에 대한 실업수당의 특례지급으로서, ① 사업소에 대한 직접피해로 인하여 휴업을 하게 되어 임금을 지급받을 수 없는 경우, 실제로 이직하고 있지 않아도 실업수당을 수급가능하게 되도록(격심재해에 대처하기 위한 특례의 재정지원 등에 관한 법률), 또 ② 재해구조법 지정지역소재의 사업소의 종업원으로 일시적으로 부득이하게 이직하게 된 자에 대해서는 사업재개후의 재고용이 예정되어 있는 경우에도 실업수당의 수급이 가능하게 되도록 조처되었다(업무취급요령상의 취급).

22) 岡山職安所長事件 ─ 広島高岡山支判 昭63. 10. 3, 労判 528호, 25면. 정년퇴직 후 화장품점을 운영하는 부인과 미용지도회사를 설립하여 대표이사에 취임한 자는 '실업' 중에 있다고 할 수 없다고 판시했다.

상 15조).

〈일반 이직자에 대한 급부일수〉

구 분 \ 피보험자로 있었던 기간	10년 미만	10년 이상 20년 미만	20년 이상
전 연령	90일	120일	150일

〈도산·해고 등에 의한 이직자에 대한 급여일수〉

구 분 \ 피보험자로 있었던 기간	1년 미만	1년 이상 5년 미만	5년 이상 10년 미만	10년 이상 20년 미만	20년 이상
30세 미만		90일	120일	180일	–
30세 이상 35세 미만		90일	180일	210일	240일
35세 이상 45세 미만	90일	90일	180일	240일	270일
45세 이상 60세 미만		180일	240일	270일	330일
60세 이상 65세 미만		150일	180일	210일	240일

[그림 2] 일반피보험자의 소정급부일수

　　기본수당은 원칙적으로 이직한 다음날부터 산정하며, 1년 기간(수급기간) 내에 실업 중인 날에 대해 후술하는 소정급여일수를 한도로 지급된다. 단, 공공직업안정소에 최초로 구직신청을 한 날 이후에는 실업 중인 날이 통산하여 7일이 되지 않는 기간에 대해서는 대기기간으로 보아 기본수당을 지급하지 않는다(21조). 또한 1년의 수급기간에 대해서는 이 기간 내에 임신, 출산, 육아 그 밖의 이유에 의해 계속 30일 이상 직장에 취업할 수 없을 경우에는 본인의 신고에 의해 동 기간을 최장 4년까지 연장하여, 그러한 사유가 소멸한 후에 기본수당을 지급 받으면서 구직활동을 할 수 있도록 하고 있다(20조 1항). 또한 60세 이상의 정년으로 이직한 자가 일정기간 구직신청을 하지 않을 것을 희망한 경우에도 수급기간이 최대한 2년까지 연장된다(동조 2항).

　　기본수당의 일액(日額)은 임금일액(그 계산방식은 17조. 1984년 개정으로 일시금이 제외되게 되었다)에 당해 임금일액에 상응하는 일정한 비율(100분의 50~80[60~64세는 100분의 45~80]의 범위 내에서 임금이 낮은 자일수록 급여비율이 높게 되도록 정해져 있다)을 곱한 금액으로 한다(16조. 이러한 일액의 산정방식 및 최저액·

최고액도 빈번히 변경되고 있다).

　기본수당의 소정급여일수는 이직이유와 수급자격자의 이직일에 있어서의 연령 및 산정기초기간(피보험자였던 기간(22조 3항))에 의해 위의 표와 같이 정해져 있다(22조·23조). 이 소정급여일수는 연령에 따른 취직난이도의 상황에 따라 누차 개정해 왔으나, 2000년 개정(2000년 법 59)에 따라 이직이유가 도산·사업의 축소·해고 등과 같이 사전에 준비하기 어려운지 여부(「특정수급자격자」라고 칭함. 23조 2항), 자기사정에 따른 퇴직·정년 등과 같이 사전에 준비할 수 있는 것인지의 여부(22조 1항)에 의하여 기본적으로 구별된다. 그 후 2003년 개정에서 다양한 근무방식에 대한 대응으로서 통상근로자와 파트타임 근로자와의 급여내용을 일체화하여, 도산·해고 등에 따른 이직은 통상 근로자의 급여일수에, 그 이외의 사유에 의한 이직자는 원칙적으로 파트타임 근로자의 급여일수에 각각 일치시키게 되었다. 그리고 2008년 가을의 리먼 브라더스 쇼크로 인한 불황에 대응한 2009년의 법개정에서는 앞에서 언급한 계약갱신거부 등에 의하여 2009년 3월 31일부터 2012년 3월 31일 동안에 이직한 자(상기의 특정이유 이직자)는 잠정적으로 앞에서 언급한 특정수급자격자와 마찬가지로 급여일수의 기본수당을 수급할 수 있게 되었지만(2009년 법 5 부칙 4조), 이 조치는 2012년 3월의 개정으로 또 2년간(2014년 3월 31일까지) 연장되게 되었다(2012년 법9). 또한 장애인 등과 같이 취직이 곤란한 자(고보칙 32조)에 대해서는 소정급여일수를 별도로 정하고 있다(22조 2항).

　이상의 급여일수 및 수급기간에 대해서는 일정한 사유가 있는 경우에는 연장이 가능하다. 훈련연장급여(24조), 광역연장급여(25조),[23] 전국연장급여(27조)가 이에 해당한다. 2009년의 상기 법개정에서는 2009년 3월 31일에 기본수당의 소정지급일수의 지급종료일을 맞이한 자에서 2012년 3월 31일까지 이직한 자로, 이직일에서 45세 미만인 자, 고용기회가 부족한 지역으로 지정된 지역에 거주하는 자 및 공공직업안정소에서 수급자격자의 지식, 기능, 경험 등에 비추어 재취직지원을 계획적으로 실시할 필요가 있다고 인정되는 자에 대해서는 급여일수를 원칙 60일분 연장하는 잠정조치가 마련되었다(2009년 법 5 부칙 5조). 이 급여일수의 60일간 연장의 잠정조치도 2012년 3월 31일까지 실시된 후, 또 2년간(2014년 3월 31일까지) 연장되게 되었다(2012년 법9).[24]

---

　23) 광역 연장급여에 대해서는 2001년의 고용대책법 등의 개정(2001년 법35)시에, 계획적인 재취직 원조의 시책이 포함되었다.

일반피보험자의 구직자급여로서는 위의 기본수당 외에 수급자격자가 공공직업안정소장이 지시한 공공직업훈련 등을 받는 경우에 지급되는 기능습득수당과 기숙수당(36조) 및 수급자격자가 공공직업안정소에서 구직신청을 한 뒤 질병이나 부상 때문에 취직할 수 없는 경우에는 기본수당에 대신하여 지급되는 상병(傷病)수당(37조)이 있다.[10]

[10] **기본수당의 급여제한**

피보험자가 자신의 책임으로 돌려야 할 중대한 이유에 의해 해고되거나 또는 정당한 이유 없이 자신의 사정에 의해 퇴직한 경우에는, 대기기간 경과 후 1개월 이상 3개월 이내에서 공공직업안정소장이 정하는 기간은 기본수당을 지급하지 않는다(33조). 이 급여제한기간은 종래에는 1개월 이상 2개월 이내로 되어 있었으나, 안이한 이직의 증가경향에 대한 대책으로서 1984년 개정시에 연장되었다. 그리고 수급자격자가 공공직업안정소가 소개하는 직업에 취업하는 것이나 또는 동소장이 지시한 공공직업훈련을 받는 것을 일정한 이유 없이 거부할 경우에는 이를 거부한 날로부터 1개월을 넘지 않는 범위에서 기본수당을 지급하지 않는다(32조). 그 밖의 실업급여의 부정수급자에 대한 급부제한도 있다(34조).

(5) 일반피보험자 이외의 피보험자의 구직자급여

고연령계속피보험자가 이직했을 경우에는 1984년 법개정(1984년 법 54)에 따라 그 구직자급여는 고연령구직자급여금이라는 일시금의 급여가 실시되게 되었다(37조의 2). 급여금의 액수는 원칙적으로 산정기초기간(근속연수) 1년 이상의 경우 기본수당일액의 50일분, 1년 미만의 경우 30일분이다(37조의 4, 2003년 개정).

계절적으로 고용되는 자 및 상시 단기고용에 취직하는 것을 조건으로 하는 자(이른바 계절근로자 등)에 대해서는 특별한 피보험자('단기고용특례피보험자')로 되어 이직일 이전의 1년 동안에 6개월 이상의 피보험자 기간이 있을 경우에는 기본수당일액의 30일분의 특례일시금이 지급된다(38조, 40조, 부칙 7조. 2007년 개정).

일용근로구직자급여금은 납부보험료의 액수에 상응한 일액(日額) 및 급부일수에 의해 지급된다(48조, 50조).

(6) 교육훈련급여

교육훈련급여금은 후생노동대신이 지정하는 교육훈련을 받고 해당 교육훈련을 수료한 경우에, 지급요건 기간(교육훈련 시작일에 피보험자로서 고용된 기간)이 3년간(2007년 10월부터 당분간 첫 회만 1년간) 이상일 때에 지급된다. 급여금의 액수는 교육훈련의 수강을 위해 지불한 금액의 20%(상한 10만엔)이다(60조의 2, 고

---

24) 동일본 대지진에 대처하기 위한 특별한 재정원조 및 조성에 관한 법률(2011년 법 40)에 의하여, 동일본 대지진으로 인하여 부득이하게 이직한 자에 대한 상기 60일간 연장의 잠정조치에 더불어, 60일분 연장하는 조치가 마련되어 있다.

보칙 101조의 2의 5, 101조의 2의 6).

(7) 고용계속급여

고용계속급여는 60대 전반의 고연령자의 낮은 임금을 보충하기 위한 '고연령고용계속급여'와 육아휴업기간 중 및 개호휴업기간 중의 임금의 일부를 보전하기 위한 '육아휴업급여' 및 '개호휴업급여'로 구성된다.

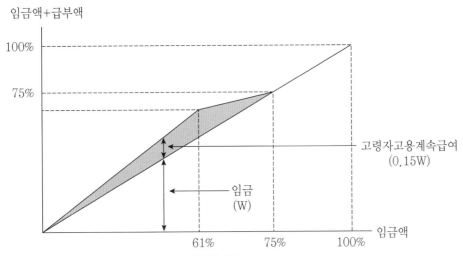

임금액+급부액

주) 퍼센트(%)는 60세 시점의 임금에 대한 비율이다.
[그림 3] 고연령고용계속급여액의 비율

'고연령고용계속급여'는 60세 시점에 비교하여 임금액이 75% 미만으로 저하된 상황에서 고용(동일 기업이든 다른 기업이든 불문)을 계속하는 60세 이상 65세 미만의 피보험자(피보험자 기간이 5년 이상이어야 함)에 대해 60세 이후의 임금액의 15% 상당액으로 지급된다(2003년 개정). 단 지불되는 임금액이 60세 시점의 임금액의 61%를 넘어 75% 미만일 때는 그림과 같이 당해 비율에 따라 체감하는 15% 미만의 비율을 곱하여 얻은 금액이 된다. 또 매달 임금액과 급여액의 합계액에 대해서는 기본수당일액의 산정기초가 되는 임금일액 상한액의 75%에 30을 곱한 액이 상한액(대신고시에 의한 일정액의 절대적 상한 있음)이 되고, 이것을 초과할 경우에는 급여액이 감액된다(이상 61조).

이상의 '고연령고용계속급여'는 60세 시점 이후에도 이직하지 않고 고용이 계속되고 있는 피보험자에 대해서는 65세가 될 때까지 지급된다('고연령고용계속

기본급부금', 61조). 이에 대해 일단 이직하여 기본수당을 수급한 후에 재취직한 경우에는, 기본수당의 지급잔일수가 200일 이상이면 2년 간, 100~199일까지는 1년을 한도로 하여 지급된다('고연령재취직급부금', 61조의 2).

'육아휴업급여'는 1세 미만(고용계속을 도모하기 위한 특별한 사정이 있는 경우 1세 6개월)의 자녀를 양육하기 위해 육아휴업을 취득한 피보험자에게 육아휴업시작 전 2년간에 임금지불기초일수가 11일 이상인 달이 12개월 이상일 것을 요건으로 하여 육아휴업급여금으로 지급된다(61조의 4). 급여액은 당분간 휴업전 임금의 50%로 되어 있다(개정법 부칙 12조).[25]

'개호휴직급여'는 가족을 개호하기 위해 개호휴업을 취득한 피보험자에게 지급된다(대상가족마다 합계 93일을 한도로 한다. 2005년 4월 1일 시행). 단 개호휴업 시작 전 2년 동안에 임금지불기초일수가 11일 이상 있는 달이 12개월 이상일 조건이 필요하다. 급여액은 휴업 전 임금의 40% 상당액이다('개호휴업급부금', 61조의 6).[26]

또한 육아휴업급여급 및 개호휴업급여금에 대해서는 휴업기간 중에 사업주로부터 임금을 지급받은 경우에, 그 임금과 급여와의 합계가 휴업시작 이전 임금의 80%를 넘을 때에는 그 80% 상당액으로부터 휴업기간 중에 지불된 임금을 뺀 금액이 지급된다(즉, 휴업중의 임금과 급여금의 합계금액이 휴업전의 임금액의 80%를 넘을 경우는 80%를 넘지 않도록 급여금의 감액이 이루어진다. 61조의 4 제5항, 61조의 6 제5항).

(8) 비용의 부담

고용보험사업에 필요한 비용은 사업주 및 피보험자가 부담하는 보험료와 국고부담에 의해 조달된다. 먼저 고용보험의 보험료율은 법률규정상 임금 총액의 1,000분의 17.5(2011년 개정)[27]가 되지만, 후생노동대신은 보험재정의 상황에 따라 그 비율을 1,000분의 13.5(1000분의 13.0으로 감소되는 경우 있음)~21.5의 범위

---

25) 2000년 개정(2000년 법 59)에서 40% 상당액으로 인상되었고 2007년 개정(2007년 법 30)에서, 2010년 3월 이전에 시작된 육아휴업에 대하여 휴업전 임금의 40% 상당액에서 50% 상당액으로 인상되었다. 그리고 2009년 개정(2009년 법 5)시에, 2010년 4월 이후에 시작된 육아휴업에 대해서도 당분간 50% 상당액으로 되었다. 또한 2009년 개정전에는 30% 상당분은 휴업기간 중에 '육아휴업기본급부금'으로서, 20% 상당분은 휴업을 종료하여 직장으로 복귀하여 6개월을 경과했을 때에 '육아휴업자 직장복귀급부금'으로서 지급되기로 되어 있었으나, 동 개정은 양자를 '육아휴업급부'로서 통합하여 휴업기간 중에 지급하는 것으로 했다.

26) 2000년 법 59에 따라 지급율이 인상되었다.

27) 2009년 법 5에 따라, 2009년도에 한하여 1000분의 11.5로 인하되었다.

내에서 증감할 수 있다(68조, 노보징 12조 4항, 5항. 또한 토목건축업 등에 대해서도 특별요율이 있다).[28] 이러한 고용보험료율 중 1,000분의 3.5(1000분의 3.0으로 감소되는 경우 있음)은 후술하는 고용안정사업 등의 비용에 충당되고 있다('2사업률', 노보징 12조 6항, 9항). 실업 등 급여에 충당되는 나머지 부분은 피보험자 및 사업주가 각각 절반씩 부담한다(노보징 31조 1항). 이에 대해 고용안정사업 등에 충당되는 부분은 전부 사업주의 부담으로 된다(노도징 31조 4항).

국고는 일용근로구직자급여금 이외의 구직자급여에 필요한 비용의 4분의 1(2007년 이후의 당분간 400분의 55, 부칙 13조), 일용근로구직자급여금에 필요한 비용의 3분의 1(동 300분의 55), 고용계속급여(고연령자고용계속급여를 제외)에 필요한 비용의 8분의 1(동 800분의 55)을 부담하는 외에, 예산의 범위 내에서 사무집행에 요구되는 비용을 부담한다(66조).[29]

5. 구직자지원제도

(1) 입법경위와 제도취지

2008년 가을의 리먼 브라더스 쇼크 이후의 대불황시에는 대량으로 고용이 중지되었던 파견근로자나 유기계약근로자의 대부분이 고용보험수급자격이 없는 자였기 때문에, 노동시장의 사회안전망이 제 역할을 못하게 된 것이 드러났다. 또 고용실업정세가 엄격해지는 가운데 실업급여의 기간이 끝난 장기실업자에 대한 지원도 과제가 되었다. 이리하여 노동시장의 사회안전망을 재정비하기 위해서 2010년에 고용보험의 적용확대를 꾀하는 고용보험법 개정이 이루어진 뒤, 2011년 5월 13일에 '직업훈련의 실시 등에 따른 특정구직자의 취직 지원에 관한 법률'(이하 '구직자지원법'이라고 함)이 제정되었다(2011년 법 47). 동법은 리먼 브라더스 쇼크 이후의 불황대책의 한 가지로서 자공연립정권(自公連立政權: 자민당과 공명당의 연립정권-역자 주)하의 2009년 7월부터 시한조치로서 실시되어 왔던 '긴급 인재육성 지원사업'(고용보험의 수급자격이 없는 실업자에게 무료의 직업훈련을 실시하면서 직업훈련중의 생활지원급여를 실시)을, 민주당 중심의 새로운 정권

---

28) 2011년 법 46에 따라 '1000분의 15.5~23.5'를 '1000분의 13.5~21.5'로 개정했다. 이에 따라 2012년도의 고용보험료율은 1000분의 13.5가 된다.

29) 실업 등 급여에 관계되는 국고부담에 대해서는 2007년도부터 행정개혁추진법의 취지나 고용보험재정을 고려하여 잠정조치가 취해지고 있지만, 2012년도에 대해서도 잠정조치가 취해지게 되었다.

하에서 항구적인 제도(구직자지원제도)로 발전시켰던 것이다. 동 제도는 고용보험을 수급할 수 없는 구직자(특정구직자)에게 공공직업안정소가 중심이 되어 직업훈련을 수강할 기회를 확보함과 동시에, 훈련기간중에 급여금(직업훈련수강급여금)을 지급하고 세세한 취직지원을 실시함으로써 그 조기의 취직을 지원하고자 하는 것이다(구지 1조. 2011년 10월 1일 시행).

(2) 특정구직자

구직자지원제도의 대상자인 '특정구직자'는 고용보험제도의 피보험자(고보 4조 1항) 및 기본수당의 수급자격자(동 15조 1항)가 아니라, 공공직업안정소에 구직 신청을 한 자 가운데, 근로의 의사 및 능력을 가지고 있으며 직업훈련, 그 외의 지원조치를 실시할 필요가 있다고 공공직업안정소장이 인정한 것이다(구지 2조). 고용보험의 수급종료자, 수급자격요건을 충족시키지 못했던 자, 고용보험의 적용이 없었던 자, 학교졸업 미취직자, 자영업을 폐업한 자, 등이 여기에 해당된다고 볼 수 있다.

(3) 인정직업훈련

구직자지원제도에서는 기초적 능력에서 실천적 능력까지를 일괄하여 부여하는 새로운 훈련제도가 마련된다.[30] 동 제도에 의한 훈련에 대해서는 훈련코스가 성장 분야 및 지역의 산업동향, 구인의 필요를 바탕으로 설정되도록, 국가레벨 및 도도부현 레벨에서 설치된 노사, 교육기관 등의 관계기관에 의한 협의의 장(場)을 거쳐 후생노동대신이 직업훈련실시계획을 매년도 책정하는 것으로 되어 있다(구지 3조).[31]

훈련을 실시하는 것은 전문학교 등의 민간교육사업자로, 후생노동대신은 이러한 자가 제공하고자 하는 훈련코스마다 상기의 계획에 비추어 보아 적절하고, 취직에 필요한 기능 및 지식을 충분히 가지고 있지 않은 자의 직업훈련의 개발・향상에 효과적이고, 그 외에 성령에서 정하는 훈련의 기준(예를 들면 동등의 직업훈련을 적절하게 실시했던 실적이 있을 것, 과거에 실시했던 인정직업훈련의 취직실적이 일정수준 미만이지 않을 것, 강사가 지도에 관계되는 전문지식・경험을 가진 자일 것, 정기적으로 습득정도를 평가하여 훈련종료 시의 평가를 잡 카드에 기재하여

---

30) 구직자지원제도에서의 훈련제도는 구직자지원법 및 구직자지원법 시행규칙에서는 '인정직업훈련'이라고 칭하고 있지만, 시행통달, 그 외 행정상은 '구직자지원훈련'으로 호칭하게 되었다.

31) 인정직업훈련에서는 특정구직자의 다양한 상황에 대응할 수 있도록 기초적 능력만을 부여하는 훈련도 설정된다.

교부할 것 등)에 적합하다는 인정을 한다(구지 4조, 구지칙 2조).[32] 국가는 이러한 인정직업훈련이 원활하고 효과적으로 실시되도록, 이 훈련을 실시하는 자에게 필요한 조언·원조를 할 수 있다(구지 5조, 구지칙 7조, 8조). 또한 인정직업훈련을 실시하는 자는 공공직업안정소장과 밀접하게 연계하여 취직지원을 한다(구지 13조).[33]

⑷ 직업훈련수강급여금

직업훈련수강급여금은 공공직업안정소장이 지시하는 인정직업훈련 또는 공공직업훈련 등을 수강하는 경우로, ① 일정 수입이 없을 것, ② 세대에 일정한 수입이 없을 것 및 금융자산이 일정 수준을 넘지 않을 것, ③ 현재 살고 있는 토지 및 건물 이외에, 토지건물을 소유하고 있지 않을 것, 및 ④ 훈련에 전부 (정당한 이유가 있는 경우는 8할 이상) 출석하는 것 등의 요건을 충족시키는 경우에 직업훈련수강수당 및 통소(通所)수당으로서 지급된다(구지 7조, 구지칙 10조~12조).[34] 직업훈련수강수당의 액수는 월 10만엔으로, 통소수당은 훈련기간에 다니기 위한 교통비 상당액이다(구지칙 11조, 12조). 급여의 기간으로서는 일정 기간(6년)을 하나의 단위로 하고, 그 기간에 원칙 1회, 훈련을 받고 있는 기간(원칙 1년, 일정 요건에서 최장 2년간) 급여를 받을 수 있다(구지칙 11조). 부정수급에 대해서는 부정수급액의 급부 및 반환의 패널티가 부과된다(구직 8조). 또한 직업훈련수강급여금의 지급에 있어서는 훈련개시에서 1개월마다 공공직업안정소에 출두하여 신청을 한다(구직칙 17조).

⑸ 취직지원

훈련을 효과적으로 취직으로 이어지게 하기 위해서는 훈련개시전, 훈련기간 중, 훈련종료후로, 일관된 취직지원이 필요하다. 그래서 공공직업안정소가 중심이 되어 인정직업훈련을 실시하는 자와 긴밀한 연계를 도모하면서 훈련수강자마다 개별로 취직지원계획을 작성하고(구지 11조), 공공직업안정소장은 동 계획에 기초로 하여 특정구직자에게 직업지도, 직업소개, 직업훈련 등의 조치를 받

---

32) 인정의 사무는 독립행정법인 고령·장애·구직자고용지원기구에 위임되어 있다(구지 4조 3항). 이 기구는 인정직업훈련을 실시하는 자에게 해당 직업훈련의 실시에 필요한 지도·조언을 할 수 있다(동 6조). 또한 후술하는 보고, 입회검사도 실시할 수 있다(동 15조, 16조).

33) 인정직업훈련을 실시하는 자에 의한 훈련과 취직지원을 효과적인 것으로 만들기 위해서 원칙적으로 취직 실적에 따른 재정적 지원을 실시하는 구조(인정직업훈련실시장려금의 지급)로 하고, 그 커리큘럼이나 취직지원을 적극적으로 개선하는 대응을 촉구하는 것으로 한다(구지칙 8조 4항).

34) 동 시기에 동일 세대에서 수급할 수 있는 것은 1명으로 된다(구지칙 11조).

는 것을 지시한다(동 12조 1항).[35] 이 지시를 받은 특정구직자의 취직지원 조치의 원활한 실시를 도모하기 위해서 작업안정기관, 인정직업훈련을 실시하는 자, 공공직업능력개발시설의 장, 그 외 관계자는 상호 밀접하게 연락하고 협력하도록 노력해야 한다(동 13조).

(6) 보고·입회검사

후생노동대신(그 위임을 받은 도도부현 노동국장이나 공공직업안정소장)은 인정직업훈련을 실시하는(실시했던) 자나 특정구직자(였던 지)에 대해서 필요한 보고를 요구할 수 있고(구지 15조), 또 인정직업훈련을 실시하는 자 등의 사무소에 대한 입회검사를 할 수 있다(동 16조. 이러한 벌칙은 20조).

(7) 재 원

구직자지원제도는 고용보험의 부대사업으로서 실시되고, 그 비용은 국가가 2분의 1(고용보험과 마찬가지로 원칙적으로 100분의 55만을 부담한다는 국고부담의 잠정조치가 적용된다), 노사가 4분의 1씩 부담한다. 노사의 부담분은 고용보험의 일반보험료징수액에서 2사업률을 곱하여 얻은 금액을 제외한 금액으로 조달된다(고보 69조). 또한 이 부대사업은 능력개발으로 이어지는 것이기 때문에, 능력개발사업으로서 실시되는 것으로 되어 있지만(동 64조), 종래의 능력개발사업(동 63조)과는 구별되고, 구직자지원법에서 규정하는 사업만을 실시하는 것이기 때문에, 비용의 부담상으로는 취직지원법 사업으로 약칭하고 고용보험 2사업과는 별개의 취급이 이루어진다(동 66조, 68조).

6. 고용촉진과 실업예방

이미 서술했듯이 1973년의 제1차 오일쇼크 이후에는 고용촉진과 실업예방을 위한 법규정이 발전하였다. 이것은 기업이 근로자의 고용을 가능한 유지하면서 경제변동과 산업의 구조적 변화에 대처하는 노력을 지원하거나 노동시장에서 구조적으로 불리한 입장에 놓인 사람들의 고용을 촉진하는 시책이었다. 그리고 그러한 시책의 수단으로서 ① 구직자에 대해 직업소개·직업훈련서비스

---

35) 취직지원계획에 따르지 않고, 공공직업안정소에 방문하지 않는 등의 경우에는 직업훈련수강급여금의 지급정지나 수급액의 반환 패널티의 대상이 된다(구지 12조·구지칙 14조, 구지 8조·구지칙 15조).

를 제공하거나, 각종 급여금·수당을 지급하는 구직활동 원조, ② 사업주에 대한 채용 또는 고용유지를 촉진하기 위한 모든 종류의 조성금·장려금의 지급 등이 실시되었다. 특히, ②의 사업주에 대한 고용의 유지·촉진을 위한 조성정책은 오일쇼크 이후에 눈부시게 발전된 정책으로 최근의 노동시장의 법규정의 최대 특징 중의 하나가 되고 있다.36) 거품붕괴후의 고용실업정세가 악화되는 가운데, 그 조성정책에는 부득이하게 이직을 한 근로자에 대하여 재취직지원조치를 강구하는 사업자에 대한 조성정책이 부가되었다.37) 그 후 행정개혁의 추진에 따라 조성금사업의 기본적 재검토가 이루어졌지만, 2008년의 리먼 브라더스 쇼크후의 불황시에는 기업에 의한 고용유지의 노력을 전면적으로 지원하고 동시에 삭감대상이 된 다수의 비정규 근로자의 곤경을 구하기 위해서 고용조정 조성금의 적극적인 활용이 이루어졌다.

(1) 고용보험법의 고용안정 등 2사업(二事業)

고용보험법은 고용보험사업으로서 앞에서 언급한 실업 등 급여뿐만 아니라 고용안정사업, 능력개발사업, 고용복지사업의 세 개의 사업을 실시해왔다. 이것은 '근로자의 직업안정에 이바지하기 위해 실업의 예방, 고용상태의 시정 및 고용기회의 증대, 근로자의 능력개발 및 향상 기타 근로자 복지증진을 꾀하는 것을 목적으로 한다'(1조). 이러한 목적을 위해서는 이하에서 볼 수 있듯이 고연령자고용안정법, 장애자고용촉진법, 지역고용개발촉진법 등이 모든 종류의 시책을 정하고 있지만, 고용안정사업 등은 그러한 특별법에 의한 시책의 실시수단(고용보험의 재원을 이용한 조성금·장려금)을 갖춘 것이었다. 그러나 앞에서 언급했던 행정개혁이 이루어진 가운데 2007년 개정(2007년 법 30)으로 피보험자의 복지 증진을 폭넓게 꾀하기 위한 고용복지사업이 폐지되고, 고용안정사업⑪⑫ 및 능력개발사업⑬⑭의 두 가지 사업만 남게 되었다(3조).

⑪ **고용안정사업**
고용안정사업은 '피보험자' 및 '피보험자였던 자' 및 '피보험자가 되려고 하는 자'(2007년 법 30에서 추가)에 관하여 '실업의 예방, 고용상태의 시정, 고용기회의 증대, 기타 고용안정을 꾀하기 위한' 다음의 사업이다(62조 1항). 구체적으로는 ① 경기변동, 산업구조의 변화, 그 밖의 경제상 이유에 의해 사업활동이 어쩔 수 없이 축소된 경우에 근로자를 휴업하게 하거나 직업훈련을 받게 하거나 또는 출향(出向)시키거나 하는 사업주에 대해 필요한 조성(助成) 및 원조를 실시하는 것(동항 1호), ② 부득이하게 이직하게 된 근로자에 대하여 재취직원조계획

36) 菅野=新·雇用社会の法, 78면 이하.
37) 2001년 고용대책법 등 개정. 2001년 법 35. 菅野, 전게서, 89면 이하.

을 책정하여 구직활동을 위한 휴가 등의 원조조치를 행하는 사업주에 대하여 필요한 조성·원조를 실시하는 것(동항 2호), ③ 고연령자에 대하여 정년인상, 정년 후의 계속고용제도의 도입 등에 의한 고용의 연장을 하거나 또는 고연령자에 등에 대하여 재취직의 원조를 하거나, 고연령자 등을 고용하는 사업주, 그 외 고연령자 등의 고용의 안정을 도모하기 위해서 필요한 조치를 강구하는 사업주에게 필요한 조성·원조를 실시하는 것(동항 3호), ④ 고용기회를 증대시킬 필요가 잇는 지역으로의 사업소 이전으로 새롭게 근로자를 고용하는 사업주, 계절적으로 실업한 자가 다수 거주하는 지역에서 이러한 자를 연간 고용하는 사업주, 그 외 고용에 관한 상황을 개선할 필요가 있는 지역에서의 근로자의 고용의 안정을 도모하기 위해서 필요한 조치를 강구하는 사업주에게 필요한 조성·원조를 실시하는 것(동항 4호), ⑤ 그 외 장애인, 기타 취직이 특히 곤란한 자의 채용촉진, 고용에 관한 상황이 전국적으로 변화한 경우의 근로자의 고용의 촉진, 그 외 피보험자의 고용의 안정을 도모하기 위해서 필요한 사업(동항 5호).

고용안정사업에서는 '고용조정조성금(고보칙 102조의 3), '노동이동지원조성금'(동 102조의 5), '정년인상 등 장려금'(동 104조), '특정구직자 고용개발조성금'(동 110조), '수급자격자 창업지원조성금'(동110조의 2), '시행고용장려금'(동 110조의 3), '지역고용개발조성금'(동 112조), '통년고용장려금'(동 113조), '양립지원조성금'(동 116조), '인재확보등 지원조성금'(동 118조), '균형대우·정사원화 추진장려금'(118조의 2), '장애자고용촉진조성금'(동 118조의 3)과 같은 사업주에 대한 조성금 외, 불균형(miss match) 해소를 위한 여러 사업이나 민간단체에 의한 여러 사업이 실시되고 있다. 특히 동 사업의 대표적인 조성금인 '고용조정조성금'은 경기변동이나 산업구조의 변화 등에 따른 사업활동의 축소를 부득이하게 한 사업주가 노사협정에 기초로 하여 휴업이나 교육훈련, 출향 등을 실시하는 경우에 각각 휴업수당, 훈련중의 임금·비용, 출향사용기업에게 지불하는 보조비 가운데 일정 부분을 일정 기간 일정 한도 일수로 사업주에게 조성한다는 것이다.

⑫ 고용조정조성금의 이용상황

고용조정조성금은 제도창설 이래, 제조업을 중심으로 기업의 고용유지노력에 대하여 업종이나 지역을 한정, 조준(pinpoint)하여 지급되어 왔다. 예를 들면, 엔화강세나 개발도상국의 추격 등으로 구조적으로 불황에 빠진 조선, 철강, 비철금속 등의 업종이나, 엔화강세에 직격탄을 받은 수출산업이 집중하는 지역에 대하여 집중직으로 이용되었다.

계속하여 거품경제 붕괴 후의 고용실업정세에 따라 완전실업률이 5%를 넘었던 2001년에는 대상을 전체 입종, 전 지역으로 확대하는 한편, 급여일수의 인하가 이루어졌다.

그러나 이 시기부터 정부부내에서도 여론도, 경제활동에 대한 규제의 대폭적인 완화에 의하여 글로벌경쟁에 대응해야 한다는 구조개혁론이 고조되어, 고용조정조성금에 대해서도 쇠퇴산업을 연명시키는 조치라는 비판이 가해지게 되었다. 그리고 2000년 전후에 활발히 실시되었던 기업의 사업재구축에서도 정규고용자에 대한 희망퇴직 모집을 단행하는 기업이 증가했다.

2008년 가을의 리먼 브라더스 쇼크 후에는 광범위한 기업에서 생산이 급락하여 인원삭감이 실시되어 실업률이 다시 5%를 넘었다. 대기업은 이미 정규고용자를 줄일 만큼 줄였었기 때문에, 삭감대상으로 삼았던 것은 대량으로 증가시켰던 파견근로자 등의 비정규근로자였다.

그래서 고용조정조성금의 전면 활용으로 실업을 억제하는 것이 명확한 노동정책으로 여겨졌다. 이리하여 동조성금의 조성률을 인상(대기업에 대하여 2분의 1에서 3분의 2로, 중소기업에 대하여 3분의 2에서 5분의 4로)함과 동시에, 지급한도일수를 '1년간 100일'에서 '3년간 300일'로 증가시켰다. 또한 생산량·매출액 요건을 완화하고 교육훈련비의 지급수준을 인상하고, 대상자에 대해서는 '6개월 이상 고용'이라는 요건을 제외하여 비정규근로자도 동 조성금으로 고용을 유지될 수 있도록 했다. 그리고 중소기업도 적극적으로 동 조성금을 이용하도록 홍보가 실시되었다. 2008년의 리먼 브라더스 쇼크 전후인 2007년에서 2009년으로의 완전실업률의 악화가 3.9%에서 5.1%로의 상승에 그쳤던 것에 대해서는 동조성금의 활용이 상당정도 기여했다고 추측된다.

그 후, 경기가 회복됨에 따라 고용조정급여금의 지급요건, 지급한도 일수, 지급수준을 거의 종래의 평사시 수준으로 회복시키는 방침이 되어, 2012년 10월과 2013년 4월에 성령 등의 소요의 개정이 이루어지는 상황이 되었다.

⑬ 능력개발사업
구체적으로는 사업주 등에 의한 직업훈련의 조성을 실시하는 도도부현에 대한 보조, 능력개발시설의 설치·운영, 직업훈련이나 직장적응훈련의 실시, 커리어형성의 원조조치를 지원하는 '커리어형성촉진조성금'의 지급 등이 실시된다(63조, 고보칙 121조~139조).

⑭ 지원법 사업
2011년에 제정되었던 구직자지원법에 기초로 하는 인정직업훈련을 실시하는 자에 대한 조성과 특정구직자에 대한 직업훈련수강급여금의 지급이 고용보험의 부대사업으로서 실시되게 되었다(고보 64조).

(2) 지역고용개발의 촉진

1985년 말부터 엔화강세의 급속한 진행이 계속되던 가운데, 구조불황업종에서는 한층 더 실적부진에 따른 대규모의 고용조정이 진행되었고, 그 외의 수출형 제조업에서도 생신활동의 정체나 생산기지의 해외이전 등의 경향이 두드러지게 되었다. 이리하여 구조불황의 대기업에 의존하는 '기업중심의 발달(企業城下町)'이나 수출에 의존하는 중소기업이 집중하는 '수출산지'에서는 실업문제가 중대하게 되어 고용실업정세의 지역적인 격차가 현저하게 되었다. 그래서 고용실업정세가 특히 엄격한 지역에서의 고용대책을 강화하고 고용개발을 중심으로 한 종합적인 지역고용대책을 강구하기 위해서, 1987년 3월에 '지역고용개발등촉진법'(1987년 법23)이 제정되었다. 동법은 지금까지 시한(時限) 입법으로서 존재해왔던 '특정불황업종·특정불황지역관계근로자의고용의안정에관한특별조치법'(1983년 법39) 가운데, 특정불황지역관계의 고용대책을 빼내어 이를 고용개발을 기본으로 하는 종합적이고 항구적인 지역고용대책입법으로 발전시켰던 것이다(동법은 1991년 법56, 1997년 법18에 의하여 개정되어, 시책의 내실화가 도모되었다).

2001년에는 고용정책의 중점을 근로이동의 지원으로 이동시키는 방침이 채택되어, 동 촉진법은 '지역고용개발촉진법'으로 이름을 개정한 뒤, 고용문제가 발생하고 있는 지역에서의 고용개발계획에 대해서는 국가가 이를 기획 및 지정하는 방식에서 지방공공단체가 지역의 니즈에 입각하여 자주적으로 계획하여

국가가 여기에 동의하는 방식으로 개정되었다(2001년 법35).38)

지역고용개발촉진법은 2007년에 재차 개정되어(2007년 법79), 지금까지의 네 가지의 지역유형(① 고용기회증대촉진지역, ② 능력개발취직촉진지역, ③ 구직활동원조지역, ④ 고도기능활용고용안정지역)을 두 가지로 재편하였다. 첫째는 고용정세가 특히 엄격한 지역으로서의 '고용개발촉진지역'으로, 사업소의 설치정비에 따른 고용이나 핵심적 인재의 수용, 능력개발 등에 대한 조성 등, 해당 지역의 고용개발이나 재취직지원을 위한 여러 종류의 시책을 실시한다. 둘째는 고용창조를 위한 의욕이 높은 지역으로서의 '자발고용촉진지역'으로, 지역의 협의회가 제안하는 사업을 선정하여 위탁실시를 한다. 또한 위탁모집에 관계되는 직업안정법의 특례를 마련하고 있다.

7. 고연령자의 고용의 촉진

(1) '65세까지의 고용'으로의 유도정책

장기고용관행을 취하는 대부분의 기업에서는 고용의 연령적 제한으로서의 정년제가 있고, 오랫동안 지배적 정년연령은 55세였다. 그러나 1975년경부터 인구의 고령화가 전망되는 가운데 공적연금의 지급개시연령을 장기적·단계적으로 65세로 인상하는 방침이 정부부내에서 형성되었고, 이에 대응하여 65세까지의 고용의 장을 확보하는 것이 노동정책의 장기적인 목표로서 의식되게 되었다.

문제는 당시 55세로 종료되고 있던 기업에서의 고용을, 어떻게 하여 65세까지 연장시키는가였다. 문제의 어려움은 장기고용관행에서는 근속년수에 따라 기업내의 지위와 책임이 상승하여 임금도 높아지는(연령이 높아질 때마다 코스트가 높아진다) 연공적인 처우에 있었다.

채택된 전략은 첫째, 기업에서의 정년을 60세까지 연장하도록 유도하고, 우선은 60세까지의 고용을 이러한 정년연장으로 확보하는 것, 둘째, 60세에서 65세까지의 고용에 대해서는 당시 일부 기업에서 정년에 도달한 종업원을 1년 계

---

38) 특정불황지역의 고용대책은 원래 1977년에 특정불황업종의 고용대책과 더불어, 특정불황지역고용촉진임시조치법(1977년 법107) 및 특정불황업종이직자임시조치법(1977년 법95)로 입법화되었지만, 1983년에는 이 두 가지가 합체된 특정불황업종·지역고용안정법(1983년 법39)로 발전되었다. 이 가운데 특정불황지역의 고용대책이 상기와 같이 1987년에 지역고용개발등촉진법으로 입법화되었던 것이지만, 이 때에 특정불황업종의 고용대책은 특정불황업종고용안정특별조치법(1987년 법23)으로 개조되었다. 그러나 동법은 지역고용개발촉진법으로 이름을 개정(2001년)할 때에 폐지되었다.

약에서 2~3년, 보다 낮은 급여로, 보다 책임이 가벼운 업무에 재고용하는 관행이 존재했기 때문에, 이러한 정년 후의 재고용관행을 일반화하고 동시에 65세까지 재고용하도록 유도하는 것이었다.

그래서 정부는 1975년경부터 60세 정년제의 사회적 필요성에 대하여 일대 캠페인을 개시하여 이에 응하는 기업에게 고용보험의 3사업(당시)에서 조성금을 지급했다. 기업도 임금처우제도를 수정하면서,39) 이에 잘 응하여 60세 정년제가 정년제를 취하는 기업의 50%를 넘어 확대되었다. 그래서 정부는 1986년에는 '고연령자등의고용의안정등에관한법률'(고연령자고용안정법)을 제정하여(1986년 법 43),40) 60세 정년제를 기업이 노력해야 하는 의무로서 선언하고, 계속하여 60세 정년제를 장려하는 홍보와 조성금의 지급을 계속하였다. 1994년에는 60세 정년제가 정년제 기업의 84%로까지 확대되기에 이르렀고, 또 후생연금지급개시연령을 60세어 65세로 단계적으로 인상하는 입법조치가 이루어지게 되었기 때문에(1994년 법 95), 정부는 같은 해에 고연령자고용안정법을 개정하여 60세를 하회하는 정년을 금지했다(1994년 법 34).

한편, 60세 정년 후 65세까지의 재고용 등의 계속고용조치에 대해서는 정부는 60세 정년제가 64% 정도로 보급되었던 1990년에 고연령자고용안정법을 개정하여(1990년 법 60), 65세까지의 계속고용조치를 기업의 노력의무로서 규정하고, 장려하는 홍보활동을 함과 동시에 조성금의 지급을 실시하였다.41) 그리고 정년 후 재고용의 관행42)이 보급되었던 2004년에는 65세까지의 고용을, 정년의 폐지, 정년의 연장, 계속고용조치의 어느 한 가지로 확보해야 한다는 것을 기업의 의무로서 규정하고, 그 시행(강제)을 기업규모에 따라 단계적으로 설정했다(2004년 법 103). 또, 그 때에는 노사의 협정이 있으면 기업이 근무성적 등의 기

---

39) 기업은 정년을 55세에서 60세로 연장할 때에는 50세대의 종업원의 임금과 처우의 방법에 큰 변경을 하는 것이 관례였다. 전형적으로는 55세 이후의 종업원은 역직(役職-관리직: 역자 주) 정년제에 따라서 관리직에서 벗어나 책임이 보다 가벼운 스탭(Staff)이 되고 급여도 2~3할 낮아진다는 처우변경이다. 이에 따라서 기업은 임금코스트의 비대화와 관리직 포스트 부족을 회피하고자 하였다.

40) 동법은 종전의 '중고연연령자등의고용의촉진등에관한특별조치법'(1971년 법68)을 근본적으로 개정한 법률이다. 이 특별조치에서는 중고연령자의 취직촉진을 위해서 고용률제도가 규정되어 있었지만, 실효적이지는 못했다.

41) 이 개정에 맞추어, 60~64세층의 소득보전을 위해서 후생연금제도상의 부분연금제도의 신설과 더불어, 고용보험법상도 정년후의 재고용 내지 전직 등에 따른 임금의 대폭적인 저하를 보충하기 위한 '고연령고용계속급부'제도가 마련되었다(1994년 법57).

42) 정년 후의 재고용은 관례적으로 기업을 일단 정년퇴직한 후의 재고용으로서, 책임이나 난이도에 따라 낮은 업무에, 정년 시의 급여보다 3~4할 낮은 급여로 실시되었다. 또한 근로계약의 형태도 1년 계약으로, 65세까지 매년 갱신한다는 것이 관례이다.

준을 정하여 계속고용자를 선정하는 제도도 적법인 것이라고 규정했다.

65세까지의 고용확보조치는 현재 9할이 넘는 기업에 보급되어 있다.43) 또, 1994년까지 단계적으로 추진되어 왔던 공적연금의 지급개시연령의 65세로의 인상이, 2013년 4월에는 일단락되었다.44) 또한 정부는 저출산 고령화의 진전에 따라 시작된 노동력감소의 경향이 계속되는 가운데, 성장전략으로서 여성, 청년 등과 더불어 고령자의 취업률을 높이는 '전원참가형 사회(全員参加型社会)'의 노동력 정책을 채택하였다.45) 그래서 2012년 3월, 정부는 희망자 전원에 대하여 65세까지의 고용을 확보해야 하는 의무를 기업에 부과하기 위해서 고연령자고용안정법의 개정안을 국회에 제출하여 같은 해 8월 29일에 성립시켰다(2012년 법 78. 시행은 2013년 4월 1일).46)

또한 정부는 중장기적으로는 고령자가 사회를 지탱하는 역할을 함으로써 연령에 관계없이 일할 수 있는 '생애현역사회(生涯現役社会)'를 실현할 필요가 있다고 하여, 현 단계에서는 제도적으로는 정년제를 선택할 여지는 남겨두면서, 실태면에서는 70세까지 일할 수 있는 기업의 확대 및 정착을 당면의 과제로 하여 장래적인 생애현역사회의 실현을 위한 환경정비를 추진하기로 했다.47)

---

43) 2011년 12월 28일의 노동정책심의회 직업안정분과회 고용대책기본문제부회에서 거론되었던 '향후의 고연령자고용대책에 대하여(今後の高年齢者雇用対策について)'에 의하면, 고용확보조치를 도입하고 있는 기업의 비율은 31명 이상 규모의 기업 가운데 95.7%에 달하고 있다고 한다.

44) 노령후생연금의 지급개시연령의 65세로의 인상은 남성에 대해서는 정액부분에 대하여 후생연금보험법의 1994년 개정에서 2001년 4월부터 61세→2013년 4월부터 65세로, 보수비례부분에 대해서는 2000년 개정에서 점진적으로 2013년 4월부터 61세→2025년 4월부터 65세로, 3년마다 1세씩 진행되게 되었다.

45) 2010년 6월에 각의결정한 '신성장 전략-"건강한 일본" 부활 시나리오(新成長戦略−『元気な日本』復活シナリオ)'에서는 20~64세의 연령층의 같은 해의 취업률은 74.6%, 취업자는 6,256만 명이었는데, 여성, 고령자, 청년, 장애인 등의 노동시장으로의 참여가 진행되지 않는 경우에는 2020년에는 이 수치가 75.2%, 5,849만 명이 될 전망으로, 이것을 80%, 6,232만 명까지 향상시키기 위하여 이러한 자의 노동시장 참가를 촉진한다고 되어 있다.

46) 앞의 43) 각주에서 언급한 '향후의 고연령자고용대책에 대하여(今後の高年齢者雇用対策について)'에 의하면, 전체 기업 중, 희망자 전원이 65세 이상까지 일할 수 있는 기업의 비율은 47.9%이다. 또한 계속희망을 희망하지 않는 자가 정년도달자 전체에서 차지하는 비율은 24.6%, 계속고용제도의 대상이 되는 고연령자에 관계되는 기준에 따라 이직한 자가 정년도달자 전체에 차지하는 비율은 1.8%라고 한다.

47) '향후의 고령자고용에 관한 연구회 보고서-생애현역사회의 실현을 위하여(今後の高齢者雇用に関する研究会報告書−生涯現役社会の実現に向けて)'(2011년 6월), 앞의 각주 43)에서 언급한 '향후의 고연령자고용대책에 대하여(今後の高年齢者雇用対策について)'에서도 생애현역사회의 실현을 위한 환경정비를 주장하고 있다.

(2) **고연령자고용안정법의 내용**

고연령자고용안정법은 먼저 사업주는 정년을 규정할 경우에는 '당해 정년은 60세를 하회할 수 없다'고 하는 강행적인 법규범을 규정하고 있다(8조). 만약 사업주가 이 규정에 반하여 60세를 하회하는 정년연령을 정한 경우에는 그러한 규정은 무효가 되어 정년의 규정이 없는 것이 된다.[48] 여기에서의 '정년'이란, 근로자의 의사에 관계없이 근로계약 관계를 일정 연령에 도달함에 따라서 종료시키는 제도라고 해석되기 때문에, 임의의 조기퇴직우대연령과 임의의 재적출향의 연령 등은 여기에 해당되지 않는다. 이러한 60세 정년제의 원칙은 '고령자가 종사하는 것이 어렵다고 인정되는 업무로서 후생노동성령에서 정하는 업무'에 종사하는 근로자에게는 적용되지 않는다(8조 단서. 동법 시행규칙 4조의 2는 '갱내작업의 업무'라고 한다).

또한 동법은 65세 미만의 정년을 정하고 있는 사업주가 고용하는 고연령자가 65세까지 안정된 고용을 확보하기 위해, 당해 정년을 인상하거나 계속고용의 제도의 도입, 당해 정년의 폐지 등의 어느 조치를('고연령자고용확보조치')를 강구해야 한다고 규정하고 있다(9조. 2006년 4월 1일부터 시행[49]).

다음으로 동법은 고연령자 등의 재취업 촉진을 꾀하기 위한 여러 가지를 규정하고 있다. 즉 후생노동대신은 고연령자의 직업안정에 관한 대책의 기본이 되어야 하는 방침('고연령자등직업안정대책기본방침')을 책정한다(6조). 국가는 고연령자 등의 재취직 등을 도모하기 위해 직업지도·직업소개·직업훈련 등의 효과적인 실시를 꾀하는 외에(12조), 구인의 개척, 구인·구직정보의 수집·제공(13조), 구인자 등에 대한 지도·원조(14조) 등을 실시한다. 또 동법은 사업주에 대해서도 고연령자 등의 재취직을 원조하는 조치를 요청한다. 재취업 원조조치(15조), 다수(5인 이상)가 이직하는 경우의 직업안정소장에 대한 신고(16조), 고연령 해고예정자가 희망하는 경우의 구직활동 지원서(원활한 재취직을 촉진하기 위해 직업경력(職歷)·직업능력 등에 관한 사항 및 재취직 지원조치를 기재한 것)의 교부(17조), 정년퇴직에 대한 근로자의 준비원조(19조) 등이다. 그리고 이러한 고연령자의 고용을 경제적으로 유도하기 위해서는 고용보험상의 고용안정사업(62조

---

48) 牛根漁業協同組合事件 ― 福岡高宮崎支判 平17.11.30 労判 953호 71면(근로조건은 노사교섭의 합의를 할 수 있을 때까지는 종전 그대로로 한다).

49) 고연령자고용확보조치에 관한 연령(65세)에 대해서는 경과조치로서 2006년 4월~2007년 3월의 기간은 62세, 2007년 4월~2010년 3월의 기간은 63세, 2010년 4월~2013년 3월은 64세로, 2013년 4월부터 65세로 한다.

1항)으로서 65세 이상까지의 정년 인상 또는 정년의 폐지를 실시하는 사업주와, 60세 이상의 정년에 달한 근로자를 자기 또는 관련 사업에서 65세 이상까지 계속하여 고용하기로 한 사업주 등에 대한 조성금(고보칙 104조의 '정년인상 등 장려금')을 마련하고 있다.

그 외 고연령자고용안정법은 고연령자의 취업의 장을 확보하기 위한 자주적 조직으로서 '실버인재센터'[15]를 제도화하고 있다.

또한 이상의 시책과는 별도로, 2007년에 고용대책법이 개정되어, 사업주는 근로자의 모집 및 채용에 대하여 성령에서 정하는 일정한 경우 이외에는 '그 연령에 관계없이 균등한 기회를 제공해야 한다'고 규정하고 있다(10조).

[15] **실버인재센터**

'실버인재센터'란 정년퇴직자 및 기타 고연령퇴직자의 희망에 따른 취업으로, 임시적·단기적인 것을 비롯하여 기타 가벼운 업무와 관련되는 고용기회를 확보하여 이를 제공하는 고연령자의 자주적 조직이다. 이것은 고연령자를 위해 지역사회와 밀착된 취업기회와 삶의 보람을 찾기 위한 조직으로, 동경도의 각 구에서는 1975년경부터 '고령자사업단'이라는 명칭으로 행정지원을 받으면서 발전되어 왔다. 국가는 1980년부터 '실버인재센터'로서의 예산을 책정하여 그 보급을 꾀하여 오던 것을, 고연령자고용안정법 내에서 법제를 정비한 것이다.

동법에 따르면 도도부현지사는 한 개 시정촌(구)에 한 개 조직에 한해 그 기준을 충족하는 것을 일반사단법인 또는 일반재단법인을 '실버인재센터'로서 지정한다(41조). 그 회원이 될 수 있는 자는 60세 이상의 건강한 고연령자로 임시적·단기적인 취업을 희망하는 자이다. 주된 사업내용은 당해 지역에 있어 일상생활에 밀착된 임시적·단기적인 사업의 수요를 가정, 민간사업소, 관청 등으로부터 유료로 받아(일의 위탁계약), 이것을 회원에게 제공하여 보수를 지불(도급 내지 위임계약)하는 것이다. 회원은 센터의 사업수행에 필요한 경비를 충당하기 위해 회비를 납부한다.

고령자의 증가와 함께, 실버인재센터는 발전을 계속하여, 2010년도에는 1,289단체가 남성 약 53만 2,300명, 여성 약 25만 4,600명의 회원을 두고 있으며, 3,066억엔의 계약고의 사업을 실시하고 있다(전국실버인재센터사업협회 홈페이지).

2004년에 있었던 고연령자고용안정법의 개정은 실버인재센터가 노동자파견법의 특례로서, 신고에 의해 임시적이고 단기적 혹은 손쉬운 취업에 관한 일반근로자파견사업을 실시하는 것을 가능케 했다(42조 5항, 6항, 고연령칙 24조의 6).

실버인재센터의 시스템에 따른 고령자 취업에 관한 중심적인 법률문제는 회원이 취업 중에 당한 부상에 대한 보상의 여하이지만, 회원에 대한 센터의 손해배상책임을 긍정하는 판례(회원이 취업 중에 당한 부상에 대해, 센터에 민법 715조의 사용자책임이 인정된 사례로서 大阪市シルバー人材センター事件 ― 大阪地判 平14. 8. 30, 労判 837호, 29면, 안전배려의무위반의 손해배상책임이 긍정된 판례로서 綾瀬市シルバー人材センター事件 ― 横浜地判 平15. 5. 13, 労判 850호, 12면)와, 회원과 취업한 곳과의 사용종속관계(노기 9조의 '근로자성')를 인정하여 노재보험법을 적용하는 판례(정년퇴직 후 센터 회원이 되어 동일업무에 종사한 케이스. 西脇労基署事件 ― 神戸地判 平22. 9. 17 労判 1015호 34면)가 있다.

8. 장애인의 고용 촉진

(1) 장애자고용촉진법의 변천

장애인의 사회참가와 평등의 촉진을 위한 국제적인 운동(1981년은 '국제장애인의 해', 1983년부터 '유엔·장애자의 10년')도 있어 장애인의 고용촉진은 중요한 사회적 과제로 되었다.[50] 이 과제를 위한 주요한 법률이 '장애자의고용의촉진등에관한법률'(1960년 법123. 이하 '장애자고용촉진법'이라고 약칭함)이다. 동법은 종래 '신체장애자 고용촉진법'으로 제정되었는데 1987년의 개정(1987년 법41)으로 정신박약자(당시의 개념)를 포함한 장애인 전반의 취업 안정을 꾀하는 법률로 발전했다. 그리고 1992년('유엔·장애인의 10년'의 마지막 해)에는 동법의 시책을 충실하게 함과 동시에(1992년 법67, 68에 의한 동법의 개정), 장애인을 위한 직업재활(rehabilitation) 및 고용에 관한 원칙과 정책 구조를 정한 '장애인의 직업재활(rehabilitation) 및 고용에 관한 조약'(ILO 제159호 조약, 1983년 채택)의 비준도 이루어졌다.[51] 2002년에는 장애인의 개념을 신체장애인, 지적장애인, 정신장애인으로 정리하여, 장애인 고용률 제도를 개선하는 개정이 이루어졌다(2002년 법35). 2008년 12월에는 중소기업에서의 장애인고용을 촉진하고, 이와 동시에 단시간근로에 대한 장애인의 니즈에 대응하기 위하여, 장애인고용납부금의 적용대상의 확대와 고용률 제도의 재검토가 이루어졌다(2008년 법96).

장애자고용촉진법은 신체장애자의 고용촉진조치, 직업 재활(rehabilitation)조치, 기타 장애자가 그 능력에 적합한 직업에 취업하는 것 등을 통해 그 직업생활에서 자립하는 것을 촉진하기 위한 조치를 종합적으로 강구하고, 또한 장애자의 직업안정을 꾀하는 것을 목적으로 한다(1조).

(2) 장애자고용촉진법의 이념

장애자고용촉진법은 신체장애인·지적장애인의 고용촉진 조치, 직업재활의 조치, 그 외 장애인이 그 능력에 적합한 직업의 일을 하는 것 등을 통하여 그 직업생활에서 자립하는 것을 촉진하기 위한 조치를 종합적으로 강구하고, 이로서 장애인의 직업의 안정을 도모하는 것을 목적으로 한다(1조).

동법에서 '장애인(일본에서는 '장애자(障害者)'라는 용어를 사용하고 있다-역자

---

50) 関川芳孝,「障害者の雇用政策」, 講座21世紀(2), 208면 이하 참조.
51) 조약의 내용과 비준의 의의에 대해서는 ジュリ 1008호, 119면의 해설[尾刑修]를 참조.

주)'이란 '신체장애, 지적장애 또는 정신장애 … 있어서 장기간에 걸쳐 직업생활에 상당한 제한을 받거나 또는 직업생활을 영위하는 것이 현저하게 곤란한 자'로서(2조 1호), 이 중 신체장애가 있는 자로서 별표에서 정한 자가 '신체장애인'(2조 2호), 지적장애가 있는 자로서 성령(동법시행규칙 1조의 2)에서 정하는 자가 '지적장애인'(2조 4호), 정신장애가 있는 자로 성령(동시행규칙 1조의 4)에서 정하는 자가 '정신장애인'(2조 6호)이다. 또한 '중도신체장애인', '중도지적장애인'의 개념도 정해져 있다(2조 3호, 5호, 동시행규칙 1조, 1조의 3). 그리고 '직업 재활(rehabilitation)'이란 장애인에 대해 직업지도, 직업훈련, 직업소개, 기타 이 법률에 정하는 조치를 강구하고, 그 직업생활에서의 자립을 꾀하는 것을 말한다(2조 7호).

동법의 기본이념은 다음과 같다. 먼저 장애인인 근로자는 경제사회를 구성하는 근로자의 일원으로서, 직업생활에서 그 능력을 발휘할 기회를 부여받는다(3조). 장애인인 근로자는 직업에 종사하는 자로서의 자각을 가지고, 자기 스스로 그 능력의 개발 및 향상을 꾀하며, 당당한 직업인으로서 자립하도록 노력하지 않으면 안 된다(4조). 모든 사업주는 장애인의 고용에 관하여 사회연대이념에 근거하여 장애인인 근로자가 당당한 직업인으로서 자립하려고 하는 노력에 대해 협력할 책무를 가지며, 그가 가진 능력을 정당하게 평가하고 적당한 고용의 기회를 마련해 줌과 동시에 적정한 고용관리를 실시함으로써 그의 고용안정을 꾀하도록 노력하지 않으면 안 된다(5조).[52] 국가 및 지방공공단체는 장애인의 고용에 대해 사업주, 기타 국민일반의 이해를 높임과 동시에 사업주, 장애인, 기타 관계자에 대한 원조조치 및 장애인의 특성을 배려한 직업 재활조치를 강구하는 등, 장애인의 고용촉진 및 직업안정을 꾀하기 위해 필요한 시책을 종합적·효과적으로 추진하도록 노력하지 않으면 안 된다(6조).

(3) 장애자고용촉진법의 시책

동법은 이상의 이념에 근거하여 다음과 같은 세 종류의 시책을 정하고 있다.

첫째는 후생노동대신에 의한 장애인의 고용촉진 및 그의 직업안정에 관한 시책의 기본이 되어야 할 방침('장애자고용대책기본방침')을 책정하는 것이다(7조).

둘째는 직업 재활의 추진이다. 이를 위해 동법은 먼저 장애인 각자의 장

---

52) 장애인의 고용중지에 대하여, 본조 위반이있다는 주장을 기각한 판례로서, 藍澤證券事件 — 東京高判 平22. 5. 27, 労判 1011호, 20면.

애・희망・적성・직업경험 등의 조건에 맞는 직업 재활을 종합적・효과적으로 실시할 원칙을 강조한 후(8조), 공공직업안정소에 의한 장애인을 위한 구인개척(9조), 직업지도(11조), 취직 후의 조언・지도(17조), 도도부현에 의한 작업환경에 대한 적응훈련 등의 실시(13조), 장애인 직업센터에 의한 장애인을 위한 고용정보의 수집과 직업 재활의 조사연구 및 조언・지도 등(19조 이하), 도도부현 지사에 의한 장애인고용지원센터, 장애인취업・생활지원센터의 지정 등(27조 이하)을 정하고 있다.

셋째는 신체장애인 혹은 지적장애인의 고용의무 등에 기초한 고용촉진 등의 조치이다. 먼저 동법은 모든 사업주는 사회연대 이념에 의거하여 신체장애인이나 지적장애인의 고용에 노력하지 않으면 안 된다고 강조하고(37조), 국가, 지방공공단체 및 사업주에 대해 정령(政令)에서 정하는 고용률에 달하는 인원수의 신체장애인 또는 지적장애인을 고용해야 할 의무를 부과하고 있다(38조 이하).

이것은 1976년 이후 신체장애인에 대해 고용이 의무화되고, 1987년 이후 지적장애인의 고용도 신체장애인의 고용과 동일시한다는 특별조치가 강구되어 왔는데, 지적장애인에 대한 고용률 제도의 적용을 요구하는 사회적 분위기가 고조되자, 1995년 정부의 장애자대책추진본부에 의한 '장애자 플랜(障害者プラン)' 등을 기초로 하여 1997년 법개정을 통하여 신체장애인 또는 지적장애인에 대한 고용의무가 만들어진 것이다.[53] 이에 따라 고용률은 국가・지방공공단체에 대해서는 종래의 100분의 2(현업관청은 100분의 1.9)에서 100분의 2.1(일부 교육위원회는 100분의 2), 공단, 사업단 등의 특수법인은 100분의 1.9에서 100분의 2.1로, 그리고 일반사업주에 대해서는 100분의 1.6에서 100분의 1.8로 인상되었다(동시령 2조, 9조, 10조의 2).[16]

2008년 12월의 법개정(2008년 법 96)으로 신체장애인 또는 지적장애인인 단시간 근로자(주소정 근로시간이 20시간 이상 30시간 미만)가 고용의무의 대상이 되었으며, 실고용률의 산정상으로는 0.5명으로 환산되어 산입되게 되었다(43조 3항, 동시행규칙 6조). 또한 중도신체장애인 및 중도지적장애인에 대해서는 종래부터 풀타임으로 1인을 고용한다면 2인으로 환산되어(43조 3항, 동시행령 10조), 단시간 고용하고 있는 경우에는 1인으로 환산된다(동법 71조).

---

53) 후생노동성의 장애인고용제도에서의 장애인의 범위 등의 방법에 관한 연구회가 2012년 7월에, 정신장애인의 고용상황의 개선이 진행되어 정신장애인을 고용의무의 대상에 포함하는 것이 적당하다는 제언을 했다.

모자회사의 실고용률의 신정에 대해서는 종래부터 일정 요건을 충족시켜 장애인고용에 배려하고 있는 것을 후생노동대신에 의하여 인정받은 '특례자회사'는 모회사의 한 사업소로 간주하여 실고용률을 통산하는 취급이 인정되어 왔다(44조). 2008년 12월의 법개정(2008년 법96)은 이러한 실고용률의 통산제도를 확대하고, '기업 그룹 산정 특례'로서 일정 요건을 충족시키는 기업그룹으로서 후생노동대신의 인정을 받은 것에 대해서는 특례 자회사가 포함되어 있지 않아도, 기업 그룹 전체에서 실고용률을 통산하는 취급을 설정하였다(45조의 2). 또한 '사업협동조합등 산정 특례'로서 중소기업이 사업협동조합 등을 활용하여 협동사업을 하고, 일정 요건을 충족시킨 자로서 후생노동대신의 인정을 받은 자에 대하여 그 사업협동조합 등과 그 조합원인 중소기업(특정 사업주)에서의 실고용률을 통산하는 취급도 신설하였다(45조의 3).

국가·지방공공단체는 고용률을 달성하기 위해서 신체장애인 또는 지적장애인의 채용에 관한 계획을 작성하지 않으면 안 되며(38조), 일반사업주(고용하는 근로자가 상시 56인 이상)도 신체장애인 또는 지적장애인인 근로자의 고용상황을 매년 1회 후생노동대신에게 보고하지 않으면 안 된다(43조 7항). 후생노동대신은 고용률을 달성하지 못한 사업주에 대해서 신체장애인 또는 지적장애인의 고용계획 작성을 명할 수 있으며, 이 계획이 현저하게 부적당하다면 계획의 변경을, 그리고 계획이 실시되지 않을 경우에는 적정한 실시를 권고할 수 있다(46조).[17]

이상의 고용률 제도 이외에 사업주는 단시간제로 고용하고 있는 장애인이 풀타임고용으로의 이행 등을 희망하는 경우에는 그 능력에 맞는 적절한 대우를 하도록 노력하지 않으면 안 된다(80조). 또한 장애인의 고용상황의 보고의무가 있는 상기의 사업주는 장애인의 고용을 촉진하기 위한 여러 업무를 담당하는 '장애자고용추진자'를 선임하는 노력의무를 가진다(78조).

[16] **고용률달성 상황**
　　2011년 6월 시점에서 장애인 고용률 1.8%가 적용되는 기업(상용근로자 56인 이상의 규모)의 수는 7만 5,313 기업이며, 고용되어 있는 장애인 수는 36만 6,199명, 실고용률은 1.65%이다. 고용률 미달성 기업의 비율은 54.7%이다.

[17] **장애자 고용납부금**
　　장애자고용촉진법은 '장애자고용납부금' 제도를 설치하여 이에 따라 신체장애인, 지적장애인의 고용촉진을 꾀하고 있다. 즉 정부는 신체장애인 등을 고용하는 사업주와 신체장애인 등의 고용촉진을 위해 사업을 실시하는 사업주 단체에 대해 필요한 설비의 설치, 고용관리, 교

육훈련 등을 위해 모든 종류의 조성금을 지급하도록 하고, 이 비용에 충당하기 위해 사업주로부터 '장애자고용납부금'을 징수한다. 사업주는 이 납부의무를 진다(53조). 그러나 이 납부금은 실제로 신체장애인 또는 지적장애인을 고용하고 있는 사업주에 대해서는 고용하고 있는 수만큼 감액되고 기준고용률(100분의 1.8, 동시행령 18조)을 달성하고 있을 경우에는 제로(zero)가 된다. 또 고용률을 초과하여 신체장애인 또는 지적장애인을 고용하고 있는 사업주에 대해서는 그 초과하는 인원수에 따라서 '장애자고용조정금'이 지급된다(49조, 50조).

   상기의 장애자고용납부금 제도가 적용되는 것은, 상시 300인을 넘는 근로자를 고용하는 사업주(부칙 4조)로 되어 있었지만, 2008년 12월의 개정(2008년 법 96)으로 '300인'이 2010년 7월부터 '200인'으로 인하되었으며, 2015년 4월부터는 '100인'으로 낮추어진다. 그리고 상시고용하는 근로자의 규모가 상기의 규모에 달하지 않는 사업주라고 해도, 상용근로자의 4% 상당수 또는 6인을 초과하는 신체장애인 또는 지적장애인을 고용하고 있는 경우에는 '보장금(報奬金)'이 지급된다(부칙 4조).

제**3**편

개별적 노동관계법

제 1 장

개별적 노동관계법 총설

개별적 노동관계법이란 개별적 노동관계에 관한 법규정의 약칭이다. 근로자가 사용자에게 노동력을 제공하여 보수를 받는 것을 기본으로 하는 개별적 노동관계는, 사적 인간의 거래를 계약(합의)에 기초로 하는 관계로서 정서(整序)하는 시장경제사회에서는 법적으로는 개개의 근로자와 사용자간의 근로에 관한 계약의 체결, 전개, 종료를 둘러싼 관계로 구성된다.

제 1 절   근로계약의 의의와 특색

1. 근로계약의 의의

(1) 민법 · 노동기준법 · 노동계약법의 관계

어떤 사람이 타인을 위해 근로를 하고 보수를 얻는 관계에 대해 민법은 사용자에게 사용되어 그 지휘명령 하에 따르는 경우에는 '고용(雇用)'(민 623조)이라는 계약형태가, 그리고 근로하는 자가 상대방으로부터 업무의 완성이나 사무의 수행을 위임받는 경우에는 '도급(請負)'(민 632조), '유상위임(有償委任)'(민 643조 · 648조)이라는 계약형태가 적용된다. 노동법이 규정대상으로 삼는 것은, 근로자가 타인의 지휘명령 하에서 근로를 행하는 관계이기 때문에, 민법의 이러한 계약 중에서는 '고용'이 통상의 계약형태이다.

민법은 계약을 대등한 인격인 당사자가 그 합의에 따라서 자유롭게 체결하는 것으로, 그 내용은 자유로운 합의(약속)로써 당사자가 상호 준수해야 하는 것이라는 기본적 입장에 서 있다. 그래서 민법의 '고용'에 관한 규정도, 근로관계의 기본적인 요소와 최소한의 규칙을 정한 뒤 당사자의 합의에 맡기는 것이고, 또 양당사자에게 평등의 권리의무를 부여하는 것이다.

그러나 실제로는 고용계약은 교섭력에 뚜렷한 격차가 있는 기업과 근로자간에 체결되는 것으로, 동 계약 하의 근로관계는 근로자의 입장에서 열악한 근로조건을 초래하기 쉽다. 또한 고용계약관계는 사용자의 지휘명령과 조직적인 통제를 예정하기 때문에 사용자에 의한 권력적인 지배가 이루어져 과도함이 문제가 된다.□

그래서 전후 노동기준법은 근로자 보호를 위해서 근로에 관한 계약관계의 강행적인 원칙이나 기준을 다수 법정하고, 이와 동시에 조직적인 통제의 기본이 되는 취업규칙에 관한 규제를 수립하였다. 그리고 이러한 법규제가 미치는 근로관계를 표현하기 위해서 '근로계약'이라는 계약개념을 설정하였다. 노동기준법의 적용범위를 구분하는 '근로자'의 정의(노기 9조)와 민법상의 '고용'(노기법 제정시에는 '고용(雇傭)')의 정의(당시의 민 623조)[1]의 유사성에서 살펴보면, 노동기준법은 민법의 '고용'에 해당되는 근로관계를 규정하여 상기와 같은 규제를 행하고자 했다고 생각되지만, 민법의 계약개념을 그대로 사용하지 않고 '근로계약'이라는 기본개념을 창설한 것이다. 이것은 근로관계에서의 계약당사자간의 실질적인 불평등성과 조직적인 지배의 특색을 의식하여, 이러한 것을 반영한 계약개념을 정립하고자 했기 때문이라고 생각된다. 다시 말하면, '근로계약'이라는 개념은 실질적으로 불평등한 조직적인 근로관계의 계약이라는 성격이 포함되어 있다고 이해할 수 있다.

2007년에 제정된 '노동계약법'은 노동기준법의 '근로계약'이라는 단어를 그대로 사용하여 동법의 근로관계의 규제를 연계하면서, 근로관계의 특색에 입각하여 계약관계의 성립, 전개, 종료에 관한 노동법상의 원칙(이념)과 규범(룰)을 설정하였다.[2] 두 법의 적용범위를 구분하는 '근로자'의 정의는 노동기준법에서는 다음에 언급하는 '사업'에 사용되는 것이 요건으로 첨가된 점을 제외하면, 두 법에서 기본적으로 같다. 이리하여 노동계약법에서의 근로계약의 개념은 노동기준법에서의 근로계약의 개념과 기본적으로는 동일한 것이라고 이해할 수 있

---

1) 2004년(2004년 법 167)의 민법의 현대어화까지는 민법 623조는 '고용(雇傭)은 당사자의 일방이 상대방에 대한 노무에 따르는 것을 약속하고 상대방이 그 보수를 얻는 것을 약속함으로써 그 효력을 발생한다(雇傭ハ当事者ノ一方カ相手方二対シテ労務二服スルコトヲ約シ相手方カ之二其報酬ヲ与フルコトヲ約スル二因リテ其効力ヲ生ス)'라고 규정하고 있었다.

2) 노동계약법의 성립에 이르기까지의 논의에 대해서는 荒木＝菅野＝山川, 詳説労働契約法, 38~61면.

다. 그리고 이러한 것은 기본적으로는 민법의 고용과 동일한 유형의 계약관계를 대상으로 한 것이고, 다만 그것을 근로계약의 실질적 불평등성과 조직적인 성격에 비추어 보아 별개의 단어로 표현한 것이라고 할 수 있다.

노동법의 체계로 보면, 개별적 근로관계에 대해서는 민법에 대신하는 특별법으로서의 노동계약법이 이것을 근로계약의 관계로서 개념화한 뒤 그 권리의무관계의 기본을 규정하고 있으며, 또한 노동기준법이 사업에 사용되어 근로계약관계에 있는 근로자를 보호하기 위해서 근로조건의 최저기준을 벌칙과 행정감독을 두어 설정하고 있다. 그리고 민법이 근로계약의 민법상의 개념으로서의 고용계약에 대하여 노동계약법(및 이를 보충하는 근로계약의 판례법리)을 보충하는 일반적인 계약법리를 제공하고 있다는 것이 된다.②

① 근로계약관계의 일반적 특색

근로계약관계는 일반적으로 다음과 같은 특색을 가지고 있다. 첫째, 이는 노동력 그 자체의 이용을 목적으로 한 인적·계속적 계약관계이다. 여기에는 노동력 이용을 위한 사용자의 지휘명령권이 전제되며 또한 양 당사자간의 신뢰관계(성실배려의 관계)가 중시된다. 둘째, 조직적 노동성(勞働性)이다. 사업의 경영주체로서의 사용자는 근로계약에 의하여 다수의 근로자를 고용하여 그들을 사업목적에 따라 유기적으로 결합시켜 그 노동력을 효율적으로 활용하려고 한다. 이러한 조직적 근로에서는 근로조건과 그 밖의 대우에 관한 근로자의 통일적이고 공평한 취급과 규율이 필요하며, 취업규칙이 필요하게 된다. 셋째, 계약내용의 백지성(白地性)과 탄력성이다. 근로계약 그 자체는 간이(簡易)한 것이 되기 쉽고 그 내용의 상당부분은 취업규칙 및 단체협약에 의해 정해지는 경우가 많다. 또한 노동관계의 상당부분은 그 이후에도 근로자와 사용자간의 합의와 사용자의 명령 등에 의해 구체화되지 않을 수 없는 성질을 갖는다. 넷째, 사용자가 우월적 지위에 서기 쉽다는(소위 근로자의 종속성) 것이다. 즉 사용자는 경제적 실력(교섭력)의 면에서 근로자에 비해 우위에 있으며, 또한 노동력 이용에 대하여 조직체로서 모든 통제를 행한다.

② 민법의 새로운 계약이론과 근로계약

민법의 계약법 분야에서는 최근 시장형 계약과 대비되는 '조직적 계약'의 이론(平井宜雄, 「契約法学の再構築(1)~(3)」, ジュリ 1158호~1160호), 단발적 계약과 대비되는 '관계적 계약'의 이론(内田貴, 契約の時代), 거래적 계약에 대비되는 '제도적 계약의 이론(内田貴, 制度的 契約論－民営化と契約) 등이 제창되고 있다. 근로계약은 그 조직적·종속적·계속적인 성격에서, 위에서 언급한 이론이 주장하는 '조직적 계약', '관계적 계약', '제도적 계약'과 유사한 측면을 가지고 있다. 특히 근로계약이 실제로는 조직체인 기업이 제정하는 취업규칙에 따라서 정형적으로 운영되고 있는 점, 판례법리나 이를 계승한 노동계약법에서도 근로계약의 체결 및 변경에서 취업규칙은 주지(周知)와 합리성의 요건이 충족되면 근로계약을 규율하는 효력을 부여해온 점, 권리의무내용의 확정에 대해서는 신의칙이나 사정변경이나 교섭과정을 고려한 조정적 처리도 이루어지는 점 등이다. 그러나 근로계약의 체결 및 변경에 대해서는 당사자간의 합의에 따르는 것이 기본원칙으로 되어 있으며, 취업규칙의 근로계약규율효(規律効)에 대해서도 근로자에게 유리한 한 당사자간의 개별적인 특약이 우선하는 점, 계약내용의 교

섭을 대등하게 하기 위해서 근로자의 단결체인 노동조합에 의한 단체교섭이 제도화되어 있는 점, 등에서 '조직적 계약', '관계적 계약', '제도적 계약'의 어느 이론에 의해서도 명확하게 구별할 수 없는 독특한 성격을 가지고 있다.

(2) 근로계약의 정의

노동계약법은 '근로계약'을 특별히 정의하고 있지 않지만, 동 계약은 '근로자가 사용자에게 사용되어 근로하고, 사용자가 이에 대하여 임금을 지급하는 것에 대하여, 근로자 및 사용자가 합의함으로써 성립한다'고 규정하고 있다(6조). 이 규정에서 보면, '근로계약'이란 「당사자의 일방(근로자)이 상대방(사용자)에게 사용되어 근로하고, 상대방이 이에 대하여 임금을 지급하는 것의 합의하는 계약」이라고 정의할 수 있다.

노동기준법도 동법이 규제하는 근로계약을 정의하고 있지 않지만, 동법의 적용을 받는 '근로자'를 정의함으로써 근로계약의 범위를 구분하고 있다. '근로자'는 '사업 … 에 사용되는 자로, 임금을 지급받는 자'(9조)로 정의되어 있기 때문에, 근로계약은 「당사자의 일방(근로자)이 상대방의 사업에 사용되어 근로하고, 상대방이 이에 대하여 임금을 지급하는 것을 합의하는 계약」이라고 할 수 있다.

이렇게 노동계약법과 노동기준법의 근로계약은 기본적으로는 동일한 개념이지만, 노동기준법의 근로계약에서는 사업에 사용되어 있는 것이 가중적(한정적) 요건으로 되어 있다는 점이 된다.③

---

③ **고용계약과 근로계약**

민법의 고용계약은 '당시자의 일방이 상내방에게 근로에 종사하는 것을 약속하고, 상대방이 이에 대하여 그 보수를 제공하는 것을 약속'하는 계약으로 되어 있다(623조). 이 고용계약과 근로계약과의 관계에 대해서는 범위가 일치하는 개념이라는 견해(예를 들면, 下井, 労基法, 77면)와 범위가 다른 별개의 개념이라는 견해(예를 들면, 萬井隆令, 労働契約締結の法理, 15면 이하)가 대립해왔다. 그러나 근로계약에 해당되는지의 여부에 대해서는 근로관계의 실태에 입각하여 판단되어야 하는 것으로, 계약의 형식(계약서의 문언)이 '도급' 내지 '위임'(준위임)이라고 해도, 계약관계의 실태에서 「사용되어 근로하고 임금을 지급받는」관계라고 인정되면 '근로계약'에 해당될 수 있다는 것이, 학설 및 판례에서 거의 일치된 견해이다(東大労研, 注釈労基法上, 185면 참조). 그리고 '고용계약'에 해당되는지의 여부에 대해서도 마찬가지로 계약의 형식(계약서의 문언)이 '도급' 내지 '위임'이라고 해도, 계약관계의 실태에서「근로에 종사하고 보수를 받는」관계라고 인정되면 '고용계약'에 해당된다고 해야 할 것이다. 그렇게 하면 '근로계약'과 '고용계약'도 기본적으로 동일한 개념으로 볼 수 있다.

2. 근로계약의 기본원칙

2007년 11월에 성립된 노동계약법(2007년 법 128, 2008년 3월 1일 시행)은 근로계약의 몇 가지 원칙을 동법의 기본이념(지도원리)으로서 명확히 하고 있다.

(1) 합의의 원칙

노동계약법은 먼저 근로계약은 근로자 및 사용자가 대등한 입장에서의 자주적인 교섭에서 합의함으로써 체결하고 변경되어야 한다는 합의의 원칙을 분명히 한다(1조, 3조 1항). 보다 엄밀하게는 이 합의의 원칙에는 근로계약의 성립, 변경은 근로자 또는 사용자(전형적으로는 사용자)의 일방적 결정만으로서 이루어질 수 없고 근로자와 사용자간의 합의가 필요한 것이라는 기본원칙과, 그 합의는 양자가 대등한 입장에서 교섭에 의하여 달성되어야 한다는 기본이념이 포함되어 있다.

전자의 기본원칙은 근로계약의 성립 및 변경에 대하여 각각 재언되어 있으며(6조, 8조), 또한 근로계약의 성립 및 변경시의 취업규칙의 근로계약 규율효(規律效)를 규정함에서도, 근로자에게 보다 유리한 특약을 우월한 것으로 관철되고 있다(7조 및 10조의 단서). 한편, 후자의 기본이념은 현대사회에서의 계약관계에서는 당연한 것이지만, 앞에서 언급한 것처럼 근로계약은 당사자간의 교섭력 격차나 조직적 근로관계의 특색 때문에, 실제로는 사용자의 일방적인 결정으로 체결되고 변경되기 쉽다. 노동계약법은 이러한 점에 비추어 보아, 근로계약 당사자의 대등성을 동 계약의 바람직한 형태라고 분명히 하고 있으며, 이를 동법의 모두에서 지도이념으로 삼은 것이다.

노동기준법에서도 이러한 '근로조건은 근로자와 사용자가 대등한 입장에서 결정해야 하는 것이다'(노기 2조 1항), '근로자 및 사용자는 단체협약, 취업규칙 및 근로계약을 준수하고, 성실히 각각 그 의무를 이행해야 한다'(동조 2항)고 규정하고 있다.

(2) 균형처우의 이념

노동계약법은 계속하여 '근로계약은 근로자 및 사용자가 취업의 실태에 따라 균형을 고려하면서 체결하거나 또는 변경해야 한다'라고 규정하고 있다(3조 2항). 파트타임근로자와 통상 근로사간의 균형처우에 대해서는 통상의 근로자와 동일시해야 하는 단시간 근로자에 대한 차별적 취급의 금지와, 그 이외의 단시간 근로자에 대한 균형처우의 노력의무, 조치의무, 배려의무가 2007년 6월 개정(2007년 법 72, 2008년 4월 1일 시행)된 파트타임노동법에서 규정되었다. 그러나 단시간 근로자 이외의 비정규근로자(풀타임의 계약사원, 촉탁, 임시공, 파견근로자 등)와 통상의 근로자간의 균형처우는 입법의 개입이 아직 이루어지고 있지 않은 분야였다. 노동계약법은 국회심의에서의 여야당 합의에 따른 법안 수정의 결과, 근로계약의 체결 및 변경의 기본이념으로서, 취업의 실태에 따른 균형을 고려해야 하는 것이라고 규정했다. 이념을 선언한 것에 그쳐서 구체적인 법률효과를 동반하는 규정은 아니지만, 구체적인 법률문제의 해결이나 노사교섭에서 원용될 수 있는 기본이념이다.[3]

(3) 일과 생활의 조화의 이념

노동계약법은 또 '근로계약은 근로자 및 사용자가 일과 생활의 조화에도 배려하면서 체결하거나 또는 변경해야 하는 것으로 한다'고 규정하고 있다(3조 3항). 출생률이 장기적으로 저하되는 경향에 의해, 일본사회는 인구감소사회로 이행하여 사회보장재정의 악화, 노동력 인구의 감소 등, 일본의 경제사회의 지속성에 대하여 심각한 영향을 초래하고 있다. 그리고 글로벌한 기업경쟁 하에서 장시간 근로에 종사하는 근로자의 비율도 높은 상태로 계속 지속되게 되어, 이러한 근로자의 심신의 건강과 가정생활에 악영향을 미치고 있다. 이러한 상황을 근본적으로 개선하는 것이 국정의 기본과제가 되었고, 노동계약법에서도 국회 심의에서의 여야당 합의안에 따른 법안 수정의 결과로서, 일과 생활의 조화의 이념이 포함되었다. 모두 이념규정으로 구체적인 법률효과를 동반하는 규정은 아니다. 하지만 이것도 구체적 법률문제의 해결 등에서 원용될 수 있는 기본이념이다.

(4) 신의성실의 원칙

이상과 같은 정책적 이념을 포함하는 것 외에, 노동계약법은 계약관계에 공통된 민법상의 기본원칙을 두 가지, 근로계약에 대하여 규정하였다. 그 첫 번째가 '근로자 및 사용자가 근로계약을 준수함과 동시에, 신의에 따라서 성실하게 권리를 행사 및 의무를 이행해야 한다'는 것이다(3조 4항). 민법의 신의성실의

---

3) いす╲自動車事件 ― 宇都宮地栃木支決 平21. 5. 12, 労判 984호, 5면은 본항의 균형처우의 기본이념에 언급하고, 휴업수당의 100% 대 60%의 격차를 위법이라고 했다.

원칙(민 1조 2항)에 대응한 규정인 것이다. 이 원칙은 취업규칙의 합리적 해석의 근거가 되는 점에서 큰 실제적 의의가 있다.

⑸ 권리남용의 금지

두 번째는 '근로자 및 사용자는 근로계약에 기초로 하는 권리의 행사에 있어서는 이를 남용해서는 안된다'(3조 5항)고 하는 권리남용의 금지이다. '권리의 남용은 이를 허용하지 않는다'라는 민법의 기본원칙(민 1조 3항)을 근로계약관계에 대하여 규정한 것이지만, 사용자가 우월적인 입장에서 지휘명령권, 업무명령권, 인사권, 징계권, 해고권 등을 행사하는 근로관계에서는 과도한 권한행사를 억제하는 법리로서 권리남용법리가 발달하였다. 노동계약법에서는 이러한 것 가운데 해고권, 징계권, 출향명령권의 남용법리에 대하여 각각 별도로 규정을 했지만, 배치전환명령권, 지휘명령권, 업무명령권, 인사고과권 등에 대해서는 별도의 규정을 하고 있지 않다. 본조는 이러한 특별히 규정되어 있지 않은 권리의 남용을 억제하는 일반 규정이 된다.

⑹ 근로계약 내용의 이해 촉진

노동계약법은 이상의 기본원칙의 규정에 이어, 동법의 가장 근본적인 원칙인 합의의 원칙을 실질화하기 위한 기본적 요청을 계약당사자에게 행하고 있다. 먼저 동법은 사용자와 근로자간의 교섭력(그 일환으로서의 정보)의 격차에 비추어 보아, '사용자는 근로자에게 제시하는 근로조건 및 근로계약의 내용에 대하여 근로자의 이해를 심화시키도록 하는 것으로 한다'(4조 1항)로 규정하고, 계약내용에 관한 사용자의 설명 책무를 명확히 하고 있다. 다음으로 동법은 '근로자 및 사용자는 근로계약의 내용(기간의 정함이 있는 근로계약에 관한 사항을 포함한다)에 대하여 가능한 한 서면으로 확인하는 것으로 한다'(동조 2항)고 하여, 양 당사자에 대하여 계약내용을 가능한 한 서면으로 하여 명확히 하도록 요청하고 있다. 이러한 규정은 자기 명의의 당사자에 대한 훈시규정으로, 청구권 등의 법률효과를 발생시키는 것은 아니지만, 특히 전자는 근로조건에 관한 사용자의 설명책무의 이념을 주장한 것으로, 계약내용의 해석이나 사용자의 권한행사에 관한 구체적인 문제에서 원용되는 것도 생각할 수 있다.

3. 근로계약의 성립요건

노동계약법은 '근로계약은 근로자가 사용자에게 사용되어 근로하고, 사용자
가 이에 대하여 임금을 지급하는 것에 대하여 근로자 및 사용자가 합의함에 따
라 성립한다'고 규정하고(6조), 근로계약의 성립요건은 계약당사자간에 일방이
상대방에게 '사용되어 근로'하고, 상대방이 일방에게 '임금을 지급'하는 것을 합
의하는 것이다.

'사용되어 근로'하는 것이란, '근로에 종사한다'(민 623조. 개정 전에는 '노무에
복무하고(勞務二服シ)')나, '사용되어'(노기 9조)와 같은 뜻이고, 또 '임금을 지급하
는 것'이란 '이것'(근로에 종사하는 것)에 대한 '보수를 지급하는 것'(민 623조)과,
'근로의 대상'으로서의 '임금을 지급'하는 것(노기 9조, 11조)과 같은 뜻이다. 즉,
근로계약의 성립에 필요한 합의는 해당 근로자가 해당 사용자의 지휘명령에 따
라 근로에 종사하고, 해당 사용자가 해당 근로자의 근로에 대하여 해당 근로에
대한 보수를 지급한다는 합의이다. 이 합의는 추상적인 내용으로, 근로의 종류
및 내용이나 임금의 금액 및 계산방법에 관한 구체적인 합의라는 점을 필요로
하지 않는다.[4] 또한 이 합의에 대해서는 계약서의 작성 등의 요식은 필요하다
고 되어 있지 않고(낙성(諾成)계약), 구두에 의한 것도 상관없으며, 또한 명시적
인 (명백히 표시된) 것일 필요도 없고, 당사자의 태도 등의 객관적 사실에서 명
확히 인정할 수 있는 묵시적 합의라도 상관없다. 이미 판례법리에서 확립되어
있는 채용내정의 법리는 장래의 일정 시기부터 해당 응모자가 해당 구인기업의
지휘명령 하에서 근로를 하는 것, 이에 대하여 해당 구인기업이 해당 응모자에
게 임금을 지급하는 것에 대하여 추상적인 합의가 성립한 것으로서, 근로조건의
구체적인 내용이 정해지기 전에 근로계약에 성립하는 것을 인정한 법리이다.

[4] **근로계약의 성립에 필요한 합의의 구체성**
실제로는 근로계약 체결시에, 근로자가 대강 어떠한 종류 및 내용의 근로에 종사하고, 사
용자가 이에 대하여 어느 정도의 금액의 임금을 지급하는지가 명확히 되는 것어 많고, 이러
한 합의가 없으면 근로계약에 이르지 못하는 것이 통상적인 사례일 것이다. 한편 근로의 종
류·내용이나 임금의 계산방법 등이 상세하게 정해진 뒤 체결되는 근로계약이 있다면, 근로
의 종류·내용이나 임금의 금액이 막연한 근로계약의 합의도 있을 수 있다. 노동계약법은 근
로계약의 성립에 관한 이러한 다양한 현실 속에서 근로계약의 공통된 성립요건으로서는 앞에
서 언급한 의미에서의 추상적인 노무제공과 임금지급의 합의로 충분하고, 종사해야 하는 근
로의 구체적인 내용이나 근로시간 등의 상세한 것에 대해서까지 합의할 필요가 없고, 마찬가

지로 임금의 금액, 결정방법, 지급시기를 구체적으로 합의할 것도 필요 없다는 것으로 해석된다(荒木＝菅野＝山川, 詳説労働契約法, 86면).

　　요컨대, 사용자가 근로의무나 임금지급의 구체적인 내용을 명시하지 않고, 이러한 사항들을 후일의 결정으로 맡긴다고 해도, 근로계약 그 자체로서는 성립된다는 입장을 취한 것이다. 한편 노동계약법은 근로계약의 내용에 대하여 사용자가 근로자의 이해를 도모해야 하고, 또한 가능한 한 서면으로 확인되어야 한다는 취지를 규정하고(4조), 또한 노동기준법 등이 사용자에게 일정한 근로조건에 대하여 서면 등에 의한 명시의무를 부과하고 있다(노기 15조, 파트노동법 6조, 노파 34조 1항, 직안 5조의 3 제2항).

4. 근로계약의 권리의무의 체계

　　앞에서 언급한 바와 같이, 노동계약법은 '사용되어 근로하고 … 임금을 지급하는' 합의를 근로계약 성립의 필요충분요건으로 하지만, 근로계약을 권리의무 관계로 본 경우에는, 근로계약에서 발생하는 권리의무는 이러한 성립요건에 포함된 '근로와 임금지급'의 관계에 그치는 것이 아니다. 근로계약은 권리의무의 체계에서 고려하면, 노동력의 제공과 보수지급의 관계, 조직적 근로의 관계, 성실배려의 관계로 나누어 정리할 수 있다.

(1) 노동력제공과 보수의 지급의 관계에서의 권리의무

　　근로계약의 가장 기본적인 내용은 노동력의 제공과 이에 대한 보수의 지급이라는 핵심적인 관계에서의 권리의무이다. 즉, 노동계약법의 정의에 따르면, 근로계약은 '근로자가 사용자에게 사용되어 근로하고, 사용자가 근로자에게 임금을 지급'하는 것을 성립요건으로 하는 계약이기 때문에, 불가결한 핵심적인 의무는 근로자측에서는 근로의무, 사용자측에서는 임금지급의무이다. 이러한 권리에서 살펴보면, 사용자의 노무급부청구권과 근로자의 임금청구권이 된다.

　　근로의무는 사용자의 지휘명령의 권한을 예정하고, 또한 성실근로의무를 포함한다. 즉, 근로계약의 합의내용의 틀안에서 근로의 내용·수행방법·장소 등에 관한 사용자의 지휘에 따른 근로를 성실하게 수행할 의무가 근로의무이다.[5] 그리고 사용자는 이러한 근로에 대하여 보수로서 계약으로 정해진 임금을 지급할 의무를 가진다.[6]

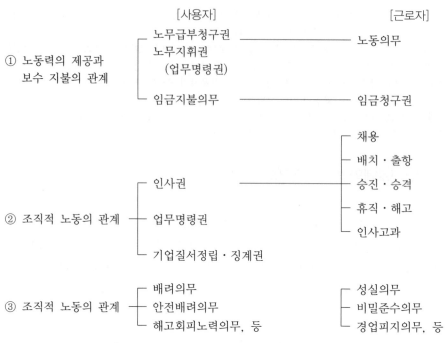

[그림 1] 근로계약관계에서의 권리의무의 체계

5 노무지휘권 · 업무명령권

근로자의 근로의무의 수행에 대해 사용자가 가지는 지휘명령의 권한을 노무지휘권(勞務指揮權)이라 한다. 노무지휘권은 근로자가 근로계약에 의해 노동력의 처분권을 사용자에게 위임함으로써 사용자가 취득한 기본적 권한이다. 또한 사용자는 노무의 지휘 그 자체에 그치지 않고, 업무수행 전반에 대해 근로자에게 필요한 지시 · 명령을 내린다. 이 업무명령이 취업규칙의 합리적 규정에 근거한 상당한 명령인 이상, 취업규칙의 근로계약규율효(노계 7조)에 의하여, 근로자는 그 명령에 따를 의무를 가진다(문헌으로서 土田, 勞働契約法, 97~99면. 업무명령의 적법성에 관한 판단 사례로서 電電公社帶広局事件 ― 最一小判 昭61. 3. 13, 勞判 470호, 6면, JR東日本(本莊保線区)事件 ― 最二小判 平8. 2. 23, 勞判 690호, 12면).

6 취업청구권(就勞請求權)

근로계약의 권리의무에 대해서는 근로자가 사용자에게 취업하게 해줄 것을 청구하는 권리(취업청구권)을 가지는가의 여부가 논의되어 왔다. 이에 대해서는 근로의무는 의무이지 권리는 아니다(사용자는 임금을 지불하는 한 제공된 노동력을 사용하는지의 여부는 자유이고, 근로수령의무는 없다)라는 견해에 근거로 하여, 특약이 있는 경우와 특별 기능자인 경우를 제외하고는 취업청구권을 부정하는 것이 통설 · 판례이다(楢崎二郎, 「勞働契約と就勞請求權」, 現代講座(10), 26면 이하. 대표적 판례로는 読売新聞社事件 ― 東京高決 昭33. 8. 2, 勞民 9권 5호, 831면, 헤이세이(平成) 이후의 판례로서는 日本自転車振興会事件 ― 東京地判 平9. 2. 4, 勞判 712호 12면). 이에 대해 유력설은 취업하는 것이 근로자의 입장에서 생활의 수단 이상의 중요한 의의를 가지는 것이기 때문에 신의칙이나 사용자의 배려의무 등을 근거로 하여 취업청구권을 긍정한다(下井, 勞基法, 217면, 和田肇, 勞働契約の法理, 226면 이하, 小西国友,

勞働法の基礎, 64면, 西谷, 93면).

　　확실히 근로는 임금획득이라는 이익뿐만 아니라, 자기실현의 충족감과 기능습득상의 의의를 제공하는 것이지만, 이러한 근로의 실현은 근로계약이 인적관계인 점에서 보면, 사용자측의 조직적 내지는 인격적인 수용에 의존하지 않을 수 없다. 이러한 수용은 특별하게 명확한 법적 근거가 있는 경우(노조법 27조의 12에 기초한 원직복귀명령)이나 특약이 있는 경우(예를 들어 취업규칙에서 취업금지사유를 명확히 한정열거하고 있는 경우에는 문제가 될 수 있다)를 제외하면, 법적으로 강제할 수 없으므로, 취업청구권은 인정될 수 없다고 생각된다. 또한 채무불이행에 의해 손해배상책임이 발생한다는 의미에서의 근로수령의무를 일반적으로 긍정하기도 곤란할 것이다. 다만, 사용자에 의한 취업거부가 강행법규나 근로관계의 신의칙에 반하는 경우에는 근로자의 취업이익을 침해한 불법행위가 될 수 있다고 생각된다(같은 취지, 荒木, 勞働法, 234면. 渡辺, 上, 231면은 특정 사유에 의한 해고금지규정에 위반한 해고에 대해서는 취업청구권을 인정해야 한다고 하지만, 불법행위책임으로 대처해야 하는 사항이라고 생각한다).

　　(2) 조직적 노동관계에서의 권리의무

　　근로계약에 의한 근로는 기업이라는 사업수행 조직체 속에서 이루어지므로 사용자에 의한 근로자의 조직적 관리(이른바 노무관리)가 이루어진다. 즉 사용자는 사업의 효율적 수행을 위해 근로의 조직을 편성하며, 그 틀 속에서 근로자의 역할을 정한 뒤 근로자의 능력·의욕·능률을 높여서 조직을 활성화하기 위한 모든 종류의 시책을 실시한다. 이것이 이른바 인사권[7]의 중심적인 내용이다. 또한 조직적 근로의 원활한 수행을 위해서는 조직체로서의 규율·질서를 설정하고 이를 유지할 권한도 필수적이다. 이것이 기업질서정립권이라는 것이다. 근로계약관계는 사용자에게 이러한 기본적 권한이 귀속하는 것을 전제로 하면서 그 구체적 내용·범위의 획정(画定)을 중요한 과제로 하는 관계라 할 수 있다.

　　[7] **인사권**
　　사용자의 근로자에 대한 '인사권'이란 가장 넓은 의미에서는 근로자를 기업조직의 구성원으로서 받아들여 조직 속에서 활용하고 조직이 방출하는 일체의 권한을 의미한다고 할 수 있다. 보다 좁은 의미의 인사권이란 채용, 배치, 이동(移動), 인사고과, 승진, 승격, 강등, 휴직, 해고 등 기업조직에서 근로자 지위의 변동 및 처우에 관한 사용자의 결정권한을 의미한다고 할 수 있다. 이러한 인사권은 어떤 국면에서는 중요한 법적 규제를 받고 있으며(해고에 대한 법적 규제, 균등대우의 원칙, 여성의 기회균등, 부당노동행위의 금지, 단시간근로자에 대한 차별대우의 금지 등), 또한 단체협약, 취업규칙, 근로계약 등의 규제를 받는 경우도 있다. 따라서 정확하게 말하자면, 사용자는 이러한 규제 범위 안에서 일방적 결정권한으로서 인사권을 가진다고 할 수 있다.

　　(3) 성실·배려의 관계에서의 권리의무

　　근로계약의 경우, 인적·계속적인 성격에서 유래되는 신뢰관계가 요청된다. 앞에서 서술한 것처럼, 노동계약법에서 신의성실의 원칙이 특히 확인(3조 4항)

된 까닭이다.

보다 구체적으로는 당사자 쌍방이 상대방의 이익을 고려하여 성실히 행동할 것이 요구된다. 이 성실·배려의 요청에 근거하는 부수적 의무의 대표적인 것은 사용자에 대해서는 근로자의 생명과 건강을 직장에서의 위험으로부터 보호해야 하는 안전(건강)배려의무이다. 그 사리(事理)는 노동계약법에서 '사용자는 근로계약에 따라 근로자가 그 생명, 신체 등의 안전을 확보하면서 근로할 수 있도록 필요한 배려를 하는 것으로 한다'고 명확히 되었다(5조).

또한 구조조정을 할 때 사용자의 해고회피노력의무와 근로자에 대한 설명과 근로자대표와의 협의의무도 이러한 요청에 근거한 것이라 할 수 있다. 또 근로자의 인격이나 자유에 대한 구속은 사업수행상 필요하고 또한 상당한 범위 내에서만 허용되는 것으로, 사용자는 그러한 범위를 벗어난 지배나 구속을 행하지 않도록 배려할 필요가 있다.

근로자에 대해서는 영업비밀의 보장의무,[8] 경업피지(競業避止)의무,[9] 사용자의 명예·신용을 훼손하지 않을 의무 등이 긍정된다.[10]

---

[8] **비밀준수의무**

근로자는 노동계약이 존속하는 중에는 근로계약의 부수적 의무의 하나로서 사용자의 영업상 비밀을 준수해야 할 의무를 지고 있다(我妻榮, 民法各論(中), 568면; 有泉, 120면). 또한 많은 기업에서는 취업규칙에 영업비밀의 준수의무를 강조하고 있는데, 이러한 경우에는 당해 취업규칙의 규정이 근로계약을 규율하게 된다. 그리고 근로자가 이러한 비밀준수의무를 위반했을 때에는 취업규칙이 정하는 바에 따라 징계처분(古河鉱業事件 ― 東京高判 昭55. 2. 18, 労民 31권, 49면), 해고(三朝電気事件 ― 東京地判 昭43. 7. 16, 判夕 226호, 127면), 채무불이행 및 불법행위에 근거한 손해배상(美濃窯業事件 ― 名古屋地判 昭61. 9. 29, 労判 499호, 75면) 등이 행해질 수 있다. 근거가 명확하면 이행청구도 가능하다고 생각된다.

노동관계의 종료 후에는 취업규칙의 구체적인 규정이나 개별적인 특약으로 일정한 영업비밀의 유지가 약정되어 있다고 인정된 경우에는 그 약정은 필요성이나 합리성의 점에서 공서양속 위반으로 여겨지지 않는 한 그 이행청구(중지청구, フォセコン・ジャパン事件 ― 奈良地判 昭45. 10. 23, 判時 624호, 78면)나, 불이행에 따른 손해배상청구(ダイオーズサービ―ズ事件 ― 東京地判 平14. 8. 30, 労判 838호, 32면)가 가능하다. 문제는 그러한 명시의 약정이 존재하지 않는 경우로, 이 경우에 대해서는 근로관계 종료 후에는 근로계약의 부수의무로서의 비밀준수의무도 종료한다는 견해와 신의칙상의 의무로서 존속할 수 있다는 견해가 대립되어 왔다(小畑史子,「営業秘密の保護と雇用関係」, 日労研 384호, 39면 참조. 불법행위에 따른 손해배상을 인정한 판례로서 アイ・シー・エス事件 ― 東京地判 昭62. 3. 10, 判夕 650호, 203면).

이 외에, 부정경쟁방지법에서 1990년의 개정(1990년 법 66)이후, 근로자가 사용자로부터 취득하거나 또는 알게 된 영업비밀에 대하여, 근로관계의 존속 중 및 종료 후를 통하여 그 부정한 사용 및 개시에 대하여 중지청구 등의 법적 구제가 규정되어 있다. 즉 근로자가 사용

자로부터 제시받은 영업비밀('비밀로서 관리되고 있는 생산방법, 판매방법, 그 외의 상업활동에 유용한 기술상 또는 영업상의 정보로, 공공연하게 알려져 있지 않은 것'(2조 6항)을 '부정한 이익을 취할 목적으로 또는 그 보유자에게 손해를 가할 목적으로' 사용하거나 개시하는 행위는 영업비밀에 관한 부정행위의 한 종류로 간주되고(2조 1항 7호), 사용자는 이러한 개시 및 사용행위에 대하여 중지(3조 1항), 손해배상(4조), 침해행위를 조성한 물건의 폐기 또는 침해행위에 제공된 설비의 제거(3조 2항), 신용회복조치(14조)를 요구할 수 있다(판례로서 岩城硝子ほか事件 ― 大阪地判 平10. 8. 27, 地裁集 39권 4호, 1000면). 또한 동법은 2003년, 2004년, 2006년에 순차적으로 개정되어 부정경쟁에 대한 입증책임의 경감규정(6조 단서)이 마련되는 등, 재직 중인 임원·종업원이 부정경쟁목적으로 영업비밀관리의 임무에 위반하고 영업비밀을 사용·개시하거나 또는 개시의 신청을 하는 것, 임원 또는 종업원이었던 자가 청탁을 받고 영업비밀을 퇴직 후에 사용 또는 개시하는 것에 대하여 벌칙이 정비되었다(21조 1항).

⑨ 경업피지(競業避止)의무

근로자는 근로계약 존속 중에는 일반적으로 사용자의 이익에 현저하게 반하는 경업행위를 삼가할 의무가 있다. 따라서 그러한 경업행위가 이루어진 경우에는 취업규칙의 규정('회사의 이익에 반하는 부적절한 행위' 등)에 따른 징계처분이나 손해배상청구(판례로서 エープライ事件 ― 東京地判 平15. 4. 25. 労判 853호, 22면)가 이루어질 수 있다. 근로자의 경업피지의무의 존재여부는 실제로는 근로자가 퇴직한 후 동종업계의 다른 회사에 취직하거나 동종업계의 다른 회사를 개업하는 경우에 퇴직금의 감액·몰수, 손해배상청구, 경업행위의 중지청구 등의 가부와 관련하여 많은 문제가 되고 있다. 이러한 근로계약 종료 후에 대해서는 근로자의 직업선택의 자유가 있기 때문에, 근로계약 존속 중과 같이 일반적으로 경업피지의무를 인정할 수는 없고, 해당 조치의 법적 근거와 합리성을 각 문제별로 탐구하는 것이 필요하다(문헌으로는 小畑史子, 「引退した労働者の競業規制」, ジュリ 1066호, 119면; 川田琢之, 「競業避止義務」, 講座21世紀(4), 133면)

먼저 동종업계 다른 회사에 전직한 자에 대한 퇴직금 감액 내지는 몰수에 대해서는 퇴직금 규정에 그러한 의미의 명확한 규정이 존재하는 것이 필요하고, 그러한 규정의 합리성과 해당 케이스에 대한 적용 가부가 퇴직 후 경업제한의 필요성과 범위(기간, 지역 등), 경업행위의 양상(어느 정도 배신적인가) 등에 비추어 판단된다(三晃社事件 ― 最二小判 昭52. 8. 9, 労経速 958호, 25면; 中部日本広告社事件 ― 名古屋高判 平2. 8. 31, 労民 41권 4호, 656면; 三田エンジニアリング事件 ― 東京高判 平22. 4. 27. 労判 1005호, 21면).

다음으로 퇴직 후 경업행위의 금지는 퇴직자의 직업선택의 자유를 직접 침해하는 조치이므로 경업제한의 합리적 이유가 인정되어 합리적인 범위(기간·활동 등)내에서의 경업제한 특약이 존재하는 경우에만, 그 특약을 근거로 행할 수 있게 된다(긍정 사례는 フォセコン·ジャパン事件 ― 奈良地判 昭45. 10. 23, 判時 624호, 78면; 新大阪貿易事件 ― 大阪地判 平3. 10. 15, 労判 596호, 21면. 부정한 사례로는 東京リーガルマインド事件 ― 東京地決 平7. 10. 6, 労判 690호, 75면). 이에 대해 손해배상청구는 이전 사용자에게 중대한 손해를 주는 양상으로 이루어진 경우(대규모의 고객탈취, 종업원의 대량 스카우트 등)에는 위와 같은 특약에 근거하여 인정되며(東京学習協力会事件 ― 東京地判 平2. 4. 17, 労判 581호, 70면), 또는 이전 사용자의 영업권을 침해하는 불법행위로서도 인정될 수 있다(ヤマダ電機事件 ― 東京地判 平19. 4. 24, 労判 942호, 39면).

단 최근의 판례는 퇴직 후의 경업피지의무에 관해서는 근로자의 직업선택의 자유에 비추어 특약에서의 제한의 기간·범위(지역·직종)를 최소한도로 그치게 하고 있는 점이나 일정

한 대상조치를 요구하는 등 엄격한 태도를 취하는 경향이 있다(キョウシステム事件 — 大阪地判 平12. 6. 19, 労判 791호 8면; 新日本科学事件 — 大阪地判 平15. 1. 22, 労判 846호, 39면, A特許事務所事件 — 大阪高決 平18. 10. 5, 労判 927호, 23면 등).

또한 퇴직 후의 경업을 제한하는 규칙이나 특약이 특별히 존재하지 않는 기업에서 퇴직한 자의 경업행위가 해당 기업에 대한 불법행위를 구성하는지에 대한 문제는, 퇴직자의 직업선택의 자유와는 다른, 퇴직자의 영업(거래)의 자유의 한계의 문제가 된다. 이에 대해서는 퇴직종업원이 같은 업종 다른 회사를 설립하여 이전 사용자의 거래처와 거래를 시작한 것에 대하여 이전 사용자의 영업비밀을 이용하거나 그 신용을 떨어뜨리는 등의 부당한 방법을 이용하고 있지 않기 때문에 자유경쟁의 범위를 넘어서지 않는다고 간주된 사례가 있다(サンクスほか[三佳テック]事件 — 最一小判 平22. 3. 25, 民集 64권 2호, 562면).

또한 경업행위가 전술한 비밀유지의무에 반하는 행위일 경우에도 동 의무에 근거한 행위의 금지 및 손해배상청구도 가능하다(문헌으로는 土田道夫, 「競業避止義務と守秘義務の関係について」中嶋士元也還暦・労働関係法の現代的展開, 189면; 土田, 労働契約法, 111~112면, 618~623면).

⑩ **직무발명**(職務發明)

종업자(거의 '근로자'와 같은 의미), 법인임원, 공무원(종업자 등)이 한 발명이 그 성질상 각각 사용자, 법인, 국가・지방공공단체(사용자 등)의 업무범위 내에 속함과 동시에, 발명에 이르기까지의 행위가 근로자 등의 현재 또는 과거의 직무에 속하는 경우에, 당해 발명은 '직무발명'에 해당한다(특허 35조 1항. 기본문헌으로는 土田, 労働契約法, 624~629면). 직무발명에 대해서는 발명을 한 종업자 등이 특허를 받을 권리를 가지지만, 그 자(또는 그 자로부터 특허를 받을 권리를 승계한 자)가 특허를 받은 경우에는 사용자 등은 그 특허권에 대하여 통상적으로 실시권을 가진다(동항). 또한, 사용자 등은 '계약, 근무규칙, 그 외의 규정'에 의하여 특허를 받을 권리나 혹은 특허권을 자기에게 승계시킬 것 또는 전용실시권을 설정할 수가 있지만, 발명을 한 종업자 등은 이에 대하여 '상당한 대가'의 지불을 받을 권리를 가진다(동조 2항, 3항). 그리고 '상당한 대가'의 산정에 대해서는 2004년의 특허법 개정(2004년 법79)으로 계약, 근무규칙, 그 외의 규정에서 '상당한 대가'에 대하여 정한 경우에는 대가를 책정할 때에 사용자 등과 종업자 등의 사이에서 실시된 협의의 상황, 책정된 해당 기준의 개시상황, 대가 금액의 산정에 대하여 실시된 종업자 등으로부터의 의견청취 상황 등을 고려하여, 그 정한 바에 따라서 대가를 지불하는 것이 불합리하다고 인정되는 것이어서는 안된다고 규정하였다(동조 4항). 그리고 '상당한 대가'에 대하여 규정이 없는 경우 또는 그 규정에 따라서 대가를 지불하는 것이 불합리하다고 인정된 경우에는 '상당한 대가'의 금액은 해당 발명으로 인하여 사용자 등이 받아야 할 이익의 금액, 해당 발명과 관련하여 사용자 등이 행하는 부담, 공헌 및 종업자 등의 처우, 그 외의 사정을 고려하여 정해야 한다고 하고 있다(동조 5항). 이러한 사항들은 기업이 '상당한 대가'에 대한 규정을 두는 경우에는 법원은 제1차적으로는 그 규정의 책정 및 적용 프로세스(절차)가 협의・개시・의견청취 등의 사항에서 합리적인 것인지의 여부를 판단하고, 불합리하지 않으면 그 규정에 따른 지불을 존중해야 한다는 견해(2003년 12월 18일의「산업구조심의회 지적재산정책부회 특허제도 소위원회 보고」, 土田道夫, 「職務発明とプロセス審査 — 労働法の観点から」, 田村善之=山本敬三編, 職務発明, 146면 참조)에 의한 것이다(中山信弘, 特許法[第2版], 74~76면은, 제4항의 불합리성의 판단에서는 제5항의 실체적 판단요소도 보충적 고려요소가 된다고 한다).

또한 '상당한 대가'의 소멸시효는 일반 채권의 소멸시효(민 167조)에 따라서, 그 기산점은 근무규칙 등에서 정하는 대가의 지불시기가 있는 경우에는 그 시기로 간주되고 있다(オリン

パス光学工業事件 — 最三小判 平15. 4. 22, 労判 846호, 5면).

⑷ 근로자의 손해배상책임

근로자가 근로의무나 부수적 의무에 위반하여 사용자에게 손해를 끼친 경우에는, 채무불이행에 근거하여 손해배상책임을 면할 수 없다(민 415조, 416조). 또 근로자의 행위가 불법행위(민 709조)의 요건을 충족하면 손해배상책임을 지게되며 제3자에게 손해를 입힌 경우에는 사용자책임(민 715조 1항)을 전제로 하는 사용자에 의한 구상권 행사(동조 3항)도 인정된다. 최근에는 사용자가 징계처분이나 해고 대신에 근로자에게 금전배상을 요구하는 경우도 늘어나고 있다. 하지만 이는 자본력이 없는 근로자에게 가혹한 결과를 가져오기 때문에 판례는 근로계약의 특질(지휘명령 하의 근로, 근로자의 근로에 의하여 사용자가 경제적 이익을 얻고 있는 것으로부터 생기는 보상책임의 요청)을 고려하여 신의칙(민 1조 2항)에 기초하여 책임제한법리를 발전시키고 있다.4)

즉 사용자는 불법행위에 근거하여 손해배상 및 구상권(민 709조, 715조)을 행사할 때에 '손해의 공평한 분담이라고 하는 견지에서 신의칙상 상당하다고 인정되는 한도에서'만 피용자에 대하여 손해배상 또는 구상을 청구할 수 있다.5) 이 판단은 채무불이행(근로의무위반)을 이유로 한 손해배상청구(동 415조, 416조)에도 응용되고 있다.6) 책임제한의 기준은 ① 근로자의 귀책성(고의·과실의 유무·정도), ② 근로자의 지위·직무내용·근로조건, ③ 손해발생에 대한 사용자의 기여도(지시내용의 적부, 보험가입에 의한 사고예방·리스크 분산의 유무 등)에 달려 있다(앞의 茨石事件).

구체적으로는 근로자에게 업무수행 중의 주의의무 위반이 있기는 하지만 중대한 과실로까지는 인정되지 않는 경우에는, 그 외의 사정(사용자에 의한 불충분한 리스크관리 등)을 고려하여 사용자에 의한 배상청구나 구상청구를 기각하고 있다.7) 또 중대한 과실이 인정된 경우라도 너그럽게 용서해야 할 사정이나 회사측의 잘못을 고려하여 책임을 4분의 1이나 2분의 1로 경감하고 있다.8) 한편

---

4) 문헌으로는 細谷越史,「労働者の損害賠償責任」西谷=中島=奥田, 転換期労働法の課題, 250면.
5) 茨石事件 — 最一小判 昭51. 7. 18, 民集 30권 7호, 689면.
6) 大隈鐵工所事件 — 名古屋地判 昭62. 7. 27, 労民集 38권 3=4호, 395면.
7) M運輸事件 — 福岡高那覇支判 平13. 12. 6, 労判 825호, 72면(구상청구기각); つばさ証券事件 — 東京高判 平14. 5. 23, 労判 834호, 56면(손해배상청구기각).
8) 앞의 주⑹의 大隈鉄工所事件(일반종업원이 졸음에 의한 사고로 고가의 기계를 파손한 것에 대해, 심야근로 중의 사고인 점 및 회사가 기계보험가입 등의 조치를 취하고 있지 않았던 점을 이유로 손해를 4분의 1로 한정), N興業事件 — 東京地判 平15. 10. 29, 労判 867호, 46면(청구서 미제출에 따른 채권회수불능의 책임을, 유인(誘因)으로서의 과중근로, 재발방지조치지체, 감독해태

배임 등의 악질적인 부정행위나 사회통념상 상당한 범위를 벗어난 스카우트 등의 경우에는 책임제한은 별도로 고려되지 않는다.9)

제2절 개별적 노동관계법의 구조·적용범위·효력

1. 개별적 노동관계법의 구조(법원)

개별적 노동관계는 근로자와 사용자의 합의에 의해 내용을 정할 수 있는 계약관계로 구성되며, 이 개별적 합의관계에 대하여 민사법규로서의 노동계약법과 이를 보충하는 판례법리(노동계약법리)가 여러 종류의 준칙(rule)을 설정하고, 또한 단체협약과 취업규칙이 각각 노동조합법, 노동계약법의 규정(노조 16조, 노계 7조, 10조)에 기초하여 계약내용을 규율한다. 또한 노동기준법과 그 부속법 등에서 정해진 근로조건의 최저기준이 벌칙과 노동기준감독행정에 의하여 근로계약관계에 대하여 강제되고, 또한 민사(권리의무)상으로도 강행적이고 직률적인 효력을 미친다(노기 13조). 이러한 것들 외에도, 고용기회균등법, 파트타임노동법, 고연령자고용안정법, 그 외 노동정책입법도 근로계약의 다양한 강행적 준칙을 설정하면서 행정기관의 조언·지도나 분쟁해결원조 등의 행정상의 구조를 갖추고 있다.

(1) 합의원칙과 그 한계

개별적 노동관계는 근로자와 사용자가 대등한 입장에서의 합의로 성립되며, 내용을 정해야 하는 근로계약의 관계이다(노계 1조, 3조 1항). 따라서 계약내용(근로조건)의 변경도, 이러한 당사자의 합의에 따라야 하는 것이 원칙이다(노계 8조, 9조 본문). 이것은 민법의 계약자유원칙이 노동관계에서 발현된 것으로, 민법의 고용의 규정이나 노동기준법에서도 표현되어 있다(민 623조, 노기법의 '근로계약'의 개념). 그러나 최근 제정된 노동계약법은 이를 근로계약의 성립 및 변경에 대한 가장 기본적인 원칙(합의원칙)으로서 명확히 규정하고, 또한 취업규칙의

등을 고려하여 손해의 4분의 1로 한정); 株式會社G事件 ― 東京地判 平15. 12. 12, 労判 870호, 42면(중고자동차 판매점장이 대금 없이 차 15대를 인도한 것에 대해, 그 후 손해경감과 유인이 된 할당(노르마)지상주의 등을 고려하여 책임을 손해의 2분의 1로 한정).

9) 후자의 사례로는 日本コンベンションサービス事件 ― 大阪高判 平10. 5. 29, 労判 745호, 42면.

효력에 대해서도 가급적으로 관철했다(7조 단서, 10조 단서).

다만, 근로계약의 관계에서는 근로자와 사용자의 교섭력에 격차가 있고, 또한 사용자의 지휘명령권이나 조직적(집단적) 관리의 권한이 예정된다. 따라서 노동관계의 현실에서는 사용자가 계약내용을 취업규칙이나 지휘명령에 의해서 근로자에게 불리하게 일방적으로 결정하기 쉽게 된다.

그래서 근로계약에 대해서는 법은 계약관계의 강행적 준칙(룰)을 명확히 하거나, 근로조건의 최저기준을 설정하게 된다. 또한 근로자와 사용자간의 교섭을 대등한 것으로 하기 위해서 근로자가 노동조합을 결성하여 단체교섭을 행할 권리를 보장하고, 그 성과인 단체협약에 근로계약을 규율하는 효력을 부여하고 있다(노조 16조).[10]

이리하여 개별적 노동관계는 근로자와 사용자간의 합의에 의한 관계로 여겨지면서, 여러 종류의 강행적 준칙에 따라서 합의내용이 규제된 관계로 되어 있다. 그러나 기본은 계약관계이기 때문에, 합의에 우월하는 법규범이 존재하지 않는 사항(예를 들면 배치전환명령권·출향명령권의 존재 여부나 범위)에 대해서는 당사자간의 권리의무 여하는 당사자간의 합의에 따라야 하는 것이 된다. 그리고 합의내용을 탐구하거나 명확한 합의가 존재하지 않는 경우에 이를 보완하거나, 현저하게 불합리한 합의를 제어하는데 있어서 노동계약법의 기본원칙(예를 들면, 동법 3조 4항의 신의성실의 원칙)이나 민법의 일반규정(예를 들면, 위험부담에 관한 536조 2항) 내지 '고용'의 규정[11](예를 들면, 근로계약의 일신전속성에 관한 625조)가 이용된다.[12]

노동관계상의 관행[13]도, 당사자간의 근로계약의 내용이 됨으로써 노동관계에 대한 법적 효력을 가진다.

[11] **민법의 '고용'의 규정**
민법의 '고용'에 관한 규정(623조~631조)은 근로계약에 대하여 노동계약법, 근로계약법리, 노동기준법 등에 따라서 수정되면서도, 또한 기초적인 법규범으로서의 의의를 가지고 있다. 즉, 보수의 지불시기(624조), 권리의무의 일신전속성(625조)의 규정은 근로계약관계의 기본적 보충규범으로서의 의의를 가지며, 고용의 기간 및 해약에 관한 여러 규정(626조~631조)도, 노동계약법(16, 17조), 근로계약법리(해고권남용법규의 유추적용법리), 노동기준법(14조)에 의해서 수정되고, 또 그러한 사항에 관한 보충규정으로서의 의의도 계속 가지고 있다(문헌으로 和田肇,「民法の雇用に関する規定の意義」, 季労, 215호, 111면 이하).

---

10) 노동조합의 조직률이 저하되는 경향 하에서, 취업규칙의 작성 및 변경 등에 대한 종업원대표제의 입법화가 정책과제가 되었다.

⑫ 민법(채권법)개정의 동향과 고용관련 규정

민법의 채권(계약)관계의 여러 규정은 2004년의 민법재산법(총칙, 물권, 채권)의 현대어화 (2004년 법 147)가 이루어지는 가운데 현대어화 되었지만, 내용적으로는 거의 1896년 제정 당시의 그대로이다. 그래서 그러한 여러 규정을 1세기 이상에 걸친 사회 및 경제의 현저한 변화에 맞추어 개정하는 움직임이 생겼다. 우선, 2006년 10월부터 민법학자를 중심으로 한 검토위원회에 의한 검토 작업이 진행되었고, 2009년 3월에 '채권법 개정의 기본방침(개정 시안)'이 마련되었다. 이 작업을 기초로 하여 법무대신에 의한 법제심의회로의 자문이 2009년 10월이 실시되었고 동 심의회에서 민법(채권관계)부분이 설치되어 정력적인 검토가 이루어져 2011년 4월에 '중간적인 논점 정리'가 공표되었다. 민법의 고용에 관련되는 여러 규정에 대하여 논점으로 된 것은 대략 다음과 같은 것이다(民事法務編, 民法(債権関係)の改正に関する中間的な論点整理の補足説明; 和田一郎,「民法改正動向と人事労務分野への影響」労働法学研究会報, 2506호, 28면; 土田道夫編, 債権法改正と労働法).

① 근로계약에 관한 민사상의 기본 룰이 민법(고용)과 노동계약법에 분산되어 있어 편리성의 관점에서 문제가 있지만, 장래의 검토과제로서 당분간은 현 상황을 유지하면서 민법의 고용에 관한 규정에 대하여 민법에서 규율해야 할 사항의 범위에 유의하면서 재검토의 필요 여부를 검토하면 어떨까?

② 상기의 편리성이라는 문제에 대한 한 가지 대응으로서 안전배려의무(노계 5조)나 해고권남용법리(노계 16조)를 민법에도 규정하는 것의 적부를 더욱 검토한다.

③ 그 외 민법상 고용의 여러 규정 중에는 기간의 정함이 없는 고용계약의 해약에 대하여 예고기간을 2주간으로 하는 규정(민 627조 1항)을 사용자에 의한 해약에 대해서는 노동기준법의 해고예고기간 30일(노기 20조)에 맞추어 30일로 개정하는 것, 판례 및 통설상 인정되고 있는 무노동 무임금(no work no pay)원칙을 조문상 명확히 하는 것, 고용기간의 상한을 5년으로 하는 규정(민 626조 1항)을 노동기준법의 상한규정(노기 14조)을 고려하여 삭제하는 것, 유기고용계약의 '동일한 조건에서'의 묵시적 갱신(민 629조 1항)의 경우의 '묵시적 조건'에는 고용기간은 포함되지 않는 것을 명확히 하는 것, 등의 적부를 더욱 검토한다.

④ 채무불이행의 경우의 해제에 대해서는 귀책사유를 불필요하도록 관계규정을 개정하는 방향으로 검토가 진행되고 있으며, 그 경우에는 이행불능의 장면에서 해제와 위험부담이 적용범위상 중복한다는 문제가 발생하여 위험부담의 여러 규정의 재편성이 필요하다고 여겨지고 있다. 그러나 위험부담의 규정의 하나인 채권자의 귀책사유에 의한 채무의 이행불능의 경우에는 채무자는 반대급부를 받을 권리를 잃지 않는다는 규정(민 536조 2항)은 해고권남용(노계 16조)에 해당되는 해고의 경우의 해고기간 중의 임금청구권의 기초화 등, 고용(근로)계약관계에 대하여 다용되고 있기 때문에 동규정의 법리는 유지하는 방향에서 어느 부분에 어떻게 규정하는지를 검토한다.

⑤ 민법에서의 채권의 소멸시효에 대해서는 사용인의 월례임금에 대하여 1년간으로 하는 등의 단기소멸시효를 폐지하고, 10년으로 되어 있는 일반적 소멸시효를 3~5년으로 한다는 개정이 검토되고 있다. 근로자의 월례임금의 소멸시효는 민법의 1년을 전제로 노동기준법에서는 2년으로 되어 있기 때문에, 상기와 같은 민법의 소멸시효의 개정이 이루어지게 되면, 노동기준법의 규정도 재검토가 필연적으로 필요하게 된다.

⑬ '노사관행'의 법적 의의

노동관계에서는 근로조건, 직장규율, 조합활동 등에 대하여 취업규칙, 단체협약 등의 성문의 규범에 근거로 하지 않는 집단적(일반적)인 취급(처분의 방법)이 오랫동안 반복·계속되어 왔으며, 그것이 사용자와 근로자의 쌍방에 대하여 사실상의 행위준칙으로서 기능하는 경우가 있다. 이러한 취급(처리방법)이 '노사관행'으로 칭해지는 것이지만, 문제는 근로계약관계에서의 그 효력 여하이다.

첫째로 오랫동안 계속해온 어떤 취급이 그러한 반복·계속으로 근로계약의 내용이 되었다고 인정되는 경우, 이러한 취급에는 근로계약으로서의 효력이 인정되게 된다. 그렇게 근로계약의 내용이 될 수 있는 관행은 근로조건, 그 외 근로자의 대우에 관한 것으로, 일반적인 취급으로서 행해져 온 것이라는 점을 필요로 한다. 그러한 관행은 계약당사자간에 행위준칙으로서 의식되어 온 것으로서, 묵시적 합의가 성립되어 있는 것으로 여겨지거나(묵시적 의사표시), 당사자가 이러한 '관습에 의한 의사를 가지고 있는 것'(민 92조)으로 인정되거나(사실인 습관), 근로계약의 내용이 된다. 판례는 특히 관행이 이러한 계약적 효력을 인정받기 위해서는 해당 사항에 대하여 결정권한을 가지는 관리자가 해당 관행을 규범으로서 의식하고, 그에 따라 온 것을 필요로 한다고 되어 있다(国鉄蒲田運転区事件 ― 東京地判 昭63. 2. 24. 労民 39권 1호, 21면; 商大八戸ノ里ドライビングスクール事件 ― 大阪高判 平5. 6. 25. 労判 679호, 32면; 東京中郵事件 ― 東京高判 平7. 6. 28. 労判 686호 55면. 이에 대한 비판으로서, 水町勇一郎, 労働法[第4版], 121면 참조). 또한, 단체협약의 근로조건 규정에 반하는 취급이나 취업규칙의 근로조건 기준보다 근로자에게 불리한 취급은 협약의 규범적 효력(노조 16조) 내지 취업규칙의 최저기준효(노계 12조)에 따라서 근로계약상의 효력을 가질 수 없다.

둘째로는 노사관행은 그에 반하는 사용자의 권리의 행사를 '권리의 남용'으로서 무효로 하는 효과를 가지는 경우가 있을 수 있다. 예를 들면, 일정한 규율위반행위를 묵인하여 방치하는 취급이 오랫동안 계속되어 온 경우에는 그 행위를 갑자기 징계처분에 부치는 것은 징계권의 남용으로 여겨질 가능성이 크다. 사용자로서는 앞으로는 그러한 종류의 행위에 대하여 징계를 한다는 취지의 선고를 종업원에게 하고, 그 취급(관행)에 의해서 이완되어 있던 규율을 엄격하게 한 후가 아니라면 징계처분을 해서는 안된다.

셋째로, 노사관행 중에는 단체협약이나 취업규칙의 불명확한 규정에 구체적인 의미를 부여하는 내용이 있다. 예를 들면 '시업시각 9시, 타임카드로 확인'으로 정했을 뿐, 확인지점을 정하고 있지 않은 규정에 대하여 건물입관지점에서의 타임카드 기록으로 판단한다는 취급이 오랫동안 계속되어 온 경우이다. 이러한 관행은 취업규칙 내지 단체협약의 규정의 해석기준의 지위를 부여하여 결국은 그러한 규칙 및 협약과 일체의 효력을 부여받을 수 있다.

이상의 경우 이외에는 노사관행은 그 자체로 특별한 법적 효력(예를 들면 취업규칙에 준하는 효력)을 인정해야 할 실정법상의 근거는 보이지 않는다.

(2) 노동계약법·근로계약법리

근로계약관계에서의 권리의무의 내용에 대해서는 전후의 노동법제에서는 노동기준법이 근로조건의 최저기준으로서 여러 강행적 규범을 설정해왔지만, 그러한 것 이외의 사항에 대해서는 민법의 '고용'을 포함한 계약법리에 맡기는 체제를 취했다. 그러나 법원은 노동관계 민사사건의 판단 중에서 근로계약관계의 독특한 실태(장기고용시스템)와, 그 중에서의 근로자 보호의 필요성에 비추어 보아 민법법리를 수정하는 근로관계 특유의 계약법리(법적 룰)를 형성했다. 해고권남용법리, 정리해고의 4요건(내지 4요소)의 법리, 취업규칙의 합리적 변경의 법리, 배치전환명령권·출향명령권 등의 인사권의 용인과 권리남용법리에 따른

한정, 채용의 자유, 유기계약근로자의 고용중지에 대한 해고권남용법리의 유추
적용, 징계권남용법리, 안전(건강)배려의무 등등이다.

　노동계약법은 근로계약의 기본이념·기본원칙을 명확히 함과 동시에, 이러
한 판례법리 가운데, 해고권남용법리, 취업규칙의 효력(최저기준효, 근로계약규율
효), 징계권남용법리, 출향명령권의 남용법리, 안전(건강)배려의무 등을 입법화하
였다. 동법은 '이 법률은 근로자 및 사용자의 자주적인 교섭 하에서 근로계약이
합의에 따라 성립하거나 또는 변경된다는 합의의 원칙, 그 외의 근로계약에 관
한 기본적 사항을 정하는 것으로써, 합리적인 근로조건의 결정 또는 변경이 원
활하게 이루어지도록 하는 것을 통하여 근로자의 보호를 도모하면서 개별 근로
관계의 안정에 이바지하는 것을 목적으로 한다'고 규정한다(1조). 즉, 노동계약
법은 근로계약의 기본적 사항을 정함으로써, 근로자의 보호와 개별 근로관계분
쟁의 방지를 도모하는 것을 목적으로 한다.

　이리하여 근로계약관계에 대해서는 민법의 특별법으로서의 노동계약법이 먼
저 참조되어야 하는 기본입법으로 성립되었다. 그리고 동법에 명문화되지 못한
판례법리(근로계약법리)는 노동계약법을 보충하는 법적 룰로서의 자리매김하게
되었다.

　이 외에, '회사분할에 따른 노동계약의 계승 등에 관한 법률'(2000년 법103)
도, 근로계약관계(및 단체협약)에 관한 민사상의 법적 룰을 정한 법률이다.

⑶ 노동기준법과 그 부속법·관련법(노동보호법규)

　근로계약관계에 관한 입법규제의 중심은 전후 일찍 제정된 노동기준법(1947
년 법 49)이다. 노동기준법은 헌법상 근로조건에 대한 기준법정의 요청에 따라,
근로관계의 기본원칙과 근로조건의 최저기준을 설정하고, 이러한 벌칙과 전문
적 행정감독의 구조에 따라서 준수하게 하는 것이다. 동법은 모두에서 '근로조
건의 원칙'이라는 제목을 달고, '근로조건은 근로자가 인간다운 생활을 영위하
기 위한 필요를 충족시키는 것이어야 하며'(1조 1항), 또 '이 법률에서 정하는
근로조건의 기준은 최저의 것이기 때문에, 근로관계 당사자는 이 기준을 이유
로 근로조건을 저하시켜서는 안 되는 것은 물론, 그 향상을 도모하도록 노력해
야 한다'(동조 2항)고 동법의 기본이념을 규정하고 있다. 노동기준법의 입법자는
이러한 '근로조건결정의 기본원칙의 천명'과 '근로관계에 잔존하는 봉건적 유제
(遺制)의 일소', 그리고 '국제적 근로기준의 달성'을 동법제정의 3대 목표로 하여

강조하였다.11)

　노동기준법에 대해서는 부속법으로서 최저임금법(1959년 법137, 이하 '최임법'으로 약칭), 노동안전위생법(1972년 법57, 이하 '노안위법'으로 약칭)이라는 중요한 노동기준입법이 있다. 또 관련법으로서 노동자재해보상보험법(1947년 법 50, 이하 '노재보험법'으로 약칭), 임금의지불확보등에관한법률(1976년 법34, 이하 '임확법'으로 약칭) 등이 있으며, 근로기준의 실효성을 담보하기 위한 국가적인 책임보험과 대체 지불 구조를 수립하고 있다. 이러한 것은 근로계약관계에서의 근로자보호를 위한 노동행정의 구조를 동반하는 강행적인 준칙 및 기준이나 급부를 규정한 것으로, 노동보호법규라고도 칭해진다.⑭⑮

⑭ 사업장의 노사협정

　노기법에서는 '해당 사업장의 근로자의 과반수로 조직되는 노동조합' 또는 그러한 조합이 없는 경우에는 '당해 사업장의 근로자의 과반수를 대표하는 자'와의 서면의 협정이 있는 경우에는 임금의 전액불원칙에 관계없이 임금의 일부를 공제하여 지불하는 것(24조), 1일 8시간·1주 40시간의 원칙에 관계없이 일정기간을 평균하여 이러한 기간을 넘지 않으면 된다는 변형근로시간제(32조의 2, 32조의 4, 32조의 5) 또는 플렉스타임제(32조의 3)를 행하는 것이나, 시간외·휴일근로를 행하게 하는 것(36조) 등, 동법의 규제를 면하는 효과를 부여하는 규정이 상당수 있다(그 외에, 18조의 2항, 37조의 3항, 39조의 2 제2항, 38조의 3 제1항, 39조의 4항, 6항, 7항). 즉, 노기법에서는 사업장의 노사협정의 체결(대부분의 규정에서는 신고)에는 협정이 정하는 바에 따라 동법의 일정한 법규제를 면제받을 수 있는 효과(벌칙의 적용을 면한다는 면벌적 효과와, 13조의 강행적 보충적 효력을 면한다는 효과)가 인정되고 있다. 협정의 체결당사자가 되는 사업장 근로자의 과반수 대표자는 노기법상의 관리감독자(41조의 2호)가 아닐 것, 선출목적을 명확히 한 투표, 선거 등의 방법으로 선출될 것이라는 요건이 설정되어 있다(노기칙 6조의 2, 1998년 법 개정. 개정 전에 친목단체대표를 자동적으로 대표자로 하는 36협정을 무효로 한 판례로서, ㅏ一コㅁ事件 ― 東京高判 平9. 11. 17, 労判 729호, 44면).

　또한 노동기준법 이외에는 고용보험법에서 사업장의 노사협정의 체결은 고용안정사업 등에 따른 급여금 지급 요건으로 되어 있다(고보칙 102조의3 제1항). 또 육아개호휴업법에서는 사업주가 일정 근로자에 대하여 육아휴업·개호휴업 등을 거부할 수 있는 요건으로 되어 있다(6조 1항, 12조 2항 등).

⑮ 행정해석

　노동보호법규에 대해서는 입법에 따른 통일적·효율적인 감독·시행을 실시하기 위해서, 중앙행정관청으로부터 현장행정관청에 대하여 다수의 행정해석이 통달의 형태로 내려진다. 이러한 행정해석('해석예규'라고도 불린다)은 이론적으로는 법원의 해석에 우월한 것은 아니지만, 행정실무 중에서는 강력한 기능을 완수하고 있으며, 또한 법원의 해석에도 중요한 영향을 미치고 있다.

---

11) 1947년 제92회 제국회의에서의 동법 제안 이유.

(4) 노동정책입법

근로관계에 대해서는 그때그때의 정책목적을 위해서 다양한 입법이 이루어지지만, 그러한 것 중에는 근로계약관계에서의 권리의무나 법규범을 창설한 것이 있다. '고용분야에서의 남녀의 균등한 기회 및 대우의 확보 등에 관한 법률'(1985년 법45에 의한 개정법. 이하 '남녀고용기회균등법'으로 약칭), '육아휴업, 개호휴업 등 육아 또는 가족개호를 행하는 근로자의 복지에관한 법률'(1995년 법107, 이하 '육아개호휴업법'이라고 약칭), '고연령자 등의 고용의 안정 등에 관한 법률'(1971년 법68, 이하 '고연령자고용안정법'이라고 약칭) 등이 그러한 것이다. 이러한 것도 제목에 표시되어 있는 정책목표의 달성을 위해서 근로자와 사용자간의 근로계약관계에서의 강행적 준칙(성에 의한 차별적 취급의 금지, 통상의 근로자와 동일시해야 하는 단시간 근로자에 대한 차별적 취급의 금지, 60세 미만의 정년의 금지 등)이나 권리의무(육아휴업·개호휴업의권리 등)를 창설하고 있다.

2. 노동계약법·노동기준법의 적용범위

(1) 노동계약법·노동기준법의 적용범위(이들의 이동(異同))

노동계약법은 근로계약관계에서의 근로자와 사용자의 권리의무의 이념이나 규범을 규정한 것이지만, 적용대상의 '근로자'와 '사용자'를, 각각 '사용자에게 사용되어 근로하고 임금을 지불받는 자', '그 사용하는 근로자에 대하여 임금을 지불하는 자'로 정의하고 있다(2조 1항, 2항). 이러한 정의는 '사용되어 근로하고', '임금을 지불한다'라는 근로계약의 기본요소를 공통으로 이용하여 근로자와 사용자의 개념을 표현한 것으로 적용범위라는 관점에서는 일방 당사자가 상대방 당사자에게 '사용되어 근로하고' 상대방 당사자가 일방 당사자에게 '임금을 지불한다'는 계약관계의 여부를 판단해야 한다.

한편, 노동기준법은 근로관계에서의 근로자의 보호를 위해서 근로관계의 기본원칙과 최저근로조건의 정립을 목적으로 한 법률이지만, 적용대상인 '근로자'를 '직업의 종류를 불문하고 사업 또는 사무소(이하 '사업'이라고 함)에 사용되는 자로, 임금을 지불받는 자'로 정의하고 있다(9조). 그리고 동법의 규제의 지정인(동법의 규제를 실시해야 하는 자)인 '사용자'를 '사업주 또는 사업의 경영담당자, 그 외 그 사업의 근로자에 관한 사항에 대하여 사업주를 위해 행위를 하는 모든 자'로 정의하고(10조), '임금'을 '임금, 급료, 수당, 상여, 그 외 명칭의 여하를 불문하고, 근로의 대가로서 사용자가 근로자에게 지불하는 모든 것'으로 정의하고 있다(11조).

노동기준법의 적용범위를 구분하는 기본개념은 '근로자'이지만, 그 기본적 요건은 ① 사업에 사용되는 것, 및 ② '사용되어 임금을 지불받는다'라는 관계에 있는 것이다. 이를 노동계약법의 적용범위와 비교하면, ①은 노동기준법의 적용범위에 특유의 요건이지만, ②는 노동계약법의 '근로자'의 정의에서의 '사용되어 근로하고', '임금을 지불받는' 관계에 있다는 요소와 문언상 매우 닮아 있다. 그리고 노동기준법은 동법이 적용되는 근로관계에 대하여 '근로계약'이라는 동일명의 계약개념을 사용하고 있으며(동법 제2장의 명제, 2조 2항, 13~16조, 18조, 93조), 한편, 노동계약법은 노동기준법의 규제를 전제로 하고 이와 연대하여 근로계약의 권리의무에 관한 규범을 설정하고 있다(11조 등). 이러한 것에 비추어 보면, ②의 '사용되어 임금을 지불받는' 관계에 있다는 요건은 노동계약법의 적용범위를 결정하는 '사용되어 근로하고', '임금을 지불받는' 관계에 있다는 요건과 동일하다고 볼 수 있다.[12]

따라서 노동계약법과 노동기준법은 기본적으로는 동일한 개념인 근로계약의 관계를 적용대상으로 하지만, 노동기준법의 적용범위에 대해서는 상기 ①의 사업에 사용되고 있는 것이 가중적(한정적) 요건으로 간주되고 있다는 것이 된다.[16]

[16] **노동계약법의 적용제외**

노동계약법은 국가공무원 및 지방공무원에는 적용되지 않는다(19조 1항). 이러한 자는 국가공무원법·지방공무원법에 의한 임용관계에 있고 근로계약관계에 있지 않기 때문이다. 또한 동법은 동거하는 친족만을 사용하는 경우의 근로계약에는 적용되지 않는다(동조 2항). 친족 간의 근로계약관계에까지는 관여하지 않는 것으로 한 것이다.

이에 대하여 노동기준법은 다음 항에서 서술하고 있으며, 최저 근로조건의 국가적인 보장이라는 견지(헌 27조 2항)에서 현업 국가공무원 및 현업·비현업의 지방공무원에 대하여 전면적 내지 부분적으로 적용된다. 한편 동법은 벌칙과 행정감독을 동반한다는 성격에서 동거하는 친족을 사용하는 사업뿐만 아니라 가사사용인에게도 적용되지 않는다(116조 2항).

또한, 선원에 대해서는 근로계약의 기본원칙이나 근로기준에 관한 선원법이라는 특별법이 있기 때문에, 노동계약법에서는 특례가 규정되어 있다(18조).

(2) 노기법의 '사업'에 대한 적용

노동기준법은 1947년 제정 이후, '사업 또는 사업소'('사업'이라고 총칭)에 사용되는 근로자의 근로관계를 근로자 보호의 견지에서 규제하는 구조를 취해왔

---

12) 노동기준법상의 근로자(근로계약)와 노동계약법상의 근로자(근로계약)를 별개의 개념으로 해석하는 학설도 있다. 西谷, 労働法, 56면.

다. 이것은 국가의 노동주무관청의 지방출장기관으로서 전국에 배치된 노동기준감독서가, 관할구역내의 사업소를 물리적으로 파악하여 동법의 근로조건의 기준을 준수하게 한다는 노동기준감독행정의 체제에 대응한 구조이다.[17]

사업이란, '공장, 광산, 사무소, 점포 등과 같이 일정한 장소에서 서로 관련되는 조직 하에서 업으로서 계속적으로 행해지는 사업의 일체'를 말한다(1947. 9. 13 발기 17호). 예를 들면, 개인이 일시적으로 목수, 정원사를 사용하는 경우, 민법의 고용 내지 노동계약법의 근로계약으로는 될 수 있어도, 업으로서의 영위가 없기 때문에 '사업에 사용된다'고는 할 수 없다. 또한 '하나의 사업인지의 여부는 주로 장소적 개념으로 결정해야 하는 것으로, 동일 장소에 있는 것은 원칙적으로 1개의 사업으로 하고, 장소적으로 분산되어 있는 것은 원칙적으로 별개의 사업으로 한다.' 그러나 동일 장소라고 해도 업무 및 노무관리가 독립된 부분(공장 내의 진료소 등)은 독립 사업으로 간주될 수 있다. 한편 장소적으로 분산되어 있어도 현저하게 소규모로 독립성이 없는 것(출장소 등)은 가장 가까운 상부기구와 일괄하여 하나의 사업으로 간주된다(앞의 발기 17호 등).[18][19]

노기법은 일본국내에서 적용되는 강행적 법질서로서, 사업이 일본국내에서 영업되는 한, 사업주가 일본인이든 외국인이든, 또한 일본법인이든 외국법인이든지를 불문하고 적용된다. 반대로 일본국외에서 영업하는 사업에 대해서는 속지주의의 원칙에 따라서 그 사업주는 일본인 내지 일본법인이라고 해도 적용되지 않는다.[20]

[17] 호별적용방식에서 포괄적용방식으로

노기법은 1998년에 개정될 때까지는 '이 법률은 다음의 각 호의 하나에 해당하는 사업 또는 사무소에 대해 적용된다'고 하여 17호에 걸친 사업을 열거하고 있었다(개정전 8조). 이들은 대부분의 종류의 사업을 총망라하고 있었기 때문에 거의 포괄적용방식에 가까웠는데, 특히 개인이 운영하는 서비스업(학원, 번역업, 경비업 등)과 선거사업소 등이 적용사업에 해당되지 않고 그 적용대상에서 빠지게 되었다. 노기법이 적용사업을 호별로 열거하고 있던 것은 여성, 연소자의 근로시간 규제를 중심으로 사업의 종류에 따라서 규제의 특례나 적용제외를 실시하고 있었기 때문이다. 그러나 사업의 종류에 따른 특별취급은 1997년의 남녀고용기회균등법의 대개정에 따른 여성의 시간외·휴일근로제한·심야업금지규정의 철폐에 따라서 대폭적으로 축소되었다. 그래서 1998년 노기법의 대폭적인 개정시에 호별적용방식을 폐지하고 포괄적용방식을 채택하는 것으로 하여 적용사업을 열거하는 규정(8조)을 삭제했다. 단 위의 사업의 종류에 의한 규제특례와 적용제외는 여성보호관계를 제외하고 존속하므로, 종래의 17호에 이르는 사업 중 1호~15호의 사업을 노기법의 '별표 제1'에서 약간의 문언수정을 하여 다시 열거하고, 위의 특례·적용예외규정에 있어서는 '별표 제1'을 인용하기로 했다.

⑱ **노기법의 적용제외**

첫째로 노동기준법은 동거친족(민 725조)만을 사용하는 사업에 사용되는 자 또는 가사사용인에게는 적용되지 않는다(116조 2항). 예를 들면, 회사가 고용한 사장집의 가정부는 가사사용인이다. 이 적용제외는 그러한 근로자의 근로조건에 대해 국가적 규제와 감독을 실시하는 것이 곤란하고 부적절하다는데 기인한다.

둘째로 선원(선원 1조)에 대해서는 노기법의 총칙규정(1조~11조 및 그러한 규정의 벌칙)을 제외하고 노기법의 적용이 배제된다(116조 1항). 그 대신 선원의 노동관계의 특수성에 따른 선원법(1947년 법 100)의 여러 규정이 적용된다.

⑲ **공무원과 노기법**

일반직 국가공무원에게는 노기법은 적용되지 않는다(국공법부칙 16조). 이것은 이들 공무원에 대한 노조법(勞組法)·노조법(勞調法)의 적용예외(단체교섭원리의 배제)에 대응한 법적 취급이다. 이에 대해 단체교섭원리의 적용 하에 있는 현업직원에 대해서는 노기법이 적용된다(특노법 37조에서 국공법 부칙 16조의 적용이 제외되고 있다). 또한 노조법(勞組法)·노조법(勞調法)의 적용이 제외되고 있는 일반직 지방공무원에 대해서는 노기법의 일정 조문의 적용이 제외된다(지공 58조 3항). 적용이 제외되는 것은 단체교섭원리의 배제로부터 필연적으로 요청되는 조문(근로조건의 대등한 결정의 기본원칙, 취업규칙에 관한 제 규정) 및 지방공무원에 관한 특별규정 내지 특별법이 존재하는 조문(임금지불의 원칙, 산재보상)이다. 국가공무원의 경우와 달리 일반직 지방공무원에 노기법의 일정한 여러 규정이 적용되는 것은 헌법(27조 2항)의 근로기준법정의 요청을 의식한 것으로 생각된다. 또 단체교섭원리의 적용 하에 있는 지방공영기업직원 및 단순노무직원에 대해서는 노기법은 전면적으로 적용된다(지공기 39조 1항, 지공노법부칙 5항).

⑳ **근로계약의 준거법**

강행법규인 노동기준법 및 그 부속법·관련법의 적용과는 달리, 일본인이 국내외의 외국기업에 고용된 경우나, 외국인이 일본기업에 고용된 경우 등의 국제적 근로관계에 대해서는 어느 국가의 근로계약법리가 적용되는가 라는 준거법의 문제가 있다. 이에 대해서는 '법례'의 일반적 규정 하에서 다양한 논의가 이루어졌지만(米津孝司, 国際労働契約法の研究; 山川隆一, 国際労働関係の法理), 2006년의 '법의 적용에 관한 통칙법'(2006년 법 78)의 제정으로, 근로계약의 준거법에 대하여 입법적 해결이 이루어졌다(기본문헌으로 土田, 労働契約法, 712~723면). 이에 따르면, 계약의 성립 및 효력에 대해서는 당사자가 계약당시에 선택한 지역의 법에 따르고(7조), 이 선택이 이루어지지 않았을 때에는 계약당시에 해당 계약과 가장 밀접한 관계가 있는 지역의 법에 따른다(8조 1항)는 것이, 계약의 준거법의 일반원칙이다.

근로계약에 대해서는 상기의 선택에 따라 적용해야 할 법이 해당 근로계약에 가장 밀접한 관계가 있는 지역의 법 이외의 법인 경우라고 해도, 근로자가 해당 근로계약에 가장 밀접한 관계가 있는 법 중의 강행법규를 적용해야 한다는 취지의 의사를 사용자에게 표시한 때에는 그 강행규정이 정하는 사항에 대해서는 그 강행규정도 적용된다고 규정하고 있다(12조 1항). 그리고 동규정의 적용에 있어서는 해당 근로계약에서 노무를 제공해야 하는 지역의 법(노무를 제공해야 하는 지역을 특정할 수 없는 경우에는 해당 근로자를 고용한 사업소의 소재지의 법)을 해당 근로계약에 가장 밀접한 관계에 있는 지역의 법으로 추정한다(동조 2항). 또 상기의 선택이 없을 때에는 해당 근로계약에서 노무를 제공해야 하는 지역의 법(이를 특정할 수 없을 때에는 고용된 지역의 법)을 해당 근로계약에 가장 밀접한 관계에 있는 지역의 법으로 추정한다(동조 3항).

(3) 근로계약법리·노동기준법의 부속법·관련법의 적용범위

근로계약관계에 대해서는 앞에서 언급한 것처럼, 그 권리의무의 내용에 관한 판례법리가 다수 존재하고, 그 중 상당수는 노동계약법에서 명문화되지 않고 판례법리로 존속하고 있다. 이러한 것은 노동계약법을 보충하는 판례법리의 규범이라는 것이 되기 때문에, 노동계약법과 적용대상을 같게 한다고 보아도 좋다. 또한 최저임금법, 노동안전위생법, 노동자재해보상보험법, 임확법 등의 노동기준법의 부속법은 적용대상을 각법에서 규정하고 있지만, 기본적으로는 노동기준법에 정의하는 '근로자'(동법 9조)를 보호의 대상으로 하고 있다(최임 2조 1호, 노안위 2조, 임확 2조).[21][22]

[21] **외국인근로자의 입관법(入管法)상 및 노동보호법상의 지위**

'출입국 관리 및 난민 인정법'('입관법'이라고 약칭. 1951년 정 319)은 외국인이 일본에 체류하고 직업활동에 종사하기 위해서는 일정한 재류자격을 취득할 것을 요구하고 있다(2조의 2). 1980년대에는 일본 산업의 국제화가 진행되는 가운데 외국인 전문적 근로자에 대한 수요가 증대함과 동시에, 주변 발전도상국과의 사이에 경제격차 등으로부터 관광비자로 입국하여 단순노동에 종사하는 불법취업자(자격외 활동과 불법잔류)가 증가했다. 그래서 일본정부는 외국인의 기술·기능근로자의 수용범위를 확대함과 동시에 단순노동을 위한 취업은 종전과 같이 인정하지 않고 불법취업에 대한 단속을 강화한다는 방침을 세워 1989년에 입관법을 대폭적으로 개정했다(1989년 법79). 이리하여 개정 입관법은 종래 재류자격을 확충정비하고 ('법률·회계업무', '의료', '연구', '교육', '인문지식·국제업무', '기업내 전근' 등 10종류의 재류자격이 새롭게 추가되었다. 동법 별표1의 2 참조), 또 재류자격 취득절차를 보다 간편·신속하게 했다(7조의 2 재류자격증명서제도 등). 한편 불법취업에 대한 단속강화로서 금지된 자격외 활동을 명확히 함과 동시에(19조), 위반한 자에 대한 퇴거강제절차(24조 이하) 및 벌칙규정(70조 이하)을 정비했다. 특히 중요한 것은 불법취업을 알선하는 업자와 불법취업자를 고용하는 자에 대한 '불법취업조장죄'를 마련한 것이다(73조의 2. 매춘스내에 적용한 사례로서는 東京高判 平5. 9. 22, 高刑集 46권 3호, 263면). 그리고 2009년 개정(2009년 법79)으로 불법취업자라는 것을 몰랐던 경우에도 무과실이 아닌 한 처벌되게 되었다(동조 2항).

그 외에도 브라질, 페루 등의 일본계와 같이 외국적이라도 일본인의 자녀 혹은 손자라면 '일본인의 배우자 등' 또는 '정주자(定住者)'의 재류자격에 의해 3년 간 일본국내에서 합법적으로 취업을 할 수 있다. 또한 대학 및 전문학교의 유학생이나 어학학교의 취학생도 자격외 활동의 허가를 받으면 1일 4시간 정도로 이른바 아르바이트에 종사할 수 있다.

외국인 근로자의 노동관계에 대해서는 먼저 노동계약법, 노동기준법, 노동안전위생법, 최저임금법 등의 노동보호법규는 일본국내에 있어 강행적 법질서로서 재류자격 면에서 적법한 취업인가 위법한 취업인가를 불문하고 적용된다. 그리고 노동기준법에는 외국인에 대한 균등대우원칙이 명기되어 있다(3조). 마찬가지로 직안법·노동자파견법에 의한 직업소개·근로자파견·근로자공급의 벌칙도 일본에 취업하는 외국인의 소개·파견·공급에 대해서는 적법 취업인지 위법 취업인지를 불문하고 적용된다. 이에 대하여 직안법에 따른 공공직업안정기관에 의한 직업소개·직업지도서비스는 출입국관리체제에 입각하여 근로를 위한 재류자격이 있는 외국인만을 받아들이며 불법취업의 외국인은 받아들일 수 없다.

노동·사회보험 중 근로자산재보험은 강행적 노동보호법의 일종으로 적법한 취업인지 아닌지를 불문하고 외국인에게도 적용된다. 이에 대해 고용보험에 대해서는 불법취업 외국인은 물론 적법한 취업자격으로 일하고 있는 외국인에 대해서도 피보험자로서 취급하지 않았으나, 고용관계의 종료와 동시에 귀국하는 것이 명확한 자를 제외하고는 재류자격 여하를 막론하고 원칙적으로 피보험자로서 취급하게 되었다(1993. 1. 12-4 노경보감 881호). 한편 국민연금·후생연금, 건강보험 등의 피용자보험은 적법한 취업인지의 여부를 탐색하지 않고 외국인 취업자에게도 적용한다(단 불법취업으로 판명된 경우에는 관계기간은 출입국관리당국에 통지하게 되어 있다). 국민건강보험은 외국인이라도 1년 이상의 재류자격을 인정받은 외국인에게만 적용된다(2004년 개정(2004년 후노령 103)의 국보칙 1조). (이상에 대한 기본문헌으로서 高畠淳子, 「外国人への社会保障制度の適用をめぐる問題」, ジュリ, 1350호, 15면; 早川智津子, 「外国人と労働法」, ジュリ, 1350호, 21면).

외국인근로자의 근로계약을 둘러싼 분쟁도 발생하고 있다. 근로조건에 관해서는 입관절차상의 서류에 기재된 근로조건과 당사자가 실제로 합의한 근로조건과의 차이를 둘러싼 분쟁이 많지만, 양자는 별도의 문제로 근로조건은 당사자의 합의내용에 의해 결정된다(山口精糖事件 — 東京地判 平4. 7. 7, 労判 618호, 36면). 산업재해에 관해서는 일본인과 마찬가지로 안전배려의무법리가 적용되지만, 일실이익의 산정에 대해서는 일본에서 취업이 가능한 기간을 어떻게 정할지의 문제가 있다(改新社事件 — 最三小判 平9. 1. 28, 民集 51권 1호, 78면).

㉒ 외국인연수·기능실습제도

일본에서는 여러 외국의 청장년 근로자를 기업에 연수생으로 원칙 1년 이내로 받아들여, 기술, 기능, 지식의 습득을 지원하는 것이 입관법상의 '연수'의 체재자격으로 인정되어 왔지만, 1993년부터 상기 1년 이내의 연수기간에 최장 2년의 기능실습기간(재류자격은 '특정활동(特定活動)')을 편성한 외국인 연수·기능실습제도가 실시되어 왔다. 여기에는 기업이 외국의 현지법인 등으로부터 근로자를 기능양성을 위해서 받아들이는 '기업단독형 수용'과, 사업협동조합·상공회의소 등의 수용단체가 외국의 송출기관과 협정을 맺어 산하의 중소기업에 받아들이는 '단체감리형 수용' 타입이 있었다. 1년째의 연수기간에는 기능검정 2급을 취득하기 위한 좌학(座學)과 생산현장에서의 실지(實地)연수가 실시되지만, 실지연수는 어디까지나 '연수'로 근로관계가 아니라는 방침이 내세워져, 노동법의 적용은 없다고 여겨졌다(연수를 종료한 후의 기능실습은 근로관계로, 노동법의 적용이 있다). 그러나 중소기업 등이 외국인 연수제도를 악용하여 개발도상국의 청년을 노동기준법이나 최저임금법 등의 적용이 없는 값싼 노동력으로서 이용하는 사례가 다수 발생하여, 이러한 연수생의 인권침해나 열악한 대우가 사회문제로 되었다(渡辺, 上, 107~108면 참조. 연수기간에서의 생산근로에 대하여 최저임금법의 적용을 인정한 판례로서, 三和サービス事件 — 名古屋高判 平22. 2. 25, 労判 1003호, 5면; スキールほか事件 — 熊本地判 平22. 1. 29, 労判 1002호, 34면. 후자의 판결은 또한 외국인 연수생의 여권이나 예금계좌의 관리 및 위법근로의 창출에 대하여 협동조합의 불법행위책임도 긍정하였다. 그 외 プラスパアパレル協同組合事件 — 福岡高判 平22. 9. 13, 労判 1013호, 6면도 참조). 그래서 2009년의 입관법 개정(2009년 법 79)으로 외국인연수제도가 개정되어, 실지연수도 그 후의 기능실습도 구별없이 노동법의 적용이 있는 고용계약관계으로서만 인정하기로 했다(고용계약이 없는 좌학은 최초 2개월간 이내). 재류자격에 대해서도 '기능실습'이라는 자격을 입관법상의 재류자격의 별표 1의 2에 추가하여 연수기간도 기능실습도 그 자격으로 출입국관리를 하기로 했다.

3. 노동계약법·노동기준법의 적용대상인 '근로자'

(1) 문재의 소재

노동계약법은 그 적용대상인 '근로자'를 '사용자에게 사용되어 근로하고 임금을 지불받는 자'로 정의하고 있다(2조 1항).13) 이 정의의 '사용되어 근로하고 임금을 지불받는다'라는 요소는 동법의 '사용자'의 정의(동조 2항) 및 근로계약의 정의(성립)(6조)에서도 공통적인 요소이기 때문에, 동법의 적용이 있는 근로계약인지의 여부는 거기에서 일하는 자가 동법에서 정의된 '근로자'라고 할 수 있는지의 여부를 판단할 수 있다. 또한 노동기준법은 동법의 보호의 대상자로서의 '근로자'를 '사업 … 에 사용되는 자로, 임금을 지불받는 자'로 정의하고 있지만(9조), 이 정의는 앞에서 언급한 것처럼, 노동계약법의 '근로자'의 정의와 기본적으로 동일하며, 여기에 사업에 사용된다는 가중(한정) 요건을 부과한 것으로 해석할 수 있다.

이리하여 노동계약법 및 노동기준법(그 부속법·관련법)의 적용이 있는지의 여부에 대해서는 '사용되어 근로하고 임금을 지불받는' 자로서의 '근로자'라고 할 수 있는지의 여부가 공통된 기본적 판단사항이 된다.

최근 경제의 서비스화·글로벌화·정보화가 진행되는 가운데, 근무방식이 다양화됨과 동시에, 기업의 코스트 삭감(책)도 진행되고 있으며, '근로자'인지의 여부에 대한 문제는 증대되고 복잡화되고 있다. 여기에서는 문제의 유형을 조금 더 나누어 검토하기로 한다.

(2) '경영자'인가 '근로자'인가

'근로자'인지의 여부의 첫 번째 문제는 기업에 사용되는 것이 아니라 기업의 경영을 맡는 자(임원)와의 구분이다.

기업경영을 맡는 자의 전형은 주식회사에서의 '이사(取締役)'이다. 이사는 이사회를 두고 있는 회사인가(그 중에서도 위원회설치회사인가), 이사회를 두고 있지 않은 회사인가, 회사의 의사결정뿐만 아니라 업무집행도 담당하는가, 대표권한

---

13) '근로자' 개념에 관한 문헌으로서, 柳屋孝安,「非労働者と労働者概念」, 講座21世紀(1), 128면 이하; 東大労研, 注釈労基法上, 138면 이하[橋本]; 島田陽一,「雇用類似の労務供給契約と労働法に関する覚書」, 下井隆史古稀・新時代の労働契約法理論, 27면; 大内伸哉,「従属労働者と自営労働者の均衡を求めて」, 中嶋士元也還暦・労働関係法の現代的展開, 47면; 季労, 215호의「特集・労働法の現代化と雇用関係の範囲」에 수록된 여러 논문.

을 가지는가, 등의 차이는 있지만, 주주회사의 경영을 맡는 자로서 회사법상, 선임, 보수의 결정, 해임은 주주총회의 결의사항으로 되어 있으며, 임기가 법정 되고 회사와의 관계는 위임으로 여겨져 여러 종류의 의무와 책임이 법정되어 있다. 요컨대 이사는 회사에 사용되어 그 보수를 지불받는 자(노동계약법·노동 기준법상의 '근로자', 회사법상으로는 '사용인')와는 다른 지위와 책임을 회사법상 규 정되어 있으며, 그러한 자는 '근로자'에 해당되지 않는다. 이사의 직무집행을 감 사하는 임무를 가진 '감사역(監査役)'도 마찬가지로 회사법상 특별한 지위와 책 임이 법정되어 있으며, 그러한 자는 '근로자'에 해당되지 않는다. 위원회 설치회 사에서의 '집행역(執行役)'도 마찬가지이다.[23][24] 이상에 대하여 회사에서의 임원의 일종으로 두고 있지만, 회사법상은 특히 규정이 없는 '집행임원'에 대해서는 '근 로자'라고 할 수 있는 경우가 많다고 생각된다.[25]

일반사단법인, 일반재단법인, 공익사단법인, 공익재단법인 등의 임원(이사, 감 사)도 각각의 법인의 총회에서 선임되어, 법인과 위임의 관계에 들어가며 임기, 해임, 책임에 대하여 법정의 룰에 따르며 그 경영을 맡는 자로(일반사단·재단법 인법, 공익사단·재단법인법의 관계규정), 법인과 근로계약관계에 있는 근로자와는 구별된다.

실제로는 이사(감사)의 지위를 부여받고 있지만, 사용인(근로자)로서의 지위 도 겸하고 있는 사용인 겸무 이사(감사)도 적지 않게 보이며 다양한 종류의 문 제를 발생시킨다.[26] 또한 개인기업에서의 가족종사자나 공동종사자에 대해서는 공동경연자인가, 아니면 '사용되어 임금을 지불받는' 근로자인가가 문제가 된 다.14)

23 이사·감사·집행역의 회사법상의 지위

이사회를 설치하고 있는 회사에서는 이사는 이사회의 구성원으로서 회사의 업무집행에 대하여 의사결정을 함과 동시에(362조 1항, 2항. 이하 특히 표시가 없는 경우는 회사법의 조 문), 이사회에 의해서 대표이사나 그 외의 업무집행이사에 선임된 경우(362조 3항, 363조 1항 2호)는 이사회의 감독 하에서 회사의 업무를 집행한다. 한편, 이사회를 두고 있지 않은 회사 에서는 이사는 회사의 업무집행에 대하여 의사결정과 실행의 양측을 담당하고(348조 1항, 2 항) 대표권한도 가지지만(349조 1항, 2항), 이사가 여러 명 있는 경우에는 의사결정은 이사의 과반수에 따라서 행해지며(348조 2항), 정관의 규정에 근거로 하는 호선이나 주주총회의 결 의에 따라 이사 중에서 대표이사를 선임할 수 있다(349조 1항, 3항).

이러한 이사는 주주총회의 결의에 따라서 선임되고(329조 1항), 회사와의 관계는 위임으

---

14) 사례로서 宇都宮労基署長[八汐エンタプライズ]事件 — 宇都宮地判 昭62. 11. 26, 労判 509 호, 16면(남편의 개인사업을 돕는 부인에 대하여 '근로자'성을 부정); ルイジュアン事件 — 東京地 判 平3. 6. 3, 労判 592호, 39면(나이트클럽의 호스티스에 대하여 고용계약관계를 부정).

로 여겨져(330조) 그 임기가 정시 주주총회의 시기와의 관계로 법정되어 있다(332조 1항, 2항). 또한 그 보수의 결정은 주주총회의 결의를 필요로 하며(361조), 해임에 대해서는 주주총회의 결의로 언제라도 가능하며(339조 1항), 정당한 이유없이 해임된 경우에는 회사에 손해배상을 청구할 수 있다고 되어 있다(동조 2항). 또한 이사는 법령, 정관, 주주총회결의의 준수의무(355조), 충실의무(동조), 선관주의의무(민 644조)가 부과되며, 경업행위나 이익상반행위의 규제(356조 1항 1호)에 따라 임무해태에 대하여 회사에 대한 손해배상책임(423조)이나 악의·중과실이 있는 경우의 제3자에 대한 손해배상책임(429조)이 법정되어 있다.

이사의 직무 집행을 감사하는 임무를 가진 '감사'도, 주주총회의 결의에 따라 선임되고(329조 1항) 임기는 정시 주주총회의 시기와의 관계로 법정되며(336조 1항), 해임은 주주총회의 특별결의를 필요로 한다고 되어 있다(309조 2항 7호). 그리고 이사회(이사)에 대한 이사의 부정행위의 보고의무(382조), 이사회에 대한 출석·의견진술의무(383조 1항), 이사회의 의안에 관한 조사·보고의무(384조), 이사의 위법행위의 중지청구권(385조 1항) 등이 부과되어 있다. 회사와의 관계는 위임으로 되어(330조), 선관주의의무를 가지며(민 644조) 임무해태에 대한 손해배상책임(423조), 악의·중과실이 잇는 경우의 제3자에 대한 손해배상책임(429조)도 규정되어 있다.

주주회사에 의해 신속한 의사결정과 보다 강력한 감사를 위해서 '위원회 설치회사'라는 회사통치형태가 2002년의 상법 특례법 개정에 의해서 도입되어 회사법에도 계승되었다. 위원회 설치회사에서는 업무집행의 감독을 맡는 이사회에는 내부기관으로서 지명위원회, 가사위원회, 보수위원회가 설치되며(2조 12호, 404조 1항~3항), 각 위원회를 구성하는 이사의 과반수는 사외이사이어야 한다(400조 3항). 이사는 사용인을 겸할 수 없고(331조 3항), 또 법령에 별단의 규정이 있는 경우를 제외하고 회사의 업무를 집행할 수 없다고 되어 있으며(415조), 그 지위는 보다 한층 명확하게 '근로자'로부터 구별된다.

한편, 이러한 위원회 설치회사에서 업무집행을 담당하는 것이 '집행역'이다(402조 1항). 집행역은 이사회의 결의로 선임되고(402조 2항) 임기는 정시 주주총회 후 최초의 이사회의 시기와의 관계로 법정되어 있다(402조 7항 본문). 또한 이사회의 결의에서 언제라도 해임될 수 있지만 해임에 정당한 이유가 있는 경우를 제외하고 회사에 대하여 그 해임으로 발생한 손해의 배상을 청구할 수 있다(403조 1항, 2항). 이사회는 집행역 중에서 회사를 대표하는 자(대표집행역)를 선임하고(420조 1항), 또 언제라도 그 직을 해임할 수 있다(동조 2항). 집행역과 회사와의 관계는 이사의 경우와 마찬가지로 위임관계로 되어 있으며(402조 3항), 충실의무나 경업행위·이익상반행위의 제한의 여러 규정이 준용된다(419조 2항). 이상과 같이 집행역도 이사와 마찬가지로 회사의 경영을 담당하는 임원으로서 근로계약상의 '근로자'(회사의 사용인)와는 구별된 특별한 법적 관계에 놓여진다. 또한 이사가 집행역을 겸임하는 것은 무방하다.

24 노동법규 위반에 대한 이사 등의 책임

이사, 감사, 집행역 등의 임원 등(회사 423조 1항)이 그 직무를 행하는 것에 대하여 악의 또는 중과실이 있었을 때에는 이에 의하여 제3자에게 발생한 손해를 배상할 책임이 있다(회사 429조). 그리고 이사 등이 회사에 대하여 가지는 선관주의의무(민 644조) 내지 충실의무(회사 355조)에는 회사에 노동법규상의 의무를 준수하게 하는 임무가 포함된다고 해석된다. 그래서 최근의 판례에서는 회사에 노동법규상의 의무위반이 있고 이에 대하여 이사 등의 악의 내지 중과실의 임무해태가 인정된다는 경우에 대하여, 해당 이사 등도 제3자인 종업원에게 손해배상책임을 가진다고 되어 있다(시간외·휴일근로에 대한 노기법상의 할증임금미지급에 대하여 이사 및 감사에게 미지급액 상당액의 손해배상책임을 지게 하는 사례로서, 昭和觀

光事件 ― 大阪地判 平21. 1. 15, 労判 979호, 16면. 회사의 안전배려의무위반의 과중노동에 의한 종업원의 뇌·심장질환발증에 대하여 피해를 입은 종업원 내지 그 유족에 대한 이사의 손해배상책임을 인정한 사례로서 名神タクシーほか事件 ― 神戸地尼崎支判 平20. 7. 29, 労判 976호, 74면 및 大庄ほか事件 ― 大阪高判 平23. 5. 25, 労判 1033호, 24면, 회사의 부당노동행위와 해고권남용에 대하여 상대방 조합원에 대한 이사의 손해배상책임을 인정한 사례로서 エコスタッフ[エムズワーカース]事件 ― 東京地判 平23. 5. 30, 労判 1033호, 5면).

25 집행임원

위원회 설치회사의 제도를 도입한 2002년 상법 특례법 개정 이전부터 일본의 대규모 회사가 이사회 제도 개혁을 위해 도입된 것으로서 '집행임원'제도가 있다. 즉 종래 과잉기미였던 이사의 인원수를 줄여 이사회의 심의의 신속화·활성화를 도모함과 동시에 '집행임원'이라는 회사의 업무집행을 맡는 새로운 임원층을 마련하여 집행기능과 감독기능의 분리를 도모한다는 개혁이다. 집행인원은 보통 이사회에서 선임되고 대표이사나 업무집행이사의 지휘 하에서 회사의 업무집행의 일부를 담당한다(吉村典久,「執行役員制度」, 日労研, 609호, 62면 참조). 집행임원은 상법 특례법 시대에서도, 새롭게 제정된 회사법에서도, 주식회사의 기관으로서의 제도화는 일체 이루어지지 않고 회사법제상으로는 일종의 '중요한 사용인'(362조 4항 3호)으로 규정할 수밖에 없다. 그러나 회사조직 속에서는 그 이름이 나타내는 것처럼 업무집행을 맡는 임원으로서 기능하는 사람들로, 회사와의 관계는 계약형식상은 위임으로 되어 있으며 종업원(근로자)이 아니라고 여겨지는 경우가 많다. 다만, 근로계약관계에 있는 관리직자의 일종으로서 제도화되는 경우도 있을 수 있다(江頭憲治郎, 株式会社法[第4版], 388면; 柴田和史, 会社法詳解, 193면 참조).

판례로서는 집행임원겸 부장의 지위에 있는 자가 종업원의 일종이라는 관리직자로서의 업무나 권한을 넘어서 경영담당자로서의 업무나 권한을 부여받고 있다고는 인정되지 않는다고 하여, 근로자성을 긍정한 것이 있다(船橋労基署長[マルカキカイ]事件 ― 東京地判 平23. 5. 19, 労判 1034호, 62면). 한편 실적부진에 따른 임원보수삭감의 일환으로서 퇴직위로금 미지급의 조치가 취해진 집행임원이 집행임원 퇴직위로금 규칙에 규정되어 있는 퇴직위로금을 청구한 사건에 대하여 집행임원의 퇴직위로금은 대표이사의 재량적인 판단으로 지급되는 공로보상적인 것으로(동 규칙도 반드시 지급한다는 취지의 규정은 없음), 청구권은 인정되지 않는다고 판단한 것도 있다(三菱自動車工業事件 ― 最二小判 平19. 11. 16, 労判 952호, 5면).

26 사용인겸무 이사

실제로는 주식회사의 이사가 상급관리직 등의 사용인(종업원)을 겸무하고 있는 경우를 자주 볼 수 있다. 그러한 겸무가 해당 회사의 규칙·규정에서 제도화되어 있으며 임원으로서의 담당업무와 종업원으로서의 담당업무의 병존(각각에 대한 보수의 지불)이 명확하면, 해당 겸무자는 회사와의 사이에는 임원으로서의 위임계약의 관계와 종업원으로서의 근로계약의 관계를 병존시키고 있으며, 임원으로서의 대우와 종업원으로서의 대우 및 법적 보호를 함께 받게 된다.

임원과 종업원의 겸무(지위의 병존)가 제도화되어 있지 않은 회사에서, 상급관리직자였던 자가 이사 등의 임원으로 승진했지만, 관리직자로서의 업무도 계속하여 행하고 있는 경우에는, 관리직자(종업원)로서의 지위를 유지하고 있는지가 문제가 된다. 종업원으로서의 지위를 유지하고 있는지의 여부에 대해서는 업무의 내용과 수행 방법의 변화, 보수가 기준, 금액, 지불방법 등에서 종업원으로서의 급여도 포함되어 있다고 인정되는지, 퇴직금의 수령 등으로 종업원으로서의 관계를 청산하고 있는지 등이 판단요소가 된다(종업원으로서의 지위의 유

지・병존이 인정된 사례로서 住建事件 — 長野地松本支判 平8. 3. 29, 労判 702호, 74면; アンダーソンテクノロジー事件 — 東京地判 平18. 8. 30, 労判 925호 80면).

실질은 개인사업과 같은 회사에서는 이사라는 이름만 있고, 주로 종업원의 업무를 행하고 있는 경우가 있다. 실질상으로 회사대표자 등의 지휘명령을 받고 노무에 종사하고, 그 노무에 대하여 종업원으로서의 보수를 받고 있다고 인정되면 노동계약법상의 '근로자'에(도) 해당되게 된다(사례로서 大阪中央労基署長[おかざき]事件 — 大阪地判 平15. 10. 29, 労判 866호, 58면).

주식회사에서는 이사의 보수는 정관의 규정이 없는 한, 주주총회의 결의에 근거할 것을 요하는데(회사 361조), 그 결의에서 이사의 보수를 정한 다음, 사용인 겸무 이사가 사용인으로서 받는 급여는 동 보수액에는 포함되지 않는다는 취지를 정하는 것도 적법하다(シチズン時計事件 — 最三小判 昭60. 3. 26, 労経速 1252호, 11면). 또 사용인 겸무 이사가 회사를 퇴직하는(이사, 사용인 쌍방의 지위를 잃는) 경우에는 주주총회의 결의가 있으면 이사로서 퇴직위로금을 지급받는 등(동조), 종업원인 지위에 대해 지불받고 있던 급여액을 기초로 하여 종업원퇴직금규정에 따른 퇴직금을 청구할 수 있다(前田製菓事件 — 最二小判 昭56. 5. 11, 判時 1009호, 124면). 또한 합자회사의 '전무이사'라는 명칭 하에 무한책임사원의 직무를 대행하고 있던 자도, 회사대표자의 지휘명령 하에 노무를 제공했던 자로서 종업원퇴직금을 받을 수 있다(興栄社事件 — 最一小判 平7. 2. 9, 判時 1523호, 149면).

(3) '개인사업자'인가 '근로자'인가

외근사원(증권회사와 보험회사), 담당기술자(customer engineer), 연예인, 재택근무자(속기, 워드프로세서 등) 등등의 계약은 '고용'이 아니라, '위임' 혹은 '도급'계약의 형식을 취하고, 보수는 소액의 보장부분이 있는 것 외에는 성적에 비례하여 지불되며(步合制, 성과급), 근로시간과 근로장소에 대한 구속이 적고 취업규칙의 적용이 배제되어 노동보험에도 가입할 수 없는 대우를 받는다. 또한 건설업에서의 일인사업자(一人親方)인 직인, 자기소유의 트럭을 가지고 특정기업의 운송업무에 종사하는 용차운전수(소위, 지입차주: 역자 주), 프랜차이즈점의 점장 등도 개인사업자로서 '도급' 또는 '위임'계약 취급을 받지만, 특정기업을 위해서 전속적으로 노동력을 제공하는 실질을 가지는 경우에는 '근로자'의 여부가 문제가 된다.

이러한 도급・위임계약에 따른 노무공급자가 '근로자'인지의 여부는 계약의 형식(문언)에 의해서 정해지는 것이 아니라, 근로관계의 실태에서 사업에 '사용되어' 동시에 임금을 지불받고 있는 근로관계(근로계약관계)가 인정되면 '근로자'라 할 수 있다. 아무리 계약의 문언을 위임 내지 도급으로 갖추고 있다 하더라도, 근로관계의 실태에서 사업에 사용되어 임금을 지불받고 있다고 인정되면, 그러한 근로관계에 대한 강행적인 규제는 피할 수 없기 때문이다.[15]

---

15) 후생노동성의 유기노동계약연구회가 유기근로계약자 약 5,000명에 대하여 2009년에 실시한 앙케이트조사에서는 그 1할 이상의 자가 계약의 형식은 위임 또는 도급이라고 응답하고 있다.

노동계약법이나 노기법의 근로자의 정의(노계 2조 1항, 노기 9조)에서의 '사용되어'와 '임금의 지불'이라는 두 가지의 기준 가운데, '사용되어'란 지휘명령하의 노무의 제공을 의미한다고 해석되고 있으며, 또 '임금'에 대해서는 '근로의 대가로서 사용자가 근로자에게 지불하는 모든 것'으로 정의되어 있지만(노기 11조), 이러한 것 또한 추상적이고 또 밀접하게 관련되어 있다. 그래서 근로기준의 감독행정이나 판례에서는 두 기준을 합쳐 '사용종속관계에 있는 것'이라고 개괄적으로 표현한 뒤, 근로관계의 다양한 요소를 음미하고 이러한 것을 종합하여 동조의 근로자성을 판정한다는 것이 확립된 판단방법으로 되었다. 그 판단요소로서는 1985년의 노동성 노동기준법 연구회 보고16)가 ① 일의 의뢰에 대한 승낙의 자유, ② 업무수행상의 지휘감독, ③ 시간적·장소적 구속성, ④ 대체성, ⑤ 보수의 산정·지불방법을 주요한 판단요소로 삼고 있으며, 또한 ① 기계·기구의 부담, 보수의 금액 등에 나타난 사업자성, ② 전속성 등을 보충적인 판단요소로서 판단하는 것을 제창하고, 이후 이러한 요소가 이용되고 있다.

'사용된다'고 할 수 있는 전형은 일의 의뢰에 대한 승낙여부의 자유가 없고, 업무의 내용과 수행의 방법에 대해 지휘명령을 받으며, 근무장소와 시간이 규율되어 업무수행을 타인에게 대체시킬 수 없는 사실이 실태로서 인정된 경우이다. 또한 보수가 임금이라고 할 수 있는지의 여부는, 이러한 사정에 더하여 금액, 계산방법, 지불형태에 있어 종업원의 임금과 동질적인가 그렇지 않으면 영세사업자에 대한 계약대금인가의 문제가 된다. 급여소득으로서의 원천징수의 유무, 고용보험, 후생연금, 건강보험의 보험료 징수의 유무도 '임금'으로서의 성질을 판단하는 데 참고가 되는 사실이다. 그리고 해당 기업의 업무에 전속적으로 종사하고 있다고 해도, 해당 업자에게 있어 비록 영세하다고는 하나 자기의 자본과 계산으로 사업을 운영하는 자로서의 요소(기계설비의 소유, 기구·경비의 부담, 잉여금의 취득, 위험과 책임의 인수, 타인의 고용 등. 이런 경우에는 보수도 적정한 금액과 정하는 방법이 되며, 또 납세상에서도 사업소득으로서 자기신고가 이루어진다)가 존재하면 근로자라로 인정될 수 없다. 이에 대하여 그러한 요소가 거의 존재하지 않고, 타인에게 사용되어 근로의 대가를 받고 있는 데 지나지 않는다고 인정되면 근로자라 할 수 있게 된다.

최고법원의 판단으로서 특정 기업의 업무에 전임으로 종사하는 용차운전수의 사례17) 및 일인사업주인 목수의 사례18)가 있으며, 어느 경우든 노동기준법

---

16) 1985년 12월의 労働基準法研究会報告, 「労働基準法の 『労働者』 の判断基準について」.

상의 '근로자'에는 해당되지 않는다고 판단하고 있다.19)

(4) 전문적 재량적 노무공급자

의사, 변호사, 1급 건축사 등 고도의 전문적 능력, 자격 또는 지식을 가진 자가 오로지 특정사업주를 위해 그 사업조직에 편성되고 있는 반면, 노무수행 그 자체에 대해서는 구체적인 지휘명령을 받지 않고 독립하여 노무를 공급하고 있는 경우에도 직무내용과 그 양이나 질에 있어 사용자의 기본적 지휘명령 하에 노무를 제공하고 보수를 받고 있는 관계에 있다면 '근로자'라 할 수 있다.20) 또한 그러한 고도의 전문적 직업능력의 양성과정에서의 노무제공에 대해서도 마찬가지로 '근로자'성이 발생할 수 있다. 최고법원에서는 의사국가시험에 합격한 후, 대학병원에서 임상연수에 종사하는 연수의에 대하여 의사의 자질향상을 위한 교육적 측면뿐만 아니라, 병원을 위한 노무제공의 측면을 가지고 있으며, 병원이 정한 일시·장소에서 지도의의 지시에 따라 의료행위에 종사하고, 장학금 등으로서 그 대가를 받고 있었던 이상, 최저임금을 지불받아야 하는 '근로자'에 해당된다고 판단되고 있다.21)

---

17) 横浜南労基署長事件 ― 最一小判 平8. 11. 28, 労判 714호, 14면. 업무용 기재인 트럭을 자기소유하고 기름 값, 수리비용, 고속도로 요금을 부담하고 있던 점, 운송업무수행에 필요한 지시 이상의 지시명령은 받고 있지 않았던 점, 시간적 장소적 구속이 엄하지 않았던 점, 보수가 성과급으로 사업소득으로 취급받고 있던 점 등을 지적하여 '근로자'에 해당되지 않는다고 판단.

18) 藤沢労基署長事件 ― 最一小判 平19. 6. 28, 労判 940호, 11면. 해당 목수가 공무점에서 지휘명령을 받고 있었다고는 평가할 수 없고, 보수는 일의 완성에 대하여 지불받았던 것으로, 자기 사용의 도구를 가지고 있던 점 등에서 '근로자'성을 부정.

19) 그 외, 근로자성이 긍정된 사례로는 취주악단원(吹奏楽団員)에 관한 チボリ·ジャパン事件 ― 岡山地判 平13. 5. 16, 労判 821호, 54면; 영화제작의 영화기사에 관한 新宿労基署長事件 ― 東京高判 平14. 7. 11, 労判 832호, 13면; 현민공제(県民共済) 팜플릿을 배포하는 보급원에 대하여 千葉労基署長事件 ― 東京地判 平20. 2. 28, 労判 962호, 24면; 클럽 호스티스에 대하여 第三相互事件 ― 東京地判 平22. 3. 9, 労判 1010호, 65면. 부정한 사례로는 증권회사의 외근사원에 관한 太平洋証券事件 ― 大阪地決 平7. 6. 19, 労判 682호, 72면; 수신료 수급위탁자에 대한 NHK事件 ― 東京高判 平15. 8. 27, 労判 868호, 75면; 프랜차이즈 계약에 따른 빵 판매점 점장에 대하여 ブレックス·ブレッディ事件 ― 大阪地判 平18. 8. 31, 労判 925호, 66면; 신문사의 프리랜서 기자에 대하여 朝日新聞社事件 ― 東京高判 平19. 11. 29, 労判 951호, 31면; 모터사이클의 레이스 선수에 대하여 磐田労基署長事件 ― 東京高判 平19. 11. 7, 労判 955호, 32면. 노기법의 행정실무에서는 이른바 오토바이택배 배달자에 대하여 근로자성을 인정한 통달이 나와 있다(2007. 9. 27 기발 0927004호).

20) 사내변호사와 회사의 관계를 근로계약으로 인정한 판례로서, B社[法律専門職]事件 ― 東京地判 平21. 12. 24, 労判 1007호, 67면.

21) 関西医科大学事件 ― 最二小判 平17. 6. 3, 民集 59권 5호, 938면.

4. 사 용 자

(1) 근로계약상의 사용자

개별적 노동관계법상 가장 기본적인 '사용자' 개념은 근로계약상의 일방 당사자로서의 사용자이다. 노동계약법은 이를 '그 사용하는 근로자에 대하여 임금을 지불하는 자'로 정의하고 있다(2조 2항).

이것은 근로자가 근로계약을 체결한 상대방이 누구인가 하는 문제인데, 통상적으로는 자신이 입사한 회사 내지는 자신을 고용한 사업주가 분명하다. 그러나 예를 들어 외국인 근로자의 불법취업의 경우와 같이 브로커가 여러 단계 개재하고 있고, 게다가 언어소통도 곤란한 가운데 단기취업이 반복되는 경우에서는 고용주의 확정조차 곤란한 경우가 있다. 이러한 특수한 경우가 아니더라도 근로계약상의 사용자에 대해서는 그림과 같이 복수의 기업이 근로계약관계의 사용자측에 관여하는 형태의 노동관계가 몇 가지 존재한다.

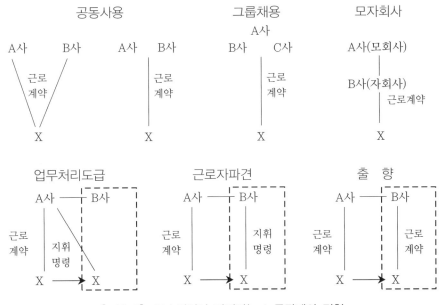

[그림 2] 복수기업이 관여하는 노동관계의 전형

먼저 복수의 기업이 동일한 장소에서 일하는 근로자에 대해서 공동으로 노무제공을 받고, 임금을 지불하는 공동 사용형이 있다(예를 들어 두 명의 변호사가 공동으로 사무소를 가진 경우 사무원의 공동채용). 이 경우에는 동일한 근로자에 대해서 복수의 사람이 공동으로 한 개의 근로계약의 사용자가 되는 경우와 복수의 사용자와의 복수의 근로계약이 동시 진행하는 경우가 있을 수 있다.

또 기업그룹이 응모자를 기업그룹으로서 모집·채용하고, 그룹 내에서 공통으로 인재를 활용해 가는 그룹채용이 있는데, 이 경우에는 법인격이 없는 기업그룹이 사용자가 되는 것은 법적으로 인정되지 않으므로, 그룹 내의 중심기업 내지는 복수 기업이 단독 내지는 공동으로 사용자가 되는 수밖에 없다.

모자회사의 관계에 있는 복수 기업의 자회사에 채용된 근로자에 대해서는 자회사 스스로가 근로계약을 체결(채용)하여 임금지불, 지휘·명령, 인사관리 등에 있어서 노동관계를 담당하고 있는 한, 자회사만이 근로계약상의 사용자이고 모회사는 사용자가 아니다.⚇

보다 복잡한 양상을 보이는 것은 근로자가 근로계약상 사용자의 사업장이 아닌 다른 사업주의 사업장에서 근로에 종사하는 노동관계이다. 법률적으로 보면 여기에는 업무처리도급(사내하도급), 근로자파견, 출향(出向)의 세 가지 종류가 있다. 이들은 어떠한 법률관계에 있으며, 상호 어떻게 구별되는가에 대해서는 각 항목에서 설명한다. 여기에서는 근로계약상 사용자가 누구인지에 대해서만 서술하면 업무처리도급에 있어서 근로자는 주문주인 기업의 사업장에서 도급업무의 처리에 종사하지만, 작업의 지휘명령은 도급기업자신에 의해 이루어진다. 이리하여 근로계약상 사용자는 도급기업인 점은 명백하며, 수용기업(주문주)은 사용자가 될 수 없다. 근로자파견의 경우에는 파견근로자는 파견사용기업에서 지휘명령을 받아 업무에 종사하는데, 노동자파견법에서 근로계약상의 사용자는 파견기업만으로 사용기업은 사용자가 아닌 것으로 여겨진다(2조 1호).[22]⚈ 이에 비해 출향(出向)의 경우에는 출향근로자는 출향기업과의 기본적인 근로계약관계에 더하여 출향사용기업과의 사이에도 부분적인 근로계약관계가 성립하고 출향사용기업도 그 범위 내에서는 근로계약상의 사용자가 된다.

⚇ 모회사가 '사용자'로 되는 경우
모회사가 자회사의 운영을 지배하고 자회사 종업원의 근로조건이나 고용에 대하여 지배

---

22) 업무처리도급 및 근로자파견에 대해서는 위법적인 변형으로서, 어떤 기업으로부터 업무처리도급계약 내지 근로자파견계약으로 근로자 파견을 수주한 업자가 그 주문을 다른 도급업자 내지 파견업자에게 2중·3중으로 하는 다중의 (위법의) 업무처리도급 내지 근로자파견이 행해지는 경우가 있다. 工藤滝光,「労働者派遣·業務請負適性化の取組みについて」, 労働法学研究会報, 2399호, 16면. 이러한 경우는 누가 근로계약상의 사용자에 해당되는지는 어려운 문제가 된다.

력을 가지고 있는 경우에는 자회사의 종업원이 모회사에 대하여 근로계약상의 사용자로서의 책임을 추급하는 경우가 생길 수 있다. 전형적으로 자회사 종업원이 모회사에 대하여 체불임금·퇴직금의 지불을 청구하거나, 모회사가 자회사를 해산시킨 경우 모회사에 대하여 근로계약관계의 존재를 주장하여 지위확인을 청구하거나 하는 경우가 있다.

　이러한 청구를 근거로 하는 법리로서 사용되는 것이 자회사의 법인격이 형해화(形骸化)되고 있거나 남용되고 있는 경우에는 그 법인격이 부인될 수 있다는 '법인격 부인의 법리'(最一小判 昭44. 2. 27, 民集 23권 2호, 511면)이다. 이 법리는 자회사의 종업원의 모회사에 대한 상기와 같은 청구에도 응용되어 왔다. 이에 관한 판례에서는 모자회사에서의 법인격의 형해화가 인정된 경우란, 모회사가 자회사에 대하여 주식소유, 임원파견 등에 따라 사업운영의 운영결정을 지배하고 있는 경우뿐만 아니라, 주주총회나 이사회의 불개최, 사업활동·재산관리·회계처리 등의 혼동 등에서 보이는 것처럼, 자회사가 독립된 법인으로서의 실체를 가지지 않고 실질적으로 모회사의 한 사업부문으로 인정되는 경우이다(전형적으로는 黑川建設事件 ― 東京地判 平13. 7. 25, 勞判 813호, 15면). 또 자회사 종업원에 대한 모회사의 법인격의 남용이 인정되는 경우란, 모회사가 주주소유·임원파견 등으로 자회사의 운영을 지배하고 있는 경우뿐만 아니라, 예를 들면 자회사에서의 노동조합의 배제 등의 위법·부당한 목적을 위해서 모회사가 법인격에 의한 책임의 분리·한정을 남용하고 있는 것이 필요하다고 여겨지고 있다(전형적으로는 布施自動車教習所·長尾商事事件 ― 大阪地判 昭57. 7. 30, 勞判 393호, 35면).

　문제는 법인격 부인의 법리의 개별예외구제법리로서의 성격 때문에, 동 법리는 자회사 종업원의 모회사에 대한 체불임금·퇴직금의 청구와 같은 일시적 한정적인 청구만을 근거로 할 수 있는가(상기의 黑川建設事件 ― 東京地判 平13. 7. 25는 이러한 종류의 청구를 인용), 아니면 자회사 종업원에 대한 모회사의 계속적 포괄적인 고용책임(지위확인청구)도 근거할 수 있는가이다. 고용책임을 인정한 판례는 1975년~1984년(昭和50년대)에 나와 있었지만(德島船井電機事件 ― 德島地判 昭50. 7. 23, 勞判 232호, 24면; 中本商事事件 ― 神戶地判 昭54. 8. 21, 勞判 328호, 47면; 상기의 布施自動車教習所·長尾商事事件 ― 大阪地判 昭57. 7. 30), 布施自動車教習所·長尾商事事件의 2심에서 부정되면서(布施自動車教習所·長尾商事事件 ― 大阪高判 昭59. 3. 30, 勞判 438호, 53면), 그 이후에는 없다. 그러나 최근 모회사가 자회사의 노동조합을 배제할 목적으로 자회사의 해산을 행하면서 해산 자회사의 사업을 다른 자회사로 양도한 사안에서 법인격의 남용성이 현저하다고 하여, 해산 자회사의 종업원에 대한 모회사의 고용책임을 인정한 판결이 나와(第一交通産業ほか[佐野第一交通]事件 ― 大阪高判 平19. 10. 26, 勞判 975호, 50면), 주목받았다. 모회사의 고용책임은 자회사의 법인격이 완전히 형해화되고 나아가 자회사의 노동조합을 괴멸시키는 것을 목적으로 한 해산과 같은 법인격의 명백한 남용이 있는 사안에서만 인정해야 하는 것이라고 생각한다(자세한 내용은 菅野, 「会社解散と雇用関係」山口浩一郎·友愛と法, 138-145면).

　자회사 종업원이 모회사와의 근로계약을 주장함에 있어 전제로 하는 법률구성으로서는 이상의 법인격 부인의 법리 외에 묵시적 근로계약의 성립도 있을 수 있다. 예를 들어 자회사 기업으로서 실체가 완전히 존재하지 않는 상황 속에서 자회사 종업원이 모회사에 대해 노무를 제공하고 모회사가 자회사 종업원에 대해 임금을 지불해 왔다고 인정되면, 모회사와 자회사 종업원간에는 묵시적 근로계약관계가 성립하고 있었던 것이 된다.

28 사외근로자와 수용기업간의 묵시적 근로계약의 성립여부

　계약형식이 업무처리도급(사내하도급)인지 근로자파견인지를 불문하고, 어느 기업으로부터 근로자가 파견되어 다른 기업(사용기업)의 사업조직과 시설에서 그의 지휘명령 하에 업무에 종사할 경우에는, 이 사외근로자와 수용기업간의 묵시적 근로계약이 성립했는지의 여부가 문제로 되는 경우가 있다.

사외근로자가 수용기업의 사업장에서 동 기업으로부터 작업상 지휘명령을 받아 노무에 종사하더라도(이 의미에서 사용종속관계가 존재하더라도), 그것만으로는 묵시적 근로계약관계가 성립하는 것은 아니다(サガテレビ事件 — 福岡高判 昭58. 6. 7, 判時 1084호, 126면). 근로계약은 사용자가 근로자에게 임금을 지불하고 근로자가 사용자에게 노무를 제공하는 것을 기본적인 요소로 삼기 때문에, 실질적으로 보아 사외근로자에게 임금을 지불하는 자가 도급(파견)기업이 아닌 수용기업이며, 더구나 사외근로자의 노무제공 상대방이 도급(파견)기업이 아닌 수용기업이라 할 수 있는 경우에만 사외근로자와 수용기업간에 근로계약관계의 기본적 요소를 갖춘 것으로 된다.

이러한 경우에 해당한다고 할 수 있기 위해서는 먼저, 사외근로자의 임금이 실제상으로 수용기업에 의해 결정되고, 도급(파견)기업을 사이에 두고 수용기업에 의해 지불된다고 간주할 수 있는 것이 필요하다. 예를 들어, 사외근로자의 수용을 발생하게 하는 계약 대금이 실제상 수용기업에 의해 결정되고, 게다가 실질적으로 사외근로자의 임금액(여기에 도급(파견)기업의 수수료를 더함)으로 정해지는 경우이다. 그리고 이 임금의 결정·지불에 더하여, 수용기업이 사외근로자에 대해 노무급부청구권을 가진다고 인정할 수 있는 것이 필요하다. 이를 위해서는 수용기업이 사외근로자에 대해 작업상 지휘명령과 출퇴근관리를 실시하고 있을 필요가 있는데, 이것만으로는 충분하지 않다. 도급(파견)기업이 이러한 것들을 수용기업에 위임하면서도, 또한 사외근로자의 배치·징계·해고 등의 권한을 명확하게 가지고 있는 경우에는, 기본적인 노무급부청구권은 여전히 도급(파견)기업에 존재한다고 생각할 수 있기 때문이다. 한편, 예를 들어 사외근로자의 채용이 실제로 수용기업에 의해 결정되었다고 하는 사실과, 사외근로자가 수용기업에 의해 임금액이 결정되며, 수용기업의 근로자와 동일한 작업을 혼연일체가 되어 실시하고 있다는 사정은, 노무제공의 상대방을 수용기업으로 하는 방향으로 작용한다(사외근로자에 대한 수용기업의 사용자성을 인정한 판례로서, センエイ事件 — 佐賀地武雄支決 平9. 3. 28, 労判 719호, 38면. 도급기업의 도급업자로서의 실체가 없고, 수용기업의 채용·임금지불사무의 대행을 하고 있는 데 지나지 않는 사례라 할 수 있다).

(2) 노기법 위반의 책임주체로서의 사용자

개별적 노동관계법상의 '사용자' 개념에는 노기법상 규제의 책임주체로서 '사용자'도 있다. 노기법은 당해 사업에서 동법이 제한하는 사항(임금의 지불, 근로시간의 관리 등)에 대해 현실적 직책을 맡고 있는 자를 이 '사용자'로 규정하고 있다(10조). 그래서 근로계약의 당사자인 사용자가 아니더라도 노기법이 규정하는 사항에 대해 실제로 권한과 책임을 가지고 있는 자라면 동법상 사용자로서 책임이 추궁될 수 있다.

5. 노동기준법의 효력

(1) 강행적·직률(直律)적 효력

제2차 세계대전 전의 공장법은 단순히 사용자에 대해 근로기준의 단속규정을 설정하고, 그 이행을 행정감독과 벌칙으로 확보하려고 하는 것이었는데, 노기법은 한층 더 나아가 설정한 기준이 근로계약내용에 대해 강행적인 효력을 가지며, 또한 계약내용을 직접 규율하는 효력을 가진다는 점을 명확히 했다. 이 것이 '이 법률에서 정한 기준에 도달하지 않는 근로조건을 정한 근로계약은 그 부분에 대해서는 무효로 한다. 이 경우에 무효가 된 부분은 이 법률로 정하는 기준에 의한다'라고 규정하고 있다(노기 13조).

이 규정은 직접적으로는 노기법상의 기준이 근로자와 사용자간의 근로계약의 내용을 강행적·직률적으로 규율하는 것을 명확히 하고 있으나, 계약 당사자간의 법위반행위를 무효로 한다는 강행적 효력은 사용자가 근로계약관계에 있어 행하는 일방적 법적 행위(예를 들어, 19조 위반의 해고, 17조 위반의 상쇄)에 대해서도 발생한다(이 의미에서 노기법은 일반적으로 강행법규라고 부를 수 있다). 또한 노기법 중에는 사용자에게 일정한 금전지불을 명하는 규정이 있는데(25조, 26조, 37조, 39조 7항, 64조, 75조~82조 등), 이들도 위의 규정과 함께 해석하면, 동규정의 기준에 도달하지 못한 근로계약 규정의 유무를 불문하고, 근로자에게 그 금전의 청구권을 부여하는 것이라고 해석된다. 이상과 같이 노기법은 기본적으로 행정형벌법규로서 공법적 성격뿐만 아니라, 사법적 성격(효력)도 가지고 있다.[23]

노기법의 강행적·직률적 효력은 취업규칙 및 단체협약에 대해서도 타당하다. 즉 이들에 있어 노기법에 위반한 근로조건은 무효가 되며, 무효가 된 부분에 대해서는 동법상의 기준이 근로계약의 내용이 된다. 또한 노기법의 강행적 효력에 의해 무효가 되는 것은, 동법이 정한 기준에 도달하지 않는 근로조건의 부분만이다.[24]

(2) 근로계약의 효력과 노기법

근로계약이 강행법규(예를 들어 노기 56조 1항, 58조 1항) 및 공서(민 90조) 위반 또는 의사표시의 하자(민 95조, 96조)를 이유로 무효로 되거나 취소된 경우에도, 근로계약관계가 사실상 전개하는(되었던) 한, 근로자는 노기법의 각 규정에 의한 보호를 받는다. 노기법은 근로계약관계가 사실상 전개하고 있는 한 그 법적인 유효성과 상관없이 근로자를 보호하기 위한 법규이다.

---

23) 양자의 성격의 관계에 대해서 참신한 고찰을 하여, 이원적 해석을 주장하는 문헌으로서 西谷敏, 「労働基本法の二面性解釈の方法」, 外尾健一古稀·労働保護法の研究, 1면 이하.

24) 사례로서 橘屋事件 ― 大阪地判 昭40. 5. 22, 労民 16권 3호, 371면.

(3) 부가금의 지불

사용자가 해고시에 예고수당(노기 20조), 휴업수당(동26조) 내지는 시간외·휴일·심야근로의 할증임금(동 37조)의 지불의무에 위반한 경우 또는 연차유급휴가 중의 임금(동 39조 7항)을 지불하지 않은 경우에는, 법원은 근로자의 청구에 의해 이러한 규정에 따라 사용자가 지불하지 않으면 안 되는 금액에 대한 체불금액 외에 이것과 동일액수의 부가금의 지불을 명할 수 있다(동 114조).

이러한 부가금지불은 법원의 재량적 명령으로서 규정되어 있기 때문에, 부가금지불의무는 법원의 명령(판례)이 있어야만 비로소 발생한다. 즉 노기법 위반(및 근로자의 청구)에 의해 당연히 발생하는 것이 아니라, 법원은 사용자에 의한 동법 위반의 정도·양태, 근로자의 불이익의 성질·내용 등 여러 가지 사정을 고려하여 지불의무의 존재여부 및 금액을 결정해야 한다.[25] 따라서 그 지연손해금의 지불의무는 재판확정시부터 발생하며, 손해금액은 연 5푼의 비율로 산정된다. 또 재판까지 동안에 위반상태가 제거되면(예를 들어 사용자가 체불 해고예고수당을 지불해버리면) 법원은 부가금의 지불을 명할 수 없다.[26]

부가금의 청구는 위반이 있었을 때부터 2년 이내에 하지 않으면 안 된다. 이 2년이라는 기간은 시효기간이 아니고 제척기간으로 해석된다.[27]

(4) 벌 칙

노기법은 '벌칙'의 장을 만들어(13장) 노기법 각 조의 위반에 대한 형벌을 규정하고 있다(117조~120조).

이러한 형벌의 책임주체에 대해서는 노기법의 대다수 규정이 '사용자는 … 해야 한다'라고 규정하여 '사용자'를 각 조의 의무자(위반할 경우의 책임자)로 하고 있다(14조, 24조는 적용대상자를 기록하고 있지 않으나 동일하게 해석된다. 사용자 이외의 자를 적용대상자로 하고 있는 것은 6조, 58조, 59조). 그리고 이 '사용자'에 대해서는 동법에서 '사업주 또는 사업의 경영담당자, 그 밖의 그 사업의 근로자에 관한 사항에 대해서 사업주를 위해 행위를 하는 모든 사람을 말한다'라고 정의하고 있다(10조).

이 정의규정은 노기법 각 조에서 정하는 사항에 관한 현실 행위자(실질적 책

---

25) 松山石油事件 ― 大阪地判 平13. 10. 19, 労判 820호, 15면 등.
26) 細谷服裝事件 ― 最二小判 昭35. 3. 11, 民集 14권 3호, 403면; 江東ダイハツ自動車事件 ― 最一小判 昭50. 7. 17, 判時 783호, 128면.
27) 労基局, 労基法(下), 1036면.

임자)를 사용자로서 파악하고, 각 조의 위반책임주체로 하는 취지의 규정이다. 이와 대조적인 것은 2차 세계대전 전의 공장법에서 책임주체를 정하는 방법으로, 거기에서는 '공장주' 혹은 '공장관리인'('공장주는 공장에 대해 일체의 권한을 가지는 공장관리인을 선임할 수 있다'라고 되어 있었다)이 실질적인 권한과 책임의 유무에 관계없이 위반에 대한 책임을 지는 것으로 되어 있었다.

이 규정에서 '사업주'라 함은 사업경영주체의 의미로, 즉 개인기업이라면 기업주개인이며, 법인기업이라면 법인이 되는데, 후자는 후술하는 쌍벌규정(121조)에 의해서만 처벌받게 되어 있다. 또 '경영담당자'란 법인의 이사, 회사의 임원, 지배인 등을 말하며, '사업주를 위해서 행위를 하는 모든 자'란 각 조에 정하는 근로자에 관한 사항에 대한 실질적 권한(지휘감독·결정권한)을 가지는 자(실질적 책임자)를 말하는 것이다. 이리하여 노기법에서 정의된 '근로자'(9조)이면서 그 자가 동시에 '사용자'로서 처벌될 수 있음에 주의해야 한다.

그 외 노기법은 '이 법률에 위반한 행위를 한 자가, 당해 사업의 근로자에 관한 사업에 대해 사업주를 위해 행위한 대리인, 사용자, 그 밖의 종업원인 경우에는, 사업주에 대해서도 각 본조의 벌금형을 과한다. 단, 사업주(사업주가 법인인 경우에 있어서는 그 대표자…)가 위반을 방지하기 위한 필요한 조치를 한 경우에는 그러하지 아니하다'라고 규정하고 있다(121조 1항). 이는 이른바 쌍벌규정이다. 또 '사업주(법인의 경우에는 그 대표자)가 위반의 계획을 알면서도 이를 방지하기 위하여 필요한 조치를 강구하지 않은 경우, 위반행위를 알고도 그 시정에 필요한 조치를 강구하지 않은 경우 또는 위반을 교사한 경우에는 사업주도 행위자로서 벌한다'라고 규정하고 있다(121조 2항. 방점 필자).

노기법 위반의 범죄가 성립되어 벌칙이 정하는 형을 부과할 것인가에 대해서는 형법총칙(제1편)이 적용된다.[28] 따라서 노기법 각 조에 위반한 범죄는 고의범으로 간주되며(형 38조 1항 참조), 그 성립에는 각 조의 구성요건 해당 행위의 인식·인용을 필요로 한다. 또 위법성의 인식 그 자체는 필요하지 않으며, 그 인식이 없었던 경우에는 정상(情狀)에 따라 형을 경감할 수 있다고 간주되고 있다(동조 3항 참조).

---

28) 형 8조 참조. 책임주체에 관한 노기법 10조 및 121조의 규정은 형법 8조에 의해 '그 법령에 특별한 규정이 있을 때'에 해당한다.

6. 근로기준감독행정

(1) 감독기관의 조직

노기법(및 그 관계법규)의 규제에 대한 실효를 확보하기 위해서는, 전문적 행정기관에 의한 행정감독이 필수 불가결하다.[29] 노기법은 이 행정감독기관으로서 후생노동성에 노동기준 주관국(후생노동성의 조직상으로는 '노동기준국')을, 각 도도부현에서는 도도부현 노동기준국을 두고 또한 각 도도부현 관내에 노동기준감독서를 두도록 하고 있다(97조 1항). 이러한 감독기관은 국가의 직속기관으로서 모두 후생노동대신의 직접 관리에 따르는 것이다. 그리고 지휘감독 계통은 후생노동대신 → 후생노동성 노동기준 주관국장 → 도도부현 노동기준국장 → 노동기준감독서장으로 되어 있다(99조). 이러한 감독기관에는 노동기준감독관 및 필요한 직원을 두고 있다(97조 1항). 노동기준감독관은 전문직의 감독행정관으로, 후술하는 바와 같이 그 한 사람 한 사람에게 특별한 권한이 부여되고 있다.

또한 여성에게 특수한 문제를 위해서는, 후생노동성의 여성주관국(후생노동성의 조직상에는 '고용균등·아동가정국')의 국장이 후생노동대신의 지휘감독을 받아, 노동기준주관국장 등에게 권고를 하거나, 그 지휘감독에 대해서 원조를 한다(100조).

(2) 감독기관의 권한

최전선의 감독행정을 담당하는 기관은 노동기준감독서이며, 그곳에 배치된 노동기준감독관이기 때문에, 이들의 권한이 중요하다.[30] 노동기준감독서장의 노기법상의 권한으로서는 우선 임검·서류제출요구·심문(101조), 허가(33조 1항, 41조 3호, 56조 2항, 61조 3항, 71조), 인정(19조 2항, 20조 3항, 78조) 및 심사·중재(85조)의 여러 권한이 부여되어 있다(99조 3항). 다음으로 노동기준감독관의 주된 권한으로서는 첫째, 임검, 서류제출요구, 심문의 권한이 있다(101조). 단, 이들은 어디까지나 행정상의 권한으로, 범죄수사의 경우에는 형사소송법상의 절

---

29) ILO(국제노동기구)에서는 1974년에 '공업 및 상업에서의 근로감독에 관한 협약(81호)'이 채택되었고 일본에서는 1953년에 비준 등록하였다. 동 협약은 각국 정부에 대하여 법령준수의 감독을 위해 입회, 검사, 심문, 제출요구 등의 권한을 가지고 신분을 보장받은 근로감독관을 배치한 근로감독기관의 설치를 요청하고 있다.
30) 2012년 3월 말 현재, 노동기준감독서는 전국에 321개소 있으며, 노동기준감독관의 수는 3,169명이다.

차를 밟는 것이 필요하다. 둘째, 노기법에 위반한 죄에 대해 형사소송법이 규정하는 사법경찰직원의 직무를 시행할 수 있다는 점이다(102조). 구체적으로는 체포(현행범, 긴급 또는 영장체포), 체포시 영장에 의하지 않은 압류·수사·검증 및 영장에 의한 압류·수사·검증의 권한이다(그 밖의 96조의 3 등). 노동기준감독관은 이러한 권한을 행사할 때에는 그 신분을 증명하는 증표를 휴대하지 않으면 안 되며(101조 2항), 직무상 알게 된 사항에 대해서는 비밀을 지킬 의무가 있다(105조). 또한 이러한 감독기관의 최임법·노안위법상의 권한에 대해서는 후술한다.

(3) 위반 신고

근로자는 위반사실을 행정관청 또는 노동기준감독관에게 신고할 수 있으며(104조 1항), 이러한 신고를 이유로 불이익한 취급을 당하는 것을 금지하고 있다(동조 2항). 단 노동기준감독관은 위반신고를 받더라도 이를 조사하는 등의 조치를 취해야 할 직무상의 작위의무를 당연히 지지는 않는다.[31]~29~

29 감독권한의 불행사와 국가배상책임

감독행정에 대해서는 산업재해 피해자는 노동기준감독기관이 당해 사업장에 대한 재해방지를 위한 감독실시를 게을리 한 것을 이유로 국가의 손해배상책임을 추급할 수 있는가가 문제로 되었다. 이에 대해 판례는 안전위생법령을 준수하여 산업재해를 방지해야 할 책임을 지는 것은 어디까지나 사업자이기 때문에, 감독기관의 감독권한불행사는 동 기관에 의한 감독권한행사가 사회통념상 매우 강하게 요청되고 또한 기대되는(그런 의미에서 권한불행사가 재량범위를 현저하게 일탈하고 있다) 특수하고 예외적인 경우를 제외하고는, 국가의 책임을 발생시키지 않는다고 판단해 왔다(大東マンガ事件 — 大阪高判 昭60. 12. 23, 判時 1178호, 27면; 栗山クロム禍事件 — 札幌地判 昭61. 3. 19, 判時 1197호, 1면; 長野石綿じん肺事件 — 長野地判 昭61. 6. 27, 判時 1198호, 3면).

그 후 국가 또는 공공단체 공무원에 의한 규제권한을 행사하지 않은 것에 따른 국가배상책임에 대해서는 당해 권한을 정한 법령의 취지 및 목적과 그 권한의 성질 등에 비추어 보아, 구체적 사정 하에서 그 불행사가 허용되는 한도를 일탈하여 현저하게 합리성이 결여되었다고 인정될 때는 위법이 된다는 일반적 판단기준이 판례상 정립되었다(最二小判 平元. 11. 24, 民集 43권 10호, 1169면; 最二小判 平7. 6. 23, 民集 49권 6호, 1600면). 그리고 진폐(塵肺)의 피해방지를 위한 국가의 규제권한불행사 책임을 이 기준에 적용하여 인정하는 판례가 나타나고 있다(筑豊炭田事件 — 最三小判 平16. 4. 27, 労判 872호, 13면 — 국가가 탄광보안법상의 권한을 행사하여 충격식 착암기의 습식화 등의 분진방지책의 보급 및 실시를 꾀하고 있었으면 석탄광산에서의 진폐 피해확대를 방지할 수 있었던 것으로, 1960년 진폐법 성립 이후의 권한불행사에 대해 배상책임을 인정했다).

---

31) 東京労基局長事件 — 東京高判 昭56. 3. 26, 労経速 1088호, 17면.

⑷ 노기법의 실효화를 위한 사용자의 제 의무

노기법의 실시 및 이를 위한 감독행정의 실효성을 확보하기 위하여, 동법은 사용자에 대해 여러 가지 의무를 부과하고 있다(모두 벌칙부과).

⑺ **법령규칙의 주지의무**   사용자는 노기법, 노기법규칙, 여성규칙, 연소자규칙 등의 법령요지, 취업규칙 및 사업장의 노사협정 등을 상시 각 작업장의 보이기 쉬운 장소에 게시 또는 비치, 서면교부, 컴퓨터를 사용한 방법 등으로 근로자에게 주지시키지 않으면 안 된다(106조 1항, 노기칙 52조의 2. 모두 1998년 개정).

⑻ **근로자명부의 조제(調製)의무**   사용자는 각 사업장마다 근로자명부를, 각 근로자(일용근로자는 제외)에 대하여 조제(調製)하여, 근로자의 이름·생년월일, 이력, 성별, 주소, 고용개시 연월일, 퇴직(또는 사망)사유(원인)·연월일 등의 사항 및 30인 이상의 근로자를 사용하는 사업에서는 종사하는 업무의 종류를 기입하며, 필요에 따라 적절히 이를 정정해야 한다(107조, 노기칙 53조. 또한 1997년 노령 4에 의해 '본적'은 삭제).

⑼ **임금대장의 조제의무**   사용자는 각 사업장마다 임금대장을 조제하고, 임금계산의 기초가 되는 사항 및 임금액 등을 임금지불시 지체없이 기입하지 않으면 안 된다(108조). 상기의 사항 및 금액에 더불어 필요기재사항은 ① 성명, ② 성별, ③ 임금계산기간, ④ 근로일수, ⑤ 근로시간수, ⑥ 시간외·휴일·심야근로시간, ⑦ 기본급, 수당, 그 밖의 임금 종류마다 그 금액, ⑧ 임금공제액이다(노기칙 54조 1항).

⑽ **기록 보존 의무**   사용자는 근로자명부, 임금대장 및 고용, 해고, 재해보상, 임금, 기타 노동관계에 관한 중요한 서류를 3년 간(기산일은 노기칙 56조) 보존하지 않으면 안 된다(109조).

⑾ **보고·출두의무**   행정관청 또는 노동기준감독관은 노기법의 시행을 위해 필요할 때에는 사용자 또는 근로자에 대해 필요한 사항을 보고하게 하거나 출두를 명할 수 있다(104조의 2).

제 3 절 취업규칙의 의의와 효력

1. 취업규칙의 의의

다수의 근로자를 사용하는 기업에서 근로조건을 공평하고 통일되게 설정하고, 또한 직장규율을 규칙으로서 명확히 정하는 것이 효율적인 사업경영을 위해 필수 불가결하다. 이러한 사업경영의 필요로 사용자가 정하는 직장규율과 근로조건에 관한 규칙 등을 '취업규칙' 등의 명칭(그 외에는 '공장규칙', '종업원규칙' 등)으로 제정하는 것이 일반적이다.[30]

취업규칙은 당해 사업장의 근로자의 근로생활에 대해 실제상 막강한 기능을 다하고 있다. 임금·근로시간 등의 근로관계의 여러 조건은 개개의 근로자와 사용자간의 개별적 근로계약을 내용으로 하는 사항이면서, 실제상으로는 사용자가 작성하는 취업규칙에서 제도로써 통일되게 설정되어 있으며, 근로자가 취업에서 준수해야 할 규율도 동일하다. 노동조합이 있는 기업에서는 이러한 근로조건과 취업상의 규율은 노동조합과의 교섭을 거쳐 단체협약으로 정해지는 것도 많은데, 이 경우에도 비조합원을 포함한 모든 종업원에게 이를 미치게 하기 위해서는 취업규칙에서 다시 정하는 것이 필요하므로, 취업규칙의 기본적이고 중요한 기능은 변함이 없다. 더구나 노동조합이 존재하지 않는 대다수의 기업에서는 취업규칙은 근로관계의 내용을 정하는 거의 유일한 준칙이 된다.

[30] **취업규칙의 내용과 필요성**

취업규칙에서는 전형적으로는 취업규칙의 적용관계(종업원의 종류), 규칙의 준수의무, 채용의 절차, 시용기간, 출장·배치전환·출향의 명령권, 휴직제도, 해고의 사유와 절차, 정년, 사직의 절차, 복무규율의 내용, 취업시간, 사업장외 근로의 취급, 휴일과 그 대체, 휴가·휴업의 종류와 내용, 지각·조퇴·결근의 절차, 임금의 구성, 기본급의 종류와 결정기준, 수당의 종류와 내용, 임금의 지불방법, 승급의 방법, 상여의 결정방법, 퇴직금의 기준과 지불방법, 표창의 사유와 방법, 징계의 사유와 방법, 안전위생의 준수사항, 건강진단의 수진의무, 산재보상의 내용 등이 결정된다.

이러한 취업규칙은 ① 직장에서의 안전하고 효율적인 업무수행을 위한 규율을 설정하는 것, ② 다수의 종업원을 임금이나 처우의 면에서 공평하게 취급하는 것, ③ 종업원의 임금·처우를 장기근속의 장려, 단기적 성과의 중시 등의 일정한 경영정책에 따라 제도화하는 것, 등을 위해서 제정된다.

근로자는 채용시에 취업규칙에 대하여 일괄승낙하는 취지를 표명하여 근로관계에 늘어가는 경우가 많지만, 그러한 표명을 하지 않아도 취업규칙에서 정하는 근로조건이나 규율에 따라서 근로관계가 전개되는 가운데 취업규칙을 수용하고 있는 상황이 된다.

다만, 취업규칙에서 모든 근로조건이나 행위규범이 설정되는 것은 아니다. 근로자 각자의 근무지·직무내용은 그 때의 업무명령에 따라 지정되고, 기본급, 여러 수당, 상여의 구체적인 금액은 취업규칙에서 정하는 기준과 방법에 따라서 각자 결정·통지되는 것이 일반적이다. 또한 파트타임근로자의 취업시간에 대해서는 취업시간에서 몇 가지의 패턴을 설정한 뒤, 각 근로자가 희망하는 바에 따라서 개별적으로 선택하게 하는 등도 실시된다. 게다가 일상적인 업무수행의 방법에 대해서는 근로조건이나 복무규율의 제도로, 종업원 각자의 개별적인 근로조건이나 그 때마다 지정되는 일상적인 업무방법은 아니다.

2. 취업규칙의 작성·변경에 관한 노동기준법의 규제

상기와 같은 중요한 기능을 하는 취업규칙에 대해서는 근로자의 권리의무를 명확히 하기 위해서 이를 성문화하여 근로자에게 주지시킬 것, 규칙내용에 대해 일정한 한계를 설정함과 동시에 이 한계가 준수되도록 행정적인 감독을 실시할 것, 이 감독을 위해 그것을 감독관청에 신고하도록 할 것, 작성과정에서 근로자의 의견을 반영시킬 것 등이, 근로자 보호를 위해서 필요하게 된다. 그러한 규제는 제2차 세계대전 전의 공장법에서 시작되어 전후의 노동기준법에서 확립되었다.[32]

(1) 작성·신고의무

먼저 노기법은 '상시 10인 이상의 근로자를 사용하는 사용자'는 일정사항에 대하여 '취업규칙을 작성하고 행정관청에 신고하지 않으면 안 된다'라고 규정하고 있다(89조).

위 규정에서 '상시 10인 이상 … 사용한다'는 것은 항상 10인 이상을 사용하고 있다는 의미이다. 바쁜 시기에만 10인 이상을 사용하는 경우는 이에 해당하지 않으나, 사용하는 근로자가 일시적으로 10인 미만이 되는 경우가 있다고 해도 통상적으로는 10인 이상을 사용하고 있으면 여기에 해당될 수 있다.[33] 그리고 '10인 이상'은 노기법이 법의 적용단위를 기업이 아니라 사업장으로 하고, 취업규칙작성·변경절차에서도 근로자 대표의 의견청취를 사업장단위로 실시하게 하고 있기 때문에, 기업단위가 아니라 사업장단위로 계산한다고 해석되고 있다.[34]

---

32) 취업규칙의 법적 규제의 연혁에 대해서는 浜田富士郎, 就業規則法の研究, 2면 이하를 참조.
33) 労基局, 労基法下, 892면.

'근로자'에는 정사원, 파트, 계약사원 등의 고용형태의 여하를 불문하고 해당 사업장에서 사용되고 있는 근로자가 포함된다. 다만, 하청근로자, 파견근로자 등 사용자를 달리 하는 근로자는 포함되지 않으며, 또한 '근로자'에는 해당되지 않는 개인위탁업자 등도 포함되지 않는다.

'작성'이란 법으로 정하는 필요사항을 모두 포함한 규칙을 서면으로 작성하는 것을 말한다. 정사원과 임시사원, 파트사원, 위탁사원 등의 종업원의 종류가 설정되어 있는 경우에는 각각에 대하여 별개의 취업규칙을 작성하는 것은 지장이 없다. 그러나 일부 근로자를 취업규칙의 적용에서 제외하면서, 그러한 근로자를 위한 별도의 규칙을 작성하지 않을 경우에는, 작성의무위반이 성립된다. 역으로 말한다면, 취업규칙은 임시사원, 파트사원, 위탁사원 등에 대해서도 특칙과 제외규정이 만들어져 있지 않은 한 적용된다.

'신고'란 상시 10인 이상의 근로자를 사용하기에 이르렀을 때에, 지체 없이 소관 노동기준감독서장에게 해야 하는 것으로 되어 있다(노기칙 49조). 또 상시 10인 이상의 근로자를 사용하는 사용자가 이미 존재하는 취업규칙을 변경할 경우에도 마찬가지의 신고의무가 발생한다(89조).

③1 **10인 미만의 사업장과 취업규칙**
　　상시 10인 미만의 근로자밖에 사용하지 못하는 사업장에서는 취업규칙의 작성의무는 없지만, 취업규칙을 작성할 수도 있다. 그리고 작성된 취업규칙에 대해서는 노동계약법에서 규정하는 최저기준효(12조), 근로계약규율효(7조), 합리적 변경의 근로계약규율효(10조) 등의 효력이 인정된다. 또한, 상시 10인 미만의 근로자밖에 사용하지 못하는 사업장에 대해서는 취업규칙의 작성의무가 부과되어 있지 않기 때문에, 취업규칙에 따른 일정 사항의 규정이 필요하다고 여겨지는 1개월 단위의 변형근로시간이나 변형휴일제에 대해서는 '[취업규칙에] 준하는 것'에 의한 규정이 허용되고 있다(노기 32조의 2, 노기칙 12조의 2, 25조의 2).

(2) 기재사항

노기법은 취업규칙에 기재해야 할 사항을 정하고 있는데(89조 1호~10호), 이들은 취업규칙으로 기재하지 않으면 사용자가 동조의 작성의무를 다한 것으로 되지 않는다는 의미에서, 취업규칙의 '필요기재사항'이라고 불린다. 이 필요기재사항에는 어떠한 경우에도 반드시 기재해야 하는 절대적 필요기재사항(동1호~3호)과 '규정을 하는'(제도로서 실시하는) 경우에 이를 기재하지 않으면 안 되는 '상대적 필요기재사항'(동3호의 2~10호)으로 구별된다.③2 그러나 전자는 규정으로 하는 경우에만 기재하면 되는 사항도 포함되어 있으며(예를 들어, '취업시 전환에

---

34) 労基局, 労基法下, 892면. 기업단위로 해석해야 한다고 하는 학설로서, 西谷, 労働法, 44면.

관한 사항'), 또한 후자에도 실제상 보편적인 제도로서 항상 기재할 필요가 있는
사항이 포함되어 있다(예를 들어, 퇴직수당과 그 밖의 수당·상여에 관한 사항). 양
자의 구별은 그만큼 일관된 의의가 있는 것이라고는 말하기 힘들다. 어떠한 필
요기재사항이라도 그 일부를 빠뜨리고 있는 취업규칙에 대해서는 작성의무(89
조)위반이 성립한다. 그러나 그러한 취업규칙도 '그 효력발생에 대한 다른 요건
을 구비하는 한 유효하다'고 취급되어 왔다(1950. 2. 20, 기수 276호). 노동계약법
하의 효력(최저기준효, 근로계약규율효, 합리적 변경의 근로계약규율효)에 대해서도
'주지'(실질적 주지)의 요건을 구비하는 한 효력이 있는 것이 된다.[33]

[32] 필요기재사항 내용

취업규칙의 필요기재사항 중 절대적 필요기재사항은 첫째, '시작시간 및 끝나는 시각', '휴
게시간'(시간 수, 부여방법), '휴일'(일수, 부여방법), '휴가'(연차유급휴가, 산전·산후휴가, 생
리휴가, 경조휴가, 결혼휴가 등) 및 교체근로에 있어 '취업시 전환에 관한 사항'(교체기일, 교
체순서 등), 둘째, '임시임금 등'(일시금과 퇴직수당)을 제외한 임금에 대한 '결정 및 계산방
법'(임금의 체계, 시간급·일급·월급 등의 임금의 형태, 연령·직종·직능자격·성과 등의
임금결정 요소), '지불방법'(직접지급, 은행입금, 통근수당의 정기권에 따른 지급 등), '마감 및
지불시기'(일급인가 월급인가. 후자라면 월의 몇일로 마감하여 몇일에 지불하는가), 및 '승급
에 관한 사항'(승급기간, 비율 그 밖의 조건), 셋째, '퇴직에 관한 사항'(임의퇴직, 합의해고,
해고, 정년제, 휴직기간만료에 따른 퇴직 등)이다(89조 1호~3호).

이에 대해 상대적 필요기재사항은 첫째, 퇴직수당에 대해 적용근로자의 범위, 수당의 '결
정, 계산 및 지불 방법'(근속연수, 퇴직사유 등의 수당금액 결정요소, 일시금인가 연금인간,
몰수·감액조건 등), 지불시기, 둘째, 퇴직수당을 제외한 '임시임금 등'(상여, 이시의 수당 등)
및 '최저임금액'에 관한 사항, 셋째, 근로자의 '식비, 작업용품, 그 밖의 부담'에 관한 사항, 넷
째, '안전 및 위생'에 관한 사항, 다섯째, '직업훈련에 관한 사항'(훈련의 종류, 기간, 수훈자의
자격, 훈련 중의 처우, 훈련후의 처우), 여섯째, '재해보상 및 업무 외 상병부조(傷病扶助)에
관한 사항'(법정보상의 세목, 법정 외 직립보상의 내용 등), 일곱째, '표창'에 관한 사항(표창
의 종류와 사유) 및 '제재'에 관한 사항(징계의 사유, 종류, 절차), 여덟째, 그 밖의 '해당사업
장의 근로자 모두에게 적용되는 규정을 정하는 경우에 있어서는 이에 관한 사항'(여비규정,
복리후생규정, 휴직, 배치전환, 출향 등)이다(89조 3호의 2~10호).

이러한 필요기재사항 이외의 사항은 사용자가 이를 기재할 것인지 아닌지는 자유이므로,
임의기재사항이라고 부른다. 예를 들어 취업규칙의 기본정신을 선언한 규정과 동 규칙의 해
석적용에 관한 규정, 필요기재사항 이외에 법령으로 정해진 사항의 확인규정 등이다.

[33] 별도규칙의 허용

취업규칙은 다기에 걸친 기재사항을 커버하는 것이기 때문에 상당한 것이 되기 쉽다, 그
래서 취업규칙의 일부를 '임금규정', '퇴직금규정', '안전위생규정' 등으로 별도 규칙으로 하는
것이 이루어지고 있다. 이에 대하여 1998년 개정까지는 별도 규칙이 될 수 있는 사항을 한정
하는 규정이 있었지만(89조 2항), 동 개정으로 삭제되었다. 별도 규칙이라고 해도 취업규칙의
일부라는 점은 변함이 없기 때문에, 본 규칙과 동시에 작성해야 한다. 또한 그 작정절차(89조
의 신고의무, 90조의 의견청취의무)도 효력도 본 규칙과 같다.

(3) 근로자의 의견청취의무

이상과 같은 취업규칙의 작성 혹은 변경에 대해서는, 사용자는 '당해 사업장에 근로자의 과반수로 조직된 노동조합이 있는 경우에는 그 노동조합, 근로자의 과반수로 조직된 노동조합이 없는 경우에는 근로자의 과반수를 대표하는 자'의 의견을 듣지 않으면 안 된다(90조 1항). 그리고 사용자는 취업규칙의 작성 또는 변경을 신고할 때에는, 그 노동조합 또는 근로자대표의 의견을 기록한 서면을 첨부하지 않으면 안 된다(동조 2항). 이 의무는 취업규칙의 작성·신고의무를 전제한 것이므로, 상시 10인 이상의 근로자를 사용하는 사용자에게만 부과되고 있다.[35]

이 규정은 근로자에게 취업규칙의 작성·변경에 대해 일정한도의 발언권을 주어, 그에 따라 취업규칙의 내용에 관한 근로자의 관심을 높임과 동시에 내용을 체크하게 하는 것을 목적으로 한다. 그러나 이 발언권은 사용자의 일방적 제정권을 전제로 하여 단순히 의견을 제시하는 권리에 지나지 않고, 독일과 같이 사업장의 근로자대표기관의 공동결정권(동의권)에까지 미치지 않는 것은 물론, 사용자에게 협의의무를 부과하는 의미에서의 '협의권'에도 미치지 못한다.

'근로자의 과반수로 조직하는 노동조합'이란 당해 사업장의 모든 근로자(직종 등의 차이를 불문한다) 중 과반수를 조직하는 노동조합이다. 따라서 사원노조가 그러하다면, 임시공과 파트타임 근로자의 취업규칙작성에 대해서도 법률상으로는 사원노조의 의견을 들어야 하고, 그 의견을 들으면 된다. '근로자의 과반수를 대표하는 자'란 해당사업장 모든 근로자가 참가할 수 있는 투표 또는 거수 등의 방법으로 선출한 대표자를 말한다(노기칙 6조의 2).

'의견을 듣지 않으면 안 된다'라는 것은 문자 그대로 의견을 들으면 된다(자문)는 의미이며, 동의를 구한다든가 협의를 한다는 의미는 아니다. '전면적으로 반대'의 의견이 진술되어도 취업규칙의 효력에는 영향이 없다. 그리고 근로자를 대표하는 노동조합 또는 근로자대표가 의견표명을 거부하거나 또는 '의견을 기록한 서면'의 제출을 거부하는 경우에는, '의견을 들었다는 것을 증명할 수 있는 한' 수리된다(1948. 5. 11 기발 735호; 1948. 10. 30 기발 1575호).

(4) 주지의무

사용자는 취업규칙을 상시 각 작업장의 보기 쉬운 장소에 게시 또는 비치할

---

35) 労基局, 労基法下, 906면.

것, 서면을 교부할 것, 또는 컴퓨터를 사용한 방법으로 근로자에게 주지시키지 않으면 안 된다(106조 1항, 노기칙 52조의 2, 1998년 개정). 이 의무는 법령주지의 무와 병행하는 것으로, 상시 10인 미만의 근로자를 사용하는 (취업규칙의 작성·신고의무가 부과되어 있지 않은) 사용자에게도 미친다.

(5) 법령·단체협약의 우월

노기법은 취업규칙은 해당 사업장에 적용되는 법령 및 단체협약에 반해서는 안 된다고 규정하고(92조), 사용자가 제정하는 취업규칙이 국가의 강행적 법규범인 법령에는 반할 수 없으며, 또한 사용자와 노동조합과의 합의를 명문화한 단체협약에도 반할 수 없다는 것을 명확히 하고 있다. 취업규칙의 효력에 대하여 법령·단체협약의 범위 내라는 당연한 한계를 명확히 한 것이다.

여기에서 말하는 '법령'이란 법률·명령뿐만 아니라 지방공공단체가 정하는 조례·규칙도 포함되지만, 이러한 것들 중 강행법규에 한정된다. 또한 '단체협약'은 노동조합과의 합의로 정해진 것이기 때문에, 취업규칙에 우선하는 것으로 규정되지만, 그러한 우월적 효력을 가지는 것은 단체협약의 규범적 효력(노조 16조)을 가지는 부분이라는 것이 된다.[34]

---

[34] 취업규칙의 변경명령

행정관청(노동기준감독서장)은 법령 또는 단체협약에 저촉되는 취업규칙의 변경을 명령할 수 있다(92조 2항). 이 변경명령은 '양식 제17호에 의한 문서로 소관 노동기준감독서장이 이를 행한다'(노기칙 50조).

변경명령은 당해 취업규칙을 변경해야 할 의무를 사용자에게 부과하는 데 그치며, 그것만으로 취업규칙을 변경해 버리는 것은 아니다. 취업규칙의 내용에 대한 행정상 감독은 통상 그 신고시에 행해진다. 이 때 감독기관은 내용상 미비한 점이 있는 취업규칙을 행정지도한 후, 다시 제출하게 하는 것이 통례이며 변경명령에 이르는 경우는 드물다.

3. 취업규칙의 근로계약에 대한 효력 ─ 판례법리

(1) 학설의 논의

노기법은 취업규칙에 대하여 이상과 같은 규제를 행한 뒤, 취업규칙에서 정하는 근로조건의 기준에 도달하지 못한 근로계약의 부분은 무효가 되고, 무효가 된 부분은 취업규칙에서 정한 기준에 의한다고 규정하고(개정전의 93조), 취업규칙에 해당 사업장에서의 근로조건의 최저기준을 설정한다는 효력을 부여했다(취업규칙의 '최저기준효'라고 칭한다).

그러나 노기법의 동규정은 취업규칙의 근로계약에 대한 효력을 부분적으로 밖에 명확하게 되지 않았다. 취업규칙의 효력에 대해서는 ① 근로자가 취업규칙상의 근로조건과 복무규율의 규정에 따르지 않을 경우에 그것이 근로자를 구속하는가(취업규칙은 어떠한 법적근거로 근로자를 구속하는가), ② 사용자가 취업규칙의 규정의 신설 및 변경으로 근로자에게 불리하게 근로조건을 변경한 경우에, 신설·변경된 취업규칙의 규정은 근로자를 구속하는가, ③ 취업규칙의 행정관청에 신고, 근로자대표의 의견청취 및 근로자에 대한 주지는 각각 취업규칙의 효력요건인가 등의 여러 문제가 남겨졌다. 그리고 이러한 문제의 해결을 위해 취업규칙의 법적 성질이 무엇인가가 논의되어, 취업규칙을 그 자체로 근로자·사용자를 구속하는 법규범이라고 보는 법규범설과, 취업규칙은 그 자체로는 법규범일 수 없고 근로자와 사용자간의 계약내용에 포함됨으로써 비로소 그러한 자를 구속한다는 계약설을 양대학설로 하는 다채로운 논쟁이 이루어졌다.[36]

(2) 판례법리의 형성

이러한 학설의 상황 속에서, 1968년에 이후의 판례법리의 출발점이 된 최고법원 대법정 판결[37]이 나왔다. 동 판결은 상기의 ①의 논점에 대하여, '[근로조건의 통일적·획일적 결정 요청에 근거한 계약내용을] 정형적으로 정한 취업규칙은 일종의 사회적 규범으로서의 성질을 가질 뿐만 아니라, 그것이 합리적인 근로조건을 정하고 있는 한 경영주체와 근로자와의 사이의 근로조건은 그 취업규칙에 의한다고 하는 사실로서의 관습이 성립하고 있는 것으로서, 그 법적 규범성이 인정되기에 이르고 있는(민법 92조 참조) 것이라고 할 수 있으며…, 당해 사업장의 근로자는 취업규칙의 존재 및 내용을 현실로 알고 있는지의 여부와 관계없이 또는 이것에 대해 개별적으로 동의를 했는지의 여부를 불문하고 당연히 그 적용을 받는다고 해야 한다'라고 판시했다. 또한 상기 ②의 논점에 대해서는 상기의 판지(判旨)에 계속하여, '새로운 취업규칙의 작성 또는 변경에 의해 기득권을 상실하고 근로자에게 불리한 근로조건을 일방적으로 부과하는 것은 원칙적으로 허용되지 않는다 … 하지만, 근로조건의 집합적 처리, 특히 그 통일적이면서 획일적인 결정을 원칙으로 하는 취업규칙의 성질에 비추어 해당 규칙 조항이 합리적인 한, 개개의 근로자에게 있어 이에 동의하지 않는 것을 이유로

---

36) 王能君, 就業規則判例法理の硏究, 13면 이하; 東大労研, 注釈労基法下, 961면 이하[荒木] 참조.

37) 秋北バス事件 ― 最大判 昭43. 12. 25, 民集 22권 13호, 3459호.

그 적용을 거부하는 것은 허용되지 않는다'라고 했다.

①의 논점에 관한 합리적인 근로조건을 정한 취업규칙은 경영주체와 근로자간의 근로조건은 그 취업규칙에 의한다는 사실로서의 관습에 의하여 법적 규범성을 가진다는 판시와, ②의 논점에 관한 근로자의 불이익 근로조건을 일방적으로 부과하는 취업규칙의 작성 또는 변경도, 해당 규칙조항이 합리적인 것이라면 이에 동의하지 않는 것을 이유로 하여 그 적용을 거부하는 것은 허용되지 않는다는 판시는, 모두 종전의 학설에서는 보이지 않았던 독특한 견해였다. 그래서 학설에서는 이를 법규범설, 계약설의 어느 하나로 이해할 것인지, 취업규칙에 따른 근로조건의 불이익 변경에 대하여 '변경의 합리성'이 인정되면 '이에 동의하지 않는 것을 이유로 그 적용을 거부하는 것은 허용되지 않는다'고 하는 판시는 타당한 것인지에 대해 새로운 논의가 이루어졌다.[38]

이러한 학설의 논의를 아랑곳하지 않고, 그 후의 최고법원판결은 ①의 판시에 대해서는 동 판시를 인용하면서, 합리적인 근로조건을 정하는 취업규칙은 '근로계약의 내용이 된다'고 판시했다.[39] 또한 ②의 판시에 대해서는 이를 답습하면서, 취업규칙변경의 합리성에 관한 판단요소를 명확히 했다. 그 도달점으로서 1997년의 다이시은행사건(第四銀行事件) 최고법원판결[40]은 ②의 판시를 인용하면서, 이에 계속하여,

'위에서 말하는 해당 규칙조항이 합리적인 것이라는 것은, 해당 취업규칙의 작성 또는 변경이 그 필요성 및 내용의 양면에서 보아, 그에 따라 근로자가 입게 되는 불이익의 정도를 고려해도 여전히 해당 노사관계에서의 해당 조항의 법적 규범성을 시인할 수 있는 정도의 합리성을 가지는 것이라는 것을 말하고, ⋯ 구체적으로는 취업규칙의 변경으로 인하여 근로자가 입는 불이익의 정도, 사용자측의 변경의 필요성의 내용·정도, 변경후의 취업규칙의 내용자체의 상당성, 대상조치, 그 외 관련되는 다른 근로조건의 개선상황, 노동조합 등과의 교섭 경위, 다른 노동조합 또는 다른 종업원의 대응, 동종사항에 관한 일본 사회에서의 일반적 상황 등을 종합적으로 고려하여 판단해야 한다'고 판시하였다.

---

38) 앞의 각주 王能君, 就業規則判例法理の硏究, 同所 참조. 나는 본서의 초판(1985년) 이후, 판시를 계약설의 일종(근로계약을 취업규칙에 의거한 정형적 계약으로 간주하는 설)으로 이해하면서, 취업규칙에 따른 근로조건의 합리적인 변경에 대해서는 해고권남용법리에 따른 해고의 자유의 제한 때문에 그 구속력을 긍정하지 않을 수 없다고 하여, 모든 판시에 찬성해왔다.

39) 電電公社帶広局事件 ― 最一小判 昭61. 3. 13, 労判 470호, 6면; 日立製作所事件 ― 最一小判 平3. 11. 28, 民集 45권 8호, 1270면.

40) 第四銀行事件最高裁判決 ― 最二小判 平9. 2. 28, 民集 51권 2호, 705면.

취업규칙의 효력에 관하여 가장 빈번하게 일어나는 문제는 취업규칙규정의 신설·변경에 따른 근로조건변경의 구속력 여하로, 상당수의 판례가 나왔지만, 법원의 판단방법은 거의 한결같이 상기의 정식에 따른 것이 되었다.

다음으로 상기 ③의 취업규칙의 효력발생요건에 대해서는 판례의 판단이 나뉘는 가운데, 학설상으로 취업규칙의 최저기준효(개정전의 93조)와 판례의 '근로계약의 내용이 되는' 효력을 구분한 논의 등이 이루어져 왔지만,[41] 2003년에 이르러 취업규칙이 슈보크버스(秋北バス) 대법정 판결에서 말하는 '법적 규범으로서의 성질을 가지는 … 것으로서, 구속력을 발생하기 위해서는 그 내용을 적용받는 사업장의 근로자에게 주지시키는 절차가 채택되는 것을 필요로 한다'는 판례[42]가 나왔다.

4. 취업규칙의 근로계약에 대한 효력 ― 노동계약법에 의한 명확화

(1) 취업규칙의 효력에 관한 노동계약법의 기본입장

2007년 11월에 성립된 노동계약법(2007년 법 128, 2008년 3월 1일 시행)은 근로관계에서의 취업규칙의 실제상의 중요성부터, 그 근로계약에 대한 효력을 명확히 하는 것을 동법 제정의 가장 중요한 사항으로 규정하였다. 그리고 취업규칙의 실제상의 기능에 입각하여 판례법리를 그대로 받아들여,[43] 취업규칙의 법적 효력을 명확히 하였다. 또한 그렇게 취업규칙의 법적 효력을 규정할 때에는 취업규칙에 관한 노동기준법의 규제를 전제로 하여, 그러한 것과 연계하여 법적 룰을 정비하는 것을 유념하였다. 그리고 종래에 노동기준법 속에서 존재했던 취업규칙의 최저기준효(93조)는 순수하게 취업규칙의 근로계약에 대한 효력(민사적 효력)에 관한 규정이기 때문에, 노동계약법 속(12조)으로 옮기기로 했다. 또한 노동계약법에서의 '취업규칙'이란 동법이 노동기준법의 취업규칙에 대하여 정하는 규제(89조~93조 등)와 연계하여 그 효력을 정하고 있는 부분에서, 노동기준법상의 취업규칙과 같은 뜻이며, 사업장의 근로자 집단에 대하여 적용되는 근로조건이나 직장규율에 관한 규칙의 종류를 가리킨다.[44]

---

41) 학설의 상황은 東大労研, 注釈労基法下, 1024면 이하[荒木]를 참조.

42) フジ興産事件 ― 最二小判 平15. 10. 10, 労判 861호, 5면.

43) 노동계약법안의 국회심의에서는 정부와 여당·야당 사이에 취업규칙의 근로계약에 대한 효력 부분에 대해서는 '판례법리를 가감 없이 입법화한다는 기본적 견해'라는 것이 확인되었다. 2007년 11월 20일 참의원 후생노동위원회.

44) 荒木＝菅野＝山川, 詳説労働契約法, 90~91면.

이론적으로 흥미 있는 내용은 노동계약법이 법적 효력론의 출발점으로 여겨졌던 취업규칙의 법적 성질론에 대하여 법규범설·계약설의 어느 입장을 취했는가이다. 이에 대해서는 동법이 취업규칙에 관한 판례법리를 법문화하는 것을 기본적 입장으로 했던 바, 판례법리에 대해서는 양설의 어느 한 쪽에 서있는지에 따라 이해가 나뉘며, 또 양설 중 어느 쪽으로 이해하도라도 그 이론을 수정한 독자적인 처리규준(規準)을 수립했다고 할 수 있는 것이었다. 노동계약법의 취업규칙에 관한 여러 규정은 그러한 판례법리의 처리규준을 법문화한 것이고, 판례법리와 마찬가지로 취업규칙의 법적 성질에 관한 법규범설·계약설의 입장에 얽매이지 않고 취업규칙의 근로계약에 대한 효력을 정한 것이라고 이해해야 할 것이다. 다만, 후술하는 것처럼 노동계약법은 취업규칙의 효력을 합의의 원칙에서 출발하여 규정하고 있으며, 또 합리적인 취업규칙에 대하여 근로자와 사용자간의 개별적인 특약이 없는 한 근로계약의 내용을 규율하는 것이라고 파악하고 있기 때문에, 계약설을 기본으로 한 입법으로 이해하는 것은 충분히 가능하다.

(2) 취업규칙의 최저기준효

근로계약에 대한 취업규칙의 효력으로서는 먼저 노동기준법에서 노동계약법으로 옮겨진 최저기준효를 들 필요가 있다. 즉 '취업규칙에서 정한 기준에 도달하지 못한 근로조건을 정한 근로계약은 그 부분에 대하여 무효로 한다. 이 경우에 무효가 된 부분은 취업규칙이 정하는 기준에 따른다'(노계 12조)라는 효력이다. 노동기준법의 근로계약에 대한 강행적이고 직률적 효력(노기 13조)과 같은 문언으로 규정된 같은 효력이다.[45] 이에 의하여, 취업규칙이 정하는 근로조건은 법령 또는 단체협약에 반하지 않는 한(동 92조 1항), 사업장의 근로조건의 최저기준으로서 근로계약내용을 강행적 직률적으로 규율하게 된다(취업규칙의 '최저기준효'라고 칭한다).

취업규칙에서 정하는 근로조건이 각 사업장에서의 강행적인 최저기준으로서 근로계약을 직접 규율한다는 효력은 근로관계의 운영상, 중요한 의의를 가진다. 즉 취업규칙에 규정된 근로조건의 기준은 기업경영의 관점에서 이를 낮출 필요

---

45) 또한 노동기준법의 강행적 직률적 효력(노기 13조)에서도 취업규칙의 최저기준효에서도 단체협약의 규범적 효력(노조 16조)과 달리, '근로계약에 규정이 없는 부분에 대해서도 마찬가지라고 한다'라는 문언이 없다. 노동기준법의 동 효력에 대해서는 그 문언이 있는 것으로 해석해도 좋지만, 취업규칙의 경우에는 '근로계약의 규정이 없는 부분'에 대한 규정은 그 근로계약 규율효(노계 7조)에 의하는 것이 된다.

가 발생하고, 개개의 근로자가 이에 동의하고 있는 경우라고 해도 개별적인 근로계약으로는 낮출 수는 없고, 단체협약의 체결 또는 취업규칙의 개정을 필요로 하는 것이다.㉟

　최저기준효가 발생하는 취업규칙은 해당 사업장의 근로조건의 기준을 정한 규칙으로서 실질적으로 주지되어 있는 것으로, 신고(노기 89조)나 의견청취(노기 90조)는 불필요하다.46)

㉟ **최저기준효의 구체 사례**
　판례는 취업규칙의 이 중요한 효력을 이해하지 못하고 이를 간과한 판단을 하고 있는 사례가 보인다. 예를 들어 경영상태로부터 취업규칙상 임금인상률과 상여지급률을 유지할 수 없게 된 소기업이 근로자들의 사실상 동의를 얻어 임금인상과 상여를 보다 낮은 비율로 계속 지급해 왔지만, 어떤 종업원이 취업규책대로의 비율로 지급을 청구한 사건에서, 취업규칙의 기준을 낮추는 근로계약이 묵시적으로 성립하고 있다고 하여 청구를 기각하였다(有限会社野本商店事件 — 東京地判 平9. 3. 25, 労判 718호, 44면). 그러나 취업규칙의 근로계약에 대한 최저기준효에서 보면, 취업규칙의 기준을 낮추는 근로계약은 무효가 되고, 취업규칙의 기준이 근로계약 내용을 규율하는 것이다.
　또 사용자와 노동조합이 정년시의 기본급액에 일정한 월수를 곱하여 산정된 취업규칙상의 퇴직금에 대해, 그 지급률을 변경하기 위한 교섭을 개시하여 교섭타결 때까지 잠정적 조치로서 산정기초액을 그 해의 기본급액으로 동결하는 것을 구두로 합의하고도 그 후의 퇴직자가 취업규칙대로 퇴직시의 기본급액(동결시 이후의 임금상승을 반영하고 있는 것)으로 퇴직금을 청구했다. 최고법원은 이 사건에 대해 위의 노사합의가 근로자에게 주지됨으로써 근로계약 내용이 되었다고 한다면 청구를 기각하게 된다는 판단을 제시하였다(朝日火災海上保険事件 — 最二小判 平6. 1. 31, 労判 648호, 12면). 그러나 노사합의가 단체협약으로서 서면화되지 않은 이상, 취업규칙의 퇴직금지급기준의 최저기준효는 계속 유효하며, 근로계약을 강행적으로 계속 규율하는 것이다.

(3) 근로계약 체결에서의 취업규칙의 근로계약규율효

　(가) 근로계약규율효의 입법화　　　취업규칙의 효력에 관한 노동계약법의 가장 기본적인 규정은, '근로자 및 사용자가 근로계약을 체결하는 경우에, 사용자가 합리적인 근로조건을 정하고 있는 취업규칙을 근로자에게 주지시킨 경우에는 근로계약의 내용은 그 취업규칙에서 정한 근로조건에 의한 것으로 한다. 다만, 근로계약에서 근로자 및 사용자가 취업규칙의 내용과 다른 근로조건을 합의한 부분에 대해서는 … [취업규칙의 최저기준효가 작용하는 경우를 제외하고] … 이 범위는 아니다'(7조)이다.

　이 규정은 '근로자 및 사용자가 근로계약을 체결하는 경우'(즉 근로자를 채용하는 경우)에 해당 사업장에서 근로자 집단에 주지시킨 기존의 취업규칙이 근로

---

46) 荒木, 労働法, 296면은 '실질적 주지 또는 취업규칙의 신고가 있으면 충분하다'고 한다.

계약에 대하여 가지는 효력을 규정한 것이다. 즉, 앞에서 언급한 슈보크버스사건(秋北バス事件) 대법정 판결47)의 판시를 기초로, 근로계약 당사자간에 취업규칙과는 별개의, 취업규칙보다 유리한 개별적인 특약이 정해져 있지 않은 한, 합리적인 근로조건을 정한 취업규칙이 근로계약의 내용을 규율(근로계약의 내용은 취업규칙의 규정에 따름)하는 것을 명확히 한 것이다(이를 '근로계약규율효'48)라고 칭한다).

이미 언급했듯이, 취업규칙이 존재하는 기업에서의 근로자의 채용(근로계약의 체결)시에는 동 규칙과는 다른 개별적인 특약이 없는 한, 해당 근로자는 해당 취업규칙에 따르는 것을 전제로 하여 근로계약에 들어가는 것이 일반적이다. 슈보크버스사건 대법정 판결은 이 점을 '[취업규칙]이 합리적인 근로조건을 정하는 것인 한, 경영주체와 근로자간의 근로조건은 그 취업규칙에 의한다는 사실로서의 관습이 성립되어 있는 것으로서, 그 법적 규범성이 인정되기에 이르렀다(민법 92조 참조)'고 표현했다. 노동계약법의 상기 규정은 판례법리가 말하는 취업규칙의 법적규범성(근로계약을 규율하는 효력)을 '사실로서의 관습' 등의 매개 법리를 이용하지 않고 입법화한 것이다.

또한 취업규칙의 내용이 근로계약의 내용으로서 채택과정에서 근로자에게 설명되고, 이에 대한 동의를 얻은 경우(취업규칙이 근로계약 체결시 그 양식으로서 이용된 경우)에는, 취업규칙의 내용은 계약내용 그 자체로서 합의원칙(6조)에 의하여 효력을 취득한다.49)

또 상기 규정에서 말하는 '근로조건'이란, 복무규율을 포함하여 넓게 근로계약상의 권리의무가 될 수 있는 근로자의 취급을 의미하고 있으며, 요컨대 취업규칙에서 정하는 사항은 거의 이에 해당된다고 해석된다.50)

(나) 근로계약규율효의 요건　　　취업규칙이 근로계약의 내용을 규율하기 위한 요건은 첫째로, 사용자가 해당 취업규칙을 '근로자에게 주지시켰다'는 것이다.

---

47) 秋北バス事件 ― 最大判 昭43. 12. 25, 民集 22권 13호, 3459호.

48) '근로계약의 내용이 된다' 내지 '근로계약을 이룬다'라고 규정되어 있으면 '근로계약보충효 (補充效)'라고 칭하는 것이 적당하겠지만, '근로계약의 내용은 … 취업규칙에서 정하는 근로조건에 의한다'고 취업규칙이 근로계약내용을 규율하도록 규정되어 있기 때문에, '근로계약규율효'라고 칭하기로 한다. 荒木＝菅野＝山川, 詳説労働契約法, 92면 이하 및 荒木, 労働法, 317면, 334면은 근로계약의 체결·변경을 통하여 본서에서 말하는 '근로계약규율효'를 '계약내용규율효'라고 부르고, 체결에서의 이것을 '계약내용보충효', 변경에서의 이것을 '계약내용변경효'라고 부르고 있다.

49) 따라서 취업규칙의 합리성은 문제가 되지 않는다. 荒木＝菅野＝山川, 詳説労働契約法, 91면; 荒木, 労働法, 309면.

50) 상세한 내용은 荒木＝菅野＝山川, 詳説労働契約法, 97~99면.

이것은 취업규칙에 근로계약내용을 규율하는 효력을 부여하는 이상, 이를 법규범으로서 해당 사업장에 주지시킬 것이 필요하다는 취지이며, 앞에서 언급한 후지흥산사건(フジ興産事件) 최고법원판결[51]의 같은 취지의 판시를 입법화한 것이라고 해석된다. 이 '주지'는 노기칙에 열거된 방법[52]으로 한정된 노기법상의 '주지'(106조)와는 달리, 실질적으로 보아 사업장의 근로자 집단에 대하여 해당 취업규칙의 내용을 알 수 있는 상태에 놓여 있었단 것으로 이해할 수 있다. 따라서 그러한 주지방법에 의하여 해당 근로자도 채용시 또는 채용직후에 해당 취업규칙의 내용을 알 수 있는 것이 필요하다. 그러한 방법이 취해지면, 해당 근로자가 채용시에 실제로 취업규칙의 내용을 알았는지의 여부는 묻지 않는다.

이와 관련된 한 가지 문제는, 취업규칙의 작성에 대하여 노기법이 요구하는 신고(89조) 또는 의견청취(90조)의 절차를 밟지 않은 취업규칙에 대해서는 이 근로계약규율효가 발생하는가이다. 취업규칙을 변경할 경우의 근로계약규율효에 대해서는 이러한 절차를 밟아야 한다는 것이 규정되어 있지만(노계 11조), 근로자 채용시의 근로계약규율효에 대해서는 규정하고 있지 않다. 그리고 채용시의 취업규칙의 근로계약규율효는 취업규칙이 채용시에 근로자에게 사실상 수용되었다는 상황하에서의 법적효력에 관한 것이다. 따라서 이러한 절차의 실행은 근로계약규율효의 취득에는 필요 없다고 생각된다.[53]

취업규칙 조항이 근로계약내용을 규율하는 효력을 취득하기 위한 두 번째의 요건은 그것이 합리적인 근로조건을 정하고 있는 것이다. 이 합리성은 취업규칙이 정하는 해당 근로조건 그 자체의 합리성으로, 나중에 언급하는 취업규칙을 변경하는 경우의 변경의 내용과 프로세스의 전체에 걸친 종합판단으로서의 합리성과는 다르다. 취업규칙이 정하는 근로조건 그 자체의 합리성은 슈보크버스사건(秋北バス事件) 대법정 판결 이후, 그 효력의 요건으로 여겨져 온 것이지만, 근로자가 취업규칙을 전제로 하고 이를 받아들여 채용된다는 상황 속에서 문제가 되는 합리성이기 때문에, 기업의 인사관리상의 필요성이 있고 근

---

51) フジ興産事件 — 最二小判 平15. 10. 10, 労判 861호, 5면.

52) '상시 각 작업장의 보기 쉬운 장소에 게시하거나 비치할 것', '서면을 근로자에게 교부할 것', '자기(磁器)테이프, 자기디스크, 그 외 이에 준하는 것에 기록하고 또 각 작업장에 근로자를 해당 기록의 내용을 상시 확인할 수 있는 기기를 설치할 것'(노기칙 52조의 2).

53) 노동계약법 제정 전에는 이 점에 대해서는 학설상 논의가 있었으며, 사견으로는 신고도 의견청취도 효력요건으로 해석하고 있었다. 그러나 동법 제정시, 신고 및 의견청취는 불필요 하다는 것으로 입법적인 결착이 이루어졌다. 이러한 견해(이유)에 대해서는 荒木＝菅野＝山川, 詳説労働契約法, 100면 참조. 西谷, 労働法, 167면도 결론 같은 취지.

로자의 권리 및 이익을 걸맞지 않게 제한하고 있지 않으면 긍정되어야 하는 것이라고 할 수 있을 것이다. 판례상으로도 이 합리성이 부정되는 경우는 거의 없다.54) 다만, 복무규율·징계규정을 중심으로 하여 법원이 근로자의 이익을 배려하여 취업규칙의 규제내용을 합리적으로 한정 해석하는 경우는 빈번히 이루어진다.

취업규칙이 근로계약을 체결한 당사자에 대하여 근로계약을 규율하는 효력을 가지기 위해서는 상기와 같은 '주지'와 '합리성'의 요건을 충족시킴으로써 충분하며, 계약당사자간에 근로계약의 체결시에 근로계약의 내용은 취업규칙에 의한다는 것을 명시 또는 묵시적으로 합의하는 것까지는 필요하지 않다. 역으로 말하면, 해당 근로자와 사용자간에 이러한 합의가 이루어졌다고 명확히 인정할 수 있는 경우에는 취업규칙을 내용으로 하는 근로계약이 개별적으로 성립했다고 할 수 있게 된다.

(다) 개별적 특약이 있는 경우의 제외　　취업규칙의 근로계약규율효는 근로자와 사용자간에 취업규칙보다도 유리한 근로조건을 합의하고 있는 부분에 대해서는 발생하지 않는다(7조 단서). 취업규칙을 근로자·사용자간의 해당 사업장에서의 근로계약의 일반적인 내용(정형)으로서 규정하면서, 계약당사자간에 별개의 보다 유리한 특약을 정하고 있는 경우에는 특약이 우선하는 것을 명확히 한 것이다.

지금까지 취업규칙이 존재하지 않고 사용자가 설정하는 근로조건이 사실상 이루어져 온 사업장에서 새롭게 취업규칙이 제정된 경우에는 그 근로계약에 대한 효력은 제정 후에 채용된 근로자에 대해서는 본조에 따르지만, 제정되는 동안에 이미 채용된 근로자에 대해서는 본조에 따르지 않고, 후술하는 것처럼 취업규칙의 변경에 따른 근로조건의 변경에 관한 규정(10조)의 유추적용으로 처리해야 한다.

취업규칙과는 다른 개별적인 특약이 있는 경우에도, 그 특약에서 정한 근로조건이 취업규칙이 정한 근로조건의 기준에 도달하지 못한 경우에는 취업규칙의 최저기준효가 작용하여 취업규칙의 근로조건이 근로계약의 내용을 규율하게 된다(7조 단서). 즉 취업규칙과는 별개의 개별적인 특약으로서 효력을 인정받는

---

54) 사례로서는 근로자의 건강진단수진명령의 근거규정에 관한 電電公社帶広局事件 ― 最一小判 昭61. 3. 13, 労判 470호, 6면; 근로자에 대한 시간외근로 명령의 근거규정에 관한 日立製作所事件 ― 最一小判 平3. 11. 28, 民集 45권 8호, 1270면 참조.

것은 취업규칙보다도 유리한 근로조건을 정한 것으로 한정된다.

⑷ 근로계약 변경에서의 취업규칙의 근로계약규율효

(가) 개 설   취업규칙의 효력에 관한 사실상 가장 중요한 문제는 사용자가 취업규칙의 규정을 신설 내지 변경함으로써 근로조건의 내용을 변경할 수 있는가이다. 이에 대해서는 앞에서 기술한 것처럼, 사용자에 의한 일방적인 불이익변경은 원칙적으로 허용되지 않지만, 변경에 합리성이 인정되면 반대하는 근로자도 구속된다는 슈보크버스사건(秋北バス事件) 대법정 판결[55]이 나왔으며, 그 이후에는 이러한 처리기준을 보다 정밀한 것으로 만드는 방향으로 판례법리가 발전해왔다. 노동계약법은 이러한 판례법리를 체계적인 입법규정으로 결실을 맺게 되었다.

(나) 취업규칙에 의한 근로계약 변경에서의 합의원칙   먼저 노동계약법은 '근로자 및 사용자는 그 합의에 의하여 근로계약의 내용인 근로조건을 변경할 수 있다'고 규정하고(8조), 근로계약의 합의원칙(3조 1항)을 그 변경에 대하여 반복하고 있다.

이를 전제로 '사용자는 근로자와 합의하지 않고, 취업규칙을 변경함으로써 근로자에게 불이익하게 근로계약의 내용인 근로조건을 변경할 수 없다'고 규정하고(9조), 취업규칙의 변경으로 근로계약의 내용을 변경하는 것에 대해서도 근로계약의 합의원칙(3조 1항)이 원칙적으로 타당하다는 것을 분명히 하고 있다. 이것은 취업규칙 변경의 효력문제에 대하여 슈보크버스사건(秋北バス事件) 대법정판결에서의 '새로운 취업규칙의 작성 또는 변경으로 기득의 권리를 빼앗고, 근로자에게 불이익 근로조건을 일방적으로 부과하는 것은 원칙적으로 허용되지 않는다'는 판시에 따른다는 입장의 표명이기도 하다.

이 규정은 반대해석으로서 취업규칙의 변경에 따른 근로조건의 불이익 변경도 근로자와의 합의가 있으면 가능하고, 취업규칙 그 자체가 그 변경의 합리성은 필요하다고 여겨지지 않는다는 것을 의미한다.[56] 반대설도 있지만,[57] 노동계약법이 근로계약의 가장 기본적인 원칙으로서 합의원칙을 일관하여 규정하고

---

55) 秋北バス事件 — 最大判 昭43. 12. 25, 民集 22권 13호, 3459호.

56) 荒木＝菅野＝山川, 詳説労働契約法, 116면; 協愛事件 — 大阪高判 平22. 3. 18, 労判 1015호, 83면.

57) 淺野高宏, 「就業規則の最低基準効と労働条件変更(賃金減額)の問題について」安西愈古稀・経営と労働法務の理論と実務, 323면은 취업규칙의 불이익 변경에 대한 합의는 취업규칙의 최저기준효(노계 12조)에 반하여 무효라고 주장한다. 또한 渡辺, 上, 205면은 9조의 합의가 있는 경우에도 7조에 의하여 변경 후의 취업규칙의 합리성이 필요하게 된다고 주장하는 것 같다.

있으며(3조 1항, 6조, 7조 단서, 8조, 9조, 10조 단서), 본조도 그 일환이라는 것을 생각하면, 이 반대해석이 동법의 입법의사이며 동시에 이론적 귀결이 된다.58) 다만 개개의 근로자가 사용자에 대하여 교섭력이 약한 입장에 있는 점에 비추어보면,59) 취업규칙의 불이익변경에 대한 근로자의 합의(동의)는 신중하게 인정해야 하며, 그러한 취지의 근로자의 자유로운 의사를 수긍시킬 객관적인 사정이 인정되는 경우에만 긍정해야 할 것이다.60)

이 규정은 취업규칙에 의한 근로조건의 불이익변경에 대해서만 합의원칙을 규정하고 있지만, 그것은 유리한 변경의 경우에는 취업규칙의 최저기준효(12조)가 작용하기 때문에, 당사자의 합의의 유무에 관계없이 취업규칙에서 새롭게 정해진 유리한 근로조건이 사업장의 최저기준으로서 근로계약의 내용을 규율하기 때문이다.

또한 본조(9조)의 합의는 앞 조(8조)의 합의와 약간 혼동하기 쉽다. 본조의 합의는 사용자가 행하는 취업규칙 변경에 따른 근로조건의 변경에 대하여 근로자가 동의하는 것인데, 앞 조의 합의는 근로자와 사용자간에 취업규칙을 통하지 않고 근로조건 변경을 개별적으로 합의하는 것이다. 예를 들면, 취업규칙에 특별히 규정되어 있지 않고 관행으로 실시되어 온 어떤 근로조건을, 근로자의 동의를 얻어 취업규칙의 새로운 규정으로 변경하는 것이 본조의 합의이며, 취업규칙을 이용하지 않고 근로자와 합의하여 개별적으로 변경하는 것이 앞 조의 합의이다. 또, 취업규칙에 규정되어 있는 근로조건보다도 유리한 근로조건이 관행으로 형성된다는 경우에도 앞 조의 합의가 인정될 가능성이 있다.

(다) 합리적 변경의 경우의 근로계약규율효　　노동계약법은 상기와 같이 취업규칙에 의한 근로조건의 불이익 변경에 대하여 합의원칙을 확인하면서 '취업규

---

58) 앞의 주의 반대설에 대해서 말하면, 취업규칙의 최저기준효(노계 12조)는 취업규칙과 별개의 형식 및 내용의 개별계약에 대한 규정으로, 취업규칙(그 변경)에 대한 동의에 적용 있는 규정이라고는 해석할 수 없다. 또한 취업규칙의 내용에 대하여 합리성을 필요로 한다고 하는 노계 7조는 근로계약을 체결할 때의 취업규칙의 효력에 관한 규정이다.

59) 노동계약법을 구상한 후생노동성의 노동계약법제연구회에서는 과반수조직 노동조합이 존재하지 않는 사업장에서의 취업규칙의 변경에 대하여 근로자의 집단적 의사를 반영시키기 위한 노사협의의 구조를 구상했지만 실현되지 못했다. 노동계약법의 합의원칙은 단체교섭제도 또는 종업원대표제도에 의하여 뒷받침되어 비로소 완결된다. 향후의 입법과제이다(荒木＝菅野＝山川, 詳説 労働契約法, 170면 이하 참조).

60) 西谷, 労働法, 170면은 중대한 불이익 변경에 대해서는 근로자의 '진실된 자유로운 의사'가 필요하다고 한다. 앞의 주의 協愛事件은, 취업규칙의 불이익 변경에 대한 근로자의 동의는 근로자가 취업규칙을 제시받고 이의(異議)를 말하지 않았다는 것만으로 인정해서는 안 된다고 하여, 퇴직금을 대폭적으로 감액하고 이어서 폐지하는 두 차례의 취업규칙 변경에 대하여 근로자의 동의를 인정할 수 없다고 판단했다.

칙의 변경이 … 합리적인 것일 때에는'(10조), '이에 해당하지 않는다'(9조)는 것, 즉, '근로계약의 내용인 근로조건은 해당 변경후의 취업규칙에서 정하는 바에 따르는 것으로 한다'는 것(10조)을 규정한다. 이것은 슈보크버스사건(秋北バス事件) 대법정판결이 상기의 합의원칙에 계속하여, '근로조건의 집단적 처리, 특히 그 통일적이고 획일적인 결정을 원칙으로 하는 취업규칙의 성질에서 보아, 해당 규칙조항이 합리적인 것인 한, 개개의 근로자에게 이에 동의하지 않는 것을 이유로 하여 그 적용을 거부하는 것은 허용되지 않는다'라고 언급한 판시를 입법화한 것이다.

앞 조(9조) 및 본조(10조)를 통하여 '취업규칙의 변경'이란, 취업규칙에서의 기존의 규정의 변경뿐만 아니라 새로운 규정의 추가도 포함된다(秋北バス事件 사례). 문제는 기존에 취업규칙이 존재하지 않았던 사업장에서 취업규칙 그 자체가 신설된 경우는 어떠한지이다. 이 경우는 '취업규칙의 신설에 의하여 근로조건을 변경하는 경우'로, '취업규칙의 변경에 의하여 근로조건을 변경하는 경우'는 아니기 때문에, 앞 조 및 본조의 적용외로 해석하는 것이 문언에 충실하다. 국회심의에서도 그렇게 이해되었다고 볼 수 있다.[61]

그러나 [기존의 취업규칙의 변경에 의한 근로조건의 변경] 속에 들어간다고 여겨지는 기존의 취업규칙에서의 규정의 신설과, 취업규칙 그 자체의 신설에 따른 근로조건의 변경을 비교한 경우, 다른 취급을 해야 하는 실질적인 이유가 있다고는 생각할 수 없다. 그리고 슈보크버스사건(秋北バス事件) 대법정 판결도 '새로운 취업규칙의 작성 또는 변경에 의하여' 근로조건을 변경하는 경우에 대하여 합리적 변경법리를 정립하고 있다. 이러한 점을 고려하면, 취업규칙 그 자체의 신설에 의한 근로조건의 변경에 대해서도 '취업규칙의 변경에 의한 근로조건의 변경'에 관한 본조를 유추적용하여 그 근로계약에 대한 효력을 판단하는 것이 타당할 것이다.[62]

---

61) 국회심의에서는 7조에 관해서이지만, 상시 고용하고 있는 근로자가 10인 미만인 사업장에서 사용자가 새롭게 취업규칙을 제정하여 근로조건을 일방적으로 불이익하게 변경할 수 있는가, 할 수 있다면 어떠한 요건에 의해서인가, 라는 문제에 대해서는 아직 판례가 없기 때문에 이번 법안의 규정의 대상으로는 삼지 않았다, 라는 확인답변이 이루어졌다. 2007년 11월 20일 참의원 후생노동위원회.

62) 荒木＝菅野＝山川, 詳説労働契約法, 97면; 荒木, 労働法, 338면. 취업규칙 그 자체를 신설하는 경우는 '취업규칙의 변경'의 경우에는 해당되지 않고, 본조의 유추적용을 해서는 안된다는 설에서도, 사용자가 일단 현상(관행)의 근로조건대로 취업규칙을 제정하고 그리고 나서 취업규칙을 소기의 것으로 변경한다는 단계를 밟으면, 본조의 '취업규칙의 변경에 의한 근로조건의 변경'의 경우에 해당되게 된다. 역으로 말하면, 그러한 우회적인 단계를 일부러 밟게 해야 할 이유는 찾을 수 없다.

본조는 '사용자가 취업규칙의 변경에 의하여 근로조건을 변경하는 경우에'라고 하여, 언뜻 보기에 불이익 변경의 경우에 한정하지 않고 변경의 효력에 대하여 규정하고 있는 것처럼도 보인다. 그러나 본조는 앞 조의 합의원칙의 단서를 받아들여 규정되어 있는 것으로, 앞 조와 같이 취업규칙의 불이익 변경의 경우의 그 효력에 관한 규정으로 해석된다(본조의 판단기준에서도 '불이익의 유무·정도'가 아니라, '불이익의 정도'라고 기재되어 있다63)). 또 임금원자(原資)를 줄이지 않고 연공적 임금제도를 성과주의 임금제도로 변경하는 경우와 같이, 불이익인지의 여부가 변경시점에서 일률적으로 말할 수 없는 변경도 있지만,64) 합의원칙에서 보면 근로자가 불이익이라고 하여 반대하는 근로조건의 변경이 있으면, 그 근로자에게 취업규칙의 근로계약규율효를 미치기 위해서는 본조의 합리성의 요건을 충족시켜야 하게 된다. 이에 대하여 근로자에게 명확하게 유리한 변경이라면 근로자가 통상 여기에 명시 또는 묵시적인 동의를 제공하기 때문에, '합의에 근거하는 취업규칙변경에 의한 근로조건변경'(9조)이 성립하게 될 것이고, 또한 취업규칙의 최저기준효도 작용하기 때문에 변경의 합리성 여하에 관계없이 취업규칙에 의한 변경이 성취되게 된다.

앞 조(9조)와 본조(10조)의 실제상의 관계로서는 취업규칙의 변경에 의한 근로조건의 불이익 변경이 이루어진 경우에, 이에 동의하는 종업원에 대하여 앞 조(9조)가 적용되고, 반대하는 종업원에 대하여 본조(10조)가 적용되게 된다. 그리고 동의한 종업원에 대해서는 변경의 합리성의 유무에 관계없이 (반대하는 종업원과의 관계에서 변경의 힙리성이 부정되었다고 해도) 변경취업규칙이 근로계약 내용을 규율하게 된다.

(라) 합리성의 판단요소와 판단방법   취업규칙의 변경이 합리적인 것인지의 여부에 대해서는 앞에서 언급한 다이시은행판결(第四銀行判決)에서 명확하게 된 판례의 판단요소가 '근로자가 입는 불이익의 정도, 근로조건변경의 필요성, 변경후의 취업규칙 내용의 상당성, 노동조합 등과의 교섭의 상황,36 그 외의 취업규칙의 변경에 관계되는 사정에 비추어 합리적인 것일 때'라고 정리되었다(10조). 판례(第四銀行判決)가 열거하는 판단요소와 대비하면 [그림 3]과 같게 된다.

---

63) 荒木＝菅野＝山川, 詳説労働契約法, 121면. 반대설은 土田, 労働契約法, 512면.
64) ハクスイテック事件 ― 大阪高判 平13. 8. 30, 労判 816호 23면 참조. 정년연장에 따른 근로조건 변경에 관한 協和出版販売事件 ― 東京高判 平19. 10. 30, 労判 963호, 54면도 이 경우에 해당될 것이다.

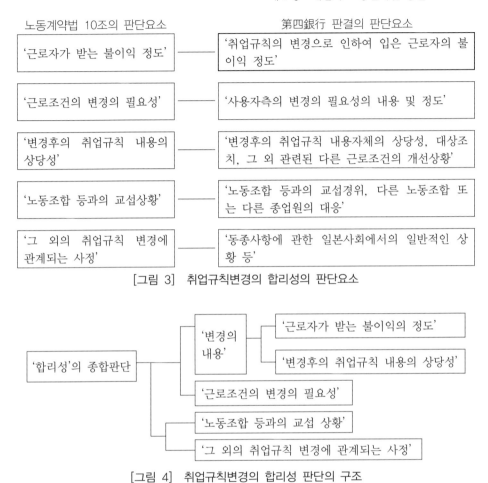

[그림 3] 취업규칙변경의 합리성의 판단요소

[그림 4] 취업규칙변경의 합리성 판단의 구조

본조는 취업규칙변경의 합리성에 관한 판례의 판단요소와 판단방법을 변경하지 않고 입법규정으로 한 것이다.[65] 판례는 '합리성'에 대하여 '해당 노사관계에서의 해당 조항의 법적규범성을 시인할 수 있는 것만큼의 합리성'으로 표현하고, 또한 '임금, 퇴직금 등 근로자에게 있어 중요한 권리, 근로조건에 관하여 실질적으로 불이익을 미치는 취업규칙의 작성 또는 변경에 대해서는 해당 조항이 그러한 불이익을 근로자에게 법적으로 수인시키는 것을 허용할 수 있는 것만큼의 고도의 필요성의 근거로 한 합리적인 내용'이어야 한다고도 판시하고 있지만, 이러한 판단방법은 본조 하에서의 합리성 판단에도 판례법리로서 계승

---

65) 국회심의에서는 10조의 규정은 판례법리에 따른 룰이며, 판례법리에 변경을 가하는 것이 아니라는 것이 확인되었다. 2007년 11월 2일 참의원 후생노동위원회.

되게 되어야 한다.[66] 또한 판례는 합리성 판단은 상기의 여러 요소를 '종합 고려하여' 행한다고 서술하고 있지만, 이 방법도 본조 하에서 계승되게 되어야 한다.

이리하여 체계적으로 파악하면, 취업규칙 변경의 합리성 판단은 [그림 4]와 같이, 변경의 필요성과 변경의 내용(변경에 따른 불이익의 정도, 변경후의 근로조건의 상당성)의 비교형량을 기본으로 하여, 여기에 노동조합과 종업원집단과의 교섭의 경위나 변경의 사회적 상당성을 가미하여 종합 판단한다는 것이라고 할 수 있지만, 이번에 판단요소가 정리되어 법정된 이상은 앞으로는 규정된 요소에 입각하여 판단이 이루어지게 된다.[37][38]

[36] **노동조합등과의 교섭 상황**

어떤 기업에서 종업원의 과반수를 조직하는 대표적 노동조합이 존재하는 경우에는 근로조건의 변경은 기본적으로 해당 조합과의 노사교섭에 의하여 해결되어야 하는 문제가 되어, 교섭결과의 합의는 종업원에 대해서는 단체협약에서 성문화됨과 동시에, 취업규칙에도 규정되어 종업원전체에 미친다. 이러한 노사관계의 상황에서의 근로조건의 불이익 변경의 문제는 기업과 종업원간 및 종업원 상호간의 이익조정의 문제(집단적 이익분쟁)로, 단체협약의 규범적 효력, 그 일반적 구속력, 취업규칙의 합리적 변경의 근로계약규율효 등의 문제가 중첩되어 발생한다. 따라서 근로조건변경은 종업원의 대다수를 대표하는 조합과의 교섭에 따른 합의를 거쳐 실시되고, 해당 조합에 가입되어 있지 않은 근로자가 이에 반대하고 있는 경우에는 법원이 합리성 판단에서 판단해야 하는 것은 주로 해당 조합에 의한 종업원집단의 이익대표행위가 노사 각각의 검토나 절충의 프로세스에 비추어보아, 진지하고 공정하게 실시되었는지의 여부이다(반대자가 소수조합에 소속되어 있는 경우에는 소수조합과의 교섭의 성실성도 이 판단의 일부가 된다). 노사에 의한 진지하고 공정한 교섭이 이루어졌다고 할 수 있는 경우에는 변경에 따른 불이익의 정도, 변경내용의 상당성, 변경의 필요성 등의 법정요소의 전체에 걸친 판단은 물론 필요하지만, 대표적 조합과의 교섭에 의한 집단적 이익조정을 충분히 고려대상으로 하여 합리성의 종합판단을 행해야 하는 것이라고 생각된다(이러한 판단의 사례로서는 住友重機械工業事件 ― 東京地判 平19. 2. 14, 勞判 938호, 39면. 상세한 내용은 菅野, 「就業規則変更と労使交渉」, 労判 718호, 6면; 東大労研, 注釈労基法下, 974면 이하[荒木]참조).

[37] **어려운 경영환경에 대처한 취업규칙의 불이익 변경의 판단사례**

기업이 어려운 경영환경에 대응하여 근로조건 제도를 대폭적으로 변경한 사안에 대상을 좁혀 살펴보면, 먼저 취업규칙의 불이익 변경의 합리성을 인정한 최고법원의 판례는 다음과 같다. ① 일곱 개의 농협조합의 합병시에 원래의 한 조직의 퇴직금지급배율을 인하하여 다른 여섯 조직의 퇴직금지급배율로 통일한 사안에서는 해당 근로자들의 급여액은 합병에 따라 상당정도 증액되어, 이 증액분 그 자체 및 상여·퇴직금에 대한 반영분을 합계하면 지급배율 저감에 따른 퇴직금의 감액분을 거의 보충하는 점, 합병에 따른 신조직에서는 퇴직금을 구 여섯 조직 쪽에 합쳐 통일할 필요성이 높았던 점, 또 합병에 의해 해당 근로자들은 휴일, 휴가, 여러 수당, 정년 등의 면에서 보다 유리한 취급을 받게 된 점 등의 사정에서 보면, 변경의 합리성이 있다고 판단하였다(大曲市農業協同組合事件 ― 最三小判 昭63. 2. 16, 民集 42권

---

66) 이러한 점도 국회심의에서 정부·여야당간에서 확인되었다. 2007년 11월 20일 참의원 후생노동위원회.

2호, 60면). ② 지방은행에서 정년을 55세(58세까지는 통례 재고용)에서 60세로 연장할 때에, 55세 이후의 급여와 상여를 삭감한 (삭감폭은 55세에서 60세까지의 합계 임금액이 구 정년제 하에서 재고용된 경우의 55세에서 58세까지의 합계임금액과 거의 같은 금액이 되는 것이었다) 사안에서는 은행원의 고령화 상황, 임금제도개정의 내용, 개정 후의 임금수준을 다른 지방은행과 비교하여 검토하고, 또한 은행원의 대다수의 조합과의 교섭·합의를 감안하여 합리성을 긍정하였다(第四銀行事件 ― 最二小判 平9. 2. 28, 民集 51권 2호, 705면). ③ 지방은행이 주휴 2일제를 도입하면서 1일의 근로시간을 연장한 (평일 10분, 연간 95일의 특정일은 60분) 사안에서는 주휴 2일제에 따라 근로시간을 연장할 필요성이 높아진 반면, 근로시간연장의 불이익이나 거기에서 발생하는 시간외 근무수당 감소의 불이익은 그다지 큰 것이 아니고, 휴일 증가의 이익도 인정된다고 하여 합리성을 긍정하였다(羽後銀行事件 ― 最三小判 平12. 9. 12, 労判 788호, 23면. 비슷한 사안에 대하여 비슷한 판단을 내린 판결로서 函館銀行事件 ― 最三小判 平12. 9. 22, 労判 788호 17면.

　한편, 변경의 합리성을 부정한 것으로서는 다음의 판례가 있다. ① 경영위기의 극복방책으로서 합병 후 통일되지 못하였던 55세·63세의 정년을 57세로 하고, 60세까지는 임금을 6할로 낮추어 재고용하는 것, 퇴직금지급률을 근속 30년에 70개월에서 51개월로 하기로 한 취업규칙 개정에서, 발효시 57세였던 자(경과조치로서 62세까지 재고용, 퇴직금은 근속 30년에 61개월분)의 퇴직금감액에 대하여 불이익성이 너무 크다고 하여 일정 한도에서 합리성이 없다고 판단하였다(朝日火災海上保険事件 ― 最三小判 平8. 3. 26, 民集 50권 4호, 1008면). ② 경영침체가 계속되는 지방은행이 만 55세 이상의 관리직을 전임직으로 이행시켜 실적급의 삭감과 전임직수당의 폐지 등을 내용으로 하는 취업규칙개정(改訂)을 실시하여, 그 결과 상기 근로자들의 표준임금액이 33%~46% 인하된 사안에서, 변경의 필요성은 인정되었지만 불이익이 너무 크고 고령의 특정층에만 그러한 불이익을 수인하게 하는 것은 상당하지 못하고, 다수 조합과의 합의도 큰 고려요소라고 할 수 없다고 하여 합리성을 부정하였다(みちのく銀行事件 ― 最一小判 平12. 9. 7, 民集 54권 7호, 2075면).

　최근의 하급심판례의 판단을 보면, 거래처의 도산에 따른 연쇄도산을 회피하기 위해 41명의 종업원 중 21명에게 기존의 퇴직금으로 퇴직하게 하고, 남은 20명의 임금을 40% 인하하고, 퇴직금에 대해서는 기존의 협약을 해약하고 반액으로 하는 취업규칙을 개정하자, 2년 후에 퇴직한 자가 구 규정에 의한 퇴직금과의 차액을 청구한 사안에서는 부득이한 불이익 변경이라고 하여 그 합리성을 긍정하였다(中谷倉庫事件 ― 大阪地判 平19. 4. 19, 労判 948호, 50면). 또 경영상태가 악화되어 매월의 결제자금을 가까스로 확보하는 상태에 있던 회사가 주력은행으로부터 지원을 얻어 도산을 회피하기 위해서 세운 재건계획의 일환으로서의 퇴직금의 50% 삭감(퇴직금규정의 개정)에 대하여, 도산되면 배당에 의해 지불받는 것은 퇴직금의 25% 정도이기 때문에 불합리하다고 할 수 없다고 판단하였다. 이 사안에서는 종업원의 약 절반을 조직하는 조합은 경영책임은 없다고 해도 종업원에게 고통을 강요하는 비열한 방법이지만, 회사재건을 위해서 받아들이지 않을 수 없다는 태도를 취했다(日刊工業新聞社事件 ― 東京地判 平19. 5. 25, 労判949호, 55면).

🔟 변경 후 취업규칙의 상당성의 양적 구분

　최근의 판례에서는 택시운전수의 완전성과제임금에 대하여 임률(賃率)을 40%~62%의 3단계에서 40.0%~60.0%의 21단계로 변경하는 취업규칙개정에 대하여 도산회피라는 고도의 필요성이 있고, 일정한 대상조치가 강구되어 두 개의 조합과의 교섭도 충분하지만, 노기법상의 감급제 제한도(91조)를 고려하면 20% 이상의 한도에서는 합리성이 없다는 판단이 이루어졌다(大阪京阪タクシー事件 ― 大阪地判 平22. 2. 3, 労判1014호, 47면). 이렇게 취업규칙변경

에 따른 임금삭감에 대하여 감액폭을 구분하여 상당성의 유무를 양적으로 구분하는 방법은 취업규칙변경의 합리성을 둘러싼 분쟁이 원래 이익분쟁의 성격을 가지는 점에서 보면, 구체적 타당성을 도모하는 방법으로 이해할 수 있는 것이지만, 구분이 재량적이 되지 않도록 주의할 필요가 있을 것이다.

(마) 합리적 변경의 절차적 요건　　상기와 같이 취업규칙의 변경에 의한 근로조건변경의 요건은 주요한 내용은 '변경이 합리적일 때'이지만, 또 다른 한 가지 요건은 '변경후의 취업규칙을 근로자에 주지시켰을 때'이다(10조). 이 '주지'의 의의에 대해서는 채용시의 근로계약규율효를 위한 '주지'와 같은 의미로, 이에 관한 앞에서 기술한 설명이 타당하다. 즉, '주지'는 사업장의 근로자집단에 대하여 변경내용을 알 수 있는 상태에 둔다는 '주지'로, 변경내용을 개별적으로 인식시키는 것이 아니고, 또 그러한 '주지'는 노동기준법상 한정된 방법에 한하지 않고 실질적으로 상기의 '주지'에 해당되면 다른 방법이어도 좋다.67)

이 외에 노동계약법은 취업규칙의 변경에 대해서는 노동기준법에서의 감독관청에 대한 신고(노기 89조) 및 과반수조직조합 내지 과반수대표자의 의견청취(동 90조)의 규정이 따라야 한다는 점을 규정하고 있다(11조). 이 규정은 취업규칙의 변경에 대해서는 노동기준법이 규정하는 신고와 의견청취를 실시해야 하는 것을 주의적으로 규정한 것에 불과하다고도 이해할 수 있지만, 노동계약법이 취업규칙의 합리적 변경의 근로계약규율효의 규정(10조)에 계속하여 규정하고 있는 것을 고려하면, 근로계약상의 어떠한 의의를 가진다고 생각해야 할 것이다.68) 즉 동규정은 노동기준법상의 신고와 의견청취의 이행이 변경된 취업규칙이 근로계약을 규율하기 위한 절대적 요건은 아니지만, 변경의 합리성의 판단요소인 '그 외의 취업규칙변경에 관계되는 사정'의 한 가지로 고려되는 점을 명확히 한 것으로 해석된다. 요컨대, 의견청취와 신고를 한 것이 합리성 판단에서의 플러스의 재료가 된다는 점이다.

(바) 합리적 변경의 효력　　이상과 같이 변경된 취업규칙의 조항이 근로자

---

67) 노동계약법 시행 전의 사건이지만, 취업규칙변경의 실질적 '주지'가 이루어져 있다고는 할 수 없다고 하여 변경의 효력을 부정한 판례가 있다. 여기에서는 회사가 거품경제 붕괴 후의 자금운용이율의 하락 때문에 적격연금제도를 유지할 수 없게 되어 '중소기업퇴직금공제플러스 기업내적립의 양노연금' 제도로 이행시키기로 하고, 조례에서 제도변경의 개요를 설명한 뒤 개정 취업규칙을 휴게실에 게시하고, 중소기업퇴직금공제 신청서에 서명 내지 날인하게 하였다. 그러나 이행 후의 제도하에서의 연금액의 계산을 가능하게 하는 자료의 게시가 없어 실질적 주지라고는 할 수 없다고 판단되었다(中部カラー事件 — 東京高判 平19. 10. 30, 労判 964호, 72면).

68) 신고와 의견청취를 합리적 변경의 유효요건으로 해석하는 학설로서, 土田, 労働契約法, 513~514면; 西谷, 労働法, 174면.

에게 주지되어, 변경에 대하여 합리성이 인정된 경우에는 '근로계약의 내용인 근로조건은 해당 변경후의 취업규칙에 정하는 바에 따르는 것으로 한다'(10조). 즉, 변경된 취업규칙의 조항이 근로계약내용을 규율한다. 이것은 근로계약에 관한 합의원칙의 예외로서의 법정 효력이다. 이를 '합리적 변경의 근로계약규율효'라고 칭한다.

　(사) 변경의 합리성이 인정되지 않는 경우의 취업규칙의 효력　　취업규칙의 변경에 따른 근로조건의 변경에 합리성이 인정되지 않는 경우에는 취업규칙상의 해당 근로조건은 근로계약을 규율하는 효력이 인정되지 않는다. 따라서 종전의 근로계약상의 근로조건이 효력을 지속한다.

　그러나 변경의 합리성이 인정되지 않아도 변경후의 취업규칙이 무효가 되거나 그 존재가 부정되거나 하는 것은 아니다. 변경의 합리성이 부정된 취업규칙도, 그 변경에 대하여 동의를 얻은 근로자에게는 합의원칙에 의하여 근로계약상의 효력을 취득한다(8조, 9조). 또한 변경의 합리성은 부정되었다고 해도 해당 근로조건 그 자체에는 합리성이 인정된다는 경우에는 변경 후에 채용된 근로자에게는 근로계약규율효가 인정된다(7조). 그래서 최저기준효가 인정되는 것도 이렇게 하여 존재하고 계속 기능하는 변경후의 취업규칙으로, 변경전의 취업규칙이 아니라고 해석된다.[69]

　이 점에 대해서는 변경의 합리성이 인정되지 않으면 변경후의 취업규칙은 무효로, 변경전의 취업규칙이 효력을 지속하기 때문에 최저기준효를 가지는 것은 변경전의 취업규칙이라는 반대설이 있다.[70] 이 설은 근로자와 사용자의 교섭력 격차를 이유로 합리성이 부정된 취업규칙이 합의원칙을 통하여 근로자에게 효력을 발휘하는 것에 의문을 나타내고, 변경전의 취업규칙의 최저기준효를 지렛대로 근로자 보호를 도모하고자 하는 입장인 것 같지만,[71] 합의원칙에서 출발하여(1조, 3조 1항), 근로조건의 변경에 대해서도 합의원칙을 재언하고(8조), 취업규칙의 근로계약규율효에 대해서도 합의원칙과의 조화를 도모하여 규정하고 있는(7조, 10조) 노동계약법의 구조와 견해에 합치되지 않는다고 하지 않을 수 없다.

---

　69) 荒木＝菅野＝山川, 詳説労働契約法, 117면, 129면.

　70) 淺野高宏, 「就業規則の最低基準效と労働条件変更(賃金減額)の問題について」安西愈古稀・経営と労働法務の理論と実務, 307～308면.

　71) 淺野高宏, 「就業規則の最低基準效と労働条件変更(賃金減額)の問題について」安西愈古稀・経営と労働法務の理論と実務, 323～324면.

(아) 취업규칙에 의해서는 변경되지 않는다는 특약 　　합리적 변경의 근로계약
규율효는 '근로계약에서 근로자 및 사용자가 취업규칙의 변경에 의해서는 변경
되지 않는 근로조건으로서 합의한 부분에 대해서는' 취업규칙의 최저기준효가
작용하는 경우를 제외하고 발생하지 않는다(10조 단서). 근로계약의 합의원칙을
관철하기 위해서 취업규칙에 의해서는 변경되지 않는 특약이 있는 경우에는 합
리적 변경의 근로계약규율효는 미치지 않는다는 점을 명확히 한 규정이다.

취업규칙에 의해서는 변경되지 않는 특약에는, 먼저 취업규칙의 일반적 근
로조건과는 별개의 개별적 근로조건을 설정하고, 취업규칙의 근로계약규율효(7
조)를 배제하고 있는 '개별적 근로조건의 특약'72)과, 취업규칙의 일반적 근로조
건에 의하면서 취업규칙의 변경에 의해서는 변경될 수 없다는 것을 특약하는
'합리적 변경배제의 특약'을 생각할 수 있다. 취업규칙상 정년이 65세인 기업에
정년 70세의 특약으로 고용된 자가, 취업규칙변경에 의하여 정년이 63세로 인
하되어도, 여전히 정년 70세로 계속 있을 수 있다는 것이 전자의 '개별적 근로
조건의 특약'의 사례이다. 또한 현재의 취업규칙에서는 정년이 70세이지만 '정
년 65세, 68세까지 촉탁재고용'으로 변경하는 움직임이 생기고 있는 기업에 고
용될 때에, 그러한 움직임이 현실화되어도 정년이 70세로 한다는 특약을 붙여
서 고용된 경우가, 후자의 '합리적 변경배제의 특약'의 사례이다.

취업규칙에 의해서는 변경되지 않는다는 특약은 보다 유리한 근로조건을 정
하는 취업규칙변경이 이루어진 경우에는 취업규칙의 최저기준효에 의해서 효력
을 가지지 않는다. 상기의 정년 70세로 고용된 케이스에서, 취업규칙 변경에 의
해서 정년이 71세가 된 경우이다.

(5) 취업규칙이 법령·단체협약에 반하는 경우

'취업규칙이 법령 또는 단체협약에 반하는 경우에는 이에 반하는 부분에 대
해서는' 취업규칙의 근로계약규율효(7조), 합리적 변경의 근로계약규율효(10조)
및 취업규칙의 최저기준효(12조)는 '적용되지 않는다'(13조). '취업규칙은 법령 또
는 … 단체협약에 반해서는 안된다'라는 노기법의 규정(92조)과 연계된 규정이다.

취업규칙이 법령 또는 단체협약에 반하는 경우에는 취업규칙의 해당 조항에
대해서는 노동계약법에서 정하는 상기의 효력이 발생하지 않는다. 취업규칙의

---

72) 이론적으로 말하면 취업규칙의 일반적 근로조건과는 별개의 개별적 근로조건을 설정하는
'개별적 근로조건의 특약' 중에는 취업규칙의 합리적 변경이 있으면 여기에 따른다는 합의를 포함
하는 것도 생각할 수 있지만, 실제상으로는 거의 생각하기 어렵기 때문에, 여기에서는 생략하였다.

해당 조항은 계속 존재하지만 법령 또는 단체협약에 반하기 때문에 근로계약에 대한 법정의 효력을 가지지 않는다는 것이다. 법령의 경우에는 사업장의 근로자 일반에 적용되기 때문에, 여기에 반하는 취업규칙의 조항은 해당 사업장에서 일반적으로 효력이 인정되지 않게 된다. 이에 대하여 단체협약 위반의 경우에는 이것이 적용되는 것은 해당 협약을 체결한 노동조합의 조합원만(노조 17조의 일반적 구속력이 있는 경우는 동구속력이 미치는 근로자도 포함)이기 때문에, 취업규칙의 일련의 법정효가 부정되는 것도, 그러한 조합원과의 관계에서만이 된다. 또한 단체협약이 실효된 경우에는 취업규칙의 해당 조항은 그 효력을 방해하는 것이 없어져 그러한 효력을 가지게 된다.[39]

[39] **취업규칙의 변경에 따른 노사관행의 폐기**

취업규칙의 불이익 변경의 문제의 일환으로서 난해한 문제는 사용자는 근로자에게 유리한 노사관행을 취업규칙 규정의 신설 또는 변경에 의해서 폐기할 수 있는가이다. 앞에서 기술한 것처럼, 노사관행은 근로계약의 내용이 된 경우, 또는 취업규칙 내지 단체협약의 해석기준으로서 이러한 것과 일체의 것으로 인정된 경우에는, 각각 근로계약, 취업규칙, 단체협약의 효력이 인정된다. 이러한 것들 중, 단체협약의 효력을 가지는 노사관행은 단체협약의 해약 내지 개정의 방법에 의하지 않으면 폐기될 수 없다. 이에 대하여 근로계약 또는 취업규칙의 효력이 인정된 노사관행의 경우에 대해서는 취업규칙에 의한 그 폐기의 가능여부는 취업규칙규정의 신설 또는 변경에 의한 근로조건의 불이익 변경의 문제가 되어, 앞에서 기술한 노동계약법의 원칙(9조~11조)에 따라 처리되어야 한다.

제 2 장

노동관계 성립에 관한 법규정

근로계약의 성립과정에서 근로자의 모집, 소개, 공급의 법규정에 대해서는 이미 언급하였으므로, 본 장에서는 이를 기초로 사용자에 의한 근로자의 채용에 관한 법규정에 대해 개관한다.

제 1 절   채용의 자유

1. 채용자유의 근거와 한계

채용의 자유는 법 이론상, 근로계약관계에서 사용자가 가지는 계약자유의 근간을 이루는 내용으로 이해할 수 있다. 실제로도 일단 채용하면 해고가 곤란한 일본의 장기고용시스템 하에서는 채용의 자유는 기업이 가지는 인사권 중에서 제약을 가해서는 안 될 특별한 자유로 의식되고 있다.

계약의 자유는 민법에 의한 계약법의 기본원칙으로,[1] 2007년 11월에 성립된 노동계약법(2007년 법 128)도, 근로계약이 근로자와 사용자간의 합의가 있어 성립하는 것을 명확히 하고 있다(1조, 3조 1항). 여기에 그치지 않고 계약의 자유는 헌법을 정점으로 한 일본의 법질서의 기본원칙이기도 하다. 헌법은 국민에게 거주·이전의 자유 및 직업선택의 자유 등의 경제활동의 자유를 보장함과 동시에(22조), 재산권을 보장함으로써(29조), 시장경제체제를 채택하고 있음을 표명하고 있지만, 계약(거래)의 자유는 자유로운 경제활동을 법적으로 보장함으로

---

1) 1890년에 공포한 구 민법전은 327조 1항에서 '적법하게 이루어진 합의는 당사자 사이에 법률과 같은 효력을 가진다'라고 계약자유의 원칙을 규정하고 있다. 현 민법전은 구 민법전을 정리·간소화하는 과정에서 이 규정을 당연한 기존법리로서 생략하였다.

써 이러한 헌법상 시장경제질서의 일환을 이루고 있다.

그러나 계약의 자유는 헌법상의 자유라고는 하나 '공공의 복지'에 의한 제한을 예정하고 있으며(22조), 현재 공정한 경제 질서와 약자보호의 관점으로부터 무수한 입법상의 제한에 따르고 있다. 노동관계상의 사용자의 계약의 자유에 대해서는 헌법이 특히 국민의 근로권 보장(27조 1항)과 근로기준의 법정(동조 2항)을 천명하고 근로자의 단결권 등을 보장하고 있으므로(28조), 이러한 헌법규정에서 나오는 입법정책에 의한 제한이 당연히 예정된다. 게다가 인권, 신조, 성별 등에 의한 사회적 관계에 있어서의 차별을 금지하는 헌법규정(14조)도 노동관계에 있어서 기회균등을 위한 입법정책을 예정하고 있다.

사용자의 계약의 자유에 대한 이러한 헌법의 제약원리 중 노동관계에 있어서 기준의 법정(27조 2항)은 주로 노동관계 성립 후를 상정한 것이므로 채용의 자유에 대한 제약으로는 되기 힘들다.[2] 그러나 근로권(27조 1항)은 노동시장에 있어서 사회적 약자(전형적으로는 장애인)의 고용을 촉진하는 입법정책(전형적으로는 장애자고용촉진법)에 있어 단결권 등(28조)은 직업별·산업별 조합과 일반노조 등의 기업외노동조합의 조직과 그에 의한 단체교섭을 조성하는 입법정책(노동조합법상 부당노동행위 금지)에 있어서, 그리고 평등취급원칙(14조)은 채용과정에서의 차별을 규제하는 입법정책(고용기회균등법상 모집·채용에 관한 차별금지)에 있어서 채용의 자유를 일정한도에서 제한하는 입법규정과 법리를 도출하고 있다.

이리하여 계약의 자유도 채용의 자유도 어디까지나 공공복지, 근로자보호, 인권 등의 원리에 근거한 법률에 의한 제한에 반하지 않는 한도에서의 것이다(특히 이 법률에 의한 제한으로는 민법 90조의 공서양속에 의한 제한도 포함되는 점에 주의할 필요가 있다). 분명 근로계약관계의 전개(계약내용의 형성)에 대해서는 근로기준법제, 근로계약법리, 단체교섭제도 등에 의해 사용자의 계약의 자유가 광범하게 규제되어 온 것과 대비하여, 근로계약 성립에 대한 자유(채용의 자유)에 대해서는 앞에서 기술한 바와 같은 법리상·실제상 중요성에 비추어 규제는 소극적으로 실시되어 왔다(전형적으로는 1985년 고용기회균등법상의 노력의무). 그러나 일본의 근래 입법정책(1997년의 고용기회균등법 개정에 따른 모집채용에서의 차별금지, 2003년의 노동자파견법의 개정에 따른 파견사용기업에 대한 직접고용규제의 강화)에서는 채용의 자유에 대한 제한이 강화되고 있다.[3]

---

2) 노기법 3조의 균등대우원칙도 이 헌법 원리에 근거한 노동법 속에 규정되고 있기 때문에 채용의 자유에 대한 제약이라고 해석되지 않는다.

3) 2012년 3월에 성립된 노동자파견법개정(2012년 법 27)에서는 일정한 위법파견의 경우에 파

채용의 자유에 관한 이상의 사리(事理)는, 미쯔비시수지사건(三菱樹脂事件)에 대한 대법정판결4)에 있어서 '헌법은 … 22조, 29조 등에 있어서 재산권의 행사, 영업, 그 밖에 넓게 경제활동의 자유를 기본적 인권으로서 보장하고 있다. 그러한 까닭에 기업자는 이러한 경제활동의 일환으로서 하는 계약체결의 자유를 보유하며, 자기의 영업을 위해 근로자를 고용할 시에는 어떠한 자를 고용할 것인가, 어떠한 조건에서 이를 고용할 것인가에 대하여 법률, 그 외에 의한 특별한 제한이 없는 한, 원칙적으로 자유롭게 이를 결정할 수 있다'고 표현되어 있다. 이 판시에서의 '법률, 그 외에 의한 특별한 제한'이 증가되어 강화되는 경향에 있다.

2. 채용자유의 내용

채용의 자유는 보다 자세하게는 몇 개의 자유로 분해할 수 있으며, 그 한계도 각각의 자유에 대해 고찰하는 것이 적절하다.5)

(1) 고용인원 결정의 자유

우선 기업은 그 사업을 위해 근로자를 고용할 것인가 말 것인가, 고용한다면 몇 명의 근로자를 고용할 것인가를 결정할 자유가 있다. 이 자유는 사업수행상 필요성과 지불능력에 비추어 기업이 자유롭게 결정할 수 있는 사안으로 영업의 자유의 한 내용을 이루고 있다. 이 자유를 제한히는 법규제는 오랫동안 존재하지 않았지만,6) 최근의 노동입법에 의하여 침식이 시작되고 있다.7)

(2) 모집방법의 자유

기업이 몇 명의 근로자를 채용한다는 방침을 세운 후에는, 채용의 자유는 근로자를 어떠한 방법으로 모집하는가에 대한 자유로서 나타난다. 사용자는 근로자를 채용할 때, 공모에 의하든 연고모집에 의한 것을 불문하고 자유이며, 또

견사용기업이 파견근로자에 대하여 직접고용의 신청을 한 것으로 간주하는 규정이 마련되어 있다. 또한 2012년 8월에 성립된 고연령자고용안정법개정(2012년 법 78)에서는 정년후 65세까지의 계속 고용제도(7조 1항 2호)에 대하여 희망자 전원을 계속 고용해야 하는 의무로 강화되었다.

  4) 最大判 昭48. 12. 12, 民集 27권 11호, 1536면.
  5) 瀨元美智男, 「採用の自由」, 成蹊法学 6호, 79면을 참조.
  6) 장애자고용촉진법상의 고용률 설정도 이 인원수 결정의 자유를 전제로 한 다음, 결정된 인원수 중의 일정비율을 장애인으로 충원해야 한다는 취지의 요청이다.
  7) 2012년 3월 성립된 노동자파견법개정(2012년 법 27)에서의 일정한 위법파견의 경우의 파견사용기업의 직접고용신청의 간주규정.

한 공모의 방법으로서도 공공직업안정소, 민영직업소개소, 학교, 광고정보지 등 어떤 것을 통하여 실시할 것인지도 자유이다. 직업안정법은 이러한 선택에 대해 약간의 규제를 하는 데 그친다(위탁모집허가제 등).

(3) 선택의 자유

채용의 자유의 중심적 내용은 어떠한 자를 어떠한 기준으로 채용하는가에 관한 자유, 즉 근로자 선택의 자유이다. 이 자유는 어떠한 자질의 근로자를 채용할 것인가, 그 결정을 위해서는 어떠한 기준을 세울 것인가에 관한 것이다. 어떠한 근로자를 고용할 것인가는 기업의 업적을 좌우할 수 있는 중요한 결정으로, 기업경영의 리스크를 부담하는 자에게 포괄적으로 위임해야 하는 것으로 여겨져 왔다.

그러나 이 '선택의 자유'에 대해서는 몇 가지 중요한 규제가 이루어져, 이것이 또한 문제가 되고 있다.

먼저 가장 오래된 규제로서, 노동조합법은 사용자의 부당노동행위금지의 일환으로서 근로자가 노동조합에 가입하지 않거나 또는 노동조합으로부터 탈퇴하는 것을 고용조건으로 하는 것을 명문으로서 금지해왔다(노조법 7조 1호). 문제는 이러한 '황견계약(黃犬契約)'외에도 채용에 있어 특정 노동조합의 조합원을 불이익하게 취급하는 것(예를 들어 특정조합의 조합원을 다른 응모자에 비교하여 극히 작은 비율로밖에 채용하지 않는 것)도 부당노동행위(7조 1호 내지 3호)가 되지 않는가이다. 이에 대해 판례는 이를 부정했지만,[8] 부당노동행위의 한 유형으로 보아야 한다고 생각한다.

다음으로 장애자고용촉진법은 사업주에 대해 사회연대의 이념으로부터 일정한 고용률에 달하는 인원수의 장애인을 고용해야 하는 의무를 부과하고 있다. 이 장애인고용률 제도에 의해 기업은 근로자 채용시에 선택의 자유를 일정 한도에서 제한받고 있다.

게다가 근래에 발전한 중요한 규제로서 고용기회균등법은 1997년의 개정이후, 모집·채용과정에서의 남녀의 균등한 기회의 부여를 강행규정으로 요청하고 있다.

'선택의 자유'에 관한 한 가지 문제는 사용자는 근로자의 채용을 그 사상 및 신조 때문에 거부할 수 있는가 하는 점이다. 이러한 이유에 의한 채용거부에

---

8) JR北海道·日本貨物鉄道[国労]事件 ― 最一小判 平15. 12. 22, 民集 57권 11호, 2335면.

대해서는, 그것이 헌법상 사상·신조의 자유의 보장과 법 아래의 평등에 반한다고 주장되거나, 또는 노기법의 균등대우원칙(3조)에 반한다고 주장되었다. 그러나 판례[9]는 기업자는 자기의 영업을 위해 근로자를 고용함에 있어 어떠한 자를 고용할 것인가를 결정할 자유가 있으므로 '기업자가 특정의 사상, 신조를 가지는 자를 이를 이유로 고용을 거부하여도 그것을 당연히 위법이라고 할 수는 없다'라고 하여, 헌법의 기본적 인권규정은 사인(私人)의 행위를 직접 금지하는 것이 아니며, 또한 노기법의 균등대우원칙은 고용된 후의 근로조건에 대한 제한으로, 고용 그 자체를 제약하는 규정은 아니라고 판시했다.①

① 신조의 자유와 채용거부 · 보론

채용의 자유에 대한 헌법상 사상·신조의 자유에 의한 제약을 부정한 미쯔비시수지 대법정 판결(三菱樹脂大法廷判決)의 판시에 대해서는 헌법상 사상·신조의 자유를 보장하는 정신은 사인간에게 있어서도 '공의 질서'(민 90조)로서 존중되어야 하며, 사용자의 채용의 자유도 이러한 요청으로부터 어느 정도 제약을 받는다. 어느 정도의 제약인가는 사용자의 인원선택에 있어서 재량과의 조정을 생각해야 하지만, 결국 응모자의 사상·신조를 여러 채용기준과 함께 판정재료의 하나로서 간접적으로 이용하고 이것도 포함하여 채용불가의 종합적 판단을 내리는 것은 적법하지만, 사상·신조를 직접적 결정적인 이유로 채용을 거부하는 것은 위법하다는 반대론(慶大医学部付属厚生女子学園事件 — 東京高判 昭50. 12. 22, 労経速 904호, 3면)이 있다.

이 반대론의 판례에 대해서는 이를 지지하는 학설도 있지만(下井隆史[判批], 季労 101호, 94면), 현재의 법제에서는 채용시에 있어서 공모조차 의무화되지 않고 있으며, 법은 원래 채용기준과 판단에 대해서는 어떠한 합리성도 요구하지 않으므로 채용자의 완전한 의사의 자유가 인정되고 있다고 해석할 수밖에 없다는 주장(色川幸太郎=石川吉右衛門編, 最高裁判例批評(2), 358면[山口浩一郎])도 있다. 최고법원도 위의 판례에 대한 상고심에서 헌법상 법 아래서의 평등(14조), 사상·양심의 자유(19조), 표현의 자유(21조)의 모든 규정이 사인 상호간의 관계에 적용 내지는 유추적용되는 것이 아니라는 점을 확인하고 있다(最三小判 昭51. 12. 24, 労経速 937호, 6면; 최근의 三菱樹脂事件大法廷判決의 판시에 대한 비판으로서, 渡辺, 上, 488~489면을 참조).

(4) 계약체결의 자유

채용의 자유의 또 하나의 핵심은 사용자는 특정근로자와의 근로계약의 체결을 강요받지 않는다는 점이다.

이것은 앞에서 언급한 바와 같이 사용자의 선택의 자유에 대한 헌법상(혹은 민법의 '공의 질서'를 통한)의 제약을 설명하는 논자에 의해서도 승인되었으며, 가령 사용자가 사상·신조를 직접적이고 결정적 이유로써 근로자의 채용을 위법적으로 거부했다 해도, 이 위법은 불법행위(민 709조)를 성립시키는 데 지나지

---

9) 三菱樹脂事件 — 最大判 昭48. 12. 12, 民集 27권 11호, 1536면.

않고, 근로자가 사용자에 대해 고용(계약체결) 그 자체를 강제하는 방법은 없다고 해석된다. 앞에서 언급한 고용기회균등법에서의 모집·채용에서 성별에 관계없이 균등한 기회를 부여해야 할 의무도, 법위반의 경우의 채용청구권까지를 예정하는 것은 아니다. 그러나 2003년의 노동자파견법개정은 일정한 경우에 파견근로자에 대한 파견사용기업의 고용계약의 신청의무를 규정하고, 이것이 2012년의 개정으로 근로계약의 신청간주규정으로까지 강화되었다.

(5) 조사의 자유

응모자의 채용여부를 판단하는 과정에서는, 한 사람 한 사람의 응모자에 대해 판단자료를 얻는 것이 필요하며, 본인으로부터 일정사항에 대해 신고를 요구하는 등의 조사가 필요하다. 이 조사에 대해서는 응모자에 대한 선택의 자유로부터 파생하는 기업의 자유가 인정되지만, 응모자의 인격적 존엄과 프라이버시 등과의 관계에서 그 방법과 사항의 쌍방에 있어서 스스로 제약을 면할 수 없다.10) 먼저 응모자에 대한 조사는 사회통념상 타당한 방법으로 행해져야 하며, 응모자의 인격과 프라이버시 등의 침해가 되는 양상의 조사는 삼가야 한다(사안에 따라서는 불법행위가 될 수 있다).11) 또 조사사항에 대해서도 기업이 질문과 조사를 실시할 수 있는 것은 응모자의 직업상 능력·기능과 종업원으로서의 적격성에 관련된 사항으로 한정된다고 해석해야 할 것이다.12)

---

10) 개인정보보호법에 따른 응모자의 개인정보의 관리도 필요하다.

11) 최근의 판례에서는 응모자 본인의 동의를 얻지 않고 실시한 HIV抗体検査[警視庁警察学校]事件 ― 東京地判 平15. 5. 28, 労判 852호, 11면), 본인의 동의를 얻지 않고 실시한 B형 간염 바이러스 검사(B金融公庫事件 ― 東京地判 平15. 6. 20, 労判 854호, 5면)가 프라이버시 침해의 위법행위로 여겨지고 있다.

12) 三菱樹脂事件 ― 最大判 昭48. 12. 12(民集 27권 11호, 1536면)은, '기업자가 고용의 자유를 가지고 사상, 신조를 이유로 하여 고용을 거부하여도 이것을 지목하여 위법이라고 할 수 없는 이상, 기업자가 근로자의 채용여부의 결정에 있어서 근로자의 사상, 신조를 조사하고 이를 위해 그 자로부터 이와 관련한 사항에 대한 신고를 요구하는 것도, 이것을 법률상 금지된 위법행위로 해야 할 이유는 없다'고 하는데, 이것은 기업경영에 관한 고도의 판단력과 지도력을 필요로 한다는 점에서 세계관과 신조가 직업적 관련성을 가지고 있는 간부요원의 채용사안에 대한 판시로 이해해야 할 것이다.

제 2 절 근로조건의 명시

1. 노동계약법의 이념규정

2007년에 성립된 노동계약법은 근로계약이 근로자와 사용자의 자주적인 교섭에 의한 합의로 성립하고 변경된다는 '합의의 원칙'을 기본으로 하는 것이기 때문에, 동 계약의 합의내용을 명확히 하는 것은 입법과정에서의 중요한 관심사가 되었다. 이에 대해서는 이미 노동기준법에서 일정한 기본적 근로조건의 명시(그 일부에 대해서는 서면에 의한 명시)가 의무화되어 있기 때문에(노기 15조), 이 규정은 노동계약법으로 옮기는 것과 서면에 의한 계약화 등이 검토되었다. 특히 장기고용을 전제로 하지 않는 기간의 정함이 있는 근로계약에서는 근로조건이 불명확하게 되어 고용도 불안정하게 되기 쉽기 때문에, 기간의 정함이나 갱신가능성의 유무·이유 등을 서면으로 명확하게 하는 것이 검토되었다.

그러나 다양한 규모·업종의 기업과 다양한 고용형태의 근로자간의 모든 근로계약에 대하여 서면에 의한 계약을 필요로 하는 것(근로계약을 요식행위로 하는 것)은 아무리해도 무리이고, 또한 근로조건의 명시의무에 대하여 벌칙·행정감독 없는 민사법규로 실효적으로 규정하는 것은 어렵다는 것이 인식되었다. 또 기간의 정함의 요식화에 대해서는 현실적 타당성이라는 점에서 의문이 생겼다.

이리하여 근로계약의 내용인 근로조건의 명시는 주로 노동기준법에 이를 맡기기로 하고, 노동계약법에서는 근로계약의 합의원칙에 대응하여 합의내용을 명확히 하는 것의 중요성을 강조한 이념규정을 마련하기로 하였다. 이것이 '사용자는 근로자에게 제시하는 근로조건 및 근로계약의 내용에 대하여 근로자의 이해를 심화시키게 하는 것으로 한다'(4조 1항), '근로자 및 사용자는 근로계약의 내용(기간의 정함이 있는 근로계약에 관한 사항을 포함)에 대하여 가능한 한 서면에 의해 확인하는 것으로 한다'(동조 2항)는 규정이다.

2. 노동기준법에 의한 근로조건의 명시

(1) 근로조건의 명시의무

사용자는 근로계약 체결시에 근로자에 대하여 임금, 근로시간, 그 외의 일정한 근로조건을 명시해야 한다(노조 15조 1항). '근로계약의 체결'이란, 신규졸업자 채용이나 중도(경력직)채용뿐만 아니라, 전적, 사업양도에 따른 기업에 의한 채용, 정년후의 촉탁재고용 등도 포함된다고 해석된다.[13] 명시해야 할 사항에 대해서는 노기법규칙은 13호에 걸쳐서 열거하고 있지만(5조 1항), 이러한 것은 노기법 11호에 걸쳐 열거하고 있는 취업규칙의 필요기재사항(노기 89조)을 그대로 열거한 뒤, 그 처음에 '1 근로계약의 기간에 관한 사항', '1의 2 취업의 장소 및 종사해야 할 업무에 관한 사항'을 부가하고, '2 시업 및 종업의 시각, 휴게시간, 휴일, 휴가 …'에 '소정근로시간을 초과하는 근로자의 유무'를 추가하고 마지막의 '10 앞의 각 호에서 열거하는 것 외에, 해당 사업장의 근로자의 모두에게 적용되는 규정을 두는 경우에는 이에 관한 사항'을 '11 휴직에 관한 사항'으로 바꿨다는 내용이다. 그리고 동 규제는 이러한 것들 중, 처음에 부가한 두 가지의 사항(1, 1의 2)과, 상기 2의 사항 및 '3 임금(퇴직수당 …을 제외한다. …)의 결정, 계산 및 지불방법, 임금의 마감 및 지불시기와 승급에 관한 사항' 및 '4 퇴직에 관한 사항(해고의 사유를 포함)'에 대해서는 이러한 사항을 명확히 한 서면을 근로자에게 교부해야 하는 것으로 했다(노기칙 5조 2항, 3항).

이리하여 노기법이 의무화한 근로조건의 명시는 필요기재사항을 충족시킨 취업규칙을 교부한 뒤, 필요기재사항에는 포함되지 않는 상기의 세 가지 사항을 기재한 서면을 교부함으로써 달성되게 된다.[2][3]

② 다른 법률에 의한 근로조건의 명시의무

파트타임근로자(단시간근로자)에 대해서는 '단시간근로자의 고용관리의 개선 등에 관한 법률'(1993년 법 76, 이하 '파트타임노동법'으로 약칭)에서 노기법이 근로계약체결시에 서면으로 명시해야 하는 상기 근로조건에 더하여, 승급, 퇴직수당 및 상여의 유무에 대해서도 문서의 교부에 의한 명시를 의무화하고, 다만 명시의 방법에 대해서는 근로자가 희망하는 경우에는 팩스 또는 이메일에 의한 송신도 좋다고 한다(동법 6조 1항, 파트칙 2조). 또한 노기법 및 파트타임노동법이 명시를 의무화한 상기 사항 이외의 근로조건에 대해서도 파트타임노동법은 문서 등으로 명시하도록 노력해야 하는 것으로 한다(6조 2항).

또한 고용주나 근로조건이 불명확하게 되기 쉬운 건설근로자에 대해서는 건설근로자의고

---

13) 東大労研, 注釈労基法上, 280면 이하 참조.

용개선등에관한법률(1976년 법 33)이 고용하는 사업주의 성명 또는 명칭, 고용에 관계되는 사업소의 명칭 및 소재지, 고용기간, 종사해야 하는 업무의 내용을 명확히 한 문서의 교부를 사업주에게 의무화하고 있다(동조 7조).

또한 고용주(파견기업)과 지휘명령권자(사용기업)가 다른 취업형태인 근로자파견에서는 파견사업주는 근로자파견을 하고자 할 때에는 파견근로자에 대한 파견취업의 여러 조건(업무의 내용, 사업소의 명칭·소재지, 지휘명령자, 기간, 취업일, 취업시간, 안전위생에 관한 사항 등)을 일정한 방법(서면의 교부, 팩스, 이메일)으로 명시해야 한다고 되어 있다(노파 34조, 노파칙 25조).

③ 임금예상액과 확정임금액과의 차이

근로조건의 명시의무는 공공직업안정소에 대한 구인신청 및 근로자모집시에도 부과된다(직안 5조의 3, 42조). 그러나 이 경우의 명시는, 예를 들어 임금에 대해서는 구인 내지는 모집시점에서의 현행 임금액을 기재하는 것 이상을 요구하지는 않는다. 따라서 기업은 현행 초임액 또는 이를 상회하는 초임급 예상액을 구인표에 기재하고, 입사일에 임금확정액을 명시하는 경우가 있다. 법률적으로 예상액은 확정액이 아니므로 임금확정액이 예상액보다 적은 경우에도 예상액과 같이 청구권이 발생되는 것은 아니다('예상액'과 '확정액'의 차액청구를 부정한 판례로는 八洲測量事件 — 東京高判 昭58. 12. 19, 判時 1102호, 24면이 있다). 채용면접이나 회사설명회에서 '중도(경력직)채용자도 동기 신규졸업 채용자와 동등한 급여를 지급한다'는 취지의 설명을 한 사례에서도, 그러한 설명에 의해 신규졸업자와 동일한 금액으로 근로계약체결신청의 의사표시를 했다고는 할 수 없다고 되어 있다(日新火災海上保險事件 — 東京高判 平12. 4. 19, 労判 787호, 35면). 이상에 대하여 기업이 구인표 등에 채용년도에 이만큼은 지불한다는 의미로 전년도의 임금 및 근로조건을 실적으로 명시한 경우에는 원칙적으로 그것이 계약내용으로 되며, 청구권이 발생한다고 보아야 할 것이다.

또한 채용과정에 있어 임금액의 약정 성립이 인정되지 않는 경우에도, 구인자에 대해 신의칙상의 설명책임위반이 인정되는 경우가 있다. 중도채용자에 대한 구인공고에서 '동기 신규졸업자와 동등한 급여를 지급한다'라는 내용을 기재한 사례에서도, 구인공고 및 채용면접 등에서 신규졸업자와 차별하지 않는다는 설명을 하면서, 신규졸업자의 하한선에 맞추어 중도채용자에게 정신적 충격을 준 것은, 고용계약의 체결과정에 있어 신의칙에 반한다고 하여 위자료 청구를 인용했다(앞의 日新火災海上保險事件). 구인표에 초임급 예상액을 기재한 사례에서도 기업이 객관적인 이유 없이 확정액을 예상액보다 상당히 낮추고 입사시까지 이를 설명하지 않은 경우에는, 위의 사례에서 보듯이 신의칙위반에 의해 위자료를 지불할 책임이 인정될 것이다.

(2) 사실과 다른 경우의 즉시 해제권

근로계약체결시에 명시된 근로조건이 사실과 다를 경우, 근로자는 근로계약을 즉시 해제할 권리를 가진다(노기 15조 2항). 취업을 위해서 주소를 변경한 근로자가 이러한 해제에 의하여 14일 이내에 귀향하는 경우에는 사용자는 필요한 여비를 부담해야 한다(동 15조 3항).

제 3 절 채용내정

1. 문제의 소재

사용자에 의한 정규종업원의 채용은, 신규졸업자의 채용에 있어서는 사용자에 의한 근로자의 모집과 이에 대한 근로자의 응모(필요서류의 제출), 채용시험의 실시(수험)와 합격결정, 채용내정(내지는 결정)통지서의 송부와 근로자로부터 서약서·신원보증서 등의 제출, 그 후 건강진단 실시 등의 과정을 거쳐, 입사일에 입사식과 사령의 교부에 이르는 것이 보통이다. 또 신문·잡지광고와 공공직업안정소를 통한 중도채용의 경우에도, 위와 같은 과정을 변형 또는 압축한 내정과정이 이루어지는 경우가 있다. 이러한 일련의 채용내정 과정이 법률적으로 어떠한 의미를 가지는가에 대해서는 1970년경부터 사용자에 의한 채용내정 취소의 적법성을 내정자가 법원에서 다투는 사건이 속출하여 학설 및 판례가 계속해서 나오게 되었다.[14]

2. 개시시기 조건부 해약권유보 근로계약 성립설의 확립

채용내정이 법률적으로 어떠한 의미를 가지는 사실인가에 대해 처음으로 제창된 것은 특별한 사정이 없으면 내정에서 정식채용(사령교부)까지 일련의 절차 전체가 근로계약체결과정이라는 체결과정설이다. 그 귀결로서 채용내정은 내정자와 내정기업 어느 쪽도 구속하지 않게 된다(그 취소는 경우에 따라서는 기대권 내지 신뢰이익침해에 대한 손해배상책임을 발생하게 하는 데 그친다). 또 채용내정은 졸업한 후에는 근로계약을 체결해야 한다는 의미의 예약이지만, 그 파기는 예약불이행으로서 손해배상책임을 발생시킨다(근로계약체결의 청구는 노동관계의 특질상 인정되지 않는다)는 예약설도 주장되었다.

그러나 판례는 기업에 의한 조기 채용내정과 졸업직전의 취소사례에 대하여, 이러한 전통적 계약이론으로는 만족하지 않고 채용내정과정의 어느 단계에

---

14) 상세한 것은 山口浩一郞, 「試用期間と採用內定」, 季勞, 22호, 8면; 水谷勇一郞, 「勞働契約の 成立過程と法」, 講座21世紀(4), 41면 이하.

서 근로계약 그 자체가 성립해 버린다는 새로운 이론을 채용하기에 이르렀
다.15) 이 근로계약 성립설에 의하면 기업에 의한 채용내정취소는 이미 성립된
근로계약의 해약으로 되며, 합리성이 없는 취소의 경우에는 해약이 무효로 되
어 내정자는 근로계약상의 지위를 법원에 의해 확인 받을 수 있게 된다.

그리고 채용내정 취소의 적법성에 관한 최초의 고등법원판례16)이래, 판례의
판단은 거의 다음과 같이 확립되었다. 즉, 기업에 의한 모집은 근로계약신청의
유인이며, 이에 대한 응모(수험신청서·필요서류의 제출) 또는 채용시험의 수험은
근로자에 의한 계약의 신청이다. 그리고 채용내정(결정)통지의 발신이 사용자에
의한 계약의 승낙이며, 이로 인하여 시용근로계약이나 혹은 견습사원계약이 성
립한다. 단 이 계약은 개시시기가 조건부로 된 해약권유보계약이다. 즉 채용내
정통지서 또는 서약서에 기재되어 있는 채용내정취소사유가 생긴 경우에는 해
약할 수 있는 의미의 합의가 포함되어 있으며, 또한 졸업을 못한 경우에도 당
연히 해약할 수 있는 것이다(이것을 해제조건 혹은 정지조건으로 구성하는 경우도
있다). 채용내정에 관한 이상과 같은 법적 구성 및 판단은 최고법원의 두 가지
의 판례에서도 답습되어 확정되었다.17) 어느 것도 당해 사실관계 하에 있어서
채용내정통지 외에는 근로계약체결을 위한 특별한 의사표시를 하는 것이 예정
되어 있지 않았던 점을 고려할 때, 기업으로부터의 모집(신청의 유인)에 대해 근
로자가 응모한 것은 근로계약의 신청이며, 이에 대한 기업으로부터의 채용내정
통지는 그 신청에 대한 승낙으로, 이로 인하여 양자 사이에 해약권을 유보한
근로계약이 성립했다라고 판시했다.④

④ '채용내내정(採用內內定)'의 의의
　그 이후 학교졸업 예정자에 대한 채용내의 관행은 대개 동일하게 계속되고 있으나, 대학
졸업 예정자의 취업에 대해서는 '채용내정 개시일'(대학과 산업계에 의한 채용과정에 관한 합
의로서의 '취직협정'에 의한 것으로, 최근에는 10월 1일로 정해져 왔다. 1997년도부터 이 협
정이 폐지된 뒤에도 산업계의 '윤리헌장'에서 채용내정 개시일의 합의는 유지되고 있다)보다
훨씬 이전에 기업이 채용을 희망하는 학생에게 구두로 '채용내내정'을 표명하고, 위의 개시일
에 정식서면으로 '채용내정'을 통지한다는 관행이 형성되고 있다. 그리고 학생은 여러 회사로
부터 이러한 '내내정(內內定)'을 받은 후 채용내정 개시일까지 하나의 회사를 선택하여 그
회사와 '채용내정'관계에 들어가는 경우도 많다.
　이러한 내내정관계는 많은 경우에 기업과 응모자 쌍방 모두 (또는 적어도 응모자 쪽이)

---

15) 그 첫 판례가 森尾電機事件 ― 東京地判 昭45. 11. 30, 労民 21권 6호, 1550면.
16) 森尾電機事件 ― 東京高判 昭47. 3. 31, 労民 23권 2호, 149면.
17) 大日本印刷事件 ― 最二小判 昭54. 7. 20, 民集 33권 5호, 582면; 電電公社近畿電通局事件 ―
最二小判 昭55. 5. 30, 民集 34권 3호, 464면.

그에 따라 근로계약의 확정적인 구속관계에 들어갔다는 의식에는 이르지 않는다고 생각되어
지므로, 판례법리에 있어서 '개시시기조건부 해약권유보근로계약'으로서의 '채용·내정'이라고는
인정하기 힘들다. 그러한 의미에서 '채용·내정'은 통상은 '채용·내정 개시일'에 시작되는 정식
'채용·내정'통지에 의해 성립된다고 해야 할 것이다(같은 취지, 東大勞硏, 注釈労基法上, 215면
[中窪]. 판례로서 新日本製鐵事件 ― 東京高判 平16. 1. 22, 労経速 1876호, 24면). 단, 이것은
개개의 사안에 따라 달라질 수 있는 문제이므로 '채용·내내정'은 당해 사안에 있어서 구속관계
의 정도에 따라서는 '채용·내정'으로 인정될 수도 있으며, 또한 그 '예약'으로서 자의적인 파기
에 대해 손해배상책임을 발생시킨다는 의의를 가지는 경우도 있을 수 있다(채용·내내정을 개
시시기조건부 해약권유보근로계약의 성립을 부정하면서, 그러한 취소에 대하여 근로계약체결
과정에서의 신의칙위반이 있었다고 하여 취소기업의 손해배상책임[55만엔]을 인정한 판례로
서, コーセーアールイー[第2]事件 ― 福岡高判 平23. 3. 10, 労判 1020호, 82면).

3. 채용내정취소의 적법성

채용·내정이 개시시기조건부 해약권유보근로계약의 성립이라고 하면, 채용내
정취소의 적법성은 유보된 해약권행사의 적법성이 문제가 된다. 이 유보해약권
의 내용(해약사유)은 채용·내정(결정)통지서와 서약서에 기재된 '취소사유'를 참고
로 하여 정해진다. 즉, '취소사유'의 기재는 광범위하고 막연한 표현을 취하는
경우가 많은데, 앞에서 제시한 두 개의 판례는 여기에 '해약권유보의 취지 및
목적에 비추어 객관적으로 합리적이라고 인정되어 사회통념상 상당한 것으로
시인할 수 있는 것으로 제한된다'는 한정을 붙이고 있다. 또 역으로 '취소사유'
의 기재가 부분적으로 불충분한 사안에 대해서는 그러한 사회통념상 상당한 사
유가 있으면 유보해약권의 행사가 가능하다고 보며, 해약사유의 보충을 실시하
고 있다.[18]

이리하여 채용내정취소의 적법성은 객관적으로 합리적이고 사회통념상 상당
하여 인정할 수 있는 사유의 유무로 귀착하게 된다. 예를 들어 채용내정통지서
내지는 서약서에서의 '제출서류에 대한 허위기입'이라는 취소사유(해약사유)도
그 문언대로는 받아들일 수 없으며, 허위기입의 내용·정도가 중대하므로 그것
에 의해 종업원으로서의 적격성 또는 신의성이 결여된 것으로 판명된 것이 필
요하다고 본다.[19] 해약권행사가 적법인가 아닌가에 관한 구체적 판단에 있어서
법원은 대체로 사용자가 결정한 취소에 엄격한 태도를 취하는 경향이다.[20] 경

18) 安枝=西村, 労基法, 207면 참조.
19) 日立製作所事件 ― 横浜地判 昭49. 6. 19, 判時 744호, 29면.
20) 헤드헌팅에 의해 매니저로 스카우트한 근로자에 대한 동직의 폐지를 이유로 하는 내정취소
를 신의칙에 반하며 정당한 이유가 없다고 한 최근의 판례로서는 インフォミックス事件 ― 東京

제변동에 따른 경영악화시의 채용내정취소에 대해서도 정리해고에 준한 검토 (필요성, 회피노력, 인선, 설명)가 필요하게 된다.21)

⑤ 내정취소와 손해배상

　　사용자의 자의적인 내정취소에 대해서는 채무불이행(성실의무위반) 혹은 불법행위(기대권 침해)에 근거하는 근로자의 손해배상청구가 인정된다(앞에서 인용한 다이닛뽄인쇄사건(大日本印刷事件)에 있어서는 위자료 100만엔을 인정하였다). 또 내정취소가 부득이 하다고 여겨진다고 해도, 내정에서 그 취소에 이른 과정에 기업측이 신의칙상 필요하다고 여겨지는 설명을 행하지 않았던 것을 이유로 손해배상책임이 부과된 경우도 있다(パソナ[ヨドバシカメラ]事件 — 大阪地判 平16. 6. 9, 労判 878호, 20면).

　　한편 근로자에 의한 취소에 대해서는 근로자에게는 해약의 자유가 있으므로(민 627조) 내정취소도 적어도 2주간의 예고기간을 두는 한 자유롭게 할 수 있다. 그것이 너무 신의칙에 반하는 양상으로 이루어진 경우에만 예외적으로 계약책임 혹은 불법행위책임을 물을 수 있게 된다.

4. 채용내정관계

(1) 입사일의 의의

　　채용내정을 개시시기조건부 해약권유보근로계약의 성립으로 해석하는 판례에서는, 입사일은 사안에 따라 '취업의 개시시기'가 되기도 하며(앞의 大日本印刷事件), 근로계약의 '효력발생의 개시시기'가 되기도 한다(앞의 電電公社近畿電通局事件). 후자의 경우에는 입사일까지는 근로계약의 효력이 발생하지 않으므로 내정자에 대한 취업규칙의 적용이 없다. 이에 대해 전자의 경우에는 내정시부터 발생하고 내정자에게는 입사일 이전이라도 취업규칙 중 취업을 전제로 하지 않는 부분(예를 들어 회사의 명예·신용의 유지, 기업비밀의 유지 등)은 적용된다.22) ⑥

⑥ 내정기간 중 의무의 설정

　　많은 기업에서는 내정자에게는 내정기간 중에 근황보고서의 제출, 시설견학, 실습 등의 일정한 행위를 하도록 한다. 이러한 행위를 업무명령에 의해 명령하는 것은 채용내정에 의해 근로계약의 효력이 개시하고 있는 타입의 채용내정에 있어서는 취업의 준비행위의 한도에서 가능하지만, 입사일에 비로소 효력이 발생하는 채용내정에 있어서는 인정하기 힘들다(安枝=西村, 労基法, 108면 참조). 또 실습 등이 근로에 해당되면 임금을 지불해야 한다. 어느 경우든 내정기간 중의 의무는 내정시에 명시하는 것이 적절하다.23)

地決 平9. 10. 31, 労判 726호, 37면; 중도채용에서의 내정취소에 대하여, 합리적 이유가 없다고 한 판례로 オプトエレクトニクス事件 — 東京地判 平16. 6. 23, 労判 877호, 13면.

　21) 西谷, 労働法, 146면은 채용예정자를 기취업자보다 앞서 삭감대상으로 하는 것은 어쩔 수 없지만, 정리해고의 요건을 준용한 판단을 해야 한다고 한다.

　22) 下井, 労基法, 89면. 반대: 東大労研, 注釈労基法(上), 214면[中窪].

　23) 내정자의 동의에 근거한 내정기간 중의 연수도 내정자의 학업을 저해하지 않는 양태로 실

(2) 내정과 근로조건의 명시

채용내정을 근로계약의 성립으로 해석하면, 노기법상의 근로조건명시의무(15조)는 채용내정단계에서 이행해야 하는 것이 아닌가 하는 의문이 생긴다. 동의무의 취지에서 보면 이것을 긍정할 수밖에 없다고 생각한다.[24]

(3) 내정취소와 해고예고

다음으로 사용자의 해약권 행사에 대해서는 노기법상의 해고예고(20조)가 필요할까? 노기법은 '시험적인 사용기간 중에 있는 자'는 계속하여 14일을 넘어서 사용되기에 이른 경우에 비로소 해고예고의 보호를 받을 수 있다(21조). 이들과의 균형상 시험적인 사용기간이 개시하기 이전에는 해고예고의 적용은 없다고 해도 좋을 것이다.[7]

---

[7] 채용내정취소에 대한 행정적 규제

1992년 이후의 불황기에는 기업에 의한 채용내정의 취소가 오랜만에 상당수 행해져서 사회적 비판을 받았다. 그래서 노동성(현 후생노동성)은 채용내정취소에 대한 행정지도를 제도화하기로 하고 직안법상의 '고용방법 등의 지도' 규정(54조)에 근거하여 '신규학교졸업자의 채용내정취소 등에 관한 사전통지제도'를 설치했다(직안칙 35조 1항~4항). 이 제도에 따르면 신규학교졸업자에 대해 졸업 후 근로에 종사하게 하여 임금을 지불할 것을 약속한 자가 취업 개시까지의 기간('내정기간')에 이를 취소하거나 내정기간을 연장하려고 하는 경우에는 미리 관할 공공직업안정소장이나 관계시설(학교)의 장에게 그 취지를 통지하게 하고 있으며, 공공직업안정소장은 이 통지를 받아 조속하게 그 회피에 대하여 지도를 하게하고 있다.

또 2008년 가을의 리만 브라더스 쇼크 후의 불황시에는 증가하는 채용내정취소에 대처하여 후생노동대신은 일정한 경우에 기업으로부터의 채용내정취소의 보고내용을 공표할 수 있다고 했다(직안칙 17조의 4 제1항. 2009. 1. 19, 후생령 4호). 즉 채용내정취소가 ① 2년 이상 연속하여 행해진 경우, ② 같은 년도내에서 10명 이상에게 행해진 경우, ③ 부득이하게 사업활동의 축소를 하고 있다고는 확실히 말할 수 없는 경우, 또는 ④ 취소대상자에게 이유를 충분히 설명하고 있지 않거나, 취직처의 확보를 위한 지원을 행하지 않은 경우에 해당되는 경우이다(2009. 1. 19, 수노고 5호).

시되어야 한다고 한 판례로는, 宣伝会議事件 ― 東京地裁 平17. 1. 28, 労判 890호, 5면.

24) 東大労研, 注釈労基法上, 280면[大内].

제3장

노동관계의 전개에 관한 법규정

제1절 기본적 법규제

전후의 민주개혁(노동개혁) 입법으로서의 노동기준법은 근대적인 노동관계의 기본원리(노기 1조~4조)를 선명(宣明)하는 것에 그치지 않고, 근로자의 신조·인신·행동의 자유를 부당하게 제한하는 전근대적 노동관행을 제거하고 근로자의 인권을 옹호하기 위한 구체적인 규제를 행하고 있다. 또한 최근에는 노기법에서 부분적으로 규정하고 있었던 노동관계에서의 남녀의 평등을 단계적으로 추진하기 위한 입법정책도 전개되어 왔다. 또 노동입법의 그러한 규제로는 보장되지 못하고 있는 근로자의 인격적 여러 권리를 옹호하는 판례법리가 발전하고 있다. 이에 더불어 근로자의 개인정보의 보호도 진행되고 있다.

제1관 근로자의 인권옹호

1. 균등대우의 원칙

사용자는 근로자의 국적, 신조 또는 사회적 신분을 이유로 하여 임금, 근로시간, 기타 근로조건에 대해서 차별적 취급을 해서는 안 된다(노기 3조). 이 규정을 '균등대우의 원칙'이라고 한다.

(1) 기본취지
헌법 14조는 국가와 국민의 관계에 있어서 평등한 취급의 원칙을 정하고 있는데, 이 규정은 동일한 원칙을 열거하고 있는 사유에 한하여 사용자와 근로자간의 노동관계에 대해 정한 것이다. 헌법 14조에 있는 '성별'에 의한 차별금지는 의식적으로 제외하고 있다. 또 이 규정은 헌법 27조 2항의 근로조건의 기준법정의 요청에 근거하는 입법 가운데 평등원칙을 정한 결과, 노동관계 성립 이전의 (모집·채용단계에서의) 차별적 취급을 규제의 대상에서 제외하게 되었다.

(2) '근로조건'·'차별적 취급'의 의의

'근로조건'이란 근로계약관계에서 근로자의 대우에 관한 모든 것을 말하는데, 예를 들어 재해보상, 안전위생, 복리후생 등에 관한 여러 조건도 포함한다. '해고'에 관한 조건(기준)도 '근로조건'에 포함되는 것으로 보는 것이 정설이다.[1] 실제로 본 조항은 해고의 효력을 다투는 사건에 있어서 종종 원용된다. 이에 대해 '고용'('채용')에 관한 조건이 근로조건에 포함되는지의 여부에 대해서는 다툼이 있으며, 부정설이 통설·판례이다.[2] 즉 본 조항은 채용 후의 노동관계를 규제하는 규정으로, 채용에 대해서는 앞에서 언급한 대로 채용의 자유가 인정된다고 해석하고 있다.[3] '차별적 취급'이란 특정 또는 일정한 그룹의 근로자를 다른 근로자와 구별하여 다른 취급을 하는 것을 말한다.

(3) '국적'에 의한 차별

'국적'에는 '인종'도 포함되는 것으로 하고 있다. 판례는 재일조선인임을 응모서류에 숨기고(성명, 본적란에 허위기입) 채용이 내정된 자가 기숙사 절차에서 재일조선인이라는 것을 알게 되어 내정을 취소한 사건에서, '국적'을 이유로 한 '차별적 취급'이라고 판단했다.[4] 한편 외국인 어학교사를 일본인보다 고액의 급여로 고용할 때, 장기고용을 전제로 한 임금체계로는 고액의 처우가 곤란하므로 유기고용으로 하면서 고액의 급여를 제공하기로 한 경우에는 유기고용이라는 점에서 '국적'에 의한 차별이라고는 말할 수 없다.[5]

(4) '신조'에 의한 차별

(가) '신조'의 의의

'신조'란 사상, 신념, 그 밖의 사람 마음속의 사고방식을 의미하며 종교적

---

1) 安枝=西村, 勞基法, 48면.
2) 三菱樹脂事件 ― 最大判 昭48. 12. 12, 民集 27권 11호, 1536면도 이를 확인하고 있다.
3) 이에 반대하는 학설로서는 外尾健一, 採用·配轉·出向·解雇, 97면.
4) 日立製作所事件 ― 橫浜地判 昭49. 6. 19, 判時 744호, 29면.
5) 東京国際学園事件 ― 東京地判 平13. 3. 15, 労判 818호, 55면.

신조, 정치적 신조, 그 밖의 여러 사상을 포함한다.6)

　(나) 정치적 '행위'를 이유로 하는 차별　　　균등대우의 원칙은 사상·신조 그
자체를 이유로 하는 차별적 취급을 금지할 뿐, 특정한 사상·신조에 따라 행하
는 행동이 기업의 질서와 이익에 악영향을 미치는 경우에 그 행동을 이유로 차
별적 취급을 하는 것을 금지하는 것은 아니다. 단 '행동'을 이유로 하는 차별적
취급이 적법한 것으로 되기 위해서는, 그 행동에 의한 기업질서(이익)의 침해가
당해 취급을 정당화하기에 충분한 내용·정도의 것이 아니면 안 된다. 그렇지
않으면 결국 그 행동으로 나타난 사상·신조를 이유로 하는 차별적 취급으로
되어 위법한 것으로 될 수도 있다.①

① '정치활동을 하지 않는다'는 특약이 있는 경우
　　근로자가 사업장 내에서는 정치활동을 하지 않는다는 특약을 맺고 고용되었음에도 불구
하고 이 특약에 위반한 경우에는, 사용자는 특약위반을 이유로 해고, 그 밖의 불이익취급을
할 수 있을까? 이에 대해서 판례(十勝女子商業事件 — 最二小判 昭27. 2. 22, 民集 6권 2호,
258면)는 헌법의 기본적 인권보장도 사인간의 그러한 특약을 방해하는 것이 아니며, 또한 그
특약은 민법상 공서양속에 반한다고도 하기 어렵다고 판시하여, 불이익취급을 할 수 있음을
인정했다.
　　학설은 이에 대해 통상 기업에서는 일체의 정치활동을 금지하는 특약을 맺으면 사상·표
현의 자유(헌 19조, 21조) 및 균등대우원칙(노기 3조)의 취지를 명시한 '공적 질서'(민 90조)
에 위반한다고 주장하는 경우가 많다(예를 들어 色川幸太郎=石川吉右衛門 編, 最高裁判例批
評(2), 365면[田中二郎]). 이 설에서는 그러한 특약에는 기업경영상 어떠한 합리적인 이유가
필요로 하게 된다(위의 판례의 사안에서는 학교교육의 정치적 중립성의 요청이 합리적 이유
가 된다고 하였다). 이 문제는 사업장 내에서 정치활동을 금지하는 취업규칙규정의 유효성
여하라는 문제와 서로 관련되어 있다.

　(다) '차별적 취급' 이유의 경합　　　'신조'에 의한 차별적 취급이라는 것을 근
로자가 주장하는 대부분의 사안에서는 사용자도 당해 취급에 대해 그것을 정당
화하는 이유의 존재를 주장한다. 예를 들어 특정 정당의 당원으로 사업장 내에
서 그 정당의 일상 활동을 하고 있던 자가 해고된 경우에는 근로자는 본조에
위반한 해고라고 주장하고, 회사는 그 자의 근무성적불량(직장이탈, 지각과다) 등
의 해고이유를 주장한다. 문제는 양자의 주장이 동시에 어느 정도 인정된다고
하는 경우에 어떻게 판단할 것인가이다. 법원은 그러한 경우 어느 쪽이 당해
차별적 취급의 진정한 이유였는지 내지는 결정적인 이유였는지를 판단하여 결

---

　6) 공산당원에 대한 오랜 기간 동안의 승격차별에 대해, 동기(同期) 동학력의 임금 평균치와의
차액 손해배상을 인정한 판례로서 倉敷紡績事件 — 大阪地判 平15. 5. 14, 労判 859호, 69면; 혼인
을 요건으로 하는 배우자수당의 지급이 '독신'에 대한 차별이며 '신조'에 의한 차별이라는 주장을
부인한 사례로는 ユナイテッド航空事件 — 東京地判 平13. 1. 29, 労判 805호, 71면.

론을 도출하고 있다.☑

☑ **'경향사업'**

사용자가 운영하는 사업이 특정의 사상·신조와 밀접하게 (혹은 불가분하게) 연관되어 있는 경우(특정한 정치적 또는 종교적 경향을 가진 기업인 경우), 사용자는 그 사상(경향)에 반하는 사상·신조를 가진 근로자를 해고할 수 있을까? 독일에서는 '정치, 노동조합, 신앙, 과학, 미술, 자선, 교육, 그 밖의 같은 사명으로 봉사하는 사업'을 '경향사업'(Tendenzbetrieb)이라고 하며, 그러한 '사업'에서는 해고제한법의 적용상 특별한 취급이 인정되고 있다. 즉, 근로자의 사상·신조에 근거한 '근로자의 인격 또는 행위'가 그 사업의 특수성과 양립하지 않는 경우에는 해고가 인정되고 있다.

일본에서는 과거 대중국관계의 무역업자·여행업자에 대해 이 문제가 발생했다. 그 대표적 판례(日中旅行社事件 — 大阪地判 昭44. 12. 26, 労民 20권 6호, 1806면)는 특정 이데올로기의 승인·지지를 고용계약의 요소로 하는 것은, 정당과 종교단체와 같이 사업목적과 그 이데올로기가 본질적으로 불가분한 사업에서만 허용되며, 사업목적과 이데올로기가 단순히 관련성을 가지는 것만으로는 부족하다고 판시하고 있다. 타당한 판단일 것이다.

(5) '사회적 신분'에 의한 차별

이 '사회적 신분'에 대해서는 선천적인 것이든 후천적인 것(예를 들어, 수형자, 파산자)이든 자기의 의사에 의해서는 피할 수 없는 사회적 분류를 가리키는 것이라고 해석해야 할 것이다.[7] 헌법 14조의 '가문'이 여기에 포함되는 것은 논쟁의 여지가 없다. 임시공, 파트타임근로자 등의 종업원으로서 종별은 여기에는 포함되지 않는다.[8]

(6) 균등대우원칙의 위반효과

사용자가 균등대우원칙에 위반하는 차별적 취급을 하면 벌칙(노기 119조 1호)에 의해 형벌이 부과되는 외에도 그 취급이 법률행위(예를 들어 해고, 배치전환, 징계처분)라면 강행법규위반으로서 무효가 된다.

또한 이 원칙 위반의 차별적 취급은 강행법규위반의 불법행위로서 손해배상책임이 발생하게 된다.③ 전형적으로는 정치적 신조를 이유로 한 승급·승격·일시금의 사정차별의 경우에는 불법행위가 성립하지만, 사정이 재량적인 행위인 만큼 차별의 입증과 손해액의 산정에 있어서 개별적 사안에 부합하는 합리적인 추인이 필요하게 된다.[9] 장기·대량차별이 주장된 사건에서의 조직적 차

---

7) 石井照久ほか, 註解労働基準法 I, 64면; 労基局, 労基法上, 68면은 선천적인 것에 한한다고 하고 있다.

8) 石井ほか, 앞의 책, 64면; 판례로서, 임시사원에 관한 日本郵便逓送事件 — 大阪地判 平14. 5. 22, 労判 830호, 22면; '종합직'과 '실무직'과의 사이의 대우격차에 관한 竹中工務店事件 — 東京地判 平16. 5. 19, 労判 879호, 61면.

9) 富士電機事件 — 横浜地横須賀支決 昭49. 11. 26, 判時 7호, 105면; 福井鉄道事件 — 福井地武

별의사와 차별적 임금액의 인정은 더욱 그러하다.10)

③ 근로자의 신조의 자유를 침해하는 불법행위

　　최근의 판례에서는 근로자에 대한 사용자의 취급이 근로조건에 관한 불이익 취급이 아니므로 노동기준법 3조 위반은 아니지만, 종업원의 신조의 자유 그 자체를 침해하는 점에서 불법행위가 되지 않는지의 여부가 문제로 되고 있다. 즉 사용자가 특정정당의 일원 내지 그 동조자로 인정한 종업원에 대해 직제(職制)를 통하여 직장 내외에서 감시태세를 계속하고 미행, 외부로부터의 전화 상대방 조사, 사물함의 무단개방 또는 다른 종업원과의 접촉과 교제를 차단하여 고립시키려고 한 행위가 위의 종업원에 대해 직장에 있어서 자유로운 인간관계를 형성하는 자유, 명예·프라이버시 등의 인격적 이익을 침해한 것으로 불법행위에 해당한다고 하고 있다(関西電力事件 ― 最三小判 平7. 9. 5, 労判 680호, 28면). 이에 대해 영업소의 기밀이 특정정당의 기관지에 보도되었기 때문에 그 출처를 조사하기 위해서 종업원으로부터 사정청취를 하는 가운데, 당해 정당의 일원이 아니라는 맹서를 서면으로 할 것을 요구한 행위는, 사회적으로 허용할 수 있는 한계를 넘어 위의 종업원의 정신적 자유를 침해한 위법행위라고까지는 말할 수 없다고 하고 있다(東京電力事件 ― 最二小判 平10. 2. 5, 労判 512호, 12면).

2. 부당한 인신구속의 방지

(1) 강제노동의 금지

　　사용자는 폭행·협박·감금, 그 밖의 정신적 혹은 신체적 자유를 부당하게 구속하는 수단에 의해 근로자의 의사에 반하여 노동을 강제해서는 안 된다(노기 5조). 이 위반에 대해서는 노기법 중 가장 무거운 형벌이 부과되고 있다(노기 117조).

　　제2차 세계대전 전에는 폭행·협박·감금 등에 의한 강제노동이 상당히 광범위하게 이루어져 왔다.11) 이러한 경험에 비추어 근로자의 인권보장을 위해 만들어진 것이 이 규정이다. 국제노동기구(ILO)에서도 비교적 일찍부터 강제노동금지조약이 채택되어 왔다(1930년 29호 조약, 1957년 195호 조약).

　　강제노동에 대해서는 종업원의 경제적 인신구속책이 위의 금지에 위반하지 않는가 등의 문제가 발생하고 있다.④

生支判 平5. 5. 25, 労判 634호, 35면; 松阪鉄工所事件 ― 津地判 平12. 9. 28, 労判 800호, 61면.
　10) 東京電力事件5判決. 前橋地判 平5. 8. 24, 労判 635호, 22면; 甲府地判 平5. 12. 22, 労判 651호, 33면; 長野地判 平6. 3. 31, 労判 660호, 73면; 千葉地判 平6. 5. 23, 労判 661호, 22면; 横浜地判 平6. 11. 15, 労判 667호, 25면. 문헌으로서 西谷敏,「思想信条を理由とする賃金差別の法理」, 労旬 1348호, 6면; 藤川久昭,「思想信条を理由とする賃金差別」, 労判 666호, 6면.
　11) 토목건축업과 광산업에서의 '감금실(監獄部屋)'과 '문어방(タコ部屋)', 기생에 대한 가불에 따른 인신구속제도, 방적·생사(生絲)업에서 여공기숙사의 출입통제와 감시인.

④ **경제적 인신구속책과 강제노동**

　　사용자가 임금의 약 절반(15만엔 중의 7만엔)을 근속장려수당으로 하고, 이 수당은 임금이 아니라 계약기간(1년)을 근속한 자가 만료시에 받는 상금이며, 그것을 미리 무이자로 대여하고 있다고 하는 형식을 갖추어, 만약 계약기간 중도에 해고되거나 퇴직한 경우에는 근로자는 이 대부금을 반환한다는 약정을 함께 규정한 사안에 있어, 이 약정은 계약기간 중 취업을 강제하기 위한 것으로 강제노동의 금지(혹은 배상예정의 금지(노기 16조))에 위반되어 무효라고 판시했다(東箱根開発事件 ― 東京高判 昭52. 3. 31, 労判 274호, 43면). 또 외자계열 기업에서 사이닝보너스(signing bonus)에 부과된 1년 이내에 자신의 의사로 퇴직한 경우에는 반환해야 하는 약정도, 노기법상의 강제노동의 금지(5조) 및 배상예정금지(16조)에 반하여 무효가 된다고 하였다(日本ポラロイド事件 ― 東京地判 平15. 3. 31, 労判 849호, 75면).

　　(2) 계약기간의 제한

　　근로자는 기간의 정함이 없는 고용계약에 대해서는 2주간의 예고기간을 두면 언제라도 해약할 수 있지만(민 627조), 기간의 정함이 있는 고용계약의 경우에는 '부득이한 사유'에 의해 즉시 해약을 할 수 있는 것에 불과하다(동 628조). 이렇게 기간을 정함이 있는 고용계약의 경우에는 근로자는 기간을 정함에 따른 구속을 받지만, 지나친 장기간의 구속관계를 방지하기 위해 고용기간이 5년을 초과하거나 혹은 당사자 한 쪽 내지는 제3자가 종신기간을 계속해야 할 때에는 5년을 경과한 후에는 언제라도 3개월 전의 예고로 계약을 해약할 수 있도록 하고 있다(동 626조).

　　이상과 같은 민법의 고용계약 규정 하에서 제2차 세계대전 이전에는 연기(年期) 또는 연계(年季) 근로계약(기간 5년이 전형)이 방적공장이나 향락업종 등에 있어 가불, 손해배상특약, 인신구속적 기숙사 등과 함께 신분적 구속관계의 창출에 이용되었다. 그래서 전후 노기법은 신분적 구속관계의 방지를 위해 연기계약에 있어서 기간의 길이의 제한을 꾀하여 '일정한 사업의 완료에 필요한 기간을 정하는 것 외에는' 1년을 넘는 기간의 근로계약의 체결을 금지했다(당초의 14조).

　　그 후 전후 50년 이상을 거쳐 산업구조와 노동시장의 구조적 변화가 진전되어 유기근로계약이 인신구속이나 신분적 구속의 수단으로서 이용될 우려가 감소함과 동시에 고용형태와 근로방식의 다양화·유연화의 움직임이 강화되었다. 이리하여 산업계가 노기법에 의한 근로계약기간 상한규제의 철폐 내지는 완화를 주장하는 한편, 노동계는 기간의 상한규정의 철폐가 유기근로계약의 비약적인 증가와 고용불안정화를 초래한다는 견해에서 이에 반대했다. 1998년 노기법 개정(1998년 법 112)은 중앙노동기준심의회(中央労働基準審議会, '중기심'으로 약칭)에서 이러한 주장을 조정한 결과로서 제한적인 경우에 한하여 기간 3년의 근로계약을 허용한다는 부분적인 규제완화를 실시했다. 또 정부의 규제개혁 움직임이 강해지고 있는 가운데, 2003년의 노기법개정(2005년 법 104)으로 기간의 원칙적 상한을 1년에서 3년으로 하고, 일정한 전문직 근로자 및 60세 이상의 근로자에 대해서는 상한을 5년으로 하는 대폭적인 규제완화를 실시했다. 그 결과 성립된 기간의 상한규제의 복잡한 내용은 '유기계약근로자'의 부분에서 정리하여 설명하기로 한다.

(3) 배상예정 금지

사용자는 근로계약의 불이행에 대해 위약금을 정하거나 혹은 손해배상액을 예정하는 계약을 해서는 아니 된다(노기 16조).

제2차 세계대전 전에는 고용계약체결시 계약기간 도중에 근로자가 전직이나 귀향을 한 경우에는 일정액의 위약금을 지불하는 약정과 근로자의 모든 종류의 계약위반과 불법행위에 대해 미리 손해배상액을 예정하는 약정이 행하여져 근로자의 인신구속과 신분적 종속의 창출에 이용되었다. 이러한 구속적 노동관행의 폐해는 일찍부터 지적되어 공장법도 시행령에서 거의 같은 문장의 배상예정 금지규정을 두고 있었다. 오늘날에는 과거의 전근대적인 위약금약정은 없어졌으나 새로운 형태의 미묘한 약정의 효력이 배상예정금지에 비추어 문제가 되고 있다.[5][6]

⑤ **수학(修學)비용 반환제도**

사용자가 비용을 내어 피용자에게 해외유학과 기능습득을 하게 한 경우에는 수학 후 바로 회사를 그만두는 것은 곤란하므로 인신구속을 하기 위해 수학비용을 사용자가 피용자에게 대여하는 형식을 취하고, 단 수학 후 일정기간 근속할 경우에는 그 반환을 면제하는 계약을 체결하는 경우가 있다. 이러한 계약은 일정기간 근무하는 약정에 대해 위약금을 정함으로써 배상예정금지에 위반하지 않는지가 문제가 된다.

관련된 계약은 본래 본인이 비용을 부담해야 하는 자주적인 수학(기능습득)에 대해 사용자가 수학비용을 대여하고, 단 수학 후 일정기간 근무하면 그 반환채무를 면제한다는 실질적인 것이라면 위의 배상예정금지의 위반은 아니라고 할 수 있다(長谷工コーポレーション事件 ― 東京地判 平9. 5. 26, 労判 717호, 14면; 野村証券事件 ― 東京地判 平14. 4. 16, 労判 827호, 40면; 東亜交通事件 ― 大阪高判 平22. 4. 22, 労判1008호, 15면. 문헌으로서 土田, 労働契約法, 75면). 이에 대하여 사용자가 자기 기업에 있어서의 능력개발의 일환으로서 업무명령으로 수학이나 연수를 시키고, 수학(연수) 후의 근로자를 자신의 기업에 확보하기 위해서 일정기간 근무할 것을 약속하게 하는(그리고 그 위약금을 정한다) 실질적인 것이라면 위반이 된다(富士重工事件 ― 東京地判 平10. 3. 17, 労判 734호, 15면; 新日本証券事件 ― 東京地判 平10. 9. 25, 労判 746호, 7면).

　병원이 간호학교에 다니는 간호사 견습생에게 취학비용을 대여하고, 수학 후 해당 병원에 일정기간 근무하면 그 반환을 면제하는 약정도 이러한 관점에서 판단된다(위반·무효로 인정된 사례, 和幸会事件 ― 大阪地判 平14. 11. 1, 労判 840호, 32면). 또 의사국가시험에 합격한 자와 의사로서의 가동계약을 맺은 후, 그 자가 다른 병원에서 전문연수기간 중의 보전급여 및 아파트 비용 등을 지급하여, 연수가 종료한 후 근무하지 않는 경우는 그러한 비용을 반환해야한다는 취지의 약정도 금지된 배상예정에 해당한다고 간주된다(德島健康生活協同組合事件 ― 高松高判 平15. 3. 14, 労判 849호, 90면).

　다만, 학설에서는 근로자의 능력개발의 촉진을 위해서는 소비대차와 반환면제특약의 형식을 갖추고, 그 취지를 근로자에게 명확하게 설명한 것이라면 배상예정이라고 해석해서는 안 된다는 유력설이 있는데(土田, 労働契約法, 77~78면), 수긍해야 할 부분도 포함하고 있다.

⑥ 전퇴직(轉退職)방지책으로서의 금전적 약정

　퇴직 후 동일한 업종의 다른 회사로 전직할 때에는 퇴직금의 2분의 1을 감액한다는 취지의 약정이 배상예정금지 위반이 되지 않는지가 문제가 된 사건이 있다(三晃社事件 ― 最二小判 昭52. 8. 9, 労経速 958호, 25면의 1심, 2심). 1심은 그 약정이 경업회사로의 전직금지약정에 대한 손해배상의 예정으로서 본조 위반이 된다고 판단한 데 비해, 2심(그리고 최고법원)은 그것이 퇴직 후 '어느 정도의 기간'에 관한 전직제한인 한, 사원의 직업의 자유 등을 부당하게 구속하는 것이라고는 할 수 없고 위법한 배상예정은 되지 않는다고 판시했다.

　미용실과 그 종업원(임금은 월 약9만 엔) 사이에 체결된 것으로, 당해 종업원이 '자기 마음대로' 퇴직한 경우에는 종업원은 미용실에 대해 채용시로 소급하여 1개월 4만 엔의 미용지도료를 지불한다는 취지의 약정이, 퇴직의 자유를 부당하게 제한하는 것으로 배상예정금지에 위반하는 것으로 간주하고 있다(サロン·ド·リリー事件 ― 浦和地判 昭61. 5. 30, 労民 37권 2=3호, 298면; 미용사에 관한 동종의 약정을 무효로 한 사례로서 アール企画事件 ― 東京地判 平15. 3. 28, 労判 850호, 48면).

(4) 가불금 상쇄 금지

　사용자는 가불금(前借金), 그 밖의 노동하는 것을 조건으로 하는 가불채권과 임금을 상쇄해서는 아니 된다(노기 17조).

　제2차 세계대전 전에는 방적공장이나 향락업소의 업주 등이 농촌에서 자녀를 채용할 때 부모와의 사이에 가불계약을 맺는 것이 통례였다. 가불금은 자녀의 그 이후의 임금과 연기(年期) 도래 후의 상여에 의해 반환할 것을 약속하고, 만약 그 약속에 반하여 도중에 퇴직(도주)한 경우에는 이자 및 위약금을 동시에 즉시 반환해야 하는 것이 약속되었다. 이러한 일련의 계약에 의해 가불금은 근로자의 인신을 구속하는 방책으로 기능했다.

　노기법은 이러한 일본에서의 가불금 악용의 경험에 비추어 이를 규제하기로 했다. 그러나 가불금이 한편으로는 '급료의 가불'이라는 서민금융의 하나의 중요한 형태로서 넓게 실시되어 온 점을 고려하여, 가불금 그 자체는 금지하지 않고 그것과 임금과의 상쇄만을 금지하기로 했다. 단, 가불금 계약 자체도 그것이 강제노동의 수단으로 이용되고 있다고 인정되는 경우에는 앞에서 언급한 강제노동금지(노기 5조)의 위반이 된다. 또 공서양속(민 90조)위반이 되는 경우도 있다.[12]⑦

⑦ **전차(가불)금의 의의**

'전차금 기타 노동하는 것을 조건으로 하는 전대(前貸)의 채권'이란 문자 그대로 해석하면, 이후의 임금에서 변제하는 것(따라서 이후의 임금을 얻기 위해서 노동하는 것)을 조건으로 하여 근로자가 사용자로부터 받는 모든 가불금을 포함하는 것이 된다. 이 해석에 의하면 장래 노동에 대한 급료의 가불도 장래의 급료·보너스로 분할 변제해 갈 것을 약속하는 주택자금의 가불도 여기에 해당한다. 여기에 해당하지 않는 것은 이미 이루어진 노동에 대한 급료의 선불정도가 될 것이다(이것은 변제기를 앞당기는 것이라고 할 수 있다). 그러나 이는 금지의 범위가 너무 넓기 때문에 통설(石井照久ほか, 註解劳働基準法 I, 242면) 및 해석예규 (1947. 9. 13 발기 17호, 1958. 2. 13 기발 90호)는 규정의 취지(연혁)를 감안하여 '전차금, 기타 근로하는 것을 조건으로 하는 전대의 채권'이란 근로의 강제 내지는 신분적 구속의 수단이 되는 것만을 가리키며, 사용자가 우의적인 입장에서 행하는 금융은 여기에 해당하지 않는 것으로 한다. 이 해석에 의하면 장래의 근로에 대한 임금의 가불도 주택자금의 차입도 원칙적으로는 여기에 해당하지 않게 된다.

(5) 강제저금의 금지·임의적 저축금의 관리규제

사용자가 근로자에 대해 임금에서 일정액을 저축하게 하여 이를 관리하는 제도는 부당한 인신구속을 방지하기 위해서도 또한 근로자의 재산을 보존하고 근로자의 재산으로부터의 사용자의 착취를 방지하기 위해서도 법적 규제가 필요하게 된다. 노동기준법은 강제저축을 전면적으로 금지하고 임의적 저금관리에 대해 일정 요건을 설정했다.

(가) 강제저금의 금지　　　사용자가 근로계약에 부수하여 저축계약을 하게 하거나 또는 저축금을 관리하는 계약을 해서는 아니 된다(노기 18조 1항). 여기서 말하는 '근로계약에 부수하여'란 근로계약의 체결 혹은 존속 조건으로서의 의미이고 '저축계약을 하게 하여'란 근로자에게 사용자 이외의 제3자(통상은 금융기관)와 저축계약을 하게 하는 것이다. 또 '저축금을 관리하는 계약'에는 사용자 자신이 직접 근로자의 예금을 받아 스스로 관리하는 계약과 사용자가 받은 근로자의 예금을 일괄하여 자기 명의로 혹은 근로자 개개인의 명의로 은행, 그 밖의 금융기관에 맡겨 그 통장·인감을 보관하는 계약이 있다.

(나) 임의적 저축금 관리의 규제　　　사용자가 근로자의 저축금에 대한 요청을

---

12) 最二小判 昭30. 10. 7, 民集 9권 11호, 1616면 — 부친이 딸에게 요정에서 접대부로 일을 시키는 대가로서 가불금을 수령한 케이스에서 요정은 부친 및 연대보증인에게 가불금의 반환을 요구할 수 없다고 했다.

받아 관리할 때는 ① 근로자의 과반수를 대표하는 자(노동조합)와의 서면협정 체결과 행정관청에의 신고13)(노기 18조 2항), ② 관리규정의 작성·주지(비치)(동조 3항), ③ 예금을 스스로 직접 받을 때에는 일정이율(연 0.5%) 이상의 이자를 붙일 것14)(동조 4항)을 요구하고, ④ 근로자의 반환청구에는 지체 없이 응할 것(동조 5항), ⑤ 행정관청의 중지명령권한 및 그 경우 즉시반환의무(동조 6항, 7항)가 규정되어 있다. 또한 ⑥ 사용자는 매년 4월 30일까지 양식 제24호에 의해 예금관리상황을 관할노동기준감독서장에게 보고하지 않으면 아니 된다(노기칙 57조 3항, 1993년 신설). 이들은 근로자의 예금안전(반환확보)과 보호(일정비율 이상의 이자)를 꾀하는 규정이다.

3. 중간착취의 배제

'누구라도 법률에 근거하여 허가받은 경우 외에 업(業)으로서 타인의 취업에 개입해서 이익을 얻어서는 아니 된다'(노기 6조). 이 규정은 제3자가 노동관계의 개시 혹은 존속에 관여하고 중간착취를 하는 것을 금지한 것이다.

'업으로서'란 영리의 목적으로 같은 행위를 반복 계속하는 것을 말한다. 한 번의 행위라도 반복 계속하여 이익을 얻을 의사가 있으면 여기에 해당한다(1948. 3. 2 기발 381호). '타인의 취업에 개입'한다는 것은 '노동관계 당사자간에 제3자가 개입하여 그 노동관계의 개시, 존속 등에 대해 매개 혹은 주선을 하는 등, 그 노동관계에 대해 어떤 인과관계를 가지는 관여를 하는' 것을 말한다.15) '이익'이란 '수수료, 보상금, 금전 이외에 재물 등 어떠한 명칭을 불문하며 또한 유형무형의 여부를 불문한다'(1948. 3. 2 기발 381호).

노동관계의 개시에 대한 관여에는 직업소개, 근로자 모집, 근로자 공급의 세 종류의 형태가 있다. 이것을 업으로서 이익을 얻어 행한다면 위의 금지된 중간착취가 되며, 동시에 직안법의 제 규정(40조 — 모집자의 보수수령의 금지, 44조 — 근로자 공급사업의 금지)에도 위반할 수 있게 된다. 이러한 두 법의 위반관계는 관념적 경합으로 해석되고 있다.16) 더구나 직안법의 규정(30조, 36조, 45조)에 의

---

13) 저축금의 관리가 근로자예금의 직접 수납일 경우에는, 이 협정에는 예금자 한 사람 당 예금의 한도, 예금의 이율, 이자계산 방식, 예금의 보전방법 등을 기재하지 않으면 아니 된다. 노기칙 5조의 2.

14) '노동기준법 제18조 제4항의 규정에 근거하여 사용자가 근로자의 예금을 받을 경우의 이율을 정하는 성령' 1조, 2001년 개정.

15) 最一小決 昭31. 3. 29, 刑集 10권 3호, 415면.

해 후생노동대신의 허가를 얻어 실시하는 유료직업소개업, 위탁모집(이에 관한 보상금수령) 및 근로자공급사업은 '법률에 근거하여 허가받은 경우'에 해당하며 위법한 중간착취로는 되지 않는다.

인재파견업에 의한 파견은 업무처리도급 혹은 근로자파견의 어느 형태에 의한 경우라도 근로계약관계가 파견사업주와의 사이에 존재하고 사용사업주와의 사이에는 존재하지 않는 이상, 파견사업주가 제3자로서 노동관계에 개입했다고는 할 수 없고 금지된 중간착취에는 해당하지 않는다.

노동관계의 존속에 대한 관여로서 금지되는 전형에는 취업알선업자·노무담당(勞務係) 등에 의한 임금 가로채기이다.

4. 공민권(公民權)행사의 보장

사용자는 근로자가 근로시간 중에 선거권, 기타 공민으로서의 권리를 행사하거나 또는 공적인 직무를 집행하기 위해 필요한 시간을 청구한 경우에는 이를 거부해서는 아니 된다. 단, 권리행사나 공적인 직무집행에 방해가 없는 한 청구된 시각을 변경할 수 있다(노기 7조).

'공민으로서의 권리'란 공직선거의 선거권·피선거권, 최고법원 재판관의 국민심사, 지방자치법상의 주민의 직접청구, 특별법의 주민투표 등이며, '공적 직무'란 각종 의회의 의원, 노동위원회의 위원, 검찰심사원, 공직선거의 선거입회인, 법원·노동위원회의 증인 등의 직무로 되어 있다.[17] 2004년의 사법제도개혁입법에 따라 제도화된 형사재판에서의 재판원의 직무와, 노동심판제도에서의 노동심판원의 직무도 당연히 '공공의 직무'로서 다뤄진다. 그러나 소권(訴權)의 행사는 여기에 포함되지 않는다.

근로자의 청구에 의해 부여된 공민권 행사의 시간에 관한 임금에 대해서는 위의 규정은 특별히 유급이라는 점을 요구하지 않고 당사자간의 결정에 의하고 있다. 예를 들어 선거권행사를 위한 지각, 조퇴에 대해서는 임금을 공제하지 않는 편이 많을 것이다(1967. 1. 20 기발 59호 참조).

종업원이 회사의 승인을 얻지 않고 공직에 취임했을 때에는 징계해고한다고 규정하는 취업규칙조항은 공민권 보장규정의 취지에 반하여 무효이다.[18] 그러

---

16) 最一小判 昭33. 6. 10, 刑集 12권 10호, 2236면.
17) 勞基局, 勞基法上, 104면 이하.

나 '공직에 취임하는 것이 회사업무의 수행을 현저하게 저해할 우려가 있는 경우'에는 보통해고는 허용될 수 있다.[19] 단, 공직수행과 양립할 수 있는 업무가 별도로 존재하여 그 업무에로의 전환이 용이한 경우에는, 그러한 전환을 시도하지 않는 채 이루어진 보통해고는 권리남용이 될 수 있다. 사용자는 또 공직에 취임한 자에 대한 휴직규정이 있으면 휴직으로 처리할 수도 있다. 이 경우에도 공직수행이 업무와 양립할 수 없는 것을 요건으로 한다.[20]

5. 기숙사 ─ 생활의 자유 · 안전위생

노기법은 제2차 세계대전 전에 사용자가 근로자의 기숙사생활도 지배 하에 두어 그 자유를 부당하게 구속하거나 안전과 위생을 소홀히 여겼다는 경험에 비추어 볼 때, 기숙사에서의 생활의 자유 및 안전위생을 확보하기 위한 법규제를 실시하고 있다.

즉, 사용자는 사업의 부속기숙사에 기숙하는 근로자의 사생활의 자유를 침해해서는 안 되며 기숙사 생활의 자치에 필요한 임원선임에 간섭해서도 아니 된다(노기 94조). 사업부속기숙사에 근로자를 기숙시키는 사용자는 기상, 취침, 외출, 외박, 행사, 식사, 안전위생, 건물관리 등에 관한 사항에 대해 기숙 근로자 대표자의 동의를 얻어 기숙사규칙을 작성하고 노동기준감독서에 이를 신고하지 않으면 아니 된다(동 95조. 변경할 경우도 같음). 사용자는 부속기숙사에 대해 환기, 채광, 조명, 보온, 방습, 청결, 피난, 정원의 수용, 취침에 필요한 조치, 그 밖의 근로자의 건강, 풍기 및 생명유지에 필요한 조치를 강구하지 않으면 아니 된다(동96조).

이상의 규제에 대한 상세한 사항은 사업부속기숙사규정(1947년 노령7), 건설업부속기숙사규정(1967년 노령27)에서 정하고 있다.⑧

⑧ **사업부속기숙사의 범위**
　노기법에서 말하는 '기숙사'란 '일상적 상태로서 상당수의 근로자가 숙박하고 공동생활의 실태를 갖춘 것'을 말하며, '사업에 부속한다'는 것은 '사업경영의 필요상 그 일부로서 만들어져 있는 사업과의 관련을 갖는 것'을 말한다. 사택과 같이 근로자가 각각 독립된 생활을 영위하는 것과 소수의 근로자가 사업주의 가족과 생활을 함께 하는 것(이른바 더부살이)은 '기숙

　18) 十和田観光電鉄事件 ─ 最二小判 昭38. 6. 21, 民集 17권 5호, 754면.
　19) 앞의 각주의 최고법원판례. 社会保険新報社事件 ─ 東京高判 昭58. 4. 26, 労民 34권 2호, 263면은 이것을 답습.
　20) 森下製薬事件 ─ 大津地判 昭58. 7. 18, 労判 417호, 70면.

사'가 아니다. 또 사업에 부속되어 있는지의 여부에 대해서는 ① 숙박하고 있는 근로자에 대해 노무관리상 공동생활이 요청되고 있는가의 여부, ② 사업장 내 혹은 그 부근에 있는지의 여부 등의 기준에 의해 종합적으로 판단하게 된다. 따라서 복리후생의 시설로서 설치된 아파트식 기숙사는 여기에 포함되지 않는다(1948. 3. 30 기발 508호).

6. 근로자의 인격적 이익의 보호

최근에는 이상과 같은 노동기준법상의 근로자의 인권보장규정과는 별개로 그러한 규정으로는 커버될 수 없는 근로자의 신체적 자유, 자기결정권, 명예감정, 프라이버시(타인에게 알려지고 싶지 않은 사적 영역) 등의 인격적 이익에 대하여 사용자에 의한 침해에 대해 법적 구제를 제공하는 판례가 증가하고 있다.[21]

근로자의 인격적 이익이 문제시된 첫 번째의 대표적 유형은 성희롱(sexual harassment)이다. 1997년에 고용기회균등법(1997년 법92)이 개정됨에 따라 이에 관한 법규제가 확립된 것과 서로 전후하여, 이를 불법행위로서 손해배상의 구제를 인정하는 판례가 증가했다. 성희롱이 사회적 및 법적으로 폭넓고 강력한 시정이 요구되는 것은 성희롱이 여성차별행위로서의 성격을 가지고 있을 뿐만 아니라, 보다 근본적으로 여성근로자의 인격권 침해의 성격을 가지기 때문이라고 할 수 있다. 그래서 성희롱을 인격권침해의 관점에서 위법으로 삼는 판례가 증가했다.[22] 또 성희롱이란 무엇인가, 왜 시정되어야 하는가에 관한 논의는 근로자의 인격권 일반에 관한 인식을 확산시키는 것에도 공헌하고 있다고 보인다.

근로자의 인격적 이익이 법적으로 문제가 되는 두 번째 유형은 복무규율에서이다. 근로자의 소지품 검사의 가부 및 요건은 사업수행상의 필요성과 근로자의 인격적 이익의 조정에 관한 고전적인 문제였다고 할 수 있으나, 최근에는 기업에서의 복장 및 몸가짐의 규제와 수염·긴 머리·염색머리 등, 근로자의 자기표현과의 충돌이 문제가 되었다. 또 교육훈련의 내용 및 양태 등도 근로자의 인격적 이익에 대한 배려를 필요로 하는 문제이다.[23]

---

21) 문헌으로 島田陽一, 「企業における労働者の人格権」, 講座21世紀の労働法(6), 2면 이하; 道幸哲也, 職場における自立とプライヴァシー; 東大労研究, 注釈労基法上, 201면 이하[和田]; 角田邦重, 「労働者人格権の射程」, 山田省三=石井保雄, 労働者人格権の研究(上), 3면.

22) 최근에도 예를 들어 '두 사람은 쓸 만하다', 'A는 스토커가 아닐까' 등의 여성 종업원(A)에 관한 상사의 발언을 A의 명예감정, 프라이버시권리, 그 외 인격권을 침해하는 불법행위라고 한 판례로서, 破産会社D社事件 ― 東京地判 平15. 7. 7, 労判 860호, 64면 참조.

23) 노동조합의 마크가 들어 있는 벨트를 착용하고 취업한 근로자에 대해 2일간에 걸쳐 취업규칙을 옮겨 쓰게 한 행위가 인격권침해의 위법행위로 판단한 원심을 시인한 사례로서 JR東日本[本荘保線区]事件 ― 最二小判 平8. 2. 23, 労判 690호, 12면.

세 번째의 대표적인 유형으로는 직장에서의 왕따, 괴롭힘, 따돌림 등이다. 상사가 부하를 지도·주의·질책하는 과정에서 행하는 부하의 인격을 침해하는 언동도 이러한 유형에 속하며 '파워 하라스먼트(power harassment)'⑨라고 불린다.24) 이러한 행위는 근로자의 정치적 신조나 노동조합활동을 무척 싫어하여 행해지는 경우가 있으며,25) 또 퇴직권장에 따르지 않는 근로자에 대해 행해지는 것이 또 다른 한 가지의 전형적인 케이스이다. 위의 어느 경우라도 사회통념을 초월한 양태로 행해진다면, 인격적 이익을 침해하는 위법행위로 여겨진다.

네 번째 유형은, 근로자의 건강에 관한 프라이버시의 침해이다. 채용할 때의 건강진단이나 정기건강진단 등에서 근로자에게 무단으로 HIV검사 등을 실시한 경우에는 기업에 프라이버시 침해로서의 불법행위책임이 인정되고 있다. 직장에서 인터넷이용의 감시도 근로자의 프라이버시에 관계되는 새로운 문제이다.

⑨ **직장의 파워 하라스먼트**

　최근에 직장에서의 '왕따·괴롭힘(いじめ·嫌がらせ)'나 '파워 하라스먼트(power harassment)'라고 불리는 사건이 노동문제로 드러나게 되어, 노동상담이나 노사분쟁해결절차에서도 대표적인 사안의 하나가 되었다(도도부현 노동국에서 이루어진 '왕따·괴롭힘'의 상담건수는 2004년에는 약 6,600건이었는데, 2011년에는 약 45,900건으로 증가하여 민사상의 개별노동분쟁에 관계된 전체 상담건수의 15.1%에 이르렀다). 이러한 배경에는 기업경쟁의 격화가 계속되는 가운데 직장에서의 압력의 고조나 직장내에서의 커뮤니케이션의 희박화·문제해결력의 저하 등이 있다고 보인다.

　이러한 상황에 대응하여 기업(노사)의 예방·해결을 위한 대응을 촉구하기 위하여 정부의 '직장의 왕따·괴롭힘 문제에 관한 원탁회의 워킹그룹'의 보고가 2012년 1월에 마련되었다. 이 보고에서는 대응의 대상으로서의 사실과 현상을 '직장의 파워 하라스먼트'로 부르며, 여기에는 상사로부터 부하에 대한 왕따·괴롭힘뿐만 아니라, 선배·후배간이나 동료간, 더 나아가서는 부하로부터 상사에 대하여 행해지는 것도 포함된다고 하여 '같은 직장에서 일하는 자에 대하여 직무상의 지위나 인간관계 등의 직장내의 우위성을 배경으로, 업무의 적정한 범위를 넘어서 정신적·신체적인 고통을 주거나 또는 직장환경을 악화시키는 행위를 말한다'고 정의한다. 그리고 '직장의 파워 하라스먼트'의 행위유형으로는 ① 폭행·상해(신체적 공격), ② 협박·명예훼손·모욕·심한 폭언(정신적인 공격), ③ 격리·따돌림·무시(인간관계로부터의 배제), ④ 직무상 명확하게 불필요한 일이나 업무불가능한 일의 강제, 업무의 방해(과대한 요구), ⑤ 업무상의 합리성이 없고, 능력이나 경험과 동떨어진 정도의 낮은 업무를 명령하

---

　24) 판례로서는 三洋電機コンシューマエレクトロニクス事件 ― 広島高松江支判 平21. 5. 22, 労判 987호, 29면.
　25) 공산당의 구성원 및 지지자에 대해 행해진 감시·사물함의 무단점검·따돌림 행위 등이 그러한 사람의 인격적 이익을 침해하는 불법행위라고 간주한 판례로서 関西電力事件 ― 最三小判 平7. 9. 5, 労判 680호, 28면; 노동조합 전임자가 복직했을 때 왕따를 당한 행위를 인격권침해의 불법행위로 한 판례로서 ネッスル事件 ― 大阪高判 平2. 7. 10, 労判 580호, 42면. 상사가 부하에 대한 과도한 비난 이메일을 명예훼손의 불법행위로 본 사례로서 A保険会社上司事件 ― 東京高判 平17. 4. 20, 労判 914호, 82면.

는 것이나 업무를 주지 않는 것(과소한 요구), ⑥ 사적인 것이 과도하게 간섭하는 것(개인의 침해)이 있다. 이러한 것들 중, '업무상의 적정한 지도'와의 구분이 어려운 것은 ④~⑥으로, 업종이나 기업문화의 영향을 받고 또 행위의 상황이나 계속적인지의 여부에 의해서도 영향을 받기 때문에, 각 기업·직장에서의 인식을 모아서 그 범위를 명확히 하는 것이 바람직하다고 한다. 기업의 방지노력으로서는 대표로부터의 메시지, 룰의 책정, 실태의 파악, 교육, 주지 등을, 해결의 노력으로서는 상담이나 해결하는 장(場)의 설치, 재발방지연수 등을 추천하여 권하고 있다.

　　왕따·괴롭힘이나 파워 하라스먼트는 법적 문제로서는 가해자인 상사나 동료의 피해근로자에 대한 신체, 명예감정, 인격권 등을 침해하는 불법행위책임과, 기업의 피해근로자에 대한 근로계약상의 안전배려의무위반의 책임유무의 문제가 된다(상사의 부하에 대한 이메일에서 '일할 마음이 없으면 그만둬야 한다' 등의 언사를 포함한 질타독려에 대하여 허용한도를 넘어 명예감정을 침해하였다고 하여 불법행위책임을 인정한 사례로서 A保険会社上司事件 — 東京高判 平17. 4. 20, 労判 914호 82면; 상사에 의한 엄격한 지도·지적은 상사가 해야 할 업무상의 지도의 범위에 그치는 것이라고 하여 안전배려의무위반 및 불법행위책임을 부정한 사례로서 医療法人財団健和会事件 — 東京地判 平21. 10. 15, 労判 999호, 54면).

7. 노동관계에서의 개인정보 보호

　　인터넷의 보급 등 정보통신기술의 비약적인 발전이 계속되는 가운데, 개인정보 유출 및 악용이 쉽게 이뤄지고 있는 사태가 발생하여 개인정보보호가 중대한 사회적 과제가 되었다. 이리하여 정부전체에서 개인정보보호를 위한 입법제정을 위한 노력이 행해졌으나, 고용관리정보에 대해서는 근로자의 수입, 가족, 병력 등의 개인정보가 다수 포함되어 있기 때문에 노동성에서도 독자적인 검토가 실시되었다.

　　2003년에 제징된 '개인성보의 보호에 관한 법률'(2003년 법57. 이하 '개인정보보호법'으로 약칭)은, 개인정보를 '생존하는 개인에 관한 정보로, 당해 정보에 포함되는 성명, 생년월일, 그 외 기술 등에 의하여 특정 개인을 식별할 수 있는 것'(2조 1항)으로 정의한 뒤, '개인정보 데이터베이스 등'을 사업용으로 제공하고 있는 자('개인정보취급사업자'26))에 대하여 이용목적의 특정(15조), 이용목적에 따른 제한(16조), 적정한 취득(17조), 취득시의 이용목적의 통지 등(18조), 데이터 내용의 정확성의 확보(19조), 안전관리조치(20조), 개인데이터를 취급하는 종업자의 감독(21조), 개인데이터 취급의 위탁처의 감독(22조), 제3자 제공의 제한(23조), 보유개인데이터에 관한 일정 사항의 본인에 대한 공표(24조), 본인에 대한

---

26) 개인정보보호법 시행령 2조에 의하면, 식별된 특정 개인의 수가 5,000을 넘지 않는 자는 개인정보취득사업자에서 제외된다.

개시(25조), 본인에 의한 개정 등(26조), 고충의 처리(31조) 등등의 의무를 부과
하고 있다.

그래서 후생노동성은 개인정보보호법의 제정에 대응하여, 고용관리의 관점
에서 동법상의 사업자가 강구해야 할 조치에 관한 지침을 책정하였다.[27] 동법
에서의 이용목적의 특정(15조), 안전관리조치(20조), 개인데이터를 취급하는 종업
자의 감독(21조), 개인 데이터 취급의 위탁처의 감독(22조), 제3자 제공의 제한
(23조), 본인에 대한 개시(25조), 고충처리(31조)의 여러 규제에 관하여 사업주가
행해야 하는 조치 내지 유의해야 하는 사항을 구체적으로 열거한 것이다.[10]

또, 근로자의 건강정보 보호에 대해서는 특히 기미(機微)한 것으로 엄격하게
보호할 필요가 있다고 하여 별도의 전문적 검토를 실시하여,[28] 이용목적의 특
정, 정보수집에 있어 본인의 동의, 비밀 유지, 본인에 대한 정보개시, 제3자에
대한 제공에 있어 본인의 동의, 특히 배려가 필요한 정보의 취급(수집의 원칙적
금지 등) 등, 상기의 지침에서 정한 것에 더하여, 사업자가 유의해야 하는 사항
을 통지하였다(2004. 10. 29, 기발 1029009호).

[10] 근로자의 개인정보처리의 견해

노동성은 개인정보보호법이 제정되기 이전인 2000년에 '근로자의 개인정보보호에 관한
행동지침'을 책정했는데, 거기에는 기업 등에 의한 근로자의 개인정보의 수집·보관·사용에
관한 일반 원칙이 다음과 같이 정리되어 있기에 참고가 된다.

① 개인정보의 처리는 근로자의 고용에 직접 관련되는 범위 내에서 적법하고 공정하게
행해지는 것으로 한다.

② 개인정보의 처리는 원칙적으로 수집목적의 범위 내에서 구체적인 업무에 따라 권한을
부여받은 자만이 업무의 수행상 필요한 한도에서 행하는 것으로 한다.

③ 사용자를 포함하여, 개인정보의 처리에 종사하는 자는 업무상 알게 된 개인정보의 내
용을 함부로 제3자에게 알리거나 부당한 목적으로 사용해서는 아니 된다. 그러한 업무에 관
계되는 직을 떠난 후에도 마찬가지이다.

④ 사용자는 개인정보의 보호 추진의 관점에서 그 처리 방법에 대하여 정기적으로 평가
및 검토하는 것으로 한다.

⑤ 사용자는 근로자에 대해 개인정보의 처리를 통하여 고용상의 불법 또는 부당한 차별
을 해서는 아니 된다.

⑥ 사용자는 근로자에 대해 개인정보의 보호에 관한 권리의 일방적인 포기를 요구해서는
아니 된다.

---

27) '고용관리에 관한 개인정보의 적정한 취급을 확보하기 위해서 사업자가 강구해야 할 조치
에 관한 지침', 2004. 7. 1, 후노고259호. 개인정보보호법을 노동법의 관점에서 분석한 문헌으로 砦
出誠, 個人情報法と人事·労務管理.

28) 2004년 9월 '근로자의 건강정보 보호에 관한 검토보고서'

제 2 관 고용에서의 남녀평등

1. 노기법의 남녀동일임금원칙

사용자는 근로자가 여성이라는 점을 이유로 하여 임금에 대해 남성과 차별적 취급을 해서는 아니 된다(노기 4조).

국제적으로는 1919년 베르사유조약 이래 동일가치노동에 대한 남녀동일보수원칙이 국제조약에서 계속해서 확인되어 왔다.[29] 위의 남녀동일임금원칙은 이 국제기준을 노기법에서 성문화한 것이다. 특히 임금을 포함한 노동관계에 있어서 남녀평등원칙을 규정하는 방법으로서 노기법의 균등대우원칙(3조) 중에 '성별'에 의한 근로조건 전반에 대한 차별금지를 기입하는 방법이 보다 철저히 된 것이었다. 그러나 노기법은 시간외·휴일노동, 심야업, 위험유해업무, 산전산후의 휴업 등의 사항에 대해 여성의 보호기준을 정하고, 여성에 대해 노동관계상 남성과 다른 취급을 해왔기 때문에 그 방법은 취하지 않고 균등대우원칙의 다음 조항에서 임금에 대해서만 남녀평등취급을 규정하는데 그쳤다는 경위도 있다.

이러한 남녀동일임금의 원칙이 금지하는 것은 '임금에 대한' 차별적 취급에 그치고 있다. 채용·배치·승진·교육훈련 등의 차별에서 유래하는 임금의 차이는 이 원칙에 저촉되지 않는다. 이러한 차별에 대해서는 후술하는 남녀평등의 공서법리와 고용기회균등법이 규제하고 있다. 한편 고용기회균등법은 임금에 대한 차별은 규제대상으로 삼고 있지 않으며, 노기법의 남녀동일임금원칙에 그 규제를 위임하고 있다. 예를 들어 직능급(職能給, 직능자격)제도상의 승격차별은 직능자격이 직무·기능·책임 등의 차이를 반영하고 있는 한 '임금'에 대한 차별이 아니며, 따라서 노기법의 남녀동일임금원칙에 의해서가 아니라 남녀평등의 공서법리 및 고용기회균등법의 '승진'차별금지에 의해 규제된다. 단 동원칙 위반에 해당된다고 하여, 불법행위에 근거로 하는 손해배상청구 내지 자격확인청구와 차액임금청구를 인정한 판례도 있다.[30]

또한 이 원칙이 금지하는 것은 '여성이라는 것을 이유로'하는 임금차별이므

---

29) ILO에서는 1951년 제100호 조약. 일본은 1967년에 동 조약에 비준.

30) 전자의 예로서는 シャープエレクトロニクスマーケティング事件 ― 大阪地判 平12. 2. 23, 労判 783호, 71면. 후자의 예로서는 芝信用金庫事件 ― 東京高判 平12. 12. 22, 労判 796호, 5면.

로, 연령·근속연수·부양가족의 유무·수, 직종, 직무내용, 능률(노동성과), 책임(권한), 작업조건 등의 차이에서 유래하는 임금의 차이는 금지되지 않는다. 그러나 여성이 일반적으로 근속연수가 짧은 점, 능률이 낮은 점, 주로 생계유지자가 아니라는 점 등을 이유로 실제로 그러한지 여부를 묻지 않고 일률적으로 남녀 사이에 임금을 달리 취급을 하는 것은 '여성이라는 것을 이유'로 하는 임금차별에 해당한다(1947. 9. 13 기발 17호).[11]

노기법의 남녀동일임금원칙의 조문(4조)은 남녀가 '동일노동' 내지는 '동일가치노동'에 종사하고 있다는 요건을 별도로 규정하고 있지 않다. 이것은 임금이 직무(job)의 내용과 기능요건을 기준으로 한다기보다는 연령, 근속연수, 가족상황 등의 속인적 요소를 기준으로 하여 지불되기 쉬운 일본의 임금제도를 염두에 두고 동일(가치)노동을 필수요건으로는 하지 않았다고 이해할 수 있다.[31] 따라서 동일노동에 대한 종사는 '여성이라는 것을 이유로 하는' 차별을 추인(推認)하게 하는 중요한 간접사실이 되지만 필수요건 사실은 아니다.

'차별적 취급'이란 균등대우원칙(노기 3조)의 경우와 같이, 유·불리를 묻지 않고 달리 취급하는 것으로 해석되고 있으므로,[32] 여성에 대한 임금을 남성보다 유리하게 취급하는 것(예를 들어 여성에 대해서만 조기퇴직에 관하여 퇴직금의 우대조치를 실시하는 것)도 이 원칙의 위반이 된다. 다시 말해 이 원칙은 남성·여성 쌍방을 보호대상으로 한 양면적인 규제라 할 수 있다.

남녀동일임금원칙에 대해서는 형벌규정이 있고(노기 119조), 또 이를 배경으로 하여 노동기준감독서에 의한 시정지도가 이루어진다. 사법(私法)상 동 원칙은 강행규정이기 때문에 이에 반하는 행위는 법적 효과로서는 무효이며(따라서 취업규칙 및 단체협약에 있어 차별적 임금규정은 무효), 손해를 입힌 위법한 행위(불법행위)로서 배상책임이 발생하게 된다. 따라서 차별을 받은 여성(혹은 남성)은 과거 임금의 차별액 및 위자료를 청구할 수 있다.[33][12]

---

[11] 임금에 관한 차별적 취급의 전형적인 사례

임금에 관한 남녀의 차별적 취급의 전형적 형태로서는 남녀별 임금표의 설정, 여성 연령급의 한계, 주택수당과 가족수당을 남성에게만 지급, 남성은 월급제인데 비해 여성은 일급제인 경우 등이 있을 수 있다(판례를 정리한 문헌으로서 淺倉むつ子=今野久子, 女子労働判例ガイド, 120면 이하). 이러한 경우, 남녀간에 일반적인 임금격차가 발생하고 있음에도 불구하고

---

31) 寺本廣作, 労働基準法解説, 161면; 渡邊章ほか, 日本立法資料全集 52, 94면, 101면.

32) 労基局, 労基法上, 84면.

33) 이를 인정한 판례로서는 아래에서 열기하는 판례 외에 日ソ図書事件 ― 東京地判 平4. 8. 27, 労判 611호, 10면.

사용자가 이 격차는 직무내용과 근로성과의 차이에 근거한 것이라는 점을 구체적으로 입증할 수 없는 한, 여성이라는 점을 이유로 한 차별로 추정된다(秋田相互銀行事件 — 秋田地判 昭50. 4. 10, 労民 26권 2호, 388면; 內山工業事件 — 広島高岡山支判 平16. 10. 28, 労判 884호, 13면). 또 여성의 채용당시에는 남녀별 임금이 직무의 차이에 의한다고 인정되는 경우라도, 근무계속 중에 여성이 남성과 비슷한 직무에 종사하게 된 이후는 사용자에게 임금의 시정의무가 발생하고, 이 의무를 다하지 않는 것은 4조 위반으로 간주된다(塩野義製薬事件 — 大阪地判 平11. 7. 28, 労判 770호, 81면).

또한 부양친족을 가지는 '세대주'인 종업원에게 지급하는 가족수당(및 동일한 부양수당)에 대해서 배우자가 소득세법상 부양공제 대상한도액을 넘는 소득을 가지는 경우에는 남성종업원만을 '세대주'로 인정하는 것은 위법한 차별적 취급으로 여겨지고 있다(岩手銀行事件 — 仙台高判 平4. 1. 10, 労経速 1449호, 10면). 이에 대해 '친족을 실제로 부양하고 있는 세대주'인지의 여부를 기준으로 하는 가족수당의 지급은 가족수당의 취지에서 불합리한 제도가 아니며, 여성이라는 점을 이유로 하는 차별적 취급이 아니라고 판단하고 있다(日産自動車事件 — 東京地判 平元 1. 26, 労民 40권 1호, 1면).

또한 본인급(연령급)을 실제 연령에 따라 상승하게 할 것인지 아니면 26세를 한계점으로 할 것인지를 당초에는 '세대주'인지의 여부를 기준으로 한 뒤, 새로이 '근무지 비(非)한정'인지의 여부를 기준으로 한다는 제도는 그 운용방식에 비추어 모두 여성에게 일방적으로 불리해지는 것을 용인하여 제정된 것이라고 추인되어, 여성이라는 점을 이유로 하는 임금차별이라고 인정하였다(三陽物産事件 — 東京地判 平6. 6. 16, 労判 651호, 15면).

12 **차액임금 청구권**

남녀동일임금원칙의 법적 효과에 관한 하나의 문제는 임금차별을 받은 근로자가 임금차별의 시정청구로서 차액에 대한 임금청구권을 가지는지의 여부이다. 이것을 남녀동일임금규정(4조) 그 자체의 법적 효과로서 인정하는 견해도 있지만, 동규정은 '차별적 취급을 해서는 아니 된다'라고 규정하고 있을 뿐이므로 문언상 다소 곤란하다. 그래서 노기법상의 기준인 직률적 효력(13조)을 근거로 하는 견해가 있을 수 있는데(앞서 인용한 秋田相互銀行事件), 남녀동일임금규정(4조)에서 직률적 효력을 가져야 하는 '이 법률에서 정하는 기준'(13조)은 '차별적 취급을 해서는 아니 된다'고 하는 추상적 내용이므로, 그 상태로는 근로계약의 구체적 기준은 될 수 없으므로 이 설로도 곤란한 점이 있다(중도에 채용된 여성의 초임임금에 관한 남녀차별 사건으로 손해배상청구권만이 인정된 판례로서 石崎店事件 — 広島地判 平8. 8. 7, 労判 701호, 22면). 그래서 개인적으로는 노기법상의 남녀동일임금규정은 차별을 받은 여성에게 적용되어야 할 임금기준이 명확한 경우에는 차별이 없었다면 받을 수 있었던 일정액의 임금을 받아야 한다는 의미의 구체적 기준이 되어, 당해 근로자의 근로계약을 직접 규율한다고 해석한 뒤 이 견해에 찬성해 왔다. 이에 대해 그러한 기준이 취업규칙 등에서 규정되고 있는 경우에만 그 규정에 의한 청구권을 인정하는 견해도 있다(安枝=西村, 労基法, 76면).

2. 남녀평등취급의 공서법리

앞에서 언급한 것처럼, 노기법은 노동관계에서의 임금이외의 남녀차별을 규제하지 않았다. 한편, 사회에서는 남성은 한 가정을 부양하는 사람, 여성은 가사의 담당자라는 전통적인 남녀의 역할분담(그러한 가치관)이 존재하였고, 이를 전제로 하여 대부분의 기업에서도 남성은 기간적(基幹的) 노동력으로서 장기적으로 육성하고 활용하며, 여성은 청년시기(결혼까지)의 보조적 노동력으로서 사용한다는 남녀별 고용관리가 이루어졌다. 이리하여 여성종업원에 대해서는 결혼퇴직제, 조기정년제(若年定年制), 남녀별 임금관리 등, 남녀의 기회균등의 이념에 반하는 제도나 관행이 일반화되었다. 그러나 1960년대의 고도경제성장기에서의 노동력부족이 계속되는 가운데, 여성근로자의 증가와 정착(그리고 여성근로자 자신의 권리의식의 고조)이 생겨났고, 이를 배경으로 법원이 남녀평등취급의 공평법리를 발전시켰다.

우선, 결혼퇴직제에 대하여, 성별에 의한 차별적 대우의 금지와 결혼의 자유보장은 '공적 질서'(민 90조)를 구성하고 있고, 결혼퇴직을 정하는 계약은 각서, 관행, 취업규칙, 단체협약 중 어느 것이든 합리적 이유가 인정되지 않는 한 공서위반으로서 무효가 된다는 법리가 먼저 수립되었다.[34] 이어서 여성 30세(남성 55세)와 같은 여성 청년정년제의 규정은 이를 정당화하는 특별한 사정이 인정되지 않는 이상, 현저하게 불합리한 남녀차별을 하는 경우 '공적 질서'의 위반으로 무효가 된다는 법리가 수립되었다.[35] 그리고 최고법원 판례도 남성 60세, 여성 55세의 차별정년제의 법적 효력을 위 법리를 이용하여 부정했다.[36]

이리하여 확립된 남녀평등대우의 법리는 요컨대 사적 자치(계약의 자유)에 '공적 질서'라는 틀을 끼우는 민법 기본규정(90조)을 이용하며, 남녀평등대우의 원칙(헌 14조, 민 2조)이 그 '공적 질서'의 한 내용이 되고 있다. 그리고 결혼퇴직제, 차별정년제 등의 여성에 대한 차별관행(그 약정과 관행에 근거한 해고, 합의해약)은 그것을 정당화하는 합리적 이유가 없는 한 '공적 질서'에 반하여 무효·위법이 된다는 법적 원칙을 수립한 것이다. 이러한 남녀평등대우법리는 그 후 판례의 발전에 의해 여성에 대한 승진·승격차별과 차별적 정리해고 등에도 영향을 미쳐 노동관계의 전반에 있어서 합리적 이유가 없는 남녀차별을 규제하는 법리로서 수립되고 있다.[13] 이 법리는 고용기회균등법의 제정(1985년) 및 개정(1997년) 후에도 동법과 함께 존재하고 있으며, 동법을 보완하는 기능을 한다.

▍[13] **남녀평등대우의 공서법리 일반화**

남녀평등대우의 법리는 먼저 정리해고로 확장되었다. 즉 '기혼여성사원으로 자녀가 두 명 이상인 자'라는 정리기준에 의한 정리해고는 여성에 대한 불합리한 차별로서 무효가 되었다

---

34) 이 효시는 住友セメント事件 ― 東京地判 昭41. 12. 20, 労民 17권 6호, 1407면.
35) 이 최초의 판결이 東急機関工業事件 ― 東京地判 昭44. 7. 1, 労民 20권 4호, 715면.
36) 日産自動車事件 ― 最三小判 昭56. 3. 24, 判時 998호, 3면.

(コパル事件 ― 東京地決 昭50. 9. 12, 判時 789호, 17면). 단 경영개선조치의 결과 나타난 잉여인원이 여성근로자뿐으로 그러한 자를 다른 직장으로 배치전환하는 것이 곤란한 사정(당시의 노기법의 심야업금지 등)이 있는 경우에는 그러한 여성에 대한 정리해고는 여성이라는 이유로 인한 차별적 대우는 아니라고 보고 있다(古河鑛業事件 ― 最一小判 昭52. 12. 15, 労経速 968호, 9면; 日本鋼管事件 ― 横浜地川崎支判 昭57. 7. 19, 労経速 1126호, 3면).

이어 동 법리는 승격차별에 영향을 미치고 있다. 즉, 남녀가 동일 채용시험으로 채용되어 업무내용도 동일함에도 불구하고 남성직원에 대해서만 근속연수를 기준으로 한 일률승격조치를 취한 것이 합리적 이유가 없고 남녀평등의 공서에 반하는 불법행위를 구성한다고 보고 있다(社会保険診療報酬支払基金事件 ― 東京地判 平2. 7. 4, 労民 41권 4호, 513면). 이 판례는 남녀평등의 공서법리를 승격이라고 하는 인사관리의 기본적 조치에 적용한 것일 뿐만 아니라, 동 법리가 불법행위로 인한 손해배상청구도 가능하게 하는 것임을 명확하게 한 것이다. 또한 원고인 여성들은 남성과 동일한 승격을 한 점을 확인청구했지만, 이에 대해서는 사용자에 의한 승격결정이 없는 이상 인정될 수 없다고 하였다(같은 취지: 商工組合中央金庫事件 ― 大阪地判 平12. 11. 20, 労判 797호, 15면; 기혼여성인 점을 이유로 한 낮은 평가에 대해 인사권 일탈에 의한 불법행위의 성립을 인정한 사례로서는 住友生命保険事件 ― 大阪地判 平13. 6. 27, 労判 809호, 5면).

남성은 기간요원(基幹要員)으로 채용·육성·처우하고, 여성은 보조적 요원으로 채용·처우하는 남녀별 고용관리(남녀별 코스제)에 대해서는, 균등법 이전의 시기 및 고용기회균등법상의 채용·배치·승진의 균등한 취급이 노력의무로 규제되고 있던 시기에는 '공서에 반한다'고까지는 하지 않고 있으며(日本鉄鋼連盟事件 ― 東京地判 昭61. 12. 4, 労民 37권 6호, 512면; 野村証券事件 ― 東京地判 平14. 2. 20, 労判 822호, 13면; 住友電気工業事件 ― 大阪地判 平12. 7. 31, 労判 792호, 48면; 岡谷鋼機事件 ― 名古屋地判 平16. 12. 22, 労判 888호, 28면), 동법상의 채용·배치전환·승진차별이 금지되기에 이른 1997년 개정 이후에 있어서 공서위반으로 된다고 판단되는 경향에 있다(위의 野村証券事件, 岡谷鋼機事件. 남녀간의 처우의 현저한 격차를 이유로 균등법 제정 직전부터의 위법성을 인정한 판례로서 昭和シェル石油事件 ― 東京高判 平19. 6. 28, 労判 946호, 76면; 兼松事件 ― 東京高判 平20. 1. 31, 労判 959호, 85면. 1997년 개정이전의 공서위반 부정을 비판한 문헌으로 和田肇,「憲法14条 1項, 民法1条 2項, 同90条, 그리고 労働契約」, 中嶋還暦, 労働契約法の現代的展開, 1면). 또한 판례에 있어서는 주로 임금처우상의 승격제도(기본급이 자격에 연동하여 있는 제도)에 대하여, 이를 노기법 4조의 임금차별의 측면을 가진다고 봄으로써 균등법의 성립 이전부터 행해져 온 남녀별 고용관리의 결과로서 과장에 승진하지 못한 남녀차별에 대해 노기법의 직률적 효력의 규정(13조)을 유추적용하여 동 자격에 승격했다는 확인청구 및 차액임금청구를 인용한 사례도 있다(芝信用金庫事件 ― 東京高判 平12. 12. 22, 労判 796호, 5면). 또한 남녀간의 승격차별에 대하여 남녀동일임금의 원칙(노기 4조)의 위반을 이유로 불법행위가 성립한 것으로 하여 차액임금에 상당하는 손해배상청구를 인정한 사례도 있다(シャープエレクトロニクスマーケティング事件 ― 大阪地判 平12. 2. 23, 労判 783호, 71면; 日本オートマチックマシン事件 ― 横浜地判 平19. 1. 23, 労判 938호, 54면).

3. 남녀고용기회균등법

성에 따른 차별을 금지하여 규제한 기본적인 법률은 남녀고용기회균등법이다. 동법은 1985년에 성립하여 1997년 및 2006년의 대폭 개정을 거쳐 오늘날의 모습을 이루고 있다.

(1) 1985년 남녀고용기회균등법의 제정

1985년 고용기회균등법(1985년 법45)은 고용에서의 남녀차별의 규제를 '노력의무'(행정지도)를 이용한 점진적인 것에 그침과 동시에, 여성근로자의 직업의식과 능력향상을 도모하고, 동시에 여성의 육아·가사부담이 계속되는 가운데 그 취업을 원조하기 위한 조치를 포함하였다. 이리하여 동법은 남녀양측을 대상으로 하여 성차별의 금지를 도모하는 '성차별금지법'으로서가 아니라, 오로지 여성근로자를 위해서 편면적으로 차별의 규제와 취업의 원조를 도모하는 법률로서 제정되었다.[14]

이러한 1985년 고용기회균등법은 국제적으로 보편적인 남녀의 고용기회균등법제에 이르기까지의 과도적인 성격의 것으로, 남녀기회균등의 기운의 진전과 함께, 보다 보편적인 성차별금지법제를 위한 재검토가 불가피하였다. 본격적인 재검토의 주요한 과제는 ① 차별의 한정적인 규제에서 보다 포괄적인 규제로, ② 노력의무규정의 금지(강행)규정화, ③ 법규제의 편면적 성격의 불식 등이며, 이러한 것을 위해서는 노기법상의 여성보호규정의 철폐가 전제조건이 되었다.

[14] **1985년의 고용기회균등법의 제정경위**

국제연합(UN)에서 1979년 '여자에 대한 모든 형태의 차별의 철폐에 관한 조약'의 채택과 1980년 세계부인회의에서 동조약의 조인으로, 일본정부는 동조약의 비준과 이를 위한 국내법의 정비를 긴요한 정책과제로 삼기에 이르렀다. 이 국내법을 정비하는 가운데 남녀동일임금원칙(노기 4조)과 남녀평등취급의 판례법리에 더불어, 차별철폐를 위해 보다 일반적인 법적조치를 취하는 것이 포함되어 있다. 그래서 남녀의 사회적 역할과 고용관리의 양상에 관한 일대논쟁과 거쳐, 고용기회균등법('고용의 분야에서의 남녀의 균등한 기회 및 대우의 확보 등 여자근로자의 복지의증진에 관한 법률')이, 근로부인복지법(1972년 법113)의 개정법으로서 제정되었다(1985년 법 45, 1986년 4월 1일 시행).

1985년 고용기회균등법은 일본사회에서의 남녀간의 역할분담의 가치관을 전제로 한 고용시스템과 남녀의 취업행동을 고려하여 고용에 있어서 남녀평등을 점진적·실제적으로 추진하려고 했다. 특히 당시의 장기고용시스템이 근속경향을 결정적인 기준으로서의 집단주의적 관리였던 가운데, 남녀간에는 근속경향에 있어서 명료한 차이가 존재하고 있었던 점, 그리고 남녀의 기회균등이념과 모순되는 노기법의 여성보호규정이 가사책임중시의 다수파 여성의 반대에 의해 철폐할 수 없는 상황에 있었던 점을 고려하지 않을 수 없었다.

(2) 1997년 남녀고용기회균등법의 개정

고용에서의 성차별금지법을 위한 다음의 단계로서, 1997년 6월에 노동기준법의 여성보호규정을 원칙적으로 철폐하는 동법 개정과 함께, 고용기회균등법의 개정이 성립하여(1997년 법92), 1999년 4월 1일부터 시행되었다.37)⑮ 동개정은 여성근로자를 위한 고용에서의 남녀차별의 규제를 확충 강화함과 동시에, 여성근로자의 취업원조(복지증진) 조치를 임신중·출산후의 건강 확보를 위한 조치로 한정하였다.38) 동개정의 내용상의 포인트는 ① 모집, 채용, 배치, 승진에 관한 종래의 노력의무의 규제를 '여성에 대해 남성과 균등한 기회를 부여하지 않으면 아니 된다'(모집, 채용)(5조), '근로자가 여성이라는 것을 이유로 하여 남성과 차별적 취급을 해서는 아니 된다'(배치, 승진)(6조)라는 강행규정·금지규정으로 한 것, ② 종래의 편면적 성격을 수정하고, 여성만의 모집·채용 등의 여성우대를 원칙적으로 위법으로 하면서, 여성의 기회확대를 위한 포지티브 액션(positive action)을 적법한 것으로 하여 동조치에 대한 국가의 원조를 규정한 것, ③ Off-JT에 한하여 이루어졌던 교육훈련에 관한 금지를, OJT를 포함한 교육훈련 전반으로 확대하고, 성희롱에 관한 사업주의 배려의무를 규정하는 등, 규제의 폭을 확대한 것, ④ 기회균등조정위원회에 의한 조정을 당사자 일방의 신청으로도 개시할 수 있도록 하여(종래에는 상대방 당사자의 동의가 필요하였다), 금지(강행)규정에 대한 위반 중 악질적인 케이스에 대해서는 후생노동대신이 기업명을 공표할 수 있도록 하는 등 실효성을 확보하기 위한 조치를 강화한 것 등이다.

⑮ **1997년의 법개정 경위**

　　1985년의 고용기회균등법은 고용사회에 있어 남녀의 평등이념을 수립하여 여성이 능력을 발휘할 수 있는 기운을 북돋우게 되었다. 또 코스별 고용제에 있어서 종합직(기간직)에 대한 대졸여성의 채용과 같이 기업의 고용관리방침을 남녀별에서 성(性) 중립적인 방향으로 수정하여 대졸여성의 취직 문호를 확대하는 효력도 발휘했다. 그러나 동법은 모집, 채용, 배치, 승진이라는 커리어 개시와 형성의 중요한 국면에서 노력의무라는 약한 규제에 그치고 있었던 적도 있어, 남성중심의 고용시스템의 실질까지도 붕괴시킬 힘은 가지지 못했다. 예를 들면, 코스별 고용제에서는 대졸 남성은 전원 종합직, 대졸 여성은 극히 일부가 종합직, 나머지는 일반직(보조직)으로라는 분리가 이루어져, 일반직에는 원칙적으로 전원 여성이 채용되는 등, 남녀별 관리의 실질이 온존하는 케이스도 많았다.

　　동법에 대해서는 법 시행 후 10년이 경과하여 이러한 공적과 한계가 명확해지고, 과도적

---

　　37) 1991년의 육아휴업제도 및 1995년의 개호휴업제도의 성립으로, 취업원조조치의 중심인 육아휴업 및 재고용특별조치가 남녀공통의 육아·개호휴업법으로 옮겨졌다. 이것이 1985년 고용기회균등법의 재검토의 제일 첫 걸음이었다.

　　38) 법률의 정식명칭은 '고용의 분야에서의 남녀의 균등한 기회 및 대우의 확보 등에 관한 법률'로 개정되어('여자근로자의 복지의 증진'을 삭제), 목적(1조) 및 기본적 이념(2조)도 그 연장선에 따라 수정되었다.

인 동법을 보다 본격적인 남녀고용평등법을 위해 재평가해야 한다는 기운이 높아졌다. 그때 마침 고용현장에서는 종래의 연공중시적 집단주의고용관리가 중장년층의 증가, 국제적 경쟁의 치열화 등을 배경으로 능력주의·성과주의 방향으로 크게 수정되기 시작하여, 근로자를 개개인의 능력과 실적으로 취급하는 움직임이 생겨났다. 또 커리어를 추구하는 여성도 유력한 목소리를 낼 수 있게 되어, 이것이 연합(일본노동조합총연합회)의 여성보호규정철폐로 조건부 찬성의 의사결정을 이끌어 고용평등을 위한 규제강화의 조건을 정비했다.

(3) 2006년 고용기회균등법 개정

1997년에 개정된 고용기회균등법은 미국과 유럽의 남녀고용차별규제에 비하면, 남녀 어느 쪽도 법의 보호 대상으로 하여 차별적 규제를 행하는 것이 아닌 점, 규제가 사용자의 특정행위(취급)에 한정되어 있어 고용에 있어서 모든 근로조건과 취급에 이르는 포괄적인 것이 아닌 점, '간접차별'[16]이 금지되어 있지 않는 점 등에 있어서 차이가 있다. 이러한 점은 사회의식과 실태의 거듭되는 변화를 지켜본 후 이후의 검토과제가 되었다.

그 후, 남녀고용기회균등법의 이념이 사회에 보다 넓게 정착된 가운데, 법제정 20년째를 맞이한 시기가 되었다. 그래서 2006년에 다시 고용기회균등법의 대폭적인 개정이 이루어져(2006년 법82), 2007년 4월부터 시행되었다.

개정의 주요한 내용은 ① 여성만을 보호 대상으로 한다는 종래의 편면적인 성격을 개정하여, 남성·여성 양측을 보호 대상으로 하는 양면적 성격의 법률(이른바 성차별금지법), ② 차별적 취급이 금지[17]된 고용 단계(지금까지는 모집, 채용, 배치, 승진, 교육훈련, 복리후생, 정년, 퇴직, 해고)에 강격, 직종·고용형태의 변경, 퇴직권장, 고용중지(근로계약의 갱신)를 첨가하고, '배치'에 대해서는 '업무의 배분' 및 '권한의 부여'가 포함되는 것을 명확히 한 것, ③ 간접차별에 대하여 성령에서 규정하는 한정적인 경우에 대하여 금지규정을 마련한 것, ④ 임신, 출산, 산전산후휴업의 취득을 이유로 하는 해고의 금지규정 중에 해고이외의 불이익 취급의 금지를 첨가한 것, ⑤ 성희롱에 관한 사업주의 배려의무규정을 조치의무규정으로 강화하고, 동시에 남성에 대한 성희롱도 대상으로 한 것 등이다.[39]

---

[16] **간접차별**

성에 관한 '간접차별'(indirect discrimination)이란 채용, 배치, 승진, 임금 등의 근로자의 취급에 대해 사용자가 일견 성에 중립적인 요건을 설정한 경우에, 그 요건이 실제로는 한쪽의 성에 불균형적으로 불리하게 작용할 때에는 사용자가 해당 요건의 경영상의 필요성을 입

---

39) 이와 더불어, 노동기준법의 개정도 이루어져 여성기술지가 갱내의 관리감독업무에 종사할 수 있도록 하였다.

중할 수 없는 한 위법한 성차별로 간주한다는 법리이다. 미국에서 '차별적 효과'(disparate impact)의 이론으로서 확립되어(Griggs v. Duke Power Co., U.S. 424(1971), Civil Right Act, Title Ⅶ, Sec. 2002e-2a), 유럽 여러 국가(EU도 포함) 및 영연방계 제국으로 퍼져 나 갔다(영국법의 상세한 연구로서 淺倉むつ子, 男女平等法論, 432면, 446면 이하). 이에 대해 여 성이기 때문에 차별을 위법으로 하는 전통적인 차별은 직접 차별(direct discrimination) 내 지는 의도적 차별(discriminatory intent)로도 불린다. 그러나 '간접차별' 개념의 전파에도 불 구하고 그 구체적 내용은 각국에 따라 다르며, 미국과 EU에서는 특히 파트타임 근로자의 저 임금을 여성에 대한 간접차별이라고 볼 것인지의 여부에서 크게 다르다(유럽법원은 간접차별 성을 긍정하는 데 비해 미국에서는 그러한 발상이 없다).

⑰ 강행규정의 사법상의 효력

고용기회균등법의 '~하지 않으면 아니 된다'(5조), '~해서는 아니 된다'(6조, 7조, 9조 1 항~3항)라는 여러 규정은, 모두 사법상의 강행규정이다. 따라서 이러한 규정에 위반하는 행 위는 법률행위(법적 효과)로서는 무효이며(예를 들어 업무명령, 배치전환, 해고, 합의해약, 취 업규칙상 정년규정), 또한 대상근로자에게 재산적·정신적 손해를 입힌 경우에는 불법행위로 서 배상책임을 지게 된다(남녀별 코스제 하에서 고졸남성을 관리직으로 승격시키면서 고졸여 성을 정형업무종사자로 승격시키지 않는 것은 금지규정에 대한 법개정의 시행(1999년 4월) 이후에는 동법 6조에 위반됨과 동시에, 공서위반에 해당하여 위법한 것으로 판단한 사례로서 는 앞에서 언급한 野村証券事件, 岡谷鋼機事件). 또 그러한 규정에 반하는 취업규칙에 대해서 는 노동기준감독서가 변경명령을 명할 수 있다(노기 92조 2항).

문제는 이러한 규정으로부터 차별적 취급의 시정을 요구하는 청구권이 발생할 것인지의 여부이다. 모집, 채용, 배치, 승진, 교육훈련 등은 다양한 사실행위의 집적으로서 행해지고 또 한 관계자간의 집단적인 조정을 필요로 하는 행위이기도 하므로, 이러한 것들에 있어 차별적 상태의 적극적 시정조치는 엄격한 민사소송절차로 뒷받침된 청구권으로서 제도화되는 것은 곤란하고 전문적 행정기관에 의한 유연성을 가진 작용에 위임하는 것이 적당하다. 그래서 개 정법에서도 도도부현 노동국장에 의한 조언, 지도, 권고(17조), 분쟁조정위원회에 의한 조정 (18조 이하), 후생노동대신에 의한 조언, 지도, 권고, 기업명 공표(29조, 30조) 등의 조치에 위 임되어 있다고 생각할 수 있다(위의 野村証券事件에서도 차별적 취급의 시정을 요구하는 근 로계약상의 청구권은 부정하고 있다). 단 단체협약과 취업규칙에서 명확하게 제도화(청구권 화)된 교육훈련과 복지후생급여 등은 취업규칙의 규정(취업규칙규정이 차별적인 경우에는 고 용기회균등법의 각 강행규정에 의해 수정된 규칙규정)에 근거하여 청구권이 인정되는 경우가 있을 것이다(문헌으로서 山田省三, 「改正均等法の禁止規定化と救済手段」, 季労186호, 41면).

(4) 모집·채용

사업주는 근로자의 모집 및 채용에서 그 성별에 관계없이 균등한 기회를 부 여하지 않으면 아니 된다(5조).

이 규정을 포함한 차별금지규정에 대해서는 후생노동대신이 '근로자에 대한 성별을 이유로 하는 차별의 금지 등에 관한 규정에서 정하는 사항에 관하여, 사업주가 적절하게 대처하기 위한 방침'⑱을 정하고 있다(2006. 10. 11, 후노고 614호). 이 방침에 따르면 본조에 위반하는 조치로서는 ① 모집·채용시 그 대상으로부터 남녀의 어느 한 쪽을 배제하는 것, ② 모집·채용에 있어서의 조건을 남녀에서 다른 조건으로 하는 것, ③ 채용선고에서 능력 및 자질의 유무 등을 판단하는 경우에, 그 방법이나 기준에 대하여 남녀에서 다른 취급을 하는 것, ④ 모집·채용에 있어서 남녀의 어느 한 쪽을 우선하는 것, ⑤ 구인내용의 설명 등, 모집 또는 채용에 관련된 정보제공에 대해 남녀에서 다른 취급을 하는 것, 등을 열거하여 각각에 대하여 상세한 예시를 언급하고 있다.

⑱ 지침의 의의

지침은 고용기회균등법의 특정조문의 의미내용에 관한 행정청의 해석을 해당조문에 관한 관계자의 행동지침으로서 공공연하게 한 것이고, 후술하는 후생노동대신에 의한 일반적 행정지도와 도도부현 노동국장에 의한 분쟁해결의 원조는 당연히 이에 따라 실시된다. 또 그것은 전문적 행정기관이 전문가의 연구회의 검토와 관계 심의회의 심의를 거쳐 제시한 것으로, 객관적으로 타당한 법해석으로서 법원에 의해 시인될 가능성이 크다. 따라서 그 실제적 중요성은 극히 크다.

(5) 배치·승진·강격·교육훈련

사업주는 근로자의 배치(업무의 배분 및 권한의 부여를 포함), 승진, 강격 및 교육훈련에 대해 근로자의 성별을 이유로 하여 차별적 취급을 해서는 아니 된다(6조 1호).

본항의 (5)~(8)까지는 각각의 차별적 취급에 대하여 '근로자의 성별을 이유'로 하는 것, 즉 근로자의 성별 때문에 당해 차별적 취급을 하는 의사(고의)가 요건으로 되어 있으며, 사업주가 적절하게 대처하기 위한 지침(2006년 후노고 614호)에서 후술하는 '간접차별'(고의는 불필요)과의 대비에서 '직접차별'로 칭해지고 있다.

이 규정의 의미내용에 대해서는 상기의 지침이 상세하게 규정되어 있다.[19][20]

⑲ 지침이 법위반으로 하는 조치

배치, 승진, 강등, 교육훈련에 대하여 방침은, 하나의 고용관리 구분에서 예를 들면 다음의 조치를 강구하는 것은 법위반이 된다고 한다(어느 경우에 대해서도 더욱 구체적인 예시가 하고 있다).

배치에 대해서는 ① 일정한 직무에 대한 배치에 있어서, 그 대상에서 남녀 어느 한 쪽을 배제하는 것, ② 일정한 직무에 대한 배치에 있어서의 조건을 남녀에서 다른 조건으로 하는 것, ③ 일정한 직무에 대한 배치에 있어서 능력 및 자질의 유무를 판단하는 경우에 그 방법이나 기준에 대하여 남녀에서 다른 취급을 하는 것, ④ 일정한 직무에 대한 배치에 있어서 남녀에서 다른 취급을 하는 것, ⑤ 배치에서의 업무의 배분에 있어서 남녀의 다른 취급을 하는 것, ⑥ 배치에서의 권한의 부여에 있어서 남녀에서 다른 취급을 하는 것, ⑦ 배치전환에 있어서 남녀에서 다른 취급을 하는 것. 또한 업무의 배분이란 소장업무의 할당을 말하며, 일상적인 업무지시는 아니다.

승진(승격을 포함)에 대해 지침이 위법으로 되는 것은 ① 일정한 관리직(役職)에 대한 승진시에 그 대상으로부터 남녀의 어느 한 쪽을 배제하는 것, ② 일정한 관리직에 대한 승진에 있어서의 조건을 남녀에서 다른 조건으로 하는 것, ③ 일정한 관리직에 대한 승진에 있어서 능력 및 자질의 유무 등을 판단하는 경우에 그 방법이나 기준에 대하여 남녀에서 다른 취급을 하는 것, ④ 일정한 관리직에 대한 승진에 있어서 남녀의 어느 한 쪽을 우선하는 것.

강등(승진의 반대조치와 승격의 반대조치의 양쪽을 포함)에 대해서는 ① 강등에 있어서 그 대상을 남녀의 어느 한 쪽만으로 하는 것, ② 강등에 있어서의 조건을 남녀에서 다른 조건으로 하는 것, ③ 강등에 있어서 능력 및 자질의 유무 등을 판단하는 경우에 그 방법이나 기준에 대하여 남녀에서 다른 취급을 하는 것, ④ 강등에 있어서 남녀 어느 한 쪽을 우선하는 것.

교육훈련에 대해서는 ① 일정한 직무를 행하는 자를 대상으로 하는 교육훈련을 실시하는 데 있어서 그 대상을 남녀 어느 한 쪽만으로 하는 것, ② 교육훈련에 있어서의 조건을 남녀에서 다른 조건으로 하는 것, ③ 교육훈련의 내용에 대하여 남녀에서 다른 취급을 하는 것.

⑳ 지침이 정하는 '법위반이 되지 않는 경우'

지침은 모집, 채용, 배치, 승진에 대하여 법위반위 되지 않는 경우를 제시하고 있다.

먼저 특별한 직업에 관계되는 적용제외의 경우로서는 ① 예술·예능 분야에서 표현의 진실성 등의 요청으로부터 남녀 어느 한 쪽에게만 종사하게 하는 것이 필요한 직업의 경우, ② 수비, 경비원 등 방범상의 요청에서 남성에게 종사하게 하는 것이 필요한 직업, ③ 종교상, 풍기상, 스포츠에서 경기의 성질상, 그 밖의 업무의 성질상 남녀의 어느 한 쪽에게만 종사하게 하는 것에 대하여, ①, ②와 같은 정도의 필요성이 있다고 인정되는 직업의 경우를 들고 있다.

또한 적용제외의 경우로서는 ① 노기법의 규정(61조 1항, 64조의 2, 64조의 3 제2항)에 의해 여성을 취업시킬 수 없거나 또는 보건사조산사간호사법의 규정(3조)에 의해 남성을 취업시킬 수 없기 때문에 통상의 업무를 수행하기 위해서 근로자의 성별에 관계없이 균등한 기회를 제공하거나 또는 균등한 취급을 하는 것이 어렵다고 인정되는 경우, ② 풍속, 풍습 등의 차이에 따라 남녀의 어느 한 쪽이 능력을 발휘하기 힘든 해외에서이 근무가 필요한 경우, 그 밖의 특별한 사정에 의해 균등한 기회를 제공하는 것 또는 균등한 취급을 하는 것이 곤란하다고 인정되는 경우를 제시하고 있다.

⑹ 복리후생

사업주는 주택자금의 대부, 기타 이에 준하는 복리후생의 조치로 후생노동성령으로 정하는 것에 대해 근로자가 성별을 이유로 하여 차별적 취급을 해서는 아니 된다(6조 2호). 후생노동성령은 ① 생활자금·교육자금 등 각종 자금의 대부, ② 근로자의 복지증진을 위한 정기적인 금전의 급여(사적 보험의 원조와 장학금 등), ③ 근로자의 자산형성을 위한 금전의 급여(재산형성장려금, 주택이자보조 등), ④ 주택의 대여를 제시하고 있다(고균칙 1조). 예를 들어 이러한 복리후생조치를 실시함에 있어 그 대상에서 남녀 어느 한 쪽을 배제하는 것, 조건을 남녀에서 다른 조건으로 하는 것은 본 규정에 위반한다.

또한 주택수당과 같이 노기법상 '임금'(노기 11조)에 해당하는 것은 복리후생적 의미를 가지고 있어도 이에 관한 남녀차별은 노기법의 남녀동일임금의 문제이다.

(7) 정년·퇴직·해고

사업주는 직종 및 고용형태의 변경에 대하여 근로자의 성별을 이유로 하여 차별적 취급을 해서는 아니 된다(6조 3호).☒

☒ **지침이 위법이 되는 조치**

직종(일반직과 종합직간의 변경도 포함) 또는 고용형태의 변경에 대해서는 지침은 하나의 고용관리구분에서 예를 들면 다음의 조치를 강구하는 것은 위법으로 한다. 즉, ① 변경에 있어서 그 대상에서 남녀 어느 한 쪽을 배제하는 것, ② 변경에 있어서의 조건을 남녀에서 다른 조건을 하는 것, ③ 변경에 있어서 능력 및 자질의 유무 등을 판단하는 경우에, 그 방법이나 기준에 대하여 남녀에서 다른 취급을 하는 것, ④ 변경에 있어서 남녀의 어느 한 쪽을 우선하는 것, ⑤ 변경에 대하여 남녀에서 다른 취급을 하는 것이다(모두 보다 구체적인 예시 있음).

(8) 정년·퇴직·해고·근로계약의 갱신

사업주는 근로자의 퇴직의 장려, 정년 및 해고와 근로계약의 갱신에 대하여, 근로자의 성별을 이유로 차별적 취급40)을 해서는 아니 된다(6조 4호). 또한 사업주는 여성근로자가 결혼이나 임신 또는 출산한 것을 퇴직이유로 하는 규정을 두어서는 안 되며(9조 1항), 또 결혼한 것을 이유로 해고해서는 아니 된다(9조 2항). 더 나아가 사업주는 여성근로자가 임신 그리고 출산하거나 또는 산전산후의 휴업(노기 65조 1항, 2항)을 한 것 혹은 고용기회균등법·노기법에 의해서 보장된 임신 중·출산 후의 건강확보조치나 갱내노동·위험유해업무의 취업제한을 요구하거나 요구받은 것을 이유로 해고 또는 불이익 취급을 해서는 아니 된다(9조 3항, 고균칙 2조의 2).41) 임신 중의 여성근로자 및 출산 후 1년을 경과하지 않은 여성근로자에 대하여 이루어진 해고는 사업주가 임신·출산에 관련된 상기의 사유를 이유로 한 해고가 아님을 증명하지 못하는 한, 무효가 된다(9조 4항).

또한 산전산후 휴업기간 중 및 그 이후 30일 동안에는 노기법에 의해 해고가 금지되고 있다(노기 19조).

---

40) 정년차별의 최근 사례로서 大阪市交通協力會事件 ― 大阪高判 平10. 7. 7, 労判 742호, 17면.
41) 해고권 남용법리가 유추적용된 유기고용에서는 임신을 이유로 한 고용해지는 본조 위반으로서 무효가 된다. 正光会宇和島病院事件 ― 松山地宇和島支判 平13. 12. 18, 労判 839호, 68면.

(9) 간접차별

앞에서 언급한 것처럼, 2006년 법개정은 간접차별을 극히 한정적으로 금지하였다(7조). 간접차별은 지침에서 ① 성별이외의 사유를 요건으로 하는 조치로, ② 해당 요건을 충족하는 남성 및 여성의 비율을 감안하면 실질적으로 성별을 이유로 하는 차별이 될 우려가 있다고 생각되는 것을, ③ 합리적인 이유가 있는 경우가 아닐 때에 강구하는 것, 으로 정의되었다. 다만 개정법은 간접차별의 ①·②의 지침에 해당하는 것을 성령으로 한정하기로 하였다.

성령에서는 ①·②란, (가) 근로자의 모집 또는 채용에 있어서 근로자의 신장, 체중 또는 체력을 요건으로 하는 것, (나) 코스별 고용관리에서의 '종합직'의 근로자의 모집 또는 채용에 있어서 이사(転居)를 동반하는 전근에 응하는 것을 요건으로 하는 것, (다) 근로자의 승진에 있어서 전근의 경험이 있는 것을 요건으로 하는 것이다, 라고 되어 있다(고균칙 2조).

①·②의 지침이 성령에서 (가)~(다)로서 한정됨으로써, 법 7조에 위반하는지의 여부에 대해서는 (가)~(다)가 대체적인 법률요건이 된다. 따라서 (가)~(다)에 해당되는 조치라면, 사업주는 해당 조치가 실제적으로 불균형의 남녀비율을 초래하고 있는지의 여부를 불문하고, ③의 합리적인 이유의 입증을 필요로 하게 된다. 합리적 이유의 내용에 대해서는 법문상, '업무의 성질에 비추어 … 당해 업무의 수행상 특히 필요한 경우, 사업의 운영의 상황에 비추어 … 고용관리상 특히 필요한 경우, 그 외 합리적인 이유가 있는 경우'(7조)로 표현되어 있다.

(가)~(다)에 해당되는지의 여부에 대해서는 지침에서 예시를 하고 있으면, 또한 합리적인 이유의 유무에 대해서도 지침에서 예시를 하고 있다. 예를 들면, (나)에 대해서는 광역에 걸쳐 전개되는 지점, 지사 등이 있지만, … 다른 지역의 지점, 지사에서 관리자로서의 경험을 쌓는 것, 생산현장의 업무를 경험하는 것, 지역의 특수성을 경험하는 것 등이 간부로서의 능력의 육성·확보에 특히 필요하다고는 인정되지 못하고, 또한 이사를 동반하는 전근을 포함한 인사 로테이션을 행하는 것이 특히 필요하다고는 인정되지 못한 경우'가, 합리적 이유가 없는 경우로서 예시되어 있다.

(10) 포지티브 액션(positive action)

위의 (5)~(9)의 차별규제 규정은 사업주가 고용분야에서 남녀의 균등한 기회 및 대우확보의 지장이 되고 있는 사정을 개선할 것을 목적으로 하여 여성근로자에 대하여 실시하는 조치를 강구하는 것을 방해하는 것은 아니다(8조).

1997년 개정 이후의 고용기회균등법의 차별규제의 여러 규정은 여성의 우대조치도 금지하는 것이다. 이 규정은 그러한 점을 전제로 하여 고정적인 남녀의 역할분담의식에 기인하는 기업의 제도나 관행에 근거하여 고용의 장에서 남녀근로자 사이에 사실상 격차가 발생하는 경우에' 여성근로자를 위해 실시하는 이른바 포지티브 액션의 적법성을 분명하게 한 것이다. 허용되는 포지티브 액션에 대해서는 지침에서 정하고 있다.[22]

국가는 사업주가 이러한 포지티브 액션을 위해 그가 고용하는 여성근로자의 배치, 그 밖의 고용에 관한 상황분석을 실시하고 포지티브 액션의 계획을 작성, 실시하고, 실시체제를 정비하거나 또는 실시상황을 개시하는 경우에는 이에 대하여 상담, 그 외의 원조를 행할 수 있다(14조).

---

[22] 지침의 규정

1997년 개정시에 제정된 지침은, 여성근로자가 남성근로자와 비교하여 적은 고용관리구분에서의 모집·채용이나, 적은 직무에 대한 배치·승진, 적은 직종 또는 고용형태로의 변경 등에 대하여 다양한 여성우대조치를 열거하고, 이러한 것은 법위반이 되지 않는다고 했지만, 2006년 개정 지침은, 이러한 것에 더하여 기준을 충족시킨 자 중에서 남성보다 여성을 우선하여 채용·배치·승진·변경하는 것을 법위반이 되지 않는다고 하고 있다.

(11) 성희롱(sexual harassment)

성희롱은 '상대방의 의사에 반하는 성적 언동'으로 정의되는 경우가 많다(전형적으로는 인사원(人事院)의 정의). 그러나 고용기회균등법은 각별히 그 개념과 정의를 정하고 있지 않고 다음과 같이 규정한다.

사업주는 직장에서 행해지는 성적인 언동에 대해 그가 고용하는 근로자의 대응에 의해 당해 근로자가 그 근로조건에 대해 불이익을 받거나 혹은 당해 성적 언동에 의해 당해 근로자가 취업환경을 침해당하는 일이 없도록 고용관리상 필요한 조치를 강구하지 않으면 아니 된다. 후생노동대신은 이 규정에 근거하여 사업주가 강구해야 할 조치에 대한 지침[23]을 정하고 있다(11조).

이 규정은 성희롱(sexual harassment)에 관한 법규제로서, 사업주에게 지침에 따른 방지와 고충처리를 위해 고용관리상의 조치를 의무화한 것이지만, 작위·부작위의 청구권이나 손해배상청구권을 부여하는 사법상의 효력을 가지는 것은 아니다. 그러나 이에 대해서는 후생노동대신(도도부현 노동국장에게 권한을 위임할 수 있다)의 행정지도(29조)가 있을 수 있을 뿐만 아니라, 기업명의 공표제도의 대상이 되거나(30조), 또한 도도부현 노동국장에 의한 분쟁해결의 원조(조정도 포함하여)의 대상으로도 되어 있다(16조). 사법상으로는 성희롱에 대해서는 종래와 같이 일반적인 불법행위법리[23] 속에서 직접적 가해자(상사, 동료근로자 등)와 사업주의 손해배상책임을 물을 수 있다.[42] 이 경우 사업주는 지침에 따른 고용관리상의 대응을 충분하게 하고 있다면 사용자책임(민 715조)을 면하게 될 것이다.[43]

[23] 지침의 내용

'사업주가 직장에서의 성적인 언동에 기인하는 문제에 관하여 고용관리상 강구해야 할 조치에 대한 지침'(2006년 노고 615호)은 직장에서의 성희롱(sexual harassment)의 내용을 직장에서의 성적인 언동(성적 관계의 강요, 허리·가슴 등을 만지는 등)에 대한 근로자의 대응에 의해 당해 근로자가 해고, 배치전환 및 근로조건에 대해 불이익을 받는 '대가형'과, 직장에서의 성적 언동(당해 근로자에 관한 성적 정보의 유포, 누드 포스터의 게시 등)에 의해 근로자의 취업환경이 침해당하는(고통, 취업의욕의 저하, 일이 손에 잡히지 않는 등) '환경형'으로 분류한다. 그리고 사업주가 강구해야 하는 조치로서는 ① 성희롱이 있어서는 안 된다는 취지의 사업주의 지침의 명확화와 그 주지(周知)·계발, ② 상담(고충을 포함)에 응하여 적절하게 대처하기 위해서 필요한 체제(상담창구, 담당자, 인사부문과의 연계 등)의 정비, ③ 사후의 신속하고 적절한 대응(사실관계의 신속·정확한 확인, 행위자·피해자에 대한 적정한 조치, 재발방지조치), ④ 상담이나 사후대응에서의 프라이버시의 보호, 상담이나 사실확인에 대한 협력을 이유로 하는 불이익 취급금지의 주지·계발을 규정하고 있다.

또한 '직장'이란, 통상 취업하고 있는 장소에 한하지 않고, 직무를 수행하는 장으로서의 거래처, 음식점, 출장처, 차안이나 직무의 연장으로서의 연회 등도 포함된다(1998. 6. 11 여발 168호).

[24] 성희롱에 관한 판례

일본에서 최초의 성희롱 소송으로서 보도된 판례(株式会社丙企画事件 ― 福岡地判 平4. 4. 16, 労判 607호, 6면)는 잡지사의 편집장이 대립관계에 있던 부하인 원고 여성의 복잡한 이성관계를 퍼뜨리고 다녀 원고를 퇴직으로 몰고 간 사건이었는데, 판결은 원고의 명예감정, 그 외 인격권을 침해한 불법행위로서 손해배상을 인정했다(그 이전에도 ニューフジヤホテル事件 ― 靜岡地沼津支判 平2. 12. 20, 労判 580호, 17면이 호텔 회계과 여성직원에 대한 상사인 과장의 성적 행위의 강요를 형법상의 강제외설죄에 해당하는 범죄행위이며 성추행의 전형적인 행위이기도 하다고 하여 불법행위책임을 긍정하고 있다).

그 후 가정부에 대해 성적 관계를 요구한 사장의 강제외설행위를 성적 자유(성적 결정권)의 인격권을 침해한 불법행위라고 한 판례가 있었다(株式会社乙田建設事件 ―名古屋高金沢支判 平8. 10. 30, 労判 707호, 37면). 그 외 가슴과 엉덩이를 만지거나 키스를 하거나 외설

---

42) 본문헌으로서 山川隆一, 「わが国におけるセクシュアル・ハラスメントの私法的救済」, ジュリ 1097호, 69면; 東大労研, 注釈労基法上, 82면 이하[兩角]; 奥山明良, 「職場のセクシュアル・ハラスメントと民事責任」, 中嶋還暦·労働関係法の現代的展開, 247면.

43) 사용자의 지침에 따른 고용관리상의 대응이 불충분하였다고 하여 그 불법행위를 인정한 판례로서, 下関セクハラ事件 ― 広島高判 平16. 9. 2, 労判 881호, 29면.

스런 말을 걸거나, 성적풍평을 유포하는 등의 성적 행위에 대해 불법행위책임을 인정한 판례가 잇따라 나오고 있다(広告代理店A社事件 — 東京地判 平8. 12. 25, 労判 707호, 20면; 建設関係A社事件 — 東京高判 平9. 11. 20, 労判 728호, 12면; 株式会社H社事件 — 岡山地判 平14. 5. 15, 労判 832호, 54면; リサイクルショップA社事件 — 岡山地判 平14. 11. 6, 労判 845호, 73면 등). 직장이나 친목회 등에서의 상사의 부하(젊은 여성)에 대한 부적절한 언동도 불법행위로 되어 있다(T菓子店事件 — 東京高判 平20. 9. 10, 労判 969호, 5면).

　　이러한 회사임원과 종업원의 불법행위에 대해, 회사의 책임을 추급한 사건에서는 민법의 법인불법행위책임(개정전 민 44조) 또는 사용자책임(민 715조)의 규정에 의해 이것을 인정한 판례가 많다(유용한 문헌으로서는 山川隆一,「セクシュアル・ハラスメントと使用者の責任」, 花見忠古稀, 労働関係法の国際的潮流, 3면). 이들 중에는 사용자에게는 피용자의 노무수행에 관련하여 그 인격적 존엄을 침해하고 노무제공에 중대한 지장을 초래하는 사유가 발생하는 것을 막고, 일하기 쉬운 직장환경을 유지할 주의의무가 있다고 판시한 경우도 있다(앞의 株式会社丙企画事件). 또한 회사에 대해서는 근로계약상 직장환경 배치의무위반의 채무불이행책임을 인정한 예도 있다(三重県厚生農協連合会事件 — 津地判 平9. 11. 5, 労判 729호, 54면 — 여성간호사가 심야 근무 중에 동료 남성간호사로부터 휴게실에서 몸을 만지는 등의 성적 행위를 당했다는 사안). 또한 남성종업원이 여성탈의실을 비디오카메라로 몰래 촬영한 사건에서는 종업원의 프라이버시가 침해되지 않도록 직장환경을 정비할 의무에 반한다고 하여, 회사의 채무불이행 책임을 인정했다(丙川商社会社事件 — 京都地判 平9. 4. 17, 労判 716호, 49면. 동종의 사안에서 직장환경의 배려의무위반에 의한 불법행위책임을 인정한 사례로서 株式会社乙山事件 — 仙台地判 平13. 3. 26, 労判 808호, 13면).

　　또한 위의 사용자 책임에 대해서는 사원의 출향(出向)회사에서의 성희롱에 대해 출향기업이 책임을 져야 하는가 하는 문제도 제기되고 있다(建設関係A社事件에서는 실질적 지휘・감독관계가 없으므로 그 책임을 부정함).

　　그리고 관리직이 계속적으로 성희롱을 한 경우에는, 관리직으로서의 적격성이 결여된 것으로 보아 해고의 사유로도 될 수 있다(F製薬事件 — 東京地判 平12. 8. 29, 判時1744호, 137면).

제 2 절 과도적 노동관계 — 시용(試用)

1. 전형적 제도와 그 법적 구성

　　대다수의 기업에서는 정규 종업원의 채용에 대해서는 입사 후 일정기간을 '시용' 내지 '견습' 기간으로 하고, 이 사이에 당해 근로자의 인물・능력을 평가해서 본채용(정사원)으로 할 것인지의 여부를 결정하는 제도를 도입하고 있다. 이 제도는 취업규칙에서 정하고 있는 것이 보통이고, 그 기간은 3개월이 가장 많으며 이를 중심으로 1개월부터 6개월에 걸쳐 있다. 그리고 이 기간 중에는 '회사는 사정에 따라(내지는 '취업규칙에 의하시 않고') 해고할 수 있다', '사원으로서 부적격하다고 인정된 때에는 해고할 수 있다'는 등과 같이 회사의 특별한 해고(해약)권을 명기하는 것이 보통이다. 이렇게 본채용 전에 실시되는 정규 종업원으로서의 적격성 판정을 위한 임시적 사용이 '시용'이다.44)

시용에 대해서는 시용노동관계를 본채용 후의 노동관계와는 별개의 특별 계약관계로서 파악하는지, 아니면 본채용 후의 노동관계와 동질의 근로계약관계이지만 시용기간의 목적(적격성의 판정 등)에서 특별 조건 내지는 권한(사용자의)이 부수되는 관계로 보는지가 논쟁의 대상이 되었다. 이 점에 대해서 학설상 다양한 종류의 법적 구성이 제창되었는데,囚 판례는 1957년의 판례45)이래 대체로 이들 중 해약권이 유보된 근로계약설에 의거하여 시용노동관계에 관한 문제를 처리하여, 시용은 통상적으로 사용자의 해약권이 유보된 근로계약이라는 처리기준을 정립해왔다.

그 후 최고법원판례46)는 '시용계약의 법적 성질'에 대해서는 취업규칙의 규정의 문언뿐만 아니라 '당해 기업 내에서 시용계약 하에 고용된 자에 대한 처우의 실정, 특히 본채용과의 관계에 있어 취급에 대한 사실상의 관행'을 중시해야 한다고 판시했다. 그리고 취업규칙의 부속규정인 견습사원의 취급규칙에서 정기채용자의 채용직후 3개월 이내를 견습기간으로 하고 그 사이에 업무를 보고 배우게 하여 원칙적으로 동기간의 경과 후 본인의 지조·소행·건강·기능·근태 등을 심사한 후 본채용의 가부를 결정하며, 본채용자에 대해서는 견습기간이 종료한 다음날짜로 사령(辭令)을 교부하고 동기간을 사원으로서의 근속연수로 통산한다는 등의 규정이 정해져 있으며, 또한 '대학을 졸업한 신규로 채용한 자를 시용기간이 종료한 후에 본채용을 하지 않은 사례는 과거 없으며, 고용에 대해 별도의 계약서를 작성하지 않고 단지 본채용 시에 본인의 성명, 직명, 배속부서를 기재한 사령을 교부하는 데 그치고 있다는 등의 ··· 실태'가 있는 경우에는 시용계약을 해약권이 유보된 고용계약으로 인정하는 것은 적법하다고 판시했다.

신규 졸업자 등의 청년을 정기채용하고 장기적으로 육성하는 고용시스템(장기고용시스템)에서는 동시스템에 들어오는 정규종업원의 채용은 신중한 선고과정을 거쳐 이루어지기 때문에, 시용기간 중의 적격성 판정은 만약을 위한 것이

---

44) 기본문헌으로서 毛塚勝利,「採用內定·試用期間」, 現代講座(10), 95면 이하; 名古道功,「試用」, 本多淳亮還暦, 労働契約の硏究, 103면 이하; 東大労研, 注釈労基法上, 215면 이하[中窪].

45) 東京コンクリート事件 ― 東京地決 昭32. 9. 21, 労民 8권 5호, 688면.

46) 三菱樹脂事件 ― 最大判 昭48. 12. 12, 民集 27권 11호, 1536면.

되며, 본채용 거부가 되는 경우는 적다. 시용기간은 주로 기초적인 교육훈련기간이 되며 그러한 가운데 특별한 부적격한 사유가 없는 것을 확인하는 과정이 된다. 상기 판례의 사건은 이러한 장기고용시스템 하의 시용제도의 전형적인 사례에 관한 것이라고 할 수 있다. 따라서 상기의 판례는 시용계약의 법적 구성이 개별 시용계약마다 구체적인 문제라는 점에 주의를 촉구하면서도 장기고용제도 하의 통상적인 시용은 해약권이 유보된 근로계약으로 구성된다는 판단기준을 확립한 것이다.47)

> ▨ **시용노동관계의 법적 구성에 관한 학설**
>
> 시용의 법적 성격에 대한 학설의 법적 구성을 보면 다음과 같다(상세하게는 山口浩一郎, 「試用期間と採用內定」, 文献研究労働法学, 2면).
> (1) 예비계약설
> 시용계약은 정사원의 근로계약(기간의 정함이 없는 근로계약)이란 별개의 예비적인 계약으로, 근로자의 직업상 능력·적격성을 판정할 것을 목적으로 하는 특별한 계약(무명계약)이다. 사용자는 여기서 적격이라고 판단한 자와 재차 근로계약을 다시 체결하는 것으로, 따라서 본 채용거부는 완전히 사용자의 자유라는 법적 구성이다.
> (2) 시용계약과 본계약의 예약 병존설
> 시용계약이란 근로자의 능력·적격성 판정을 하기 위한 특수한 근로계약과, 시용기간 중에 부적격성이 판명되지 않는 경우에는 그 기간이 만료될 때에 본계약인 근로계약을 체결해야만 한다는 의미의 예약이 병존하고 있다는 법적 구성이다. 사용자는 시용기간 중에 부적격성이 판명되지 않는 근로자에 대해서는 예약완결의(본계약체결의) 채무를 지게 된다.
> (3) 해제조건부 근로계약설
> 시용계약도 당초부터 기간의 정함이 없는 근로계약이며, 단지 시용기간 중에 부적격으로 판단되는 경우가 해제조건으로 되어 있다는 설이다.
> (4) 해약권유보 근로계약설
> 시용계약도 당초부터 기간의 정함이 없는 통상적인 근로계약이며, 단지 시용기간 중에는 사용자에게는 근로자의 부적격성을 이유로 하는 해약권이 대폭적으로 유보되어 있다는 설이다.

2. 유보해약권 행사의 적법성

시용계약은 통상의 경우에는 해약권이 유보된 근로계약으로서 구성되어 있다고 한다면, 시용기간 중의 해고와 본채용거부는 유보된 해약권의 행사가 되며, 해약권이 어떠한 경우에 행사할 수 있는지가 중요한 문제로 된다.

이 점에 대해 위에서 인용한 판례(三菱樹脂事件)는 ① 시용기간 중의 해약권유보를 채용결정 당초에는 그 자의 자질·성격·능력 등의 적격성 유무에 관련

---

47) 安枝=西村, 労基法, 110면.

된 사항에 대해 자료를 충분히 수집할 수 없기 때문에 '후일의 조사와 관찰에 근거한 최종적 결정을 유보하는 취지'로 파악했다. 이어서 ② 이러한 유보해약 권에 근거하는 해고는 통상의 해고보다도 넓은 범위에서 있어서 해고의 자유가 인정되어 마땅하다고 한 후, 그러나 ③ 유보해약권 행사도 해약권 보호의 취 지·목적에 비추어 객관적으로 합리적인 이유가 존재하고 사회통념상 적절하여 시인될 수 있는 경우에만 허용된다고 판시했다. 그리고 ④ 유보된 해약권의 행 사가 시인될 수 있는 경우를 보다 상세하게 '기업자가 채용결정 후 조사결과에 따라 혹은 시용중의 근무상태 등에 따라 당초 알 수 없었거나 혹은 아는 것을 기대할 수 없는 사실을 알게 된 경우에는, 그러한 사실에 비추어 그 자를 계속 하여 당해 기업에 고용하는 것이 적당하지 않다고 판단하는 것이 상기 해약권 유보의 취지, 목적에 비추어 객관적으로 적절하다고 인정되는 경우'라고 정식화 되어 있다.[26]

위의 정식가운데 가장 중요한 점은 유보된 해약권의 행사도 '해약권 유보의 취지, 목적에 비추어 객관적으로 합리적인 이유가 존재하고 사회통념상 상당한 것으로 시인될 수 있는 경우에만 허용되는' 것이다(위의 판시③). 즉 기업 측은 적격성 결여 판단의 구체적 근거(근무성적·태도의 불량)를 제시할 필요가 있으 며, 또한 그 판단의 타당성이 객관적으로 판정된다. 그러나 이 판정은 유보된 해약권 행사에 대해서는 통상의 해고보다도 넓은 범위에서 해고의 자유가 인정 된다는 전제에서 이루어진다(위의 판시②). 실질적으로는 시용기간에는 여전히 실험관찰기간으로서의 성격이 있으며, 직무능력이나 적격성 판단에 근거하여 보다 넓게 유보된 해약권 행사가 이루어지기 때문이다.[48]

[26] **시용기간 중 유보해약권의 범위**
　三菱樹脂事件의 최고법원판례의 판시는 시용기간을, 임시로 사용하여 그 기간의 관찰에 의해 종업원으로서의 적격성을 판정한다는 실험관찰의 기간일 뿐만 아니라, 적격성에 관한 신원조사의 보충기간으로도 파악하고(①과 ④), 시용기간 중에 보충적 신원조사에 의해 판명 된 새로운 사실은 그 자체로 해약사유가 될 수 있다고도 이해할 수 있다(④). 현재 위의 판 례는 선고과정에서의 질문(조사)에 대한 사실은닉이 본채용거부의 이유가 된 사건이었음에도 불구하고, '은닉 등에 관한 사실 여하에 따라서는 은닉 등의 유무에 관계없이 그 자체로 [관

---

48) 시용기간 중이기 때문에 보다 넓은 범위로 해고자유가 인정된 사례로는 업무부적격을 이유 로 하는 보통해고를 유효하다고 한 판례로 ブレーンベース事件 — 東京地判 平13. 12. 25, 労経速 1789호, 22면. 해고를 부정한 판례로서 テーダブルジェー事件 — 東京地判 平13. 2. 27, 労判 809 호, 74면(관련회사의 회장에게 소리를 내어 인사하지 않았다는 것을 이유로 한 해고를 무효라고 한 판단); オープンタイドジャパン事件 — 東京地判 平14. 8. 9, 労判 836호, 94면(높은 처우로 중 도채용된 상급관리직의 본채용거부에 대해 신규졸업자와 같은 유보해약권의 판단기준을 적용).

리직 요원으로서의] 적격성을 부정하기에 충분한 경우도 있을 수 있다'고 판시하고 있다. 그러나 시용기간은 원칙적으로는 종업원으로서의 적격성 판정을 위한 실험관찰기간(및 종업원으로서의 능력 내지 기능양성=견습기간)으로 파악해야 하며 신원조사보충기간으로는 해석할 수 없다(같은 취지: 色川幸太郎=石川吉右衛門編, 最高裁勞働判例批評(2), 463면[山口浩一郎]). 신원조사는 채용내정과정에서 끝나야 하는 것이며, 그것을 시용기간으로까지 가지고 가는 것은 시용자의 지위를 불안정하게 하고 또한 채용내정과 시용의 실질적인 차이를 간과하는 것이다.

이리하여 시용계약에서 유보되는 해약권은 시용기간 중에 근무태도와 능력의 관찰에 의한 종업원으로서의 적격성 판단에 근거하여 행사되어야 한다. 단, 이 실험관찰에 따른 적격성 판단은 입사선고시의 자료를 기초로 하여 이루어지기 때문에 입사선고시의 적법한 조사(질문)에 대한 사실의 은닉과 허위신고는 이 실험관찰에 의한 적격성 판단을 그르칠 수 있는 것으로서, 또는 종업원으로서의 적격성에 필요한 신뢰관계를 상실시키는 것으로서 해약권 행사의 사유가 된다고 생각할 수 있다. 또 이 유보된 해약권의 행사 외에 시용기간 중에 정규종업원에 관한 보통해약사유가 생긴 경우에도 시용근로자의 해고가 당연히 인정될 수 있다. 이러한 해고권은 각 기업의 시용관계의 취급에 따라 유보된 해약권의 일부인 경우(시용자의 해고가 유보된 해약권으로 일체화되어 있는 경우)도 있으면, 유보된 해약권과는 다른 기준인 경우(시용자에게 정규 종업원의 보통해고규정을 적용하면서도 특별한 해약권을 유보하고 있는 경우)도 있다.

3. 기간고용적인 과도적 노동관계에 대한 시용법리의 확장

앞에서 개관한 시용기간에 관한 '해약권이 유보된 노동관계'라는 판례법리는 장기고용시스템에서 신규졸업자의 채용·정사원화 과정을 소재로 하여 형성되고 확립된 것이었다. 그러나 판례는 그 후 이 법리의 고용보장적 측면을 그러한 전형적 시용제도가 아닌 기간고용적인 과도적 노동관계에도 적용하고 있다.[49]

최고법원 판례는 사립고교에 1년의 계약기간으로 채용된 '상근(전임)강사'의 기간만료에 의한 고용중지의 효력이 논란이 된 사건에서, 사용자가 근로자를 신규로 채용할 시에 그 고용계약에 기간을 설정한 경우에 그러한 기간설정의 취지·목적이 근로자의 적성을 평가·판단하기 위한 것일 때에는 기간의 만료에 따라 고용계약이 당연히 종료한다는 취지가 명확한 합의가 성립하고 있는 등의 특단의 사정이 인정되는 경우를 제외하고, 위의 기간은 계약의 존속기간이 아니라 기간의 설정이 없는 근로계약하의 시용기간(해약권 유보기간)으로 해

---

49) 임시공제도에서 발전한 '견습사원' 및 '시용사원'의 제도에 대하여 ブラザー工業事件 ― 福岡地判 昭59. 3. 23, 勞判 439호, 64면. 손해보험업계에서의 대리점 계약을 맺는 전단계의 '대리점 연수생'에 대하여, 安田海上火災事件 ― 福岡地判 平4. 1. 14, 勞判 604호, 17면.

석해야 한다고 판시했다.50)

1년간의 유기근로계약의 체제를 취하는 근로계약이, 계약(채용)의 취지·목적, 계약과정에서의 설명·양해의 내용 등에서 조건부 시용기간의 무기근로계약으로 해석되는 것은, 당해 사안에서의 개별적 판단으로서는 충분히 있을 수 있다.51) 문제는 최고법원의 상기 판시의 일반론으로, 먼저 여기에서 언급하고 있는 '기간의 만료에 의해 고용계약이 당연히 종료한다'는 '특단의 사정'이란 어떠한 것일까? 이것은 '특단의 사정'이 있기 때문에 유기계약의 당연한 성질로서의 기간만료에 따른 종료를 가리키는 것이 아니라, 당해 사안에서 개별적으로 인정되는 일정한 상황일 것이다. 그러나 기간의 정함의 취지·목적이 근로자의 적성 평가를 위해서라는 것은 기간만료시에 적성이 있다고 여겨지면, 계약체제를 무기계약으로 바꾸어 고용을 계속한다는 것이기도 하기에, 기간의 만료에 따라 계약이 당연히 종료한다는 취지로 체결되는 것은 자기모순과 같은 것으로 상정하기 어렵다. 그렇다고 하면, 판시의 일반론은 계약기간의 취지·목적이 적성판단이라는 경우에는 (대부분) 항상 조건부 시용기간이 있는 무기근로계약으로 해석해야 한다는 것과 마찬가지가 된다.

일본의 노동법제에서는 유기근로계약의 목적은 각별히 규제되어 있지 않으며, 적성판단(시용)이나 정규 종업원의 양성을 위해서 유기근로계약을 이용하는 것도 각별한 규제 없이 허용되고 있다. 취직이 곤란한 자를 위한 유용한 고용정책으로서 실시되고 있는 '시용(trial)고용'52)도, 시용목적에서의 유기근로계약을 이용한 것이다. 판시의 일반론은 이용목적을 제한하고 있지 않은 일본의 유기근로계약법제의 기본적인 양상에 적합하지 않으며, 그 양상을 이용한 고용정책을 저해할지도 모른다. 그리고 판시는 미츠비시수지사건(三菱樹脂事件) 최고법

---

50) 神戸弘陵学園事件 — 最三小判 平2. 6. 5, 民集 44권 4호, 668면; 최근에도 龍澤学館事件 — 盛岡地判 平13. 2. 2, 労判 803호, 26면; 愛德姉妹会事件 — 大阪地判 平15. 4. 25, 労判 850호, 27면.

51) 앞의 주의 神戸弘陵学園事件에서는 1년을 단위로 하는 학교교육의 근무를 통상적으로 하게 하여 교원으로서의 적성을 판단한다는 채용으로, 채용면접시에는 계약기간은 '일단의 것'으로, 1년 기한의 다른 학교의 취직을 거절하고 '여기에서 30년, 40년 열심히 해주길 바란다'라고 표명하고 있는 점 등에서 보면, 체결된 것은 1년간의 조건부 시용기간의 무기근로계약이었다고 해석하는 것은 가능하다고도 보인다(따라서 상기의 최고법원판결도 원심에서 더욱 심리하라고 환송했다).

52) '시용(trial)고용'이란, 공공직업안정소가 구인기업에게 취직이 곤란한 자(중고령자, 청년, 모자가정의 어머니, 장애인, 홈리스 등)를 단기간(원칙 3개월) 시험적으로 고용하게 하고, 상용고용(본채용)으로의 이행이나 고용의 계기를 만드는 것이다. 공공직업안정소의 소개에 응하여 '시용(trial)고용'을 실시한 사업주에게는 고용보험에서 일정한 장려금을 지급된다. 사업주는 시용(trial)고용만으로 고용을 종료시켜도 좋지만, 종료시에는 상용고용이행 등에 관한 조언·지도가 이루어진다.

원판결에서 수립된 시용기간의 법리의 응용으로서 상기의 일반론을 언급하고 있는 것 같지만, 앞에서 언급한 것과 같이 동법리는 채용당초부터 장기고용시스템에 들어가는 종업원을 채용하는 경우에 관한 법리로, 적용유추를 달리 하고 있는 것이라고 말하지 않을 수 없다.

한편, 유기근로계약의 고용중지에 대해서는 계약갱신의 합리적 기대가 있는 경우에는 해고권남용법리를 유추적용한다는 법리가 판례상 확립되어, 2012년의 노동계약법 개정에서 조문화되었다. 적성판단 목적에서의 유기계약의 고용중지는 이 법리에 의해서 적절하게 보호될 수 있는 것으로, 판시와 같은 일반론은 필요성에서도 결여된 것이라고 말하지 않을 수 없다.

4. 시용기간의 길이·연장·중단

(1) 시용기간의 길이

시용기간의 길이는 앞에서 서술한 3개월이 가장 많고, 1~6개월에 이르는 것이 대다수이나, 특별한 제한은 없다. 다만, 합리적 이유(필요성) 없이 너무 긴 기간을 시용기간으로 하는 것은 공서양속 위반이 될 수 있다.[53] 입법론으로는 길이의 상한(예를 들어 1년)을 마련하는 것을 생각할 수 있다.

(2) 시용기간의 연장

시용기간의 연장은 취업규칙 등에서 연장 가능성 및 그 사유, 기간 등이 명확히 규정되어 있지 않는 한, 사용자의 이익을 위해 원칙적으로 인정해서는 아니 된다. 특히 해약권이 유보된 근로계약으로 해석되는 통상의 시용관계에서는 해약권이 행사되지 않는 채 시용기간이 경과하면 노동관계는 해약권의 유보가 없는 통상의 노동관계로 이행하는 것이 원칙이다.[54]

(3) 시용근로의 중단

시용근로가 사용자의 책임으로 돌려야 할 사유에 의해 중단된 채 시용기간이 경과한 경우에 시용근로자의 법적 지위는 어떻게 될까? 전형적으로는 사용자가 시용기간 중에 근로자를 위법으로 해고한 경우, 법원은 판결 내지는 결정

---

53) 위의 ブラザー工業事件은 이 점을 판단한 사례라고 할 수 있다.

54) 본채용을 거부할 수 있는 경우에 그것을 유예하는 연장은 인정될 수 있다. 雅叙園観光事件 — 東京地判 昭60. 11. 20, 労判 464호, 17면.

(이것은 시용기간이 이미 경과해버린 시점에서 이루어지는 것이 통례이다)에 의해 당해 근로자에게 어떤 법적 지위를 인정해야 하는가? 이 점에 대해서는 ① 기간이 경과한 이상 본채용이 이루어진 것으로서 정규종업원의 법적 지위를 확인 내지 보전하는가,55) 또는 ② 시용기간이 위법한 해고에 의해 중단되었다고 하여 잔존기간이 부착된 시용계약상의 지위를 확인 내지 보전한다56)는 것이 되지만, 시용계약을 해약권이 유보된 근로계약으로 구성할 수 있는 경우에는 해약권의 적법한 행사가 이루어지지 않은 채 시용기간이 경과하면 본채용의 지위로 이행하게 되므로 ①의 해석이 원칙으로 된다고 생각된다.

제3절 비정규 근로자

제1관 비정규근로자 문제·총설

1. 비정규근로자의 의의

(1) 비정규근로자의 다양성

대다수의 기업에서는 계약의 형태나 내용상, 통상(정규)의 고용관계에 있는 종업원(정사원, 정규종업원, 정규고용자 등이라고 부름)과는 구별되는 근로자가 다양한 호칭·계약형태로 존재하고 있다. 파트사원, 아르바이트, 계약사원, 기간사원, 정근(定勤)사원, 촉탁, 파견사원, 하청사원 등으로, 사회적으로 '비정규근로자' 등으로 총칭된다.

정규고용자는 해당 기업과의 기간의 정함이 없는 근로계약 하에서 장기적으로 육성되어, 기업 내에서 직업능력과 커리어(직무, 책임)를 발전시켜 처우도 이에 따라 향상되는 것이 통례이다. 또, 대기업·중견기업의 대부분은 정규고용자의 해고는 통상 해당 종업원의 중대한 비행이나 기업존속의 위기가 없는 이상 행하지 않는다.

이에 대하여, 사회적으로 '비정규근로자'로 총칭되는 사람들은 계약·취로의 형태·양상에서 다양하다. 먼저, 위에서 언급한 비정규근로자 가운데, 기업이

---

55) 예를 들어 三洋海運事件 — 福島地いわき支判 昭59. 3. 31, 判時 1120호, 133면.
56) 三愛作業事件 — 名古屋高決 昭55. 12. 4, 勞民 31권 6호, 1172면.

직접 고용하는 비정규근로자로서, 파트사원, 아르바이트, 계약사원, 기간사원,
촉탁 등이 있다. 이러한 사람들은 전형적으로는 수개월이나 1년 등의 기간의
정함이 있는 계약으로 고용되지만, 기간의 정함이 없는 자도 존재하고, 또 기간
의 정함이 있어도, 임시적인 고용자에 한정되지 않고 노동수요가 계속 있는 한
계약이 갱신되는 상용적 고용자도 많다. 근로시간으로서는 파트타임인 자도 많
지만, 풀타임인 자도 적지 않다. 또, 기업과의 계약이 고용(근로)계약이 아니라,
업무위탁(도급)계약의 형태에 있는 자(개인업무도급업자) 중에서도, 오로지 특정기
업의 업무를 실제상으로는 고용에 유사한 취로관계에서 수행하는 자도 있으며,
그 경우에는 비정규근로자의 일종으로 생각된다. 그 외, 파견사원, 사내하청사
원과 같이, 어느 기업에 고용되면서 다른 기업의 사업장에 파견되어 취로하는
자도 존재하고, 그러한 사람들은 취로하는 곳의 기업 속에서는 비정규근로자의
일종으로 기능하는 경우가 많다.

　　비정규근로자는 이렇게 다양하지만, 그럼에도 불구하고 '비정규근로자'로 총
칭되는 까닭은 그러한 사람들이 대체로 정규고용자와 비교하여 고용이나 대우
의 면에서 불리한 취급을 받는 것에 있다. 비정규근로자의 대부분은 통상 기업
내에서 장기적으로 육성되어 승진을 하는 정규근로자와는 구별되어, 장기적인
커리어패스에는 편승될 수 없고, 배치, 임금, 상여, 퇴직금에서 명확한 격차가
생긴다. 이렇게 비정규근로자는 기업에서의 직업평생에 걸쳐 비정규근로자를
계속한 경우, 통상 정규고용자와는 평생수입에서 뚜렷한 격차가 발생하게 된다.
또한, 노동수요가 계속되는 한 계약이 갱신되지만, 노동수요가 감퇴한 경우에는
고용조정의 안전변(安全弁)으로서 고용중지의 대상이 되기 쉽다.

(2) 총무성·노동력조사에서의 '비정규의 직원·종업원'

　　총무성이 계속적으로 실시하고 있는 노동력조사는, '취업자'를 '자영업자·가
족종업자'와 '고용자'로 구분한 뒤, 임원을 제외한 고용자를 '정규의 직원·종업
원'과 '비정규의 직원·종업원'으로 나누고, '비정규의 직원·종업원'을 '파트·
아르바이트', '근로자파견사업소의 파견사원', '계약사원·촉탁', '기타'로 나누어
집계하고 있다.[57] 일본에서의 비정규 근로자의 규모·내용으로서는 이 노동력

---

57) 2001년까지는 '파트·아르바이트', '근로자파견사업소의 파견사원', '기타·촉탁'이라는 분류
　　였지만, 2002년부터 '계약사원'을 별도 집계하기로 했다. 仁田道夫, 「非正規雇用の二層構造」, 社会
　　科学研究, 62卷 3=4号, 8면은 이 분류의 변화가 같은 해 전후의 조사결과에 미친 영향을 강조하
　　고 있다.

조사에서의 '비정규의 직원·종업원'의 수치를 사용하는 것이 통례이다.[27]

　　노동력조사에서의 '비정규의 직원·종업원'의 주요유형인 '파트', '아르바이트', '계약사원', '촉탁'은, 근무하는 곳에서의 호칭이 상기의 각각의 명칭(예를 들면, '파트') 또는 이에 유사한 명칭으로 불리고 있는 자, 라고 정의되어 있으며, 동 조사에 대한 응답자가 각 직장에서의 다양한 명칭을 자신의 판단으로 상기의 '파트' 등의 어느 것에 해당시킬 필요가 있는 점에서, 애매함(불명확)이 있다.

　　그러나 [그림 1]과 같이, 연수입의 분포를 보면, 호칭상의 개념인 '파트·아르바이트'는 연수입 130만엔을 정점으로 하는 예각(銳角)의 산형을, 그리고 '계약사원·촉탁'과 '정규의 직원·종업원'을 각각 연수입 250만엔, 350만엔을 정점으로 하는 완만하고 폭이 넓은 산형을 보여주고 있다. 노동력조사에서의 비정규근로자의 분류는 그 애매함에도 불구하고, 사회적 실체를 가진 비정규근로자의 유형을 나타내고 있다고 할 수 있다(파견사원은 '계약사원·촉탁'에 거의 겹쳐지는 연수입 베이스 분포를 보여주고 있다).

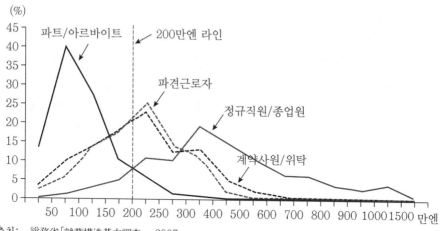

출처: 総務省「就業構造基本調査」, 2007.

[그림 1] 고용형태별 연간소득의 분포

　　노동력조사에서의 '비정규의 직원·종업원'은, 일본사회에서의 비정규근로자의 대부분을 망라하고 있다고 추측되지만, 반드시 그 전체상을 나타내고 있다고 있지는 않다. 예를 들면, 최근 활발히 행해지고 있는 업무의 외부위탁(아웃소싱)의 일종으로서의 사내업무도급에서는, 도급기업의 근로자는 발주기업에서는 '사외공(社外工)', '하청근로자' 등으로 불리는 것처럼, 파견근로자와 비슷한 비정

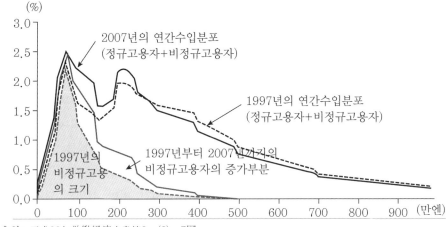

출처: 平成22年勞働経済白書第3-(3)-7図

[그림 2] 고용자의 연간수입 분포와 취업형태별 내역

규근로자로서 기능한다.[58] 또, 기업이 그 업무를 개인사업주에게 위탁하는(하청시키는) 개인업무위탁(도급)의 관계도, 각 개인사업주가 특정기업을 위해 전속적인 업무수탁자가 되는 경우에는 실태로서는 고용관계에 가깝고, 비정규근로자의 일종으로 보인다. 그러나 이러한 자들은 노동력조사에서는 '비정규의 직원·종업원'으로서는 포착되지 않는 경우가 많다고 추측된다.[59]

㉗ 국제적인 비정규근로자의 개념과의 차이

국제적으로는 비정규근로자는 non-standard employment로 칭한다.[60] 유럽의 대부분의 국가에서는 standard employment란, 기간의 정함이 없는 풀타임의 직접고용을 말하고, non-standard employment의 주요형태는 파트타임고용, 유기고용 및 간접(파견)고용이다. 요컨대, 비정규근로자는 짧은 근로시간, 기간의 정함, 제3자에 의한 고용이라는 객관적 지표에 의해 식별되고 있다.

이에 대하여, 일본에서는 standard employment란, 장기고용시스템하의 정사원으로, non-standard employment란, 장기고용시스템이 적용되지 않는 다양한 호칭의 근로자를 가리킨다. 이러한 비정규근로자(예를 들면, '계약사원', '파트', '아르바이트')는 파트타임 및 유기고용인 자가 다수를 차지하고 있지만, 풀타임 내지 무기(유기이지만 실제상 무기도 포함) 고용자도 상당수 포함되어 있다. 요컨대, 일본 기업에서는 풀타임·무기고용이 반드시 standard employment는 아니고, 정규인지 비정규인지는 노동력조사가 그렇게 하고 있듯이, 근무하는 곳(기업)에서의 호칭으로 구별하지 않을 수밖에 없게 된다.

---

58) 실제로는 그 노동관계는 근로자파견사업소로부터의 파견과 종이 한 장의 차이로 될 수 있는 것으로, 그 경우에는 '위장도급' 등의 문제를 발생시키고 있다.

59) 사내도급기업의 근로자는 '정규의 직원·종업원'에 해당된다고 응답하는 자가 많을 것이고, 개인업무도급자는 '개인사업주'에 해당된다고 응답하는 자가 많을 것이다.

60) ILO, World of Work Report 2008, 2012, OECD, Employment Outlook 2008 등.

2. 비정규근로자 증가의 문제 상황

(1) 1970년대~1980년대에서의 증가

비정규근로자는 파트·아르바이트를 중심으로 1970년대 후반부터 증가하여,[61] 1985년의 노동력조사에서는 '비정규의 직원·종업원'의 '고용자(임원을 제외)'에 차지하는 비율은 16.4%였다. 그러나 1980년대까지는 문제를 내포한 급격한 증가가 아니라, '고용형태의 다양화'의 현상으로 파악되었다.[62]

보다 상세하게는 1985년의 노동력조사는 주 35시간 미만 취업의 단시간 고용자는 471만명(임원을 제외한 고용자의 11.1%)에 달하고 있었지만, 그 중 7할이 여성(그 대부분이 '주부파트'로 불리는 중년여성)이었다. 또, 1986년의 노동력특별조사에서는 '아르바이트'가 138만명(남성 67만명, 여성 71만명)에 달하고, 그 중 청년층(15~34세)이 57.2%였다.[63] 또, 1985년 조사에서는 건물서비스에서 30만명, 경비관계에서 12만명, 정보처리서비스에서 16만명의 사내업무도급의 근로조가 존재하는 것이 밝혀졌다.

이렇게 고용형태의 다양화의 요인으로서 지적되는 것은, ① 제3차 산업이 증대하여,[64] 업무의 일상적·계절적 번한에 대한 대응을 위해 주부파트·학생 아르바이트 등의 사용이 증가한 점, ② 농가세대를 중심으로 자영업자가 이직하여 건설, 도매·소매 등의 파트나 아르바이트로 전직한 점, ③ 주부의 가사 육아부담의 경감으로 가계보조적 취로에 대한 욕구가 증대된 점, ④ 중고연령의 근로자가 증가하여 55세 정년후의 취업욕구가 고조된 점, ⑤ 기업의 경영합리화책으로서 건물서비스·경비·정보처리·사무처리기기조작 등의 외부위탁이 진전된 점 등이 지적되고 있다.[65]

---

61) 그 이전에도 1950년대의 제조업에서의 임시공의 증가나, 고도경제성장기의 건설업 등에서의 계절적 외지인 근로자(出稼ぎ労働者)의 증가 등의 현상이 있었지만, 경제성장과 함께 기간근로자로 흡수되는 등, 대규모·심각한 문제는 되지 않았다.

62) 매년의 노동경제백서(労働経済白書)에서는, 昭和61년(1986)판이 처음으로 '고용의 다양화'를 테마로 들고 있다.

63) 조사결과에서는 남성은 건설업, 여성은 도매·소매업, 서비스업이 많았다.

64) 1970년대부터 1980년대의 취업자비율의 변화를 보면, 제1차 산업이 -7.1%, 제2차 산업이 -1.7%인 것에 대하여, 제3차 산업은 +8.7%였다.

65) 昭和61年 労働経済白書 참조.

(2) 1997년 후반부터의 비정규근로자의 증가

고용형태의 다양화가 계속되었다고는 하나, 노동력조사에서의 '비정규의 직원·종업원'의 비율은, 1990년대 후반까지는 20% 정도였다. 그 때까지는 고용실업정세도 완전실업율도 아직 악화되지 않았으며,[66] 비정규근로자는 가사를 중시하여 가계보조적 수입만을 얻고자 하는 자('주부 파트'), 학업과정에 있는 자(학생 아르바이트), 은퇴과정에 있는 자(전형적으로는 정년후의 촉탁), 자유도를 중시하는 청년 등이 주요한 유형이었다. 즉, 배치전환이나 전근명령에 따라야 하며, 잔업이 많아 근로시간이 긴 정규고용의 구속을 회피하여 해당 고용형태를 임의적으로 선택하고 있는 자가 대다수였다.[67]

그러나 1990년대 후반부터, 특히 1997년의 금융·증권불황과 2000년대 초반의 IT불황시에는 일본경제의 불황이 심화되어 고용실업정세도 급속하게 악화되었다.[68] 동시에, 글로벌 경쟁의 진전 속에서 시장경쟁은 치열하게 되었고, 또 시장은 불안정(불확실)하게 되었다. 그러한 정세 속에서, 기업이 계약을 중단하기 쉽고 인건비 코스트도 싼 비정규근로자들이 증가하게 되었다. 이러한 비정규근로자는 1997년경부터 급속하게 증가되어, 2000년대 후반에 고용자의 3분의 1을 초과할 정도가 되었다.[69] 더욱이 노동력조사에 의하면, 1998년부터는 '정규의 직원·종업원'의 수도 감소하게 되어, 기업이 불황속에서 정규고용자를 희망퇴직모집이나 채용억제로 삭감하는 한편, 비정규근로자를 증가시키고 있다는 것이 통계상 나타나고 있다.[70]

(3) 비정규근로자의 문제 상황

앞에서 언급한 것과 같이 비정규근로자들이 증가한 결과, 일본의 고용사회에서는 다양한 문제 상황이 발생했다.

첫째로, 비정규근로자 중에서, 정규고용이 되고 싶지만, 본의 아니게 비정규고용으로 일하고 있는 자가 증가했다.[71] 2007년의 조사에서는 비정규근로자 가

---

66) 1994년까지는 완전실업율은 2%대에 그쳤으며, 유효구인배율도 1992년까지는 1.0을 넘었었다.
67) 1994년의 고용형태의 다양화조사에서는 비정규근로자의 81.0%가 현재의 고용형태에 머물고 싶다고 응답하고, 다른 고용형태로 바꾸고 싶다고 응답했던 것은 15.0%였다.
68) 실업률은 1995년에는 3.2%였지만, 1998년에는 4%를 넘어 2001년 5.0%, 2002년 5.4%, 2003년 5.3%로 악화되었고, 유효구인배율도 1993년 이후 몇년 동안은 0.6~0.7, 1998년 이후 몇 년 동안은 0.5 전후로 저조했다.
69) 총무성의 '労働力調査(詳細集計)'의 2012년 1~3월 평균으로는 35.1%.
70) 후생노동성의 1999년 및 2007년의 '就業形態の多様化に関する総合実態調査'에서는 기업의 비정규근로자 활용의 주요한 이유로서, 인건비 코스트가 싸고, 고용조절이 쉬운 점을 들고 있다.
71) 후생노동성의 '雇用形態の多様化に関する調査'의 1999년 조사와 2007년 조사를 비교하면,

운데 '다른 취업형태로 바꾸고 싶다'는 자의 비율은 30.6%였지만, 이 비율은 계약사원 및 파견사원에서 두드러졌다(계약사원 50.2%, 파견사원 51.6%).72) 이러한 데이터에서 보면, 원치 않은 취업자의 전형은, 신규로 고등학교나 대학교를 졸업하여 취직난 때문에 정규고용으로 일할 수 없는 청년이나, 기업에서 불황을 이유로 해고되거나 사직하여 비정규고용으로 일하고 있는 자로 추측할 수 있을 것이다.73)

둘째로, 저수입 근로자의 증가이다. 정규근로자의 처우는 커리어패스의 진전과 함께 향상되기 때문에, 정규근로자와 비정규근로자의 수입격차는 커리어의 진전과 함께 확대된다. 그래서 [그림 2]와 같이 비정규근로자의 증가에 동반하여, 연수입 300만엔~700만엔의 수입중간층의 근로자층이 얇아졌고, 그 대신에 연수입 100만엔~200만엔의 저수입 근로자가 증가했다. 그래서 비정규근로자 중에서 노동으로 문화적 생활을 유지할 수 없는 것에 대한 불만, 정규고용에 의한 커리어형성과정에 들어갈 수 없는 것에 대한 초조함, 정규고용자와의 대우격차에 대한 불공정한 감정 등이 증대되게 되어, '격차사회'나 '워킹 푸어(working poor)' 등의 표어도 생겨나 사회문제화되었다.

세 번째 문제는 비정규근로자의 고용의 불안정함이다. 1997년의 금융·증권위기후의 불황이나 2000년대 초반의 IT불황시에는 정사원의 삭감과 비정규근로자의 삭감이 함께 이루어졌지만, 2008년 가을의 리먼 브라더스 쇼크 후의 생산급락시에는 파견근로자와 유기계약 근로자의 삭감이 집중적으로 이루어졌다. 이렇게 제조업의 파견근로자의 파견계약해제(이른바 '파견중단(派遣切り)'이 많은 기업에서 행해졌지만, 이러한 자들이 사택에서 쫓겨나 고용보험의 지급도 없는 채로 곤경에 빠지는 모습이 보도되어 사회문제가 되었다. 원래 고용보험은 정규고용이 대부분인 고용사회를 상정하여 적용요건 등이 정해져 온 것으로, 노동시장의 사회안정망의 틈새도 드러나게 되었다.

네 번째로, 비정규근로자의 대폭적인 증가에 따라, 정사원취직이 어려워진

비정규근로자 가운데, '다른 취업형태로 바꾸고 싶다'는 자의 비율은 13.5% → 30.6%로 증가했다. 이 비율의 변화를 고용형태별로 보면, 계약사원이 20.4% → 50.2%, 파견사원이 22.9% → 51.6%이었다.

72) 2010년 동 조사에서는 비정규근로자 가운데 정규고용을 희망하는 자의 비율은 고용실업정세의 개선을 반영했기 때문인지, 전체에서 22.3%, 계약사원 34.4%, 파견사원 44.9%로 감소했다.

73) 노동력조사에 의하면, 비정규근로자의 증가는 청년층에서 가장 두드러지고, 또 가계보조자가 많기 때문에 단시간·임시의 고용자가 많은 '파트·아르바이트'에서 보다는, 풀타임·상용고용자가 많은 '계약사원·촉탁'에서 보다 현저하다는 것이 제시되어 있다. 또, 平成22年版労働経済白書, 25면; 平成23年版労働経済白書, 106면(第2-(1)-21図) 참조.

가운데 비정규고용에 머무르는 청년의 불완전 취업문제가 발생했다. '프리터(フ
リーター)'74)로 칭해지는 청년은, 절정에 달했던 때인 2003년에는 217만명까지
증가하였고, 2011년에도 176만명에 달해 일본경제에서의 노동력 질의 저하가
우려되고 있다. 또, 정규근로자와 비정규근로자간에는 배우자가 있는 비율에서
현저한 격차가 있어,75) 비정규근로자의 증가는 소자고령화(저출산·고령화)를 가
속시키는 것이 우려되고 있다. 또 기업의 입장에서도 비정규 비율의 대폭적인
증가에 따라, 일에 대한 책임감을 가진 양질의 인재의 확보나 기능계승이 어렵
게 된다는 문제가, 그리고 국민경제의 관점에서는 국내소비시장의 축소 등의
문제가 의식되게 되었다.

이상과 같은 비정규근로자의 문제 상황을 크게 개선하기 위해서는, 근본적
으로는 일본경제가 디플레이션 경제를 탈피하여, 안정성장의 궤도에 복귀하는
것이 필요하고, 경제·산업·재정·교육·노동정책 등을 총동원한 대책을 필요
로 한다. 당면의 노동정책으로서는 비정규근로자를 위한 능력개발·취직지원책,
노동시장의 사회안전망의 재정비, 정규고용자와의 고용·치우상의 격차에 대하
여 남용적인 취급을 억제하는 룰의 정립 등이 요구되고 있다.

다만, 비정규근로자라고 해도, 대부분의 파트타임(단시간)근로자나 고령의 촉
탁고용자 등, 해당 비정규고용을 자신의 취업형태로서 임의로 선택하고 있는
사람도 다수 존재하고 있기 때문에, 비정규고용은 노동시장에서의 사람들의 선
택지의 폭을 넓게 하고 있는 면이 있다는 점을 간과해서는 안 된다. 또, 비정규
근로자의 보호를 위한 법정책을 강제하는 경우에는, 노동시장에서의 부작용이
나 반작용이 발생할 수 있는 것에도 충분히 주의를 할 필요가 있다.

---

74) 정부통계로는 '프리터'란, 15~34세로, 남성은 졸업자, 여성은 졸업자로 미혼으로, '파트'·
'아르바이트' 형태의 일을 하고 있는 자 또는 그러한 형태의 일을 찾고 있는 자, 로 정의되어 있다.
75)

배우자가 있는 비율(남성)	25~29세	30~34세
정규근로자	33%	59%
비정규근로자	14%	28%

総務省,「就業構造基本調査」, 2007.

3. 비정규근로자에 관한 법규제의 변천

(1) 고용형태의 다양화에 대한 대응
종래에는 법적으로는 비정규근로자를 시야에 넣은 노동법상의 규제가 존재한 것이 아니고, 노동기준법상의 근로계약기간의 상한의 제한(14조)이나, 반복갱신을 거듭하는 임시공에 관한 고용중지에 해고권남용법리를 유추적용하는 판례의 고용중지법리 등이 존재한 것에 그쳤다.

1970년대 후반부터는 여성의 노동시장참가나 노동력 고령화의 진전, 산업·업태의 서비스경제화 등에 의해서 고용형태의 다양화가 필연적 경향으로 여겨져, 그러한 경향에 노동법제를 적용시키는 것이 정책과제가 되었다. 우선 새로운 노동력수급조정 시스템으로서 근로자파견사업을 일정 범위에서 법인하여 규제하기 위한 노동자파견법의 제정(1985년 법88)이 이루어지고, 단시간 근로자에 관한 연차휴가의 특별기준을 설정하는 노동기준법 개정(1987 법99)이 이루어졌다. 그리고 단시간 근로자의 고용관리의 개선 등에 관한 법률(파트타임노동법, 1993 법 76)이 제정되었다.

(2) 노동시장의 규제완화
1997년의 금융·증권불황과 2000년대 초반의 IT불황에 의해 일본경제가 곤경에 처하자, 일본정부는 '규제개혁', '구조개혁'이라 칭하여 시장의 규제완화를 대대적으로 수행했다. 비정규근로자에 관한 노동정책으로서도 근로계약기간의 상한규제의 완화를 위한 노동기준법 개정(1998 법 112, 2001 법 104)이 이루어졌다. 또, 근로자 파견사업에 대해서도 positive list 방식에서 negative list 방식으로의 전환(1999 법84), 제조업무에 대한 파견의 해금(2001 법82) 등의 규제완화를 실시했다.

(3) 비정규근로자의 보호를 위한 규제의 진전
1990년대 후반부터의 비정규근로자의 대폭적인 증가에 따라 앞에서 언급한 문제 상황에서 2000년대 후반 이후, 비정규근로자의 취로상황의 개선을 위한 입법정책이 전개되었다.

먼저, 자공(자유민주당과 공명당)연립정권의 말기에, 파트타임노동법이 개정되어(2007 법 72), 파트타임근로자(단시간 근로자)에 대한 균등·균형대우의 룰이 설정되었다. 또, 실제상 '파트·아르바이트'의 최저임금으로서 기능하고 있는 지역별 최저임금이 생활보호의 급부보다도 낮은 금액이라는 것이 문제가 되어, 최저임금법이 개정되어(2007 법 129), 최저임금이 단계적인 인상이 이루어지고 있다.

계속하여, 2007년 여름의 민주당 중심의 연립정권으로의 이행 후, 고용보험법이 개정되어(2009 법 5), 고용보험의 적용확대76)가 이루어졌다. 또, 노동시장의 새로운 사회안전망으로서 고용보험의 비적용자나 고용보험(실업급부)의 지급기간이 끊긴 자에 대하여, 일정기간 직업훈련과 취업지원과 생활비 지급을 실시하는 구직자지원제도가 창설되었다(구직자지원법(2011 법47)의 제정).

또한, 근로자파견제도에 대하여 일용파견의 증가와 리먼 브라더스 쇼크 후의 '파견중단' 등에 의하여 규제완화의 폐해가 비판받아, 2010년에 노동자파견법에 대하여 규제강화를 도모하는 개정안이 국회에 상정되었다. 동 법안은 '꼬인 국회(ねじれ国会: 일본의 국회에서 중의원에서 여당이 과반수의 의석을 가지지만, 참의원에서는 과반수에 달하지 못하는 상태를 말함-역자 주)' 속에서 계속심의 중이었지만, 2011년 가을에 민주·자민·공명당에 의한 수정합의가 이루어져 이에 기초로 한 법개정안이 2012년 3월 말에 성립되었다(2012 법27).

비정규근로자의 대부분의 계약형태인 유기근로계약에 관한 법제에 대해서도, 노동정책심의회 노동조건분과회에서, 체결·갱신·고용중지·대우격차 등에 대하여 유럽에서 볼 수 있는 규제를 행해야 할지의 여부에 대하여 검토되었다. 그리고 2011년 말의 최종보고를 바탕으로, ① 동 계약의 갱신에 따른 통산 계약기간이 5년을 초과한 경우의 기간의 정함이 없는 근로계약으로의 전환 구조, ② 판례의 고용중지법리의 조문화, ③ 유기계약근로자의 근로조건에 대하여 불합리하다고 인정되는 것이어서는 안 된다고 하는 규정의 신설을 내용으로 하는 노동계약법의 개정이 2012년 8월에 성립되었다(2012 법56). 또, 2007년에 개정된 파트타임노동법에 대해서도, 재검토 작업이 이루어지고 있다.

또, 비정규근로자에 대한 후생연금·건강보험의 적용확대를 포함한 '공적연금제도의 재정기반 및 최저보장기능의 강화 등을 위한 국민연금법 등의 일부를 개정하는 법안'이 2012년 8월에 성립되었다(2012 법62). 지금까지 사회보험의 적용범위는 주 소정 근로시간이 30시간 이상인 자에 한정되어 있었던 바, 새롭게

---

76) 적용요건의 '1년 이상의 고용예정'을 '31일 이상의 고용예정'으로 하고, '주 30시간 이상 근로'를 '주 20시간 이상 근로'로 했다.

① 주 소정근로시간이 20시간 이상, ② 임금 월액 8만 8천엔 이상, ③ 고용기간 1년 이상을 충족시키는 자에게 적용이 확대되게 되었다.77)

4. 균등·균형대우 룰 정립의 모색

(1) 서 설

다종다양한 비정규근로자에 대해서는 근로계약의 기간이 한정되어 있음에 따라 발생하는 여러 문제, 풀타임이 아니라 파트타임으로 일하는 것에 따라 발생하는 여러 문제, 고용관계와 노사관계가 분리되는 파견노동에 대하여 발생하는 여러 문제가 있으며, 각각 독자적인 법규제가 이루어지고 있다. 그래서 제2관 이후에서는, 이러한 유기계약근로자, 파트타임근로자, 파견근로자라는 유형에 따라 문제와 법규제의 내용을 검토한다.

다만, 비정규근로자의 처우개선을 위한 중심과제인 균등·균형대우 룰의 정립에 대해서는 최근 이러한 유형을 횡단한 법정책의 진전이 발생하고 있기 때문에, 여기에서는 그러한 동향을 개관하기로 한다(유형마다의 독자적인 룰의 내용은 각각의 관에서 검토한다).

(2) 균형대우의 룰 정립의 사회적 요청

앞에서 언급한 것과 같이, 1990년대 후반부터 고용근로자에 차지하는 비정규근로자의 비율이 3분의 1까지 증가함과 동시에, 비정규고용으로 내몰려 커리어패스에 편승할 수 없는 청년이니 생계의 담낭자이면서 기업의 인원삭감책에 의해 정사원으로서의 재취직을 할 수 없는 장년 등의 본의 아니게 선택하게 된 자가 증가했다. 또, 기업에서의 정사원고용을 줄인 결과, 기업이 비정규근로자를 기간적(基幹的) 노동력으로 이용하는 경향이 진행되어, 정사원과 비슷한 직무에 종사하는 비정규근로자가 증가했다.78) 이렇게 정사원과 비교하여 비정규근로자의 임금·대우가 현격하게 뒤떨어지는 것에 대한 불만이나 비판이 고조되어, 사회적으로 불공정한 격차의 시정을 위한 정책적 대응이 요구되게 되었

---

77) 개정법은 종업원 501명 이상의 기업에게 적용되게 되었으며, 또 학생에 대해서는 적용제외로 하고 있다. 그리고 2016년 10월 1일에 시행된다.

78) '平成18年 パートタイム労働者総合実態調査'에 의하면, 정사원과 파트 등 근로자의 양쪽을 고용하고 있는 사업소가운데, '직무가 정사원과 거의 같은 파트 등 근로자가 있는' 사업소의 비율은 '파트'가 51.9%, '기타'가 65.2%로, 전회의 2001년 조사결과의 각각 40.7%, 53.7%보다도 10포인트 이상 증가했다.

다. 또한, 소자고령화의 진전에 따른 노동력인구 감소사회로의 이행 속에서, 여성·고령자 등의 취업률을 높이는 정책이 필요하게 되어 그 일환으로서 비정규고용을 보다 양호한 취업형태로 바꾸어 갈 필요성도 의식되었다.

(3) 2007년 파트타임노동법 개정에 따른 균등·균형대우 룰의 정립

비정규근로자의 대우격차문제에 대해서는 1996년의 마루코 경보기 사건(丸子警報機事件) 판결[28]이, 정사원과 같은 제조 라인의 직무에 종사하고 근로시간도 거의 같은 '유사 파트(類似ハート)'근로자의 임금격차에 대하여, 정사원 임금의 8할에 달하지 못하는 부분은 균등대우의 공서에 반하여 위법이라는 판단을 내린 이후, 정부부내에서도 검토가 진행되었다.[79]

우선은 파트타임(단시간) 근로자에 대하여, 내부 노동시장과 외부 노동시장이 분리되어 횡단적인 직무급을 확립하고 있지 않은 일본의 고용사회에 적합한 '균등처우'(직무내용, 인사육성의 구조, 장기근속 등과의 균형을 이룬 처우)의 견해가 형성되어,[80] 계속하여 노동정책심의회 고용균등분과회에서 균등처우의 룰을 정련(精鍊)된 검토가 이루어져 파트타임노동법의 개정안이 정리되었다. 개정안은 2007년 2월에 국회에 상정되어, 같은 해 5월에 성립되었다(2007년 법72. 시행은 2008년 4월 1일). 또 같은 국회에 상정되어 같은 해 가을의 임시국회에서 성립된 노동계약법에는 총칙규정 속에 '노동계약은 근로자 및 사용자가 취업의 실태에 따라 균형을 고려하면서 체결하거나 또는 변경해야 하는 것으로 한다'는 균형처우의 훈시규정이 마련되었다(3조 2항).

그 후에도 비정규근로자보호의 사회적 요청은 계속되었고, 2009년 12월 말의 노동정책심의회 직업안정분과회에서 마련된 노동자파견법 개정안에서는 파견기업은 파견근로자의 대우에 대하여, 파견사용기업의 동종 근로자와의 균형에 배려해야 한다는 취지의 새로운 규정이 포함되어, 앞에서 언급한 동개정안에 관한 민주·자민·공명 3당의 수정합의에도 이어져, 2012년 3월 성립된 노동자파견법 개정(2012년 법27)에서 실현되었다.

---

[28] **비정규근로자의 대우격차에 관한 종래의 판례**

비정규근로자의 임금격차에 관한 종래의 대표적 판례로는 丸子警報器事件 — 長野地上田支判 平8. 3. 15, 労判 690호, 32면이 있다. 동 사건에서는 기간 2개월의 고용이 반복갱신되어 실질적으로 장기근속하면서, 정사원과 같은 근로시간(1일의 소정근로시간이 15분만 짧지

---

79) 「パートタイム労働に係る調査研究会報告」(1997年8月、高梨昌座長)참조.
80) 「パートタイム労働研究会最終報告」(2002年7月、佐藤博樹座長)참조.

만, 짧은 분은 잔업), 같은 직무(공장의 생산라인)에 종사하고 있던 여성임시사원의 일부가, 같은 직무의 여성정사원과의 임금격차에 대하여 헌법 제14조, 노동기준법 제3조·제4조에 위반하는 차별행위라고 주장하여, 차액상당분의 손해배상을 요구했다. 판결은, 동일(가치)노동 동일임금의 원칙이 실정법상의 근거는 없지만, 노동기준법 제3조·제4조의 근저에 있는 균등대우의 이념이 공서로 되어 있다고 하여, 상기 임시사원의 임금이 같은 업무에 종사하는 같은 근속년수의 여성정사원의 8할 이하가 될 때에는, 균등대우의 공서에 위반한다고 판단했다 (그 비평으로서, 菅野＝諏訪, 「パートタイム労働と均等待遇原則その比較法的ノート」, 山口俊夫古稀・現代ヨーロッパ法の展望, 113면 이하).

이에 대하여, 日本郵便逓送事件(大阪地判 平14. 5. 22, 労判 830호 22면)에서는 기간 3개월의 고용을 반복갱신 되면서 정사원과 같은 우편물 운송차의 운전업무에 종사하는 임시사원(소정 근로시간은 정사원이 1일 8시간·1주 40시간인 것에 비하여, 1일 7시간 15분·1주 39시간 53분)이 동일노동 동일임금원칙의 공서에 위반한다고 하여 정사원의 임금과의 차액상당분의 손해배상을 청구했다. 그러나 판결은 동일노동 동일임금원칙은 실정법상의 법규범으로서 존재하고 있다고 하기 어렵고, 정사원·비정사원의 임금격차는 계약자유의 범주에 속하는 문제라고 하여 청구를 기각했다.

(4) 2012년의 노동계약법 개정에 따른 유기계약근로자의 공정처우 룰

비정규근로자의 공정한 처우를 위한 룰을 만드는 것은 계속하여 이루어진 유기 노동계약법제의 검토 속에서도 중요한 과제가 되었다. 2011년 말의 노동정책심의회 노동조건분과회의 최종보고는 유기근로계약의 내용인 근로조건에 대해서는 직무의 내용이나 배치의 변경 등을 고려하여, 기간의 정함을 이유로 하는 불합리한 것으로 인정되는 것이어서는 안 된다고 해야 한다고 제언을 했다. 2012년 8월에 성립된 유기근로계약에 관한 룰을 정비하기 위한 노동계약법 개정(2012 법56)에서는 앞에서 언급한 제언을 그대로 법문화한 규정이 포함되었다.

유기근로계약에 관한 노동계약법상의 새로운 공정처우 룰의 성립에 따라서, 파트타임노동법상의 동종 룰도 노동계약법과 정합성을 가진 것으로 수정할 것이 필요하게 되었다. 이리하여 노동정책심의회 고용균등분과회에서는 2007년 개정된 동법의 재검토 작업을 실시하여, 2012년 6월에 동법의 차별적 처우 금지규정(8조)을 개정 노동계약법안의 불합리한 취급금지규정과 비슷한 규정으로 개정하는 것 등을 내용으로 하는 보고를 했다.

이상과 같은 비정규근로자의 공정처우 룰의 진전은, 기업에게 정규고용자와 비정규고용자의 양측에 걸친 처우체계의 재검토를 강력하게 요구하는 것이 될 것이다. 그러한 경우에 필요하게 되는 것은, 정규·비정규고용자에 걸친 노사의 집단적인 대화(그에 따른 이익의 조정)로, 노동조합법제와 종업원대표제의 재검토가 궁극의 가장 중요한 과제가 된다.

제 2 관 유기계약근로자

1. 유기계약 근로자의 의의와 기능

(1) 유기계약근로자의 의의

여기에서의 '유기계약근로자'란, 기간의 정함이 있는 근로계약('유기근로계약'[81])에 따라서 사용되는 근로자이다. 그 실제의 형태는 일용, 임시공, 계절근로자, 기간사원, 아르바이트, 촉탁, 파트사원, 계약사원 등 다양하다. 유기계약근로자는 임시적 고용으로 일하는 근로자(임시근로자)와 중복되지만, 임시근로자라고 해도 기간의 정함이 없는 고용형태의 자도 있어, 유기계약 근로자라고 해도 비교적 장기의 고용을 예정하고 있는 자도 있다.[82]

기업의 노무관리에서는 기간의 정함이 있는 고용형태의 근로사는, 장기고용 시스템하의 근로자와는 명확하게 구별되어, 특별한 취급을 받는 것이 일반적이다. 기업에서 정사원의 전형고용과 구별된 비전형의 고용형태에는 앞에서와 같은 다양한 것이 있지만, 고용기간의 정함은 실제상 이러한 비전형 고용을 관철하는 주요한 지표로서도 기능하고 있다.

(2) 근로계약기간의 법적 의의

유기근로계약에서의 계약기간의 법적 의의로서는 첫째, 계약기간이 만료되면 계약이 종료된다는 점으로, 계약의 존속기간을 한정하는 의의가 있다. 여기에서 유기근로계약은 기업에서는 3개월, 6개월, 1년 등의 단기의 계약기간을 설정함으로써, 노동력의 임시적·일시적인 수요에 대응한 고용으로 이용된다. 또 고용을 기간만료로 종료시킬 수 있다는 점에서 구조조정의 수단으로서도 이용된다.

---

81) 2012년 8월에 성립된 노동계약법 개정(2012 법 56)에서는 이렇게 칭하고 있다.

82) 유기계약근로자의 총수를 파악한 통계는 없다. 総務省「労働力調査(基本調査)」에서는 종업상의 지위로서, 고용자를 '상용(1년을 초과하거나 또는 고용기간의 정하지 않는 계약으로 고용되어 있는 자)', '임시공(1개월 이상 1년 이내의 기간을 정하여 고용되어 있는 자)', '일용(매일 또는 1개월 미만의 계약으로 고용되어 있는 자)'로 분류한 뒤, 임시공과 일용을 합계한 수치를 내세우고 있으며, 2009년의 동 조사에서는 751만명이었다. 한편, '平成21年有期労働契約に関する実態調査(事業所調査)'에서는, 상용근로자에 차지하는 유기근로자의 비율은 22.2%로, 이 비율을 같은 해의 노동력조사에서의 고용자수 5,460만명에 곱하여 대략적인 수치로 하면 1,212만명이 된다.

장기고용시스템하의 고용은 통상 기간의 정함이 없는 근로계약의 형태를 취하며, 그 계약형태에 대해서는 해고권남용법리가 확립되어 입법화(노계 16조)되어 있는 점에 비추어보면, 유기근로계약의 상기의 법적의의는 실제상으로도 큰 기능을 가진다. 즉, 기업은 비교적 단기간의 유기근로계약의 근로자를 다수 고용함으로써, 노동수요가 계속되는 한 이러한 근로계약을 계속 갱신하는 경우가 많다.83) 즉, 유기근로계약은 고용조절도 하기 쉽고 계속적인 노동수요에도 대응할 수 있는 유연한 고용형태로서 기능해왔다.

둘째, 유기근로계약의 경우에는 계약 당사자 양측 모두, 기간 중의 해약은 '부득이한 사유'가 있는 경우에만 허용되고, 그 경우에도 그 사유발생에 대하여 과실이 있는 당사자는 상대방에게 발생한 손해를 배상해야 한다(민 628조. 또 노계 17조 1항에 대해서는 후술한다).84) 유기근로계약은 이렇게 기간 중에는 당사자 양측이 고용을 계속해야 한다는 점에서, 고용의 존속기간을 상호 일정기간 서로 보장하는데 의의가 있다. 여기서 사용자의 입장에서는 일정기간 필요한 노동력을 확보하는 수단으로서의 실제적 의의를 가지게 되는 것이고, 근로자의 입장에서는 사직이나 전직의 제한(구속)수단으로서 기능할 수 있게 된다.

위의 두 번째 고용보장적 의의는, 민법상 기간의 정함이 없는 고용계약의 해약에 대해서는 당사자 양측이 언제라도 이를 행할 수 있는 것(627조)과 대비되는 것이었다. 그러나 기간의 정함이 없는 근로계약에 대하여 해고권남용법리가 확립되고, 사용자가 기간의 정함이 없는 근로자를 해고하기 위해서는 '객관적으로 합리적인 이유로, 사회통념상 상당한 것'을 필요로 하게 된 오늘날에도, 그러한 의의는 존속하고 있다. 즉, 기간의 정함이 있는 고용계약의 해약사유인 '부득이한 사유'란, '객관적으로 합리적인 이유로, 사회통념상 상당한 것'보다도 한정적인 것으로 해석되며, 근로자의 입장에서는 기간의 정함이 없는 고용계약에서의 해약의 자유(사직의 자유)는 존속하고 있기 때문이다.

유기근로계약은 이러한 두 가지의 법적 의의에 의해 기업의 필요에 따른 다양한 목적을 위해 다양한 형태로 이용되고 있다. 나아가 경제성장 속에서 장기고용시스템이 보급·발전함과 동시에, 비정규근로자도 다양화되었지만, 기업은

---

83) 厚生労働省「平成22年 賃金構造基本統計調査」에서는 유기계약근로자는 근속년수 0~2년인 자가 45.3%, 3~9년인 자가 33.4%, 10년 이상인 자가 21.3%였다.

84) 민법 제628조는 사용자에 의한 계약기간 중의 해고에 대해서는 강행규정이라고 해석되고 있다. 安川電八幡工場事件 ― 福岡高決 平14. 9. 18, 労判 840호, 52면; モーブッサン·ジャパン事件 ― 東京地判 平15. 4. 28, 労判 854호, 49면.

유기근로계약을 다양한 비정규근로자의 공통된 지표로서 활용했다. 이렇게 유기근로계약은 실제상은 비정규근로자를 정사원과 준별하는 기능도 하고 있다고 할 수 있다. 그러나 정사원 이외의 고용형태가 그러한 것처럼, 유기근로계약은 다른 면에서는 근로자로 하여금 고용의 선택지를 다양화한다는 실제적 의의를 가지고 있는 점을 간과해서는 안 된다.

⑶ 유기근로계약의 룰 수립을 위한 노동계약법 개정

유럽국가에서는 유기근로계약이 불안정한 고용이라는 점에 착안하여, 그 체결에 대하여 합리적인 이유(노동력의 일시적인 수요나 교육훈련상의 필요성 등)를 필요로 하거나, 갱신회복의 한도나 갱신에 따른 입법이 이루어져 왔다.[85] 이에 대하여, 부당한 차별을 금지한 뒤, 노동시장의 자유를 관철하는 미국에서는 유기근로계약의 이용은 계약의 자유에 위임해 왔다. 그 후 한국이나 중국에서도, 유기계약 근로자의 차별적 취급을 금지하거나, 일정기간 경과후의 유기근로계약을 무기근로계약으로 전환시키는 등, 유기근로계약에 대한 강력한 규제를 실시하게 되었다.[86]

일본에서는 유기근로계약이 장기고용시스템의 유지에 필요한 경영의 유연성을 확보하는 수단으로서 넓게 이용되어 온 점에서, 유기근로계약의 체결이나 갱신을 제한하는 입법규제는 오래 동안 실시되지 않았다. 그러나 1990년대 후반부터의 비정규근로자(그 대부분은 유기계약근로자)의 현저하게 증가하는 가운데, 유럽국가와 같은 입법규제 도입의 주장이 유력하게 되었다. 그리하여 먼저 2003년 노동기준법 개정(2003 법104)으로, 후생노동대신이 '유기근로계약의 체결, 갱신, 고용중지에 관한 기준'을 책정하여 행정지도할 수 있게 되었다(노기 14조 2항, 3항). 또, 2007년 12월에 성립한 노동계약법(2007 법128)에서, 유기근로계약의 반복갱신을 가능한 한 하지 않도록 단속하는 규정(17조 2항) 등이 마련되었다.

그 후에도, 노동시장에서의 비정규근로자의 비율이 계속 증대되는 가운데, 2008년 가을의 리먼 브라더스 쇼크 후의 불황으로 유기계약 근로자의 고용중지가 잇따르자, 비정규근로자의 보호의 일환으로서 유기근로계약에 관한 적정한 법적 룰의 수립을 요구하는 목소리가 높아졌다. 때마침 노동단체가 지지하는

---

85) 水町勇一郎, パートタイム労働の法律政策, 41면 이하; 西谷, 労働法, 152면.
86) 山下昇ほか編著, 変容する中国の労働法, 19면.

민주당 중심의 정권이 수립되어, 정부내부에서 유기근로계약의 법적 룰에 관한 검토가 진행되었다.

이리하여 유기노동계약연구회나 노동정책심의회 노동조건분과회 등에서 검토를 거쳐, 노동계약법 속에 ① 유기근로계약이 갱신되어 통산 5년을 초과하게 되었을 경우에는 근로자가 동 계약을 무기근로계약으로 변경(전환)할 수 있도록 하는 규정(신설 18조), ② 반복갱신에 의해 무기근로계약과 실질적으로 다르지 않거나, 또는 갱신의 합리적 기대가 있는 유기근로계약에 대해서는 해고권남용법리를 유추적용한다는 판례법리(고용중지법리)를 조문화한 규정(신설 19조), ③ 유기근로계약과 무기근로계약 간의 근로조건의 차이가 불합리한 것이어서는 안 된다는 규정(신설 20조)을 추가하는 동법 개정이 2012년 8월에 이루어졌다.㉙㉚

㉙ **유기근로계약의 법규제의 전사**(前史)

제2차 세계대전 전의 일본의 민법은 기간의 정함이 있는 고용에 대해서는 도제, 상가(商家)의 견습, 가사봉공인(家事奉公人) 등의 연기(年期)계약을 상정하여 기간의 상한을 5년(상공업의 견습은 10년) 으로 하고, 당사자 양측이 기간에 구속되는 한편(기간도중의 해약은 원칙 불가), 기간종료에 따라 계약은 당연히 종료되고 묵시의 갱신이 발생해도 갱신 후는 해약자유(626조, 628조)로 규정했다.

이러한 민법 하에서, 제2차 세계대전 전에는 젊은 여자의 섬유공장이나 풍속영업 등에서의 연기(3년이나 5년)고용이, 실제상으로는 해당 여자가 연기중의 열악한 노동관계에서 이탈하는 것을 막는다는 인신구속적 기능을 했다. 그래서 제2차 세계대전 후의 노동기준법(1947법 49)은 노동관계의 민주화(근대화)정책의 일환으로서, 근로계약의 기간의 상한을 1년 이내로 한정하는 규제(14조)를 마련했다.

또한, 전후는 어려운 고용정세 속에서 노동조합 운동이 해고의 규제에 노력하고, 계속하여 해고권남용법리가 법실무상 수립되었지만, 산업계에서는 이러한 해고규제를 회피하는 방법으로서 단기근로계약을 경기가 계속되는 한 반복·갱신하여, 경기후퇴시에는 기간만료에 따른 고용중지를 하는 임시공제도를 창출했다. 이러한 유기근로계약의 활용에 대해서는 법원은 일정상황이 있는 경우의 동 계약의 갱신거부(고용중지)에 대하여 기간의 정함이 없는 근로계약에 관한 해고권남용법리를 유추적용한다는 법리를 수립했다(東芝柳町工場事件 ― 最一小判 昭49. 7. 22, 民集 5 호, 927면 등.)

그 후, 서비스경제화와 여성·고령근로자의 증가 등에 따라 고용형태의 다양화가 진전되어, 노동법제를 이러한 구조변화에 즉각 대응하는 것이 요구되었다. 이렇게 노동기준법상의 근로계약기간의 상한규제의 완화가 1998년과 2003년의 동법 개정으로 실시되어, 상한은 원칙 3년, 예외 5년으로 되었다. 또 그 담보로서, 행정지도를 위한 '유기근로계약의 체결, 갱신, 고용중지에 관한 기준'이 통달에서 고시로 격상되었다(2003년 개정노기법, 14조 2항, 3항).

㉚ **노동계약법 개정안의 작성경위**

상기의 2003년 노동기준법 개정시에는, 시행 후 3년을 경과한 시점에서의 재검토 규정이 마련되었다(개정법 부칙 3조). 또 노동계약법안 요강에 대한 노동정책심의회 노동조건분과회 답신(2006년 12월 27일)에서는 유기계약에 대하여 '이번에 강구하게 된 시책이외의 사항에 대해서도 계속하여 검토하는 것이 적당'하다는 제언이 이루어졌다. 이렇게 유기근로계약연구회의 검토를 거쳐, 유기노동계약법제에 관한 검토가 3자 구성의 노동정책심의회 노동조건분과회에서 2010년 10월부터 시작되었다. 그 분과회에서는 (a) 유기근로계약의 이용을 일시적인 노동수요가 있는 경우에 제한하는 '입구규제'의 옳고 그름, (b) 반복갱신의 횟수나 기간에 대하여 상한을 마련하는 '출구규제'의 옳고 그름, (c) 판례의 고용중지법리를 조문화하는 '고용중지규제'의 옳고 그름, (d) 유기계약근로자를 위한 균등·균형처우 룰의 명문화 등이 주요한 논점이 되었다. 심의는 난항을 겪었지만, 2011년 말에 (a)의 입구규제는 채용하지 않는 것으로 하고, (b)~(d)의 규제를 노동계약법 중에 새로운 조항으로서 첨가하는 것으로 하여 동 분과회의 최종보고를 정리했다. 동 보고에 근거로 하여, 2012년 2~3월에 법조요강의 심문과 답신, 법안의 각의결정과 국회상정이 순차적으로 이루어졌다.

2. 유기근로계약의 기간의 길이

(1) 유기근로계약에서의 기간의 상한규제

일본에서의 유기근로계약에 대하여 실시되어 온 입법상의 규제는 기간의 길이의 제한이다.[87][31] 이에 대해서는 노동기준법은 제2차 세계대전 후 오랫동안, 기간의 상한을 1년으로 해왔지만, 1998년의 동법 개정(1998 법112)으로 상한 3년의 특례를 설정하고, 2003년의 개정(2003 법104)에서는 원칙적 상한을 3년, 특례의 상한을 5년으로 하기에 이르렀다. 즉, 근로계약에 기간을 마련하는 경우에는 일정한 사업의 완료에 필요한 기간을 정하는 것 외에는, 기간의 상한은 3년으로 되지만(3년을 초과하는 기간을 마련해서는 안 된다), 특례로서 (a) 후생노동대신이 정하는 기준[32]에 해당하는 고도의 전문적 지식, 기술 또는 경험(전문적 지식 등)을 가진 근로자가 해당 전문적 지식 등을 필요로 하는 업무를 하게 될 경우, 또는 (b) 만 60세 이상의 근로자에 대해서는 기간의 상한은 5년이 된다(14조 1항).

2003년 개정에 따른 규제완화에 대해서는 국회심의에서 남용적인 이용도 있을 수 있는 점이 우려되어,[88] 개정규정의 시행 후 3년을 경과한 경우에, 개정규정에 대하여 시행 상황을 감안하면서 검토를 더 하여, 그 결과에 기초로 필요한 조치를 강구하는 것으로 되었다(개정법 부칙 3조). 그리고 이 조치가 강구될 때까지의 기간은 근로자는 1년을 넘는 계약기간을 정한 경우에도, 일정한 사업의 완료에 필요한 기간을 정한 것 및 앞에서 언급한 특례 (a)(b)의 근로자

---

87) 문헌으로서 東大労研, 注釈労基法上, 278면 이하[大内].

88) 국회심의에서는 일부 업계에서의 기능양성에 대한 이른바 '갑사의 봉사(お礼奉公: 고용인이 정해진 기간의 고용이 끝났는데도 은혜보답으로서 고용주하에서 일정 기간 머무르며 일하는 것: 역자 주)'에 이용될지도 모른다는 점이 지적되었다.

를 제외하고, 계약기간의 첫날부터 1년을 경과한 날 이후는 언제라도 퇴직할
수 있다고 되었다(137조).

상기 규정에 위반하여 상한을 초과하는 기간이 정해진 경우에는 노동기준법
의 강행적이고 직률적 효력에 의해 해당 계약에서의 계약기간은 상한의 기간
(일반 근로자에 대해서는 3년, 특례 근로자에 대해서는 5년)으로 개정되었다(2003. 10.
22 기발 1022001호).89)

2012년의 노동계약법 개정의 모태가 된 노동조건분과회의 최종보고에서는
노동기준법에서의 근로계약기간의 상한규제를 재검토할지의 여부에 대해서는
'계속하여 검토'하는 것으로 되었다.

③① 노동기준법에서의 계약기간의 상한규정의 개정 경위

노기법은 제2차 세계대전 전의 연기(年期)계약에 의한 신분적 구속의 경험에 비추어, 장
기간의 근로계약을 금지하기 위해 근로계약은 '일정한 사업의 완료에 필요한 기간을 정하는
것 이외에는 1년을 넘는 기간에 대해서 체결해서는 아니 된다'라고 규정해 왔다(14조). 그러
나 전후 50년 이상을 거쳐 장기간 근로계약에 의한 폐해의 우려가 감소하고, 한편으로는 산
업계에서 기동적인 사업운영을 위해 전문적 기능을 가진 자를 일정기간 확보할 필요성이 높
아졌다. 그래서 1998년의 노동기준법 대개정(1998 법 112)에서는 기간의 상한은 1년이라는
원칙은 유지하면서, ① 신상품 등의 개발, 과학의 연구, 일정기간 내에 완료하는 사업재편을
위한 고도의 전문적 근로자를 새롭게 고용할 경우, ② 만 60세 이상의 근로자를 고용할 경우
에 대해서는 특례로서 기간의 상한을 3년으로 하기로 했다.

그 후, 정부의 종합규제개혁회의 등에서는 더욱 더 규제완화를 바라는 의견이 나왔다. 그
래서 노동정책심의회 노동조건분과회에서, 계약기간의 원칙적 상한을 1년에서 3년으로 완화
하고, 일정한 고도의 전문직 및 60세 이상의 근로자에 대해서는 5년의 특례상한을 인정한다
는 대폭적인 개정의 제언이 마련되어, 2003년의 노동기준법 개정(2003 법 104)이 이루어졌다.

③② 고도의 전문적 지식 등의 기준

고도의 전문적 지식에 관한 기준은 '노동기준법 제14조 제1항 제1호의 규정에 근거하여
후생노동대신이 정하는 기준'(2003. 10. 22 후노고 3565호)으로서 개략적으로 다음과 같이 규
정하고 있다.

① 박사학위를 가진 자,

② 공인회계사, 의사, 치과의사, 수의사, 변호사, 일급건축사, 세무사, 약제사(약사), 사회
보험노무사(공인노무사), 부동산감정사, 기술사, 변리사

③ 시스템 분석사, 보험회계사 자격시험에 합격한 자

④ 특허발명 발명자, 등록 의장 창작자, 등록품종을 육성한 자,

⑤ 농림수산업 기술자, 광공업 기술자, 기계 기술자, 전기 기술자, 건축 기술자, 시스템
엔지니어, 디자이너로 대학졸업 후 5년, 단기대학 및 고등전문학교 졸업 후 6년, 고교졸업 후
7년 이상의 실무경험을 가진 자, 또는 시스템 엔지니어로서 실무경험 5년 이상을 가진 시스
템 컨설턴트로 연간 수입 1,075만엔 이상인 자,

---

89) 이 점에 대하여 사용자에 대해서만 편면적 효력설을 취하는 학설로서, 土田, *労働契約法*,
74면.

⑥ 국가, 지방공공단체, 공익법인 등에 의한 인정제도에 의해 지식 등이 뛰어난 자로 인정받는 자

(2) 계약기간의 길이의 하한

노동기준법에서는 계약기간의 길이에 대해서는 앞에서 언급한 것과 같이 상한(최장 기간)만이 규제되고, 하한(최단 기간)은 규제되지 않았었다. 그래서 2개월, 1개월, 1주간이라는 단기간의 근로계약도 가능했으며, 하루만의 근로계약도 가능하다고 되어 있었다. 이것은 실제상으로는 며칠 내지 1일 등의 즉석(spot) 수요도 다수 존재하고, 또 이러한 노동을 요구하는 사람들도 상당수 존재하기 때문이다.

그러나 단기의 유기근로계약은 단기간의 노동수요를 위해 이용되는 것뿐만 아니라, 오히려 구조조정이 쉽기 때문에, 계속적(항상적)인 노동수요를 위해서도 많이 이용되고 있다. 그리고 계속적 노동수요를 위한 유기근로계약의 이용은 근로자의 눈에는 유기근로계약을 이에 따르지 않아도 되는 경우에 이용하고 근로자의 고용의 안정을 저해하고 있는 상황이라고 비춰지게 되었다. 이처럼 근로자의 고용의 안정을 위해서는 유기근로계약을 진정으로 일시적 노동수요가 있는 경우에만 이용할 수 있도록 규제해야 한다고 하는 '입구규제'의 주장이 제기되어 왔다.

그래서 2007년에 성립된 노동계약법에서는 유기근로계약에 관한 이러한 논의를 고려하여, '사용자는 기간의 정함이 있는 근로계약에 대하여 그러한 근로계약으로 근로자를 사용하는 목적에 비추어, 필요이상으로 짧은 기간을 정함으로써 그 근로계약을 반복하여 갱신하는 일이 없도록 배려해야 한다'는 규정이 마련되었다(17조 2항). 현행법에서는 유기근로계약의 목적을 규정하고 있지 않는 점, '필요이상으로'라고 불명확한 표현을 사용하고 있는 점, 반복갱신에 대해서는 해고권남용규제의 유추적용이 이루어지는 점에서 살펴보면, 본 규정은 훈시규정으로 이해된다.

3. 유기근로계약의 체결과 갱신

(1) 유기근로계약의 체결규제의 시비

2012년 8월 성립된 노동계약법 개정을 구상한 노동정책심의회 노동조건분과회에서는 노동조합측은 유기근로계약은 합리적인 이유가 없는 경우(예외사유

에 해당하지 않는 경우)에는 체결할 수 없는 구조로 해야 한다고 주장하고, 그 전제로서 근로계약에 대해서는 기간의 정함이 없는 것을 원칙(유기의 것은 예외)으로 해야 한다는 것이 논의되었다. 그러나 동 분과회의 최종보고에서는 상기와 같이 유기근로계약의 체결이유를 제한하는 것에 대해서는 '예외업무를 둘러싼 분쟁다발에 대한 우려와, 고용기회의 감소의 우려 등을 바탕으로, 조치를 강구해야 한다는 결론에는 이르지 못했다'고 되어 있다. 유기근로계약의 원칙적 금지는 실제상으로는 기업과 근로자 양측에게 고용의 선택지를 대폭적으로 감소시킬 수도 있기 때문에, 현명한 결론이라고 할 수 있다.

이렇게, 유기근로계약의 체결 자체는 자유롭고 체결의 목적이나 이유를 한정하지 않는다는 기존의 법의 양상은 유지되었다. 유기근로계약은 여전히 어떠한 목적인지, 일시적 노동수요를 위해서인지, 혹은 정사원으로의 등용을 예정한 것인지 등을 묻지 않고 체결할 수 있다.

⑵ 유기근로계약이 5년을 넘어 반복 · 갱신된 경우의 무기근로계약으로의 전환신청권

(가) **입법취지**　유기근로계약으로 고용된 자가, 소정의 기간이 경과된 후에도 갱신을 거듭하여 계속 고용된 경우에는, 유기근로계약은 항상적인 노동수요를 위해서 구조조정을 하기 쉽게 하거나, 정사원과 처우를 준별하는 수단으로 이용되고 있는 것이 통례이다. 그래서 상기의 노동정책심의회 노동조건분과회의 최종보고에서는 유기계약근로자의 고용안정과 동계약의 남용적 이용의 억제를 위하여, 유기근로계약이 동일한 근로자와 사용자간에 5년('이용가능기간')을 넘어 반복 · 갱신된 경우에는, 근로자의 신청에 의하여 기간의 정함이 없는 근로계약으로 전환시키는 구조(전환시에 기간의 정함을 제외한 근로조건은 종전과 동일하게 한다)를 도입하는 것이 적당하다고 하였다.

정부의 국회답변[90] 및 해석통달[91]에서도 본 개정규정에 대해서는 유기근로계약자에 대해서는 고용중지의 불안이 있기 때문에 연차유급휴가의 취득 등 근로자로서의 정당한 권리의 행사가 억제되는 등의 문제가 있기 때문에, 유기근로계약이 5년을 넘어 반복 · 갱신된 경우에는 무기근로계약으로 전환할 수 있는 구조를 마련함으로써, 유기근로계약의 남용적 이용을 억제하고 근로자의 고용

---

90) 2012년 7월 25일 중의원 후생노동위원회, 7월 31일 참의원 후생노동위원회.
91) 2012. 8. 10 기발 0810 제2호.

의 안정을 꾀하기로 한다는 입법취지가 기재되어 있다. 즉, 5년을 넘어 반복·갱신되어 있는 유기계약에 있는 근로자의 고용의 안정과, 이미 노동계약법에서 제기하고 있는 상용적 고용에 대한 유기근로계약의 안이한 이용(17조 2항)의 억제가 본 개정규정의 입법취지라는 것이 된다.

이에 대하여, 무기근로계약으로의 전환된 경우의 임금·근로조건은 본 개정규정에서는 그 때 별단의 규정이 이루어지지 않는 한 유기근로계약 당시의 것을 이어받는 것으로 되어 있다. 즉, 본 규정은 무기근로계약으로의 전환시 원래부터 무기근로계약에 있는 자(정사원)와의 근로조건의 차이(격차)를 해소시키는 것까지는 의도하고 있지 않다. 그리고 유기계약근로자와 무기계약근로자 사이의 근로조건의 차이에 대해서는 이번 노동계약법 개정에서 '불합리하다고 인정되는 것이어서는 아니 된다'는 별단의 규정(20조)이 마련되었지만, 무기근로계약으로 전환된 후의 근로자의, 원래의 무기계약근로자(정사원)와의 근로조건의 차이(무기계약근로자간의 근로조건의 격차)는 특별한 법규제의 대상으로 되어 있지 않다. 그러나 기업은 무기근로계약으로의 전환된 후에는 계약기간의 유무라는 정사원·비정규근로자를 구분하는 계약형식상의 주요한 지표를 사용할 수 없게 되기 때문에, 동 계약으로 전환된 근로자(지금까지의 비정규근로자)에 대해서는 정사원인 무기계약근로자의 처우 체계에 편성되도록 (가까워지도록) 해당기업에서의 고용이나 처우의 체계를 재검토하는 것이 기대된다고 할 수 있다.

(나) **무기근로계약으로의 전환신청권**　　　이렇게 2012년 8월에 성립된 노동계약법 개정(2012 법 56)에서는 '유기근로계약의 기간의 정함이 없는 근로계약으로의 전환'이라는 새로운 규정(신설 18조)이 포함되었다.

즉, 동일한 사용자와의 사이에서 체결된 2 이상의 유기근로계약의 계약기간을 통산한 기간('통산계약기간')이 5년을 넘는 근로자가 해당 사용자에게 현재 체결하고 있는 유기근로계약의 계약기간 만료될 때까지, 해당 만료일의 다음 날부터 노무가 제공되는 기간의 정함이 없는 근로계약(무기근로계약)의 체결의 신청을 했을 때에는, 사용자는 해당 신청을 승낙한 것으로 간주한다고 했다. 또, 이 경우에 해당 신청에 관계되는 무기근로계약의 내용인 근로조건은 현재 체결하고 있는 유기근로계약의 내용인 근로조건(계약기간을 제외)과 동일한 것(해당 근로조건(계약기간을 제외)에 대하여 별단의 규정이 있는 부분을 제외)으로 한다고 했다(이상, 동조 1항. [그림 3①] 참조).

근로계약은 기간의 정함이 없는 것이 원칙(유기근로계약은 예외)이라고 하면,

동일 사용자와의 사이에 서로 전후하여 체결되어 온 복수의 유기근로계약의 통산계약기간이 이용가능 기간(5년)을 초과한 경우에는 현재의 유기근로계약은 근로자에 의한 전환의 신청의 유무에 관계없이 무기근로계약으로 자동적으로 전환된다는 견해가 되기 쉽다. 그러나 본조는 그러한 견해를 취하지 않고, 유기근로계약의 통산계약기간이 이용가능기간을 초과한 경우의, 무기근로계약으로의 전환을 근로자 개인의 선택에 따르게 하기로 했다. 이것은 유기계약사원 중에는 정사원으로서의 인사관리 하에 들어가는 것을 회피하고 싶어 하는 자가 적지 않게 있는 점이나, 계약형태를 유기근로계약으로 함으로써 정사원보다도 유리한 급여, 그 외 근로조건(이른바 '유기 프리미엄')을 향유하고 있는 자가 적지 않게 존재하는 점을 고려했기 때문이라고 생각된다.

통산계약기간이 5년을 넘는 유기근로계약의 무기근로계약으로의 전환은 근로자가 그러한 유기근로계약의 기간만료까지, 동 계약의 기간만료일의 다음날부터 노무를 제공하는 무기근로계약의 체결의 신청을 함으로써 이루어지는 것으로 여겨지고, 그러한 신청을 한 경우에 사용자는 해당 신청을 승낙한 것으로 간주된다. 이러한 의미에서 통산계약기간이 5년을 넘는 유기근로계약 하에 있는 근로자는 이러한 일방적인 의사표시로 무기근로계약으로의 전환을 성취하는 전환신청권(형성권)을 가지게 된다.

이 전환신청권은 통산계약기간이 5년을 넘은 최초의 기간 중에만 발생하는 것이 아니라, 그 후의 갱신기간마다 발생하는 것으로 이해된다. 즉, 5년을 넘은 최초의 계약기간 내에 이 신청을 하지 않았다고 해도, 그 후에도 유기근로계약의 갱신이 거듭되는 경우에는 갱신된 각 계약의 기간 내에서 그 때마다, 본조에 근거하여 기간의 정함이 없는 근로계약으로의 전환신청이 가능하다고 이해된다.[92] 본조의 문언은 전환신청권을 행사할 수 있는 시기를 통산계약기간이 5년을 초과하는 최초의 유기근로계약기간으로 한정되어 있지 않은 점, 또 본조를 잘 몰라서 전환신청권을 행사하지 않은 채로 갱신을 거듭하면 동 권리를 잃어버리는 것이라는 해석은, 유기근로계약의 통산계약기간이 5년을 넘어 반복·갱신된 경우에 기간의 정함이 없는 근로계약으로의 전환을 가능하게 하자는 본조의 취지에도 합치하지 않는 것이, 상기와 같이 이해되는 이유이다.

본조의 전환신청권을 행사하여 무기근로계약으로의 전환이 이루어진 경우의 임금, 업무내용, 근로시간 등의 근로조건은 당사자의 계약관계에서 별단의 규정

---

92) 개정 규정의 시행통달도 같은 취지(2012. 8. 10 기발 0810 제2호).

이 없는 경우에는 종전과 동일하다고 여겨진다. 전환후의 근로조건에 관한 별단의 규정은, 보다 유리하게 변경하는 규정과, 보다 불리하게 변경하는 규정의 양측을 모두 예정하고 있다. 앞에서 언급한 것처럼, 유기계약근로자에게는 '유기 프리미엄'을 향유하고 있는 자도 있기 때문에, 기간의 정함이 없는 근로계약으로의 전환의 경우에는 대우의 인하도 있을 수 있다.93)

본조의 전환신청권은 근로자 개개인의 선택권이기 때문에, 합리적인 이유가 있고 그것이 본인의 진의에 드러나 있다고 인정되면, 포기할 수 있다고 생각된다. 다만, 그 판정은 신중해야 하며, 특히 선택권이 발생하기 전의 포기(사전의 포기)는 원칙적으로 합리성(진의성)을 인정해서는 안 될 것이다.94)

(다) 쿨링(cooling)기간   유기근로계약에서 무기근로계약으로의 전환제도에 대해서는 노동정책심의회는 한편으로 상기의 전환제도가 유기근로계약의 이용을 너무 저해하지 않도록 하나의 유기근로계약의 기간과 다음의 유기근로계약의 기간 동안에 일정한 길이의 쿨링(cooling)기간을 두면, 계약기간이 통산되지 않는 것(통산을 다시 할 수 있나)으로 하는 것이 적당하다고 제언했다(노동정책심의회 노동조건분과회 최종보고서).

이렇게 개정 노동계약법의 상기 (나)의 규정(신설 18조 1항)에 이어서는, 해당 사용자와의 사이에 체결된 하나의 유기근로계약의 계약기간이 만료한 날과 해당 사용자와의 사이에 체결된 그 다음의 유기근로계약의 계약기간의 첫날과의 사이에, 이러한 계약기간 어느 것에도 포함되지 않는 기간(다음 각주의 통산계약기간칙 제1조 본문에서는 '무기계약기간'이라 하고 있다)이 있고, 이것이 6개월 이상일 때에는, 해당 기간 전에 만료된 유기계약기간의 계약기간은 통산계약기간에 산입하지 않는다고 규정하였다(신설 18조 2항. [그림 3②] 참조). 그리고 '6개월'이라는 쿨링기간(신설 18조 2항에서는 '공백기간'이라고 칭하고 있다)의 길이에 대해서는 상기의 무기계약기간의 직전에 만료된 하나의 유기근로계약의 계약기간이 1년에 미치지 못하는 경우에는 해당 계약기간에 2분의 1을 곱하여 얻은 수에 1월 미만의 단수가 없는 경우에는 그 월수(예를 들면, 계약기간이 6개월이라면 3개월)를 쿨링기간의 길이로 하고(신설 18조 2항), 1월 미만의 단수가 있는 경

---

93) 앞의 주의 시행통달(2012. 8. 10 기발 0810 제2호)은, 무기근로계약으로의 전환에 있어서, 직무의 내용 등이 변경되지 않음에도 불구하고 근로조건을 저하시키는 것은 바람직하지 않다고 한다.

94) 앞의 주의 시행통달(2012. 8. 10 기발 0810 제2호)은 사전에 무기전환권을 포기시키는 것을 인정하는 것은, 동 권리를 인정한 본 개정규정의 취지를 몰각하는 것으로, 그 의사표시는 공서양속에 반하여 무효로 이해된다고 한다.

우에는 그 단수를 절상한 월수(계약기간이 3개월이라면 2개월)를 쿨링기간의 길이
로 하다고 규정하였다.95)

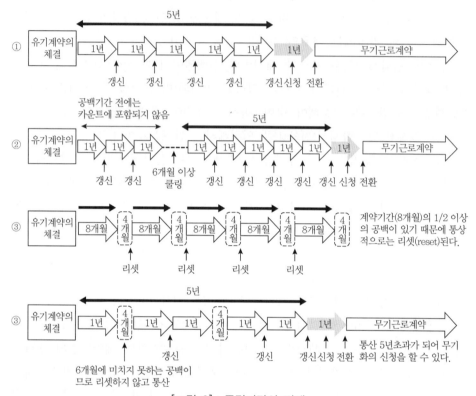

[그림 3] 쿨링기간의 견해

다만, 상기의 쿨링기간의 길의 산정에서는 무기계약기간의 전에 있는 연속
된 2이상의 유기근로계약은 계약기간이 통산된다(하나의 유기근로계약으로 취급된
다. 통산계약기간칙 1조 각호 괄호안). 그리고 쿨링기간으로 되기에 충분하지 않는
길이의 무계약기간의 전후에 있는 복수의 유기근로계약은 연속된 유기근로계약
으로서 계약기간을 통산된다(신설 18조 2항, 통산계약기간칙 1조).

이렇게 하여, 어떤 유기근로계약과 다음에 오는 유기근로계약의 사이에 있
는 무계약기간이 6개월(어떤 유기근로계약의 계약기간이 1년 이상인 경우) 내지 해

___

95) 노계 신설 18조 2항 및 '노동계약법 제18조 제1항의 통산계약기간에 관한 기준을 정하는
성령(労働契約法 第18条第1項の通算契約期間に関する基準を定める省令)'(2012 후노령 148호. 본
서에서는 통산계약기간칙(通算契約期間則)이라고 약칭한다) 제2조.

당 계약기간에 2분의 1을 곱하여 얻은 월수(단수 절상) (어떤 유기근로계약의 계약기간이 1년 미만인 경우) 이상의 길이라면, 그것은 쿨링기간이 되고, 그러한 유기근로계약은 통산되지 않는다([그림 3②③]). 이에 대하여, 쿨링기간에 충족되지 않는 길이의 무계약기간인 경우에는 그 기간을 끼운 유기근로계약은 통산된다([그림 3④]).

(라) 시 행   본조는 2013년 4월 1일부터 시행된다(개정부칙 제1항, 2012 정령 267호). 본조는 시행일 이후의 날을 계약기간의 첫날로 하는 유기근로계약에 대하여 적용하고, 시행일전의 날이 첫날인 동 계약의 계약기간은 '통산계약기간'에는 산입하지 않는다(개정부칙 2항).[96] ㉝

㉝ **유기근로계약의 체결, 갱신 및 고용중지에 관한 기준**
    유기근로계약의 체결, 갱신, 고용중지에 대해서는 통달에 의해 지침이 책정되고 있었으나(2000. 12. 28 기발 779호), 2003년의 노동기준법 개정에 의한 계약기간의 상한의 규제완화시에는 그 대가로서 지침을 고시에 의한 기준으로 격상하고, 동 기준에 근거한 행정적 지도 및 조언을 행할 수 있도록 하는 것이 이루어졌다(노기 14조 2항, 3항). 이리하여, '유기근로계약의 체결, 갱신, 고용중지에 관한 기준'(2003. 10. 22 후노고 357호)이 책정되었다.
    이 '기준'에서는 사용자는 유기근로계약을 체결할 때, 갱신의 유무 및 갱신이 있는 경우는 갱신하는 경우와 그렇지 않은 경우의 기준을 명시해야할 것(2003. 10. 22 기발 1022001호에서는 갱신여부의 판단기준으로서는 ① 계약만료시의 업무량, ② 근로자의 근무성적·태도, ③ 근로자의 능력, ④ 회사의 경영상황, ⑤ 종사하고 있는 업무의 진척상황 등이 있다고 되어 있다), 갱신하지 않기로 한 경우에는 적어도 계약기간 만료일의 30일 전까지 그 예고를 해야 할 것 등이 규정되었다. 상기의 '기준'은 위반에 대하여 각별한 제재가 없고, 또 사법상의 효력도 부여되어 있지 않다.
    2012년의 노동계약법 개정을 구상한 노동조건분과회의 2011년 12월 26일 보고는, '유기근로계약의 계속·종료에 관한 예측가능성과 설득력을 높이고 분쟁 방지에 이바지하기 위하여', 계약갱신의 판단기준은 노동기준법상의 근로조건의 명시(15조 1항)의 일환으로서, 명시하게 해야 한다고 제언했다. 이에 따라, 2012년 10월에 노기칙과 고시가 개정되어, 동규칙에서의 명시사항의 규정(5조 1항)에 '[유기근로계약]을 갱신하는 경우의 기준에 관한 사항'이 추가되어 고시의 동부분이 성령으로 격상되었다(동항 1의 2. 2012 후노령 149호. 2013년 4월 1일부터 시행).

4. 계약기간의 만료에 따른 고용중지에 관한 판례법리의 조문화

(1) 계약기간의 만료에 관한 민법상의 원칙

기간의 정함이 있는 고용계약에 관한 민법상의 원칙에 의하면, 고용계약기

---

96) 또 정부는 본조에 대하여 시행후 8년을 경과한 경우에 시행상황을 감안하면서 검토를 가하여, 필요가 있다고 인정될 때에는 그 결과에 기초로 하여 소요의 조치를 강구하는 것으로 하고 있다(개정부칙 제3항).

간이 종료하면 계약의 효력(구속관계)은 당연히 종료되고, 근로자도 사용자도 이 종료에 대해서는 각별한 이유를 필요로 하지 않는다. 그리고 유기계약의 갱신은 새로운 계약의 체결이기 때문에, 이를 실시할지의 여부는 당사자의 자유에 맡겨진다. 단, 근로자가 소정의 계약기간을 경과해도 근로를 계속하고, 사용자가 이에 각별한 이의를 제기하지 않을 경우에는 계약이 동일한 조건㉞으로 묵시적으로 갱신된 것으로 추정된다(민 629조 1항). 즉 기간경과 후에도 노동관계가 사실상 계속된다면 당해 고용계약에 대해 묵시적 갱신이 이루어진 것으로 된다. 그래서 이 묵시적 갱신을 회피하고 유기근로(고용) 계약을 기간의 종료와 함께 중단시키기 위해서는 사용자는 그러한 의사를 표시할 실제상의 필요성이 있다.

> ㉞ **묵시적으로 갱신된 고용계약의 기간**
>
> 묵시적으로 갱신된 고용계약의 기간에 대해서는 묵시적 갱신의 경우에 각 당사자는 갱신 후에도 기간의 정함이 없는 계약의 경우와 동일하게 해약을 할 수 있도록 하는 민법규정(629조 1항 단서)을 근거로, 갱신 후 계약은 기간의 정함이 없는 것으로 전환된다고 해석하는 학설이 존재했다(我妻栄, 債券各論中Ⅱ, 589면).
>
> 그러나 이 학설이 제창된 당시에는 기간의 정함이 없는 고용계약에 대해 '해약의 자유'(해고의 자유)가 존재하고 있었고, 상기의 민법규정의 취지는 기간의 정함이 있는 고용계약의 묵시적 갱신이 이루어져도 양 당사자에게 해약의 자유는 주도록(기간에 대한 구속은 받지 않도록 한다) 한다는 것이었다. 기간의 정함이 없는 근로계약에 있어서 해고에 대해 해고권남용법리가 확립되고, 또한 반복 갱신된 단기간 고용계약의 갱신 거절에 동법리가 유추 적용되는 오늘날에는 기간의 정함이 있는 고용계약은 묵시적 갱신의 경우에도 같은 기간의 계약으로서 ('이전의 고용과 동일의 조건으로')갱신된다고 해석해야 한다. 기간 3개월의 아르바이트를 3개월이 지나서도 계속하여 사용한 경우, 갑작스런 해고가 부자유스런 '기간의 정함이 없는 근로계약'으로 선환된다고 하는 것은 고용의 실태에 맞지 않으며, 오히려 기간 3개월의 계약이 묵시적으로 갱신된다고 해석해야 한다(기간 1년의 계약의 묵시적 갱신에 대하여 동일 기간의 계약에 갱신되었다고 한 판례로서, タイカン事件 — 東京地判 平15. 12. 19, 労判 873호 73면). 그리고 이러한 갱신이 반복하여 이루어진 경우에는, 아래에서 설명하는 판례의 고용중지법리가 적용되게 된다(또, 묵시적 갱신기간의 도중에도 양 당사자는 민법 제629조 제1항에 따라서 해약권이 유보되는데, 사용자의 이 해약권는 유기근로계약이 입각한 규제(노계 17조 1항) 및 노동기준법의 제한을 받는다).

(2) 판례에 따른 고용중지제한의 법리

유기근로계약에 대하여 전후의 노동재판에 있어서 일찍이 문제가 되었던 것은, '상용적 임시공'의 단기근로계약이 반복 갱신된 후의 고용 중지(갱신거부)의 적법성이었다.

기간 2, 3개월의 단기근로계약으로 고용된 임시공이 장기간에 걸쳐 계약을 반복 갱신하게 되어 실제상 상용화되어 있는 경우에는, 상기의 고용중지 자유의 민법원칙은 고용의 실태에 맞지 않아 수정이 요청되었다. 주류가 된 것은 반복 갱신된 상용적 임시공의 근로계약관계는 실질적으로 기간의 정함이 없는 계약으로 전환되지 않으므로 갱신거절의 의사표시는 '해고'와 실질적으로 동일하며, 따라서 해고에 관한 법규제가 유추 적용된다는 이론이다. 최고법원도 '2개월의 기간이 만료되어도 성실하게 일하고 있으면 해고되는 경우는 없다. 안심하여 오랫동안 일을 해 달라'는 등의 말을 듣고 채용된 '기간임시공'이 간단한 갱신절차로 5회~23회에 걸쳐 계약갱신을 한 후 고용이 중단된 사안인데, 본건의 계약중지의 의사표시는 실질적으로 해고의 의사표시에 해당되므로 해고에 관한 법리를 유추해야 한다는 고등법원의 판단을 시인한 뒤, 잉여인원의 발생 등 종전의 취급(반복갱신)를 변경하여도 어쩔 수 없다고 인정되는 특단의 사정이 없는 한 고용을 중단할 수 없다라고 판시했다.97)

이리하여 판례상 임시종업원의 단기근로계약이 반복 갱신되어 기간의 정함이 없는 계약과 실질적으로 다름이 없는 상태가 된 경우에는, 갱신거부에는 해고의 경우와 동일하게 객관적이고 합리적인 이유가 필요하며, 만약 그러한 이유가 인정되지 않으면 자동적으로 단기계약갱신이 이루어지는 것으로 되었다.

그 후, 기업에 있어 기간고용의 고용관리(갱신절차 등)가 엄정하게 되어, 갱신되는 상태에서 기간의 정함이 없는 계약과 동일시되는 사례는 감소하고 있다. 그러나 판례는 이러한 고용관리의 변화만을 이유로 고용중단으로부터 보호를 부정하는 것에 의문을 가지고, 위의 판례와는 다른 새로운 이론을 전개했다. 그것은 유기계약이 기간의 정함이 없는 근로계약과 실질적으로 동일시할 수 없는 경우에도, 고용계속에 대한 근로자의 기대이익에 합리성이 있는 경우에는, 해고권남용법리를 유추하여 고용중지에도 합리적 이유를 요구한다고 하는 것이다. 최고법원도 2개월의 유기고용을 5회 갱신해 온 임시공에 대해, 갱신 때마다 본인의 의사를 확인하는 절차가 있었다는 점 등에서 기간을 정함이 없는 근로계약과 다를 바 없는 관계에 있다고는 할 수 없지만, '그 고용관계는 어느 정도 계속이 기대되었던' 것이기 때문에, 고용을 중단한 경우에는 '해고에 관한 법리가 유추되어, 해고의 경우에는 해고권남용 … 에 해당하여 해고가 무효로 되는 사실관계에 기초하여 … [고용중지를 했다]고 한다면, 기간만료 후 … 는 종전의 근로계약이 갱신된 것과 같은 법률관계가 된다'고 판단했다.98)

---

97) 東芝柳町工場事件 ― 最一小判 昭49. 7. 22, 民集 28권 5호, 927면.

해고에 관한 법리인 '유추 적용'의 의미는 ① 기간만료에 따른 근로계약이 종료하기 위해서는 상당한 이유가 있는 갱신거절의 의사표시가 필요하며, ② 갱신거절의 의사표시가 없거나, 있더라도 상당한 이유가 없는 경우에는 단기계약의 자동갱신이 이루어진다고 하는 것이었다. 판례에 의한 일종의 법정갱신제도이다.

(3) 판례의 고용중지법리의 조문화

2012년 3월 말에 국회에 상정된 노동계약법 개정안을 마련한 노동정책심의회 노동조건분과회에서는 앞의 판례의 고용중지법리를 노동계약법 속에서 조문화하여 명확하게 하는 것에 합의했다. 이리하여, 다음의 조문이 노동계약법 속에 추가되어, 공포와 동시에 시행하게 되었다(5년을 초과하는 유기근로계약의 기간의 정함이 없는 근로계약으로의 전환 등의 규정이 시행되기까지는 18조. 동 규정 등이 시행된 후는 19조).

즉, ① 과거에 반복하여 갱신된 적이 있는 유기근로계약으로, 그 계약기간의 만료시에 해당 계약을 갱신하지 않고 종료시키는 것이, 기간의 정함이 없는 근로계약을 체결하고 있는 근로자에게 해고의 의사표시를 하여 계약을 종료시키는 것과 사회통념상 동일시할 수 있다고 인정되는지, 또는 해당 근로자가 해당 유기근로계약의 계약기간의 만료시[99]에 해당 계약의 갱신을 기대하는 것에 대하여 합리적인 이유가 있는 것이라고 인정되는 경우로, ② 해당 유기근로계약의 계약기간이 만료할 때까지 근로자가 해당 계약의 갱신신청을 했는지, 또는 해당 계약기간의 만료 후 지체 없이 유기근로계약의 체결의 신청을 하고 있으며, ③ 사용자가 해당 신청을 거절하는 것이 객관적이고 합리적인 이유가 결여되어, 사회통념상 상당하다고 인정되지 않을 때에는, 사용자는 종전의 유기근로계약의 내용인 근로조건과 동일한 근로조건으로 해당 신청을 승낙한 것으로 간주된다고 규정하였다.

본조는, 반복갱신에 따라 실질적으로 기간의 정함이 없는 근로계약과 동일시할 수 있는 경우, 또는 계약갱신에 대하여 합리적인 기대가 인정되는 경우, 갱신거절에 대해서는 객관적이고 합리적으로 사회통념상 상당한 이유가 필요하

---

98) 日立メディコ事件 ― 最一小判 昭61. 12. 4, 判時 1221호, 134면.

99) 합리적인 기대의 유무에 대해서는 유기근로계약의 체결시부터 고용중지(만료)시까지의 일체의 사정이 종합 고려되는 것으로, 사용자가 만료되기 직전에 갱신이 없다는 취지를 통고 등을 하였다고 해도, 그것만으로 지금까지 존재했던 합리적인 기대가 부정되는 것은 아니다. 2012년 7월 25일 중의원 후생노동위원에서의 정부답변, 2012. 8. 19 기발 0810 제2호.

게 되는 고용중지의 판례법리를 입법화한 규정이다. 법률효과의 면에서도, 상기의 ①에 해당되고, 상기의 ③의 이유를 갖추지 못한 갱신거절이 이루어졌을 때에는, 사용자는 종전의 유기근로계약의 내용인 근로조건과 동일한 근로조건으로 해당 신청을 승낙한 것으로 간주한다고 하여, 법정갱신이라는 것을 명시하였다.

종전의 판례법리에서는 상기 ②의 해당 유기근로계약의 계약기간이 만료될 때까지 해당 계약의 갱신 신청을 했는지, 또는 해당 계약기간의 만료 후 지체 없이 유기근로계약의 체결의 신청을 하고 있으며, 라는 요건은 명시되지 않았다. 그러나 종전의 판례는, 근로계약기간이 만료되기 전후에, 근로자는 갱신을 요구하는 한편, 사용자는 갱신을 거부한다는 분쟁에 관한 것이었다고 해석되는 점, 법정갱신이라는 법률효과의 발생을 명확하게 하기 위해서는 만료되기 전후의 근로자의 계약갱신의 요구를 요건으로 해야 한다고 생각되었던 점 등에 따라서, 판례법리의 조문화에 있어서는 상기 ②와 같은 요건이 규정되었다. 근로자의 갱신요구는 묵시적인 의사표시로 좋고, 전형적으로는 사용자의 고용중지에 지체 없이 이의를 언급하면, 갱신 또는 체결의 신청을 묵시적으로 한 것이 된다.100)

상기의 ①반복갱신에 의해 실질적으로 기간의 정함이 없는 근로계약과 동일시 할 수 있는지, 또는 계약갱신에 대하여 합리적인 기대가 인정되는 경우의 판단의 방법(기준)에 대해서는 판례의 축적이 계승되고 있다.

또, 판례의 고용중지법리는 유기근로계약의 갱신한도에 대하여 입법규제가 없었던 시대에 형성되었던 것이기 때문에, 유기근로계약이 5년을 넘어 갱신된 경우에는 무기근로계약으로의 전환신청권을 부여하는 앞에서 기술한 새로운 규정(신설 18조)과 더불어, 고용중지법리를 입법화하는 의의가 어느 정도 있는지가 하나의 논점이 된다. 이에 대해서는 상기의 고용중지법리에서의 반복갱신에 따라 실질적으로 기간의 정함이 없는 근로계약으로 동일시할 수 있는 경우에는 해고권남용법리를 유추 적용된다는 부분은 실제상으로는 5년을 넘지 않는 계속계약기간의 경우 및 5년을 넘는 계속계약기간이지만 무기계약으로의 전환권을

---

100) 국회심의에서는 사용자에 의한 고용중지의 의사표시에 대하여, '싫다(嫌だ)' '곤란하다(困る)'는 등, 반대의사를 전하는 언동이 있으면, 이 요건을 충족하게 된다는 취지의 정부답변이 있었다(2012년 7월 25일 중의원 후생노동위원회). 또, 고용이 중지된 후에 어떻게 대응해야 하는지를 변호사 등에게 상담했다고 해도, 그 결과에 의해 즉시 반대의 의사표시를 하면 '지체 없이'라고 할 수 있다고 답변했다(같은 달 31일 참의원 후생노동위원).

행사하지 않은 경우만을 적용대상으로 하게 되기 때문에, 그 기능은 한정적이
될 것이다. 조문화된 고용중지법리가 주로 기능하는 것은 계약갱신에 대하여
합리적인 기대가 인정되는 경우에는 해고권남용법리가 유추 적용된다는 부분이
된다고 생각된다. 또, 상기의 새로운 규정에 대해서는 그 적용을 면하기 위한
통산계약기간이 5년을 초과하기 직전에서의 고용중지가 우려되고 있지만, 그러
한 고용중지도 본조의 고용중지법리에 비추어 보아 유효성을 음미하게 된다.

(4) 판례의 판단기준

지금까지 판례는 다양한 단기 근로계약의 갱신거부 사례에 대해, 위의 판례
이론에 따라 해고권남용법리를 유추 적용해야 하는 경우의 여부와, 적용해야
한다고 하여도 어느 정도의 합리적 이유가 필요로 하는지에 대해 개별적으로
판정해 왔다. 그러한 판례에서는 당해 고용의 임시성·상용성, 갱신 회수, 고용
의 통산기간, 계약기간의 관리상황, 고용계속의 기대를 가지게 하는 언동·제도
의 유무 등이 고려되어 왔다. 사안이 다양하므로 판례의 유형화는 극히 어렵지
만,101) 개괄적으로는 (a) 계약기간의 만료에 따라 당연히 계약관계가 종료되는
'순수 유기계약 타입', (b) 기간이 정함이 없는 계약과 실질적으로 다르지 않은
상태에 이르렀다고 인정되는 '실질 무기계약 타입', (c) 상당 정도의 반복갱신의
실태에서, 고용계속에 대한 합리적인 기대가 인정되는 '기대보호(반복갱신) 타
입', (d) 각별한 의사표시나 특단의 지장이 없는 한, 당연히 갱신되는 것을 전
제로 계약을 체결한 것으로 인정되는 '기대보호(계속특약) 타입'으로 나누는 정
리102)가 가장 유용했다. 이러한 깃 중에서, (b)~(d)의 타입에 대해서는 갱신서
부에 대하여 해당 유기근로계약의 사안에 입각한 합리적 이유가 필요하게 되게
된다. 이에 비하여 (a)의 타입은 유추적용이 부정되어, 기간만료에 따른 계약종
료가 긍정된다.103)⑤

---

101) 기간고용을 유형화하여 갱신거부법리의 정리를 시도한 유용한 문헌으로서는 安枝英訷,「短
期労働契約の更新と雇止め法理」, 季労 157호, 93면 이하; 土田, 労働契約法, 669면 이하.

102) 有期労働契約の反復更新に関する調査研究会報告, 2000년 9월.

103) 예를 들어 기간 6개월의 공장 촉탁사원에 대한 고용중지에 관한 九島アクアシステム事件
— 大阪高決 平9. 12. 16, 労判 729호, 18면; 기간 1년을 명시한 번역프로젝트에 종사하던 기자에
관한 ロイター·ジャパン事件 — 東京地判 平11. 1. 29, 労判 760호, 54면; 대학의 특별임용 외국
인교원에 관한 旭川大學事件 — 札幌高判 平13. 1. 31, 労判 801호, 13면; 항공기 객실승무원에 대
해 コンチネンタル·ミクロネシア·インク事件 — 東京高判 平14. 7. 2, 労判 836호, 114면(기간
1년에서 5년간을 갱신한도로 하는 것).

35 **구조조정으로서의 유기계약근로자의 고용중지의 법규제**

판례가 상용적 기간고용근로자의 고용중지에 대해 수립한 '객관적이고 합리적인 이유'의 요건은 기간의 정함이 없는 계약 하에 있는 정규종업원과 같은 정도·같은 내용의 것일까? 이것은 정규종업원의 삭감에 앞서 유기계약 종업원의 고용중지를 실시해도 되는지, 그리고 정규종업원의 고용을 유지하기 위해 실시하는 모든 종류의 구조조정(시간외 근로삭감, 배치전환, 출향, 일시휴업)의 하나로서 유기계약 종업원의 삭감을 할 수 있는지가 문제로 되었다.

이 문제에 대해 판례는 일반적으로 기간고용근로자는 계약을 반복 갱신한 후에도 인원정리에 있어서는 계약의 성질상 정규종업원에 비해 열등한 지위에 있다는 점을 인정하고 있다. 대표적인 것으로서 당초 계약기간 20일간 임시공으로 고용된 자가, 그 후 기간 2개월의 계약을 5회 반복 갱신하게 된 후 불황을 이유로 고용이 중지된 사건에서는, 관련 임시공의 고용중지에는 해고에 관한 법리가 유추 적용되나, 그 고용관계가 비교적 간단한 채용절차로 체결된 단기 유기계약을 전제로 한 것인 이상, 고용중지의 효력을 판단해야 할 기준은 종신고용의 기대 하에 기간의 정함이 없는 근로계약을 체결하고 있는 경우와는 자연히 합리적인 차이가 있어야 한다고 하였다. 그리고 공장의 실적악화에 의해 인원 삭감의 필요성이 생긴 이상, 정규종업원에 앞서 임시종업원의 삭감을 꾀하는 것은 사회적으로 보아 합리적이며 임시종업원의 고용중지에 앞서 정규종업원으로부터 희망퇴직을 모집하는 것은 요구되지 않는다라고 판단하였다 (日立メディコ柏工場事件; 같은 취지, 旭硝子船橋工場事件 ― 東京高判 昭58. 9. 20, 労民34권 5=6호, 799면).

그러나 한편 정규종업원에 비해 손색이 없는 업무에 종사하여, 기간(基幹)노동력으로 편성되어 있는 근로자에 대해서는, 인원정리의 필요성을 시작으로 하는 요건이 엄격하게 음미하게 된다(예를 들면, 薬剤師に関するヘルスケアセンター事件 ― 横浜地判 平11. 9. 30, 労判 799호 61면). 또한 정규종업원과 '임시직원'(기간 2개월)의 중간적 존재인 유기계약근로자(기간 1년의 '정근(定勤)사원')에 대해서는, 분명히 정규종업원과는 구별하여 구조조정이 되어도 어쩔 수 없으나, 사용자에게는 유기근로계약의 실태에 입각하여 해고회피노력의무가 부과되어 있다고 보아, 수출부진에 의한 구조조정의 일환으로서의 이러한 유기계약근로자 전원의 고용중지가, 우선 이러한 자들 중에서 희망퇴직자를 모집하는 등을 해야 했다고 하여 무효로 하였다(三洋電機事件 ― 大阪地判 平3. 10. 22, 労判 599호, 9면). 또, 기간 3개월의 계약을 반복·갱신되어 14~17년 고용되어 온 생산현장 근로자의 정리해고(고용중지)에 대하여, 그 효력의 판단은 종신고용하의 정사원과는 자연히 차이가 있지만, 그러한 점을 고려해도 여전히 권리남용으로서 무효가 된다는 사례도 있다(安川電機八幡工場事件 ― 福岡地小倉支判 平16. 5. 11, 労判 879호, 71면).

5. 유기근로계약의 기간도중의 해고

유기계약근로자의 기간도중의 해고에 대해서는 민법의 고용에 관한 규정(628조)이 '당사자가 고용의 기간을 정하는 경우라고 해도, 부득이한 사유가 있을 때에는 각 당사자는 즉시 계약의 해제를 할 수 있다. 이 경우에 그 사유가 당사자의 일방의 과실에 의해 발생한 것일 때에는 상대방에게 손해배상의 책임을 진다'고 규정해왔다. 이것은 유기근로계약에서는 당사자 쌍방이 기간의 정함에 구속된 결과, 어느 당사자도 기간 중에는 원칙적으로 해제할 수 없다는 것을 전제로 하여, 부득이한 사유가 있으면 즉시 해제를 할 수 있다는 것, 다만 그 사유를 과실에 의해 발생하게 만든 당사자는 손해배상의 책임을 지는 것을 명확히 한 것이다.

2007년에 제정된 노동계약법은 '사용자는 기간의 정함이 있는 근로계약에 대하여, 부득이한 사유가 있는 경우가 아니면, 그 계약기간이 만료될 때까지 동안에 근로자를 해고할 수 없다'(17조 1항)고 규정했다. 이것은 상기의 민법 규정(628조)이 정하는 계약기간 도중의 해제 가운데, 사용자는 근로자에게 행하는 해제, 즉 해고에 대하여 '부득이한 사유'가 없으면 해제할 수 없다는 규정은 강행규정이라는 점, 그리고 '부득이한 사유'의 입증책임은 사용자에게 있다는 점을 명확히 한 규정이다. 따라서 계약기간 도중의 해고에 관하여 상기 만법 규정이 정하고 있는 그러한 이외의 법리('부득이한 사유'에 의한 해제는 '즉시' 가능하다는 점,104) 과실이 있는 당사자의 손해배상책임 등)는 여전히 계속 처리기준이다.

'부득이한 사유'는 기간의 정함의 고용보장적 의의와 상기 민법 규정의 문언에 비추어 생각해보면, 기간의 정함이 없는 근로계약에서의 해고에 필요하다고 여겨지는 '객관적으로 합리적이고, 사회통념상 상당하다고 인정되는 사유'보다도 엄격하게 해석해야 한다. 일반적으로 말하면, 해당 계약기간은 고용한다는 약속이 있었음에도 불구하고, 기간만료를 기다리지 않고 즉시 고용을 종료시킬 수밖에 없는 특별한 중대한 사유라는 것이 된다.105)

6. 기간의 정함이 있는 것에 따른 불합리한 근로조건의 금지

(1) 금지규정의 신설

2012년 8월 성립된 노동계약법 개정을 구상한 노동조건분과회에서는 기간의 정함이 없는 근로계약 하에 있는 정사원과 비교한 유기계약 근로자의 공정한 처우를 위한 계약 룰도 큰 논점이 되었다. 그 논의의 결론에 근거 하여, 노동계약법 개정안 중에는 '유기근로계약을 체결하고 있는 근로자의 근로계약의 내용인 근로조건이, 기간의 정함이 있는 것에 의하여 동일한 사용 기간의 정함

---

104) 그러나 여기서 '즉시'는 강행규정은 아니기 때문에, 취업규칙에서 기간도중의 해고에 관한 예고기간의 규정이 있으면, 그 예고를 하여 해고할 수 있다는 것이 된다. 또 2개월 이내 또는 4개월 이내의 계절적 업무의 경우를 제외하고 노기법 20조의 해고예고의무의 적용도 있다.

105) 판단사례로서, 安川電機八幡工場事件 一 福岡高判 平14. 9. 18, 労判 840호, 52면.

이 없는 근로계약을 체결하고 있는 근로자의 근로계약의 내용인 근로조건과 상이한 경우에는, 해당 근로조건의 상이함은 근로자의 업무의 내용 및 해당 업무에 따른 책임의 정도(이하 이 조에서 '직무의 내용'이라고 함), 해당 직무의 내용 및 배치의 변경 범위, 그 외의 사정을 고려하여 불합리하다고 인정되는 것이어서는 안 된다'라는 규정이 새롭게 포함되었다(20조).

본조는 유기근로계약의 기간의 정함이 없는 근로계약으로의 전환에 관한 규정(신설 18조)과 마찬가지로, 2013년 4월 1일부터 시행되었다(개정부칙 1항).

(2) '불합리하다고 인정되는 것이어서는 안 된다'의 기본적 의미

본조(신설 20조)는 기간의 정함이 없는 근로계약 하에 있는 근로자에 비하여 유기계약 근로자에 대하여 불합리한 근로조건을 정하는 것 및 행하는 것을 금지한 규정이다.[106] 동종의 규정으로서는 파트타임노동법에서의 '통상의 근로자와 동일시해야 하는 파트타임(단시간) 근로자'에 대한 '차별적 취급'을 금지하는 규정(8조)이 있지만, '차별적 취급'의 금지는 인종·종교·성별 등의 인권관련의 차별에 대하여 유리하게도 불리하게도 다른 취급을 금지하는 규제인 바,[107] 유기계약 근로자와 무기계약 근로자와의 근로조건 격차는 고용시스템에서의 관행의 문제이며, 게다가 유기계약 근로자 중에는 무기계약 근로자보다도 유리한 처우를 받는 자도 소수이지만 존재하기 때문에 불리한 취급만을 금지하는 취지에서 '불합리하다고 인정되는 것이어서는 안 된다'는 규정이 되었다고 해석된다.[108]

'불합리하다고 인정되는 것이어서는 안 된다'란, 유기계약 근로자에 대한 불이익 취급이 '합리적인 것'으로 인정될 필요는 없지만, '불합리'라고 까지 인정되는 것이어서는 안 된다는 것이다. 사용자가 일방적으로 제정·변경하는 취업규칙상의 근로조건이 합의원칙을 기본으로 하는 근로계약을 규율하기 위한 요

---

106) 개정 규정의 시행통달(2012. 8. 10 기발 0810 제2호)은 '특히 통근수당, 식당의 이용, 안전관리 등에 대하여 근로조건을 상이하게 하는 것은 직무의 내용, 해당 직무의 내용 및 배치의 변경의 범위, 기타의 사정을 고려하여 특단의 이유가 없는 한 합리적이라고는 인정되지 않는다고 해석된다'고 한다. 다만, 본조는 물론 임금 등의 핵심적인 근로조건도 규제대상을 한 규정이기도 하다.

107) 노동기준법 제3조·제4조의 차별적 취급의금지에 대해서도 비슷하게 해석된다.

108) 2011년 7월의 '고용형태에 의한 균등처우에 대한 연구회' 보고서는 유럽의 법규제의 현황에 비추어보면, 인권보장에 관계되는 균등대우원칙은 성별·인종·종교·신조에 의한 양면적인 차별의 금지인 것에 대하여, 고용형태에 관계되는 균등대우원칙은 비정규 근로자의 처우개선의 관점에서 비정규 근로자에 대한 합리적 이유가 없는 처우격차를 금지하는 것이라는 해명을 했다. 본조의 '불합리하다고 인정되는 것이어서는 아니 된다'라는 규정은, 이러한 해명에 따른 규제의 방법이라고 해석된다.

252 제 3 편 개별적 노동관계법

건으로서는 해당 근로조건이 '합리적인' 것이라는 점이 필요하다고 규정되어 있다(노계 7조, 10조). 이에 대하여 본조의 '불합리하다고 인정되는 것이어서는 안된다'란, 유기계약 근로자의 근로조건이 무기계약 근로자의 근로조건에 비하여 단순히 낮을 뿐만 아니라, 법적으로 부인해야 할 정도로 불공정하게 낮은 것이어서는 안 된다는 취지를 표현한 것으로 해석된다.[109] 따라서, 유기계약 근로자의 근로조건이 상대적으로 낮은 것에 대해서는 낮은 정도의 분석·평가가 필요하며, 또 낮은 정도는 사회적으로 불공정하다고 할 수 있는지의 여부가 문제로 되어야 할 것이다.

(3) '불합리하다고 인정되는 것'의 판단 기준

'불합리하다고 인정되는 것'인지의 여부는, (a) 직무의 내용(업무의 내용과 책임), (b) 직무내용과 배치 변경의 범위, (c) 그 외의 사정'을 고려하여' 판단하는, 즉 (a)~(c)를 고려요소로 하여 판단한다고 규정되어 있다.

비정규 근로자에 대한 불공정한 근로조건 격차에 대한 개입의 법규범으로서는 이미 2007년 개정 파트타임노동법상의 '통상의 근로자와 동일시해야 하는 파트타임 근로자'에 대한 차별적 취급의 금지(8조)가 있으며, 그 판단기준이 본조의 정립 시에 참고했을 것이다. 유기계약 근로자에 관한 상기 판단요소 가운데 (a)와 (b)는 파트타임노동법상의 차별적 취급금지에서의 3가지 요건(① 직무내용의 동일성, ② 해당 사업주와의 고용관계의 전체 기간에서의 직무내용과 배치의 변경범위의 동일성, ③ 기간의 정함이 없는 근로계약 관계) 가운데, 유기의 계약관계와 기간의 정함이 없는 계약관계를 비교한다는 내용의 성질상, ②에서 '해당 사업주와의 고용관계의 전체 기간에서의'라는 요건을 제거하고, ③의 요건을 제외하여 추출되었다고 해석된다. 그리고 대신에 (c) '그 외의 사정'을 판단요소에 추가하여, 불합리하다고 인정되는지의 여부의 판단을 종합평가로서 행할 수 있도록 했다고 이해할 수 있다. 거기에는 (a)와 (b)의 요소도 비교의 방법이 간단하지 않고, '그 외의' 여러 사정도 고려하는 점, 그리고 상기와 같이 불이익의 유무뿐만 아니라 정도에 대한 평가를 필요로 하는 점에서, 본조는 고도로 평가적

---

[109] 동종의 규정으로서는 기업이 직무발명에 대하여 계약, 근무규칙, 그 외의 규정에 의하여 상당한 대가를 지불하여 특허권 또는 전용실시권을 취득하는 경우에 대하여, '대가를 결정하기 위한 기준을 책정할 때에 사용자 등과 종업자 등의 사이에서 이루어진 협의의 상황, 책정된 해당 기준의 개시 상황, 대가 금액의 산정에 대하여 이루어진 종업자 등으로부터의 의견 청취 상황 등을 고려하여, 정해진 바에 따라 대가를 지불하는 것이 불합리하다고 인정되는 것이어서는 아니 된다'고 하는 특허법의 규정(35조 4항)이 있다.

인 판단을 필요로 하는 규범이라고 할 수 있다. 게다가 본조에 의해 불합리성이 주장되는 개개의 근로조건도 다른 근로 여러 조건과 관련하여 처우체계의 일환을 이루고 있는 점, 유기계약 근로자의 처우의 방법은 해당 기업의 다양한 종업원간의 이익조정에 의해 결정되어야 하는 점에서 보면, 상기의 '불합리하다고 인정되는 것'인지는 해당 기업의 인사정책, 처우체계, 노사관계의 방법의 전체 속에서의 판단을 필요로 하는 것이다.

 판단기준 가운데 '직무의 내용'(업무의 내용과 책임)에 대해서는 파트타임노동법에서의 '통상의 근로자와 동일시해야 하는 단시간 근로자'에 대한 차별적 취급 금지규정 중에 비슷한 기준이 있고, 이에 대하여 판단의 지침이 통달로 설정되어 있기 때문에, 그 내용을 참고로 할 수 있다. 잔업의 업무나 정도 등도 이 기준(혹은 '그 외의 사정') 중에서 고려되게 될 것이다. '해당 업무의 내용 및 배치 변경의 범위'에 대해서는 이번 법개정에 관한 통달(2012. 8. 10 기발 0810 제2호)에서는 '향후의 전망도 포함하여 전근, 승진 등 인사이동이나 본인의 역할의 변화 등 (배치의 변경을 동반하지 않는 직무의 내용 변경도 포함)의 유무나 범위를 가리킨다'고 되어 있다.[110] '그 외의 사정'에 대해서는 같은 통달에서는 '합리적인 노사의 관행 등의 여러 사정이 상정되는 것이다'고 되어 있다. 사건으로는 '그 외의 사정'으로서 특히 중요한 것은 불합리하다고 주장되는 해당 근로조건의 설정절차로, 그것이 사용자에 의해 일방적으로 행해지는 것이지, 노동조합이나 종업원 집단과의 노사교섭을 거쳐 행해지는 것인지, 후자의 경우는 교섭의 형태(특히 유기계약 근로자를 포함하는 형태로 이루어지는지), 상황(합의달성의 유무·내용) 등의 사정이다. 유기계약 근로자에 대한 불공정한 처우의 시정을 목표로 하는 본조는 기업에서의 다양한 고용형태에 걸친 처우체계의 재설계를 요청하는 법적 개입도 될 수 있는 것으로, 그것이 비교적 공정하게 운용된다면 그 구조에 맡기는 것이 바람직하다고 생각된다.[111]

---

 110) 개정 규정의 시행통달(2012. 8. 10 기발 0810 제2호)은, '그 외의 사정'은 '합리적인 노사의 관행 등의 여러 사정이 상정된다'고 하여, 예를 들면 정년 후에 유기근로계약으로 계속 고용된 근로자의 근로조건이 정년전의 다른 무기계약 근로자의 근로조건과 상이한 것에 대해서는 정년의 전후로 직무의 내용, 해당 직무의 내용 및 배치변경의 범위 등이 변경되는 것이 일반적이라는 점을 고려하면, 특단의 사정이 없는 한 불합리하다고 인정되지 않는다고 이해된다고 되어 있다.

 111) 앞의 주에서 언급한 종업원 발명에 관한 특허법 35조 4항에서도, 정해진 기준에 의해 산정된 대가가 '불합리하다고 인정되는지'에 대해서는 주로 기준을 정하고 나서 행해지는 '사용자와 종업자간의 협의 상황, 기준 개시의 상황, 금액의 산정에 대하여 이루어진 종업원으로부터의 의견 청취의 상황' 등의 절차적 공정함으로 판단된다는 견해를 취하고 있다(동조 5항에 규정된 해당 발명으로 사용자가 받는 이익의 금액, 해당 발명에 관련된 사용자의 부담·공헌, 종업자의 처우 등의 실체적 요소는 보충적 고려요소로 삼아야 한다고 되어 있다). 中山信弘, 特許法[第2版], 73~76

또, 입증책임의 분배로서는 '불합리하다고 인정되는 것이어서는 안 된다'는 규범적 요건으로, 불합리성을 기초화하는 사실은 근로자가, 그리고 불합리성의 평가를 방해하는 사실은 사용자가 주장·입증해야 하게 된다.

(4) '불합리하다고 인정되는' 경우의 법률효과

본조(신설 20조)에 관한 큰 논점은 유기계약 근로자의 근로조건이 무기계약 근로자의 근로조건에 비하여 '불합리'한 것으로 인정되는 경우의 법적효과 여하이다. 본조는 일본의 장기고용시스템 속에서 넓게 보이는 유기계약 근로자인 비정규근로자에 대한 불공정한 처우를 개선하고자 하는 사회개혁적인 의도에서 시작되어 기업의 노사에 대하여 이를 위한 대응을 촉구한다는 노사의 행위규범으로서의 성격이 강한 규정이라고 이해된다. 그러한 까닭이라고 해야 할지, 본조는 상기와 같이 반드시 명확하지 않은 판단기준 하에서 해당 기업의 실정에 입각한 고도로 평가적 판단을 요청하는 것뿐만 아니라, 아래에서 살펴보는 것처럼 위반의 법적효과도 불명확하여 재판규범으로서는 미성숙한 규정으로 되어 있다.

노동조건분과회에서의 논의를 보면, 본조는 훈시규정에 그치는 것이 아니라, 사법상의 효력을 가지는 것을 상정하여 구상되었다고 할 수 있다. 즉, '불합리'하다고 인정된 근로조건의 규정(단체협약, 취업규칙, 근로계약)은 무효로 여겨질 것이다. 그러한 의미에서 본조는 강행규정으로, 따라서 불법행위의 위법성을 기초화하여 손해배상청구의 근거도 될 수 있게 된다.

문제는 불합리하다고 인정되어 무효가 된 유기계약 근로자의 근로조건은 어떻게 되는가이다. 2007년 개정 파트타임노동법에서의 통상의 근로자와 동일시해야 하는 파트타임근로자에 대한 차별 취급의 금지(8조)에 대해서는 강행법규로서 무효·손해배상의 법적 효과는 인정되지만, 무효가 된 파트타임근로자의 근로조건이 비교대상의 통상 근로자의 근로조건으로 대체되는지는 근로계약에 대한 직률적(보충적) 효력(노기 13조 참조)이 규정되어 있지 않은 점에서, 관계되는 단체협약, 취업규칙, 근로계약 등의 규정의 합리적 해석 및 적용에 따를 수밖에 없다고 생각되고 있다.112)

면 참조.

112) 노기법 3조 및 4조의 균등대우원칙이나 남녀동일임금원칙의 경우에도, 노기법의 보충적 효력에 그대로는 응하기 어렵기 때문에, 이러한 원칙에 위반한 근로조건에 대신하는 바람직한 근로조건에 대한 청구권은 취업규칙 등의 합리적 해석을 매개로 하지 않는 한 곤란하다.

유기계약 근로자의 근로조건이 무기계약 근로자의 근로조건과 비교하여 불합리하다고 인정되어 무효가 되는 경우의 근로조건에 대해서도 상기의 파트타임노동법의 차별적 취급 금지 규정과 비슷한 해석이 될 것이다. 즉, 불합리하다 하여 무효가 된 유기계약 근로자의 근로조건이 비교대상의 무기계약 근로자의 근로조건에 의해 당연히 대체되는 것이 아니라, 관계되는 단체협약, 취업규칙, 근로계약 등의 규정의 합리적 해석·적용에 따라야 하는 것이 된다.[113]

파트타임노동법이 전문적 행정기관에 의한 조언·지도·권고, 조정이라는 법실현의 행정적 구조를 갖춘 공법적인 성격을 기본으로 하고 있는 것(차별적 취급 금지규정은 사법상의 강행법규성도 겸비하고 있다)에 대하여, 노동계약법은 오로지 근로계약관계의 규범을 정하는 순수하게 사법적인 성격의 것이라는 차이는 있지만, 본조의 규정상태에서 보면은 본조가 근로계약에 대한 격차시정의 직률적(보충적) 효력까지도 규정했다고는 보기 어렵다. 본래, 유기계약 근로자와 무기계약 근로자간의 근로조건 격차의 시정은 기업에서의 다양한 종업원간의 집단적인 이익조정을 필요로 하고, 기업노사에 의한 근로조건의 집단적 설정의 틀 속에서 결정되어야 하는 것으로, 법원이 기업노사에 대신하여 대체 근로조건을 설정하게 된다는 법해석은 설령 노동계약법이라고 해도, 그 취지의 명확한 법문이 없는 한 피해야 한다. 따라서 불합리성을 판단할 때에 비교대상이 된 무기계약 근로자의 근로조건을 정하는 취업규칙 등의 기준이 존재하고 있으며, 그 합리적인 해석으로 동 기준을 유기계약 근로자에게도 적용할 수 있는 경우가 아니라면, 무효와 손해배상의 법적 규제에 그치며 관계 노사 간의 새로운 근로조건의 설정을 기다려야 한다고 생각된다.[114]

---

113) 개정 규정의 시행통달(2012. 8. 10 기발 0810 제2호)은, '법 20조에 의해 무효가 된 근로조건에 대해서는 기본적으로는 무기계약 근로자와 같은 근로조건이 인정된다고 해석된다'고 한다. 2012년 7월 25일 중의원 후생노동위원회에서도 완전히 같은 정책답변이 이루어졌다.

114) 본조에 관한 향후의 입법 정책으로서는, 유기·무기 근로자간의 '불합리하다고 인정되는' 근로조건 격차를 해당 기업·사업장에서의 처우체계로서 어떻게 시정하는지에 대하여, 유기계약 근로자와 무기계약 근로자를 포함하는 노사협의의 구조를 구축해야 할 것이다. 또, 현행법하에서도 유기계약 근로자를 위하여 불합리하다고는 할 수 없는 근로조건을 설정하기에 적합한 분쟁해결 절차로서는 3자 구성의 노동위원회에서의 조정절차(노동쟁의의 알선·조정, 개별노동분쟁의 알선)가 존재한다.

제3관 파트타임 근로자

1. 파트타임 근로자의 의의와 문제

(1) 파트타임 근로자의 의의

파트타임 근로자란, 국제적으로는 '풀타임 근로자'에 대한 개념으로, 해당 기업에서의 정규(풀타임)의 소정 근로시간(일수)보다도 짧은 시간(일수)로 일하는 근로자를 뜻한다. 일본에서는 이러한 본래적인 파트타임 근로자에는 '아르바이트', '준사원', '촉탁' 등의 명칭으로 일하고 있는 근로자도 포함되고 있으며, 또한편으로는 '파트', '파트타이머'로 불리고 있는 근로자 중에도 정규의 근로시간(일수)으로 일하는 근로자가 포함되어 있다. 그래서 '파트타임 근로자'의 정의는 여러 가지가 되지만, 본관에서는 주로 상기의 본래적 '파트타임 근로자'에 대하여 고찰하기로 한다.

파트타임 근로자는 1970년대 후반부터 여성을 중심으로 증가하기 시작했지만 최근에는 남성도 증가하고 있다.[36]

[36] 파트타임 근로자의 다양한 정의

파트타임 근로자의 정의에는 먼저, 총무성의 '노동력조사'에서의 '주간 취업시간이 35시간 미만인 고용자'라는 근로시간이 절대적으로 짧다는 점에 착안한 정의가 있다. 이 정의에 의하면 '파트'는 1990년에는 722만명(고용근로자 총수의 15.2%)였지만, 2011년에는 약 1,385만명[이와테현, 먀야기현 및 후쿠시마현 제외](고용근로자 총수의 27.1%)으로 증가했다. 그 중 약 7할이 여성이다. 다음으로 후생노동성의 '파트타임 근로자 종합실태조사'(최근 2011년)에서는 '정사원 이외의 근로자로 파트타이머, 아르바이트, 촉탁, 계약사원, 임시사원, 준사원 등 명칭에 관계없이 주 소정 근로시간이 정사원보다도 짧은 근로자'로 정의되어 있으며, 이 정의에 따른 '파트'도 2001~2006년의 5년간 약 910만명에서 약 955만명으로 증가했다(2011년에는 약 1,088만명[이와태현, 미야기현 및 후쿠시마현 제외]). 후생노동성의 '취업형태의 다양화에 관한 종합실태조사'에서의 '정사원보다 1일의 소정 근로시간이 짧든지, 1주의 소정 근로일수가 적은 자로 고용기간은 1개월을 초과하거나 또는 정함이 없는 자'라는 정의도, 마찬가지로 기업 내의 근로시간이 상대적으로 짧은 점에 착안한 것이다. 이상에 대하여, 총무성의 '노동력조사(상세집계)'에서는, 회사 등의 임원을 제외한 고용자를 근무처의 호칭에 따라 '정규의 직원·종업원', '파트', '아르바이트', '촉탁·기타'로 구분한 집계도 하고 있지만, 이것은 호칭상의 '파트'이다.

(2) 2007년 파트타임노동법의 대대적인 개정

1990년대 초반의 거품경제 붕괴 직후까지의 파트타임 근로자는 자녀양육이 일단락된 여성이 가계보조자로서 가사와 양립하는 형태로 단시간 근로에 종사하는 '주부 파트'를 중심으로, 청년의 프리터·아르바이트, 은퇴과정에 있는 고령 남성근로자 등이 주요한 타입이었다. 이러한 파트타임 근로자의 임금은 시간급으로 정사원의 시간당 급여액보다 낮게 설정되어, 근속에 따른 상승이 적고 일시금도 없으며, 퇴직금이 전혀 없거나 거의 없는 등, 정사원과는 명확한 차이가 있는 대우를 받는 것이 일반적이다. 한편, 이러한 파트타임 근로자는 장기고용시스템 속에서 근무지·잔업·책임 등에 대하여 정사원에게 부과는 부담(구속)을 피하여 해당 고용형태를 임의적으로 선택하고 있는 자도 대다수였다.115)

이러한 파트타임 근로자에 대한 주요한 노동정책상의 문제점은 단기의 계약기간에 의해 고용되어 고용이 불안정하다는 유기계약 근로자의 문제점을 별도로 하면, 취업규칙이 정비되어 있지 않고, 간단한 구두약속으로 채용되는 등, 그러한 점 때문에 근로조건의 내용이 불명확하게 되기 쉬운 등, 기업의 고용인사관리가 불충분하다는 점이 주요한 문제였다. 그래서 1993년에는 '단시간근로자의 고용관리의 개선 등에 관한 법률'이 제정되어, 파트타임 근로자에 관한 근로조건을 명확히 하는 관점에서 사업주에게 일정한 기본적인 근로조건을 기재한 고용통지서를 파트타임 근로자에게 교부해야 하는 노력의무 등의 규정이 마련되었다.

그러나 1990년대 후반 이후, 비정규 근로자가 대폭적으로 증가하는 가운데, 정사원에 비하여 비정규 근로자의 임금·대우가 현격하게 떨어지는 것에 대한 불만이나 비판이 고조되어, 정책적 대응이 요구되게 되었다. 그래서 노동정책심의회 고용균등분과회에서 파트타임 근로자에 관한 균등·균형대우의 룰을 입법화하는 검토가 이루어져, 파트타임노동법의 개정안이 마련되었다. 개정안은 2007년 2월에 제166회 통상국회에 상정되어, 같은 해 5월 25일에 성립되었다 (2007 법 72호. 시행은 2008년 4월 1일).㊲

---

115) 1994년의 후생성에 의한 '취업형태의 다양화에 관한 종합실태조사'에서는 파트타임 근로자는 해당 고용형태를 선택한 이유에 대하여, '자신의 상황이 좋은 시간에 일할 수 있어서'(47.1%), '가계의 보조, 학비 등을 벌기 위하여'(46.7%), '근무시간이나 일수를 짧게 하고 싶어서'(20.9%)라고 한 자가 많았고, '정사원으로서 일할 수 있는 회사가 없었기 때문에'를 선택한 자는 적었다 (11.9%).

③⑦ 고용균등분과회에 의한 재개정의 제언

2007년 개정 파트타임노동법에 대해서는 시행 후 3년이 경과한 시점에서 동법의 시행상황을 검토하여 필요한 조치를 강구하는 것으로 한다는 재검토 규정이 부과되었다(개정부칙 7조). 그래서 2011년 2월부터 행해진 '향후의 파트타임 노동정책에 관한 연구회'에서의 검토(같은 해 9월의 최종보고)를 거쳐 노동정책심의회 고용균등분과회에서 향후 파트타임 노동정책에 대한 검토가 이루어졌다. 그 후, 향후의 유기근로계약법제의 양상을 검토하고 있던 노동정책심의회 노동조건분과회가 같은 말에 유기계약 근로자와 무기계약 근로자의 근로조건 격차에 관한 적용범위의 보다 넓은 새로운 규제를 제언하여, 이에 따른 노동계약법 개정안이 2012년 3월 말에 국회에 상정되었다. 이리하여, 2007년 개정 파트타임노동법도 마찬가지의 개정을 요구받게 되어, 노동정책심의회 고용균등분과회는 2012년 6월의 보고에서 노동계약법의 개정의 동향을 염두에 두고 재검토를 제언했기 때문에, 파트타임노동법도 재개정되는 방향으로 나아가고 있다. 제언되어 있는 재개정에 의한 구체적인 내용은 이하의 관계되는 부분에서 부기한다.

2. 파트타임 근로자와 일반 노동법

통상의 근로자에 비하여 소정 근로시간 내지 소정 근로일수가 적은 파트타임 근로자도, '사용자에게 사용되어 근로하고, 임금을 지급받는 자'(노계 2조) 내지 '사업 … 에 사용되는 자로서, 임금을 지급받는 자'(노기 9조)라는 점에는 변함이 없고, 노동계약법, 노동기준법, 고용기회균등법, 최저임금법, 노동안전위생법, 임금의지불의확보에관한법률, 노재보험법, 육아개호휴업법의 적용을 받는다. 또, '임금, 급료, 기타 이에 준하는 수입으로 생활하는 자'(노조 3조)로서 노동조합법의 적용도 받는다. 이러한 법률에서의 특별한 취급으로서는 노동기준법에서 소정 근로일수가 통상의 근로자보다 적은 근로자에 대하여 연차유급휴가의 일수의 비례부여가 규정되어 있다(노기 39조).[116]③⑧

고용보험에 대해서는 소정 근로시간이 주 20시간 이상으로, 6개월 이상 계속하여 고용될 것이 전망되는 자는 피보험자가 된다.[117] 건강보험·후생연금보험에 대해서는 상용적 고용관계에 있는 자로, 1일 또는 1주의 소정 근로시간 및 1개월의 소정 근로일수가 통상의 취로자의 대략 4분의 3(30시간) 이상이라면, 피보험자가 된다고 되어 있다.[118]③⑨ 2012년 3월 말에, '사회보험과 세(稅)의 일체 개혁'의 일환으로서 단시간 근로자에 대한 양 사회보험의 적용확대를 도

---

116) 최저임금법에는 성령에서 정하는 '소정 근로시간이 특히 짧은 자'에 대한 적용제외를 규정하고 있었지만(8조 4호), 2007년 개정(2007 법 129)으로 삭제되었다.

117) 주 20시간 이상 30시간 미만의 단시간 근로자는 '단시간근로 피보험자'로 여겨져 급부의 요건이나 일수에서 특별한 취급을 받고 있었지만, 2007년 개정(平19법129)으로 삭제되었다.

118) 社会保険庁, 健康保険厚生年金保険実務要覧 I 346ノ1.

모하는 법안이 국회에 상정되어 같은 해 8월에 성립되었다(2012 법 62).[119]

파트타임 근로자는 기간의 정함이 있는 근로계약에 따르고 있는 자가 많고, 그러한 경우에는 전관의 유기계약 근로자에 관한 기술이 타당하다.

38 건강진단

노안위법상 일반건강진단(노안위법 66조)은 '상시 사용하는 근로자'에 대해 실시해야 하는 것으로 되어 있지만(노안위칙 43조, 44조), 기간의 정함이 있는 근로계약에 의해 고용되는 파트타임 근로자 및 기간의 유무를 불문하고 소정근로일수가 현저하게 적은 파트타임 근로자에 대해서는 원래부터 이 '상시 사용하는 근로자'에 해당하는지가 문제가 된다. 이에 대해서는 계약기간이 1년(일정 유해업무종사자의 경우는 6개월)이상인 자, 계약 갱신으로 1년 이상 사용되고 있거나 또는 사용되는 것이 예정되는 자, 1주의 소정근로시간수가 동종의 업무에 종사하는 통상의 근로자의 4분의 3 이상인 자는 '상시 사용하는'자로 해석해야 한다고 되어 있다(1984. 12. 3 기발 641호. 1주의 근로시간이 통상의 근로자의 4분의 3 미만이라도 대략 2분의 1이상이라면 일반 건강진단을 실시하는 것이 바람직하다고도 여겨진다).

39 파트타임 근로자와 세제

파트타임 근로자 본인에 대한 소득세는 연수입 103만엔(급여소득공제 65만엔과 기초공제 38만엔의 합산액)까지는 부과되지 않는다. 주민세 가운데 소득할은 연수입 100만엔(급여소득공제 65만엔과 소득할 비과세 소득 35만엔의 합산액)까지는 과세되지 않는다. 주민세 가운데 균등할(일률표준세액 연4,000엔)에 대해서는 각 자치단체에 따라서 비과세 소득이 다르다.

한편, 파트타임 근로자의 배우자에 대해서는 파트타임 근로자의 연수입이 103만엔 이하인 경우에는 소득세로 38만엔, 주민세로 33만엔의 소득공제(배우자공제)를 받을 수 있다. 또 파트타임 근로자의 연수입이 103만엔 초과 141만엔 미만인 경우에는 소득세로 최고 38만엔, 주민세로 최고 33만엔의 소득공제(배우자 특별공제)가 단계적으로 계속 감액되면서 받을 수 있다. 파트타임 근로자의 연수입이 141만엔 초과인 경우에는 소득세·주민세 모두 소득공제는 없어진다(2012년 4월 현재).

3. 파트타임노동법

(1) 총 설

앞에서 언급한 것처럼, 2007년에 대대적인 개정으로 '파트타임노동법'('단시간근로자의 고용관리 개선 등에 관한 법률'의 약칭)은 '단시간 근로자'에 대하여 적정한 근로조건의 확보, 고용관리의 개선, 통상의 근로자로의 전환추진, 직업능력 개발 및 향상 등에 관한 조치 등을 강구함으로써, 통상의 근로자와의 균형이 잡힌 대우의 확보 등을 도모하는 것을 통하여 단시간 근로자가 자신들이 가

---

119) ① 주 20시간 이상, ② 월액임금 8.8만엔(연수입 106만엔 이상), ③ 근무시간 1년 이상이 새로운 적용요건이 된다. 다만, ④ 학생은 적용제외로 여겨져, ⑤ 종업원 501명 이상(현행의 적용 기준에서 적용되는 피보험자의 수로 산정)의 기업부터 적용하고, 3년 이내에 검토를 가하여 그 결과에 기초로 하여 필요한 조치를 강구한다고 되어 있다. 2016년 10월 1일에 시행.

진 능력을 유효하게 발휘할 수 있도록 하고 이로써 복지의 증진을 도모하고 이에 더불어 경제 및 사회의 발전에 기여하는 것을 목적으로 한다(1조).

동법은 이러한 목적을 위하여 먼저 사업주의 일반적인 책무로서 고용하는 단시간 근로자에 대하여 취업의 실태를 고려하여 적정한 근로조건의 확보, 교육훈련의 실시, 복리후생의 충실, 통상 근로자로의 전환의 추진 등의 조치를 강구함으로써, 통상의 근로자와의 균형이 잡힌 대우의 확보에 힘써야 한다는 취지를 규정한다(3조). 또 단시간 근로자의 복지의 증진을 도모하기 위한 국가 및 지방공공단체의 책무를 규정하고(4조),120) 후생노동대신에게 '단시간 근로자 대책 기본 방침'의 책정을 명한다(5조).

다음으로 동법은 단시간 근로자의 고용관리의 개선 등을 위하여 사업주가 강구해야 하는 개별적인 조치를, 사업주의 행위규범으로서 각론적으로 규정한다(6조~13조). 뿐만 아니라 동법은 이러한 행위규범을 둘러싼 분쟁의 해결을 위하여 기업 내의 고충처리절차와 행정의 조언·지도·권고, 조정절차를 규정한다(19조~24조).

또 동법은 사업주의 행위규범으로서 규정된 것 이외에도, 사업주가 일반적 책무로서 노력해야 하는 고용관리의 개선 등에 관한 조치에 대하여 후생노동대신이 지침을 정해야 한다고 한다(14조).121)

이상과 같은 파트타임노동법의 적용대상인 '단시간 근로자'란, '1주간의 소정 근로시간이 동일 사업소에 고용된 통상의 근로자 … 의 1주간의 소정 근로시간에 비하여 짧은 근로자를 말한다'(2조)고 정의되어 있다.122)

(2) 근로조건에 관한 문서의 교부

파트타임 근로자의 경우에는 근로조건이 취업규칙 등에서 정형적으로 설정된 통상 근로자와는 달리, 계약기간, 취업시간, 임금 등의 근로조건이 개개의 사정에 따라 다양하게 설정되기 때문에 불명확하게 되기 싶다. 그래서 파트타

---

120) 국가의 이러한 책무에 기초로 하여, 단시간 근로자의 대우개선에 힘쓰는 사업주에게 일정 요건 하에 고용보험제도 및 산재보험제도에서 '균형대우·정사원화 추진 장려'가 지급된다.

121) 이 규정에 대하여 '사업주가 강구해야 하는 단시간 근로자의 고용관리의 개선 등에 관한 조치 등에 대한 지침'(2007. 10. 1 후노고 제6호)이 규정되어 있다.

122) 여기에서의 '통상의 근로자'에 대해서는 종래에는 해당 단시간 근로자와 동일한 업무에 종사하는 정사원의 근로라고 생각되어 왔는데, 2007년 개정의 해석통달에서 '해당 업무에 종사하는 자 중에 이른바 정규형의 근로자가 있는 경우에는, 해당 정규형의 근로자를 말하고, … 정규형의 근로자가 없는 경우에 대해서는 해당 업무에 기간적으로 종사하는 풀타임의 근로자 … 가 있으면, 이 자를 "통상의 근로자"로 한다'고 되었다(2007. 10. 1. 고아발 제1001002호).

임노동법은 종래부터 노동기준법상의 근로조건 명시의무(노기 15조, 노기칙 5조)에 더불어, 지침에서 정하는 일정한 근로조건에 대하여 문서를 교부해야 한다는 것을 노력의무로 삼아왔다. 2007년 동법 개정에서는 이 문서교부 의무를 일정 사항에 대해서는 강행적인 의무로 했다.

즉, 노동기준법에서는 ① 근로계약의 기간, ② 취업의 장소・종사해야 하는 업무, ③ 시업・종업의 시각, 소정 근로시간을 초과하는 근로의 유무, 휴게시간, 휴일, 휴가, 교대제에서의 취업시 전환 방법, ④ 임금의 결정・산정・지불의 방법・시기, ⑤ 퇴직・해고에 관한 사항은 서면으로 명시하는 것을 의무화하고 있지만(노기 15조 1항, 노기칙 5조), 개정 파트타임노동법은 이러한 것에 더불어, 승급, 퇴직수당 및 상여의 유무를 명시해야 하는 사항으로서 특정하고, 명시의 방법으로서는 문서의 교부 외에, 근로자가 희망하는 경우에는 팩스 또는 이메일에 의한 송신도 좋다고 한다(6조 1항, 파트칙 2조).

파트타임노동법의 상기 의무의 위반은 10만엔 이하의 과료에 처해진다(47조). 실제로는 도도부현 노동국장이 조언・지도・권고를 하고, 그래도 이행되지 않는 경우에는 과료의 청구가 된다(2007. 10. 1 고아발 1001002호).

노동기준법 및 파트타임노동법이 문서(등)에서의 명시를 의무화한 상기 사항 이외의 근로조건에 대해서도 파트타임노동법은 문서 등에서 명시하도록 노력해야 하는 것으로 되어 있다(6조 2항). 해석통달에서는 소정 근로일 이외의 날의 근로의 유무, 소정 근로시간을 넘거나 또는 소정 근로일 이외의 날에 근로시키는 일정 등, 몇 가지의 사항에 대하여 문서 등에 의한 명시를 추천하여 권하고 있다(2007. 10. 1 고아발 1001002호).[40][41]

[40] **취업규칙작성의 절차**
상시 10명 이상의 근로자를 사용하는 사용자는 취업규칙을 작성하여 소관 노동기준감독서에 제출해야 하고(노기 89조), 작성에 있어서는 해당 사업장의 과반수의 근로자를 조직하는 노동조합 또는 과반수 근로자의 대표자의 의견을 청취해야 한다(동법 90조). 파트타임노동법은 단시간 근로자의 근로조건이 취업규칙상, 통상의 근로자와 다르게 정하고 있는 경우가 많은 점에 비추어 보면, 단시간 근로자에 관계되는 사항에 대하여 취업규칙을 작성(또는 변경)하는 경우에는 상기의 과반수 조직 노동조합 내지 과반수 대표자로부터의 의견청취와는 별개로, 단시간 근로자의 과반수를 대표하는 자의 의견을 들도록 노력해야 하는 것으로 한다(7조).

[41] **대우의 결정에 있어서 고려한 사항의 설명의무**
파트타임노동법은 사업주에게 동법의 규제(6조～12조)에 관하여, 고용하는 단시간 근로자로부터 요구가 있을 때에는 사업주는 그 결정에 있어서 고려한 사항을 설명해야 한다고 규정

한다(13조. 2007년 개정으로 추가). 단시간 근로자의 대우에 대하여 사업주에게 설명책임을 부과함으로써, 사업주에게는 단시간 근로자의 적정한 취급을 유도하고 단시간 근로자에게는 대우에 관한 납득하도록 하기 위한 것이다. 2012년 6월의 고용균등분과회의 보고에서의 파트타임노동법의 재개정의 제언은 현재 파트타임노동지침에서 규정하고 있는, 단시간 근로자가 상기의 설명을 요구한 것을 이유로 하는 해고, 그 외 불이익 취급의 금지에 대해서는 이를 법률(동법)에 규정하는 것이 적당하다고 하고 있다.

⑶ 통상의 근로자와 동일시해야 하는 파트타임 근로자에 대한 차별적 취급의 금지

앞에서 서술한 것처럼, 파트타임 근로자에 대해서는 정규근로자와의 임금·처우의 분명한 격차가 문제가 되어 민사재판에서도 그 위법성이 주장되었지만, 개정 파트타임노동법은 다음의 ①~③의 요건을 갖추어 '통상의 근로자와 동일시해야 하는 단시간 근로자'에 대해서는 통상근로자와의 대우상의 다른 취급을 위법한 차별적 취급으로서 금지하기로 했다.

즉, 사업주는 ① 업무의 내용 및 해당 업무에 따른 책임의 정도('직무의 내용')가 해당 사업소에 고용된 통상근로자와 동일한 단시간 근로자('직무내용 동일 단시간 근로자')로, ② 해당 사업주와 기간의 정함이 없는 근로계약을 체결하고 있는 자 가운데, ③ 해당 사업소에서의 관행, 그 외의 사정에서 보아 해당 사업주와의 고용관계가 종료될 때까지의 전체 기간에서 그 직무의 내용 및 배치가 해당 통상근로자의 직무 내용 및 배치의 변경의 범위와 동일한 범위에서 변경된다고 전망되는 자('통상의 근로자와 동일시해야 하는 단시간 근로자')에 대해서는 단시간 근로자라는 것을 이유로 임금의 결정, 교육훈련의 실시, 복리후생시설의 이용, 기타의 대우에 대하여 차별적 취급을 해서는 안 된다(8조 1항). 상기의 ②의 요건에서 말하는 '기간의 정함이 없는 근로계약'에는 반복하여 갱신됨으로써 기간의 정함이 없는 근로계약과 동일시하는 것이 사회통념상 상당하다고 인정되는 기간의 정함이 있는 근로계약을 포함한다(동조 2항).

요약하면, 해당 사업소의 통상의 근로자에 비하여, ① 직무내용이 동일하고, ② 계약상 또는 실태상 기간의 정함이 없는 고용에 있고, ③ 인재활용의 구조와 운용이 장기적으로 동일한 단시간 근로자는 '통상근로자와 동일시해야 하는 단시간 근로자'로 여겨져, 임금, 교육훈련, 복리후생, 그 외의 대우에 대하여 단시간 근로자라는 것을 이유로 한 차별적 취급이 금지되었다.

'통상근로자와 동일시해야 한다'고 여겨지기 위한 ①의 요건인, 직무내용의 동일성이 있다고 할 수 있기 위해서는, 업무의 내용과 책임의 정도의 양측에서 실질적으로 동일하다고 판단할 수 있는 것이 필요하다. 판단절차로서는 먼저 비교대상이 되는 통상의 근로자와 단시간 근로자의 업무 종류가 동일한지의 여부를 "노동성편 직업분류"의 세(細)분류를 기준으로 하여 판단하고, 그것이 동일하다고 판단되는 경우에는 양자의 직무 가운데 핵심적 업무가 실질적으로 동일하다고 할 수 있는지의 여부를 판단한다. 이것이 동일하다고 판단된 경우에는, 양자의 직무에 따른 책임의 정도를, 권한의 범위, 업무의 성과에 대하여 요구되는 역할, 트러블 발생시 등에 요구되는 대응의 정도, 목표량 등의 성과에 대한 기대 정도 등에서 비교하여, 그 때에는 소정외 근로의 유무·빈도도 보조적 지표로서 고려대상으로 삼는다고 되어 있다(2007. 10. 1. 고아발 1001002호).

②의 '기간의 정함이 없는 고용'이라는 요건 가운데, '반복하여 갱신됨으로써 기간의 정함이 없는 근로계약과 동일시하는 것이 사회통념상 상당'한 경우인지의 여부에 대해서는 유기계약 근로자의 고용중지(갱신거부)에 기간의 정함이 없는 근로계약에 관한 해고권남용규제(노계 16조)를 유추적용해야 하는지의 여부에 관한 판례의 판단과 비슷한 판단을 하게 된다. 해석통달에서는 업무내용의 항상성·임시성, 근로자의 계약상의 지위의 기간성·임시성, 계속고용을 기대하게 하는 사업주의 언동, 갱신의 유무·횟수, 갱신절차의 엄격성, 비슷한 지위에 있는 다른 근로자의 갱신상황 등이 판단사항으로서 열거되고 있다(2007. 10. 1. 고아발 1001002호).

③의 요건은 해당 단시간 근로자가 통상의 근로자와 직무내용이 동일하게 되고 나서 고용관계가 종료될 때까지의 전체 기간에 걸쳐, 직무내용이나 배치에서 통상의 근로자와 동일한 범위에서의 변경이 이루어지는 것(전근, 그 외 직무내용의 변경·배치전환 등에 같은 범위에서)을 의미한다(2007. 10. 1. 고아발 1001002호).

①~③의 요건을 충족시킨 경우에 금지되는 차별적 취급은 임금의 결정, 교육훈련의 실시, 복리후생 시설의 이용, 그 외 모든 대우에서의 단시간 근로자라는 것을 이유로 한, 통상의 근로자와는 다른 취급이다. 근로자의 의욕·능력·경험·성과 등에 대하여 사정이나 평가를 함으로써 임금에 차이를 두는 것은 통상 근로자에 대하여 행해지는 것과 동일 방법으로 행해지는 한, '단시간 근로자라는 것을 이유로 한 차별적 취급'은 아니다. 근로시간의 길이에 따른 임금·처우의 합리적인 다른 취급도 마찬가지이다. 정리해고시에 단시간 근로자를 정사원에 앞서 대상자로 하는 것은 '통상의 근로자와 동일시해야 하는 단시간 근

로자'에 대해서는 허용되지 않게 될 것이다(2007. 10. 1. 고아발 1001002호).

본조의 금지에 위반하는 차별적 취급은 고용기회균등법의 차별금지(6조~8조)와 더불어 생각하면 해고, 배치전환 등의 법률행위라면 무효가 되고, 사실행위로서는 불법행위의 위법성을 갖추어 손해배상책임을 발생시킨다고 해석된다.123) 단시간 근로자의 근로계약상의 근로조건이 본조에 의해 무효가 된 경우에, 비교대상으로 여겨진 통상의 근로자의 근로조건에 대체되는가에 대해서는 노동기준법과 같은 보충적 효력(노기 13조)이 규정되어 있지 않기 때문에, 관계의 단체협약, 취업규칙, 근로계약 등의 규정의 해석에 의하는 수밖에 없다. 또, 파트타임 근로자와 통상 근로자간의 격차시정에 관한 분쟁은 시정조치가 집단적 조치를 필요로 하는 등 일의적으로 정하지 않는 경우가 많고, 권리내용이 불명확하게 너무 인정하기 어렵고, 행정지도, 조정, 노동심판, 노동위원회의 알선 등의 해결절차에 의하여 적합하다고 할 수 있다.42 43

42 정년후의 촉탁채용과 차별적 취급의 금지

정년에 도달한 근로자를 촉탁으로서 채용하는 경우에도, 그 주 소정 근로시간이 통상의 근로자보다 짧은 경우에는 파트타임노동법이 적용된다. 따라서 정년전과 직무내용이 동일하고, 정년전과 비슷하게 배치전환・전근에 따르고, 정년전과 마찬가지로 기간의 정함이 없는 고용관계에 있는 촉탁 근로자에 대해서는 정년전과 같은 처우를 소정 근로시간의 길이와의 비례로 해야 한다(2007. 10. 1. 직발 1001002호).

43 차별적 취급금지규정의 개정 동향

상기와 같이, 2007년 개정 파트타임노동법은 직무내용, 인재육성의 구조, 무기근로계약이라는 3요건을 충족시키는 단시간 근로자(이른바 장기고용시스템에 편성되어 있는 파트타임 근로자)에 대한 차별적 취급을 금지했지만, 2011년 9월의 후생노동성 '향후의 파트타임 노동정책에 관한 연구회 보고서'는, 그러한 단시간 근로자는 같은 해의 '파트타임 근로자 종합실태조사'에서는 파트타임 근로자의 1.3%에 불과한 점, 임금제도의 차이를 고려하지 않고 모든 사업주에 대하여 일률적으로 3요건을 적용하고 있는 점 등에서, 차별적 취급 금지규정을 활용하여 파트타임 근로자의 고용관리의 개선을 추진할 여지는 적다고 지적했다. 또, 유기계약 근로자의 근로조건에 대해서는 계약기간의 정함이 없는 근로자의 근로조건에 비하여, 직무의 내용, 직무의 내용 및 배치 변경의 범위, 그 외의 사정을 고려하여 불합리한 것이어서는 안 된다는 규정을 노동계약법에 신설하는 것이 노동정책심의회 노동조건분과회에서 구상되어 법안이 2012년 3월에 국회에 상정되었다. 그래서 파트타임노동법의 관련규정의 개정을 검토했던 노동정책심의회 고용균등분과회에서는 2012년 6월 그 보고에서 이 노동계약법 개정안과 조리를 맞추어, 파트타임노동법상의 차별적 취급금지규정(8조)에 대하여 직무의 내용, 직무의 내용 및 배치변경의 범위, 그 외의 사정을 고려하여 불합리한 상이함은 인정되지 않는다는 법제를 취해야 한다는 점을 제언했다.

---

123) 같은 취지, 土田, 労働契約法, 69면; 荒木, 労働法, 427면.

(4) 균형대우의 노력의무·조치의무·배려의무

2007년 개정 파트타임노동법은 '통상의 근로자와 동일시해야 한다'고는 할 수 없는 단시간 근로자에 대해서도 임금의 결정, 교육훈련의 실시, 복리후생시설의 이용에 대하여 통상의 근로자와 균형된(균형이 잡힌) 대우를 추진해야 하고, 사업주의 노력의무,[44] 조치의무,[45] 배려의무[46]를 규정했다.

[44] 직무관련임금에 관한 균형대우의 노력의무

사업주는 통상의 근로자와의 균형을 고려하면서 고용하는 단시간 근로자의 직무내용, 직무성과, 의욕, 능력 또는 경험 등을 감안하여 임금(통근수당, 퇴직수당, 가족수당, 그 외 직무에 밀접하게 관련되어 지불하는 것 이외의 것은 제외)을 결정하도록 노력하는 것으로 한다(9조 1항, 파트칙 3조). 단시간 근로자의 직무관련 임금에 대하여 직무의 내용·성과 등에 따른 통상의 근로자와의 균형처우의 일반적인 노력의무를 규정한 것이다. 이에 따라서 사업주는 고용하는 단시간 근로자에 대하여 직무의 내용·성과, 의욕, 능력 또는 경험 등('등'에는 근속년수도 포함된다)에 비추어 보아, 통상의 근로자와 균형이 이루어지도록 임금수준을 재검토하거나 승급·승격제도나 성적평가제도를 정비하거나, 직무수당·임원수당 등의 수당을 정비하는 것 등이 기대되고 있다(2007. 10. 1. 고아발 1001002호 참조).

또 사업주는 직무내용 동일 단시간 근로자로, 해당 사업소에서의 관행, 그 외의 사정에서 보아, 해당 사업주에게 고용된 기간 중 적어도 일정기간에서 그 직무의 내용 및 배치가 통상의 근로자의 그것과 동일한 범위에서 변경되는 것이 예상되는 자에 대해서는 해당 변경이 이루어진 기간에는 통상의 근로자와 동일한 방법으로 임금을 결정하도록 노력하는 것으로 한다(동조 제2항). 예를 들면, 해당 사업소에서의 통상의 근로자가 '주임' → '취프(chief)' → '유니트장(전근 없음)' → '부점장'으로 승진하는 기업에서, 단시간 근로자에게는 '담당자' → '주임' → '취프' → '유니트장(전근 없음)'이라는 승진스텝이 있는 경우는, 단시간 근로자가 '주임'이 되어 '유니트장'에 이르는 기간은 직무내용 및 배치가 통상의 근로자와 동일 범위에서 변경된다고 예상되는 기간으로, 그 동안은 해당 단시간 근로자를 통상의 근로자와 동일한 승급·승격제도 하에 두는 것이 기대된다(2007. 10. 1. 고아발 1001002호 참조).

2012년 6월의 노동정책심의회 고용균등분과회의 보고는 단시간 근로자를 위한 차별적 취급금지규정(8조)을, 같은 해 3월말 국회에 상정된 노동계약개정법안에서의 유기계약 근로자를 위한 불합리한 근로조건의 금지규정과 비슷한 규정으로 개정해야 한다는 점을 제언하고, 아울러 그렇게 개정하면 본조 가운데 직무내용·배치의 변경범위가 적어도 일정기간 통상의 근로자와 동일한 근로자에 관한 해당 기간의 임금결정방법의 동일화 규정(9조 2항)은 불필요하게 되게 때문에, 삭제되어야 한다는 것을 제언했다.

[45] 교육훈련의 실시에 관한 조치의무

사업주는 통상의 근로자에 대하여 실시하는 교육훈련으로, 해당 통상의 근로자가 종사하는 직무의 수행에 필요한 능력을 부여하기 위한 것에 대해서는 직무내용 동일 단시간 근로자에 대해서도 그 자가 이미 해당 직무에 필요한 능력을 가지고 있는 경우를 제외하고, 이를 실시해야 한다(10조 1항, 파트칙 4조). 단시간 근로자와 통상의 근로자의 직무내용이 동일한 경우에는, 직무수행에 필요한 능력을 부여하기 위한 교육훈련은 단시간 근로자가 중도 입사 등으로 이미 이를 보유하고 있는 경우를 제외하고, 단시간 근로자에게도 실시해야 하는 것으로 한 것이다. 여기서 사업주에게 부과되고 있는 것은 통상의 근로자에게 실시하는 교육훈련을 직무내용 동일 단시간 근로자도 받아들이도록 조치하는 의무이다.

사업주는 앞항에서 정하는 것 이외에, 통상의 근로자와의 균형을 고려하면서 고용하는 단시간 근로자의 직무의 내용·성과, 의욕, 능력 및 경험 등에 따라 해당 단시간 근로자에 대하여 교육훈련을 실시하도록 노력하는 것으로 한다(10조 2항). 여기서 주로 상정되고 있는 것은 사업주가 중·장기적인 시점에서 행해지는 커리어 업을 위한 교육훈련이지만, 장기간의 연수나 해외유학 등까지를 시야에 넣고 있는 것인 아니다(2007. 10. 1. 고아발 1001002호 참조).

46 복리후생시설의 이용에 관한 배려의무

사업주는 통상의 근로자에 대하여 이용기회를 부여하는 복리후생시설로, 건강의 유지 또는 업무의 원활한 수행에 이바지하는 것으로서 후생노동성령에서 정하는 것에 대해서는 고용하는 단시간 근로자에 대해서도 이용의 기회를 제공하도록 배려해야 한다(11조). 후생노동성령은 이 배려의무의 대상이 되는 복리후생시설을, 급식시설, 휴게실, 탈의실로 한정 열거하고 있다(파트칙 5조).

'배려'란, 단시간 근로자에게 통상의 근로자와 같은 이용규정을 적용하는 것, 이용시간대의 폭을 넓혀서 단시간 근로자에게도 이용 기회를 확대하는 것 등의 구체적 조치를 취하는 것이다. 시설의 정원 관계로 고용하는 근로자 전원에게는 이용 기회를 제공할 수 없는 경우에는 이용자격을 통상의 근로자로 한정하는 것은 본조에 반하지만, 전원에게 이용 기회를 제공하기 위한 증축을 하는 것까지도 필요하다고 여겨지는 것은 아니다(2007. 10. 1. 고아발 1001002호 참조).

(5) 통상의 근로자로의 전환의 조치의무

개정 파트타임노동법은 이상과 같은 균형대우의 여러 의무와 함께, 사업주에게 단시간 근로자의 통상의 근로자로의 전환을 추진하기 위한 조치의무를 부과하였다(12조 1항).[124] 이에 따라 단시간 근로자의 능력발휘와 커리어 형성을 지원하고, 그러한 인재의 활용을 도모하고자 하는 목적이다.47

47 전환의 조치의무의 내용

즉, 사업주는 통상의 근로자로의 전환을 추진하기 위해, 고용하는 단시간 근로자에 대하여 다음의 조치 중 한 가지를 취해야 한다.

① 통상의 근로자의 모집을 행하는 경우에 해당 모집에 관계되는 사업소에 게시하는 것 등으로, 그 자가 종사해야 하는 업무의 내용, 임금, 근로시간, 그 외의 해당 모집에 관계되는 사항을 해당 사업소에서 고용하는 단시간 근로자에게 주지할 것. 이에 따라서 해당 사업소의 단시간 근로자에게 응모의 기회를 제공하도록 하는 것이다. 주지의 방법으로서는 게시, 회람, 이메일의 송신 등을 생각할 수 있다. 통상의 근로자로의 전환을 추진한다는 취지에서 보면 사업주는 해당 사업장에서 통상의 근로자의 모집을 행하는 경우에는 단시간 근로자에 대해서도 응모의 기회를 제공한다는 방침을 사전에 그 고용하는 단시간 근로자에게 주지해 두어야 한다(2007. 10. 1. 고아발 1001002호 참조).

---

124) 동법은 국가에 대해서도 통상의 근로자로의 전환조치를 강구하는 사업주에게 원조 등의 필요한 조치를 강구하도록 노력해야 한다고 규정하고 있다(12조 2항). 원조는 조성금의 지급이나 좋은 사례의 정보제공 등이 예정되며, 지정 법인인 단시간노동지원센터(短時間労働支援センター)를 통하여 이루어진다.

② 통상의 근로자의 배치를 새롭게 하는 경우에, 해당 배치의 희망을 신청할 기회를 해당 배치에 관계되는 사업소에서 고용하는 단시간 근로자에게 부여하는 것. 예를 들면, 결원이 생긴 자리에 기업 밖에서 정사원을 중도 채용하고자 하는 경우에, 먼저 해당 사업소의 단시간 근로자에게 응모힐 기회를 제공히는 것, 배치에 관한 사내공모제에 단시간 근로자에게도 응모의 기회를 제공하는 것 등이다(2007. 10. 1. 고아발 1001002호 참조). 이 응모 기회의 부여에 대해서도 그 방침을 사전에 단시간 근로자에게 주지해야 한다.

③ 일정한 자격을 가진 단시간 근로자를 대상으로 한 통상의 근로자로의 전환을 위한 시험제도를 마련하는 것. 예를 들면, 일정한 근속년수나 자격에 달한 단시간 근로자를 대상으로 한 정사원으로의 전환시험이 이에 해당된다.

④ 그 외의 통상의 근로자에 대한 전환을 추진하기 위한 조치를 강구하는 것. 예를 들면, 통상의 근로자로서 필요한 능력을 취득하기 위한 교육훈련을 받기 위한 지원조치가 이에 해당된다.

어떠한 전환조치를 마련하든, 단시간 근로자에게 통상의 근로자로의 전환의 기회를 제공하는 것의 의무내용이며, 단시간 근로자를 우선하여 채용할 의무는 없다.

(6) 분쟁해결의 원조

이상의 단시간 근로자의 대우에 관한 파트타임노동법의 규제 가운데, 사업주의 구체적인 행위규범인 근로조건에 관한 문서교부 등의 의무(6조 1항), 차별적 취급의 금지(8조 1항), 교육훈련에 관한 조치의무(10조 1항), 복리후생에 관한 배려의무(11조), 통상 근로자로의 전환의 조치의무(12조 1항), 대우의 결정에 관한 설명의무(13조)에 대해서는 법을 준수하지 않는 것에 대한 고충이나 분쟁을 해결하고, 법의 준수를 도모하기 위한 기업내 고충처리, 도도부현 노동국장에 의한 조언·지도·권고, 동국장이 설치하는 분쟁조정위원회에 의한 조정 등의 절차가 파트타임노동법에서 마련되어 있다(19조~24조).

제 4 관 도급근로자 · 파견근로자

1. 다른 기업 근로자의 이용의 유형

기업은 많은 다른 기업이 고용하는 근로자의 제공을 받아 당해 근로자를 자기 사업장에서 모든 종류의 업무에 종사하게 하는 경우가 있다.

이렇게 다른 기업 근로자의 노동력을 이용하는 것 중에 근로자 공급사업자로부터 근로자 공급을 받는 것은 강제노동·중간착취의 온상이 되거나, 고용책임·사용자책임이 분명하지 않고 불충분하게 되기 때문에, 직업안정법이 1947년에 제성된 이래 이것을 포괄적으로 금지해 왔다(직안 44조). 그러나 민법의 업무처리 도급계약에 근거하여 다른 기업의 근로자를 이용하는 것은 근로자를 공급받는 것과 다르다고 하여 이를 허용해왔다. 또한 1985년에 제정된 노동자파견법은 제1차 석유위기 이후의 인재파견업이 증가한 가운데, 근로자 파견업자로부터 근로자파견을 받는 것을 적법하다고 하면서 필요한 규제를 하게 되었다. 또한 모자회사나 관련 기업간에는 자기업의 근로자를 고용관계를 유지하면서 타기업과의 고용관계를 맺는 '출향'이라는 인사이동이 활발하게 이루어지게 되어, 출향 근로자를 받아들이는 것도 타기업 근로자의 노동력을 이용하는 주요한 하나의 유형으로 되었다.

이리하여 현행법상에서는 타기업 근로자의 노동력을 이용하는 주요한 형태는, 근로자를 제공하는 기업과 이를 받아들이는 기업간의 ① 업무처리도급, ② 근로자파견, ③ 출향이라는 3가지 유형의 계약으로 가능하게 되었다. 이들 중 ③ 출향은 배치전환 및 전적과 더불어 기업의 인사이동으로서의 성격을 가지므로 '인사' 부분에서 배치전환 및 전적과 관련시켜 논하기로 하고, 여기서는 ① 업무처리 도급계약에 의하여 도급 근로자를 받아들이는 것과, ② 근로자 파견계약에 의하여 파견근로자를 받아들이는 것에 대해 논하기로 한다.[48]

[48] **파견점원 · 응원 · 출장**

타기업 근로자의 노동력을 이용하는 형태로서는, 백화점 등의 대형점포가 다양한 기업을 위하여 매장을 만들어 이들 기업으로부터 점원 파견을 받는 것('파견점원')이 있다. 이 경우, 각 매장의 장소는 대형점포 안에 있지만, 각 기업의 사업장으로 되어 있다고 해석되고 있다 (1985년 노동기준법연구회보고 참조). 따라서 법적으로는 타기업의 근로자를 받는 유형에는 포함되지 않는다.

또한 같은 그룹 내에서 노동력이 남아도는 기업에서 부족한 기업으로 일시적으로 지원하는 형태로 노동력이 제공되는 경우가 있다. 이는 지원근로자가 지원사업주의 지휘명령을 받아 취업에 종사하는 이상, 근로자 파견사업의 허가를 받은 기업으로부터의 근로자 파견인지 아니면, 출향이라는 인사이동인지에 의하지 않을 수 없다. 또한 타기업 근로자를 일시적으로 받아들이는 것에는 출장이라는 형태도 있지만, 이것은 어디까지나 출장근로자가 출장기업에서 자기업의 지휘 · 명령을 받아 자기업의 업무에 종사하는 형태에 불과하므로, 여기서 말하는 '타기업 근로자의 이용'에는 해당하지 않는다.

2. 업무처리도급

(1) 업무처리도급의 의의

업무처리도급이란 [그림 4]와 같이, 어떤 기업(도급기업)이 타기업(발주기업)에 대해 그 일정 업무의 처리를 도급받아, 그 도급업무를 수행하기 위해 자기가 고용하는 근로자를 발주기업의 사업장에서 자신의 지휘·명령 하에 근로시키는 것을 말한다.[125] 업무처리도급은 도급기업이 발주기업에게 근로자를 공급(파견)하는 측면을 가지나, 어디까지나 도급업무의 처리를 위해 공급(파견)하므로 근로자에 대한 지휘·명령은 도급기업이 하며 발주기업은 하지 않는다. 업무처리도급은 스스로에 의한 지휘·명령 등 직안법 시행규칙(4조)에서 정한 4요건을 충족할 것을 요하며, 이러한 요건을 충족시키면 직안법이 금지하는 근로자 공급으로는 간주되지 않는다. 또한 노동자파견법의 규제를 받는 근로자파견과도 구별에 대해서는, 상기의 직안법 시행규칙의 4요건을 기초로 하여, ① '자신이 고용하는 근로자의 노동력을 자신이 직접 이용하는 것일 것' 및 ② '도급받은 업무를 자신의 업무로서 해당 계약의 상대방으로부터 독립하여 처리하는 것일 것'을, 근로자파견이 아니라 도급이라고 인정받기 위한 요건으로서 제시한 후생노동대신 고시가 규정되어 있다.[126]

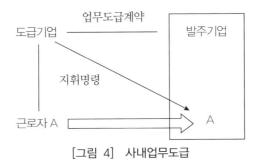

[그림 4] 사내업무도급

2004년 3월부터 제조업에 대한 근로자파견의 금지가 해제되어, 제조업으로의 근로자파견이 활발하게 이루어지게 되자, 종래부터 넓게 행해지고 있던 업무처리도급도 증가하여 양자의 혼동이나 업무처리도급업의 양상이 문제가 되었다.[127]

---

125) 업무처리도급을 포함한 아웃소싱 노동에 관한 노작으로서는 鎌田耕一, 契約勞働の硏究. 또 「シンポジウム·契約勞働をめぐる法的諸問題」, 勞働法 102호, 101면이 있다.

126) 또 ①에 대해서는 업무의 수행 및 근로시간에 관한 지시, 그 외의 관리를 자신이 행해야 하는 것, ②에 대해서는 (ⅰ) 업무의 처리에 필요로 하는 자금에 대하여 모두 자신의 책임으로 조달 및 지불할 것, (ⅱ) 업무의 처리에 대하여 민법, 상법, 그 외의 법률에 규정된 사업주로서의 모든 책임을 질 것, (ⅲ) 단순히 육체적인 노동력을 제공하는 것이 아닐 것, 이라는 네 가지의 요건이 부여되어 구체적 판단 기준도 제시되어 있다. '근로자파견사업과 도급에 의해 실시되는 사업과의 구분에 관한 기준(勞働者派遣事業と請負により行われる事業との区分に関する基準'을 정하는 고시(1986. 4. 17. 노고 37호, 이른바 「37호 고시」) .

127) 양자의 구분에 대하여 고시 37호의 기준이 존재했기 때문에, 도급업의 양상이 후생노동성

(2) 업무처리도급에 따른 노동관계

업무처리도급에서는 발주기업과 도급기업 간에 업무처리도급계약이 체결되고, 이 계약에 근거하여 도급기업이 고용하는 근로자가 발주기업의 사업장에서 도급기업의 지휘·명령을 받아 도급업무를 수행한다. 즉 도급근로자는 어디까지나 도급기업이 고용하는 근로자이며, 또한 발주기업에서의 취업은 도급기업의 도급업무를 도급기업의 지휘·명령을 받고 시행하는 것에 지나지 않는다. 따라서 업무처리도급이 원칙대로 실시되는 한, 근로계약상이나 노기법, 그 밖의 노동보호법상에서도 사용자로서의 책임을 지는 것은 도급기업뿐이며, 발주기업에게는 책임이 생기지 않는다. 단 발주기업은 도급근로자에 대해 근로장소를 제공하고 있는 점에서 그 범위 안에서는 안전배려의무를 질 수는 있다. 이에 대하여 발주기업이 도급기업의 근로자를 받아들여 취업시킬 때에 실제로 지휘·명령을 하고 있거나, 근로조건이나 취업양태를 결정하는 경우에는 발주기업이 근로계약상 내지는 단체교섭상의 사용자성을 가지는지가 문제가 될 수 있다.

3. 근로자파견

(1) 노동자파견법의 목적·성격·적용범위

(가) 목 적　　'근로자파견'을 규제하는 법률이 '노동자파견법'으로 약칭되는 법률이다. 동법의 정식 명칭은 제정시(1985년 법 88)에는 '노동자파견사업의 적정한 운영의 확보 및 파견노동자의 취업조건의 정비 등에 관한 법률'이었지만, 민주당 중심의 정권으로 교체 후, 2010년 4월에 국회에 상정되어 2012년 3월에 성립된 법개정(2012년 법 27)으로, 파견근로자의 보호를 도모하기 위한 법률이라는 법의 성격을 명확히 하기 위하여, '파견근로자의 취업조건의 정비 등'의 부분이 '파견근로자의 보호 등'으로 바뀌었다.

동법은 1985년 제정 이후, 근로자파견사업이 노동력의 수요·공급 쌍방의 필요에 기초한 노동력 수급조정시스템의 하나인 점을 고려하여 이를 직업안정법에 의한 근로자 공급사업의 금지범위에서 제외하면서, ① 근로자파견사업의 적정한 운영의 확보에 관한 조치를 강구함과 동시에, ② 파견근로자의 취업에

에서 검토되어 '제조업 도급사업의 고용관리의 개선 및 적정화 촉진을 꾀해야할 도급사업주 및 발주자가 강구해야 할 조치에 관한 가이드라인(製造業の請負事業の雇用管理の改善及び適正化の促進に取り組む請負事業主及び発注者が講ずべき措置に関するガイドライン)'이 만들어졌다(2007년 6월).

관한 조건의 정비를 도모하여 이로서 파견근로자의 고용의 안정, 기타 복지의 증진에 이바지하는 것을 목적으로 해왔다(1조). 상기 2012년 법 개정에서는 법의 목적 규정(1조)에서도 ②의 부분을 '파견근로자의 보호 등을 도모하여'로 개정하였다.

(나) 성 격   동법의 기본적인 성격은 사업의 개시와 운영에 대한 벌칙이 붙은 행정적 단속법규(이른바 업법(業法))이지만, 계약관계에 대한 규제를 하는 것으로, 그 중에는 강행규정(효력규정)도 포함되어 있다.[128] 특히 2012년의 법개정으로 일정한 경우에 사용기업과 파견근로자간의 근로계약 관계를 형성하는 규정(사용기업이 동일 근로조건으로 파견근로자에게 직접고용의 신청을 한 것으로 간주하는 규정)이 마련됨으로써, 근로계약상의 중요한 권리의무 창설 규정을 포함하게 되었다.

(다) 적용범위   노동자파견법은 선원직업안정법이 적용되는 '선원'(동법 6조 1항)에게는 적용되지 않는다(노파 3조). 적용제외는 이것뿐이기 때문에, 노동자파견법은 이를 제외하고, 공무원을 포함한 모든 근로자와 모든 사업에 원칙적으로 적용된다. 따라서 동법은 국가공무원 및 지방공무원이 파견근로자가 되는 경우에도 적용되며, 또한 국가 및 지방공공단체가 사용기업이 되는 경우에도 그 규제는 전면적으로 적용되게 된다.[129]

그리고 파견근로자도 파견기업과 기간의 정함이 있는 근로계약을 체결하여 파견업무에 종사하는 이상은 유기계약 근로자로, 2012년 8월에 개정된 노동계약법 제4장에서의 유기근로계약에 관한 규정이 적용되는 점에 주의할 필요가 있다.

(2) 노동자파견법의 규제의 변천

노동자파견법은 당초는 근로자파견을 한정 열거한 업무(1999년 개정 전의 시점에서 26업무)에 3년간만 파견이 가능하다고 하는 포지티브 리스트(positive list)방식으로, 그것도 파견가능기간을 한정하여 적법화한 것이었다. 동법의 제정 시에는 근로자파견이 장기고용시스템('근로자의 직업생활의 전체 기간에 걸친 해당 근로자의 능력의 유효한 발휘 및 고용의 안정에 이바지한다고 인정되는 고용관행')(40조

---

128) 예를 들어 33조. ホクトエンジニアリング事件 — 東京地判 平9. 11. 26, 判時 1646호, 106면 참조. 강행규정을 제외하면 근로자파견이 파견법의 규율에 반하여 실시되더라도 파견근로계약이나 근로자파견계약이 곧바로 무효로 되는 것은 아니다.

129) 이상에 대하여, 高梨昌, 詳解労働者派遣法, 299~300면.

의 2 제1항 제1호)을 침식하지 않도록 한다는 견해를 취하여, 장기고용시스템 하에서는 인재양성을 하기 어려운 업무에 대하여 일정 기간의 한도로 노무공급사업금지(직안 44조)를 해제하기로 한 것이다.

그러나 1990년대 초반의 거품경제 붕괴와 대경쟁시대의 도래로 인하여 기업의 정리해고가 진전되어 고용실업정세가 악화되자, 산업계의 비정규고용증가(인건비 삭감)의 요청과 노동시장의 수급조정 시스템의 강화(고용기회 증가)의 요청이 합치되었다. 이리하여 1999년 개정(1999년 법84)으로, 포지티브 리스트 방식은 근로자파견을 한정 열거된 금지업무 이외에는 일반적으로 적법하게 하는 네거티브 리스트(negative list) 방식으로 개정하였다(단, 전문 26업무 이외에는 1년간만 파견이 가능하도록 했다).

다음으로, 2003년 개정(2003년 법 82)에서는 금지업무에 포함되어 있던 '물건의 제조'업무로의 파견도 적법하게 되었다. 이 때, 26업무는 파견가능기간이 무제한으로 변경되고, 26업무 이외에는 과반수조직 노동조합이나 또는 과반수대표의 의견을 청취하여 정하는 3년 이내의 기간에서 파견이 가능하게 되었다.

이러한 규제완화의 결과, 제조업무파견을 중심으로 파견근로자의 숫자는 현저하게 증가했지만,[130] 이와 함께 악용에 따른 폐해도 두드러지게 되었다. ① 일용파견 등 수급조정 시스템으로서 적합하지 않는 파견형태의 횡행, ② 파견근로자의 열악하고 불투명한 대우, ③ 위장도급 등 위법파견의 증가 등이다. 2008년 가을, 리먼브라더스 쇼크 후의 구조조정에서도 제조업의 파견근로자는 맨 먼저 삭감대상이 되어 주거(사택)도 잃고 생활도 궁핍하게 된 자가 속출하는 등 사회문제가 되었다. 그래서 정부의 긴급고용실업대책 중에는 파견근로자에 대한 다양한 대책이 포함되어, 근로자파견사업에 대해서도 2009년 8월 정권교체 후에 발본적인 규제강화를 도모하게 되었다.[131]

이리하여, 노동정책심의회에 노동자파견법개정의 심문이 이루어져 2009년 12월 28일에 동법의 법명 및 목적 규정에 '파견근로자의 보호'를 명기하면서, 이와 동시에 ① 등록형파견의 원칙금지(예외는 전문 26업무, 육아휴업 등의 대체파견, 고령자파견, 소개예정파업), ② 제조업무 파견의 원칙금지(예외는 상용고용 파견), ③ 일용파견(매일 또는 2개월 이내의 파견)의 원칙금지(예외 업무를 포지티브

---

130) 노동력조사에서는 근로자파견사업소의 파견사원은 2003년는 50만명이었지만, 2008년에는 140만명이 되었다.

131) 자공정권(자민당(自民黨)과 공명당(公明黨)의 연립정권-역자 주)하에서도, 일용파견(매일 또는 30일 이내)의 원칙금지를 중심으로 한 개정안이 2008년 가을 임시국회에 상정되었다.

리스트화), ④ 파견사업주는 파견근로자의 대우에 대하여, 파견사용사업주의 동종 근로자와의 균형을 배려해야 한다는 취지의 규정의 신설, ⑤ 마진율의 정보공개, ⑥ 위법파견의 경우에는 파견사용사업주가 파견사업주에서의 근로조건에서 직접고용의 신청을 한 것으로 간주하는 규정의 신설, ⑦ 그룹기업 내에서의 파견은 8할을 초과해서는 안 된다는 규정의 신설 등의 개정을 내세우는 개정안이 답신되었다. 이 답신에 따른 동법의 개정안이 준비되어 2010년 4월에 통상국회에 제출되었다.

동개정안은 같은 해 7월의 참의원 선거에서 민주당이 참패한 결과, 법안성립은 어렵게 되었다. 그래서 2011년 가을에 민주·자민·공명당 사이에 ①, ②를 향후의 검토사항으로 하고 삭제하고, ③의 '2개월 이내'를 '30일 이내'로 수정하여 금지의 대상을 좁히고, ④~⑦는 유지(다만 ⑥의 시행일을 일반적 시행일로부터 3년 후로 한다)한다는 타협이 성립하여, 그 결과 수정안이 2012년 3월에 성립되었다(2012년 법 27호). 동개정법은 같은 해 10월 1일(⑥은 그 3년 후)부터 시행되었다.

(3) 노동자파견법의 의의

노동자파견법에 따르면 '근로자파견'이란 '자기가 고용하는 근로자를 당해 고용관계 하에 그리고 타인의 지휘·명령을 받아 당해 타인을 위해 근로에 종사하게 하는 것을 말하며, 당해 타인에 대해 당해 근로자를 당해 타인에게 고용하게 하는 것을 약속하여 하는 것을 포함하지 않는 것으로 한다'(2조 1호).

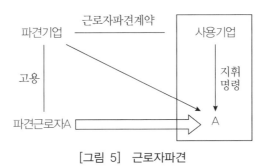

[그림 5] 근로자파견

근로자파견은 근로자를 타인에게 공급하는 측면을 가지나, 직안법이 금지하는 '근로자공급'으로부터는 정의상 명문으로 제외된다(직안 4조 6항). 또한 근로자 파견은 자기가 고용하는 근로자를 타인을 위해 근로시키는 점에서는 업무저리도급과 비슷하나, 당해 근로자를 타인의 지휘·명령에 복종하게 하는 등의 점에서 업무처리도급과 구별된다.132) 그리고 자기가 고용하는 근로자를 일정기간 타기업 내에서 타기업의 지휘·명령 하에 사용하게 하는 근로자파견은 출향과 비슷하나, 출향의 경우에는 근로자는 출향기업과의 근로계약관계를 유지하면서 사용기업과의 전면적 또는 부분적 근로계약관계를 맺는다는(세속적으로 말하면 출향근로자는 사용기업의 종업원도 된다)점에서 근로자 파견과는 다르다.49 50

49 **다중파견**

　　[그림 6]과 같이, Y기업으로부터 근로자파견의 요청을 받은 파견업자 A가 그 요청에 따를 수 없어, 다른 파견업자 B에게 파견근로자의 확보를 요청하였고, B가 또 파견업자 C에게 요청하여 C가 근로자 X를 Y 기업에 파견하여 업무에 종사시키는 것과 같은 다중파견은 근로자파견법이 적법화한 '근로자파견'에는 해당되지 않는다(따라서 직업안정법 제4조 제6항에서 금지된 '근로자공급'에 해당될 수 있다). 다중파견은 X에 대한 근로계약상의 사용자가 누구인가 불명확하게 되기 쉬우며, 이와 동시에 A·Y 사이에 설정된 파견대금에 대하여 A, B, C로 중복하여 중간착취가 이루어지기 쉬운 점에서 폐해가 많은 파견의 형태이다. 다중파견에 대해서는 중간업자가 개재하지 않는 근로자파견이 되도록 시정하는 행정지도가 이루어지게 된다. 그래서 지도에 따르지 않는 경우에는 사용사업주의 기업은 2012년 법 개정에 따른 규정(40조의 6 제1항 4호)의 시행(2015년 10월 1일 예정)후에는 동 규정에 의해서 노동자파견법을 피할 목적으로 근로자파견의 역무 제공을 받은 것으로서, 당해 파견근로자에게 직접고용의 신청을 한 것으로 간주될 수 있다.

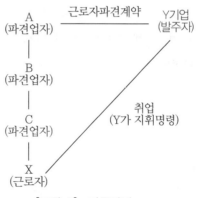

[그림 6]　다중파견

50 **일용파견**

　　파견업자가 파견취업을 위해 등록한 근로자에게 휴대전화나 이메일 등으로 연락을 취하여 다양한 기업에서의 1일 단위의 근로에 파견하는 '일용파견'은, 일반 파견사업의 허가를 받고 있는 파견업자가 파견사용사업주와의 근로자파견계약의 체결, 파견근로자와의 근로계약의 체결, 취업조건의 명시, 파견사업주 책임자의 선임 등 다양한 근로자파견의 요건을 충족하여

---

　　132) 앞의 각주에서 설명한 '근로자파견사업과 도급에 의해 실시되는 사업과의 구분에 관한 기준'을 정하는 고시(1986. 4. 17. 노고 37호).

행하는 한 위법은 아니었다. 하지만, 일용파견에 대해서는 고용이 불안정하고, 근로자의 기능형성으로도 이어지기 어렵다는 문제점과 더불어, 노동법규의 위반(데이터 장비 비용 등의 명목에서의 임금의 '삥땅(멋대로 떼어내기)' 등), 파견기업·사용기업 사업자의 의무불이행 등의 폐해가 분명해졌다. 그래서 2008년 1월에 성령(노동자파견법 시행규칙)이 개정되어, 파견기업 사업자가 제출해야 하는 사업보고서에서 일용파견근로자의 숫자 및 종사하는 업무에 관계되는 파견요금·임금 등을 기재하게 하도록 하고, 사용기업자에 대해서는 일용파견근로자에 대해서도 사용기업 관리대장을 작성하게 하여 근로에 종사한 사업소의 명칭·소재지를 기재하게 하였다(2008년 후노령 14호).

2012년 3월말에 성립된 법개정에서는 일용파견을 포함한 30일 이내의 단기파견이 원칙적으로 금지되었다(35조의 3). 예외는 ① 전문적 업무가운데 일용파견을 인정해도 해당 일용근로자의 적정한 고용관리에 지장을 미칠 우려가 없는 업무 및 ② 고용기회의 확보가 특히 어려운 경우로 여겨져 정령으로 특정되어 있다(2012년 후노령 14호). ①에 대해서는 법개정의 노동정책심의회건의에 기초로 하여 이른바 26업무에서 특별한 고용관리를 필요로 하는 업무(14호, 15호, 16호 가운데 주차장관리업무, 24호) 및 일용파견이 거의 없는 업무(3호, 4호, 21호, 22호, 26호)를 제외한 18업무가 열거되어 있다(노파령 4조 1항). 또한 ②에 대해서는 개정법 성립시의 중의원 후생노동위원회의 논의에 기초하여, 고령자(60세 이상), 주간학생, 부업으로 일용파견에 종사하는 자(본인의 연수입 기준이 마련된) 및 주요 생계자가 아닌 자(세대주의 연수입 기준이 마련되어, 세대전체의 수입에 차지하는 본인의 연수입이 50% 미만이라는 점으로서 운용)가 열거되어 있다(노파령 4조 2항). 또, 동위원회에서의 논의에 기초하여, 일용근로자의 안전위생의 확보를 위하여 파견사업주와 사용사업주가 강구해야 하는 조치(안전위생교육)가 지침으로 명시될 예정이다.

(4) 근로자파견사업의 규제

노동자파견법은 근로자파견을 '업'으로 하여 행하는 것('근로자 파견사업'(2조 3호))을 인지하면서 모든 종류의 규제를 한다. '업으로서'란 일정한 목적을 위해 동종의 행위를 반복 계속하는 것을 말한다.

(가) 특정 근로자 파견사업의 신고제와 일반 근로자 파견사업의 허가제   근로자파견사업은 상시 고용하는 근로자만을 파견하는 '특정 근로자 파견사업'과 그 이외의 '일반 근로자 파견사업'으로 대별된다(2조 4호, 5호). '상시 고용한다'란 기간의 정함이 없는 고용뿐만 아니라, 1년을 넘는 기간이 예정되는 단기간 고용도 포함된다. 일반 근로자 파견사업은 파견을 희망하는 근로자를 등록해 두고, 파견할 때마다 파견근로자와 파견기간과 같은 기간의 근로계약을 체결하는 형태를 상정하고 있다. 따라서 일반 근로자 파견사업과 특정 근로자 파견사업을 각각 등록형, 상용형이라 칭하기도 한다.

일반 근로자 파견사업은 파견근로자의 고용이 불안정한 타입이므로 후생노동대신의 허가를 필요로 하며, 사업의 적정한 운영을 확보하는 견지에서 사업주로서의 결격사유와 허가기준이 설정되어 있다(5조~7조). 예를 들어 오로지 특정인에게 근로자파견을 하는 사업은, 그가 고용하는 근로자의 3할 이상이 60 세 이상의 고령자이지 않는 한 허가되지 않는다(7조 1항 1호, 노파칙 1조의 3). 허가를 얻은 사업주('일반 파견사업주')(2조 6호)가 법령이나 허가에 반한 경우에 는 허가가 취소될 수 있다(14조).[133]

이에 대해 특정 근로자 파견사업은 파견근로자의 고용안정상의 문제가 비교 적 적으므로 사업주가 결격사유에 해당하지 않는 한 후생노동대신에 대한 신고 만으로도 족하다고 되어 있다(16조, 17조). 후생노동대신은 신고를 한 사업주('특 정 파견사업주'(2조 6호))가 노동자파견법 및 직안법에 위반할 때에는 기간을 정 하여 사업의 전부 또는 일부의 정지를 명령할 수 있다(21조 2항).

근로자파견의 역무의 제공을 받는 자는 파견사업주 이외의 근로자파견을 하 는 자로부터 이 역무를 제공받아서는 안 된다(24조의 2). 즉, 허가나 신고를 하 고 있지 않은 파견업자로부터 근로자파견을 받아들이는 것은 노동자파견법에서 금지하고 있다. 이러한 것이 행해진 경우에는 파견업자는 허가제(5조 1항) 또는 신고제(16조 1항)의 위반으로서 벌칙을 적용받지만(59조 2호, 60조 1호), 사용사업 주에 대한 벌칙은 마련되어 있지 않다. 그러나 행정지도(48조 1항)나 권고(49조 의 2 제1항)의 대상으로 여겨져 권고에 따르지 않으면 기업명의 공표에 이를 수 도 있다(49조의 2 제3항).[51]

일반 파견사업주와 특정 파견사업주의 쌍방('파견사업주'(23조))은 후생노동대 신에게 사업보고서(파견근로자수, 근로자파견의 역무의 제공을 받은 자의 수, 파견료 금액 등을 기재) 및 수지결산서의 제출하는 것이 의무화되어 있다(동조 1항, 2항). 또, 2012년 3월 개정법으로 관계 파견사용사업주로의 파견비율의 후생노동대신 에 대한 보고(동조 3항) 및 마진율[134]의 공표(동조 5항)가 의무화되었다.

(나) 그룹기업내 파견의 8할 규제　　파견사업주는 해당 파견사업주의 경영을 실질적으로 지배하는 것이 가능하게 되는 관계에 있는 자, 그 외의 해당 파견 사업주와 특수한 관계에 있는 자로서 후생노동성령(노동자파견법 시행규칙의 2012. 8. 10 후노칙 114호에 의한 개정)에서 정하는 자('관계 사용사업주')에 근로자 파견을 할 때에는 관계 사용사업주의 파견비율(파견취업에 관계되는 총 근로시간

---

133) 신정권하의 노동자파견법안은 일반 근로자파견사업을, 사업내용을 전문 26업무, 육아휴업 등의 대체파견, 고령자파견, 소개예정파견으로 한정하는 안(시행은 공포 후 3년 후로 하고, 또 일 정 업무는 2년간의 유예기간을 둔다)으로 되어 있지만, 2011년 12월의 민주·자민·공명당 3당의 수정합의로 이 개정안은 삭제되었다.

134) 파견요금과 파견근로자의 임금과의 차액의 파견요금에 차지하는 비율. 어느 경우도 해당 파견사업주의 연간총액 베이스로 계산.

베이스로 산정)을 8할 이하가 되도록 해야 한다.[135] 관계 사용사업주란, 모회사 등[136]이나 그 자회사로서 성령으로 규정하고 있다. 파견사업주에 대하여 관계 사용사업주로의 파견을 8할 이하로 억제시키는 규제로, 2012년 3월 말에 성립된 법개정에 포함되었다. 기업이 직접 고용하는 근로자를 파견근로자로 대체하는 방법으로서, 오로지 기업 그룹내 근로자 파견을 행하는 파견회사를 설립하여 그 회사에서 파견되는 근로자로 대체하는 것을 생각할 수 있지만, 본조는 그러한 대체를 억제할 의도로 나온 것이다.

(다) **소개예정파견**   파견취업 종료 후의 직업소개를 예정한 '소개예정파견'(job search형 파견)은 허가기준의 개정으로 인하여 2000년 12월부터 허용되게 되었다. 그리고 2003년의 노동자파견법의 개정(2003 법82)시 기본규정 중에 '소개예정파견'을 정의함으로써(2조 6호) 이를 전면적으로 제도화했다. 이에 따라 근로자파견업자가 직안법상의 허가를 받거나 신청을 하면, 파견취업의 개시전 또는 개시후의 직업소개나, 파견종료까지의 채용내정을 할 수 있게 했다. 또 사용기업에 의한 파견근로자의 사전면접 등 사용기업이 파견 개시 전에 파견근로자를 특정하는 행위를 하는 것을 예외적으로 인정하기로 했다(26조 7항).

51 **위장도급**

노동자파견법의 2003년 개정에 의하여 제조업으로의 근로자파견이 해금된 이후, 사회적 문제가 된 것이 '위장도급'이다. '위장도급'이란, 실태는 근로자파견(또는 근로자공급)이지만, 업무처리도급(위탁)을 위장하여 행해지고 있는 것을 가리키고 있다.

위장도급의 타입으로서는 ① 업자 A가 업자 B로부터 업무처리를 도급받아(수탁하여), A가 고용하는 근로자 X를 B의 사업장에 파견하여 취로시키고 있는 상황에서, X의 취로에 대한 지휘명령(노무관리)을 A 자신이 행하지 않고 이것을 B에게 맡기고 있는 것, 내지는 A가 X에 대한 지휘명령의 책임자를 두어 직접 지휘명령을 행하는 형태로 하고 있는 것이 실질적으로는 B가 지휘명령을 행하고 있는 것이 전형적인 사례이다.

그러나 이 외에, ② 업자 A가 업자 B로부터 업무처리를 도급받아(수탁하여), 그 수행을 개인사업주인 업자 X에게 도급하여(재위탁하여), X가 B의 사업장에서 B의 지휘명령을 받아 업무처리에 종사한다는 개인도급타입과, ③ 업자 A가 업자 B로부터 업무의 처리를 도급받은 (수탁한) 뒤, 이를 업자 C에게 도급(재위탁)하여 업자 C가 또 업자 D에게 조급(재위탁)하여, 업자 D의 근로자가 B의 사업장에서 그 지휘명령을 받고 업무에 종사한다는 다중도급타입 등도 있다(참고로 工藤滝光, 「労働者派遣・業務適正化の取り組みについて」, 労働法学研究会報, 2399호, 4면).

---

135) 노동자파견법 시행규칙 제18조의 3 제5항(2012. 8. 10 후노칙 114호에 의한 개정). 관계처로의 파견비율의 산정에서는 60세 이상의 정년퇴직자는 제외되어 있다.

136) 앞의 노동자파견법 시행규칙에서는 파견회사를 연결 자회사로 하는 자 및 해당자의 연결 자회사 등에 파견사업주의 모회사 등 또는 파견사업주의 모회사 등의 자회사 등으로 여겨지고(18조의 4 제1항), '모회사 등'은 파견사업주의 결의권의 과반수를 가지고 있는 자, 자본금의 과반수를 출자하고 있는 자, 이와 동등 이상의 지배력을 가진 자로 정의되어 있다(동조 2항).

　　이상과 같은 위장도급은 업무처리도급 내지 업무위탁의 계약형식으로 행해지는 근로자의 파견이지만, 그 실태에서는 노동자파견법이 규제하는 '근로자파견'에 해당되는지(상기 ①의 근로자파견 타입), 또는 직업안정법이 금지하는 근로자공급(상기 ②의 개인도급 타입이나 ③의 다중도급 타입은 '근로자파견'에 해당되지 않고 근로자공급의 문제가 된다)에 해당될 수 있다. 즉, 이러한 위장도급은 업무처리도급(위탁)이 '근로자파견' 또는 근로자공급으로 간주되지 않기 위한 요건으로서 제37호 고시 내지 직업안정법 시행규칙(4조)에서 규정하고 있는, 파견하는 근로자의 취로에 대하여 직접 지휘명령을 하고, 발주자(위탁자)로부터의 지휘명령을 받게 하지 않는 것, 등의 요건을 충족시키지 않고, 이 때문에 위법인 '근로자파견' 내지는 근로자공급으로 간주되어 버리는 것이다.

　　위장도급이 '근로자파견'(노파 2조 1호)에 해당되는 경우, 그것이 파견금지업무로의 근로자파견(4조 1항), 파견사업의 허가 없는 근로자파견(5조 1항 참조), 파견사업의 신고 없는 근로자파견(16조 1항 참조) 등에 해당되면, 위장도급으로 근로자를 파견하고 있는 사업주는, 각각의 벌칙(59조 2호, 60조 1호)으로 처벌될 수 있다. 또, 근로자파견사업의 허가를 받거나 또는 신고를 한 사업주가 행한 경우에서도, 근로파견계약의 체결(26조), 파견취업조건의 명시(34조), 파견기업 책임자의 선임(36조) 등등의 근로자파견의 구조를 충족시키고 있지 않은 점에서, 노동자파견법에 위반하여 근로자파견의 적정화를 위한 행정감독의 대상이 된다.

　　이에 대하여, 위장도급에서의 파견사용기업의 사업주는 근로자파견사업주로서의 허가·신고가 없는 업자로부터 근로자파견을 받고 있는 자로서, 그 금지규정(24조의 2)에 위반하는 것이 되어, 행정지도·권고·기업명의 공표가 이루어질 수 있다(48조 1항, 49조의 2 제1항, 제3항). 또 근로자파견사업의 허가·신고가 있는 업자('파견사업주'(23조))로부터의 위장도급의 파견이었다고 해도, 파견사용사업주로서의 법정의무(사용기업 책임자의 선임, 사용기업 관리대장의 작성 등)를 이행하고 있지 않은 점에서 노동자파견법의 규정에 위반하고 있다는 것이 되어 행정지도(48조 1항)의 대상이 된다.

　　이상과 같이 '근로자파견'에 해당되는 위장도급은 노동자파견법이 규정하는 그 요건이나 규제를 충족시키고 있지 않은 점에서 위법성이 발생하지만, 다른 한편으로 이에 해당되는 이상 '근로자공급'의 정의로부터는 제외되기 때문에(직안 4조 6항), 근로자공급사업의 금지(직안 44조)에는 해당되지 않는다(같은 취지, 荒木, 労働法, 432-3면. 판례로는 パナソニックプラズマディスプレイ[パスコ]事件 ― 最二小判 平21. 12. 18, 民集 63권 10호, 2754면. 이에 대하여 西谷, 労働法, 386면은 금지위반의 파견이나 허가·신고 없는 파견은 근로자공급에도 해당된다고 한다).

　　한편, 상기의 ②의 개인도급 타입이나 ③의 다중도급 타입과 같이 '근로자파견'에는 해당되지 않는 위장도급에서는 도급업자와 근로자간에 지배관계(③의 타입에서는 하청업자를 수족[手足]으로서의 지배관계)가 인정되어 '업(業)으로서'의 요건을 충족시키는 한, 근로자공급사업의 금지(직안 44조)에 위반하는 것으로서, 그 벌칙(동 64조 9호)의 적용을 받는다(③의 다중도급 타입의 위장도급에 대하여, 수용기업과 파견근로자간의 묵시적 근로계약을 부정한 판례로서, 日本電信電話ほか事件 ― 京都地判 平22. 3. 23, 労経速 2072호, 3면).

　　2012년 3월에 성립된 노동자파견법 개정에서는, 노동자파견법의 의무를 피하는 것을 목적으로, 도급, 그 외 근로자파견이외의 명목으로 계약을 체결하고, 근로자파견의 역무의 제공을 받는 경우에는 해당 위장도급이 개시된 시점에서, 근로자파견의 역무의 제공을 받는 사업주가 파견근로자에 대하여 파견기업(도급업자)에서의 근로조건으로 직접고용의 신청을 한 것으로 간주하는 취지의 규정이 신설되어 있다(제40조의 6 제1항. 시행은 2015년 10월 1일).

⑸ 적용대상업무와 파견의 기간

노동자파견법은 제정시에는 근로자파견을 행할 수 있는 업무를, 장기고용시스템을 침식하기 어려운 일정의 전문적 업무 또는 특별한 고용관리를 필요로 하는 업무(이하 '전문적 업무'라고 총칭한다)로 한정하고, 이를 정령으로 열거하였다. 근로자파견사업을, 소위 전문직 파견에 대해서만 인정하는 정책을 취하여 왔다. 적용대상업무는 당초에는 16업무였지만, 1999년의 개정전에는 26업무로 증가하였으며, 또 60세 이상의 고령자나 육아·개호휴업대체자의 파견에 대해서는 일정의 금지업무(항만운송, 건설, 경비, 의료관계, 제조공정의 업무)이외는 특히 한정을 하고 있지 않았다.

1999년의 동법 개정(1999년 법 84)은 장기경제 침체 속에서 경제계의 대폭적 규제완화의 요청에 부응하여, 제정이래의 한정열거(포지티브 리스트)방식을 개정하여, 일정의 금지업무(항만운송, 건설, 경비, 의료관계, 제조공정)이외의 업무에 대해서는 근로자파견을 허용할 수 있다는 네거티브 리스트 방식을 채택하였다(4조 1항~3항, 부칙 4항, 노파령 2조). 단, 장기고용시스템의 침식(정사원의 대체화)을 방지하기 위하여, 종전의 26개의 전문적 업무52이외에는 파견기간을 1년 이내로 한정한 temporary work형 파견으로서 허용되게 되었다(40조의2 1항).[137]53

그러나 고용실업정세의 악화에 대응하여 노동시장의 수급조정기능을 강화하기 위한 규제완화가 요구되어, 2003년의 개정(2003년 법 82)에서 엄격한 국제경쟁에 노출된 제조업의 노동력수급조정에 배려하여 지금까지 근로자파견을 대상업무에서 제외하고 있었던 '제조'업무를 대상업무에 포함하여, 제조공정에서도 근로자파견을 실시할 수 있도록 했다.

2003년 개정은 근로자파견을 하는 기간에 대해서도 규제를 완화했다. 먼저 26개의 전문적 업무에 대해서는 동일장소·동일업무에서의 파견기간이 합계 3년을 넘지 않도록 하는 행정지도를 폐지하기로 하고, 파견가능기간을 행정적으로도 제한하지 않기로 했다. 또 그 이외의 업무에 대해서는 파견가능기간을 제한하게 되지만(42조의2 1항), 이것은 개정 전과 같이 일률적으로 1년 이내가 아니라 사용기업이 당해 파견사용사업장 근로자의 과반수조직조합 또는 과반수대표자의 의견을 듣고 당해 사업장에 대한 파견가능기간을 사전에 1년을 초과하여 3년까지의 기간으로 정할 수 있다고 하고, 그러한 규정을 하지 않는 경우는 파견가능기간은 1년 이내가 된다고 했다(동조 2항~4항).[138][139]

---

137) 문헌으로서는 鎌田耕一, 「労働者派遣法の意義と運用上の課題」, ジュリ 1173호, 39면.

52 26개 전문적 업무

파견가능기간이 제한받지 않는 전문적 업무는 다음의 26개 업무로 되어 있다(노동자파견령 4조). 전산기시스템·프로그램설계 등(1호), 기계 등의 설계·제도(2호), 방송프로그램의 제작을 위한 영상·음성기기의 조작(3호), 방송프로그램 등 제작 연출(4호), 사무용기기의 조작(5호), 통역·번역·속기(6호), 비서(7호), 파일링(8호), 시장조사(9호), 재무처리(10호), 대외거래·국내거래 문서작성(11호), 고도의 전문지식 등을 필요로 하는 기계의 성능·조작방법의 소개·설명(12호), 여행자 동승·여행자 송영(送迎)(13호), 건축물의 청소(14호), 건축설비의 운전·점검·정비(15호), 건축물·박람회장의 접수·안내 등(16호), 과학에 관한 연구개발(17호), 사업의 실시체제 등의 기획·입안(18호), 서적 등의 제작·편집(19호), 상품·광고 등의 디자인(20호), 인테리어 코디네이터(21호), 방송프로그램 등의 원고낭독·사회(22호), OA인스트럭션(23호), 텔레마케팅(24호), 세일즈 엔지니어 영업(25호), 방송프로그램 등에 있어서 대도구(大道具)·소도구 등의 제작·설치 등(26호).

53 파견가능기간의 제한

'파견가능기간'의 제한은, 파견취업의 일정한 장소마다 동일한 업무에 대하여 이루어지지만(40조의 2 제1항), '동일한 업무'의 판단에 대해서는 후생노동대신의 지침(1999년 노고 138호. 법 47조의 3에 근거)에서 구체적인 기준을 정하고 있다. 이 파견기간은 도중에 파견근로자를 교체하거나 파견사업주를 교체하더라도 통산된다(40조의2 제1항).

파견사업주도 동일한 업무에 대하여 파견가능기간을 초과하여 계속하여 근로자를 파견하는 것을 금지하고 있지만(35조의 2 제1항, 벌칙은 61조의 3호), 이러한 계속 파견기간에는 다른 파견업자로부터의 파견기간도 통산된다. 그러나 파견사업주로서는 파견사용사업주가 당해 업무에 다른 파견업자로부터 과거 어떤 기간에 근로자파견을 받고 있었는지의 여부가 불명확하므로, 사용사업주는 파견사업주에 대하여 새로이 근로자파견을 발주하고자 하는 경우에는 당해 업무에 대해서 계속 1년간 파견을 받게 되는 날을 통지하여야만 한다(26조의 5항. 파견사업주는 이러한 통지가 없으면 근로자 파견계약을 체결해서는 안 된다. 동조 6항).

파견가능기간의 제한에 대해서는 3개월을 초과하는 기간 동안 파견이 중단된 적이 있으면 기간은 새롭게 산정된다(이른바 쿨링(cooling)기간). 역으로 파견중단이 3개월을 넘지 않는 경우에는 계속된 것으로 간주된다(47조의3에 근거한 지침). 이상의 파견기간의 제한은 ① 종래의 26개의 전문적 업무, ② 사업의 개시, 전환, 확대, 축소 또는 폐지를 위한 업무로서 일정기간 내에 완료할 것이 예정되어 있는 업무, ③ 그 업무가 1개월간 이루어진 일수가 10일 이하의 업무(2003년 후노고 446호), ④ 산전산후 휴가(노기법 65조 1항, 2항) 및 육아·개호휴업을 한 근로자의 업무에 대해서는 적용되지 않는다(40조의 2 제1항).

사례로는 제조공장으로의 근로자파견을 하고 있는 파견회사가, 파견가능기간(당시는 1년간) 만료 직전에 사용회사(제조회사)에 의한 3개월간 유기의 직접고용으로 전환되어, 쿨링기간인 그 3개월 종료 후 다시 근로자파견으로 전환하는 방법을 취하고 있었는데, 사용회사로부터 어떤 근로자에 대하여 동기간이 끝난 직후의 파견재개를 거절당했기 때문에, 그 근로자의 파견을 중단했다. 법원은 이렇게 하여 파견을 중단당한 근로자의 파견회사에 대한 지위확인청구에 대하여, 파견회사에 의한 파견근로자의 고용은 해당 근로자에 대하여 사용회사에

---

138) 해금된 제조업무 파견에 대해서는 파견가능기간을 개정법 시행일로부터 3년간은 1년으로 하고, 그 경과 후에 3년으로 하기로 되었다.

139) 신정권에 의한 노동자파견법 개정안에서는 상용형고용파견을 제외하고 제조업무로의 파견을 금지하는 안(공포 후 3년간의 유예기간을 두어 시행)으로 되어 있었지만, 자민·공명 양당의 합의수정에 의하여 이 안은 삭제되었다.

의한 직접고용이 이루어지고 있던 쿨링기간 중에도 존속되고 있었다(그 기간은 파견회사에서 사용회사로의 출향에 해당된다)고 할 수 있고, 파견중단은 합리적 이유가 없는 해고에 해당되기 때문에, 파견회사에 의한 고용은 종료되고 있지 않다고 판단하여 이를 인용하였다. 이 사례는 파견회사는 사용회사에 의한 직접고용의 기간 중에도 일본계 브라질인인 파견근로자에 대하여 사택을 제공하는 등, 동사가 고용하고 있던 통역에게 해당 근로자들을 돕도록 하고 있었다(ラポール・サービス事件 ― 名古屋高判 平19. 11. 16, 労判 978호, 87면).

(6) 근로자 파견계약

근로자를 파견하는 사업주는 근로자파견에 의해 노무를 제공받는 자와의 사이에 근로자파견계약을 체결하고, 파견근로자가 종사하는 업무의 내용, 취업장소, 지휘명령자, 파견기간,[54] 취업일, 취업시간, 안전위생, 고충처리에 관한 사항 등을 정하고, 또한 파견근로자수를 이러한 사항의 차이에 따라 정하지 않으면 안 된다(26조 1항). 근로자파견 노무제공을 받고자 하는 자는 근로자파견계약을 체결할 시에 파견근로자의 특정을 목적으로 하는 행위(이력서 제출, 사전면접, 젊은 사원 요구 등)를 해서는 안 된다(26조 7항. 직업소개와의 차이를 명확히 하기 위한 규제이기 때문에, 소개에징파견에 대해서는 제외된다). 근로자파견 노무제공을 받는 자는 파견근로자의 국적・신조・성별・사회적 신분, 파견근로자가 노동조합의 정당한 행위를 한 것 등을 이유로 근로자파견계약을 해제해서는 안 된다(27조).[140] 근로자파견을 하는 사업주는 근로자파견 노무제공을 받는 자가 파견취업에 관한 법령에 반할 때에는 파견정지 혹은 파견계약 해제할 수 있다(28조).[141][55]

---

[54] **전문적업무와 파견기간**

　　앞에서 기술한 26개의 전문적 업무의 대부분(14호, 15호, 16호의 일부, 24호의 업무를 제외한 것)에 관하여서도 파견근로자에 의한 정사원 대체화를 막는 관점에서 파견사업주는 근로자파견계약에 있어서 3년을 초과하는 기간을 설정해서는 안 된다고 되어 있다(26조 2항, 2002년 노고 140호). 그 갱신은 상관이 없다.

[55] **노동・사회보험의 가입의 촉진 조치**

　　노동・사회보험에 가입시킬 필요가 있는 파견근로자에 관하여, 파견사업주는 이들을 가입시키고 나서 근로자파견을 행하는 것으로 하고 사용기업은 가입한 파견근로자를 받아들이는 것으로 한다(1999년의 개정에 의한 지침). 파견사업주는 근로자를 파견할 때는 사용사업주에 대하여 해당 파견근로자가 건강보험, 후생연금보험, 고용보험의 피보험자 자격을 가지는지의 여부를 통지하지 않으면 안 된다(동개정에 의한 35조 2항).

---

140) 그 외, 공익통보자보호법은, 공익통보를 했던 것을 이유로 하는 근로자파견계약의 해제를 금지하고 있다(4조).

141) 부적격 근로자를 파견하여 사용사업주에게 손해를 입힌 경우의 파견사업주의 손해배상책임에 대해서는 テンブロス・ベルシステム24事件 ― 東京地判 平15. 10. 22, 労判 874호, 71면이, 파견근로자의 선임에 관한 채무불이행책임을 부정하고 파견근로자를 사용하는 사업주에 대한 불법행위에 대한 사용자 책임(민 175조)을 긍정했다.

(7) 파견사업주가 강구해야 할 조치

2012년 3월 성립된 개정 노동자파견법은 파견사업주(허가를 받거나 또는 신고를 한 근로자파견업자)가 강구해야 할 조치로서, 먼저 다음의 여러 조치를 규정하였다. 파견사업주는 유기고용 파견근로자의 희망에 따라, 무기고용 (파견)근로자로서의 취업(고용)기회의 확보, 소개예정파견의 실시, 무기고용근로자로의 전환을 위한 직업훈련의 어느 하나의 조치를 강구하도록 노력할 의무가 있다(30조). 또한 파견사업주는 고용하는 파견근로자가 종사하는 업무와 동종의 업무에 종사하는 사용사업주에 고용된 근로자의 임금수준과의 균형을 고려하면서, 해당 파견근로자에 대하여 (a) 해당 파견근로자가 종사하는 업무와 동종의 업무에 종사하는 일반 근로자의 임금수준 또는 해당 파견근로자의 직무의 내용·성과, 의욕, 능력 혹은 경험 등을 감안하여 해당 파견근로자의 임금을 결정하도록 배려해야 하며(30조의 2 제1항), 또한 (b) 교육훈련 및 복리후생의 실시, 그 외 해당 파견근로자의 원활한 파견취업의 확보를 위하여 필요한 조치를 강구하도록 배려해야 한다(동조 2항).

파견사업주는 사용사업주가 파견취업에 관한 법령을 준수하도록, 그 외 파견취업이 적정하게 이루어지도록, 필요한 조치를 강구하는 등 적절한 배려를 해야 한다(31조). 파견사업주는 파견근로자로서 고용하고자 하는 근로자에게, 고용한 경우의 임금액의 예상, 그 외의 대우에 관한 사항을 설명해야 하고(31조 2), 또한 근로자를 파견근로자로서 고용하고자 할 때, 근로자파견을 하고자 할 때 등에, 해당 근로자에게 근로자파견에 관한 금액을 명시하여야 한다(34조의 2. 이상 2012년 3월 개정으로 신설).[142]

파견사업주는 근로자를 파견근로자로서 고용할 때에는 그 취지를 명시해야 하고, 파견근로자로서 고용된 자 이외의 자를 새롭게 근로자파견의 대상으로 하려고 할 때에는 그 근로자의 동의를 얻어야 한다(32조). 파견사업주는 고용하는 (또는 고용하고자 하는) 파견근로자 또는 사용사업주 사이에서 정당한 이유 없이 해당근로자가 파견기업과의 고용관계 종료 후에 사용기업에 직접 고용되는 것을 금지하는 계약을 체결해서는 안 된다(33조). 파견사업주는 근로자파견을 하려고 할 때는 해당근로자에 대해 파견취업조건 및 파견가능기간의 제한이

---

142) 요금액의 명시는 해당 근로자에 관계되는 요금액인지, 해당 근로자에게 관계되는 근로자파견을 하는 사업소에서의 파견근로자 1인당의 평균액의 어느 한 가지에 대하여 서면 등으로 행해야 하는 것으로 되어 있다(노파칙 26조).

있는 경우는 그 기간의 만료일을 명시하고(34조), 또한 파견근로자의 이름 그 밖의 일정사항을 사용기업에 통지하지 않으면 안 되며(35조), 또 '파견기업의 관리대장'을 작성하고 파견취업 상황을 기록하여 3년간 보존해야 한다(37조). 파견사업주는 이러한 사항과 파견근로자의 조언·지도·고충처리, 개인정보의 관리, 사용기업과의 연락조정 등에 대처하기 위해 '파견기업의 책임자'를 선임하지 않으면 안 된다(36조).

또한 파견기업이 사용기업에 의하여 근로자파견계약을 해제당하고 근로자파견을 중단한 경우, 또는 사용기업의 요구에 의해 파견근로자를 파견기간 도중에 교체시킨 경우에도, 파견기업과 파견근로자 사이의 근로계약은 동 계약의 기간이 잔존하고 있으면 동기간의 만료까지는 존속된다. 이러한 경우에는 파견기업은 파견취업을 중단당한 파견근로자에게 남은 파견기간(근로계약의 기간)에 대하여 임금 또는 휴업수당의 지급의무를 가지는지의 여부가 문제가 되고, 파견취업중단에 대한 파견기업의(민법 536조 2항, 노동기준법 26조 각각의) 귀책사유의 존재여부가 검토되어 할 것이다.[143][56]

[56] 근로자파견계약의 중도해약에 대한 보호
  '파견사업주가 강구해야 할 조치에 관한 지침(派遣元事業主が講ずべき措置に関する指針)'(1999년 노고 137호, 최종 개정은 2009년 노고 244호)은 파견사업주는 근로자파견계약에 규정된 파견기간의 도중에 파견근로자의 귀책사유이외의 사유로 파견계약이 해제된 경우에는 사용기업과 연계하여, 사용기업의 관련회사에서의 취업을 알선하는 등으로 파견근로자의 새로운 취업기회의 확보를 도모하는 것으로 하고, 새로운 취업기회의 확보를 할 수 없을 때에는 먼저 휴업 등으로 고용의 유지 및 노동기준법상의 휴업수당의 지급할 것, 해고하는 경우에는 노동계약법(17조 1항)의 '부득이한 사유'에 근거로 하고 또한 노동기준법(20조)의 예고를 할 것을 언급하고 있다. 특히 계약기간도중의 해고에 대하여 필요하다고 여겨지는 '부득이한 사유'는 기간의 정함이 없는 근로계약에 대한 해고에 필요하다고 여겨지는 '객관적으로 합리적인 이유'나 '사회통념상의 상당성'보다도 좁게(엄격하게) 해석함을 잘 인식해야 한다('부득이한 사유'가 있다고는 인정되지 않는다고 한 판례로서, プレミアライン事件 ― 宇都宮地栃木支決 平21. 4. 28, 労判 982호 5면, アウトソーシング事件 ― 津地判 平22. 11. 5, 労判 1016호 5면).

(8) '사용기업'이 강구해야 할 조치

'사용기업'(파견사업주로부터 근로자파견의 역무의 제공을 받은 자. 31조)은 그 기본적 책무로서 근로자파견계약에 정해진 취업조건에 반하는 것이 없도록 적절

---

143) 三都企画建設事件 ― 大阪地判 平18. 1. 6, 労判 913호 49면은, 파견근로자의 기능부족을 이유로 하는 중도교체의 사례이지만, 파견기업의 임금지급의무에 대한 귀책사유를 부정하는 한편, 휴업수당지급의무에 대한 귀책사유는 긍정하고 있다.

한 조치를 강구하지 않으면 안 되며(39조), 또 파견취업이 적정하게 이루어지기 위해서 필요한 조치를 강구하도록 노력하지 않으면 안 된다(40조 2항). 특히 사용기업은 파견근로자로부터의 불만신고에 대해서는 파견사업주와의 밀접한 제휴 하에 성의를 가지고 지체 없이 해당 불만을 적절하면서 신속한 처리를 꾀하지 않으면 안 된다(40조 1항). 또 사용기업은 '사용기업 관리대장'을 작성하여 파견취업의 상황을 기록하여 3년간 보존하지 않으면 안 된다(42조). '사용기업'은 이러한 것을 위해 '사용기업 책임자'를 선임하지 않으면 안 된다(41조).

2012년 3월에 성립된 노동자파견법 개정에서는 어떤 기업을 이직하고 나서 1년이 경과하지 않은 근로자를, 해당 기업은 원칙적으로 파견근로자로서 받아들여서는 안 되고, 파견기업도 해당 기업으로 근로자파견을 해서는 아니 된다고 되어 있다(40조의 6. 후술하는 근로자파견의 역무제공을 받는 자에 의한 직접고용신청 간주규정 시행 후는 40조의 9). 이것도 파견근로자에 의한 정사원의 대체화를 방지하고자 하는 규정의 하나이다.

⑼ 사용기업의 사업주의 직접고용의무

1999년의 노동자파견법 개정(1999년 법 84)은 파견대상업무를 네거티브 리스트 방식으로 확대하는데 있어서 파견가능기간(당시는 1년)에 제한이 있는 업무로의 파견에 대해서는 1년을 초과하여 동일 근로자를 계속 고용하는 경우에, 사용기업의 사업주가 파견근로자를 직접 고용해야 한다는 책임을 노력의무로 규정했다(40조의 3). 2003년의 동법 개정(2003년 법82)은 파견가능기간을 최장 3년간으로 하면서, 동조의 노력의무를 다음과 같이 규정하여 개정하였다.

즉, 파견가능기간에 제한이 있는 업무에 대해서는 사용기업은 동일 업무에 대하여 파견가능기간내의 1년을 넘는 기간을 계속하여 동일 근로자를 수용하여 근로자파견을 실시한 뒤, 계속하여 해당 업무에 종사시키기 위해서 근로자를 고용하고자 하는 경우에는, 파견기업과의 고용이 종료되는 해당 파견근로자가 희망하면 그 자를 고용하도록 노력해야 한다(40조의 3). 이 직접고용의 노력의무에 대해서는 후생노동대신의 조언·지도가 이루어질 수 있다(48조 1항). 파견가능기간 이내라고 해도, 1년을 초과하여 계속해서 동일 근로자의 파견을 받아들인 뒤에 이를 직접고용으로 전환하고자 하는 경우에는 가능한 한 해당 근로자를 고용해야 한다는 규정이다.

2003년 동법 개정은 상기의 노력의무를 사용기업 사업주의 직접고용의 첫 번째 의무로서 유지한 뒤, 다음의 두 번째, 세 번째 의무를 마련하였다.

둘째, 파견가능기간에 제한이 있는 업무에 대해서는 파견사업주는 사용사업주에 대해 동기간의 만료까지 동기간을 초월하여 근로자파견을 계속하지 않는다는 취지의 통지(파견정지통지)를 해야 하고(35조의2 제2항), 사용사업주는 그 통지를 받은 경우에 당해 파견업무에 당해 파견근로자를 계속하여 사용할 때에는 동기간 만료일까지 당해 파견근로자가 당해 사용기업에 고용되는 것을 희망하는 경우에는 그 희망 파견근로자에 대하여 고용계약의 신청을 해야 한다(40조의4). 파견가능기간의 제한을 마련한 이상은 파견가능기간을 초월하여 파견근로자를 계속하여 근로자파견의 형태로 받아들이는 것은 허용되지 않고, 파견기업에서 파견정지의 통지를 받았음에도 불구하고 계속 받아들이는 경우에는 직접고용으로 이행해야 한다는 견해에 따른 것이다.[57]

셋째, 파견가능기간에 제한이 없는 업무에 대해서는 사용기업이 3년을 초월하는 기간 계속하여 동일 업무에 동일 근로자를 수용하고 있는 경우에서, 당해 동일 업무에 근로자를 고용하고자 할 때에는 해당 근로자에 대하여 고용계약의 신청을 해야 한다(40조의5).

두 번째, 세 번째의 고용계약의 신청의무는 어디까지나 사용기업이 생각하는 근로조건을 제시한 신청의무로, 파견근로자가 그 신청을 승낙하여 비로소 사용기업과 파견근로자간에 직접고용의 근로계약이 성립된다. 신청의무에 위반하여 신청을 하지 않는 경우에는 후생노동대신은 적성(適性)한 파견취업의 확보에 필요한 지도·조언에 따르지 않는 경우의 고용권고(동조 2항)와 권고에 따르지 않는 경우의 기업명의 공표(동조 3항) 등의 조치를 취할 수 있다. 그러나 계약내용(근로조건)은 당사자의 합의에 의하여 설정되어야 하는 것이기 때문에, 사법상 계약의 신청이 의제되어 근로계약관계가 창설되는 것은 아니다(松下プラズマディスプレイ[パスコ]事件 ― 大阪地判 平19. 4. 26, 労判 941호, 5면).[58]

---

[57] **파견기업에서 파견정지의 통지가 없는 경우**
　파견가능기간을 초월하여 파견이 계속되고 있어도, 파견기업으로부터 파견정지의 통지가 없는 경우에는 사용기업에게는 이 직접고용의 신청의무는 발생하지 않는다. 그러나 사용기업은 파견을 중지해야 하고, 그러한 취지의 조언·지도가 이루어질 수 있다(48조. 파견가능기간을 초월하는 그러한 파견계속에 대하여, 사용기업과의 묵시적 근로계약의 성립을 부정하면서, 불법행위로서 위자료 청구를 인정한 판례로, パナソニックエコシステム事件 ― 名古屋地判 平23. 4. 28, 労判 1032호, 19면이 있다).

58 근로자파견의 역무제공을 받는 자에 의한 직접고용 신청의 간주

2012년 3월에 성립된 개정법에서는 사용기업의 상기의 세 가지의 직접고용 신청의무에 더하여, 다음의 경우에 대하여 근로자파견의 역무제공을 받는 자에 의한 직접고용의 신청 간주규정이 신설되었다(단, 시행은 동개정의 다른 제 규정의 수행 후 3년을 경과하고 나서부터, 즉 2015년 10월 1일부터가 된다). ① 금지업무로의 파견의 수용, ② 무허가·무신고의 파견사업자로부터의 파견의 수용, ③ 파견가능기간의 제한을 초월한 파견수용, ④ 위장도급(노동자파견법의 의무를 피할 것을 목적으로, 도급 그 외 근로자파견이외의 명목으로 파견근로자를 수용하는 것)의 위법파견에서 근로자파견의 역무제공을 받고 있는 자는 사용기업이 ①~④에 해당되는 것을 모르고, 또 몰랐던 것에 대하여 무과실이 아닌 한, 동 역무의 제공을 받기 시작한 시점에서 동 사업주가 파견근로자에게 당해 파견취업에 관계되는 근로조건과 동일한 근로조건으로 직접고용의 신청을 한 것으로 간주하는 취지의 규정을 신설했다(40조의 6 제1항). 이렇게 하여 간주된 직접고용의 신청은 ①~④의 행위가 종료된 날부터 1년을 경과하는 날까지 동안은 철회할 수 없다(동조 2항).

이리하여, 상기 ①~④에 해당하는 근로자파견이 이루어진 경우에는 근로자파견의 역무제공을 받는 자가 ①~④에 해당하는 것에 대하여 선의·무과실이 아닌 한, 파견근로자에게 동일 근로조건으로 직접고용의 신청을 한 것으로 간주되어, 당해 근로자가 당해 사업주에게 직접고용을 요구하면 당해 신청에 대한 승낙의 의사표시가 되어, 근로자파견의 역무제공을 받은 자와 파견근로자간에 당해 파견에 관한 것과 동일한 근로조건에서의 직접 근로계약 관계가 성립하게 된다.

또한, 근로자파견의 역무의 제공을 받은 자가 국가 또는 지방공공단체의 기관으로, 상기의 ①~④의 행위가 보이는 경우에는, 당해 행위가 종료한 날부터 1년을 경과할 때까지 동안에 당해 파견근로자가 당해 기관에서 동일 업무에 종사하는 것을 요구할 때에는, 당해 기관은 당해 파견근로자의 고용의 안정을 도모하는 관점에서 국가공무원법·지방공무원법, 기타 관계법령의 규정에 근거로 하는 채용, 그 외의 적절한 조치를 강구해야 한다(40조의 7 제1항).

상기의 직접고용간주 신청에 대하여 승낙의 의사표시를 한 파견근로자는, 근로자파견의 역무의 제공을 받는 자에 대하여 근로계약상의 지위확인소송이 가능하다.

또, 후생노동대신(실제로는 도도부현 노동국장)은 근로자파견의 역무제공을 받은 자 또는 파견근로자의 요구에 따라 상기의 ①~④에 해당하는지의 여부에 대한 조언을 할 수 있다(40조의 8 제1항). 이에 의하여, 후생노동대신이 상기의 ①~④의 해당성(그 시정)을 조언한 뒤에는 근로자파견의 역무제공을 받은 자는 그 해당성에 대한 선의·무과실을 주장할 수 없게 될 것이다. 그리고 후생노동대신은 파견근로자가 상기의 간주신청을 승낙했음에도 불구하고 파견근로자를 취로시키지 않는 경우에는 해당자에 대해서도 조언·지도·권고 및 권고에 따르지 않는 경우의 그 취지의 공표를 할 수 있다(동조 2항, 3항).

(10) 노동보호법규의 적용

근로자파견이 업으로서 이루어지는 경우와 그렇지 않은 경우를 불문하고 파견근로자의 취업에 대한 노동보호법규의 적용은 다음과 같이 이루어진다.

먼저 노기법 제 규정의 원칙적인 책임주체는 파견기업의 사용자인데, 균등대우(3조) 등 약간의 제 규정(그 밖에 5조, 69조)에 의한 의무는 파견기업의 사용자뿐만 아니라 사용기업의 사용자에게도 부과된다(이러한 규정에 관해서는 파견근로자는 사용기업의 사업에도 사용되는 것으로 보고 있다. 노파법 44조 1항). 또 근로시간·휴게·휴일(32조~32조의 3, 32조의4 1항·2항, 33조~36조 1항, 40조, 41조), 여성의 갱내근로·위험유해업무·육아시간·생리휴가(64조의2·3, 66조~68조) 등의 제 규정(그밖에 7조, 60조~63조)에 근거하는 의무는 실제로 사용하는 사용기업의 사용자가 부담한다(이러한 규정에 관해서는 파견 중의 근로자는 사용기업의 사업에만 적용되는 것으로 보고 있다). 그러나 근로시간의 범위를 정하는 것은 파견기업의 사용자이므로, 자유근무시간(flexible time)제(32조의 3), 변형근로시간제(32조의 2·4), 시간외·휴일근로(36조), 사업장외 근로 간주제(38조의 2), 전문업무형 재량근로제(38조의 3) 등에 있어서의 규제(취업규칙·노사협정)의 정비(제정·체결·신고)와 할증임금의 지불(37조)의무는 파견기업의 사용자가 진다(이상 노파법 44조 2항·5항, 또한 노기 38조의 4의 재량근로시간제에 관해서는 이러한 특례를 두고 있지 않다).

파견기업 사용자는 근로자파견계약이 정하는 바에 따라 파견근로자를 근로하게 했다면, 사용기업의 사용자가 근로시간·휴게·휴일·심야업·위험유해업무·갱내근로에 관한 규정에 저촉하는 것이 되는 경우에는 근로자파견을 해서는 안 되고, 여기에 반했기 때문에 저촉하게 된 경우에는 사용기업의 사용자와 함께 그러한 규정의 벌칙의 적용을 받는다(44조 3항, 4항).

노안위법에 대해서도 원칙적인 책임주체는 파견기업 사업자이다. 그러나 파견취업이 사용기업의 사업장에서 사용기업 사업자의 지휘명령 하에 이루어지는 점에서, 사용기업 사업자도 직장에서 근로자의 안전위생을 확보하는 사업자의 일반적 책무와 사용기업 직장에서의 위생관리책임을 진다. 또한 안전관리체제(안전관리자·안전위원회 등)와 근로자의 위험·건강장애의 방지조치 등(노안위 20조~27조 등)에 대해서는 오로지 사용기업 사업자가 책임주체가 된다(45조).[144] 산재보상에 대해서는 노기법상의 보상책임(75조~82조)도 노재보험법의 적용사업주로서 보험료 지급의무도 파견기업 사업주가 진다.

고용기회평등법에 관해서는 그 차별금지규정의 책임주체는 파견사업 사업주이지만, 성희롱에 관한 고용관리상의 배려의무(고균 21조) 및 임신 중·출산 후의 건강관리에 관한 조치의무(고균 12조, 13조)는 사용기업 사업주에게도 부과된다(47조의 2).

지역별 최저임금에 대해서는 2007년 최저임금법의 개정으로 사용기업 사업

---

144) 사례로서, M製作所事件 — 東京高判 平14. 3. 22, 労判 835호, 80면.

장에 적용되는 최저임금에 따르는 것이 명확하게 되었다(최임 13조).

고용보험의 실업급부에 대해서는 파견근로자는 파견기업 사업주와의 근로계약 관계를 기준으로 피보험자자격과 수급자격이 결정된다.[59][60]

[59] **행정감독**

노동자파견법의 이행확보를 위해서는 동법의 일정한 규정에 대하여 벌칙이 마련되어 있는 등(58조~62조), 후생노동대신에 의한 행정감독의 권한이 규정되어 있다. 그 주요한 내용으로는 후생노동대신은 동법의 시행에 관하여 필요하다고 인정될 때에는 근로자파견을 하는 사업주 및 근로자파견의 역무제공을 받는 자에 대하여, 근로자파견사업의 적정한 운영 또는 적정한 파견취업을 확보하기 위하여 필요한 조치 및 조언을 할 수 있다(48조 1항). 또 후생노동대신은 파견기업 사업주가 동법에 위반한 경우에는 시정에 필요한 개선조치를 강구해야 할 것을 명령할 수 있고, 파견금지업무로의 파견에 대해서는 업무정지를 명령할 수 있다(49조). 또한 일정한 규정의 위반 또는 위반의 우려에 대해서는 해당자에게 시정에 필요한 조치를 권고할 수 있고, 이에 따르지 않는 경우에는 그 기업명을 공표할 수 있다(49조의 2).

노동자파견법 위반의 지도감독업무는 종래에는 공공직업안정소(헬로 워크)가 소관하고 있었는데, 제조업에 대한 파견해금에 따라 노동기준법에 간한 지도감독과의 연계를 꾀하는 등, 지도감독체제를 강화하기 위하여 2004년도부터는 도도부현 노동국으로 이관되었다.

[60] **사용기업에 대한 직접고용의 권고**

상기의 권고와는 별도로, 후생노동대신은 사용기업이 파견가능기간을 초월하여 근로자파견을 받고 있고, 동시에 당해 파견근로자가 당해 사용기업에 대한 직접고용을 희망하고 있는 경우에, 당해 사용기업에 대하여 일반적인 지도·조언권한(48조 1항)에 근거로 하여 당해 근로자를 받아 들여야 한다는 점을 조언·지도했음에도 불구하고, 당해 사용기업이 이에 따르지 않았을 때에는 당해 사용기업에 대하여 당해 파견근로자를 받아들이도록 권고할 수 있다고 되어 있다(49조의 2 제2항. 따르지 않는 경우의 기업명 공표권한은 동조 3항).

이 규정은 넓게 파견가능기간을 초과하여 파견을 받아들이고 있는 경우에는 사용기업에 직접고용의 신청의무에 관한 다른 요건(사용기업에 대한 파견기업의 파견중지 통지 등)이 구비되어 있지 않은 경우에도, 사용기업에 대한 직접고용의 권고도 가능한 것으로도 해석될 수 있다. 그러나 행정해석은 이 규정에 따른 직접고용의 권고는 파견근로자의 수용이 '근로자파견계약의 근거 없이, 또는 파견기업 사업주와 파견근로자간의 고용계약의 근거 없이, 사실상 사용기업에서 취업을 계속하고 있는 상태'(사용기업과 묵시적 고용계약이 성립되어 있는 것과 같은 상태)에서만, 이루어져야 하는 것이라고 한다(労働者派遣事業関係業務取扱要覧, 249-251면. 小嶌典明, 労働市場改革のミッション, 268면 이하 참조).

(11) 근로계약관계

파견근로자는 사용기업의 사업장에서 그 지휘명령을 받고 사용기업의 업무에 종사하지만, 근로자파견이 노동자파견법이 정하는 내용에 따라서 행해지는 한, 양자 사이에 근로계약관계는 발생하지 않는다.[61] 사용기업의 사업주는 노동자파견법의 규정에 따라 적정한 파견취업을 위한 일정한 조치를 강구해야 하는 책무(행정감독에 따른다)를 지고, 또한 노동보호법규상 일정한 책무(벌칙적용에 따

른 형사책임)를 진다. 단, 사용기업의 사업주는 노동안전위생법상, 파견근로자의
안전위생을 확보하기 위한 일반적 책무와 여러 종류의 구체적 의무를 지기 때
문에, 안전배려의무에 대해서는 이러한 책무를 기초로 한 의무를 지는 것으로
해석된다.

61 사용기업과의 묵시적 근로계약의 성립여부

　　제조업파견이 금지되어 있던 시기에 업무처리도급의 형식으로 행해진 동 업무로의 파견
에 대하여, 오사카 고등법원은 직안법(44조)가 금지하는 근로자공급에 해당되기 때문에 파견
기업과 파견근로자간의 근로계약은 공서위반으로 무효이며, 사용기업과 파견근로자간에는 사
실상의 사용종속관계 때문에 묵시적 근로계약이 성립되었다고 판단하였다(松下プラズマディ
スプレイ[パスコ]事件 ― 大阪高判 平20. 4. 25, 労判 960호, 5면). 그러나 최고법원은 노동자
파견법의 제조업 파견의 금지에 해당되는 파견은 '근로자파견'(노파법 2조 1호)으로 직안법에
서 금지된 '근로자공급'(직안 4조 6항)에 해당되지 않고, 또 노동자파견법의 위반이기는 하지
만 동법의 단속법규로서의 성격 등에 비추어 보면, 파견기업과 파견근로자간의 근로계약이
무효가 되는 것이 아니고, 사용기업과 파견근로자간의 묵시적 근로계약이 성립하는 것도 아
니라고 판단했다(パナソニックパナソニックプラズマディスプレイ[パスコ]事件 ― 最二小判 平
21. 12. 18, 民集 63권 10호, 2754면).

　　그 외, 특정 은행에 스텝을 파견하는 회사와 당해 은행 간의 6개월의 근로자파견계약에
근거로 하여, 파견회사와의 6개월의 고용계약으로 은행에 파견된 등록형 파견을 27회(13년 6
개월) 갱신된 후, 파견수용 중단(근로자파견 해약) → 고용중지(고용계약 갱신거부)가 된 케
이스에 대하여, 고용중지는 적법하며 은행과의 묵시적 근로계약의 성립도 인정되지 않는다고
한 판례(伊子銀行・いよぎんスタッフサービス事件 ― 高松高判 平18. 5. 18, 労判 921호, 33
면)나, 출판사의 편집업무에 6개월 계약으로 2년간 파견된 후, 파견을 중지당한 근로자에 의
한 사용기업에 대한 묵시적 근로계약의 주장과, 파견업자에 대한 고용중지 무효의 주장을 바
탕으로 배척한 판례(マイスタッフ[一橋出版]事件 ― 東京高判 平18. 6. 29, 労判 921호, 5면)가
있다(최근에도 사용기업과의 묵시적 근로계약을 부정하는 판례로서, 積水ハウスほか事件 ― 大
阪地判 平23. 1. 26, 労判 1025호, 24면; 日本化薬事件 ― 神戸地姫路支判 平23. 1. 19, 労判
1029호, 72면; パナソニックエコシステム事件 ― 名古屋地判 平23. 4. 28, 労判 1032호, 19면).

　　이러한 사례는 업무위탁(업무도급)이나 근로자파견에 의하여, 어떤 기업과 사이에 명시적
근로계약은 체결하고 있지 않지만, 사실상 그 기업의 사업장에서 당해 기업의 지휘명령을 받
고 근로하고 있는 경우의 당해 기업과 근로자간의 묵시적 근로계약의 성립여부의 문제로 포
섭되는 것이다.

(12) 사용기업의 단체교섭상의 사용자성

　1985년에 노동자파견법이 입법되었을 때, 국회에서는 파견근로자의 조합이
당해 근로자의 근로조건에 대하여 사용기업에게 단체교섭을 제의한 경우에는
사용기업은 이에 응해야 하는가가 논의되어, 다음과 같은 정부답변이 이루어졌
다.145)

---

145) 1985년 4월 19일, 4월 23일, 5월 14일의 중의원 사회노동위원회, 같은 해 5월 23일, 5월
30일, 6월 6일의 참의원 사회노동위원회, 1999년 및 2003년의 노동자파견법 개정시에도 마찬가지

① 근로자파견의 내용에서는 파견근로자의 근로계약의 상대방은 파견기업으로, 파견취업의 조건도 파견기업이 사용기업과의 계약(근로자파견계약)에 근거로 하여 파견근로자와의 사이에서 합의하여 명시한다. 사용기업은 파견근로자에게 지휘명령을 하는 것에 불과하다. 따라서 파견근로자의 조합과의 단체교섭에 응해야 하는 사용자는 일반적으로는 파견기업으로, 사용기업이 아니다. ② 단, 개개의 구체적인 사안에 대하여 누가 단체교섭에 응해야 하는 입장에 있는가는 노동위원회 또는 법원에서 판단된다.

이러한 정부답변은 사용기업의 사용자성의 문제에 관한 입법취지라고도 할 수 있는 것으로, 그 후의 노동자파견법의 개정시에도 반복되고 있다.

노조법상 사용자로서 단체교섭 의무를 지는 자는 원칙적으로 고용주(근로계약상의 사용자)이지만, 근로계약관계와 근사 또는 인접한 관계에 있는 자도 단체교섭상의 사용자로 여겨지는 경우가 있다. 그 대표적인 경우가 사내업무도급의 수행에서 발주기업이 하청기업 종업원의 중요한 근로조건을 현실적이고 구체적으로 지배·결정하고 있는 경우나, 모회사가 자회사 종업원의 주요한 근로조건을 현실적이고 구체적으로 지배·결정하고 있는 경우로, 당해 근로조건에 대하여 부분적이라고는 하지만, 현실적이고 구체적으로 지배·결정할 수 있는 지위에 있는 자는 당해 근로조건에 대하여 사용자성이 있다고 하는 아사히방송사건(朝日放送事件)[146] 최고법원의 법리에 의하여, 발주기업이나 모회사의 부분적 사용자성이 긍정되고 있다.

노조법상의 사용자성에 관한 학설 판례의 이상의 근로계약기본설 하에서, 사용기업의 사용자성에 관한 상기의 입법취지를 부연하면, 파견기업이 고용주의 책임을 지면서 사용기업의 파견근로자에 대하여 지휘명령을 행사하는 근로자파견의 구조에서는 상기의 ①에 표명되어 있는 것과 같이, 고용주로서 근로조건을 결정하는 입장에 있는 자는 원칙적으로 파견기업이기 때문에, (a) 근로자파견계약에 규정된 파견취업조건의 변경에 관한 단체교섭은 파견기업이 응해야 하는 것이다. 또, ①의 입법취지에서 보면은 (b) 동 계약의 규정에 따라 행해진 사용기업의 지휘명령을 둘러싼 문제는 사용기업의 단체교섭 의무를 발생하게 하지 않는다고 해석된다.[147]

의 정부답변이 이루어졌다. 1999년 6월 10일 참의원 노동·사회정책위원회, 2003년 5월 21일 중의원 후생노동위원회.

146) 朝日放送事件 — 最三小判 平7. 2. 28, 民集 49권 2호, 559면.

147) 다른 한편으로 노동자파견법은 사용기업 사업주에 대하여 파견기업 사업주와 연계한 고충

그러나 (c) 노조법 등의 노동보호법규상 일정 기준은 사용기업을 사용자로 보아 법이 적용되기 때문에(노파법 44조 2항, 3항), 이러한 기준의 위반 문제가 발생하고 있는 경우에는 아사히방송사건 최고법원의 법리에 따르면, 해당 문제가 중요한 근로조건 사항으로, 해당 사항에 대한 사용기업의 현실적 구체적인 지배가 인정되는 한, 시정을 요구하는 단체교섭상의 사용자성은 실제로 해당 사항을 현실적으로 지배하고 법적으로도 사용자로서의 책임을 지우고 있는 사용기업에 있다고 간주될 수 있을 것이다. 또 (d) 취업실태가 노동자파견법의 구조 또는 근로자파견계약에서 정해진 기본적 사항을 일탈하여 행해진 근로자파견이나, 업무도급의 계약형식으로 행해진 근로자파견(위장도급) 등은 상기의 ①의 입법취지가 타당하지 않는 근로자파견이기 때문에, 취업조건의 시정을 요구하는 단체교섭에 대해서는 아사히방송 사건 최고법원의 법리가 그대로 적용되어 사용기업이 사용자로 간주될 수 있게 된다.[62]

[62] **파견이 중단된 경우의 사용기업의 단체교섭 의무**

이상은 사용기업에서의 파견근로자의 취업조건을 둘러싼 단체교섭에 관한 사용기업의 사용자성의 유무이지만, 실제 사건은 파견취업을 중단당한 파견근로자의 조합이 사용기업에 대하여 고용책임을 추급하여 단체교섭을 요구하는 경우에 보다 빈번하게 발생한다.

이 경우 (e) 사용기업에 의한 파견근로자의 직접고용의 방침이 이미 결정되어 있는 단계에서의 사용기업에 대한 채용조건에 관한 단체교섭 제의에 대해서는 사용기업과 파견근로자 간에 가까운 미래에 근로계약관계가 성립할 가능성이 현실적이고 구체적으로 존재하는 경우로서, 사용기업의 사용자성이 인정된다(クボタ事件 ― 中労委 平21. 9. 2, 命令集 145호, 844면, 145면, 東京地判 平23. 3. 17, 労判 1034호, 87면, 761면). 2012년 3월에 성립된 개정법에 의한 사용기업의 사업주에 의한 직접고용신청간주제도가 시행(2015년 10월 1일)된 후에는 동 사업주에 대하여 직접고용을 요구하는 (직접고용신청을 수락한) 근로자가 소속된 조합에 의한, 직접고용의 조건에 관한 단체교섭신청에 대해서도 마찬가지의 단체교섭 의무가 발생하게 된다.

(f) 그러나 상기의 간주제도의 적용이 없는 경우에서는 직접고용의 방침이 없는 사용기업에 대한 파견근로자의 직접고용의 요구에 대해서는 직접적인 고용주가 아닌 사용기업을 단체교섭상의 사용자라고 인정하는 것은 사용기업의 사용자성에 관한 상기의 ①의 입법취지에 비추어 보면, 상기의 (e)의 경우에 준하는 것과 같은 특단의 사정이 없는 한 곤란하다.

(g) 또, 근로자파견계약의 중도해제에 대하여, 법(노파법 26조 1항)에 의하여 동 계약에 명기되고, 지침에도 병기되어 있는, 사용기업의 고용확보조치와 이를 할 수 없는 경우의 파견기업 사업주에 대한 손해배상조치에 대해서는 사용기업에 의하여 이러한 조치가 전혀 이루어져 있지 않은 경우, 이에 대하여 사용기업에 사용자로서의 단체교섭의무가 발생할 수 있을 것이다. 그러나 사용기업이 근로자 파견계약이나 지침에 따라서 관련회사 등에서의 고용확보의 노력을 한 뒤, 파견기업에 대한 동 조치에 대신하는 손해배상을 한 경우에는 사용기업을 단체교섭상의 사용자로 인정하는 것은 곤란하다.

처리를 요청하고 있다(40조 1항).

제 4 절 임 금

제 1 관 임금의 의의와 체계

1. '임금'의 의의

(1) 임금 정의의 의의

노동계약법에 의하면, '근로계약'이란 '당사자의 일방이 상대방에게 사용되어 근로하고, 상대방이 이에 임금을 지불하는 것을 합의하는 계약'이기 때문에, '임금'이란 '사용되어 근로'하는 것의 대가(민법의 '고용'의 규정의 표현에서는 근로하는 것의 '보수'. 민 623조)이다. 즉, 노동계약법상의 근로계약에서의 '임금'은 근로의 대가로서 당사자 사이에 합의되어 사용자에 의하여 지불받는 것을 말한다.

한편, 노동기준법은 '임금'을 '임금, 급료, 수당, 상여, 그 외의 명칭의 여하를 불문하고, 근로의 대상(対償)으로서 사용자가 근로자에게 지불하는 모든 것'으로 정의한다(11조). 노동기준법상의 '근로계약'은 노동계약법상의 '근로계약'과 기본적으로 동일한 개념으로 해석될 수 있고, 노동기준법상의 위의 정의도 '근로의 대상'을 기본요소로 한 것이기 때문에 동법상의 '임금'의 개념도 기본적으로는 노동계약법상의 위의 '임금'의 개념과 동일한 것으로 해석된다. 그러나 노동기준법상의 '임금'의 정의는 주로 임금지불방법의 제원칙(24조)과 같은 동법상 임금보호규정(그 밖에 4조, 15조, 17조, 23조, 25조, 27조, 37조, 89조 2호, 108조)에 있어서 '임금'의 의의를 분명히 한다는 목적을 가지고 있다. 그리고 이러한 임금보호규정의 위반에 대해서는 형벌에 따른 벌칙이 있기 때문에 여기에서의 '임금'은 범죄구성요건의 한 요소로서의 의의도 가지고 있게 된다.

이리하여 노동계약법상 근로계약에서의 '임금'은, 근로의 대가로서의 임금은 무엇인가에 관한 당사자의 합의에 맡겨도 좋은 것이지만, 노동기준법상의 '임금'은 당사자의 합의 여하에 관계없이 객관적으로 (일의적으로) 명확히 되어야 하는 것이 된다.[148]

---

148) 임금에 관한 기본 문헌으로 東大労研, 注釈労基法上, 371면 이하[水町].

(2) 노기법상의 '임금'

노기법의 정의에 의하면 '임금'의 첫 번째 요건은 '근로의 대상'이라는 것이다. '근로의 대상'인지 여부는 문제가 된 급여의 성질·내용에 비추어 개별적으로 판단하게 되는데 그 판단은 쉽지가 않다. 그래서 행정실무상으로는 '근로의 대상'으로서의 임금과 구별되어야 하는 것으로 '임의적·은혜적 급여', '복리후생급여', '기업설비·업무비'라는 세 개의 개념을 마련하여 이러한 개념에 해당하는 것은 '임금'이 아니라고 처리해 왔다.

'임의적·은혜적 급여'에 해당하는 전형적인 예는 결혼축의금, 병문안 위로금, 근친자 사망시 조위금 등의 경조화복(慶弔禍福)의 급여이다. 단, 이러한 급여라도 단체협약, 취업규칙 등에 의해 미리 지급조건이 명확하게 되어 있고 그에 따라 사용자에게 지불의무가 있는 것은 근로의 대상이라고 인정되고 임금으로 취급된다(1947. 9. 13 발기 17호).

퇴직금(퇴직수당)과 상여(일시금)는 이를 지급할 것인가의 여부, 어떠한 기준에서 지급할지는 오로지 사용자의 재량에 맡겨져 있는 한, 임의적·은혜적 급여이며 임금이 아니다.[149] 그러나 오늘날의 대다수 퇴직금과 같이 단체협약, 취업규칙, 근로계약 등으로 이를 지급하는 것 및 그 지급기준을 정하고 있고 사용자에게 지불의무가 있는 것은 임금으로 인정된다(1947. 9. 13 발기 17호).[150] 상여도 단체협약과 취업규칙으로 지급시기와 금액의 결정방법 등이 정해져 있어 그에 따라 각 시기에 결정·지급되는 것이라면 임금으로 인정된다.

'복리후생급여'는 사용자가 근로의 대상으로서가 아니라 근로자의 복리후생을 위해 지급하는 이익 혹은 비용이므로, 개념상으로 임금이 아니다. 복리후생급여의 전형은 고용기회균등법(6조 2호)과 그 시행규칙(1조)에서 언급하고 있는 자금대부, 금전급여, 주택대여 등이다. 그 밖에 회사의 목욕탕시설, 운동시설, 레크리에이션 시설 등의 종업원의 공동이용시설도 복리후생급여이다. 가족수당과 주택수당은 임금규정 등으로 제도화되어 있는 한, 임금에 해당한다.

이상 외에 기업이 업무수행을 위해 부담하는 기업시설과 업무비는 근로의 대상으로서의 임금이 아니다. 예를 들어 작업복, 작업용품대, 출장비용, 사용(社用)교제비, 기구손료(損料) 등은 통상 여기에 해당한다(제복에 대해 1948. 2. 20 기

---

149) 이 기준에서 광고회사의 영업사원에 대한 '장려금'의 일부를 이 기준으로부터 임금이 아니라고 한 판례로서 中部日本広告社事件 — 名古屋高判 平2. 8. 31, 労民 41권 4호, 656면.

150) 住友化学事件 — 最三小判 昭43. 5. 28, 判時 519호, 89면.

발 297호). 단, 통근수당 혹은 그 현물지급인 통근정기권의 경우, 통근비용은 근로계약의 원칙에 따르면 근로자가 부담해야 할 것이므로 업무비가 아니며, 그 지급기준이 정해져 있는 한 임금이다.

노기법의 임금의 정의에 의하면 '임금'의 두 번째 요건은 '사용자가 근로자에게 지불하는 것'이다. 이 요건에 대해 문제가 되는 전형적인 예는, 여관(호텔), 음식점(레스토랑) 등에 있어서 손님이 종업원에게 주는 팁인데, 이것은 손님이 지불하는 것인 까닭에 원칙적으로 임금은 아니다.151) 이에 대해 레스토랑과 바 등에서 손님이 지불하는 급사봉사료(서비스료)가 당일 근로(서비스)를 한 근로자에게 기계적으로 분배되는 경우에는 사용자가 지불하는 것이라고 할 수 있다.⑥

⑥ **'평균임금'의 정의**

　　노기법은 해고의 경우 예고수당(노기 20조), 사용자의 책임으로 인한 사유로 의한 휴업의 경우 휴업수당(동 26조), 연차유급휴가일에 대해 지불되는 임금(동 39조) 및 산업재해의 경우의 보상(동 76조~82조)을 모두 '평균임금'의 일정 일수분 혹은 일정 비율로써 정하고 있다. 이러한 것은 모두 근로자의 생활을 보장하기 위한 수당, 그 밖의 금원의 지급이므로, 그 척도가 되는 '평균임금'은, 근로자의 통상 생활자금을 있는 그대로 산출한다는 관점에서 산정할 것을 요청한다. 이러한 관점에서 '평균임금' 산정의 산식(算式)이 정해져 있다(동 12조).

　　상용근로자의 평균임금은 산정사유 발생일(임금 마감일이 있는 경우에는 직전의 임금 마감일) 이전의 3개월간의 임금의 총액을 그 기간의 총일수로 나누어 산출된다(동 12조 1항, 2항). 그러나 그 3개월간에 업무상 부상·질병에 의한 요양기간, 산전산후 휴업기간, 사용자에게 책임을 돌려야 할 사유에 의한 휴업기간, 육아·개호휴업법에 의한 휴업을 한 기간 혹은 시용기간이 포함되어 있는 경우에는 그 기간은 임금총액이 적어지므로 제외된다(3항). 또 그 3개월간에 임시 임금, 3개월을 넘는 기간마다 지불되는 임금이 지불되는 경우에는 이러한 것들은 통상 생활자금이 아니라는 이유로 임금총액에서 제외된다(4항). 그리고 예를 들어 이 기간 중에 자기 사정에 의한 휴업(결근)이 많아 임금총액이 아주 적은 경우를 위해 근로일수당 임금의 60%를 최저보장액으로 하고 있다(1항 단서).

2. 임금에 관한 민법의 제 원칙

노동계약법상의 임금청구권의 발생에 대해서는 노동계약법에서는 규정이 없고, 민법에서의 고용의 규정이나 계약의 일반 규정에 위임되어 있다.

(1) 임금청구권의 요건

민법에 의하면 '노무에 종사하는 것'(개정 전의 표현은 '노무에 따르는 것')과 그 보수로서의 임금은 대가관계에 있는데(no work no pay 원칙, 민 623조), 근로자

---

151) 단, 그러한 종업원이 팁만으로 생활하고 있는 경우에는 팁 수입을 받을 수 있는 영업시설을 사용하는 이익이 임금이 되는 경우가 있다.

는 그 약속한 근로를 끝낸 후가 아니라면 보수를 청구할 수 없다(동 624조 1항). 결국 민법에서는 임금은 노무와 동시에 이행하지 않고 후불로 하고 있다. 또한 기간을 두고 정한 보수는 그 기간이 경과한 후가 아니면 청구할 수 없다(동조 2항). 즉, 1개월 단위로 금액을 정하는 월급, 주를 단위로 정하는 주급, 일을 단위로 정하는 일급에서는 각각 단위기간인 월, 주, 일을 종료한 시점 외에서는 보수를 청구할 수 없다.

이들은 민법상의 고용의 제 원칙인데 이들은 임의규정이어서, 당사자가 이것과 다른 결정을 했을 때에는 그 결정이 우선한다. 실제로도 가족수당과 주택수당 등의 생활수당을 노무에 종사하지 않아도(결근해도) 공제하지 않는 것으로 하거나 월급제에서 월의 중도에 지불하는 경우가 자주 발생한다. 또 보수기간 종료시 지불원칙에 대해서는 노기법은 비상시 지불(25조)이라는 근로자 보호를 실시하고 있다.

(2) 노무 이행불능의 경우 임금청구권

또 민법에 의하면 노무 이행불능의 경우의 임금청구권의 유무는 그 불능에 대해 노무의 채무자인 사용자의 '귀책사유'가 있는지의 여부에 의존한다(민 536조). 결국 근로자는 사용자의 '책임으로 돌려야 할 사유'에 의한 이행불능의 경우에는 임금청구권을 가지는데 대해, 사용자에게 귀책사유가 없는 이행불능의 경우에는 임금청구권을 갖지 않는다. 이행불능은 공장의 소실, 주요한 발주기업의 도산 등의 객관적인 사건에 의해서도 발생할 수 있으나, 사용자의 노동수령 거절이라는 주관적인 행위에 의해서 발생할 수 있다. 후자의 전형적인 경우는 근로자가 해고되어 노무이행이 불능이 된 경우인데, 이 경우 사용자의 귀책사유의 유무는 해고에 정당한 이유가 있는지 여부로서 판단된다. 고용조정의 수단으로서, 근로계약상의 임금액을 변경하지 않은 채, 그것을 감액해서 행하는 일시휴업에서의 감액분의 청구에 대해서는 일시귀휴의 필요성, 근로자의 불이익, 노사교섭의 상황 등을 종합해서, 일시귀휴가 어쩔 수 없는 것으로 인정된다면, 사용자의 귀책사유가 부정된다고 해석해야만 한다.[152]

노무 이행불능에 관계없이 사용자의 귀책사유에 의해 임금청구권을 취득하

---

152) 판례로, 池貝事件 ― 横浜地判 平12. 12. 14, 労判 802호, 27면. 기간 6개월의 유기계약근로자에 대한 기간중도에서의 휴업수당 상당액을 지불한 휴업조치에 대하여, 기간한정의 고용의 취지에서 보면 기간도중의 휴업조치에 대해서는 보다 고도의 합리성이 필요하게 된다고 하여, 사용자의 귀책사유를 긍정한 판례로서 いすゞ自動車事件 ― 宇都宮地栃木支決 平21. 5. 12, 労判 984호, 5면.

기 위해서는 근로자가 채무의 본 취지에 따른 이행의 제공을 하고 있는 점이
전제가 된다. 예를 들어 근로자가 개인적인 상병 때문에, 보다 쉬운 노무로의
전환을 요구하는 경우에는 채무의 본 취지에 따른 이행의 제공이라고 할 수 있
는지의 여부가 문제가 된다. 판례는 근로자가 병 때문에 공사현장 감독업무에
종사할 수 없어 내근업무에 종사하게 하도록 사용자에게 신청하여 이를 거부당
하여 임금을 지불받지 못한 사건에서, 근로자가 직종이나 업무내용을 특정하지
않고 근로계약을 체결한 경우에는 현재 취업을 명령받은 특정의 업무에 대해
노무제공이 충분하다고는 할 수 없다고 해도, 해당 근로자를 배치하는 현실적
가능성 있는 다른 업무로의 노무제공을 신청하고 있는 경우에는 채무의 본 취
지에 따른 이행제공이 있다고 판시하고 있다.153) 이 판시는 근로자의 병에 대
한 사용자의 배려의무의 작용으로서 이해하여야 할 것이다.154)

또 근로자가 태업과 일부 근로의 거부와 같이 하자있는 노무제공을 하고 있
는 경우에는 그 하자의 내용·정도에 따라서는 채무의 본 취지에 따른 노무제
공이라고 할 수 없는 케이스가 있다. 이 케이스에서는 사용자는 수령을 거부해
도 임금지불의무를 지지 않는다.155)

채무의 본 취지에 따른 이행의 제공이라는 요건은 사용자가 수령거절 의사
를 명확하게 표명하고 있는 경우에는 경감되어 이행 의사와 능력이 객관적으로
인정되는 것으로 충분하게 된다. 해고의 경우가 전형적인 예이다. 이 경우에는
이행의 현실 제공까지는 필요 없으나 이행 의사와 능력은 유지하지 않으면(전
직을 해서 새로운 직장에 전념하고 있는 경우는 유지하고 있다고 할 수 없다), 후에
해고가 정당한 이유가 없어 무효로 되더라도 해고기간 중 임금청구권을 인정받
을 수 없다.156)

장기간 파업과 로크아웃이 해제된 후의 취업조건이 절충되지 않아 취업하지
않은 상태가 계속되는 경우에도 이러한 취업불능이 사용자 및 근로자 누구의
책임으로 귀책되는가에 따라 임금청구권의 유무가 판단된다.157)

---

153) 片山組事件 ― 最一小判 平10. 4. 9, 勞判 736호, 15면. 특히 자택대기명령에 대해서는 후술 참조.

154) オリエンタルモ一タ一事件 ― 東京高判 平19. 4. 26, 勞判 940호, 33면 참조.

155) 신칸센 운전사의 감속취업에 대해, JR東海事件 ― 東京地判 平10. 2. 26, 勞判 737호, 51면 참조.

156) ペンション経営研究事件 ― 東京地判 平9. 8. 26, 勞判 734호, 75면. 비판으로서, 盛誠吾, 「賃金債權の発生要件」, 講座21世紀(5), 78면.

157) 장기 로크아웃이 해제된 후의 조합원의 별동(別棟) 취업명령의 시비 등에 관한 本山製作所事件 ― 仙台地判 平15. 3. 31, 勞判 849호, 42면 참조.

3. 임금에 관한 노동법 규제

임금은 근로계약의 기본적 요소이며, 그 금액·기준·지불방법 등은 원칙적으로 근로자와 사용자의 합의(노동시장에 있어서 거래)에 위임된다. 그러나 임금은 기업규모가 큰 경우에는 해당 기업의 인사관리의 이념에 따른 제도로서 정립되고 집단적으로 결정된다. 그리고 노동조합이 있다면 노사의 주요 관심사로서 단체교섭의 주요한 대상사항이 된다.

이러한 임금에 대한 노동법의 역할은 첫째로 임금결정이 노사간에 대등하게 이루어지도록 노사교섭의 법적 기초를 정비하는 것이다. 헌법 28조와 노동조합법에 의한 단결권, 단체교섭권, 단체행동권의 보장과 노동관계조정법에 의한 노동쟁의(노사교섭의 결렬)의 조정절차가 여기에 해당한다.

둘째로 노동시장에서 임금의 끝없는 하락을 방지하기 위해서 임금의 최저기준액을 정하는 장치를 설정하고 그것에 의해 성해신 최저임금의 실효를 꾀하는 것이 있다. 최저임금법이 이것을 정하고 있다.

셋째로는 평상시 및 기업 도산시의 임금지불의 확보를 위한 방책이다. 통상시 임금지불 확보에 대해서는 노기법이 통화불(通貨払), 직접불(直接払), 전액불(全額払), 매월 1회 이상 일정기일불(一定期日払)의 제 원칙(24조)과 비상시불(非常時払)의 의무(25조)를 설정하고 있다. 또 기업도산의 경우 미불임금의 지불확보를 위해서는 「임금 지불확보 등에 관한 법률」이 체불임금의 대체불(代替払) 체계 등을 정하고 있다.

넷째로는 노동 불능의 경우의 임금보장으로 능력급제의 보장급(노기 27조), 사용자의 책임으로 돌려야 할 휴업의 경우 휴업수당(노기 26조), 업무상 상병에 의한 요양 중의 휴업보상급여(노재보험 14조), 사상병(私傷病)에 의한 요양 중 상병수당금(건강보험법 99조) 등이 있다.

다섯째로 국적·신조·사회적 신분, 성별, 노동조합의 정당한 활동, 육아·개호의 지원의 조치(휴업·휴가 등의 이용), 법위반의 신고 등의 일정 사유에 의한 불이익 취급의 금지로, 노동기준법(3조, 4조, 104조 2항), 노동조합법(7조 1호), 육아개호휴업법(10조, 16조, 16조의 4, 16조의 7, 16조의 9, 20조의 2, 23조의 2, 52조의 4 제2항, 52조의 5 제2항) 등에서 다수의 규정이 있다.

4. 임금제도를 둘러싼 여러 문제

(1) 임금제도의 서설

‘임금’은 기업에서는 통상 매월 지급하는 임금(월례임금)과 특별하게 지급하는 임금으로 크게 구별된다. 전자는 기본급과 모든 수당으로 이루어진 소정내(기준내) 임금과 소정외 근로에 대해 지불되는 소정외(기준외) 임금(시간외수당·휴일수당·심야수당·숙일직수당 등)으로 크게 구별된다. 또 특별하게 지급되는 임금은 통상 상여(일시금) 및 퇴직금(퇴직수당)이다.

소정내 임금의 주된 것인 기본급은 1일 혹은 1개월당 얼마의 정액급인 경우(각각 시간급제, 일급제, 월급제로 불린다. 또 1년당으로 정해진 연봉제도 있다)가 많지만, 성과에 따라 정해지는 성과급(능력급)인 경우 및 양자를 병용하는 경우가 있다. 성과급의 전형은 계약건수·계약액에 따라 결정되는 영업사원의 능력급(步合給)이나, 매출액의 일정 비율로 정해진 택시운전수의 성과급(出来高給)이다.

정액급인 기본급은 학력, 연령 및 근속연수에 의해 정해지는 연령급(근속급), 해당기업에 의해 직무수행능력의 종별(직능자격)과 그 속에서의 랭크(급)에 따라 정해지는 직능급 등이 있다(양자는 병용될 수 있다). 이에 대하여 직무의 가치(중요도, 책임도, 곤란도)에 따라서 정해지는 직무급158)은 1950년대 중반에 시행되었지만, 장기고용시스템 하에서의 유연한 인사배치와 양립하기 어려워 보급되지 못했다. 1990년대 이후에는 이른바 성과주의나 능력주의의 인사관리의 진전이 계속되는 가운데, 연봉제나 직무등급제·역할등급제 등의 임금형태를 채택하는 기업도 늘어나 임금제도는 확산되고 있다.159)

소정내 임금 중 모든 수당은 직책수당, 기능수당, 특수근무수당, 특수작업수당, 교체수당 등 업무수당과 가족수당, 주택수당, 지역수당, 통근수당 등의 생활수당이 대표적인 것이다. 생활수당도 성과주의 하에서는 폐지·정리되는 경향이 있다.64

64 비정규근로자의 임금

이상은 장기적인 고용관계에 있는 정규근로자에 대한 대표적인 임금제도이지만, 파트, 아르바이트, 계약사원, 파견근로자 등의 비정규근로자에 대해서는 고도의 전문적 기술자를 계약

---

158) 직무의 가치는 직무분석(직무의 분류, 분석, 평가)에 따라서 평정(評定)된다. 직무급의 개념과 종류에 대해서는 遠藤公嗣, 賃金の決め方, 111면 이하를 참조.

159) 임금제도의 변천에 대해서는 仁田道夫＝久本憲夫編, 日本的雇用システム, 80～106면 참조.

사원으로 하여 고용하는 경우 등을 제외하고, 시간당 얼마의 시간급제라는 것이 보통이며, 게다가 그 금액은 지역의 노동시장의 시세, 최저임금액, 정사원의 초임급 시세 등과의 관련으로 정해지는 경우가 많다. 그러나 상용화되어 정규근로자와 같은 업무에 종사하고 책임 있는 직위로의 승진가능성을 가진 파트타임근로자 등에 대해서는 시간급에 대하여 한정적이기는 하지만 승급, 승격제도가 마련되는 경우가 많다. 이러한 기본급의 차이에 더불어, 비정규근로자에 대해서는 제수당도 통근수당 이외에는 마련되어 있지 않으며, 또 상여가 전혀 없거나 소액이고, 퇴직금을 지급하지 않는 것이 일반적이다. 이상과 같은 비정규근로자의 임금에 대해서는 정규근로자와의 균등대우 내지 균형대우의 문제가 발생하여 법의 개입이 시작되고 있다.

(2) 연공적 임금제도의 주요한 형태로서의 연령급 · 직능급

1990년대 중반까지는 기업의 정규근로자의 임금은 연령 · 근속년수에 따라 임금액이 상승하는 연공적 임금제도를 주요 모델로 삼아 왔다. 그 주요한 형태는 연령급과 직능급이다.

(가) **연령급**   연령(근속년수)에 따라 증가해 가는 기본급의 형태이다. 전후, 노동조합은 악성 인플레이션이 계속되는 가운데 생활방위투쟁으로서 '생활상의 필요성을 충족시키는 임금제도'를 요구하고, 구체적으로는 연령 · 가족구성 등에 따른 생계비를 중시한 임금제도를 경영측에 인정하게 하였다(전력산업의 노사교섭에서 성립되었기 때문에 '전산형(電産型)임금'으로 불린다).160) 이것이 경제부흥 이후, 연령 그 자체를 주요한 기준으로 한 기본급(연령급)과 가족수당, 주택수당, 지역수당 등의 생활보조적인 수당(생활수당)으로 구성된 임금제도로 정비되었다.

이러한 근로자의 연령(근속년수)중시 · 생활중시의 임금제도는 신규졸업자를 대량 채용하여 교육훈련하고 커리어형성을 도모하는 장기고용시스템(종신고용제)의 인사관리에 적합한 것으로서 확대되었다. 장기고용관행에서의 인사관리에서는 연령(근속년수)와 기능(숙련) · 공헌도가 기본적으로 합치하기 때문에 연령급은 기능 · 공헌도에 합치된 임금제도로서의 합리성을 가지고 있었다. 또한 성장을 계속하여 피라미드형의 연령구성을 유지할 수 있는 한 인건비 코스트도 낮게 억제할 수 있기 때문에 경제성장시대에는 경제 합리성을 가진 임금제도였다.

연령급제도 하에서는 임금액은 학력 · 연령 · 근속년수에 따라 정해지고, 매년 정기적으로 인상된다(정기승급).⑯ 또한, 이와는 별도로 1950년대 중반에 시작된 춘투(春鬪)의 임금인상교섭에 의하여 각 기업의 임금수준의 인상(베이스 업)이 도모되어 왔다. 이러한 임금인상교섭에서는 먼저 해당 기업의 정사원의 임

---

160) 仁田道夫＝久本憲夫編, 日本的雇用システム, 80〜106면; 渡辺, 上, 395면 참조.

금액 전체(임금원자)에 대하여 인상의 평균액 또는 비율(임금인상의 원자)이 교섭되고, 다음으로 그 원자(原資)를 연령 등에 따라 어떻게 배분할 것인지에 대한 교섭이 이루어졌다.

65 임금인상(정기승급·베이스 업)에 대한 청구권의 성립

기본급(연령급, 직능급)에 대하여 실시되는 정기승급에 대해서는 승급액은 통상 사정에 의하여 차이가 만들어진다. 이러한 경우, 승급액지불의 청구권은 승급의 요건(결격사유 등)·기준(비율, 사정의 폭·기준 등)·절차(노사교섭, 사정절차 등)에 따라서 그 유무, 금액이 확정되어 비로소 발생한다(정기승급에 관한 예년의 노사교섭이 사용자에 의한 정기승급을 실시하지 않는다는 제안을 한 결과, 이루어지지 못한 것을 이유로 정기승급청구권을 부정한 사례로서 高見澤電機製作所事件 — 東京高判 平17. 3. 30, 労判 911호, 76면). 또 기본급에는 베이스 업의 결과의 임금인상에 대해서도 임금인상의 평균액 내지 비율의 결정과 그 배분의 방법이 정해져, 임금인상의 요건·기준·절차에 따라 개개인의 임금인상액이 확정되어야 비로소 청구권이 발생한다.

(나) **직능급**　기업의 입장에서는 연령급은 근로자의 의욕, 능률, 성적이 임금액에 반영되지 못하는 아쉬움이 있다. 그래서 근로자의 의욕, 능력, 성적을 초래하는 능력의 차이를 임금에 반영시키기 위해서 '능력주의'를 주장하여 1960년대 말부터 확산시킨 것이 '직능자격제도'에 근거하는 '직능급'이다.

직능자격제도란, 기업에서의 직무수행능력을 직장(職掌) 하나의 단위로 크게 분류한 뒤, 각 직장에서의 직무수행능력을 자격과 그 중에서의 랭크(급)로 서열화한 것이다. 직능자격의 서열은 통상적으로 해당 기업의 지휘명령의 계통으로서의 직책의 서열과 관련된다([그림 1] 참조). 직능급은 동 제도하에서 이러한 자격과 랭크에 대응하여 금액이 결정된 기본급이다. 이상에 의하여 직능자격의 상승으로서의 승격과, 자격 속에서의 랭크의 상승으로서의 승급은 해당 기업에서의 직무수행능력의 서열의 상승과 직책의 서열에서의 상승가능성을 의미하고, 또한 기본급 위에서는 직능급의 인상을 가져오게 된다.

승격, 승급은 상사의 인사고과(사정)66에 의해 결정되기 때문에, 같은 연령·근속년수(동기 同학력자)라도 승격·승급에 차이가 발생하고 기본급에 차이가 생기게 된다. 즉 직능급제도는 능력주의의 이념을 내세우면서 연령(근속)에 의한 처우(연공주의)와의 조화를 도모하는 임금제도였다. 기업은 기존의 연령급으로서의 기본급의 일부를 이러한 직능급으로 재편성하고 이와 동시에 직능급 부분을 증대시켜 왔다.

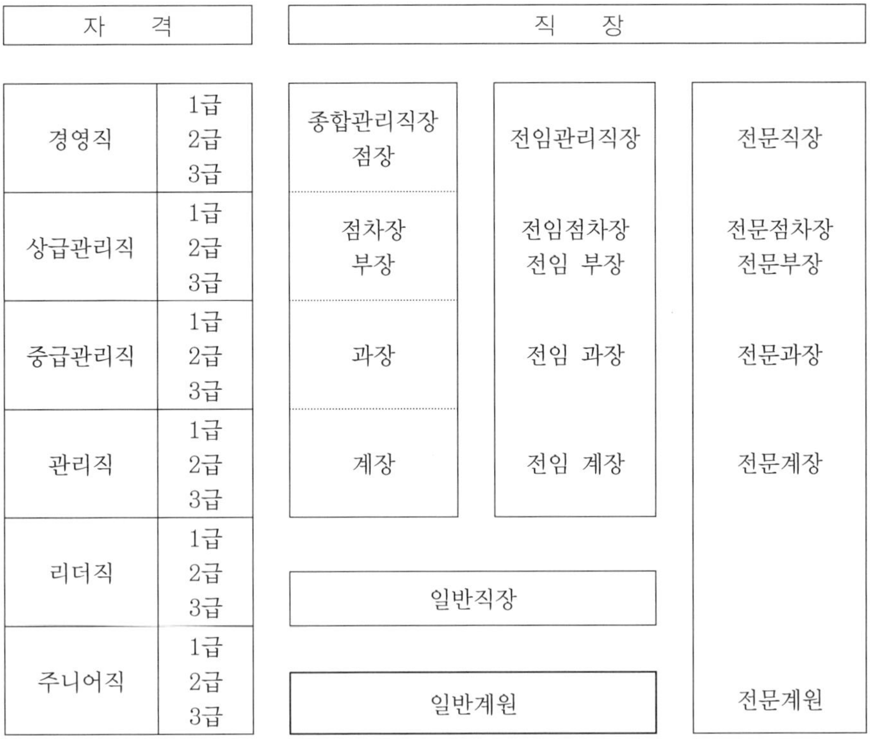

자　　　격		직　　　장		
경영직	1급 2급 3급	종합관리직장 점장	전임관리직장	전문직장
상급관리직	1급 2급 3급	점차장 부장	전임점차장 전임 부장	전문점차장 전문부장
중급관리직	1급 2급 3급	과장	전임 과장	전문과장
관리직	1급 2급 3급	계장	전임 계장	전문계장
리더직	1급 2급 3급	일반직장		
주니어직	1급 2급 3급	일반계원		전문계원

[그림 6] 직능자격제도의 구조

　　그러나 직능급제도의 실제에서는 승급·승격은 직장의 집단주의 속에서 연령·근속년수를 주요한 기준으로서 연공적으로 운용되었다. 예를 들면, 직능급제도에서도 통상적으로 매년 승급에 의한 임금액의 인상이 실시되어 정기승급의 새로운 형태가 되었다. 또 베이스 업의 교섭도 직능급을 포섭하여 실시되었다.

　　이상과 같은 연령급과 직능급에 의해 구성된 연공적 임금제도에 대해서는 1980년대에 진행된 정년연령이 연장(전형적으로는 55세에서 60세로의 연장)되는 가운데, 임금코스트의 비대화를 피하기 위해서 계속 상승하는 연공적 임금 커브의 수정이 이루어졌다. 여기에는 구 정년연령의 상당 이전(예를 들면 45세 시점)에서 임금상승 커브를 완만하게 하여 새로운 정년연령까지는 보합상태로 한다, 구 정년까지는 기존의 커브를 유지한 뒤 정년연장기간에 대해서는 임금 수준을 상당히 인하한 완만한 커브 내지는 보합상태의 커브로 하는 등의 여러 종류의 방법이 취해졌다.[67]

66 **인사고과제도**

직능자격제도에 의한 직능자격의 상승(승격)과 동 자격 속에서 상승(승급)은 통상적으로 체류년수 기준의 폭 속에서 상사에 의한 인사고과에 의해 결정된다. 인사고과는 또 정기승급, 베이스 업의 개인별 분배 및 일시금 등의 금액 결정에 있어서도 중요한 역할을 한다. 인사고과에서의 사정에 대해서는 현장의 관리자, 상급관리자 등에 의하여 평가점의 사정이 능력고과(지식, 기능, 판단력, 기획력, 기술력, 지도력 등), 정의고과(도전도, 책임감, 협조성, 규율성, 고객지향 등), 업적고과 등에 걸쳐 소정의 폭과 기준에 따라서 실시되고, 임원에 의한 부분간의 조정이 이루어진다. 그러나 사정의 항목과 기준이 추상적이고 정의고과가 중시되는 등의 점에서 상사가 행하는 사정의 재량성은 피하기 어렵다.

법률적으로는 균등대우(노기 3조), 남녀동일임금(동 4조), 승진에 대한 남녀균등대우(균등 6조), 부당노동행위(노조 7조) 등의 모든 규정이 사정행위를 규제하고 있는데(승격상의 고과가 조합활동에 의한 차별로서 불법행위로 간주된 사례로, ヤマト運輸事件 ― 静岡地判 平9. 6. 20, 労判 721호, 37면), 이들에 반하지 않는 이상, 사정은 인사고과제도의 틀 내에서의 재량적 판단에 위임된다(예를 들어, 光洋精工事件 ― 大阪高判 平9. 11. 25, 労判 729호, 39면; 三井住友海上火災保険事件 ― 東京地判 平16. 9. 29, 労判 882호, 5면; NTT西日本事件 ― 大阪地判 平17. 11. 16, 労判 910호, 55면). 따라서 사정의 타당성에 대해서는 사정권자가 인사고과제도의 취지에 반하여 재량권을 남용한 경우가 아니라면 불법행위는 성립할 수 없다고 생각된다(대상기간 이외의 기간에 있어서의 반항적인 태도를 고려해서 저(低)사정을 한 것을 위법으로 해석한 예로서, マナック事件 ― 広島高判 平13. 5. 23, 労判 811호, 21면; 사용자가 혼인의 유무라는 요소로 여성을 일률적으로 저(低)사정한 것을 위법이라고 해석을 한, 住友生命保険事件 ― 大阪地判 平13. 6. 27, 労判 809호, 5면; 출향 중에 이상하게 낮은 인사고과를 괴롭힘의 목적의 위법인 것으로 판단한 日本レストランシステム事件 ― 大阪地判 平21. 10. 8, 労判 999호, 69면. 문헌으로는 土田道夫, 「成果主義人事と人事考課・査定」, 土田道夫=山川隆一編, 成果主義人事と労働法, 57면).

67 **직능자격의 강등**

1990년대의 장기경제의 침체가 계속되는 가운데, 종업원의 직능자격과 등급을 재검토하여 능력이상으로 등급이 설정되어 있다고 인정된 종업원의 자격을 인하하는 조치가 일부 기업에서 이루어졌다. 그러나 직능자격제도에서의 직무수행능력은 근속에 의해서 축적되어 가는 성질의 것(보유능력)이라는 것이 암묵적인 전제로 여겨졌으며, 일단 축적된 능력을 낮춘다는 것은 상정되어 있지 않다. 따라서 직능자격제도에서의 직무수행능력을, 매년 발휘되는 능력(발휘능력)으로 매년 변동되는 것이라고 이해하여, 강등・강급을 하기 위해서는 직능자격제도를 정하는 규정(취업규칙)에서 그러한 제도내용을 명시해 둘 필요가 있다. 다시 말하면, 직능자격을 인하하는 조치에는 그러한 강등에 대한 취업규칙상의 근거규정을 필요로 한다(チェースマンハッタン銀行事件 ― 東京地判 平6. 9. 14, 労判 656호, 17면; アーク証券事件 ― 東京地決 平8. 12. 11, 労判 711호, 57면; 小坂ふくし会事件 ― 秋田地大館支判 平12. 7. 18, 労判 796호, 74면. 또한 통상의 강등에 대해서는 후술).

(3) 성과주의의 기본급 제도

1990년대 초반의 거품경제 붕괴 후의 장기경제의 침체와 글로벌경쟁 시대의 도래 속에서, 산업계에서는 소정외 근로의 삭감, 베이스 업의 억제・보류, 정기승급의 연기, 임금인하(베이스 다운)68 등, 다양한 형태에서의 임금 억제조치가 이루어져 왔다. 이뿐만 아니라, 기업에서는 연공(근속년수)을 중시한 기존의 임금제도를 수정하고, 업무의 성과나 업무에 발휘된 능력을 중시하여 임금액을 결정하는 움직임이 확산되었다.161) 연령급의 폐지와 직능급으로의 일체화, 직능급제도에서의 능력·성적주의의 강화, 상급관리직에 대한 연봉제의 도입, 연공급화된 직능급의 '직무등급제'·'역할등급제'로의 대체, 업적상여의 설치, 생활수당의 축소·폐지 등이다. 이러한 성과주의적 관점에서의 임금제도의 변경을 취업규칙에 의하여 실시하는 것에 대해서는 판례는 경영환경의 변화를 배경으로 한 변경의 필요성, 임금원자(原資)를 감소시키고 있지 않은가, 임금의 증감액의 폭, 경과조치, 평가제도의 적정함, 노사교섭의 경위 등에 비추어 합리성 유무를 판단하고 있다.[69]

68 베이스 다운으로서의 임금감액

경영이 어려운 상황 속에서는 기업은 전종업원에 대하여 임금원자를 일정 비율로 감액하기로 하고, 이를 기본급이나 제수당에서 일률적으로(기본급의 일률 2할 감액 등), 또는 연령 등에 의한 배분비율을 정하여 실시하는 조치를 취하는 경우가 있다. 베이스 업의 반대개념으로서의 베이스 다운이다. 이러한 이상 사태의 노사교섭에서는 곤란한 실세적·법직 여러 문제가 발생한다. 예를 들면, 가령 조합과의 교섭에서 단체협약의 체결에 도달해도, 그러한 단체협약의 규범적 효력에 대해서는 협약자치의 한계의 문제가 있다. 또한 조합의 존재여부나 조합과의 교섭결과를 불문하고, 취업규칙의 불이익 변경의 절차와 요건을 충족시킬 필요가 있다(취업규칙의 변경에 따른 정사원 임금의 일률 25% 감액조치가 합리성이 없다고 한 판례로서, 杉本石油ガス事件 ― 東京地決 平14. 7. 31, 労判 835호, 25면; 3년간의 50% 감액이 합리성이 없다고 한 사례로서 全日本検数協会[神戸支部]事件 ― 神戸地判 平14. 8. 23, 労判 836호, 65면; 2년간 한정으로 10% 정도의 기준임금의 감액이 합리성이 있다고 한 사례로서 住友重機械工業事件 ― 東京地判 平19. 2. 14, 労判 938호, 39면).

69 성과주의 임금제도로의 변경

성과주의 임금제도로의 변경에서는 연공적인 임금제도를 임금원자는 유지하면서 성과(업적)주의·능력주의 임금제도로 변경한 결과, 임금액이 사람에 따라 연도에 따라 증·감액하는 경우가 많고, 변경의 합리성은 독특한 문제가 된다. 판례는 변경에 대하여 경영상의 고도의 필요성이 인정되고, 발생할 수 있는 증·감액의 폭, 평가의 기준·절차, 경과조치 등에서 상당한 내용으로 인정되고, 조합과의 실질적인 교섭을 거쳤다고 판단되는 사건에서는 합리성을 긍정하고 있다(ハクスイテック事件 ― 大阪高判 平13. 8. 30, 労判 816호, 23면; 県南交通事件 ― 東京高判 平15. 2. 6, 労判 849호, 107면; ノイズ研究所事件 ― 東京高判 平18. 6. 22, 労判 920호, 5면. 문헌으로서 道幸哲也, 「成果主義人事制度導入の法的問題(1)～(3)」, 労判 938호, 5면, 939호, 5면, 940호, 5면).

---

161) 문헌으로는 土田, 労働契約法, 256면 이하; 土田道夫, 「成果主義人事と労働契約・労働法」 土田道夫＝山川隆一編, 成果主義人事と労働法, 19면; 逢見直人, 「労働組合からみた成果主義賃金の検証」, 季労 270호, 50면. 石井保雄, 「成果主義賃金制度と労働法(学)の10年」, 日労研 554호, 5면; 石田光男, 「賃金制度改革の着地点」, 日労研 554호, 47면,

여기에서는 상기와 같은 성과주의·능력주의 임금제도를 도입하는 동향 속에서 확대되고 있는 임금제도의 전형적인 모습을 설명하기로 한다.

(가) **직무등급제와 역할등급제**   장기고용시스템을 취한 기업에서의 대표적인 처우제도인 직능자격·직능자격제도는 1990년대 이후 종업원의 본격적인 고령화와 글로벌경쟁의 도래가 계속되는 가운데 기본적인 재검토가 필요하게 되었다. 즉, 기업 내의 직무수행능력의 축적을 자격·기본급에 반영시키는 동 제도는 인재의 장기적인 육성·활용이 기업의 성장에 직결되는 성장경제의 인재수요에 잘 합치하고, 또 종업원의 고령화가 진전되기 시작한 1980년대에는 관리직 포스트의 부족을 보충하는 처우대체기능도 완수할 수 있었다. 그러나 1990년대 이후는 기업이 글로벌한 시장경쟁 속에서 저상장, 시장의 불안정화, 그리고 정사원의 계속되는 고령화로 고통을 받는 시대가 되어, 연공적인 직능급제도는 코스트 상승의 임금제도로 의식되게 되었다. 이리하여 연공에 따른 능력의 축적과는 별도의, 시장의 요청에 기민하게 대응할 수 있는 임금·처우제도에 대한 개혁이 요구되었다.162)

이러한 개혁의 한 가지 모델이 된 것이 1980∼1990년대에 미국 화이트컬러에 대하여 확산되었던 직무등급제(Job Grade제)이다.163) 여기에는 전형적으로는 기업 내의 직무를 직책의 내용·중요도에 따라 등급(grade)으로 분류·서열화하고, 등급마다 임금액의 최고치, 중간치, 최저치에 의한 급여범위(range)를 설정하는 제도이다(중간치는 시장임금과 관련짓는 것이 일반적이다). 직무등급제는 직무에 따른 임금의 일종으로, 직무분석을 실시하여 설계되지만, 직무를 세분류하여 각각에 임금 비율(rate)을 정하는 순수한 직무급과는 달리, 직무를 그 책임의 난이도에 따라서 추상적으로 큰 묶음으로 분류하여 등급화하고, 각 등급에서 상당히 넓은 범위의 급여 범위(range)를 설정한다(Broad Banding). 이에 의하여 같은 등급 중에서도 개개인의 급여액을 매년의 공헌도(업적을 위한 능력발휘도)의 차이에 의하여 상당 정도 차별화할 수 있게 하는 것이다.

개개인의 급여는 먼저 직무등급에 대한 등급매기기의 결정(승급, 현급 유지,

---

162) 공급중시의 임금제도에서 수요중시의 임금제도로의 개혁으로 표현되었다. 今野浩一郎, 勝ちぬく賃金改革 ― 日本型仕事給のすすめ, 86면 참조. 또한 樋口純平, 「成果主義の賃金改革と 2 つの市場」, 日労研 611호, 38면 이하는 일본의 성과주의 임금제도가 미국의 성과주의 임금제도와 비교하여, 외부노동시장보다도 내부노동시장에 축을 두고 있다는 점을 지적한다.

163) 笹島芳雄, 最新アメリカの賃金·評価制度, 24∼69면; 石田光男=樋口純平, 人事制度の日米比較, 49면 이하. 일본 기업용의 모델을 제시한 것으로서 今野浩一郎=佐藤博樹, 人事管理入門, 131∼133면; 佐藤博樹=藤村博之=八代充史, 新版マテリアル人事労務管理, 56∼57면.

강등)과 각 등급의 급여범위 내에서의 급여액 결정에 따라 정해지지만, 모두 전
년도에서의 직무수행능력의 발휘도의 평가(competency 평가)164)와 업적목표의
달성도의 평가(각 기수(期首)의 목표설정에 비추어 기말에 본인과 상사 간에 쌍방향적
으로 실시된다)에 의하여 실시된다.

　이상과 같은 직무등급제는 증가한 외자계 기업을 중심으로 하여 글로벌경쟁
을 의식한 상당 다수의 기업에서도 채택되고 있다고 추측되지만,165) 직무분류
를 실시하지 않고(따라서 직무개념을 명확히 하지 않고) 도입되고 있는 것도 많다
고 한다.166) 실제로 장기고용시스템을 취하는 일본기업에서는 임금은 학력, 연
령, 직무수행능력 등의 속인적 요소를 기준으로 하고, 한편으로 직무에 대해서
는 명확하게 정의하지 않고 종업원의 배치를 유연하게 실시하여 인재의 육성·
활용을 도모해 온 것으로, 직무개념을 기본으로 하는 직무등급제로 단행하는
것에는 어려움이 있다. 그래서 직무개념이 애매한 채로 시장의 요청에 따르기
쉬운 임금제도로서 확대되고 있는 것이, 조직의 달성목표에 비춘 종업원의 업
무상의 역할(mission)을 분류하여 등급화하고, 그 등급에 따라 기본급을 정하는
'역할등급'제이다.167) 역할등급에 의한 임금액은 직무등급제와 마찬가지로 일정
한 범위(range) 속에서 평가로 정해지는 것이 일반적이다. 거기에서는 승급이나
범위내의 금액의 결정은 전형적으로는 각자의 각기의 목표달성도나 능력발휘
정도를 평가하여 정해진다. 다만 업무의 역할이라고 해도, 관리직 이외에는 직
무나 역할이 불명확하기 때문에 직능자격제도에서의 직무수행능력과 마찬가지
의 기준을 이용한 등급화가 되기 쉽다고도 한다.168)

　(나) **연봉제**　　　이상의 직무등급제·역할등급제는 시장의 요청에 대응하기

---

　164) competency란, '고(高)업적자의 사고특성이나 행동특성을 추출정리한 것으로, 인재육성상
의 지표로서 평가나 처우에 활용되는' 것, 으로 표현된다. 石田光男=樋口純平, 人事制度の日米比較,
64면.
　165) 산업종합연구소의 '제5회 인사제도에 관한 종합조사'(2010년 10월~11월)에서는 응답기업
193사 가운데, 직능자격제, 직무등급제, 역할등급제를 채택하고 있는 기업의 비율은 각각 68.9%,
50.3%, 47.1%이다(人事労務, 2011년 1월 1일·15일 합병호, 17면).
　166) 居樹伸雄, 「事例にみる賃金制度の具体策」, 賃金·労務通信 2011년 1월 5일·15일 합병호,
3면. 직무등급제에 관한 판례로서는 에이시이니일센·코퍼레이션事件 ― 東京地判
平16. 3. 31, 労判 873호, 33면이 있다.
　167) 직무가 아니라 사람에 착안하여 임금을 결정하는 일본기업에서는 직무등급제보다도 역할
등급제가 시장의 요청에 따르는 새로운 임금제도의 주류가 되어 간다는 견해를 언급한 문헌으로
는 石田光男=樋口純平, 人事制度の日米比較, 22면 이하, 196면 이하.
　168) 居樹伸雄, 「事例にみる賃金制度の具体策」, 賃金·労務通信 2011년 1월 5일·15일 合併号,
4면. 樋口純平, 「成果主義の賃金改革と２つの市場」, 日労研 611호는, 역할등급은 직책을 중시하면
직무등급에 가깝게 되고, 능력을 중시하면 직능등급에 가깝게 된다고 지적한다.

쉬운 임금제도에 대한 개혁을 관리직뿐만 아니라 일반직의 정사원에게 까지 미치는 것이지만, 상급관리직이나 고도전문직에 한정된 성과주의 임금제도로의 개혁으로서는 연봉제가 있다. 이것은 '임금의 전부 또는 상당 부분을 근로자의 업적 등에 관한 목표 달성도를 평가하여 연단위로 설정하는 제도'라고 파악할 수 있는 것으로,169) 대기업의 상급관리직자를 중심으로 확산되고 있다. 이 연봉제에도 월례임금뿐만 아니라 상여도 연봉에 대체하는지, 제 수당은 어느 정도 남길 것인지 등에 따라 다양하다. 또 연봉 지급방법은 노기법의 매월 1회 이상 지급원칙(24조 2항)에 의해 12분하여 매월 지급되는 것이 보통인데 사회보험료의 부담과의 관계도 있어 상여부분을 마련하는 경우도 많다.170)

연봉제의 도입에 대해서는 취업규칙의 변경이 필요하고 변경의 합리성이 문제가 된다. 또한 연봉제의 운용에 있어서 목표달성도의 평가에 관한 사용자와 근로자의 의견이 대립하여 타협점을 찾지 못하는 경우에는 사용자의 해고권이 자기억제된 장기고용시스템 속에서 이루어지고 있는 한, 사용자에게 평가결정권이 있다고 하지 않을 수 없다.171) 단, 이 평가결정권은 목표의 설정과 그 평가에 관한 공정한 절차 및 고충저리절차 모두 취업규칙에서 제도화되어 있을 것이 필요하다.172) 연봉액을 합의로 확정한 경우에는 사용자가 해당 연도의 도중에 이를 일방적으로 인하하는 것은 허용되지 않는다.173) [70][71]

70 연봉제와 할증임금

연봉제는 1년에 걸친 업무의 성과에 따라 다음 연도의 임금액을 설정하는 제도이므로, 근로시간의 양(할증임금)을 문제로 할 필요 없는 관리감독자(노기 41조 2호)와 재량근로자(동 38조의 3, 4)에게 적합한 임금제도이다. 바꿔 말하면, 연봉제 그 자체는 시간외 근로의 할증임금(동 37조)을 면하게 하는 효과를 가지지 않고, 관리감독자 내지 재량근로제의 요건을 충족시키지 않는 한, 할증임금 지불의무를 면할 수 없다(판례로 システムワークス事件 ― 大阪地判 平14. 10. 25, 労判 844호, 79면). 할증임금이 지불되어야 하는 경우, 할증임금산정의 기초를 이루는 '통상의 근로시간의 임금'은 상여부분이 마련되어 있어도 연봉액 전체를 연간의 소정근로시간수로 나누어 산정된다(中山書店事件 ― 東京地判 平19. 3. 26, 労判 943호, 41면).

71 성과주의 임금제도에서의 평가

종래의 장기고용시스템 하에서 연공급화된 직능급제도에서의 평가는 매년, 매년의 평가(인사고과)의 축적으로 실시되는 장기적인 평가라는 것을 특징으로 삼아 왔다. 평가된 능력은

---

169) 菅野, 「年俸制」 日労研 408호, 74면

170) 문헌으로는, 古川陽二, 「成果主義賃金と年俸制」, 講座21世紀(5), 105면; 藤内和公, 「成果主義賃金の法律問題 ― 年俸制を中心に」, 西谷敏=中島正雄= 奥田香子, 転換期労働法の課題, 70면.

171) 판례로서 中山書店事件 ― 東京地判 平19. 3. 26, 労判 943호, 41면.

172) 日本システム開発研究所事件 ― 東京高判 平20. 4. 9, 労判 959호, 6면.

173) シーエーアイ事件 ― 東京地判 平12. 2. 8, 労判 787호, 8면.

해당 기업에서의 근무가 쌓여짐으로써 축적되어 온 해당 기업에 특유의 지식·기능 등의 능력이며, 또한 그러한 보유능력의 평가에 더불어 회사에 대한 공헌도를 나타내는 정의평가가 중시되어 왔다. 또 매년 평가의 결과로서의 승급(昇給), 승격·승급(昇級), 일시금의 차이는 소액에 그쳤다. 인사고과는 고과권자, 고과기간, 고과의 기준 등이 규정화된 뒤, 기업(상사)의 전권사항으로 되고, 고과결과는 본인에게 개시(開示)되지 않는 것이 일반적이었다. 오늘날에도 이러한 인사고과제도에 의한 직능급제도를 유지하고 있는 기업은 상당히 많다고 추측된다.

이에 대하여, 거품경제 붕괴 후에 제도화된 연봉제 및 업적상여에서도 전형적으로는 연도 당초 내지 기수(期首; 분기 초)에서 각 종업원의 해당 년도(연봉) 내지 기(期; 상여)의 업무수행상의 목표가 개개인의 자기신고와 그 후의 상사와의 대화를 거쳐 설정된 후, 연도말 내지 기말에 해당 목표의 달성도가 해당 종업원과 상사와의 대화에서 평가되어, 다음 년도의 연봉액 내지 당기의 상여액이 설정되는 것을 전형으로 한다. 이 목표관리에 의한 평가 프로세스는 규정에 의하여 제도화되는 것이 일반적이다. 또한 직무등급제나 역할등급제에서의 등급(grade)의 상하이동(승급, 강등)이나 등급범위(range)내에서의 급여액의 결정은 전형적으로는 목표관리 방법을 이용한 업적평가와 당해 기간에 발휘된 능력을 평가하는 competency 평가에 의해서 실시된다. 이러한 평가의 특색은 평가가 해당 년도(내지 기간)에 달성된 성과나 발휘된 능력에 착안하여 연도(내지 기간)마다 독립하여 행해져 축적되지 않는 것, 그리고 그러한 단기적 평가에 의해 각 기간의 임금액의 보다 대폭적인 증감을 가져오는 것이다(그래서 학설로는 사용자의 공정평가의무 등이 주장된다. 土田, 勞働契約法, 259면; 西谷, 勞働法, 247~248면).

직무등급제(내지 역할등급제)에서 저평가에 의한 강급 내지 급여감액이 다투어진 경우에는 판례는 해당 직무(역할)등급제에서의 평가의 절차·기준 등의 규정이 합리적인 것인가, 그리고 그러한 절차·기준에 따라서 평가가 적절하게 이루어지고 있는가를 판단하고, 강등, 감액의 적법성을 판정하고 있다(강급을 적법으로 본 사례로서 エーシーニールセン·コーポレーション事件 ― 東京高判 平16. 11. 16, 勞判 909호, 77면. 강등을 위법으로 본 사례로서 マッキャン·エリクソン事件 ― 東京高判 平19. 2. 22, 勞判 937호, 175면; 国際観光振興機構事件 ― 東京地判 平19. 5. 17, 勞判 949호, 66면).

또한, 목표관리방법을 이용한 성과주의 임금의 평가제도에 대해서는 목표를 낮게 설정하여 달성도를 좋게 하고자 한다, 선배가 후배의 지도를 하지 않게 된다, 관리자에 의한 평가 코스트가 너무 크다, 평가의 적절함에 대한 평가자와 피평가자의 인식의 갭, 임금의 불안정화 등의 문제점이 지적되어 다양한 수정(목표의 난이도나 달성 프로세스도 고려, 팀워크에 대한 공헌도 평가, 감액폭을 소폭으로 등)이 이루어지고 있다(居樹伸雄,「賃金制度の改定動向と成果主義再考」, 賃金·勞務通信 2009년 11월호, 6~7면 참조).

(4) 상 여

상여(일시금)는 통상 취업규칙 등에 하계상여와 연말상여의 2회로 나뉘어 대략 그 지급시기와 노동조합이 있다면 노동조합과 교섭하여 금액을 정하는 취지, 그렇지 않으면 회사의 업적 등을 감안하여 (사용자가) 정하는 취지가 기재되어 있다. 또 회사실적이 현저히 저하된 경우에는 지급을 연기하거나 지급하지 않는 경우가 있다는 것도 정하고 있다. 그리고 상여금액은 기본급에 그때 때의 경제 상황에서 정해지는 지급률(몇 개월 분)을 곱하고, 여기에 지급대상기간의

출근율 및 성적계수(성적사정에 의한 것)를 곱하여 산정하는 것이 전형적인 예이
다. 이러한 상여는 기본적으로는 지급대상기간의 근무에 대응하는 임금이 되지
만, 거기에는 공로보상적 의미뿐만 아니라 생활보전적 의미 및 향후 노동에 대
한 의욕 향상책으로서의 의미가 포함되어 있다.

상여에 대해서는 그 변동적(경기조절적)인 성격을 이용하여, 기업실적이 회
복·상승해도, 월례급 내지 기본급은 계속 억제하고 상여로 배분하는 기업이
증가하고 있다. 또한 상여에 대해서는 최근의 성과주의의 흐름이 두드러지며,
상여의 전부 또는 일부를 소속부문이나 각 종업원의 업적에 의해서 크게 차이
를 두는 상여로 재편되는 움직임이 확대되고 있다. 그러한 전형이 반기(半期)마
다의 상여지급에 대하여 종업원마다 기초(期初)의 목표설정과 기말(期末)의 달성
도 평가를 실시하여(목표관리방식), 개개인의 지급액에 큰 차이를 두는 업적상여
이다(인센티브(incentive)상여 등으로도 불린다).

상여청구권은 취업규칙에 의해 보장되고 있는 것이 아니라 각 시기의 상여
에 대하여 노사의 교섭 혹은 사용자의 결정에 의해 산정 기준·방법이 정해지
고 산정에 필요한 성적 사정도 이루어져야 비로소 발생한다.174) 그러나 산정
기준·방법이 규정 내지 결정되어 있는 경우에는 그것에 따라 성적사정을 실시
하도록 청구할 수 있고, 사정을 실시하지 않는 경우에는 해당 근로자가 확실하
게 얻을 수 있는 사정시점에 의한 청구도 할 수 있다고 해석되어야 한다.

상여에 대해서는 취업규칙 등에서 지급일 혹은 일정한 기준일(예를 들어 지
급일의 1개월 전)에 재적하는 자에게만 지급한다는 취급을 하는 경우가 많다. 이
취급에 있어서 지급대상기간을 근무하면서 지급일 내지 기준일에는 재적하지
않는 자에게는 상여가 지급되지 않는다. 판례에서는 지급일 재적요건이 자발적
퇴직자의 사안에서 적법한 것으로 되었으며,175) 또한 퇴직일을 스스로 선택할
수 없는 정년퇴직자에 대해서도 적법하다고 하였다.176) 후자의 해석은 상여의
임금(근로의 대상(対償))으로서의 성격에서 볼 때 의문이 많다.177)

---

174) 증권영업사원의 인센티브 보너스에 대하여, 회사가 지급기준을 정하고 있지 않기 때문에
청구권이 없다고 본 사례로서 USBセキュリティーズ・ジャパン事件 — 東京地判 平21. 11. 4, 労
判 1001호, 48면.

175) 大和銀行事件 — 最一小判 昭57. 10. 7, 労判 399호, 11면; 또 단체협약에 의해 퇴직일을
하계상여의 지급대상 기간만료 전날로 된 희망퇴직 우대제도의 이용자에 대해서도 지급일 재적요
건은 유효하다고 한다. コープこうべ事件 — 神戸地判 平15. 2. 12, 労判 853호, 80면.

176) カッデン事件 — 東京地判 平8. 10. 29, 労経速 1639호, 3면.

177) 安枝=西村, 労働法, 170면; 下井, 労基法, 270면 참조. 또한 보다 정밀하고 치밀한 비판은
土田, 労働契約法, 266면; 西谷, 労働法, 266면; 山田省三,「賞与の支給日在籍条項をめぐる法理の

(5) 퇴직금(퇴직수당)

퇴직금은 통상 산정 기초임금에 근속연수별 지급률을 곱하여 산정되므로 일반적으로 '임금의 후불'이라는 성격을 띠고 있다. 그러나 그것은 한편으로는 공로보상적 성격도 가지고 있어(산정기초임금은 퇴직시 기본급으로 여겨지는 경우가 많고, 또한 지급률은 일반적으로 근속년수에 상응하여 체증해 간다), 지급기준에 있어서 자기사정에 의한 퇴직과 회사사정으로 인한 퇴직이 구별되거나(후자는 지급률이 보다 높다), 근무성적을 감안하거나 하여 '동업종 타사로의 취직'과 '징계해고' 등 사용자의 입장에서 바람직하지 않은 사유가 있는 경우에는 퇴직금을 감액 내지 몰수하는 조항이 만들어져 있기도 하다. 그래서 퇴직금 지급기준 규정 중에 사용자의 공로보상적 평가를 어디까지 포함할 것인지가 퇴직금의 임금 후불적 성격에 비추어 문제가 된다.178)[72]

이상의 근로자에게 귀책되는 사유에 의한 감액·몰수와는 달리, 근속년수와 퇴직사유에 의해 지급률이 정해져 있는 퇴직금 지급의 유무·금액을 경영 상황에 의해서 이사회에서 개별 결정할 수 있도록 변경하는 것은 임금의 후불적 성격에 비추어 합리성은 인정되지 않는다.179)

퇴직금은 고령화가 진전되는 가운데 그 전부 혹은 일부를 기업연금으로 재편하고 있는 기업이 많다. 또 직능자격이나 업적의 누적 포인트에 따라서 퇴직금액을 결정하는 포인트제 퇴직금이나 퇴직금을 연간 임금에 덧보태어 버리는 '상여전액지불형 사원'의 제도화 등의 움직임도 있다. 아울러 조기퇴직을 장려하기 위한 할증퇴직금의 지급도 많이 보인다.[73]

---

[72] **퇴직수당의 감액·몰수**

퇴직수당의 감액·몰수조항 중에 최대의 법적 문제는 징계해고의 경우 몰수조항의 유효성이다. 이 점에 대해서는 퇴직수당은 근속년수마다 이에 대응하는 금액의 구체적 청구권으로서 확정해 가고 사용자는 퇴직시까지의 지불유예의 항변권을 가지고 있는 데 지나지 않는다고 하여 그 무효(후술하는 임금 전액불 원칙위반)를 주장하는 견해가 있다. 그러나 퇴직수당의 금액은 퇴직사유·근속년수 등의 여러 조건에 비추어 퇴직시에 비로소 확정되므로 퇴직시까지는 채권으로서 성립하고 있다고는 할 수 없다. 따라서 몰수조항의 유효성은 전액불 원칙의 문제가 아니라 성립요건에 관한 규정의 유효성의 문제이다(有泉, 232면). 이에 대해서는

再檢討」安西愈古稀·經營と勞働法務の理論と實務, 209면 이하. 또한 유사한 문제 사례로서 ベネッセコーポレーション事件 ― 東京地判 平8. 6. 28, 勞判 696호, 17면.

178) 퇴직 직전에 고객 데이터를 경쟁사에 넘겨주는 등, 징벌해고사유에도 상당하는 중대한 배신행위가 있는 경우에는 퇴직금 청구는 권리의 남용이 될 수 있다고 한 판례가 있다(アイビ·プロテック事件 ― 東京地判 平12. 12. 18, 勞判 803호, 74면).

179) 그러한 퇴직금 규정의 변경을 합리성이 없다고 한 판례로 ドラール事件 ― 札幌地判 平14. 2. 15, 勞判 837호, 66면.

징계해고를 논할 때 검토한다.

또 동종업계 타사로 전직할 경우의 감액·몰수조항은 퇴직금 청구권의 해제조건에 해당되고, 마찬가지로 임금 전액불 원칙에는 저촉되지 않는다. 판례는 광고대리회사의 영업사원이 동종업계 타사로 전직한 사안에서 퇴직수당의 2분의 1만을 지급한다는 취업규칙상 규정이 동 수당의 공로보상적 성격에 비추어 유효하다고 인정하고 있다(다만 전직이 퇴직 후의 '어느 정도의 기간'내에 이루어질 것이 필요하다고 하였다. 三晃社事件 — 最二小判 昭52. 8. 9, 労経速 958호, 25면). 한편 같은 광고대리업에서 퇴직 후 6개월 이내에 동업종 타사로 취직한 경우에는 퇴직금을 지급하지 않는다는 취업규칙의 규정은 현저한 배신성 있는 동업종 타사로의 취직에 대해서만 적용된다고 하여 그 적용을 부정한 판례도 있다(中部日本広告事件 — 名古屋高判 平2. 8. 31, 労民 41권 4호, 656면). 이렇게 종업원의 동종업계 타사로의 전직이 사용자에게 영업상 타격을 주는 사안에서는 퇴직금의 몰수·감액조항은 경업규제의 내용(규제 기간, 규제되는 경업의 양상, 감액률)에 합리적인 한정을 지으면서도 퇴직수당의 성립요건에 관한 적법한 공로보상적 결정이라고 인정된다(같은 취지: 下井, 労基法, 199면 참조).

(73) **퇴직금 청구의 권리남용성**

퇴직금 청구도, 이를 인정하는 것이 현저하게 불공정하다고 인정되는 경우에는 권리남용으로 여겨지는 경우가 있다. 전형적으로는 퇴직한 종업원에 대하여 근속의 공로를 말소해버리는 중대한 비위(非違)행위가 발각되어, 퇴직금 청구가 현저하게 신의에 반한다고 인정되는(그리고 지급하지 않는다는 조항의 부재로 이를 적용할 수 없는) 경우이다. 이러한 경우에는 해당 종업원의 퇴직금 청구는 권리의 남용으로서 허용되지 않는다고 판단되는 경우가 있다(ピアス事件 — 大阪地判 平21. 3. 30, 労判 987호, 60면). 다만 근로자의 입장에서의 퇴직금의 중요성에 비추어 보면, 퇴직금 청구의 권리남용성은 예외적 법리로서 사용되어야 할 것이다.

(6) 기업연금

기업이 운영하는 연금제도는 퇴직금과 별개의 원자(原資)를 이용해서 운영되는 케이스도 있고, 퇴직금의 일부 또는 전부를 이행시키는 케이스가 보다 일반적이다. 기업연금은 기업자신이 독자적으로 관리 운영하는 것도 있지만('자사연금'으로 불린다), 대부분은 원자에 대한 세제상의 우대조치가 있는 적격(適格)퇴직연금제도(법인세 83조 이하) 또는 후생연금기금제도(다른 이름으로 '조정(調整)연금'제도. 후연 106조 이하)를 이용해 왔다.[180] 다음 항에서 언급하는 새로운 제도의 제정에 따라, 적격퇴직금제도는 2012년 3월 말로 폐지되었으며, 새로운 제도의 하나인 확정급여기업연금으로의 이행이 진행되었다.

기업연금에 대해서는 기업에서의 연금재정의 악화로 인하여 감액이나 폐지 조치가 취해지게 되어, 그 적법성이 취업규칙의 불이익 변경문제의 구조를 참고로 하여 판단되고 있다.[181] (74)

180) 적격퇴직금(선택일시금) 및 후생연금의 가산연금(선택일시금)은 실제로 퇴직일시금의 일부를 대체하는 것이기는 해도, 신탁은행 또는 후생연금기금이라는 별개 독립적인 법인에 의해 지불되는 것이므로 퇴직일시금에 대한 차압명령은 그러한 연금에는 미치지 못한다. 甲野·S社[取立債権請求]事件 — 東京地判 平14. 2. 28, 労判 826호, 24면.

74 **기업연금의 감액 및 폐지**

　　최근 경기변동이 계속되는 가운데, 경영이 악화한 기업에서 기업연금의 감액이나 폐지가 이루어져 종업원과 연금수급자가 그 조치를 다투는 소송이 상당수 제기되고 있다(森戸英幸, 「企業年金の『受給者減額』」, 中嶋士元也還暦, 労働関係法の現代的展開, 119면; 土田, 労働契約法, 253~255면).

　　먼저, 기업연급의 감액에 대해서는 무갹출제로 종신 지급되는 자사연금을 규정의 3배 이상 지급하고 있던 은행에서, 지급총액이 급증하여 경영을 압박하였기 때문에 규정대로의 금액에 감액한 사건에서는 감액이 유효하다고 하였다(幸福銀行事件 — 大阪地判 平10. 4. 13, 労判 744호, 54면). 또한 퇴직금을 원자로 한 복지연금(자사연금)을 거품경제 붕괴 후의 회사의 경영악화가 계속되는 가운데 감액(급여율을 ①사건에서는 8%에서 5.5%로, ②사건에서는 7.5%에서 5%로 변경)한 사건에서도 감액은 유효하다고 하였다(①松下電器産業事件 — 大阪高判 平18. 11. 28, 労判 930호, 13면, ②松下電器産業グループグループ事件 — 大阪高判 平18. 11. 28, 労判 930호, 26면. ①사건에서는 회사의 경영 상황에 비추어 보면 연금제도의 부담은 너무 무거워 이를 유지할 수 없는 점, 이미 감액하고 있던 현역 종업원과의 공평을 도모할 필요가 있는 점 등에서 연금규정 중에 있는 감액사유의 '경제정세에 큰 변동이 있는 경우'에 해당한다고 판단되었다). 또 퇴직자에 대한 연금지급액을 재정재건위원회의 답신, 퇴직자 유지와의 간담회, 전체 퇴직자에 대한 앙케이트 조사 등을 거쳐 4년간에 5단계로 35% 감액하는 기업연금(자사연금)의 감액이 장래적인 제도파탄을 회피하기 위한 부득이한 조치로, 제도의 조정규정에 의해 가능하다고 보았다(早稲田大学事件 — 東京高判 平21. 10. 29, 労判 995호, 5면). 공적 자금의 투입을 받은 은행에서의 후생연금기금의 규약변경에 따른 지급액 감액(평균 13.2%)을, 취업규칙 변경의 합리성 유사의 판단방법을 이용하여 적법하다고 한 판례도 있다(りそな銀行年金基金＝りそな銀行事件 — 東京高判 平21. 3. 25, 労判 985호, 58면).

　　그리고 기업연금의 폐지에 대하여 사학공제연금제도에 부가하여 실시되어 온 독자적인 연금제도(갹출제)를 기금의 적자 증대와 학교재정의 핍박을 이유로 폐지한 사건에서 취업규칙의 불이익 변경의 합리성의 판단구조에 따라 판단이 이루어져 재정악화에 따른 고도의 필요성, 퇴직금 개선·정년 후 재고용제도 등의 대상(代償)조치, 3년간에 걸친 모든 직원의 의향타진·단체교섭 등을 고려하여 폐지는 부득이한 것으로 간주되었다(名古屋学院事件 — 名古屋高判 平7. 7. 19, 労判 700호, 95면). 또 세제 적격연금을 국민의 평균수명까지의 금액을 지불하여 폐지된 조치(연금규약에 개폐규정 있음)가, 폐지의 필요성과 대상조치의 상당성 등을 종합하여 개폐규정의 요건을 충족시키고 있다고 간주되었다(수급권자에 의한 지불의무 확인청구를 인정하지 않은 사례로서 バイエル薬品·ランクセス事件 — 東京高判 平21. 10. 28, 労判 999호, 43면). 이에 대하여 경영악화가 계속되는 가운데, 금융관리관재인에 의하여 업무·재산의 관리처분을 받기 때문에, 퇴직연금수급자에게 연금(자사연금)지급계약의 해약이라고 칭하여 연금지급을 중단한 사건에서는 연금액 '개정'권 명시에 의한 해약권도 사정변경에 따른 해약권도 부정되어 수급권자에 의한 연금청구가 용인되었다(幸福銀行事件 — 大阪地判 平12. 12. 20, 労判 801호, 21면).

(7) 새로운 기업연금제도

기업연금에 대해서는 거품경제가 무너진 후의 장기불황 속에서 재정상황이

---

181) 임원의 퇴직위로연금을 정한 내규의 폐지에 의한 지급중단에 대해서는 취업규칙과 동등한 집단적 처리법리에 의하여 판단하는 것은 적절하지 않고, 개별 계약법리에 의해야 한다고 간주되었다. もみじ銀行事件 — 最三小判 平22. 3. 16, 労判 1004호, 6면.

악화되어 그 법적 제도의 재편성이 요구되었다. 또한 고용의 유동화에 대비하여 전직시의 연금자산의 이환(移換; portability)의 구조를 정비하는 것도 사회적으로 요청되었다. 이리하여 2001년에 '확정거출연금'제도를 수립하는 확정거출연금법(2001년 법 88, 이하 '확거년'으로 약칭)이 제정되어, 이와 더불어 기존의 '확정급여기업연금' 제도를 정비하기 위한 확정급부기업연금법(2001년 법 50, 이하 '확급년'으로 약칭)이 제정되었다.[182)

(가) 확정거출연금   확정거출연금은 개인 또는 사업주가 갹출한 자금을 개인이 자기의 책임으로 운용의 지도(指図)를 하고, 고령기에 이에 근거한 급여를 수급할 수 있는 제도이다(확거년 1조). 이 중에 후생연금보험 적용사업소의 사업주가 단독 또는 공동으로 실시하는 것을 '기업형 연금', 개인이 갹출해 국민연금기금연합회가 실시하는 것을 '개인형 연금'이라고 한다(2조 1항~3항).

'기업형 연금'의 경우, 실시 사업주는 해당 후생연금적용사업소에서 사용되는 피용자연금피보험자 등의 과반수로 조직하는 노동조합이 있는 경우는 해당 노동조합, 과반수 노동조합이 없는 경우는 피보험자의 과반수 대표자의 동의를 얻어서 기업형 연금에 관련된 규약을 작성해 후생노동대신(厚生労働大臣: 후생노동성 장관)의 승인을 얻지 않으면 안 된다(3조). 규약에 있어서는 실시 사업주·사업소, 자산관리기관, 운영관리기관, 가입자격, 갹출금액의 산정방식, 운용방법의 제시와 지도(指図), 급여 금액·지급 방식, 사무비의 부담 방식 등을 정한다(3조 3항). 가입자는 실시 사업소에 사용되는 피용자연금피보험자 등이고, 규약에서 정한 자격을 가진 자로(9조, 10조). 사망, 퇴직 또는 60세 도달 등으로 자격을 상실한다(11조). 그리고 60세에 도달함으로써 기업형 연금가입자의 자격을 상실한 자 등은 기업형 연금운용지도자가 된다(15조).

사업주는 기업형 연금 가입자 기간의 계산의 기초가 되는 매달에 대해서, 기업형 연금규약이 정하는 바에 따라서 자산운영기관에 대해서 연금부금을 갹출한다(19조. 갹출 한도액은 20조에 정해져 있다). 또한 가입자도 상기 매월에 대하여 동 규약이 정하는 바에 의해 부금을 갹출할 수 있다(19조 3항). 이 부금의 금액은 기업형 연금규약에서 정하는 바에 따라 기업형 연금가입자가 결정하거나 또는 변경한다(동조 4항. 19조 3항, 4항은 2011년 법 93에 의해서 추가되었다).

사업주는 기업형 연금의 운영관리업무의 전부 또는 일부를 확정거출연금운

---

182) 이러한 새로운 법 아래에서의 각종 기업연금제도의 내용에 대해서는, 森戸英幸, 企業年金の法と政策 참조.

영관리기관에 위탁할 수 있지만(7조), 그러한 경우 급여에 충당되어야 할 적립금에 대해서, 신탁계약, 생명보험계약, 생명공제계약, 손해보험계약의 어느 하나를 체결하지 않으면 안 된다(8조). 또한 사업주는 기업형 연금가입자 및 운용지도자에 대해서, 이러한 자가 행하는 운용의 지도에 도움을 주기 위해 자산운용에 관한 기초적 자료의 제공, 그 외의 필요한 조치를 강구하도록 노력하지 않으면 안 된다(22조). 운영관리기관은 운용방법(예금과 적금, 신탁, 유가증권매매 등)을 기업형 연금규약이 정한 바에 따라 3가지 이상 선정하지 않으면 안 되고, 그 중 하나는 원금 확보형을 선정하지 않으면 안 된다(23조). 더구나 운영관리기관은 제시한 운용방법에 관한 이익의 전망 및 손실의 가능성, 기타 정보를 연금가입자·운용지도자에게 제공하지 않으면 안 된다(24조). 연금가입자·운용지도자는 연금규약에서 정한 바에 따라, 자기의 개인별 관리자산에 대해서, 운영관리기관에 개별의 운용지도를 실시하여, 운영관리기관이 자산관리기관에 대해서 통지하게 된다(25조). 급여의 종류는 노령급여금(원칙적으로 60살 이상의 연금이지만, 규약에 따라 일시금으로 지급도 가능), 장애급여금(70살이 되기 전날까지 정령에서 정한 정도의 장애에 해당한 경우에 지급. 일시금도 가능), 사망일시금이다(28조 이하). 확정거출연금의 적정한 운영을 도모하기 위한 사업주의 행동준칙도 규정되어 있다(연금가입자에 대한 충실의무, 자기 또는 제3자의 이익을 도모하기 위해 하는 운영관리업무계약의 체결금지 등. 43조).

어느 기업의 기업형 연금가입자가 전직했을 때는, 전직하기 전 기업의 자산관리기관에 있어서의 개인별 관리자산을, 전직하는 기업의 기업형 연금의 자산관리기관에 이환하는 것으로 한다. 개인형 연금가입자가 기업형 연금이 존재하는 기업에 전직한 경우도 마찬가지이다(80조). 한편, 전직하는 기업에 기업형 연금이 없는 경우에는, 연금가입자는 이전 기업의 자산관리기관에서의 개인별 관리자산을 국민연금기금연합회에 이환하는 것이 가능하며(81조), 이것에 의해 개인형 연금으로써의 운용을 계속할 수 있다. 모두 연금자산의 이환의 보장(portability)을 정한 것으로, 확정거출형연금의 커다란 특징이다.

'개인형 연금'의 경우는 자영업자나, 기업연금이 없고 기업형 확정거출연금도 도입하지 않은 기업의 종업원이 대상이 되기 때문에, 국민연금기금연합회가 규약을 작성한다(55조 이하).

확정거출연금은 종업원이 자기의 의사와 필요에 의해 연금을 운용할 수 있으며, 또한 전직을 할 때의 이환(portability)의 보장에 의해 전직을 지원하는 등의 메리트를 가지고 있는 반면, 연금의 운용이 자기책임에 맡겨진 결과, 연금급여가 확정되지 않고 노후의 생활이 불안정하게 될 리스크도 같이 지니고 있다.

(나) **확정급여기업연금** 한편 종래와 마찬가지로 일정액의 급여를 보장하는 '확정급여형'의 기업연금에 대해서도, 확정급부기업연금법에 의해서 제도가 정비되었다.

확정급여기업연금은 후생연금적용사업소의 사업주가 단독 또는 공동으로 실시하는 것으로(확급년 2조 1항), 규약형 기업연금(노사가 합의한 연금규약에 근거하여, 기업과 신탁회사·생명보험회사 등이 계약을 체결하여, 모체기업 외에서 연금자산의 관리·운용과 급여를 행하는 타입. 4조~7조)과 기금형 기업연금(모체기업과는 별개의 법인기금을 설립한 뒤, 기금에 있어서 연금자산의 관리·운용과 급여를 행하는 타입. 기금의 조직 형태는 8조~24조)으로 나뉜다. 어느 경우나 기업연금을 실시하려고 하는 사업주는 피용자연금보험피보험자 등의 과반수로 조직되는 노동조합이 있는 경우는 그 노동조합이, 이러한 노동조합이 없는 경우는 과반수 대표자의 동의를 얻어서 확정급여기업연금의 규약을 작성해 후생노동대신의 승인(규약형인 경우) 또는 기업연금기금의 설립에 관한 인가(기금형의 경우)를 받지 않으면 안 된다(3조). 규약에 있어서는, 실시 사업주·사업소, 자산관리운용기관 및 계약금융상품취급업자, 가입자의 자격, 급여의 종류·방법, 수급요건 및 금액의 산정방법, 부금부담 등의 사항을 정한다(4조).[75]

확정급여기업연금의 가입자는 실시 사업소에 사용되는 피용자연금피보험자 등이며, 규약으로 정한 자격을 가진 자이다(25조). 급여내용은, 노령급여금(원칙적으로 60~65세의 범위로 규약에서 정한 연령을 지급개시연령으로 하고, 수급자격기간은 20년을 넘어서는 안 된다), 탈퇴일시금(규약 소정의 노령급여금의 지급요건을 충족시키지 않는 일정한 자에게 지급) 이외에 장애급여금, 유족급여금이다(29조 이하).

부금을 갹출하는 것은 실시 사업주이며, 자산관리운용기관 등에 납부하는 것으로 한다(55조 1항, 56조). 연금규약에서 정한다면, 본인의 동의를 요건으로 가입자도 부금의 2분의 1을 한도로 갹출을 할 수 있다(55조 2항, 학급년령 35조). 자산운용은 신탁계약, 생명보험계약 또는 생명공제계약의 어느 한 가지에 의하여 실시하고, 신탁계약에서는 금융상품거래업자와의 투자일임계약에 의해서 행할 수 있다(65조). 또 수급권 보호를 위해서, 사업주에 대한 연금자산의 적립의무(59조), 적립금이 책임준비금의 금액 및 최저적립기준액을 밑돌아서는 안 되는 점(60조), 적립부족이 생긴 경우에, 일정 기간 내에 부족이 해소되도록 부금을 갹출해야만 하는 것(63조) 등이 정해져 있는 것 이외에, 사업주의 수탁자 책임을 명확히 하기 위해서 가입자에 대한 충실의무, 이익상반 행위의 금지 등의 행위준칙(69조)과 가입자에 대한 정보개황의 주지의무(73조)가 정해져 있다.

확정급부기업연금법에 있어서는 규약형, 기금형 상호의 이행을 인정하여 연금자산의 이환을 가능하게 한 것(74조 이하) 이외에, 확정거출연금(기업형)으로의 이환도 인정하고 있다(117조 이하).76

75 확정급여기업연금의 급여액의 감액

확정급여기업연금을 실시하는 사업주가 규약의 변경을 하고자 하는 경우에는 실시 사업소의 피보험자 등의 과반수를 조직하는 노동조합 내지는 과반수를 대표하는 자의 동의를 얻은 후, 규약의 변경에 대하여 후생노동대신의 승인을 얻지 않으면 안 된다(6조 1항~3항). 그리고 규약변경이 급여 금액의 감액을 내용으로 하는 경우에는 ① 당해 감액을 하지 않으면 기업연금의 사업의 계속이 어렵게 되는 경우(확금연령 4조 2호), ② 실시 사업소의 경영상황이 악화됨으로써 급여 금액의 감액이 부득이한 경우(확금연칙 5조 2호), 급여 금액을 감액하지 않으면 부금 금액이 대폭적으로 상승하여 사업주가 부금을 갹출하는 것이 어렵게 될 것이 전망되기 때문에 감액이 부득이 한 경우(동 3호)의 어느 한 가지 이유가 필요하다(이러한 요건이 충족되어 있지 않다고 하여 행해진 불승인의 처분을 적법이라고 한 사례로서 NTTグループ企業事件 ― 東京高判 平20. 7. 9, 労判 964호, 5면). 또한 절차로서는 가입자의 3분의 1 이상으로 조직되는 노동조합이 있으면 그 노동조합의 동의 및 가입자의 3분의 2 이상의 동의(그러한 자들로 조직되는 노동조합이 있으면 그 조합의 동의도 좋다)가 필요하며, 더 나아가 수급권자 등의 급여 금액의 감액에 대해서는 그러한 자들의 3분의 2 이상의 동의를 얻는 것 및 최저적립기준액을 확보하는 조치를 취하는 것이 필요하다(동 6조).

76 단체정기보험

단체정기보험이란, 회사가 종업원을 피보험자로서 가입시켜 회사가 보험료를 지불, 종업원이 사망한 경우에는 회사에 보험금이 지불된다는 제도이다. 최근에 이 단체정기보험에 의해 보험금을 취득한 사용자에 대해서, 사망한 근로자의 유족이 이것을 사망퇴직금 또는 조의금으로서 지불하도록 청구하는 사안이 늘고 있다. 하급심 판례의 대부분은 단체정기보험을 '타인의 생명의 보험'(구 상 674조 1항, 현 보험법 38조)으로 해석하여 피보험자 본인의 동의를 필요로 한 뒤, 그 동의를 할 때에 보험가입자인 사용자가 보험금을 수령하고 나서 그 상당부분을 퇴직금이나 조의금으로서 유족에게 지불하는 취지의 명시 내지 묵시의 합의가 이루어졌는지의 여부에 의해서 판단하고(긍정적인 예로서, パリス觀光事件 ― 広島高判 平10. 12. 14, 労判 785호, 50면, 부정적인 예로서는 住友軽金属工業[団体定期保険第1]事件 ― 名古屋高判 平14. 4. 26, 労判 829호, 12면). 위의 합의가 인정된 경우의 지불액에 대해서는, 근로자의 사망에 의한 경제적 손실이나 단체정기보험의 운용경비를 감안하여 일정액을 인정한 사례가 많았다(앞에서 게시한 パリス觀光事件, 住友軽金属工業[団体定期保険第2]事件 ― 名古屋高判 平14. 4. 24, 労判 829호, 38면). 그러나 그 후 최고법원 판례가 나와(住友軽金属工業[団体定期保険第2]事件 ― 最三小判 平18. 4. 11, 民集 60권 4호, 1387면), 회사가 사망일시급여금으로서 유족에 지불한 금액이 보험금의 일부에 그치고 있어도, 보험계약이 공서에 반한다고는 할 수 없다고 하여, 사내규정에 따라 보험금의 일부만을 유족에게 지급했던 것을 적법으로 판단하였다. 판지는 '타인의 생명의 보험'에 관한 입법정책상, 피보험자의 동의를 요구함으로써 적

정한 운용을 도모하기로 했던 것으로, 보험금액에 걸맞은 피보험 이익의 입증을 요구하거나 보험금액이 피보험 이익의 가격을 초과하는 것을 금지하거나 하는 규제는 채택되어 있지 않다는 입장을 취하고 있다(동 판결 후의 실무상의 유의점으로서는 岩出誠,「『過労死・過労自殺』等に対する企業責任と労災上積み補償制度」, 手塚和彰退官記念, 変貌する労働と社会システム, 264면 이하).

제 2 관 노기법에 의한 임금 보호

1. 임금지불에 관한 제 원칙

노기법은 근로자의 생활의 양식인 임금이 전액 확실하게 근로자의 손에 도달할 수 있도록 임금지불에 대해 각종 원칙을 정하고 있다(24조).[183]

(1) 통화불의 원칙

임금은 '통화'로 지불되지 않으면 안 된다(24조 1항). 이것은 현물급여(가격이 불명료하고 환가(換価)하기도 불편하다)를 금지하는 것이 본 취지이며 공장법시행령으로도 규정되고 있다. 이 노동보호법상의 대원칙도 있어 임금은 통화로 지불되는 것이 보편적으로 되어 왔다.

이 원칙에 있어서 '통화'란,「통화의 단위 및 화폐의 발행 등에 관한 법률」에서 정의되어 있는 것이다(동법 2조 3항). 요컨대 일본에 있어서 강제 통용력이 있는 화폐를 말하므로, 외국 통화는 포함되지 않는다. 수표에 의한 지불도 수표는 그것을 수령한 근로자에게 약간의 불편과 위험을 주기 때문에 통화에 의한 지불이라고 할 수 없으며, 거래처에서 현금과 동일하게 취급되고 있는 은행이 발행하는 자기앞수표도 동일하게 여겨지고 있다. 또 통근정기권의 지급도 통근수당은 앞에서 기술한 대로 임금이므로, 이 또한 현물지급이 된다.

통화불 원칙의 예외('통화 이외의 것으로 지불'할 수 있는 경우)로는 첫째, '법령에서 별도로 정하고 있는 경우'인데, 이러한 '법령'은 특별히 존재하지 않는다. 둘째, '단체협약으로 별도의 정함이 있는 경우'이다. 관련 단체협약은 노조법상 성립요건(14조)을 충족할 것을 필요로 함과 동시에 그것으로 충분하다. 특히 전액불 원칙의 예외와 달리 다수조합과의 협정일 것을 필요로 하지 않는다. 그러나 그 통화불 원칙의 면제효력은 해당 조합의 조합원에게만 미친다고 해석된

---

183) 이들 원칙에 관한 문제점 및 학설・판례를 정리한 문헌으로서 片岡昇編ほか, 新労働基準法論, 241면 이하; 青木宗也=片岡昇編, 労働基準法 I, 333면 이하.

다. 셋째, '후생노동성령에서 정하는 임금에 대하여 확실한 지불방법으로 후생노동성령에서 정하는 것에 의한 경우'이다(1987년 개정으로 신설). 노기칙은 이에 따라 근로자의 동의가 있는 경우에는 ① 임금의 계좌입금,[77] 및 ② 퇴직수당을 은행, 그 외의 금융기관이 자기 앞으로 발행하거나 혹은 지불보증을 한 수표 또는 우편환에 의해 지불하는 것을 적법화하고 있다(7조의 2).[78]

[77] 임금의 계좌입금

임금의 계좌입금에 대해서는 1975년 행정해석(1975. 2. 25 기발 112호) 이래, 일정한 요건을 충족하는 한 노기법 24조에 위반하지 않는다고 여겨져 왔다. 1987년 법개정에 의해 노기칙(7조의 2)은 이 행정해석을 답습하여 다음과 같은 요건을 정하고 있다. 즉 (i) 근로자의 동의를 얻을 것 (ii) 근로자가 지정하는 은행, 그 밖의 금융기관의 본인명의 예금저축계좌에 입금할 것이다. 그리고 이러한 요건에 더하여, 종래와 동일하게 입금된 임금 전액이 소정의 임금지불일(그 날의 오전 10시경)에 지급할 수 있는 상황에 있을 것, 근로자의 과반수를 조직하는 노동조합 또는 과반수를 대표하는 자와 협정을 체결할 것, 및 임금지불일에 근로자에게 지불계산서를 지급할 것 등을 행정지도하고 있다. 1998년 성령개정(1998년 노 33)에 의해 (ii)에 대해서는 일정한 요건을 충족하는 금융거래업자에 대한 해당 근로자의 예치금으로의 불입을 할 수 있다고 되었다.

[78] 스톡옵션

1997년 상법 개정에 의해 일반 주식회사도 실시할 수 있게 된 스톡옵션 제도는, 회사가 사용인 등에 대해 자사의 주식을 장래에 사전에 설정된 가격으로 구입할 수 있는 권한을 부여하고, 사용인 등이 설정가격으로 주식을 구입한 후, 이것을 상회하는 가격으로 매각함으로써 이익을 얻을 수 있도록 하는 것이다. 2001년의 상법 개정으로, 주식회사에 대해 새로운 주식의 발행 또는 그것을 대신하는 자기주식의 이전을 의무화한 신 주식예약권 제도(구 상 280조의19 이하, 2005년의 회사법의 성립에 의해 회사법 2조 21호, 236조 이하)가 마련된 결과, 스톡옵션은 상법상에서는 이사·종업원에 대한 신 주식예약권을 무상으로 부여한다고 규정하게 되었다. 스톡옵션 제도에서는 권리를 부여받은 근로자가 권리행사를 할지의 여부, 또 권리를 행사하는 경우에 그 시기와 주식매각시기를 언제로 할지는 근로자의 판단과 결정에 위임되어 있으므로, 스톡옵션의 부여는 노기법이 정의하는 '임금'에는 해당하지 않고, 그 부여에 의하여 취업규칙에서 정하는 임금의 일부를 지불하는 것은 노기법 24조의 위반된다고 보고 있다(1998. 6. 1 기발 412호). 단 스톡옵션을 근로자에 대해 제도로서 실시하는 경우에는 취업규칙에 기재해야 하는 것으로(노기 89조 10호)도 되어 있다(동 통달).

또한 스톡옵션의 권리행사 이익의 소득세법상의 취급에 대해서는 이를 일시소득으로 볼지 또는 급여소득으로 볼지에 대해서, 판례는 양분되어 있으나, 최고법원 판결(アプライドマテリアルズ事件 — 最三小判 平17. 1. 25, 民集 59권 1호, 64면)이 스톡옵션의 권리가 일정한 집행간부 및 주요한 종업원에 대한 정근의 동기부여 등을 위해 직무수행의 대가로서 지불되는 이상, 그 권리행사 이익도 급여소득에 해당한다고 판단했다.

(2) 직접지불의 원칙

다음으로 임금은 직접 근로자에게 지불되지 않으면 안 된다(24조 1항). 이 원칙은 우두머리(親方)나 직업중개인이 임금을 대리 수령하여 중간착취를 하는 것과 연소자의 임금을 부모가 빼앗아 가는 것과 같은 낡은 폐습을 제거하는 것이 목적이다.

(가) 대리인에 대한 지불　　　근로자의 친권자, 그 밖의 법정대리인에 대한 지불과 근로자의 위임을 받은 위임대리인에 대한 지불은 모두 본 원칙 위반이 된다. 또 근로자가 제3자에게 임금수령권한을 부여하는 위임 내지 대리계약도 무효이다. 한편 노기법은 미성년자는 독립하여 임금을 청구할 수 있으며, 친권자나 또는 후견인은 미성년자를 대신하여 임금을 받아서는 안 된다고 하여(59조), 미성년자에 대한 임금 직접지불의 원칙을 명확히 하고 있다.

(나) 사자(使者)에 대한 지불　　　'사자'에 대한 임금지불(예를 들어 비서를 심부름을 보내 급료를 받아 오게 하거나 병환 중에 아내를 시켜 받아 오도록 하는 경우)은 적법하게 되어 있다(1988. 3. 14 기발 150호).

(다) 임금채권의 양도가 있는 경우　　　임금채권의 양도가 이루어진 경우에도 양수인(讓受人)에게 지불하는 것은 본 원칙에 위반된다. 예를 들어 근로자가 그 퇴직수당의 일부를 취중의 폭행 변상금으로서 제3자에게 양도하고, 그러한 취지의 통지(민 467조)를 사용자에게 한 경우에도 사용자는 제3자에게 그 퇴직수당을 지불하는 것은 불가능하므로 근로자에게 임금을 지불하지 않으면 안 된다.184) 마찬가지로 근로자가 퇴직수당에서 제3자에 대한 채무를 변제할 것을 사용자에게 위임한 경우에도, 사용자가 제3자에게 지불하는 것은 직접불 원칙에 위반된다. 그러나 이러한 채권양도와 채무변제 위임에 근거한 퇴직수당의 제3자에 대한 지불은 근로자의 과반수로 조직되는 노동조합이나 또는 과반수를 대표하는 자의 협정에 의해 임금 일부에 대한 공제를 명확히 규정하는 경우에는, 이러한 협정에 근거한 공제(24조 1항 단서)의 일종으로 적법하게 인정해야 한다.

(라) 임금채권에 대한 차압의 경우　　　임금이 국세징수법 규정에 근거하여 차압된 경우에는, 사용자는 동법의 절차에 의해 차압된 임금을 행정관청에 납부하여도 직접불의 원칙에 위반되지 않는다. 민사집행법에 근거한 차압에 있어서 차압채권자에 대한 지불(민집 155조)에 대해서도 동일하다. 단, 양법에 의한 임금채권의 차압에 대해서는 정기임금, 상여, 퇴직수당 중 어느 것에 대해서도 차압한도액이 규정되어 있다(국징 76조, 민집 152조).185)

---

184) 小倉電話局事件 ― 最三小判 昭43. 3. 12, 民集 22권 3호, 562면.
185) 판례로서는 甲野・S社[取立債権請求]事件 ― 東京地判 平14. 2. 28, 労判 826호, 24면.

(3) 전액불의 원칙

임금은 그 전액을 지불하지 않으면 안 된다. 단 '법령에 별도의 정함이 있는 경우나 또는 해당 사업장의 근로자의 과반수로 조직된 노동조합이 있을 때는 그 노동조합, 근로자의 과반수로 조직되는 노동조합이 없을 때는 근로자의 과반수를 대표하는 자와의 서면에 의한 협정이 있는 경우에는 임금의 일부를 공제하여 지불할 수 있다(노기 24조 1항).'

위의 규정에서 말하는 '법령에 별도의 정함이 있는 경우'란 급여소득세의 원천징수(소득 183조), 사회보험료의 공제(후년보 84조, 건보 167조, 노보징 32조 등), 재형저축금의 공제(재형축 6조 1항) 등이다. 또 전액불 원칙에 의해 금지되는 임금의 '공제'란 이행기가 도래하고 있는 임금채권의 일부를 공제하고 지불하지 않는 것을 말한다. 예를 들어 적립금, 저축금 등의 명목으로 임금의 일부의 지불을 유보하는 경우 등이다.

전액불의 원칙에 대해서는 사업장 근로자의 과반수로 조직되는 노동조합 또는 그 과반수를 대표하는 자와의 협정에 의한 예외의 방법이 설정되어 있다. 이 협정에 의하면, 임금에서의 공제는 동원칙의 위반을 면하지만(위반으로서 벌칙을 적용받는 것도, 강행법규 위반으로서 위법 무효로 간주되는 것은 없어진다), 노동계약법상 공제가 적법인지의 여부는 다른 문제이다. 적법이 되기 위해서는 단체협약 또는 취업규칙에 공제의 근거규정을 마련하거나(노조 16조, 노계 7조, 10조), 대상근로자의 동의(노계 8조)를 얻을 필요가 있다.[186]

이 협정에 의한 예외설정의 효력은 해당사업장의 전 근로자에게 미치는 것이다. 이 점에서 과반수 조직 노동조합과의 협정도 단체협약과는 성질을 달리한다. 그러나 동협정이 단체협약의 형식을 충족하여 체결된 경우에는 그 협정은 단체협약의 성질(효력)을 중복하여 갖추게 된다(36협정에 관해서는 후술).

(가) '상 쇄'   전액불 원칙에 관한 최대의 문제는 사용자에 의한 임금채권의 '상쇄'도 '공제'의 한 종류로서 금지되는가이다. 최고법원의 두 가지의 판례[187]는 이것을 긍정했다. 첫 번째는 사용자가 근로자의 채무불이행(업무의 나태)을 이유로 하는 손해배상채권을 자동채권으로써 근로자의 임금채권과의 상

---

186) 富士火災海上保險事件 — 東京地判 平20. 1. 9, 労判 954호, 5면은 과반수 조합과의 공제협정이 강행법규 위반(성)을 면하게 하는 것을 간과하고, 필요했던 취업규칙에서의 공제규정 신설의 합리성 판단을 유탈하고 있다.

187) 関西精機事件 — 最二小判 昭31. 11. 2, 民集 10권 11호, 1413면; 日本勧業経済会事件 — 最大判 昭36. 5. 31, 民集 15권 5호, 1482면.

쇄를 실시한 사건이고, 두 번째는 근로자의 불법행위(배임)를 이유로 하는 손해배상채권을 자동채권으로써 임금과의 상쇄를 한 사건이다. 이 사건들에 있어서 최고법원은 생활의 기반으로서의 임금을 근로자에게 확실하게 수령하게 하는 것이 전액불 원칙의 취지이므로 동원칙은 상쇄금지 취지를 포함한다고 판시했다.

임금 전액불 원칙이 상쇄금지를 포함한다는 견해는 학설상으로도 통설이지만, 동원칙은 예치금, 사내예금 등의 공제만 금지하므로, 상쇄금지까지는 포함하지 않는다고 하여 반대하는 학설도 있다.[188] 그리고 그 논거로서 노기법은 임금채권의 상쇄에 대해서는 전차금과의 상쇄만을 금지하고(17조), 그 밖에는 민사소송법(현재는 민집 152조)상 차압제한(이것이 민법 510조에 의해 상쇄 제한된다)으로 위임된 것, 혹은 통설·판례에 의하면 근로자가 공금을 횡령하여 사직하는 경우에도 사용자는 퇴직금으로부터 횡령된 돈을 공제할 수 없게 되어 현저하게 불합리하다는 점을 지적한다. 분명 임금채권의 상쇄에 관한 노기법의 입법취지는 위의 학설이 지적하는 바와 같고,[189] 또 횡령금과의 상쇄불능도 통설의 약점이라고 할 수 있다(선원 35조 참조). 그러나 상쇄금지가 전액불의 원칙에 포함되어 있지 않다고 하면, 사용자는 근로자에게 책임이 있다고 믿는 손해금에 대해 근로자가 책임이 없다고 주장하는 경우에도 일반적으로 상쇄할 수 있게 되므로(근로자 쪽이 상쇄된 임금액의 청구소송을 하지 않으면 안 되게 된다), 개인적으로는 통설·판례를 지지한다. 노기법의 입법취지에 대해서도 현시점에서 보면 임금 전액불 원칙은 약소 채권보호를 위한 사법상 상쇄제한(민 510조, 민집 152조)과는 별개로, 그것보다 진전된 근로자 보호를 위한 상쇄금지를 실현한 것이라고 생각해야 할 것이다. 또 이렇게 해석하면 이미 살펴본 임금과 전차금(前借金)과의 상쇄금지(노기 17조)는 벌칙의 강화 및 예외 불허용의 면에서 전액불 원칙에 의한 상쇄금지 일반원칙의 특칙이 된다.[190]

또한 사용자가 전액불 원칙의 예외로서 종업원의 과반수 대표자와의 협정에 의해 상쇄를 실시하는 경우에도 사법상의 상쇄제한에 따를 것을 필요로 한다. 이 점에서 사법상 상쇄제한은 더욱 의의를 가지고 있는 것이다.

(나) '조정적 상쇄' 임금채권의 상쇄금지의 일반원칙 하에서도 과불(過払)임금의 청산을 위한 '조정적(調整的) 상쇄'는 일정 한도에서 허용되게 되었다.

---

188) 石川吉右衛門, 「賃金の『全額払』についての疑問」, 兼子一還暦·裁判法の諸問題(下), 636면 이하.
189) 広政順一, 労働基準法, 174면.
190) 이상 荒木, 労働法, 123면도 같은 취지.

이 예외를 확립한 것이 최고법원의 두 가지의 판례[191]이다. 이들에 따르면 어떤 임금 계산 기간에 발생한 임금의 과불(過払)을 이후의 기간의 임금에서 공제하는 것('조정적 상쇄', 법률적으로 과불임금의 부당이득반환청구권을 자동채권으로 한 상쇄이다)은 그 시기, 방법, 금액 등에서 보아 근로자의 경제생활의 안정을 해치지 않는 한, 임금 전액불 원칙에 의한 상쇄금지의 예외로서 허용된다. 즉 과불이 있었던 시기와 임금의 청산·조정의 본의를 잃지 않는 정도로 합리적으로 맞닿은 시기에 이루어져 근로자에게 예고한다든가 그 금액이 많은 액수에 이르지 않는다든가, 요컨대 근로자의 경제생활의 안정을 위협할 우려가 없는 경우에는 조정적 상쇄는 허용된다.

이유로서 언급하는 것은 임금과불의 불가피성(지각, 결근 등의 감액사유가 임금지불일에 맞닿아서 발생한 경우는 감액곤란에 의한 임금과불이 발생한다. 또 임금계산상 과오·오산도 피하기 힘들다) 및 임금과 관계없는 다른 채권을 자동채권으로 하는 경우와 취지를 달리 하는 것(실질적으로 보면 본래 지불되어야 할 임금은 그 전액의 지불을 받은 것이 된다)의 두 가지 점이다.

또한 월의 중도지불(일부 前払)의 일급 월급제[79]에서는 근태 등에 의한 임금의 금액은 2개월의 기간을 단위로 하여 계산되므로, 어떤 달의 감액사유에 대하여 다음 달에 공제를 하는 것은 임금의 계산 기간 내의 공제로서 '상쇄'가 아닌 것이 되어 이상의 조정적 상쇄의 제한에는 따르지 않는다(1948. 9. 14 기발 1357호).

▣ **임금의 지불기간·기일**

　　매월 정해져 지급되는 임금에 대해서는 임금의 지불기간의 단위에서 일급제, 주급제, 월급제로 나뉜다. 통상의 기업에서는 월급제를 취하고 있고, 다만 기본급의 금액은 일액으로(일급 월급제) 또는 월급으로 정해지며, 지각·결근에 대해서는 시간단위에서의 계산(cut)이 이루어진다. 이러한 월급제에서는 임금은 월의 일정 기일(이 경우는 전월의 21일에서 당월의 20일까지의 근로에 대하여 당월의 25일에 임금지불이 이루어진다). 혹은 월의 중도불(일부 전불)제가 취해져 월의 도중의 일정 기일(예, 15일)에 그 월(역월)의 임금의 지불이 행해져 그 월에서의 지불기일 후의 근로의 과부족은 다음 달의 지급일에 청산된다. 또한 최근에 성과주의임금의 견해 하에서 상급관리직을 중심으로 도입되어 있는 연봉제에 대해서는 앞에서 언급했다.

　　(다) 합의에 의한 상쇄　　　최근 판례는 사용자가 일방적으로 실시하는 상쇄와 달리 사용자가 근로자의 동의를 얻어 실시하는 상쇄는 위의 상쇄가 근로자

---

191) 福島県教組事件 ― 最一小判 昭44. 12. 18, 民集 23권 12호, 2495면; 群馬県教組事件 ― 最二小判 昭45. 10. 30, 民集 24권 11호, 1673면.

의 자유로운 의사에 근거하여 이루어진 것이라고 인정하는데 충분한 합리적 이유가 객관적으로 존재할 때는 전액불 원칙에 반하지 않는다고 해석하고 있다.192) 이론적으로는 근로자의 동의가 있어도 사용자의 법위반은 성립하는 것이 노기법의 강행법규로서의 귀결이며(예를 들어 임금의 공제계약도 당연히 무효가 된다), 또 전액불 원칙의 예외는 과반수 노동조합이나 또는 과반수 종업원 대표의 집단적 합의가 있어야 비로소 인정될 수 있으므로 판례의 해석은 의문이다. 실제상으로는 근로자의 횡령금 반환과 주택 론(loan)의 변제 등을 둘러싸고 합의상쇄의 수단이 이용되는 경우가 많으나, 이러한 정형적인 필요성에는 노사협정을 정비하여 대처해야 한다.193)

또한 합의에 의한 상쇄와는 달리 근로자가 하는 임금채권에 대한 일방적 상쇄는 사용자의 행위가 개재하지 않아 전액불 원칙에는 반하지 않는다.

(라) **임금채권의 포기**　　다음으로 근로자가 임금채권을 포기한 경우에는 사용자가 포기된 임금을 지불하지 않는 것은 전액불 원칙에 반하지 않는다. 판례는 재직 중 부정경리에 대한 변상으로서 퇴직금을 포기한 퇴직자가 임금 전액불 원칙에 의해 그 포기는 효력을 발생하지 않는다고 주장하여 퇴직금을 청구한 사건에서 임금채권의 포기는 자유로운 의사에 근거하여 이루어지는 한 전액불 원칙에 저촉하지 않는 바, 본건에서는 포기하는 것에 대해 합리적인 이유가 있고 따라서 자유로운 의사에 기반하고 있다고 인정된다고 판시했다.194)⁅80⁆

⁅80⁆ **임금감액의 합의**

　　경영위기시에 임원이나 관리직 등이 보수나 임금의 일부를 반환하는 조치가 취해지는 경우가 있다. 이것은 법적으로는 보수·임금채권의 일부 포기 또는 합의에 의한 보수·임금액의 일시적인 인하가 된다(사례로서 ティーエム事件 ― 大阪地判 平9. 5. 28, 労経速 1641호, 22면). 경영위기에 직면한 기업이 개개의 근로자의 동의를 얻어 임금감액을 행한다는 경우에는 동의는 근로자의 자유의사에 근거로 하는 명확한 것이라는 점을 필요로 하고, 특히 묵시적 합의의 경우에는 그 성립이나 유효성은 용이하게는 인정되지 않는다(更生会社三井埠頭事件 ― 東京高判 平12. 12. 27, 労判 809호, 82면; 日本構造技術事件 ― 東京地判 平20. 1. 25, 労判 961호, 56면. 이미 발생한 임금채권에 대하여 특히 엄격하게 판단하고 자유의사를 부정한 판례로서 北海道国際航空事件 ― 最一小判 平15. 12. 18, 労判 866호, 14면).

---

192) 日新製鋼事件 ― 最二小判 平2. 11. 16, 民集 44권 8호, 1085면.
193) 그러나 판례상으로는 합의상쇄에는 노사협정은 불필요하다는 법리가 계속되고 있다. 本議事件 ― 神戸地姫路支判 平9. 12. 3, 労判 730호, 40면; 全日本空輸事件 ― 東京地判 平20. 3. 24, 労判 963호, 47면.
194) シンガーソーイング・メシーン・カムパニー事件 ― 最二小判 昭48. 1. 19, 民集 27권 1호, 27면.

(4) 매월 1회 이상 일정 기일 지불원칙

임금은 매월 1회 이상 일정 기일을 정하여 지불되지 않으면 안 된다. 단, 임시로 지불되는 임금, 상여, 그 밖에 이것에 준하는 것으로 명령으로 정하는 것은 여기에 포함되지 않는다(24조 2항).

이 원칙은 임금지불기일의 간격이 너무 긴 경우 및 지불일이 일정하지 않는 것에 의한 근로자의 생활상 불안정을 방지하는 취지이다. 이에 대해서는 '매월 두 번째 월요일'이라는 지불일 결정은 '일정 기일'이라고 할 수 없다고 보고 있다(1년 동안 변동 폭이 7일간이나 된다). 그러나 매주 일정 요일밖에 근무하지 않는 파트타임 근로자에 대해서는 이 결정방식도 적법하다고 생각해야 한다. 또한 이 원칙이 미치지 않는 임금은 '임시로 지불되는 임금, 상여' 외에 1개월을 넘는 기간에 대해서만 정근수당, 근속수당 및 장려가급(능률수당)으로 되어 있다 (노기칙 8조).[81]

> **[81] 임금의 비상시불**
> 사용자는 근로자가 출산, 질병, 재해, 그 밖에 명령으로 정하는 비상 경우의 비용에 충당하기 위해 청구하는 경우에는 지불기일 전이라도 과거의 노동에 대한 임금을 지불하지 않으면 안 된다(노기 25조).
> '비상의 경우'란 ① 근로자의 수입에 의해 생계를 유지하는 자가 출산하거나, 질병에 걸리거나, 또는 재해를 입는 경우, ② 근로자 또는 그 수입에 의해 생계를 유지하는 자가 결혼하거나 또는 사망한 경우 또는 어쩔 수 없는 사유에 의해 1주간 이상에 걸쳐 귀향하는 경우를 말한다(노기칙 9조 참조).

2. 휴업수당

사용자에게 책임을 돌려야 할 사유에 의한 휴업의 경우에는 사용자는 휴업기간 중 해당 근로자에게 그 평균임금의 100분의 60 이상의 수당을 지불하지 않으면 안 된다(노기 26조). 이 수당은 '휴업수당'이라고 불린다.[195]

(1) 취 지

휴업수당의 보장은 당초에는 '근로자의 책임으로 돌릴 수 없는 사유'에 의한 휴업의 경우에 있어서 근로자의 최저생활 보장을 꾀한다는 구상으로 제안되었는데 불가항력의 경우까지 사용자의 의무를 넓히는 것은 적당하지 않다는 지적이 이루어졌기 때문에, 결국 '사용자의 책임으로 돌려야 할 사유에 의한 휴업'

---

195) 문헌으로서 下井, 労基法, 251면; 東大労研, 注釈労基法上, 427면[大内].

에 한정하여 입법화한 것이다.196)

(2) '휴   업'

'휴업'이란 근로계약상 근로의무가 있는 시간에 대해 근로를 할 수 없게 되
는 것으로 집단적(일제) 휴업인지 개개인만의 휴업인지를 불문한다. 만 1일 전
체 휴업뿐만 아니라 1일의 소정근로시간의 일부만의 휴업도 포함된다(1952. 8.
7 기수 3445호).

(3) 귀책사유

민법에서는 채권자(사용자)의 '책임으로 돌려야 할 사유'에 의한 채무(근로의
무)의 이행불능 경우에는 채무자(근로자)는 반대급부 청구권(임금청구권)을 가진
다고 되어 있다(민 536조 2항). 이 민법원칙과 휴업수당의 보장과의 관계에 대해
서는 통설197)·판례198)의 해석대로 휴업수당의 보장에 있어서 '책임으로 돌려
야 할 사유'는 반대급부 청구권의 유무 기준인 '책임으로 돌려야 할 사유'('고의,
과실 또는 신의칙상 이것과 동일시해야 할 사유'로 해석되고 있다)보다도 넓게 민법상
으로는 사용자의 귀책사유가 되지 않는 경영상의 장애도 천재지변 등의 불가항
력에 해당하지 않는 한 이에 포함된다고 해석하는 것이 타당하다. 요컨대 휴업
수당은 근로자의 최저생활을 보장하기 위해서 민법에 의해 보장된 임금청구권
중 평균임금의 6할에 해당하는 부분의 지급을 벌칙으로 확보하는 데 그치지 않
고 사용자의 귀책사유도 확대했다. 즉 민법에 있어서 '외부기인성' 및 '방지 불
가능성'의 두 요건을 충족하여 사용자의 책임으로 돌려야 하는 것이 아니라고
여겨지는 경영상의 장애라도 그 원인이 사용자의 지배영역에 가까운 곳에서 발
생하고 있고, 따라서 근로자의 임금생활의 보장이라는 관점에서는 사용자에게
평균임금의 6할 정도로 보장하게 하는 쪽이 낫다고 인정되는 경우에는 휴업수
당의 지불의무를 인정해야 한다.

휴업수당 지불의무를 발생하게 하는 휴업의 사유로서는 일반적으로는 기계
검사, 원료부족, 유통기구가 원활하지 못함에 의한 자재입수 곤란, 감독관청의
권고에 의한 조업정지, 모회사의 경영난에 의한 자금·자료의 획득곤란(1948. 6.
11 기수 1998호) 등을 생각할 수 있다.

---

196) 広政順一, 労働基準法, 189면.
197) 예를 들어 有泉, 259면; 石井, 176면.
198) ノース·ウエスト航空事件 ― 最二小判 昭62. 7. 17, 民集 41권 5호, 1283면.

3. 성과급 지불의 보장급

성과급 지불제, 그 밖의 도급제로 사용하는 근로자에 대해서는 사용자는 근로시간에 응하여 일정액의 임금을 보장을 하지 않으면 안 된다(노기 27조). 성과급 지불제란 근로자가 제조한 물건의 양·가격과 매상액 등에 따른 일정비율로 금액을 결정하는 임금제도를 말한다. 연간 근로를 사전에 정한 목표에 비추어 평가하는 연봉제는 이 성과급 지불제에는 해당하지 않는다.

이 규정은 성과급 지불제 하에 있는 근로자의 실제 임금이 손님부족(택시 승무의 경우 등)과 원료의 불량 등의 근로자의 책임으로 돌릴 수 없는 사유에 의해 현저하게 저하되는 것을 방지하기 위한 것이다.[199] 따라서 위의 규정이 요청하는 보장급은 통상 실제 임금과 그다지 차이가 나지 않는 정도의 수입을 보장하도록 그 금액을 정해야 한다고 보고 있다(1947. 9. 13 발기 17호, 1988. 3. 14 기발 150호).[200] 근로자가 노무 제공을 하지 않은 경우에는 보장급의 지불의무가 없다는 점은 말할 것도 없다(1948. 11. 11 기발 1639호).

4. 시   효

노기법에 의한 임금, 그 밖의 경우의 청구권은 2년간 이를 실행하지 않는 경우에는 시효가 소멸한다(노기 115조). '월 또는 이것보다 짧은 시기에 의해서 정한 사용인의 급료에 관계되는 채권'에 대해서는 민법에서 1년간의 단기소멸시효가 규정되어 있지만(174조), 본조는 그 특칙이다.

문제는 퇴직수당도 이 단기소멸시효를 따라야 하는가이다. 판례(九州運送事件 — 最二小判 昭49. 11. 8, 判時 764호, 92면)는 이를 긍정하고 있었는데, 그 실제상 타당성이 의문시되어 노기법의 1987년 개정에 의해 5년간 특별 시효기간이 정해졌다(노기 115조).

---

199) 성과급 지불의 트럭운전사에 대해 최저보장 월금액을 정하고, 성과급이 이 수준을 밑돌면 차액을 대부금(貸付金)으로 하는 합의가 이 조항의 취지에 따라 공서양속의 위반으로 여겨졌다. 山昌事件 — 名古屋地判 平14. 5. 29, 労判 835호, 67면.
200) 労働省労働基準局, 全訂解釈通覧労働基準法, 157면은 '대체적인 기준으로서 적어도 평균임금의 100분의 60 정도를 보장하는 것이 타당하다'고 한다.

제3관 최저임금법

최저임금제도란 일본이 근로계약에서의 임금의 최저액을 정하여 사용자에게 그 준수를 강제하는 제도이다. 시장경제체제 하에서는 임금액의 결정은 근로자와 사용자간의 자유로운 거래(계약의 자유)에 맡겨져 경제정세나 노동시장의 상황에 따라서는 현저하게 저액의 임금에 의한 노동관계가 출현되지만, 그러한 임금액은 근로자의 생활을 어렵게 할 뿐만 아니라, 경제사회 전체에 다양한 종류의 악영향을 미치게 된다. 그래서 일본과 같이 사회국가의 견해(헌 25조 이하)를 도입한 시장경제체제에서는 근로자와 사용자간의 거래에서의 교섭력의 대등성을 도모하기 위해서 근로자에게 노동조합을 조직하여 사용자와 단체교섭을 행하는 것을 보장한다(헌 28조). 또한 근로자가 노동조합에 의해서 대표되고 있지 못한 지역, 산업, 기업을 위해서는 국가가 노동시장의 사회안전망(safety net)으로서 임금액의 최저한도를 정하여 이를 사용자에게 강제하는 제도를 설치한다. 이것이 최저임금제도로, 헌법 27조 2항이 국가에 대하여 요청하는 '근로조건의 기준의 법정'의 핵심을 이루는 것이다.

또한 최저임금제도는 이렇게 노동조합이 없는 분야의 근로자를 위해서 임금의 최저액을 설정하는 것을 본래적 제도로 하지만, 보충적으로는 노동조합이 일정한 산업·직업의 조직근로자를 위해서 획득한 임금의 최저기준을 해당 산업·직업의 미조직 근로자에게 일종의 공정기준으로서 영향을 미치는 제도로서도 성립할 수 있다.

1. 최저임금제도의 변천

(1) 본격적인 최저임금제도의 개시

일본의 본격적인 최저임금제도는 업자간 협정에 근거로 하는 최저임금이라는 불완전하고 과도적인 최저임금제도에서 탈피하여, 최저임금을 단체협약에 근거로 하는 최저임금과 최저임금심의회의 조사심의에 근거로 하는 최저임금이라는 두 종류의 것으로 정리한 1968년 최저임금법 개정(1968년 법 90)에 의해서 시작되었다.[82]

이러한 것들 중, 전자의 단체협약에 근거로 하는 최저임금은 일정 지역 내의 사업장에서 사용되는 동종의 근로자 및 그 사용자의 대부분(운용상 3분의 2로 되었다)을 커버하는 임금의 최저액을 정하는 단체협약(실질적으로 같은 내용의 두 가지 이상의 협약도 좋다)이 있는 경우에, 해당 단체협약의 당사자인 노동조합 또는 사용자의 전부의 합의에 의한 신청에 근거하여 노동대신 또는 도도부현 노동기준국장이 그 일정지역 내의 동종의 근로자 및 그 사용자의 전부에 적용되는 최저임금을 결정한다는 제도였다. 이것은 일정 지역 내의 직업별 또는 산업별 단체교섭에 의해 설정된 협약상의 최저임금을 해당 지역·직업(산업)의 미조직 근로자에게 확장하는 것을 상정한 제도로 기업별 단체교섭이 지배적인 일본의 노사관계에서는 이용이 상당히 곤란한 것이었다.

그래서 1968년 개정법 하에서의 최저임금은 실제상으로는 오로지 후자의 최저임금심의회의 조사심의에 근거하는 최저임금이 되었다. 이 규정에 기초로 하여 '지역별 최저임금' 및 '산업별 최저임금'[83]으로 불리는 두 가지의 제도가 성립했지만, 중심이 된 것은 전자이다.

지역별 최저임금은 각 도도부현의 지방최저임금심의회의 심의에 근거로 하여 노동성(후에 후생노동성)의 도도부현 노동기준국장(후에 도도부현 노동국장)이 결정하는, 해당 도도부현의 모든 근로자에게 적용되는 최저임금이다. 1972년부터 각 도도부현에서 순차적으로 이 최저임금이 설정되기 시작하였고, 1975년에는 전체 도도부현이 이 최저임금을 가지게 되었다. 그리고 1977년에 중앙최저임금심의회가 노동단체의 본래의 주장인 전국 일률적인 최저임금을 시기상조라고 거절하면서 각 도도부현의 지역별 최저임금에 적국적인 정합성(整合性)을 갖게 하기 위해서 전체 도도부현을 임금실세와 생계비 격차 등으로부터 네 개 그룹(랭크)으로 나누어, 동심의회가 각 그룹에 대해 당해 년도의 지역별 최저임금 인상의 기준액을 제시하는 방침을 수립했다. 이리하여 지역별 최저임금의 매년 개정에 대해서는 매년 여름에 먼저 중앙최저임금심의회가 그 해의 관련 경제·노동지표를 참고로 치저임금액의 그 해의 인상의 기준액을 정하고, 각 지방최저임금심의회가 이 기준액을 참고로 하면서 각 도도부현의 경제·노동지표를 참고로 인상액을 결정한다는 체계가 만들어졌다.

[82] **본격적인 최저임금제도의 성립경위**

1947년에 제정된 당초의 노동기준법(1947년 법 49)은 행정관청이 최저임금심의회의 조사 및 의견에 근거하여 일정 사업 혹은 직업에 대해 최저임금을 정할 수 있다고 규정하였다(28～31조). 그러나 동법은 최저임금을 정할 것인가의 여부를 행정관청(노동대신)의 재량('필요하다고 인정하는 경우')에 위임하자 동 관청은 전후의 경제 피폐와 부흥의 필요성이 비추어 보아 1959년 최저임금법(1959년 법137)의 제정에 이르기까지 단 한 번도 최저임금을 정하지 않았다.

그러나 이 사이 1956년에 시즈오카현(静岡県) 노동기준국장이 최저임금제의 기반육성이라는 견지에서 업자간 협정으로 자주적으로 최저임금을 정하는 방법을 관할하의 산업에 장려하기 시작하여 통조림업계를 중심으로 동현에서 업자간 협정에 의한 최저임금제가 확산되었다. 그래서 정부는 이 방식의 성공에 주목하여 완전한 최저임금제로 이행하기까지 과도적인 ('기반 만들기'의) 제도로서 업자간 협정에 근거하여 최저임금을 중심적인 내용으로 하는 최저임금법을 성립시켰다(1959년 법137). 여기에서는 최저임금의 결정방식으로서 ① 업자간 협정에 근거하는 최저임금, ② 업자간 협정에 근거하는 지역별 최저임금, ③ 단체협약에 근거한 최저임금 및 ④ 최저임금심의회의 조사심의에 근거한 최저임금을 규정했다.

일본경제가 고도경제성장으로 이행하자, 본격적인 최저임금제도를 수립할 수 있는 기반이 정비되었다. 이리하여 최저임금법은 1967년 5월 중앙최저임금심의회의 개정답신에 근거하여 1968년에 대폭 개정된 것이다(1968년 법90). 이 개정에서는 앞의 ①, ②의 업자간 협정방식이 폐지되고 ③, ④의 방식만이 남았다.

83 산업별 최저임금

신업별 최저임금은 전국 또는 일정 지역의 산업마다, 관계 노동조합의 신청에 의하여 중앙 또는 지방최저임금심의회의 심의에 근거로 하여, 지역별 최저임금에 추가하는 형태로 설정되는 최저임금이었다. 당초는 석탄산업, 식료품제조업, 섬유산업, 기계·금속제조업, 도매·소매업 등의 큰 분류의 산업에 대하여 설정되어 왔는데, 지역별 최저임금의 정비와 함께 존재의의가 의문시되기에 이르렀다. 그래서 중앙최저임금심의회의 1981·82년의 답신에 의해 그러한 큰 분류의 산업별 최저임금은 폐지되고 새롭게 '작은 분류 산업별'의 최저임금이 설정되었다(종래의 산업별 최저임금은 새로운 작은 분류의 산업별 최저임금으로 전환되었다).

2006년도에 산업별 최저임금은 일정 지역(도도부현)의 전기기계기구제조업, 운송용기계기구제조업, 각종 상품소매업, 철광업 등의 기간적(基幹的) 근로자(18세 미만·65세 이상인 자, 고용 후 6개월 내의 기능습득중인 자, 청소·정리업무에 종사하는 자 등을 제외한다는 한정이 전형)에 대하여 251건 설정되어 있으며 402만 명의 근로자에게 적용되어 있다.

(2) 최저임금법의 2007년 개정

이상과 같은 최저임금제도는 정부와 노사가 매년의 협동 작업에 의하여 일본의 근로자의 최저임금을 그때그때의 경제정세와 노동시장의 변화에 대응하면서 각 지역의 실정에 입각하여 설정·개정하는 정밀하고 치밀한 체계로서 잘 운영되어 왔다고 할 수 있다. 그러나 이러한 제도도 경제사회의 변화가 계속되는 가운데 재검토가 필요하게 되었다.

먼저 산업별 최저임금에 대해서는 그 주요한 대상산업인 제조업이 글로벌 경쟁에 노출되어 있는 상황 하에서 사용자측으로부터 지역별 최저임금에 '부질없는 일을 계속하는 것'으로서 폐지하자는 주장이 나오게 되었다. 최저임금심의회에서는 이러한 주장에 따라서 심의를 거듭하여 결국 현행의 산업별 최저임금

은 벌칙이 없는 덧보태(上積み)는 식의 최저임금의 제도로서 존속시키기로 했다.201)

한편, 지역별 최저임금에 대해서는 상당수의 도도부현에서 그 금액이 생활보호의 급여수준보다 열악하며, 동 수준에 비교하여 너무 낮다는 것이 종래부터 지적되어 왔다. 그리고 1990년대 중반부터의 산업계에서의 인건비억제책(정사원의 삭감과 임금억제, 비정규근로자의 증가)의 진전이나 대도시권을 제외한 지역경제의 부진이 계속되는 가운데, 소득격차의 확대나 저소득자의 증가가 '워킹푸어(working poor)'라는 유행어와 함께 사회문제가 되어, 이에 대한 대응이 정치적인 과제가 되었다. 거기에서는 일본의 지역별 최저임금의 금액이 영국, 미국, 프랑스 등의 선진국의 최저임금에 비교하여 상당히 낮다는 점이 문제로 지적되어, 그 금액을 상당정도 인상하는 것이 정부의 '성장력 수준향상 전략' 정책의 한 가지 과제가 되었다. 그래서 최저임금법의 개정 구상이 계속되는 가운데에서는 지역별 최저임금액 결정의 고려요소에서 생활보호에 관계되는 시책과의 정합성에 배려하는 것을 법문으로 명시하는 방침이 세워졌다.

이상과 같은 흐름 속에서, 최저임금법의 개정안이 2007년 3월에 국회에 상정되어 같은 해 11월 28일에 성립되었다(2007년 법 129). 동개정은 실제상 이용가능성이 거의 없는 단체협약에 근거로 하는 최저임금제도(구 11조 등)를 폐지하고, 최저임금심의회의 심의에 근거로 하는 최저임금(구 16조) 가운데 '지역'에 관한 것(지역별 최저임금)을 필치(必置)의 최저임금제도로서 명문화하였다. 또한 동 심의회의 심의에 근거로 하는 최저임금 가운데 '사업'과 '직종'에 관한 것(산업별 최저임금)은 '특정 최저임금'이라는 보충적 제도(임의적 설치, 벌칙 없음)로서 명문화되었다. 이 개정은 종래 최저임금법의 법문상으로는 명칭 등은 전혀 나타나지 않고, 중앙최저임금심의회의 답신 등에서만 명칭이나 결정의 요건·절차가 규정되어 온 최저임금의 제도를 법문상 명시하고 최저임금을 국민에게 보다 알기 쉬운 제도로 했다는 의의도 가지고 있다.

2. 최저임금법의 내용

(1) 기본사항

최저임금법은 임금이 저렴한 근로자에 대하여 임금의 최저액을 보장함으로

---

201) 2006년 12월 27일의 노동정책심의회 최저임금부회 보고.

써, 근로조건의 개선을 도모하고 나아가 근로자의 생활의 안정, 노동력의 질적 향상 및 사업의 공정한 경쟁의 확보에 이바지함과 동시에, 국민경제의 건전한 발전에 기여하는 것을 목적으로 한다(1조). 최저임금법에서의 근로자, 사용자, 임금의 의의는 노동기준법의 그것과(노기 9조, 10조, 11조) 동일하며(2조), 따라서 최저임금법의 적용범위는 기본적으로 노동기준법과 동일하다.

최저임금액은 시간에 따라서 정한다(3조). 2007년 개정 전에는 '시간, 날짜, 주 또는 월에 따라 정한다'(4조)고 규정하고, 실제상으로도 지역별 최저임금은 오랫동안 일액과 시간액의 쌍방으로 설정되어 왔다. 그러나 고용형태의 다양화(특히 파트타임근로자의 증가) 등의 노동시장의 변화에 비추어 보아 재검토되어 2002년도부터는 시간액에 의한 표시로 일원화되어 왔다. 2007년의 개정에서는 이 방침을 법문화했다.[84][85]

---

[84] **최저임금의 감액의 특례**

① 정신 또는 신체적 장애에 의해 현저하게 노동능력이 낮은 자, ② 시용 사용기간중인 자, ③ 인정(認定)직업훈련 가운데 기초적인 기능·지식을 습득시키는 것을 받는 자, ④ 경이한 업무에 종사하는 자, 그 외 후생노동성령에서 정하는 자에 대해서는 사용자가 도도부현 노동국장의 허가를 받았을 때에는 해당 최저임금액에 노동능력, 그 외의 사정을 고려하여 후생노동성령에서 정하는 비율을 곱하여 얻은 금액을 감액한 금액에서 최저임금을 지불할 수 있다(7조). 개정 전의 최저임금의 적용제외 제도를, '소정근로시간이 특히 짧은 자'에 대해서는 폐지하고, 그 외의 자에 대해서는 감액의 특례로서 재구성한 것이다.

[85] **최저임금의 규제의 대상**

최저임금액 이상이라는 것이 요구되는 임금은 통상의 근로시간 또는 근로일의 근로에 대하여 지불되는 임금이다. 소정외근로에 대한 임금, 심야할증임금, 1개월을 넘는 기간마다의 상여(일시금), 임시로 지불되는 수당(예를 들면 결혼수당)은 그 규제의 대상이 되지 않는다(4조 3항, 최임칙 1조).

또한, 근로자가 그 상황에 따라 소정근로시간 혹은 소정근로일의 근로를 하지 않은 경우, 또는 사용자가 정당한 이유에 의해 근로자에게 소정근로시간 혹은 소정근로일에 근로를 시키지 않은 경우에는, 근로하지 않은 날 혹은 시간에 대하여 임금을 지불하지 않는 것은 최저임금의 규제에 조금도 반하는 것은 아니다(4조 4항).

예를 들면, 하루 주야교체제로 빌딩의 보수경비업무에 종사하는 빌딩 관리인이 통상의 근무시간 동안에 부여받은 가면시간도, 만약 휴게시간의 일종이라면 이에 대한 수당은 최저임금의 규제의 대상외이다. 그러나 경보가 울린 경우에는 필요한 대응을 하지 않으면 안 되는 대기시간으로서 근로시간에 해당된다고 간주되는 경우에는 사용자는 이 시간에 대하여 통상적인 근무시간의 임금비율보다도 낮은 특별한 임금비율을 설정하는 것은 허용되지만(大星ビル管理事件 ― 最一小判 平14. 2. 28, 民集 56권 2호, 361면), 가면시간도 소정근로시간의 일종이 되기 때문에, 그 시간대에 대한 임금비율은 최저임금액 이상의 것으로 하지 않으면 안되게 된다. 그러나 해당 하루 주야교체근무가 가면시간 쪽이 실근무시간보다도 긴 경우에는, 하루 주야교체근무의 전체에 대하여 '경이한 업무에 종사하는 경우'(7조 4호)로서 감액의 특

례 허가를 받을 가능성이 있다고 생각된다.

(2) 지역별 최저임금

2007년 개정의 최저임금법에서는 후술하는 '특정 최저임금'을 보충적인 특별 제도로 하면서도, 본래적인 최저임금은 일정 지역마다 반드시 결정되는 '지역별 최저임금'으로 일원화되었다. 동법은 '임금이 저렴한 근로자에 대하여 임금의 최저액을 보장하기 위해서, 지역별 최저임금 … 은 골고루 전국 각 지역에 대하여 결정되지 않으면 안 된다'(9조 1항)고 규정하고, 일본에서의 최저임금제도에서는 각 지역의 산업·임금·생계비의 실제적 차이를 고려하여 전국 일률적인 최저임금이 아니라 지역별의 최저임금에 의하는 것, 그러한 지역별 최저임금을 전국 전체의 지역에 설정하여 임금이 저렴한 근로자를 위한 최저임금을 정비하는 것을 분명히 하고 있다.202)

지역별 최저임금은 지역에서의 근로자의 생계비 및 임금과 통상적인 사업의 임금지불능력을 고려하여 정해야 한다(9조 2항). 이러한 것은 당초부터 최저임금액 결정의 기본적인 고려요소로서 규정되어 온 것이지만, 2007년 개정에서는 최저임금액의 수준이 생활보호의 급여수준에 달하지 못한 것은 불합리하다는 비판을 받아들여, 근로자의 생계비를 고려하는데 있어서는 근로자가 건강하고 문화적인 최저한도의 생활을 영위할 수 있도록 생활보호에 관계되는 시책과의 정합성에 배려하는 것으로 한다(동조 3항)고 규정하였다. '근로자가 건강하고 문화적인 최저한도의 생활을 영위할 수 있도록'이란, 국회 수정에서 삽입된 문언인데 그것은 '최저임금은 생활보호를 밑돌지 않는 수준이 되도록 배려한다는 취지'라는 것이 정부해석으로서 답변되어 있다.203)

후생노동대신204) 또는 도도부현 노동국장은 일정 지역마다 중앙최저임금심의회 또는 지방최저임금심의회(양자를 더불어 '최저임금심의회')의 조사심의를 요구하여 그 의견을 듣고 지역별 최저임금의 결정을 하지 않으면 안 된다(10조 1항). 후생노동대신 또는 도도부현 노동국장은 최저임금심의회의 의견 제출이 있는 경우에 그 의견에 따르기 어렵다고 인정될 때에는 이유를 붙여 최저임금심

---

202) 선원에 대해서는 지역별 최저임금의 적용이 어렵기 때문에 특례로서 적용제외로 하고 있다(35조). 그러나 선원에 대해서는 산업별(특정) 최저임금이 중요하게 되기 때문에 이에 대해서는 특례로서 벌칙을 적용하고 있다(40조, 41조 1호).

203) 2007년 6월 6일 중의원 후생노동위원회에서의 細川律夫 의원에 대한 노동기준국장 답변.

204) 후생노동대신은 두 곳 이상의 도도부현 노동국장의 관할구역에 걸친 사안 및 한 곳의 도도부현 노동국의 관할구역내에서만 관계되는 사안에서 후생노동대신이 전국적으로 관련이 있다고 인정하여 지정하는 것에 대하여, 최저임금의 결정·개정·폐지의 직권을 행한다(30조).

의회에 재심의를 요구하지 않으면 안 된다(동조 2항).

지역별 최저임금에 관계되는 최저임금심의회의 의견은 요지가 공표되어(11조 1항), 당해 지역의 근로자 또는 이를 사용하는 사용자는 공시일로부터 15일 이내에 후생노동대신 또는 도도부현 노동국장에게 이의를 제기할 수 있다(동조 2항). 이의의 제기가 있으면 후생노동대신 또는 도도부현 노동국장은 그 제기에 대하여 최저임금심의회의 의견을 요구하지 않으면 안 된다(동조 3항). 이의를 제기할 수 있는 15일간 및 이의의 제기에 대하여 최저임금심의회의 의견이 나올 때까지의 기간은 지역별 최저임금의 결정을 할 수 있다(동조 4항).

또한 후생노동대신 또는 도도부현 노동국장은 지역별 최저임금에 대하여 지역에서의 근로자의 생계비 및 임금과 통상적인 사업의 임금지불능력을 고려하여 필요가 있다고 인정될 때에는 그 결정례에 의하여 그 개정 또는 폐지의 결정을 하지 않으면 안 된다(12조).

앞에서 언급한 것처럼, 지역별 최저임금의 결정에 대해서는 2007년 개정 전에서는 중앙최저임금심의회가 후생노동대신의 요구에 의하여 지역최저임금의 전국적 정합성의 견지에서 전국 4랭크의 최저임금의 기준액을 심의·제시하고, 도도부현 노동국장이 지방최저임금심의회에 대하여 이 기준액을 참고로 한 심의를 요구하고, 그 답신에 의해 해당 도도부현의 최저임금액을 결정한다는 운용이 실시되어 왔다. 이러한 운용은 개정법 하에서도 계속하여 시행되고 있다.[205]

지역별 최저임금에 관한 결정은 공시되어 공시일로부터 30일을 경과한 날(폐지의 결정은 공시일)에 효력이 발생한다(14조).

파견근로자에 대해서는 고용주인 파견기업의 사업장가 취업하는 사용기업의 사업장의 어느 지역의 최저임금을 적용하는지가 문제가 되지만, 2007년 개정법은 후자인 사용기업의 사업장이 속하는 지역의 최저임금을 적용하기로 하였다(13조). 최저임금을 지불해야 하는 사용자는 파견기업의 사용자이다.

(3) 특정 최저임금

근로자 또는 사용자의 전부 또는 일부를 대표하는 자는 후생노동대신 또는 도도부현 노동국장에 대하여 해당 근로자 혹은 사용자에게 적용되는 일정 사업

---

205) 2012년에 각 도도부현에서 순차 개정된 지역별 최저임금의 금액은 동경도(東京都) 850엔(다음으로 카나가와현(神奈川県) 849엔, 오사카부(大阪府)의 800엔)에서 시마네현(島根県)·코치현(高知県) 652엔에 걸쳐 있다.

또는 직업에 관계되는 최저임금(특정 최저임금으로 불린다)의 결정 또는 해당 근로자 또는 사용자에게 적용되어 있는 특정 최저임금의 개정 또는 폐지를 하도록 신청할 수 있다(15조 1항). 후생노동대신 또는 도도부현 노동국장은 이러한 신청이 있는 경우에 필요가 있다고 인정될 때에는 최저임금심의회의 조사심의를 요구하여 그 의견을 듣고 해당 신청에 관계되는 특정 최저임금의 결정 또는 개정 혹은 폐지를 결정할 수 있다(동조 2항).206)[86] 특정 최저임금의 금액은 해당 특정 최저임금의 적용을 받은 사용자의 사업장에 속하는 지역에 대한 지역별 최저임금의 금액을 상회하지 않으면 안 된다(16조).

2007년 법 개정이 시행되는 날에 효력을 가지는 작은 분류의 산업별 최저임금(단체협약 케이스와 공정경쟁 케이스의 쌍방)은 일정 사업에 관한 특정 최저임금으로 간주되어 효력을 지속한다(개정법부칙 5조). 즉 특정 최저임금은 당면은 기존의 일정 지역의 산업별 최저임금을 내용으로 한다.

[86] **특정 최저임금에 관한 절차**

지역별 최저임금의 결정 등의 경우와 마찬가지로 특정 최저임금의 결정 등에 관계되는 최저임금심의회의 의견 제출에 대해서는 후생노동대신 또는 도도부현 노동국장은 재심의를 요구할 수 있고(15조 3항에 의한 10조 2항의 준용), 또 관계 노사는 이의를 제기할 수 있다(15조 3항에 의한 11조 2항~4항의 준용). 또한 후생노동대신 또는 도도부현 노동국장은 관계 노사로부터 이의제기가 있을 때에는 최저임금심의회의 의견에 근거하여 일정 범위의 사업에 대하여 그 적용을 일정 기간을 한정하여 유예하거나 또는 최저임금액에 대하여 별단의 규정을 할 수 있다(15조 4항). 또 후생노동대신 또는 도도부현 노동국장은 관계 노사의 제기나 최저임금심의회의 의견에 관계없이, 특정 최저임금이 현저하게 적당하지 않게 되었다고 인정할 때에는 그 결정례에 의하여 폐지를 결정할 수 있다(17조). 특정 최저임금의 결정·개정·폐지도 지역별 최저임금의 경우와 마찬가지로 공시되고(19조 1항), 같은 날부터 효력을 발생한다(동조 2항).

(4) 최저임금의 효력과 이행확보의 구조

사용자는 최저임금의 적용을 받는 근로자에 대해 그 최저임금액 이상의 임금을 지불하지 않으면 안 된다(4조 1항). 지역별 최저임금에 대해서는 이 규정에 위반한 자는 50만엔 이하의 벌금에 처해진다(40조). 이에 대하여 특정 최저임금에 대해서는 선원에 관계되는 것을 제외하고(40조), 벌칙은 없다.

최저임금의 적용을 받는 근로자와 사용자간의 근로계약에서 최저임금액에 달하지 못한 임금액을 정하는 것은 그 부분에 대하여 무효로 한다. 이 경우에

---

206) 특정 최저임금에 대해서도 파견근로자의 경우에는 사용기입 사업장이 속하는 지역에서의 특정 최저임금이 적용되도록 규정하고 있다(18조).

무효가 된 부분은 최저임금과 비슷한 규정을 한 것으로 간주한다(4조 2항). 노동기준법(13조)과 비슷한 강행적이고 직률적인 효력이다.

　최저임금의 적용을 받는 사용자는 해당 최저임금의 개요를 상시 사업장의 잘 보이는 곳에 게시하거나 또는 그 밖의 방법으로 근로자에게 주지시키기 위한 조치를 취하지 않으면 안 된다(8조, 벌칙은 41조 1호).

　근로자는 사업장에 최저임금법의 위반의 사실이 있을 때에는 그 사실을 도도부현 노동국장, 노동기준감독서장 또는 노동기준감독관에게 신고하여, 시정을 위한 조치를 취하도록 요구할 수 있다(34조 1항). 사용자는 이러한 신고를 한 것을 이유로 하여 근로자에게 해고, 그 외의 불이익 취급을 해서는 안 된다(동조 2항). 이러한 불이익 취급의 금지에 위반한 자는 6월 이하의 징역 또는 30만엔 이하의 벌칙에 처해진다(39조).

　사용자가 최저임금의 이행을 감독하는 것은 노동기준감독서장 및 노동기준감독관이다(31조). 노동기준감독관에는 사업장에 대한 입회, 물건의 검사, 관계자에 대한 질문의 권한이 부여되어 있으며(32조 1항), 또 위반에 대해서는 사법경찰원의 직무를 실시한다(33조).

제4관　임금채권의 이행확보

　임금채권은 근로자의 생활이 이에 의존하는 것이므로 사용자가 경영위기에 빠지거나 도산한 경우에도 근로자 보호를 위해 다른 채권에 우선하여 지불을 확보하는 것이 바람직하다. 여기서는 민상법이나 도산절차법이 다른 채권과의 관계에서 임금채권에 어떠한 지위를 부여하고 있는가를 개관함과 동시에 노기법 및 임확법에 의한 임금채권 이행확보제도를 개설한다.[207]

1. 노기법상의 이행 강제

　앞에서 서술한 대로 노기법은 임금에 대해 전액불과 일정기일불의 원칙을 정하고(24조), 이를 감독행정과 벌칙(120조, 30만엔 이하의 벌금)에 의해 강제하려고 하고 있다. 그리고 이러한 원칙위반의 임금미지불이나 또는 지불지연에 대

---

　207) 본관에 관한 문헌으로서는 労働省, 労働債権の保護に関する研究会報告書, 「シンポジウム ③企業倒産と労働法」, 労働法 98호, 118면 이하.

해서는 사용자가 임금지불을 위해 사회통념상 해야 할 최선의 노력을 하지 않을 경우에는 노동기준감독서장은 사용자에 대해 기일을 지정하여 그때까지 임금을 지불할 것을 엄중하게 확약 받고, 이 확약에 응하지 않을 때나 또는 확약을 이행하지 않을 때는 사건을 지방검찰청에 송부해야 한다는 통달을 내고 있다(1949. 3. 14 기발 290호). 이러한 통달에 따른 감독기관의 노력은 사용자가 지불능력을 (어느 정도) 가지는 경우에는 상당한 실효성을 기대할 수 있는데, 사용자가 실제로 지불을 할 수 없게 된 경우에는 실효성을 기대할 수 없다. 그러한 경우에는 노기법 위반의 형사책임을 추급하는 것도 곤란하게 된다.

2. 민법에 의한 선취특권의 부여

임금의 변제를 확보하기 위해서는 민법상으로도 일정한 담보물권의 부여가 이루어지고 있다. 먼저 이 담보물권으로서 일반 선취특권이 있다. 즉 민법에 의하면 급료, 그 외 채무자와 '사용인'의 '고용관계'에 의해 발생한 채권을 가진 자는 채무자의 총 재산상에 선취특권을 가진다(민 306조, 308조). 여기서 주주회사 등과 그 사용인(종업원)과의 고용관계에 근거하여 발생한 채권을 가지는 자는 회사의 총 재산상의 선취특권을 가진다(동 306조, 308조).

종래는 위의 민법상의 선취특권은 '마지막 6개월 동안의 급료'로 한정되어 있었기 때문에, 그러한 기간설정이 회사의 사용인에 관한 상법상의 선취특권과의 사이에 균형이 잡혀있지 않았다. 그래서 민법의 담보물권과 민사집행제도 재검토의 일환으로 2003년 민법 개정(2003 법 134)으로 '마지막 6개월 동안의 급료'라는 한정은 삭제되었다.[208]

민법상 부여된 선취특권에는 이외에 동산(動産)선취특권이 있다. 즉 농업에 종사하는 노무자는 최후의 1년간 임금에 대해 공업에 종사하는 노무자는 최후의 3개월간의 임금에 대해 그 노무에 따라 발생한 과실(果実)이나 또는 제작물상에 선취특권을 가진다(민 311조 7호 8호, 323조, 324조).

이상과 같이 민법상으로는 임금채권의 이행확보를 위한 주요한 규정은 일반선취특권의 부여이다. 그러나 일반선취특권은 특별한 선취특권과 개개의 객체상의 담보물권(특히 저당권)에 미치지 못한다(민 329조 2항, 336조). 그리고 일반선취특권도 동산선취특권도 처분되어 인도된 동산에 대해서는 더 이상 추급할

---

208) 이 개정으로 구 상법 295조는 삭제되었다.

수 없다(민 333조, 단 물상대위(物上代位)는 있다. 동 304조).

3. 도산절차에 있어서 임금채권의 보호

(1) 파산절차에 있어서 임금보호

종래의 파산법에서는 일반임금에 대해서는 파산선고 전의 임금 중 일반선취특권을 부여하고 있던 부분[209]은 우선파산채권이 되어, 배당절차 중에 우선변제를 받지만(구 파산 39조), 그 이외의 부분은 일반적인 파산채권이 된다. 단 파산선고를 원인으로서 근로계약에 대해 사용자 내지는 근로자로부터 해약신청이 있는 경우에는 파산선고 후 계약종료까지의 사이에 발생한 임금청구권은 재단채권이 되며 배당절차에 의하지 않고 변제를 받게 된다(동 47조 8호). 또 퇴직금도 일반채권과 동일하게 일반선취득권이 부여되고 있는 부분은 우선파산채권이 되고 그 이외의 부분은 일반파산채권이 된다. 그리고 파산선고 후 퇴직한 경우에는 퇴직금은 파산선고를 원인으로 하는 근로계약 해약의 경우의 임금청구권과 동일하게 재단채권이 되지 않는지가 논의되고 있다.[210]

일반적으로 파산절차에서는 임금채권의 확보는 약하다. 즉 임금채권은 일부가 재단채권으로 되어 있는데 그치고 나머지는 대개 우선파산채권이다. 그런데 우선파산채권에 대한 우선적 보호가 미치는 것은 저당권자 등의 별도권자와 재단채권자에 대해 변제가 이루어진 잔여 파산재단에 대해서이다. 그리고 통상 파산의 경우에는 이러한 재산이 충분히 남아 있지 않는 것이 실정이다.

파산법에 대해서는 파산법제의 전체적 재편성의 움직임 속에서 전면적인 재검토가 이루어져 2004년에 대폭적인 개정이 이루어졌다(2004 법 76). 새로운 파산법은 파산절차에서 근로자의 임금채권의 보호를 다음과 같이 강화하였다. 먼저, 파산절차 개시 전 3개월간의 파산자의 사용인 급료의 청구권은 재단채권으로 하기로 했다(파산 149조 1항). 또 파산절차 종료 전에 퇴직한 파산자의 사용인의 퇴직수당 청구권(당해 청구권의 전액이 파산채권이라고 한 경우에는 동법 99조의 우열적(劣後的) 파산채권이 되는 부분을 제외한다. 예를 들어, 파산절차 개시 후의

---

209) 파산절차에서의 임금채권 확정에 관한 판례로서는 ブルーハウス事件 — 札幌地判 平10. 3. 31, 労経速 1684호, 3면.

210) 伊藤眞, 破産法, 民事再生法[第2版], 304면 이하 참조. 부정한 사례는 東京高判 昭44. 7. 24, 高民集 22권 3호, 490면; 萩澤清彦, [破産・会社更生手続と退職金], 成蹊法学 12호, 71면. 또한 大阪地判 昭58. 4. 11, 労判 407호, 23면 참조.

이자는 제외된다)에 대해서는 퇴직 전 3개월간 급료의 총액(그 총액이 파산절차 개시 전 3개월간의 급료총액보다 적은 경우에 있어서는 파산절차 개시 전 3개월간의 급료의 총액)에 상당하는 금액이 재단채권이 되게 되었다(동 149조 2항). 그리고 파산절차 개시 전에 고용관계로부터 발생한 임금채권, 그 외의 채권이라도 재단채권이 되지 않는 것은 일반선취특권이 있는 채권으로 우선적 파산채권이 된다(동 98조 1항). 파산절차 개시 후에 발생한 고용관계상의 채권에 대해서는 재단채권이 되지 않는가의 여부가 종전대로 해석상의 문제이지만(동 148조 1항 2호, 4호), 신 파산법이 급료·퇴직수당에 대해 보호를 강화한 것에 비추어보면, 재단채권이라는 점을 긍정하는 설이 강화될 것이다.

(2) 회사갱생절차에서의 임금보호

회사갱생절차의 경우에는 근로자의 임금채권은 영업의 계속을 위해 근로자를 확보할 필요 때문에 비교적 두터운 보호를 받는다. 또, 2002년 말의 회사갱생법 대개정(2002년 법 154)에 의해, 노동조합 등(회사 사용인의 과반수를 조직하는 노동조합 또는 과반수를 대표하는 자)은 갱생절차 개시의 결정, 갱생절차 중의 영업양도의 허가, 재산상황 보고집회, 갱생계획안의 작성 등에 있어서 의견을 진술하는 것이 보장되었다(회사갱생 22조 1항, 46조 3항, 85조 3항, 188조).

먼저 갱생절차 개시결정 전 6개월 동안에 발생한 일반임금 및 갱생절차 개시 후에 발생한 일반임금은 공익채권으로 여겨져 갱생절차에 따르지 않고 수시 변제된다(동 130조, 127조 2호, 132조 1항). 그 이외의 일반임금은 우선적 갱생채권으로 여겨져 갱생절차에 따르는데(따라서 예를 들어 절차에 참가하기 위한 신고를 필요로 하고 조사·확정 절차를 거친다(동138조 이하, 144조 이하). 또 갱생절차 중에는 원칙적으로 변제를 받을 수 없다(동 47조)), 갱생계획 가운데 갱생담보권에 대해 우대된다(동 168조 1항 2호).

일반임금에 비해 퇴직금의 취급은 약간 복잡하다. 먼저 갱생계획 허가결정 전 퇴직자에 대해서는 그 퇴직일시금은 퇴직 전 6개월간 급료의 총액에 해당하는 금액 혹은 퇴직금액의 3분의 1에 해당하는 액 중 어느 것이든 많은 금액을 한도로 하여 사회정책적인 견지에서 공익채권으로 되어 있다(동 130조 2항). 또 퇴직연금(정기금채권)은 각기(各期)에 있어서 정기금에 대해 그 3분의 1이 비슷한 견지에서 공익채권으로 여겨지고 있다(동 130조 3항). 이에 대하여 갱생절차 개시결정 후 회사사정에 의한 퇴직의 경우에는 퇴직금은 '갱생절차 개시 후 갱생회사 사업의 경영 … 에 관한 비용의 청구권'으로서 위와 같은 한정 없이 전액이 공익채권이 된다(동 127조 2호).211) 그리고 갱생계획인가 결정 전 퇴직자의 이러한 것 이외의 퇴직금은 우선적 갱생채권으로 여긴다(동 186조 1항 2호). 단 그 신고는 퇴직한 후에도 상관없고(동 140조), 확정에 대해서도 관재인의 이의만 없으면 확정한다(동 149조).

다음으로 갱생계획 허가 결정 후 퇴직자에 대해서는 그 퇴직금은 갱생계획에서 처리할 여지는 없으며 퇴직금 전액이 공익채권으로서 수시 변제된다(동 127조 2호).

특히 사내예금에 대해서도 갱생절차 개시 전에 맡겨진 사내예금 반환청구권은 그 3분의 1의 금액 또는 갱생절차 개시 전 6개월간의 급여에 해당하는 금액의 어느 쪽의 많은 금액이 공익채권으로 된다(동 130조 5항).

(3) 민사재생절차와 임금

1999년 말에는 화의법(和議法)을 대신하는 새로운 재건형 도산처리법으로서 민사재생법이 성립하였다(1999 법 225호). 민사재생절차에서는 화의절차와 마찬가지로 절차개시 결정전에 발생한 일반임금·퇴직금은, 일반선취특권이 있는 채권으로서, 일반선취권으로 여겨져 재생절차에 의하지 않고 수시 변제된다(민사재생 122조 1항, 2항). 이에 대하여 사내예금은 일반선취특권이 주어지지 않으므로 그 변제가 민사재생 계획을 따라야만 하는 재생채권이 된다(동 85조 1항). 이상에 대하여 재생절차 개시 후에 생긴 일반임금·퇴직금은 재생채무자의 업무에 관한 비용의 청구권으로서 공익채권이 되어(동 119조 2호), 일반우선채권과 마찬가지로 수시 변제된다(동 121조 1항, 2항). 특히 민사재생절차에서는 노동조합·근로자대표에 다양한 관여권이 인정된다(동 42조의 2, 42조 3항, 126조 3항, 168조, 174조 3항, 246조 3항).

(4) 주식회사의 특별청산절차과 임금

청산에 들어간 주식회사에 청산의 수행에 현저한 지장을 초래하는 사정이 있는 등의 경우의 '특별청산'절차에 대해서는 개정 전의 상법은 일반의 선취특권, 그 외의 일반 우선권이 있는 채권(임금채권은 여기에 해당된다)을 절차개시의

---

211) 갱생절차 개시결정 후의 정년퇴직에 의한 퇴지금은 상기의 갱생회사의 사업경영비용으로서의 의의를 가지지 않기 때문에, 이 규정에 의한 공제채권으로는 인정되지 못한다. 日本空港インターナショナル事件 ― 東京高判 平22. 11. 10, 金融商事 1358호, 22면.

효력을 받는 채권으로 삼고 있었기 때문에, '협정'의 조항을 정하는데 있어서 협정조항에서의 참작이 필요하다고 하고(개정 전 상법 448조 2항), 협정을 가결하는 결의에서는 그러한 채권을 가지는 자는 일반채권자와 같이 결의권을 행사한다고 되어 있었다(동 450조 1항). 이에 대하여 2005년 제정의 회사법상의 특별청산절차에서는 일반의 선취특권, 그 외 일반선취권이 있는 채권에 대해서는 동 절차의 효력을 받는 채권에서는 제외되고, 특별청산개시의 명령이 있어도 동 채권에 근거로 하는 강제집행을 할 수 있다고 되었다(회사 515조 1항 단서). 그리고 그러한 채권을 가지는 채권자는 협정안의 작성시에 담보채권자와 같은 입장에서 참가할 수 있는 채권자로 간주되었다(동 566조 2호. 松下淳一, 「特別淸算」, ジュリ 1295호, 105면, 109면 참조).

⑸ 사적 정리(整理)와 임금

기업도산의 케이스의 대부분은 복잡하고 시간이 걸리는 법적 수단을 꺼리고 사적인 정리절차에 의해 처리되고 있다. 이 사적 정리(內정리)에서는 채권자간의 경쟁에 대해 담보물권에 관한 제 규정을 제외하고 각별한 법적 규제가 존재하지 않기 때문에 선착자 우승, 강자 우승의 상태가 출현한다. 이리하여 근로자는 급료·퇴직금 등의 채권을 지키기 위해서는 재빨리 공장을 점거하고 제작중인 물건을 매각하거나, 그 밖의 채권자(특히 저당권자)에게 양보를 촉구하게 된다. 또한 때로는 자주경영을 실시하여 기업의 재건을 꾀하는 경우도 있다. 그리고 이러한 공장점거는 근로자가 가지는 앞에서 언급한 일반선취득권과 동산선취득권을 확보하기 위해서도 실제상 필요한 수단이 된다. 그러나 이러한 점거와 그 밖의 행동은 사용자의 명시 또는 묵시의 승낙을 얻지 않고 있는 한 적법하다고 할 수 있는가가 곤란한 문제가 된다. 그래서 근로자는 도산 직전 혹은 직후에 기존의 노동조합과 급히 결성한 노동조합을 통해 사용자와 파산관재인에 대해 공장점거와 자주경영을 승인하는 협정 체결을 요구하게 된다. 그러한 협정이 다른 채권자와 담보권자와 파산절차와의 관계에서 어떠한 효력을 가지는가는 어려운 문제가 된다.212)

---

212) 문헌으로서 宮本光雄, 合理化と勞働法, 153면 이하. 형사사건에서의 참고판례로서 志賀工業事件 — 最二小判 昭28. 2. 27, 刑集 7권 2호, 348면.

4. 임 확 법

(1) 법제정의 경위

1973년 말 석유위기 이후 경기침체에 동반하여 기업도산이 증가하고 임금 미지불 건수가 급격하게 증가했다. 그래서 사용자가 지불능력을 잃은 경우에 대해 임금지불확보조치를 강구하는 일이 긴요한 과제로 의식되기에 이르렀다. 이러한 정세 속에서 노동성은 노동기준법연구회의 검토를 거친 후, 특별조치에 관한 성안(成案)을 1976년 1월 중앙노동기준심의회에 자문하여, 이를 법안으로 마련하여 국회에 제출하였다. 이리하여 성립된 것이 「임금지불의 확보 등에 관한 법률」(1976년 법 34)이다.[213]

(2) 법률의 내용

(가) 체불임금의 대체불 　　임확법의 주요한 내용은 체불임금의 대체불이다.

먼저 대체불의 요건에 대하여 설명한다. 대체불을 적용하는 사업주의 요건은 근로자재해보상보험의 적용사업 사업주로, 1년 이상의 기간에 걸쳐 해당 사업을 실시하던 자가 다음의 어느 하나에 해당하는 것이다. ① 파산절차 개시의 결정을 받거나 특별청산 개시명령을 받은 경우, ② 민사재생절차 개시의 결정 또는 갱생절차 개시의 결정을 받은 경우, 또는 ③ 중소기업(중소기업기본법의 정의를 따르고 있다)의 경우 그 사업 활동이 정지하여 재개의 가능성이 없고 또한 임금 지불능력이 없음이 노동기준감독서장에 의해 인정된 경우(임확 7조, 임확령 2조, 임확시규 8조).

그리고 대체불을 받을 수 있는 근로자의 요건은 위의 ①, ②의 신청이 있었던 날 혹은 ③의 인정 신청이 퇴직근로자에 의해 이루어진 날의 6개월 전의 날 이후 2년간에 위와 같은 요건을 충족하는 사업주의 사업에서 퇴직한 경우이다(임확 7조, 임확령 3조).[214]

이상과 같은 요건을 충족하는 근로자에 대해서는 대체불이 이루어지는데 이 대체불의 대상이 되는 임금은 퇴직일의 6개월 전 날 이후 대체불의 청구일 전

---

213) 제정 경위 및 내용에 대해서는 渡辺 章, 「賃金の支払の確保などに関する法律」, 別冊法学セミナー新版労働基準法, 331면.

214) '퇴직기준일'을 어느 시점으로 볼 것인가에 관한 판례로서 茨木労基署長[豊中管財]事件 ── 大阪地判 平10. 7. 29, 労判 747호, 45면.

일까지의 기간에서 지불기일이 도래하는 정기급여 및 퇴직금이고 그 총액이 2만엔 이상인 것이다(임확 7조, 임확령 4조 2항). 실제로 대체불이 이루어지는 임금액은 대체불 대상 임금 중 미납분(연령에 따른 상한액 있음)의 80%에 상당하는 금액이다(임확령 4조 1항. 이 상한액은 예를 들면 45세 이상의 자에 대해서는 370만엔으로 되었다).

또한 체불임금을 대체 지불하는 것에 의해 정부는 해당 사업주에 대해 준위임 또는 사무관리에 의한 비용상환청구권을 취득한다(민 656조, 650조, 702조 1항). 또 정부는 채권자인 근로자의 승낙을 얻어 해당 변제에 관련된 임금청구권을 취득한다. 정부는 이러한 청구권의 행사에 의해 체불임금의 대체지불에 필요한 비용의 회수를 꾀할 수 있다.

이상의 체불임금의 대체 지불 사업은 산재보험사업인 사회복귀촉진 등의 사업의 하나로서 행해진다. 즉, 대체불의 비용은 전액 사업주 부담인 산재보험료에 의해 조달된다(노재보 29조 1항 3호). 그리고 대체지불의 실시업무는 노동자건강복지기구에 의해 이루어진다(독립행정법인 노동자건강복지기구 12조 1항 6호).[87]

[87] **원청업자에 대한 임금대체불**

영세 하청업자에 의한 임금체불이 많은 건설공사에 대해서는 건설업법(1949년 법 100)에 있어서 다음의 규정이 있다. 먼저 발주자로부터 직접 건설공사를 도급받은 특정건설업자(도급대금이 8,000만엔 이상의 공사를 도급받을 수 있는 자격을 가지는 건설업자)는 해당 건설공사의 하청인이 그 하청한 공사시행에 관해 근로자의 사용에 관한 법령에 위반하지 않도록 지도에 노력하지 않으면 안 된다(24조의 6). 또 국토건설대신 또는 도도부현 지사는 특정 건설업자가 직접 도급받은 건설공사의 전부 또는 일부를 실시하는 건설업자가 근로자에 대한 임금지불을 지체한 경우에 필요가 있다고 인정할 때는 특정건설업자에게 해당 공사에 알맞은 지체금액을 대체지불을 할 것 등을 권고할 수 있다.

(나) 저축금 · 퇴직수당의 보전조치

① 저축금의 보전조치:　사업주(후생노동대신이 지정하는 특수법인을 제외한다(임확시규 1조))는 근로자의 저축금을 위탁받아 관리하는 경우에, 저축금 관리가 근로자의 예금 입금(직접관리)인 경우에 매년 3월 31일에 입금예금액에 대해 그 날 이후 1년간에 걸친 저축금의 보전조치를 강구하지 않으면 안 된다(임확 3조).

이 보전조치란, 근로자마다 매년 3월 31일의 입금예금액에 대해 그 환불채권을 은행, 그 밖의 금융기관에서 보증할 것을 약속하는 계약 체결, 그밖에 해당 입금예금액의 환불 확보에 관한 조치를 말한다.

이 의무 위반의 경우 노동기준감독서장은 해당 사업주에 대해 기한을 지정하여 그 시정을 명령할 수 있다(동 4조). 이 시정명령에 위반한 사업주는 30만 엔 이하의 벌금에 처하게 된다(동 18조).

② 퇴직수당의 보전조치: 사업주(중소기업퇴직금 공제계약 또는 적격퇴직금 계약을 체결한 사업주, 후생연금기금 또는 확정급여 기업연금의 가입자인 사업주 등을 제외)가 근로계약이나 또는 단체협약 등에 있어 근로자에게 퇴직수당을 지불할 것을 명확히 했을 때는, 해당 퇴직수당의 지불에 충족되어야 할 금액으로서 후생노동성령으로 정하는 금액에 대해 저축금의 보전조치에 준하는 조치를 강구하도록 노력하지 않으면 안 된다(임확 5조, 임확칙 4조, 5조). 이 규정이 정하는 것은 노력의무규정이므로 퇴직수당의 보전(지불확보)조치는 특히 매우 불충분하여 새로운 대책이 요구되고 있다.

(다) 퇴직근로자의 임금에 관한 지연이자   사업주는 그 사업을 퇴직한 근로자에게 관련되는 임금(퇴직수당을 제외)의 전부 또는 일부를 퇴직일(퇴직일 후에 지불기일이 도래하는 임금에 대해서는 해당 지불기일)까지 지불하지 않은 경우에는 해당 근로자에 대해 퇴직일의 다음날부터 지불하는 날까지의 기간에 대해 그 일수에 따라 해당퇴직일의 경과 후 아직 지불되지 않은 임금액에 연 14.6%를 넘지 않는 범위 내에서 정령으로 정하는 이율(임확령 1조는 이것을 14.6%라고 한다)을 곱하여 나온 금액을 지연이자로서 지불하지 않으면 안 된다(임확 6조 1항). 단 이 규정은 임금지불의 지체가 천재지변, 파산 등의 개시, 자금확보의 곤란함 등의 어쩔 수 없는 사유(임확칙 6조)에 의한 경우에는 그 사유가 존재하는 기간에 대해서 적용하지 않는다(임확 6조 2항).

임금지불지연의 경우 지연이자의 이율은 영리기업의 경우에는 상법상 연 6%이다(상 514조).[215] 위의 규정은 이것을 퇴직근로자에 대한 임금체불에 대해 고율화한 것이다.

제 5 절 근로시간 · 휴가

제 1 관 근로시간 · 휴가의 원칙

임금은 제도의 형성도 금액의 결정도, 기본적으로는 근로계약이나 노사교섭

---

215) 新井工務店事件 ― 最二小判 昭51. 7. 9, 判時 819호, 91면.

에 맡겨진 근로조건인 것에 대하여, 근로시간·휴일·휴가는 제도의 체계도 기준도 법에 의한 상세한 규제가 행해진 근로조건이다.

기업의 근로시간에 대해서는 취업규칙에서 각 노동일에 있어서 소정의 근로시간이 시업시각부터 종업시각까지의 시간 및 그 사이의 휴게시간을 특정하는 것으로 정해진다. 즉, 시업시각부터 종업시각까지의 시간(사용자의 구속 하에 있는 시간이라는 의미에서 '구속시간'으로 불린다)부터 휴게시간을 제외한 시간이 소정근로시간이다. 또 근로의무가 없는 휴일이 달력상 주휴일과 축일을 고려하면서 취업규칙에서 정해진다(노기법은 상시 10인 이상을 사용하는 사업에 대해서는 이들 소정근로시간, 휴게, 휴일을 취업규칙의 필요기재사항으로 하고 있다. 89조 1호). 이러한 것이 기업에 있어서 근로의 시간적 계획(스케줄)인데, 실제로는 지각·조퇴·결근 등 계획대로 근로가 이루어지지 않는 경우가 있는 반면, 업무의 필요성에 의해 계획외의 근로, 즉 소정시간외 근로(잔업) 내지 소정휴일의 근로(휴일출근)가 이루어지는 경우가 있다.

노동기준법은 이러한 근로시간(소정내, 소정외), 휴게시간, 휴일(휴일근로도 포함)에 대해서 먼저 원칙적인 기준을 설정하고 그런 다음 사업과 업무의 성질에 따른 다양한 예외적 내지 변칙적 기준을 제공하고 있다.

1. 근로시간의 원칙

근로시간에 대한 가장 기본적인 법규제는 1주 및 1일에 대한 최장근로시간의 설정으로 '법정근로시간'이라고 불린다. 법정근로시간은 근로시간 길이의 절대적인 상한이 아니라 이를 초과하는 근로를 일정 요건 하에 예외적으로 허용한다는 의미에서의 원칙적인 상한이다.

(1) 1주 법정근로시간

사용자는 근로자에게 1주간에 대해 40시간을 초과하여 근로시켜서는 안 된다(노기 32조 1항). 주40시간제이다.

2차 세계대전 후 노동기준법은 1주간 근로시간에 대해서는 '48시간을 초과해서는 안 된다'고 하여 주48시간제를 채택해 왔다. 이것은 다음 항에서 보는 1일 8시간의 원칙과 맞춘다면 주휴1일제(週休1日制)의 원칙이었다. 그러나 1986년 5월 동경 선진국 정상회담을 앞두고 '유럽과 미국의 선진국들의 연간 총근

로시간 실현과 주휴2일제의 조기완전실시'가 국가의 명확한 정책목적으로서 수
립되어, 그 실현수단으로서 1987년에 노동기준법 개정(1987년 법 99)이 이루어
지고 주 근로시간은 '40시간을 초과해서는 안 된다'고 개정하였다.216)

　　실제로는 주48시간제에서 주40시간제로의 이행은 원칙 자체를 48시간 → 46
시간 → 44시간 → 40시간으로 단계적으로 단축하고, 또한 각 단계에서 업종·규
모에 의한 시간단축의 곤란성을 고려한 유예사업을 설정한다는 방법으로 10년
간에 걸쳐 점진적으로 실시되어 왔다(<표 1> 참조). 주40시간제의 원칙은 1997
년 4월 1일부터 유예사업 없이 완전히 실시되고 있다.

〈표 1〉　주40시간제로의 단계적 이행의 추이

구 분	1988.4.1	1991.4.1	1994.4.1	1997.4.1
원 칙: 48/W	46/W	44/W	40/W	
유예사업	48/W	46/W	44/W (일부는 1995.4.1~)	40/W

　　주법정근로시간의 단축은 기업에 대해 주휴2일제의 채택 등에 의해 한 주의
소정근로시간을 40시간 이내로 단축할 것을 강제함으로써 실제 근로시간의 단
축에 큰 효과를 가져왔다. 근로자 1인 평균 연간 총 소정근로시간은 법정근로
시간의 단축이 시작되기 전년도(1987년도)에는 1,938시간이었던 것이 단계적 단
축에 즉응하여 감소하여, 1996년도에는 1,770시간이 되었다. 이에 대응하여 연
간 총 실근로시간도 1987년도의 2,111시간에서 2002년도의 1,837시간까지 크게
감소하였다.217) 그 후에도 파트타임근로자를 제외한 일반 근로자에 대하여 소
정근로시간의 감소가 계속되고 있지만,218) 한편으로 일본 경제가 장기적으로
침체되는 가운데 정사원 삭감(특히 채용억제) 등의 영향에 의하여 소정외 근로시
간은 답보상태로,219) 30대 남성에게 소정외 근로시간이 집중하는 경향이 계속

　　216) 근로시간단축정책의 경위에 대해서는 제4판 207~212면에서 상세히 논술하고 있음. 또,
개정근로시간법제의 내용과 문제점을 전체적으로 검토한 문헌으로서, 山本＝渡辺＝安枝＝菅野, 新
労働時間法のすねて, ジュリ臨時増刊, 917호.
　　217) 매월 근로통계조사. 단, 이러한 감소의 상당 부분은 파트타임근로자의 증가에 기인하는 것
이다.
　　218) 일반 근로자 1인당의 월간 소정근로시간은 2002년에는 142.6시간이었는데, 2010년에는
136.2시간이 되었다. 平成23年版 労働経済白書, 51면(매월 근로통계조사).
　　219) 일반 근로자 1인당의 월간 소정외 근로시간은 2002년 9.5시간, 2010년 10시간으로, 그 동
안의 다른 년도도 비슷하다. 平成23年版 労働経済白書, 51면(매월 근로통계조사).

되고 있다.220)⌐88⌐

⌐88⌐ **법정근로시간의 특례**
　주법정근로시간에 대해서는 소규모 상업·서비스업에 관한 특례가 있다. 즉 상시 10인 미만의 근로자를 사용하는 상업(별표 1의 8호), 영화·연극업(동 10호), 보건위생업(동 13호), 접객업(동 14호)에 대해서는 사업의 특수성에서 근로시간의 특례규정(노기 40조)에 근거하여 주의 법정근로시간은 특별히 44시간으로 되었다(노기칙 25조의 2 제1항).

(2) 1일 법정 근로시간

　사용자는 1주간의 각일에 대해서는 1일에 대해 8시간을 초과하여 근로시켜서는 안 된다(노기 32조 2항). 1일 8시간제이고 2차 대전 후의 노기법의 당초 이래의 원칙이다.

　종래에는 '1일에 대해 8시간, 1주간에 대해 48시간'으로 하여, 1일 근로시간 규제를 기본으로 하고 있었다. 이에 대해 새로운 법정근로시간은 먼저 '1주간에 대해 40시간'으로 하면서 '1주간의 각일에 대해서는 … 1일에 대해 8시간'으로 하여 '근로시간의 규제는 1주간 단위의 규제를 기본으로 하고 …, 1일 근로시간은 1주간 근로시간을 각일에 할당하는 경우의 기준으로서 생각한다'221)는 견해를 취하고 있다. 단, 법규제의 실제 효과에 있어서는 이 견해의 차이는 각별한 차이를 초래하지 않는다.⌐89⌐

　1일 법정근로시간에 대해서는 15세에 달한 날 이후의 최초의 3월 31일까지 아동을 노동기준감독서장의 허가를 얻어 사용하는 경우에 대해 수학시간을 통산하여 7시간(1주간에 대해서는 수학시간을 통산하여 40시간)으로 하고 있다(노기 60조 2항).

⌐89⌐ **'1주', '1일'의 의의**
　'1주'란 취업규칙, 그 밖에 특별한 규정이 없는 한 일요일부터 토요일까지의 달력상 정해진 주(曆週)를 말한다. 또 '1일'이란 오전 0시부터 오후 12시까지 달력상 정해진 하루(曆日)를 말한다. 단, 달력상 2일에 걸쳐 계속 근무가 이루어지는 경우에는 그것은 하나의 근무로서, 근무 전체가 시업시각이 속하는 날의 근로로 취급된다(1988. 1. 1 기발 1호).

(3) 법정근로시간의 법적 효과

　법정근로시간을 '초과하여 근로시켜서는 안 된다'(32조의 1항, 2항)는 규제는 먼저 취업규칙에서 소정근로시간을 편성한 후에 제한적으로 작용한다. 예를 들

---

　220) 주의 실근로시간이 60시간 이상인 자의 비율은 10% 전후로 추이되고 있지만, 30대 남성에서는 18%를 넘어서고 있다(平成22年 労働力調査).
　221) 1985년 12월 노동기준법연구회 보고.

어 시업 오전 8시 30분, 종업 오후 6시 30분, 휴게 오전 12시~오후 1시라는 1일 9시간의 소정근로시간의 규정은 '1일 8시간을 초과해서는 안 된다'에 위반하여 최후의 1시간 부분이 무효가 되어 종업시각은 오후 5시 30분으로 수정된다 (13조).[222] 또 법정근로시간은 실제 근로시간의 제한으로서도 작용한다. 예를 들어 1일 소정근로시간이 8시간 이내의 사업장에서 8시간을 초과하여 근로가 이루어지는 경우에는 후술하는 시간외 근로의 요건(36협정의 체결과 신고)을 충족할 필요가 있고 또한 8시간을 넘는 근로시간에 대해서는 할증임금을 지불할 의무가 있다. 즉, 실제 근로시간이 법정시간을 초과하는 경우에는 시간외 근로의 요건을 충족하지 않는 한 벌칙 적용이 있고 또한 할증임금 지불의무를 지게 된다.

⑷ 두 곳 이상의 사업장에서 근로하는 경우

근로시간의 법규제에 대해서는 두 곳 이상의 사업장에서 근로하는 경우에는 근로시간은 통산하여 계산하는 것으로 한다(노기 38조 1항). '두 곳 이상의 사업장에서 근로하는 경우'의 의미에 대해서는 통설·행정해석은 동일 사용자의 두 곳 이상의 사업장에서 근로하는 경우뿐만 아니라, 다른 사용자의 두 곳 이상의 사업장에서 근로하는 경우도 포함되는 것으로 하였다(1948. 5. 14 기수 769호).[223] 그러나 주40시간제 이행 후 해석으로서는 이 규정은 동일 사용자의 두 곳 이상의 사업장에서 근로하는 경우의 것이고, 노기법은 사업장마다 동법을 적용하고 있으므로 통산규정을 마련한 것이라고 해석해야 할 것이다.[224] 행정해석에서도 사용자가 해당 근로자의 다른 사용자의 사업장에서의 근로를 모를 경우에는 근로시간의 통산에 의한 법위반은 고의가 아니므로 성립되지 않는다.

2. 휴게시간의 원칙

휴게에 대해서 노기법은 1일 근로시간이 6시간을 넘는 경우에는 45분 이상, 8시간을 넘는 경우에는 1시간 이상의 휴게시간을 근로시간 도중에 일제히 부여할 것(34조 1항, 2항), 그리고 휴게시간은 근로자가 자유롭게 사용하게 할 것(동조 3항)을 규정하고 있다.

---

222) 荒木尙志, 勞働時間の法的構造, 296면 이하.

223) 有泉, 283면.

224) 또한 동일 사용자의 한 곳의 사업장에서 1일에 두 가지 파트타임근무를 하는 경우에는, 동 근무의 근로시간은 당연히 통산된다. 판례로는 千代田ビル管財事件 ― 東京地判 平18. 7. 26, 勞判 923호, 25면.

(1) 휴게시간의 길이와 위치

㈎ 휴게시간의 길이   법정 휴게시간은 8시간 근로의 경우에는 '45분'이면 된다. 8시간 근로제에 대해 휴게시간이 1시간이 아니라 '45분'으로 된 이유는 8시간 2교대제에 대한 배려에서였다.[225]

8시간을 초과하는 근로에 대해서는 그것이 16시간 격일근로와 같이 장시간의 경우라도, 법률상으로는 1시간의 휴게부여가 요구되는 데 지나지 않는다. 또 8시간근로를 시간외 근로(노기 33조, 36조)에 의해 연장하는 경우에는 연장전에 1시간 휴게를 부여하지 않는 한 1시간 휴게부여라는 요청을 충족하기 위한 부족한 휴게시간을 연장시간 종료 전에 부여하지지 않으면 안 된다. 이것은 8시간미만의 근로시간을 8시간을 초과하여 연장할 경우(예를 들어 7시간 근로시간을 1시간 15분 연장하는 경우)도 마찬가지다.

법이 규제하는 휴게시간의 길이는 최소시간으로 최장시간은 규제하고 있지 않다. 그래서 영업시간이 길고 1일 업무의 성수기와 비수기가 현저한 곳에서는 한산한 시간대에 긴 휴게시간을 둘 수 있게 된다.

㈏ 휴게시간의 위치   휴게시간은 '근로시간 도중에 부여하지지 않으면 안 된다'(노기 34조 1항). 근로시간 도중에 부여하는 이상, 도중 어느 단계에서도 무방하다고 되어 있다. 또 휴게시간의 분할도 제한하지 않고 따라서 단시간으로 여러 차례 분할하여 부여하는 것도 가능하게 되어 있다. 또한 휴게시간의 위치를 특정 내지 일정하게 하는 것도 요구하지 않는다(노기 89조 1호도 '휴게시간에 관한 사항'을 취업규칙의 절대적 필요기재사항으로서 하는데 지나지 않는다).

(2) 일제부여의 원칙

'휴게시간은 일제히 부여하지 않으면 안 된다'(노기 34조 2항). 휴게시간의 효과를 올리는 것과 근로시간과 휴게시간의 감독의 편의가 그 이유이다. 일제 부여의 단위는 사업장이다(작업장이 아니다).

노기법 1998년 개정까지는 일제부여의 원칙은 행정관청의 적용예외 허가를 받으면 '그 제재를 받지 않는다'고 되어 있고(32조 2항 단서), 교대제로 근로하게 하는 경우, 사업장 시설의 위험 방지상 필요한 경우 등의 허가기준이 통달로 설정되어 있다. 동개정은 일제부여원칙에 대해 행정관청의 허가에 의해서가 아

---

225) 寺本廣作, 労働基準法解說, 231면. 즉 여성에 의한 2교대제를 적법화하기 위해 휴게시간을 45분으로 하고, 또한 허가세에 의해 심야업 금지를 30분 완화하는 노기법 구 62조 3항[1985년 개정에 의해 61조 3항, 64조의3 제3항]이 만들어졌다[64조의3은 1997년 개정에 의해 삭제].

니라 사업장의 노사협정에 의해 적용제외를 실시하는 것으로 했다(32조 2항 단서. 협정에서는 적용제외 대상자의 범위와 그러한 자에 대한 휴게 부여방식을 정한다. 노기칙 15조). 단 경과조치로서 종래 적용제외 허가를 받아 온 사업장(전체 사업장의 4% 정도)에 대해서는 노사협상이 없어도 적용제외를 계속 받을 수 있다고 했다(개정법부칙 4조).

또한 일제휴게에 대해서는 이미 근로시간관계규정의 적용제외(노기 40조)와 특례(동41조)에 의해 농어업과 모든 종류의 서비스업 등 사업의 성질상 일제휴가가 곤란한 업종의 사업은 적용제외를 받고 있다(노기칙 31조. 전체의 약 6할 사업장). 1998년의 개정으로 제조업 등 일제휴게가 곤란하지 않은 사업에서도 노사협정이 있으면 적용제외를 받을 수 있게 되었다.

(3) 휴게시간 자유이용의 원칙

휴게시간이란 근로자가 근로시간 도중에 휴식을 위해 근로에서 완전히 해방되는 것을 보장하고 있는 시간이다. 그래서 노기법은 휴게시간 자유이용의 원칙을 천명했다(노기 34조 3항). 이것은 휴게시간 중 근로에서 해방을 완수하게 하기 위해서 사용자에 대해 휴게시간 중의 근로자의 행동에 제약을 가하는 것을 금지한 규정이다. 따라서 예를 들어 휴게시간 중 외출도 원칙적으로 자유이며, 합리적 이유가 있는 경우에 최소한 정도의 규제(신고제, 객관적 기준에 의한 허가제)를 할 수 있는 데 지나지 않는다(단 행정해석은 외출 허가제도 사업장 내에서 자유롭게 휴게할 수 있는 한 위법이 아니라고 한다. 1948. 10. 30 기발 1575호). 휴게실에서 자유롭게 휴게하게 하면서 드물게 있을 수 있는 내객과 전화 낭번을 시키는 것도 적어도 휴게실로부터의 외출이 제한되는 점에서 자유이용원칙에 저촉된다.

사업장 내에서 휴게하는 경우에는 근로자는 사업장의 규율유지와 시설관리상 제약을 받는다. 예를 들어 집회실 등의 기업시설 이용에 대해 허가제가 정해져 있다면 이에 따라야 하고 출입금지구역은 여전히 준수할 것을 요한다. 또, 다른 근로자의 휴게를 방해해서는 안 된다는 것도 당연한 것이다.⑨⑨¹⑨²

---

⑨ **사업장내의 전단배포·정치활동과 휴게자유이용의 원칙**
휴게자유이용 원칙에 관한 한 가지 문제는 취업규칙 중에 사업장 내에서의 정치활동의 금지와 전단배포·서명활동의 허가제를 규정하는 규정이 있는 경우에, 이러한 규정을 종업원의 휴게시간 중의 행위에 발동할 수 있는가이다. 이러한 금지 또는 허가제 효력에 대해서는 학설·판례상, 이러한 규정의 기업경영상 합리성을 인정하여 그대로 유효하다는 설과, 직장질

서와 기업활동에 대한 구체적 지장을 초래하는 정치활동·전단배표 등에만 적용할 수 있다고 하는 설이 대립하고 있다. 그리고 휴게자유이용의 원칙과의 관계에서도 전자의 학설은, 동 원칙은 휴게시간 중에 근로의무로부터의 완전한 해방은 요청되나 종업원의 사업장 내의 질서유지의무까지를 면제하는 것은 아니므로 그러한 규정의 적용을 조금도 방해하지 않는다고 본다. 이에 대해 후자의 학설은 자유이용원칙에는 휴게시간 중 근로자의 시민적 활동을 보장하는 취지도 포함되어 있다고 본다(학설·판례에 대한 보다 상세한 내용은 西谷敏, 「休憩時間の自由利用」, 労働判例百選[5판], 108면).

이러한 대립 가운데 최고법원 판례(電電公社目黒電報電話局事件 — 最三小判 昭52. 12. 13, 民集 31권 7호, 974면)는 전자의 학설을 채택했다. 즉 점심시간에 식당에서 상사의 반전(反戰)명찰제거명령에 항의하는 전단을 배포허가제에 반하여 무허가로 배포한 사건에 대해, 휴게시간 중이라 할지라도 종업원은 '사용자의 기업시설에 대한 관리권의 합리적 행사로서 시인되는 범위 내의 적법한 규제'에 따라야 하며, 또한 '노무제공과 이에 직접적으로 부수되는 직장규율 … 이외의 기업질서유지 요청에 근거한 규율'에도 따라야 한다고 판시했다.

⑨1 갱내근로에서의 특례

갱내근로에서는 갱구에 들어선 시각에서 여기를 나온 시각까지가 휴게시간을 포함하여 근로시간으로 간주되는 대신에, 일제부여원칙, 자유이용원칙이 배제된다(노기 38조 2항).

⑨2 서비스업에서의 휴게의 특례

다음으로 서비스업의 휴게시간에 대해서는 첫째, 운송업(별표 제1의 4호), 상업(동 8호), 금융·광고(동 9호), 영화·연극(동 10호), 우편·전기통신(동 11호), 병원·보건위생(동 13호), 여관·음식점(동 14호), 관공서의 사업에 대해 일제부여원칙이 배제되고 있다(노기칙 31조). 공중(이용객) 편의라는 관점에서의 특례(노기 40조)이다.

둘째, 운송·우편사업의 장거리(6시간 이상 승무의 경우, 1954. 6. 29 기발 355호) 승무원 및 실내 근무자 30인 미만의 우체국에서 우편, 전신 또는 전화 업무에 종사하는 자에 대해서는 '휴게시간을 부여하지 않을 수 있다'고 되어 있다(노기칙 32조 1항). 또한 운송·우편사업의 승무원으로 장거리 승무에 종사하지 않는 자에 대해서는 그 자가 종사하는 업무의 성질상, 휴게시간을 부여할 수 없다고 인정되는 경우에 있어서 그 근무 중에 정차시간, 회송에 의한 대기시간, 그 밖의 시간의 합계가 노기법(34조 1항)에 규정하는 휴게시간에 상당할 때는 휴게시간을 부여하지 않을 수 있다고 본다(노기칙 32조 2항).

셋째, ① 경찰관, 소방공무원, 상근 소방단원, 아동자립지원시설에서 아동과 함께 기거하고 있는 자 및 ② 유아원, 아동양호시설, 장애를 가진 아동을 위한 복지시설의 직원에 대해서는 휴게시간 자유이용의 원칙이 배제되어 있다(노기칙 33조). 단, ②에 대해서는 노동기준감독서장의 허가가 요건으로 되어 있다.

(4) 법정기준을 상회하는 휴게시간

노기법의 기준(34조 1항)을 상회하는 휴게시간에 대해서는 동법의 규제는 적용되지 않고 근로시간 도중에 부여하는 것도 일제히 부여하는 것도 자유롭게 이용하게 하는 것도 요구되지 않는다. 이러한 사항은 근로계약(단체협약, 취업규칙)의 규정에 위임된다. 그러나 각별한 규정이 없고 법정 휴게와 일체로서 규정 내지 운용되고 있는 경우에는 법정휴게와 같은 취급이 약정되어 있는 것으로

볼 수 있다.[93]

[93] **휴게시간 부여의 채무불이행**

사용자가 근로자에 대해 노기법이나 또는 단체협약 내지 취업규칙상 휴게시간을 부여하는 의무를 이행하지 않은 경우에는 휴게시간을 부여하는 채무의 불이행이 되지만, 그로 인한 손해는 휴식을 취할 수 없었던 것에 의한 육체적, 정신적 고통이라는 비(非)재산적 손해(위자료)에 그친다(住友化学工業事件 ― 最三小判 昭54. 11. 13, 判タ 402호, 64면). 이 불이행이 휴게시간이어야 할 시간에 근로를 시키거나 대기시간과 같은 상태에 두는 것과 같은 경우에는 사용자에 의해 그 시간이 근로시간으로서 사용되었다는 것이고, 그것이 법정시간외 근로(노기 37조)가 되는 한 근로자는 그 시간에 대해 법소정의 할증임금청구권을 취득한다. 그러나 그것이 법정기준(동 32조) 내의 근로에 그치는 한, 그 시간에 대해 임금을 청구할 수 있는가는 해당 근로계약에서의 임금계산상 규정에 의존한다(최저임금법의 규제는 있다).

3. 주휴일제의 원칙

휴일에 관한 노기법의 기본원칙은 '사용자는 근로자에 대해 매주 적어도 1회의 휴일을 주지 않으면 안 된다'고 하는 것이다(35조 1항). 이른바 주휴일제의 원칙이다.

(1) 연혁 및 현재 상황

주휴일제(주휴1일제)는 종교상 안식일에서 유래한다. 특히 기독교 국가에서 안식일의 관습이 근로시간의 규제와 결부되면서 주휴일제로 되었다. 국제적으로는 ILO가 1921년에 '공업적 기업에 있어서 주휴일 적용에 관한 조약'(14호)을 채택하여 주휴일제를 국제적 기준으로서 확립했다.

그 후 미국과 유럽국가에서는 1950년대부터 60년대에 걸쳐 주휴2일제가 단체협약에 의해 일반화되었다. 일본에서도 1965년대부터 월 1회, 월 2회, 격주 등의 주휴2일제가 대기업을 중심으로 채택되어 왔으나 중소기업에서는 보급률이 낮았다. 그러나 1987년 노기법 개정 후, 보급이 착실히 진전되어 오늘날(平成23年就労条件総合調査結果)에는 불완전한 것을 포함한 주휴2일제는 85.5%의 기업에서 채택되어 88.1%의 근로자에게 적용되고 있다. 그리고 완전 주휴2일제는 42.8%의 기업, 54.5%의 근로자에게 적용되고 있고, 근로자 1,000명 이상 대기업에서는 63.3%의 기업, 67.3%의 근로자에게 적용되고 있다.[226] 또한 일본에서

---

226) 이러한 것들 외에, 완전 주휴2일제보다 휴일일수가 실질적으로 많은 제도를 취하는 기업도 증가하고 있으며, 동조사결과에서는 5.7%의 기업(1,000인 이상의 기업에서는 9.6%), 7.9%의 근로자(1,000인 이상의 기업에 대해서는 10.3%의 근로자)에게 적용되고 있다.

는 대부분의 기업이 주휴일 이외에 국민축일, 연말연시, 지방축제, 회사창립기념일 등을 휴일로 하고 있어 이들이 주휴일제를 보충해 왔다.

1987년 이후의 개정 노기법은 완전 주휴2일제의 보급을 목표로 주법정근로시간의 40시간으로 단계적으로 단축시켜 가는 조치를 취했으나 주휴2일제 그 자체를 입법으로 강제하지는 않고 있다. 즉 노기법은 휴일에 관한 최저기준으로서는 여전히 '1주에 1휴일'이라고 하는데 그친다. 이 견해는 주의 소정근로시간의 단축이 진전되면 자연히 주휴2일제는 보급된다는 것과 법정근로시간과 주휴일제를 지키는 한, 주의 근로시간의 배분은 노사에 위임해야 한다는 것이다.

(2) 주휴일제 원칙의 내용

(가) '매주'의 의의　　　'매주'란 달력상 주가 아니라 '7일의 기간마다'의 의미이다. 그 시점이 취업규칙 등에서 정해져 있으면 그에 따르게 되지만, 특별한 규정이 없는 사업에서는 주 40시간의 원칙의 경우와 같은 달력상의 주로 해석해야 하게 된다.

(나) '휴일'의 의의　　　'휴일'이란 근로자가 근로계약에서 근로의무를 지지 않는 날이다.[227] 따라서 근로일을 근로일로 한 채 취업시키지 않는 날은 휴업일이며 휴일이 아니다.[228] 또 기업의 제도상으로는 근로자가 근로일에 권리로서 근로에서 분리될 수 있는 날로서 여러 종류의 '휴가'가 있고, 휴일과는 구별되고 있다.

ILO 14호 조약에서의 주휴일제는 '계속 24시간'의 휴일을 보장하는 데 그친다. 노기법의 주휴일제에 대해서는 입법 당초에는 국제기준과 동일하게 휴일을 '계속 24시간 휴식'이라고 해석하는 견해도 유력했으나,[229] 행정해석은 공장법상의 휴일을 달력상의 날로 해석하는 전전의 행정해석을 계승했다('휴일이란 단순히 연속 24시간 휴업'이 아니라 '역일을 가리키며, 오전 0시부터 오후 12시까지의 휴업으로 해석한다' 1948. 4. 5 기발 535호). 그리고 이 달력상의 하루 1일의 주휴일제의 관념은 그 후의 노기법 시행을 통하여 실제 노사관계에 있어 수용되고 정착되어 왔다.[230]

문제는 2역일(曆日)에 걸친 근로에 대해 어떠한 경우에도 역일 휴일의 원칙

227) 労基局, 労基法上, 464면; 有泉, 295면.
228) 有泉, 295면.
229) 末弘厳太郎, 「労働基準法解説」, 法時 20권 3호, 32면.
230) 広政順一, 労働基準法, 233면.

을 관철해야 하는가이다. 이에 대해서도 해석예규는 오전 8시부터 다음날 오전 8시까지의 근로·비번을 반복하는 주야 교대근무([그림 7])에 대해서는 5일째 근무(6일째 오전 8시에 종료한다) 후 비번의 24시간은 휴일이라고 인정하기 어렵고, '7일째의 오전 0시부터 계속된 24시간'이 휴일이라고 했다(1948. 11. 9 기수 2968호). 그러나 관리직원(番方) 편성에 따른 교대제도가 취업규칙 등에 의해 제도화되고 또한 관리직원 교대가 규칙적으로 인정되고 있는 경우에는 특별 취급으로 하여 휴일은 계속 24시간을 준다면 지장이 없다고 하고 있다(1988. 3. 13 기발 150호). 이것은 [그림 8]과 같은 8시간 3교대 연속조업에 있어서는 역일 주휴일제 방식을 관철하면 주휴일의 다음날의 첫 번째 조업은 불가능하게 되어, 실제상 주휴2일제를 강제하게 된다고 생각되었기 때문이다.231)

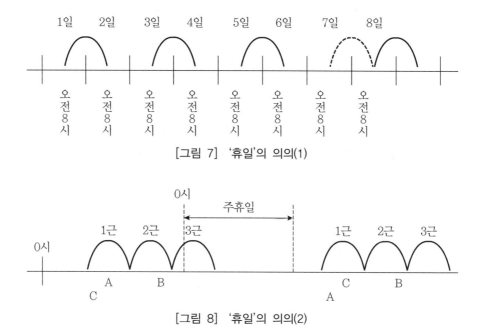

[그림 7] '휴일'의 의의(1)

[그림 8] '휴일'의 의의(2)

휴일은 역일이어야 한다는 원칙의 예외로서, 자동차 운전자에 관한 근로시간규제에 있어서는 '30시간 이상의 연속된 시간'이 휴일로서 인정되고 있다. 또 해석예규(1982. 6. 30 기발 446호)는 여관업에 있어서 2역일에 걸치는 휴일에 대해 정오부터 다음날 정오까지를 포함하는 계속된 30시간의 휴식시간이 확보

---

231) 이에 대한 의문은 菅野ほか, 労働時間法の焦点, 258면.

될 것, 1년간 법정휴일수가 적어도 반수는 역일로 줄 것 등을 조건으로 '휴일'로서 인정하는 것으로 했다.

94 자동차 운전자의 근로시간규제
택시, 트럭 등 자동차 운전자의 근로시간에 대해서는 장시간 과중한 근로가 되기 쉬운 점과 그 때문에 교통사고가 야기될 우려가 있기 때문에 통상의 근로와 다른 규제가 고시(告示)에 의해 설정되고 있다(1989. 2. 9, 노고 7호, 『自動車運轉者の勞働時間等の改善のための規準』). 여기서는 구속시간(1일 최대 구속시간, 2주간을 평균한 1일의 구속시간) 길이의 규제, 근무와 근무 사이에 있어서 일정시간 이상의 휴식시간의 설정, 연속운전시간과 1일, 1주간 등에 있어서 최대 운전시간의 제한 등이 이루어지고 있다.

(다) 휴일의 특정   휴일은 주의 어떤 요일로 특정되어 고정되는 것이 주휴제의 본래의 그리고 통상적 모습이지만, 노기법의 주휴일제 규정(35조 1항)은 문헌상 휴일의 특정을 요구하지 않고 취업규칙의 기재사항에 관한 규정(89조 1호)도 이 점을 전제로서 '휴일에 관한 사항'이라는 애매한 규정을 하고 있다. 따라서 휴일의 특정은 법률상 필수가 아니라고 해석하는 수밖에 없다. 단 행정감독상으로는 주휴일제의 취지에 비춰볼 때 취업규칙에서 휴일을 가능한 특정하도록 지도한다는 방침이 취해지고 있다(1948. 5. 5 기발 682호, 1988. 3. 14 기발 150호).

(라) 휴일의 위치   주휴일을 주의 어느 날로 정할 것인가에 대해서도 법은 특별한 의무를 규정하지 않고 있다. 따라서 휴일이 일요일일 필요는 없다. 또 국민축제일을 휴일로 하는 것도 법은 각별하게 요청하지 않는다.95

95 출장과 휴일
근로자가 출장기간 중에 휴일을 출장지의 지역에서 각별한 의무에 종사하지 않고 지내거나 이동을 위해 여행하는 경우, 이것은 노기법상의 '휴일'을 부여한 것이 되는가? 이에 대해서 해석예규는 '출장 중의 휴일은 그 날에 여행하는 등의 경우라도 여행 중에 있어서 물품의 감시 등 각별한 지시가 있는 경우 외에는 휴일근로로 취급하지 않아도 괜찮다'고 하고 있다(1948. 3. 17 기발 461호, 1958. 2. 13 기발 90호). 기업에 있어서는 이러한 해석에 의하면서도 출장수당과 일당 등으로 대처하는 것이 보통이다.

(3) 변형 주휴일제
노기법은 사용자는 4주간을 통해 4일 이상의 휴일을 준다면 주휴1일제의 원칙을 적용받지 않는다고 하고 있다(35조 2항). 4주간(또는 그보다 짧은 기간)을 단위로 한 변형 주휴일제의 허용이다. 즉 특정한 4주간에 4일의 휴일이 주어지고 있다면 된다는 취지이고, 어느 4주간을 단위로 하더라도 4일의 휴일이 주어지지 않는다면 안 된다는 취지는 아니다(1948. 9. 20 기발 1384호. 예를 들어 [그림

3]의 변형 주휴일제에 있어서는 두 번째 주부터 다섯 번째 주까지의 4주간에는 휴일은 3일밖에 없으나 괜찮다). 이 변형 주휴일제를 이용하기 위해서는 취업규칙에서 단위가 되는 4주간(혹은 그것보다 짧은 기간)의 기산일을 정할 필요가 있다(노기칙 12조의 2 2항, 1987년 개정으로 신설). 그러나 단위가 되는 기간의 어느 주에 며칠의 휴일을 주고 어느 주에 휴일을 주지 않는가 등에 대해서는 사전 특정이 필요로 되어 있지 않다.

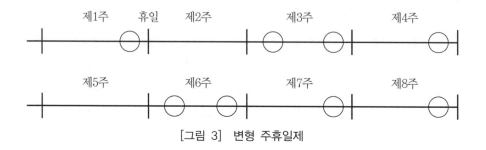

[그림 3] 변형 주휴일제

(4) 휴일대체의 요건

사용자는 돌발적인 수주에 대처하는 등, 일시적인 업무상의 필요성에서 근로자에 대해 취업규칙상 휴일로 정해진 특정일을 근로일로 변경하고 그 대신에 그 전후의 근로일인 특정일을 휴일로 변경하는(이러한 의미에서 휴일을 다른 날로 대체한다) 조치를 취하기를 희망하는 경우가 있다. 이러한 광의의 휴일대체에는 사전의 대체(사전에 대체 휴일의 날을 지정한 후에 특정 휴일을 근로일로 할 것, 이것이 협의의 휴일대체이다)와 사후의 대체(휴일에 근로를 시킨 후에 대체휴일을 줄 것)가 있고 이러한 것은 노기법의 취급이 크게 다르다.

(가) 사전의 대체   사전의 휴일대체는 근로계약상 특정되어 있는 휴일을 다른 날로 변경하는 것이므로, 먼저 근로계약상의 근거를 필요로 한다. 즉 사용자의 휴일대체명령은 단체협약과 취업규칙상, 업무의 필요에 의하여 취업규칙에서 정하는 휴일을 다른 날로 대체할 수 있는 취지를 정하는 규정이 존재하고, 그에 따라 실시되어야 비로소 유효하다.[232] 이러한 규정이 존재하지 않는 경우에는, 휴일대체는 근로자의 개별적 동의를 얻어야 비로소 실시하는 것이

---

232) 대체를 필요로 하는 업무상의 합리상의 이유가 음미되는 것을 말할 필요도 없다. 대체를 해야 하는 시기에 대해서는 대체의 근거규정에서 특별한 규정이 있으면 그에 따라야 하게 되지만, 규정이 없는 경우도 대체를 필요로 하는 사유가 발생한 후 지체없이 근로자의 생활설계에 배려하여 행해져야 할 것이다.

허용된다.

다음으로 사전의 휴일대체는 노기법의 1주 1일의 휴일(취업규칙에 기산일의 규정을 두어 4주 4휴 등의 변형 주휴제를 취하고 있는 사업에서는 그에 따른 휴일)의 요건을 충족시키지 않으면 안 된다. 즉 사용자는 대체휴일을 주휴제의 요건에 반하지 않도록 배치하고 지정하지 않으면 안 된다. 그리고 이 요건을 충족하는 한 사전의 휴일대체에서는 본래의 휴일에 있어 근로는 근로일의 근로가 되며, 이에 대해서는 노기법상 휴일근로를 위한 노사협정(36조)과 할증임금(37조)을 필요하지 않는다.233) 단 근로일이 된 휴일에 있어서 근로가 해당 주에서 40시간을 넘어 시간외 근로를 발생시키는 경우에는 그 요건(33조 1항 또는 36조)을 충족할 필요가 있고, 또 할증임금을 지불할 필요가 있다(37조).

(나) **사후의 대체**　　　사용자가 사후적인 휴일대체를 실시하는 데 있어서도 사전의 휴일대체와 동일하게 근로계약상의 근거가 필요하다. 따라서 단체협약이나 또는 취업규칙의 근거규정에 따라서 실시하거나 또는 근로자의 개별적 동의를 필요로 한다.

그러나 이 사후대체의 경우에는 취업규칙상 정해진 휴일이 휴일로서의 성격이 변경되지 않는 한 근로일로서 사용된 것이므로, 그것이 노기법이 요청하는 휴일인 경우에는 동법상 휴일근로의 요건을 충족할 것을 필요로 한다. 즉 사용자는 비상사유나 혹은 36협정에 의한 휴일근로의 규정(33조의 1항, 36조)에 의거할 것이 필요하며, 또한 그 휴일근로에 대해서는 할증임금(37조)을 지불할 것을 의무화하고 있다. 그러나 한편으로는 대체휴일을 주는 것은 노기법상 요구하지 않고(단 33조 2항 참조), 따라서 대체휴일을 준다고 해도 그 결정방식에 대해서는 주휴일제의 요건(35조)은 적용되지 않는다.234)

4. 근로시간·휴게·휴일 원칙의 적용제외

(1) 적용제외의 취지

노기법에 있어서 근로시간, 휴게 및 휴일에 관한 규정은 농업, 축산·수산업

---

233) 사전의 휴일대체를 적법으로 한 판례로는 三菱重工業事件 ― 橫浜地判 昭55. 3. 28, 労判 339호, 20면.

234) 취업규칙상의 사전휴일의 대체와 관행화된 공휴일 출근에 의한 휴일의 사후대체를 혼동하여 할증임금 문제를 논한 판례로서 ザ・スポーツコネクション事件 ― 東京地判 平12. 8. 7, 労判 804호, 81면.

356 제3편 개별적 노동관계법

(임업을 제외한 별표 1의 6호, 7호. 1993년 개정으로 임업에도 근로시간 등의 규정이 미치게 되었다)의 사업에 종사하는 자, '사업의 종류에 관계없이 감독 혹은 관리의 지위에 있는 자 또는 기밀사무를 취급하는 자' 및 '감독 또는 단속적인 근로에 종사하는 자로 사용자가 행정관청의 허가를 받은 자'에는 적용하지 않는다 (41조 1호~3호). 이들에게는 사업과 업무의 특수성에서 이상의 근로시간·휴게·휴일의 원칙 그 자체를 적용하지 않는다는 취지이다.[96]

---

[96] **적용제외 한도**

이 규정에 의해 적용이 제외되는 것은 '근로시간, 휴게 및 휴일에 관한 규정'뿐이므로 적용 제외자에 대해서도 '심야업'의 원칙에 관한 규정은 적용되고, '심야업'이 되는 경우에는 할증임금을 지불해야 한다(ことぶき事件 ― 最二小判 平21. 12. 18, 労判 1000호, 5면). 단 이 점에 대해서는 '단체협약, 취업규칙, 그 외 심야업의 할증임금을 포함하여 소정의 임금이 정해져 있다는 점이 분명한 경우에는 별도로 심야업 할증임금을 지불할 필요는 없다'(1988. 3. 14 기발 150호)고 되어 있다. 또 연소자에 대해서는 일정한 사업·업무를 제외하고는 심야업을 시킬 수 없다(농림·축산·수산업에서는 결국 심야업을 시킬 수 있다). 연차유급휴가(노기 39조)도 이 규정에 의해서는 적용이 제외되지 않는다.

(2) 농업, 축산·수산업에 종사하는 자

이러한 산업이 기후·계절 등 자연 조건에 강하게 영향을 받기 때문에 적용에서 제외된다.

(3) 관리·감독자

노기법의 근로시간·휴게·휴일의 규제를 적용받지 않는 대표적인 근로자가 '감독 혹은 관리의 지위에 있는 자', 즉 사업주를 대신하여 노무관리를 행하는 지위에 있고 근로자의 근로시간을 결정하고 근로시간에 따른 근로자의 작업을 감독하는 자이다. 이러한 자는 근로시간의 관리·감독권한의 귀결로서, 자신의 근로시간은 자신의 재량으로 규율할 수 있고 동시에 관리·감독자의 지위에 응한 높은 대우를 받기 때문에, 근로시간의 규제를 적용하는 것이 부적당하다고 생각된다.

행정해석은 그래서 법제정시부터 일관되게 '감독 혹은 관리의 지위에 있는 자'란 근로조건의 결정, 그 외의 노무관리에 대하여 경영자와 일체적인 입장에 있는 자의 의미로, 명칭에 구애되지 않고 실태에 입각하여 판단해야 한다고 되어 있다(1947. 9. 13 기발 17호, 1988. 3. 14 기발 150호). 행정실무 및 판례(예를 들어 育英舎事件 ― 札幌地判 平 14. 4. 18, 労判 839호, 58면)에서 필요하다고 간주되는 요건은 ① 사업주의 경영에 관한 결정에 참여하고 노무관리에 관한 지휘감독권한을 인정받고 있을 것, ② 자신의 출퇴근을 비롯한 근로시간에 대하여 재량권을 가지고 있을 것, 및 ③ 일반 종업원에 비하여 그 지위와 권한에 적합한 임금(기본급, 수당, 상여)상의 처우를 제공받고 있을 것 등이다.[235]

판례에서는 통상의 취업시간에 구속되어 출퇴근의 자유가 없고 또 부하의 인사와 고과에 관여하지 않고, 은행의 기밀사항에도 관여하지 않고, 경영자와 일체가 되어 은행경영을 좌우하는 일에 종사하는 것도 아닌 은행 지점장대리는 관리감독자에 해당하지 않는다고 한다.[236] 또 시간관리를 받고 있는 패밀리 레스토랑의 점장과 카라오케의 점장도 '관리감독자'로 해석할 수 없다고 한다.[237] 또한 자신을 포함한 요리인의 근무할당을 결정하고 있던 호텔의 요리장도 노무관리상의 권한이 불충분하며 출퇴근의 자유도 없다고 하여 '관리감독자'가 아니라고 한다.[238]

최근에는 아르바이트 종업원(crew)의 채용, 시급액, 근무시프트 등의 결정을 포함한 노무관리나 점포관리를 하고 자신의 근무 스케줄도 결정하고 있는 패스트푸드 체인점의 점장도, 영업시간, 상품의 종류와 가격, 구입처 등에 대해서는 본사의 방침에 따르지 않으면 안 되고 기업전체의 경영방침에도 관여하지 않는다고 하여 '관리감독자'라고는 인정되지 않는다고 하였다.[239]

최근의 판례를 살펴보면, 관리감독자의 정의에 관한 상기의 행정해석 가운데, '경영자와 일체적인 입장에 있는 자', '사업주의 경영에 관한 결정에 참여하고'에 대해서는 이를 기업 전체의 운영에 대한 관여를 필요로 한다고 오해하고 있는 경향이 있었다. 기업의 경영자는 관리직(자)에게 기업조직의 부분마다의 관리를 분담시키면서 그러한 자들을 연계 통합하고 있는 것으로, 담당하는 조직부분에 대하여 경영자의 신분으로서 경영자를 대신하여 관리하는 입장에 있는 것이 '경영자와 일체적인 입장'이라고 생각해야 한다. 그리고 해당 조직부분

---

235) 관리감독자의 적용제외의 입법취지, 행정해석의 생성·발전에 대한 분석으로서 渡辺章, 上, 267면 이하를 참조.

236) 靜岡銀行事件 — 靜岡地判 昭53. 3. 28, 勞民 29권 3호, 273면. 학원의 영업과장에 대하여 마찬가지로 관리감독자에 해당하지 않는다고 한 판례로 育英舍事件 — 札幌地判 平14. 4. 18, 勞判 839호, 58면.

237) 패밀리 레스토랑의 점장에 대하여 レストラン「ビュッフェ」事件 — 大阪地判 昭61. 7. 30, 勞判 481호, 51면. 카라오케의 점장에 대하여 風月莊事件 — 大阪地判 平13. 3. 26, 勞判 810호, 41면; シン·コーポレーション事件 — 大阪地判 平21. 6. 12, 勞判 988호, 28면.

238) セントラル·パーク事件 — 岡山地判 平19. 3. 27, 勞判 941호, 23면.

239) 日本マクドナルド事件 — 東京地判 平20. 1. 28, 勞判 953호, 10면. 프랜차이즈 계약하의 편의점 점장에 대하여 관리감독자라고 인정하지 않은 판례로서 ボス事件 — 東京地判 平21. 10. 21, 勞判 1000호, 65면.

이 기업의 입장에서 중요한 조직단위라면, 그 관리를 통하여 경영에 참여하는 것이 '경영에 관한 결정에 참여하여'에 해당된다고 보아야 한다.240) 최근판례에서는 이러한 견지에서 판단기준을 보다 명확하게 하는 시도도 이루어지고 있다.241)[97]

'기밀사무를 취급하는 자'도 관리감독자와 더불어 근로시간의 규제로부터 제외된다(노기 41조 2호). '기밀사무를 취급하는 자'란 '비서, 그 밖의 직무가 경영자 또는 감독 내지는 관리의 지위에 있는 자의 활동과 일체불가분하며, 엄격한 근로시간 관리에 따르지 않는 자'(1947. 9. 13 발기 17호)를 말한다. 통상적으로는 시간외 수당이 지급되지 않기 때문에 직무수당 등으로 특별한 처우가 이루어진다.

[97] **스탭관리직**
　이상의 '관리감독자'의 정의는 지휘명령의 계통(라인)상의 관리직자를 상정한 것인데, 기업에서는 지휘명령의 라인 상에는 없는 스탭직으로 라인상의 관리직과 동등한 대우를 받는 자('스탭관리)')가 증가하고 있다. 스탭관리직에 대해서는 직능자격 등의 대우상, 관리감독자에 해당되는 관리직(자)과 동격 이상으로 규정되고 있는 자로, 경영상 중요사항에 관한 기획입안 등의 업무를 담당하는 자는 동일하게 관리감독자라 할 수 있다(1988. 3. 14 기발 150호). 라인 관리직의 관리감독자에 대한 해당성에 관한 기준의 명확성과 그 적용의 엄격성에 비하여, 기준도 적용도 느슨하다. 이것은 기업경영에 관한 기획·입안에 종사하는 스탭직의 특별취급이 존재하지 않았다는 일본 노기법의 근로시간 규제의 특색에서 유래한다고 할 수 있을 것이다. 그 후 그러한 스탭직의 재량적 업무수행에 대응한 근로시간 제도로서 재량근로제(노기 38조의 4)가 마련되었지만, 여전히 관리직의 일보직전에 있는 직원으로 재량적 업무에 종사하고 있는 자의 유연한 근무의 요청에 대응한 제도를 마련하고 있지는 못하다. 앞으로의 입법적 정리가 필요하다고 할 수 있을 것이다.

(4) 감시·단속적 근로종사자

'감시근로'란 일정한 부서에 있어서 감시하는 것을 본래의 업무로 하고, 항상 신체 또는 정신적 긴장이 적은 근로를 말한다. 또 '단속적 근로'란 실제 작업이 간헐적으로 이루어져서 기다리는 시간이 많은 근로의 경우로 기다리는 시

---

240) 다만 앞의 주의 日本マクドナルド事件의 점장은 점포의 노무관리를 포함한 관리업무에 종사할 뿐만 아니라, 시푸드 매니저로서의 영업업무에도 종사하고 있으며, 그렇기 때문에 상당한 장시간 근로로 되어 있을 뿐만 아니라 점장으로서의 보수밖에 받고 있지 못했다. 점장의 권한과 역할에서 보면은 점장의 업무에만 종사하고 있었던 것이라면 충분히 관리감독자로 인정될 수 있었지만, 시푸드 매니저의 업무가 부가됨으로써 근로시간 규제를 적용제외하기 위해서는 부적절하게 되었다고 생각된다.

241) 도쿄지방법원은 최근 관리감독자에 대하여 ① 직무내용이 적어도 어떤 부문 전체의 총괄적인 입장에 있을 것, ② 부하에 대한 노무관리상의 결정권한 등에 대하여 일정한 재량권을 가지고 인사고과·기밀사항에 접하고 있을 것, ③ 관리직 수당 등으로 시간외 수당을 지급받고 있지 않는 것을 충분히 보충하고 있을 것, ④ 자신의 출퇴근을 스스로 결정하는 권한이 있을 것, 등의 판단기준을 제시하고 있다. ゲートウェイ21事件 ― 東京地判 平20. 9. 30, 労判 977호, 74면; 東和システム事件 ― 東京地判 平21. 3. 9, 労判 981호, 21면.

간이 실제 작업시간을 초과하거나 또는 그것과 동등한 것이 기준으로 되어 있다. 그리고 실제 작업시간의 합계가 8시간을 초과할 때는 허가해서는 안 된다고 되어 있다(1947. 9. 13 발기 17호, 1948. 4. 5 기발 535호, 1988. 3. 14 기발 150호). 이러한 근로에 종사하고 있다고 할 수 있는 자는 예를 들어 수위, 건널목 지기(1일 10번 왕복정도는 허가), 초·중학교의 용무원, 고급직원전용 자동차운전사, 단지 관리인, 격일근무의 빌딩 경비원 등이 있다.[98]

행정관청의 허가는 감시·단속적 근로 종사자에 대한 적용제외 효력발생요건이며, 이 요건을 충족하지 않고 감시·단속적 근로에 종사하게 하고 8시간을 초과하여 근로하게 한 경우에는 사용자는 법정근로시간 위반의 책임을 짐과 동시에 시간외 근로의 할증수당의 지불의무를 진다.[242][99]

[98] **빌딩 경비원의 격일 근무의 취급**

격일근무로 빌딩 경비업무에 종사하는 자에 대해서는 구속 24시간 이내, 야간 계속 4시간 이상의 수면시간(충분한 시설에서의), 순찰횟수 10회 이하, 근무와 근무 사이에 20시간 이상의 휴식시간, 감시근로는 피로·긴장이 적은 상태에서 12시간 이내, 1개월에 2일 이상의 휴일(휴식시간의 20시간에 계속 24시간을 더하는 것), 상근인 경우 등의 요건을 충족하면 근무 전체가 감시·단속적 근로의 허가를 받을 수 있다(1993. 2. 24 기발 110호).

[99] **숙·일직의 취급**

감시·단속적 근로의 적용제외는 상시 감시·단속적 근로에 종사하는 자를 대상으로 한 규정으로, 단속적 근로와 그렇지 않은 근로로 일정 일수마다 교대로 종사하는 자에게는 적용되지 않는다(1988. 3. 14 기발 150호). 그러나 평상근무자가 평상근무와 동시에 종사하는 단속적 근로인 숙·일직에 대해서는 허가 절차를 별도로 규정하고 있다(노기칙 23조). 숙·일직 허가에 대해서는 통달로 근무내용(상시 거의 근로할 필요가 없는 근무로 정기적 순시, 전화받기인 경우), 수당(임금의 평균일액의 3분의 1에 미달하지 않을 것), 빈도(일직은 월 1회, 숙직은 주 1회), 수면설비(숙직의 경우) 등의 조건이 설정되어 있다(1947. 9. 13 기발 17호, 1988. 3. 14 기발 150호)(숙박직 근무의 허가가 위법이라고 하여 국가배상청구가 인정된 판례로 中央労基署長[大島町診療所]事件 ─ 東京地判 平15. 2. 21, 労判 847호, 45면). 의료기관에서의 숙·일직에 대해서도 감시단속근로의 기준이 통달로 나와 있다(2002. 3. 19 기발 0319007호. 의사의 숙일직 근무에 대하여 이 기준으로 판단한 사례로서, 奈良県事件 ─ 大阪高判 平24. 11. 16, 労判 1026호, 144면).

5. 근로시간의 개념

(1) 근로시간의 정의

노기법이 규제하는 '근로시간'은 '휴게시간을 제외한' 시간으로, 현재 '근로시

---

242) 靜岡市教職員事件 ─ 東京高判 昭45. 11. 27, 行集 21권 11=12호, 1356면; 共立メンテナンス事件 ─ 大阪地判 平8. 10. 2, 労判 706호, 45면.

키는' 시간(실근로시간)이다(32조).Ⅲ 이 '(실)근로시간'과 '휴게시간'을 합한 시간은
사용자의 구속 하에 있는 시간이라는 의미에서 '구속시간'이라고 불리고 있다.
'구속시간'은 노기법에 의해 각별히 규제되어 있지 않다(자동차 운송업에 대해서는
'개선기준'고시에 의해 규제가 이루어지고 있다).

'(실)근로시간'에는 현실에 작업에 종사하고 있는 시간뿐만 아니라, 작업과
작업과의 사이의 대기시간인 '대기시간'도 포함된다. 이것은 노기법이 대기시간
이 특히 많은 근로를 '계속적 근로'라고 하여 특별 취급하고 있는 점(41조 3호)
에서도 분명하다. '대기시간'과 '휴게시간'의 구별은 전자가 사용자의 지시가 있
으면 바로 작업에 종사하지 않으면 안 되는 시간으로서 그 작업상 지휘감독 하
에 놓여져 있는데 비해, 후자는 사용자의 작업상의 지휘감독에서 이탈하여(근로
에서 해방되어), 근로자가 자유롭게 이용할 수 있는 시간이라는 점에 있다.

이러한 '근로시간'의 기본적 내용에서 통설·행정해석은 근로시간을 '근로자
가 사용자의 지휘감독 하에 있는 시간'으로 정의하고 있다.243) 그러나 근로시간
인지 아닌지의 문제는 휴게시간과의 구별만을 둘러싸고 생기는 것이 아니라,
기업 외 연수나 소집단 활동에 대한 참가 등의 근로자의 활동이 사적인 활동인
지, 사용자의 업무에 대한 종사인지(후자라면 근로시간)를 둘러싸고도 발생한다.
그리고 사용자의 업무에 대한 종사가 반드시 항상 사용자의 작업상 지휘감독
하에서 이루어진다고는 한정지을 수 없음을 생각하면 근로시간인지의 여부에
대해서는 해당 활동의 '업무성'도 앞에서 언급한 '지휘감독'을 보충하는 중요한
기준이 된다고 생각된다. 기존에는 '지휘감독'을 추상화하거나 의제화하거나 해
서 업무성의 문제에 대처해 왔지만, 단적으로 업무성을 보충적 기준으로 하는
것에 의해 지휘감독도 보다 구체적이고 명확한 기준으로 기능하게 될 것이다.
단 사용자가 알지 못한 채 근로자가 마음대로 업무에 종사한 시간까지를 근로
시간으로 규정하는 것은 적절하지 않으므로 업무종사는 사용자의 명시적 또는
묵시적 지시에 의해 이루어진 것을 필요로 한다.244) 이리하여 결국 근로시간이
란 '사용자의 작업상 지휘감독 하에 있는 시간 또는 사용자의 명시적 또는 묵
시적 지시에 의해 그 업무에 종사하는 시간'으로 정의해야 한다.245)

---

243) 労基局, 労基法上, 399면; 有泉, 273면; ILO 30호 조약도 동일한 관점에서 동일한 정의를
하고 있다.

244) 업무개시전, 개시후의 업무종사에 관하여, 묵시적 지시에 의한 근무로서 근로시간으로 인
정된 사례로서 京都銀行事件 ― 大阪高判 平13. 6. 28, 労判 811호, 5면.

245) 같은 취지: 安枝英神=西村健一郎, 労働法[第10版], 135면; 下井, 労働法, 288면. 특히 근로
시간이라고 하기 위해서는 사용자의 관여와 직무성의 두 요건이 상호 충족되는 것을 필요로 한다

판례는 통설·행정해석을 답습하여 '노동기준법상의 근로시간이란 근로자가 사용자의 지휘명령 하에 있는 시간을 말한다'고 판시하면서, 공장작업원의 시업 전·종업후의 옷을 갈아입는 시간·이동시간이나 시업준비 행위의 시간, 빌딩 관리인의 심야선잠시간, 맨션관리인의 거처방에서의 활동을 하지 않는 시간에 대하여 해당 탈의·이동이나 준비를 '사용자로부터 의무화되거나 또는 부득이 하게 하였다'인가, 가면실에서의 대기와 경보나 전화에 대한 대응이 의무화되어 있는가, 단속적인 업무에 대한 종사를 지시받고 있었는가, 등에 따라서 '사용자 의 지휘명령 하에 있다고 평가할 수 있는가'의 여부를 판단하고 있다.246) 즉 문 제의 시간에서 근로자가 업무에 종사하고 있다고 할 수 있는가, 업무종사를 위 해 대기 중이라고 할 수 있는가, 이러한 업무종사 또는 그 대기가 사용자의 의 무화나 지시에 따르는가, 등을 고찰하여 근로시간성을 판단하고 있다. 판례는 근로시간에 '사용자의 지휘명령 하에 있는 시간'이라는 추상성이 높은 총괄적인 정의를 부여한 뒤, 판단기준으로서는 업무성, 대기성(지휘감독성), 의무성이라는 사견의 정의와 거의 다르지 않는 여러 요소에 착안한 판단(평가)를 행하고 있다 고 할 수 있을 것이다.247)

상기와 같이 정의할 수 있는 '근로시간'은 노기법의 특이한 개념이고, 근로 계약(취업규칙)의 규정의 여하에 관계없이 객관적으로 정해진다.248) 이러한 의미 에서도 노기법이 규제하는 것은 실근로시간이다.

⑩ 갱내 계산제

갱내근로에 대해서는 근로자가 갱내에 들어간 시각부터 갱을 나온 시각까지의 시간을 휴 게시간을 포함하여 근로시간으로 간주한다(갱내 계산제, 노기 38조 2항). 갱내에 있었던 시간 그 자체를 규제의 대상으로 한다는 견해에 근거하고 있다. 그 대신 갱내근로에 있어서는 휴 게시간 일제부여의 원칙 및 자유이용 원칙이 적용되지 않는다(동항 단서).

는 '상보적 2요건설'을 전개하는 최근의 노작(労作)으로서 荒木尚志, 労働時間の法的構造, 229면 이하가 있다. 荒木, 労働法, 162~164면은 동설을 요약하고 있다.

246) 三菱重工業[会社側上告]事件 ― 最一小判 平12. 3. 9, 民集 54권 3호, 801면; 大星ビル管理 事件 ― 最一小判 平14. 2. 28, 民集 56권 2호, 361면; 大林ファシリティーズ事件 ― 最二小判 平 19. 10. 19, 民集 61권 7호, 2555면.

247) 최근의 NTT西日本ほか事件 ― 大阪地判 平22. 4. 23, 労判 1009호 31면은 회사제품의 친 구, 지인, 가족, 친족을 통한 판매활동('회사원판매')과 이를 위한 웹상의 학습에 소비한 시간을, '업무상의 지시'에 의하는 것이라고 하여 '지휘명령하에 있는 시간'인지의 여부를 불문하고, 근로시 간이라고 판단했다.

248) 앞의 三菱重工業[会社側上告]事件의 최고법원 판례도, 노기법상의 근로시간에 해당되는지 의 여부는 '근로자의 행위가 사용자의 지휘명령 하에 있는 것이라고 평가할 수 있는지의 여부에 의해서 객관적으로 정해진다'라고 하여 같은 취지를 언급한다.

(2) 소정근로시간과의 차이점

근로계약에 있어서는 근로시간의 개시시각과 종료시각을 나타내는 것으로서 '시업시각'과 '종업시각'이 정해진다(이들은 취업규칙의 절대적 필요기재사항이다. 노기 89조 1호). 이러한 시업시각부터 종업시각까지의 시간은 '소정취업시간'으로 불리며, 동 시간으로부터 소정휴게시간을 뺀 시간을 '소정근로시간'이라고 한다. 따라서 스케줄대로 근로가 행해지는 한, 근로시간은 소정근로시간과 일치하는 것이 통례인데, 다음에서 보는 바와 같이 소정근로시간외 근로자의 모든 활동시간이 근로시간에 해당한다는 경우도 많이 있을 수 있다.[249]

첫째, '시업시각'에서 근로자가 어느 장소에서 어떠한 상태에 있어야 하는가(예를 들어 수위실에서 타임카드를 찍는다, 직장에서의 체조를 마치고 점호를 받는다)는 노무제공의 장소·상태에 관련된 근로계약상의 합의 내지 취업규칙 등의 규정에 위임된다. 그러나 노기법의 근로시간의 기산점은 이것과는 다른 문제이다. 예를 들어 ① 교대인수, 기계점검, 정리정돈이 '시업시각' 이전에 이루어졌어도 통상은 업무에 종사한 근로시간이 되며, ② 조례, 미팅, 체조도 지휘감독 하에서 의무적으로 이루어지는 경우에는 근로시간이 된다. 이러한 경우에는 노기법상 근로시간의 기산점은 이러한 모든 활동의 개시시각이 된다. 이에 대해 ③ 작업복 갈아입기와 보호구(안전화, 안전모)의 착용은 의무적이고, 더구나 그 자체가 정교한 작업을 요하는 경우를 제외하고는 작업종사 준비에 지나지 않는다고 할 수 있다.[250]

둘째, 근로시간의 종료시점에 대해서는 앞에서 언급한 '종업시각' 이후에 작업상 필요한 ① 뒷정리(기계점검, 청소·정리정돈, 인수인계)가 이루어지면 그것은 업무종사의 최종부분으로서 근로시간이 되지만, ② 목욕, 옷 갈아입기 등은 특단의 사정이 없는 한 업무종사라고 할 수 없다.[251]

셋째, 소정취업시간 중에 휴게시간으로 되어 있는 시간도 실질적으로 보아

---

249) 기본문헌으로서 石橋 洋, 「労基法上の労働時間の概念と判断基準」, 講座21世紀(5), 203면 이하.

250) 판례는 의무적인 성격이 강한 옷 갈아입기·안전보호구의 착용과 탈의실에서 작업장으로의 이동시간, 재료의 반·출입시에 필요로 하는 시간을 근로시간으로 해석하며, 출입문에서 탈의실까지의 이동시간 및 휴게중의 작업복 착·탈의 시간에 대해서는 아직 지휘감독 하에 있는 시간이라고는 할 수 없으며, 근로시간에 해당되지 않는 것으로 한다. 앞의 三菱重工業事件[会社側上告] 事件, 三菱重工業[組合側上告]事件 — 最一小判 平12. 3. 9, 労判 778호, 3면. 또한 철도회사의 역무원이 행하는 업무개시 전의 점호 및 퇴사하기 전의 점호에 필요한 시간을 근로시간으로 이해하고, 빈도·의무적 성격이 약한 업무인계에 관하여 근로시간성을 부정한 예로서 위의 東京急行電鉄事件 — 東京地判 平14. 2. 29, 労判 824호, 5면.

251) 같은 취지, 앞의 三菱重工業[組合側上告]事件.

대기시간이라고 인정되면 근로시간이 된다. 예를 들어 점내에서 휴게하고 있는 것을 필요로 하고 손님이 내점했을 때에는 즉시 대응하지 않으면 안 되는 시간은 대기시간이다.252)

문제는 사업장 내에서의 가면시간인데 이러한 비활동 시간이 근로시간에 해당되지 않도록 하기 위해서는 단순히 실근로에 종사하지 않는다는 것뿐만이 아니라, 사용자의 지휘감독 하에 없다는 점, 즉 근로로부터의 해방이 보장되는 것을 필요로 한다. 여기서 예를 들면 24시간 근무로 빌딩의 경비·설비 운전보전 업무를 실시하는 근로자의 수면실에서의 8시간의 가면시간에 대해 경보가 울린 경우에는 설비의 보수 등의 작업에 착수하는 것을 필요로 하는 점에서 근로로부터의 해방이 없고 사용자의 지휘감독 하에 있는 근로시간으로 해석해야 한다고 되어 있다.253) 이러한 가면시간을 완전한 근로시간과 동일하게 취급하는 것은 분명 실제적으로 타당성에 문제가 있으나, 현행 노기법상으로는 근로시간과 휴게시간 사이의 회색지대(gray zone)는 인정되지 않고 근로로부터의 해방이 없다고 여겨지면 '가면시간'이라도 근로시간이 된다.254) 위와 같은 가면시간을 포함하는 격일근무의 경비업무에 대해서는 근무 전체에 대해 감시·단속적 근로(41조 3호)의 허가를 얻을 수 있도록 근무내용을 설정하는 수밖에 없다.▣

또한 맨션에 거주하는 관리인이 관리인실의 조명의 점·소멸, 쓰레기장의 문의 개폐 등을 지시받고 있던 휴일인 일요일·축제일의 시간대는 휴일근로 내지 시간외근로에 해당되는지가, 그리고 그러한 행위 외에 주인의 호출에 따르거나 택배를 건네주거나 하고 있던 평일의 취업시간외 및 토요일(휴일)의 시간대는 시간외근로에 해당되는지가 문제로 여겨졌는데, 전자는 부정, 후자는 긍정하는 판례가 나왔다.255) 결국 법원은 불(不)활동시간의 근로시간성에 대하여 사

---

252) すし処「杉」事件 ― 大阪地判 昭56. 3. 24, 労経速 1091호, 3면; 관광버스 운전기사의 출고 전·귀고후의 시간과 목적지에서의 주정차 시간이 근로시간으로 인정된 사례로서는 大阪淡路交通 事件 ― 大阪地判 昭57. 3. 29, 労判 386호, 16면. 시업전·종업후·휴게중의 업무종사에 대하여 근로시간성을 인정한 사례로서, 昭和観光事件 ― 大阪地判 平18. 10. 6, 労判 930호, 43면. 택시 운전기사가 회사의 지시장소 이외에서 30분을 넘게 손님을 기다리는 대기하는 시간에 대하여 근로시간으로 인정하지 않은 회사의 조치를 위법으로 본 판례로서 中央タクシー[未払賃金]事件 ― 大分地判 平23. 11. 30, 労判 1043호, 54면.

253) 大星ビル管理事件 ― 最一小判 平14. 2. 28, 民集 56권 2호, 361면.

254) 日本貨物鐵道事件 ― 東京地判 平10. 6. 12, 労判 745호, 16면; 日本郵便急送事件 ― 京都地判 平12. 12. 22, 労判 806호, 43면. 이상에 대하여 가면시간에 대해 실작업에 대한 종사의 필요가 발생하는 것이 거의 없다는 것과 같다고 하여 근로시간성을 부정한 사례로서, ビル代行事件 ― 東京高判 平17. 7. 20, 労判 899호, 13면.

255) 大林ファシリティーズ事件 ― 最二小判 平19.10.19, 民集61권 7호, 2555면. 그 외 맨션 빌딩 관리인의 취업시간외의 불(不)활동시간에 대하여 근로시간성이 문제가 된 사례로서, 新日本管

용자의 지휘명령 하에 있다고 '평가'할 수 있는지의 여부로서, 구체적인 타당성이 있는 판단에 노력하도록 되었다.256)

넷째, 소정근로시간외에 이루어지는 기업외 연수·교육활동과 기업의 행사(운동회 등)의 근로자의 참가도, 참가가 의무적이고 회사의무로서의 성격이 강하면 근로시간이 된다(1951. 1. 20 기수 2875호 참조). 소집단 활동도 동일한 관점에서 업무종사의 일종으로 생각할 수 있는지의 여부가 검토된다.257)

또한 소정근로시간이라도 지각, 조퇴, 결근, 업무면제 등에 의해 실제로 노무제공이 이루어지지 않은 시간은 근로시간이 아니다. 따라서 소정근로시간이 8시간인 날에 지각한 시간만큼 잔업하게 하는 것은 시간외 근로가 아니다(1954. 12. 1 기수 6143호).

> ▥ **노기법상의 근로시간과 임금**
> 소정근로시간 외의 어떤 시간이 노기법상의 근로시간으로 되어도, 거기서 당연히 근로계약상의 임금청구권이 발생하는 것이 아니고, 임금청구권의 유무·내용은 해당 근로계약의 해석에 의하여 정해진다. 판례도 비슷하게 해석되고 있으며, 심야의 가면시간에 대응하는 임금에 대하여 근로계약이 노동과 임금의 대가관계인 이상, 가면시간에 대해 취업규칙 등에 명확한 임금지불규정이 없다고 하더라도 즉시 임금불지불의 합의가 있다고는 할 수 없지만 임금규정에 별도로 숙직근무수당을 지급하는 것의 규정이 있다는 것을 중시하고, 근로계약상의(통상의 시간에 대한) 임금청구권을 부정하고 있다. 단 이런 경우에는 노기법 37조의 할증임금의 미지급이 발생하므로 사용자는 동 13조에 근거하여 할증임금의 지불의무를 부담하게 되며 시간외·심야근로 및 거기에 대응하는 할증임금액의 산정이 필요하게 된다(이상, 앞의 大星ビル管理事件). 또한, 가면시간이 근로시간으로 간주되는 경우에는 최저임금과의 관계도 문제가 되는 점에 대해서는 앞에서 언급하였다.

제 2 관 시간외·휴일근로

1. 시간외·휴일근로의 규제 양상

(1) '시간외·휴일근로'의 의의

'시간외근로'란 1일 또는 1주의 법정근로시간을 초과하는 근로이며, '휴일

財事件 — 東京地判 平18. 2. 3, 労判 916호, 64면, ビル代行事件 — 名古屋地判 平19. 9. 12, 労判 957호, 52면; ジェイアール総研サービス事件 — 東京高判 平23. 8. 2, 労判 1034호, 5면.

256) 앞의 大林ファシリティーズ事件 외, 가스누출 배관 공사를 위해 기숙사에서 대기하는 시간에 대하여 근로로부터의 해방이 있다고 하여 근로시간이라고 인정하지 않았던 사례로서, 大道工業事件 — 東京地判 平20. 3. 27, 労判 964호, 25면.

257) 판례로서는 八尾自動車興産事件 — 大阪地判 昭58. 2. 14, 労判 405호, 64면; 앞의 각주의 NTT西日本ほか事件.

근로'란 주휴제의 법정기준에 의한 휴일(법정휴일)의 근로이다. 법정근로시간의 범위 내에서의 잔업(소정근로시간을 초과하는 근로)과 법정외 휴일(주휴2일제에서의 1일 휴일, 주휴일이 아닌 축일(祝日)휴일)의 근로는 여기에 해당하지 않는다. 어느 날 근로시간이 법정근로시간을 초과하는 경우에는 시간외근로로서 규제되는 근로시간의 부분은 소정근로시간에 부가된 근로시간에 있어서 법정근로시간을 넘는 부분이다([그림 4]).

노기법상에서는 이렇게 법정근로시간외의 근로('시간외근로')와 소정시간외 근로와는 엄격히 구별되고, 또 법정휴일에 있어서 근로('휴일근로')와 소정휴일에 있어서 근로와는 준별되며, 각각 전자에 대해서만 노사협정의 체결·신고와 할증임금의 지불 등의 법규제가 이루어진다. 그러나 기업실무에서는 양자는 준별되는 일 없이 양자를 포함한 소정외근로의 전체에 대하여 36협정의 체결과 할증임금의 지불이 이루어지는 경우가 많다.

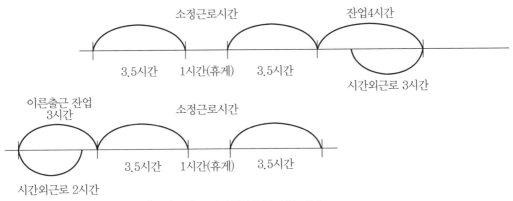

[그림 10] 시간외근로의 시간부분

(2) 시간외·휴일근로에 대한 법규제의 변천

노기법은 종래 시간외·휴일근로를 엄격하게 규제하지 않고 노사협정의 체결·신고와 2할 5푼의 할증임금지불에 의해 이를 가능하게 했다. 이것은 시간외근로에 대해서 1일, 1주 등의 상한시간을 법정하는 유럽의 여러 나라(프랑스, 독일 등)의 법규제의 양상이나, 유럽의 여러 나라에서 일반적인 5할의 할증률에서 보면 시간외근로에 관대한 법제라고 할 수 있다. 이러한 법제 하에서는 소정외의 근로시간(그 상당부분은 시간외근로)은 경기변동에 따른 고용량 조정의 주요 수단으로서 기업규모의 어하를 묻지 않고 널리 행해져서 일본의 연간 총 실질 근로시간이 기업규모를 통하여 2,100시간 남짓 되는 주요한 원인이 되었다.

여기서 1989년부터는 시간외 노동협정에서 정하는 시간외근로시간수에 대해 연간 450시간의 상한기준이 설정되었다.

한편 실제상 최대의 문제인 시간외·휴일근로의 할증률에 대해서는 선진 여러 국가에서의 수준에 가까운 인상 주장이 노동계 등으로부터 강력하게 대두되는 한편, 경제계로부터는 주40시간제로의 이행과정에서는 이중 비용부담(할증임금의 시간단위 증액과 할증률의 인상)이 된다고 하여 강력한 반대가 있었다. 1993년 노기법 개정(1993년 법 79)에서는 점진주의적 입장에서부터 시간외·휴일근로의 할증률을 2할 5푼 이상 5할 이하의 범위 내에서 정령(政令)으로 위임하는 개정이 이루어지고, 계속하여 시간외근로의 할증률을 종래대로 2할 5푼 이상으로 하면서 휴일근로의 할증률을 3할 5푼 이상으로 하는 정령(1994년 정 5. '노동기준법 제37조 제1항의 시간 및 휴일의 할증임금에 관계되는 비율의 최저한도를 정하는 정령.' 이하 '할증정령'으로 약칭)이 제정되었다.

노기법 전반의 재평가를 과제로 한, 1998년 개정(1998년 법 112)에 있어서도 할증률의 인상은 중소기업의 주40시간제의 보급과 노사교섭의 진전을 파악하기 위해 연기되었다. 그러나 상한규제에 대해서는 기존에 명문화된 법적인 근거 없이 정해진 시간외 노동협정의 적정화 지침을, 명확한 법적 근거에 의한 '기준'으로 편성하여 행정관청은 협정당사자에 대해 조언·지도를 할 수 있다고 규정하기로 했다(35조의 개정).

시간외근로를 포함하는 소정외근로에 대해서는 화이트칼라를 중심으로 자기신고제 아래 소정외근로 시간수를 실제보다도 적게 신고하는 것 등에 의한 '임금불지급 잔업'('서비스잔업')의 범위가 지적되어 왔다. 후생노동성은 이러한 문제에 대처하기 위해, 2001년 4월에 사용자의 근로시간 파악의 책무에 관한 기준을 통달에 의하여 설정하고,[258] 2003년 5월에는 '임금불지급 잔업 종합대책 요강'을 책정하여,[258] 임금불지불 잔업의 해소를 목표로 하는 노력을 강화하였다. 이후, 전국의 노동기준감독서에서 중점적인 감독지도가 실시되어, 다수의 기업에서의 많은 금액의 임금을 지불하지 않고 잔업하게 행위가 시정되고 있다.[259]

그리고 주60시간 이상의 장시간 근로에 종사하는 근로자의 비율이 30대 남성을 중심으로 높아지고 있는 상황을 개선하는 방책으로서, 1개월 80시간을 초

---

258) 2001. 5. 23 기발 0523003호.

259) 2011년도에는 1,312 기업(대상근로자 11만 7,002인)에 대하여 총액 145억 9,957엔(1기업당 1,113만엔, 근로자 1인당 12만엔)의 지급하지 않은 할증임금이 시정되었다.

과하는 시간외근로에 대하여 할증률을 5할 이상으로 하는 노동기준법 개정안이 2007년에 국회에 제출되어 2008년 가을의 임시국회에서 1개월 80시간을 60시간으로 수정하여 성립되었다(2008년 법 89).

⑩ 근로시간의 적정관리의 책무

헤이세이(平成)의 경기불황이 계속되는 가운데, 정사원고용이 억제되어 장시간근로 종사자나 서비스잔업(미지급잔업)의 증가가 문제가 되었다. 이에 대한 대책의 하나로서 2000년 11월 30일의 중앙노동기준심의회의 건의에 근거하여 '근로시간의 적정한 파악을 위해 사용자가 강구해야 하는 조치에 관한 기준'이 노동기준국장 통달로서 내려졌다(2001. 4. 6 기발 339호). 동 통달은 '노동기준법에서는 근로시간, 휴일, 심야업 등에 대하여 규정을 설정하고 있기 때문에, 사용자는 근로시간을 적정하게 파악하는 등 근로시간을 적절하게 관리할 책무를 가지고 있는 것은 분명하다'고 하여, 근로시간의 적정한 관리를 위해서 사용자가 강구해야 할 조치로서 근로자의 근로일마다의 시업·종업시각을 확인하여 이를 기록하는 것, 이 확인방법으로서는 ① 사용자 자신에 의한 확인, ② 타임카드, IC카드 등에 의한 객관적인 기록, ③ 자기신고제의 경우에는 근로시간의 실태를 정확하게 신고하도록 설명하고 실태와 합치되어 있는지 필요에 따라서 조사하여 시간외근로의 상한의 설정은 하지 않도록 하는 것, 등을 지시하고 있다.

이러한 통달을 배경으로, 판례는 타임카드에 의한 근로시간의 기록이 있는 경우에는 사용자에 의한 적절한 반증이 없는 한, 그 기록에 따라서 시간외근로의 시간을 산정하거나(예를 들어, 丸栄西野事件 ― 大阪地判 平20. 1. 11, 労判 957호, 5면), 사용자의 근로시간 적정관리의 의무를 지적하여 그 시간수를 그 기록대로 추정하거나 한다(京電工事件 ― 仙台地判 平21. 4. 23, 労判 988호, 53면).

2. 비상사유에 의한 시간외·휴일근로

법이 인정하는 시간외·휴일근로로서는 첫째, '재해, 그 밖에 피할 수 없는 사유에 의해 임시의 필요가 있는 경우'에는 사용자는 행정관청의 허가를 받아 그 필요한 한도에 있어서 법정(노기 32조~32조의 5, 혹은 40조)의 근로시간을 연장하거나 또는 법정의 휴일(동 35조)에 근로시킬 수 있다(33조 1항. 비상사유에 의한 시간외·휴일근로라고 한다). 단 사태가 급박하여 행정관청의 허가를 받을 여유가 없는 경우에는 사후에 지체 없이 신고하지 않으면 안 된다(동 33조 1항 단서). 이러한 신고가 있을 경우에 행정관청이 그 근로시간의 연장 또는 휴일근로가 부적당하고 인정되는 경우에는 그 후에 그 시간에 상당하는 휴게 또는 휴일을 부여할 것을 명할 수 있다(동 33조 2항).

위의 '허가'(또는 사후승인)에 대해서는 해석예규는 다음과 같은 기준을 세우고 있다. ① 단순한 업무의 성수·비수, 그 밖에 이에 준하는 경영상 필요는 인정하지 않는다, ② 급병(急病), 보일러 파열, 그 밖의 인명 또는 공익을 보호하기 위한 필요는 인정한다, ③ 사업의 운영을 불가능하게 하는 돌발적인 기계고장의 수리는 인정하나 통상 예정되는 부분적 수리, 정기적 손질은 인정하지 않는다, ④ 전압 저하에 의해 보안 등의 필요가 있는 경우에는 인정한다(1947. 9. 13 발기 17호, 1951. 10. 11 기발 696호). 또 대체휴일(代休)명령에 대해서는 '신중하게 취급하고 연장이 장시간에 걸치는 경우에 대해서는 이것을 발할 것'으로 하고 있다(1947. 9. 13 발기 17호).[103]

[103] **공무를 위한 시간외·휴일근로**
'공무를 위해 임시적으로 필요가 있는 경우에는' 별표 1에 게재하고 있는 사업에 해당하지 않는 관공서의 공무원에 대해서는 법정근로시간을 연장하거나 또는 휴일에 근로시킬 수 있다(노기 33조 3항). 이 규정은 거의 오로지 비현업(非現業) 지방공무원에 관한 것이다(국유임야사업은 총괄관리부문을 제외하고, 또 지방공영기업은 전체로서 동규정의 관공서에는 해당하지 않는다). 특히 공립학교의 교육직원에 대해서는「공립의 의무교육제 학교 등의 교육직원의 급여 등에 관한 특별조치법」(1971년 법77)에 의하여, 시간외·휴일근로를 시킬 수 있는 경우를 국립학교 교직원의 시간외·휴일근로 사유(1971. 7. 5 문부성훈령 28호)에 준하여 조례에서 정하는 것으로 하고, 이 경우에 해당하는 한 노기법 소정의 시간외·휴일노동 협정(36조)을 필요로 하지 않고, 또 할증임금의 지불(37조)을 요하지 않는다고 본다. 그 대신 이러한 교직원에게는 봉급월액의 100분의 4의 교직조정액이 지급된다.

3. '36협정'에 의한 시간외·휴일근로

현행법상 주요한 시간외·휴일근로는 사업장에서 노사의 시간외·휴일근로협정(이른바 36협정)에 의한 것이다. 즉, 사용자는 사업장의 노사협정을 체결하고 그것을 행정관청에 신고한 경우에 그 협정이 정하는 바에 따라 근로시간을 연장하거나 또는 휴일에 근로시킬 수 있다. 단, 갱내근로 기타 명령으로 정하는 건강상 특히 유해한 업무에 대한 근로시간의 연장은 1일에 2시간을 초과해서는 안 된다(노기 36조).[104]

[104] **유해업무의 근로시간 연장 제한**
노기법은 36협정에 의한 근로시간연장을 유해업무에 대해서는 1일 2시간 이내로 제한하고 있다(노기 36조 1항 단서). 이 유해업무는 노기법규칙에서 다량의 고열(또는 저온) 물체를 다루는 업무 및 현저하게 열대(내지 한랭한) 장소에서의 업무, 유해방사선에 노출되는 업무, 토석 등의 먼지 혹은 분말을 현저하게 분산하는 장소에서의 업무, 착암기·리벳치기 기계의 사용에 의해 신체에 현저하게 진동을 주는 업무, 중량물의 취급 등 과중한 업무, 보일러제조 등 강력한 소음을 내는 장소에서의 업무, 납·수은 등의 유해물의 분진, 증기 또는 가스가 발산하는 장소에서의 업무 등등을 열거하고 있다(노기칙 18조).

(1) 입법 취지

이 협정은 법정근로시간을 초과하는 근로와 법정휴일에서의 근로를 비상사유가 있는 경우의 허가제에 의하는 것 외, 사업수행상의 필요성이 있는 경우에도 일정 한도로 인정하는 것으로 하여, 사업장의 과반수조직 노조 또는 과반수대표자와의 협정의 체결과 감독관청에 대한 신고가 있는 경우에만, 그 규정에 따른 시간외·휴일근로를 적법화한 것이다. 시간외·휴일근로를 적법화하는 사업장의 노사협정은 근거조문(노기 36조)의 조항숫자를 따라서 '36협정'이라고 한다.

(2) 시간외·휴일근로협정(36협정)

(가) 협정의 내용   협정에서는 '시간외 또는 휴일근로를 시킬 필요가 있는 구체적 사유, 업무의 종류, 근로자의 수 및 1일 또는 1일을 초과하는 일정 기간에 대해 연장할 수 있는 시간 혹은 근로시킬 수 있는 휴일'을 정하지 않으면 안 된다(노기칙 16조 1항).

36협정에 기재해야 하는 시간외근로를 시킬 필요가 있는 구체적 사유란 예를 들어 '임시 수주, 납기변경 등 때문에', '기계, 설비 등의 수선, 설치, 청소를 위해', '해당 인원 부족에 대처하기 위해' 등이다.

'1일을 넘는 일정 기간'에 대한 '연장할 수 있는 시간'에 대해서는 1982년에 연장한도시간에 관한 지침('시간외근로의 적정화 지침')이 노사의 자주적 노력을 요청하는 행정지도기준으로서 노동대신 고시에 의해 설정되었다(1982 노고 69). 그리고 이 협정시간에 관한 상한지침은 1993년 1월부터 다음의 표와 같이 개정되었다(1992 노고 70). 이에 대하여 '근로시키는 것이 가능한 휴일'은 개별적으로 특별히 정하여도 협정해도 좋고, 일정 기간에 그러한 휴일 일수를 협정하여도 좋다.

앞에서 말한 바와 같이 1998년 노기법 개정(1998년 법112)은 이 시간외근로 적정화지침을 명확한 법적 근거를 가진 것으로 해야 하고, 노동대신은 근로시간의 연장을 적정한 것으로 하기 위해 '협정에서 정하는 근로시간의 연장의 한도 … 그 밖의 필요 사항에 대해 근로자의 복지, 시간외근로의 동향, 그 밖의 사정을 고려하여 기준 정할 수 있다'고 규정하였다(36조 2항).[260] 그리고 협정 당사자인 노사는 '해당 협정의 내용이 앞항의 기준에 적합한 것이 되도록 하지 않으면 안 되며'(동조 3항), 노동기준감독서장은 협정 당사자의 노사에 대해 '필

---

260) 노기법의 2008년 개정(2008년 법 89)시에는 '기준을 정할 수 있는 사항'에 '해당 근로시간의 연장에 관계되는 할증임금의 비율'이 추가되었다.

요한 조언 및 지도를 실시할 수 있다'고 규정했다(동조 4항).

<표 2> 시간외근로의 한도에 관한 기준

(단위: 시간)

기 간	1주간	2주간	4주간	1개월	2개월	3개월	1년간
시간외근로의 상한시간	15	27	43	45	81	120	360

이 개정에 동반하여 36협정에 의한 시간외근로의 한도에 관한 기준(1998. 12. 18 노고 154호 '노동기준법 36조 1항의 협정에서 정하는 근로시간의 연장의 한도 등에 관한 기준')이 종래의 상한지침대로 정해졌다(<표 2>).[261]

개정 후의 기본적인 법적 문제는 위의 '기준'의 효력이다. 이에 대해서는 먼저 입법의 경위에서도 규정의 방법에서도, 이 기준은 근로계약에 대해 강행적 · 보충적 효력(노기 13조)을 가지는 것이 아니라는 점은 명확하다. 바꿔 말하면, 그것은 노사협정의 당사자가 시간외근로의 상한을 정한 후에 준수사항을 정한 것으로, 근로계약의 당사자가 정하고 실시하는 시간외근로의 절대적 상한은 아니다.

그러면 노사협정의 준수사항으로서는 이 기준은 강행적인 것일까? 결국 이 기준을 넘는 상한을 정하는 시간외근로 협정은 그 부분에 대해서는 무효가 되고, 사용자는 그 기준을 넘는 시간외근로에 대해 유효한 협정이 있는 경우의 법적 효과(법정근로시간 위반의 면벌적 효력)를 향유할 수 없게 되는 것인가? 이 점에 대해서도 위의 규정(36조 2항)의 입법취지는 종래 적정화지침으로 명확한 법적 근거를 부여하고 시간외근로의 적정화를 위한 협정에 대한 행정지도를 강화할 것을 기본으로 하는 것으로, 노사협정에 대해 강행적인 기준을 설정하는 취지라고는 해석할 수 없다. 이 점은 협정 당사자에 대해 협정내용을 '기준'에 적합한 것으로 하도록 요청하고(동 3항), 행정관청의 조언 · 지도권한을 정하는 (동 4항) 규정의 방식으로 표현되고 있다. 단, 후술하는 시간외 근로명령의 권리남용성의 판정에 있어서는 '기준'을 초과하는 협정시간에 근거로 한 시간외 근로명령인 점이 하나의 중요한 고려사정이 될 수 있다.

---

261) 종래대로 특별사정이 있는 경우를 위한 탄력조항이 허용되고 있으나, 근로자의 과로방지의 관점에서 '특별한 사정'을 '임시적인 것으로 제한함'을 명시하는 개정이 논의되었다(2001. 10. 22 후노고 355호). 또 건설사업 · 자동차 운전업무 · 연구개발업무 등에 관한 적용제외도 존속하고 있다.

또한, 2001년의 육아개호휴업법 개정(2001년 법 118)에 의하여, 육아·개호의 가족적 책임을 가지는 근로자(남녀모두)가 청구한 경우의 시간외근로의 제한규정이 신설되었다(육개 17조, 18조).

(나) 협정의 유효기간   협정의 유효기간에 대해서는 노기법 규칙(16조 2항)은 유효기간의 설정을 하지 않으면 안 된다고 하고 있으나, 그 기간의 길이는 제한하지 않는다. 또 동규칙(동항)은 36협정이 단체협약의 형식에서도 체결될 수 있는 점을 인정하고, 그 경우에는 유효기간의 설정을 필요로 하지 않는다. 이것은 단체협약에 의한 36협정의 유효기간이 이미 노조법(15조)에 의해 규율되고 있기 때문이라고 해석된다(1954. 6. 29 기발 355호). 실무상으로는 대부분의 36협정이 1년 이내의 기간에 체결되고 있다.

(다) 협정의 형식·신고   36협정은 필요사항을 기재한 서면으로 체결될 것을 필요로 한다.

36협정은 노동기준감독서장에 대한 신고를 필요로 하는데 신고할 필요가 있는 것은 36협정 그 자체가 아니라 양식 제9호이다(노기칙 17조 1항. 36협정 그 자체는 보존해 두면 된다). 단 양식 제9호에 소정의 사항을 기재하고, 이에 근로자대표가 날인하면 그 양식 자체가 36협정이 된다고 보고 있다(이 경우에는 동 양식의 사본을 보존해야 한다고 되어 있다. 1978. 11. 20 기발 642호). 또 36협정을 갱신할 경우에는 사용자는 갱신협정을 체결하고 이를 신고하면 된다(동조 2항). 36협정에 자동갱신의 규정이 있는 경우에는, 갱신에 대해 노사 어느 측으로부터도 이의가 없다는 사실을 증명하는 서면을 신고하면 된다(1954. 6. 29 기발 355호).[105]

---

[105] **36협정과 단체협약**

문제는 단체협약의 형식(노조 14조)으로 체결된 36협정이 아울러 단체협약으로서의 효력(노조 16조, 17조)도 가지는 것인가인데, 긍정설이 통설이라고 할 수 있으나, 부정설도 유력하다(긍정설로는 有泉, 340면; 부정설로는 蓼沼謙一, 労働時間·残業·交替制, 127면). 분명히 36협정은 사업장의 전체 종업원을 위해 노기법상 근로시간·휴일원칙의 완화와 그 한도를 정하는 것이고, 사용자와 노동조합간의 노사관계와 조합원의 근로조건, 그 밖의 대우를 정하는 단체협약과는 목적·성격을 달리한다. 그러나 한편 36협정을 단체협약의 형식으로 체결하는 것을 인정하면서(노기칙 16조 2항), 이를 협약으로서의 효력을 인정하지 않는다는 것은 일관되지 않는다. 결국, 협약의 형식으로 체결된 36협정은 36협정·단체협약이라는 상이한 두 개의 성질(효력)을 겸비하고 있다고 보지 않을 수 없다.

(라) 협정의 체결·신고의 효력   36협정을 체결하고 신고한 경우에는 사용

자는 그 유효기간 중에는 협정이 정하는 바에 따라 8시간 근로제·1주 40시간·주휴제의 기준(노기 32조, 35조)을 넘는 근로를 시켜도 이러한 기준위반에 대한 책임을 물을 수 없다. 반대로 말하면, 36협정 없이 또는 36협정이 정하는 한도를 초과하여 시간외·휴일근로를 시키는 것은 이러한 기준에 위반하는 위법행위이다(시간외·휴일근로 명령은 위법·무효).262)

이러한 의미에서 36협정의 체결·신고는 기준위반의 형사책임을 면책하는 효과(면벌적 효과)를 가지며, 또 적법하게 시간외·휴일근로를 실시할 수 있는 시간(일수) 틀을 설정하는 효과를 갖는다. 이러한 효력은 협정에서 언급된 사업장의 근로자 전체에 대해 발생하는 것으로 예를 들어 과반수를 조직하는 노동조합과의 협정은 비조합원과 다른 조합원의 시간외·휴일근로도 가능하게 된다.

(3) 시간외·휴일근로 의무발생의 요건

36협정의 체결·신고는 사용자에 대해 법정근로시간과 주휴제의 위반을 면하게 하는 효력을 가지는데, 개개의 근로자에 대해 협정상 정해진 시간외·휴일근로를 의무화하는 것은 아니다. 개개 근로자의 시간외·휴일근로의무가 발생하기 위해서는 근로계약상 그러한 의무가 긍정되지 않으면 안 된다.

이 점에 대해서는 단체협약, 취업규칙 또는 근로계약의 모든 규정에 의해서도 시간외·휴일근로의무는 발생하지 않고, 이는 근로자가 그 범위 내에서 임의로 대응하는 한도 내에서 이루어질 수 있는 데 지나지 않는다는 개별적 동의설이 있지만,263) 이는 적절하지 않다. 36협정은 시간외·휴일근로를 적법하게 할 수 있는 틀을 설성하는 섯이므로 난체협약이나 또는 취업규칙에서 업무상 필요할 때에는 36협정의 범위 내에서 시간외·휴일근로를 명령할 수 있다는 뜻이 명확하게 정해져 있는 한, 근로계약상 동 협정의 틀 내에서 그 명령에 따를 의무가 발생한다고 해석해야 한다.264) 단 시간외·휴일근로를 명령하는 업무상 필요성이 실질적으로 인정되지 않으면 명령은 유효요건이 부족하게 되고, 또 근로자에게 시간외·휴일근로를 할 수 없는 부득이한 이유가 있을 때에는 그

---

262) 36협정에서 시간외근로의 한도시간수를 1개월의 기간으로 정하고 있는 경우의 주40시간제 (노기 32조 1항) 위반의 죄는, 1개월이 시작되는 시기부터 순차적으로 각 1주간에 대하여 시간외 근로 시간수를 적산하고, 상기 한도시간수를 넘은 주 이후의 해당 월내의 각 주에 대하여 넘은 시간수로 성립한다(最一小判 平21. 7. 16, 刑集63권 6호, 641면).

263) 대표적 판례로서는 明治乳業事件 ― 東京地判 昭44. 5. 31, 労民 20권 3호, 477면. 최근의 학설로서 西谷, 労働法, 302면.

264) 취업규칙상 규정이 있는 경우에 대해 이 해석을 적용하는 판례로서는 日立製作所事件 ― 最一小判 平3. 11. 28, 民集 45권 8호, 1270면.

명령은 권리남용이 될 수 있다.265) 특히 휴일근로명령에 대해서는 그 유효요건으로서의 업무상 필요성은 엄격하게 판단되어야 한다.266)

특히 8시간근로제 · 주휴제의 기준 내에서 이루어지는 법내 초과근무도 단체협약이나 또는 취업규칙의 규정에 의해 단체협약상 의무화 할 수 있다.267)

4. 시간외 · 휴일 · 심야근로의 할증임금

(1) 개   설

사용자가 시간외 · 휴일근로의 규정(노기 33조 1항 · 2항, 36조)에 의해 근로시간을 연장하거나 혹은 휴일에 근로시킨 경우, 또는 오후 10시부터 오전 5시까지의 사이의 심야에 근로시킨 경우에는, 그 시간 또는 그 날의 근로에 대해서는 통상 근로시간이나 또는 근로일 임금 계산액에 일정한 할증비율을 곱한 할증임금을 지불하지 않으면 안 된다(노기 37조).268) 시간외 · 휴일근로는 통상의 근로시간 또는 근로일에 부가된 특별한 근로이기 때문에, 이에 대해서는 일정액의 보상을 하게 하는 것, 그리고 그 경제적 부담에 의하여 시간외 · 휴일근로를 억제하는 것이 할증임금을 부과하는 목적이다.

할증률은 ① 1개월269)의 합계가 60시간까지의 시간외근로 및 오후 10시~오전 5시까지의 심야근로에 대해서는 2할 5푼 이상의 비율(노기 37조 1항 본문, 2항, 4항), ② 1개월의 합계가 60시간을 초과한 시간외근로가 실시된 경우의 60시간을 초과하는 시간외근로에 대해서는 5할 이상의 비율(동 37조 1항 단서), ③ 휴일근로에 대해서는 3할 5푼 이상의 비율(동 37조 1항 본문, 2항)로 되어 있다.

이 중, ②의 1개월 60시간을 초과하는 시간외근로에 대한 '5할 이상'의 특별

---

265) 下井, 労基法, 333면은 사용자측의 잔업의 필요성과 근로자측의 거부이유의 비교고량(比較考量)에 의해야 한다고 주장한다. 또한 土田, 労働契約法, 294면은 협정상의 시간외근로의 상한의 합리성을 유효요건에 추가한다.

266) 학설에 대한 보다 상세한 것은 東大労研, 注釈労基法下, 621면 이하[中窪]. 견해로서는 그 외에 구체적 합의설도 유력하다.

267) 참고판례, 東洋鋼板事件 — 広島高判 昭48. 9. 25, 労判 185호, 21면.

268) 노기법 37조는 문언상으로는 시간외 또는 휴일근로가 노기법상의 요건을 구비하여 행해진 경우에 대해서만 정하고 있지만, 이러한 근로가 법소정의 요건을 갖추지 않고 위법으로 행해진 경우에서도 할증임금지불의무는 당연한 것으로서 발생한다. 小島撚糸事件 — 最一小判 昭35. 7. 14, 刑集 14권 9호, 1139면. 할증임금불지급에 벌금형을 부과한 사례로서 大阪地判 平12. 8. 9, 判時 1732호, 152면.

269) '1개월'이란, 달력에 의한 1개월을 말하고, 기산일은 매월 1일, 임금계산기간의 첫날, 시간외근로협정에서의 일정기간 등으로서, 취업규칙에 기재할 필요가 있다(노기 89조 2호). 규정이 없는 경우에는 임금계산기간의 첫날로서 취급하는 것으로 되어 있다(2009. 5. 29 기발 0529001호).

한 할증률은 최근의 장기경제침체가 계속되는 가운데, 기업에서 정사원수의 억제와 함께 30대 화이트칼라를 중심으로 장시간근로가 진행되었던 점에 비추어 '일과 생활의 조화'정책의 일환으로서, 특히 긴 시간외근로를 억제하기 위하여 2008년의 노동기준법 개정(2008년 법 89)에 의하여 마련된 것이다. 그래서 이 특별한 할증률 가운데 통상의 할증률(2할 5푼 이상)에 부가된 할증률의 부분에 대해서는270) 근로자의 건강 확보의 견지에서 사업장의 노사협정으로 정하는 경우에는 할증임금의 지불에 대신하여 통상의 임금을 지불하는 휴가(대체휴가)를 부여할 수 있도록 하였다(노기 37조 3항).⑩⑥

2008년 법개정은 2010년 4월 1일부터 시행되었다. 다만, 이 개정에 의한 특별할증률의 규정(노기 37조 1항 단서)은, 당분간은 중소사업주의 사업에 대하여 적용하지 않는다(노기부칙 138조). '중소기업사업주'는 중소기업기본법(1963년 법 154)의 정의를 참고로 하여 그 자본금의 액수 또는 출자총액이 3억엔(소매업 또는 서비스업을 주요한 사업으로 하는 사업주에 대하여 5,000만엔, 도매업을 주요한 사업으로 하는 사업주에 대해서는 1억엔) 이하인 사업주 또는 상시 사용하는 근로자의 수가 300인(소매업을 주요한 사업으로 하는 사업주에 대해서는 50인, 도매업 또는 서비스업을 주요한 사업으로 하는 사업주에 대해서는 100인) 이하인 사업주를 말한다271)고 규정되었다.272)⑩⑦⑩⑧

⑩⑥ **대체휴가에 관계되는 노사협정**
   대체휴가를 부여하기 위해서는 사업장의 과반수조직 노동조합 또는 과반수대표자와의 노사협정이 필요하다(노기 37조 3항).
   노사협정에서는 다음의 사항을 정해야 한다고 되어 있다(노기칙 19조의 2).
   ① 대체휴가를 부여할 수 있는 시간외근로의 시간수의 산정방법. 이하의 산식에 따라야 한다고 되어 있다.
   [1개월 60시간을 초과한 시간외 근로의 시간수 × 환산율(60시간을 초과한 시간외 근로에 대하여 5할 이상으로 정해진 특별한 할증률−60시간 이내의 시간외근로에 대하여 2할 5푼 이상으로 정해진 통상의 할증률)]
   예를 들면, 시간외근로의 할증률이 법정기준과 같이 1개월 60시간까지는 25%, 60시간을 초과하는 것에는 50%로 취업규칙에서 정해져 있는 기업에서 84시간의 시간외근로가 행해진 달에 대해서는 24시간 × (50%−25%) = 6시간, 으로 한다.
   ② 대체휴가의 단위. 이에 대해서는 1일 또는 반일의 단위로 해야 한다고 되어 있으며,

---

270) 다시 말하면, 사용자는 1개월 60시간을 초과한 시간외근로에 대하여 대체휴가를 부여하는 경우에도, 통상의 할증률에 의한 할증임금을 지불할 필요가 있다.
271) 이 유예조치에 대해서는 개정법 부칙 3조 1항에서, 시행 후 3년을 경과한 경우에 검토를 가하여 필요한 조치를 강구하는 것으로 되어 있다.
272) 2008년의 법개정을 둘러싼 근로시간 관리상의 문제점에 대해서는 廣石忠司,「労基法改正と企業実務への影響」, 季労 227호, 4면.

대체휴가 이외의 통상의 임금이 지불되는 휴가(예를 들면 시간단위의 연휴)와 함께 1일 또는 반일을 얻을 수 있도록 해도 좋다고 되어 있다.

상기의 사례에서는 6시간의 시간외근로에 2시간의 시간단위의 연휴를 더하여 8시간 (= 1일)의 휴가로서 부여한다고 취급할 수 있다.

③ 대체휴가를 부여할 수 있는 기간. 이에 대해서는 60시간을 초과하는 시간외근로가 행해진 달의 다음의 2개월 이내로 해야 한다고 되어 있다.

이상의 외에, 통달(2009. 5. 29 기발 0529001호)에서는 ④ 대체휴가의 취득일의 결정방법 및 할증임금의 지불일도 노사협정으로 정해야 하는 사항으로 되어 있다.

또한 사용자는 노사협정에 의하여 대체휴가를 실시하는 경우에는 대체휴가에 관한 이상의 사항을 취업규칙에도 기재할 필요가 있다(노기 89조 1호, 2호).

⑩ 대체휴가의 시기의 결정

이사의 노사협정은 노기법에서의 1개월 60시간을 초과하는 시간외근로에 대한 부가적인 할증임금의 지불이라는 규제(벌칙에 의한 의무화)에 대하여, 대체휴가의 부여라는 별도의 선택지를, 사업장의 근로자의 집단적 의사에 따라서 만드는 것을 인식한 것이다. 다시 말하면, 이 노사협정은 협정이 정하는 바에 따라서 휴가가 부여되면 부가적 할증임금의 불지급에 대한 벌칙의 발동을 면하게 한다는 효과(면벌적 효력)를 가지는 것에 그친다. 따라서 사용자는 노사협정에 근거로 하여 근로자에게 대체휴가의 취득을 명할 수 있는 것이 아니라, 노사협정에서 정하는 휴가를 취득할지의 여부, 언제 취득할지는 법적으로는 근로계약의 여러 원칙(취업규칙의 규정 등)에 의하여 처리되어야 하게 된다.

통달(2009. 5. 29 기발 0529001호)은 '대체휴가를 취득할지 여부는 근로자의 판단에 따르기 때문에(법 제37조 제3항), 대체휴가가 실제로 부여되는 날은, 당연히 근로자의 의향을 바탕으로 한 것이 된다'고 하여, 실제로 대체휴가를 취득할지의 여부, 언제 취득할지는 근로자가 결정한다는 해석을 취하는 것과 같다. 그러나 대체휴가의 부여에 대하여 해당 근로자의 의향을 청취해야 하는 것은 인사관리상의 당연한 배려이지만, 대체휴가의 법규정(노기 37조 3항)은 연차유급휴가의 경우(동 39조 5항)와 같이 근로자에게 휴가의 시기지정권을 부여하고 있는 것이 아니기 때문에, 대체휴가의 부여에 대하여 해당 근로자의 동의(시기결정)를 필수로 하고 있다고는 해석하기 어렵다. 또한 그러한 해석이 장시간근로에 의한 건강피해의 방지라는 입법목적에 합치하는지도 의문이다.

예를 들면, 취업규칙에서 '대체휴가는 근로자의 의향을 청취한 뒤, 이를 지정할 수 있다'고 규정한 경우에는, 해당 규정은 근로계약을 규율하는 효력을 인정받을 수 있다(노계 7조, 10조)는 것이 될 것이다(휴가시기지정권의 남용의 문제가 발생할 수 있다).

⑩ 특별조항에 따라 실시하는 1개월 45시간을 넘어 60시간까지의 시간외근로에 대하여 할증률을 2할 5푼보다도 높게 정하는 노력의무

2008년의 노기법 개정시에는 동시에 36협정에서 임시적인 특별한 사정이 있는 경우에 대하여 일정기간에서의 시간외근로의 한도기준(1개월에 대하여 45시간)을 초과하여 시간외근로를 시킬 수 있는 것을 그 연장한도 및 대상자를 명시하여 정한 경우(이른바 특별조항을 마련하는 경우)에는 그 기준을 초과하는 시간에 대해서는 할증률도 정해야 하는 것으로 하고, 그 할증률은 2할 5푼을 초과하는 비율로 하도록 노력해야 하는 것이 '시간외근로의 한도에 관한 기준'에서 규정되었다(2009. 5. 29 후노고 316호).

할증임금은 법정근로시간 또는 주휴제의 기준외 근로에 대해서만 요구되고,

이러한 기준내의 근로(법내 초근(法內超勤)에는 요구되지 않는다.273) 또 할증임금은 해당 시간외근로에 대한 통상의 임금에 더하여 지급되어야 하는 것이다 (1948. 3. 17 기발 461호).⑩⑪

주 1일의 법정휴일 이외의 소정휴일에서의 근로에 대해서는 법정휴일과 마찬가지의 3할 5푼 이상의 할증률로 하는 것이 바람직하지만, 법정휴일에서의 근로에 대해서만 3할 5푼 이상의 할증률로 하는 것도 가능하다. 또한 1개월 60시간을 초과하는 시간외근로에 대하여 설정된 5할 이상의 특별할증률과의 관계에서는 1개월의 시간외 근로시간수에 산입되어야 하는 시간외근로에는 법정휴일에서의 근로는 포함되지 않지만, 법정휴일이 아닌 소정휴일에서의 시간외근로에 포함된다. 이러한 이유에서 법정휴일과 소정휴일의 다름을 취업규칙 등에서 명확히 해 두는 것이 실제상 필요하게 되었다.

> ⑩ **통상근로시간의 임금**
> 임금액이 월에 따라 정해지는 일본의 통상 임금형태(월급제)에서는 할증임금의 계산의 기초가 되는 '통상의 근로시간의 임금'은 월에 의한 임금액을 '월에 있어서 소정근로시간수'로 나눠서 산출된다(노기칙 19조 1항 4호). 그래서 1일 혹은 1주의 소정근로시간을 단축하는 것 및 주휴일을 증가시키는 것은 월의 소정근로시간수를 감소시켜 할증임금의 산정기초(시간단위)를 증가시킨다. 이것이 일본에서의 '시간단축에 의한 비용증가'의 중요한 측면이다.

> ⑪ **잔업시간의 끝수(우수리)처리**
> 법정근로시간을 초과하는 근로는 엄밀하게는 1분이라도 할증임금의 지급을 요하므로 잔업시간의 끝수를 하나의 잔업마다 버리거나 올려 30분단위로 정리하는 것은 위법이다. 따라서 하나의 잔업에 분 단위의 우수리가 생겨도 그것을 그대로 하나의 임금계산 기간마다 집계해야 하는데, 이 집계 결과에 대해 30분미만의 우수리를 버리고 30분 이상을 1시간으로 올리는 것은 '항상 근로자에게 불리한 것이 되는 것은 아니고 사무를 간편하게 하기 위한 목적으로 한 것이라고 인정되므로' 노동기준법위반이라고 취급하지 않는다(1988. 3. 14 기발 150호).

(2) 제외임금

할증임금의 기초가 되는 임금에는 가족수당, 통근수당, 그 밖의 성령에서 정하는 임금은 산입되지 않는다(노기 37조 5항).

할증임금의 산정의 기초에서 제외가 되는 임금에는 세 가지 종류가 있다.

첫째, '가족수당', '통근수당', '별거수당', '자녀교육수당', '주택수당'으로(노기칙 21조 본문, 1호~3호), 동일시간의 시간외근로에 대한 할증임금액이 근로내용

---

273) 실제로는 그러한 기준외 근로와 같이 할증임금이 지급되는 사례가 많고, 기준내외의 근로를 구별하지 않고 할증임금(수당)을 지불하는 취지의 규정이 있으면, 본조의 할증임금을 지불하는 것이 합의된 것으로 해석된다. 판례로는 千里山生活協同組合事件 ― 大阪地判 平11. 5. 31, 労判 772호, 60면.

이나 양과는 관계가 없는 근로자의 개인적 사정으로 변하게 되는 것은 이상하
다는 생각에서 제외되었다.[274) 이들은 명칭 여하를 불문하고 실질적으로 판단
된다(1947. 9. 13 발기 17호). 따라서 가족수당과 통근수당이라고 하여도 부양가
족의 유무·수와 통근비용액 등의 개인적 사정을 도외시하여 일률적인 금액으
로 지급되는 수당(혹은 그 부분)은 그러한 제외임금에 포함시키지 않고,[275) 한편
생활수당, 물가수당 등이라고 칭하고 있어도 부양가족의 유무·수에 따라 산정
되는 수당이라면 '가족수당'에 해당한다(1947. 11. 15 기발 231호). '주택수당'은
오랜 기간 동안의 현안이었지만, 1999년 3월의 성령개정(1999년 노령 28)에 의해
제외임금에 추가되었다(노기칙 21조 3호).▥

둘째, '임시로 지불된 임금'으로(노기칙 21조 4호), '임시적·돌발적 사유에 근
거하여 지불된 것 및 결혼수당 등 지급조건은 사전에 확정되어 있는데, 지급사
유의 발생이 불확정적이고 또한 매우 드물게 발생하는 것'으로 되어 있다(1947.
9. 13 발기 17호). 이것은 '통상의 근로시간 또는 근로일의 임금'이 아니기 때문
에 제외되고 있다.

셋째, '1개월을 초과하는 기간마다 지불되는 임금'이다(노기칙 21조 5호). 이것
은 상여와 1개월을 넘는 기간에 대한 정근수당, 근속수당, 능률수당 등(동 8조)
을 가리킨다고 해석된다. 이러한 수당은 계산기술상 할증임금의 기초로 산입이
곤란하다고 하여 제외된 것이다. 또한 연도 당초에 연봉액을 결정하고 그 일부
를 '상여'로서 지불한다는 연봉제에서는 '상여'는 '임시로 지불되는 임금'이라고
는 할 수 없고, 할증임금의 산정기초에서 제외되는 것은 허용되지 않는다(2000.
3. 8 기수 78호).[276)

▌▥ **주택수당**

　　제외임금으로서의 '주택수당'은 주택에서 필요로 하는 비용에 따라 산정되는 수당을 말하
는 것으로서, 주택의 임대료나 주택 대출금의 일정비율을 지급하는 것, 임대료와 주택 대출금
이 단계적으로 늘어감에 따라 증가하는 액수를 지급하는 것 등이 이에 해당한다. 주택에 필
요로 하는 비용에 관계없이 일정액을 지급하는 것(실거주자는 1만엔, 임대주택 거주자는 2만
엔 등)은 이에 해당하지 않는다(1999. 3. 31 기발 170).

---

　　274) 大星ビル管理事件 ― 最一小判 平14. 2. 28, 民集 56권 2호, 361면. 반대로 업무수당과 같
이 근로에 대응하여 지불되는 수당은 산정기초에 포함된다. エスエイロジテム事件 ― 東京地判 平
12. 11. 24, 労判 802호, 45면.
　　275) 壺坂観光事件 ― 奈良地判 昭56. 6. 26, 労判 372호, 41면.
　　276) 판례로서 中山書店事件 ― 東京地判 平19. 3. 26, 労判 943호, 41면.

(3) 시간외·휴일·심야근로가 중복되는 경우의 할증률

시간외근로가 심야업과 겹치는 경우에는 겹치는 부분에 대해서는 할증률이 '5할 이상'(1개월 60시간 이내의 시간외근로와 심야근로가 겹치는 경우) 내지 '7할 5푼 이상'(1개월 60시간을 초과하는 시간외근로와 심야근로가 중복되는 부분)이 규정되었고(노기칙 20조 1항), 휴일근로와 심야근로가 겹치는 경우에 대해서는 겹치는 부분에 대하여 할증률은 '6할 이상'으로 되어야 한다는 것이 규정되어 있다(동 2항). 이에 대하여 휴일근로 중에 1일 8시간을 초과하는 근로가 이루어진 경우에 대해서는 휴일에서의 근로에는 휴일근로에 관한 규제만 미치며 시간외근로에 관한 규제는 미치지 않으므로, 8시간을 넘는 부분에 대해서도 '3할 5푼 이상'의 할증률이면 가능하게 된다.[112][113]

[112] **법 소정의 계산방법에 의하지 않은 할증임금**

할증임금규정이 사용자에게 명하고 있는 것은, 요컨대 시간외·휴일·심야근로에 대해 동규정의 기준을 충족시키는 일정액 이상의 할증임금을 지불하는 것이므로, 그러한 금액의 할증임금이 지불되는 한 동규정 소정의 계산방법을 그대로 사용하지 않아도 된다. 예를 들어 할증임금 계산의 기초에 산입되어야 할 임금을 제외하고 있는데, 할증률을 높게 하고 있기 때문에 실제로 지불되는 할증임금의 금액이 법소정의 계산에 의한 할증임금 이상이 되는 경우에는 할증임금불지급의 법위반은 성립하지 않는다(1949. 1. 28 기수 3947호). 또 법소정의 할증임금에 대신하여 일정액의 수당을 지불하는 것도 법소정의 계산에 의한 할증임금액을 하회하지 않는 한 적법하다(영업사원의 시간외근로수당을 영업수당으로서 고정액으로 지불하는 경우도 법소정 할증수당액을 상회한다면 적법하다. 関西ソニ販売事件 ― 大阪地判 昭63. 10. 26, 労判 530호, 40면; 三好屋商店事件 ― 東京地判 昭63. 5. 27, 労判 519호, 59면). 단 법소정 계산방법에 의하지 않은 경우에도 할증임금으로서 법소정액이 지불되고 있는지 아닌지를 판정할 수 있도록 할증임금 상당부분과 그 이외의 임금부분을 명확하게 구별할 것을 요한다(国際情報産業事件 ― 東京地判 平3. 8. 27, 労経速 1439호, 24면. 연봉제 사원에게도 같은 규제가 미친다 ― 創榮コンサルタント事件 ― 大阪地判 平14. 5. 17, 労判 828호, 14면).

[113] **성과급과 할증임금**

성과급에 대해서도 할증임금규정(37조)의 규제가 미치며, '통상 근로시간의 임금'의 계산방법이 정해져 있다(노기칙 19조 1항 9호). 그래서 택시회사의 승무원에게 지불되는 성과급에 관해 시간외·심야근로가 이루어진 때에도 금액이 증가하지 않고, 또한 위의 성과급 중에 통상의 근로시간에 해당하는 부분과 시간외·심야의 할증임금에 해당하는 부분을 판별할 수 없는 경우에는 해당 성과급의 지급으로 시간외·심야근로의 할증임금이 지불된 것으로 할 수 없고, 사용자는 할증임금 규정에 따라 계산한 할증임금을 별도로 지불할 의무를 진다(高知県観光事件 ― 最二小判 平6. 6. 13, 労判 653호, 12면 참조; 德島南海タクシー事件 ― 最三小決 平11. 12. 14, 労判 775호, 14면).

제 3 관 법정근로시간의 탄력화 — 변형근로시간제

1주 40시간, 1일 8시간(이를 초과하는 근로는 36협정의 체결·신고와 할증임금의 지불)이라는 법정근로시간의 규제(노기 32조, 36조)는 소정근로시간을 사업장에서 통일하고, 동시에 연간을 통하여 법정근로시간 내에서 정형화할 수 있는 사업을 상정한 것이다. 그러나 제조공정과 서비스의 성질상 연속조업과 장시간 조업을 위한 교대제 근로를 하지 않을 수 없는 사업도 존재하며, 또한 사업에 시간적인 성수기·비수기의 격차가 크고 소정근로시간을 일정 기간 중에 일시적으로 법정근로시간을 초과하여 불규칙하게 분배하지 않을 수 없는 사업도 존재한다. 이리하여 1주 40시간·1일 8시간의 규제를 일정 기간에 걸쳐 평균화하여 소정근로시간을 설정하는 것을 인정하는 '변형근로시간'의 제도가 필요해진다. 변형근로시간제도는 경제적 서비스화가 진행되는 가운데 수요가 증대하고 있는데, 이것은 또한 기업이 주휴일 설정의 구상 등에 의해 연간근로시간의 단축(휴일일수의 증가)을 실현하는 수단도 될 수 있는 것이었다.

그래서 주40시간제로의 단계적 이행을 규정한 1987년의 노기법 개정(1987년 법 99)은 서비스화와 시간단축에 대응하는 법정근로시간의 탄력화로서 종래 4주간 단위의 경우밖에 없었던 변형근로시간제를 1개월, 3개월, 1주 단위의 세 종류로 늘렸다. 또 1993년 개정(1993년 법79)은 1994년도부터 주40시간제 완전 실시에 대응하여 1년 단위의 변형근로시간제를 추가했다. 게다가 노동법의 전반적 수정을 한 1998년 개정은 변형근로시간제에 대해서도 중요한 정비를 실시했다.[277]⑭

⑭ **'변형근로시간제'의 의의**
　변형시간근로제란 단위가 되는 기간 내에서 소정근로시간을 평균하여 주 법정근로시간을 초과하지 않으면 기간 내의 일부의 날 혹은 주에 있어서 소정근로시간이 1일 또는 1주의 법정근로시간을 초과하여도 소정근로시간의 한도에서 법정근로시간을 초과하였다는 취급을 하지 않는다는 제도이다. 이것은 [그림 5]와 같이 단위기간 내의 주, 일의 소정근로시간에 대해 법정근로시간이 예정하는 형태를 변형하여 분배하는 것을 인정하는 제도이므로 변형근로시간제라고 불러왔다.

---

277) 2011년의 취로조건종합조사결과(就労条件総合調査結果)에서는 상용근로자 30인 이상의 기업 가운데, 1년 단위의 변형근로시간제는 36.9%, 1개월 단위의 변형근로시간제는 14.1%의 기업이 이용하고 있다(1000인 이상의 기업에서는 1년 단위의 것이 24.4%, 1개월 단위의 것이 38.5%).

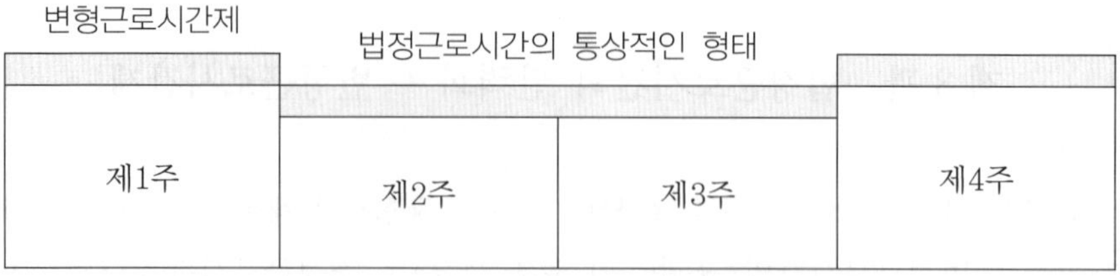

변형근로시간제	법정근로시간의 통상적인 형태		
제1주	제2주	제3주	제4주

[그림 11] 4주간 단위의 변형제의 예

1. 1개월 이내 기간의 변형근로시간제

(1) 개　　설

사용자는 사업장의 노사협정이나 또는 취업규칙, 그 밖에 이에 준하는 것에 의해 1개월 이내의 일정 기간을 평균하여 1주간당 근로시간이 주의 법정근로시간(노기 32조 1항)을 초과하지 않도록 규정한 경우에는, 법정근로시간의 규정(32조)에도 불구하고 그 규정에 의해 특정된 주에 1주의 법정근로시간(40시간. 특례사업으로는 44시간. 노기칙 25조의 2 제2항)이나 또는 특정된 날에 1일 법정근로시간(8시간)을 초과하여 근로시킬 수 있다(노기 32조의 2).

이 1개월 단위의 변형근로시간제는 노기법이 만드는 세 종류의 변형근로시간제 중 기본적인 것이다.[278] 종래에는 그 형식적 요건은 취업규칙(그 밖에 여기에 준하는 것)에 대한 기재였지만, 1998년 노기법 개정(1998년 법 112호)에 의해 사업장의 노사협정의 체결·신고라는 형태로도 실시할 수 있도록 했다.[279]

(2) 요　　건

이 변형근로시간제는 사업장의 노사협정 또는 '취업규칙, 그 밖에 이에 준하는 것'에 의해 규정되는 것을 필요로 한다(노기 32조의 2 제1항). 사업장의 노사협정에서 정한 경우에는 이 노사협정은 관할 노동기준감독서장에게 신고할 것을 요한다(동조 2항. 또한 협정에는 유효기간의 규정도 필요하다. 노기칙 12조의 2의 2 1항).[280] '취업규칙, 그 밖에 이에 준하는 것'이란 10인 이상의 근로자를 상용하

---

278) 문헌으로는 東大勞硏, 注釈勞基法下, 522면[山川].

279) 사업장의 노사협정의 체결·신고에 따랐다고 해서 요건의 완화 등의 메리트는 없기 때문에, 대부분의 1개월 단위의 변형근로시간제는 종전과 마찬가지로 취업규칙의 작성·작성에 의해서 이루어지고 있다고 추측된다.

280) 노동시간등의개선에관한특별조치법(1992년 법 90, 2005년 법 108 개정)에서 정하는 근로시간 등 설정개선위원회에서의 결의(5분의 4 이상의 다수결)이 있는 경우에는 신고는 필요하지 않다(동조 7조)(2006. 4. 10 기발 041006호 참조).

는 사업의 경우에는 취업규칙에 의해야 하는데, 그 이외의 사용자의 경우에만 '이에 준하는 것'을 정하면 된다는 의미이다(그 경우 근로자에 대한 주지를 필요로 한다. 노기칙 12조). 변형제의 단위기간은 '1개월 이내의 일정 기간'이고 이것은 기간의 기산일을 명확하게 하여 특정하지 않으면 안 된다(노기칙 12조의 2 제1항).

이 변형근로시간제의 핵심은 취업규칙 또는 노사협정에서 단위기간을 평균하여 1주간당의 근로시간이 주 법정근로시간(40시간)을 초과하지 않도록 단위기간 내의 소정근로시간을 정하는 것이다. 이 규정에 있어서는 단위기간 내의 어느 주 내지 어느 날에 1주 내지 1일의 법정근로시간(각각 40시간 내지 8시간)을 몇 시간 넘는지도 특정하지 않으면 안 된다('특정주', '특정일'의 요건). 그리고 단위기간을 평균하고 1주간당 근로시간이 주 법정근로시간을 초과하지 않는다고 하는 요건에서부터 다른 주 내지 날의 근로시간을 얼마만큼 줄여서 위의 초과시간분을 흡수하는가(법정근로시간의 전체 범위 내에 들어가는가)를 나타낼 필요가 있으므로 이 변형근로시간제에서는 결국, 단위기간내의 각주·각일의 소정근로시간을 취업규칙에서 특정할 필요가 있다.

또 상시 10인 이상을 사용하는 사업장에서는 시업·종업시각을 취업규칙에서 특정할 것을 의무화하고 있으므로(노기 89조 1호), 결국 취업규칙에서 변형기간 내의 매 근로일의 근로시간을 시업·종업시각과 함께 특정하지 않으면 안 된다.[281] 이것은 사업장의 노사협정으로 변형근로시간제를 정한 경우도 마찬가지이다. 그러나 업무의 실태상 취업규칙 또는 노사협정에 의한 특정이 곤란한 경우에는 변형제의 기본사항(변형기간, 상한, 근무 패턴 등)을 취업규칙 또는 노사협정으로 정한 후, 각자의 각일의 근로시간을 예를 들어 1개월마다 근무할당표로 특정해가는 것이 인정된다(1988. 3. 14 기발 150호). 한편, 취업규칙 또는 노사협정상으로는 변형근로시간제의 기본적인 내용과 근무할당 작성절차를 정하는 것만으로 사용자가 근로시간을 임의로 결정할 수 있도록 하는 제도는 위법으로 간주되었다.[282]

또한 일단 특정된 근로시간을 변경하는 것은 원칙적으로 허용될 수 없으나, 예정한 업무의 대폭적인 변동 등의 예외적이고 한정적인 사유에 근거하는 변경은 허용될 것이다.[283]

---

281) 같은 취지: 大星ビル管理事件 ― 最一小判 平14. 2. 28, 民集 56권 2호, 361면. 업무의 상황에 따라 4주간 혹은 1개월 동안, 1주 평균 38시간 이내의 범위 내에서 취업시킨다는 취지의 규정으로는 부족하다고 여겨진다.

282) 岩手第一事件 ― 仙台高判 平13. 8. 29, 労判 810호, 11면.

단위기간 1개월의 경우, 법정근로시간의 총합계는 40h×(4+3/7)w=177.1h
(31일인 달의 경우)로 계산된다.

법정근로시간에 대해 특례를 취하는 사업에서는 총시간은 특례의 법정근로
시간에 의해 산정된다(노기칙 25조의 2 2항).

(3) 변형근로시간제와 시간외근로

변형근로시간제는 어디까지나 법정근로시간의 변형(소정근로시간의 평균화)을
인정하는 제도이므로, 그 점에서 1주 40시간 또는 1일 8시간을 초과하는 근로
시간이 정해져 있어도, 이를 초과하는 시간은 시간외근로가 되는 것은 아니다.
즉 변형근로시간제에서는 1주 40시간 또는 1일 8시간을 넘은 소정근로시간이
정해진 주나 또는 날에 대해서는 그 소정시간을 초과하는 근로시간만이 시간외
근로시간이 된다. 한편 1주 40시간 또는 1일 8시간 이하의 소정근로시간이 정
해진 주 또는 날에 대해서는 법정근로시간인 1주 40시간(특례사업에 대해서는 44
시간) 또는 1일 8시간을 초과하는 근로시간이 연장되어야 비로소 시간외근로가
발생한다. 단 1주 또는 1일당 근로시간 연장이 그러한 법정근로시간의 범위 안
이라고 해도, 단위기간의 총 소정근로시간에 이러한 1일·1주의 법정근로시간
의 범위내의 연장시간을 더한 합계시간이, 단위기간의 법정근로시간의 총 범위
를 초과할 때에는 초과된 근로시간은 단위기간 전체의 시간외근로가 된다(1988.
1. 1 기발 1호).[115]

[115] 1개월 단위의 변형근로시간제의 이용 예

이 변형근로시간제의 종전의 이용사례는 변형휴일제를 이용한 심야교대제근로(심야업을
포함한 교대제 근로)이다. 여기에는 24시간 연속조업형, 비연속조업형, 일주야교대제 등이 있
다. 또 주 40시간제·주휴 2일제이긴 하지만, 주5일 중에 1일 8시간을 넘는 날을 만들어 다
른 날을 그만큼 짧게 한다는 것도 1주간 단위의 변형제이다. 또한 1개월 중에 일정의 가장
바쁜 시기(월말 등)와 한산한 시기(월중순 등)가 있는 사업에서의 1개월 단위의 변형근로시간
제도 가능하다.

1987년 노기법 개정 당초의 주46시간이라는 법정근로시간 및 주44시간이라는 다음 단계
의 법정근로시간은 기업이 이에 각각 4주간 단위의 변형근로시간제를 이용하여 4주 5휴무제
및 2주간 단위의 변형근로시간제를 이용한 격주 주휴2일제를 적용할 것을 기대하고 있었다.
이러한 의미에서 변형근로시간제는 1987년 개정한 후 법정근로시간의 단축에 적응하는 수
단으로도 되어 왔다.

---

283) 변경 예측이 가능한 정도로 구체적인 사유를 정해둘 필요가 있다는 판례로서, JR東日本事
件 ― 東京地判 平12. 4. 27, 労判 782호, 6면; JR西日本事件 ― 広島高判 平14. 6. 25, 労判 835호,
43면.

2. 1년 이내 기간의 변형근로시간제

(1) 의   의

사용자는 사업자의 노사협정에 의해 1개월을 초과하는 1년 이내의 일정기간을 평균하여, 1주간당의 근로시간이 40시간을 넘지 않도록 규정한 경우에는 1주 40시간, 1일 8시간의 법정근로시간에도 불구하고 특정된 주에서 40시간을, 또는 특정된 날에 8시간을 초과하여 근로시킬 수 있다(노기 32조의 4).

(2) 제도의 변천

위에서 이미 설명했듯이 주48시간에서 40시간제로의 단계적 단축을 정한 1987년의 노기법 개정(1987년 법99)은, 주40시간제로의 이행을 실현하기 위해서는 1개월은 넘는 장기간에 걸친 소정근로시간의 탄력적 배분을 용인할 필요가 있다고 하여 '3개월을 넘지 않는 기간의 변형근로시간제'를 신설했다. 이것은 백화점과 같이 1년 중 특별히 바쁜 시기(예를 들면, 백중 세일, 연말 세일)를 가진 사업에 대해 그 전후의 비교적 한산한 시기를 포함한 3개월 이내의 기간 중에 소정근로시간을 평균할 것(예를 들어 11월과 1월은 격주로 주휴2일 내지 3일로 하고, 12월은 주휴1일로 한다)을 인정함으로써 연간 총 근로시간을 단축할 수 있도록 하려는 발상이었다. 3개월 단위의 변형근로시간제는 장기간에 걸친 변칙적인 근로시간제를 용인하는 것이므로 사업장의 노사협정에 따라야 하는 것이 되며, 또 1일 또는 1주간의 소정근로시간에 대해서는 각각 10시간, 52시간이라는 제한이 붙어 있다. 또한 연속근로일수는 12일이 한도가 되었다(1주간에 1일의 휴일 확보).

그 후, 주40시간제의 완전 실시를 결정한 1992년의 노기법 개정(1993년 법79)은 주40시간제의 달성을 한층 용이하게 하는 조치로서 기업이 주1일 법정휴일은 각 주 중에 부여하면서도, 또 1일의 주휴일은 연간을 통틀어 성수기・비수기에 따라 변형적으로 배치할 수 있도록 하려는 발상으로 '1년을 초과하지 않는 기간의 변형근로시간제'를 두었다. 단 이것은 3개월 단위보다도 더욱 긴 장기간의 변형제이므로 1일, 1주의 소정근로시간의 한도는 사용자측에 보다 엄격한 9시간, 48시간이 되었다.

노기법의 전반적 수정을 한 1998년 개정(1998년 법112)은 이러한 3개월 단위 및 1년 단위의 변형근로시간제에 대해서도 전체적인 재검토를 실시하고, 다음에 서술하듯이 사용자가 이들 변형제를 보다 이용하기 쉽게 하는 개정과 근로자의 이익을 보다 옹호하는 개정의 쌍방을 실시했다.

(3) 요   건

1년 이내의 기간의 변형근로시간제는 반드시 사업장의 노사협정에 의해 제도내용을 정할 것을 필요로 한다.

먼저 노사협정에 있어서는 변형제의 대상이 되는 근로자의 범위를 명시하고, 또한 1개월 이상 1년을 초과하지 않는 대상기간을 그 기산일을 명확하게 하여 정할 필요가 있다(노기 32조의 4 1항 1호, 2호, 노기칙 12조의 2 1항).

다음으로 노사협정에서는 대상기간을 평균하여 1주당 근로시간이 40시간을 초과하지 않도록 대상기간 중의 근로일과 각 근로일의 소정근로시간을 정할 필요가 있다. 특례사업이라고 해도, 이 변형제를 이용하는 경우에는 주 40시간 평균으로 하지 않으면 안 된다(노기칙 25조의 2 제4항).

이 결정방식은 대상기간의 전 기간에 걸쳐 근로일과 각 근로일의 소정근로시간을 노사협정으로 정해도 괜찮지만, 대상기간을 1개월 이상의 기간마다 구분하여 노사협정에서는 최초 구분기간의 근로일과 각 근로일의 소정근로시간을 정함과 동시에 남은 구분기간에 대해서는 각 기간의 총 근로일수와 총 소정근로시간수를 정해 두는 것만으로도 충분하다(노기 32조의 4 1항 4호). 이렇게 구분기간을 만든 경우에는 각 구분기간이 개시하기 30일 전에 사업장의 과반수 노동조합 혹은 과반수 대표자의 동의를 얻어 해당 구분기간의 근로일과 각 근로일의 소정근로시간을 서면으로(노기칙 12조의 4 2항) 정하지 않으면 안 된다(노기 32조의 4 2항).

이렇게 대상기간 중 근로일 및 각 근로일의 소정근로시간을 정하는 데 대해서는 대상기간이 장기간에 걸친 변형근로시간제라는 점에서 대상기간의 근로일수(휴일일수[116]), 연속근로일수(휴일배치[117]), 1주·1일의 소정근로시간의 길이[118] 등에 대해 이 변형근로시간제에 특유한 법규제가 성령(노기칙 12조의 4 제3항)에 의해 정해진다(노기 32의 4 제3항. <표 3> 참조).

이상과 같은 노사협정은 유효기간의 정함을 필요로 한다(노기 32조의 4 1항 5호, 노기칙 12조의 4 제1항). 또 관할 노동기준감독서에 신청할 필요가 있다(노기 32조의 4 제4항).[284]

〈표 3〉   1년 이내의 기간의 변형근로시간의 규제

구 분	1개월을 초과하는 1년 이내의 변형근로시간제	
	3개월 이내의 경우	3개월을 초과하는 경우
기본적 요건	변형기간을 평균하여 주40시간, 노사협정을 체결하여 신고(취업규칙에 대한 기재도 필요)	
소정근로시간의 특정 방법	사업장의 근로자대표(조합)의 동의를 얻어 1개월마다 서면으로 특정하면 된다.	
소정근로일수 한도	1년당 313일 (주휴일제에 의한 휴일일수)	1년당 280일 (격주 주휴2일제 플러스 7일 휴일일수)
연속근로일수 상한	6일(성수기/비수기의 특정 기간은 12일)	
1일·1주 소정근로시간의 상한	1일 10시간, 1주 52시간	
		이러한 새로운 상한시간을 이용하여 소정근로시간을 연장하는 경우에는 휴일증대가 필요
소정이 48~52시간인 주의 한도	없 음	연속 3주간 이내 3개월에 3주간 이내
시간외근로의 상한에 관한 특별기준	없 음 ('1년 360시간'을 기본으로 한 통상기준)	있 음 ('연간 320시간'을 기본으로 한 특별 기준)

또 상시 10인 이상을 사용하는 사용자는 위에서 기술한 노사협정 등에 따른 변형근로시간제의 내용규정과 더불어, 취업규칙에서 시업 및 종업시각의 기재를 해야 한다(노기 89조 1호). 따라서 1년 이내 기간의 변형근로시간제를 채택하는 경우에도 취업규칙에서 대상기간의 각 근로일의 시업·종업 시각을 규정할 필요가 있다. 다만, 1개월 이상의 구분기간을 설정하는 경우에는 취업규칙에서는 시업·종업시각의 유형과 그 편성방법, 이러한 사항에 따른 근무할당의 작성 및 명시방법을 정해두면 충분하다(1999. 1. 29 기발 45호).

ⅰⅰ6 대상기간의 소정근로일수

대상기간의 소정근로일수 한도는 3개월 이내의 변형제인 경우는 노기법이 일반적으로 주 1일의 휴일을 의무화하고 있는 것(노기 35조)에 따른 휴일일수(연간 52일)를 확보한 313일이 되지만, 1998년 개정에서는 3개월을 초과한 1년 이내의 변형제에 대해서는 4주 6휴제 플러스 7일에 상당하는 휴일일수(85일)가 확보되도록 소정근로일수는 1년당 280일 이내가 되지 않으면 안 된다고 하였다(노기칙 12조의 4 제3항).

---

284) 노동시간등설정개선법(1992년 법 90)에서 정하는 근로시간 등 설정개선위원회에서의 결의 (5분의 4 이상의 다수결)가 있는 경우에는 신고는 필요하지 않다(동법 제7조. 앞의 주 참조).

⑪⑰ **연속근로일수**

1998년 개정에서는 1년을 넘지 않는 변형제 전반에 대하여 연속근로일수의 한도를 6일로 하고, 최대한 6일을 근로하면 1일의 휴일을 부여받아야 한다고 하였다(노기칙 129조의 4 제5항). 다만, 변형근로시간의 범위를 정하는 노사협정에서 대상기간에서 특히 업무가 바쁜 시기('특정기간')를 정할 수 있고(노기 32조의 4 제1항 3호), 이를 정한 경우에는 특정기간에 대해서는 연속근로일수의 상한은 12일(법문성으로는 '1주간에 1일의 휴일을 확보할 수 있는 일수')라고 하였다(노기칙 12조의 4 제5항).

⑪⑱ **소정근로시간의 상한**

1998년 개정에서는 1일, 1주의 소정근로시간의 상한에 대해서는 1년간을 초과하지 않는 변형근로시간제의 전반적인 사항을 통하여 각각 10시간, 52시간으로 하였다(노기칙 12조의 4 4항). 이러한 사항은 종래 3개월을 초과하고 1년 이내의 변형제에서는 9시간, 48시간으로 되어 있었기 때문에, 법개정에 따라 1주, 1일의 소정근로시간을 새로운 상한까지 연장할 수 있게 되었으나, 이러한 연장을 하는 경우에는 대상기간의 휴일일수를 1일 이상 증가시키지 않으면 안 된다(동조 3항). 또 1998년 개정에서는 3개월을 초과하고 1년 이내의 변형제의 경우는 48시간을 초과하여 52시간 이내의 주 소정근로시간은 연속 3주간을 초과하여 이용해서는 안 되고, 또 3개월간에 총 3주간을 초과하여 이용해서는 안 된다고 하였다(동조 4항).

(4) 법률효과

이상의 요건을 충족시키면 사용자는 근로자를 특정 주 또는 특정 일에 미리 변형된 법정근로시간(1주 40시간, 1일 8시간)을 초과하여 근로시킬 수 있다.

이 변형근로시간제에서 시간외근로(노기 36조, 37조)가 되는 시간은 1개월 이내의 기간의 변형제와 같이, ① 8시간을 넘는 소정근로시간을 정한 날은 그 소정시간을, 그 이외의 날은 8시간을 넘게 근로시킨 시간, ② 40시간을 넘는 소정시간을 정한 주는 그 소정시간을, 그 이외의 주는 40시간을 넘게 근로시킨 시간 (①의 시간외근로를 제외한다) 및 ③ 단위기간의 총 근로시간 중 동기간의 법정근로시간의 총 범위를 초과한 근로시간(①, ②의 시간외근로를 제외한다)이다 (1988. 1. 11 기발 1호).⑪⑲

노사협정의 체결·신고는 여기에서도 1년 이내의 변형제를 노기법상 적법하게 하는 효과를 가지는 데 불과하고, 근로계약상의 제도화(의무화)에는 취업규칙 또는 단체협약에서 노사협정과 동일한 규정을 만드는 것이 필요하다.⑫⑳

3개월을 넘는 1년 이내의 변형제에 대해서는 1998년 개정시에 36협정에 의한 시간외근로의 한도에 관한 기준에서 1년 320시간을 기본으로 한 특별한 기준(1주간 14시간, 1개월 42시간, 3개월 110시간 등)이 설정되었다.

⑪⑲ **대상기간 도중의 채용자·퇴직자에 대한 변형제의 적용과 할증임금**

1년을 넘지 않는 기간의 변형근로시간제의 경우에는 대상기간이 장기간이므로 대상기간 도중에 퇴직하는 근로자와 도중에 입사하는 근로자가 당연히 나오게 된다. 1998년 개정 전에는 노기법이 그러한 근로자는 이런 종류의 변형근로시간제의 적용대상으로 할 수 없다고 규정했지만(개정 전의 32조의 4 제1항 1호), 1998년 개정에서는 이런 종류의 변형제를 사용하기 쉽게 하기 위해서 그러한 도중퇴직자와 도중입사자도 변형제에 편입할 수 있게 하였다. 단 이러한 자의 시간외근로수당의 계산에 관해서는 그러한 자가 실제로 그 변형제하에 편입되어 근로한 기간에 대해 그 총 실질근로시간수가 주40시간을 평균으로 계산한 총근로시간의 범위를 초과하는 경우에는 그 초과하는 시간에서 1일 및 1주의 시간외근로로서 할증이 되는 시간을 제외한 시간에 대해서도 '제37조의 규정의 사례에 의해' 할증을 실시해야 하는 것으로 했다(32조의 4의 2, 위반의 경우에는 24조 1항의 임금전액불의 위반으로서 벌칙이 적용된다). 이에 따라 도중퇴직자·도중입사자는 마치 변형제의 대상기간 중 실제로 근로한 기간을 단위로 하는 변형근로시간제에 따랐던 것처럼 할증임금을 지불할 수 있게 되었다.

▨ **1년 이내의 기간의 변형제와 임금**

이 변형근로시간제에서는 일급월급제에 의하면 소정근로시간(일수)이 적은 달의 임금이 그에 따라 적어지게 된다. 이것을 피하기 위해서는 매월 임금액을 소정근로시간의 달마다의 차이에 상관없이 정액으로 하는 월급제를 생각할 수 있는데, 이러한 근로계약상의 임금액의 결정이 유효하다는 것은 말할 것도 없다. 이러한 결정 하에서는 소정근로시간이 많은 달에도, 적은 달과 같은 금액의 임금밖에 지불되지 않게 되지만, 이것은 임금의 전액지불의 원칙(노기 24조 1항)에 위반하는 것은 아니다.

3. 1주간 단위의 비정형적 변형근로시간제

(1) 의 의

노기법은 법정근로시간 탄력화의 일환으로서 업무의 성수기·비수기의 차이가 심한 영세규모의 일부 서비스업에 대해서 노사협정에 의한 1주간 단위의 비정형적인 변형근로시간제를 인정하고 있다(32조의 5).

(2) 적용대상

이 변형제를 실시할 수 있는 사업은 '날마다의 업무에 현저한 성수·비성수의 차이가 발생하는 경우가 많고, 또 이것을 예측하는데 있어서 취업규칙, 그 외 이에 준하는 것에 의해 각 일의 근로시간을 특정하는 것이 곤란하다고 인정되는 후생노동성령에서 정하는 사업으로, 상시 사용하는 근로자의 수가 후생노동성령에서 정하는 수 미만인 경우'이다(32조의 5 제1항). 노기칙에서는 소매업, 여관, 요리점, 음식점으로 상시 30인 미만의 근로자를 사용하는 경우로 규정하고 있다(노기칙 12조의 5 제1항, 2항). 이들 중 상시 10명 미만의 근로자를 사용하는 사업은 주 법정근로시간에 대해 44시간의 특례가 설정되고 있는데, 그러한 특례사업이라도 이 변형제를 이용할 경우에는 주40시간의 원칙에 따르지 않으면 안 된다(동 25조의 2 제4항).

(3) 요 건

이 변형근로시간제도 노사협정의 체결을 필요로 한다. 협정의 내용은 주당의 소정근로시간수를 제시한 후, 1주간 단위의 비정형 변형근로시간제를 택하면 된다. 노사협정은 노동기준감독서장에게 신고하는 것을 필요로 한다(노기 32조의 5 제3항, 노기칙 12조의 5 제4항).285)

이 변형제에서는 매일의 소정근로시간을 미리 취업규칙과 노사협정 등으로 정할 수 없다. '비정형적' 변형근로시간제라고 불리는 이유이다. 그러나 매일의 근로시간이 거의 불확정적이라면 근로자의 근로생활이 지나치게 불안정하므로 1주간의 각 일의 근로시간을 사전에 근로자에게 통지하지 않으면 안 된다(노기 32조의 5 제2항). 그리고 이 통지는 '해당 1주간 개시하기 전에 서면에 의해 실시하지 않으면 안 된다. 단 긴급하게 어쩔 수 없는 사유가 있는 경우에는 … 변경하려고 하는 날의 전날까지 서면에 의해 … 통지함으로써, 미리 통지한 근로시간을 변경할 수 있다'(노기칙 12조의 5 제3항). 긴급하게 어쩔 수 없는 사유란 날씨의 급변(태풍의 접근 등) 등 객관적 사실에 의해 당초 상정한 업무의 성수·비수기에 대폭적인 변경이 생긴 경우를 말한다(1988. 1. 11 기발 1호). 통지의무의 위반에는 벌칙이 있다(30만엔 이하의 벌금. 노기 120조 1호). 사용자는 1주간의 각 일의 근로시간을 정함에 있어서는 근로자의 의사를 존중하도록 노력하지 않으면 안 된다(노기칙 12조의 5 제5항).

(4) 법률효과

이상의 요건을 충족하면 사용자는 근로자를 1일 법정근로시간의 규정(노기 32조 2항)에 관계없이, 1일에 대해 10시간까지 근로시킬 수 있다. 즉 1주간 40시간의 범위 내에서 1일 10시간까지는 변형할 수 있다.

이 변형제에서 시간외근로(노기 36조, 37조)가 되는 근로시간은 주에 대해서는 40시간(상기와 같이 특례사업이라고 해도 40시간. 노기칙 25조의 2 제4항)을 넘는 시간, 8시간 이하의 소정근로시간이 통지된 날에 대해서는 8시간을 넘는 근로시간 및 8시간을 넘는 소정근로시간이 통지된 날에 대해서는 통지된 시간(그것이 10시간을 넘는 경우에는 10시간)을 넘은 근로시간이 된다.

---

285) 노동시간등설정개선법(1992년 법 90)에서 정하는 근로시간 등 설정개선위원회에서의 결의(5분의 4 이상의 다수결)가 있는 경우에는 신고는 불필요하다(동법 7조. 앞의 주 참조).

4. 변형근로시간제의 적용 제한

이상과 같이 노기법에서는 근로시간 규제의 탄력화 이념하에 1개월 이내 기간의 정형적 변형제, 1년 이내의 기간의 정형적 변형제, 1주간 단위의 비정형적 변형제라는 세 종류의 변형근로시간제가 만들어졌다. 이들은 근로시간단축을 촉진하고 또한 서비스 산업의 증대와 경제의 서비스화에 즉응하는 조치인데, 소정근로시간의 불규칙적 분배와 탄력적 배치를 내용으로 하는 것이므로 근로자에 따라서는 여기에 적응하는 것이 곤란한 상황을 상정할 수 있다. 노기법은 이러한 상황에 있는 근로자를 위한 변형제에 관한 두 가지의 적용제한규정을 마련하고 있다.

(1) 임산부에 대한 적용제한

사용자는 임산부가 청구한 경우에는 위의 세 종류의 변형근로시간제를 실시하고 있는 경우라도 임산부를 1주간 및 1일에 대해서 법정근로시간(노기 32조 1항, 2항)을 초과하여 근로시켜서는 안 된다(노기 66조 1항). 1개월 이내의 변형근로시간제에 대해서는 특례사업의 경우, 특례법정근로시간(주 44시간)에 의한 변형제가 허용되고 있지만(노기칙 25조의 2 제2항), 그 경우에는 상기의 법정근로시간은 특례의 그것이 된다.[286]

모성보호의 일환으로서의 규정이지만, 임산부가 변형근로시간제에 따르는 것이 곤란하지는 않은가의 여부는 개별적 상황에 의한 것이므로, 임산부 자신의 판단에 따르게 한 것이다. 청구에 따라 취업하지 않은 시간의 임금을 어떻게 할 것인가는 당사자간의 계약관계에 위임된다.

(2) 육아를 행하는 자 등에 대한 배려

사용자는 세 종류의 변형근로시간제에 의해 근로시키는 경우에는 육아를 하는 자, 노인 등의 돌봄을 하는 자, 직업훈련 혹은 교육을 받는 자, 그밖에 특별한 배려를 필요로 하는 자에 대해서는 이러한 자가 육아 등에 필요한 시간을 확보할 수 있도록 배려하지 않으면 안 된다(노기칙 12조의 6, 1998년 개정). 이 규정은 특히 변형근로시간제가 육아를 하는 여성근로자의 근로를 곤란하게 한

---

286) 東大労研, 注釈労基法下, 826면[野田]는 반대. 그러나 이 법규정의 취지는 임신부를 위한 변형근로시간제의 적용제한에 대하여 법정근로시간의 단축의 취지는 담겨져 있지 않은 것이다.

다는 논의에 의해 마련된 배려의무이다.

제4관 주체적이고 유연한 근로시간제도

종래의 노기법은 근로자는 사용자가 정하는 소정근로시간에 따라 근로하는 것을 전제로 1일, 1주의 근로시간의 상한을 법정근로시간(내지는 그 변형제)에 따라 규제해 왔다. 그러나 화이트칼라와 지적·전문적 근로자가 증가함과 동시에 근로자가 주체적으로 시업·종업시각을 선택하고 시간배분과 업무수행의 방법을 안배하는 주체적이고 유연한 근로양태가 증가해 왔다. 이러한 근로양태에 대응하는 근로시간제도로서 노기법의 1987년 개정(1987년 법99)은 근로자가 시업·종업시각을 선택하는 탄력근무제(flextime)를 제도화하고 또한 특별 전문직 근로자에 대한 재량근로제를 신설했다. 또 동법의 1998년 개정(1998년 법 112)은 본사 내지 이에 준하는 부문의 핵심적 화이트칼라를 상정한 새로운 재량근로제를 제도화했다. 그리고 2003년 개정(2003년 법104)은 이러한 재량근로제의 부분적인 재검토를 실시하였다.

1. 탄력근무제

(1) 의 의

탄력근무(flextime)제란 근로자가 1개월마다 단위기간 중에 일정시간수(계약시간) 근로할 것을 조건으로 하여, 1일 근로시간을 자기가 선택하는 시간에 개시하고 또 종료할 수 있는 제도이다. 통상적으로는 출퇴근이 이루어져야 하는 시간대(flexible time)가 설정된다. 또 전원이 반드시 근무해야 하는 시간대(core time)를 정하는 경우도 많다.

탄력근무제는 근로자가 업무와 생활의 사정에 따라 매일의 출퇴근시간(근로시간)을 안배할 수 있는 제도로서, 주로 전문적이고 재량적 근로의 경우에 기업과 근로자의 쌍방의 이익에 합치하는 것인데, 이 외에도 예를 들어 육아와 돌봄을 하는 근로자의 입장에서도 이용가치가 높은 것이다.[287]

1987년 개정법은 근로시간법제를 시대에 대응시키는 조치의 하나로서 탄력

---

287) 2011년 취로조건종합조사결과(就労条件総合調査結果)에서는 상용근로자 30인 이상의 기업 가운데 5.9%, 1000인 이상의 기업에서는 32.0%가 이 제도를 채택하고 있다.

근무제를 일정 요건하에 전면적으로 인정하는 것으로 했다(32조의 3).

[그림 12] 탄력근무제의 예

탄력근무제의 전형적인 예로는 [그림 12]와 같은 것이다.[288]

(2) 요 건

탄력근무제의 첫 번째 요건은 일정범위의 근로자에 대해 시업·종업시각을 각 근로자의 결정에 위임하는 것을 취업규칙(10명 미만의 사업에서는 이에 준하는 것)으로 정하는 것이다. 근로자보호의 입장에서는 근로자가 시업·종업시각을 스스로의 의사로 결정할 수 있는 것이 탄력근무제의 포인트이며, 이 점을 담보하기 위해 취업규칙에 명시하게 했다. 이리하여 탄력근무제하에서는 사용자는 (core time시간대를 제외한다) 근로자에게 일정 시각까지의 출근과 잔업을 명령할 수 없다(이들은 근로자의 동의를 얻어야 비로소 실시할 수 있다).

두 번째 요건은 일정 사항을 정한 노사협정을 체결하는 것이다. 협정해야 할 중요한 사항은 ① 탄력근무제를 택하는 근로자의 범위, ② 1개월 이내의 단위기간(32조의 3에서는 '청산기간'으로 부른다. 이에 대해서는 협정이나 또는 취업규칙에서 기간의 기산일(起算日)을 명확하게 하지 않으면 안 된다. 노기칙 12조의 2 제1항), ③ 이 단위기간에서 일해야 하는 '총 근로시간'이다(종래에는 계약시간이라 부름). 이 '총 근로시간'은 이른바 해당기간의 총 소정근로기간이며, 단위기간을 통한 총 실제근로시간이 이에 부족할 경우에는 부족한 부분은 결근시간으로서 취급되며, 초과할 경우에는 초과분은 소정외근로시간으로서 취급된다(후술하는 대차제(貸借制)가 있는 경우는 별개이다). '총근로시간'은 평균하여 주법정근로시간을

---

288) 이에 대한 좋은 문헌으로서는 山川隆一, 「フレックスタイム制の運用狀況と法的課題」, 季勞 162호, 24면.

초과하지 않을 것이 요구된다.

기타 노사협정에서는 ④ 표준이 되는 1일 근로시간의 길이(연차유급휴가(年休)시 기준이 되는 시간 수), ⑤ 근로자가 근로하지 않으면 안 되는 시간대(core time)를 정할 경우에는 그 시간대의 개시 및 종료 시각, ⑥ 근로자가 선택에 의해 근로할 수 있는 시간대(flexible time)에 제한을 두는 경우에는 그 시간대의 개시 및 종료 시각을 정하지 않으면 안 된다(노기칙 12조의 3. ⑤, ⑥은 시업·종업 시각에 관한 사항이므로 취업규칙에도 기재되어야 한다. 노기 89조 1호).

(3) 법률효과

이상의 요건을 충족하기 위해서는 사용자는 탄력근무제를 택하는 근로자에 대해 '청산기간'을 평균하여 주 법정근로시간(40시간. 특례사업에 대해서는 특례의 44시간. 노기칙 25조의 2 제3항)을 넘지 않는 범위 내에서 1주 혹은 1일의 법정근로시간을 초과하여 '근로시킬 수'(결국 본인이 스스로의 선택으로 근로할 것을 방치한다) 있다. 바꿔 말하면 탄력근무제를 취하는 경우에는 1주 및 1일에 대해서는 법정근로시간을 초과하여도 시간외근로가 되지 않는다.

탄력근무제에서 시간외근로가 성립하는 것은 근로자가 스스로의 선택으로 근로시간을 안배한 결과, 당해 청산기간에서 근로시간의 합계가 청산기간에 있어서의 법정근로시간의 범위[12]를 초과하는 경우이다. 이 경우에는 초과하는 시간에 대해서는 36협정의 체결·신고(노기 36조. 협정에서는 청산기간을 통한 연장한도 시간을 정하면 된다)와 할증임금(동 37조)의 지불을 요구한다. 특히 '총근로시간'을 초과하는 근로시간 중 법정근로시간의 범위를 넘지 않는 부분에 대해서는 어떠한 할증을 실시할 것인가 등은 당사자간의 계약관계에 위임된다.

노사협정은 탄력근무제를 노기법상 적법이 되는 효과를 가지는 데 지나지 않는다. 동 제도를 근로계약상의 것으로 삼기 위해서는 단체협약, 취업규칙의 규정 또는 개별 근로계약상의 합의를 필요로 한다. 이를 위해서도 또한 필요기재사항(노기 89조 1호)의 실행을 위해서도, 탄력근무제를 실시하기 위해서는 탄력근무시간(flexible time), 코어 타임(core time), 총 근로시간, 총 근로시간을 넘는 잔업의 방법, 대차시간제도의 유무,[12] 임금계산 방법 등에 대하여 취업규칙에 상세한 규정을 마련할 필요가 있다.

▍ [12] **1개월 탄력근무제에 있어서 법정근로시간의 틀**
　기업이 완전 주휴2일제로 주40시간을 분명히 한 형태에서 1개월 단위의 탄력근무제를 실시하는 경우에는 1개월의 법정근로시간의 범위는 해당 월의 주 2일씩의 주휴일을 제외한 일수에 입각하여 산정해야 한다. 예를 들어 1개월의 역일수가 31일로 위의 주휴일을 제외한 일수가 23일 있는 달에 대해서는 법정근로시간 범위는 ① 40h×31일/7=177.1h가 아니라, ② 8h×23일=184h로 계산해야 한다. 그렇지 않으면 소정근로일수가 23일 있는 달에는 법정근로시간대로 근무하고 있어도 탄력시간제 근무자의 경우에는 시간외근로(위의 달에서는 6.9시간분)가 발생한다는 기본적 불합리가 생기기 때문이다. 그 대신 31일의 달에서 주휴일을 제외한 일수가 21일 혹은 22일 밖에 없는 달에는 법정근로시간의 범위는 168h 혹은 176h로 작아진다. 이 점, 행정해석은 위와 같은 역일수 31일·소정근로일수 23일인 케이스에서도 ①의 계산식에 의한 범위를 대원칙으로 하고, 주휴2일제를 확보하고, 매달 29일째부터는 7일간의 근로시간이 40시간을 넘기지 않고, 각 일의 근로시간이 대체로 8시간 이상인 경우에만 ②-①의 시간을 시간외근로로 취급하지 않아도 적법이기는 하지만(1997. 3. 31 기발 228호) 적절하지는 않다.

⑫ **근로시간의 대차제**

어떤 청산기간에 있어서 '총 근로시간'을 초과한 근로시간수 혹은 '총근로시간'에 부족한 근로시간수를 다음의 청산기간에 대시간(貸時間) 혹은 차시간(借時間)으로서 이월하는 대차제는 탄력근무제의 법규정에 있어서 금지되어 있지는 않다('청산기간'이라는 말도 해당기간에 있어서 근로시간은 반드시 해당기간 내에서 청산되어야 하는 것이라는 의미를 가지는 것은 아니다).

그러나 먼저 초과근로시간 내지 그 일부가 해당 청산기간에 대한 법정근로시간의 범위를 초과하는 시간외근로라면 그 시간수는 할증임금(노기 37조)이 지불되지 않으면 안 되므로 다음의 청산기간으로는 이월할 수 없다.

문제는 이러한 시간외근로에 해당하지 않는 초과근로시간을 다음의 청산기간으로 이월할 수 있는가(근로시간의 '빌려줌')이다. 이에 대해 행정해석은 초과근로시간수(내지 그 일부)를 다음의 기간으로 이월한 결과, 어느 임금계산기간 내의 근로가 해당 임금계산기간의 근로로써 임금지불 대상으로 되지 않고, 다음의 임금계산기간에 있어서 근로로서 취급되는 경우에는 임금전액불 원칙(노기 24조 1항) 위반이 생긴다고 한다(1988. 1. 1 기발 1호). 그러나 현행법상 임금액은 법정근로시간의 범위 내에서의 근로인 이상은, 근로의 양(근로시간의 길이)에 따라 정해지는 것을 필요로 하지 않고 근로가 많은 달이나 적은 달에도 정액의 월급제가 되는 것 등은 근로계약의 자유에 위임되고 있다. 따라서 탄력근무제와 함께 근로시간의 대차제를 정하면 이것은 임금액의 계산에 관한 유효한 근로계약의 설정이 될 것이다. 그리고 임금전액불 원칙은 근로계약의 규정에 따라 발생하는 임금을 지불하지 않는 경우에 비로소 위반하게 되는 것이므로 그러한 근로계약의 규정에 따라 임금지불을 위법으로 하는 것은 아니라고 생각할 수 있다(같은 취지: 下井, 労基法, 250면; 安枝=西村, 労基法, 231면; 土田, 労働契約法, 312면).

이와 마찬가지로, 총 근로시간에 부족한 시간수를 해당 청산(임금계산)기간 내에서 임금은 지불되면서 다음 청산기간으로 이월하는 것(借시간)은 근로계약이 유효한 대가를 정하는 방법에 속하여 완전히 적법하다. 대(貸)시간제를 전액불 원칙에 위반한다고 보는 행정해석의 견해에서도 차(借)시간제에서는 부족시간이 선불된 후 다음 달에 과불로서 청산된 것뿐이므로 전액불 원칙에는 위반하지 않는다고 본다(앞의 기발 1호). 또 이월됨에 따라 차(借)시간이 이월된 청산기간에서의 시간외근로시간수의 산정에 대해서는 노기법의 실근로시간주의에서 차(借)시간은 당연히 산입되지 않는다(東大労研, 注釈労基法下, 542면[岩出] 참조).

2. 재량근로제

(1) 취지 · 연혁

종래의 노기법은 관리감독자 등의 근로시간규제의 적용제외근로자(41조)를 제외하는 모든 근로자에 대해 시업 · 종업시각, 법정근로시간, 시간외근로 등의 법 규제하에 두고, 동시에 근로시간의 엄격한 계산을 요구해 왔다. 또한 일단 법정근로시간을 초과하는 근로가 이루어진 경우에는 그 근로에 대해 할증임금 의 규정(37조)에 의해 근로의 길이에 비례한 임금지불을 요청해 왔다. 그러나 최근의 기술혁신, 서비스 경제화, 정보화 등이 진행되는 가운데 근로수행의 방 법에 대해 근로자의 재량의 폭(자유도)이 커지고 그 근로시간을 일반근로자와 마찬가지로 엄격하게 규제하는 것이 업무수행의 실태와 능력발휘의 목적에서 보아 부적절한 전문적 근로자가 증가했다. 이러한 근로자는 대부분의 경우에 근로의 양보다도 질 내지 성과에 따라 보수를 받는 것이 보다 적절한 사람들도 많이 있다.

1987년 노기법 개정(1987년 법 99)은 이러한 사회경제 변화에 따라 종래의 일률적 근로시간규제를 개선하고 일정한 전문적 · 재량적 업무에 종사하는 근로 자에 대해 사업장의 노사협정에서 실제 근로시간수에 상관없이 일정 근로시간 수만 근로한 것으로 간주하는 '재량근로'제도를 도입하였다.[289] 이에 따라 일정 한 전문적 근로자에 대해서는 그 주체적(재량적) 업무수행 때문에 근로시간의 법적 규제를 대폭적으로 완화하고, 또한 근로량에 따라서가 아니라 질 내지는 성과에 의한 보수를 지불하는 것을 가능하게 했다(1998년 개정전의 노기 38조의 2 제4항, 5항).

1987년 개정 당초의 제도에서는 대상이 되는 업무에 대해서는 법규정상으 로는 '업무의 성질상 그 수행의 방법을 대폭적으로 근로자의 재량에 위임할 필 요가 있기 때문에 해당 업무의 수행의 수단 및 시간배분의 결정 등에 관해 구 체적인 지시를 하는 것이 곤란한 업무'라는 포괄적 정의만이 규정되어, 통달에 서 이를 명확히 해야 하며 연구개발기술자, 정보처리기술자, 프로듀서, 디렉터, 디자이너 등 다섯 개의 전문적 업무를 예시적으로 열거하고 있다(1988. 1. 1 기 발 1호). 노기법의 1993년 개정(1993년 법 79)은 대상업무를 성령에 의해 한정열

---

289) 재량근로제에 관한 기본문헌으로는 東大労研, 注釈労基法下, 660면 이하[水町].

거하기로 하고, 종래 통달에서 예시하고 있던 다섯 개의 업무를 기본으로 한 열거를 하고 있었다(1998년 개정 전의 노기칙 24조의 2 제6항).

그 후 기업계에서는 성과주의임금으로의 움직임이 확산되는 가운데 재량근로제로의 관심이 높아지고 그 이용도가 증가함과 동시에 대상업무 확대의 요청도 증대했다.[290] 1998년의 노기법 개정(1998년 법 112)은 경제계의 이러한 요청에 응하여 기업의 본사 등의 중추부문에서 기획, 입안 등의 업무를 스스로의 재량으로 수행하는 근로자에 대해 사업장 내에 설치되는 노사위원회가 제도내용을 심의하고 결의함에 따라 재량근로의 간주제도를 실시할 수 있게 했다(38조의 4).

종래의 재량근로제는 '전문업무형 재량근로제'로 불리고(노기 38조의 3에 규정), 1998년 개정으로 신설된 재량근로제는 '기획업무형 재량근로제'라고 한다(동 38조의 4에 규정). 후자는 노사위원회에 의한 결의 등의 보다 엄격한 요건을 설정하고 있으나, 요건이 너무 엄격하기 때문에 이용도가 현저하게 낮았다.[291] 그래서 2003년에 그 요건을 약간 완화하는 개정이 이루어졌다(2003년 법 104).[292] 〔123〕

〔123〕 **사업장외 근로간주제도**

근로자가 근로시간의 전부 또는 일부에 대해서 사업장시설 밖에서 업무에 종사한 경우에 근로시간을 산정하기 힘들 때에는 소정근로시간만 근로한 것으로 간주한다. 단 해당 사업을 수행하기 위해서는 통상 소정근로시간을 초과하여 근로하는 것이 필요한 경우에는 해당 업무의 수행에 통상적으로 필요로 하는 시간을 근로한 것으로 간주한다(노기 38조의 2 제1항). 또 이 경우에 사업장의 노사협정이 있다면 그 협정에서 정하는 시간을 해당 업무수행에 통상 필요로 여겨지는 시간으로 간주한다(동조 2항).

이 제도는 근로시간의 산정이 곤란한 사업장외 근로에 대하여 그 산정의 편의를 도모한 것으로, 재량근로제와는 별개의 독자적인 간주제이다. 이 간주제는 취재기자, 외근영업사원 등의 경우와 같이 정상적인 사업장외 근로나, 출장 등의 임시적인 사업장외 근로에 의하여 근로시간의 산정이 곤란한 경우에 대해 예전부터 성령(개정전의 노기칙 22조)에서 규정한 것을, 노기법의 1987년 개정시에 본칙 가운데 정비한 것이다(문헌으로 東大労研, 注釈労基法下, 654면[和田]). 이 제도는 간주근로시간수를 가능한 한 실제의 근로시간수에 근접하게 하도록 간주하는 방법이 규정되어 있으며, 사업장의 노사협정에 의한 간주를 하는 경우에도 간주근로시간수는 실제의 근로시간수에 근접하게 하여 협정하는 것이 요청된다.

간주제가 적용되는 사업장외 근로는 정상적인 사업장외 근로(예를 들어 취재기자, 외근영업사원)뿐만 아니라 임시적인 사업장외 근로(예를 들어 출장)도 포함된다. 또 근로시간의

---

290) 日経連最良労働制研究意見, 1994년 11월.

291) 2001년 취로조건종합조사속보(就労条件総合調査速報)에 의하면 불과 0.4%.

292) 2011년의 취로조건종합조사결과(就労条件総合調査結果)에서는 상용근로자 30명 이상인 기업에서는 전문업무형 재량근로제는 2.2%의 기업에서, 기획업무형 재량근로제는 0.7%의 기업에서 채택되고 있다(1,000명 이상의 기업에서는 각각 8.8%, 5.9%). 또한 다음에서 살펴보는 사업장외 근로간주제는 9.3%(1,000명 이상의 기업에서는 19.0%)의 기업에서 채택하고 있다.

전부를 사업장외에서 근로하는 경우뿐만 아니라, 근로의 일부를 사업장외에서 근로하는 경우도 포함된다.

'근로시간을 산정하기 어려울 때'란, 사업장외에서 행해진 근로에 대하여 그 근로양태 때문에 근로시간을 충분히 파악할 수 있는 것처럼 사용자의 구체적 지휘감독을 미칠 수 없는 경우라는 것이 될 것이다. 이 판단은 실제상으로는 해당 간주제를 취하게 된 근로자의 경제적 대우의 균형에서 이루어져야 한다.

최근의 판례에서는 여행회사의 기획·행사를 주최하는 국내 혹은 해외여행을 위해서 파견업자로부터 파견된 투어가이드의 수행업무의 수행에 대하여 가이드는 여행회사로부터 각 투어의 출발에서 도착까지의 상세한 여정과 그 관리의 방법을 지시받고, 가능한 한 준수하지 않으면 안 되며 실제의 여정에 대해서도 수행보고서에 상세하게 기재하여 제출하지 않으면 안 되는 점, 해외투어의 경우는 국제통화 가능한 휴대전화를 휴대하여 여정변경 등의 경우에는 여행회사로의 연락·상담을 필요로 한다고 여겨지고 있던 점 등에서 '근로시간을 산정하기 어려울 때'라고는 할 수 없다고 판단되고 있다(국내투어 가이드에 대하여 阪急トラベル·サポート[派遣添乗員·第1]事件 ― 東京高判 平23. 9. 14, 労判 1036호, 14면; 해외투어 가이드에 대하여 阪急トラベル·サポート[派遣添乗員·第２]事件 ― 東京高判 平24. 3. 7, 労判 1048호, 6면; 국내·해외투어 가이드에 대하여 阪急トラベル·サポート[派遣添乗員·第3]事件 ― 東京高判 平24. 3. 7, 労判 1048호, 26면).

근로시간의 일부만을 사업장외에서 근로하는 경우는, 근로시간의 '간주'는 사업장외에서의 근로부분에 대하여 허용되지만, 사업장외 근로가 1일의 소정근로시간대의 일부를 이용하여(내지는 일부로 포함하여) 이뤄지는 이상은 이러한 간주의 결과, 소정근로시간대에서의 사업장내 근로를 포함하여 1일 소정근로시간만(혹은 사업장내 근로의 시간과 사업장외 근로에 통상 필요하다고 간주되는 시간과의 합계만) 근로한 것이 된다[그림 7](1988. 3. 14 기발 150호). 또 정상적인 사업장외 근로에 부수하여 이것과 일체적으로 사업장내 근로가 실시된 경우에는 이러한 근로는 전체적으로 사업장외 근로로 파악할 수 있을 것이다.

또한 협정은 단체협약에 의한 경우를 제외하고 유효기간을 설정해야 한다(노기칙 24조 2 제2항). 그리고 협정은 협정에서 정하는 시간이 8시간을 넘는 경우에는 소정양식에 의해 관할노동기준감독서장에게 신고를 하지 않으면 안 된다(노기 38조의 2 제3항, 노기칙 24조의 2 제3항. 벌칙은 노기 120조 1호).293) 사용자는 이 경우에는 아울러 시간외 단체협정(노기 36조)의 체결, 신고를 요하므로 이 협정의 내용을 36협정에 의한 신고에 부기하여 신고함으로써 위의 신고에 대신할 수 있다(노기칙 24조의 2 제4항).

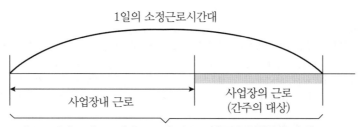

1일의 소정근로시간대

사업장내 근로 | 사업장의 근로 (간주의 대상)

결국, 1일의 소정근로시간 근로한 것으로 취급된다(원칙적 간주)

[그림 13] 일부 사업장외 근로의 간주

---

293) 노동시간등설정개선법(1992년 법 90)에서 정하는 근로시간 등 설정개선위원회에서의 결의 (5분의 4 이상의 다수결)가 있는 경우에는 신고는 불필요하다(동법 7조).

(2) 간주제의 견해

재량근로제는 전문업무형의 것이든 기획업무형의 것이든, 법소정의 업무에 대해 노사협정으로 간주근로시간수를 정한 경우에는 해당 업무를 수행하는 근로자에 대해서는 실제 근로시간수에 관계없이 협정으로 정하는 시간수 만큼 근로한 것으로 '간주한다'는 제도이다. 단 재량근로의 간주제에서도 휴게(노기 34조), 휴일(35조), 시간외·휴일근로(동 36조, 37조), 심야업(동 37조)의 법규제는 여전히 적용된다. 따라서 간주근로시간수가 법정근로시간을 초과하는 경우에는 36협정의 체결·신고와 할증임금의 지불이 필요하다. 또 심야시간대에 근로가 이루어진 경우에는 할증임금을 지불할 필요가 있다.

매월 임금(기본급)액을 실근로시간수에 따라 계산하는 전통적인 임금제도에서는 협정으로 정하는 '간주근로시간수'는 해당 재량적 업무에 종사하는 근로자들이 통상 근로하는 시간수를 협정하고, 만약 그 협정시간이 소정근로시간을 초과하는 경우에는 초과하는 부분에 대해서는 할증임금을 지불하게 된다(통상근로시간 간주제). 그러나 재량근로제의 보다 전형적인 타입은 연봉제, 직무등급제 등의 성과·능력주의 임금제도하에서 해당 근로자들이 실제로 근로하는 시간수를 문제 삼지 않고 해당 사업장의 소정근로시간만 근로한 것으로 간주하는 것(소정근로시간 간주제)이 된다.

단 소정근로시간 간주제는 소정외근로에 대한 할증임금 지불을 불필요하게 하는 것이므로 임금면에서 근로자가 불이익하게 될 가능성이 있다. 그래서 이러한 간주제가 타당하기 위해서는 해당 업무가 고도로 전문적 내지 기획적인 것으로, 근로시간을 구속하는 것이 근로자의 능력발휘의 방해가 된다는 점, 따라서 해당 업무수행에 대해서는 고도의 자율성이 보장되는 점, 그러한 근로자 그룹이 할증임금 불지급을 보충하여 여유가 있는 경제적 대우를 부여받을 것, 해당 직장에서 연차휴가가 거의 완전히 소화될 것 등이 필요하게 된다. 특히 재량근로제는 창조적 근로를 위한 재량성을 본질로 하는 것이고, 대상근로자가 어디에서, 몇 시간, 어떻게 업무를 수행할 것인가를 자유(자율성)로 하지 않으면 안 된다. 쉽게 말하면 재량근로제는 해당 근로자가 제자리에 없어도 상사는 불평할 수 없다(회의에 대한 출석 등도 근로자가 주체적으로 실시한다)는 제도이다.

재량근로제는 1일 및 1주의 법정근로시간의 특칙으로 만들어진 제도이므로 1일 근로시간에 대해서뿐만 아니라 1주 근로시간에 대해서도 간주시간수를 설정할 수 있다고 해석해야 한다(행정해석은 '1일의 간주'만으로 한다. 1988. 3. 14 기발 150호, 2000. 1. 1 기발 1호). 통상은 1일 근로시간에 대한 간주시간수를 정하는 데 그치며, 주휴일근로에 대해서는 소정외근로로서의 할증임금을 지불하는 경우가 많을 것이다. 그러나 업무의 고도의 재량성과 고액의 직무급 하에서는 1주의 근로시간수도 주 소정근로시간으로 간주하여 법정주휴일(노기 35조)이 아닌 주휴일(주휴2일제에 있어서 1일의 주휴일)의 근로에 대해서는 근로시간수로서 보수에 반영시키지 않는다는 취급도 충분히 있을 수 있으므로, 본 제도는 이것을 시야에 넣고 있다고 해석된다.

재량근로제는 근로시간의 간주제이며 적용제외는 아니다. 산업사회의 고도화·정보화가 진행되는 가운데, 지적업무에 종사하는 근로자가 충분히 능력을 발휘하기 위해서는 현재의 간주제를 자율적인 근무방식에 의하여 적합적인 적용제외 제도로 재편성하는 과제가 발생하고 있다.294) 그러나 근로자의 심신의 건강문제와 일과 생활의 조화가 강력하게 의식되고 있는 현재의 상황에서는 우선 절도없는 장시간근로의 만연을 없애는 것이 전제조건이 될 것이다.295)

(3) 전문업무형 재량근로제

(가) 대상업무　　전문업무형 재량근로제의 대상이 되는 업무는 '업무의 성질상 그 수행방법을 대폭적으로 해당 업무에 종사하는 근로자의 재량에 맡길 필요가 있기 때문에 해당 업무 수행수단 및 시간분배 결정 등에 관하여 사용자가 구체적인 지시를 하는 것이 곤란한 것으로서 후생노동성령에서 정하는 업무'이다(38조의 3 제1항 1호). 성령에서는 다음의 업무가 열거되고 있다(노기칙 24조의 2 제2항).

① 신상품 또는 신기술의 연구개발 등의 업무, 인문·자연과학의 연구 업무
② 정보처리 시스템의 분석 또는 설계 업무296)
③ 신문·출판 기사의 취재·편집, 방송프로그램 제작을 위한 취재·편집 업무

---

294) 2007년 2월에는 자기관리형의 근로자에 대하여 일정수준 이상의 연수입과 일정일수 이상의 연간휴일 등을 요건으로 하는 적용제외 제도가 법안요강화되었는데, 여당의 판단에 따라 국회에 상정은 되지 못했다. 판례에서는 근로시간의 관리를 받지 않고 고액의 보수(기본급과 업적상여 등)를 얻어 자기재량으로 일하는 전문직 근로자에 대하여 시간외 근로수당은 기본급속에 포함되어 있기 때문에 별개의 청구는 할 수 없다고 한 것이 있는데(モルガン·スタンレー·ジャパン事件 ―東京地判 平17. 10. 19, 労判 905호, 5면), 이것은 실질적으로는 자기관리형 근로자에 관한 시간외 근로규제의 적용제외를 선취한 판단이라고 할 수 있다.

295) 문헌으로 浜村彰, 「労働時間政策の変容と時間規制の多様化」, 季労 214호, 4면 이하; 川口美貴, 「新たな適用除外制度の是非」季労 214호, 30면 이하.

296) 프로그래밍에 대하여 대상업무인 정보처리시스템의 분석·설계에 해당되지 않는다고 한 판례로서 エーディーディー事件 ― 京都地判 平23. 10. 31, 労判 1041호, 49면.

④ 의복, 실내복식, 공업제품, 광고 등의 새로운 디자인 고안의 업무

⑤ 방송프로그램, 영화 등의 제작의 프로듀서, 디렉터의 업무(이벤트 프로듀서도 이에 포함한다)

⑥ 그 외 '후생노동대신이 지정하는 업무'

위의 ⑥의 업무로서 후생노동대신에 의해 카피라이터의 업무, 시스템 컨설턴트, 인테리어 코디네이터, 게임용 소프트웨어 개발, 증권 애널리스트, 금융공학 등을 사용해서 행하는 금융상품개발, 대학에서의 교수연구, 공인회계사, 변호사, 건축사, 부동산감정사, 변리사, 중소기업진단사의 업무가 지정되었다(1997년 노고 7호, 2000. 12. 25 노고 120호, 2002 후노고 23호, 2003 후노고 354호).

(나) 요 건   전문업무형 재량근로제를 도입하는 데는 사업장의 노사협정에서 성령으로 정하는 대상업무에 해당하는 업무를 특정한 후에, 해당 업무의 수행수단·시간배분의 결정 등에 관해 구체적인 지시를 하지 않는다는 취지 및 해당 업무에 종사하는 근로자의 근로시간 산정에 대해서는 해당 협정에 정하는 바에 따라 일정시간을 근로한 것으로 간주하는 취지를 규정할 것이 요구된다(노기 38조의 3 제1항).[297) 협정은 단체협약의 형식(노조 14조)을 충족하는 경우를 제외하고 유효기간 설정을 요한다(노기칙 24조의 2 제2항). 그리고 협정은 관할 노동기준감독서장에게 신고하지 않으면 안 된다(노기 38조의 3 제2항).[298][299)

이렇게 해서 전문업무형 재량근로제의 도입에는 사업장의 과반수조직 조합 내지 과반수 대표자의 동의가 필요하다. 법은 이러한 집단적인 동의에 의해 제도내용의 타당성을 확보하려고 한 것이다.

노사협정의 체결이라는 요건은 전문업무형 재량근로제를 노기법상 적법한 것으로 하기 위한 것이고 동 제도를 근로계약관계에서 실시하기 위해서는 또한 대상근로자에 관한 단체협약, 취업규칙 또는 개별 근로계약에서 노사협정의 내용에 따른 규정을 정리할 필요가 있다. 또 대상근로자에 대한 제도의 적용에서는 적용대상자인 근로자 개인의 동의는 필요하다고 여겨지지 않지만, 동제도가 근로자의 주체적인 근무방식을 가능하게 하고 그 능력발휘를 촉진하려 한다는

---

297) 2003년 노기법 개정으로 노사협정에서는 대상 근로자의 건강 확보를 위한 조치와 고충처리방법도 기재해야 하게 되었다(38조의 3 제1항 4호, 5호).

298) 노동시간등설정개선법(1992년 법 90)에서 정하는 근로시간 등 개선위원회에서의 결의(5분의 4 이상의 다수결)가 있는 경우에는 신고는 불필요하다(동법 7조).

299) 본사에서의 노사협정의 체결과 신고는 있지만, 해당 사업장에서의 동협정의 체결·신고가 없다고 하여 전문업무형 재량근로제의 취급이 인정되지 않았던 사례로서 ドワンゴ事件 — 京都地判 平18. 5. 29, 労判 920호, 57면.

것이 취지인 이상, 본인의 동의는 제도의 원활한 실시를 위한 실제상 요건이 될 것이다.

⑷ 기획업무형 재량근로제

(가) 전제요건　　기획업무형 재량근로제는 '사업운영에 관한 사항에 대한 기획, 입안, 조사 및 분석업무로 해당 업무의 성질상 이를 적절하게 수행하기 위해서는 그 수행방법을 대폭적으로 근로자의 재량에 위임할 필요가 있으므로 해당 업무의 수행수단 및 시간배분의 결정 등에 관해 사용자가 구체적인 지시를 하지 않는 업무'(노기 38조의 4 제1항 1호)[124]에 '대상업무를 적절하게 수행하기 위한 지식, 경험 등을 가지는 근로자'(동항 2호. 지침은 '3년 내지 5년 정도의 직무경험'을 판단의 유의사항으로 하고 있다)가 취업할 경우에만 채택할 수 있다.[300]

[124] 대상업무의 예

지침은 기획업무형 재량근로제의 대상업무가 될 수 있는 예로서, ① 경영기획을 담당하는 부서에서 경영상태·경영환경 등에 대해서 조사·분석을 하고, 경영에 관한 계획을 책정하는 업무, ② 동 부서에서 현행 사내조직의 문제점과 태도에 대해서 조사·분석을 하고, 새로운 사내조직을 편성하는 업무, ③ 인사·노무를 담당하는 부서에서 현행 인사제도의 문제점과 태도에 대해서 조사·분석하고, 새로운 인사제도를 책정하는 업무, ④ 동 부서에서 업무의 내용과 그 수행을 위하여 필요로 하는 능력 등에 대해서 조사·분석을 하고, 사원의 교육·연수계획을 책정하는 업무, ⑤ 재무·경리를 담당하는 부서에서 재무상태 등에 대해서 조사·분석을 행하고, 재무에 관하는 계획을 책정하는 업무, ⑥ 광고를 담당하는 부서에서 효과적인 광고수법 등에 대해서 조사·분석을 행하고, 광고를 기획·입안하는 의무, ⑦ 영업에 관한 기획을 담당하는 부서에서 영업성적과 영업활동상의 문제점 등에 대해서 조사·분석을 하고, 기업전체의 영업방침과 상품의 전체적인 영업계획을 책정하는 업무, ⑧ 생산에 관한 기업을 담당하는 업무에서 생산효율과 원자재 등에 관계하는 시장의 동향 등에 대해서 조사·분석을 행하고, 원자재 등의 조달계획도 포함해 전체적인 생산계획을 책정하는 업무를 들고 있다.

또 대상업무가 될 수 없는 예로서는, ① 경영에 관한 회의의 서무 등의 업무, ② 인사기록의 작성·보관, 급여의 계산·지불, 각종 보험의 가입·탈퇴, 채용·연수의 실시 등의 업무, ③ 금전의 출납, 재무제표·회계장부의 작성·보관, 조세의 신고·납부, 예산·결산에 관계하는 계산 등의 업무, ④ 광고지의 원고의 교정 등의 업무, ⑤ 개별의 영업활동의 업무, ⑥ 개별의 제조 등의 작업, 물품의 대량구입 등의 업무를 들고 있다.

(나) 절차적 요건　　기업업무형의 재량근로제는 이러한 전제조건을 충족한 후에 사업장의 '노사위원회'[125]가 대상업무·대상근로자의 구체적 범위, 간주근로시간수, 대상근로자의 건강 및 복지를 확보하기 위해서 사용자가 강구하는 조

---

300) 1998년 법개정으로 본 제도가 창설된 당시는 이 제도는 '사업운영상의 중요한 결정이 이루어진 사업장'(본사, 지역본사 등)에서만 실시될 수 있는 것으로 여겨졌으나, 2003년 법개정시에 이 요건은 삭제되었다.

치,[126] 대상근로자의 고충 처리절차, 등을 5분의 4의 다수결로 결의하지 않으면 안 된다(노기 38조의 4 제1항 1호~5호).[301) 또, 노사위원회의 결의에서는 이러한 사항에 더불어, 재량근로제의 적용에 있어서는 근로자 본인의 동의를 얻어야 하는 것 및 동의하지 않았던 것을 이유로 불이익 취급을 해서는 안 되는 것도 정하지 않으면 안 된다(동 6호). 이렇게 노사위원회의 의무적 결의사항이라는 형태로, 재량근로제 적용에 대한 본인 동의라는 제도의 근간적인 요건이 실현되었던 것은 타당하다.

노사위원회의 결의는, 관할 노동기준감독서장에 신고하지 않으면 안 된다(동 38조의 4 제1항 본문). 또 결의에 따라 기획업무형 재량근로제가 운영되고 있는 사이에도, 노사의 대표위원은 어느 쪽으로부터도 제도의 재점검을 요구할 수 있고, 이러한 요구가 있을 때에는 위원회는 재검토에 착수해야 한다.

이리하여 기획업무형 재량근로제에 있어서는, 사업장의 노사대표자 절반씩으로 이루어진 노사위원회가 재량노동제의 설계와 운영에 대해서 책임을 진다. 신 재량근로제의 성공은 기업의 노사가 이러한 임무를 지는 노사위원회를 적절하게 설치 운영할 수 있는가에 달려 있다.

기획업무형 재량근로제도도 그 실시하기 위해서는 노사위원회가 설정한 제도의 내용에 따라 단체협약, 취업규칙 또는 개별 근로계약을 정비할 필요가 있다. 또 제도를 근로자에 적용하기 위해서는 노사위원회의 결의에 따라 각각의 근로자로부터 동의를 얻을 필요가 있다.

[125] 노사위원회

노사위원회란 임금, 근로시간, 그 외의 해당 사업장에서의 근로조건에 관한 사항을 조사 심의하고, 사업주에 대하여 해당 사항에 관하여 의견을 서술하는 것을 목적으로 하는 위원회이다(노기 38조의4 제1항). 동 위원회의 위원은 사용자 및 사업장의 근로자를 대표하는 자로, 위원의 절반은 해당 사업장의 근로자의 과반수를 조직하는 노동조합, 또는 그러한 조합이 없는 경우에는 근로자의 과반수를 대표하는 자에 의하여 임기를 정하여 지명되어야 한다(동조 2항 1호). 근로시간규제의 적용제외를 받는 관리감독자(동 41조 2호)는 근로자측의 대표위원이 될 수 없다(노기칙 24조의2의4 제1항). 위원회의 의사에 대해서는 의사록을 작성하여 3년 간 보존해야 하며(노기 38조의4 제2항 2호, 노기칙 24조의2의4 제2항), 또한 근로자에게 주지하지 않으면 안 된다(노기 38조의4 제2항 2호, 106조). 사용자는 노사위원회의 위원에 대한 불이익 취급을 '하지 않도록 하지 않으면 안 된다'(노기칙 24조의2의4 제6항).

[126] 근로자의 건강확보 조치

지침은 기획업무형 재량근로제에 있어서도, 사용자는 출퇴근시각 또는 입퇴실 시각의 기

---

301) 2003년 개정으로, 노사위원회의 위원의 선출절차에서의 신임투표가 폐지되고, 그 결의요건이 전원 일치에서 5분의 4로 완화되었다.

록 등에 따라 대상근로자의 근로시간 등의 근무상황을 파악해야 한다고 하고 있다. 또 대상근로자부터의 신고와 상사에 의한 정기적인 청취 등에 기초하여 대상근로자의 건강상태를 파악하는 것이 바람직하며, 파악한 대상근로자의 근무상황·건강상황에 따라 대상(代償)휴일과 특별 휴가를 부여하거나, 건강진단을 실시하거나 배치전환을 할 것, 너무 무리하게 일하는 것을 방지하는 관점에서 연차유급휴가를 취득하도록 할 것, 심신의 건강문제에 대한 상담창구를 설치할 것 등을 권장하고 있다. 재량근로자의 건강확보를 위한 배려는 중요하지만, 그 때문에 근로시간을 엄격히 관리시키도록 하는 것은 재량근로제의 본래의 취지에 어긋난다.

제 5 관 연차유급휴가

1. 연휴제도의 개요와 법개정

(1) 취지·국제적 기준

노기법의 연차유급휴가제도[302](39조)는 근로자가 건강하고 문화적인 생활을 실현할 수 있도록 하기 위하여, 근로자에 대해 휴일 외에 매년 일정일수의 휴가를 유급으로 보장하는 제도이다.[303] 유럽에서는 일찍부터 노동입법으로 연휴(年休)제도가 실현되었고, ILO에서도 1936년에 1년 이상 계속 근무한 근로자에게 6일 이상의 근로일을 연차휴가로 하여 근무기간에 따라 부여해야 한다는 점, 그 중 6일 이상은 일괄적으로 부여해야 한다는 것을 강조한 '연차유급휴가에 관한 조약'(52조)이 채택되었다. 그 후 유럽에서는 제2차 세계대전 이후에 연차유급휴가에 관한 입법이 진전되었고, ILO도 1970년에 '연차유급휴가에 관한 조약(1970년 개정조약)(132호)'을 채택했다. 동 조약은 휴가일수는 6개월 동안 계속 근무한 자에게 3근로주로 할 것, 3근로주 중에 적어도 2근로주는 일괄적으로 부여할 것 등을 강조했다.[304]

(2) 일본의 연휴제도의 특색

노기법은 전후 ILO 52호 조약을 참고로 하여 1년간 계속 근무한 근로자에 대해 6일의 휴가를 줄 것, 이 휴가일수는 근속년수에 따라 20일까지 점차 늘리기로 했는데, 휴가의 분할제한을 없애고 또한 전년도의 전체 근로일의 8할 이상 출근을 매년도의 연휴권 취득의 요건으로 했다. 또 연휴시기의 특정을 노사

---

302) 기본문헌으로 東大劳研, 注釈劳基法下, 701면[川田].

303) 1936년의 ILO 47호 권고에서는 연차휴가 제도의 취지는 '휴식, 오락 및 능력계발을 위한 기회의 확보'라고 규정하고 있다.

304) 유럽의 바캉스제도와 그 실상에 대해서는, 野田進=和田肇, 休み方の知恵를 참조.

협의와 사용자의 결정에 위임하지 않고 근로자 개인의 권한으로 했다. 이리하여 노기법상의 연휴는 일정 년수의 근속 및 일정 일수의 근수에 대한 보상으로서의 성격, 근로자의 개인적 권리로서의 성격, 히루 전체의 휴가로서의 성격 등을 띤다.

(3) 연휴제도의 개정

일본에서는 제1차 석유위기(1973년) 이후 기업의 감량경영 속에서 연휴제도를 도입하기 힘든 상황이 계속되었고, 연휴의 평균 소화율은 약 5할이라는 낮은 수준에 머물렀다. 또 노사의 협의에 의해 연휴를 계획적으로 활용하는 것도 그다지 진전되지 않았고, 연휴를 취득한 경우에는 각종 수당(정근·근속수당 등), 상여, 승급 등에 마이너스 영향이 있는 사업소도 여전히 상당수 있었다.

이러한 상황 속에서 1987년 노기법 개정은 법정근로시간을 단계적으로 단축하는 조치와 함께, 연차유급휴가의 최저부여일수를 6일에서 10일로 증가시켰다. 또 연휴일의 특정을 완전히 근로자 개인의 권리로 한 종래의 원칙을 개정하여 5일을 넘는 연휴에 대해서는 노사협정에 의해 계획적으로 부여하는 것도 가능하도록 하여 연휴의 계획적 소화를 촉진하는 것으로 했다. 또한 연휴취득을 이유로 한 불이익 취급은 연휴보장의 취지에 위반한다는 것을 확인하는 규정을 부칙으로 만들었다.

이어 1998년의 노기법 개정(1998년 법112)은 계속근무년수가 1년 증가할 때마다 1일씩 증가한다는 연휴일수 체증방식에 대해 계속근무가 2년 6개월을 넘은 후에는 1년마다 연휴일수가 2일씩 증가하여 6년 6개월 근무시점에서는 20일의 연휴일에 도달하도록 하였다. 노동이동이 많은 중소기업 근로자의 연휴일수의 개선과 노동력 유동화로의 대응을 겨냥한 개정이다.

연휴취득률은 장기적인 경기침체의 인원삭감 등으로 오히려 악화되어 5할을 밑돌고 있다.[305] 이러한 가운데 2008년의 노기법 개정(2008년 법89)은 '일과 생활의 조화'를 위하여 년 5일을 한도로 한 시간단위 연휴취득을 인정하기로 하였다.

---

305) 2011년의 취로조건종합조사결과(就勞条件総合調査結果)에 의하면, 상용근로자 30명 이상의 민영기업에서의 근로자 1인당 취득일수는 8.6일, 취득률은 48.1%(1,000명 이상의 기업에서는 10.5일, 55.3%).

2. 연휴권의 발생

(1) 연휴권과 시기지정권의 구별

노기법상 연차유급휴가의 권리를 어떻게 법적으로 구성하는가에 대해서 학설은 일찍부터 청구권설, 형성권설, 2분설로 나누어져 있었으나,306) 1973의 최고법원 판례307)가 2분설을 채용한 후 실제상 정착되었다.308)

즉 연차유급휴가의 권리는 근로자가 6개월간 계속 근무하고 전체 근로일의 8할 이상을 출근한다는 객관적인 요건(노기 39조 1항)을 충족함에 따라 '법률상 당연히' 발생하는 권리이고, 근로자가 연휴의 '청구'(현재 동조 5항)를 해야만 비로소 발생하는 것은 아니다. 그리고 연휴는 '근로자가 청구하는 시기에 주지 않으면 안 된다'는 법규정(동조 5항)은, 이미 발생하고 있는 연휴권리에 대해 연휴의 구체적 시기를 특정하기 위한 '시기지정권'을 정한 것이다. 이렇게 객관적 요건충족에 의해 당연히 성립하는 연휴권과 그 목적물의 특정을 위한 시기지정권은 상호간에 명확하게 구별된다. 1987년의 법개정은 근로자의 연휴에 관한 권리가 연휴권과 시기지정권으로 양분되는 구조를 변경한 것은 아니지만, 연휴권의 목적물의 특정에 대해 근로자의 시기지정권과 아울러 노사협정(계획연휴)이라는 방법을 도입했다.

(2) 연휴권의 성립요건

근로자의 연차휴급휴가권은 6개월간 계속 근무하고 전체 근로일의 8할 이상을 출근함에 따라 당연히 발생한다. 계속근무요건은 종래 '1년간'이었는데, 1993년 개정(1993년 법 79)으로 국제기준에 가능한 근접하도록 '6개월간'으로 개정되었다.

(가) '6개월간 계속근무'   기산일은 해당 근로자의 채용일이다. 그러나 사용자가 전체 근로자의 연휴의 획일적 산정을 위해 특정 마감일을 두는 것도, 그 마감일까지 계속근무 6개월 미만의 자에 대해 6개월간에 부족한 기간을 출

---

306) 학설에 대한 상세한 것은, 菅野, 「年次有給休暇の法理論」, 文献研究労働法学, 45면; 山口浩一朗, 「年次有給休暇をめぐる法律問題」, 上智法学, 25권 2=3호, 40면.

307) 林野庁白石営林署事件 ― 最二小判 昭48. 3. 2, 民集 27권 2호, 191면; 国鉄郡山工場事件 ― 最二小判 昭48. 3. 2, 民集 27권 2호, 210면.

308) 단 이론적 재검토를 주장하는 문헌으로는, 山口浩一郎, 「年次有給休暇の法的構造」, 外尾健一先生古稀·労働保護法の研究, 269면 이하; 山川隆一, 雇用関係法, 185면.

근한 것으로 간주하는 취급을 하는 한 적법이다(1988. 3. 14 기발 150호, 1994. 1. 4 기발 1호). 또 연휴부여를 반년씩 앞당겨서 입사 1년째에 전반 5일, 후반에 5일, 2년째에 11일, 3년째에 12일 …… 로 하는 것도 단축된 반년 간을 출근한 것으로 간주하면 적법이다.

'계속근무'는 실질적으로 판단된다. 예를 들어 임시근로자의 정사원으로의 채용, 정년퇴직자의 촉탁으로서의 재채용, 단기근로계약의 갱신, 재적에서의 출향 등은 실태에서 보아 '계속근로'가 될 수 있다(1988. 3. 14 기발 150호).[309] 또한 계속근무란 재적으로 충분하므로 휴업중과 휴직중도 계속근무가 된다.

(나) '전체 근로일⑫의 8할 이상 출근'   이 요건은 계속근무 1년 6개월 이상인 자에게도 적용된다. 따라서 그 자가 어떤 1년간의 기간에서 이 요건을 충족할 수 없다면 다음의 1년간의 기간에 대해서는 연휴권이 전혀 발생하지 않는다.[310]

> ⑫ **'전체 근로일'**
>   판례는 '전체 근로일'이란 '근로자가 근로계약상 근로의무가 부과되고 있는 날'을 말하며, 실질적으로 근로의무가 없는 날(휴일과 동일한 일반휴가일)은 이에 포함되지 않는다고 한다 (エス・ウント・エ一事件 ― 最三小判 平4. 2. 18, 労判 609호, 13면). 이 외에 학설・행정해석에 의해 근로계약상 근로의무가 설정되고 있는 날이라도 ① 사용자의 책임으로 돌릴 수 없는 사건에 의해 휴업한 날, ② 생리휴가를 얻은 날, ③ 경조휴가를 얻은 날, ④ 정당한 파업에 의해 취업하지 않은 날 등은 거의 이론의 여지가 없이 '근로일'에 포함되지 않는다고 보고 있다(②에 대해 1988. 3. 14 기발 150호, ④에 대해 1958. 2. 13 기발 90호). 한편 업무상 상병에 의해 요양을 위하여 휴업한 기간, 산전산후의 휴업기간 및 육아개호업무법에 규정하는 육아 내지 돌봄휴업을 취득한 기간은 출근한 것으로 본다(노기 39조 8항). 연휴를 얻은 날도 동일하게 해석되고 있다(1947. 9. 13 기발 17호). 논쟁이 있는 것은 사용자의 책임으로 돌려야 하는 사유에 의한 휴업일로, 행정해석은 '전체 근로일'로 산입되지 않는 날로 보고 있는데 (1958. 2. 13 기발 90호, 1988. 3. 14 기발 150호), 유력학설은 전체 근로일에는 산입하면서 출근한 것으로 간주해야 한다고 주장하고 있다(예를 들어 有泉, 349면).

(3) 휴가 일수

연휴권 발생의 요건((2) (가) 및 (나))을 충족한 근로자에 대해서는 채용 후 만 6개월에 달한 날의 다음날에 10근로일의 연휴권이 발생한다(노기 39조 1항). 6개월 동안 계속 근무한 근로자의 경우에는 <표 4>와 같이 2년간은 6개월을

---

309) '계속근무'로 인정한 사례로서, 1년 계약의 갱신에 대하여 国際協力事業團事件 ― 東京地判 平9. 12. 1, 労判 729호, 26면; 경마의 개최기간마다의 고용을 존속하는 마권판매원에 대한 日本中央競馬会事件 ― 東京高判 平11. 9. 30, 労判 780호, 80면; 도(都)직원의 정년 후 공사(公社)에서의 촉탁근무에 대해, '계속근무를 부정한 사례로서 東京芝浦食肉事業公社事件 ― 東京地判 平2. 9. 25, 労判 569호, 28면.

310) 파견근로자에 대해서는, '전체 근로일'을 사용기업에 취업해야 하는 진체 근로일이라고 해석해야 한다는 판례로서는 ユニ・フシックス事件 ― 東京高判 平2. 8. 17, 労判 772호, 35면.

넘는 근무년수 1년에 대해 1근로일을 10일의 휴가일수에 가산하고, 근속 2년 6개월에 달한 날 이후에는 근속 1년마다 2근로일을 가산한다. 최대일수는 20이다(동조 2항).⑫⑫

〈표 4〉 연휴 법정부여일수

근속연수	6개월	1년 6개월	2년 6개월	3년 6개월	4년 6개월	5년 6개월	6년 6개월
연차유급휴가 부여일수	10일	11일	12일	14일	16일	18일	20일

연휴는 휴양과 활력양성이 그 취지이므로 분할의 최저단위는 노기법 제정 이래 1근로일로 되어 왔다. 그러나 실제로는 통원, 가족의 병, 자녀의 학교행사 등으로 시간단위의 연휴를 취득할 필요성이 의식되어, 통달에서 부분적인 대응이 이루어졌다.311) 앞에서 언급한 것처럼, 2008년의 노기법 개정(2008년 법89)시 에는 일과 생활의 조화를 촉진하는 관점에서, 사업장의 노사협정의 정함이 있 으면 1년에 5일의 연휴의 범위 내에서 연휴의 시간단위의 취득을 인정하기로 하였다(노기 39조 4항).⑬

'근로일'(휴가일)은 역일계산에 의한 것이 원칙이다. 따라서 하루 주야교대 근무는 이틀의 근로일로 취급된다. 반대로 1역일 내의 2근무를 쉬는 것도 1일의 연휴가 된다. 단 8시간 3교대제에 의한 2역일의 근무에 대해서는 해당 근무를 포함하는 계속 24시간이 1근로일로 여겨지고 있다(1951. 9. 26 기수 3964호; 1961. 3. 14 기발 150호).

〈표 5〉 파트타임 근로자에 대한 연휴 법정부여일수

주소정 근로일수	1년간 소정 근로일수	신규채용일부터 계속근무기간						
		6개월	1년 6개월	2년 6개월	3년 6개월	4년 6개월	5년 6개월	6년 6개월 이상
4일	169~216일	7일	8일	9일	10일	12일	13일	15일
3일	121~168일	5일	6일	6일	8일	9일	10일	11일
2일	73~120일	3일	4일	4일	5일	6일	6일	7일
1일	48~72일	1일	2일	2일	2일	3일	3일	3일

---

311) 근로자의 청구로 사용자가 임의로 반일 단위의 연휴를 부여하는 것은 지장이 없다고는 통 달이 있다(1988. 3. 14 기발 150호).

⑫ 연휴일수의 연도에 따른 취급

　새로운 '계속근무 6개월'의 규정은 많은 기업이 실시해 온 사업년도에 의한 연휴일수의 획일적 취급과의 관계에서 문제가 발생한다. 이에 대해서는 해석통달은 예를 들어 4월 1일에 입사한 자에게 입사시에 10일, 1년 후인 다음해 4월 1일에는 11일을 부여하는 것, 및 4월 1일에 입사한 자에게 입사시에 5일, 법정 기준일인 6개월 후인 10월 1일에 5일을 부여하고, 다음 년도의 4월 1일에 11일을 부여하는 것도 허용한다고 하고 있다(1994. 1. 14 기발 1호). 근로자에게 보다 유익한 취급으로서 문제는 없다.

⑬ 파트타임 근로자의 연휴일수

　파트타임 근로자의 연차유급휴가의 취급에 대해서는 1987년 개정에 의해 주 소정근로일수가 4일 이하의 파트타임 근로자에 대해 그 소정근로일수에 따라 비례적으로 연차유급휴가를 부여하는 법적 조치가 강구되었다(노기 39조 3항). 그리고 주 법정근로시간의 40시간으로의 이행에 따른 개정(1993년, 1997년 개정), 1998년의 부여일수의 개정에 따른 개정과, 2001년 4월부터 특례근로시간이 44시간으로 이행됨에 따른 개정이 이루어졌다. 이리하여 파트타임근로자(소정근로시간 내지 일수가 통상근로자보다 짧은 근로자)의 연휴에 대해서는 소정근로일수가 주 4일 내지 연 216일을 넘는 자 혹은 주 4일 이하라도 소정근로시간이 주 30시간 이상인 자는 통상 근로자와 같은 일수가 되며, 주 4일 이하·주 30시간 미만인 자 혹은 연 216일 이하인 자는 <표 5>에 게재한 일수가 된다(노기칙 24조의3). 또한 파트타임근로자의 소정근로일수는 연도에 따라 변할 수 있지만, 위의 연휴일수는 연휴가 부여된 연도에서의 소정근로일수를 바탕으로 산정된다(労基局, 労基法, 602면).

⑭ 시간단위의 연휴

　시간단위의 연휴를 실시하기 위해서는 우선 사업장의 노사협정에서 ① 시간단위의 연휴를 부여할 수 있는 근로자의 범위(시간단위의 연휴취득에 익숙하지 않은 업무를 하고 있는 근로자가 있을 수 있기 때문), ② 시간단위의 연휴로서 부여할 수 있는 연휴의 일수(5일 이내에 한함), ③ ②의 연휴일수에 대하여 1일의 시간수(1일의 소정시간수를 하회하지 않을 것, 예를 들어 1일의 소정근로시간수가 7시간 30분인 경우에는 8시간으로 해야 할 것), ④ 1시간 이외의 시간을 단위로 하여 연휴를 부여하기로 한 경우에는 그 시간수(1일의 소정근로시간수에 미치지 못한 것),를 정해야 한다고 되어 있다(노기 39조 4항, 노기칙 24조의4). 시간단위의 연휴는 이러한 노사협정의 규정에 따라 근로자의 청구(시기지정)에 따라서 부여해야 하는 것이다(따라서 사용자에 의한 시기지정권의 행사가 있을 수 있다).

(4) 연휴권의 법적 효과

　일정일수의 연휴권을 취득한 근로자는 시기지정권의 행사 또는 노사협정에 의한 연휴일의 특정에 의해 연휴의 효과(연휴일 또는 시간에 대한 취업의무의 소멸과 법소정의 임금청구권의 취득)가 발생할 수 있다. 휴가부여 의무자인 사용자는 근로자가 그 권리로서 가지는 유급휴가를 향유하는 것을 방해해서는 안 되는 부작위의무(앞의 林野庁白石営林署事件最判 참조), 근로자가 희망하는 시기에 휴가를 줄 수 있도록 상황에 따른 배려를 할 의무,[312] 휴가일의 임금지불의무 등을

---

312) 弘前電報電話局事件 ― 最二小判 昭62. 7. 10, 民集 41권 5호, 1229면; 横手統制電話中断所事件 ― 最三小判 昭62. 9. 22, 労判 503호, 6면; 時事通信社事件 ― 最三小判 平4. 6. 23, 民集 46권

진다.

연휴권의 법적 효과에 비춰볼 때, 연휴는 당초부터 취업의무가 없는 것으로 되어 있는 날(휴일, 휴직기간 중의 날 등)에 대해서는 성립할 수 없다(1949. 12. 28 기발 1456호; 1956. 2. 13 기수 489호). 연휴일의 임금은 '취업규칙, 그 외'에서 정하는 바에 따른 평균임금 또는 소정근로시간 근로한 경우에 지불되는 통상임금(여기에는 임시로 지불된 임금과 소정시간외 근로에 대해 지불되는 임금은 산입할 수 없다)으로 본다. 단 노사협정이 있는 경우에는 표준보수일액(건보 3조)이 된다(노기 39조 7항). 시간단위의 연휴의 경우에는 이러한 모든 금액을 그 날의 소정근로시간수에서 나눈 금액을 기준으로 하여 지불된다(노기 39조 7항, 노기칙 25조 2항, 3항).

3. 연휴시기의 특정

(1) 연휴시기의 지정

근로자는 취득한 연휴권을 구체화하는 수단으로 시기지정권을 가진다(노기 39조 5항). 바꿔 말하면 시기지정은 근로자에게 권리로서 발생한 연휴의 한 가지 특정방법(절차)이다.

(가) '시기'의 의의 '시기'란, '계절과 구체적 기일'의 쌍방을 포함하는 개념이다. 결국 노기법은 시기지정의 절차로서 근로자가 연휴를 얻기를 원하는 계절을 먼저 지정한 후에, 사용자와의 조정에 의해 구체적 시기의 결정에 이르는 경우와, 근로자가 처음부터 연휴의 구체적 시기를 지정하는 경우를 상정하고 있다(앞의 林野庁白石営林署事件).

(나) 구체적 시기의 지정 위의 판례(林野庁白石営林署事件)가 진술하고 있듯이, 근로자가 가지는 휴가일수의 범위 내에서 구체적인 휴가의 시작시기와 종료시기를 특정하여 시기를 지정했을 때에는, 객관적으로 '사업의 정상적인 운영을 방해하는 경우'(노기 39조 5항 단서)에 해당하고, 또한 이를 이유로 사용자가 시기변경권을 행사하지 않는 한, 시기지정에 따라 연차유급휴가가 성립된다. 이러한 의미에서 연차의 구체적 시기를 지정하는 시기지정권은 형성권이다.

약간 문제가 되는 것은 취업규칙 등에 있어서 이러한 구체적 시기지정을 휴가일의 일정일수 내지 일정시간 전까지 해야 한다는 것을 규정할 수 있는가이

4호, 306면.

다. 판례[313])는 그러한 규정은 합리적인 것인 한 유효하다고 했다.[314])

또한 근로자가 급한 이유로 결근한 경우, 이를 사후에 연휴일로 대체하는 경우가 있는데, 이러한 결근일의 연휴일로의 대체는 사용자의 동의가 있는 한 법에 따라 배척되지 않는 것이라는 데 그친다.

(다) 시기의 지정   시기의 지정과 근로자·사용자 간의 그 후의 조정에 의한 연휴일의 특정도 시기지정의 또 하나의 방법이다. 이 방법은 근로자 개인과 사용자 간에 개인적으로 이루어지는 경우와 근로자 집단이나 또는 노동조합과 사용자 간에 집단적으로 이루어지는 경우가 있다. 후자의 집단적 조정의 결과 노사협정의 체결에 이르면 그것은 후술하는 계획연휴가 된다. 개정법이 신설한 노사협정에 의한 계획연휴와 종전부터 존재한 시기지정에 의한 연휴와는 이 점에서 접합되고 있다.

(2) 시기변경권의 행사

근로자의 시기지정권에 대해 사용자가 가지는 시기변경권은 구체적인 시기지정에 대해서는 그 행사가 시기지정권의 효과발생을 저지하는 것이고, 계절의 지정에 대해서는 지정 후 노사 간의 조정절차 중에 해소되는 것이다. 이에 관한 법률문제는 주로 구체적인 시기지정에 대한 시기변경권의 행사에 대해 발생한다.

(가) 시기변경권 행사의 양태   구체적인 시기지정에 대한 시기변경권 행사의 의사표시는 단순히 지정된 연휴일에는 사업의 정상적인 운영을 방해하는 사유가 존재한다는 내용이라면 충분하다. 근로자는 언제라도 별도의 날(시간단위연휴의 경우는 별도의 시간)을 연휴일(연휴의 시간)에 지정할 수 있으므로, 대신 연휴일(연휴시간)을 사용자가 제안할 필요는 없다. 따라서 청구된 연휴를 '승인하지 않는다'라는 사용자의 의사표시도 시기변경권 행사의 의사표시에 해당한다(앞의 電電公社此花電報電話局事件). 그러나 시기변경권의 행사에는 '다른 시기에 이(연휴)를 부여할' 가능성의 존재가 전제가 된다. 그래서 근로자가 퇴직시에 미소화연휴(未消化年休)를 일괄 시기지정하는 경우에는 그 가능성이 없으므로 시기변경권을 행사할 수 없게 된다.[315])

---

313) 電電公社此花電報電話局事件 — 最一小判 昭57. 3. 18, 民集 36권 3호, 366면.
314) 근무할당의 변경은 2틀 전까지 해야 한다는 협약규정이 있는 경우에는, 연휴취득자의 대체요원의 확보를 쉽게 하기 위해 취업규칙에서 연휴청구를 원칙으로서 2틀 전까지 해야 한다고 정하는 것도 유효하다고 판시했다.
315) 반대: 下井, 勞基法, 350면.

복수일에 걸친 일괄된 연휴의 지정에 대해서는 휴가의 분할제한이 없으므로 그 일부에 대한 시기변경권 행사도 가능하다.316)

특정 근로일에 대해 복수의 근로자의 시기지정이 경합하여 그 일부의 자에 대해서는 시기변경권을 행사하지 않을 수 없는 경우에는, 누구에 대해 그것을 행사할 것인가는 사용자의 합리적인 재량에 위임된다.317) 🔳

🔳 시기변경권 행사의 시기

시기변경권행사의 의사표시는 시기지정이 이루어진 후, 사업의 정상적인 운영을 방해하는 사유의 존재를 판단하는데 필요한 합리적 기간 이상으로는 지연시키지 않고 가능한 한 신속하게 실시될 것을 요한다. 그래서 연휴일에 비교적 근접한 날에 이루어진 시기지정에 대해서도 늦어도 연휴일 개시 전에 이루어질 것을 요하는 것이 당연한 원칙이 된다. 그러나 근로자의 시기지정이 연휴일 개시에 매우 접근해서 이루어졌기 때문에 사용자에 있어서 시기변경권을 행사할지 여부를 사전에 판단할 시간적 여유가 없었을 때에는, 객관적으로 시기변경권 행사의 사유가 존재하고 또한 그 행사가 지체 없이 이루어지는 한 연휴일 개시 후의 행사도 적법이라 할 수 있다(앞의 電電公社此花電報電話局事件).

(나) '사업의 정상적인 운영을 방해하는 경우'　　시기변경사유인 '사업의 정상적인 운영을 방해하는 경우'에 해당되기 위해서는 해당 근로자의 연휴지정일(시간단위연휴의 경우는 연휴지정시간)의 근로가 그 자의 담당업무를 포함하는 상당한 단위의 업무(과(課)의 업무·계(係)의 업무 등)의 운영에 있어서 불가결하고, 또한 대체요원을 확보하는 것이 곤란하다는 점이 필요하다. 바꿔 말하면 업무운영에 불가결한 자로부터의 연휴청구라도 사용자가 대체요원확보의 노력을 하지 않은 채 바로 시기변경권을 행사하는 것은 허용되지 않는다.318) 작업량과의 관계에서 엄밀하게 계산된 작업정원이 정해져 있는 경우에는 정원에 속한 자의 근로는 위의 의미에서 불가결한 것이라는 점이 통상적이다.319) 🔳 그리고 대체요원의 확보는, 단위가 되는 업무의 조직 및 그것과 밀접하게 관련된 업무조직의 범위에서 노력하여야 한다. 🔳 그리고 인원부족을 위해 대체요원의 확보가 항상 곤란한 상황이라면 연휴권 보장의 취지에서 시기변경사유의 존재를 인정해야 하는 것은 아니다.320) 🔳🔳

---

316) 사례로서, 時事通信社事件 — 最三小判 平4. 6. 23, 民集 46권 4호, 306면.

317) 津山郵便局事件 — 岡山地判 昭55. 11. 26, 労民 31권 6호, 1143면 참조.

318) 근무할당에 의한 근무체제의 직장에 대해 이 논리를 주장하는 판례로서 弘前電報電話局事件 — 最二小判 昭62. 7. 10, 民集 41권 5호, 1229면; 横手統制電話中断所事件 — 最二小判 昭62. 9. 22, 労判 503호, 6면 참조.

319) 新潟鐵道郵便局事件 — 最二小判 昭60. 3. 11, 労判 452호, 13면; 千葉中郵便局事件 — 最一小判 昭62. 2. 19, 労判 493호, 6면 참조.

320) 시기변경권행사의 적법성에 관한 판례법리를 논한 문헌으로서는 管野和夫=諏訪康雄, 判例

⑬ '사업의 정상적인 운영을 방해하는 경우'의 구체적 판단

실제로는 '사업의 정상적인 운영을 방해하는 경우'인지의 여부는 미묘한 판단이 요구되는 경우가 많다. 예를 들어 電電公社此花電報電話局事件(最一小判 昭57. 3. 18, 民集 36권 3호, 366면)의 2심에서는 전보취급의 각 업무에 대해 결원의 경우는 대행자를 배치하지 않으면 정상적인 업무운영이 방해받게 되는 업무정원이 정해져 있는 경우에는, 이 정원이 빠지고 또한 연휴청구시기의 지체로 대행자 배치가 곤란하다면 '사업의 정상적인 운영을 방해하는 경우'에 해당된다고 했다(최고법원 판례도 이러한 판단을 시인함). 이 사건에서는 관리자와 다른 업무 종사자가 필요에 따라 결원자의 업무를 대행하여 결과적으로는 정상적인 업무운영을 확보했다는 사정이 있었다. 1심은 통상적으로는 이러한 지원이 이루어진 경우이며, 그것이 이루어진 이상 업무성수기 중이 아닌 한 '사업의 정상적인 운영을 방해하는 경우'에는 해당하지 않는다고 한 데 대해, 2심은 그러한 지원으로 인해 업무운영이 확보되었다는 사정도 위의 결론을 뒤집는 것은 아니라고 한 것이다.

⑬ 대체요원확보의무의 범위

판례는 근무할당에 의한 근무일 지정에 따라 1주간을 통해 매일 업무를 수행하는 직장에 대해, 연휴청구자의 대체근무자 확보는 사용자가 '통상의 배려를 하면 …… 객관적으로 가능한 상황에 있는' 경우에 요청된다고 한다. 그리고 그러한 경우에 해당하는지의 여부에 대해서는 근무할당 변경의 방법·실정, 연휴청구에 대한 사용자의 기존의 대응방법, 해당 근로자의 작업의 내용·성질(대체의 난이도), 결원보충인원(예를 들어 관리자)의 작업의 성수기·비수기(이들 인원에 의한 대체의 가능성), 연휴청구시기(대체자 확보의 시간적 여유의 정도), 주휴제의 운용방법(주휴일인 자를 대체자로 하는 가능성) 등의 모든 점을 고려하여 판단해야 한다고 한다(電電公社関東電気通信局事件 ― 最三小判 平元 7. 4, 民集 43권 7호, 767면. 이 사건에서는 사용자로서 통상적 배려를 했다고 해도 대체근무자를 확보하는 것이 객관적으로 가능한 상황에 있지는 않았다고 판단되었다). 대체근무자에 대한 요청방법도 현실의 운영에 입각한 개별적 판단이 되지만, 통상은 동의의 타진으로 충분할 것이다(JR東日本事件 ― 東京高判 平12. 8. 31, 労判 795호, 28면). 그러나 언제나 인원부족 때문에 대체요원을 확보하는 것이 항상 곤란한 상황은, 그것이 아무리 현실적 운용이라 하더라도, 시기변경권의 행사를 정당화하지 못한다(항상적인 인원부족을 이유로 대체근무자를 확보하기 위한 배려를 다하지 않은 채 여러 번에 걸쳐 행해진 시기변경을 위법이라고 해석한 판례로서는 西日本ジェイアールバス事件 ― 名古屋高金沢支判 平10. 3. 16, 労判 738호, 32면).

⑬ 장기휴가의 청구와 시기변경권 행사

근로자가 구체적 시기를 특정하여 장기휴가를 청구할 경우, '사업의 정상적인 운영을 방해하는지'의 여부 판정에 대해서는 판례(時事通信社事件 ― 最三小判 平4. 6. 23, 民集 46권 4호, 306면. 보도기자가 1개월에 걸친 24일간의 연속적 연휴를 청구한 것에 대해, 회사가 후반의 12일간에 대해 시기변경권을 행사한 사건)는 장기휴가의 실현에는 사용자의 업무계획과 다른 근로자의 휴가청구 등을 조정할 필요가 있으며, 또한 사용자는 이 조정에 대해 휴가기간 중의 업무량, 대체근무자 확보의 가능성, 다른 근로자의 휴가청구상황 등에 관한 개연성에 근거하여 판단하지 않을 수 없으므로, 사용자에게 어느 정도의 재량적 판단의 여지를 인정하지 않을 수 없다고 언급하고 있다(이 사건에서는 청구된 기간의 후반부분은 대체근무자의 확보가 곤란하다고 한 사용자의 재량적 판단은 노기법 39조의 취지에 반하는 불합리한 것이라고 볼 수 없고 시기변경권 행사는 적법했다고 판시). 결국 장기휴가를 취득하기 위해서는 근로자에

に学ぶ雇用関係の法理, 136면 이하.

의한 형성권 행사로서의 시기지정과, 이에 대한 사용자에 의한 시기변경권 행사라는 시스템은 적합하지 않고, 연초 등에서 조직적 조정에 의한 연휴의 계획화가 필요하다고 할 수 있다.

▣ 연수기간 중의 연휴취득과 시기변경권

연휴기간에서의 업무가 일상적인 일(routine work)이 아니라, 집합연수 등의 이전부터 예정되어 있던 특별한 의무에 맞추는 경우는, '사업의 정상적인 운영을 방해하는' 경우에 해당하기 쉽다. 그러나 이 경우도 일체의 연휴취득을 부정하는 것은 너무 경직된 것이다. 당해 연수 등의 내용·필요성, 참가의 비대체성(본인이 참가하기 때문에 의미가 있는 것인지의 여부), 연수기간 등을 고려해서 판단하여야 하지만, 연수 자체에 고도의 필요성이 있고, 참가가 비대체적인 경우에는, 사용자는 근로자가 연수를 결석하더라도 예정된 지식, 기능의 습득에 부족함을 발생시키지 않는다고 인정되지 않는 한, 시기변경권을 행사할 수 있다(日本電信電話 事件 — 最二小判 平12. 3. 31, 労判 781호, 18면; 差戻審, 東京高判 平13. 11. 29, 労判 819호, 18면).

(3) 노사협정에 의한 계획연휴

종전의 연휴제도는 근로자의 개인적 권리로 보고 단체협약과 노사협정 등에서 연휴의 계획적 취득(예를 들어 하계일제휴업)을 정해도 이에 반대하는 근로자는 구속할 수 없다고 생각했다. 그러나 일본의 근로자가 연휴를 취득하지 않는 이유로서는 동료·상사와 직장의 분위기에 대한 거리낌이 크기 때문에 연휴취득을 촉진하기 위해서는 직장에서 일제히 또는 교대로 연휴를 계획적으로 소화하도록 하는 것이 효과적이라고 생각된다.

그래서 1987년 법개정(1987년 법 99)에서는 사용자는 사업장의 과반수근로자를 조직하는 노동조합 또는 과반수 근로자를 대표하는 자와의 서면에 의한 협정에 통해 연휴를 부여하는 시기에 대한 규정을 둔다면 그 규정에 따라 연휴를 줄 수 있게 했다(현재 노기 39조 6항). 즉 연휴의 계획적 부여에 대한 노사협정을 하면 개개의 근로자를 구속하게 되며, 이러한 의미에서 노사협정에 의해 연휴일을 특정할 수 있게 했다. 단 근로자의 완전한 개인적 사용을 위한 연휴도 필요하므로 여기에 5일의 연휴를 유보하고 5일을 초과하는 연휴일에 대해서만 계획화할 수 있도록 했다. 그리고 이 계획연휴를 촉진하기 위해서도 최저 부여 일수를 6일에서 10일로 인상했다.

노사협정에 의해 실현가능한 계획연휴의 타입으로서는 ① 사업장 전체에서의 일제휴가(예를 들어 하계일제휴업), ② 작업반별 교대제 휴가, ③ 계획표에 의한 개인별 휴가 등이 있을 수 있다. 협정에서는 이러한 계획연휴의 구체적인 휴가일을 정하는 경우도 있지만(특히 ①, ②의 경우), 계획표작성의 시기·절차 등을 정하는 경우도 있을 수 있다(특히 후자)(1988. 1. 1 기발 1호).

노사협정에서 휴가일을 구체적으로 정한 경우에는 해당 휴가일은 이에 반대하는 근로자라도 연휴일이 된다. 바꿔 말하면 이에 반대하는 근로자는 그 날을 연휴일로 하지 않고 다른 날을 연휴일로 지정할 수 없다.[321] 단 특별한 사정에 의해 연휴일을 사전에 정하는 것이 적당하지 않은 근로자에 대해서는 계획연휴를 협정할 때 계획연휴에서 제외하는 것을 포함하여 충분히 배려하는 것이 바람직하다(그러한 취지의 지도가 이루어고 있다. 1988. 1. 1 기발 1호).▣

이에 대해 계획표 작성의 시기·절차를 두는 경우에는 그 규정에 따라 휴가일이 특정되면 해당 휴가일이 연휴일이 된다.[322]

기업에서는 법개정 후, 연휴의 계획적 취득이 진전되고 있는데, 이것은 노사협정에 의한 계획연휴제도에 의한 것이라기보다, 사용자가 연도(내지 반년도) 당초에 근로자로부터 연휴달력에 기입하는 형태로 취득 희망일을 청취한 뒤, 사용자 쪽에서 근로자와의 관계를 조정하여 각 사람마다 취득일을 정하는 방식에 의하는 쪽이 많다. 이 '연휴달력 방식'에 의한 연휴일의 특정은 현행법상으로는 근로자의 시기지정권 행사에 의한 특정한 응용사례(대개는 '계절의 지정과 그 후의 조정'에 의한 특정)로 해석하는 수밖에 없을 것이다.

▣ **계획연휴의 변경**

　어떤 연도에 있어서 연휴일을 근로자의 희망을 집단적으로 조정하여 미리 결정하는 계획연휴에 있어서는, 사용자에 의한 연휴일 변경은 노사협정에 따라 일단 특정된 연휴의 변경문제이며, 시기지정에 의한 연휴일 특정 과정에서의 시기변경권 행사의 문제와는 다르다(高知郵便局事件 ― 最二小判 昭58. 9. 30, 民集 37권 7호, 993면은 개정 전의 계획연휴의 변경을 시기변경권 행사로 파악하고 있는데, 39조 5항(현 6항)이 신설된 후로는 적절하지 않다). 즉 사용자에 의한 계획연휴일의 변경은 계획연휴 협정의 관계규정에 따라 이루어져야 하는 것인데, 각별한 규정이 없다면 동 협정의 합리적 해석으로서 해당 연휴를 실현함에 있어 업무운영상의 중대한 지장을 초래한 것과, 또한 이러한 지장발생이 계획시에는 예측할 수 없었던 것이 필요하다고 생각된다.

4. 연휴의 용도

(1) 연휴 자유이용의 원칙

'노기법은 연차휴가의 이용목적에 대하여 관여하지 않으므로, 휴가를 어떻게

---

　321) 같은 취지: 労基局, 労基法上, 610면; 安枝=西村, 労基法, 280면; 下井, 労基法, 351면; 土田, 労働契約法, 344면; 西谷, 労働法, 335면; 三菱重工業事件 ― 福岡高判 平6. 3. 24, 労民 45권 1=2호, 123면.

　322) 이에 반하는 全日本空輸事件 ― 大阪地判 平10. 9. 30, 労判 748호, 80면의 해석은 적절하지 않다.

이용하는가는 사용자의 간섭을 허용하지 않는 근로자의 자유이다.'323) 이 원칙
의 귀결로서 근로자는 연휴를 얻을 때 그 용도를 자세히 밝힐 것을 요하지 않
으며, 만약 자세히 밝힌 용도와 다른 용도로 연휴를 이용했다고 해도 조금도
그 성립에는 영향이 없다. 판례에는 이유를 허위로 기재한 연휴신고서의 제출
은 '근무에 관한 소정의 절차를 게을리 했을 때'에 해당하여 징계이유가 된다고
하는 경우도 있으나,324) 자유이용원칙과 조화할 수 있는지는 의문이다.

연휴의 용도 가운데에는 일반적으로 볼 때 문제가 있는 경우도 생각할 수
있으나(예를 들어 유상근로에 대한 종사), 그러한 용도가 정말로 제도의 목적에 반
하는지는 근로자의 개인적 취향과 생활사정과도 관련된 다분히 주관적이고 개
별적인 문제이다. 따라서 개별적 '권리의 남용'으로 보는 데 충분하지 않은 한,
역시 '노기법이 관여하지 않는바'라고 해석하는 수밖에 없을 것이다.325)

또한 근로자의 시기지정에 대해 사업의 정상적인 운영을 방해할 우려가 예
상되는 경우에는 사용자가 휴가를 필요로 하는 사정 여하에 따라서는 업무에
지장이 생겨도 시기변경권 행사를 유보하는 것이 타당한 경우도 있으므로 연휴
의 용도를 물어도 된다.326)

(2) 연휴의 쟁의목적 이용

연휴 자유이용의 원칙 하에서도 근로자가 연휴를 쟁의를 할 목적으로 이용
하는 경우까지 연휴의 효과를 인정할 수 있을까? 이에 대해서는 연휴 자유이용
의 원칙이 관철되고 연휴의 쟁의목적 이용의 경우도 사용자가 시기변경권을 적
법하게 행사하지 않은 한 연휴는 성립한다는 견해와, 연휴제도의 취지에 정면
으로 반하는 것으로 연휴의 효과를 부정하는 견해가 대립했다. 후자의 근저에
는 정상적인 작업체제를 전제로 하면서 유급인 연휴를 작업체제의 일시적 파괴
를 목적으로 하고 또한 무노동 무임금(no work no pay) 원칙이 타당한 쟁의행
위에 이용하는 것은 말도 안 된다는 견해가 있었다.

판례는 일제휴가투쟁에 대한 연휴이용에 대해서는 '근로자가 그가 소속된
사업장에서 그 업무의 정상적인 운영을 저해할 목적으로 전원이 일제히 휴가신

---

323) 林野庁白石営林署事件 ― 最二小判 昭48. 3. 2, 民集 27권 2호, 191면.
324) 古河鉱業事件 ― 東京高判 昭55. 2. 18, 労民 31권 1호, 49면.
325) 택시 운전기사의 야간업무 거부를 위한 연휴권 행사를 권리남용으로 인정한 사건으로서
日本交通事件 ― 東京地判 平9. 10. 29, 労判 731호, 28면.
326) 이에 대답하지 않는 경우에 시기변경권을 행사하는 것은 그 객관적 사유가 있는 한 적법
하다. 앞의 電電公社此花電報電話局事件最判.

고서를 제출하고 직장을 포기·이탈한다,' '일제휴가투쟁'은 '그 실질은 연차휴가의 이름을 빌린 동맹파업에 지나지 않는다. …… 본래의 연차휴가권 행사는 아니기 때문에 이에 대한 사용자의 시기변경권 행사도 있을 수 없고, 일제휴가의 이름하에 동맹파업에 들어간 근로자 전원에 대해서는 임금청구권이 발생하지 않게 되지'만, '다른 사업장에서의 쟁의행위 등에 휴가 중인 근로자가 참가했는지의 여부는 당해 연차유급휴가의 성립에 아무런 영향을 미치는 바가 없다'는 처리기준을 수립하였다.327)▣ 한편 연휴취득자가 연휴취득일에 자기 사업장에서 사후적으로 설정된 파업에 적극적으로 참가한 경우에 대해서는 사업장에서의 정상적인 근무체제를 전제로 하는 연휴제도의 취지에 반하여 연휴의 효과는 인정되지 않는다고 판시했다.328)

▣ 판례의 처리기준의 일관성

학설은 앞의 각주 林野庁白石営林署事件 판결의 판시를 '일제휴가투쟁'에 대해 연휴 자유이용원칙의 예외를 설정한 취지로 해석한 다음, 일제휴가투쟁에 대해서도 연휴 자유이용의 원칙을 관철해야 한다는 비판을 했었다. 그러나 그 후 조사관 해설에서는 판결의 의도는 사용자의 시기변경권 행사를 처음부터 무시하고 이러한 연휴권 행사는 연휴권 행사라는 이름하의 동맹파업으로 연휴권의 행사는 아니라고(따라서 판결은 연휴 자유이용원칙에 예외를 설정하는 것은 아니다) 하였다(最高裁判所判例解説(民事編), 1973년, 527면[可部恒雄]). 이렇게 판결의 사정거리를 사용자의 시기변경권 행사를 처음부터 무시하고 이러한 휴가투쟁으로 한정하는 이해는 판례에서 정착되었고, 그 후 판례는 시기변경권 행사를 무시하고 이러한 휴가투쟁인 이상 해당사업장의 조합원 일부가 일제히 실시하는 휴가투쟁(割休闘争)도 연휴권의 행사로는 인정되지 않음과 동시에(夕張南高校事件 — 最一小判 昭61. 12. 18, 判時 1220호, 136면; 静岡県職組事件 — 東京高判 昭53. 12. 27, 労民 29권 5=6호, 976면), 사용자의 시기변경권 행사가 있다면 그에 따른 휴가투쟁은 연휴권의 행사로 인정된다고 판단되고 있다(위의 夕張南高校事件 — 最一小判).

연휴취득자가 자기 사업장의 쟁의행위에 적극 참가할 경우에는 연휴권 행사로는 인정되지 않는다고 하는 최근의 판례(위의 国鉄津田沼電車区事件 — 最三小判)는, 이러한 휴가투쟁을 위한 연휴이용과 사업장에서의 쟁의행위(파업, 피케팅)에 대한 참가를 위한 연휴이용을 사안의 유형으로 구별하여, 후자에 대한 새로운 처리규준을 정립한 것이다(특히 그 후 国鉄直方自動車営業所事件 — 最二小判 平8. 9. 13, 労判 702호, 23면은 동일한 사업장의 쟁의행위에 대한 참가이지만, 담당업무의 관점에서 실질적으로 다른 사업장의 쟁의행위 지원과 다르지 않다고 해석한 사례라고 할 수 있다).

327) 林野庁白石営林署事件 — 最二小判 昭48. 3. 2, 民集 27권 2호, 191면.
328) 国鉄津田沼電車区事件 — 最三小判 平3. 11. 19, 民集 45권 8호, 1236면.

5. 사용하지 못한 연휴의 처리

(1) 연휴의 이월과 시효

해당 연도에 사용하지 못한 연휴는 당해 연도의 종료와 함께 소멸되는가, 아니면 다음 해로 이월되는가? 이월된다면 그 연휴권에 대해서는 노기법의 시효규정(115조)의 적용이 있는가? 판례 중에는 연휴제도는 해당 연도에 법정 일수를 유급으로 현실적으로 쉰다는 것을 보장하는 것으로, '유급휴가를 주'(39조)는 것이 되기 위해서는 현실적으로 유급으로 쉬게 하는 것이 필요하며, 연휴의 이월은 인정되지 않는다고 한 경우도 있다.329) 그러나 통설 및 해석예규(1947. 12. 15 기발 501호)는 이월을 인정하고, 그 연휴권은 노기법상의 2년간의 시효(115조)에 따르기로 한다.330)

연휴에 대해 시효규정의 적용된다고 하면 시효의 중단(민 147조)도 문제가 되는데, 실무상으로는 연휴권에 대한 시효중단은 거의 있을 수 없다고 보고 있다(예를 들어 출근부와 연휴 취득부에 연휴 취득일수를 기재하고 있는 정도로는 중단사유인 '채무의 승인'은 되지 않는다고 보고 있다(1949. 9. 21 기수 3000호)).

근로자가 이월연휴와 당해 연도의 연휴 양쪽을 가지게 되는 경우에는 근로자의 시기지정권 행사는 이월분으로 되게 된다고 추정할 수 있다(변제충당에 관한 민 489조 2호를 인용하여 당해 연도의 연휴의 시기지정으로 추정해야 한다는 반대설이 있지만, 동호에 따라야 할 필요성은 없다).

(2) 연휴에 대한 금전적 보상

연휴에 대한 금전적 보상을 예정하고 예정된 일수에 대한 연휴취득을 인정하지 않는 것은 연휴의 보장(39조)에 반하는데(1955. 11. 30 기수 4718호), 결과적으로 사용하지 못한 연휴일수에 따라 수당을 지급하는 것은 위법이 아니다.

6. 연휴취득과 불이익 취급

연휴 취득자에 대한 정·개근수당, 일시금, 승급 등에 있어서의 불이익 조치

---

329) 国鉄横浜機関区事件 ― 静岡地判 昭48. 3. 23, 労民 24권 1=2호, 96면.

330) 요컨대 다음 연도까지 이월된다. 이 해석에 따른 판례로서, 国際協力事業団事件 ― 東京地判 平9. 12. 1, 労判 729호, 26면.

에 대하여 판례는 당해 조치의 취지, 목적, 근로자가 잃게 되는 경제적 이익의 정도, 연휴취득에 대한 사실상의 억제력의 강약 등 제반 사정을 종합하여 연휴권 행사를 억제하고 나아가 연휴권 보장의 취지를 잃게 하지 않는 한 공서위반으로 무효가 되는 것은 아니라고 판시했다. 그리고 보다 구체적으로는 연휴취득을 일반적으로 억제하는 취지에서의 불이익 취급이거나 연휴를 취득한 결과로 생기는 불이익의 크기 때문에 연휴취득을 사실상 억제하는 효력을 가진 경우가 아니라면 불이익 조치도 무효로 되지 않는다고 보고 있다.[331] 판례상 지금까지 무효로 된 사례로는 연휴취득일을 승급상 요건인 출근율의 산정에 있어서 결근일로 취급하는 경우,[332] 상여의 산출에 있어서 연휴취득일을 결근일로 취급한 사례[333] 등이 있다.

노기법이 연휴취득일에 대해 일정액의 임금을 지불할 것을 의무화하고 있는 취지에서는 정근·개근수당과 상여 등 연휴취득일이 속하는 기간에 대응하는 임금에 대해 연휴취득일을 출근한 날과 동일하게 취급해야 한다는 요청이 포함되어 있다고 보아야 하며, 정근·개근수당과 상여의 계산상 연휴취득일을 결근으로 취급하는 것은 사법상으로는 위법이라고 해석된다. 또한 연휴권을 보장하는 취지에 비추어 보면 승급·승격 등의 처우에서 연휴취득을 이유로 불이익한 취급을 하는 것은 사법상으로는 위법이라고 해석된다.[334] 노기법의 1987년 개정법은 '사용자는 …… 유급휴가를 취득한 근로자에 대해 임금의 감액, 그 밖의 불이익한 취급을 하지 않도록 해야 한다'라고 규정하고 있었지만(부칙 134조), 이것은 연휴권보장 속에 포함된 불이익 취급금지의 사법규범을 확인한 것이라고 해석해야 한다. 위의 최근의 판례(沼津交通事件 — 最二小判)는 동 규정을 노력의무규정으로 사법상 효력은 존재하지 않는다고 해석했지만, 연휴권보장의 취지와 1987년 개정의 의의를 이해하지 못하는 견해이므로 찬성할 수 없다.[335]

---

331) 택시 승무원이 매달 근무예정표를 작성한 후에 연휴를 취득한 경우에 개근수당을 감액 내지는 지급하지 않는다는 것에 대해 沼津交通事件 — 最二小判 平5. 6. 25, 労判 636호, 11면.

332) 日本シェーリング事件 — 最一小判 平元 12. 14, 民集 43권 12호, 1895면.

333) エス・ウント・エー事件 — 最三小判 平4. 2. 18, 労判 609호, 13면.

334) 같은 취지: 下井, 労基法, 283면; 大橋将, 「年休取得不利益取扱い法理の再検討」, 山口浩一郎古稀, 友愛と法, 76~77면.

335) 또한 월 성과급제의 임금제도에서는 연휴를 취득하면 어획량이 감소하여 그 달의 임금액이 감소하는데, 이것은 임금의 산정기준의 문제이며 연휴취득에 따른 불이익 취급의 문제는 아니다. モデル・ハイヤー事件 — 高松高判 平元 9. 26, 労民 40권 4·5호, 524면 참조.

7. 법정외 연휴

법정일수를 초과하는 연휴와 법정요건을 구비하지 못해도 부여하는 연휴 등의 법정외 연휴에 대해서는 그 성립요건·법적 효과 등은 당사자 간의 결정에 위임할 수 있다. 그러나 이 연휴가 법정연휴로 증가되는 형태로 법정연휴와 같은 규정 속에 규정되어 있고, 그 요건·효과에 대해 특별한 규정이 없는 경우에는 법정연휴와 동일한 요건·효과(사법상의)가 약정되었다고 해석할 수 있다.336)

제 6 절   안전위생

근로자의 생명·신체·건강은 근로자에게 있어 무엇보다도 중요한 것이며, 이 점이 근로에 의해 손실되지 않도록 하는 것은 노동법의 중요한 과제이다. 이미 살펴본 근로시간·휴일·휴가에 관한 법정기준도 근로자의 과도한 피로누적을 방지함으로써 건강장애와 사고발생을 방지하는 의의를 가지며, 또한 그 밖의 대우보장의 체계(최저임금제·단체교섭권 등)도 근로자의 건강의 유지향상에 간접적으로 이바지하는 것이다. 또한 후술하는 산업재해보상책임의 제도화도 산업재해의 억제효과를 가질 수 있다. 그러나 위의 과제의 중심을 이루는 것은 근로의 장에 있어서 안전·위생의 확보이며, 그에 따른 산업재해(직업병을 포함하여) 방지이다.337) 이러한 과제에 노력하는 주요한 법률이 노동안전위생법(1972년 법 57, 이하 '노안위법'으로 약칭)이기 때문에, 본절에서는 동법을 중심으로 논하기로 한다.

1. 노안위법의 제정과 발전

노기법은 '제5장 안전 및 위생'에서 근로자가 취업시에 기계, 그 밖의 설비,

---

336) 安枝=西村, 労基法, 286면.

337) 기본문헌으로서 畠中信夫, 労働安全衛生法のはなし[改正版]; 井上浩, 最新労働安全衛生法 [第10版]; 保原喜志夫=山口浩一郎=西村健一郎 編, 労災保険·安全衛生のすべて; 三柴丈典, 労働安全衛生法論序說.

분진, 그 외의 유비물(遊飛物), 온도, 그 밖의 작업환경 등에 의해 위해와 건강장애를 받지 않도록 필요한 조치를 강구하기 위해 사용자의 의무, 위험한 기계·기구에 대한 안전장치의 설치 및 성능검사의 의무, 유해물의 제조금지, 위험업무의 취업제한, 안전위생교육·건강진단의 실시의무, 안전관리자·위생관리자의 선임, 감독상 행정조치 등을 규정하고 있다.

그러나 1960년대부터의 고도경제성장 과정에서 기계설비의 대형·고속·복잡화와 노동밀도의 강화, 새로운 위험·유해 원자재의 사용 등의 현상이 발생하여 산업재해의 위험은 증대하고, 그로 인한 이재민도 현저하게 증가했다. 이러한 사태에 대처하기 위해 노기법의 간소한 규제를 근본적으로 충실하게 하는 의도에서 제정된 것이 노동안전위생법(1972 법57)이다.338) 동법은 직장에서의 안전위생의 확립에 크게 기여하고, 산업재해(특히 사망사고)를 크게 감소시켰다.⒀ 그 후에도 빈번한 개정에 의해 규제내용이 충실해지고 또 다양화되었다.

특히 최근에는 업무에 기인하는 뇌·심장질환사망(이른바 '과로사')의 예방대책을 위한 개정이 잇따랐다. 2011년 가을의 제179회 국회에서는 정신건강(mental health)대책으로서 의사 또는 보건사에 의한 근로자의 정신적 건강의 상황을 파악하기 위한 검사를 사업자에게 의무화할 것, 수동흡연을 방지하기 위해 직장의 전면적인 금연, 공간분연을 의무화할 것 등을 내용으로 하는 법개정안이 상정되었다.⒀

⒀ **산업재해의 수**
　일본경제의 고도경제성장기인 1960년대에는 사망산업재해의 사망자수는 대부분의 년도에서 6,000명대에 있으며, 최고는 6,712명(1971년)에 달했다. 그러나 노안위법의 1972년 10월 시행 후에는 사망자수는 급속하게 감소하여 1970년대 후반에는 3,000명대로, 1980년대에는 2,000명대로, 1990년대 말에는 1,000명대로 감소하였다. 2009년은 1,075명, 2010년에는 1,195명인데, 2011년에는 동일본대지진 때문에 2,338명이었다(지진재해를 직접적인 원인으로 하지 않는 사망자수는 1,024명). 사망재해가 가장 많은 업종은 건설업으로, 전체의 약 3할에서 4할을 차지하고 있다(2011년에는 342명). 다음으로 제조업이 십 몇 %(2011년에는 182명)이다. 휴업 4일 이상의 사망자수에서 살펴보면, 노안위법이 시행되기 시작한 1974년에는 약 34만 7,000명이었는데, 2010년에는 약 10만 7,000명, 2011년에는 약 11만 4,000명(이 중 지진재해 직접 재해 2,827명)까지 감소하였다.

⒀ **노안위법관계 정성령(政省令)**
　노안위법은 안전위생에 관한 규제의 원칙을 정하고 있을 뿐, 규칙의 구체적 내용은 거의 모두 정령·성령에 위임하고 있다. 이 위임에 근거하여 다음의 정령·성령이 1,500개조를 넘

---

338) 동법의 제정경위와 체계에 대해서는 井上 浩, 「労働安全衛生法の歴史と仕組み」, 現代講座 (12), 36면 이하.

게 구체적으로 규정을 하고 있고, 실무상으로도 이러한 규정을 항상 참조하는 것이 필수적이다. 즉, 노안위법 시행령, 노동안전위생규칙, 보일러및압력용기안전규칙, 크레인등안전규칙, 곤돌라안전규칙, 유기용제중독예방규칙, 납중독예방규칙, 알레르기납중독예방규칙, 특정화학물질등장애예방규칙, 석면장애예방규칙, 고기압작업안전위생규칙, 전리(電離)방사선장애방지규칙, 산소결핍증방지규칙, 사무소위생기준규칙, 분진장애방지규칙 등이 그 예이다. 예를 들어 근래의 산업용 로봇의 현저한 증가에 대처하기 위해 1983년에는 노동안전위생규칙 속에 산업용 로봇에 대한 안전기준이 규정되었다(150조의 3~151조, 1983 노령 18). 최근에도 이들 정성령은 잇따른 법개정에 따라, 또한 산업기술의 변화에 대응하여 빈번하게 개정되고 있다.

2. 노안위법의 기본적인 체계

(1) 법의 목적과 성격

노안위법은 노기법과 더불어 산업재해 방지를 위한 위해(危害)방지기준의 확립, 책임체제의 명확화 및 자주적 활동의 촉진조치를 강구하는 등, 그 방지에 관한 종합적이고 계획적인 대책을 추진함으로써 직장에서의 근로자 안전과 건강을 확보함과 동시에 쾌적한 직장환경의 형성을 촉진할 것을 목적으로 한다(노안위 1조).

'노동기준법 … 과 더불어'란, 노안위법이 원래 노기법에 있던 노동안전위생의 기준을 발전시킨 법률로, 노기법과 기본규정(노기 1조~3조)과 감독기관(노기 11장)을 공유하는 동법의 부속법이라는 점, 근로시간·휴게·휴일·휴가 등의 노기법의 기준이 근로자의 안전·위생의 확보에 도움이 되는 것일 것, 노기법 중에서도 노동안전위생에 관한 규정이 남겨져 있는 것,[339] 등의 의미를 포함한 것이라고 할 수 있을 것이다. 한편, 노기법의 '제5장 안전 및 위생'에는 '근로자의 안전 및 위생에 관해서는 노동안전위생법 … 이 정하는 바에 의한다'는 규정(42조, 이른바 입거(docking)조항)이 마련되어 있다.

이렇게 노안위법은 노기법의 부속법이지만 근로계약관계에서 사용자가 준수해야 하고 안전위생의 최저기준을 정립하는데 그치지 않는다. 동법은 직장의 안전·위생의 실현을 위해 위험한 기계·유해재료의 제조·유통과정의 관계자나, 위험한 공사의 원청사업자·주문자 등에 대해서도 벌칙을 가지고 의무를 부과하고 있다. 또 직장의 안전·위생의 확보와 근로자의 건강 증진 및 쾌적한

---

339) 건강상 유해한 업무에 관한 시간외근로의 제한(노기 36조 1항 단서), 재량근로제하의 건강확보조치(동 38조의3 제1항 4호), 연소자·임산부의 위험유해업무의 취업제한(동 62조, 63조, 64조의 3), 취업규칙의 필요기재사항으로서의 '안전 및 위생 … 에 관한 사항'(동 89조 6호), 기숙사의 안전위생(동 95조 1 제4호·96조~96조의3), 근로조건의 명시사항으로서의 '안전 및 위생에 관한 사항'(노기칙 5조 1항 7호) 등.

직장 형성을 위해 사업주에 대해 모든 종류의 노력의무를 부과하고 이들에 대해 지침책정과 행정지도를 하고 있다. 또한 이러한 목표를 위한 후생노동대신에 의한 산업재해 방지계획의 책정[140]과 국가에 의한 사업주 등에 대한 지원조치 등, 행정시책의 구조도 설정하고 있다. 노안위법은 이러한 점에서 노기법보다도 광범·다양·고도의 법규정을 하고 있는 것이다. 한편 동법은 이러한 규정의 내용에 비추어 노기법과 최임법과 같은 근로계약에 대한 직률적 효력(노기 13조, 최임 4조 2항)을 규정하지 않는다.[141]

[140] **산업재해방지계획**

후생노동대신은 노동정책심의회의 의견을 청취하고, 산업재해의 방지에 관한 중요사항을 정한 계획을 책정하고 공표한다. 또한 이 계획의 실시를 위한 권고 또는 요청을 관계자에게 할 수 있다(6조~9조).

[141] **노안위법의 제규정의 사법상의 효력**

노안위법상의 제규정은 산업재해의 방지, 근로자의 건강증진, 쾌적한 직장형성 등을 위해 사업자(사용자)뿐만 아니라, 근로자, 관계업자 등에 대하여 광범위하고 다종·다양한 규제와 요청을 하는 것이다. 이러한 노안위법의 성격과, 동법이 같은 노기법의 부속법인 최임법(4조 2항)과 달리 노기법의 직률적 효력(노기 13조)을 규정하지 않았다는 점에서 보면, 노안위법의 제규정은 사업주와 근로자간의 근로계약관계에 대하여 직률적 효력을 가지지 않는다고 해석하지 않을 수 없다. 그러나 동법의 여러 규제중에는 강행적 효력을 가지고 근로계약의 내용과 사용자의 업무명령 등을 규율하는(위반의 계약과 명령을 무효로 한다) 것이 있다고 생각된다. 또한 동법의 근로관계에서의 안전위생의 기준과 요청은 사업주와 원청업자의 안전배려의무 내용이 되어 사법상의 효력을 인정받는 경우도 많다고 생각된다(노안위법은 사법적 권리를 부여하는 법규가 아니라 순전히 공법적 성격의 법규라는 주장을 상세하게 전개하는 문헌으로서 小畑史子,「労働安全衛生法規の法的性質(1)~(3·完)」, 法協 112권 2호, 212면; 3호 355면; 5호 613면.

(2) 기본개념

노안위법은 기본적 개념으로서 '산업재해'를 '근로자의 취업에 관련된 건설물, 설비, 원자재, 가스, 증기, 분진 등에 의하거나 또는 작업행동, 그 밖의 업무에 기인하여 근로자가 부상당하거나 질병에 걸리거나 혹은 사망하는 것'이라고 정의한다(2조 1호). 이는 요컨대 '산업저해'를 '업무에 기인하여 근로자가 부상당하거나 질병에 걸리거나 혹은 사망하는 것'으로 파악하는 것이며, 산업재해보상의 대상이 되는 '업무재해'의 개념과 일치한다. 노안위법의 상기의 규정은 산업재해의 방지라는 법의 목적에 입각하여 그러한 산업재해의 정의 중에서 이러한 산업재해가 초래할 수 있는 대표적인 요인을 '근로자의 취업에 관계되는 건설물, 설비, 원자재, 가스, 증기, 분진 등' 및 '삭업행동'으로서 예시한 것이라고 할 수 있다. 이 정의에서는 '업무재해'와 마찬가지로, 시간적·장소적으로 식별할 수 있는 사건(사고)에 의한 부상, 질병, 사망(세상에서 이른바 '산업재해')뿐만 아니라, 그러한 사고를 식별할 수 없는 (비재해성의) 부상, 질병, 사망도 포함된다.

다음으로 노안위법은 '근로자'를 노기법상의 근로자(노기 9조)라고 규정하고, 또 노기법과 마찬가지로 '동거의 친족만을 사용하는 사업 … 에 사용되는 자 및 가사사용인'을 적용제외하고 있다(2조 2호).

한편, 노안위법은 '사업자'를 '사업을 행하는 자로, 근로자를 사용하는 자'로 정의하고 있다(2조 3호). 이렇게 동법은 '사용자'(노기 10조)가 아니고 '사업자'(결국 노기법 10조의 '사업주'와 일치한다)에 대해 규제를 실시하고 있는데, 이것은 '사업경영의 이익의 귀속주체 그 자체를 의무주체로 파악하여 그러한 안전위생상의 책임을 명확하게 한 것'(안전위생의 확보는 현장관리자의 책무라는 점에 그치지 않고 사업자 그 자신의 책무라는 점)이다(1972. 9. 18 기발 91호). 그러나 법위반에 대한 처벌은 각 규정의 위반이 고의범이라는 점에서, 각 규정의 사항에 관한 현실적 책임자를 '행위자'로서 취급한다. 행위자가 아닌 사업자는 쌍벌규정(122조)에 의해 보충하는 데 그친다. 따라서 처벌방법은 노기법상의 그것과 기본적으로 동일하다. 특히 2이상의 건설업자가 하나의 장소에서 사업을 공동으로 연대하여 도급받은 경우(조인트 벤처)는 그 중 한 사람을 대표자로서 신고하고 그 대표자만을 해당 사업의 사업자로 간주하여 법을 적용한다(5조).

노안위법상 다른 기본적 개념인 '안전'과 '위생'에 대해서는 각별한 정의규정은 없다. 여기에서는 일단 '안전'이란 근로자가 취업에 관련한 이상한 사건(사고)에 의해 신체 또는 건강을 해치는 위험을 제거하는 것이고, '위생'이란 근로자가 취업상 접하는 물질과 설비환경의 상태를 건강장애를 발생시킬 우려가 없는 것으로 하는 것을 말한다고 해석한다.340)

(3) 산업안전위생 관계자의 책무

노안위법은 기본이념으로서 산업안전위생 관계자의 책무를 선언한다. 먼저 사업자는 단순히 동법이 정하는 산업재해방지를 위한 최저기준을 준수할 뿐만 아니라, 쾌적한 직장환경의 실현과 근로조건의 개선을 통하여 직장에서의 근로자의 안전과 건강을 확보하도록 하지 않으면 안 되고, 국가의 산업재해방지시책에도 협력해야 한다(3조 1항). 또 설비, 원자재, 건설물의 설계, 제조, 수입 또

---

340) 井上 浩, 最新勞働安全衛生法[第10版], 37~39면 참조.

는 건설을 하는 자는 그러한 사물의 사용에 의한 산업재해의 발생을 방지하는 데 이바지하도록 노력해야 한다(3조 2항). 뿐만 아니라 건설공사의 주문자 등 사업을 타인에게 도급받게 하는 사는 시행방법, 공사기간 등에 대해 안진하고 위생적인 작업수행을 해칠 우려가 있는 조건을 달지 않도록 배려해야 한다(3조 3항). 근로자는 산업재해 방지에 필요한 사항을 지키는 것 이외에, 사업자, 그 밖의 관계자가 실시하는 산업재해방지를 위한 조치에 협력하도록 노력해야 한다(4조).

이렇게 노안위법은 사업자 이외의 관계자와 근로자에 대해서도 안전·위생에 관한 기본적 책무를 지우고, 산업재해 방지를 위한 모든 종류의 구체적 조치(26조, 29조~35조, 37조~44조의 2)를 명하고 있다.

3. 안전위생 관리체제

사업장에 있어서 안전위생 관리체제의 정비충실은 노안위법의 하나의 주요 과제이다. 이를 위해 동법은 일정 규모·업종의 사업장에 있어서는 사업장의 안전위생 최고책임자로서의 총괄안전위생관리자를, 또한 이러한 최고책임자를 보좌하여 안전·위생의 기술적 사항을 담당하는 실무가로서 안전관리자 및 위생관리자를 내지는 이러한 안전위생추진자(내지는 위생추진자)를 선임할 것을 사업주에게 명하고 있다(10조~12조의 2). 또 일정 규모의 사업장에서는 산업의사를 선임하는 것을 명하고(13조), 고압실내 작업 등의 일정 위험한 작업에 대해서는 작업주임자를 선임하는 것을 명하고 있다(14조).[12]

또한 일정한 업종·규모의 사업장(옥외작업 업종 또는 공업 업종에 속하는 각각 상시 50인 이상 또는 100인 이상의 근로자를 사용하는 사업장)(노안위령 8조)에서는 안전에 관한 사항을 심의하는 기관으로서의 안전위원회의 설치가, 또 일정 규모(업종 여하를 불문하고 상시 50인 이상의 근로자를 사용)(동령 9조)의 사업장에서는 위생위원회를 설치하도록 의무화하고 있다(양자를 함께 설치해야 하는 사업장에서는 양자를 합병한 안전위생위원회라도 상관없다). 이 위원회의 위원 중 사업의 통할 관리자를 제외하는 위원의 과반수는 근로자의 과반수를 대표하는 노동조합이나 또는 근로자의 과반수를 대표하는 자의 추천에 근거하여 지명된다(이상, 17조~19조).

⑩ 안전위생의 각종 책임자

① 상시 100명 이상의 근로자를 사용하고 있는 건설업 등 옥외작업의 업종, ② 상시 300인 이상을 사용하고 있는 제조업, 통신업, 전기·가스·열공급업, 상품도매·소매업 등의 업종, ③ 그 밖의 업종으로 상시 1,000명 이상을 사용하고 있는 사업에서 그 사업자는 사업의 실시를 총괄적으로 관리하는 자(공장장 등)를 총괄안전위생관리자로 선임하여 안전위생에 관한 업무를 총괄 관리하도록 하여야 한다(10조, 노안위령 2조). 또 사업자는 위의 ①, ②의 업종으로 상시 50인 이상을 사용하는 사업장에서는 안전관리자를 업종 여하를 불문하고 상시 50인 이상을 사용하는 사업장에서는 위생관리자를 선임하고, 안전 또는 위생에 관한 기술적 사항을 관리하도록 하여야 한다(11조, 12조, 동령 3조, 4조). 안전관리자의 자격으로서는 이과계의 일정 학력과 2년 이상의 산업안전 실무경험 등이 요구되며, 위생관리자에 대해서는 그 면허를 취득하거나 또는 의사, 산업위생컨설턴트 등의 자격이 필요하다(노안위칙 5조, 10조). 또한 상시 10인 이상 50인 미만의 근로자를 사용하는 사업장에서는 안전위생 실무가로서 안전위생추진자(내지는 위생추진자)를 선출할 필요가 있다(12조의2, 노안위칙 12조의 2, 12조의 3).

또 동법은 상시 50인 이상의 근로자를 사용하는 사업장에 대해 건강관리를 위한 산업의사의 선임을 명령하고(13조, 동령 5조), 상시 1,000인 이상(일정 위험유해업무를 행하는 사업장은 상시 500인 이상)의 근로자를 사용하는 사업장에 대해서는 전속의 산업의사의 선임을 명하고 있다(동칙 13조). 또한 근로자 50인 미만의 사업장에 대해서는 의사 등에게 근로자의 건강관리의 전부 또는 일부를 이행하게 하도록 노력해야 한다고 하고 있다(1996년 개정에 의한 동법 13조의 2. 동 개정은 산업의사의 사업자에 대한 권고권도 신설했다. 동법 13조 3항, 4항. 나아가 산업의사 제도에 관한 본격적 연구서로서 保原喜志夫編著, 産業医制度の研究 참조). 게다가 동법은 일정한 위험작업에 대해서는 지휘자인 작업주임자(면허 또는 기능강습을 받은 자)의 선임을 사업자에게 명하고 있다(14조, 동령 6조).

이 외에 건설업과 조선업(특정사업)의 중층 하청현장으로 원청(元請)업자와 하청의 근로자가 합계 50인 이상 일하고 있는 장소(교량공사로 교통이 폭주하는 장소의 경우에는 30인 이상)에서는 하청업자(그 근로자)의 혼재(연락부족)에 의한 재해를 방지하기 위해 원청(元請)업자(특정 원청업자)는 해당 작업현장에서 안전위생의 최고책임자로서의 총괄안전위생책임자와 이를 보좌하여 안전위생의 실무에 대한 원청안전위생관리자를 선임해야 하고 하청업자는 이 최고책임자와의 연락이 닿는 자로서 안전위생책임자를 선임하지 않으면 안 된다(15조, 15조의2, 16조, 영 7조). 또 건설업의 원청사업자는 20인 이상의 근로자가 종사하는 빌딩 건축공사 등을 하는 경우에는 해당 건설공사를 관리하는 지점·영업소마다 일정 자격을 가지는 점사(店社)안전위생관리자를 선임하고, 그 자로 하여금 공사현장의 안전위생담당자에 대한 지도, 공사현장의 지도 등을 실시하도록 해야 한다(15조의3, 동칙 18조의 6, 18조의 7).

4. 근로자의 위험 또는 건강장애를 방지하기 위한 조치

노안위법은 안전위생을 위한 주요한 규제로서 사업자, 그 밖의 자에 대해 근로자의 위험 또는 건강장애를 방지하기 위한 조치를 명하고 있다.

(1) 사업자에 대한 규제

먼저 사업자는 ① 기계·기구, 그 밖의 설비('기계 등'), 폭발성·발화성·인화성 물질 등 및 전기·열, 그 밖의 에너지에 의한 위험, ② 굴삭·채석·하역·벌목 등의 업무에 있어서 작업방법에 의한 위험, ③ 추락·토사 등의 붕괴위험을 방지하기 위해 필요한 조치를 강구해야 한다(20조, 21조). 예를 들면, 산업재해의 대표적인 사례인 건설현장에서의 추락사고의 방지(③)를 위해서는 높이 2미터 이상의 개소에서의 작업에 대하여, 발판을 마련하여 작업바닥과 울타리(또는 보호하는 망)를 개설하는 것, 안전대를 사용하게 하는 것 등의 규제나, 발판의 재료·조립 해체 등에 대한 상세한 규제를 정하고 있다(노안위칙 518조 이하).

또 ㉮ 원재료·가스·증기·분진·산소결핍공기·병원체 등, ㉯ 방사선·고온·저온·초음파·잡음·진동·이상기압 등, ㉰ 계기감시·정밀공작 등의 작업, ㉱ 배기·배액·잔여물에 의한 건강장애를 방지하기 위해 필요한 조치를 강구해야 한다(22조). 예를 들어 석면(asbestos)의 흡인에 의한 근로자의 폐암·중피종, 그 외 건강장애를 방지하기 위하여 건축물 등의 해체작업에 대해서는 사전 조사, 공사계획의 작성, 석면의 제거, 발산원의 밀폐 등의 상세한 규제가 석면장애 예방규제에 정해져 있다.

또한 근로자를 취업하게 하는 건설물, 그 밖의 작업장에 대해 통로,341) 마루바닥, 계단 등의 보전 및 환기, 채광, 조명, 보온, 방습, 휴양, 피난 및 청결에 필요한 조치, 그 밖에 근로자의 건강, 풍기 및 생명의 유지를 위해 필요한 조치를 강구해야 한다(23조). 예를 들어 사업장의 통로에 대해서는 그 표시, 폭, 조명, 마루바닥, 기계설비와의 간격, 비상구 등에 대한 상세한 규제가 있다(노안위칙 540조 이하).

사업자는 또 근로자의 작업행동에서 발생하는 산업재해를 방지하기 위해 필요한 조치를 강구해야 한다(24조). 예를 들면, 위험한 장소나 작업에 있어서의 부주의 행동을 방지하기 위한 주의환기의 조치이다.

그 외 사업자에 대해서는 재해발생이 급박한 위험이 있는 경우의 긴급피난 조치 및 건설업, 그 밖의 일정 사업에서 2차 재해방지를 위한 조치를 명하고 있다. 즉 사업자는 산업재해발생의 급박한 위험이 있을 때에는 즉시 작업을 중지하고 근로자를 작업장에서 퇴피시키는 등의 필요한 조치를 강구하지 않으면 안 된다(25조). 또 건설업 등의 업종에서는 사업자는 폭발, 화재 등이 발생함에

---

341) '통로'(노안위칙 540조~543조)의 의의에 관한 판례로서 M製作所事件 — 東京高判 平14. 3. 22, 労判 835호, 80면.

따라 근로자의 구호에 관한 조치가 취해진 경우에서의 산업재해의 발생을 방지하기 위하여, 근로자의 구호에 필요한 기계 등의 비치·관리, 필요한 훈련 등의 조치를 취해야 한다(25조의 2).⑭

다음으로 사업자는 후생노동성령이 정하는 바에 따라 건설물, 설비, 원자재, 가스, 증기, 분진 등에 의하거나 또는 작업행동, 그 외 업무에 기인하는 위험성 또는 유해성 등을 조사하고, 그 결과에 대하여 노안위법 또는 이에 근거로 하는 명령의 규정에 따른 조치를 강구하는 외에, 근로자의 위험 또는 건강장애를 방지하기 위해 필요한 조치를 강구하도록 노력해야 한다(28조의 2). 산업재해를 방지하기 위한 적극적인 노력방법으로서 2005년의 법개정에 따라 도입된, 사업자의 위험평가(risk assessment: 리스크의 특정·평가와 예방조치의 실시)의 책무이다. 사업자는 이를 적절하게 행하고 있다고 인정되면, 기계 등에 관계되는 사전신고의무를 면제받는다(동개정에 따른 88조 1항 단서).

⑭ **근로자에 의한 위험취업의 거부**
　　근로자는 다음의 두 가지 경우에는 근로계약상 위험근로에 관한 근로의무를 면할 수 있게 된다. 첫째, 생명·신체에 대한 중대한 위험이 존재하기 때문에 근로의무의 본래적 한계로서 취로의무를 지지 않는다고 생각되는 경우로, 이 경우에는 노안위법 등의 강행법 위반의 유무를 묻지 않는다(참고판례로서, 日本電信電話公社事件(千代田丸事件) — 最三小判 昭43. 12. 24, 民集 22권 13호, 3050면). 둘째, 사용자가 노안위법상 안전위생조치를 강구하지 않았기 때문에 해당 작업에 생명·신체에 대한 중대한 위험이 발생하는 경우이며, 이 경우에는 노안위법 위반으로 인해 해당 작업의 명령이 구속력을 가지지 못한다고 볼 수 있다(安枝=西村, 労基法, 129면, 405면).

(2) 근로자에 대한 규제

노안위법에서는 근로자에 대해서도 사업자의 (1)의 조치에 따라서 필요사항을 준수할 의무가 부과된다(26조). 산업재해의 방지를 위해서는 사업주의 안전위생조치(예를 들어 화기의 엄금이나 작업신호의 결정)에 대한 근로자의 준수와 대응이 필요하며, 이러한 것들을 소홀히 하면 다른 근로자에게도 위험을 끼치게 되기 때문이다. 따라서 위반에는 벌칙도 있다(120조 1호)(50만엔 이하의 벌금).

(3) 도급관계에 대한 규제

다음으로 복수의 사업자가 관여하여 안전위생의 책임주체가 불명확하게 되는 도급에 의한 사업의 수행에 대해서는 도급업자나 발주자에 대하여 산업재해 방지를 위한 다양한 종류의 의무가 부과되어 있다.

먼저, 원청사업자에 대하여 노안위법을 준수하게 하기 위해서 관계도급인 및 그 근로자를 지도하고 위반에 대한 시정을 지시할 의무가 부과된다(29조). 또한 건설업의 원청사업자에게는 토사 등이 붕괴될 우려가 있는 장소와 기계 등이 뒤집어질 우려가 있는 경우 등에 있어 관계도급인의 근로자가 작업에 종사하는 경우에는 관계도급인이 위험방지 조치를 적정하게 강구하도록 기술상의 지도, 그 밖에 필요한 조치를 강구할 의무가 부과된다(29조의 2). 또 특정사업(건설·조선업)의 원청사업자(특정 원청사업자)에 대해서는 그 근로자 및 관계도급인의 근로자가 동일 장소에 혼재함에 따라 발생하는 산업재해를 방지하기 위해 협의조직의 설치·운영, 작업간의 연락조정, 작업장소의 순시, 관계도급인의 안전위생교육의 지도·원조, 업무의 공정 및 기계·설비 등의 배치에 관한 계획의 작성과 해당 기계·설비 등의 사용에 대한 관계도급인의 법령준수의 지도 등의 의무가 부과되어 있다(30조). 2005년 개정에 의하여 제조업의 원청사업자에 대해서도 관계도급인 및 그 근로자에 대한 마찬가지의 연락조정의 조치의무가 부과되어 있다(30조의 2).

다음으로 주문자에 대해서는 다음의 규제가 이루어진다. 특정사업(건설·조선업)의 업무를 자신이 행하는 주문자는 건설물, 설비, 원자재를 해당 업무를 하는 장소에서 그 도급인(수차의 도급의 경우는 모든 도급인)의 근로자에게 사용하게 할 때에는 해당 건설물 등에 대하여 그러한 근로자의 산업재해를 방지하기 위해 필요한 조치를 취해야 한다(31조 1항). 수차의 도급의 경우에는 이 주문자의 의무는 원래의 주문자에게만 부과된다(후차 도급인인 주문자에게는 부과되지 않는다)(31조 2항). 화학물질을 다루는 설비의 개조, 수리, 청소 등의 외주가 이루어진 경우에도 주문자는 도급인의 근로자의 산업재해를 방지하기 위한 조치(도급인에 대한 해당 설비의 유해성에 관한 정보의 제공 등)를 취해야 한다(31조의 2, 노안칙 662조의 4, 2005년 개정). 건설업의 업무를 하는 2이상의 사업자의 근로자가 한 장소에서 기계를 이용하여 일정한 위험작업을 행하는 경우, 해당 업무의 주문자 및 원청업자는 해당 작업에 종사하는 모든 근로자의 산업재해의 방지에 필요한 조치를 강구하지 않으면 안 된다(31조의 3 제1항). 주문자는 그 도급인에 대하여 해당 업무에 관하여 노안위법 위반이 되는 지시를 해서는 안 된다(31조의 4).

⑷ 그 외의 관계자에 대한 규제

이러한 것들 외에, 기계 등 대여자, 건축물대여자에 대해서도 산업재해방지를 위한 다양한 종류의 조치를 명하고 있다. 예를 들면, 매달아 올리는 하중 0.5톤 이상의 이동식 크레인이나 일정한 차량계 건설기계 등의 일정 기계 등을 업으로서 타인에게 대여하는 자는 해당 기계의 대여를 받은 사업자의 사업장에서의 해당 기계 등에 의한 산업재해를 방지하기 위해 필요한 조치(기계의 정비, 주의사항의 서면교부 등)를 강구하지 않으면 안 된다(33조 1항, 노안위령 10조, 노안위칙 666조). 또한 해당 기계 등의 대여를 받은 자는 해당 기계 등을 조작하는 자가 그 사용하는 근로자가 아닐 때에는 해당 기계 등의 조작에 의한 산업재해를 방지하기 위해 필요한 조치(필요자격의 확인, 작업내용·자휘계통·신호 등의 통지 등)를 강구해야 한다(33조 2항, 노안위칙 667조). 건출물의 대여자에 대해서도 산업재해방지조치(피난용 출입구의 표시, 경보설비의 비치 등)(34조, 노안위칙 670조 이하)를 강구하지 않으면 안 된다. 1톤 이상의 화물의 발송자에 대해서도 중량 표시가 의무화되어 있다(35조).

5. 기계 등 및 유해물에 관한 규제

안전위생을 위한 다음의 주요한 규제가 위험한 기계 등과 유해물질에 관한 규제이다. 먼저 보일러 등, 특히 위험한 작업을 필요로 하는 일정한 기계 등(특정기계 등)에 대해서는 제조허가 및 각종 단계에서의 검사(검사증의 발행·보증·갱신)가 이루어진다(37조~41조).[14] 또 특정기계 등 이외의 기계 등에서 위험·유해한 작업을 필요로 하거나 위험한 장소에서 사용하는 것 등에 대해서는 일정 규격, 안전장치가 필요하며(42조), 개별검정이나 또는 형식검정에 대한 합격이 요구되며, 합격의 표시가 없으면 사용해서는 안 된다(44조, 44조의 2). 또 동력에 의해 구동되는 기계 등의 돌기·전도·조속(속도조절)부분에는 방호조치가 필요하며, 그러한 조치 없이는 양도, 대여를 하거나 또는 양도 혹은 대여를 위한 전시를 해서는 안 된다(43조). 또한 일정 기계에 대해서는 사업자의 정기자주검사가 의무화되어 있다(45조).

유해물에 대해서는 일정 유해물에 관한 제조 등의 금지, 제조의 허가, 일정 사항의 표시가 의무로 되어 있으며(55조~57조의 2), 또한 일정 화학물질에 관한 유해성 조사도 요구하고 있다(57조의 3~57조의 5).[15]

---

[14] **특정기계 등의 검사**
    보일러, 제1종 압력용기, 크레인, 엘리베이터, 곤돌라 등의 '특정기계 등'의 제조에 대해서

는 도도부현 노동기준국장에 의한 사전 허가가 필요하다(37조). 또 그에 대해서는 ① 제조한 때, ② 수입한 때, ③ 설치한 때, ④ 사용 폐지한 것을 설치·사용할 때, ⑤ 주요 부분을 변경했을 때, ⑥ 사용중지 후 사용을 재개할 때 등, 각종 단계에서 도도부현 노동기준국장 또는 노동기준감독서장에 의한 검사를 받아 검사증의 발행 또는 증서를 받도록 의무화하고 있다(38조, 39조). 또한 이 검사증에는 유효기간이 있으며, 그 갱신시에는 노동기준감독서장이나 또는 후생노동대신이 지정하는 자(등록성능검사기관)에 의한 '성능검사'를 받도록 의무화하고 있다(41조). 또한 검사증의 발행을 받지 못한 특정기계 등은 사용해서는 안 되며, 검사증을 받은 특정기계 등은 검사증을 부착할 경우에 한해서만 양도 혹은 대여가 허용된다(40조).

⒂ 건설물 등의 설치신고

일정한 업종·규모의 사업장에서는 건설물 내지는 기계 등을 설치, 이전 또는 변경하려고 하는 경우, 일정 위험한 기계를 설치, 이전 또는 변경하려고 하는 경우 및 건설업·토사채취업에서 일정 업무를 개시하려고 하는 경우에는, 사업자는 일정 기일 전에 노동기준감독서장에게 그 계획을 신고해야 한다(88조 1항, 2항, 4항). 건설업에서 중대한 산업재해의 우려가 있는 일정한 대규모의 업무를 개시하려고 하는 경우에는 신고는 후생노동대신에게 해야 한다(동조 3항). 이 신고에 대해 관련 감독기관은 법령위반이 있는 계획에 대해 공사 내지는 업무중지와 계획변경을 명령할 수 있다(동조 7항).

6. 근로자의 취업시 조치

(1) 안전위생교육

사업자는 근로자를 고용할 때나 작업내용을 변경할 때 및 일정한 위험·유해업무에 종사하게 할 때, 안전위생교육을 실시해야 하며(59조),[342] 또한 건설업 등 일정업종(노안위령 19조)에 대해서는 새롭게 직무에 임하게 된 직장(職長) 또는 근로자를 지휘·감독하는 자에 대한 안전위생교육을 실시해야 한다(60조). 이들 이외의 경우에 대해서도 사업주는 안전위생교육의 노력의무를 가지며, 후생노동대신은 그 교육이 적절하고 유효하게 실시되도록 지침을 공표하여 사업자 또는 그 단체에 대하여 필요한 지도 등을 실시한다(60조의 2). 또한 크레인의 운전, 그 밖에 일정 위험업무에 대해서는 일정한 면허나 또는 기능강습을 받은 자 이외의 자를 취업시켜서는 안 된다(61조).

(2) 취업상의 배려

사업자는 중고연령자(그 외에 신체장애자, 출가근로자) 등, 산업재해의 방지상 특히 배려를 필요로 하는 자(1972. 9. 18 기발 602호)에 대해서는 그 자의 심신의 상황에 따라 취업상 적절한 배려를 하지 않으면 안 된다(62조).

---

342) 안전위생교육을 실시하는 의무위반에 대하여 형사책임을 인정한 판례로 東海村臨界事故事件 — 水戸地判 平15. 3. 3, 判夕 1136호, 96면.

7. 건강의 유지 · 증진 조치

(1) 작업환경관리

사업자는 유해한 업무를 실시하는 옥내작업장 등, 일정한 작업장에 대하여 작업환경측정을 실시하고 그 결과를 기록해야 한다(65조 1항). 이 작업환경측정은 후생노동대신이 정하는 작업환경측정기준에 따라 실시하지 않으면 안 되며 (동조 2항), 후생노동대신은 작업환경측정이 적절하고 유효하게 실시되기 위하여 필요한 작업환경측정지침을 공표하여 사업자, 작업환경측정기관 또는 이러한 단체에 대하여 필요한 지도 등을 실시한다(동조 3항, 4항). 도도부현 노동국장은 작업환경의 개선에 따라 근로자의 건강을 유지할 필요가 있다고 인정될 때에는 노동위생지도의의 의견에 근거로 하여 사업자에 대하여 작업환경측정의 실시, 그 외 필요사항을 지시할 수 있다(동조 5항). 사업자는 작업환경측정 결과의 평가에 근거로 하여, 근로자의 건강유지를 위해서 필요하다고 인정될 때에는 시설·설비의 설치·정비, 건강진단의 실시, 그 외 적절한 조치를 강구하지 않으면 안 된다(65조의 2 제1항). 상기의 평가는 후생노동대신이 정하는 작업환경평가기준에 따라서 실시하지 않으면 안 되고, 그 결과를 기록해 두어야 한다(동조 2항, 3항).[146][147]

[146] **쾌적한 직장환경 형성을 위한 조치**
사업자는 사업장에서 안전위생 수준의 향상을 꾀하기 위해 ① 작업환경을 쾌적한 상태로 유지관리하기 위한 조치, ② 작업방법을 개선하기 위한 조치, ③ 근로자의 피로를 회복하기 위한 시설·설비의 설치·정비 등의 조치를 계속적이면서 계획적으로 강구함으로써 쾌적한 직장환경의 형성에 노력해야 한다(71조의 2, 1991년 법 55). 사업주의 이러한 쾌적한 직장환경 형성을 위한 조치에 대해서는 후생노동대신에 의한 지침이 공표되고(71조의 3), 국가에 의한 금융상 또는 기술상의 원조가 이루어진다(71조의 4).

[147] **직장에서의 수동흡연방지를 위한 개정안**
최근 사회에서 금연·분연(分煙: 흡연 장소 및 시간의 제한 : 역자 주)의 기운이 고조되는 가운데, 노안위법에 직장에서의 간접흡연방지의 규정을 포함한 개정안이 2011년의 제179회 국회에 상정되었다. 이 개정안에 따르면, 사업자는 근로자의 간접흡연을 방지하기 위하여, 옥내작업장, 그 외 성령에서 정하는 작업장에서 오로지 흡연을 위해서 이용되는 것을 목적으로 하는 장소를 제외하고, 흡연을 금지하는 조치를 강구하지 않으면 안 되고, 음식물의 제공 등의 일정한 사업에 대해서는 당분간 이 규정은 적용되지 않지만 성령에서 정하는 근로자의 간접흡연의 정도를 저감시키기 위한 조치를 강구하지 않으면 안 된다고 되어 있다. 그러나 이 개정안은 심의되지 않은 채 2012년 9월의 통상국회 종료시점에서 계속 심의하기로 되어

있다.

(2) 작업관리

사업자는 근로자의 건강을 배려하여 근로자가 종사하는 작업을 적절하게 관리하도록 노력하지 않으면 안 된다(65조의 3, 1988년 법 개정으로 추가). 사업자는 잠수업무 등 건강장애를 일으킬 우려가 있는 일정 업무에 대해서는 성령으로 정하는 작업시간의 기준(고압칙 15조, 27조)을 준수해야 한다(65조의 4). 그리고 사업자는 일정한 전염병에 걸린 근로자의 취업을 금지시켜야 한다(68조).

(3) 건강관리

(가) 정기건강진단·특수건강진단   근로자의 건강관리에 대해서는, 사업자는 근로자에 대한 정기적인 일반건강진단(66조 1항)과 일정 유해업무에 종사하는 근로자에 대한 특수건강진단(동조 2항)을 실시하여 그 결과를 기록하지 않으면 안 된다(66조 3).343)

사업자는 이러한 건강진단 결과, 이상이 발견된 근로자에 대한 사후조치에 대해 의사나 또는 치과의사의 의견을 들어야 하며(66조의 4), 이 의견을 감안하여 필요하다고 인정될 때에는 취업장소의 변경, 작업 전환, 근로시간의 단축, 심야업무의 횟수 감소 등의 조치를 강구하는 외에, 작업환경의 측정, 시설·설비의 설치·정비, 그 밖의 조치를 강구해야 한다(66조의 5).344) 또한 사업자는 필요에 따라 진료를 받은 근로자에 대해 의사 또는 보건사에 의한 보건지도를 실시하도록 노력해야 한다(66조의 7, 이상의 3조는 1996년 신설). 그리고 근로자의 건강유지를 위한 사용자의 사후조치의무는 근로자가 사용자에 대하여 이행을 청구할 수 있는 구체적인 의무는 아니다(벌칙도 없다).345)

건강진단을 실시하는 사무에 종사하는 자는 그 실시에 관하여 알게 된 근로자의 비밀을 누출해서는 안 된다(104조). 이 외, 의사의 비밀누출은 형법에 의하여 처벌된다(형 134조 1항).

---

343) 건강진단을 둘러싼 법적 모든 문제를 분석한 문헌으로서, 岺出誠, 「從業員の健康管理をめぐる法的諸問題」, 日労研 441호, 15면.

344) 사업자는 그 외, 필요가 있다고 인정할 때에는 작업환경측정의 실시, 시설·설비의 설치·정비, 해당 의사의 의견의 위생위원회, 안전위생위원회 또는 노동시간개선위원회에 대한 보고를 하지 않으면 안 된다.

345) 高島屋工作所事件 ― 大阪地判 平2. 11. 28, 労経速 1413호, 3면.

⑱ 건강진단과 검진을 받을 의무

노안위법이 사업자에게 실시를 의무화하고 있는 건강진단(66조 1항~3항)에는 일반근로자에 대하여 고용되었을 때(노안위칙 43조) 및 정기(연 1회(동칙 44조))와, 심야업 등의 특정업무종사자는 연 2회(동칙 45조)의 통상적인 건강진단 및 일정한 유해업무종사자(노안위령 22조)에 대한 특수건강진단이 있다. 또 도도부현 노동기준국장은 근로자의 건강을 유지하기 위해 필요가 있을 때에는 임시건강진단의 실시를 지시할 수 있다(66조 4항).

이상과 같은 건강진단을 확실하게 실시하고 근로자의 건강관리를 만전을 기하게 하기 위하여, 동법은 근로자에 대해서도 건강진단의 진료를 받을 의무를 부과하고 있다(66조 5항, 다만 벌칙은 없다). 또한 사업자가 지정한 의사와는 별도의 의사에 의한 건강진단을 받을 '의사(医師)선택의 자유'를 규정하고 있다(동항 단서). 이것은 근로자에 대하여 자신의 신체를 다루는 자를 선택할 자유권을 보장한다는 취지가 아니라, 사업자가 지정하는 의사가 사업자의 의사에 영향 받아 진단결과를 작성할 우려가 없다고 볼 수 없기 때문에, 근로자에게 자신이 신뢰하는 의사에 의한 진단결과를 얻는 방법을 부여한 것이다(保原喜志夫, [判批]ジュリ 788호, 112면). 또 공립학교의 교원에 대해, 학교보건법에 기초하는 건강진단이 교직원의 보건뿐만 아니라 아동학생의 보건에도 큰 영향을 미치는 점, 그 하나의 내용인 결핵예방법(2007년 폐지)에 따른 엑스선검사가 교직원 개인의 보호뿐만 아니라 학교에 있어서의 결핵방지도 목적으로 하고 있는 점을 근거로, 동법(7조 1항) 및 노안위법(66조 5항)상의 검사를 받을 의무를 인정하고, 학교장이 그 진료를 직무상의 명령으로서 명할 수 있다고 판단한 판례가 있다(愛知県教委事件 ─ 最一小判 平13. 4. 26, 労判 804호, 15면).

또한 노안위법상의 건강진단에는 해당하지 않는 법정외 건강진단에 대해서도, 근로자의 진료를 받을 의무·의사선택의 자유가 문제로 되는 경우가 있다. 판례는 사용자가 경견완(頸肩腕)증후군의 장기 환자인 근로자에 대해 취업규칙 및 단체협약의 규정에 근거하여 사용자가 지정하는 병원에서의 정밀검진을 명했을 때, 근로자가 이를 거부한 사안에 대해 정밀검진이 근로자의 질병치료라는 목적에 비추어 합리적이고 상당한 내용의 것이라면, 근로자에 있어서 검진을 받을 자유와 의사선택의 자유를 이유로 검진을 거부하는 것은 허용되지 않는다고 판시했다(電電公社帯広電報電話局事件 ─ 最一小判 昭61. 3. 13, 労判 470호, 6면).

⑲ HIV감염의 고지 및 감염을 이유로 한 해고

기업의 건강관리상의 문제로서 종업원의 HIV 감염사실을 기업이 안 경우, 프라이버시의 존중 및 종업원에 대한 배치상의 취급여하가 이슈로 되고 있다.

이에 대해 최근의 판례는 사용자는 종업원에 대해 근로계약의 부수의무로서 직장에서 종업원의 건강을 배려할 의무를 지고 있기 때문에, 사용자가 질병에 걸린 종업원에게 그 취지를 알리는 것은 특단의 사정이 없는 한 허용되지만, HIV감염 사실을 고지하는 것은, 고지 후의 혼란과 패닉에 대처할 수 있는 의료자에 한정되어야 하고, 사용자가 종업원에게 그러한 감염사실을 고지하는 것은 현저하게 사회적 상당성을 일탈하고 종업원의 인격권을 침해하는 불법행위가 된다. 또 사용자가 종업원의 HIV감염을 이유로 해고하는 것은 감염이 객관적으로 해당 종업원의 업무수행에 있어서 각별한 지장이 되지 않으므로 위법이라고 판단하고 있다(HIV感染者解雇事件 ─ 東京地判 平7. 3. 30, 労判 667호, 14면). 또 사용자가 정기검진시에 근로자의 동의 없이 HIV항체검사를 행한 것에 대해, 근로자의 프라이버시권의 침해로서 불법행위라고 판단하고 있다(T工業[HIV解雇]事件 ─ 千葉地判 平12. 6. 12, 労判 785호, 10면).

HIV검사에 대해서는 후생노동성의 '직장에서의 에이즈 문제에 관한 가이드라인'(1995. 2. 20 기발 75호)에서 사업자에 의한 근로자에 대한 채용선고 등에 있어서 HIV검사를 강화하고 근로자가 사업자의 병원·진료소에서 본인의 의사에 근거하여 HIV검사를 받는 경우의 검사

실시자 및 사업자의 철저한 비밀을 유지하도록 하고 있다. 또 HIV항체검사 음성증명이 필요한 국가로의 해외근무의 경우에는 이러한 사실을 근로자에게 주지한 후 파견 희망을 확인하고, 근로자가 임의로 검사를 받도록 할 것을 설명하고 있다.

(나) 건강증진의 노력의무　　　이 외에, 사업자에게는 근로자에 대한 건강교육·건강상담의 계속적·계획적 실시(69조) 및 근로자의 체육·레크리에이션 활동 등에 대한 편의제공(70조)의 노력의무가 부과되어 있고, 후생노동대신과 국가는 이들 사업주에 의한 근로자의 건강증진 노력에 대해 지침을 공표하거나 지도·원조를 실시하도록 하고 있다(70조의 2, 71조).

(다) 과로사대책　　　이상이 사업주에 의한 근로자의 건강관리의 일반적인 법적인 구조이지만, 이에 더하여 장시간 근로 등의 업무상의 과중부하에 따른 뇌·심장질환사(이른바 '과로사')의 문제에 대한 사회적 관심이 고조되는 가운데, 이를 예방하기 위한 제도적인 대책이 취해져 왔다.

우선 1999년의 노안위법(1999년 법 45)의 개정에 의하여 심야업종사자(직전 6개월간 평균 월 4회 이상 종사하는 자)(노안위칙 50조의 2)가 정기건강진단 이외에 비슷한 진단항목에 대하여 자발적으로 건강진단 진료를 받고, 그 결과를 제출한 경우(6조의 2, 동년 신설)에는, 사업주는 통상의 건강진단이나 특수건강진단에서의 이상이 발견된 근로자의 경우와 마찬가지로, 작업전환, 근로시간단축 등의 사후조치의무를 가지게 되었다(66조의 5).

다음으로 2000년의 노재보험법(2000년 법 124)의 개정으로 뇌·심장질환에 대한 2차적 건강진단이나 그 후의 보건지도에 대하여 산재보험제도로부터의 급여가 이루어지도록 하고, 그러한 진단이나 지도를 근로시간단축이나 작업경감 등의 사후조치(노안위 66조의 5)에 연동시켜 이러한 질환의 예방을 도모하기로 하였다.[150]

2002년에는 '과중근로에 따른 건강장해방지를 위한 종합대책에 대해서'(2002. 2. 12 기발 0212001호)를 발하고, 사용자는 시간외근로의 삭감과 연휴의 취득촉진 외에, 건강진단의 철저한 실시, 시간외근로가 월 45시간을 초과하는 경우 산업의사에 따른 조언지도, 시간외근로가 월 100시간을 초과하는 경우 산업의사에 대한 근로상황의 보고나 보건지도 등의 조치를 강구하도록 사업자에게 요구하고 있다.

그리고 2005년 개정(2005년 법 108)에 의하여 사업자는 주단위의 시간외근로가 1개월 100시간을 초과하여 피로의 축적이 인정된 근로자에 대하여 의사에 의한 면접지도를 실시하여 그 결과를 기록하지 않으면 안 되고, 근로자는 면접지도를 받지 않으면 안 되게 되었다(66조의 8 제1항~3항, 노안위칙 52조의 2). 사업자는 의사에 의한 면접지도의 결과에 근거로 하여 해당 근로자의 건강을 유지하기 위해서 필요한 조치에 대하여 의사의 의견을 들어야 하며(66조의 8 제4항), 그 의견을 감안하여 필요가 있다고 인정할 때에는 취업장소의 변경, 작업의 전환, 근로시간의 단축, 심야업 횟수의 감소 등의 조치를 강구하지 않으면 안 된다(동조 5항).346)[151]

[150] **뇌·심장질환방지를 위한 2차 건강진단 등 급여**

업무에 기인한 뇌질환질환 또는 심장질환의 문제(이른바 '과로사'에 대한 사회적 관심이 고조되는 가운데, 이를 방지하기 위한 보험급여가 2000년 11월에 노재보험법 개정(2000년 법 124)으로 제도화되었다. 즉, 노동안전위생법이 의무화되어 있는 정기건강진단(66조)의 결과, 뇌혈관질환 또는 심장질환에 관계되는 검사항목(혈압, 혈중지질, 혈당, MBI)(노재보칙 18조의 16 제1항)의 어느 하나에서라도 이상의 소견이 발생한 경우에 뇌질환·심장의 상태를 파악하기 위해 필요한 검사('2차 건강진단')(그 내용은 노재보칙 18조의 16 제2항) 및 그 결과에 근거로 하여 그러한 질환의 예방을 위해서 의사 또는 보건사에 의하여 실시되는 1회의 보건지도('특정보건지도')를, 산재보험제도에서의 보험급여로서 행하기로 하였다(노재보 26조 1항, 2항). 또한 2차 건강진단의 결과, 이미 뇌혈관질환 또는 심장질환의 증상이 있다고 인정된 근로자에 대해서는 특정보건지도의 급여는 실시하지 않는다(동조 3항). 사업자는 근로자로부터 2차 건강진단의 결과를 증명하는 서면이 제출된 경우에는 해당 근로자의 건강을 유지하기 위한 조치에 대하여 의사의 의견을 들어야 한다(노재보 27조, 노안위 66조의 4). 사업주는 이 의견을 감안하여 필요가 인정될 때에는 작업의 전환, 근로시간 단축, 심야업 횟수의 감소 등의 건강진단의 사후조치를 강구해야 한다(노안위 66조의 5).

[151] **정신건강(mental health) 대책**

최근에는 시장경쟁의 격화와 시장의 불안정화, 고용인사관리의 엄격화, 저출산화 등의 사회정세가 변화하는 가운데, 직장에서의 스트레스에 의하여 정신적인 면에서의 부진에 빠지는 근로자가 대폭적으로 증가해왔다. 이러한 상황에 대응하기 위하여 근로자의 건강관리의 일환으로서 노안위법에 정신건강(mental health)대책이 포함되게 되어, 2011년 가을 제179회 국회에 노안위법 개정안이 상정되었다.

동 개정안에 의하면, 사업자는 근로자에 대하여 의사 또는 보건사에 의한 정신적 건강 상황을 파악하기 위한 검사를 실시하지 않으면 안 되며, 근로자는 이 검사를 받아야 한다. 사업자는 의사 또는 보건사가 사전에 해당 검사를 받은 근로자의 동의를 얻은 경우에는 의사 또는 보건사로부터의 검사의 결과가 통지되도록 해야 한다. 사업자는 검사결과의 통지를 받은 근로자로 정신적 건강 상황이 성령에서 정하는 요건에 해당되는 자가, 의사에 의한 면접지도를 받을 것을 희망하는 취지를 신청한 때에는 해당 근로자에게 의사에 의한 면접지도를 실시하여 그 결과를 기록해야 한다. 사업자는 면접지도의 결과에 근거하여 해당 근로자의 건강을 유지하기 위해서 필요한 조치에 대하여 의사의 의견을 듣고 해당 근로자의 사정을 고려

---

346) 사업자는 이 외, 필요가 있다고 인정할 때에는 작업환경측정의 실시, 시설·설비의 설치·정비, 해당 의사의 의견의 위생위원회, 안전위생위원회 또는 노동시간개선위원회에 대한 보고를 하지 않으면 안 된다.

하여 취업장소의 변경, 작업의 전환, 근로시간의 단축, 심야업 횟수의 감소 등의 조치를 강구하지 않으면 안 된다. 상기의 검사 및 면접지도를 행하는 사무에 종사하는 자는 그러한 행위로 알게 된 근로자의 비밀을 누출해서는 안 된다.

이 개정안은 2012년 9월의 통상국회 종료시점에서 계속 심의되었다.

8. 노안위법의 규제의 실시

(1) 안전위생 개선계획

도도부현 노동기준국장이 산업재해의 방지를 위해 종합적인 개선조치를 강구할 필요가 있다고 인정할 때에는 사업자에 대해 안전위생 개선계획을 작성하도록 지시할 수 있다(이 계획의 작성에는 사업장의 과반수 노동조합 또는 과반수 근로자대표의 의견청취가 의무화된다. 78조). 또 이 계획 작성에 대해 노동안전 컨설턴트 내지 노동위생 컨설턴트(81조~87조)에 의한 진단·조언을 받도록 권장할 수 있다(80조).

(2) 감독체제

노안위법의 시행사무는 노동기준감독서장 및 노동기준감독관이 담당한다(90조). 노동기준감독관은 사업장에 입회하여 관계자에게 질문하고 장부·서류를 검사하며 작업환경을 측정하고 검사를 위한 원자재 등을 수거할 권한을 가진다(91조 1항). 또 후생노동성, 도도부현 노동국 및 노동기준감독서에는 산업안전전문관 및 노동위생전문관을 두게 되는데, 이들도 동일한 권한을 갖는다(93조, 94조). 또한 도도부현 노동국에는 노동위생지도의(비상근)를 두게 된다(95조). 그 외에 도도부현 노동국장 또는 노동기준감독서장은 사업자, 주문자, 기계 등의 대여자 또는 건축물 대여자가 근로자의 위험 또는 건강장애를 방지하기 위한 일정한 조치의무에 위반한 경우는 이러한 자들에 대하여, 또는 산업재해발생이 급박한 위험이 있어 긴급한 필요가 있는 경우에는 사업자에 대해 작업의 전부 또는 일부의 정지, 건설물 등의 전부 또는 일부의 사용정지, 그 밖에 산업재해방지에 필요한 응급조치를 명할 수 있다(98조, 99조).

후생노동대신, 도도부현 노동국장, 노동기준감독서장은 노안위법의 시행을 위해서 필요하다고 인정할 때에는 후생노동성령이 정하는 바에 따라서 사업자, 근로자, 기계등 대여자, 건축물대여자, 컨설턴트에 대하여 필요한 사항을 보고하게 하거나 또는 출두를 명령할 수 있다(100조 1항). 예를 들면, 사업자는 사업

장 또는 그 부속건설물 내에서 일정 사고가 발생했을 때, 및 근로자가 산업재
해, 그 외 취업 중 또는 사업장내 혹은 그 부속건물 내에서의 부상, 질식 또는
급성중독에 의하여 사망하거나 휴업했을 때에는 지체 없이 관할 노동기준감독
서장에게 보고하지 않으면 안 된다(노안위칙 96조, 97조). 이 사고 보고·근로자
사상병 보고를 하지 않거나 또는 허위의 보고를 했을 때(이른바 '산재 은폐')에는
50만엔 이하의 벌금에 처해진다(120조 5호).

또한 감독기관이 감독권한을 행사하지 않았을 때, 일정한 조건이 충족하게
되면 국가배상책임의 원인이 될 수 있다.

(3) 벌 칙

노안위법상 대부분의 규정의 위반에 대해서는 형벌규정이 있으며(115조의
2~123조), 이들도 노기법상 벌칙과 동일하게 고의범이다. 그래서 이러한 형벌은
노기법에서와 동일하게 그 위반행위를 한 자연인에게 부과된다. 그리고 행위자
가 법인의 대표자 또는 법인 내지는 사람(사업자)의 대리인, 사용인, 그 밖의 종
업원인 경우에는 그 법인 또는 사람에 대해서도 각 본조의 벌금형이 부과된다
(122조). 쌍벌규정은 위반방지에 대한 과실책임을 규정한 것이라는 일반적 해
석347)에 따르면 사업자(법인의 경우에는 그 대표자)가 위반방지에 필요한 조치를
취하고 있다는 점을 입증하는 한, 이 규정에 의한 책임은 발생하지 않게 된다.

9. 노안위법 관련법

산업안전위생에 관해서는 노안위법 외에 이를 보충하는 관련법이 약간 존재
한다. 분진작업 종사자에 대해 진폐발견을 위한 건강진단을 실시하고, 진단결과
소견에 대해 관리구분을 결정하고, 동 구분에 따라 건강관리 조치를 실시할 것
을 정하고 있는 '진폐법'(1960 법 30), 산업재해방지협회 등의 산업재해방지를
목적으로 한 단체의 조직, 활동, 원조조치 등을 규정하는 '노동재해방지단체
법'(1964 법 118), 노동위법이 의무화하고 있는 작업환경 측정에 대해 작업환경
사와 작업환경 측정기관에 관한 제반사항을 규정한 '작업환경측정법'(1975 법
28) 등이다.

---

347) 最大判 昭32. 11. 27, 刑集 11권 12호, 3113면.

제 7 절   여성·연소자 보호

여러 선진국에서 노동보호법은 연소자와 여성을 과중한 근로시간·심야업·위험유해업무로부터 보호하는 것에서 출발하여, 일본의 공장법도 그러한 연소자('보호직공')·여성의 보호를 주요한 내용으로 하고 있다. 그리고 일본의 노동보호법이 근로자 일반의 근로기준을 정하는 노기법으로 발전했을 때에도 연소자와 여성은 당시의 사회통념에 있어 그 생리적 기능적 특성으로 인정된 것에 상응하는 특별한 보호를 유지·강화하였다.

이들 중 여성보호규정은 '여성차별철폐조약'(1979년)의 비준을 위한 고용기회균등법의 제정(1985년)시에 여성근로자의 균등한 기회·대우의 확보라는 관점에서 모성보호규정을 강화하고 일반적 여성보호규정을 축소하는 방향으로 개정이 이루어졌다(1985년 법45). 그 후 1997년 고용기회균등법의 대개정(1997년 법92)과 동시에 일반적 여성보호 규정(시간외·휴일근로의 제한, 심야업의 금지)은 삭제되고, 여성에 대해서는 모성보호 규정만이 약간 강화되어 존속되게 되었다.

제 1 관   연소자의 보호

일본의 노기법의 '연소자'로서 특별한 보호를 받는 자는 '만 18세 미만인 자'이다. 이 중 '만 15세에 도달한 날 이후의 최초의 3월 31일이 종료할 때까지의 자'는 '아동'으로서 더욱 특별한 보호를 받는다. 또 20세의 '성년'(민 4조)에 달하고 있지 못한 자(미성년자)도 근로계약 체결에 대해서는 특별한 보호를 받고 있다.

1. 미성년자와의 근로계약 체결에 관한 특별규제

(1) 최저연령

어느 국가의 노동보호법도 유아와 아동이 임노동으로 건전한 성장과 교육기회를 침해받지 않도록 최저 취업연령을 설정해 왔다. ILO도 1919년 제1회 총회에서 제5호 조약('공장에 사용할 수 있는 아동의 최저연령에 관한 조약')이래 수

차례에 걸쳐 조약과 권고를 채택해 왔다(최근에는 1973년 138호 조약). 일본의 노기법은 이러한 것들 중 1937년 개정조약(제59호)을 참고로 하여 '만 15세에 이르지 않은 아동은 근로자로서 사용해서는 안 된다'(구 56조 1항)고 하였다. 그러나 1998년 노기법 개정(1998년 법 112)시에 138호 조약을 참고로 하여 '사용자는 아동이 만 15세에 도달한 날 이후 최초 3월 31일이 종료하기까지 그 아동을 사용해서는 안 된다'고 개정했다(현 56조 1항). 이 개정에 의해 아동은 의무교육(중학교) 종료(상당의)시점까지는 근로자로서 사용할 수 없다는 것이 원칙이 되었다.

이 원칙에 대해서는 국제기준을 참고로 하여 두 가지의 예외를 만들고 있다.

첫째, 비공업적 사업(제조업·광업·토목건축업·운송업·화물취급업 이외의 사업)에 관련된 직업으로 아동의 건강 및 복지에 유해하지 않고 또한 그 근로가 경이한 것에 대해서는 행정관청의 허가를 받아 만 13세(1998년 개정. 그때까지는 '만12세'로 하였다) 이상의 아동을 그 자의 수학시간 외에 사용할 수 있다(56조 2항). 이 예외규정에서 '아동의 건강 및 복지에 유해'한 직업으로서는 후술하는 연소자 취업제한업무(연소칙 8조) 외에 공중오락을 목적으로 하여 곡마 또는 곡예를 하는 업무, 집집마다 또는 도로, 그 외 이에 준하는 장소에서 가요·연예, 그 밖에 연기를 하는 업무, 여관·요리점·음식점 또는 오락장에서의 업무, 엘리베이터 운전업무 등이 지정되어 있다(동 9조). 사용자는 이러한 허가를 받으려 하는 경우에는 사용하려고 하는 아동의 연령을 증명하는 호적증명서, 그 자의 수학에 지장이 없다는 점을 증명하는 학교장의 증명서 및 친권자 혹은 후견인의 동의서를 사용허가 신청서에 첨부하여 관할 노동기준감독서장에게 제출해야 한다(동 1조).

둘째, 영화제작 또는 연극사업에 대해서는 만 13세에 이르지 않은 아동에 대해서도 '[위의 첫 번째 예외와]동일하게 한다'고 규정하고 있다(노기 56조 2항). 이 경우에서는 만 13세라는 연령제한이 없어질 뿐, 그 밖의 규칙은 첫 번째 예외와 동일하다.[152]

---

[152] 연소자 사용의 경우 증명서 등의 비치

사용자는 만 18세에 이르지 않은 자에 대해 그 연령을 증명하는 호적증명서를 사업장에 비치해야 한다(노기 57조 1항). 이것은 만 18세 미만의 연소자 취업에 대해서는 노기법상 특별 보호규정이 있기 때문이다(보호규정 실시의 감독을 이행하기 위해 필요하다). 또한 사용자는 앞에서 언급한 예외규정(노기 56조 2항)에 근거하여 사용하는 '만 15세에 도달한 날 이후의 최초의 3월 31일이 종료'하지 않는 아동에 대해서는, 더욱이 수학에 지장이 없다는 것을 증명하는 학교장의 증명서 및 친권자 혹은 후견인의 동의서(민 4조 참조)를 사업장에 비치해야 한다(노기 57조 2항).

(2) 미성년자와의 근로계약체결

친권자 혹은 후견인은 미성년자를 대신하여 근로계약을 체결해서는 안 된다(노기 58조 1항). 민법의 원칙에서는 친권자 또는 후견인은 미성년자의 동의를 얻으면 미성년자를 대신하여 근로계약을 체결할 수 있으나(민 824조, 859조), 노기법은 미성년자의 보호를 위하여 이것을 수정하고 가령 미성년자의 동의를 얻더라도 친권자 또는 후견인이 미성년자를 대신하여 근로계약을 체결할 수 없다고 하였다. 또한 이와 관련하여 의사능력이 없는 유아를 영화·연극 등의 아역에 고용하는 계약은 어떻게 되는지가 문제가 되는데, 이것은 사용자와 친권자 간의 특별한 무명계약으로 해석하는 수밖에 없다.

미성년자가 근로계약 체결시에는 법정대리인의 동의를 요한다(민 5조 1항, 823조 1항). 그리고 이 동의를 얻어 미성년자 자신이 체결한 근로계약에 대해서는 친권자 내지는 후견인 또는 행정관청은 근로계약이 미성년자에게 불리하다고 인정하는 경우에는 장래를 위해 이를 해제할 수 있다(노기58조 2항). 단 친권자 내지 후견인의 이 해제권도 남용에 이르는 경우에는 효력이 발생하지 않는다.[348]

특히 미성년자가 법정대리인의 동의를 얻어 근로계약을 체결한 경우에는 미성년자가 영업을 허가받은 경우의 규정(민 6조)을 준용하여 근로계약상의 모든 행위에 대해 미성년자는 '성년자와 동일의 능력을 가진다'고 해석해야 한다.[349] 따라서 이 경우 미성년자는 근로계약상 권리를 독립하여 행사할 수 있고, 또 그를 위한 소송에 대해 소송능력을 가진다고 할 수 있다(민소 31조 참조).

또 미성년자가 법정대리인의 동의를 얻지 않고 근로계약을 체결한 경우에는 미성년자 또는 법정대리인은 동 계약을 취소할 수 있다(민 5조 2항). 그러나 이 취소가 이루어져도 노동관계가 실제상 전개되고 있으면, 그것은 노기법의 적용을 받는 근로계약 관계이다.

---

348) 倉敷紡績安城工場事件 — 名古屋地判 昭37. 2. 12, 労民 13권 1호, 76면.
349) 注釈民法(1), 193면[高梨].

2. 연소자의 근로시간

(1) 만 15세에 도달한 날 이후의 최초의 3월 31일이 종료된 자로서 18세 미만인 자

이들에 대해서는 먼저 변형근로시간제(노기 32조의 2, 32조의 4, 32조의 5), 탄력근무제(flextime)(32조의 3), 36협정에 의한 시간외·휴일근로(36조) 및 사업의 특수성에 의한 근로시간·휴게의 특례(40조)의 적용이 배제되고 있다(60조 1항). 단 ① 1주간의 근로시간이 법정근로시간(32조 1항)을 초과하지 않는 한, 1주간 중 1일의 근로시간을 4시간 이내로 단축하는 경우에는 다른 날의 근로시간을 10시간까지 연장할 것 또는, ② 1주간에 대해 48시간, 1일에 대해 8시간을 초과하지 않는 범위 내에서 1개월 이내의 기간의 변형근로시간제(32조의 2) 혹은 1년 이내의 기간의 변형근로시간제(32조의 4, 32조의 4의 2)의 규정의 예에 의해 근로하게 할 수 있다(60조 3항, 노기칙 34조의 2).

이들 중 ①은 '1일의 근로시간을 4시간 이내로 단축할 것' 및 다른 날(다른 1일에 한정되지 않는다(1948. 2. 3 기발 161호))의 근로시간을 10시간 이내로 하는 것을 조건으로 한 1주간을 단위로 한 변형근로시간제인데, 변형방법을 취업규칙과 노사협정으로 사전에 규정해 두는 것도 서면으로 통지하는 것도 필요하지 않다. 또 ②는 주 40시간제를 1개월 내지 연간단위의 변형제에 의해 실현할 것을 연소자에 대해서도 가능하게 하도록 하는 것이다.

이상 외에 연소자에 대해서도 비상사유 및 공무에 의한 시간외근로(33조)는 적용 제외되지 않고 가능하다. 또 변형주휴제(35조 2항)도 적용이 제외되지 않으므로 휴일의 변형과 대체가 가능한데, 이들도 근로시간의 제한범위 내에서 이루어질 것을 요한다. 또한 연소자라도 농업·축산·수산업과 기밀사무 취급자 등에 대해서는 심야업금지를 제외하고 근로시간규정 적용이 배제되고 있다(41조).

(2) 만 15세에 도달한 날 이후의 최초의 3월 31일이 종료하지 않은 만 13세 이상의 아동

상기 연령의 아동은 앞에서 언급한 대로 비공업적 사업에서 예외적으로 행정관청의 허가를 받은 경우만 수학시간 외에 사용이 가능하지만(노기 56조 2항),

이 근로에 대해서는 법정근로시간(32조)은 수학시간을 통산하여 1주간에 대해 40시간, 1일에 대해 7시간으로 하고 있다(60조 2항). 이렇게 규제된 후에 위의 아동에 대해서는 만 15세에 도달한 날 이후의 최초의 3월 31일이 종료된 자로 만 18세 미만의 자와 마찬가지로 변형근로시간제(32조의 2, 32조의 4, 32조의 5), 탄력근무제(32조의 3), 36협정에 의한 시간외·휴일근로(36조) 및 사업의 특수성에 의한 근로시간·휴게의 특례(40조)가 적용 제외되고 있다(60조 1항).

3. 심야업의 금지

심야업(오후 10시부터 오전 5시까지의 근로)은 만 18세 이상인 자에 대해서는 앞에서 언급한 바와 같이 2할 5푼 이상의 할증임금이 요구되고 있는 것에 불과하다(노기 37조 4항). 그러나 만 18세 미만의 연소자에 대해서는 다음과 같은 규제가 있다.

(1) 원   칙

사용자는 만 18세 미만인 자를 오후 10시부터 오전 5시 사이에 사용해서는 안 된다(노기 61조 1항). 비공업적 사업에서는 행정관청의 허가를 얻어 사용하는 만 15세에 도달한 날 이후의 최초의 3월 31일이 종료하지 않은 만 13세 이상의 아동에 대해서는, 이 심야업금지 시간대는 오후 8시부터 오전 5시까지로 된다(동조 5항).[153]

[153] **심야업 금지의 예외**
　　연소자에 관한 심야업 금지 원칙에는 다음과 같은 예외가 마련되어 있다. 첫째, '교대제로 사용하는 만 16세 이상의 남성'에 대해서는 심야업이 허용된다(노기 61조 1항 단서). 여기서 말하는 '교대제'란 '동일 근로자가 일정기일마다 주간근무와 야간근무를 교대로 하는 근무 형태를 말한다'(1948. 7. 5 기발 971호). 이것을 예외로 한 것은 심야업에 의한 체력 소모가 주간근무에 의해 회복된다고 예상했기 때문이다. 예를 들어 오전 7시부터 다음날 오전 0시 30분까지 근무하고 그 날은 비번으로 하여 그 다음날 오전 7시부터 동일하게 근무하는 것을 반복하는 격일근무는 근무마다 30시간 30분 휴식시간이 있어도 일정기일마다 심야근무와 주간근무를 교대하는 것이 아니므로 '교대제'에는 해당하지 않는다(植村魔法瓶工業事件 ― 大阪高判 昭48. 8. 30, 判タ 304호, 270면). 둘째, 교대제로 근무하는 사업에 대해서는 행정관청의 허가를 얻어 오후 10시 30분까지 근로하게 할 수 있다(61조 3항). 첫째의 예외와의 차이는 사업 그 자체로서 교대제를 취하고 있다는 사실이 필요하며 허가를 요구하고 있다는 점이다. 보다 한정적인 예외가 된다. 어느 예외의 경우에도 금지가 해제된 심야업에 대해서는 할증임금(노기 37조)의 지불을 요한다.

(2) 적용제외

다음으로 이상의 심야업 규제(금지 원칙 및 예외의 쌍방 모두)가 적용되지 않는 경우로서는 첫째, 재해 그 밖의 비상사유에 의해 행정관청의 허가를 받아 근로시간을 연장하거나 혹은 휴일에 근무시키는 경우(노기 33조 1항)가 있다(61조 4항 전단).

둘째, 농림(별표 제1 제6호), 축산·수산업(동 7호), 병원·보건위생업(동 13호) 및 전화교환업무에 있어서는 연소자의 심야업금지의 적용이 제외된다(61조 4항).

특히 금지 예외 또는 적용 제외에 따라 심야근로가 인정되는 경우라도 시간외근로에 대한 규제는 변함이 없다. 결국 연소자의 심야근로는 비상사유에 의한 시간외근로(33조 1항)의 경우를 제외하고, 법정근로시간내 근로로서 이루어져야 한다. 또 심야근로의 할증임금(37조)의 적용도 있다.

4. 연소자의 안전·위생에 관한 특별규제

(1) 위험·유해업무의 취업제한

연소자가 성년자에 비해 육체적·정신적으로 미성숙하고 또 기술적으로도 미숙한 점이 많으므로 취업시에 안전·위생상 특별 보호를 필요로 한다. 그래서 노기법은 연소자의 안전·위생을 위해 다음의 규정을 마련하고 있다.

사용자는 만 18세에 이르지 않은 자에게, 운전 중 기계·동력전도장치의 위험한 부분의 청소·주유·검사·수선, 운전 중의 기계·동력전도장치에서 벨트 로프 설치·제거, 동력에 의한 크레인의 운전을 시켜서는 안 되고, 그 외에 성령에서 정하는 위험한 업무와 성령에서 정하는 중량물을 취급하는 업무에 취업시켜서는 안 된다(노기 62조 1항). 또 사용자는 만 18세에 이르지 않은 자를 독극약, 독극물, 그 밖에 유해한 원자재 혹은 휘발성·발화성·인화성 원재료를 취급하는 업무, 현저하게 먼지·분말을 비산하거나 유해가스·유해방사선을 발산하는 장소에서의 업무, 고온·고압의 장소에서의 업무, 그 밖에 안전·위생·복지에 유해한 장소에서의 업무를 하게 하서는 안 된다(동조 2항).

연소자 근로기준규칙은 위의 중량물 취급업무의 범위를 정하고(7조), 또한 연소자의 취업제한 업무의 범위를 정하고 있다(8조).

(2) 갱내근로의 금지

사용자는 만 18세 미만의 자를 갱내에서 근로시켜서는 안 된다(노기 63조).

(3) 귀향여비

만 18세 미만의 자가 해고된 날로부터 14일 이내에 귀향하는 경우에는 사용자는 필요한 여비를 부담해야 한다. 단 그 자의 책임으로 귀책될 수 있는 사유에 의한 해고로, 사용자가 그 이유에 대해 행정관청의 인정을 받았을 때에는 이에 해당하지 않는다(노기 64조). 여기서 말하는 '해고'에는 임의퇴직, 기간만료 등의 종료사유도 포함된다고 하는 견해도 있으나, 규정의 취지에서는 문자 그대로 '해고'의 경우의 귀향여비 지불의무를 정한 것이라고 해석하는 수밖에 없다(労基局, 労基法下, 719면).

제2관 여성의 모성보호

1. 노기법상 여성보호규정의 변천

전후의 노기법은 여성근로자를 남성근로자에 비해 생리적·신체적으로 약한 면이 있는 근로자로 인식하여 시간외근로의 제한, 휴일·심야근로의 금지, 위험유해업무의 취업제한, 산전·산후의 보호, 육아시간, 생리휴가, 귀향여비 등의 광범위한 보호를 규정하였다. 그러나 여성차별철폐조약의 비준을 위한 국내법 정비의 일환으로써 이루어진 노기법 개정(1985년 법 45)에서는 여성근로자를 위해 그의 임신·출산·포육(哺育)이라는 모성기능을 보호한 실질적 기회균등을 추진함과 동시에 모성보호 이외의 근로조건의 취급에 대해서는 남녀를 동일한 기반에 세운다는 동 조약의 기본적 견해가 출발점이 되었다. 이리하여 노기법 상의 여성보호규정에 대해서는 모성보호규정은 충실히 하면서, 그 밖의 일반적 여성보호규정은 궁극적으로는 철폐해야 하는 것이라고 생각되었다. 그러나 이들 중 일반적 보호규정에 대해서는 일본사회에서 여성의 취업의식과 실태 및 여성의 가사책임부담의 현실 등에 비추어 볼 때 우선은 조약이 허용하는 잠정적 조치로서 여성의 기회균등 추진을 위해 특히 필요로 된 개정(보호의 축소)을 실시하였다.

이리한 노기법 개정을 동반한 1985년 고용기회균등법(1972년 법 113, 1985년

법 45에 의한 개정)에 대해서는 시행 후 10년이 지나, 보다 본격적인 남녀고용평
등법을 향한 재평가 작업이 개시되었는데, 거기에서는 차별규제의 강화(노력의
무의 강행규정화)를 위해서는 여성의 시간외·휴일·심야근로에 관한 보호규정
(개정 전 64조의 2, 64조의 3)의 철폐가 필요하다는 논의가 우세하게 되었다. 이
리하여 1997년 고용기회균등법의 개정 법안은 노기법의 이러한 보호규정의 철
폐를 담은 것이 되어 그러한 개정법 전체가 같은 해에 성립되었다(1997년 법
92).350) 그 후 2006년의 동법 개정시에는 여성의 갱내근로금지의 완화가 이루
어졌다(2006년 법 82).

2. 여성의 일반적 보호규정의 철폐

(1) 시간외·휴일근로 제한·심야업 금지규정의 철폐

1997년의 노기법 개정은 여성근로자의 시간외·휴일근로 제한과 심야업 금
지의 여러 규정154을 철폐했기 때문에, 만 18세 이상의 여성근로자는 남성근로자
와 마찬가지로 시간외·휴일근로 및 심야업에 종사하는(시키는) 것이 가능하게
되었다.

154 종래의 여성의 근로시간보호규정
　　종래의 노기법은 만 18세 이상 여성의 시간외근로에 대해 공업적 업종에서는 1주 6시간,
1년 150시간의 상한을, 또 비공업적 업종에 대해서는 2주 12시간(보건위생, 접객오락업) 또는
4주 36시간(그 밖의 비공업적 업종), 1년 150시간의 상한을 정하고 있다. 또한 휴일근로에 대
해서는 공업적 업종에서는 금지, 비공업적 업종에서는 4주에 1일만 가능하게 했다(이상 구
64조의 2. 또한 지휘명령자 및 일정 전문업무 종사자에게는 이러한 제한은 적용 제외로 하고
있다). 게다가 18세 이상의 여성은 심야업에 종사할 수 없다는 것을 원칙으로 하면서 일정
사업(농림·축산·수산업, 보건위생업, 접객오락업, 전화 사업), 일정 업무(항공운송관계, 영
화·방송프로그램 제작, 경찰·소방 등), 시간외 휴일근로 제한의 적용제외자, 품질이 급속하
게 변화하기 쉬운 식료품의 제조·가공에 종사하는 자(1일 근로시간 6시간 이내), 택시고용
운전사(본인의 신청이 있는 경우) 등에 대한 적용 제외가 설정되어 있다(구 64조의 3, 여자칙
6조).

(2) 보호규정 철폐에 대한 제도적 수당

상기 개정시에는 보호규정의 철폐 후에 노동생활과 가정생활에 배려하여 몇
가지의 제도적 수당이 실시되었다.

첫째, 육아개호휴업법에서, 초등학교 취학 시기에 도달하기까지의 자녀를 양

---

350) 奥山明良, 「女性保護規定の廃止に伴う法律問題」, 労働法 92호, 81면.

육하는 근로자 및 요개호(要介護)상태에 있는 대상가족을 돌보는 근로자에 대해
서는 남녀를 불문하고 6개월마다 기간을 구분하여 심야업 면제를 청구할 권리
가 규정되었다(19조, 20조). 이 청구는 횟수 제한이 없고 몇 회라도 실시할 수
있는데 ① 고용기간 1년 미만인 자, ② 심야에 항상 보육 내지 개호해 줄 동거
가족 등이 있는 자, ③ 주 소정근로일수가 2일 이하인 자, ④ 소정근로시간의
전부가 심야에 있는 자에게는 청구권이 없으며, 또한 '사업의 정상적인 운영을
방해하는 경우'(업무수행상 불가피한 요원의 청구로, 대체자 확보가 곤란한 경우)에는
사업주는 청구를 거부할 수 있다(19조 1항 단서, 육개휴칙 31조의 12). 이러한 심
야업제한 운용에 대해서는 후생노동대신의 지침에서 정하고 있으며(2002년 노고
13호), 사업주는 사전에 심야업제한의 제도를 규제에 따라 정해둘 것, 근로자의
심야업제한중의 대우(주간근무로의 전환을 포함한다)에 관한 사항을 정함과 동시
에, 이를 근로자에게 주지시키기 위한 조치를 강구하도록 배려할 것, 근로자의
자녀 양육·가족의 돌봄상황, 근무상황 등이 다양하기 때문에, 제한의 탄력적
이용이 가능하게 되도록 배려할 것, 근로자가 심야의 제한을 청구했거나 또
는 심야업 제한을 받은 것을 이유로 해당 근로자에 대한 해고, 그 밖의 불이익
취급을 하지 않을 것 등을 요청하고 있다.

둘째, 심야업에 종사하는 여성의 취업환경 정비를 위해 후생노동대신의 지
침이 정해졌다(1998년 노고 21호). 여기에서는 ① 통근 및 업무수행시에 안전 확
보(통근버스, 방범등, 방범벨, 1인 작업의 회피 등), ② 자녀양육 혹은 가족돌봄 등
의 사정에 관한 배려, ③ 가수면실, 휴게실 정비, ④ 건강진단(6개월 이내의 기간
마다 정기적으로) 등의 사항을 사업주에게 행동지침으로서 제시하고 있다.

셋째, 육아·돌봄책임을 지는 근로자에 관한 시간외근로의 상한기준의 설정
이다. 즉 육아·개호휴업법은 초등학교 취학을 시작하는 시기에 달하기까지의
자녀를 양육하는 근로자 및 요개호 상태에 있는 가족을 돌보는 근로자가 청구
했을 때에는 사용자는 사업의 정상적인 운용을 방해하는 경우를 제외하고 1월
24시간, 1년 150시간을 초과하여 근로시간을 연장해서는 안 된다[351]고 한다(17

351) 먼저 노기법 1998년 개정시, 1999년도부터 3년간 36협정에서 정하는 시간외근로의 상한기
준에 관한 기준(노기 36조 2항)에 있어서 초등학교 입학까지의 자녀를 양육하는 여성 또는 요개
호 가족을 돌보는 여성에 대하여 종래의 여성의 시간외근로의 상한과 같은 기준(연간 150시간
등)이 격변완화조치로서 설정되었다(근기법 개정부칙 133조에 의거하고 있다). 그리고 이러한 대
폭적인 완화조치 종료 후에 대한 대처의 검토 필요성을 규정한 개정법 부칙(11조 2항)에 의거하
여, 2001년의 육아·개호휴업법의 개정(2001년 법 118)에서 대폭적 완화조치와 실질적으로 농일내
용의 규제가 남녀공통 규칙으로서 마련되었다.

조, 18조).

3. 모성기능에 유해한 업무로의 취업금지

사용자는 '임산부'(임신 중의 여성 및 산후 1년을 경과하지 않은 여성)를 중량물을 취급하는 업무, 유해가스를 발산하는 장소에서의 업무, 그 밖에 임산부의 임신·출산·포육 등에 유해한 업무에 종사하게 해서는 안 된다(노기 64조의3 제1항). 이러한 취업금지는 여성의 임신·출산기능에 유해한 업무에 대해 성령에서 임산부 이외의 여성에게 준용된다(동조 2항). 이러한 취업금지업무 및 취업금지가 준용되는 자의 범위는 성령에서 규정되어 있다(동조 3항. 여성칙 2조, 3조).

종전에는 여성근로자 일반에 대해 그 근력의 약함, 기능부족, 모성기능 등에 착안하여 광범위한 위험유해업무가 설정되고 그에 대한 취업금지가 행해졌다. 그러나 기술혁신에 의한 작업상태의 변화, 안전위생에 관한 법규제의 진전 및 여성의 체력·교육수준의 향상에 따라 그러한 일반적이고 광범한 취업제한은 상당 부분에 있어서 필요성이 의문시되고 오히려 여성의 기회균등을 방해하는 것이라고 지적되기에 이르렀다(勞基法研究会報告, 1978년 11월). 이리하여 고용기회균등법의 제정(1985년)에 동반하는 법개정에서는 여성의 임신·출산·포육이라는 모성기능에만 착안한 취업제한이 규정되었다. 즉 먼저 임산부의 임신·출산·포육에 유해한 일정 업무에 임산부를 취업시키는 것을 금지하고, 다음으로 임산부 이외의 여성에 대해서도 임신·출산에 유해한 일정 업무에 대한 취업금지를 명령으로 정하도록 하였다.[155]

[155] 갱내근로의 금지
사용자는 ① 임신 중인 여성 및 갱내에서 행해진 업무에 종사하지 않는 취지를 사용자에게 신청한 산후 1년을 경과하지 않은 여성에 대해서는 갱내에서 행해지는 모든 업무를 종사하게 해서는 안 된다(노기 64조의2 제1호). 또 ② 이러한 것 이외의 만 18세 이상 여성에 대해서는 갱내에서 행해지는 굴삭업무, 그 외 여성에게 유해한 업무로서 후생노동성령(여성칙 1조)에서 정하는 것에 종사하게 해서는 안 된다(노기 64조의2 제2호). 2006년의 고용기회균등법의 개정(2006년 법82)시에 여성기술자가 갱내의 관리·감독업무에 종사할 수 있도록 임산부가 행하는 갱내업무 및 갱내에서 행해지는 일부의 업무(작업원)을 제외하고 취업금지를 철폐했다.

4. 산전산후의 보호

(1) 산전산후의 휴업

사용자는 6주간(다태임신의 경우에는 14주간(1997년 법92에 의한 개정)) 이내에 출산할 예정인 여성이 휴업을 청구한 경우에는 그 자를 취업시켜서는 안 된다(노기 65조 1항). 또 사용자는 산후 8주가 경과하지 않은 여성을 취업시켜서는 안 된다. 단 산후 6주가 경과한 여성이 청구한 경우에는 그 자에 대해 의사가 지장이 없다고 인정한 업무에 종사하게 하는 것은 무방하다(동조 2항).

산전휴업은 본인의 청구에 대비하여 주어지는 휴업이다(청구가 없다면 주지 않아도 된다). 여기에 대해 산후휴업은 본인의 청구 유무를 불문하고 부여하지 않으면 안 되고, 또 본인이 취업을 희망해도 부여하지 않으면 안 되는 강제휴업이다. 그래서 단서에 의해 최후의 2주간에 대해서는 본인이 취업을 희망하고 의사가 지장이 없다고 인정하는 업무에 취업시킬 수 있도록 하였다.

산전 휴업기간의 산정은 자연분만 예정일을 기준으로 하여 이루어진다(1951. 4. 2 부발 113호). 따라서 실제 출산이 예정보다 빨라지면 그만큼 산전휴업은 단축되고 예정일보다 늦어지면 그 늦어진 기간도 산전휴업으로서 취급된다. 이에 대해 산후 휴업기간의 산정은 실제 출산일을 기준으로 이루어지고(1951. 4. 2 부발 113호), 출산당일은 산전휴업기간에 포함된다(1950. 3. 31 기수 4057호). '출산'에는 임신 4개월 이후의 유산·조산 및 인공임신중절이 포함되고(1948. 12. 23 기발 1885호, 1951. 4. 2 부발 113호), 또 생산·사산을 불문한다.

휴업 중에는 취업규칙에 유급규정이 없는 한 무급이 된다. 건강보험에 따라 산전 42일(다태임신의 경우 98일), 산후 56일을 한도로 하여, 휴업기간 1일에 대하여 표준보수일액의 3분의 2에 상당하는 금액이 출산수당으로서 지급된다(건보 102조, 138조도 참조).

산전산후의 휴업기간 및 그 후의 30일간은, 사용자는 해당 여성근로자를 해고하는 것을 금지한다(노기 19조 1항). 또 산전산후의 휴업기간은 연차유급휴가의 요건상으로는 출근한 것으로 간주된다(동 39조 8항).[156]

[156] **산전산후의 휴업과 불이익 취급**
사용자는 여성근로자가 산전산후의 휴업을 실시한 것을 이유로 그 자의 승급과 승격상 불리한 취급을 하는 것은 허용되는가 하는 점에 대해서는 산전산후의 휴업을 한 것 그 자체

를 승급·승격·상여상의 불리한 자료로 삼는 것은 동 휴업의 보장의 취지에 반하고, 사법상 위법으로 생각할 수 있다(전형적으로는 승급·승격의 요건인 출근율의 산정상 결근취급으로 하는 것. 日本シェーリング事件 ― 最一小判 平元 12. 14, 民集 43권 12호, 1895면은 권리행사에 대한 억제력이 강한 경우에는 공서양속위반이 된다고 한다. 상여 출근율에 대해 결근취급을 공서위반에 해당한다고 한 예로는 学校法人東朋学園事件 ― 最一小判 平15. 12. 4, 労判 862호, 14면). 그러나 산전산후 휴업을 함으로써 발생한 기능과 경험의 실질적(구체적) 지체(부족) 때문에 승격이 늦어지는 것까지 위법이라고는 할 수 없다.

(2) 경이한 업무로의 전환

사용자는 임신 중인 여성이 청구한 경우에는 다른 경이한 업무로 전환시키지 않으면 안 된다(노기 65조 3항). 경이업무의 종류 등에 대해서는 특별한 규정은 없고 원칙적으로 여성이 청구한 업무로 전환시키는 취지라고 보고 있다(1986. 3. 20 기발 151호 ― 단 업무의 신설까지는 필요하지 않다). 또 업무내용의 전환뿐만이 아니라 근로시간대의 변경(예를 들어 주간교대를 야간교대로 변경하는 것)도 포함한다고 해석하고 있다.

(3) 임산부의 청구에 의한 변형근로시간제의 적용제한, 시간외·휴일·심야 근로의 금지

사용자는 임산부가 청구한 경우에는 변형근로시간제(32조의 2, 32조의 4, 32조의 5)에 의해서도 1주·1일의 법정근로시간(32조 1항, 2항)을 초과한 근로를 시켜서는 안 되고(66조 1항), 또한 비상사유(33조 1항) 또는 36협정(36조)에 의한 시간외·휴일근로를 시켜서는 안 된다(66조 2항). 또한 사용자는 임산부가 청구한 경우에는 심야업을 시켜서는 안 된다(66조 3항).

임산부의 시간외·휴일·심야근로의 규제는 이러한 근로가 임산부의 모체와 태아에 악영향을 줄 수 있다는 점에서 1985년 고용기회균등법 제정(1985년 법 45)시에 마련되었다. 그리고 1987년의 노기법 개정(1987년 법99)으로 변형근로시간제가 3종류로 확대되었을 때에는 임산부는 건강상 내지 생활상 변형근로시간제로의 적응이 곤란하게 될 수 있으므로 그 적용제한규정이 마련되었다.[157]

---

[157] **임신 중 및 출산 후 건강관리에 관한 조치**

　고용기회균등법은 임신 중 및 출산 후 여성근로자의 건강관리에 관하여 사업주가 취해야 할 조치를 정하고 있다. 이에 따르면 사업주는 그 고용하는 근로자가 모자보건법의 규정에 의한 보건지도 혹은 건강검진을 받기 위해 필요한 시간을 확보할 수 있도록 해야 한다(12조). 또 사업주는 위의 보건지도 혹은 건강검진에 근거하여 지도사항을 지킬 수 있도록 하기 위해 근무시간의 변경, 근무의 경감 등 필요한 조치를 강구하지 않으면 안 된다(13조). 이 조치에 관해서는 후생노동대신에 의한 지침이 정해져 있다(1997 노고 105). 이러한 규정은 당초 고용기회균등법에서는 노력의무로 되어 있었던 것을, 1997년 개정시에 의무규정으로 한 것이다. 실제로는 이 규정들은 후생노동대신(도도부현 노동국장)에 의한 조언, 지도, 권고에 따라 실효성이 도모된다(17조).

5. 육아시간

사용자는 1세 미만의 신생아를 양육하는 여성이 청구했을 때에는 법정 휴게시간 외에 1일 2회, 적어도 각 30분의 육아시간을 주어야 한다(노기 67조).

육아시간은 청구가 없으면 주지 않아도 된다. 또 이것은 단체협약이나 취업규칙에서 유급이라고 규정되지 않는 한 무급이다. 1일 2회 각각 적어도 30분이라는 기준은 8시간 근로제를 예상한 것이므로 1일 근로시간이 4시간 이내의 파트타이머 여성은 1일 1회 적어도 30분이면 된다고 되어 있다(1961. 1. 9 기수 8996호). 육아시간은 여성이 직장에서 먼 시설이나 집 등에 신생아를 맡기고 있는 경우를 위해 근무시간의 시작 또는 종료시라도 괜찮다고 규정하고 있다 (1958. 6. 25 기수 4317호). 또 1일 1회 60분이라는 형태라도(2회로 나누어 하는 청구를 거부하는 취지가 아닌 한도 내에서) 된다고 생각한다.

6. 생리일 취업이 곤란한 경우의 휴가

사용자는 생리일에 취업이 현저하게 곤란한 여성이 휴가를 청구했을 때에는 그 자를 생리일에 취업시켜서는 안 된다(노기 68조).

종래에는 '생리일의 취업이 현저하게 곤란한 여자'와 '생리에 유해한 업무에 종사하는 여자'가 '생리 휴가'라는 특별 휴가를 청구할 수 있다고 규정되어 있었다. 그러나 생리휴가의 의학적 근거에 의문이 제기되고 '생리시에만 유해한 업무라는 것은 생각할 수 없다'는 지적(労基法研究会報告, 1978년 11월)이 이루어짐에 따라, 고용기회균등법의 제정에 동반하여 '생리에 유해한 업무에 종사하는 여자'라는 문언이 삭제되었다. 또 '생리휴가'라는 문언을 단순히 '휴가'로 개정하고 취업이 현저하게 곤란한 경우의 휴가(병가 등)의 한 종류라는 점을 제시하였다. 이리하여 새로운 규정이 보장하는 것은 개인적 체질과 그 때의 몸 상태, 그 밖의 상황에 의해 개별적으로 '생리일의 취업이 현저하게 곤란한' 여성이 청구할 수 있는 휴가가 되었다.[158]

▧ **생리를 위한 휴가일의 임금**

　휴가 중 임금에 대해서는 협약·취업규칙 등에 특단의 규정이 없을 때는 무급이다. 또 휴가일을 정근·개근수당의 산정에서 결근 취급하는 취급에 대해서는 판례는 종전의 생리휴가에 대해 휴가일의 임금과 동일하게 당사자간 결정으로 위임된 문제로, 생리휴가의 취득을 현저하게 억제하지 않는 한 노기법상으로도 사법상으로도 위법이 아니라고 보고 있다(エヌ·ビー·シーエ工業事件 ― 最三小判 昭60. 7. 16, 民集 39권 5호, 1023면). 개정 후에도 동일하게 생각할 수 있을 것이다. 이에 대해 휴가의 취득일을 승급·승격의 요건인 출근율의 산정에 있어 결근일 취급을 하는 점에 대해서는 생리휴가 취득에 대한 억제력이 강하면 공서양속 위반이 된다고 하는 판례가 개정 전의 생리휴가에 대해서 존재하고 있다(日本シェーリング事件 ― 最一小判 平元 12. 14, 民集 43권 12호, 1895면). 개정 후에도 이 점에는 변함이 없다.

제 8 절　고령·소자(小子; 저출산) 사회의 취업원조

1. 서　설

(1) 육아·개호의 원조법제의 정비 과제

　일본의 평균수명의 연장과 출산율의 저하에 따라 21세기 제 1사분기에는 국민 4인당 1인이 65세 이상의 고령자가 된다는 초고령·소자사회(超高齡·少子社会)로 접어들어, 연금·의료·노인돌봄의 체제 만들기를 비롯하여 많은 정책과제가 생겨나고 있다. 노동분야에서도 고령·소자사회로의 이행은 고령근로자의 고용촉진의 과제와 함께 여성의 능력 활용과 관련하여 직업생활과 가정생활의 조화라는 과제를 발생시켰으며 또한 남녀를 불문하고 육아·개호를 위한 휴업제도, 그 외 취업원조의 법제정비의 과제를 발생시켰다.

(2) 육아·개호휴업법의 성립

　육아휴업은 종래 국가·지방공공단체인 학교·시설에 근무하는 여성 교원, 간호사, 보모를 위해 입법된 것(이른바 3직종의 육아휴업법, 1975년 법 61) 외에는 고용기회균등법에서 여성의 취업원조 조치의 하나로서, 사업주의 노력의무로 규정하고 있다(동법 구 28조). 그러나 합계특수출생률의 저하경향이 두드러지고, 그 요인 중 하나라고 생각되는 일과 육아의 양립의 어려움을 개선하기 위해 육아휴업의 법제도화에 대한 요청이 높아졌다. 이리하여 여성근로자의 능력발휘 촉진의 관점과 고령·소자사회에 대한 대책의 관점이 합치되어 '육아휴업등에 관한법률'(1991년 법 76, 1995년 4월부터 전면 적용)이 제정되었다.

이어서, 급속한 증가가 예상되는 병으로 거동이 불편하여 침대생활을 해야 하는 노인과 치매성 노인의 돌봄체제가 정비되는 움직임 속에서, 개호휴업의 제도화가 과제가 되어 1992년의 가이드라인의 책정 등을 거쳐 육아휴업법의 개정법으로서 법안화되어 육아·개호휴업법(정식 명칭은 개호휴업제도가 시행된 1999년도부터 「육아휴업, 개호휴업 등 육아 또는 개호를 하는 근로자의 복지에 관한 법률」) 이 1995년 6월에 국회에 통과되었다(1995년 법107).352) 동법은 '자녀의 양육 혹은 가족의 개호를 실시하는 근로자 등에 대한 지원조치를 강구함으로써 자녀의 양육 또는 가족의 개호를 실시하는 근로자 등의 고용계속 및 재취직의 촉진을 도모하고 나아가 이들의 취업생활과 가족생활의 양립에 기여하는 것을' 목적으로 하는 법률로(1조). 남녀에게 공통의 휴업·개호지원을 위한 휴업 등의 권리를 보장하고 있다.

(3) 육아·개호휴업법의 발전

육아·개호휴업법은 1997년에 개정되어(1997년 법 92), 종래의 노기법상의 여성보호 조치로 되어 있던 심야업의 규제를 육아·개호지원을 위한 남녀 공통된 심야업 제한 조치로 재편성되는 것 등이 이루어졌다. 2001년에는 여성의 시간외근로 규제의 철폐에 따라 노기법에 규정된 대폭적인 완화조치를, 육아·개호지원을 위한 남녀공통된 시간외근로 제한 조치로 재편성되는 등의 개정(2001년 법 118)이 실시되었다. 2004년에도 1년 이상 계속 고용된 기간고용자로의 고용확대나 육아휴업기간을 자녀가 1년 6개월이 될 때까지 연장 가능한 것, 자녀의 간호휴가(연 5일)제도의 신설 등의 개정이 이루어졌다(2004년 법160). 2009년에는 양육중의 단시간근무제도 및 소정외근로 면제의 의무화, 부친의 육아휴업 취득의 촉진책(부모가 함께 취득하는 경우의 취득가능기간을 1세 2개월에 도달할 때까지 연장, 출산 후 8주간 이내에 부친이 취득한 경우는 재차 취득을 가능하게 한다, 노사협정에 의한 전업주부(남편)제외 규정의 폐지), 자녀의 간호휴가제도의 확충(자녀가 2명 이상인 경우는 연 10일로), 돌봄을 위한 단기휴가제도(요개호 가족이 1명인 경우 5일, 2명인 경우 10일) 등을 신설하는 개정이 이루어졌다(2009년 법65). 육아휴업 중의 급부금에 대해서도 고용보험법의 순차개정에 따라 50%로 까지 인상되었다(2007년 법30).[153]

---

352) 개호휴업제도의 취지, 필요성, 형성경과에 관한 기본문헌으로서 保原喜志夫, 「介護休業法制の檢討(上)(下)」, ジュリ 1064호, 56면; 1065호, 94면.

[159] 차세대육성지원대책추진법

　다음 세대의 사회를 짊어질 어린이가 건강하게 태어나 육성되도록, 국가 혹은 지방공공단체가 강구하는 환경정비의 시책, 또는 사업주가 행하는 고용환경의 정비, 그 외의 대응('차세대육성지원대책')을 추진하기 위해서 2003년에 「차세대 육성 지원 대책 추진법」이 제정되었다(2003년 법120). 동법은 주무대신이 차세대육성지원대책의 종합적이고 효과적인 추진을 도모하기 위해서 차세대육성지원대책의 책정에 관한 지침을 정하여 이 지침에 따라 시정촌, 도도부현, 국가·지방공공단체 이외의 사업주(일반사업주) 및 국가·지방공공단체의 기관(특정사업주)은 각각 차세대육성지원을 위한 행동계획을 책정해야 하는 것으로 규정한다.

　특히, 상시 고용하는 근로자의 수가 300명(2011년 4월 1일 부터는 100명)이 넘는 일반사업주는 주무대신이 정한 행동계획책정지침에 입각하여 차세대육성지원대책의 실시에 의해 달성하고자 하는 목표나 실시하고자 하는 동대책의 내용과 실시기간을 정한 행동계획을 책정하는 것으로 규정되고, 또한 동계획을 후생노동대신에게 신고해야 한다(12조). 후생노동대신은 상기의 신고를 한 사업주 가운데 고용환경의 정비에 관하여 동법 시행규칙에서 정하는 기준에 적합한 일반사업주에 대하여 그 취지를 인정한다(13조). 그리고 동 규칙은 행동계획에서 고용한 남성근로자 가운데 육아휴업 등을 한 자가 1명 이상 있을 것, 고용한 여성근로자로 계획기간에 출산한 자의 수에 대한 육아휴업 등을 한 자의 수가 10분의 7 이상일 것, 등의 육아휴업 등의 조치의 정비와 이용에 관한 구체적인 기준을 제시하고 있다(동규칙 4조). 동법에 따라 행동계획의 책정을 필요로 한다고 여겨지고 있는 일반사업주의 대다수가 동계획을 책정하고 후생노동대신에게 신고하고 있다. 또한 상기의 인정을 받으면, 해당 사업주는 'くるみん'이라고 하는 마크를 광고 등에 표시하여 자녀양육 서포트 기업이라는 것을 명시할 수 있다.

2. 육아의 지원

(1) 육아휴업

　(가) 신청의 요건　　1세 미만의 자녀(적자와 양자 쌍방)를 양육하는(동거하고 감호하는) 근로자(남녀를 불문한다)는 해당 자녀가 1세가 될 때까지의 일정 기간을 특정하여 육아휴업을 사업주에게 신고할 수 있다(육아·개호휴업법(이하 법) 5조 1항, 4항, 법 시행규칙(이하 칙) 5조). 단 일용직 근로자는 제외된다(법 2조 1호). 기간을 정하여 고용된 자에 대해서는 당해 사업주에게 1년 이상 계속 고용되고 있으며, 양육하는 자녀가 1세가 되는 날을 넘어 계속 고용되는 것이 예상되는 자(당해 자녀의 1세에 도달하는 날로부터 1년을 경과하는 날까지의 사이에 계약기간이 만료하고 또한 계약갱신이 없을 것이 분명한 자를 제외한다)라면, 육아휴업을 신청할 수 있다(법 5조 1항 단서).

　육아휴업은 해당 자녀가 1세가 될 때까지의 기간에만 취득 가능한 것으로 하는 상기의 제한은 2009년 개정(2009년 법65)에 의하여 부모인 근로자가 육아휴업을 취득하는 경우에는 1세 2개월까지의 기간으로 완화되었다('파파·마마 육아휴업플러스')(법 9조의 2). 이에 의하여 자녀가 1세가 될 때까지의 일정기간은 모친이 육아휴업하고 그 후 1년 2개월에 될 때가지는 부친이 육아휴업을 하는 등의 이용방법이 가능하게 되었다.

이 육아휴업의 신청은 1명의 자녀에 대하여 1회로 한정되고(법 5조 2항), 신청한 휴업은 연속한 하나의 기간이지 않으면 안 된다(법 5조 4항). 다만, 배우자의 사망, 배우자의 부상·질병·신체상 정신상의 장애에 의하여 해당 자녀의 양육이 곤란하게 되었을 때, 배우자가 혼인의 해소 등으로 동거하지 않게 되었을 때 등의 특별한 사정353)이 있는 경우는 1회에 한하지 않고 육아휴업을 신청할 수 있다(법 5조 2항, 칙 4조). 또 모친인 근로자의 8주간의 산후휴업기간(노기 65조 2항)중에, 해당 자녀를 양육하는 자(전형적으로는 부친)인 근로자가 육아휴업을 취득하는 경우에는 재차 육아휴업을 취득할 수 있다(2009년 법65에 의한 개정 후 법 5조 2항).

(나) **육아휴업의 연장 신청**   1세 이상 1세 6개월이 될 때까지의 자녀를 양육하는 근로자는 해당 자녀에 대하여, 자신 또는 배우자가 해당 자녀를 1세가 되는 날에 육아휴업을 하고 있는 경우로, 해당 자녀의 1세 이후의 기간에 대하여 보육원에서의 육아 신청을 했으나, 당면 실시되고 있을 않을 때 또는 1세가 되는 날 이후에 양육할 예정이었던 배우자가 사망, 상병, 질병, 혼인해소에 따른 별거, 산전산후의 기간에 있는 등의 어느 한 경우에는, 1세 6개월이 될 때까지의 일정 기간을 정하여 육아휴업을 신청할 수 있다(법 5조 3항, 칙 4조 2). 이에 따라 근로자가 자녀가 1세가 될 때까지 행하고 있던 육아휴업을 1세가 된 날 이후 계속하는 것 또는 지금까지 육아휴업을 하고 있던 배우자를 대신하여 같은 날 이후 육아휴업을 하는 것이 일정한 경우에는 가능하게 되었다. 후자의 경우에는 이미 동일한 자녀에 대하여 1세까지 육아휴업을 하였던 경우가 있어도 1세 이후에 다시 육아휴업이 가능하다.

(다) **신청의 요식**   신청은 원칙적으로 휴업개시 1개월(1세 이상 1세 6개월까지의 자녀에 대해서는 2주간) 전까지, 휴업기간의 개시예정일·종료예정일 등 소정 사항을 제시하여 실시한다. 출산예정일 전의 출산 등의 경우에는 1주일 전까지 실시할 수 있다. 이러한 1개월(상기의 자녀에 대해서는 2주간) 내지 1주간

---

353) 2009년 규칙개정은 이 '특별한 사정'에 대하여 '배우자'에게는 사실상 혼인관계와 같은 사정에 있는 자를 포함한다고 하고(칙 4조 4호), 또 해당 자녀가 부상, 질병, 신체상·질병상의 장애에 의하여 2주간 이상의 기간에 걸쳐 보살핌을 필요로 하는 상태가 되었을 때 및 해당 자녀에 대하여 보육원에 보육의 신청을 했지만 실시되고 있지 않을 때를 추가하였다(칙 4조 7호, 8호).

의 예고기간에 부족한 신고가 이루어진 경우에는 사업주는 각각 1개월(2주간) 내지 1주간의 범위에서 휴업 개시일을 늦춰서 지정할 수 있다(이상 법 5조 4항, 6조 3항, 칙 5조).

신청의 방법은 종래에는 서면에 의해 실시된다고 되어 있었지만, 2009년의 규칙개정으로 팩스 또는 이메일로도 좋다고 되었다(칙 5조 2항, 3항, 이하 기타의 신청·청구도 같음).

(라) 신청의 거부사유 사업주는 요건을 충족한 근로자의 휴업신고를 거부할 수 없다(법 6조 1항).354)[160] 단, 사업주는 다음의 어느 하나에 해당하는 근로자에 대해서는 근로자의 과반수를 조직하는 노동조합 또는 근로자의 과반수를 대표하는 자와의 노사협정에서 육아휴업을 인정하지 않는 자로 정하면 그 신청을 거부할 수 있다. 즉 ① 고용되어 1년이 되지 않은 자, ② 휴업신청일로부터 기산하여 1년(상기 (나)의 연장신청의 경우는 6개월) 이내에 고용계약이 종료되는 것이 분명한 자, ③ 1주간의 소정근로일수가 2일 이하인 자 등(법 6조 1항 단서, 칙 7조, 2011. 3. 18 노고 58호)이지만, 동개정에 의해 삭제되었다.

육아휴업 신청은 개시예정일까지는 철회할 수 있는데, 일단 철회하면 동일 자녀에 대해서는 원칙적으로 재신고할 수 없게 된다(법 8조 1항, 2항).[160]

[160] **육아휴업의 권리의 법적 성질**

육아휴업을 취득할 수 있는 권리는 그 요건을 충족한 근로자가 신청을 한 경우, 사용자는 이를 거부할 수 없다고 되어 있기 때문에 일방적 의사표시에 의하여 근로의무의 소멸(및 이에 따른 임금지불의무의 면제)이라는 법적 효력을 발생시키는 형성권이라고 하는 것이 국회에서의 정부견해이다(제140회 국회 1997년 5월 16일 중의원 노동위원회 太田芳枝 부인국장 답변). 한편 육아휴업에 대해서는 신청된 휴업개시일에 대하여 해당 근로자도 사업자도 일정한 경우에는 변경권이 인정되고 또 종료예정일에 대해서도 해당 근로자에게는 일정한 경우에 변경권이 인정되고 있으며 신청 후에 권리내용의 변동이 발생할 수 있다. 또 아내의 출산예정일을 휴업개시예정일로서 신청한 남편에 대해서는 아내의 신청이 예정일보다 늦어진 경우의 연기변경권이 규정되어 있지 않기 때문에, 형성권이라고 해석하면 아직 자녀가 태어나고 있지 않은데 출산예정일로부터 휴업이 시작된다는 불합리도 지적되고 있다(神尾真知子, 「育児·介護休業法改正の意義と立法的課題 — 2009年法改正が残したもの」季労 227호, 11면). 그리고 실제로는 육아휴업의 신청은 사업주의 그것에 대응한 여러 조치(대체자의 준비, 휴업 중인 임금·사회보험의 결정 등)가 없으면 실현이 곤란하며, 사업주가 신청을 거부하여 이러한 조치를 실시하지 않는 경우에는 해당 근로자는 기업내 고충처리의 신고, 도도부현 노동국장에 대한 조언·지도·권고의 요구, 법원에 대한 제소(권리의 확인청구, 손해배상청구) 등에 따르지 않을 수 없다(육아휴업의 신청을 거부당해 육아를 하면서 취로하지 않을 수밖에 없었

---

354) 유기계약으로부터 기간의 정함이 없는 계약으로 전환된 자에 대한 육아휴업 신청 거부를 불법행위라고 한 판례로, 日欧産業協力センター事件 — 東京地判 平15. 10. 31, 労判 862호, 24면.

던 것에 대하여 위자료 청구를 인정한 판례로서 日欧産業協力センター事件 ― 東京地判 平 15. 10. 31, 労判 862호, 24면).

⑯ **근로자에 의한 휴업기간의 변경**

　　1세 미만의 자녀에 대하여 육아휴업을 신청한 근로자는 ① 자녀의 출산예정일보다 빠른 출생, ② 배우자의 사망, ③ 배우자의 병·부상, ④ 배우자의 동거해소 등의 경우에는 1회에 한하여 육아휴업기간 개시일을 앞당기는 변경을 할 수 있다(법 7조 1항, 칙 12조). 이 변경은 변경후의 개시예정일의 1주간 전까지 사업주에게 통지할 필요가 있고, 1주간 미만의 통지인 경우에는 사업주는 1주간의 개시를 확보하는 한도로 개시일을 낮출 수 있다(법 7조 2항, 칙 13조, 14조). 또 근로자는 자녀가 1세가 되기까지의 기간이라면 사유 여하를 불문하고 1회에 한하여 육아휴업기간 종료일을 늦추는 변경을 할 수 있지만, 이 변경은 변경후의 종료예정일 의 1개월 전까지 사업주에게 신청해야 한다(법 7조 3항, 칙 15조, 16조).

　　(마) **육아휴업기간의 종료**　　육아휴업은 원칙적으로 근로자가 지정한 종료 예정일에 종료하는데, 다음의 경우에는 해당 사정이 발생한 날에 종료한다. 즉, 자녀의 사망, 절연, 별거 등에 의해 자녀를 양육하게 않게 된 경우, 예정일 전 에 자녀가 1세가 되었을 때('파파·마마 육아휴업플러스'의 경우는 1세 2개월, 앞 에서 언급한 1세 이상의 자녀에 대한 연장신청의 경우에는 자녀가 1세 6개월에 도달했 을 때), 산전산후휴업·새로운 육아휴업 또는 개호휴업이 시작되었을 때이다(법 9조, 칙 20조). 특히 육아휴업의 개시 전에 자녀를 양육하지 않게 된 경우에는 육아휴업의 신청이 없었던 것이 된다(법 8조 3항). 자녀를 양육하지 않게 된 경 우에는 해당 근로자는 그 취지를 사업주에게 통지해야 한다(법 8조 3항, 9조 3 항).

　　(바) **휴업기간 중·휴업종료 후의 대우**　　사업주는 휴업기간 중의 대우, 휴업 종료 후의 임금·배치, 그 밖의 근로조건, 휴업후의 근로제공 개시시기 등에 관 한 사항에 대하여 사전에 정하여 주지하도록 노력해야 한다(법 21조, 칙 32조).

　　육아휴업 중의 임금에 대해서는 근로계약에 위임되며 특별한 합의가 없으면 무노동·무임금(no work no pay) 원칙에 따라 무급이 된다.[355] 그러나 고용보 험법에 의해 고용보험제도에서 휴업개시 전 임금의 40%가 '육아휴업급부금'으로 서 지급된다(고보 61조의 4).⑯

⑯ **육아휴업기간 중의 노동·사회보험**

　　육아휴업 중에도 고용관계는 계속되고 있으므로 노동보험자격은 계속된다. 육아휴업 중 또는 육아휴업 종료에 이직한 경우의 고용보험 수급자격에 관한 [이직일 이전 2년간의 12개 월간의 피보험자 기간](도산, 해고 등에 의한 이직자 또는 특정이유 이직자의 경우는 [이직일

---

　　355) 임금 규정 등의 해석에 의한다. 예를 들면 월급제하에서는 임금의 공제 규정에서 육아휴 업이 공제사유에 열거되어 있지 않으면 오히려 공제할 수 없다는 것이 된다.

이전 1년간에서의 6개월간의 피보험자 기간])(고보 13조)의 요건은 임금지불이 없는 육아휴업에서는 이직일 이전 최대한 4년을 소급하는 특례가 취해진다.

육아휴업 중의 건강보험, 연금에 대해서도 기초적인 사용관계는 계속되므로 보험관계는 계속된다. 육아휴업기간 중의 건강보험 및 후생연금의 보험료에 대해서는 1995년 4월 1일부터 피보험자 부담분이 면제되게 되고, 그 후의 면제범위의 확대를 거쳐 2005년 4월 1일 이후는 만 3세까지의 휴업에 대하여 피보험자 부담분, 사업주 부담이 함께 면제되게 되었다.

(2) 자녀의 간호휴가

초등학교 취학을 하게 되는 시기에 달하기까지의 자녀를 양육하는 근로자는 그 사업주에게 신고함으로써 하나의 년도에서 5근로일을 한도로 하여 부상을 당하거나 또는 질병에 걸린 자녀를 보살피기 위한 휴가(간호휴가)를 취득할 수 있다(법 16조의 2). 사업주는 이 휴가의 신청을 거부할 수 없다(법 16조의 3 제1항).356) 다만, 사업주는 ① 고용되어 6월에 미치지 못한 자, ② 휴업신청일로부터 기산하여 1년 이내에 고용계약이 종료되는 것이 분명한 자, ③ 1주간의 소정근로일수가 2일 이하인 자에 대해서는 근로자의 과분수를 조직한 노동조합 또는 근로자의 과반수를 대표하는 자와의 노사협정으로 개호휴가를 인정하지 않는 것으로 정하면, 그 신청을 거부할 수 있다(법 16조의 3 제2항). 2009년 개정에 의하여 법문상으로는 취득사유에 '질병을 예방을 도모하기 위한 … 보살핌'('자녀에게 예방접종 또는 건강진단을 받게 하는 것')(칙 29조의 3)이 추가되어 휴가의 한도일수에 대해서는 초등학교 취학 전 자녀가 2명 이상의 경우는 10일로 되었다.

(3) 소정외근로의 제한

사업주는 만 3세에 도달하지 못한 자녀를 양육하는 근로자가 청구한 경우에는 계속고용기간이 1년에 미치지 못한 근로자 또는 1주간의 소정근로일수가 2일 이하의 근로자에 대하여 사업장의 과반수조직 조합 또는 과반수 대표자와의 서면의 협정으로 적용대상외로 규정된 경우의 이러한 대상외인 자에 해당되지 않는 한은 소정근로시간을 초과하여 근로시킬 수는 없다. 다만, 사업의 정상적인 운영을 방해하는 경우는 이에 해당되지 않는다(법 16조 8 제1항, 칙 30조의 8).

이 소정외근로의 면제청구는 1월 이상 1년 이내의 하나의 기간의 개시예정일과 종료예정일을 명확히 하고, 개시예정일 1개월 전까지 하지 않으면 안 된다(법 16조의 8 제2항). 청구에 횟수의 제한은 없고 몇 차례나 청구할 수 있다.

---

356) 2001년 개정으로 노력의무로 간주되고 있던 것을 2004년 개정으로 권리규정으로 하였다. 이 신청은 형성권의 행사로 해석해도 좋을 것이다.

이 제한기간은 자녀가 만 3세에 도달하기까지의 기간 계속되지만, 자녀의 사명 등에 따라 자녀를 양육하지 않게 된 경우, 제한기간종료 예정일전에 자녀가 만 3세에 도달한 경우, 산전산후휴업·새로운 육아휴업 또는 개호휴업이 시작되었을 때에도 종료한다(법 16조의 8 제4항).

소정외근로의 제한은 2009년 개정 이전에는 육아를 지원하기 위해서 사업주가 취해야 하는 제도의 선택지의 한 가지로 여겨져 왔지만, 동개정에 의하여 그 자체 반드시 행해야 하는 제도로 되었다.

⑷ 시간외근로 제한

사업주는 초등학교 취학을 하는 시기에 달하기까지의 자녀를 양육하는 근로자가 청구했을 때에는 계속고용기간이 1년에 이르지 못한 근로자 또는 1주간의 소정근로시일수가 2일 이하인 근로자에 대하여 사업장의 과반수조직조합 또는 과반수 대표자와의 서면의 협정에서 적용대상외로 정해진 경우의 그러한 자에 해당되지 않는 한 1월 24시간, 1년 150시간을 초과하여 근로시간을 연장해서는 안 된다. 다만, 사업의 정상적인 운영을 방해하는 경우는 이에 해당되지 않는다(법 17조 1항, 2항, 칙 31조의 3). 2009년 개정 전에는 노사협정에 의하여 적용대상외가 될 수 있는 자 가운데에는 배우자가 정상상태로 자녀를 양육할 수 있는 자도 열거되어 있었지만 동개정에 의하여 삭제되었다.

이 시간외근로제한의 청구방법, 종료사유 등은 상기의 소정외근로의 제한과 같다(법 17조 2항). 앞에서 언급한 것처럼, 여성의 시간외근로제한의 철폐에 관한 대폭적인 완화조치를 남녀공통규제로서 2001년 개정으로 일상화하였다.

⑸ 심야업의 제한

사업주는 초등학교 취학을 하는 시기에 도달하기까지의 자녀를 양육하는 근로자가 청구한 경우에는 심야(오후 10시부터 오전 5시까지)에 근로시켜서는 안 된다. 다만, 사업의 정상적인 운영을 방해하는 경우는 이에 해당되지 않는다. 또 ① 계속고용기간이 1년에 이르지 못한 자, ② 해당 청구에 관계되는 심야에서 정상상태로 해당 자녀를 보육할 수 있는 해당 자녀의 동거 가족이 있는 자, ③ 1주간의 소정근로일수가 2일 이하인 자, ④ 소정근로시간의 전부가 심야에 있는 자는 청구할 수 없다(법 19조 1항, 칙 31조의 12).

소정의 소정외근로의 제한(⑶), 시간외근로의 제한(⑷), 심야업의 제한(⑸)에 대해서는 이러한 요건에 합치되어 적용대상외자에 해당되지 않은 자에 의하여 청구가 이루어진 경우에는 해당 근로자의 취로의무는 '사업의 정상적인 운영을 방해하는 경우'에 해당되지 않는 한 소멸된다.357)

(6) 소정근로시간의 단축 등의 조치

사업주는 육아휴업을 취득하지 않고 3세까지의 자녀를 양육하는 근로자가 희망하는 경우에는 이 자에 대하여 1일의 소정근로시간을 6시간으로, 또는 6시간을 포함한 복수의 시간을 선택지로 하도록 단축하는 조치(단시간근무)를 강구하지 않으면 안 된다. 다만, 1일의 소정근로시간이 6시간 이하인 근로자에 대해서는 이에 해당되지 않는다. 또 ① 계속고용기간이 1년에 이르지 못한 근로자, ② 1주간의 소정근로일수가 2일 이하인 근로자, ③ 그 외 업무의 성질 또는 업무의 실시치제에 비추어 단시간근무의 조치를 강구하는 것이 곤란하다고 인정되는 업무에 종사하는 근로자에 대하여 사업장의 노사협정에서 적용대상외로 정한 경우에는 그 적용대상외로 정해진 자에 대해서도 이에 해당되지 않는다 (법 23 제1항, 칙 33조의 2, 33조의 3, 34조 1항).

사업주는 상기의 ③에 해당되는 근로자로 3세에 이르지 못한 자녀를 양육하는 자에 대하여 상기의 소정근로시간의 단축의 조치를 강구하지 않기로 한 경우에는 탄력근무제, 시차출근제도, 탁아시설의 설치운영의 어느 한 조치를 강구하지 않으면 안 된다(법 23조 2항, 칙 34조 2항).358)

(7) 사업주의 노력의무, 배려의무

사업주는 초등학교 취학연령에 도달하기까지 동안에 대해서도 육아휴업, 소정외근로의 제한, 소정근로시간의 단축, 시차출근 등의 조치를 강구하도록 노력하지 않으면 안 된다(법 24조).

또 근로자의 전근시, 자녀의 양육상황을 배려해야 할 의무(법 26조), 임신, 출산, 육아를 이유로 퇴직한 자에 대하여 재고용특별조치를 강구하는 노력의무

---

357) 이러한 의미에서 형성권이다. 심야업 면제의 청구에 대해서는 日本航空インターナショナル事件—東京地判 平19. 3. 26, 労判 937호, 54면에서 판시. 다만 이 판례는 상기의 심야업 면제의 청구를 하면서 심야업을 포함하지 않는 근무의 할당을 요구한 근로자에 대하여 사업주가 심야업 면제의 청구를 한 다른 조합 조합원에 할당했던 근무의 일수분의 임금에 대해서는 민법 536조 2항에 의한 임금청구권을 인정해야 한다고 판단했다. 사안으로서는 심야업 면제를 청구한 종업원에 대한 근무할당에 관한 위법한 (부당노동행위에 해당되는) 조합간 차별이라고 인정되기 때문에, 상기 일수의 임금상당액은 불법행위에 근거로 한 손해배상청구권으로서 기초화되어야 했다고 생각된다.
358) 본조의 소정근로시간의 단축 등의 조치는 조치의 내용이 특정되어 있지 않고 그 특정에는 취업규칙 등에 의한 제도화나 해당 근로자의 선택을 필요로 하기 때문에, 문자 그대로의 조치의무로 사법상의 청구권이나 형성권으로 해석하는 것은 곤란하다.

(법 27조)가 마련되어 있다.

3. 개호휴업

(1) 개호휴업

(가) 개호휴업의 권리   근로자는 요개호 상태에 있는 배우자(사실혼을 포함), 부모, 자녀 또는 배우자의 부모('대상가족', 법 2조 4호)를 돌보기 위해 요개호자 1명에 대해 요개호 상태에 이를 때마다 1회, 통산 93일을 한도로 휴업할 수 있다(법 11조, 12조, 15조). 기간을 정하여 고용된 자에 대해서는 당해 사업주에게 1년 이상 계속 고용되고 있으며, 개호휴업 개시예정일에서 기산하여 93일을 경과하는 날을 초과하여 계속 고용되는 것이 예상되는 자(93일 경과일로부터 1년을 경과하는 날까지의 사이에 계약기간이 만료하고 또한 계약갱신이 없을 것이 분명한 자를 제외한다)라면, 개호휴업의 권리를 가진다(법 11조 1항 단서). 일용직 근로자는 개호휴업의 권리를 가지지 못한다(법 2조 1호). '요개호 상태'란 부상, 질병 또는 신체상 내지는 정신상 장애에 의해 상시 개호를 필요로 하는 상태를 말한다(법 2조 3호). 대상가족에는 배우자의 부모가 포함되고 또 동거하고 있는 것은 요건으로는 되어 있지 않다.

개호휴업의 권리는 당초는 동일 가족에 대해서는 연속 3개월간을 한도로 1회만으로 되어 복수의 취득은 인정되지 않았다. 휴업기간을 3개월이라고 한 것은 거동이 불편하거나 치매의 주원인인 뇌혈관질환의 급성기, 회복기, 만성기 중 앞의 두 경우를 커버함을 고려했다고 한다.[359] 그러나 개호에 대해서는 단기간의 휴업이나 복수의 휴업의 수요도 있기 때문에, 2004년 개정시에 동일한 대상 가족에 대하여 통산 93일까지는 요개호 상태가 발생할 때마다 1회씩, 복수의 개호휴업을 취득할 수 있게 되었다(법 11조 2항).

(나) 휴업의 신청   휴업시에는 근로자는 해당 대상가족이 요개호 상태에 있다는 것을 명확히 하고 또한 휴업개시일 및 종료예정일을 분명히 하여 사업주에 대해 신고하는 것을 요한다(법 11조 3항). 사업주는 근로자로부터 개호휴업의 신청이 있었을 때에는 해당 신고를 거부할 수 없다(법 12조 1항). 단, ① 고용되어 1년에 이르지 못한 자, ② 휴업 신청의 기간에서부터 기산하여 93일 이

---

359) 保原喜志夫, 「介護休業法の制定に向けて」, 週刊社会保障 1829호, 22면. 이 논문에 따르면 법제정 당시에 실제로 취득된 개호휴업기간도 대부분이 3개월 이내라고 한다.

내에 고용이 종료되는 것이 분명한 근로자, ③ 1주간 소정근로일수가 2일 이내의 근로자 등에 대해서는 근로자의 과반수를 조직하는 노동조합 또는 근로자의 과반수를 대표하는 자와의 노사협정에서 개호휴업을 인정하지 않는 자로 정하면 그 신청을 거부할 수 있다(법 12조 2항, 칙 7조).360)

또 사업주는 근로자에 의한 휴업신청일부터 신청받은 휴업 개시일까지가 2주 부족한 경우에는 2주 경과일까지 개시일을 늦춰 지정할 수 있다(법 12조 3항).

(다) 휴업기간중의 임금   육아·개호휴업법은 휴업기간중의 임금에 대해서는 각별한 수당을 주고 있지 않다. 즉 휴업중의 임금의 취김은 근로계액상의 무급이 원칙으로, 어떠한 지불을 하는지는 사업주의 임의에 맡겨져 있다. 그러나 고용보험제도에서 휴업개시전 임금의 40%가 '개호휴업급부금'으로서 지급된다(고보 61조의 6).

(2) 개호휴업

근로자는 대상가족의 돌봄(요개호 상태에 있는지의 여부를 불문한다)통원 등의 시중, 개호서비스 절차 대행, 그 외 필요한 보살핌을 하기 위해서는 사업주에게 신청함으로써 한 년도에 5근로일을 한도로 하여 해당 돌봄을 하기 위한 휴가를 취득할 수 있다(법 16조의 5). 사업주는 이러한 청구가 있는 경우에는 그 신청을 거부할 수 없다(법 16조의 6 제1항). 다만, 사업주는 ① 고용되어 6월에 이르지 못한 자, ② 휴업신청일로부터 기산하여 1년 이내에 고용계약이 종료되는 것이 분명한 자, ③ 1주간의 소정근로일수가 2일 이하인 자에 대해서는 근로자의 과반수를 조직하는 노동조합 또는 근로자의 과반수를 대표하는 자와의 노사협정에서 개호휴가를 인정하지 않는 것으로 정하면 그 신청을 거부할 수 있다(법 16조의 6 제2항). 2009년 개정으로 신설된 제도이다.361)

(3) 시간외근로 제한

사업주는 요개호 상태에 있는 가족을 돌보는 근로자를 위하여 초등학교에 취학하는 시기에 도달할 때까지의 자녀를 양육하는 근로자에 대하여 보장된 시간외근로의 제한과 동일한 조치를 강구하지 않으면 안 된다(법 18조).

(4) 심야업의 제한

요개호 상태의 대상가족이 있는 근로자도, 초등학교 취학 전의 자녀를 양육

---

360) 개호휴업의 권리의 성격에 대해서는 육아휴업의 권리 성격과 같다고 생각된다.
361) 개호휴가의 권리도 자녀의 간호개호의 권리와 같은 형성권이라고 생각된다.

하는 근로자와 동일하게 시간외근로의 제한과 심야업 면제를 청구할 수 있다 (18조, 20조).362)

(5) 소정근무시간의 단축 등의 조치

사업주는 고용하는 근로자(일용직 근로자를 제외한다) 중 요개호 상태의 대상 가족을 돌보는 근로자로 개호휴업을 하지 않은 자에 관하여 근로자의 신청에 근거하여 합계 93일간(해당 가족에 대해 개호휴업을 하고 있다면 해당 기간을 제외한 기간. 개호휴업과 마찬가지로 동일 대상가족에 대해 복수의 취득이 가능) 이상의 기간 에 있어서 근무시간의 단축, 그 밖에 취업하면서 돌봄을 용이하게 하기 위한 조치(예를 들어 탄력근무제, 시업·종업시각을 앞당기거나 늦추거나 등)를 강구해야 한다(법 23조 2항, 칙 34조 3항).363)

특히 사업주는 이상의 요건을 충족하지 않는 경우라도 가족을 돌보는 근로 자에 대해서는 위의 개호휴업 제도 또는 근무시간의 단축 등의 조치에 준한 조 치를 강구하도록 노력해야 한다(법 24조 2항).

4. 해고, 그 외의 불이익 취급의 금지

사업주는 이상에 의하여 의무화된 육아휴업, 개호휴업, 자녀의 간호휴가, 개 호휴가, 소정외근로의 제한, 시간외근로의 제한, 심야업의 제한, 소정근로시간의 단축(또는 탄력근무제, 시차출근 등)의 조치를 근로자 신청한 것 또는 이러한 조치 를 근로자가 받은 것을 이유로, 해당 근로자에게 해고, 그 외의 불이익 취급을 해서는 안 된다(법 10조, 16조의 4, 16조의 7, 16조의 9, 18조의 2, 20조의 2, 23조의 2). 앞의 두 가지의 규정(법 10조, 16조의 4)은 2009년 개정 전부터 존재했지만 그 외의 규정은 이 개정에 의하여 신설되었다. 앞의 두 규정에 대해서도 해고 이외의 '불이익 취급'의 금지는 2001년 개정으로 추가되었다. 금지된 '불이익 취 급'의 내용에 대해서는 지침으로 예시가 이루어지고 있다(2004. 12. 28 후노고 460호).163 164

> 163 **불이익취급 금지의 사법상의 효과**
> 육아개호휴업법상의 단시간근무에 의한 근무 감소를 상여의 지급요건으로서의 출근율에 서 결근취급으로 하는 것은 육아개호휴업법의 권리보장의 취지를 실질적으로 잃게 하는 정도

---

362) 이러한 시간외근로의 제한 및 심야업의 제한은 형성권이라고 생각된다.
363) 사용자의 조치의무이다.

의 불이익을 주는 경우에는 공서양속위반으로서 허용되지 않는다는 판례가 있다(学校法人東朋学園事件 ― 最一小判 平15. 12. 4, 労判 862호, 14면. 이 사건에서는 90%라는 높은 비율의 출근율 요건이 설정되어 있었기 때문에 반년의 대상기간 중 8주간의 산후휴업을 취득한 자 또는 대상기간의 전체 기간에 걸쳐 1일 1시간 15분(7시간 15분의 소정시간의 17%)만 육아를 위한 근무단축을 한 자는 그 만큼 출근율에 미치지 못한 취급을 받았다. 이 파견은 한편으로 육아휴업법상의 휴업(단시간근무도 포함하여)은 유급이라는 것을 보장받고 있지 않기 때문에, 상여의 산정에서 단시간근무에 의한 단축시간을 결근시간으로 비례적으로 상여를 감액시키는 것 자체는 적법(본건에서의 그러한 감액규정은 유효)이라고 판시하고 있다). 그러나 상기와 같이 불이익 취급금지가 법정된 이상, 상기 육아휴업 등의 신청자 내지 취득자에 대한 임금 면에서의 무노동·무임금(no work no pay)원칙을 초과한 불이익 취급은 불이익의 정도를 불문하고 위법이 된다고 해석된다. 예를 들면 금지위반의 해고는 무효가 되는 것이다.

164 육아휴업종료후의 처우

육아휴업기간을 종료하여 복귀한 근로자의 처우에 대해서는 육아개호휴업법은 육아휴업을 취득한 것을 이유로 하는 불이익 취급을 금지하고 있으며(10조), 육아·개호휴업에 관하여 사업주가 강구해야 하는 조치에 관한 지침은 '불이익 배치의 변경을 하는 것'에 대하여 '배치의 변경전후의 임금, 그 외의 근로조건, 통근사정, 해당인의 장래에 미치는 영향 등의 제반의 사정에 대하여 종합적으로 비교고량한 후, 판단해야 하는 것이지만, 예를 들면 통상적인 인사이동의 지침으로는 충분히 설명할 수 없는 직무 또는 취업장소의 변경을 함으로써, 해당 근로자에게 상당 정도 경제적 또는 정신적인 불이익을 발생시키는 것'은 불이익 취급이 된다고 한다. 동법은 또 사업주는 육아휴업후의 취업이 원활하게 이루어지도록 하기 위해, 해당 근로자의 배치, 그 외의 고용관리에 관하여 필요한 조치를 강구하도록 노력해야 한다고 규정하고(22조), 상기의 지침은 '원칙적으로 원직 또는 원직 상당직에 복귀시키는 것이 많이 행해지고 있다는 점에 배려해야 한다'고 한다.

어떤 판례(コナミデジタルエンタテインメント事件 ― 東京高判 平23. 12. 27 23, 労判 1042호, 15면)에서는 바쁜 해외 게임 라이센스취득 업무에 종사해 왔던 근로자가 산전산후휴업 후 6개월간 육아휴업하고 직장에 복귀할 때에, 이 근로자를 보다 부담이 가벼운 국내의 게임 라이센스취득 업무로 담당업무 변경을 한 조치가 동법이 금지하는 육아휴업을 취득했다는 것을 이유로 하는 불이익 취급에는 해당되지 않는다고 판단했다. 그러나 동판결은 이 담당업무 변경에 따라서 역할등급제 가운데 등급(grade)을 낮추었던 것에 대해서는 이 기업의 역할등급제에서는 역할등급의 인하를 근거로 하는 규정이 취업규칙에도 안내에도 존재하지 않는다고 하여 인사권의 남용이 된다고 판단했다.

5. 분쟁의 해결

(1) 고충의 자주적인 해결

사업주는 육아 또는 돌봄을 하는 근로자를 위해서 의무화된 이상의 조치에 관하여 근로자로부터 고충의 신고를 받았을 때에는 고충처리기관(사업주를 대표하는 자 및 해당 사업소의 근로자를 대표하는 자를 구성원으로 하는 해당 사업소의 근로자의 고충을 처리하기 위한 기관)에 해당 고충의 처리를 위임하는 등, 그 자주적 해결을 도모하도록 노력하지 않으면 안 된다(법 52조의 2).

(2) 도도부현 노동국장에 의한 조언, 지도, 권고

후생노동성의 도도부현 노동국장은 육아 또는 돌봄을 하는 근로자를 위해서 사업주에게 의무화 된 이상의 조치에 대한 분쟁에 관하여 분쟁 당사자의 쌍방 또는 일방으로부터 해결에 대하여 원조를 요구받은 경우에는 필요한 조언, 지도 또는 권고를 할 수 있다(법 52조의 4 제1항). 후생노동대신은 이 권고를 받은 사업주가 여기에 따르지 않았던 경우에는 그 취지를 공표할 수 있다(법 56조의 2. 2009년 개정으로 신설). 분쟁해결의 원조를 요구한 것을 이유로 하는 해고, 그 외의 불이익 취급은 금지된다(법 52조의 4 제3항).

(3) 조정(調停)

2009년 개정에 따라서, 상기의 분쟁에 대해서는 후생노동성의 도도부현 노동국장에 설치된 분쟁조정위원회에 의한 조정의 절차를 이용할 수 있게 되었다(법 52조의 5, 조정신청을 이유로 한 해고, 그 외 불이익 취급의 금지는 법 52조의 5 제2항).

제 9 절 산업재해보상

제 1 관 서   설

1. 산재보상제도의 기본적 성격과 특징

산업재해(근로자가 노무에 종사함으로써 입은 부상, 질병, 사망)의 사용자에 의한 보상도 시민법의 원칙에서는 근로자가 사용자에 대해 손해배상책임을 추급함으로써 비로소 실현된다. 이 책임추급에서는 과실책임원칙이 적용되고 있으므로, 피해자인 근로자 또는 그 유족은 사용자의 과실(주의의무 위반)의 존재 및 그것과 재해와의 인과관계의 존재 입증이 요구된다. 또 만약 그 재해가 동료 피용자를 포함한 제3자의 행위에 의한 경우에는 해당 제3자가 사용자의 대리인('피용자')의 지위에 있고, 또한 해당행위가 사용자의 업무수행상 발생했다는 입증이 필요하다. 또한 피재자인 근로자(또는 유족)는 실제 입은 피해를 입증해야 한다.

뿐만 아니라 피재근로자측도 과실이 있다면 과실상쇄에 따라 배상액이 감액된다.

그러나 각국에서는 이러한 과실책임의 원칙은 점차로 경감되어 결국 과실책임원칙 그 자체를 폐기하는 새로운 제도가 성립하기에 이르렀다. 즉 산업재해는 기업의 영리활동에 수반한 현상인 이상, 기업활동에 따라 이익을 얻고 있는 사용자에게 당연히 손해보상을 하게 하고, 근로자를 보호해야 한다는 견해가 형성되어 산재보상제도가 입법화되었다. 여기에서는 '고용과정에서 고용에 기인하여 발생한 사고에 의한 부상·사망'과 일정 직업병(일정 업무에 종사하는 자의 일정 질병)에 대해 사용자는 근로자에게 당연히 일정률로 산정된 금액의 보상을 해야 한다고 하였다. 이 새로운 보상제도에서는 무과실책임과 배상액의 정액화가 주요한 특징이다.

이 산재보상제도는 산재보험제도에 의해 보다 완전한 것이 된다. 이것은 국가(정부)가 보험제도를 관장(운영)하고, 사용자는 의무적으로 집단적으로 여기에 가입하여 보험료를 납부하고, 산업재해를 당한 근로자가 이 보험에 의해 재해에 대한 보상을 받는다는 제도이다. 그리고 선진국의 대부분의 국가에서는 사용자의 산재보험책임을 집단적으로 전보(塡補)하는 책임보험제도로서 출발한 산재보험제도는 적용범위, 보험사고, 급여내용, 재원 등에서 사회보장제도의 일환이 되도록 발전을 이룩하고 있다.[364]

2. 일본의 산재보상제도의 발전

(1) 노기법상 산재보상제도

1947년 제정된 노기법은 '제8장 재해보상'에서 근로자가 업무상 부상당하고 질병에 걸리거나 사망한 경우에는 사용자는 다음의 보상을 실시할 수 있다고 정했다.

(가) **요양보상**　　부상 또는 질병에 대해 요양을 실시하거나 또는 그 비용을 부담하는 것(75조. 노기칙 36조는 '요양'의 범위에 대해 정한다).

(나) **휴업보상**　　위의 요양에 의한 휴업 중에 평균임금의 100분의 60을 지급하는 것(76조. 이 계산에 대해 노기칙 38조~38조의 10 참조).

(다) **중단보상**　　요양 개시 후 3년을 경과하여도 부상 또는 질병이 낫지 않은 경우, 평균임금의 1,200일분을 지불하면 그 후에는 요양보상 및 휴업보상

---

364) 保原喜志夫,「労災補償責任の法的性格」, 現代講座(12), 258면 이하 참조.

을 하지 않아도 된다고 하는 것(81조).

(라) **장애보상**　　부상이나 질병이 완치되었을 때, 신체에 남은 장애에 대해 장애 정도에 따라 평균임금에 별표 제2의 일수를 곱한 금액을 보상한다고 하는 것(77조. 별표 제2는 장애등급을 1급~14급으로 나눠 각각에 대해 1,340일분~50일분의 보상을 정하고 있다. 또 노기칙 40조에 근거한 동칙 별표 제2는 '신체장애 등급표'로서 각종 장애를 1급~14급으로 분류하고 있다).

(마) **유족보상**　　업무상의 사망에 대해 유족에 대하여 평균임금의 1,000일분의 보상을 한다는 것(79조. 노기칙 42조~45조는 유족보상을 받는 자의 범위를 정한다).

(바) **분할보상**　　사용자가 지불능력이 있다는 것을 증명하고 보상을 받아야 하는 자의 동의를 얻은 경우에는 장애보상 또는 유족보상으로 대체하여 평균임금에 별표 제3에 정하는 일수를 곱하여 얻은 금액을 6년에 걸쳐 매년 보상할 수 있다는 것(82조).

(사) **장례비**　　업무상의 사망자의 장례를 하는 자에 대해 평균임금의 60일분을 지급한다는 것(80조).

그리고 노기법과 동시에 제정 공포된 노동자재해보상보험법(1947년 법 50. 이하 '노재보험법'으로 약칭)은 일정 규모·업종의 사업을 강제적용사업으로 하고 이러한 사업에 있어서 노기법상의 산재보상책임을 전보하는 산재보험제도를 규정했다(보험급부의 내용은 노기법의 보상보다도 약간 낮았다). 노기법은 이에 따라 동법에 규정하는 재해보상사유에 대해 산재보험법에 근거하여 노기법의 보상에 상당하는 급여가 이루어져야 하는 경우에는 '그 금액의 한도에서' 사용자는 보상 책임을 면한다고 규정하였다(84조 1항).

(2) 산재보험법의 발전(현재 산재보상제도)

그 후 노재보험법은 수차례의 법개정에 따라 다음과 같은 발전을 이룩하고 노기법을 대신하는 산재보상의 주요한 법률이 되고 있다.

첫째, 강제적용사업의 확대이다. 노재보험법의 강제적용사업은 점차 확대되어가고 1972년 4월부터는 전 사업이 강제적용사업이 되기에 이르렀다.[365]

둘째, 보험급여의 내용이 개선되고 노기법의 보상을 크게 상회하기에 이르렀다. 즉, 1960년 개정(1960년 법 29)에 의해 장기상병자 보상제도(현재 상병보상

---

365) 단, 경과조치로서 소규모 개인경영의 농림수산업은 잠정적인 임의적용사업으로 여겨지고 있다.

연금의 전신)가 창설됨과 동시에 장애보상비의 일부(장애등급 1~3급)가 연금화되었다. 이어서 1965년 개정(1965년 법 130)에 의해 유족연금제도가 도입되고 또 장애보상급여의 연금화 범위가 확대되고(등급 7급까지), 이와 더불어 상기의 노기법의 조정규정(84조 1항)에서 '그 금액의 한도에서'의 문언이 삭제되었다.366) 그 후에도 연금액의 내실화, 슬라이드제의 도입, 보험재정에의 국고부담(보조)의 도입, 노동관계에 없는 자(중소사업주·1인 사업주)에 대한 산재보험 적용확대, 사회복귀(rehabilitation) 등 서비스급여의 확대, 개호보상급여의 창설 등이 이루어졌다.

셋째, 종래 통근도중의 재해는 원칙적으로 업무상 재해가 아닌 것으로 취급되어 왔으나, 통근사정의 악화에 의한 동재해가 증가하는 가운데 통근도중재해에 대해 업무재해와 같은 보상을 실시하는 제도가 노재보험법에 규정되었다(1973년 법 85).

이리하여 노기법은 원칙상으로는 여전히 산재보상 기본법인데 실제상으로는 한정된 기능(최초의 3일간 휴업보상 및 업무상 재해의 정의, 특히 업무상 질병의 열거, 잠정 임의적용사업에 있어서의 산재보상)밖에 갖지 않게 되었다. 그리고 노재보험법이 노기법을 대신하여 산재보상의 대부분의 기능을 담당하기에 이르렀다.367)囿 그리고 일본의 산재보험제도의 성격에 대해서도 상기와 같은 적용범위, 보험사고, 급여내용, 재원 등의 발전을 근거로 하여 사회보장화론이 주장되어 종래부터의 집단적인 책임보전제도론과 대립하고 있다.368)

囿 석면건강피해구제법

2005년에는 석면(asbestos)의 비산에 의한 건강피해의 확산과 장기진행성이 사회문제가 되었다. 같은 해 말에는 정부에 의하여 '석면문제에 관한 종합대책'이 강구되었고 그 일환으로서 2006년 2월에는 노재보상보험법에서는 구제되지 못한 석면건강피해에 대하여 구제를 도

---

366) 업무상의 부상에 대하여 노재보험법에 의해 휴업보상급여를 받고 있던 근로자가 증상개선으로 통원일만 이 급부를 받게 되고, 이어서 증상고정으로 이 급부가 불필요하게 된 경우(이러한 것에 대하여 노기서장의 결정 있음)에 해당 근로자는 통원일만 이 급부를 받게 된 기간에서의 다른 휴업일에 대하여, 또 증상고정이 되어 이 급부를 받을 수 없게 되었던 기간의 휴업일에 대하여 노기법상의 휴업보상급여를 청구할 수는 없다(神奈川都市交通事件 ― 最一小判 平20. 1. 24, 労判 953호, 5면).

367) 산재보험제도에 관한 기본문헌으로서 井上浩, 労災補償法詳説[改訂10版]; 保原喜志夫=山口浩一郎=西村健一郎編, 労災保険·安全衛生のすべて, 96면 이하; 山口浩一郎, 労災補償の諸問題[増補版]; 岩村正彦, 「労災保険政策の課題」, 講座21世紀(7), 19면 이하; 東大労研, 注釈労基法下, 847면 이하[岩村, 島, 小西, 中嶋].

368) 山口浩一郎, 労災補償の諸問題[増補版], 18면은 '현행의 산재보험은 주로 피용자에 대하여 사용자의 집단적 책임을 근거로 하여 산업위험에 유래하는 재해, 그 외의 사고에 대하여 손실의 전보와 관련 서비스로 이루어진 종합적인 보상을 하는 산재보험(피용자보험)의 하나이다'고 한다.

모하기 위하여 '석면에의한건강피해의구제에관한법률'(2006년 법 4)이 제정되었다. 동법에 의하면, 석면흡인에 의한 중피종 또는 기관지·폐의 악성신생물(중피종 등)을 앓게 된 자에게는 의료비(4조~15조)와 휴양수당(16조)이 지급되어 피인정자 사망시에는 그 유족에게는 장례비가 지급된다(19조). 또 석면흡인에 의한 중피종 등에 기인하여 법시행일(2006년 3월 27일) 이전에 사망한 자의 유적에 대해서는 특별유족조위금 및 특별장례비가 지급된다(20조).

    이상과 같은 산재보험급여의 대상이 되지 않는 시민(석면관련공장의 부근주민 등)을 상정한 구제제도 외에, 동법은 석면을 다루는 업무에 종사하여 중피종이나 기관지 또는 폐의 악성신생물을 앓고 사망했음에도 불구하고, 산재보험의 시효기간(사망후 5년)이 지났기 때문에 산재보험급여를 받을 수 없게 된 근로자의 유족에 대하여 노재보험법상의 유족보상급여(연금 또는 일시금)에 준한 특별유족급여(연금 또는 일시금)를 지급하기로 한다(59조 이하).

    이러한 급여 및 인정업무는 독립행정법인 환경재생보전기구에 의하여 실시된다. 그리고 그 재원을 위해서 동기구에 석면건강피해구제기금이 설치되고(31조), 산재보험관계가 성립되어 있는 사업주로부터 일반거출금(35조)이, 또 석면관련의 특별사업주로부터 특별거출금(47조)가 징수된다.

제 2 관   산재보험법의 개요

1. 산재보험제도의 체계

(1) 목   적

산재보험('노동자재해보상보험')은 ① 업무상 사유 또는 통근에 의한 근로자의 부상·질병·장애·사망 등에 대해 신속·공정한 보호를 하기 위해 필요한 보험급여를 실시하고, ② 아울러 이러한 부상·질병에 걸린 근로자의 사회복귀의 촉진, 해당 근로자 및 그 유족의 원호, 근로자의 안전 및 위생의 확보 등을 도모하는 제도이다(노재보 1조).

    ①의 목적을 수행하는 것이 '보험급여'이고 ②의 목적을 수행하는 것이 '사회복귀 촉진 등 사업'이다(동 2조의 2).

(2) 관장자, 적용사업, 재원

(가) 산재보험은 정부가 이를 관장한다(동 2조).

(나) 근로자를 사용하는 모든 사업을 적용사업으로 한다(동 3조 1항). 다만 국가의 직영사업 및 관공서의 사업에 대해서는 동법은 적용되지 않는다(비적용사업, 동조 2항. 이러한 것들 중 일반직 국가공무원, 지방공무원에 대해서는 각각 국가공무원재해보상법, 지방공무원재해보상법이 있다).[369) 또 개인경영의 농림·축산·수

---

369) 기존에 선원법상의 선원도 적용이 제외되어, 선원보험제도에 따르고 있었는데, 2007년의 법개정(2007년 법30)에 의하여 동제도의 산재보험부분은 산재보험제도에 통합되어 적용제외규정에

산 사업에서 극히 소규모인 것('근로자 5인 미만')은 잠정임의적용사업으로 되어
있다(1969년 법 83에 의한 개정부칙 12조, 관계정령정비령 17조).

노재보험법상의 '근로자'란, 산재보험제도가 노기법상 산재보상제도를 기초
로 하여 구축되어 있으므로 노기법상의 '근로자'(9조)와 일치한 개념이다.[370] 입
법론으로서는 양자를 나누는 구성도 충분히 고려할 만하다.

비적용사업 및 잠정임의적용사업을 제외하는 모든 사업은 강제적용사업이고
산재보험의 보험관계는 이 사업 개시일에 성립한다(후술하는 징수법 3조). 사업주
는 보험관계성립일로부터 10일 이내에 보험관계성립신고서를 관할 노동기준감
독서장에게 제출해야 한다(동법 4조의 2). 이 신고를 하지 않고 보험료를 납입하
지 않는 사업주하의 산업재해에 대해서도 보험급여는 이루어진다. 이 경우 정
부는 보험료를 추징함(2년간의 시효 있음)과 동시에 사업주가 고의 또는 중대한
과실로 신고를 태만히 했을 때에는 보험급여에 필요한 비용의 전부 또는 일부
(40%까지)를 해당 사업주로부터 징수할 수 있다(노재보 31조 1항 1호).

(다) 중소사업주,[371] 자동차운송업·토목건축업 등의 개인사업자·1인 사업
주, 이러한 사업주 사업의 종사자, 가내근로자, 해외파견자 등에 대해서는 노재
보험법상 근로자가 아님에도 불구하고 또는 동법의 시행지 외의 사업에 종사함
에도 불구하고 산재보험에 대한 임의적인 특별가입제도가 마련되어 있다(노재보
33조 이하, 노재보칙 46조의 16 이하).[372] 단 이들 중 일부의 자(자동차운송업자, 가
내근로자 등)에 대해서는 통근재해에 관한 보험급여의 적용이 없다(1977. 3. 30
기발 192호).

(라) 정부는 사업주로부터 보험료를 징수한다. 보험료에 대해서는「노동보험
의 보험료 징수 등에 관한 법률」(1969년 법84)이 정하는 바에 의한다(노재보 30
조). 이 징수법에 의하면 보험료는 임금총액에 노재보험률을 곱하여 산출된다
(징수 11조). 그리고 산재보험료율은 모든 적용사업의 과거 3년간의 업무재해 및
통근재해의 재해율 등을 고려하여 후생노동대신이 정한다(징수 12조 2항). 이에
근거하여 보험률이 1,000분의 103～1,000분의 3 사이에서 사업의 종류별로 정

서는 삭제되었다.

370) 横浜南労基署長事件 — 最一小判 平8. 11. 28, 労判 714호, 14면; 新宿労基署長事件 — 東京
高判 平14. 7. 11, 労判 832호, 13면.

371) 금융·보험·부동산·소매·서비스업은 상용근로자 50인 이하, 도매·서비스업은 100인
이하, 그 외는 300인 이하(노재보칙 46조의 16).

372) 특별가입에 의한 보험관계의 범위 한정에 대해서는 姫路労基署長事件 — 最一小判 平9. 1.
23, 労判 716호, 6면.

해지고 있다(징수칙 별표 제1. 즉, 1,000분의 103의 사업은 수력발전시설·수도(隧道) 등 신설사업).

또한 일정 규모 이상의 사업에 대해서는 해당 사업의 과거 3년간 업무재해에 의한 보험급여액에 따라 차기년도 업무재해보험료율을 40%의 범위내에서 증감시킨다(유기사업의 경우에는 30%, 중소사업주의 경우에는 45%까지의 특례가 있다. 1995년 법 35에 의해 개정)는 메리트제를 취하고 있다(징수 12조 3항).

(마) 국고는 산재보험사업에 필요한 비용의 일부를 보조할 수 있다(노재보 32조).

(3) 보험급여

보험급여는 '업무재해에 관한 보험급여'와 '통근재해에 관한 보험급여'의 이원체제로 되어 있었으나, 2000년의 법개정(2000년 법124)으로, 뇌혈관질환·심장질환의 예방·치료를 위한 '2차 건강진단급여'가 새롭게 급여 종류로 첨가되었다(노재보 7조 1항).

'업무재해'와 '통근재해'는 보험급여의 내용은 같지만, 보험사고로서의 성격이 동일하지 않다는 입장에서 별도의 제도 하에 두었다. 그리고 이 차별적 취급의 원칙을 나타내기 위해 '통근재해' 보험급여로부터는 '보상'이라는 단어가 붙어 있다.

(4) 사회복귀촉진 등 사업

'사회복귀촉진 등 사업'으로서 실시되는 것은 다음의 세 가지 사업이다(노재보 29조). ① 피재근로자의 원활한 사회복귀 촉진을 위한 사업(요양시설의 설치·운영, 사회복귀(rehabilitation)시설 등), ② 피재근로자 및 그 유족의 원호를 위한 사업(보험급여에 추가 부과된 각종 특별지급금, 유아 등의 보육·취학의 원호비 등의 원호금 등[373]), ③ 근로자의 안전 및 위생 확보, 보험급여의 적절한 급여의 확보, 임금지불확보를 위한 사업(업무재해방지활동의 원조, 건강진단시설의 설치·운영, 임확법에 의한 미지불임금대체불 사업 등).

종래에는 '노동복지사업'의 명칭으로 실시되어 온 사업으로, 행정개혁추진법(2006년 법 47)에 대한 대응으로서 사업명의 변경과 사업내용의 정리(축소)가 실시되었다(2007년 법 30).

---

373) 노동복지사업으로서 산새취학원호비를 지급 또는 미지급의 결정은 항고소송의 대상이 되는 행정처분이다. 中央労基署長事件 ― 最一小判 平15. 9. 4, 労判 858호, 48면.

2. 업무재해에 관한 보험급여

(1) '업무재해'의 개념

'업무재해'란 '근로자의 업무상 부상, 질병, 장애 또는 사망'이다(노재보 7조 1항 1호). 이 '업무상'이란 노기법상의 개념과 동일하게 취급되고 있으며(동 12조의 8 제2항), '업무상'이라고 할 수 있기 위해서는 해당 근로자의 업무와 부상 등의 결과와의 간에 해당 업무에 내재 또는 수반하는 위험이 현실화되었다고 인정되는 상당인과관계(조건관계로는 충분하지 않다)가 긍정되는 것이 필요하다고 되어 있다.[374] 또 사용자의 노기법상의 산재보상책임을 사업주가 집단적으로 공동으로 보전하는 산재보험제도에서의 '업무상'은 사용자의 개별적인 보상책임을 범위를 넘어서 사업주에게 공동으로 부담시키는 것이 상당한 근로자의 노무수행에 정형적으로 동반되는 위험에 이른다고 생각된다.[375]

'업무상'이라고 할 수 있는지의 여부의 기준은 근로자가 업무와의 관련에서 발생한 사고(시간적·장소적으로 식별할 수 있는 사건)에 의하여 부상·사망한 경우와, 업무와의 관련으로 질병을 앓게 된 경우에서는 기본적으로 다르다.

(2) 업무상 부상·사망

(가) '업무수행성'과 '업무기인성'의 정식　　　근로자의 부상·사망이 어떠한 사고에 의하여 발생한 경우의 '업무상'판단에 대해서는 행정해석에서는 '업무상'이란 해당 부상·질병·사망의 '업무기인성'을 의미하고, '업무기인성'의 '제1차적 판단기준'(요건)이 그 직접적인 원인이 된 사고의 '업무수행성'이라고 여겨왔다. 이러한 입장에서는 '업무상'이라고 하기 위해서는 '업무기인성'과 '업무수행성'의 쌍방이 필요하게 된다(업무수행성이 없다면 업무기인성은 성립하지 않는다. 그러나 업무수행성이 있어도 또한 업무기인성의 판단을 필요로 하게 된다). 그리고 '업무수행성'이란 '구체적인 업무의 수행 중'이라는 좁은 의미가 아니라 '근로자가 사업주

---

374) 공무재해에 대하여 地方災基金東京支部長[町田高校]事件 — 最三小判 平8. 1. 23, 労判 687호, 16면.

375) 최근의 판례에서는 취침 중에 지주막하출현로 사망한 근로자에 대하여 사용자인 해당 기업에서의 업무에는 과중부담이 인정되지 않지만 전직하기 이전의 회사에서 1년 수개월에 걸쳐 장시간근로에 종사하고 있었으며, 이 이외에 확실한 위험인자는 없다고 하여, 업무기인성이 인정되어 유족보상연금 등의 불지급처분이 취소되었다(足立労基署長[クオータ]事件 — 東京地判 平23. 4. 18, 労判 1031호, 16면). 이 판단은 노재보험법상의 '업무상'을 이렇게 해석하여 비로소 이해할 수 있다고 생각된다.

의 지배 내지 관리 하에 있는 가운데'라는 의미이고, '업무기인성'이란 '업무 또
는 업무행위를 포함하여 "근로자가 근로계약에 근거하여 사업주의 지배하에 있
는 것"에 수반하는 위험이 현실화된 것과 경험칙상 인정되는 것'을 말한다고
정식화되어 왔다. 바꿔 말하면 '업무기인성'에 있어서 '업무'란 '업무수행성'을
의미한다.[376]

　　이에 대해 유력학설은 '업무상'인가 아닌가는 업무기인성과 업무수행성의 상
관관계에 의해 판단되어야 하며, 한 쪽의 요건이 충분하게 충족되고 있는 경우
에는 다른 쪽의 요건은 경미하거나 경우에 따라서는 제로(零)라도 상관없다고
주장해 왔다.[377] 분명히 '업무상'이란 '업무에 기인한다'고 하는 의미 이상의 것
은 아니며, 요컨대 근로자의 당해 사망·부상·질병이 노무종사와 상당인과관
계를 가진다고 할 수 있는지의 여부이다. 그러나 다수의 사고에 의한 부상·질
병·사망('재해')의 '업무상' 판단을 신속·공평하게 실시한 다음에는 이 판단을
'업무수행성'과 '업무기인성'의 2단계로 나누어 위와 같이 정식화(정형화)하는 것
이 유용하게 된다.[378]

　　(나) 업무수행성의 판단　　　'업무수행성'이 인정되는 재해(부상, 사망)는 크게
다음의 세 가지로 나뉜다.

　　첫째, 사업주의 지배 하 또는 그 관리(시설관리) 하에서 업무에 종사하고 있
을 시에 생긴 재해이다. 요컨대 사업장 내에서 작업에 종사 중(작업에 통상 수반
하는 용변, 음료수섭취 등의 중단을 포함하여)의 재해이다.

　　둘째, 사업주의 지배 하 또는 그 관리 하에 있었으나, 업무에는 종사하지 않
을 때의 재해이다. 결국 사업장 내에서의 휴게중과 시업전·종업후의 사업장
내 행동으로 인한 재해이다.

　　셋째, 사업주의 지배하에 있었으나, 그 관리를 떠나 업무에 종사하고 있을
때의 재해이다. 사업장외 근로 또는 출장 중 재해이다(출장 중에는 교통기관과 숙
박장소에서의 시간도 포함하여 그 전반이 업무수행성을 인정받는다).

　　이리하여 업무수행성이 인정되지 않는 재해는 통근도중(도중에 용무를 보는
경우는 별도) 및 사업장외에서의 임의적인 종업원 친목활동과 순전히 사적인 행

　　376) 労働省労働基準局編著, 全訂解釈通覧労働基準法, 383면 이하.
　　377) 有泉, 440면. 이 계보의 주장은 西村健一郎, 「業務上·外認定基準」, 現代講座(12), 158면;
下井, 労基法, 451면으로 이어진다.
　　378) '업무상'의 개념 및 그 구체적 판단에 대해서는 保原=山口=西村, 労災保険·安全衛生のす
べて, 147면 이하; 保原喜志夫, 「労災認定の問題点」, 講座21世紀(7), 61면 이하.

동(생활) 중의 재해가 이에 해당된다.[379]

(다) **업무기인성의 판단**   이상의 업무수행성이 인정되는 재해에 대해 업무기인성이 다음과 같이 판단된다.

첫째, 업무수행성이 인정되는 작업 중의 재해에 대해서는 원칙적으로 업무기인성이 인정되지만, 그것이 자연현상(지진, 낙뢰 등), 외부의 힘(자동차가 돌격하거나, 외부의 사람이 흉기를 들고 달려들 때 등), 본인의 사적 일탈행위,[380] 법률위반행위(취중 작업) 등에 의한 경우에는 업무기인성이 인정되지 않는다. 단 자연현상과 외부의 힘도 해당 직장에 정형적으로 수반되는 위험이라면(예를 들어 인접 공장의 폭발) 업무기인성이 있다. 1995년 1월 17일 한신(阪神)대지진이나 2011년 3월 11일의 동일본대지진시에 발생한 재해에 대해서도, 지진시 해당 재해를 입기 쉬운 업무상의 사정(위험)이 있었다고 하여 대부분이 '업무상'이라고 인정을 받았다.[381]

둘째, 업무수행성이 인정되는 휴게 중의 재해에 대해서는 근로시간 중이라면 업무기인성이 있는 것(생리적 행위와 보행·이동행위에 의한 재해)과 사업장시설의 불비·결함에 의한 것이 아니라면 업무기인성이 인정되지 않는다(예를 들어 스포츠 활동에 의한 부상).

셋째, 업무수행성이 인정되는 사업장외 근로와 출장 중의 재해에 대해서는 위험에 노출되는 범위가 넓으므로 업무기인성이 넓게 인정된다.[382] 예를 들어 출장지 호텔에서 취침 중에 화재로 사망한 경우도 업무기인성이 인정된다. 그러나 적극적인 사적 행동에 의한 재해는 업무기인성이 없다.▣

▣ **특별가입자 재해의 업무상 판단**
　　중소사업주, 1인 사업주 등이 입은 재해가 업무상 재해로 인정되기 위한 업무의 범위는 특별가입제도의 취지(근로자에 유사한 측면에 대한 근로자에 준한 보호 부여)에서 특별가입자가 수행하는 업무 중 근로자가 수행하는 업무에 준한 업무에 한정되어 있다(노재보칙 46조의 26에 의거한 통달). 예를 들어 중소사업주 및 동 사업종사자에 대해서는 그 근로자의 소정근로시간 또는 시간외근로·휴일근로의 시간 및 이에 접한 준비, 뒷정리 시간 등에서의 사업주 본래의 업무를 제외한 사업을 위한 활동이 업무상의 것으로 인정될 수 있다(2002. 3. 29 기발 0329008호, 문헌으로는 山口浩一郎, 労災補償の諸問題[増補版], 49~58면. 또 업무상

---

379) 사외 망년회 참가에 대해, 강제로 이루어지지 않았으므로 업무수행성이 없다고 판결한 사례로서 福井労基署長事件 ― 名古屋高金沢支判 昭58. 9. 21, 労民 34권 5＝6호, 809면; 立川労基署長事件 ― 東京地判 平11. 8. 9, 労判 767호, 22면.
380) 목수끼리 다툰 사례로서 倉敷労基署長事件 ― 最一小判 昭49. 9. 2, 民集 28권 6호, 1135면.
381) 小嶌典明, 「地震と労働行政」, ジュリ 1070호, 148면 이하.
382) 숙박시설에서 술에 취해 계단에서 굴러 떨어진 사고에 대해 업무기인성을 인정한 예로서 大分労基署長事件 ― 福岡高判 平5. 4. 28, 労判 648호, 82면.

으로 여겨질 수 있는 업무의 범위를 특별가입신청시에 기재한 업무를 참고로 획정한 판례로서 三好労基署長事件 — 高松地判 平23. 1. 31, 労判 1028호, 67면).

(3) '업무상 질병'

'업무상 질병'에 대해서는 노기법 규칙(35조. 별표 제1의 2)이 노기법의 위임규정(75조 2항)에 따라 직업병의 유형을 유해인자마다 열거하고 있다. 이 열거에 대해서는 최근의 직장에서의 과중부하에 따른 뇌·심장질환(특히 '과로사')의 문제, 심리적 부하에 따른 정신장애(우울증 자살 등의 문제), 석면에 의한 건강장애의 문제 등에 대처하기 위하여, 전문검토회의 제언(2009년 12월의 보고서)에 근거로 하여 2010년에 개정되어(2010. 5. 7. 후노령 69), 몇 가지 질병이 추가되었다. 개정 후의 열거는 다음과 같다.

(a) 업무상 부상에 기인하는 질병. 예를 들어 '재해성 요통'(업무수행 중의 허리 부상 또는 허리에 돌발적 힘이 작용해 발생한 요통)

(b) 물리적 인자(자외선, 적외선, 기압, 열, 소음 등)에 의한 일정 질병. 예를 들어 뜨거운 곳에서의 업무에 의한 열사병.[383]

(c) 신체에 과도한 부담이 가해지는 작업상태로 인한 일정 질병. 예를 들어 '비재해성요통'(허리부분에 과도한 부담이 가해지는 업무에 의한 요통), 체인톱 등의 진동기구사용에 따른 말초 순환 장애 등(이른바 백로병 등), 팔에 과도한 부담이 가는 업무로 의한 후두부, 경부, 견갑대, 상완, 전완 또는 손가락의 운동기 장애 등.

(d) 화학물질 등에 의한 일정 질병. 예를 들어, 공기 중 산소농도가 낮은 곳에서의 업무로 의한 산소 결핍증. 상기의 2010년 개정에 의하여 석면에 노출되는 업무에 의한 미만성 흉막비후(胸膜肥厚)·양성석면흉수(良性石綿胸水)가 추가되었다.

(e) 분진이 비산하는 장소에서의 업무로 의한 진폐 혹은 진폐합병증.

(f) 세균, 바이러스 등의 병원체에 의한 일정 질병. 예를 들어 환자의 진료·간호 업무, 그 밖에 병원체를 취급하는 업무로 의한 전염성 질환.

(g) 암 원성(原性) 물질·인자 혹은 암 원성공정 업무로 의한 일정 질병. 직업암이 18항목에 걸쳐 상세하게 열거되어 있었는데('석면에 노출되는 업무에 의한 폐암 또는 중피종'도 그 하나), 2010년 개정으로 전리방사선에 의한 다발성골수종

---

383) 한 여름의 도로포장공사에 종사하던 중에 심폐정지에 대하여 이에 대한 해당성을 인정한 판례로서 足立労基署長[日昇舗装興業]事件 — 東京地判 平18. 6. 26, 労判 923호, 54면.

등·비호지킨림프종이 추가되었다.

(h) 과중부하에 의한 뇌·심장질환(2010년 개정으로 추가). 즉 '장기간에 걸친 장시간의 업무, 그 외 혈관병변 등을 현저하게 더욱 악화시키는 업무에 의한 뇌출혈, 지주막하출혈, 뇌경색, 고혈압성뇌증, 심근경색, 협심증, 심정지(심장성 돌연사를 포함) 혹은 해리성 대동맥류 또는 이러한 질병에 부수하는 질병圈.'

(i) 심리적 부하에 따른 정신장애(2010년 개정으로 추가). 즉 '사람의 생명에 관계되는 사고에 대한 조우, 그 외 심리적으로 과도한 부담을 주는 사실과 현실을 동반하는 업무에 의한 정신 및 행동장애 또는 이에 부수하는 질병圈.'

(j) 후생노동대신이 지정하는 질병.

(k) 그 외 업무에 기인하는 것이 명확한 질병.

이상의 (a)~(j)의 열거에 해당되는 질병은 특단의 반증이 없는 한, '업무상의 질병'으로 인정된다. 그리고 (a)~(j)의 열거에 해당하지 않는 질병도 '업무에 기인하는 것'을 인정할 수 있는 한 '업무상의 질병'으로 취급된다.384)

圈 뇌·심장질환의 업무상 인정

일본의 사망원인의 큰 비중을 차지하는 뇌출혈, 지주막하출혈, 뇌경색, 심근경색 등의 뇌·심장질환은 동맥경화와 동맥류, 심근변성 등의 기초질환이 나이가 듦에 따라 일상생활의 다양한 요인과의 상호 영향으로 악화되어 발병에 이르는 것으로, 업무상 유해인자를 특정할 수 없다고 하여 별표의 업무상 질병의 유형으로 열거되지 않고, '업무상'으로 인정되기 위해서는 '그 외 업무에 기인하는 것이 분명한 질병'이라고 인정될 필요가 있다.

이에 대해서는 노동성은 통달에 따라, 업무에 관련된 이상한 사건 또는 특히 과중한 업무에 대한 종사라는 '과중부담'을 받음으로 인하여 뇌·심장질환이 기초질환의 자연적 경과를 넘어, 현저하게 악화되어 발병되었다고 인정되면, 업무상 질병을 인정된다고 하는 인정견해를 취해왔지만, 과중부담을 받아야 하는 기간을 당초는 발병 전 1주간(1987. 10. 26 기발 620호), 다음으로 발병 전 1개월(1995. 2. 1. 기발 38호)로 한정되었다. 그러나 여기에는 장기간 업무상의 피로의 축적에 따른 뇌·심장질환사(이른바 '과로사')를 적절하게 파악할 수 없다는 비판이 이루어져, 발병 전 6개월로 완화하였다(2001. 12. 12. 기발 1063호). 즉, ① 발병 직전부터 전날까지 동안에 발병상태를 시간적·장소적으로 명확히 할 수 있는 이상한 사건을 당한 것('이상한 사건'), ② 발병에 근접한 시기(발병 전 대략 1주간)에 특히 과중한 업무에 종사하고 있던 것('단시간의 과중업무'), ③ 발병 전의 장기간(대략 6개월)에 걸쳐 현저한 피로의 축적을 초래하는 특히 과중한 업무에 종사하고 있던 것('장기간의 과중업무', 1개월 80시간을 초과하는 시간외근로를 기준으로 하고 있다)의 어느 한 가지의 '업무상의 과중부담'을 받은 것으로 인하여 발병한 뇌·심장질환은 업무상의 질환으로 취급한다고 하였다.

뇌·심장질환발병의 업무상 인정에서는 업무의 과중성은 누구를 기준으로 판단하는가도

---

384) 예를 들면 판례에서는 기왕증(既往症)의 십이지장궤양이 12일간에 걸친 과도한 일정의 해외출장 11일째에 재발하여 개복수술에 이른 경우에 대하여, 기초질환이 특히 과중한 업무의 수행으로 인하여 급격하게 악화된 것으로서 업무기인성이 있다고 간주되었다(神戸東労基署長[ゴールドリングジャパン]事件 ― 最三小判 平16. 9. 7, 労判 880호 44면).

중요한 논점이 되어 왔다. 1987년 통달은 이에 대하여 피재근로자에 대해서만이 아니라, '동료근로자 또는 동종근로자'에 대해서도 과중하다는 것이 필요했지만, 2001년 통달은 '해당 근로자와 같은 정도의 연령, 경험을 지닌 건강한 상태인 자 외, 기초질환을 지녔다고 하더라도 일상업무를 지장 없이 수행할 수 있는 자'를 기준으로 하게 되었다.

또, 업무상 과중부하와 발병과의 관계에 대해서는 인정기준은 일관되게 업무상의 과중부하로 인한 영향이 기초질환의 자연적 악화보다도 상대적으로 유력한 요인이어야 한다는 '상대적 유력 원인설'을 지지해 왔다.

2001년 통달 후에도 노기서장의 뇌·심장질환발병의 업무상외 인정처분을 취소한 판례가 매년 상당수 보도되고 있다. 눈에 띄는 몇몇 사건으로는,

① 발병 전 1개월간이나 6개월간의 근로의 양(근로시간수, 휴일출근일수 등)에 대하여 타임카드나 기타 근무상황에서 동기준을 초과한 장시간근로를 인정하고(中央労基署長[興国鋼線索]事件 — 大阪地判 平19. 6. 6, 労判 952호, 64면; 豊田労基署長[トヨタ自動車]事件 — 名古屋地判 平19. 11. 30, 労判 951호, 11면; 相模原労基署長[三洋電機東京食品設備]事件 — 横浜地判 平21. 2. 26, 労判 983호 39면; 北大阪労基署長[マルシェ]事件 — 大阪高判 平21. 8. 25, 労判 990호 30면), 출향사용기업 자회사에서의 곤란한 관리업무(상기의 中央労基署長[興国鋼線索]事件), 야간교대제근무·라인외 근무(상기의 田労基署長[トヨタ自動車]事件), 영업직의 조퇴·야간·휴일의 변칙근무(상기의 相相原労基署長[三洋電機東京食品設備]事件), 심야시간대의 근무(상기의 北大阪労基署長[マルシェ]事件) 등의 근로의 질적 부하도 가미하여 업무의 과중성을 판정하고 뇌·심장질환발병의 업무기인성을 인정한 것(문자 그대로의 과로사에서 보이는 사례)

② 통달의 기준에 달하는 근로의 양은 인정하고 있지 않지만, 근로의 질에서 여러 차례의 해외출장(松本労基署長[セイコーエプソン]事件 — 東京高判 平20. 5. 22, 労判 968호, 58면), 은행에서의 시스템통합에 따른 업무의 곤란함(札幌東労基署長[北洋銀行]事件 — 札幌高判 平20. 2. 28, 労判 968호, 136면), 사용자기업의 '구조개혁'가운데 전근의 우려나 업무전환을 위한 1개월 반의 출장연수(旭川労基署長[NTT東日本北海道支店]事件 — 札幌高判 平22. 8. 10, 労判 1012호, 5면) 등의 신체적·정신적 과중부하가 있었다고 하여 업무상기인을 인정한 것이 있다.

또 통달에서의 상대적 유력원인설의 기준에 대해서는 2001년 통달 전의 인정기준에서의 과중부담의 협소함 때문에 업무의 수행이 기초질환을 자연적 경과를 넘어 급격하게 악화시키는 등, 기초질환과 공동원인이 되어 발병을 초래한 것이라면 된다는 '공동원인설'(向島労基署長[渡辺興業]事件 — 東京高判 平3. 2. 4, 労民 42권 1호, 40면)과 일상의 근무상태와 발병전 여러 상황의 '종합판단'에 따라 업무기인성을 판정한다는 '종합판단설'(横浜南労基署長[東京海上横浜支店]事件 — 最一小判 平12. 7. 17, 労判 785호, 6면)을 볼 수 있다. 최근에는 업무에 대한 종사가 자연적 경과를 넘어서 기초질환을 현저하게 악화시키는지의 여부만이 판단되며 상대적으로 유력한 원인이라고 할 수 있는지는 문제로 여겨지고 있지 않다(특히 상기의 旭川労基署長[NTT東日本北海道支店]事件에서는 피재자는 건강관리상 '요주의'로 여겨진 진구성심근경색의 기초질환이 있었지만, 그러한 판단의 방법이다. 상대적 유력원인설을 지지하는 최근의 학설로는 山口浩一郎, 「労災補償における疾病の業務上認定に関する試論」安西愈古稀, 経営と労働法務の理論と実務, 428면).

일반적으로 법원은 2001년 통달을 참고로 하면서 행정청의 사실인정(특히 근로시간수)나 판단기준에 얽매이지 않고 피재근로자에게 유리한 인정판단을 하고 있다는 인상을 준다(판례의 경향을 분석한 문헌으로서 小畑史子, 「『過労死』の因果関係判断と使用者の責任」, 労働法, 109호, 21면 이하).

또한 발병자체에는 공무기인성이 없어도 발병 후에 적절한 치료 내지 처치를 받지 못하고 계속하여 공무에 종사하지 않을 수밖에 없었던 것에 업무기인성을 인정한 판례가 공무재해에 대하여 수립되고(地公災基金愛知県支部長[町田高校]事件 ― 最三小判 平8. 1. 23, 労判 687호, 16면), 그 후 이 치료기회상실의 견해는 민간근로자의 업무상 인정에도 영향이 미치고 있다(中央労基署長[永井製本]事件 ― 東京高判 平12. 8. 9, 労判 797호, 41면; 尼崎労基署長[森永製菓塚口工場]事件 ― 大阪高判 平12. 11. 21, 労判 800호, 15면).

2010년의 노기칙 개정에 따른 뇌·심장질환의 업무상 질병유형에 대한 추가에서 행해지고 있는 표현은, 뇌·심장질환의 업무기인성에 관한 2001년 통달의 인정기준이나 판례의 판단내용을 최대공약수적으로 집약한 것으로, 행정실무나 재판실무에서는 종전과 같은 검토로 판단이 이루어 가는 것이라고 생각된다.

⑯ 정신장애의 업무상 인정

근로자의 우울증 등의 정신장애는 기존에는 노기칙의 업무상 질병의 열거(35조 별표 제1의 2)에서 명시되어 있지 않고, '그 외 업무에 기인하는 것이 명확한 질병'에 해당하는지의 여부라는 기준에서 처리되어 왔다. 이에 대해서는 1999년에 전문가회의의 검토에 근거로 하여 '심리적 부하에 의한 정신장애 등에 관계되는 업무상외의 판단지침'이 제시되어('판단지침', 1999. 9. 14 기발 544호), 그 후 그 '개정지침'이 제시되었다(2009. 4. 6 기발 0406001호). 그리고 정신장애의 산재인정신청이 1998년도의 42건에서 2010년도의 1181건으로 급증하는 가운데(2010년 보고서), 2010년에는 노기칙상의 업무상 질병의 예시열거에 '사람의 생명에 관계되는 사고에 대한 조우, 그 외 심리적으로 과도한 부담을 주는 사실과 현상을 동반하는 업무에 의한 정신 및 행동장애 또는 이에 부수하는 질병'이 추가되었다. 또 2011년에는 전문가회의보고서(11월 8일)에 근거로 하여 '심리적 부하에 의한 정신장애의 인정기준에 대하여'('인정기준', 2011. 12. 16 기발 1226 제1호)가 내려져 인정실무에서의 적절·신속한 심사를 촉진하기 위해서 기준이나 방법에 개량이 가해졌다.

상기의 '판단지침', '개정지침' 및 '인정기준'은 정신장애가 발생하는지의 여부는 환경유래의 심리적 부하(스트레스)와 개체(個体)측의 반응성·취약성과의 관계에서 결정되고, 스트레스가 매우 강하면 개체측의 취약성이 적어도 정신장애가 일어나고, 반대로 취약성이 커지면 스트레스가 적어도 정신장애가 발생한다는 '스트레스-취약성'이론에 의거하고 있다. 그리고 정신장애의 업무기인성의 인정기준으로서는 ① 해당 정신질환이 업무와의 관련에서 발병할 가능성이 있는 일정 정신질환(대상질병)에 해당되는 것, ② 발병전의 대략 6개월간에 업무에 의한 강한 심리적 부하가 인정되는 것, ③ 업무이외의 심리적 부하 및 개체측 요인에 의하여 발병했다고는 인정되지 않는 것을 열거하고 있다.

이러한 것들 가운데, ①의 '대상질병'은 국제질병분류 제1회 수정판 제Ⅴ장(ICD-10)에 제시된 '정신 및 행동장애'에 분류된 정신장애로, 기질성(器質性)의 것 및 유해물질에 기인하는 것을 제외한다고 되어 있으며, 그 중 업무에 관련하여 발병할 가능성이 있는 정신장애는 주로 ICD-10의 F2에서 F4로 분류된 정신장애라고 되어 있다.

②의 '업무에 의한 강한 심리적 부하'의 요건은 대상질병의 발병 전 대략 6개월간에 업무에 의한 사건이 있고, 그 사건 및 그 후의 상황에 의한 심리적 부하가 객관적으로 해당 질병을 발병시킬 우려가 있는 강한 심리적 부하라고 인정되는 것을 말한다고 되어 있다('대략 6개월간'에 대해서는 '인정기준'에서는 괴롭힘(いじめ)나 성희롱 등의 특별취급이 명기된다). 심리적 부하의 평가는 해당 근로자가 그 사건 및 사건후의 상황이 지속하는 정도를 주관적으로 어떻게 받아들이는가가 아니라, 직종, 직장에서의 입장이나 직책, 연령, 경험 등이 유사한 동종의 근로자가 일반적으로 어떻게 받아들이는가라는 관점에서 이루어진다. 그리고 심리적

부하의 강도의 판단은 별표의 평가표에서의 동 부하에 영향을 미친 사건과 그 강도(약, 중, 강)의 구체적인 적시에 따라서 실시되는 것으로 되어 있으며, 동표의 적시는 '개정지침', 다음으로 '인정기준'에 의하여 개량되고 충실화되어 왔다. 예를 들면 최근의 '인정기준'의 별표 1에서는 극도의 장시간근로(직전 2개월간에 1개월에 대략 120시간 이상, 3개월간에 1개월당 대력 100시간 이상의 시간외근로)가 강한 심리적 부하를 미치는 사건으로서 적시되어 있다.

③의 '업무이외의 심리적 부하'에 대해서는 '인정기준'의 별표 2에서 동 부하에 영향을 미치는 사건과 그 강도의 구체적인 적시가 실시되고 있다. 또 개체측의 요인에 따른 발병이 명확한 경우란, 취업연령 전부터 정신장애의 발병과 관해(寬解)를 반복해 온 경우나 중도의 알코올 의존상황의 경우 등을 말한다고 되어 있다.

정신장애의 산재신청에 대한 업무외 인정처분을 다투는 행정소송에서도 이상의 인정실무의 판단구조는 대체로 지지되어 이용되어 왔다. 즉, 최근의 판례는 거의 마찬가지로 업무와 정신장애와의 사이의 상당인과관계는 '스트레스-취약성'이론에 의거하여 판단하는 것이 적당하며, 해당 근로자와 동종의 평균적 근로자(어떠한 개체측의 취약성을 가지면서도 해당 근로자와 직종, 직장에서의 입장, 경험 등의 점에서 동종이며, 특단의 근무경감을 필요로 하지 않고 통상 업무를 수행할 수 있는 자)에게 있어서 해당 근로자가 놓인 구체적 상황에서의 심리적 부하가 일반적으로 정신장애를 발병시킬 위험성을 가지고 있다고는 하나, 특단의 업무이외의 심리적 부하 및 개체측의 요인이 없는 경우에는 상당인과관계를 긍정해야 한다 등으로 되어 있다. 그리고 '판단지침' 및 '개정지침'은 작성경위나 내용에 비추어 불합리한 것이라고는 할 수 없기 때문에, 기본적으로는 이러한 것을 바탕으로 하면서 정신장애발병에 이른 다양한 구체적인 사정을 종합적으로 감안하고 업무와 정신장애발병과의 사이의 상당인과관계를 판단해야 한다고 한다.

최근의 판단사례 가운데, 자실이외의 사례로 업무외 인정을 사실인정이나 평가의 차이 등에 의하여 취소된 판단사례로서는 전문학교 교원의 1년이 약간 못 미치는 동안의 장시간 근로와 학생을 인솔한 약 1개월의 영국출장 후의 정신장애 발병에 관한 天満労基署長[S学園]事件 ― 大阪地判 平22. 6. 7, 労判 1014호, 86면; 지상파 디지털방송시스템의 개발 프로젝트를 위한 장기간에 걸친 장시간 근로에 종사한 자가 정신장애가 되어 요양 중 처방약의 과잉섭취에 의하여 급성약물중독사한 사안에 관한 川崎北労基署長[富士通ソーシアルサイエンスラボラトリ]事件 ― 東京地判 平23. 3. 25, 労判 1032호, 65면; 여성사무사원의 동료여성사원으로부터의 괴롭힘에 의한 정신장애에 관한 京都下労基署長[富士通]事件 ― 大阪地判 平22. 6. 23, 労判 1019호, 75면 등이 있다.

(4) 보험금여의 내용

(가) **요양보상급여**　　요양급여가 원칙이다. 급여의 내용은 진료, 약제·치료재료의 지급, 처치·수술, 재택에 의한 간호, 병원 입원·간호, 이송 등이다(노재보 13조).[385]

(나) **휴업보상급여**　　요양 중 휴업 4일째부터 지급되며(최초 3일간은 노기법의 휴업보상에 의하는 수밖에 없다), 1일 급여기초일액의 100분의 60이 지급된다(동14조. '급여기초일액'이란 평균임금상당액이다. 동 8조).[386] 이 급여는 휴일과 출근

---

385) 이하의 각 급여의 제도적 문제점을 지적한 문헌으로서 保原=山口=西村, 앞의 책, 228면 이하 참조.

정지 기간과 같이 임금청구권이 발생하지 않은 날에 대해서도 실시된다.387)

　그리고 '사회복귀촉진 등 사업'의 하나로서 1일 급여기초일액의 100분의 20인 '휴업특별지급금'이 지급된다(근로자재해보상보험특별지급금 지급규칙 3조. 이하 '특지급칙'으로 약칭).

　휴업보상급여에 대해서는 매일 근로통계에서의 평균급여액의 상승 또는 저하에 따라 급여기초일액의 개정이 이루어진다(노재보 8조의 2 제1항). 또 요양개시 후 1년 6개월이 경과한 자의 휴업보상급여에 관한 급여기초일액에 대해 연령계층별로 최저한도액 및 최고한도액이 설정되었다(동 8조의 2 제2항~4항).

　(다) **장애보상급여**　　'근로자가 업무상 부상당하거나 질병에 걸려 나은 경우, 그 신체에 장애가 존재할 때', '그 장애 정도에 따라' 지급된다(노기 77조).

　이 급여는 장애등급 1~7급 장애의 경우, 노재보험법 별표 1에서 정하는 바와 같이, 각각 급여기초일액의 313일분~131일분의 연금('장애보상연금')으로서 지급된다(노재보 15조. 장애등급은 노재보칙 별표 제1에 정해져 있다).388) 그리고 장애보상연금은 장애등급에 따라 급여기초일액의 1,340일분 내지 560일분 금액의 한도 내에서 일괄 선불 가능하다(장애보상연금의 '선불일시금'제도, 노재보 59조). 또 장애보상연금의 수급권자가 조기에 사망하고, 그때까지의 연금 지급총액이 선불 일시금의 한도액에 달하지 않은 경우에는 그 차액이 일시금으로서 유족에게 지급된다(노재보 58조, 장애보상연금의 '실권차액 일시금').

　다음으로 장애 정도가 장애등급 8~14급의 장애에 그치는 경우에는 각각 급여기초일액의 503~56일분에 해당되는 일시금('장애보상일시금')이 지급된다(노재보 15조, 별표 제2).

　이상의 급여에 더하여 사회복귀촉진 등 사업으로서 장애등급에 따른 '장애특별지급금'이 지불된다(특지급칙 4조). 또 연금 및 일시금의 산정기초인 급여기초일액(평균임금액)에는 상여 등 3개월 초과 기간의 임금은 산입되지 않으므로 사회복귀촉진 등 사업으로서 그러한 연금 및 일시금에 상여 등 3개월 초과 기

---

386) 피재근로자가 복수의 사용자로부터 임금을 받고 있는 경우에는 재해발생에 관련된 사용자로부터 받는 임금에 의거하여 산출한다. 王子労基署長事件 — 最三小判 昭51. 12. 16, 労判 489호, 6면.

387) 浜松労基署長事件 — 最一小判 昭48. 10. 13, 民集 37권 8호, 1108면.

388) 장애등급표에서 외모의 추태(醜状)장애에 대하여 현저한 추태장애에서는 여성은 7급, 남성은 12급으로 하는 등의 큰 남녀차를 마련하고 있는 것은 합리적 이유가 없는 성별에 의한 차별적 취급으로, 헌법 제14조 제1항에 위반한다고 판단한 판례가 나왔다(園部労基署長[障害等級男女差]事件 — 京都地判 平22. 5. 27, 労判 1010호, 11면).

간의 임금(특별급여)분을 추가하는 취지에서의 장애등급에 따른 일정 일수분의 '장애특별연금' 및 '장애특별일시금'이 마련되었다(특지급칙 7조, 8조, 동칙 별표 제2, 제3).

(라) 유족보상급여   유족보상연금으로 지급되는 것이 원칙인데 예외적인 경우에는 유족보상 일시금으로 지급된다.

유족보상연금의 수급자격자는 근로자의 사망 당시 그 수입으로 생계를 유지하고 있던 배우자,[389] 자녀(사망 당시 태아였던 자를 포함), 부모, 손자, 조부모 및 형제자매이다. 단 처 이외의 유족에 대해서는 남편, 부모, 조부모는 근로자 사망 당시 60세 이상일 것, 자녀, 손자는 만 18세에 도달한 날 이후 최초 3월 31일까지의 기간에 해당될 것, 형제자매는 18세 미만(자녀, 손자와 동일한 의미) 혹은 60세 이상일 것, 혹은 일정 장애 상태에 있다는 것이 필요하다. 유족보상연금의 수급권자는 이 수급자격자들 중 최우선 순위에 있는 자이다. 이 수급권자가 되는 순위는 배우자, 자녀, 부모, 손자, 조부모, 형제자매 순으로 되어 있다(이상 노재보 16조의 2).[390]

유족보상연금액은 수급권자 및 그 자와 함께 생활하고 있는 수급권자가 될 수 있는 자의 사람 수에 따라 별표 제1에서 그 사람 수가 1명이라면 급여기초일액의 153일분(다만 55세 이상 또는 일정 장애의 상태에 있는 아내에 대해서는 175일분), 2명이라면 201일분, 3명이라면 223일분, 4명 이상이라면 245일분으로 되어 있다(1995년 법 35에 의하여 개정). 이 유족보상연금에 대해서도 급여기초일액의 1,000일분까지 '선불 일시금'이 지급가능하다(노재보 60조). 또 유족보상연금의 수급권자는 사회복귀촉진 등 사업으로서 유족보상연금과 동일분의 '유족특별연금'을 수급할 수 있다(특지급칙 9조).

이상에 대해 근로자의 사망 당시 유족보상연금의 수급자격자가 한 명도 없었던 경우에는 급여기초일액의 1,000일분의 유족보상 일시금이 지급된다. 또 근로자의 사망 당시 동연금의 수급자격자가 존재했지만 연금 수급개시 후 사망, 혼인, 절연 등으로 수급권을 잃으며, 다른 수급자격자가 없고, 게다가 그 때까지 지급된 연금액이 급여기초일액의 1,000일분에 이르지 못한 경우에는 그 차

---

389) 사실상 결혼관계를 포함한다(노재보 16조의 2 제1항). 그러나 중혼적 내연관계에 있는 자는 여기에 해당하지 않는다. 広島労基署長事件 ― 広島高判 昭56. 7. 30, 労民 32권 3=4호, 510면. 단 법률혼이 사실상 이혼상태에 있다고 하여, 중혼적 내연배우자에게 수급권을 인정한 판례로서는 中央労基署長事件 ― 東京地判 平10. 5. 27, 労判 739호, 65면.

390) 1965년 개정부칙 43조는 55세 이상 60세 미만의 남편, 부모, 조부모, 형제사매에 대해서도 상기의 자의 다음 수급권을 이러한 순서로 부여하고 있다.

액이 일시금이 된다. 이 유족보상 일시금의 수급자격자는 유족보상연금의 수급 자격이 없는(또는 수급권을 잃은) 배우자, 자녀, 부모, 손자, 조부모, 형제자매이 며, 이들 중 최우선 순위자가 수급권자가 된다(노재보 16조의 6~16조의 8). 유족 보상연금의 경우와 동일하게 유족보상일시금의 수급권자는 사회복귀촉진 등 사 업으로서 이 일시금에 급여기초일액의 1,000일분을 추가하는 '유족특별 일시 금'을 수급할 수 있다(특지급 별표 제3).

(마) 장례비   장례에 통상 필요한 비용을 고려하여 후생노동대신이 정하 는 금액(노재보칙 17조)으로 하고 있다(노재보 17조).

(바) **상병보상연금**   업무상 부상·질병이 요양개시 후 1년 6개월이 경과 하더라도 완쾌되지 않을 경우, 1년 6개월 경과한 날의 해당 부상·질병으로 인 한 장애 정도가 1~3급(전부 근로불능) 정도에 달하는 경우에 해당 근로자에 대 하여 지급된다(노재보 12조의 8 제3항. 노재보칙은 별표 제2에 상병등급표를 정하고 있다).

연금액은 동법의 별표 제1에 상병등급 1급~3급에 따라 급여기초일액의 313일분~245일분으로 정해져 있다(노재보 18조 1항). 상병보상연금 수혜자에게 는 휴업보상급여는 지급되지 않는다(동조 2항). 그러나 요양보상급여는 해당 상 병이 치유될 때까지 계속된다. 또 상병보상연금의 수급권자는 상병보상연금에 더하여 상병등급에 따른 '상병특별지급금'(상병등급 1급~3급에 따라 114만엔~100 만엔의 일시금, 특지급칙 별표 제1의 2) 및 '상병특별ㅇ녀금'(연금액은 상병보상연금액 과 동일분, 특지급칙 별표 제2)을 수급할 수 있다(특지급칙 5조의 2, 11조).

장애보상연금, 유족보상연금, 상병보상연금을 통해 연금 급여기초일액에 대 해서는 연령계층마다 최고한도액과 최저한도액이 설정되었다(노재보 8조의 3 제2 항). 또 동일액은 연도마다 임금수준의 변동에 따라 산출된다(동조 1항).

(사) **개호보상급여**   장애보상연금 또는 상병보상연금을 받을 권리를 가지 는 근로자가 이를 받을 연금의 지급사유가 되는 장애가 있고 후생노동성령으로 정하는 정도에 따라 상시 또는 수시 돌봄을 필요로 하는 상태에 있고 또한 상 시 또는 수시 돌봄을 받고 있을 때, 해당 돌봄을 받고 있는 동안(장애자지원시설 등 또는 병원·진료소에 입원·입소하고 있는 동안은 제외한다), 해당 근로자의 청구 에 의해 실시한다(노재보 12조의 8 1항 7호, 4항). 급여액은 월을 단위로 하여 지 급하는 것으로 하고 상시 또는 수시 돌봄을 받는 경우에 통상 필요로 하는 비 용을 고려하여 후생노동대신이 정한다(동19조의 2).

개호보상급여는 인구의 고령화, 핵가족화, 여성의 취업률 증가 속에서, 산재보상에 있어서 중도(重度)의 피재근로자의 돌봄을 충실히 해야 하며, 종래 노동복지사업에서 실시되어 온 개호비를 정식 급여제도로 확대·충실화 한 것이다 (1995년 법 35). 동급여의 대상자는 장애 혹은 상병등급 1급인 자 및 진폐, 척수손상 등의 자로 상시 또는 수시 돌봄을 필요로 하는 자로(노재보칙 18조의 3의 2, 동칙 별표 제3), 또 급여액은 상시 돌봄을 필요로 하는 자에 대해서는 1995년도의 개호료의 금액을 임금동향을 고려하여 인상한 금액이 규정되어 있으며, 수시 돌봄을 필요로 하는 대해서는 그것의 2분의 1로 되어 있다(노재보칙 18조의 3의 4).

(5) 보험급여의 절차

보험급여는 피재근로자 또는 그 유족의 청구에 의해 이루어진다(노재보 12조의 8 제2항). 지급 또는 불지급의 결정은 노동기준감독서장에 의해 이루어진다 (노재보칙 1조 3항. 기타 동규칙은 각 급여에 대해 노기감독서장에게 청구하여 그 결정에 따른 취지를 명기하고 있다). 이러한 지급결정이 이루어져 비로소, 피재근로자 혹은 그 유족은 정부에 대해 구체적인 보험급여의 지불청구권을 취득한다.[391]

결정에 불복하는 자(보험급여의 대상자인 자. 사업주는 포함되지 않는다)는 각 도도부현 노동기준국 내의 근로자재해보상보험 심사관에게 심사를 청구할 수 있다. 나아가 그 결정에 불복하는 자는 후생노동성 본성 내의 노동보험심사회에 재심사 청구를 할 수 있다(노재보 38조). 이러한 절차는 「노동보험심사관 및 노동보험심사회법」(1956년 법 126)에 규정되어 있다.[392]

이 심사회의 재결을 거친 후 비로소 노동기준감독서장의 결정에 대하여 행정소송이 가능하다(노재보 40조). 단, 재심사청구 후 3개월을 지나도 재결이 없을 경우에는 이에 해당하지 않는다(동조 단서).[393]

산재보험의 불지급 결정에 대한 취소소송에서는 동 결정이 취소되어 확정되면 산재보험료율의 메리트제(징수 12조 3항)에 의해 보험료율이 인상될 우려가 있는 일정 규모의 사업주는 이 소송에 보조참가(민소 42조)할 수 있다.[394]

---

391) 正木土健事件 ― 最二小判 昭29. 11. 26, 民集 8권 11호, 2075면.

392) 2008년의 제169회 국회에 제출되어 다음해의 제171회 국회에서 심의미완료 폐안이 된 행정불복심사법의 대개정안에는 행정불복절차를 원칙으로 하여 심사청구로 일환화하는 개정의 일환으로서 노동기준감독서장의 결정에 대한 불복신청을 노동보험심사회에 대한 심사청구만으로 하는 (노재보험심사관은 폐지) 개정안이 포함되어 있었다.

393) 那覇労基署長事件 ― 最一小判 平7. 7. 6, 民集 49권 7호, 1833면에 따라 1996년 법 42에 의거 동조 개정.

(6) 급여제한

근로자가 고의로 부상, 질병, 장애 내지 사망('부상 등'), 또는 그 직접적인 원인이 된 사고를 발생시킨 경우, 정부는 보험급여를 지급하지 않는다(노재보 12조의 2의 2 제1항). 또 근로자가 고의로 인한 범죄행위 혹은 중대한 과실로 인한, 또는 정당한 이유 없이 요양에 관한 지시에 따르지 않음으로 하여 부상 등 혹은 그러한 원인이 된 사고가 발생했거나 또는 부상 등의 정도가 악화 혹은 그 회복을 방해했을 시에는 정부는 보험급여의 전부 또는 일부를 지급하지 않을 수 있다(동조 2항).

▣ **정신장애에 의한 자살의 업무상 인정**

일반적으로는 근로자의 자살은 '근로자의 고의에 의한 사망'이라 하여 산재보험급여의 지급대상으로 보지 않는다(노재보 12조의 2의 2 제1항). 그러나 정신장애에 관한 1999년의 '판단지침' 이후, 업무에 의하여 ICD-10의 F0에서 F4로 분류된 정신장애를 발병했다고 인정된 자가 자살을 시도한 경우에는 정신장애에 의하여 정상적인 인식, 행위선택능력이 현저하게 저하되었거나 혹은 자실행위를 단념하는 정신적 억제력이 현저하게 저해되어 있는 상태에 빠진 것으로 추정하여 업무기인성을 인정한다고 되어 왔다(2011년의 '인정기준'도 같음). 따라서 정신장애에 따른 자살의 사례에서의 주요한 문제는 정신장애의 업무기인성 여하가 되지만, 이에 대해서는 자살의 사례인지의 여부를 불문하고 인정실무상으로는 같은 판단구조에 의한 판단이 이루어지고 있다.

정신장애를 발병한 자살에 대해서는 노기감독서장의 업무외 인정을 뒤집고 업무상의 사망으로 인정한 판례가 최근 상당수 보도되고 있다. 예를 들면, 경험하지 못한 어려운 업무에 배치전환되어 성적부진(福岡東労基署長[粕谷農協]事件 ― 福岡地判 平20. 3. 26, 労判 964호, 35면), 출향사용기업에 대한 부적응(江戸川労基署長[四国化工機工業]事件 ― 高松高判 平21. 12. 25, 労判 999호, 93면), 곤란한 업무와의 고투(中央労基署長[大丸東京店]事件 ― 東京地判 平20. 1. 17, 労判 961호, 68면; 神戸東労基署長[川崎重工業]事件 ― 神戸地判 平22. 9. 3, 労判 1021호, 70면; 三鷹労基署長[いなげや]事件 ― 東京地判 平23. 3. 2, 労判 1027호, 58면), 부하에 의한 중상(中傷)전단지 배부와 회사에 의한 사정청취(渋谷労基署長[小田急レストランシステム]事件 ― 東京地判 平21. 5. 20, 労判 990호, 119면) 등이 얽힌 정신장애에 의한 자살의 경우이다. 또, 상사에 의한 질책・질타・욕설이 주요한 요인 내지 유인으로 보이는 정신장애에 대하여 업무기인성을 긍정한 판례가 늘어나고 있다(静岡労基署長[日研化学]事件 ― 東京地判 平19. 10. 15, 労判 950호, 5면; 奈良労基署長[日本ヘルス工業]事件 ― 大阪地判 平19. 11. 12, 労判 958호, 54면; 名古屋南労基署長[中部電力]事件 ― 名古屋高判 平19. 10. 31, 労判 954호, 31면; 諫早労基署長[ダイハツ長崎販売]事件 ― 長崎地判 平22. 10. 26, 労判 1022호, 46면). 다만, 업무의 심리적 부하의 강함을 부정하고 자실은 오히려 개체의 취약성에 의한 것으로 보아 업무기인성을 부정한 판례(さいたま労基署長[日研化学]事件 ― 東京高判 平19. 10. 11, 労判 959호, 114면)도 있다.

---

394) レンゴー事件 ― 最一小決 平13. 2. 22, 労判 806호, 12면.

(7) 시　　효

요양보상급여, 휴업보상급여, 개호보상급여, 장례비급여, 2차 건강진단 등 급여를 받을 권리는 2년이 경과했을 때, 장애보상급여, 유족보상급여를 받을 권리는 5년이 경과했을 때에는 시효에 따라 소멸된다(노재보 42조). 이 소멸시효의 기산점에 대해서는 '손해 및 가해자를 알았던 때'부터 기산과의 불법행위의 시효규정(민 724조)을 유추·적용해야 한다는 설도 있지만, 원칙(민 166조 1항)처럼 '권리를 행사할 수 있을 때'(권리행사의 객관적 사실이 발생했을 때)부터 진행한다고 해석하는 것을 기본으로 하는 수밖에 없다.395) 예를 들어 산재사고에 근거한 팔의 마비와 통증 등의 증상고정에 대한 급여는 객관적으로 이러한 증상이 고정되었을 때(치유시)부터 진행된다.396) 단, 업무상인지의 여부에서의 '권리를 행사할 수 있을 때'에 대해서는 위의 각 급여의 권리자가 통상인이라면 업무상 사망, 질병, 재해에 해당한다고 판단할 수 있는 기초사실을 인식했을 때부터 진행한다고 해석된다.397)

3. 통근재해에 관한 보험급여

(1) '통근재해'의 개념

'통근재해'란 '근로자의 통근으로 인한 부상, 질병, 장애 또는 사망'이다(노재보 7조 1항 2호).398) '통근'이란 근로자가 취업에 관하여 ① 주거와 취업의 장소 사이의 왕복, ② 취업장소에서 다른 취업 장소로의 이동, ③ ①의 왕복에 선행 또는 후속하는 주거간의 이동을, 합리적인 경로 및 방법으로 행하는 것을 말하고, 업무의 성질을 가지는 것을 제외한다(동조 2항, 2005년 개정).

근로자가 앞의 ①~③의 이동의 경로를 일탈하거나 또는 그러한 이동을 중단한 경우에는 해당 일탈 또는 중단 사이 및 그 후의 이동은 '통근'이라 하지 않는다. 단, 해당 일탈 또는 중단이 일용품 구입, 직업능력개발을 위한 수강, 선

---

395) 山口浩一郎, 「労災保険における保険給付請求権の消滅時效」, 曹時 48권 4호, 10면. 동 논문은 예외적 경우에는 기산점을 현실적으로 권리행사가 가능하게 된 날이라고 해석해야 한다는 것을 구체적·설득력 있게 논하고 있다.

396) 岐阜労基署長事件 ─ 最一小判 平2. 10. 18, 労判 573호, 6면. 또한 체인 톱 사용에 의한 난청에 대해서도 같은 취지: 大垣労基署長事件 ─ 名古屋高判 平3. 4. 24, 労民 42권 2호, 335면.

397) 和歌山労基署長事件 ─ 和歌山地判 平3. 11. 20, 労判 598호, 17면 참조. 위의 大垣労基署長事件도 같은 취지.

398) 기본문헌으로서 保原=山口=西村, 앞의 책, 178면 이하

거권의 행사, 병원 진료를 위한 최소한도의 것인 경우에는 일탈·중단의 사이를 제외하고 '통근'으로 한다(동조 3항, 노재보칙 8조).399)

'통근으로 인한'이란 경험칙상 통근과 상당인과관계에 있는 것, 즉 통근에 통상 수반하는 위험의 구체화로 간주되는 것으로 보고 있다. 통근 도중의 교통사고, 낙하물에 의한 부상이 이 구체화의 전형적인 예이다.400)

'취업에 관하여'란 '업무를 시작하기 때문에 혹은 업무를 끝냈기 때문에'의 의미로 이동행위와 업무와의 밀접한 관련을 요구하는 취지이다. 예를 들어 근로자가 노조활동과 동아리활동을 위해 남은 후의 귀로는 사회통념상 취업과 귀가와의 직접 관련성을 잃게 할 정도로 장시간 후가 아니라면 '취업에 관하여'라고 할 수 있다.401)

'주거'란 근로자의 취업 거점이 되는 거주 장소이다. 조기출근과 장시간 잔업시의 숙박장소로서 생활 본거지 이외에 보유하고 있는 아파트나 근무 사정상 일시적으로 숙박하는 장소도 주거지라고 할 수 있다.402) 단신부임자가 주말 등에 계속 반복적으로 귀가하는 경우는 부임지의 주거와 귀가하는 주거가 모두 '주거'가 된다(1995. 2. 1 기발 39호).403)

'취업의 장소'란 업무를 개시하거나 또는 종료할 경우를 말한다. 본래의 업무를 수행하는 곳 외에, 물품을 거래처에 전해주고 그곳에서 바로 귀가하는 경우의 물품 전달지, 외근업무의 경우 최초 혹은 최후의 용무지(자택으로 바로 직행하고 바로 귀가하는 경우) 등이 이에 해당한다.

'합리적인 경로 및 방법'이란 앞의 ①~③의 이동을 하는 경우에, 일반적으로 근로자가 이용하는 것이라고 인정되는 경로 및 수단을 말한다. 통상 이용하고 있는 경로·수단에 한정되지 않고 그것의 합리적인 대체경로·수단도 포함

---

399) 저녁식사 장을 보려고 귀로 일탈 중 발생한 교통사고에 대해, 통근재해성을 부정한 사례로서 札幌中央勞基署長事件 ― 札幌高判 平元 5. 8, 勞判 541호, 27면. 종업 후 걸어서 장인의 집에 들러 장인을 돌본 후 걸어서 귀가하는 도중의 교통사고에 대하여 통근재해성을 긍정한 사례로서 羽曳野勞基署長事件 ― 大阪地判 平18. 4. 12, 勞判 920호, 77면.

400) 통근도중에 제3자에 의해 살해되었다고 해도, 통근이 간혹 범행의 기회로 선택되었다는 것에 불과한 때는 '통근에 통상 수반되는 위험의 현실화'라고는 할 수 없다. 大阪南勞基署長事件 ― 大阪高判 平12. 6. 28, 勞判 789호, 7면.

401) 간담회 출석 도중의 사고가 통근재해라고 인정된 사례로서, 大河原勞基署長事件 ― 仙台地判 平9. 2. 25, 勞判 714호, 35면; 인정되지 않은 사례로서 中央勞基署長事件 ― 東京地判 平21. 1. 16, 勞判 981호, 51면; 川崎南勞基署長事件 ― 東京地判 平19. 12. 18, 勞判 958호, 87면.

402) 공장현장의 숙사 쪽이 '주거'로, 자택은 '주거'가 아니라고 한 판례로서 三原勞基署長事件 ― 広島地判 平2. 8. 30, 勞民 41권 4호, 642면.

403) 판례로서 能代勞基署長事件 ― 秋田地判 平12. 11. 10, 勞判 800호, 49면.

된다(이상, 1973. 11. 22 기발 644호).[404]

(2) 보험급여의 내용

① 요양급여(노재보 22조), ② 휴업급여(동 22조의 2), ③ 장애급여(동 22조의 3), ④ 유족급여(동 22조의 4), ⑤ 장례급여(동 22조의 5), ⑥ 상병연금(동 23조), ⑦ 개호급여(동 24조)의 7종류이며, 각각의 내용은 앞에서 언급한 요양보상급여, 휴업보상급여, 장애보상급여, 유족보상급여, 장례비, 상병보상연금, 개호보상급여와 같다. 단 ①은 200엔을 넘지 않는 범위 내에서 근로자에게 일부 부담금이 있다(동 31조 2항). 또 ②, ③, ④, ⑥에는 사회복귀촉진 등의 사업으로서의 각종 특별지급금이 존재하며(특지급칙 2조 이하). 이러한 내용도 업무상 재해인 경우와 동일하다. 이러한 급여를 받는 권리의 시효도 동일하다(노재보 42조).

제 3 관   법정외 보상

1. 민법상 손해배상청구

(1) 손해배상청구의 허용

사용자는 노기법이 정하는 산재보상을 실시한 경우에는, 동일사유(해당 산재)에 대해서는 보상한 금액의 한도 내에서 민법상의 손해배상 책임을 면한다(노기 84조 2항). 또 사용자는 노재보험법에 의해 산재보험급여가 이루어져야 할 경우에는, 노기법상 보상의 책임을 면하므로(노기 84조 1항) 피재근로자 또는 그 유족에게 산재보험급여가 실시된 경우라도 지불된 금액 한도 내에서 동일하게 손해배상 책임을 면한다(동 2항)고 해석된다.

반면에 이것은 산재보상과 산재보험급여의 금액 한도를 넘는 손해에 대해서는, 사용자는 민법상 손해배상책임을 면하지 못하고, 피재근로자 또는 유족은 사용자에 대해 민법상 손해배상청구를 할 수 있음을 의미한다. 이것을 산재보상제도(산재보험제도를 포함한)와 손해배상제도의 병존주의라고 부를 수 있다. 일본법의 병존주의 기반은 산재보상제도가 산업재해에 의해 근로자에게 발생한 모든 손해 중 일부를 간이 신속하게 보상하는 제도로서 출발한 점, 그리고 추

---

404) 식사와 음주를 거듭한 후 일단 회사로 돌아가는 귀로에 대하여 '합리적인 경로'를 일탈하고 있다고 한 판례로서 中央労基署長事件 ― 東京地判 平2. 10. 29, 労民 41권 5호, 886면.

후 보상(급여)내용의 질적 개선에도 불구하고 그것이 민법상 손해배상의 범위를 망라하고 있지 않다는 점에 있다(예를 들어 위자료. 또는 휴업보상에 대해서는 평균 임금의 80%를 넘게 받아야 할 임금. 더 나아가 산재보상에서는 직업, 그 외에 개인적인 사정을 제외한 장애보상의 정액화가 이루어져 있기 때문에, 보상액이 현실 손해에 맞지 않는 케이스가 발생할 수 있다. 예를 들면, 악단의 피아니스트가 오른쪽 집게손가락이 절단되는 사고를 생각해 보자).

또한 비교법적으로 보면, 산재보상과 손해배상과의 병존주의는 보편적인 입법정책이 아니고, 기타 산재보상을 받을 수 있는 경우에는 사용자에 대한 민법상의 손해배상청구를 원칙적으로 허용하지 않는 입법정책(미국의 대부분의 주, 프랑스)과 근로자에게 산재보상과 손해배상 중 하나를 선택하게 하는 방식(1948년까지의 영국) 등이 있을 수 있다.405)

(2) 안전배려의무법리의 확립

사용자의 손해배상책임을 추급하는 법적 구성에는 세 가지의 경우가 있을 수 있다. 첫째, 민법상 통상 불법행위책임(민 709조, 715조)의 추급이다. 둘째, 토지공작물의 설치 또는 보존의 하자에 의한 손해에 대한 소유자 혹은 점유자의 책임(민 717조) 추급이다(예를 들어 크레인의 콘크리트 기초에 하자가 있었기 때문에 운전 중 크레인이 무너져 내려 운전자가 중상을 입은 경우에는, 이 법적 구성에 의한 손해배상청구가 인정된다).406) 그리고 세 번째 구성은 계약관계에서는 채무불이행책임(민 415조)의 추급이다.

1971년경까지는 대부분의 손해배상청구는 첫째 또는 둘째의 구성에 따라 실시, 인정되어 왔다. 대부분의 케이스에서는 사용자측에게 노기법의 안전위생규정 혹은 노안위규칙 위반이 있어, 법원은 그 위반을 불법행위상 과실과 공작물 책임상 공작물 하자로서 구성해 왔다. 그러나 1972년 노안위법(1972년 법 57)의 제정·시행(사용자의 안전위생상 제의무의 비약적인 강화·증대)에 호응하듯이, 그해 말에는 사용자의 고용계약상의 안전보증(보호)의무를 선언하고, 안전시설과 보호장비의 미비에 따른 산업재해의 책임을 동의무 위반의 채무불이행으로 구성하는 판례가 있었다.407)

---

405) 영국·프랑스 양국을 중심으로 살펴본 이러한 입법정책의 장단점에 대해서는 岩村正彦, 勞災補償と損害賠償, 352면 이하.

406) 常石造船事件 ― 東京高判 昭48. 6. 30, 判夕 298호, 234면.

407) 門司港運事件 ― 福岡地判 昭47. 11. 24, 判時 696호, 235면; 伴鑄造所事件 ― 東京地判 昭 47. 11. 30, 判時 701호, 109면.

이러한 일반적인 안전보증의무의 개념은 학설의 일치된 지지를 얻은 후, 1975년 판례408)에서 확립되었다. 즉 동판례는 직접적으로는 공무원(자위대원)에 대한 국가의 '안전배려의무'를 선언한 것인데, '위와 같은 안전배려의무는 어떤 법률관계에 근거하여 특별한 사회적 접촉 관계에 속한 당사자간에 해당 법률관계의 부수적 의무로서, 당사자 일방 또는 쌍방이 상대방에 대해 신의칙상 의무로서 일반적으로 인정되어야 하는 것이다'라고 판시했다. 이 판결은 근로계약관계보다도 넓은 법률관계에 관한 안전배려의무의 법리를 선언한 것이지만,409) 이 판결에 의해 근로계약관계에 있어서 '사용자의 안전배려의무'의 관념은 판례법상 정착되었고, 이후 이 관념에 근거한 제3의 구성이 사용자에 대한 손해배상청구의 주된 법적 구성이 되고 있다.410)[170]

2007년에 제정된 노동계약법(2007년 법128)은 '사용자는 근로계약에 따라, 근로자가 그 생명, 신체 등의 안전을 확보하면서 근로할 수 있도록 필요한 배려를 하는 것으로 한다'라는 규정(5조)을 마련하여, 사용자의 근로계약상의 안전배려의무를 입법상 분명히 하였다.411)

[170] **안전배려의무의 정의**

　1975년의 판례는 국가의 공무원에 대한 안전배려의무를 '국가가 공무수행을 위해 설치해야 하는 장소, 시설 혹은 기구 등의 설치관리 또는 공무원이 국가 혹은 상사의 지시 하에서 수행하는 공무관리에 있어서, 공무원의 생명 및 건강 등을 위험에서 보호하도록 배려해야 하는 의무'로 정의하고 있다(앞의 自衛隊車両整備工事事件). 그 후의 판례는 고용계약상의 안전배려의무를 '근로자가 노무제공을 위해 설치하는 장소, 설비 또는 기구 등을 사용하거나 또는 사용자의 지시 하에서 노무를 제공하는 과정에서, 근로자의 생명 및 신체를 위험으로부터 보호하도록 배려해야 하는 의무'라고 정의하고 있다(川義事件 ― 最三小判 昭59. 4. 10, 民集 38권 6호, 557면).

(3) 안전배려의무의 실제적 내용

실제로 중요한 것은 안전배려의무 위반의 법적 구성에 있어서 원고(피재근로자측)가 주장 입증해야 하는 사항은 무엇인가이다. 이 점에 대해서는 최고법원 판결은 '[안전배려]의무위반의 내용을 특정하고 또한 의무위반에 해당하는 사실을 주장·입증하는 책임은 … 원고에게 있다'고 판시하고 있다.412) 이 판결에

---

408) 自衛隊車両整備工場事件 ― 最三小判 昭50. 2. 25, 民集 29권 2호, 143면.

409) 근로계약관계이외에도, 공무원의 임용관계(본판결), 원청업자와 하청업자의 종업원과의 관계, 대학교 의학부와 대학원생과의 관계(鳥取大学附属病院事件 ― 鳥取地判 平21. 10. 16, 労判 997호, 79면), 지적장애아시설과 장애아와의 관계(社会福祉法人侑愛事件 ― 青森地判 平12. 12. 25, 998호, 22면) 등에서 안전배려의무가 인정되고 있다.

410) 안전배려의무에 관한 기본문헌으로서는 保原=山口=西村, 앞의 책, 178면 이하.

411) 안전배려의무에 관한 최근의 문헌으로는 土田, 労働契約法, 461~490면.

의하면 원고는 앞에서 언급한 바와 같은 추상적 안전배려의무의 존재를 주장하
는 것만으로 충분하지 않으며 그러한 추상적 의무를 해당 재해의 상황에 적용
한 경우의 구체적 안전배려의무의 내용(예를 들어 어떤 종류의 안전장치를 제공할
의무, 해당 기계의 정비점검을 충분히 실시할 의무, 어떤 사항에 관한 충분히 안전교육
을 할 의무)을 특정하고,413) 또한 그 불이행을 주장 입증해야 한다(단 판결은 귀
책사유의 부재 입증책임은 사용자에게 있는 것으로 한다).

이 판결은 채무불이행에 근거한 손해배상청구의 입증원칙을 따른 것으로 통
설적 견해라고 할 수 있다.414) 안전배려의무는 근로자의 직장에서의 안전과 건
강을 확보하기 위해 충분한 배려를 하는 책임이지만, 안전과 건강 그 자체를
도맡는 결과채무가 아니고,415) 그 목표를 위해 다양한 조치(수단)를 강구하는
채무에 그치기 때문에 통설적 견해는 지지될 것이다.

다만 사고원인에 관한 기본적인 정보격차를 고려하면, 원고가 주요 사실로
서 입증해야 하는 구체적 안전배려의무의 내용도 어느 정도 추상적인 것으로
충분하고, 원고가 입수 가능한 자료에 의하여 그러한 의무위반을 추인시키는
간접사실을 입증하는 한, 피고(사용자)가 보다 상세한 간접사실에 의한 반증을
하는 것을 필요로 한다고 해야 한다.416) 또한 사고가 천재지변 등의 사용자에게
귀책되는 것이 아닌 사유에 의하여 발생했다는 입증책임은 사용자에게 있다.

또한 채무불이행 구성의 경우에도 근로자가 사용자의 안전배려의무의 구체
적인 위반을 주장 입증해야 한다고 하면, 이러한 구성이 주장입증책임이라는
관점에서 불법행위의 법적 구성의 경우에 비해 그 만큼 유리하다고는 할 수 없
게 된다. 그리고 불법행위법상의 주의의무 내용에 대해, 사용자에게 근로자의
업무재해나 직업병을 방지하기 위한 고도의 예견의무 및 결과회피의무가 부과
된다는 견해417)가 일반화되면, 실체법상의 사용자의 의무 내용ㆍ정도에도 양
구성상의 실질적 차이는 경미한 것이 된다.418) 단 양 구성에 대해서는 시효419)

---

412) 航空自衛隊芦屋分遣隊事件 ― 最二小判 昭56. 2. 16, 民集 35권 1호, 56면.
413) 노안위법이나 그 세칙ㆍ지침 등이 정하는 안전위생의 기준은 안전배려의무나 주의의무의
구체적 내용을 정한 뒤 충분히 참작되어야 한다. 참고 판례로서 三菱重工神戸造船所事件 ― 大阪高
判 平11. 3. 30, 労判 771호, 62면; ジャコム立川工場事件 ― 東京地八王子支判 平17. 3. 16, 労判
893호, 65면; おきぎんビジネスサーボス事件 ― 那覇地沖縄支判 平18. 4. 20, 労判 921호, 75면.
414) 竹下守夫, [判批] 民商 86권 4호, 618면; 萩澤清彦, [判批], ジュリ 776호, 142면.
415) 岡村親宣, 「使用者ㆍ事業主の民事責任」, 現代講座12, 304면은 결과채무설을 주장.
416) 山川, 雇用関係法, 230〜231면.
417) 日本化工事件 ― 東京地判 昭56. 9. 28, 判時 1017호, 36면.
418) 그래서 최근의 많은 사건에서는 안전배려의무위반과 불법행위 쌍방이 주장된다. 예를 들
어 진폐증에 관한 前田建設事件 ― 前橋地判 昭60. 11. 12, 判時 1172호, 15면.

(민 167조와 724조 참조), 유족고유의 위자료(채무불이행 구성에서는 인정되지 않는다)420)(민 711조 참조), 지연손해금의 기산점(불법행위구성에서는 사고 다음날부터, 채무불이행구성에서는 청구 다음날부터421) 등에서 판례상 중요한 차이422)가 인정되고 있다.[171][172][173][174][175][176]

[171] **안전배려의무의 구체적 내용**

최고법원판례는 안전배려의무를 사용자가 사업수행에 이용하는 물적 시설(설비) 및 인적 조직의 관리를 충분히 실시하는 의무로 파악하고 있다. 즉 ① 헬리콥터 운행 중 회전날개 하나가 비산하여 추락한 사고에 대해서는 헬리콥터의 부품 성능을 유지하면서 기체의 정비를 충분히 실시할 의무가(航空自衛隊芦屋分遣隊事件 ― 最二小判 昭56. 2. 16, 民集 5권 1호, 6면), ② 차량의 운전상 과실에 의한 동승자 사망에 대해서는, 차량 정비를 충분히 할 의무와 차량의 운전자를 충분한 기능을 가진 자로 선임할 의무, 해당차량을 운전한 후에 특히 필요한 안전상 주의를 시킬 의무 등이(陸上自衛隊第331会計隊事件 ― 最二小判 昭58. 5. 27, 民集 37권 4호, 477면; 陸上自衛隊第7通信大隊事件 ― 最二小判 昭58. 12. 6, 労経速 1172호, 5면), ③ 숙직 중 근로자가 도적에게 시해된 사고에서는, 도적침입방지를 위한 물적 설비를 충분히 하고 또한 숙직원 안전교육을 실시하는 등의 의무가(川義事件 ― 最三小判 昭59. 4. 10, 民集 38권 6호, 557면) 그리고, ④ 동초근무 중의 자위대원이 대원을 가장하여 주둔지에 침입한 과격파 활동가에게 사살된 사고에 대해서는, 영내 출입관리를 충분히 할 의무가(陸上自衛隊朝霞駐屯地事件 ― 最三小判 昭61. 12. 19, 労判 487호, 7면), 각각 안전배려의무의 구체적 내용으로서 지적되고 있다. 그리고 뒤의 두 가지 사고(③, ④)에 대해서는 도적 내지 과격파 침입의 우려가 현실적으로 존재했음에도 불구하고, 침임방지 조치가 충분하지 않았던 점에서 의무불이행이 있었다고 판단되었다. 이에 대해 위의 헬리콥터 추락사고(①)에 대해서는, 회전날개 비산이 원인이 된 날개 고정부분의 소켓 절삭 흔적은 통상은 있을 수 없는 것으로, 더욱이 현미경으로밖에 발견할 수 없는 미묘한 것이기 때문에, 정비과정에서 그것을 발견할 수 없었던 것은 위의 의무위반이라고 할 수 없다고 판단했다. 또 차량운전자의 과실에 의한 사고(②)에 대해서는 운전자가 당연히 져야 할 통상의 주의의무는 사용자의 안전배려의무에는 포함되지 않는다고 판시했다.

또한 최고법원판례는 ⑤ 체인 톱 등의 도입·사용에 의한 임야근로자의 진동장애에 대해, 당시의 의학적 식견에 비춰보면 1965년 이전에는 국가(임야청)에 발병 예견가능성이 없었다고 할 수밖에 없고, 또한 그해 이후도 그 당시로서는 발병의 결과를 회피하는 것에 대하여 사회통념상 적절하다고 평가되는 조치를 강구하고 있다고 하여 국가의 안전배려의무위반을 부정하고 있다(林野庁高知営林局事件 ― 最二小判 平2. 4. 20, 労判 561호, 6면).

한편, ⑥ 장시간 근로에 종사하는 근로자가 우울증으로 자살한 것에 대해, 동 근로자의 업무량을 적절히 조정할 의무가 있다고 해서 안전배려의무 위반을 안정하고 있다(電通事件

---

419) 특히 日鉄鉱業事件 ― 最三小判 平6. 2. 22, 民集 48권 2호, 441면은 장기간에 걸쳐 병세가 진전되는 진폐증에 대해, 안전배려의무위반의 손해배상청구권의 소멸시효는 진폐법 소정의 관리구분에 대한 최종 행정상의 결정을 받은 때부터 진행된다고 판시했다.

420) 大石塗装·鹿島建設事件 ― 最一小判 昭55. 12. 18, 民集 34권 7호, 888면.

421) 위의 大石塗装·鹿島建設事件.

422) 판례이론과 그 타당성 여부에 대해시는 新美育文, 「『安全配慮義務』の存在意義」, ジュリ 823호, 99면; 下井, 労基法, 478면 이하; 渡辺 章, 「健康配慮義務に関する一考察」, 花見忠先生古稀, 労働関係法の国際的潮流, 75면.

― 最二小判 平12. 3. 24, 民集 54권 3호, 1155면).

⑫ 산재민소(産災民訴)와 상당인과관계

산업재해에 대해 사용자에게 안전배려의무 위반 혹은 불법행위를 이유로 하여 손해배상을 청구하는 소송(산재민소)에서는, 먼저 해당 부상, 질병 또는 사망이 근로자의 업무종사로 인해 발생했다고 인정하는 것이 적당하다는 것, 즉 업무종사와 부상, 질병 또는 사망과의 상당인과관계가 존재할 것이 요건이 된다. 산재보험급여를 위한 업무상 인정에서는 이 상당인과관계에 해당하는 '업무기인성'의 유무가 언제나 문제가 되는데, 산재민소에서도 상당인과관계의 유무가 주요한 쟁점이 되는 경우가 많다. 특히 업무기인성의 판정이 곤란한 질병 등이 산재민소에 등장하는 케이스에서 그러하다. 최근 문제의 사례로서는 복수의 분진 직장을 여기저기 돌아다닌 근로자의 진폐증과 한 직장에서의 업무종사 사이의 상당인과관계 유무(日鉄鉱業松尾採石所事件 ― 東京地判 平2. 3. 27, 労判 563호, 90면 ― 긍정), 보육원 보모의 업무와 동일인의 경견완(頸肩腕)증후군과의 상당인과관계 유무(横浜市立保育園事件 ― 最三小判 平9. 11. 28, 労判 727호, 14면 ― 긍정), 장기간 근로(이로 인한 우울증)와 자살과의 상당인과관계의 유무(앞의 電通事件 ― 긍정) 등이 있다.

단, 산재민소의 경우에는 상당인과관계가 긍정되어도 안전배려의무 위반 또는 과실(주의의무위반)의 존재가 또 하나의 요건이 된다는 것은 말할 것도 없다.

⑬ 뇌·심장질환의 발병과 손해배상

근로자가 과중한 업무에 종사함으로 인하여 뇌·심장질환이 발병했다(그리고 그 질병에 의하여 사망했다)고 주장된 사안에서는 앞에서 언급한 업무재해의 보험급여의 청구 외에, 건강배려의무위반(채무불이행) 내지는 주의의무위반(불법행위)을 청구원인으로 하는 손해배상청구가 다수 이루어지고 있다. 이러한 산재민소에서도 우선은 업무에 대한 종사와 질병(내지는 사망)과의 상당인과관계의 유무가 문제가 되며, 그러한 것이 인정된 경우에는 사용자에게 안전배려의무 내지 주의의무의 위반이 인정되는지가 문제가 된다.

이러한 손해배상청구에 관한 최근의 판례에 대해서는 '뇌·심장질환의 업무상 인정의 기준'에서 정립되어 있는 근로시간 기준을 초과한 장시간근로 등의 과중한 업무에 대한 종사가 인정되면, 사용자에게 있어 뇌·심장질환의 발병이 기초질병 등의 업무외의 사유에 의한 것이라는 것을 수긍시키는 특단의 사정을 증명할 수 없는 한, 업무에 대한 종사와 발병과의 상당인과관계가 인정되고, 동시에 업무를 경감시키거나 하는 조치를 소홀히 하였다고 하여 건강배려(주의)의무의 위반도 긍정되는 경향에 있다(岩出 誠, 「『過労死·過労自殺』等に対する企業責任と労災上積み補償制度」手塚和彰＝中窪裕也編, 変貌する労働と社会システム, 238～241면). 다시 말하면, 뇌·심장질환에 대해서는 사용자의 손해배상의무의 성립여부는 업무상 인정에 가까운 방법으로 판정되는 경향에 있다(최근의 전형적인 판례는 장거리 운송업무에 종사하는 대형트럭운전수의 뇌출혈에 대하여 안전배려의무위반을 인정한 中野運送事件 ― 熊本地判 平19. 12. 14, 労判 975호, 39면); 장시간근무에 종사하는 마취과 의사의 급성심기능부전사에 대하여 안전배려의무위반을 인정한 大阪府立病院事件 ― 大阪高判 平20. 3. 27, 労判 972호, 63면; 선천적인 뇌동정맥기형(AVM)을 가진 근로자에 대하여 이 근로자의 생산기획과에서의 업무가 신체적·정신적으로 과중한 부하를 동반하여 그에 따른 피로·수면부족이 낮의 혈압상승을 초래하여 발병시켰다고 보는 것이 상당하고, 이 근로자의 AVM이 자연스러운 경과에 따라 일과성의 혈압상승 등이 있으면 즉시 출현을 초래할 정도까지 악화되었던 것으로 보는 것은 상당하지 않다고 하여, 생산기획과장에게 주의의무위반이 있었다고 본 사례로서 天辻鋼球製作所事件 ― 大阪高判 平23. 2. 25, 労判 1029호, 36면).

174 정신장애에 의한 자살과 손해배상

　　근로자가 과중한 업무와 심리적 부하가 높은 업무에 종사함으로써 정신장애를 발병했다(그리고 그 정신장애에 의하여 자살했다)고 주장된 사안에서도 앞에서 언급한 업무재해의 보험급여의 청구 외에, 건강배려의무위반(채무불이행) 내지는 주의의무위반(불법행위)을 청구원인으로 하는 손해배상청구가 다수 이루어지고 있다. 이 산재민소에서도 우선은 업무에 대한 종사와 정신장애 발병(그에 따른 자살)과의 상당인과관계의 유무가 문제가 되고, 이것이 인정된 경우에는 사용자에게 건강배려의무 내지 주의의무의 위반이 인정되는지가 문제가 된다(岩出 誠,「『過労死・過労自殺』等に対する企業責任と労災上積み補償制度」手塚和彰＝中窪裕也 編, 変貌する労働と社会システム, 238~241면). 그리고 업무상 인정의 경우와 마찬가지로, 정신장애 발병과의 상당인과관계 여하에서 업무에 의한 심리적 부하와 개체의 취약성의 관계가 문제가 된다.

　　최근의 판례에서도 종래와 마찬가지로, 장기간의 장시간근로에 따른 피로가 축적되는 가운데 정신장애를 앓고 자살했다고 보이는 사안에서, 업무경감을 소홀히 한 점 등에 대하여 사용자의 건강배려의무(주의의무)위반이 인정된 것이 많다(山田製作所事件 — 福岡高判 平19. 10. 25, 労判 955호, 59면; 音更町農協事件 — 釧路地帯広支判 平21. 2. 2, 労判 990호, 196면; メディスコーポレーション事件 — 東京高判 平23. 10. 18, 労判 1037호, 82면 등). 실질은 근로자파견인 업무도급으로 업무 종사 중에 우울증이 발병하여 자살했다는 사안에서는 출장기업・파견기업과 출장사용기업・파견사용기업의 쌍방에 대하여 불법행위의 주의의무위반이 인정되었다(アテスト[ニコン熊谷製作所]事件 — 東京高判 平21. 7. 28, 労判 990호, 50면).

　　한편, 자살의 유력원인으로 주장된 부정경리의 상사에 의한 질책을 정당한 업무수행의 범위 내이며 자살에 대하여 예견가능성이 없었다고 하여 안전배려의무위반도 불법행위책임도 인정하지 않은 판례(前田道路事件 — 高松高判 平21. 4. 23, 労判 990호, 134면)와, 신입사원의 입사 반년 후의 자살에 대하여 업무의 과중성은 없고 해당 근로자의 취약성이 최대의 요인으로 보인다고 하여 상당인과관계도 건강배려의무위반도 부정한 판례도 있다(みずほトラストシステム事件 — 東京高判 平20. 7. 1, 労判 969호, 20면).

　　또한 최근에는 (자살에 이르지 않는) 정신장애(우울증)에 대하여 사용자의 안전배려의무위반의 책임을 인정한 판례나(富士通四国システム[FTSE]事件 — 大阪地判 平20. 5. 26, 労判 973호, 76면), 근로자가 타사로의 장기출장 중의 우울증 발병, 휴직, 출장기업으로의 복귀, 우울증 재발, 휴직의 경과를 거치고 있는 점에 대하여, 출장기업과 출장사용기업의 두 기업에게 건강배려의무위반의 손해배상책임을 부분적으로 긍정한 판례도 나와 있다(トヨタ自動車ほか事件 — 名古屋地判 平20. 10. 30, 労判 978호, 16면).

175 사용자의 배상책임 경감의 법리

　　근로자의 뇌・심장질환사의 사례에서 업무와 발병・사망과의 상당인과관계 및 사용자의 건강배려의무 내지 주의의무의 위반이 인정된 경우라고 해도, 근로자의 기초질환이 질병발병・사망의 공통된 원인이며, 사용자에게 손해의 전부를 배상하게 하는 것이 공평함을 잃게 한다는 경우에는 법원은 손해배상의 금액을 정함에 있어 과실상쇄의 규정을 유추・적용하여 근로자의 기초질환을 참작할 수 있다(NTT東日本北海道支店事件 — 最一小判 平20. 3. 27, 労判 958호, 5면은 교통사고에 관한 最一小判 平4. 6. 25, 民集46권 4호, 400면을 인용하여 민법 722조 2항의 유추적용에 대하여 판시). 또한 그러한 참작은 사용자로부터의 과실상쇄의 주장이 없어도 직권으로 행할 수 있다(앞의 NTT東日本北海道支店事件).

　　판례로서는 가스용접 작업 중에 뇌경색이 발병하여 사망한 사례에 대하여 업무와 사망과의 상당인과관계를 인정하여 초췌한 채로 출근한 근로자의 건강상태를 확인하고 업무종사를

그만두게 해야 했던 점에서 안전배려의무 위반이 있다고 하면서, 근로자가 예방검진에서 의사에게 지시받은 치료를 계속하지 않았던 점, 사용자에게 병상을 보고하지 않았던 점 등을 감안하여 민법 418조의 적용 내지 유추적용으로 손해액에서 4할을 감해야 한다고 판단했다(榎並工務店事件 — 大阪高判 平15. 5. 29, 労判 858호, 93면. 그 외 天辻鋼球製作所事件 — 大阪高判 平23. 2. 25, 労判 1029호, 36면은 선천적인 기초질환도 유력요인이라고 하여 4할 감액. 또 南大阪マイホームサービス事件 — 大阪地堺支判 平15. 4. 4, 労判 854호, 64면은 민법 722조 2항의 유추적용으로 5할 감액).

근로자의 업무와 관련된 자살에 대해서도 근로자의 성격·심인적 요소(취약성)가 기여하고 있는 경우에는 마찬가지로 책임의 경감이 인정되는 경우가 있다(참고문헌으로서 石井保雄,「從業員の自殺と使用者の民事責任」, 労判 847호, 5면). 예를 들어 과장승진의 내시를 받은 근로자가 받아들일 자신감이 없다고 생각하여 고민하다 우울상태가 되어 자살에 이른 케이스에서는 사용자로서 종업원의 정신면에서의 건강상태에 충분히 배려하고 적절한 조치를 강구해야 할 의무에 위반했다고 하면서 본인의 성격 및 심인적 요소의 기여나 회사에 대한 정보제공의 부족을 배려하여, 민법 722조 2항의 유추적용에 의해 손해액으로부터 8할을 줄였다(三洋電機サービス事件 — 東京高判 平14. 7. 23, 労判 852호, 73면. 마찬가지의 8할 감액을 하고 있는 것으로서 東加古川幼児園事件 — 大阪高判 平10. 8. 27, 労判 744호, 17면). 다만, 사용자 측의 업무관리상의 배려에서 과실의 비중이 높은 케이스에서는 민법 722조 2항을 유추·적용한 책임경감이 부정되고 있다(電通事件 — 最二小判 平12. 3. 24, 民集 54권 3호, 1155면).

근로자의 자살에 대해서는 사용자와 근로자의 과실비율의 안분(按分)에 의해서도 책임의 경감이 이루어지고 있다(みくまの農協[新宮農協]事件 — 和歌山地判 平14. 2. 19, 労判 826호, 67면. 근로자의 건강상태를 고지하지 않았던 점에서 원고유족에 7할의 과실을 인정).

176 불법취업 외국인의 산재에 대한 일실이익의 산정

단기체류자격으로 입국하여 불법 잔류하여 취업중인 외국인이 산업재해를 당했을 경우의 일실이익의 산정에 대해서는, 본국으로 귀국했을 경우의 소득격차를 고려해야 하는지가 문제가 된다. 이에 대해 판례는, 일실이익은 상당정도의 개연성을 가지고 추정되는 해당 피해자의 장래 수입 상황을 기초로 하여 산정해야 하므로, 예측되는 일본에서의 취업가능기간(이 사건에서는 산재로 인한 수입 상실 후 3년간)은 일본에서의 수입 등을 기초로 하며, 추후 상정되는 출국지(이 사건에서는 모국)에서의 수입을 기초로 하여 일실이익을 산정해야 한다고 판시했다(改進社事件 — 最三小判 平9. 1. 28, 民集 51권 1호, 78면).

(4) 제3자에 대한 손해배상청구

산업재해가 근로계약상의 사용자이외의 제3자의 고의·과실에 의해, 또는 제3자가 소유 또는 점유한 토지공작물의 하자에 의해 야기된 경우에는 피재근로자(또는 그 유족)는 제3자에 대해 불법행위책임(민 709조) 또는 공작물책임(민 717조) 추급을 할 수 있다.

실제로 제3자 책임이 가장 빈번하게 문제시되는 것은 말단 하청근로자의 산재에 있어서의 원청기업 또는 중간 하청기업의 책임 및 사외근로자 산재에 있어 사용기업의 책임에 대해서이다.

이러한 기업의 책임은 공작물책임을 긍정할 수 있는 경우를 별도로 하면,

종래에는 노동안전위생법규와 조리 내지 사실관계로부터 불법행위법상의 어떠한 주의의무를 도출함으로써 불법행위책임으로 처리되어 왔다. 그러나 결국 판례는 하청근로자 또는 사외근로자가 원청기업 혹은 사용기업에서 작업장소, 설비, 기구류의 제공을 받아 그 지휘감독 하에서 작업을 실시하고 있다는 실태를 중시하여, 그러한 기업들도 하청(혹은 사외)근로자에 대해 근로계약상 안전배려의무와 동일한 의무를 진다고 해석, 이러한 의무위반으로서 손해배상책임의 근거를 제시하는 경우가 많아졌다. 그리고 최고법원판례도 원청인의 안전배려의무 위반은 '고용계약 내지 이에 준하는 법률관계상 채무불이행'이라고 판시하기에 이르렀다.[423]

또한 이미 보았듯이 노안위법상 원청사업자에게는 하청근로자의 안전을 확보하기 위한 각종 의무가 부과되어 있다. 따라서 그러한 의무의 위반이 유력한 원인이 되어 사고가 발생한 경우에는 이 의무위반을 불법행위상의 과실로 원용할 수 있을 것이다. 또 노기법상 산재보상에 대해서는 토목건축사업이 수차례 도급에 의해 이루어지는 경우에는 원도급인이 사용자로서 보상책임을 진다는 것에 주의해야 한다(노기 87조 1항, 노기칙 48조의 2).

(5) 산재보험급여와 손해배상과의 조정

이상과 같이 산업재해의 피재자(또는 그 유족)는 그 산업재해에 대해 민사상 책임이 있는 사용자 또는 제3자에 대해 손해배상책임을 추급할 수 있지만, 이 책임추급소송을 둘러싼 하나의 난제는 산재보험급여와 손해배상과의 조정이다.[424]

먼저 이미 지불된 산재보상 또는 산재보험의 급여액은 사용자 또는 제3자가 피재근로자(내지 그 유족)에 대하여 행하는 손해배상에서 공제되어야 한다. 산재보상과 사용자의 손해배상책임 관계에 대해서는 노기법이 이를 명기하고 있고 (84조 2항), 이러한 법리는 산재보험이 산재보상책임을 전보하는 제도인 점에서 산재보험과 사용자의 손해배상책임 관계에도 적용된다고 하겠다(동항 유추적용). 단, 산재보상 또는 보험급여는 근로자가 입은 일정 재산적 손해(주로 일실이익)

---

423) 大石塗裝・鹿島建設事件 ― 最一小判 昭55. 12. 18, 民集 34권 7호, 888면. 그 후에도 三菱重工業事件 ― 最一小判 平3. 4. 11, 勞判 590호, 14면. 최근에는 제조업무 도급에서의 도급기업 근로자의 도급업무 수행중의 사고(추락사)에 대하여 발주기업이 작업의 설비・내용을 실질적으로 관리하고 있던 점에서 동기업이 안전배려의무를 가진다(그리고 이에 위반하고 있다)고 한 판례도 나오고 있다(テクノアシスト相模[大和製罐]事件 ― 東京地判 平20. 2. 13, 勞判 955호, 13면).

424) 문헌으로서, 安枝=西村, 勞基法, 374면 이하; 保原=山口=西村, 앞의 책, 330면.

의 전보만을 시행하는 것이므로, 정신적 손해(위자료)와 그 밖의 적극적 손해(입원잡비·시중간호비 등)의 전보에는 영향을 미치지 않는다.425) 산재보상과 제3자의 손해배상책임과의 관계에 대해서도 민법의 '변제자의 법정대위'(민 500조)의 유추적용에 의해 사용자는 산재보상을 하면 그 한도에서 피재자의 제3자에 대한 손해배상청구권을 대위 취득해버리므로 피재자의 제3자에 대한 손해배상청구에 대해서는 동일한 결과가 된다. 산재보험과 제3자의 손해배상책임과의 관계에 대해서는 노재보험법이 정부는 보험급여 한도에서 보험급여를 받은 자가 제3자에 대해 갖는 손해배상청구권을 취득한다고 하고, 또 제3자로부터의 손해배상이 보험급여에 의해 먼저 실시된 경우에는 그 한도에서 보험급여를 하지 않을 수 있다고 규정하고 있다(12조의4. 이 규정에 의한 조정은 실무상 민법 724조의 소멸시효를 고려하여 재해 발생 후 3년간 이루어지는 급여에 대해서만 시행된다. 1966. 6. 17 기발 610호, 1977. 3. 30 기발 192호).⒄

⒄ 특별지급금과 손해배상

판례는 휴업특별지급금, 장애특별지급금 등의 특별지급금은 노동복지사업(현재의 사회복귀촉진 등 사업)의 일환으로서 피재근로자 요양생활의 지원 등으로 그 복지를 증진시키기 위한 것이며, 손해전보의 성질을 가지는 것이 아니므로 산업재해로 인한 손해배상시 손해액에서 공제하는 것은 허용되지 않는다고 판단하고 있다(コック食品事件 ― 最三小判 平8. 2. 23, 民集 50권 2호, 249면; 改進社事件 ― 最三小判 平9. 1. 28, 民集 51권 1호, 78면. 최근에는 セイシン企業事件 ― 東京高判 平13. 3. 29, 労判 831호, 78면). 그러나 특별지급금이 실제상으로는 산재보험급여와 하나가 되어 급여율을 개선하는 기능을 하고 있는 것에 비추어 보면, 판시의 타당성은 의문이다(コック食品事件에 대한 岩村正彦, [判批], ジュリ 1109호, 131면 참조).

⒅ 제3자 행위재해와 시담(示談)

산업재해의 피재근로자가 가해자인 제3자와 시담(示談)을 실시하여, 그 손해배상채무의 전부 또는 일부를 면제한 경우에는, 그 한도에서 손해배상청구권에 관한 정부의 법정대위권(노재보 12조의 4 제1항)은 소멸한다. 또한 면제에 의해 피재근로자가 손해배상청구권을 상실한 이상, 정부는 그 한도에서 보험급여의 의무를 면한다(이상, 小野運送事件 ― 最三小判 昭38. 6. 4, 民集 17권 5호, 716면). 따라서 실무상으로도 가해자인 제3자와의 시담이 진정으로 성립하여 손해의 전부를 전보할 목적으로 하고 있는 것이라고 인정되는 경우에는 보험급여를 실시하지 않는 취급을 하게 되었다(1963. 6. 17 기발 687호. 이에 대한 상세한 내용은 西村健一郎, 労災補償と損害賠償, 200면 이하; 下井, 労基法, 492면 이하).

산재보험에 연금이 도입되기까지는, 손해배상과 산재보상 또는 산재보험의 관계가 이들 법리와 규정에 의해 거의 문제없이 조정되어 왔다. 그러나 산재보

---

425) 東都観光バス事件 ― 最三小判 昭58. 4. 19, 民集 37권 3호, 321면; 靑木鉛鉄事件 ― 最二小判 昭62. 7. 10, 民集 41권 5호, 1202면.

험에 연금이 도입되고 산업재해의 피재자가 매년 일정액의 연금을 받게 되자 장래의 연금급여을 손해배상소송에서 어떻게 취급해야 하는지의 문제가 발생했다.

이에 대해서는 사용자 행위재해 및 제3자 행위재해 양측에 대해, 학설·판례가 비공제설(손해배상액에서 장래 연금액은 공제되어서는 안 된다는 설)과 공제설로 나뉘어 대립되었다. 그러나 최고법원은 먼저 제3자의 행위로 의한 재해에 대해,426) 이어 사용자의 행위로 의한 재해에 대해,427) 비공제설을 채택했다.⑰ 이러한 최고법원판례에 의하여 이 문제의 해석론상의 결착이 이루어져 문제는 입법론으로서 공제설의 방향으로의 법개정을 해야 하는지의 여부가 되었다. 그리고 1980년 노재보험법 개정(1980년 법 104)에서 산재보험급여의 개선·충실(연금의 선불일시금제도의 신설)과 연관시켜 사용자 행위재해 경우의 보험급여와 손해배상의 조정규정(노재보 64조)이 마련되었다.⑱⑲ 한편 제3자 행위재해에 대해서는 특별히 입법도 이루어져 있지 않기 때문에, 종래대로 법규정·법원칙(동 12조의 4. 앞의 주의 仁田原·中村事件)에 따른 처리(재해발생 후 3년 내에 지급되어야 하는 연금에 대해서만 지불시 제3자에게 배상을 실시하고, 또 제3자로부터의 배상이 이루어진 경우에는 재해발생 후 3년 이내에 지급되어야 하는 연금에 대해서만 지급을 정지한다)가 이루어진다.428)

⑰ **비공제설과 공제설**

비공제설은 공제설을 취하면 피재자는 연금급여가 강제되어 분할변제를 강제받고, 연금은 피재자와 수급자의 장래 조기사망, 재혼, 이혼 등의 경우에 소멸하거나 감축하기 때문에 손해배상보다 불리하다는 것 등을 근거로 했다. 이에 대하여 공제설은 산재보험은 정부의 관장으로 연금급여의 체불·불지급의 우려가 없고, 또 분할보상이기는 하지만 정기지급과 슬라이드(slide)제로 인해 생활이 오히려 안정된다는 점, 비공제설을 취하면 사용자는 보험료를 지불하여 민사책임을 면한다는 보험이익이 무시된다는 점 등을 주장하였다.

조정규정을 신설한 법개정에서, 비공제설이 지적하는 연금의 불리한 점에 대해서는 장애보상연금 및 유족보상연금에 대한 '선불일시금'제도가 마련되고, 장애보상연금에 대해서는 '실권차액일시금'이 신설되었다.

특히 공제설에 따르더라도 손해배상을 실시한 사용자가 동일 사고를 원인으로 하여 근로자에게 지불되어야 할 장래 산재연금급여에 대해, 민법 대위규정(422조)에 따라 근로자를 대신하여 국가에 청구할 수 있는 것은 아니다(三共自動車事件 — 最一小判 平元. 4. 27, 労判 542호, 6면).

---

426) 仁田原·中村事件 — 最三小判 昭52. 5. 27, 民集 31권 3호, 427면.
427) 三共自動車事件 — 最三小判 昭52. 10. 25, 民集 31권 6호, 836면. 또 자배법(72조 1항 전단)에 근거로 한 국가에 대한 손해전보청구에서는 장애연금(통근재해)의 장래분을 공제해야 하는 것으로 간주되었다(最一小判 平21. 12. 17, 民集 63권 10호, 2566년).
428) 西村健一郎, 労災補償と損害賠償, 217면 이하; 下井, 労基法, 493면.

⑱ 조정규정의 견해

1980년 조정규정의 견해는 다음과 같다. 사용자는 손해배상을 지불해야 하는 경우에도 손해보상연금이나 또는 유족보상연금의 '선불일시금'의 최고 한도액까지는 손해배상지불이 유예되며, 이러한 유예동안에 선불일시금이나 또는 연금이 실제로 지불되었을 때에는, 그 급여액의 한도에서 손해배상책임을 면제받는다. 또 선불일시금의 최고 한도액을 넘는 부분의 손해에 대해서는 사용자는 손해배상지불을 해야 하지만, 지불을 하게 되면 이후에는 지불된 손해배상액의 한도에서 피재자 또는 그 유족 연금이 지급 정지된다(실제로는 손해배상의 사실파악이 곤란하므로, 이 지급정지의 실시는 곤란하다). 그리고 이 지급정지에 대해서는 노재보험심의회의 회의를 거쳐 상세한 기준이 작성되었다(1981. 10. 30 기발 696호). 이에 따르면 연금의 지급조정 대상이 되는 것은 동일 사유에 의한 손해배상 중 일실이익부분의 일정 비율(보험급여의 수준에 상당한 부분)뿐이다. 그리고 연금지급 정지기간에 대해서는 일실이익산정의 전제가 되는 근로가능연령을 고려하여 상한이 마련되어 있다.

특히 위의 조정규정 및 이에 근거한 조정기준은 연금급여에 대해서뿐만 아니라 유족(보상)일시금, 장애(보상)일시금, 요양(보상)급여, 장례비(장례급여)에 대해서도, 이미 지불된 손해배상 중의 각각 급여에 대응한 배상부분과의 조정(지급정지)을 정하고 있다.

⑱ 산재보험급여의 공제와 과실상쇄의 선후관계

산업재해에 대한 손해배상청구를 용인해야 하는 경우, 피해자에게도 과실이 있어 과실상쇄가 이루어져야 하는 경우에는 이미 지불된 산재보험급여액의 공제와 과실상쇄의 어느 쪽을 먼저 실시해야 하는가가 실무상 중요한 문제가 된다. 이에 대해서는 산재보험급여액의 공제를 먼저 실시한 후 과실상쇄를 실시해야 한다는 '공제후 상쇄설'이 피재자 내지 그 유족에게 유리한데, 판례는 피재자가 취득한 손해배상청구권은 어디까지나 과실상쇄에 의한 감액이 이루어진 후의 금액이라는 견지에서, 우선 과실상쇄를 하여 손해배상액을 감액한 후 산재보험급여 공제를 실시해야 한다는 '공제전 상쇄설'을 채택하고 있다(사용자 행위재해에 대해, 大石塗裝・鹿島建設事件 — 最一小判 昭55. 12. 18, 民集 34권 7호, 888면; 제3자 행위재해에 대해 高田建設從業員事件 — 最三小判 平元 4. 11, 勞判 546호, 16면). 공제전 상쇄설에 의하면, 제3자의 행위에 의한 재해의 경우는 산재보험급여를 지급함으로써 정부에 이전되는 제3자(가해자)에 대한 손해배상청구권(노재보 12조의 4)도 과실상쇄에 따라 감액된 손해배상청구권이 된다(위의 高田建設從業員事件).

2. 산재추가보상제도

(1) 의 의

오늘날 기업에서는 단체협약(또는 취업규칙)에 의해 업무상 재해(및 통근재해)에 대해 법정 산재보상에 일정 보상을 추가하는 제도가 상당히 보급되어 있다. 그리고 보험회사는 이러한 추가 보상을 책임보험화하고 있다.429)

---

429) 佐藤進, 「上積み」補償と企業內福祉, 20면 이하. 종업원을 피보험자로 하는 단체생명보험의 추가보상원자로서의 의의와 그 배분에 관한 판례법리에 대해서는 岩出誠, 『「過勞死・過勞自殺」等に対する企業責任と勞災上積み補償制度』手塚和彰＝中窪裕也編, 変貌する労働と社会システム, 244면 이하.

(2) 법적 문제

단체협약상의 추가보상인 경우, 이는 일종의 '근로자의 대우에 관한 기준'을 정한 것으로 노조법상의 규범적 효력(16조)을 가진다. 이리하여 피재근로자는 추가보상협정에 의해 직접 사용자에 대해 추가보상을 청구할 권리(청구권)를 취득한다. 이에 대해 피재근로자의 유족은 규범적 효력을 향유하지 않으나, 이 유족과의 관계에서는 추가보상협정은 '제3자를 위한 계약'(민 537조 1항)으로서 유족보상을 정한 것이라고 해석해야 한다. 따라서 유족은 수익 의사표시(민 537조 2항)를 함으로써 추가의 유족보상청구권을 취득한다. 이상에 대해 추가보상이 취업규칙상 정해져 있는 경우에는 그 근로계약규율효(노계 7조, 10조) 또는 근로자와 사용자간의 합의(동 8조)에 의하여 근로계약을 규율하므로, 역시 피재근로자는 취업규칙에서 정하는 바에 따라 추가보상 청구권을 취득한다. 또 유족에 대해서는 사용자가 위의 근로계약규율효 또는 합의를 개재시켜 유족(제3자)을 위한 계약을 근로자와 체결했다고 생각되므로, 유족도 수익 의사표시를 함으로써 추가유족보상청구권을 취득한다.

추가보상제도는 통상적으로는 산업재해보상에 대해 법정보상의 부족을 보충해야 하고, 더욱이 일정 보상을 추가하는 취지가 있으므로, 추가보상지불은 원칙적으로 사용자의 산재보상책임과 산재보험급여에 영향을 주는 것은 아니다 (앞의 조정기준. 1981. 10. 30 기발 696호도 이 견해를 따른다).

이에 대하여 추가보상과 손해배상과의 관계에 대해서는 일반적으로는 사용자는 추가보상을 함으로써, 그 금액의 한도에서 동일 사유에 대해 피재근로자나 또는 그 유족에 대한 손해배상책임을 피하고, 제3자 행위재해의 경우에는 피재근로자(유족)가 제3자에 대한 손해배상청구권을 대위 취득한다고 해석해야 한다.[430] 추가보상은 원칙적으로 이 한도에서 사용자의 손해배상책임에 영향을 주어야 하므로, 이를 넘어서 추가보상제도에 손해배상 예정(민 420조 1항)으로서의 취지를 파악하여 동협정(계약)에 의해 손해배상청구권을 잃는다고 해석하는 것은 타당하지 않다. 단 보상협정 중에 손해배상 예정이라는 취지를 명확히 하는 조항 또는 손해배상청구권 폐기조항이 마련되어 있는 경우에는 그러한 조항이 일반적으로 무효라고는 하기 힘들고, 추가액이 불공정하게 저액이라는 점에 대해 개별적으로 공서양속위반(민 90조)이 될 수 있다는 데 그친다고 생각된다.

---

430) 清正 寬, 「労災上積み補償協定をめぐる問題」, 現代講座12, 376면 이하.

제10절 기업질서와 징계

제1관 기업질서

1. 복무규율

(1) 복무규율의 내용

대부분의 기업에서는 '복무규율'이라고 불리는 종업원의 행위규범이 취업규칙에 정해져 있다('복무규율' 항목을 만들지 않아도 징계규정과 기타 관계의 항목에 조항을 두고 있다). 그 내용은 법령·규칙의 준수의무와 종업원의 마음가짐을 강조한 일반적 규정을 별도로 하면, 다음과 같이 분류할 수 있다.[431]

(가) **협의의 복무규율**　기업에서 광범한 복무규율의 중심적 내용은 근로자의 복무상의 규율, 즉 근로자의 취업(노무제공)의 방법 및 직장에 관한 규율이다(협의의 복무규율). 여기에는 ① 입·퇴장에 관한 규율, 즉 입·퇴장의 장소(출입문) 지정, 그 절차(출근카드의 시각입력, 신분증명서의 제시, 소지품검사), 개인용품 지참의 규제 등, ② 지각, 조퇴, 결근, 휴가 절차(신고, 허가 등), ③ 위치이탈, 외출, 면회 규제(신고, 허가, 대행자 등), ④ 복장규정(제복, 모자, 기장, 보기 흉한 복장의 금지 등), ⑤ 직무전념규정('근로시간 중에는 직무에 전념해야 한다' 등), ⑥ 상사의 지시·명령에의 복종의무 ⑦ 직장질서의 유지('회사 제규칙 및 상사의 지시, 명령에 따르고 서로 협력하여 직장 질서 유지에 힘써야 한다' 등), ⑧ 직무상 금품수수금지, ⑨ 안전·위생 유지를 위한 규정(흡연장소의 지정, 화기 제한, 안전위생규정의 준수 등), ⑩ 풍기유지를 위한 규정(싸움, 폭행, 주정, 도박 금지 등), ⑪ 직장의 정리·정돈 등이 속한다.

(나) **기업재산의 관리·보전을 위한 규율**　기타 복무규율의 주요한 내용은 회사의 시설 내지 물품 관리·보전을 위한 규정이다. 여기에는 ① 회사재산의 보전(회사재산의 애호, 소모품의 절약, 물품의 반출·유용의 금지, 화기 단속 등), ② 회사시설의 이용제한, 즉 종업 후 직장체류의 제한, 회사시설을 이용한 회합·선전활동(집회, 연설, 방송, 문서의 게시·배포) 허가제, 사업장 내 정치활동·종교

---

431) 상세한 복무규율 내용은 花見 忠=深瀨義郞編著, 就業規則の法理と実務, 95면 이하.

활동 금지(이는 취업상 규율 분야에도 속하는 규율이다) 등이 속한다.

(다) 종업원으로서의 지위ㆍ신분에 의한 규율   상기를 제외한 대다수 기업에서 마련하고 있는 것이 종업원으로서의 지위ㆍ신분에 근거한 규율이다. 여기에는 ① 신용 유지('기업의 명예ㆍ신용을 훼손해서는 안 된다', '사원으로서의 체면을 훼손해서는 안 된다' 등), ② 겸직ㆍ겸업 규제('사원은 회사의 승인을 얻지 않고, 재직중 다른 직업에 종사해서는 안 된다' 등), ③ 공직입후보나 공직취임의 취급(신고, 승인 등), ④ 비밀유지의무('사원은 회사의 업무상 비밀을 누설해서는 안 된다' 등), ⑤ 신상이동의 신고 등이 속한다.

(2) 직무규율의 개념

이상과 같이 '복무규율'이란 개개의 근로자의 '복무'(근로의무의 이행)에 관한 취업규칙상의 행위규범(협의의 복무규율)을 중심적 내용으로 하고, 이에 동규칙상 회사재산 보전을 위한 규율 및 종업원의 지위에 따른 규율을 부가한 것이다. 요컨대 (광의의)복무규율이란 복무에 관한 규범을 중심으로 하여, 기업이 근로자에 대해 설정하는 취업규칙상 행위규범으로 파악할 수 있다. 그것은 내용에 있어서 광범하고 다양하게 걸쳐질 수도 있으나, 존재형태로서는 정적이며 인식이 비교적 용이하다.

2. 기업질서

(1) 기업질서의 개념

노무관리 실무상, 위의 복무규율과는 별개로 기업질서(경영질서)라는 개념도 이용된다. 기업질서는 복무규율과 같은 의미로 호환적으로 이용되는 경우도 있는데, 일반적으로는 경영목적을 수행하는 조직체인 기업이 필요에 따라 실시하는 구성원에 대한 통제 전반을 의미한다. 이는 앞에서 기술한 복무규율을 그 일부로 포함하는, 보다 광범하고 보다 동적인 개념이라 할 수 있다.[432]

(2) 판례의 기업질서론

최고법원은 최근 일련의 판례를 통하여 기업질서 내용과 그에 관한 사용자의 권한을 체계적으로 천명하기에 이르렀다.[433]

---

432) 복무규율ㆍ경영질서에 대해서는, 萩澤淸彦, 「服務規律」, 經營法学全集15人事, 67면 이하 참조.

즉 '기업질서는 기업의 존립과 사업의 원활한 운영의 유지를 위해 필수불가 결한' 것이므로, 기업은 기업질서를 정립하고 유지하는 권한을 가진다. 보다 구 체적으로는 기업은 '기업질서를 유지확보하기 위해 이에 필요한 제 사항을 규 칙으로써 일반적으로 정하거나 또는 구체적으로 근로자에게 지시, 명령할 수 있으며, 또한 기업질서에 위반하는 행위가 있는 경우에는 그 내용, 상태, 정도 등을 명확하게 하여 혼란스런 기업질서의 회복에 필요한 업무상의 지시, 명령 을 하거나 위반자에 대해 제재로서 징계처분을 실시하기 위해 사실관계를 조사 할 수 있다.'434) 또 '[위의 규칙 또는 구체적 지시·명령]에 위반하는 … 경우 에는 기업질서를 혼란하게 하는 자라 하여, 해당 행위자에 대해 … 규칙이 정 하는 바에 따라 제재로서 징계처분을 할 수 있다.'435)

이러한 기업질서의 정립·유지권한은 기업을 '구성하는 인적 요소 및 소유 하고 관리하는 물적 시설의 양자를 통합하여 합리적·합목적적으로 배치조직' 하기 위한 것이고, 따라서 기업은 기업질서정립·유지권한의 일환으로서 '직장 환경을 적정·양호하게 유지하고 규율 있는 업무운영태세를 확보하기 위해'해 당 물적 시설을 관리 이용하는 권한을 가진다(앞의 주 国鉄札幌運転区事件).囫 또 한 '기업질서 유지확보는 통상적으로는 종업원의 직장 내 또는 직무수행에 관 계있는 행위를 … 규제함으로써 달성할 수 있는 것인데 … 종업원의 직장 외 에서 이루어진 직무수행와 관계없는 행위라도, 기업질서에 직접 관련을 가지는 것 … [및 기업의 사회적] 평가의 저하훼손으로 이어질 우려가 있다고 객관적 으로 인정할 수 있는 행위에 대해서는 … 또한 넓게 기업질서의 유지확보를 위 해 이를 규제 대상으로 하는 것이 허용되는 경우도 있을 수 있다.'436)

근로자는 위와 같은 기업질서의 준수의무를 근로계약 체결에 근거하여 부담 한다. 즉 '근로자는 근로계약을 체결하여 기업에 고용됨으로써 기업에 대해 노 무제공의무를 짐과 동시에, 부수적으로 기업질서 준수의무외 기타 의무를 진 다.'437)

---

433) 石津廣司,「企業秩序論」, 公企労研究 59호, 89면; 中嶋士元也,「最高裁における『企業秩序』編」, 季労 157호, 128면.
434) 富士重工業事件 ― 最三小判 昭52. 12. 13, 民集 31권 7호, 1037면.
435) 国鉄札幌運轉區事件 ― 最三小判 昭54. 10. 30, 民集 33권 6호, 647면.
436) 国鉄中国支社事件 ― 最一小判 昭49. 2. 28, 民集 28권 1호, 66면. 같은 취지: 関西電力事件 ― 最一小判 昭58. 9. 8, 判時 1094호, 121면.
437) 앞의 주 富士重工業事件. 같은 취지: 앞의 주 国鉄中国支社事件, 電電公社目黒電報電話局事件 ― 最三小判 昭52. 12. 13, 民集 31권 7호, 974면; 앞의 주 関西電力事件.

위와 같이 최고법원판례는 사용자는 기업의 존립·운영에 불가결한 기업질서를 정립하고 유지하는 당연한 권한을 갖으며, 근로자는 근로계약 체결에 의해 당연히 이러한 기업질서의 준수의무를 가진다고 한다. 바꿔 말하면 기업질서와 그 준수의무란, 기업 및 근로계약의 본질(당연한 성질·내용)에 기인하는 당연한 권한 및 의무라고 되어 있다. 종래, 복장규율의 정립·운영의 법적 근거에 대해서는 근로계약상의 지휘명령권(협의의 복장규율에 대해), 사용자의 재산권(기업재산 관리·보전을 위한 규율에 대해), 근로계약상의 합의(앞의 양자에서는 근거로 삼을 수 없는 대부분의 사항), 사용자의 법률상의 의무(특히 노동안전위생법상의 것) 등이 거론되어 왔으나, 최고법원은 복무규율을 포함한 기업질서 전체를 단적으로 기업과 근로계약의 본질 속에 정립시킨 것이다.438)

▨ 시설관리권의 법적 성격

사용자가 기업시설을 관리하는 권한의 법적 성격에 대해서는 종래의 학설은 이를 기업시설에 대해 사용자가 가지는 소유권, 기타 물권의 한 작용으로서 받아들여 왔다. 이 견해에 따르면 시설관리권은 기업시설의 보전을 위해 보전을 위태롭게 하는 종업원의 행위를 사전방지나 또는 사후적으로 배제하는 권한이 된다. 따라서 이 권리에 의해 기업질서유지를 위한 규칙제정과 그 규칙위반을 이유로 하는 징계처분 근거를 마련하는 것에 무리가 있다고 지적되어 왔다.

이에 대해 国鉄札幌運転区判決은 사용자의 시설관리권을 '[기업이] 직장환경을 적정 양호하게 유지하고 규율이 있는 업무의 운영체제를 확보하기 위해 그 물적 시설을 허락된 목적 이외에 사용해서는 안 된다는 취지를 일반적으로 규칙으로 정하거나 또는 구체적으로 지시, 명령할 수 있는' 권한으로 파악하고 있다. 그리고 이러한 권한은 기업이 '사업의 원활한 운영을 도모하기 위해 그것을 구성하는 인적 요소 및 그 소유하고 관리하는 물적 시설의 양자를 종합하여 합리적·합목적적으로 배치, 조직하여 기업질서를 정립하고, … 그 구성원에 대해 이에 복종할 것을 요구하는' 권한의 '일환으로서' 긍정된다고 판단하고 있다.

즉 판례는 시설관리권을 기업의 인적·물적인 구성요소에 걸친 기업질서정립권한의 일환으로서 파악하고, 거기에서 직장환경을 적정하게 유지하고, 규율이 정비된 업무체제를 확보하기 위한 사용자의 규칙제정과 구체적 명령 권한 및 이들 규칙과 명령에 위반하는 자에 대한 징계 권한을 도출한 것이다(이상에 대해서는 時岡泰, 最判解説[民事篇, 1979], 350면 이하. 판례에 대한 이론적 비판을 실시하는 문헌으로서 西谷 敏, 「施設管理權の法的性格とその限界」, 大阪市大法学雑誌 26권 3=4호, 247면 이하).

(3) 기업질서의 한계

앞서 정의한 기업질서가 기업의 유지운영에 불가결하다는 점은 부정하기 힘들다. 그리고 근로계약관계는 기업질서를 불가결한 것으로 하는 기업에서 그에 따른 협동근로에 종사하는 것을 내용으로 하므로 기업질서 준수의무를 당연한

---

438) 최근 같은 취지의 판례로서는 JR東日本[高崎西部分会]事件 — 最一小判 平8. 3. 28, 労判 696호, 14면.

의무로서 내포하고 있다고 하지 않을 수 없다.[439] 이러한 의미에서 기업질서와 그 준수의무란, 판례가 말하는 바와 같이 기업 및 근로계약의 성질 그 자체에 기인한다고 생각된다. 그러나 그러한 것들은 기업 및 근로계약의 본질에 의해 근거가 마련되기 때문에 그 본질에 의해 범위(한계)를 책정할 수도 있다. 결국 근로자는 기업 및 근로계약의 목적상 필요하고, 또한 합리적인 범위에서만 기업질서에 따른 것으로 '기업의 일반적 지배에 복종하는 것'은 아니다(앞의 주의 富士重工業事件).

보다 구체적으로는, 기업질서에서 정립되는 규제나 내려진 명령은 기업의 원활한 운영상 필요하고 합리적일 것을 요한다. 예를 들어 사업장의 풍기질서를 어지럽힐 우려가 없다고 인정되는 행위에 대해서는 기업질서의 위반은 성립하지 않는다. 또 근로계약은 근로자의 사생활에 대한 사용자의 지배까지를 정당화하는 것이 아니므로, 근로자의 사생활상의 행위는 실질적으로 보아 기업질서에 관련성이 있는 한도에서만 그 규제 대상으로 여길 수 있다. 게다가 중요한 한계로서, 근로계약관계는 노동계약법 및 노동기준법상의 기본적 여러 규정(노계 1조, 3조, 노기 1조~7조)에 의해 근로자의 인격과 자유에 대한 법적 배려를 요청하는 관계가 되며, 기업질서에 의한 규제도 근로자의 인격·자유에 대한 지나친 지배와 구속이 되는 것은 허용되지 않는다. 법원은 이상의 견지에서 복무규율의 여러 규정을 합리적인 내용으로 한정 해석함으로써 기업질서에 관한 표면상 광범한 사용자의 권한을 적절하게 한계지우는 임무를 가지는 것이다.[183][184]

圖 기업질서의 권한 한정

예를 들어, 자동차 고용운전사가 콧수염을 기르는 것이 '자동차 고용승무원 근무요령' 중 복장 규정인 '수염을 깎고 두발은 단정히 한다'는 규정에 위반하는가에 대해서는 동규정에서 금지된 수염은 '게을러 깎지 않은 수염'이라든지 '이상하고 기이한 수염'만을 가리키며, 본건에서처럼 특별히 불쾌감이나 반발감을 주지 않는 콧수염은 이에 해당되지 않는다는 해석이 내려졌다(イースタン・エアポートモータース事件 ― 東京地判 昭55. 12. 15, 労民 31권 6호, 1202면). 또한 트럭 운전사가 갈색 머리카락을 다시 고치라는 명령에 따르지 않았기 때문에 내려진 유지(諭旨)해고에 대해서는 기업이 근로자의 머리카락 색깔·형, 모습, 복장 등에 대해 제한할 경우에는 기업의 원활한 운영상 필요하면서 합리적인 한도에 그치도록 특단의 배려가 필요하게 된다고 하여 무효라고 판단했다(株式会社東谷山家事件 ― 福岡地小倉支決 平9. 12. 25, 労判 732호, 53면. 그 외, 몸가짐기준에 따른 수염, 머리형태의 규제에 대하여 동종의 한정해석을 하여, 담당직무변경이나 저평가 등을 위법으로 한 판례로서, 郵便事業事件 ― 神戸地判 平22. 3. 26, 労判 1006호, 49면).

---

439) 萩澤, 앞의 논문, 94면도 경영질서를 근로계약의 본질에서 오는 사용자의 기능으로 파악하고 있다.

최근에는 성동일성(性同一性) 장애자에 의한 다른 성(性)의 용모와 자태의 취업에 대해 이루어진 징계해고를 무효로 한 판례가 나왔다(S社事件 ― 東京地判 平14. 6. 20, 労判 830호, 13면; 清水弥生, 「性同一性障害者による別性容姿での就労申出と企業秩序」, 労判 849호, 14면 참조).

위 사안은 어느 것도 종업원의 인격과 자유(사상·신조의 자유, 용모에 관한 표현의 자유)의 보호의 견지에서 기업의 복장규율상의 권한을 한정한 전형적인 예이다(문헌으로서 道幸哲也, 職場における自立とプライバシー, 11면 이하; 山田省三, 「雇用関係と労働者のプライバシー」講座21世紀6, 56면 이하).

⑱ 인터넷의 사적 이용의 감시·점검

근로자가 사용자의 업무용 기기인 컴퓨터를 사용하고, 사용자의 서버를 통하여 인터넷을 이용하는 경우에 사용자가 이러한 이용을 어느 정도 감시·점검할 수 있는가가 근로자의 프라이버시와의 관계에서 문제가 된다. 이에 대해서는 일반적으로 다음과 같이 생각할 수 있다(기본문헌으로는 土田, 労働契約法, 96~97면, 117~120면).

우선 사용자는 개인 용도의 통신을 사용규정에서 금지할 수 있다. 그러한 금지규정이 없는 경우에도 근로자는 기업의 업무용 기기를 사적인 용도로 사용하는 것은 삼가해야 하고, 특히 근로시간 중에는 직무전념의무와의 관계에서 그러하다. 단, 이러한 원칙에도 불구하고 근무에 부수된 경미한 사적사용은 근로생활에 필연적으로 따르는 것으로 사회통념상 허용되는 경우가 있을 수 있다(グレイワールド事件 ― 東京地判 平15. 9. 22, 労判 870호, 83면).

보다 어려운 문제는 사용자가 사적사용의 유무·정도에 대하여 평소 감시하거나 문제가 발생한 경우에 점검할 수 있는지의 여부이지만, 사용규정에서 그 권한을 명확히 해두면 근로자는 프라이버시가 없는 통신수단으로서 평소 사용하게 되기 때문에 가능하다. 그 권한이 규정되어 있지 않은 경우에는 사용자는 기업질서 위반의 유무 조사에 필요한 경우 등, 사업경영상의 합리적인 필요성이 있고, 그 수단방법이 상당한 이상 허용되게 된다. 판례에서는 성희롱이나 비방 및 중상 메일의 고충에 대하여 그 진위나 정도·양태를 조사하기 위해 근로자의 발신 및 수신한 메일을 기업이 점검한 행위가 이러한 관점에서 적법한 것으로 간주했다(F社Z事業部事件 ― 東京地判 平13. 12. 3, 労判 826호, 76면; 日經クイック情報事件 ― 東京地判 平14. 2. 26, 労判 825호, 50면. 문헌으로는 砂押以久子, 「従業員の電子メール私的利用をめぐる法的問題」, 労判 827호, 29면).

인터넷의 사적 이용의 조사는 개인정보의 취득도 되기 때문에, 2003년 제정된 개인정보보호법(2003년 법 57)에 따른 일반적인 규제에도 따르고 있다. 즉, 사용자는 인터넷 이용규정에서 조사로 취득한 정보의 이용목적을 특정하고(예를 들어 영업비밀의 누설방지, 개인용도 메일의 남용방지), 이를 공표 내지 통지해야 한다(15조, 18조 1항). 또한 사용자는 본인의 동의를 얻지 않고 취득한 정보를 목적 이외로 이용하거나 제3자에게 제공해서는 안 된다(16조 1항, 23조 1항).

3. 근로자의 내부고발의 보호

1990년대 이후의 일본사회에서는 정당·관청·기업, 그 밖의 다양한 조직에서의 법령위반이 불상사로 잇달아 밝혀져 책임추급이 이루어졌다. 기업사회에 대해서도 공공공사의 담합, 총회꾼에 대한 이익제공, 증권거래의 손실보전, 식품의 위장표시, 리콜 은폐 등을 비롯하여 다양한 조직적인 부정 및 위법행위에 대해 법적 책임의 추급과 사회적인 규탄이 이루어져, 경영자의 사임, 기업 이미지의 훼손, 소비자의 거부반응 등을 야기하였다. 이리하여 법령의 준수(compliance)가 기업경영의 중요과제가 되고, 전 경제계의 기업윤리 확립을 위한 노력이 실시되고 있다.

이러한 기업의 부정행위의 대부분은 종업원이나 그 외의 기업관계자의 내부고발 행위로 밝혀지기 때문에, 위법행위를 바로잡기 위한 내부고발의 적극적 가치와 정당성이 사회적으로 인식되기에 이르렀다.440) 그래서 소비자 보호의 분야를 중심으로 근로자의 내부고발 행위를 보호하는 입법제정의 움직임이 고조되어 2004년 6월에 「공익통보자보호법」(2004년 법 122)이 제정되었다.441)

(1) 징계처분 등의 판단구조

종래, 노동기준법 등 일정한 입법에서는 법의 이행확보 구조의 하나로서 법의 적용대상자가 감독관청에 위반 신고를 할 권리를 규정하고, 신고에 대해서는 사업자에 의한 해고, 그 밖의 불이익 취급을 금지해 왔다(노기 104조, 노안위 97조, 노동자파견 49조의 3 등). 따라서 근로자의 내부고발 행위도 이러한 위반신고 행위인 이상으로는 보호받고 있으나 그 이외의 사항이나 그 이외의 양태로 이뤄지는 경우에는 특히 입법에 의해 보호받고 있지 못했다. 그리고 내부고발이 기업조직 내에서 비밀로 여겨지는 정보를 기업외의 제3자(수사당국, 언론사, 소비자, 국회의원 등)에게 밝히는 형태로 이뤄진 경우에는 근로계약상의 성실의무와의 충돌이 발생하여 복무규율(기업질서)에서도 취업규칙상의 기업비밀의 누설을 금지하는 규정과 기업의 명예·신용훼손을 징계하는 규정 등에 위반한 행위라고 파악되었다.

최근에는 앞의 사회적 상황을 반영하여 기업이 종업원의 내부고발 행위에 대해 기업질서 위반으로 행한 징계처분이나 보복적인 처우 등에 대하여 종업원이 이를 다투는 소송이 증가하였다.442) 법원은 이러한 판례에서 당해 내부고발

---

440) 내부고발에 대한 사회적인 의식변화와 그 배경에 대해서는 新田建一, 「内部告發の社會心理學的考察」, 日労研 530호, 24면 참조.

441) 기본문헌으로 水谷英夫, 「『内部告發』と労働法」, 日労研 530호, 11면; 島田陽一, 「労働者の内部告発とその法的論点」, 労判 840호, 5면.

442) 대표적인 판례로는 医療法人恩誠会事件 ― 東京地判 平7. 11. 27, 労判 683호, 17면; 群英学園事件 ― 東京高判 平14. 4. 17, 労判 831호, 65면; 宮崎信用金庫事件 ― 福岡高宮崎支判 平14. 7. 2, 労判 833호, 48면; 杉本石油ガス事件 ― 東京地判 平14. 10. 18, 労判 837호, 11면; 大阪いずみ市民生協事件 ― 大阪地堺支判 平15. 6. 18, 労判 855호, 22면; トナミ運輸事件 ― 富山地判 平17.

의 내용, 목적, 양태, 기타 제반사정을 종합적으로 감안하여 복무규율과의 충돌에도 불구하고 보호할 가치가 있는 행위인가 아닌가를 판정하고 있다. 판단의 포인트를 지적하면, 첫째 고발내용의 진실성 내지는 진실하다고 믿는 상당한 이유의 유무가 제일 중요하고, 이 점이 긍정되는 것이 내부고발 행위가 보호되기 위한 전제적 요건이 된다.443) 둘째로는 고발행위의 기본적 목적이 법위반과 부정의 시정에 있는 점이다. 단, 고발행위가 근로조건의 개선을 위한 노동조합 활동으로서의 측면을 가지고 있어도 지장은 없다. 내부고발행위가 기업조직의 내부규율(성실의무, 복무규율)과의 충돌에도 불구하고 법적으로 보호되는 것은 법령의 준수나 부정의 시정이 거국적으로 보아 당해 기업에 보다 큰 이익을 가져오고 또한 사회적으로도 이익이 된다는 점에 있기 때문에, 이 목적의 공익성도 기본적 요건이 된다고 생각된다. 셋째로는 고발행위의 양태가 상당한 것이라는 점이다. 이 점에 대해서는 기업내부에서 위법행위 시정의 절차나 구조가 수립되어 있는 등, 다른 사항보다 온당하고 효율적인 수단이 있는 경우에는 이를 거쳐야 하는 것이 기대된다. 시정의 내부절차가 없고 오히려 내부적 시정을 기대할 수 없는 상황에서 고객이나 주주 및 회원에게 부정을 호소하는 케이스에는 양태상의 상당성을 인정받게 된다. 또 위법·부정한 정보취득이 기업의 비밀문서 등을 관리규정에 반하여 부정하게 입수함으로써 이뤄진 경우에는 다른 정보 입수절차가 없고, 위법·부정의 시정이라는 보다 큰 가치에 이바지한다는 상황에서 긴급피난으로 부득이하다고 여겨지고 있는 것처럼 받아들여진다.

⑵ 공익통보자보호법

공익통보자보호법은 공익통보를 한 것을 이유로 한 공익통보자 해고의 무효 등, 공익통보에 관해 사업주 및 행정기관이 취해야 하는 조치를 정함에 따라 공익통보자의 보호를 도모함과 동시에, 국민의 생명·신체·재산, 그 외의 보호에 관계되는 법령 규정의 준수를 도모하고 이로써 국민생활의 안정 및 사회경제의 건전한 발전에 이바지하는 것을 목적으로 한다(1조).

'공익통보'란, 근로자(노기 9조)가 부정한 목적이 아니라,444) 그 노무제공처의 사업자, 임원, 종업원 등에 대하여 통보대상 사실이 발생하거나 또는 발생하려

---

2. 23, 労判 891호, 12면; アンダーソンテクノロジー事件 — 東京地判 平18. 8. 30, 労判 925호, 80면.
　443) 이 요건이 충족되지 못한 것으로서 징계해고를 유효하다고 한 판례로서 アワーズ事件 — 大阪地判 平17. 4. 27, 労判 897호, 26면.
　444) 정확하게는 '부정한 이익을 취할 목적, 타인에게 손해를 가할 목적, 그 외 부정한 목적이 아니라'(2조).

고 하는 취지를 당해 노무제공처 등,445) 당해 통보대상 사실에 대하여 처분 혹은 권고 등을 하는 권한을 가지는 행정기관(감독관청) 또는 그 자에 대해 당해 통보대상사실을 통보하는 것이 그러한 발생·피해의 확대 방지에 필요하다고 인정되는 자(그 외의 통보필요자)에게 통보할 것이라고 정의되어 있다(2조 1항).

'통보대상 사실'은 개인의 생명 또는 신체의 보호, 소비자의 이익옹호, 환경보전, 공정한 경쟁 확보, 그 외의 국민의 생명·신체·재산, 기타 이익 보호에 관계되는 법률로서 별표446)에서 나열한 사항에 규정하는 범죄행위의 사실 내지는 그러한 법률의 규정에 근거로 한 처분의 이유가 되는 사실을 말한다(2조 3항).

동법은 통보대상 사실에 대하여 공익통보를 했던 것을 이유로 하는 해고, 근로자 파견계약의 해지, 강등, 감봉, 파견근로자의 교체를 요구하는 것, 그 외의 불이익 취급을 금지하고 있으나(3조~5조), 이러한 보호 요건은 통보 상대방에 의해 구별되고 있다. 즉, ① 당해 노무제공처 등에 대한 공익통보의 경우는 통보대상 사실이 발생하거나 발생하려 한다고 사료되는 경우에 충분하다. ② 감독관청에 대한 공익통보의 경우에는 위의 사항에 대해 믿기 충분한 상당한 이유가 있는 경우라는 점이 필요하고, ③ 그 외의 통보필요자에 대한 공익통보의 경우에는 ②에 더하여 (가) ①, ②의 통보를 하면 해고, 그 외의 불이익 취급을 받는다고 믿기에 충분한 상당한 이유가 있는 경우, (나) ①의 통보를 하면 증거 인멸 등의 우려가 있다고 믿기에 충분한 상당한 이유가 있는 경우, (다) 노무제공처로부터 ①, ②의 통보를 하지 않을 것을 정당한 이유 없이 요구받은 경우, (라) 서면이나 이메일 등에 의해 ①의 통보를 한 후 20일을 경과해도 당해 통보대상 사실에 대하여 조사를 하는 취지의 통지가 없는 경우 또는 정당한 이유 없이 조사가 이뤄지지 않는 경우, (마) 개인의 생명·신체에 위해가 발생하거나 또는 발생할 긴박한 위험이 있다고 믿기에 충분한 상당한 이유가 있는 경우의 어느 한 가지에 해당하는 것이 필요하게 된다(3조).

①의 공익통보를 서면 등으로 받은 사업자는 통보대상 사실의 중지, 그 외 시정을 위해 필요하다고 인정되는 조치를 취할 때는 그 취지를, 통보대상 사실이 없을 때에는 그 취지를, 공익통보자에게 지체 없이 통지하도록 노력해야 한

---

445) 정확하게는 '당해 노무제공처 혹은 당해 노무제공처가 사전에 정한 자'(2조 1항). 예를 들어 당해 기업의 내부고발을 받아들여 기업 내에서 대응하기 위한 기관으로서 지정된 변호사 사무소 등.

446) '공익통보자보호법 별표 8호의 법률을 정하는 정령'은 400을 넘는 법률을 열거하고 있다. 노동법 분야에서는 노동관계조정법, 노동기준법, 노재보험법, 선원법, 직원안정법, 최저임금법, 노동보험료징수법, 가내노동법, 고용보험법 등이 열거되고 있다.

다(9조).

②의 공익통보를 받은 행정기관은 필요한 조사를 하고, 통보대상 사실이 있다고 인정된 때는 법령에 근거한 조치, 그 외 적당한 조치를 취해야 한다(10조).

공익통보 보호자에 대한 본법에 의한 보호는 노동계약법, 그 외의 법령에 의한 보호규정(전형적으로는 노계 14조~16조)의 적용을 방해하는 것은 아니다(6조). (1)에서 서술했던 종래의 판례의 보호도 마찬가지이다.447)

제 2 관 징 계

1. 징계처분의 의의

제1관의 복장규율과 기타 기업질서를 유지하기 위한 제도로서는 규율위반과 이익침해에 대한 제재로서의 징계처분이 이루어진다. '징계처분'이란 다의적인 단어지만,448) 통상적으로 종업원의 기업질서 위반행위에 대한 제재벌이라는 점이 명확한 노동관계상의 불이익조치를 가리킨다고 할 수 있다. 통상 기업에서는 징계해고, 유지(諭旨)해고, 출근정지, 감급, 경고(戒告), 훈고 등으로 제도화되어 있다. 이러한 징계처분은, 사용자측에서 보면 기업의 질서·이익을 유지하기 위해 불가결한 제도지만, 근로자에게는 노동관계상 중대한 불이익을 받는 제도이다. 그래서 양자의 이익을 적절하게 조정하기 위한 법규제가 필요하다.449)

2. 징계권의 근거와 한계

⑴ 징계권의 근거

도대체 사용자는 어떠한 법적 근거에 기인하여 징계처분을 할 수 있을까? 바꿔 말하면 독립 대등한 계약당사자간에 한쪽 당사자의 다른 한쪽에 대한 지배복종관계를 상기하도록 하는 징계처분이 시행되는 근거는 무엇인가. 이것은

---

447) 공익통보자보호법의 적용이 없는 주간지에 대한 내부고발행위에 대하여 종래의 판단구조로 징계해고의 효력을 판단한 판례로서 学校法人田中千代田学園事件 — 東京地判 平23. 1. 28, 労判 1029호, 59면. 또 동법의 적용외의 내부통보행위 때문에 이루어진 불이익 배치전환명령을 부당한 동기에 의한 것으로서 배치전환명령권의 남용으로 판단한 판례로서 オリンパス事件 — 東京高判 平23. 8. 31, 労判 1035호, 42면.

448) 諏訪康雄,「懲戒権と懲戒解雇の法理論(下)」, 労働協会雑誌 281호, 13면.

449) 기본문헌으로서 東大労研, 注釈労基法上, 247면[土田].

노동관계의 본질로 거슬러 올라가는 철학적 문제로서 오래 전부터 많은 논의가 있었다.[450]

법기술적으로 이 문제는 다음의 두 가지 논점을 내용으로 한다. 첫째로는 취업규칙상 징계에 관한 근거규정이 존재하지 않는 경우에도, 사용자는 여전히 징계처분을 할 수 있는지 여부이다. 둘째로는 취업규칙상 징계사유와 수단을 열거하고 있는 경우에, 그 열거는 한정적 의미를 가지는가, 예시적 의미를 가지는가이다.

이상의 문제를 둘러싸고 두 가지의 대표적 학설이 주창되었다. 첫째, 사용자는 규율과 질서를 필요로 하는 기업의 운영자로서 당연히 고유의 징계권을 가진다는 고유권설이다. 이른바 경영권(기업소유권)의 한 내용으로서 또는 노동관계의 성질상 당연히 사용자에게는 징계권이 인정된다고 하는 견해이다. 이에 따르면 취업규칙에 특별히 규정이 없어도 징계처분은 가능하며, 동 규칙상 징계사유와 수단 열거는 예시적인 의미밖에 갖지 않는다.

이에 대하여 둘째, 사용자의 징계처분은 근로자가 근로계약에서 구체적으로 동의하고 있는 한도에서만 가능하다고 하는 계약설이다. 즉, 사용자의 징계권은 근로계약의 명시의 규정으로만 근거를 구할 수 있는 것이고 사용자는 취업규칙에서 징계 사유와 수단을 명확히 하고, 근로자의 명시 또는 묵시의 동의를 얻어, 그들을 근로계약 내용으로 함으로써 비로소 그 한도에서 징계권을 취득한다고 주장한다. 따라서 징계처분에는 취업규칙상의 근거규정을 필요로 하고 동 규칙상 징계사유와 수단의 열거는 한정된다.

판례는 앞에서 언급한 바와 같이, 기업 및 근로계약의 본질에서 사용자의 기업질서 정립권과 근로자의 기업질서 준수의무를 도출하고 사용자의 징계권을 이 기업질서 정립권의 일환으로서 긍정하고 있다. 즉, 판례의 입장은 근로자는 근로계약을 체결함으로써 기업질서 준수의무를 지며, 사용자는 근로자의 기업질서 위반행위에 대해 제재벌로서 징계를 부과할 수 있다는 것으로,[451] 기본적으로는 고유권설에 속한다고 생각할 수 있다. 그러나 한편으로 판례는, 사용자는 규칙과 지시·명령에 위반하는 근로자에 대해서는 '규칙이 정하는 바에 따라' 징계처분을 할 수 있다고 진술하고 있으며,[452] 징계권은 기업운영자가 본래

---

450) 小西國友, 「懲戒權の理論」, 文献研究労働法学, 105면; 籾井常喜編, 戦後労働法学説史, 808면 이하.

451) 関西電力事件 ― 最一小判 昭58. 9. 8, 判時 1094호, 121면.

452) 国鉄札幌運転区事件 ― 最三小判 昭54. 10. 30, 民集 33권 6호, 647면.

적으로 가지는 기업질서정립·유지권의 일환인데, 규칙으로 명확히 정해야 비로소 행사할 수 있는 것으로 파악하고 있다고도 해석할 수 있다.453)

분명 사용자는 기업의 존립·운영에 불가결한 기업질서를 정립하고 유지하는 권한을 본래적으로 가지며, 근로자는 근로계약의 성질·내용상 당연히 기업질서 준수의무를 지는데, 사용자가 기업질서 위반자에 대해 앞에서 언급한 의의의 징계처분을 당연히 부과할 수 있는가에 대해서는 여전히 심층적 검토가 필요하다. 징계처분은 기업질서 위반자에 대해 사용자가 근로계약상 실시할 수 있는 통상의 수단(보통해고, 배치전환, 손해배상청구, 일시금·승급·승격의 저사정 등)과는 별개의 특별 제재벌이며, 계약관계에서 특별 근거를 필요로 한다. 즉 사용자가 이러한 특별 제재벌을 실시한다면, 그 사유와 수단을 취업규칙에 명기하여 계약관계 규범으로서 수립할 것을 요한다. 노기법이 상시 10인 이상의 근로자를 사용하는 사용자에 대해 제재의 제도를 마련하는 이상, 취업규칙에 명기해야 한다는 것을 요구하고 있는 것도(노기 89조 9호), 이 취지에 따른 것이라고 할 수 있다.454)

(2) 징계권의 한계

이리하여 사용자는 징계 사유와 수단을 취업규칙에 명확히 규정하여 근로계약 내용으로 함으로써만 징계처분을 할 수 있으며, 또 취업규칙상 이러한 규정은 한정열거로 해석되어야 한다. 실제로도 현재로서는 많은 기업이 취업규칙상 징계에 관한 규정을 정비하고 있고, 법원도 이러한 실태를 전제로 하여 구체적인 징계처분의 유효성을 해당 처분이 취업규칙상 충분한 근거를 가지고 있는지 여부의 틀에서 판단하고 있다. 즉 법원은 종업원의 해당 행위가 취업규칙상 징계사유에 해당하는 것이고, 게다가 발동된 처분 내용도 취업규칙에 따르고 있음을 요구하고 있다. 이러한 구조 속에서 취업규칙의 합리적 해석과 징계권남용법리의 적용을 실시하는 것이 징계처분에 대한 법원의 주요한 통제이다.

---

453) 이 점을 명확히 인급한 판례로 フジ興産事件 ― 最二小判 平15. 10. 10, 労判 861호, 5면.
454) 같은 취지: 下井, 労基法, 277면 이하. ネスレ日本事件 ― 最二小判 平18. 10. 6, 労判 925호, 11면은 '사용자의 징계권의 행사는 기업질서유지의 관점에서 근로계약관계에 근거로 하는 사용자의 기능으로서 이루어진다'고 표현하고 있다.

3. 징계수단

먼저 주된 징계수단에 대한 문제점을 검토한다.

(1) 견책·경고(戒告)

'견책'이란 통상적으로 '시말서를 제출하게 하고, 장래에 대하여 훈계하는 것'을 말한다. 이에 대해 '경고'는 통상적으로 장래에 대하여 훈계할 뿐, 시말서 제출을 수반하지 않는다. 양자 모두 그 자체로는 실질적 불이익을 부과하지 않는 처분이긴 하지만,[455] 승급·일시금·승격 등의 고과사정상 불리하게 고려되는 경우가 있을 수 있다. 또 이것이 수차례 거듭되면, 보다 무거운 징계처분이 이루어지는 경우도 명기될 때가 많다.

문제는 견책처분을 받은 자가 시말서를 제출하지 않은 경우, 사용자는 이를 이유로 징계처분을 내릴 수 있는가이다. 이에 대해서는 판례가 나뉘어져 있어 '직무상 지시명령에 따르지 않는' 경우로서 징계의 대상이 된다고 하는 경우와,[456] 근로계약은 근로자의 인격까지를 지배하는 것은 아니므로 시말서제출은 근로자의 임의에 맡겨져 있고, 그 제출을 징계처분에 따라 강제할 수 없다고 하는 경우가 있다.[457] 후자가 적절한 견해일 것이다.[458] 다만, 시말서 제출거부는 고과사정상 불리하게 고려되는 경우는 있을 수 있다.[459]

(2) 감 급

'감급'이란 노무수행상의 해태 및 직장규율위반에 대한 제재로서, 원칙적으로 당해 근로자가 실제로 한 노무제공에 대응하여 받아야 할 임금에서 일정액을 감액하는 것을 말한다.※ 감급, 과태료, 벌금 등 명칭 여하를 불문한다. '감급'에 대해서는 노기법이 '1회의 금액이 평균임금 1일분의 반액을 넘거나, 총액이 1회 임금 지불기의 임금 총액의 10분의 1을 넘어서는 안 된다'고 정하고 있

---

455) 따라서 이들 처분의 무효 확인 소송에 대해서는 소송의 이익을 부정한 경우가 있다. 立川 バス事件 ― 東京高判 平2. 7. 19, 判時 1366호, 139면.

456) 예를 들어 エスエス製薬事件 ― 東京地判 昭42. 11. 15, 労民 18권 6호, 1136면.

457) 예를 들어 福知山信用金庫事件 ― 大阪高判 昭53. 10. 27, 労判 314호, 65면.

458) 安枝=西村, 労基法, 423면은 앞의 설을 취한다.

459) 시말서에 관한 좋은 문헌으로서 山本圭子, 「始末書提出をめぐる判例動向と法律問題」, 季 労 165호, 96면. 4회의 견책처분을 받아 시말서 제출명령을 받았지만 제출하지 않은 근로자의 해고에 대해, 사용자의 대응에도 정당성이 결여되어 있다고 판단하여 해고권 남용을 인정한 예로서, カジマ・リノベイト事件 ― 東京地判 平13. 12. 25, 労判 824호, 36면.

다(91조).

'감급'은 먼저 '1회 금액이 평균임금 1일분의 반액을 넘어'서는 안 된다. 이것은 '1회의 사안'에 대해서는 감급 총액이 평균임금의 1일분의 반액 이내여야 한다는 것을 의미한다. 1회의 사안에 대해, 평균임금의 1일분의 반액을 몇 회(몇 일)에 걸쳐서 감액해도 된다는 의미는 아니다.

다음으로 '감급'은 '총액이 한 번의 임금지불기에 임금의 총액의 10분의 1을 넘어서는 안 된다.' 이것은 한 번 임금지불기에 여러 사안에 대한 감급을 하는 경우에는, 그 총액이 해당임금지불기 임금총액의 10분의 1 이내여야 한다는 의미이다(1948. 9. 20 기수 1979호). 만약 이를 초과하여 감급의 제재를 실시할 필요가 발생한 경우에는 그 부분의 감급은 차기 임금지불기로 연장해야 한다. 국가공무원에 대해서는 '1년 이하의 기간, 봉급의 월액 …… 의 5분의 1 이하에 상당하는 액수를 급여에서 감한다'는 것이 감급이지만(1952. 5. 23 인규 12-0), 이러한 조치는 노기법상은 허용되지 않는 것이다.

'감액'과 구별해야 하는 것은 근로계약상 임금액을 장래에 대해 보다 낮은 금액으로 변경하는 조치이다. 이것은 '항급(降給)', '항직(降職)' 등, 징계처분의 일종으로서 이루어지는 경우에는 징계처분으로서의 규제(취업규칙의 근거·해당성, 노계 15조의 징계권남용규제)를 받는다. 또 배치전환에 의한 직무내용의 변경에 동반하여 발생하는 경우에는 배치전환의 유효성 판단에서 근로계약 범위 내인지의 여부로 참작된다. 또 불황과 성적불량 등에 의해 근로자와 사용자의 합의로 '임금인하'를 실시하는 것은 합의에 의한 계약 변경으로서 무방하다.

⑱ **'감급의 제재'**
　'감급의 제재'의 해당 여부에 관한 문제를 검토하면, 첫째로 지각, 조퇴, 결근에 대한 임금의 공제는 실제로는 근무를 하지 않은 시간에 상당하는 만큼의 공제라면 임금 계산방법에 지나지 않으나, 취업하지 않은 시간에 상당하는 임금액 이상의 공제라면, 그 초과된 금액에 대해 감급의 제재가 된다(1988. 3. 14 기발 150호). 둘째로 불량품 생산에 대한 임금감액은 임금이 제품의 양과 질에 따라 정해지며, 그 정해진 바에 따른 감액이라면 임금 계산방식에 속하는데, 그 정해진 바 이상의 비율의 감액이거나 임금이 시간급인데 불량품 양에 따른 감액을 하는 경우는 '감급'이 된다. 셋째로 인사고과에서의 저사정의 결과 기본급과 상여의 액수가 보다 낮은 금액이 된 것도 임금의 계산방법에 불과하고 '감급'이 아니다(판례로 マナック事件 — 広島高判 平13. 5. 23, 労判 811호, 21면).

⑶ 강　등

역직·직위·직능자격 등을 낮추는 강등은 기업의 인사권의 행사로서뿐만 아니라, 징계권의 행사(징계처분의 하나)로서도 행해지는 경우가 있다. 이를 위해서는 징계처분의 한 종류로서 어떠한 강등(역직을 낮추는 강등 등)을 행하는 경우가 있을 수 있는지를 취업규칙상 정해 둘 필요가 있다.

(4) 출근정지

'출근정지'란 복무규율위반에 대한 제재로서 근로계약을 존속시키면서 근로자의 취업을 일정기간 금지하는 것을 말한다. '자택근신'이라든가 '징계휴직'으로 불리는 경우도 있다. 출근정지 기간 중에는 임금이 지급되지 않으며460) 근속연수에도 산입하지 않는 것이 보통이다.

출근정지 기간은 실제상으로는 1주간 이내와 10~15일이 많다. 이에 대해서는 명시한 법규제는 없고, 특별히 긴 경우에 대해 '공서양속'(민 90조)에 의한 제한이 이루어지는데 지나지 않는다.461) 특히 '징계휴직'의 경우에는 통상적으로 그 기간이 1~3개월로 길며, 따라서 근로자에게 중대한 불이익을 주므로 그 유효성('휴직사유'의 해당성, 처분의 상당성)은 엄격하게 판정되게 된다.462)⒅

⒅ **업무명령에 의한 출근정지·자택대기·휴업**

징계처분으로서의 출근정지와는 별개로, 해고와 징계해고의 전단계 조치로서 그러한 처분을 할지의 여부에 대해 조사 또는 심의결정하기까지의 동안에 취업을 금지하는 출근정지 조치나, 기업이 종업원을 출근(업무종사)하게 하는 것은 부적당하다고 인정하는 사정이 있는 경우에 시행되는 출근정지, 자택대기 내지 휴업의 조치가 있다(자택대기명령에 대해 체계적 검토를 시행한 문헌으로서 香山忠志,「自宅待機命令に関する法的考察」, 季労 173호, 90면 이하). 이러한 출근정지·자택대기는 사용자의 업무명령에 의해 이루어지는데, 근로자에게는 취업청구권이 없으므로, 임금을 지불하는 한 사용자에게는 취업규칙에서 명시하는 근거 없이 그러한 명령을 내릴 수 있는 권한이 인정된다. 다만, 업무명령권의 남용이 되지 않게 하기 위해서는 그에 상당한 사유가 존재할 것을 필요로 한다(유효하게 여겨지는 사례로서는 ネッスル事件 ― 東京高判 平2. 11. 28, 労民 41권 6호, 980면; 星電社事件 ― 神戸地判 平3. 3. 14, 労判 584호, 61면). 이에 대해 출근정지·자택대기·휴업기간 중 임금을 지불하지 않는 조치를 동반하는 경우에는 채무의 이행불능의 경우의 반대급여청구권의 유무에 관한 법원칙(민 536조 2항)에서, 사용자는 사고발생, 부정행위의 재발 우려 등, 해당종업원의 취업을 허용하지 않는 것에 대해 실질적 이유가 인정되지 않는 한 임금지불을 피할 수 없다고 본다(京阪神急行電鉄事件 ― 大阪地判 昭37. 4. 20, 労民 13권 2호, 487면; 日通名古屋製鉄事件 ― 名古屋地判 平3. 7. 22, 判タ 773호, 166면).

---

460) 출근정지 기간에 대한 임금공제 방법에 관한 판례로 パワーテクノロジー事件 ― 東京地判 平15. 7. 25, 労判 862호, 58면.

461) 정황에 비춰보면, 감급처분으로 충분하다고 하여 7일간 출근정지처분을 무효화 한 것으로, 七葉会事件 ― 横浜地判 平10. 11. 17, 労判 754호, 22면.

462) 6개월의 징계휴직에 대해 너무 지나치다고 하여 3개월의 한도에서 유효하다고 한 예로서 岩手県交通事件 ― 盛岡地―関支判 平8. 4. 17, 労判 703호, 71면.

(5) 징계해고

'징계해고'는 징계처분의 극형으로, 통상적으로는 해고예고나 예고수당의 지불도 없이 즉시 이루어지는 것으로, 또 퇴직금의 전부 또는 일부가 지급되지 않는다. 그러나 징계해고와 노기법상의 즉시해고(20조 1항 단서)가 반드시 일치하는 것은 아니고, 또 퇴직금이 전액 지불되는 징계해고도 존재한다. 징계해고의 공통된 성질은 '징계'라는 이름이 붙음으로써 질서(규율)위반에 대한 제재로서의 해고인 점이 명확하게 되며 재취직의 중대한 장애가 된다는 불이익을 동반하는 것이다.

징계해고에 동반하는 퇴직금의 전액 또는 일부의 불지급은 이를 퇴직금 규정 등에 명기하여 근로계약의 내용으로 하여야 비로소 시행할 수 있는 것이며, 또 그렇게 명확히 정하면 임금전액불 원칙(노기 14조)에도 위반되지 않는다. 그리고 퇴직금의 공로보상적 성격에 비추어 볼 때 그러한 규정을 일반적으로 공서양속위반(민 90조)이라 하는 것도 적절하지 않다. 그러나 퇴직금의 성격에서 볼 때 퇴직금 불지급규정을 유효하게 적용할 수 있는 것은 근로자의 그때까지의 근속의 공을 말소(전액지급 거부의 경우) 내지 감쇄(일부지급 거부의 경우)해 버리는 정도의 현저하게 신의에 반하는 행위가 있었을 경우에 한정된다고 해석할 수 있다.463) 따라서 징계해고가 유효한 경우라도 여전히 퇴직금 불지급의 적법성을 위의 견지에서 판단해야 한다.464)[187]

이상과 같이 해석하면, 임의퇴직 후에 재직 중의 징계해고사유가 판명된 경우에는 취업규칙상의 '징계해고에 상당하는 행위가 있었던 경우'라는 퇴직금 불지급 규정을 적용하여 실시하는 불지급에 대해서도 동일하게 해석해야 한다.

[187] **유지(諭旨)해고**

기업에 따라서는 징계해고를 약간 경감한 징계처분으로서 '유지(諭旨)해고'를 두고 있는 경우가 있다. 또 퇴직서 내지는 사표제출을 권고하여 즉시 퇴직을 요구하는 '유지(諭旨)퇴직'이라고 불리는 경우도 있다(소정기간 내에 권고에 응하지 않을 경우에는 징계해고에 처하는 기업이 많다). 이러한 경우 퇴직금은 전액 내지 일부가 지급되지 않거나 통상적으로 자기사정상의 퇴직으로서 지급되거나 한다(花見 忠=深瀬義郎編著, 就業規則の法理と実務, 203면).

463) 労基法研究会中間報告, 1984년 8월; 日本高圧瓦斯工業事件 ― 大阪高判 昭59. 11. 29, 労民 35권 6호, 641면; 旭商会事件 ― 東京地判 平7. 12. 12, 労判 688호, 33면; 日本コンベンションサービス事件 ― 大阪高判 平10. 5. 29, 労判 745호, 42면.
464) 労基法研究会中間報告, 1984년 8월; 下井, 労基法, 265면. 징계해고를 상당하다고 하면서 퇴직금에 대해서는 3할의 지불을 명령한 판례로 小田急電鉄事件 ― 東京高判 平15. 12. 11, 労判 867호, 5면. 근속의 공을 말소해버릴 만큼의 신의 위반행위가 있다고 한 판례로서 日音事件 ― 東京地判 平18. 1. 24, 労判 912호, 63면. 또한 퇴직금 불지급 규정을 당연히 유효하다고 한 판례로서 ソニー生命保険事件 ― 東京地判 平11. 2. 26, 労判 771호, 77면.

유지(諭旨)퇴직은 의뢰(依願)퇴직과 같은 형식을 취하는데, 실제로는 엄연히 징계처분의 일종
이므로 그 법적 효과는 징계해고와 동일하게 다툴 수 있다고 해석된다(같은 취지: 下井, 勞基
法, 399면).

4. 징계사유

징계처분의 대상이 되는 사유는 취업규칙상 각 징계수단마다 또는 일괄하여
열거되고 있으며, 이들은 광범한(포괄적인) 표현을 취하는 경우가 많다. 그러나
법원은 구체적 사범(事犯)이 이러한 사유에 해당되는지의 여부의 판단에 있어서
는 취업규칙의 광범한 문언을 그대로 받아들이지 않고 이러한 것을 근로자보호
의 견지에서 한정 해석하는 경향이 있다. 이하, 주요한 징계사유에 대해 법원에
의한 취업규칙의 해석·적용의 양상을 살펴본다.

(1) 경력사칭

대표적 징계사유로는 첫째, '경력사칭'이다. 대부분의 취업규칙은 이것을 징
계사유로 하고 있는데 '중요한 경력의 사칭'에 한정하고 있는 경우가 많다. 판
례도 일관되게 이것이 징계사유가 된다는 점을 긍정함과 동시에, 사칭된 경력
은 중요한 것이라는 점을 요한다고 하고 있다.

중요한 경력사칭에 해당한다고 보는 주요한 것은 최종학력과 직력, 범죄력
의 사칭인데, 사칭의 내용과 해당 근로자의 직종 등에 입각하여 구체적으로 판
단된다.[465] 최종학력의 사칭은 낮은 학력을 높게 사칭하는 것만이 아니라, 높은
학력을 낮게 사칭하는 것도 포함된다.▨[466]

▨ **경력사칭이 징계사유로 되는 근거**

판례가 경력사칭을 징계사유로 보는 근거는 이것이 근로계약상 신의칙 위반이라는 점, 근
로자에 대한 전인격적 판단을 잘못하게 된 결과 고용 후 노동력의 조직화 등 기업의 질서와
운영에 지장을 초래할 우려가 있는 경우 등에서 요구하고 있다. 이에 대해 학설상으로는 경
력사칭은 착오(민 95조)와 사기(민 96조)에 의한 근로계약의 무효 또는 취소를 초래하거나
신뢰관계의 상실로서 해약(해고)사유가 되는 경우는 있을 수 있어도 복무규율과 그 밖의 기
업질서의 침범이라고는 보기 힘들며 징계처분의 사유는 될 수 없다고 하는 견해도 강하다.
그러나 기업과 종업원간의 신뢰관계는 기업질서의 근간을 이루고 있으며 이것을 파괴하는

---

465) 학력사칭에 대한 징계해고를 유효하다고 한 판례로서 炭研精工事件 — 最一小判 平3. 9.
19, 勞経速 1443호, 27면. 전직 전의 고용회사에서의 직무경험에 대하여 허위기재를 한 자의 징계
해고를 유효하다고 한 판례로서 グラバス事件 — 東京地判 平16. 12. 17, 勞判 889호, 52면. 유죄판
결을 받고 복역한 사실의 은닉에 대하여 メッセ事件 — 東京地判 平22. 11. 10, 勞判 1019호, 13면.
466) 예를 들어, スーパーバック事件 — 東京地判 昭55. 2. 15, 勞判 335호, 23면.

'중요한 경력사칭'은 실질적으로 보아 기업질서와의 관련성을 충분히 가진다고 생각할 수 있다(보다 상세한 근거에 대해서는 下井, 労基法, 403면 참조).

(2) 직무해태

징계사유의 두 번째 카테고리는 직무해태이다. 무단결근, 출근불량, 근무성적불량, 지각과다, 직장이탈 등이 여기에 속한다. 단 이러한 것들은 그 자체로는 단순히 채무불이행이고 그것이 취업에 관한 규율에 반하거나 직장질서를 어지럽혔다(예를 들어 직장사기에 악영향을 주었다)고 인정되는 경우에 비로소 징계사유가 된다고 해석할 수 있다.[189][190]

[189] **직무해태의 구체적인 예**

예를 들어 프레스공장 종업원이 6개월간 24회 지각과 14회 결근을 1회를 제외하고 모두 사전 신고 없이 하였으며, 그동안 상사의 반복적인 주의와 경고에도 불구하고 이러한 태도를 계속했다는 사례에서는, 그 근로자에 대한 '정당한 이유 없이 지각·조퇴 또는 결근이 중첩되었을 때'의 조건을 적용한 징계해고가 유효하다고 하고 있다(東京プレス工業事件 ― 横浜地判 昭57. 2. 25, 判タ 477호, 167면). 또 편집업무에서 복리후생부로 배치전환된 후, 업무과오에 대한 각종 징계처분이 있은 후, 2개월여에 걸쳐 연속적으로 결근하고, 거듭되는 직장복귀명령을 무시한 근로자의 징계해고가 유효하다고 하였다(日經ビーピー事件 ― 東京地判 平14. 4. 22, 労判 830호, 52면). 업무용 컴퓨터로 남녀데이트사이트에 글을 올리고 개인용의 메일을 다수 회송 수신하고 있던 근로자의 징계해고를 유효하다고 한 사례로서 K工業技術専門学校 事件 ― 福岡高判 平17. 9. 14, 労判 903호, 68면.

[190] **정신질환의 의심이 있는 종업원의 장기결근과 징계**

최근의 판례에서는 종업원 X가 피해망상 등의 어떠한 정신적 이상으로 약 3년간에 걸쳐 가해자 집단의 도찰이나 도청 등으로 일상생활을 자세하게 감시당하고 이에 의해 축적된 정보를 직장의 동료들을 통하여 암시당하는 등의 괴롭힘을 받고 있다는 인식을 가지기에 이르렀다. 그리고 그러한 동료들의 괴롭힘 때문에 자신의 업무에 지장이 발생하고 있으며 또한 자신에 관한 정보가 외부에 누출될 위험도 있다고 생각하여, 회사의 상기의 피해에 관계된 사실조사를 의뢰했지만 납득할 수 있는 결과를 얻지 못하고, 또 회사에 휴직을 인정하도록 요구했지만 인정받지 못하여 출근을 촉구당한 점 등에서, 상기의 피해에 관계된 문제가 해결되었다고 판단할 수 없는 한 출근하지 않는다는 취지를 사전에 회사에 전하고 유급휴가를 전부 취득한 후 약 40일간에 걸쳐 결근을 계속하고 있었다. 그래서 회사는 X의 결근은 정당한 이유가 없는 무단결근이라고 하여 X를 유지퇴직 처분하였다. X는 이 처분은 징계권의 남용이라고 하여 지위확인, 해고기간중의 임금청구 등을 요구하자, 제1심(日本ヒューレット・パッカード事件 ― 東京地判 平22. 6. 11, 労判 1025호, 14면)은 주장의 피해사실이 인정되지 않는 이상, X의 장기결근은 취업규칙 소정의 징계사유 '정당한 이유 없이 무단결근 14일 이상에 이르렀을 때'에 해당하고 또한 직장포기라고도 할 수 있는 악질적인 것이라고 하여 청구를 기각하였다. 그러나 제2심(東京高判 平23. 1. 26, 労判 1025호, 5면) 및 상고심(最二小判 平24. 4. 27, 裁判所時報 1555호, 8면)은 X의 주장을 인정하였다.

최고법원은 본건과 같이 정신적 이상 때문에 결근을 계속하고 있다고 인정된 근로자에 대해서는 정신적 이상이 해소되지 않는 한 계속하여 결근하지 않는 것이 예상되는 것이기 때문에, 사용자로서는 정신과의사에 의한 건강진단을 실시하는 등을 하여, 그 진단결과 등에 따라서 필요한 경우에는 치료를 추천한 뒤 휴직 등의 처분을 검토하고, 그 후의 경과를 살펴보는 등의 대응을 취해야 하며, 이러한 대응을 하지 않고 X의 결근이유가 존재하지 않는 사실에 근거로 하는 것이라고 하여 즉시 그 결근을 정당한 이유가 없는 것으로서 유지퇴직의 징계처분의 조치를 취하는 것은 정신적 이상을 안고 있는 근로자에 대한 사용자의 대응으로서 적절한 것이라고는 하기 어렵다고 판단하였다.

이 사건에서는 회사가 X의 정신적 이상을 인식하고 있었는가는 불명확하지만, 회사는 적어도 그러한 의심은 가지고 있었다고 보인다. 상기 판례 취지에 따르면, 이러한 경우에는 회사는 해당 근로자의 프라이버시 등에 배려하면서 본인이 가족에게 촉구하여 정신과 의사에 의한 건강진단을 권하고 본인의 병상을 파악하는데 힘씀과 동시에 이러한 판정과 그 후의 요양이 가능하게 되도록 휴업 내지 휴직의 조치를 검토해야 할 것이다. 그러한 노력 없이 즉시 무단결근이라 하여 징계처분을 하는 것은 피해야 하는 것이 된다.

(3) 업무명령위배

세 번째 카테고리는 업무명령의 위배이다. 예를 들어 취업에 대한 상사의 지시·명령 위반이 전형적이다. 시간외근로명령과 휴일근로명령도 이러한 취업에 관한 지시·명령의 일종이다. 또한 출장명령, 배치전환명령, 출향명령 위반 등도 이에 속한다. 이 경우에는 사용자의 해당 명령이 근로계약의 범위 내에서 유효한 것인지의 여부, 그리고 유효하더라도 근로자에게는 명령에 따르지 않은 것에 대하여 부득이한 사유가 존재했는지가 징계처분의 유효성의 중요한 문제가 된다(시간외·휴일근로명령의 경우에는 노기법상의 규제에는 반하지 않는지의 문제도 있다).[191]

[191] 소지품검사의 거부

판례는 전차와 버스 승무원에 대해 실시되는 소지품 검사에 대해 ① 검사를 필요로 하는 합리적 이유의 존재, ② 검사방법이 일반적으로 타당한 방법과 정도로 실시되는 점, ③ 제도로서 직장종업원에 대해 획일적으로 실시되는 경우인 점, ④ 명시적 근거에 기인한 것 등의 요건을 설정하고 있다(西日本鉄道事件 — 最二小判 昭43. 8. 2, 民集 22권 8호, 1603면). 이들 요건은 퇴근시에 훔친 물건을 발견하기 위하여 수위가 하는 소지품검사(가방속 검사)에도 답습되고 있다(帝国通信工業事件 — 横浜地川崎支判 昭50. 3. 3, 労民 26권 2호, 107면). 이처럼 소지품검사에 엄격한 요건을 부과하는 것은, 그것이 사인에 의한 범죄수사의 기능을 가질 수 있는 것으로서 근로자의 인권과 존엄을 침해할 우려가 크기 때문이다(위법이라고 한 최근의 사례로서는 日立物流事件 — 浦和地判 平3. 11. 22, 労判 624호, 78면).

(4) 업무방해

네 번째 카테고리는 종업원에 의한 자기 기업의 업무방해이다. 전형적인 것으로는 노동조합의 쟁의행위가 사용자의 업무를 적극적으로 저해하는 형태로 이루어져 정당성을 인정받지 못하는 경우로, 이 경우에는 지도자·솔선실행자 등의 역할에 따라 이에 상응하는 징계처분을 부과하는 것이 허용된다. 또한 근로자 개인과 사용자 내지 관리자 간의 트러블이 근로자에 의한 업무방해행위로 발전하는 케이스도 보인다. 예를 들어 회사의 자택대기명령에 따르지 않고 실력으로 강행취업의 시도를 집요하게 반복한 종업원에 대한 징계해고를 유효하다고 한 사례467)가 있다.

(5) 직장규율위반

다섯째 카테고리는 앞의 둘째, 셋째와 약간 중복되지만, 직장규율의 위반이다. 노무수행과 직장 내에서 그 밖의 행동을 규율하고 있는 여러 규정위반이 여기에 속한다. 가장 명백한 것은 횡령, 배임, 회사물품의 절도, 손괴, 동료나 상사에 대한 폭행 등의 비위행동이다.468) 부하의 부정행위를 눈감아준(내지 간과한) 경우도 이 종류의 징계사유이다.469) 관리직이 현 사장의 대립후보를 옹립하여 사장 교체를 요구한 서명활동을 사내에서 실시하는 것도 근본적인 기업질서 문란행위470)이다. 상사나 동료에 의한 성희롱471)이나 파워 하라스먼트(power harassment)472)도 여기에 속하는 징계사유이다.

다음으로 회사 내에서의 정치활동과 연설, 집회, 벽보 부착, 선전물 배포 등을 일반적으로 금지하거나 허가제 하에 두는 취업규칙규정의 위반에 대해서 최고법원판례473)는 ① 직장 내에서의 종업원의 정치활동은 종업원 상호간의 정치

---

467) ダイハツ工業事件 ― 最二小判 昭58. 9. 16, 判時 1093호, 135면.

468) 사례로서 동영精機事件 ― 大阪地判 平6. 9. 11, 労判 710호, 51면 ― 컴퓨터 데이터의 무단 반출·메모리 삭제; バイエル藥品事件 ― 大阪地決 平9. 7. 11, 労判 723호, 68면 ― 기기의 부정구입; わかしお銀行事件 ― 東京地判 平12. 10. 16, 労判 798호, 9면 ― 거래처에 고객소개에 대한 사례금 수수; 崇德学園事件 ― 最三小判 平14. 1. 22, 労判 823호, 12면 ― 학교법인 사무국 차장의 부정한 경리처리; 埼京タクシー事件 ― 東京高判 平15. 4. 24, 労判 853호, 31면 ― 택시운전기사의 부당한 요금처리; トヨタ車体事件 ― 名古屋地判 平15. 9. 30, 労判 871호, 168면 ― 하청회사로부터 거액의 뇌물수령; りそな銀行事件 ― 東京地判 平18. 1. 31, 労判 912호, 5면 ― 융자처로부터의 여러 횟수의 골프접대; 学校法人大谷学園事件 ― 横浜地判 平23. 7. 26, 労判 1035호, 88면 ― 중학교 교사의 학생에 대한 이메일 등에 의한 부적절한 접촉.

469) 부하의 거액횡령행위를 중과실로 발견할 수 없었던 영업소장에 대해 징계해고가 정당화된 예로서, 関西フェルトファブリック事件 ― 大阪地判 平10. 3. 23, 労判 736호, 39면.

470) 日本臟器製造事件 ― 大阪地判 平13. 12. 9, 労判 824호, 53면.

471) 수행안내원 등에 대한 관광버스 운전기사의 성희롱에 대하여 사내의 남녀관계에 대해 회사가 엄격하게 대응해온 상황 하에서는 징계해고도 부득이하다고 판단한 판례로서, 大阪觀光バス事件 ― 大阪地判 平12. 4. 28, 労判 789호, 15면. 이에 대하여 연회나 일상에서 성희롱의 언동을 한 지점장의 징계해고를 지나치게 무겁다고 하여, 징계권남용을 인정한 판례로서 Y社事件 ― 東京地判 平21. 4. 24, 労判 987호, 48면.

472) 대학교 교원의 세미나 학생에 대한 아카데믹 하라스먼트(academic harassment)의 사례로서 Y大学事件 ― 札幌地判 平22. 11. 12, 労判 1023호, 43면(징계해고·유지해고를 지나치게 무겁다고 했다), R大学事件 ― 金沢地判 平23. 1. 25, 労判 1026호, 116면(6개월간의 출근정지처분이 지나치게 무겁다고 했다).

적 대립 내지 투쟁을 발생시킬 우려가 있는 등, 기업질서 유지에 지장을 초래할 우려가 강하므로 취업규칙상 일반적으로 이것을 금지하는 것도 허용되며, 또한 ② 사업장 내에서 연설, 집회, 벽보부착, 게시, 선전물 배포 등을 실시하는 것은 휴게시간 중이라도 사업장 내에서의 시설 관리와 다른 직원의 휴게시간의 자유이용을 방해할 우려가 있고, 또한 그 내용 여하에 따라서는 기업질서를 어지럽힐 우려가 있으므로 이것을 허가제하에 두는 것은 합리성이 있으며, 따라서 ③ 이러한 금지 위반은 실질적으로 사업장 내의 풍기질서를 어지럽힐 우려가 없는 특별한 사정이 인정되지 않는 한 징계처분의 대상이 된다고 판단하고 있다.

이에 대해 학설은 종업원의 사업장 내에서의 정치활동과 선전물 배포를 일반적 금지와 허가제하에 두는 것은 근로자의 '표현의 자유'의 관점에서 허용되지 않으며, 이러한 행동이 작업수행과 시설관리에 구체적으로 지장을 초래하거나 또는 초래할 우려가 있는 경우에만 개별적으로 규제 대상으로 삼을 수 있다고 주장하는 경우가 많다.[474]

사업장 내에서의 '정치활동'과 '선전물 배포'에 대해서는 이들을 특별히 규제하는 취업규칙상의 규정이 없다면 사용자는 이러한 것이 직장규율과 시설의 관리에 대한 구체적인 지장을 초래하지 않는 한 징계 대상으로 할 수 없다. 한편, 사용자가 그러한 행동이 가지는 추상적 위험에 착안하여 종업원 상호의 협조관계를 중시하고 사업장내에서의 당파활동을 취업규칙에서 금지하는 것은 기업경영의 방법으로서 합리성이 없다고는 할 수 없고, 또한 사업장내에서의 연설, 집회, 선전물 배포 등을 허가제하에 두는 것도, 이러한 것이 사업장내의 분위기나 시설관리에 연관되어 있다는 점에서 동일하게 생각된다.

다만, 이렇게 일반적 금지와 허가제를 유효하다고 해도 위반행위가 실제상 기업질서를 어지럽힐 우려가 없다(혹은 극히 적다)고 인정되는 경우라면, 이에 대해 이루어진 징계처분은 징계권 남용이 될 수 있다. 위의 판례도 동사건과 같이 휴게시간 중에 휴게실과 식당에서 평온하게 이루어진 선전물 배포는 양태상으로는 문제가 없었다고 판단하고 있다. 그리고 그 후의 판례는 점심시간 중에 공장식당에서 정당 선거 선전물을 평온하게 배포한 행위에 대해 '특별 사정'의 존재를 인정하고 취업규칙(허가제)의 위반은 없다고 판단하고 있다.[475]

---

473) 電電公社目黑電報電話局事件 ― 最三小判 昭52. 12. 13, 民集 31권 7호, 974면.
474) 横井芳强, 「企業內政治活動の規制」, 勞働法の判例[第2版], 128면 이하 참조.

▣ **직장규율위반과 조사협력의무**

　사용자는 직장규율위반 조사에 대해 종업원에게 어떠한 경우에 협력을 요구할 수 있을까? 이에 대해 판례는 근로자가, 사용자가 실시하는 기타 근로자 기업질서 위반사건의 조사에 대해 협력의무를 지는 것은 다음 두 가지의 경우에 한정한다고 판단했다. 첫째는 그러한 조사에 협력하는 것이 해당근로자의 직책에 비추어 그 직무의 내용이 된다고 인정할 수 있는 경우이고, 둘째는 조사대상인 위반행위의 성질·내용, 위반행위의 견문의 기회와 직무집행과의 관련성, 보다 적절한 조사방법의 유무 등의 제반 사정에서 종합적으로 판단하여 동 조사에 협력하는 것이 노무제공의무를 이행한 후에 필요하고 또한 합리적이라고 인정되는 경우라고 한다(富士重工業事件 ― 最三小判 昭52. 12. 13, 民集 31권 7호, 1037면. 관련 판례로서 東京電力事件 ― 最二小判 平10. 2. 5, 労判 512호, 12면).

⑹ 종업원의 지위·신분에 의한 규율의 위반

　징계사유의 최후의 유형으로는 종업원으로서의 지위·신분에 수반되는 규율의 위반이다.

　⑺ **사생활상의 비행**　　많은 기업에서는 회사의 명예, 체면, 신용 훼손을 징계사유로서 들거나('불명예스런 행위를 하여 회사의 체면을 훼손했을 때'), 범죄행위 일반을 징계사유로서 들고 있으며('범죄행위를 범했을 때'), 이들 조항이 종업원의 사생활상의 범죄, 그 밖의 비행으로 발동되는 경우가 많다.

　그러나 근로계약은 기업이 그 사업 활동을 원활히 수행하는 데 필요한 한도 내에서의 규율과 질서를 근거지우는 것에 지나지 않으며, 근로자의 사생활에 대한 사용자의 일반적 지배까지를 발생하게 하는 것은 아니다. 따라서 종업원의 사생활상의 언동은 사업 활동에 직접 관련을 가지는 것 및 기업의 사회적 평가의 훼손을 초래하는 것476)만이 기업질서유지를 위한 징계 대상이 될 수 있다는데 지나지 않는다. 일반적으로는 판례는 이러한 견지에서 취업규칙의 포괄적 조항을 한정해석하고 사생활상의 비행에 대한 징계권발동을 엄격하게 체크하고 있다.▣

▣ **사생활상의 비행과 징계에 관한 최고법원판례**

　먼저 国鉄中国支社事件(最一小判 昭49. 2. 28, 民集 28권 1호, 66면)은 종업원의 직장외의 직무수행에 관계없는 행위라도 기업질서에 직접 관련하는 경우 및 기업의 사회적 평가를 훼손할 우려가 있는 경우에는 기업질서에 의한 규제대상이 된다고 판단하여, 노동조합 활동에 관련된 공무집행방해 행위를 이유로 하는 징계면직처분을 유효한 것으로 했다(마찬가지로 국철직원의 데모행진 중의 공무집행방해 행위에 대한 면직처분을 유효하다고 한 경우로서 国

　475) 明治乳業事件 ― 最三小判 昭58. 11. 1, 判時 1100호, 151면. 낮 쉬는 시간중의 10~20분의 배치전환 반대의 직장 집회에 대하여 비슷한 판단을 한 판례로서, 金融経済新聞社事件 ― 東京地判 平15. 5. 9, 労判 858호, 117면.
　476) 철도회사 종업원의 전차 안에서의 치한행위에 대하여 징계해고가 유효하다고 판단한 판례로서 小田急電鉄事件 ― 東京高判 平15. 12. 11, 労判 867호, 5면.

鉄小郡駅事件 ― 最二小判 昭56. 12. 18, 判時 1045호, 129면이 있다). 이어서 横浜ゴム事件 (最三小判 昭45. 7. 28, 民集 24권 7호, 1220면)은 심야에 만취하여 다른 사람 집에 무단 침입하여, 주거침입죄로 벌금형을 받은 종업원에 대한 '부정불의의 행위를 범하고 회사의 체면을 현저하게 훼손한 자'에 해당하는 조항에 의한 징계해고에 대하여, 행위의 양태, 벌의 정도, 직무상의 지위 등의 모든 사정으로 무효로 하였다.

그리고 日本鋼管事件(最二小判 昭49. 3. 15, 民集 28권 2호, 265면)은 철강회사 종업원이 미군기지 확장반대 시위행동 중에 체포·기소되어 '불명예스런 행위를 하여 회사의 체면을 현저하게 훼손했을 때'에 해당한다고 하여 징계해고 내지 유지(諭旨)해고된 사건에 대해 '종업원의 불명예스런 행위를 회사의 체면을 현저하게 훼손하였기 때문이라는 것은 반드시 구체적인 업무를 저해한 결과와 거래상의 불이익의 발생을 필요로 하는 것은 아니나, 해당 행위의 성질, 정상(情狀) 외에, 회사의 사업의 종류·양상·규모, 회사의 경제계에서 차지하는 지위, 경영방침 및 그 종업원의 회사에서의 지위·직종 등 제반 사정에서 종합적으로 판단하여 위의 행위에 의해 회사의 사회적 평가에 미치는 악영향이 상당히 중대하다고 객관적으로 평가되는 경우여야 한다'고 판단기준을 제시한 후, 종업원 3만명을 거느린 대기업의 한 공원의 그러한 행위가 회사의 체면을 현저하게 훼손했다고 인정할 수 없다고 판시하였다.

그 후 関西電力事件(最一小判 昭58. 9. 8, 判時 1094호, 121면)은 사택에서의 회사비방 선전물 배포행위에 대해 国鉄中国支社事件의 판결을 답습하여 이러한 행위는 근로자의 회사에 대한 불신감을 양성하여 기업질서를 어지럽힐 우려가 있다고 한 원심판단(견책처분 유효)을 시인했다(유사한 판단으로서 中国電力事件 ― 最三小判 平4. 3. 3, 労判 609호, 10면).

(나) 무허가겸직   취업규칙상으로는 '회사의 허가 없이 타인에게 고용되는 것'을 금지하고 그 위반을 징계사유로 삼는 경우가 상당수 있다. 판례는 이러한 겸직(이중취직)허가제 위반에 대해서는 회사의 직장질서에 영향을 미치지 않고 또한 회사에 대한 노무제공에 각별한 지장을 초래하지 않는 정도·양상의 이중취직은 금지위반이라고 할 수 없다고 함과 동시에, 그러한 영향·지장이 있는 경우는 금지에 위반하여 징계처분의 대상이 될 수 있다고 해석하고 있다.477)

예를 들어, 노무제공에 지장을 초래하는 정도의 장시간의 이중취직478)과 경쟁회사의 중역으로의 취임,479) 사용자가 종업원에 대해 특별시간급을 지급하면서 잔업을 폐지하고, 피로회복·능률향상에 힘쓰고 있는 기간 중에 동업회사에서의 근로,480) 병으로 인한 휴직중의 자영업경영481) 등이 금지에 해당하는 이중취직으로 보고 있다.

이중취직도 기본적으로는 사용자의 근로계약상 권한에 미칠 수 없는 근로자의 사생활상의 행위이므로 이에 대한 허가제의 규정을 위와 같이 한정해석하는

---

477) 예를 들어 橋元運輸事件 ― 名古屋地判 昭48. 4. 28, 判時 680호, 88면.
478) 小川建設事件 ― 東京地決 昭57. 11. 19, 労民 33권 6호, 1028면.
479) 앞의 橋元運輸事件, 東京メディカルサービス事件 ― 東京地判 平3. 4. 8, 労判 590호, 45면.
480) 昭和室内装置事件 ― 福岡地判 昭48. 10. 20, 判夕 291호, 355면.
481) ジャムコ立川工場事件 ― 東京地八王子支判 平17. 3. 16, 労判 893호, 65면.

것은 정당하다.482)

(다) 성실의무위반   종업원이 직장 밖에서 근무시간외에 하는 (가), (나)외
의 행위도 근로계약상 성실의무위반의 관점에서 징계처분의 대상이 되는 경우
가 있을 수 있다. 즉 성실배려의 관계를 부수적인 내용으로 하는 근로계약 관
계에서는 근로자는 근로의무 이외의 영역에서도 근로계약상의 성실의무위반을
문책 당할 수 있다. 예를 들어 사생활이라 해도 근로자가 자기 기업의 제품에
대한 불매운동을 실행하는 것은 성실의무에 반한다고 생각된다. 마찬가지로 근
로자가 취업시간외에 사업장 밖에서 회사를 공격하는 선전물을 배포하는 것도
선전물 내용이 사실을 왜곡하고 중상비방하는 것이라면 성실의무위반을 구성하
는 것이 있을 수 있다.483) 또한 근로자가 회사의 중요한 기밀을 누설하는 것
과484) 간부직원이 동종타사를 설립하려고 부하를 대량으로 빼가는 것485)과, 신
문기자가 자신의 홈페이지에 취재원, 기사 마감시간 등의 기업비밀을 공표하면
서 신문사의 체질을 비판하는 것486)도 마찬가지이다. 따라서 이러한 취업규칙
상 징계사유에 해당하는 경우에는 징계처분을 면하기 어렵게 된다.

이에 대하여 근로자가 근로조건의 개선을 목적으로 회사를 비판하는 도서를
출판하는 것에 대해서는 해당 출판물의 기재가 진실인 경우나 또는 진실이라고
믿을 수 있을 만한 상당한 사유가 있는 경우로, 사용자에 대한 정당한 비판행
위라고 평가받을 경우, 이를 이유로 징계처분을 하는 것은 징계권의 남용에 해
당한다고 판결하였다.487)

---

482) 운송회사 운전사가 연간 1, 2회 화물운송을 아르바이트로 한 것을 이유로 한 해고에 대해,
업무상의 구체적 지장이 없다고 하여 무효라고 판결한 사례로서, 十和田運輸事件 ― 東京地判 平
13. 6. 5, 労経速 1779호, 3면.
483) 関西電力事件 ― 最一小判 昭58. 9. 8, 判時 1094호, 121면. 사택에서의 선전물 배포에 대
해 종업원의 불신감을 조성할 우려가 있다는 점에서 기업질서에 반한다고 했다.
484) 古河鉱業事件 ― 東京高判 昭55. 2. 18, 労民 31권 1호, 49면. 한편, 근로자가 동료 근로자
나 자신에 대한 괴롭힘에 대하여 변호사에게 사정을 설명하는데 있어 필요한 고객정보나 인사정
보 등을 개시하는 것은 징계사유가 되지 않는다고 판단했다. メリルリンチ・インベストメント・
マネージャーズ事件 ― 東京地判 平15. 9. 17, 労判 858호, 57면.
485) 日本教育事業団事件 ― 名古屋地判 昭63. 3. 4, 労判 527호, 45면; キャンシステム事件 ―
東京地判 平21. 10. 28, 労判 858호, 57면.
486) 日本経済新聞事件 ― 東京地判 平14. 3. 25, 労判 827호, 91면.
487) 三和銀行事件 ― 大阪地判 平12. 4. 17, 労判 790호, 44면.

5. 징계처분의 유효요건

사용자가 근로자를 징계할 수 있는 경우에, 해당 징계가 해당 징계에 관계
되는 근로자의 행위의 성질 및 양태, 그 외의 사정에 비추어 보아, 객관적으로
합리적인 이유가 결여되고 사회통념상 상당하다고 인정되지 못하는 경우에는
그 권리를 남용한 것으로서 해당 징계는 무효가 된다(노계 15조).

2007년 제정된 노동계약법(2007년 법 128)에서는 종래에는 학설·판례의 축
적에 의하여 형성되어, 최근의 최고법원판례[488]에 의하여 요약되어 있던 징계
권남용법리가 이러한 판례의 문언에 입각하여 상기와 같이 법문화되었다. 그
내용은 다음과 같다.

(1) 징계처분의 근거규정의 존재

먼저 징계처분이 유효하다고 간주되기 위해서는 '사용자가 근로자를 징계할
수 있는 경우'가 아니면 안 되고, 즉 사용자에게 징계권이 인정되지 않으면 안
된다. 이를 위해서는 앞에서 언급한 것처럼, 징계의 이유가 되는 사유와 이에
대한 징계의 종류·정도가 취업규칙상 명기되어 있어야 한다.

또한, 그러한 징계의 근거규정은 이것이 마련되기 이전의 사범(事犯)에 대하
여 소급적으로 적용되어서는 안 된다. 또한 동일 사안에 대해 2회 징계처분을
실시하는 것은 허용되지 않는다.[489] 이러한 징계처분에 대해서는 그것이 기업
질서위반행위에 대한 특별한 제재조치이기 때문에, 죄형법정주의 유사의 원칙
(불소급의 원칙, 일사부재리의 원칙)이 타당하다.[490]

(2) 징계사유에 대한 타당성

다음으로 징계처분이 유효하다고 간주되기 위해서는 근로자의 문제의 행위
가 취업규칙상의 징계사유에 해당되고, '객관적으로 합리적인 이유'가 있다고
인정되지 않으면 안 된다.䥱 징계사유에는 어떠한 것이 있고, 근로자의 어떠한
행위가 그러한 것에 해당된다고 간주되는가에 대해서는 앞항에서 개관하였다.
징계처분의 유효성을 다투는 재판에서는 해당 징계처분에 관계되는 구체적인

---

488) ダイハツ工業事件 ― 最二小判 昭58. 9. 16, 判時 1093호, 135면; 崇徳学園事件 ― 最二小
判 平14. 1. 22, 労判 823호, 12면.
489) 사례로 平和自動車交通事件 ― 東京地決 平10. 2. 6, 労判 735호, 47면.
490) 有泉, 224면 이하; 土田, 労働契約法, 449면.

행위가 해당 유형의 처분의 이유로서 규정된 징계사유에 해당한다고 할 수 있
는지의 여부가 중심적인 쟁점이 되어 해당 행위의 성질·양태 등에 비추어서
본 해당(성) 여하가 판정된다. 그리고 이 판단에서 광범위하고 불명확한 징계사
유의 규정에 대한 합리적인 한정해석이 이루어지는 경우가 많다.

⑲ 징계처분 후에 판명된 비위행위의 처분이유로의 추가

사용자가 근로자의 어떤 비위행위에 대해 징계처분을 한 후, 별개의 비위행위가 판명된
경우에는 새롭게 판명된 비위행위를 이미 행한 징계처분의 이유에 추가할 수 있는가? 판례는
휴일출근명령을 거부하고 또한 이에 계속된 2근로일도 결근했다는 인식하에서 '업무명령거
부', '무단결근'을 이유로 하는 징계해고를 한 후, 동일 근로자에 대한 경력사칭이 판명되었기
때문에, 위의 해고를 다투는 소송에서 경력사칭도 처분이유에 추가한 사건이 있었다. 동사건
의 상고심에서 최고법원은 '징계당시 사용자가 인식하지 못했던 비위행위는 특단의 사정이
없는 한, 해당 징계이유로 되지 않은 것이 분명하기 때문에, 그 존재로서 해당 징계의 유효성
을 근거로 할 수는 없다'고 판시했다(山口観光事件 — 最一小判 平8. 9. 26, 労判 708호, 31
면). 대체로 타당한 판결이다('인식하고 못했던 비위행위'란 '이유로서 표시하지 않았던 비위
행위'라고 말해야 할 것이다). '특단의 사정이 있는 경우'란 징계이유로 삼은 비위행위와 밀접
하게 관련된 동종 비위행위의 경우 등을 가르키는 것이다('특단의 사정'을 이와 같이 해석한
사례로, 富士見交通事件 — 東京高判 平13. 9. 12, 労判 16호, 11면).

(3) 상당성

징계는 이유로 여겨진 '해당 행위의 성질·양태, 그 외의 사정에 비추어 사
회통념상 상당한 것으로 인정되지 않는 경우'에는 무효가 된다. 이른바 상당성
의 원칙으로, 대부분의 징계처분(특히 징계해고)이 해당 사범의 징계사유 해당성
을 긍정하면서도 해당 행위의 성질·양태나 피처분자의 근무력 등에 비추어 지
나치게 무겁다고 하여 무효로 되었다. 사용자가 해당 행위나 피처분자에 관한
정상을 적절하게 참작하지 않고 너무 무거운 형량을 내린 경우에는 사회통념상
상당한 것으로 인정되지 않는다고 하여 징계권을 남용한 것으로 간주된다.[491]

이 상당성 판단에서 고려해야 하는 한 가지 사정으로서 같은 규정에 같은
정도로 위반한 경우에는 이에 대한 징계는 같은 정도이어야 한다는 공평성의
요청이 있다. 따라서 징계처분은 비슷한 사례에 대한 선례를 바탕으로 이루어
져야 하게 된다. 또한 종래 묵인해왔던 종류의 행위에 대하여 징계를 하기 위

---

491) 징계사유인 상사에 대한 폭력에 대하여 이루어진 유지퇴직처분에 대하여, 사건 후 7년 이
상 경과하고 경찰의 수사결과에서도 불기소 처분으로 되어 있는 점 등에서, 징계권을 남용한 무효
로 판단한 사례로서, ネスレ日本事件 — 最二小判 平18. 10. 6, 労判 925호, 11면. 평소 및 술자리
에서의 성희롱 언동에 대한 징계해고를 너무 무겁고 상당성이 결여되었다고 한 판례로서 Y社事件
— 東京地判 平21. 4. 24, 労判 987호, 48면. 업무명령불복종을 이유로 한 유지해고에 대하여 업무
방침에 관한 의견대립을 배경으로 했던 것으로, 상사들도 유연성이 결여되고 상당성이 없다고 한
판례로서 三井記念病院事件 — 東京地判 平22. 2. 29, 労判 1005호, 47면.

해서는 사전의 충분한 경고를 필요로 한다.

또한 징계는 절차적인 상당성이 결여된 경우에도 사회통념상 상당한 것이라고 인정되지 못하여 징계권의 남용이 된다. 취업규칙이나 단체협약상, 노동조합과의 협의나 노사대표로 구성되는 징계위원회의 토의를 거쳐야 하는 것 등이 필요하다고 여겨지는 경우에는 그 절차를 준수해야 하는 것은 당연하다. 그러한 규정이 아무것도 없는 경우에도 특단의 지장이 없는 한, 본인의 변명의 기회를 주는 것이 요청된다. 이러한 절차적 정의에 반하는 징계처분도 사소한 절차상의 하자에 불과한 경우가 아닌 한, 징계권의 남용이 되어야 한다.492)⬚

⬚ **징계처분과 불법행위**

　　징계처분은 근로자에게 경제적 불이익을 주거나, 그 명예·신용을 침해하고 정신적 고통을 주는 조치이므로, 징계권 남용으로 평가된 경우에는 처분이 무효로 될 뿐만 아니라, 사용자(및 책임자)의 불법행위(민 709조)를 성립하는 경우가 있다. 단 사용자의 고의·과실이나 근로자의 불이익(위법성)을 신중히 고려해야 하며, 징계권 남용이 불법행위로 직결되는 것은 아니다(징계처분의 사실을 거래처 등에게 공표하는 것은 처분이 무효라면 명예훼손의 불법행위로 간주되기 쉽다. アサヒコーポレーション事件 ― 大阪地判 平11. 3. 31, 労判 767호, 60면).

제11절　인　　사

제 1 관　교육훈련

1. 기업의 교육훈련

(1) 교육훈련의 종류

근로자를 장기적으로 고용하고 육성·활용하는 일본의 장기고용 시스템에서는 기업이 근로자에 대해 계통적으로 다양한 교육훈련을 실시하고 있다. 기업에 의한 교육훈련은 근로자의 업무수행 과정 내에서의 직업훈련(OJT)과 업무수행 과정 외에서의 직업훈련(Off-JT)으로 대별된다(능개법 9조). 보다 구체적으로

---

492) 사례로, 中央林間病院事件 ― 東京地判 平8. 7. 26, 労判 699호, 22면('징계위원회'의 미개최); 千代田学園事件 ― 東京高判 平16. 6. 16, 労判 886호, 93면(상벌위원회의 미개최, 변명의 기회의 부여하지 않음); セイビ事件 ― 東京地判 平23. 1. 21, 労判 1023호, 22면(사실관계를 충분히 명확히 하지 않은 채 결론).

는 채용-내정자에 대한 내정자교육, 신입사원교육(도입교육, 실지연수, follow up 교육 등), 특정업무에 대한 업무연수(영업사원연수 등), 현장 감독자에 대한 감독자연수(안전관리, 작업수행방법 등), 관리직연수(일정 관리직이 된 자에 대한 도입(導入)연수, 관리직에 수 년 동안 근무해 온 자에 대한 매니지먼트 향상연수), 중고연령자에 대한 능력재개발연수, 정년준비세미나 등 다양하다.493)

(2) 교육훈련의 현대적 중요성

현대는 기술혁신, 업종전환·다각화, 소비자의 요구 변화가 빠른 페이스로 생겨나는 시대이며, 신기술·신업무 등의 적응을 위한 학습과 교육이 끊임없이 이루어질 필요가 있는 시대라고 할 수 있다. 또 고령화에 의한 직업생애의 신장에 의해 근로자도 기업도 제2, 제3의 직업생활 준비를 염두에 둘 필요가 있는 시대이기도 하다. 직업능력개발촉진법이 동법에 의한 직업능력개발촉진의 기본이념을 '산업구조의 변화, 기술의 진보, 그 외의 경제적 환경의 변화에 따른 업무의 내용변화에 대한 근로자의 적응성을 증대시키고 및 전직에 있어서의 원활한 재취직에 이바지하도록, 근로자의 직업생활설계에 배려하면서 그 직업생활의 전체 기간을 통하여 단계적이고 체계적으로 이루어지는 것'(3조)이라고 표현하고 있는 것도 교육훈련의 이러한 현대적 의의에 입각한 것이라고 할 수 있다.

2. 교육훈련을 명할 권리·받을 권리

기업이 실시하는 교육훈련 중, 근로자의 업무 과정 내의 것(OJT)은 업무수행과 불가분으로 이루어지는 이상, 근로자의 근로의무(사용자의 지휘명령권)의 범위의 문제이다. 또 이것은 배치 변경을 동반할 경우에는 사용자의 인사권(배치전환명령권·출향명령권)의 범위의 문제가 된다. 바꿔 말하면 OJT에서는 사용자의 교육훈련의 권한이 그 자체로 문제가 되는 경우는 적다.

한편 사용자는 근로자에 대한 다양한 업무과정외 연수(Off-JT)를 업무명령에 의해 실시하는데, 사용자가 이러한 교육훈련을 명령할 권리(근로자의 교육훈련을 받는 의무)의 근거는 어디에서 찾을 수 있을까? 사용자는 근로자로부터 제공된 노동력을 가능한 유효하게 활용하여 사업목적을 수행하도록 꾀하는 것이

---

493) 兩角道代, 「職業能力開發と勞働法」, 講座21世紀(2), 161면 이하.

고, 이를 위해 노동력의 질을 높이고 기술적으로 고도화하고, 또한 조직에 적합한 것으로 하려고 한다. 이를 위해 실시되는 것이 교육훈련이고, 따라서 교육훈련을 실시할 권리는 사용자가 근로계약에 의해 취득하는 노동력의 이용권에서 파생한다고 생각된다. 게다가 장기고용 시스템에서는 폭넓은 교육훈련의 필요성이 있으므로 사용자의 권리 범위도 넓다고 생각할 수 있다.494)

그러나 기업은 어떠한 내용의 교육훈련도 실시할 수 있는 것은 아니다. 예를 들어 ① 내용이 업무수행과 관계가 없는 경우(일반교양·문화·취미의 교육, 사상신조교육), ② 양상·방법·기간이 적절하지 않은 경우(과도한 정신적·육체적 고통을 동반하는 것), ③ 법령에 저촉되는 경우(반노동조합교육. 근로시간상의 한계도 있다) 등은 근로계약상의 한계를 넘거나 또는 법령에 반하여 명령할 수 없다.495) 그 밖에 ④ 그 내용과 실시장소 등이 근로계약상 예정되어 있지 않다고 인정되는 경우(신규 해외유학 등)는 근로자의 동의를 얻어야만 실시할 수 있게 된다.496)[196]

[196] 교육훈련을 받을(청구할) 권리

근로자가 일정 업무외 연수를 받는 권리를 가지는지도 하나의 법률문제이다. 일반적으로는 단체협약과 취업규칙 등에서 일정 교육훈련이 그 내용, 수강자격자의 요건 등과 함께 명확하게 제도화되어 있는 경우에는 수강할 권리가 있다고 해석할 수 있는 경우가 있을 수 있다. 성과주의 인사·임금제도가 보급되면서 이러한 제도화도 진행되어가고 있으며, 능력개발을 위해 수강권을 인정받을 수 있는 케이스도 증가하고 있다. 이에 대해 그러한 제도화가 이루어지지 않고 사용자의 재량에 따라 명령되고 있는 경우에는 청구권을 인정하기가 어렵다(단 충분한 능력개발기회를 부여하지도 않은 채, 부당하게 인사고과를 실시하는 것은 인사권의 남용으로 평가될 수 있다). 또한 교육훈련에 대해 법이 규제하는 차별이 이루어진 경우에는 각각의 법규제에 근거한 구제가 이루어진다. 예를 들어 조합활동가를 일정 연수에서 배제하는 경우에는 노동위원회는 구제명령으로 '○○○가 연수를 받도록 해야 한다'고 명령할 수 있다(노조법 7조, 27조의 12).

능력개발촉진법에서의 직업생활설계(커리어권)의 신이념과 인사관리의 개별화를 배경으로, 학설에서는 능력개발을 위한 교육훈련을 받을 권리를 중시하고 인사이동이나 인사고과에서의 권리남용 판단에 반영시키는 시도가 나오고 있다(両角道代,「雇用政策法と職業能力開発」, 労働法 103호, 19면; 有田謙二,「成果主義人事における能力開発と労働契約」, 季労 207호, 100면).

---

494) 이상은 国鉄静岡鉄道管理局事件 — 静岡地判 昭48. 6. 29, 労民 24권 3호, 374면; 安西愈, 「教育訓練」, 季労別冊, 職場の労働法, 137면 이하. 최근 사례로서는 JR東海[大阪第3車両所]事件 — 大阪地判 平10. 3. 25, 労判 742호, 61면.

495) 安西, 앞의 논문 참조. 철도회사에서 사고 등 발생자 등에 대하여 운전업무에서 제외하여 실시되는 '일근(日勤)교육'에 대하여 필요하고 적당한 기간을 초과하여 실시되는 것(73일간의 일근교육) 및 불필요하고 적절하지 못한 방법(천장청소나 제초)이 이용되는 것을 불법행위라고 인정한 판례로서, JR西日本[森ノ宮電車区]事件 — 大阪高判 平21. 5. 28, 労判 987호, 5면.

496) 상세한 검토는 安西, 앞의 논문, 140면 이하; 両角, 앞의 논문, 162면 이하.

제 2 관 승진·승격·강격(降格)

1. 승 진

⑴ '승진'의 의의

'승진'이란 기업조직의 관리감독권한과 지휘명령권한의 상하관계(라인)의 보직(관리·감독직)의 상승을 의미하는 경우와 보직을 포함한 기업 내 직무수행상의 지위(직위)의 상승을 의미하는 경우가 있다. 승진은 근속연수를 참고로 하면서, 개별 근로자의 해당 보직 내지 직위에 필요한 능력·적성을 충분히 고려하여 실시된다. 그리고 보직 내지 직위에 대한 능력·적성은 해당 근로자의 그때까지의 근무경력에 걸쳐 장기적으로 평가되는 것이 보통이다.

⑵ 승진의 법규제

보직에 대한 승진인사는 해당 근로자의 관리직으로서의 능력적성을 종합적으로 평가하여 이루어지는 재량적 판단이며, 또한 기업의 업적을 좌우하는 중요한 결정이다. 따라서 승진인사는 기본적으로는 기업의 재량적 판단(인사권)을 존중해야 하는 사안이기 때문에, 법은 너무 개입해서는 안 된다고 생각된다. 그래서 현행법이 개입하는 것은 원칙적으로 승진인사에서 일정 사유에 의한 차별뿐이다(국적, 사회적 신분 또는 신조에 의한 승진차별은 노기법 3조에 의해 금지되고, 성별에 의한 승진차별은 고용기회균등법 6조에 의해 금지되며, 통상근로자와 동일시해야 하는 단시간근로자에 대한 승진차별은 파트타임노동법 8조에 의해 금지되며, 노동조합의 조합원에 대한 부당노동행위로서의 승진차별은 노동조합법 7조에 의해 각각 금지되고 있다). 또 그러한 승진차별이 규제되는 경우에도 특정 근로자의 특정 관리직으로의 승진을 사용자에 대해 강제하기 위한 권리(승진청구권)까지는 인정되지는 않는다. 부당노동행위인 승진차별의 경우에는 구제방법은 노동위원회의 재량에 의하는데, 상급·중간 관리직으로의 승진명령은 역시 유보되어야 한다. 또한 이상과 같은 차별에 해당하지 않는 경우에는 승진은 원칙적으로 사용자의 재량적 판단에 위임되어 있다.

2. 승   격

(1) 자격제도와 '승격'·'승급'

오늘날 많은 기업은 종업원의 직무수행능력을 체계적으로 활용하여, 이에 따른 처우를 하기 위한 직능자격제도를 가지고 있다. 직능자격제도에서는 해당 기업의 직무수행능력이 먼저 직장(職掌)으로서 크게 종류별로 나누어지며, 각 직장 가운데 다양한 자격으로 계통적으로 유형화되며, 또한 각 자격 내에서 등급화된다. 이러한 제도 하에서는 기본급의 전부 또는 상당부분이 이들 자격과 급에 따라 정해진다(직능급제도). 이러한 제도에서의 자격의 상승을 '승격', 급의 상승을 '승급'이라 하며, 이러한 것들은 승격시험의 결과나 상사의 인사고과(사정)에 근거하여 결정된다. '승격', '승급'은 직능급의 상승을 초래하고, 이것이 일시금이나 퇴직금에도 영향을 미치게 된다. 또 보직과 직위가 일정 자격과 대응관계에 놓인 경우에는 승격은 일정 보직·직위에 대한 승진의 전제조건도 된다.

기업 내의 직무나 역할을 평가하여 등급(grade)으로 분류한 후, 종업원을 그가 종사하는 직무에 대해 일정 등급으로 매기는 직무등급제에서나 역할등급제에서도, 직무등급 내지 역할등급의 상승으로서의 승격이 능력(competency)평가와 실적평가로 실시된다.

(2) 승격의 법규제

승격의 인사고과에서는 평가할 권한을 가진 자, 항목, 기준, 방법 등이 취업규칙과 그 관련(부속) 규정에 정해져 있는데, 승급·승격의 결정은 이러한 것에 따른 후 사용자의 종합적·재량적 판단으로서 실시된다. 그리고 승급·승격은 사용자의 발령에 의해 효력을 가진다.

승급·승격의 행위를 규제하는 법제도는 승진의 경우와 동일하게 일정 사유에 의한 차별이나 불이익취급의 금지이다(노기법 3조, 고용기회균등법 6조, 파트타임노동법 8조, 노기법 7조 등). 즉 승급·승격의 결정에서 국적·신조·사회적 신분에 의한 차별, 성별에 따른 차별, 통상의 근로자와 동일시해야 하는 단시간근로자에 대한 차별, 조합원이라는 점 또는 노동조합의 정당한 행위를 한 점을 이유로 하는 차별이 이루어진 경우에는 그 결정은 위법이 된다. 이들 중 부당노동행위인 승급·승격차별의 경우에는 승급·승격이 승진에 비해 기업 조직

내에서의 지위·권한 부여라는 성격이 약하고 경제적 대우의 색채가 강하므로 노동위원회가 행정명령에 의해 마땅히 있어야 할 승급·승격을 명령하여 차별의 시정을 도모하는 경우가 많다. 또한 성차별이나 파트타임근로자 차별의 경우에는 노동국고용균등실이 차별시정을 위한 조언·권고나 조정을 실시하게 된다. 이상에 대해 이러한 차별의 구제를 법원에 요청하는 경우에는 차별금지규정에서 직접, 마땅히 있어야 할 승급·승격의 청구를 하는 것은 인정되지 않고, 특별한 케이스에서 취업규칙과 노사관행을 단서로 한 승급·승격청구를 생각할 수 있는 것에 불과하다. 일반적으로는 강행법규 위반인 불법행위로서의 손해배상청구에 의한 구제를 생각할 수 있는 것에 불과하다.

이상의 위법한 차별에 해당하는 경우497)를 제외하고 승급·승격의 결정에 대한 인사고과는 사용자의 종합적·재량적 판단의 성격을 가지고(근로계약상 그것이 포함되어 있다) 있으므로 현저하게 불합리하고 사회통념상 도저히 허용할 수 없는 판단이 이루어진 경우를 제외하고는 위법이라고 할 수 없다 하겠다.498) 또한 차별적 승격탈락을 포함하여 현저하게 불합리하고 사회통념상 허용하기 힘든 승격탈락이 이루어지고 있다고 해도 사용자의 평가와 판단에 의한 결정인 경우에는 승격청구권은 인정하기 힘들고 손해배상이 구제방법이 된다.499) 승격청구권이 인정될 수 있는 것은 취업규칙이나 관행상, 근속연수나 시험에 대한 합격 등의 객관적 요건을 충족함으로써만 승격이 이루어지는 제도의 경우500)나, 승격이 직위 상승과 완전 분리되어 임금 증가와 동일하게 생각할 수 있다는 것으로서, 노기법 4조, 13조의 유추적용을 긍정할 수 있는 경우이다.501)

3. 강격(降格)

(1) 강격의 의의

'강격'에는 직위와 직무를 격하시키는 경우와(승진의 반대조치), 직능자격제도

---

497) 그 외, 노기법·최임법·노안위법 등의 위반의 신고, 육아·개호휴업법에 의한 육아·개호지원의 조치의 이용, 공익보호 등을 이유로 한 불이익 취급의 금지 등도 있다.

498) 光洋精工事件 - - 大阪高判 平9. 11. 25, 劳判 729호, 39면. 기혼여성에 대한 일률적 저사정과 승격탈락을 위법으로 한 사례로, 住友生命保險事件 — 大阪地判 平13. 6. 27, 劳判 809호, 5면.

499) 社会保險診療報酬支払基金事件 — 東京地判 平2. 7. 4, 劳民 41권 4호, 513면.

500) 芝信用金庫事件 — 東京地判 平8. 11. 27, 劳判 704호, 21면.

501) 芝信用金庫事件 — 東京高判 平12. 12. 22, 劳判 796호, 5면.

상의 자격이나 직무·역할등급제상의 등급을 저하시키는 경우(승격의 반대조치)가 있을 수 있다. 또 징계처분으로서의 '강격'('강직'이라고 불리는 경우가 많다)과 업무명령에 의한 '강격'(인사이동의 조치)이 있다. '강격'은 대개의 경우 권한, 책임, 요구되는 기능 등의 저하를 동반하고 따라서 이러한 것에 따라서 정해져 있는 임금(기본급, 보직수당)의 저하를 초래하는 것이 보통이다.502) 다시 말하면, 강격에 의한 임금의 인하는 취업규칙(임금규정 등)에서 정해진 임금의 체계와 기준에 따라서 이루어지는 것이 필요하다.503)

(2) 징계처분으로서의 강격

징계처분으로서의 강격의 경우에는 징계처분으로서의 법규제를 받음으로 취업규칙의 근거규정과 그에 대한 해당성이 필요하며 또한 처분 상당성에 대해 징계권 남용규제를 음미해 볼 필요가 있다.

(3) 인사권에 의한 직무·직위의 강격

이에 대해 영업소장을 영업소의 성적부진을 이유로 영업사원으로 강격하는 경우504)와 근무성적불량을 이유로 하여 부장을 일반직으로 강격할 경우505)와 같이, 일정 보직을 해제하는 강격에 대해서는 판례는 취업규제에 근거규정이 없어도 인사권의 행사로서 재량적 판단에 의해 가능하다고 보고 있다.506) 여기에서 판례가 말하는 인사권이란 근로자를 기업조직 가운데에 위치시킨 후, 그 역할을 정하는 권한으로, 근로자를 특정 직무와 포스트를 위해 고용하는 것이 아니라 직업능력의 발전에 맞춰 모든 종류의 직무와 포스트에 배치해 가는 장기고용 시스템에서는 근로계약상 당연히 사용자의 권한으로서 예정되어 있는 것이다. 그러나 이러한 인사권도 해당 근로자의 직종에 관한 근로계약의 합의의 큰 틀 가운데서 행사할 수 있는 것이다.507) 따라서 직종이 일정 레벨에 한

---

502) 山川隆一, 「成果主義人事と減給·降格」, 土田道夫=山川隆一編, 成果主義人事と労働法, 132면.

503) 직위의 강격에 대하여 이루어진 임금규정에 근거로 하지 않는 대폭 감액을 위법으로 한 판례로서 スリムビューティハウス事件 ― 東京地判 平20. 2. 29, 労判 968호, 124면.

504) エクイタブル生命保険事件 ― 東京地決 平2. 4. 27, 労判 565호, 79면.

505) 星電社事件 ― 神戸地判 平3. 3. 14, 労判 584호, 61면.

506) 이외에 과장직의 강격에 대해 バンク·オブ·アメリカ·イリノイ事件 ― 東京地判 平7. 12. 4, 労判 685호, 17면; 점장으로부터의 강격에 대한 上州屋事件 ― 東京地判 平11. 10. 29, 労判 774호, 12면; 시설부장으로부터의 강격에 대해 アメリカン·スクール事件 ― 東京地判 平13. 8. 31, 労判 820호, 62면; 부소장 내지 부부장으로부터의 강격에 대하여 新聞輸送事件 ― 東京地判 平22. 10. 29, 労判 1018호, 18면.

507) 징계처분으로서의 강직에 대해 이 한계를 나타내는 사례로서 倉田学園事件 ― 高松地判 平元 5. 25, 労判 555호, 81면.

정된 근로자를 부적격성을 이유로 보다 낮은 레벨의 자리로 끌어내리는 강격은 일방적 조치라고는 할 수 없다.508) 또 근로계약의 틀 안에서의 강격이라고 해도, 권리남용법리의 규제에는 따르는 것으로 그에 상당하는 이유가 없는 강격으로 임금이 상당히 내려가는 등 본인의 불이익도 큰 경우에는 인사권의 남용이 된다.509) 퇴직권장에 따르지 않는 관리직을 퇴직으로 유도하기 위해서 임금을 대폭적으로 저하하는 강격을 하는 등이 그 전형적인 사례이다.510)

(4) 직능자격 격하조치로서의 강격

이상에 대해 직능자격제도에서의 자격이나 등급을 격하시키는 것은 자격・등급이 기업조직 내에서의 기능・경험의 축적에 의한 직무수행능력의 도달 수준을 표상(表象)한다는 통상의 직능자격제도에서는 도달한 직무수행능력의 인정을 격하시키는 조치로 본래 예정되지 않은 것이다. 그러한 강격을 실시하기 위해서는 직능자격제도를 정한 규칙・규정에서 일단 달성된 직무수행능력의 표상으로서의 자격・등급도 재평가에 의한 격하가 있을 수 있다는 점을 명기하고 제도의 취지를 바꿀 필요가 있다. 요컨대 직능자격・등급 인하는 근로자와의 합의에 의해 계약내용을 변경하는 경우 외에는 취업규칙 등 근로계약상의 명확한 근거가 없으면 행할 수 없다.511) 또 계약상의 근거가 있는 경우에도 현저하게 불합리한 평가로 큰 불이익을 주는 강격의 경우는 인사권 남용이 될 수 있다.

(5) 직무・역할등급제에서의 등급 격하(강급)

직무등급제 내지 역할등급제에서의 급여등급(grade)의 격하도, 해당 제도의 틀(규정) 속에서의 인사평가의 절차와 결정권에 근거로 하여 행해지는 한,512) 원칙적으로 사용자의 재량적 판단에 맡겨지는 것이다. 그러나 해당 강급에 대

---

508) 바이어로부터 어시스턴트 바이어의 강격에 관한 ディエフアイ西友事件 ― 東京地判 平9. 1. 24, 判時 1592호, 137면을 참조.

509) 医療法人財団東京厚生会事件 ― 東京地判 平9. 11. 18, 労判 728호, 36면; 近鉄百貨店事件 ― 大阪地判 平11. 9. 20, 労判 778호, 73면; ハネウェルジャパン事件 ― 東京高判 平17. 1. 19, 労判 889호, 12면.

510) 앞의 バンク・オブ・アメリカ・イリノイ事件; 明治ドレスナー・アセットマネジメント事件 ― 東京地判 平18. 9. 29, 労判 930호, 56면.

511) アーク証券事件 ― 東京地決 平8. 12. 11, 労判 711호, 57면. '근무성적이 현저하게 나쁠 때'의 강격을 징하는 취업규칙에 근거한 관리직으로부터의 강격에 대하여, 인사고과의 상당성을 인정하여 유효하다고 한 사례로서, マナック事件 ― 広島高判 平13. 5. 23, 労判 811호, 21면.

512) 육아휴직이 끝나고 복귀한 후의 직무내용의 변경과 그에 대응한 역할등급(grade)의 격하에 대하여 격하의 근거규정이 취업규칙에도 안내서에도 없다고 하여 무효라고 한 판례로서 コナミデジタルエンタテインメント事件 ― 東京高判 平23. 12. 27, 労判 1042호, 15면.

하여 이를 정당화하는 근무성적의 불량이 인정되지 않고, 퇴직유도 등의 다른 동기가 인정되는 경우에는 인사평가권을 남용한 것으로서 강급은 무효가 될 수 있다.[513)]

제 3 관 배치전환 · 출향(出向)

1. 배치전환

(1) 배치전환의 의의

'배치전환'이란 종업원의 배치변경으로, 직무내용 또는 근무장소가 상당히 장기간에 걸쳐 변경되는 것을 말한다. 이 중 동일한 근무지(사업소) 내에서의 근무처(소속 부서)의 변경을 '배치전환'이라고 하며, 근무지의 변경을 '전근'이라고 한다.[514)]

(2) 사용자의 배치전환명령권의 근거와 한계

장기적인 고용을 예정한 정규종업원에 대해서는 직종 · 직무내용이나 근무지를 한정하지 않고 채용되어 기업조직 내에서의 종업원의 직업능력 · 지위의 발전이나 노동력의 보충 · 조정을 위해서 계통적으로 광범위한 배치전환이 이루어지는 것이 보통이다. 이러한 장기고용의 근로계약관계에서는 사용자측에게 인사권의 한 내용으로서 근로자의 직무내용과 근무지를 결정하는 권한의 귀속이 예정되어 있다. 이것을 취업규칙에서 표현하는 것이 '업무사정에 따라 출장, 배치전환, 전근을 명령하는 경우가 있다' 등의 일반조항이다.▨

사용자의 근로자에 대한 배치전환명령의 근거가 되는 것은 근로계약상 이러한 직무내용 · 근무지의 결정권한(배치전환명령권)인데, 이 권한은 각각의 근로계약관계에 의해 다양하게 범위가 구분되어 있으므로 어떤 배치전환명령이 과연 해당 근로계약관계에 있어서 사용자의 배치전환명령권의 범위 내에 있는지의 여부를 고려할 필요가 있다. 실제 소송에서는 사용자는 취업규칙의 일반조항에 의한 포괄적인 배치전환명령권을 주장하고, 근로자는 직종 내지 근무지를 한정

---

513) マッキャンエリクソン事件 — 東京地判 平18. 10. 25, 労判 928호, 5면. 이에 대하여 부하의 감독부주의를 이유로 한 매니저 B직에서 점장 A직으로의 강격을 유효하다고 한 사례로서 日本レストランシステム事件 — 大阪高判 平17. 1. 25, 労判 890호, 27면.

514) 기본문헌으로 東大労研, 注釈労基法上, 227면 이하[土田].

하는 합의(노계 7조 단서의 합의)의 존재를 주장하여 법원이 근로자의 종류, 노동관계의 성립이나 전개 방법 등에서 배치전환에 대한 배치전환명령권의 존재여부를 판정하게 된다.

이리하여 해당 배치전환을 명령하는 사용자의 배치전환명령권이 긍정되는 경우에도 배치전환명령권은 근로자의 이익을 배려하여 행사되어야 하는 것으로 남용되어서는 안 된다. 즉, 배치전환명령은 업무상 필요에 의해 이루어져야 하고, 또 본인의 직업상·생활상 불이익을 배려하여 이루어져야 한다. 배치전환명령은 학설·판례상 확립된 취급으로서 업무상의 필요성과 본인의 직업상·생활상 불이익의 양면에서 권리남용법리에 의한 규제도 실시하고 있다. 판례는 전근명령에 대하여 '업무상의 필요성은 존재하지 않는 경우 또는 업무상의 필요성은 존재하는 경우라도, … 다른 부당한 동기·목적으로 이루어지는 것일 때 혹은 근로자에 대하여 통상적으로 감수해야 하는 정도를 현저하게 초월하는 불이익을 입게 하는 것일 때'에는 권리남용이 된다는 판단구조를 제시하고 있다(東亜ペイント事件 — 最二小判 昭61. 7. 14, 労判 477호, 6면).

⑲ 배치전환명령의 효력을 다투는 소송

배치전환명령이 유효하다고 인정받기 위해서는 근로계약상 사용자에게 배치전환명령권을 부여하고 있는 것이 필요하고, 또한 배치전환명령권이 남용되었다고 인정되기 위해서는 배치전환명령은 무효가 된다는 통설·판례에서는 배치전환명령은 법률행위로서 그 유효성 그 자체를 다툴 수 있다(옛날부터는 배치전환명령 그 자체는 사실행위로, 그 유효성을 다투는 소송은 제기할 수 없고, 근로자는 명령불복종 때문에 징계처분이나 해고 등을 당하여 비로소 해당 징계처분이나 해고를 다투는 소송을 제기하고 그러한 가운데 배치전환명령의 위법성을 주장할 수 있는 것에 불과하다는 설이 있었다).

근로자가 배치전환명령을 다투는 소송에서 요구해야 하는 청구내용은 배치전환처에서의 취업의무가 없는 근로계약상의 지위의 확인이다. 그러나 근로계약상 직종이나 근무지가 한정되어 있으며, 배치전환명령이 그 한정에 반하여 무효라는 경우에는 배치전환전의 직종 내지 근무지에서 취업하는 지위의 확인을 청구할 수 있게 된다.

또한 권리남용이 되는 배치전환명령을 받은 근로자는 불법행위를 성립하는 것으로서 손해배상(위자료청구 등)을 인정받는 경우도 있다(NTT西日本事件 — 大阪地判 平19. 3. 28, 労判 946호, 130면; NTT東日本事件 — 札幌地裁 平18. 9. 29, 労判 928호, 37면).

(3) 근로계약에 의한 배치전환명령 제한

(가) 직종의 한정   판례에 의한 배치전환명령 규제를 보다 구체적으로 살펴보면 근로계약 체결시 또는 전개 중에 해당 근로자의 직종이 한정되어 있는 경우, 이 직종의 변경은 일방적 명령에 의해서는 실시할 수 없다. 의사, 간호사, 보일러공의 특수 기술, 기능, 자격을 가진 자에 대해서는 직종 한정이 있는 것

534 제 3 편 개별적 노동관계법

이 보통일 것이다. 전형적인 예로서 아나운서에 대한 다른 직종으로의 배치전환명령에 대해서는, 해당 근로자가 대학 재학 때부터 아나운서로서의 능력을 키워 어려운 아나운서 전문시험에 합격하였으며, 게다가 20년 가까이 일관되게 아나운서 업무에 종사해 왔다는 사정으로부터, 직종이 채용시 계약에서 아나운서로 한정되었다고 인정되어 그 이외의 직종으로의 배치전환을 거부할 수 있다고 하였다.515) 그러나 이러한 특수기능자라도 장기고용을 전제로 한 채용한 경우에는 당분간은 직종이 이에 한정되지만, 장기간 동안에는 타직종으로 배치전환될 수 있다는 합의가 성립되어 있다고 해석해야 하는 케이스도 많을 것이다.516)

다음으로 특별한 훈련, 양성을 거쳐 일정한 기능·숙련을 습득하여 오랜 기간 그 직종에 종사해 온 자의 근로계약도 그 직종에 한정되는 경우가 있다. 그러나 기술혁신, 업종전환, 사업재편성 등이 자주 행해지는 오늘날에는 이러한 직종 한정의 합의는 성립하기 힘들다고 할 수 있다.517)

이와 같이, 직종 한정의 합의에 소극적인 판례의 경향은 근로자를 다양한 직종에 종사시키며 장기적으로 육성시켜나가는 장기고용 시스템을 배경으로 하고 있다. 그러나 최근에는 직종·부문 한정사원이나 계약사원과 같이 정년까지의 장기고용을 예상하지 않고, 직종이나 소속부문을 한정하여 고용되는 근로자도 늘어나고 있으며, 이러한 근로자에 대해서는 직종한정의 합의가 이루어지기 쉽게 될 것이다. 이러한 근로자를 배치전환하기 위해서는, 본인의 동의를 얻거나 취업규칙상의 합리적인 배치전환 조항을 준비해 둘 필요가 있다.

(나) 근무장소 한정   근로계약상 근무장소가 특정되어 있는 경우에는 이를 변경함에 있어 근로자의 동의를 요한다. 예를 들어 현지 채용으로 관행상 전근이 없었던 종업원을 다른 신설 공장으로 전근시키려면, 본인의 동의(계약변경)를 요한다.518) 또한 사무보조직으로서의 여성종업원도 근로계약상 전근이 없는 것

---

515) 日本テレビ放送網事件 — 東京地決 昭51. 7. 23, 判時 820호, 54면.

516) 九州朝日放送事件 — 最一小判 平10. 9. 10, 労判 757호, 20면 — 아나운서; 古賀タクシー事件 — 福岡高判 平11. 11. 2, 労判 790호, 76면 — 택시 운전사; 東京サレジオ学園事件 — 東京高判 平15. 9. 24, 労判 864호, 34면 — 아동지도사. 東京海上日動火災保険事件 — 東京地判 平19. 3. 26, 判時 1965호 3면은 리스크 아드바이저의 직종에 한정하는 합의를 인정하면서 타직종으로의 배치전환을 명령하는 정당이유가 인정되는 특단의 사정의 존재여부를 판단하여 이를 부정하고 있다.

517) 직종제한을 인정한 판례로 日野自動車工業事件 — 東京地判 昭42. 6. 16, 労民 18권 3호, 648면. 인정하지 않은 판례로, 기술자에 대한 세일즈 엔지니어로의 배치전환에 대해서는 東亜石油事件 — 東京高判 昭51. 7. 19, 労民 27권 3=4호, 397면; 차축(車軸) 기계공에 대한 조립라인으로의 배치전환에 대해서는 日産自動車事件 — 最一小判 平元 12. 7, 労判 554호, 6면.

518) 新日本製鉄事件 — 福岡地小倉支決 昭45. 10. 26, 判時 618호, 88면.

이 전제로 되어 있는 경우가 많았다.519) 단 현지 채용 근로자에 대해서도 취업 규칙상의 전근조항을 명확히 확인시킨 후에 고용되어, 전근의 취지가 잉여인원의 고용유지에 있는 경우에는 일방적인 전근명령도 유효하게 된다.520) 이상에 대해 본사 채용의 대졸 정사원과 같이 해당 기업에서 장기적인 커리어를 발전시키는 고용의 경우에는 근무장소가 특정되어 있지 않고, 전국의 지점·영업소·공장 등의 어디에서라도 근무하는 취지의 합의가 성립되어 있는 것이 보통이다.521) 그러나 채용시에 가정 사정으로 전근에 응할 수 없다는 의사를 명확히 말하고 채용된 경우에는 근무지한정 특약이 생길 수 있다.522)

근무장소의 한정·비한정을 명확하게 하는 고용관리로서는 종업원 커리어를 전근을 예정한 사원 코스와 이것을 예정하지 않는 사원 코스로 나누어, 종업원에게 어느 한 가지를 선택하게 하는 코스별 고용제나 근무지 한정제가 있으며, 고용기회균등법에 대한 대응을 계기로 인사관리의 다양화·개별화가 진행되는 가운데 상당히 보급되고 있다.

(4) 권리남용법리에 의한 배치전환명령의 제한

앞에서 언급한 것처럼, 배치전환명령은 배치전환 업무상의 필요성과는 별개의 부당한 동기 및 목적으로 이뤄진 경우에는 권리남용이 된다.523) 근로자를 퇴직으로 이끌 의도로 실시된 배치전환명령524)과, 회사비판의 중심인물에 대한 전근명령525) 등이 이에 해당하여 권리남용으로 여겨지고 있다.

다음으로 배치전환명령이 해당 배치전환명령의 업무상의 필요성(해당 인원배치의 변경을 행할 필요성과, 그 변경에 해당 근로자를 할당하는 것(인원선택)의 합리성(필요성))에 비하여, 그 명령이 초래하는 근로자의 직업상 내지는 생활상의 불이

---

519) ブック·ローン事件 ― 神戸地決 昭54. 7. 12, 労判 325호, 20면.

520) エフピコ事件 ― 東京高判 平12. 5. 24, 労判 785호, 22면.

521) グリコ共同乳業事件 ― 松江地判 昭47. 2. 14, 労民 23권 1호, 25면. 또한 후술하는 東亜ペイント事件 최고법원 판례, 新日本製鐵[総合技術センター]事件 ― 福岡高判 平13. 8. 21, 労判 819호, 57면 참조.

522) 新日本通信事件 ― 大阪地判 平9. 3. 24, 労判 715호, 42면.

523) 東亜ペイント事件 ― 最二小判 昭61. 7. 14, 労判 447호, 6면.

524) マリンクロットメディカル事件 ― 東京地決 平7. 3. 31, 労判 680호, 75면; フジシール事件 ― 大阪地判 平12. 8. 28, 労判 793호, 13면; プロクター·アンド·キャンブル·ファー·イースト·インク)[本訴]事件 ― 神戸地判 平16. 8. 31, 労判 880호, 52면. 퇴직권장에 응하지 않은 근로자에게 굴욕적인 업무를 할당하고 직능자격과 직무등급을 낮추는 등이 전형적으로 이뤄진다(뒤의 2가지 판례).

525) 朝日火災海上保険事件 ― 東京地決 平4. 6. 23, 労判 613호, 31면. オリンパス事件 ― 東京高判 平23. 8. 31, 労判 1035호, 42면(내부통보를 한 것을 동기로 한 배치전환).

익이 걸맞지 않게 큰 경우(판례의 표현으로는 '통상 감수해야 할 정도를 현저하게 초
월하는 불이익을 지게 하는 것일 때)에는 권리남용이 된다. 다시 말하면, 근로자의
직업상 내지 생활상의 불이익이 전근에 따라 통상 감사해야 할 정도의 것인 경
우에는 업무상의 필요성은 다른 사람으로 바꾸기 힘들다는 고도의 업무인 점을
요하지 않고, 노동력의 적정배치, 업무의 능률증진, 근로자의 능력개발, 근무의
욕 고양, 업무운영의 원활화 등을 위한 것이면 가능하다.[526]

종래에는 권리남용으로 인정되었던 전근명령의 대부분은 요개호 상태에 있
는 고령의 부모나 이사가 곤란한 병을 앓고 있는 가족이 있어 그러한 자들을
돌보고 있는 종업원에 대한 원격지로의 전근명령이었다.[527] 또 근로자 본인이
전근이 곤란한 질병을 가지고 있는 경우도 전근명령의 권리남용성을 긍정하게
하는 경우가 있었다.[528]

한편, 맞벌이 부부나 자녀의 교육 등의 사정으로 부부의 별거를 초래하는
전근명령은 업무상의 필요성은 충분히 인정되고, 근로자의 가정의 사정에 대한
배려(주택, 별거수당, 여비보조 등)를 하고 있는 경우에는 유효하다고 간주되어 왔
다.[529] 통근시간의 장시간화에 따른 육아의 지장이 여전히 통상 감수해야 할
정도의 불이익이라고 판단한 판례도 있다.[530] 이러한 것은 장기고용 시스템하
에서 기업이 활발하게 인재의 조정을 실시하는 인사관리를 시인한 판단이라고
할 수 있을 것이다.

이에 대하여 2001년에 개정된 육아개호휴업법(2001년 법118)은 자녀의 양육
또는 가족의 돌봄상황에 관한 사용자의 배려의무를 정하고(26조), 2007년에 제
정된 노동계약법(2007년 법128)은 '일과 생활의 조화'에 대한 배려를 근로계약의

---

526) 東亞ペイント事件 ─ 最二小判 昭61. 7. 14, 労判 477호, 6면. 이 사건에서는 동거 중인 모
친과 이를 수발하는 처를 남겨두고 단신 부임하게 될 수 있다는 불이익이 전근에 동반되는 통상
적이 것이라고 판단하였다.
527) 요개호의 부모를 모시고 있던 종업원에 대한 원격지 전근의 사례로서 ネスレ日本事件 ─
大阪高判 平18. 4. 14, 労判 915호, 60면; NTT西日本事件 ─ 大阪地判 平19. 3. 28, 労判 946호,
130면. 병을 앓고 있는 가족이 있던 종업원에 대한 원격지 전근의 사례로서 오래된 것으로는 日本
電気事件 ─ 東京地判 昭43. 8. 31, 労民 19권 4호, 1111면(형은 간질, 여동생은 심장변막증, 어머
니는 고혈압증이라는 케이스). 최근에는 明治図書出版事件 ─ 東京地判 平14. 12. 27, 労判 861호,
69면; 日本レストランシステム事件 ─ 大阪高判 平17. 1. 25, 労判 890호, 27면; 상기의 ネスレ日
本事件; NTT西日本事件 등.
528) ミロク情報サービス事件 ─ 京都地判 平12. 4. 18, 労判 790호, 39면; 앞의 NTT西日本事
件 등.
529) 帝国臓器製薬事件 ─ 東京高判 平8. 5. 29, 労判 694호, 29면; JR東日本[東北自動車部]事件
─ 仙台地判 平8. 9. 24, 労判 705호, 69면; 新日本製鐵[総合技術センター]事件 ─ 福岡高判 平13.
8. 21, 労判 819호, 57면.
530) ケンウッド事件 ─ 最三小判 平12. 1. 28, 労判 774호, 7면.

체결・변경의 기본이념으로서 규정하기에 이르렀다(3조 3항). 또한 이러한 입법의 동향에 더불어, 저출산화와 근로자의 건강의 문제와의 관련으로 work-life balance의 사회적 요청도 고조되고 있다.531) 이러한 사회적 상황속에서는 앞으로는 배치전환명령의 권리남용판단에서의 '전근에 따른 통상 감수해야 하는 정도의 불이익'인지의 여부의 파단기준은 '일과 생활의 조화'의 방향으로 수정되어 갈 것이 예상된다. 기업의 인사관리도, 가족의 돌봄뿐만이 아니라 육아를 위한 필요성, 부부나 가족의 일체성 등에 대하여 보다 정중한 배려가 필요하게 되어 갈 것으로 생각된다.532)

(5) 임금을 인하하는 배치전환명령

장기고용 시스템하의 배치전환은 기본적으로는 이에 따라 임금이 인하되지 않는 것을 전제로 이루어지고 있고, 이 점이 또한 빈번하고 광범위한 배치전환이 원활하게 실시되는 기본적 조건이 되어 왔다. 바꿔 말하면, 장기고용 시스템하의 임금은 직종・근무지에 의해서라기보다도 근속연수, 직능자격, 직위에 따라 주로 정해지며 임금표가 다른 직종 간에서는 배치전환이 원칙적으로 이루어지지 않는 것이 보통이었다. 이러한 고용시스템하의 기업에서는 근로자를 별개의 직종에 배치전환하여 직종이 바뀐 것을 이유로 임금을 인하하는 경우는 배치전환명령에 의해 행할 수 없다. 다시 말하면, 임금이 보다 낮은 직종으로 배치전환하기 위해서는 별개의 동의가 필요하게 된다.

또한 직종마다 임금표가 다른 기업에서 직종을 한정하여 고용된 근로자에 대해서는 다른 직종으로의 배치전환에는 당연히 합의가 필요하게 된다.

그리고 배치전환명령과 강격이 동시에 실시되고, 강격으로 임금이 인하된 경우에는 강격의 요건을 충족시킬 필요가 있으며, 그 요건을 충족하지 못한 경우에는 양자가 모두 무효가 된다.533)

이리하여 직무내용을 크게 격하하여 이것을 이유로 임금을 큰 폭으로 낮추는 배치전환은 배치전환명령의 남용(직업생활상 현저하게 불이익을 주는 배치전환,534) 퇴직유도라는 부당한 목적의 배치전환535))과, 강격을 위한 인사평가권의 남

---

531) 2007년 12월의 정부에 의한 'work-life balance 헌장' 및 'work-life balance 행동지침'의 책정.

532) 같은 취지, 西谷, 労働法, 227면.

533) 日本ガイダント事件 ― 仙台地決 平14. 11. 14, 労判 842호, 56면.

534) 北海道厚生農協連合会[帯広厚生病院]事件 ― 釧路地帯広支判 平9. 3. 24, 労判 731호, 75면.

535) プロクター・アンド・ギャンブル・ファー・イースト・インク[本訴]事件 ― 神戸地判 平

용536)(근로능력에 대한 합리적 이유가 없는 저평가)으로 여겨지는 경우가 많다.537)

2. 출향(出向)·전적

(1) 출향·전적의 의의

기업의 인사관리의 수단으로서 배치전환과 마찬가지로 활용되고 있는 것이 출향·전적이다. 특히 출향은 ① 자회사·관련 회사에 대한 경영·기술지도, ② 종업원의 능력개발·커리어 형성, ③ 구조조정, ④ 중고연령자의 처우 등의 목적을 위해 활발하게 이루어지고 있다.538) 이들 중 '출향'이란 근로자가 자신이 고용된 기업에 재적한 채로 다른 기업의 종업원(내지 임원)이 되어 상당히 장기간에 걸쳐 해당 타기업의 업무에 종사하는 것을 말한다(재적출향, 장기출향, 사외근무, 응원파견, 휴직파견 등이라고 한다). 또 '전적'이란 근로자가 자기의 고용기업에서 다른 기업으로 이적하여 해당 타기업의 업무에 종사하는 것을 말한다('이적'이라고도 한다).

법률적으로는 출향과 전적은 다음과 같이 분석할 수 있다.

먼저 전적은 甲기업이 그 종업원에 대하여 현재 존재하는 甲기업과의 근로계약관계를 종료시키고 새롭게 乙기업과의 사이에 근로계약관계를 성립시키는 인사이동이다. 이것을 실현하는 첫 번째 법률수단은 현 근로계약의 합의해지와 새로운 근로계약의 체결인데, 쌍방에 대해 근로자의 동의를 필요로 한다.539) 또 두 번째 수단으로서 근로계약상 사용자의 지위양도(채권채무의 포괄적 양도)도 있는데, 이 경우도 양도에 대한 근로자의 동의를 필요로 한다(민법 625조 1항에서 사용자는 근로자의 승낙이 없으면 그 권리를 제3자에게 양도할 수 없다고 규정되어 있다).

이에 비해 출향은 甲기업이 그 종업원에 대하여 甲기업의 종업원의 지위(근로계약관계)를 유지한 채, 乙기업의 종업원(내지 임원)이 되어 乙기업의 업무에

---

16. 8. 31, 労判 880호, 52면.

536) 앞의 日本ガイダント事件 ― 仙台地決 平14. 11. 14; 日本ドナルドソン事件 ― 東京地八王子支判 平15. 10. 30, 労判 866호, 20면.

537) 강격 및 배치전환 모두 유효하다고 한 판례로 日本レストランシステム事件 ― 大阪地判 平16. 1. 23, 労判 873호, 59면.

538) 기본문헌으로 東大労研, 注釈労基法上, 234면[土田].

539) 이러한 해약·체결은 서로 관련되어 있고, 전적 전의 회사에서의 근로계약의 해약은 전적한 회사에서의 근로계약의 체결을 정지조건으로 하고 있다고 해석되는 경우가 많을 것이다. 이러한 경우에는 전적한 회사와의 새로운 계약체결이 성취되지 않았을 때에는, 전적 전의 회사와의 합의해약도 조건이 성취되지 않았으므로 효력을 발생하지 않는다. 生協イーコープ事件 ― 東京地判 平5. 6. 11, 労判 634호, 21면.

종사하게 하는 인사이동이다. 이 경우 출향자는 甲기업에서는 '휴직'이 되는 경우도 있다. 그리고 근로시간, 휴일, 휴가 등의 근무형태는 乙기업의 취업규칙에 따라 정해지고, 또 노무수행의 지휘명령권도 乙기업이 갖는다. 이렇게 출향은 '자신이 고용하는 근로자를 해당 고용관계 하에, 또한 타인의 지휘명령을 받고 해당 타인을 위해서 근로에 종사하게 하는' 근로자파견과 유사하지만, '해당 타인에 대하여 해당 근로자를 해당 타인에게 고용시키는 것을 계약하여 하는' 점에서 근로자파견과는 구별된다(노계 2조 1호).

출향·전적 중 어느 것이든 이를 실현하기 위해서는 먼저 甲기업과 乙기업 간에 甲기업의 종업원의 출향·전적을 乙기업이 받아들이는 것(및 받아들이는 방법)에 대한 합의(수용계약의 체결)가 필요하다.

(2) 출향명령권의 요건

앞의 항에서 보듯이 기업 내 인사이동인 배치전환의 경우에는, 취업규칙에 배치전환명령권의 포괄적 근거규정을 두거나 채용시 등에 근로자의 포괄적인 동의를 받아두면 사용자에게는 근로계약상 원칙적으로(해당 근로자에 대해 직종과 근무지를 한정하는 약정이 성립되지 않는 한) 배치전환명령권이 인정된다. 또한 가령 이러한 명시적 규정이나 동의가 없어도 노동관계의 유형으로서 당연히 사용자의 포괄적 배치전환명령권이 묵시적 계약 내용으로서 인정되는 경우도 고려된다(본사채용의 간부후보생 등).

이에 대해 기업 간 인사이동인 출향의 경우에는 노무제공의 상대방이 변경되므로 아무리 밀접한 관련 회사와의 사이에 일상적으로 이루어지는 출향이라도 취업규칙·단체협약상의 근거규정과 채용시 등의 동의 등의 명시의 근거가 없는 한 출향명령권이 단체협약의 내용이 된다는 것은 어렵고 출향을 명령하는 것은 인정될 수 없다고 할 수 있다.[540] 또 취업규칙·단체협약이나 입사시 등에 출향명령권의 포괄적 규정 내지 동의가 있다면 충분한지에 대해서는, 출향에서는 출향근로자와 출향전의 기업과의 사이의 기본적 노동관계가 유지된다고는 해도, 근무기업의 변경에 동반하여 임금·근로조건, 커리어, 고용 등의 면에서 불이익이 생길 수 있으므로 이 점에서의 배려가 필요하다. 즉 포괄적 규정 내지 동의에 의해 출향을 명령하는 데에는 밀접한 관련 회사간의 일상적 출향

---

540) 安枝=西村, 労基法, 147면; 下井, 労基法, 129면; 土田, 概説, 175면. 日立電子事件 ― 東京地決 昭41. 3. 31, 労民 17권 2호, 368면; 日東タイヤ事件 ― 最二小判 昭48. 10. 19, 労判 189호, 53면; 新日本製鐵[日鐵運輸]事件 ― 福岡高判 平12. 11. 28, 労判 806호, 58면.

이고, 출향하게 된 기업에서의 임금·근로조건, 출향의 기간, 복귀 방법 등이 출향규정 등에 의해 근로자의 이익을 배려하여 정비되고 해당 직장에서 근로자가 통상 인사이동의 수단으로서 수용하고 있는(할 수 있는) 것이라는 사실을 요한다.541) 판례는 이러한 직장근로자의 동종 출향의 수용을 포괄적 규정에 의한 출향명령권의 요건으로서 명시하고는 있지 않지만, 실제로는 출향명령의 유효성 판단의 전제로 하고 있다고 볼 수 있다.542) 조금 특별한 성격을 띠는 것은 고용조정책(특히 해고회피책)으로서의 출향인데, 이 경우에도 구조조정의 필요성 그 자체가 출향의무(출향명령권)를 창설하는 것은 아니며, 기본적으로는 앞에서 기술한 판단 구조에 의해 그 유효성이 판단되어야 한다.543) 또한 출향을 거부한 근로자에 대한 정리해고의 유효성에 있어서는 출향에 의한 해고회피노력이 참작되게 된다.⑲

⑱ 민법 625조 1항의 의의

당초 다투게 된 사건은 출향에 관한 사용자의 명령권의 유무이다. 이에 대해서는 사용자는 노무자의 승낙이 없으면 그 권리를 제3자에게 양보할 수 없다고 하는 민법 규정(625조 1항)이 출향에도 적용되므로 출향에 근로자의 개별적 동의를 필요로 한다는 견해가 주창되었다(이 논점에 대해서는 和田肇, 「出向命令の根拠」, 労働法 63호, 31면). 분명 이것은 고용계약상 근로에 종사하게 할 권리(민 623조)의 양도(노무제공의 상대방의 변경)에 대해 근로자의 동의를 필요로 하는 규정이므로 출향도 그 대상으로 하고 있다고 해석된다. 그러나 이 규정의 '근로자의 승낙'은 양도시 개별적 동의인 점을 필요로 하지 않고 사전의 포괄적 동의라도 된다고 해석되고 있으므로(新版注釈民法(16), 61면[幾代通]), 이 규정은 앞에서 언급한 배치전환의 경우 이상으로는 출향명령의 요건을 좁히는 의의를 갖지 않는다(같은 취지, 위의 新日本製鐵[日鐵運輸]事件).

⑲ 임원으로서의 출향

종업원을 자회사·관련 회사 등의 이사로서 출향시키는 경우에는 특별한 문제가 있다. 즉 주식회사의 이사는 회사의 업무집행상 의사결정·감독기관인 이사회의 구성원으로서 주주총회에 의해 선임되고 회사와의 관계는 위임관계로 된다(회사 329조, 330조). 그리고 이사와 회사와의 관계는 충실의무, 경업피지의무, 이익상반거래의 제한 등의 각종 규제에 따른다(동 335조~360조). 그래서 이사로서의 출향 중에는 출향 전 회사와의 근로계약관계와 출향 후 회사와의 회사법에 의해 규율되는 위임관계가 병존하게 된다. 이렇게 이사의 경우에는 회사와의 계약관계의 성질을 다르게 하고 상법상 책임이 부과되므로 이사를 출향시킬 경우에는

---

541) 같은 취지, 土田, 労働契約法, 388~390면. 개별적 동의설을 유지하는 학설로는 西谷, 労働法, 231면.

542) 川崎製鉄事件 — 大阪高判 平12. 7. 27, 労判 792호, 70면; 新日本製鐵[三島光産]事件 — 福岡高判 平12. 2. 16, 労判 784호, 73면. 그 後, 新日本製鐵[日鐵運輸第2]事件 — 最二小判 平15. 4. 18, 労判 847호, 14면은 취업규칙상의 출향조항에 첨가하여 사외근무협정(단체협약)에서 출향기간, 출향 중의 사원의 지위, 임금, 퇴직금, 수당 등의 처우에 관해 출향근로자의 이익에 배려한 상세한 규정이 마련되어 있는 것을 언급하여 출향명령의 유효성을 긍정하고 있다.

543) 판례로서 위의 新日本製鐵[日鐵運輸]事件; 앞의 川崎製鉄事件.

본인에게 이 점을 자각시켜 동의를 얻는 것이 적절하다(小林英明, 使用人兼務取締役, 272면).

(3) 전적명령의 가부

전적은 출향 전의 기업과의 근로계약을 합의해지하여 전적 후의 기업과 근로계약을 체결하는 것이든 근로계약상의 지위의 양도로서 이루어지는 것이든 해당 근로자의 동의를 요한다. 문제는 이 동의가 전직시 개별 구체적인 동의에 한정되는지 아니면 입사시 등에 사전의 동의로도 괜찮은 지이다. 전자의 새로운 근로계약의 체결에 의한 전적에서는 그 체결에 대한 사전 동의는 좀처럼 생각하기 어렵지만, 후자의 사용자의 지위의 양도에 의한 전적에서는 그 양도에 대한 근로자의 승낙은 이론적으로는 사전에도 이루어질 수 있다고 생각할 수 있다. 단 이러한 승낙은 단순히 '전적을 명령할 수 있다'는 취지의 취업규칙과 단체협약상 포괄적 규정으로는 부족하고 전적할 기업을 명시한 명확한 것이라는 사실이 필요하다. 또 그러한 승낙이 유효한 것으로 인정되는 것은 일정기간 후의 복귀가 예정되고 전적 중의 대우에도 충분한 고려가 이루어지는 등 실질적으로 근로자에 있어서의 불이익성이 없는 경우에 한정된다고 생각할 수 있다.[544]

(4) 권리남용법리에 의한 제약

이상과 같이 출향명령의 첫 번째 요건은 출향명령권이 근로계약상 인정되는 것이지만, 두 번째 요건으로서는 배치전환명령의 경우와 마찬가지로 출향명령이 권리의 남용이 되지 않는 사실이 필요하다. 2007년 제정된 노동계약법(2007년 법128)은 이 점을 '사용자가 근로자에게 출향을 명령할 수 있는 경우에, 해당 출향의 명령이 그 필요성, 대상근로자의 선정에 관계되는 사정, 그 외의 사정에 비추어 그 권리를 남용한 것으로 인정된 경우에는 해당 명령은 무효로 한다'고 명문화하였다(14조).

출향의 경우에는 노무제공의 상대방의 변경을 발생하게 하므로, 이 점에서 현저한 불이익을 발생시키지 않는가의 여부의 판단이 배치전환의 경우의 권리남용의 판단에 부가된다.

보다 구체적으로는 출향명령의 업무상 필요성(상기 규정에서의 '[출향명령]'의

---

544) 日立精機事件 — 千葉地判 昭56. 5. 25, 労判 372호, 49면에서는 전적명령이 유효하다고 인정되었는데, 이것은 채용시 해당 진적한 회사로의 전적이 있을 수 있다는 점을 설명하였고 이에 동의한 케이스이며, 또한 실질적인 일부문으로의 전적으로 사내 배치진환과 동일하게 실시되었으며 오랜 기간 이의 없이 운용되어 온 케이스이다. 이에 대해 최근 三和機材事件 — 東京地決 平4. 1. 31, 判時 1416호, 130면은 취업규칙의 포괄적 규정에 의한 전적명령권을 부정하고 있다.

필요성, 대상근로자의 선정에 관계되는 사정')과 출향자의 근로조건상 및 생활상의 불이익을 비교 형량하게 된다. 그래서 근로조건이 대폭적으로 나빠지는 출향과 복귀가 예정되지 않는 출향은 정리해고 회피나 관리직 포스트의 부족 등, 이를 수긍시킬 만한 기업경영상의 사정이 인정되지 않는 한 권리남용으로 될 수 있다. 또 근로자에게 현저한 생활상의 불이익을 주는 경우에도 권리남용으로 될 수 있다.545) 이에 대해 노동조합과의 협의에 의하여 출향근로조건이나 직무내용에 관하여 충분한 배려를 한 경우에는 권리남용이 부정된다.546)

(5) 출향 중의 노동관계

출향에 있어 甲기업과 출향근로자간의 근로계약관계는 존속하지만, 이 근로자의 노무제공이 乙기업에 대해 이루어지므로 甲기업과의 노무제공관계는 정지된다(그래서 甲기업에서는 휴직으로 취급되는 경우도 있다). 그러나 甲기업의 취업규칙 중 노무제공을 전제로 하지 않는 부분은 여전히 적용을 계속 받는다.

한편 출향근로자는 乙기업에 대해 그 지휘명령 하에서 노무제공을 이행하므로 乙기업의 근무관리와 복무규율에 따르게 된다. 또 급여·여러 수당·상여의 지불에 대해서는 乙기업이 지불하고, 단 甲기업에서 근무할 경우의 차액을 甲기업이 보상한다는 처리방법과, 甲기업이 여전히 계속 지불하고 乙기업이 그 중 자기의 분담액을 甲기업에게 지불한다는 처리방법이 대표적인 것이다. 이에 대해 퇴직금은 양 기업에서의 근무기간을 통산하고 양 기업 간에 내부분담하면서 출향 전의 기업 내지 출향 후의 기업이 일괄하여 지불하는 것이 보통이다.547) 징계해고·보통해고의 권한은 甲기업이 유지하고, 그 밖의 징계 권한은 乙기업이 가지는 경우가 많은데, 이들 권한을 양자가 공유하는 경우도 있다.548) 복귀는 출향규정의 규정에 따라 甲기업이 명령하는 것이 통례이다.549)

---

545) 판례로서는 日本ステンレス事件 ― 新潟地高田支判 昭61. 10. 31, 判時 1226호, 128면; 佐世保重工業事件 ― 長崎地佐世保支判 平元 7. 17, 労判 543호, 29면; JR東海事件 ― 大阪地判 平6. 8. 10, 労判 658호, 56면.

546) 앞의 新日本製鐵[日鐵運輸第2]事件.

547) 사례로서 塩釜缶詰事件 ― 仙台地判 平3. 1. 22, 労民 42권 1호, 1면; アイ・ビイ・アイ事件 ― 東京地決 平2. 10. 26, 労判 574호, 41면.

548) 출향 전의 기업에 의한 징계해고가 적법하다고 한 사례로서는 ダイエー事件 ― 大阪地判 平10. 1. 28, 労判 733호, 72면. 이사로서 출향 중의 감독소홀을 이유로 하는 출향 전 기업에 의한 유지해고가 무효로 된 사례로, 日本交通業社事件 ― 東京地決 平11. 12. 17, 労判 778호, 28면. 출향 전의 기업·출향 후의 두 기업에 의한 강격 등의 처분이 적법하다고 한 사례로서는 勧業不動産販売·勧業不動産事件 ― 東京地判 平4. 12. 25, 労判 650호, 87면.

549) 甲기업의 복귀명령 권한을 긍정하는 판례로서는 古河電気工業事件 ― 最二小判 昭60. 4. 5, 民集 39권 3호, 675면. 보다 상세한 사항은 野田 進,「労働移動にともなう労働条件の変更」, 労働

이러한 甲·乙기업 관계에 관한 첫 번째 기본문제는 노기법, 노안위법, 노재보험법 등의 노동보호법상 책임을 지는 자는 甲·乙 중 어느 쪽의 기업이지만, 이것은 해당 사항에 대해 실질적 권한을 가지고 있는 자가 어느 쪽인가에 따라 결정되게 된다. 즉 노기법상의 각 규정에 대해서는 그 내용에 따라 甲·乙 기업 중 해당 사항을 관리하고 있는 쪽이 사용자(노기 10조)로서의 책임을 진다(예를 들어 乙이 근로시간관리를 실시하고 있다면 36협정은 乙이 체결해야 한다. 1960. 11. 18 기수 4901호의 2). 이에 대해 노안위법상 사업자 책임은 현실적으로 노무의 급부를 받고 있는 乙기업이 원칙적으로 부담한다.550) 노재보험법상 사업주도 원칙적으로 乙이 되는데(1960. 11. 12 기발 932호), 甲·乙의 협정으로 甲기업으로 하는 것도 가능하다고 해석해야 할 것이다. 고용보험의 사업주는 甲·乙기업 중 주된 임금지불자로 인정되는 자이다.551)

둘째, 출향근로자와 乙기업 간에 성립하는 고용관계의 내용이 문제가 되지만, 이에 대해서는 예를 들어 안전배려의무 등 근로계약상의 부분적 권리의무는 乙기업에서의 노무제공 실태에서 당연히 인정되는 것이 될 것이다.552) 곤란한 문제는 이를 넘어 출향근로자와 乙기업 간에 포괄적 근로계약관계가 인정되는지 여부로, 乙기업이 취득하는 권한의 실태에 입각하여 결정하는 수밖에 없다. 예를 들어 임금의 결정·지불이 여전히 甲기업에 의해 이루어지고 있는 경우에는 출향근로자와 乙기업 간에는 포괄적 근로계약관계를 위한 기본적 요소가 결여되어 있다. 또 乙기업이 지휘명령과 근무관리와 임금지불은 하지만 인사고과, 징계, 해고, 복귀 등의 인사권을 甲기업이 모두 장악하고 있는 경우에도 포괄적 근로계약관계는 부정되지 않을 수 없다. 이러한 경우에는 출향근로자의 乙기업에 대한 노동관계는 출향근로를 내용으로 하고 노기법의 (부분적) 적용이 있는 독특한 계약관계553)('출향근로관계' 내지 '부분적 근로계약관계')에 그

法 84호, 43면.

550) 안전배려의무를 출향 후의 기업에만 인정한 예로서, 協成建設工業ほか事件 ― 札幌地判 平10. 7. 16, 労判 744호, 29면.

551) 상세한 것은 労基法研究会報告, 1984년 10월. 또한 출향사원의 성희롱에 대해 불법행위의 사용자 책임을 져야 하는 자는 출향 후의 회사이며, 출향 전의 회사는 아니라고 한 판례로서, 建設関係A社事件 ― 東京高判 平9. 11. 20, 労判 728호, 12면.

552) 출향근로자의 정신질환의 발생·진행을 예견하여 방지할 의무가 출향 전·출향 후의 쌍방에 있다고 한 판례로서 A鉄道[B工業C工場]事件 ― 広島地判 平16. 3. 9, 労判 875호, 50면(결론으로서 쌍방에 대해 의무위반을 부정). 출향근로자의 우울증 자살에 대하여 안전배려의무위반을 출향 후의 기업에 대하여 인정하고, 출향 전의 기입에 대해서는 인정하지 않은 판례로서, JFEスチール[JFEシステムズ]事件 ― 東京地判 平20. 12. 8, 労判 981호, 76면.

553) 판례로서 栃木合同輸送事件 ― 名古屋高判 昭62. 4. 27, 労民 38권 2호, 107면.

친다. 이것은 어디까지나 甲기업과의 근로계약관계를 전제(토대)로 한 것이므로 출향근로자는 甲기업과의 관계를 단절하면 乙기업에 대해서도 노동관계의 존속을 주장할 수 없게 된다.

셋째, 출향근로자에 대해 단체적 노사관계(단체교섭관계)상의 사용자가 되는 것은 甲·乙 어느 기업인가 하는 문제도 존재하는데, 이것도 甲·乙이 가지는 권한의 실질에 따라 결정된다.554)⑳

⑳ **출향과 근로자파견의 구별·재론(再論)**

앞에서 언급한 것처럼, 근로자파견법에 의해 제도화된 근로자파견은 고용주를 떠나 타인(파견사용기업)의 사업소에서 그 지휘명령을 받아 노무에 종사하는 점에서 출향과 비슷하다. 그래서 동법 제정시에는 출향은 출향 전의 기업·출향 후의 기업 쌍방과의 이중의 근로계약관계를 발생시키는 점에서 근로계약관계가 파견기업하고만 발생하는 근로자파견과는 구별된다고 설명하였다(労働省職業安定局編, 人材派遣法の実務解説[改正版], 34면). 보다 정확하게 말하면, 이 설명에 있어서의 출향 후의 기업과 출향근로자와의 근로계약관계란 전면적인 것뿐만 아니라, 부분적인 것(출향근로관계)도 포함하는 것이 될 것이다. 이러한 출향에 대해 근로자파견은 파견근로자가 사용기업의 지휘명령에 따라 근무하여도 사용기업과는 어떠한 계약관계(사법상의 관계)도 성립하지 않는 점에서 다르다고 생각할 수 있다. 예를 들어 근로자파견에서는 사용기업에 대해 노기법의 일부 규정이 적용되는데, 이것은 어디까지나 벌칙과의 관계에서의 '간주'적용으로 사법상 계약관계를 전제로 한 것은 아니다(노기 13조는 적용되지 않는다. 이 문제에 대해서는 土田道夫, 「労働者派遣法と労働契約関係」, 日本労働協会雑誌 330호, 40면 이하를 참조).

(6) 전적 후의 노동관계

전적의 경우에는 甲기업과의 근로계약관계가 종료하는 한편 乙기업과의 근로계약관계가 개시된다. 따라서 노동보호법상 사용자 내지 사업주도 근로계약상의 사용자도 단체교섭상의 사용자도 원칙적으로 乙기업뿐이다.555) 단, 복귀가 예정되어 甲기업이 임금차액을 계속 보전하고 퇴직금도 통산된다고 하는 특별한 전적의 경우556)에는, 한정적으로 甲기업의 노동보호법상 또는 단체교섭상의 사용자책임이 문제가 될 여지가 있다. 복귀가 예정되어 있는 경우에는 복귀 약정의 유무, 요건도 문제가 된다.557)

---

554) 상세한 문헌으로서 渡辺 章, 「企業間人事異動と団体的労働関係の法的問題」, 労働法 63호, 97면 이하.

555) 모회사로부터 자회사에 대한 집단적 전적에서의 전적 2년째 이후의 임금액에 대해, 전적시에 모회사에 의한 임금액 유지의 약속은 없었다고 판단되어, 임금인하가 적법하다고 한 판례로 ブライト証券事件 ― 東京地判 平16. 5. 28, 労判 874호, 13면.

556) 이러한 전적의 경우에도 전적 후의 기업을 퇴직할 때에는 퇴직금의 지불의무는 전적 전 기업이 아니라 전적 후의 기업에 있다고 판단한 사례로, 幸福銀行事件 ― 大阪地判 平15. 7. 4, 労判 856호, 36면.

557) 이적 출향기간 만료 후의 복귀를 약속하는 확인서에 의해 동기간 만료 후 이적 전의 기업

제 4 관 휴   직

1. 휴직의 의의와 종류

'휴직'이란 최대공약수적으로 말하면, 어떤 종업원에 대해 노무에 종사하게 하는 것이 불능 또는 부적당한 사유가 생긴 경우에, 사용자가 그 종업원에 대해 근로계약관계 그 자체는 유지하게 하면서 노무에 대한 종사를 면제하는 것 또는 금지하는 것으로 정의할 수 있다. 휴직은 단체협약과 취업규칙의 규정에 근거하는 사용자의 일방적 의사표시(형성행위)에 의해 이루어지는 것이 보통인데, 근로자와의 합의에 의해 이루어지는 경우도 있다. 휴직에는 목적과 내용을 다르게 하는 다양한 제도가 존재한다.558)

주요한 것으로서 첫째, '상병휴직'('질병 휴직')이 있다. 이것은 업무외의 상병에 의한 장기결근이 일정기간(3개월~6개월이 보통) 동안 지속될 때 실시되는 것으로 휴직기간의 길이는 통상 근속연수와 상병의 성질에 따라 다르게 정해진다. 이 기간 중에 상병에서 회복하고 취업이 가능하게 되면 휴직은 종료되고 복직하게 된다. 이에 비해 회복되지 않고 기간만료가 되면 자연(자동)퇴직 또는 해고된다. 이상과 같이 이 제도의 목적은 해고유예이다.

둘째, '사고결근휴직'이 있다. 이것은 상병 이외의 자기사정에 의한 결근(사고결근)이 일정기간('1개월'이 가장 많은 것 같다) 동안 지속될 때 이루어지는 휴직조치로 휴직기간은 '1개월'이나 '2개월'로서 정해진다. 이 휴직기간 중에 출근이 가능하게 되면 복직하게 되는데 출근이 가능하지 않으면 자연퇴직 또는 해고된다. 이것도 해고유예조치이다.

셋째, 형사사건과 관련하여 기소된 자를 일정기간 또는 판결확정까지의 사이에 휴직하게 하는 '기소휴직'이 있다. 이 제도의 취지는 애매하고 기업의 사회적 신용 유지와 직장질서 유지, 징계 또는 해고 등의 처분의 유보 혹은 유예 등의 취지가 섞여 있다.

휴직에는 이 외에 종업원의 타사로의 출향기간 중에 이루어지는 출향휴직이

에 복귀한 것으로 간주한 판례로 京都信用金庫事件 ― 大阪高判 平14. 10. 30, 労判 847호, 69면.

558) 휴직제도의 의의·문제에 대해서는 松田保彦,「休職」, 塚本重頼=萩澤清彦編, 労働法務実務全書(4), 176면 이하; 下井, 労基法, 223면 이하.

나 공직취임, 해외유학 등의 기간 중에 이루어지는 자기사정휴직, 노조전임기간 중의 휴직 등이 있다. 이러한 경우에는 휴직을 초래한 사유가 종료되면 복직하는 것이 예정된다. 특히 징계처분으로서 휴직(징계휴직)에 대해서는 앞에서 언급하였다.

휴직기간 중 임금과 근무연수의 산정에 대한 취급도 이상의 제도마다 또 기업마다 다양하다. 그러나 일반적 경향으로서는 본인의 사정 또는 본인의 책임으로 돌려야 할 사유에 의한 휴직의 경우에는 임금은 지급되지 않고, 또한 근속연수로의 산입도 이루어지지 않는데(혹은 낮은 비율로 이루어진다) 비해, 회사사정에 의한 휴직의 경우에는 그 내용에 따라 60~100% 범위에서 임금이 지급되며(노기 26조 참조), 또한 근속연수로의 산입도 높은 비율이 이루어진다.

2. 법 규 제

법원은 이들 휴직제도를 그 목적, 기능, 합리성, 근로자가 받는 불이익의 내용 등을 감안하여 취업규칙의 합리적 해석이라는 수법으로 법규제를 하고 있다.

또한 휴직이 임금불지불의 효과를 수반하는 경우에는 임금불지불의 정당성은 이행불능의 경우와 반대급부청구권에 관한 민법상의 원칙(민 536조 2항)에 의해 판정되어야 할 문제이기도 하다. 그러나 휴직은 임금불지불 뿐만 아니라 취업의 금지(면제), 근속연수로의 불산입(일부 산입) 등의 여러 효과를 합한 조치이며, 그들이 일체로서 유효성을 판정받아야 하는 것이다. 그러한 일체적 판단 가운데 민법의 판단기준('채권자의 책임으로 돌려야 하는 사유'의 유무)도 함께 고려한 검토가 다음과 같이 이루어지는 것이다.[559]

(1) 상병휴직

상병휴직의 경우에는 앞에서 언급한 대로, 휴직기간 중에 상병이 치유되면 복직하게 되며(휴직을 해제하는 사령(辭令)을 교부하는 것이 통례), 치유되지 않고 휴직기간이 만료되면 자연퇴직 또는 해고된다. 그래서 대부분의 법정투쟁에서는 복직 요건인 '치유'를 둘러싼 것이 된다.

복직의 요건인 '치유'란, 과거에는 판례상으로 '종전의 직무를 통상의 정도로 행할 수 있는 건강상태로 복무했을 때를 말한다'고 되어 있으며,[560] 거의 쾌유

---

559) 山川隆一, 雇用関係法, 102면 참조.

했지만 종전의 직무를 수행할 정도로는 회복하고 있지 못한 경우는 복직은 권리로서는 인정되지 않는다고 되어 있었다.561) 그리고 당초는 경이한 업무에 종사시키면 머지않아 통상업무에 복귀할 수 있다는 회복을 보인 경우에는 사용자가 그러한 배려를 하는 것을 의무화하게 된 경우도 있다고 되어 있다.562)

그 후, 1998년에 片山組事件 최고법원 판결563)이 질병요양을 위해 현장감독업무대신에 내근업무를 희망한 근로자에 대한 무급의 자택대기명령에 대하여, '근로자가 직종이나 업무내용을 특정하지 않고 근로계약을 체결한 경우에는 현재 취업을 명령받은 특정 업무에 대하여 노무의 제공을 완전히 할 수 없다고 해도, … 해당 근로자가 배치될 현실적인 가능성이 있다고 인정되는 다른 업무에 대하여 노무를 제공할 수 있고 또한 그 제공을 제의하고 있다면 여전히 채무의 본지에 따른 이행의 제공이 있다고 해석하는 것이 상당하다'고 하여, 자택대기명령을 무효로 하였다. 이 판결을 계기로 '치유'의 의의에 대해서도 위의 판결의 판례 취지를 응용하는 판례가 잇따르고 있다.

즉, 판례는 상병휴직기간의 만료시에 종전의 업무에 복귀할 수 있는 상태는 아니지만, 보다 경이한 업무에는 종사할 수 있고 그러한 업무에서의 복직을 희망하는 자에 대해서도 사용자는 현실에 배치가능한 업무의 유무를 검토하는 의무가 있다고 하게 되었다.564) 그리고 휴직기간만료자에 대하여 그러한 검토에 의하여 경감업무를 제공하지 않고 퇴직취급이나 해고를 한 경우에는 그러한 것을 취업규칙상의 요건불해당 내지 해고권남용으로 하여 무효로 하고 있다.565) 다만, 휴직 전에 이미 업무를 경감받고 있던 근로자의 휴직기간의 만료에 대하여, 같은 판단구조에 따르면서 당분간은 종사하게 하는 것을 검토해야 하는 경감업무란, 휴직전의 업무가 아니라 통상의 업무를 기준으로 해야 하는 것이라고 하여 휴직기간이 끝나고 나서 해고를 용인했던 것도 있다.566) 또 직종(업무)이 한정되어 있는 근로자에 대해서도 즉시 종전의 업무에 복귀할 수 없다고 해도, 비교적 단기간으로 복귀하는 것이 가능한 경우에는 단기간의 복귀준비기간

---

560) 平仙レース事件 ― 浦和地判 昭40. 12. 16, 労民 16권 6호, 1113면.
561) アロマカラー事件 ― 東京地判 昭54. 3. 27, 労経速 1010호, 25면.
562) エール・フランス事件 ― 東京地判 昭59. 1. 27, 判時 1106호, 147면.
563) 片山組事件 ― 最一小判 平10. 4. 9, 労判 736호, 15면.
564) JR東海事件 ― 大阪地判 平11. 10. 4, 労判 771호, 25면
565) 앞의 JR東海事件(해고를 해고권남용으로 보았다); キヤノンソフト情報システム事件 ― 大阪地判 平20. 1. 25, 労判 960호, 49면.
566) 独立行政法人N事件 ― 東京地判 平16. 3. 26, 労判 876호, 56면.

을 제공하거나 교육적 조치를 취하는 것 등이 신의칙상 요구되는 것으로서, 그러한 조치를 취하지 않고 이루어진 해고를 무효라고 하고 있다.567) 요컨대 상병휴직에 대해서는 휴직기간 만료시의 회복이 해당 근로자의 본래 업무에 종사하는 정도로는 회복하고 있지 못해도 머지않아 그렇게 회복할 것으로 예상되는 경우에는 판례상, 가능한 한 경감업무에 종사하게 하는 의무가 건강배려의무의 일환으로서 수립되어 있는 것이다.

또한, 이러한 배려의무를 전제로 하면, 사용자의 '치유'의 인정에 대해서는 해당 근로자는 진단서의 제출 등으로 협력하는 의무가 있다는 것이 된다.568)

(2) 사고결근휴직

사고결근휴직이 휴직기간 만료시에 다시 해고의 의사표시를 하는 타입이라면, 이 해고 의사표시가 해고에 관한 입법과 법리에 의해 규제되므로 휴직의 유효성은 그다지 심각한 문제가 되지 않는다. 이러한 휴직은 취업규칙이 정하는 결근이 있으면 그 정하는 기간 동안 효력을 발생한다고 해도 괜찮을 것이다. 이에 비해 사고결근휴직이 기간만료시 자연퇴직을 초래할 경우에는 휴직 의사표시는 실제상으로 해고예고 의사표시도 포함하는 것이 되므로 해고에 관한 법규제를 받지 않는지의 여부가 문제가 된다.

사고결근이 장기간에 이른 자에 대한 휴직처분과 해고예고의 차이는, 전자에서는 휴직처분이 이루어져도 휴직기간 중에 취업가능하게 되면 복직하는데 비해, 후자에서는 해고예고가 이루어진 이상 예고기간에 근무가 가능하게 되어도 해고는 기간경과와 함께 발효한다는 점이다. 그래서 휴직기간이 30일 이상이라면 휴직처분 쪽이 해고예고보다도 근로자에게 유리하다. 이 점을 생각하면 결국 사고결근처분의 유효성에 대해서는 먼저 해고예고(노기 20조)의 탈법을 막기 위해 휴직기간은 30일 이상이라는 점을 필요로 하며, 그런 다음 휴직처분 시점에서 해고의 상당성을 조금 완화한 정도의 휴직처분 상당사유를 요구해야 한다. 그리고 이 휴직처분 상당성에 대해서는 이미 상당히 장기결근이 이루어진 경우에는 그만큼 정당성이 있다고 판단하지 않을 수 없다. 이 점에 대해서

---

567) 全日本空輸事件 ― 大阪高判 平13. 3. 14, 劳判 809호, 61면.
568) 진단서를 제출하지 않는 근로자의 해고가 어쩔 수 없다고 된 사례로서, 大建工業事件 ― 大阪地判 平15. 4. 16, 劳判 849호, 35면. 우울증에 따른 휴직기간을 만료한 근로자로부터 제출된 복직가능하다는 취지를 기록한 진단서의 신용성에 회사가 품은 의문은 합리적인 것이라고 하여 복직가능상태에 있다고는 인정할 수 없고, 회사에 의한 그 근로자의 퇴직취급을 적법이라고 한 판례로서 日本通運事件 ― 東京地判 平23. 2. 25, 劳判 1028호, 56면.

는 예를 들어 장기 구류의 경우에는 보석에 의한 직장복귀 가능성을 고려해야 한다는 견해도 있으나, 그러한 가능성은 휴직기간을 30일 이상 설정한 경우로 이미 배려되고 있다고 할 수 있다.569)

(3) 기소휴직

취업규칙상에서는 통상적으로 '형사사건으로 기소된 자는 그 사건이 법원에 계류하는 기간은 이것을 휴직으로 한다'라고 규정하고 있다. 그러나 학설, 판례는 일관되게 사용자는 종업원이 단순히 형사사건으로 기소되었다는 것만을 이유로 하여 그 자를 기소휴직처분에 부칠 수 없다고 한다.570)

즉 판례의 대세는 다음의 두 가지 요건 중에 하나를 충족할 것을 요하고 있다. 첫째, 해당 범죄행위의 기소가 이루어짐으로써 직장질서와 기업의 사회적 신용이나 해당 근로자의 직무수행 등의 점에서 그 근로자의 근무를 금지하는 것이 부득이하다고 인정되는 경우이다.571) 또한 둘째, 구류 혹은 공판기일 출두를 위해 현재의 노무제공이 불가능 또는 곤란해지는 경우이다.572)

또한 이러한 견해에서는 기소휴직처분이 당초에는 위의 어느 쪽의 요건에 합치하여 유효하다고 하여도, 휴직기간 도중에 보석이나 1심에서의 무죄 판결 등에 의해 그 요건을 충족하지 않게 된 경우에는 휴직사유가 종료된 것으로서 사용자는 복직조치를 취해야 한다.573)

---

569) 참고판례, 石川島播磨重工業事件 ― 最二小判 昭57. 10. 8, 労経速 1143호, 8면.

570) 상세한 것은 萩澤清彦, 「刑事事件起訴休職制度について」, 石井照久先生追悼論集, 労働法の諸問題, 385면 이하.

571) 이 요건충족이 인정된 판례로서 明治学園事件 ― 福岡高判 平14. 12. 13, 労判 848호, 68면; 인정되지 않은 판례로서는 山九事件 ― 東京地判 平15. 5. 23, 労判 854호, 30면.

572) 대표적 판례는 日本冶金工業事件 ― 東京地判 昭61. 9. 29, 労民 37권 4=5호, 363면.

573) 全日本空輸事件 ― 東京地決 平11. 2. 15, 労判 760호, 46면. 이 판결은 상기의 요건에 더불어, 해당 기소휴직에 관계되는 기소사실이 확정된 경우에 행해질 수 있는 징계처분이 너무 가볍고 기소휴직과 조화가 이루어지지 않는 경우도 기소휴직은 효력을 가지고 있지 않다고 판시하고 있다.

제 4 장

노동관계 종료에 관한 법규정

제 1 절   해고 이외의 종료사유

1. 기간의 정함이 있는 근로계약의 기간만료

근로계약의 기간이 정함이 있는 경우에는 기간만료로 인해 근로계약은 종료되는 것이 원칙이다. 그러나 기간만료 후에도 노동관계가 사실상 계속되면 동 계약의 묵시적인 갱신이 생길 수 있으며(민 629조), 유기근로계약이 반복하여 갱신되는 경우에는, 사용자에 의한 이러한 갱신거절에 해고권남용 규정을 유추 적용한다는 고용중지법리가 판례로 수립되었다. 또한 이러한 고용중지법리를 명문으로 규정함과 동시에, 유기근로계약이 5년을 초과하여 반복 갱신된 경우에는 기간의 정함이 없는 근로계약으로의 전환신청권을 근로자에게 부여하는 노동계약법의 개정안이 2012년 8월에 국회에서 성립되었다(2012년 법56).

2. 합의해지

합의해지란 근로자와 사용자가 합의에 따라 근로계약을 장래에 해지하는 것으로, 해고가 아니기 때문에 노기법상 해고규제(노기 19조, 20조)와 해고권남용 규정(노계 16조)의 규제를 받지 않는다. 단 민법상 법률행위(의사표시)에 관한 규정과 모든 법리(민 90조, 93조~96조)의 적용을 받는다.

실제로는 '권장퇴직(권고사직)'이라고 불리는 것이 합의해지에 해당하는 경우가 많다. 근로자가 이 권장퇴직의 사직서를 제출한 후 이를 철회하거나 의사표시의 하자를 주장하거나 하여 그 효력을 다투는 사건이 종종 발생한다. 이러한

사건에 대해서는 판례는 합의해지의 신청인 사직서는 사용자의 승낙(승인)의 의
사표시가 있기 전까지는 철회할 수 있다고 하고 있다.[1] 그래서 어떠한 경우에
사용자의 승낙의 의사표시가 있었다고 할 수 있는지가 논쟁이 된다.[2] 또 사직
서(합의해지 신청)의 의사표시에 하자가 있거나, 무효 또는 취소할 수 있는 것(민
93조~96조)도 종종 주장되는데, 이것은 '사직'의 경우에도 거의 같은 문제가 되
므로 다음 항에서 검토한다.[3]

3. 사   직

사직이란 근로자에 의한 근로계약의 해지이다.[4] 기간의 정함이 없는 고용계
약에서는 근로자는 2주간의 예고기간을 두면 '언제라도'(즉 이유를 필요로 하지
않고) 계약을 해지할 수 있다(민 629조 1항).[5] 단 매월 1회 지불하는 순전히 월
급제(지각, 결근에 의한 임금공제 없음)인 경우에는 해지는 다음 달 이후에 대해서
만 할 수 있으며, 게다가 당월 전반부에 예고할 것을 요한다(동조 2항).[6]

이에 비해 기간의 정함이 있는 고용계약의 경우에는 '부득이한 사유'가 있을
때에 '즉시 계약해지를 할 수 있다'는데 그치며, 게다가 그 사유가 당사자 일방
의 과실에 의해 발생했을 경우에는 상대방에 대해 손해배상책임을 진다고 하고
있다(민 628조, 이 규정은 근로자가 기간의 정함이 없는 고용계약을 즉시 해지할 경우
에도 적용된다). 단 이러한 구속관계를 발생시키는 근로계약기간은 근로자를 위
해 원칙적으로 '3년'을 넘어서는 안 된다고 하고 있다. 또한 기간의 정함이 있

---

1) 예를 들어 白頭学園事件 ― 大阪地判 平9. 8. 29, 労判 725호, 40면.

2) 大隈鐵工所事件 ― 最三小判 昭62. 9. 18, 労判 504호, 6면 ― 인사부장에 의한 사직서 수령이
승낙의 의사표시가 될 수 있다고 했다. ネスレ日本事件 ― 東京高判 平13. 9. 12, 労判 817호, 46
면 ― 퇴직에 대한 결정권한을 가진 공장장으로부터의 퇴직통지서 교부에 의해 승낙의 의사표시가
있었다고 하였다. 岡山電気軌道事件 ― 岡山地判 平3. 11. 19, 労判 613호, 70면 ―상무이사관광부
장에는 퇴직을 승인할 권한은 없었다고 하여 이 부장에 의한 사직서 수령후의 철회를 인정했다.
ピー・アンド・ジー明石工場事件 ― 大阪高決 平16. 3. 30, 労判 872호, 24면 ―특별우대조치에
의한 퇴직의 신청은 '합의서' 작성에 의하여 '접수완료'로 되어 있었다고 하여 합의작성 전의 철회
를 인정했다. 学校法人大谷学園事件 ― 横浜地判 平23. 7. 26, 労判 1035호, 88면 ― 자주퇴직에 필
요한 이사장의 승인 전에 이루어진 대리인 변호사에 의한 계속 일하고 싶기 때문에 다시 한번 대
화하고 싶다는 취지의 전화를 건 것을, 퇴직신청의 철회로 인정하였다.

3) 문헌으로서 清正寛,「労働契約の合意契約と退職勧奨」, 季労 165호, 6면 이하; 小西國友, 解
雇と労働契約の終了, 141면 이하.

4) 문헌으로는 森戸英幸,「辞職と合意解約」, 講座21世紀(4), 213면.

5) 2주간의 예고기간을 두지 않는 돌연한 퇴직에 대해 근로자의 손해배상책임을 인정한 판례로
서 ケイズインターナショナル事件 ― 東京地判 平4. 9. 30, 労判 616호, 10면.

6) 연봉제의 경우는 3개월 전의 예고가 필요하다(민 627조 3항).

는 고용계약이 기간만료 후에도 쌍방의 이의 없이 사실상 계속된 경우에는 종전의 계약과 동일한 조건으로 갱신되는데, 이 묵시적 갱신기간 중에는 근로자는 언제라도 해지고지(민 627조)를 할 수 있다(민 629조).

근로자의 일방적 해지로서의 사직(퇴직) 의사표시는 합의해지의 경우와 달리 사용자에게 도달한 시점에서 해지고지로서의 효력을 발생하고 철회할 수 없다. 단 의사표시 하자에 의한 무효 혹은 취소(민 93조~96조) 주장은 할 수 있다. ①②③④⑤

① 퇴직 의사표시의 하자

근로자에 의한 사직서와 사직이 법률적으로 다투어지는 것은 주로 근로자가 사용자의 권고(요구)에 따라 본의 아니게 사직서를 제출한 뒤, 나중에 퇴직의사표시의 효력을 두고 다투는 경우이다. 예를 들어 젊은 근로자를 장시간 한 곳에 가두어 놓고 징계해고를 암시하면서 퇴직을 강요한 경우처럼 사용자가 근로자에게 공포심을 생기게 하여 퇴직의 의사표시를 하게 했다고 인정되는 경우에는 강박에 의한 취소가 인정된다(예를 들어 石見交通事件 — 松江地益田支判 昭44. 11. 18, 労民 20권 6호, 1527면; ソニー事件 — 東京地判 平14. 4. 9, 労判 829호, 56면). 또 사용자가 해당 근로자에 대해 객관적으로는 해고사유 혹은 징계해고사유가 존재하지 않는 것을 알면서 그것이 있는 것처럼 근로자가 잘못 믿게 하여 퇴직의 의사표시를 하도록 한 경우에는 착오와 사기가 성립된다(착오를 인정한 판례로 昭和電線電纜事件 — 横浜地川崎支判 平16. 5. 28, 労判 878호, 40면; 富士ゼロックス事件 — 東京地判 平23. 3. 30, 労判 1028호, 5면). 객관적으로 상당한 이유가 없음에도 징계해고와 고소가 있을 수 있다고 말하여 사직서를 제출하게 한 것은 '강박'에도 해당할 수 있다(ニシムラ事件 — 大阪地判 昭61. 10. 17, 労判 486호, 83면). 또한 근로자가 반성의 뜻을 강조할 뿐 퇴직할 의사를 갖지 않았고, 그리고 사용자도 그 의사를 알면서 수령한 경우의 퇴직서의 의사표시는 심리유보(민 93조)로서 무효가 된다(昭和女子大学事件 — 東京地判 平4. 2. 6, 労判 610호, 72면).

② 퇴직권장행위의 한계

불황시 인원삭감책과 정년 전 고령자의 삭감책으로서 근로자에 대해 합의해지 내지 일방적 해지(사직)로서의 퇴직을 권장하는 경우에는, 그 임의의 의사를 존중하는 양상으로 실시할 것을 요한다. 이 경우, 퇴직금의 우대는 임의성의 하나의 유력한 지표가 될 것이다. 단 퇴직권장은 해고가 아니므로, 인원정리가 목적이라도 정리해고의 4요건 내지는 요소를 갖출 필요는 없다(ダイフク事件 — 大阪地判 平12. 9. 8, 労判 798호, 44면). 한편 사회적 상당성을 일탈한 양상으로의 반강제적 내지 집요한 퇴직권장행위는 불법행위를 구성하며 해당 근로자에 대한 손해배상책임을 발생시킬 수 있다(下関商業高校事件 — 最一小判 昭55. 7. 10, 労判 345호, 20면. 괴롭힘에 의한 퇴직강요행위를 불법행위로서 인정하여, 회사와 실행자 쌍방에 대해 손해배상책임을 부과한 최근의 사례로서 エール・フランス事件 — 東京高判 平8. 3. 27, 労判 706호, 69면; 国際信販事件 — 東京地判 平14. 7. 9, 労判 836호, 104면).

③ 조기퇴직 우대제도의 적용요건

최근 기업에서는 인원정리책의 일환으로서 종업원에 대해 조기퇴직을 권장하고, 퇴직하는 자에 대해 퇴직금을 더 지급하는 제도가 보급되고 있으며, 이러한 적용을 받지 못한 근로자와의 분쟁이 발생하고 있다. 판례는 사용자가 조기퇴직 우선제도의 이용을 근로자에게 장려하는 행위를 동제도에 의한 합의퇴직신청의 유인이므로 신청 그 자체는 아니라고 한 뒤, 근로자에 의한 요청에 대하여 사용자에 의한 승낙을 요건이라고 해석하여 소정의 요건을 충족하지 못한 채 퇴직한 자로부터의 할증퇴직금 지불청구를 부정하였다(大和銀行事件 ― 大阪地判 平12. 5. 12, 労判 785호, 31면; アラビア石油事件 ― 東京地判 平13. 11. 9, 労判 819호, 39면; ソニー事件 ― 東京地判 平14. 4. 9, 労判 829호, 56면; NTT西日本事件 ― 大阪地判 平15. 9. 12, 労判 864호, 63면; 富士通事件 ― 東京地判 平17. 10. 3, 労判 907호, 16면).

④ 근로자의 전직의 자유와 근로자 스카우트 행위의 한계

기간의 정함이 없는 근로계약에서는 근로자에게는 사직(해지)의 자유가 있으므로 근로자가 이 자유와 새로운 취직기업과의 계약체결의 자유를 행사하여, 다른 기업과의 고용으로 옮기는 것은 자유이다. 이것이 근로자의 '전직의 자유'이며 노동관계상의 '직업선택의 자유'라고 할 수 있다. 따라서 이러한 자유로운 근로자의 전직을 권유하거나 정보제공 등에 의해 장려하는 것도 직업안정법상 직업소개사업의 규제에 해당하지 않으면 원칙적으로 자유이다. 그래서 어떤 기업에서 자기가 필요로 하는 근로자를 그만두게 하여 자기 기업과의 고용관계에 들어가게 하는 것(이른바 '스카우트')도, 통상의 권유행동에 머무는 한도 내에서는 적법하며, 근로자의 원래 기업은 그러한 타격을 감수해야 된다(사례로서 ジャンクパコーポレーション事件 ― 大阪地判 平12. 9. 22, 労判 794호, 37면). 한편, 경쟁상대 기업과 근로자가 공모하여 은밀하게 계획을 추진하여 원래 기업의 동료와 부하를 일제히 대량으로 빼내가는 등, 스카우트 행위의 내용과 양상이 악질인 경우에는 원래 기업에 대한 근로계약상의 채무불이행책임 내지 불법행위책임이 발생할 수 있다(ラクソン事件 ― 東京地判 平3. 2. 25, 判時 1399호, 69면; 日本コンベンションサービス事件 ― 大阪高判 平10. 5. 29, 労判 745호 42면; 厚生会共立クリニック事件 ― 大阪地判 平10. 3. 25, 労判 739호, 126면; 인재파견기업간의 파견스태프의 스카우트에 관한 フレックスジャパン・アドバンテック事件 ― 大阪地判 平14. 9. 11, 労判 840호, 62면). 다만, 전직이 빈번한 외국계 금융기업으로부터의 전직시의 대량스카우트에 대하여 징계해고 할 만한 정도의 비위행이가 아니라고 한 판례도 있다(モルガン・スタンレー証券事件 ― 東京地判 平20. 10. 28, 労判 971호, 27면).

⑤ 퇴직시의 증명서

근로자가 퇴직하는 경우에 사용기간, 업무의 종류, 그 사업에서의 지위, 임금 또는 퇴직사유(퇴직의 사유가 해고의 경우에 있어서는 그 이유를 포함한다)에 대한 증명서를 청구한 경우에는 사용자는 지체 없이 이를 교부해야 한다(노기 22조 1항). 이 증명서에는 근로자가 청구하지 않은 사항을 기입해서는 안 된다(동조 3항). 사용자는 사전에 제3자와 기도하여 근로자의 취업을 방해할 목적으로 근로자의 국적, 신조, 사회적 신분 또는 노동조합운동에 관한 통신을 하거나 증명서에 비밀 기호를 기입해서는 안 된다(동조 4항). 이 규정에서의 '퇴직의 사유(퇴직의 사유가 해고의 경우에 있어서는 그 사유를 포함한다)'는 1998년의 노기법을 대개정(1998년 법 112)할 때 추가된 것이다. 그때 조문의 제목도 '사용증명'에서 '퇴직시 등의 증명'으로 개정되었다. 이에 따라 퇴직근로자는 자기사정퇴직, 권장퇴직, 정년퇴직, 해고 등의 퇴직사유와 해고의 경우의 해고사유의 내용(사실관계, 취업규칙이 있으면 그 해당 조문)을 기재한 증명서를 사용자에게 요구할 수 있다(1999. 1. 29 기발 45호).

4. 정 년 제

(1) 정년제의 의의

'정년제'란 근로자가 일정 연령에 도달했을 때 근로계약이 종료하는 제도를 말한다. '정년제'는 정년도달 전의 퇴직과 해고가 각별히 제한되지 않는 점에서 근로계약기간의 설정과는 다르다. 결국 근로계약 종료사유에 관한 특수한 설정 (약정)으로 해석하는 수밖에 없다. 단 정년제에는 보다 엄밀하게는 두 가지 경우가 있을 수 있다. 하나는 정년에 도달했을 때 당연히 근로계약이 종료하는 것으로, 이 경우의 근로계약 종료는 '정년퇴직'으로 불린다. 이것은 근로계약 종료사유의 약정이다. 또 다른 하나는 정년에 도달했을 때에 해고의 의사표시를 하고 그에 따라 계약을 종료시키는 것으로 '정년해고'로 불리다. 이것은 해고사유의 설정으로 이 해고에는 노기법의 해고에 관한 규제가 적용된다.[7]

민간 기업에서는 일찍이 55세 정년제가 주류였는데, 1970년대 중반부터 고연령자의 고용확보 관점에서 정부의 정년연장정책이 추진되어, 기업계도 이에 호응하여 60세 정년제가 주류가 되었다. 그래서 고연령자고용안정법(1971년 법 68)은 1994년 개정(1994년 법 34)에 의해 이러한 60세 정년제를 정년에 관한 강행적 기준으로 하기에 이르렀다. 그 후 2004년에는 65세까지의 정년연장도 포함하여 65세까지의 고용확보조치를 의무화하는 개정(2004년 법 103)이 이루어졌다.[8]

(2) 정년제의 유효성

정년제에 대해서는 근로자의 근로능력과 적격성이 아직도 충분히 존재하고 있는데도 불구하고 일정 연령 도달만을 이유로 하여 노동관계를 종료시키는 것으로 합리성이 없고 또 고용보장 이념에 반하며 효과가 없다고 하는 견해도 존재한다.

정년제는 종업원(정사원)의 고용존중을 최우선 과제로 하고 또 연공에 의한 처우(임금·승진)를 기본으로 하는 일본기업의 장기고용 시스템에서 연공에 의한 승진질서를 유지하며 또한 임금비용을 일정 한도로 억제하기 위한 불가결한 제도로서 기능해왔다. 바꿔 말하면 정년은 근로자로서 정년도달시의 고용의 상

---

7) 萩澤淸彦,「解雇」, 經營法學全集15(人事), 235면.
8) 문헌으로는 西村健一郎,「少子高齡社會と高齡被用者の雇用」, 季勞 206호, 119면 참조.

실이라는 불이익뿐만 아니라 정년까지의 고용보장과 근속연수에 의한 임금상승 등의 큰 이익도 동반해 왔다. 따라서 정년제도를 하나의 요소로 하는 장기고용 시스템에서 고용보장기능과 연공적 처우기능이 기본적으로 유지되고 있는 한, 동 제도는 그 나름의 합리성을 가지므로 공서양속 위반에는 해당하지 않는다. 그리고 최근에는 기업에서의 연공적 처우는 정년연장에 의한 임금커브·승진질 서의 수정, 능력·성과주의의 인사관리에 의하여 상당히 수정되어 왔지만, 그래 도 제도상 내지는 운용상, 여전히 뿌리 깊게 광범위한 기업에서 존속되고 있다. 무엇보다도, 정년까지는 자회사로의 출향 등도 포함하여 어떠한 형태로 고용을 보장한다는 고용보장기능은 많은 기업에서 기본적으로 유지되고 있다고 보인 다. 그리고 고연령자고용안정법도 이러한 정년의 고용보장기능을 이용하여 기 업에 대하여 정년을 축으로 한 65세까지의 고용계속조치를 요청하는 방법을 채 택하고 있다. 정년제는 여전히 근로자에게 있어 장점을 동반하는 제도로서 법 적으로 유효하다고 할 수 있다.

(3) 65세까지의 고용확보조치

2004년 개정된 고연령자고용안정법은 우선 사업주가 고용하는 근로자의 정 년의 규정을 하는 경우에는 해당 정년은 60세를 하회할 수 없다고 규정한 뒤(8 조), 65세 미만의 정년을 규정하고 있는 사업주는 고용하는 고연령자의 65세까 지의 안정된 고용을 확보하기 위하여, ① 해당 정년의 인상, ② 현재 고용되어 있는 고연령자가 희망할 때에는 해당 고연령자를 정년 후에도 계속하여 고용하 는 제도('계속고용제도')의 도입, ③ 해당 정년 규정의 폐지 중, 어느 한 가지의 조치를 강구해야 한다고 규정했다(9조 1항).[9]

다만 2004년 개정법은 ②의 계속고용제도에 대해서는 사업주가 해당 사업 장의 근로자의 과반수로 조직되는 노동조합 또는 이러한 노동조합이 없는 경우 에는 근로자의 과반수를 대표하는 자와의 서면에 의한 협정으로 동제도의 대상 이 되는 고연령자에 관계되는 기준을 정하여 해당 기준에 근거로 한 제도를 도 입했을 때에는 동제도의 조치를 강구한 것으로 간주한다고 규정하고(9조 2항),[10] 정년후의 계속고용자를 사업장의 노사협정이 정하는 기준에 의하여 선별할 수

---

9) 상기의 계속고용제도에서의 '65세'라는 연령에 대해서는 시행일은 2006년 4월 1일이었지만, 경과조치로서 2007년 3월 31일까지는 62세, 2010년 3월 31일까지는 63세, 2013년 3월 31일까지는 64세로 한다고 되어 있다(부칙 4조).

10) 이에 대해서는 사업장의 노사협정을 취업규칙에서 대체하는 경과조치가 마련되어 있었지 만, 2011년 3월 31일로 종료되었다. 부칙 5조.

있도록 했다.

그러나 후생노령연금은 남성에 대하여 지급개시연령이 60세에서 65세가 되어 2001년도부터 단계적(우선은 정액부분부터 3년에 1세씩)으로 인상되고 있으며 (여성의 경우는 5년 늦추어서 마찬가지의 단계적 인상), 2013년도에 정액부분의 지급개시연령이 65세가 되고, 또한 보수비례부분의 지급개시연령의 인상이 개시되게 되었다.11)

그래서 정부는 앞에서 언급한 것처럼, 고연령자고용안정법상의 정년도달자를 65세까지 계속 고용하는 조치(상기 ②)에 대하여 현행의 노사협정에 따른 선정기준의 설정을 허용하는 조치에서, 희망자 전원을 계속 고용하는 조치로 강화하는 방침을 세워 노동정책심의회의 심의(2012년 1월 6일 건의)를 거쳐 동 지침을 구체화한 동법의 개정법안을 2012년 3월에 국회에 제출하였다. 동 법안에 따르면, 노사협정으로 기준을 정하면 계속고용조치의 대상자를 선별할 수 있다고 하는 규정(고연법 9조 2항)은 삭제되고, 사업주는 정년 도달자 가운데 계속고용을 희망하는 전원을 계속 고용하는 것을 의무화되었다. 이에 대해서는 경영측이 반대했었기 때문에,12) 동개정안의 성립이 불안하게 되었었지만, 2013년도부터 연금지급개시연령의 인상에 직면하고 상기의 개정안에 대해서는 후생노동대신이 고연령자고용확보조치의 실시 및 운용에 관한 지침⑥을 규정하기로 하고, 그 지침 속에서 '심신의 고장 때문에 업무의 수행을 감당할 수 없는 자 등의 계속고용제도에서의 취급'을 규정하기로 한 수정이 실시되어 동개정안은 2012년 8월에 성립되었다(2012년 법 78). 본 개정은 2013년 4월 1일부터 시행되었다.13)

2004년 개정법에서의 '계속고용제도'는 그 입법경위부터 60~65세의 고령자의 고용을 확보하고자 하는 취지에 반하지 않는 한, 각 기업의 실정에 따라 유연하게 내용을 정할 수 있는 것으로 이해되고 있으며, 해당 기업자신에 의한 계속고용뿐만 아니라, 해당 기업과 동일 기업그룹에 속하는 기업에 의한 계속고용도 포함한다고 해석되어 있었다.14) 이 점이 2012년 개정법에서는 '특수관

---

11) 이 단계적 인상에 의하여 보수비례부분은 2025년도부터 지급개시연령이 65세가 된다.

12) 노동정책심의회의 건의는 사용자위원은 이 개정 부분에 대해서는 반대의견을 부쳤다.

13) 경과조치로서 동일부터 단계적으로 인상되어 가는 후생노령연금(보수비례부분)의 지급개시연령을 상회하는 근로자(동연금이 지급되는 근로자)에 대해서는 노사협정으로 기준을 설정하여 선정할 수 있는 현행의 계속고용제도의 지속을 인정하는 것으로 되었다(개정법 부칙 제3항).

14) NTT西日本[大阪]事件 ― 大阪高判 平21. 11. 27, 労判 1004호, 112면; NTT西日本[徳島]事件 ― 高松高判 平22. 3. 22, 労判 1007호, 39면.

계 사업주'(해당 사업주의 경영을 실질적으로 지배하는 것이 가능하게 되는 관계에 있는 사업주, 그 외 해당 사업주와 특수한 관계에 있는 사업주로서 후생노동성령에서 정하는 사업주)에 의한 계속고용도 포함된다고 명시되었다(9조 2항). 마찬가지로 2004년 개정법에서의 계속고용제도는 1년 계약의 갱신이나 단시간 근무·격일 근무 등의 고용형태도 포함되는 것으로 되어 있었다. 또한 계속고용 동안의 임금, 그 외의 처우는 기업의 노사협의 등에 위임되어 있었다.15) 이러한 점은 2012년 개정법 하에서도 동일하다.

 2004년 개정법에서의 상기의 고용확보의무에 대해서는 위반한 사업주에 대해서는 후생노동대신이 조언·지도를 할 수 있고, 조언·지도에 따르지 않는 경우에는 권고를 할 수 있다고 되어 있었다(10조). 그리고 이러한 60~65세의 고용계속조치에 대해서는 사법상의 효력을 인정하는 학설도 있었지만,16) 의무 내용의 유연성과 위반에 대한 행정조치규정에 비추어 보면 공법상의 의무로, 사법상의 효력(예를 들면 계속고용의 청구권이나 간주효력)을 부여했던 것은 아니라는 해석이 판례상 취해져 왔다.17) 상기의 2012년 개정에서는 고용확보의무에 위반한 사업주에 대해서는 후생노동대신이 조언·지도·권고를 할 수 있는 점은 동일하지만, 권고에 따르지 않는 사업주에 대해서는 그 취지를 공표할 수 있다고 되어 있다(10조 3항).[7]

[6] 새로운 지침의 내용

 2013년 4월 1일 시행된 개정 고연령자고용안정법에 관해서는 동법의 명문의 요청(9조 3항)에 근거하여 2012년 11월에 '고연령자고용 확보조치의 실시 및 운용에 관한 지침'이 공고되었다(2012년 후노고 560호).
 이에 따르면, 심신의 고장 때문에 업무를 감당할 수 없다고 인정되는 경우, 근무상황이 현저하게 불량하고 종업원으로서의 직책을 완수할 수 없는 경우 등 취업규칙에서 정하는 해고사유 또는 퇴직사유(연령에 관계되는 것을 제외)에 해당하는 경우에는 계속고용하지 않을 수 있다고 되어 있다.
 또한 취업규칙에서 정하는 해고사유 또는 퇴직사유(연령에 관계되는 것을 제외)와 동일한 사유를 계속고용하지 않을 수 있는 사유로서 해고나 퇴직의 규정과는 별도로, 취업규칙에 정할 수도 있고 또 해당 동일한 사유에 대하여 계속고용제도의 원활한 실시를 위하여 노사가 협정을 체결할 수 있다고 되어 있다.

---

 15) 앞의 주 NTT西日本[德島]事件. 정년 후의 재고용에서의 임금감액을 고연령자고용안정법의 취지에 반하는 것으로까지는 할 수 없다고 하여 차액청구를 기각한 판례로서 X運輸事件 ― 大阪高判 平22. 9. 14, 労経速 2091호, 7면.
 16) 西谷敏, 労働法, 494-495면. 의무에 대응한 조치를 취하지 않으면 정년이 65세로 설정된다고 주장한다.
 17) 앞의 NTT西日本[大阪]事件 및 NTT西日本[德島]事件. 모두 고연법 9조 1항 위반을 이유로 한 손해배상청구를 기각.

다만, 이러한 취업규칙이나 노사협정의 내용에 대해서는 '해고사유 또는 퇴직기준과 다른 운영기준을 설정하는 것은 개정법의 취지를 몰각할 우려가 있다는 점에 유의한다', '계속고용하지 않는 것에 대해서는 객관적으로 합리적인 이유가 있고 사회통념상 상당하다는 것이 요구된다고 생각되는 점에 유의한다'는 주의서가 붙여져 있다.

그 외 계속고용제도에서는 계속고용 후의 임금에 대해서는 계속 고용된 고연령자의 취업 실태, 생활의 안정 등을 고려하여 적절한 것이 되도록 노력할 것, 단시간 근무제도나 격일근무제도 등, 고연령자의 희망에 따른 근무가 가능하게 되는 제도의 도입에 노력할 것, 계약기간을 정할 때에는 고연령자고용 확보조치가 65세까지의 고용의 확보를 의무화하는 제도라는 점에 비추어 보아 65세 전에 계약기간이 종료되는 계약으로 하는 경우에는 65세까지는 계약 갱신을 할 수 있는 취지를 주지할 것 등도 제시되어 있다.

⑦ 정년 후의 고용연장 · 재고용의 성립여부

기존에는 정년 후, 계약기간 1년의 촉탁 등으로 재고용하는 것은 새로운 근로계약의 체결을 맡는 기업의 재량적 행위라고 하여 합의의 성립여부가 판단된다(三井海上火災保険事件 — 大阪地判 平10. 1. 23, 労判 731호, 21면).

그러나 2004년에 개정된 고연령자고용안정법이 상기와 같은 계속고용확보의 요청이 이루어진 것을 감안하여, 최근의 정년 후의 재고용은 취업규칙 등에서 결격사유를 열거하고 이에 해당하지 않는 정년도달자를 계약서 작성 등의 절차를 바탕으로 촉탁 등으로 재고용하는 취급이 많아졌다.

이러한 재고용 제도에서는 사업주가 결격사유에 해당하는 등의 이유로 재고용을 거부하고 이 해당성이 객관적으로 인정되는 경우에는 재고용계약의 성립이 부정하게 되지만, 결격사유에 대한 해당성이 객관적으로 인정되지 않고 또한 재고용후의 임금 · 근로조건을 특정할 수 있는 경우에는 묵시적인 합의가 성립한 것으로 인정되고 있다(東京大学出版会事件 — 東京地判 平22. 8. 26, 労判 1013호, 15면). 한편 사업주의 거부이유는 용인할 수 없지만, 재고용 후의 임금액에 대하여 합의가 성립하고 있지 못하다고 하지 않을 수 없는 경우에는 재고용계약의 성립은 인정되지 않는다(日本ニューホランド事件 — 札幌高判 平22. 9. 30, 労判 1013호, 160면은 지위확인청구를 기각하고 손해배상청구만을 인정했다).

또한 기업이 정년도달자의 촉탁 등으로의 재고용을 각별한 계약절차를 하지 않고 자동적으로 실시했다는 경우에는 묵시적인 재고용계약의 성립이 인정되기 쉽게 된다(大榮交通事件 — 最二小判 昭51. 3. 8, 労判 245호, 24면 참조).

또 소규모기업에서 보이는 현상이지만, 정년제도가 존재하고 있어도 인력부족 등으로 정년퇴직 취급을 하지 않고 그대로 고용이 연장되는 경우에는 정년 후의 자동적 고용계속의 관행이 인정되고, 정년도달자와 기업 간에 묵시적인 고용연장합의가 성립하고 있다고 판단한 경우가 있다(協和精工[本訴]事件 — 大阪地判 平15. 8. 8, 労判 860호, 33면; クリスタル観光バス事件 — 大阪高判 平18. 12. 28, 労判 936호, 5면).

5. 당사자의 소멸

(1) 당사자의 사망

사용자가 개인의 경우, 그 개인의 사망이나 근로자 자신의 사망의 경우에는 근로계약상 지위는 일신전속적인 것으로 상속의 대상이 되지 않으므로 계약은 종료되지 않을 수 없다.[18] 한편 사용자가 사망하여도 그 기업이 상속인에 의해 상속되어 계속되는 한 근로계약은 종료하지 않는다는 설도 있다.[19]⑧

⑧ **금품의 반환**

　　사용자는 근로자의 사망 또는 퇴직의 경우에 권리자의 청구가 있는 경우에는 7일 이내에 임금을 지불하고, 적립금, 보증금, 저축금, 그 외의 명칭의 여하를 불문하고, 근로자의 권리에 속하는 금품을 반환해야 한다(노기 23조 1항). 이러한 임금 또는 금품에 대한 다툼이 있는 경우에는 사용자는 이의가 없는 부분을 상기의 기간 중에 지불하거나 반환하지 않으면 안 된다(동조 2항). 이 규정에서 말하는 퇴직도 임의퇴직에 한정되지 않고, 기간만료, 해고, 징계해고 등 다른 노동관계종료사유를 포함한다. 문제는 퇴직수당이지만, 1987년의 노기법 개정 (1987년 법 99)에서 그 지불시기와 지불방법이 취업규칙의 필요기재사항이 되었다(89조 3의2 호). 따라서 퇴직수당이 취업규칙의 규정에 따라 지불되는 한 본조위반이 아니라고 해석된다.

(2) 사용자인 법인의 해산

　　사용자가 법인이고 그 법인이 해산할 경우에는 청산절차가 완료되면 법인격은 소멸하고 근로계약관계도 소멸한다.

　　주식회사에서는 정관에서 정한 해산사유의 발생, 주식총회의 특별결의, 파산절차의 개시결정 등의 사유가 있는 경우에는 해산하고(회사 471조, 309조 2항 11호), 청산절차에 들어가서(동 475조) 청산의 목적 범위 내에서 결료(結了)될 때까지 존속한다(동 476조, 결산결료의 등기는 동 929조 1항). 청산인은 현무(現務)를 결료(結了)하고 채권의 징수와 채무의 변제를 실시하여 잔여재산을 분배한다(동 481조). 그래서 청산인은 종업원과의 근로계약에 대해서도 퇴직금 등을 지불하면서 임의퇴직 내지 해고를 실시하게 된다.

　　회사해산에 의한 해고의 경우라고 할지라도, 노기법의 해고예고의무(20조)나 단체협약상의 해고협의의무가 적용된다. 또 해고권남용법리(노계 16조)도 고용관계의 일반적인 룰로서 적용되지만, 해산에 의한 기업폐지에 동반되는 것이 '객관적으로 합리적인 이유가 있고 사회통념상 상당하다고 시인할 수 있는 경우'에 해당한다고 생각된다. 또 회사해산에 의한 해고는 기업이 존속하면서 인원삭감 조치를 취하는 정리해고와는 다르므로 정리해고의 법리는 적용되지 않는다. 그러나 해산회사라고 해도 해산의 경위, 해고하지 않을 수 없는 사정, 해고

---

18) エッソ石油事件 ― 最二小判 平元 9. 22, 判時 1356호, 145면. 또한 사망한 개인 사업주의 상속인이 종업원과 함께 사업을 계승하여 영업을 계속하는 경우에는 새로운 사업주와 종업원간에 묵시적인 근로계약이 성립하고 있다고 인정된다(府中おともだち幼稚園事件 ― 東京地判 平21. 11. 24, 労判 1001호, 30면).

19) 安枝=西村, 労基法, 497면. 판례로서 小料理屋「尾婆伴」事件 ― 大阪地決 平元 10. 25, 労判 551호, 22면.

의 조건 등은 종업원에 대하여 설명해야 하고, 그러한 절차적 배려가 현저하게 결여된 채 해고가 이루어진 경우에는 '사회통념상 상당하다고 시인'할 수 있는 해고로서 예외적으로 해고권 남용으로 판정될 수 있다.[20]

또한 해산에 의한 사업의 폐지가 노동조합을 혐오하고 괴멸시키기 위해서 이루어진 경우에는 회사해산 그 자체는 유효하다고 해하더라도,[9] 그에 따른 해고는 강행법규(노조 7조)에 위반한 것으로서 무효가 되며 절차 중인 회사에 대한 근로계약상의 지위확인이 이루어질 수 있다.[21]

그리고 해산회사가 사업폐지를 위장하면서 사업을 어떠한 형태로 사실상 계속하고 있는 경우에는 해산에 의한 사업폐지를 이유로 한 해고는 '객관적으로 합리적인 이유'가 결여되고 해고권남용으로 간주될 수 있다.[22] 이러한 종류의 사안은 해산이 노동조합 괴멸의 목적으로 이루어졌다고 주장되는 경우가 많고, 그러한 경우에는 '위장해산'으로 부르며 부당노동행위로서의 구제도 문제가 된다.

이렇게 해산이 가장되는 케이스와는 달리, 해산회사가 사업을 진정으로 폐지하여 해산하지만, 그 사업의 전부 또는 일부가 다른 기업으로 양도되는 경우도 있다. 이러한 가장해산 및 진실해산을 통하여 해산회사의 종업원이 이 회사의 사업을 사실상 계속하고 있는 해당 다른 회사에 대하여 고용의 계승을 주장할 수 있지만 문제가 되는 경우가 있다.[23][10]

---

⑨ **회사해산의 자유**

회사의 해산에 대해서는 노동조합을 혐오하여 노동조합을 괴멸시킬 의도로 이루어진 경우에는 해산 그 자체가 부당노동행위로서 무효가 되는지가 오래전부터 논의되어, 헌법상의 직업선택의 자유나 영업의 자유라고 할 수 있으나 단결권의 보장으로 제약을 받는다고 하여 이를 긍정한 판례와 학설이 존재했다(太田鉄工所事件 ― 大阪地判 昭31. 12. 1, 労民 7권 6호, 986면; 正田 彬, 「会社解散と不当労働行為」,季労 46호, 46-48면, 54면).

그러나 그 후 얼마 지나지 않아 기업을 폐지할 자유는 자유주의 경제체제(재산권, 영업의 자유, 직업선택의 자유)에서의 법질서의 기본원칙으로, 회사해산결의는 진정으로 기업을 폐지하는 것인 한, 노동조합 괴멸의 의도가 있더라도 효력에 영향을 미치지 않는 것으로 간주되

---

20) 이상의 견해를 언급한 판례로서 グリン製菓事件 ― 大阪地決 平10. 7. 7, 労判 747호, 50면; 三陸ハーネス事件 ― 仙台地決 平17. 12. 15, 労判 915호, 152면.

21) 앞의 グリン製菓事件.

22) ジップベイツ事件 ― 名古屋高判 平16. 10. 28, 労判 886호, 38면에서는 근무성적불량이나 복무규율위반을 이유로 종업원을 해고한 기업이 1심 판결에서 해고무효로 판단되자, 회사를 해산하여 해당 종업원을 해산을 이유로 재차 해고하였다. 그러나 실제로는 사업을 그대로 모회사의 일부분으로서 계속하고 있는 점이 인정되어 두 번째 해고는 '객관적으로 합리적인 이유'가 없다고 판단하였다.

23) 회사형태의 라면가게가 세금이 체납되는 가운데 해산을 실시하고 개인사업주로서 동일 사업을 계속한 사안에서는 점원의 근로계약은 묵시적으로 개인사업주와의 사이에서 계승되고 있다고 판단되었다. Aラーメン事件 ― 仙台高判 平20. 7. 25, 労判 968호, 29면.

기에 이르렀다(오래전 판례로는 三協紙器事件 ― 東京高決 昭37. 12. 4, 労民 13권 6호, 1172 면; 西原寛一, 「会社解散と不当労働行為」労働法大系 4권, 91면). 최근에도 이러한 '회사해산 의 자유'는 많은 판례에서 표명되고 있다(예를 들면, 大森陸運ほか2社事件 ― 大阪高判 平15. 11. 13, 労判 886호, 75면. 菅野, 「会社解散と雇用関係 ― 事業廃止解散と事業譲渡解散」山口浩 一郎古稀・友愛と法, 132면 참조).

⑩ 해산을 초래한 모회사에 대한 자회사 종업원에 의한 책임추급

회사해산에 의한 해고에 대해서는 모회사의 지배하에 있는 자회사가 모회사로 인하여 해 산하게 된 사안에서 자회사 종업원이 모회사에 대하여 노동채권과 고용에 관한 책임을 추급 할 수 있는가라는 문제가 발생한다.

지금까지의 판례에서는 모회사가 자회사의 경영정책, 업무운영, 재무경리, 인사관리 등 기 업활동 전반에 걸쳐 자회사를 현실적이고 통일적으로 관리 지배하고, 게다가 자회사의 업무, 경리, 재산, 인사 등이 모회사의 그러한 사항과 구별되어 있지 않으며, 자회사에 독립된 기업 체로서의 실체가 인정되지 않는 경우나, 자회사의 법인격이 노동조합 괴멸 등의 위법적인 목 적을 위하여 남용되고 있는 경우에는 자회사 법인격의 형해화 또는 남용이 있다고 하여 자회 사의 법인격을 부정함으로써 자회사 종업원의 미지급 임금이나 퇴직금 등의 노동채권의 변제 책임을 모회사에 지게하고 있다(黒川建設事件 ― 東京地判 平13. 7. 25, 労判 813호, 15면).

이에 대하여 자회사 종업원이 법인격 부정의 법리에 근거하여 모회사에 대하여 근로계약 상의 지위확인을 청구한 경우에는 모회사가 자회사를 모회사의 한 사업부문으로서 현실적이 고 통일적으로 지배하고 있는 가운데, 모회사가 자회사에서의 노동조합을 혐오하고 그 괴멸 을 기도하여 자회사를 해산하여 종업원을 해고했다고 인정되는 법인격남용의 사안에서도 미 지급임금 지불책임은 그렇다고 치고 고용계약상의 포괄적인 책임까지는 인정되지 않는다고 여겨져 왔다(布施自動車教習所・長尾商事事件 ― 大阪高判 昭59. 3. 30, 労判 438호, 53면). 그 러나 최근에는 모회사가 자회사의 조합을 괴멸시키기 위하여 자회사를 해산하고 해산된 자회 사의 사업을 다른 자회사에 양도한 사안에서 모회사의 자회사 종업원에 대한 고용책임을 인 정한 판례가 나와 주목받고 있다(第一交通産業ほか[佐野第一交通]事件 ― 大阪高判 平19. 10. 26, 労判 975호, 50면).

또한 모회사가 자회사의 노동조합을 괴멸시키기 위하여 자회사를 해산하여 자회사 종업 원의 해고를 초래한 경우에는 그 해고는 부당노동행위(노조 7조)에 해당되는 위법행위이므로, 모회사는 손해배상책임을 지게 된다(ワイケーサービス[九州定温運送]事件 ― 福岡地小倉支判 平21. 6. 11, 労判 989호, 20면. 업무위탁회사가 위탁사용회사에서의 노동조합을 혐오하여 위 탁계약을 해제했기 때문에 위탁사용회사 종업원이 해고된 사건에서 위탁회사의 손해배상책임 을 인정한 판례로서 池本興業・中央生コンクリート事件 ― 高知地判 平3. 3. 29, 労判 613호, 77면).

6. 기업재편성과 근로계약

최근 기업경쟁의 격화 및 규제완화가 진전되는 가운데, 기업조직의 재편성 이 활발하게 진행되어 이에 따른 근로계약의 귀추가 큰 문제가 되고 있다.[24]

---

24) 野田 進, 「企業組織の再編・変容と労働契約」, 季労 206호, 52면; 徳住堅治, 「企業組織の再 編と労働法の新たな課題」, 季労 206호, 68면; 中町 誠, 「合併営業譲渡と労働関係 ― 使用者側の立

(1) 회사합병과 근로계약

회사의 합병은 A회사가 B회사를 흡수하는 흡수합병과, C회사와 D회사가 합병하여 E회사를 신설하는 신설합병이 있다(회사 2조 27호, 28호. 흡수합병의 절차는 동 749조 이하, 신설합병의 절차는 동 753조 이하).

어느 합병이든 합병 이후의 회사(A회사 내지 E회사)는 합병전의 회사(B회사 내지 C회사·D회사)의 권리의무를 포괄적으로 승계한다(동 750조 1항, 754조 1항). 이러한 포괄승계에 의하여 합병 전 회사의 종업원의 고용 및 권리의무는 합병 이후의 회사에 포괄적으로 승계된다.

합병에 동반되는 주요한 노동문제로서는 첫째로 근로조건의 통일이고, 이를 위해서는 단체협약 내지 취업규칙에 의한 근로조건의 변경이 이루어지거나, 변경해지고지가 이루어져 이러한 효력이 문제가 된다. 둘째로 종업원의 재배치를 위한 배치전환·출향, 잉여인원 삭감을 위한 퇴직권유나 정리해고 등도 문제가 된다.

(2) 사업양도와 근로계약

영업목적을 위해 조직된 유기적인 일체성이 있는 재산으로서의 '사업'(2005년 제정된 회사법(2005년 법86) 이전에는 '영업'이라고 칭했다)을 양도하는 '사업양도'는 기업조직재편성의 중요한 수단이다. 회사법에는 사업의 전부 또는 중요한 일부의 양도에는 원칙적으로 주주총회의 특별결의가 필요하다고 되어 있다(회사 467조 1항 1호·2호, 309조 2항 11호. 주주총회결의를 필요로 하지 않는 경우에 대해서는 동 468조). '사업'이란 '영업용 재산인 것 및 권리뿐만이 아니라 여기에 거래처 관계, 구입처 관계, 판매의 기회, 영업상의 비결, 경영의 조직 등 경제적 가치가 있는 사실관계를 첨가하여'[25] '일정한 영업목적을 위해 조직화되고 유기적인 일체로서 기능하는 재산'[26]을 말한다.

사업양도에서의 권리의무의 이전(승계)은 양도인과 양수인간의 채권계약에서 승계해야 할 권리의무의 범위를 설정하고 이에 따라 권리의무이전의 절차를 행함으로써 발생하는 승계라고 간주되고 있다. 즉 회사합병에서의 포괄승계와는 달리, 양도된 사업에 속하는 권리의무의 개별적인 승계이다('특정승계'라고도 한다).

사업양도에서의 고용의 승계도 마찬가지로, 양도된 사업에 종사해온 근로자

場から」, 季労 206호, 80면.

25) 原田晃治,「会社分割法制の創設について(上)」商事法務, 1563호, 11-12면.

26) 最大判 昭40. 9. 22, 民集 19권 6호, 1600면;最大判 昭41. 2 .23, 民集 20권 2호, 302면.

의 고용(근로계약)이 양수회사에 승계되는지의 여부는 양도회사, 양수회사, 근로자의 3자간의 합의에 의하여 결정되는 것이 통설이다. 따라서 양도회사·양수회사 간에 근로자의 고용의 승계가 합의되어 해당 근로자도 승계에 동의하는 경우에는 고용의 승계가 이루어진다. 이에 대하여 양수회사 또는 근로자의 어느 한 쪽이 고용의 승계를 명확하게 거부한 경우에는 고용은 양수회사에는 승계되지 않는다.

사업양도에서의 고용승계의 법적인 방법에는 ① 사용자로서의 지위의 양도와 근로자의 동의(민 625조 1항), ② 양도회사로부터의 퇴직 또는 해고와 양수회사에 의한 채용, ③ 양도회사에 의한 양수회사로의 전적명령과 근로자의 동의 등의 유형을 고려할 수 있다.

실제상으로는 사업양도는 해당 사업에 종사하는 근로자를 포함한 사업전체의 양도로서 이루어지는 경우가 많다. 그래서 학설·판례에서는 사업양도의 채권계약적인 성격을 전제로 하면서, 양도기업·양수기업·근로자간의 합의의 합리적인 해석으로서 고용의 승계를 가능한 한 인정하고자 하는 견해가 유력하다. 보다 자세하게는 양도대상사업에 종사해 온 근로자가 양수회사로의 고용의 이전을 바라고 동기업과의 고용관계를 주장하는 케이스에서는 사용자로서의 지위의 양도의 유형에서뿐만 아니라, 양도기업에 의한 해고와 양수기업에 의한 채용의 유형에서도 고용승계의 묵시적인 합의가 인정되는 경우가 있다.[27] 이에 대하여 근로자가 양수기업으로의 고용의 이전을 거부하고 있는 케이스에서는 고용의 승계는 부정(양도기업과의 고용관계의 존속이 인정된다)되는 것이 통례이지만,[28] 근로자 전체의 고용승계의 합의를 포함한 사업양도의 케이스에서는 반대근로자에 대해서도 고용의 승계가 인정되는 사례도 있다.[29]

사업양도 중에서 고용이 승계된 근로자의 근로조건은 사용자로서의 지위의 포괄적인 양도의 유형에서는 양수기업과 근로자간에 특단의 합의가 성립되지 않는 한 양도회사에서의 근로조건이 승계되게 되지만, 퇴직·채용의 유형이나 전적의 유형에서는 특단의 합의가 없으면 양수회사와 근로자간에 양수기업에서의 근로조건에 따른다는 합의가 성립한 것이 된다.[30]

---

27) 지위양도의 유형에서는 播磨鉄鋼事件 ― 大阪高判 昭38. 3. 26, 労民 14권 2호, 439면; タジマヤ事件 ― 大阪地判 平11. 12. 8, 労判 777호, 25면; 퇴직·채용의 유형에서는 よみうり事件 ― 名古屋高判 平7. 8. 23, 労判 689호, 68면.

28) マルコ株式会社事件 ― 奈良地葛城支決 平6. 10. 18, 判タ 881호, 151면; 本位田建築事務所事件 ― 東京地判 平9. 1. 31, 労判 712호, 17면.

29) 中央労済·全労済事件 ― 横浜地判 昭56. 2. 24, 労判 369호, 68면.

⑪ **기업이 그 사업을 다른 기업에 양도하여 해산한 경우의 고용승계의 유무**

　　기업이 그 사업을 다른 기업에 양도하여 해산한 경우에는 양수기업에 의하여 고용이 승계되지 못한 근로자는 갈 곳을 잃기 때문에 양수기업에 의한 고용승계를 주장하는 경우가 많다. 이에 대해서도 사업양도에서의 고용승계의 일반 법리에 의하면, 양도기업과 양수기업간의 양도계약에서 고용승계의 합의가 있었다고 해석할 수 있는지의 여부에 의하여 처리되게 되고, 양수기업이 승계한 근로자를 선택하는 것이 합의되어 이를 위한 채용절차에서 채용을 거부당한 경우에는 고용의 승계는 인정되지 않게 된다(東京日新学園事件 ― 東京高判 平17. 7. 13, 労判 899호, 19면).

　　그러나 사업을 양도한 해산의 경우라고 해도, 양수기업에 의하여 종업원의 선별이 이루어지고 또한 양수기업이 해산기업의 사업을 실질적으로 그대로 인계하고 있는 경우에는 해산회사에 의한 해고와 양수회사에 의한 채용거부는 종업원의 정리해고에 유사한 측면을 가진다. 그래서 먼저 해산기업에서의 해산에 의한 해고를 사업의 실질적 계속 때문에 무효로 하고, 양도기업과의 사이에서 계속하고 있는 고용관계는 사업양도와 함께 양수기업에 승계된다는 처리를 하는 판례가 나타나고 있다(日進工機事件 ― 奈良地決 平11. 1. 11, 労判 753호, 15면). 이러한 처리는 해산기업과 양수기업의 법인격의 차이를 극복하고 있지 못하다는 약점이 있지만, 판례 중에는 해산기업과 양수기업의 관계에 대하여 법인격 부인의 법리를 적용함으로써 이러한 약점을 해소하고자 하는 것도 있다. 즉 새로운 회사 설립 → 새로운 회사로의 사업양도와 해산 → 새로운 회사에 의한 해산회사 종업원의 취사선택의 경우에 대하여 정리해고의 법리를 잠탈(潛脫)하는 방책으로서 법인격의 남용으로 평가하지 않을 수 없고, 따라서 해산회사에 의한 해고와 새로운 회사에 의한 채용거부는 일체로서 정리해고로서 다루어지며 그 요건을 구비하지 않고 무효가 된다고 되어 있다(新関西通信システム事件 ― 大阪地決 平6. 8. 5, 労判 668호, 48면). 그러나 법인격 부인의 법리를 너무 확장하고 있지 않은가라는 의문이 있어 미성숙한 이론적인 단계에 있다.

　　이상과 같은 사업양도해산에 의한 고용승계의 문제가 더욱 복잡하게 되는 것은 모회사가 자회사 A를 해산하고 그 사업을 다른 자회사 B에게 양도하는 케이스이다. 이러한 케이스에서 자회사 A, B의 법인격이 모회사와의 관계에서 형해화하고 있는 경우나 모회사가 자회사 A, B를 완전히 지배하면서 그 법인격을 위법적인 목적(예를 들어 자회사 A사의 조합괴멸)을 위해 남용하고 있다고 인정되는 경우에는 B회사에 의해 고용이 승계되지 못한 A회사의 종업원은 모회사 내지는 B회사에 대하여 고용관계의 존재확인이나 손해배상을 청구하는 것을 생각할 수 있다. 후자의 경우에 대하여 모회사에 대한 이러한 청구를 인정한 판례가 나타나고 있으며(第一交通産業ほか[佐野第一交通]事件 ― 大阪高判 平19. 10. 26, 労判 975호, 50면), 법인격 부인법리의 새로운 확대로서 주목받았다(菅野, 「会社解散と雇用関係 ― 事業廃止解散と事業譲渡解散」山口浩一郎古稀・友愛と法, 158면 이하 참조. 최고법원은 이 사례에 대하여 상고수리신청을 인정하지 않았다. 最一小決 平20. 5. 1, 金法 1842호, 103면).

　　그 후, 사실상 도산한 K연구소가 그 사업을 Y1연구소와 Y2신문사에 양도하여 해산한 사안에서 이러한 3법인이 모두 Y3 및 그 처자가 출자자・임원이 되었고, 이사회・총회의 개

---

30) エーシーニールセン・コーポーレーション事件 ― 東京地判 平16. 3. 31, 労判 873호, 33면. 퇴직금 산정상의 근속연수 통산의 합의가 있었다고 간주된 사례로서 月島サマリア病院事件 ― 東京地判 平13. 7. 17, 労判 816호, 63면. 또한 사업양도시에 양도 당사자 간에 종업원 전원을 승계하기로 한 합의에 대하여 근로조건 인하를 위해 일단 퇴직서를 제출하게 하고 새로운 근로조건에 이의가 없는 자만을 재고용하기로 한 합의에 대하여, 새로운 근로조건에 이의가 없는 자만을 재고용한다는 합의는 무효로, 전원의 근로계약이 승계되었다고 하는 판례로서 勝英自動車[大船自動車興業]事件 ― 横浜地判 平15. 12. 16, 労判 871호, 108면이 있지만 '사업양도와 고용승계'의 일반 법리와 조화되는지가 의문이다.

최는 없고 Y3가 전행(專行)하여 관리운영하고 있었는데, 상기의 사업양도·해산은 K연구소의 누적된 체불임금채무를 면하기 위해 행한 것으로 법인격의 남용이 된다고 하여 K연구소로부터 해고된 근로자에 의한 Y1연구소에 대한 지위확인·임금지불청구와 Y2신문사 및 Y3 등에 대한 손해배상청구가 인용되었다(日本言語研究所ほか事件 ― 東京地判 平21. 12. 10, 労判 1000호, 35면). 앞에서 언급한 것과 같은 법인격 부인법리의 새로운 확대는 정착되고 있다고 할 수 있다.

(3) 회사분할과 근로계약

(가) **회사분할의 의의**　　2000년 5월의 상법 개정(2000년 법90)으로 인해 하나의 회사를 둘 이상의 회사로 분할하는 '회사분할' 제도가 창설되었다.[31] 분할에 의해 승계되는 대상은 당초에는 '영업의 전부 또는 일부'로 되어 있었는데, 2005년의 회사법 제정(2005년 법86)시에 '그 사업에 관하여 가지는 권리의무의 전부 또는 일부'로 개정되었다(회사 2조 29호, 30호).[32]

회사분할에는 A회사가 그 사업에 관하여 가지는 권리의무의 전부 또는 일부를 분할하여 B회사를 설립하는 '신설분할'(회사 2조 30호)과, A회사의 사업의 전부 또는 일부를 B회사가 흡수하는 '흡수분할'(회사 2조 29호)이 있다. 회사분할은 일정 사항을 기재한 분할계획(신설분할) 또는 분할계약(흡수분할)의 작성과 본점에 비치, 그러한 분할계획·계약의 주주총회에서의 승인, 채권자에 대한 이의신청의 공고·최고, 이의를 제기한 채권자에 대한 변제·담보의 제공, 분할의 등기 등의 절차를 걸쳐 발효된다([그림 1] 참조. 이사회의 결의로 가능한 간이분할에 대해서는 회사 784조, 796조).

(나) **부분적 포괄승계**　　회사분할시의 권리의무의 이전에 대해서는 승계되는 것으로서 분할계획(계약)에 기재된 권리의무는 일괄하여 당연히 신설(흡수)회사(아래에서 언급하는 노동계약승계법에서는 '설립회사 등'으로 칭하고 있다)에 승계된다는 '부분적 포괄승계'의 견해가 채택되었다(회사 759조, 764조). 상기의 상법 개정과 동시에 성립된 「회사분할에 동반되는 노동계약의 승계 등에 관한 법률」(2000년 법 103. 이하 '노동계약승계법'으로 약칭)은 이러한 견해를 기본으로 하여 근로자의 직장의 변동이 가능한 한 일어나지 않도록 근로계약에 관한 부분적 포괄승계의 범위를 정하고 있다.[33]

---

31) 회사분할에 대해서는 神田秀樹, 会社法[第14版], 343면 이하; 江頭憲治郎, 株式会社法[第4版], 824면 이하.

32) '사업'에 필요한 유기적인 일체성이 불필요하게 되었다. 앞 각주의 江頭, 825면; 神田, 346면.

33) 이에 대한 문헌으로는 菅野=落合編, 「会社分割をめぐる商法と労働法」, 別册商事法務 236호; 「特集·労働契約承継法の検証と課題」, 季労 197호; 荒木尚志, 「企業組織の変動と使用者の契約責任」, 争点[3版], 181면.

(다) 근로계약의 승계 방법　　　우선 '승계되는 사업에 주로 종사하는' 근로자의 근로계약은 회사분할에 의하여 당연히 신설(흡수)회사로 승계되어야 한다. 앞에서 언급한 것처럼 2005년의 회사법 제정(2005년 법86)으로 승계되는 것은 '사업'이 아니라 '사업에 관한 권리의무'로 되어 있기 때문에 「노동계약승계법(이하 승계법)」에서 말하는 '승계되는 사업'이란 '승계되는 권리의무에 관계되는 사업'이라는 의미로 이해해야 한다. 그러한 사업에 주로 종사하는 근로자의 근로계약의 승계에 대해서는 전적에서 필요로 하는 근로자의 승낙(민 625조)은 필요로 여겨지지 않는다. 이러한 근로자의 근로계약은 승계대상이 되는 권리의무로서 분할계획(계약)에 기재되어야 하며, 기재가 되지 않은 경우에는 그러한 근로자는 이의를 제기할 수 있고 이의를 제기하면 그 근로계약은 신설(흡수)회사에 승계된다(승계법 2조 1항 1호, 3조, 4조). 이에 비해, 승계사업에 종(從)으로만 종사해 온 근로자는 분할을 하는 회사(이하 분할회사)에 남는 것이 보장된다. 즉 근로계약이 승계대상으로서의 분할계획(계약)에 기재된 경우에는, 근로자는 이의를 제기하여 분할회사에 남을 수 있다(승계법 2조 1항 2호, 5조).34)

이상에 의하여 설립회사 등에 근로계약이 승계된 경우에는 근로계약상의 권리의무(근로조건 등)는 일괄하여 설립회사 등에 승계된다. 승계 후의 근로조건의 변경에 대해서는 노동계약법의 규정(8조 이하)에 따르게 된다.[12][13]

[12] **승계영업에 주로 종사하는 근로자의 범위**

회사분할법제에서는 '승계된 사업에 주로 종사하는지'의 여부에 따라 근로계약이 신설(흡수)회사에 승계될지 아니면 분할회사에 남을지가 결정되기 때문에 그 판단기준이 중요하게 된다. 이에 대해서는 후생노동대신이 정한 지침(2000. 12. 27 노고 127호)이 다음의 사항을 포함한 상세한 기준을 정하고 있다. 근로자가 분할계획(계약)을 작성한 시점에서 ① 승계된 사업에 오로지 종사하는 경우에는 '주로 종사하는' 자이고, ② 승계된 사업뿐만이 아니라 그 이외의 사업에도 종사하고 있는 경우에는 각각의 사업에 종사하는 시간, 각각의 사업에서 근로자가 완수하고 있는 역할 등을 종합적으로 판단하여 '승계된 사업에 주로 종사하는지'의 여부를 판단한다. ③ 총무, 인사, 경리 등의 간접부문에 종사하는 근로자에 대해서도 그러한 근로자가 승계된 사업에 오로지 종사하고 있는 경우 혹은 승계된 사업과 기타 사업에 종사하고 있는 경우에는 상기의 ①, ②의 방법으로 판단한다. ④ 간접부문에 종사하는 근로자로, 어느 사업을 위해 종사하고 있는지가 명확하지 않은 경우에는 이러한 근로자를 제외한 근로자의 과반수가 근로계약을 신설(흡수)회사에 승계된 경우에는 이러한 근로자도 '승계된 영업에 주로 종사하는' 자로서 근로계약이 승계된다.

---

34) 승계사업에 주로 종사하는 근로자가 신설회사로의 고용승계를, 실질적으로는 채산이 맞지 않는 부문을 버리는 영업양도로 민법 625조 1항의 잠탈(潛脫)이라 하여 다투어 분할을 한 회사와의 근로계약상의 지위확인청구를 한 소송에 대하여 청구를 기각한 사례로서 日本アイ・ビー・エム事件 ─ 最二小判 平22. 7. 12, 民集 64권 5호, 1333면.

⑬ 근로계약승계규칙의 위반을 주장하는 경우의 소송방법

회사분할의 절차에 하자가 있는 경우, 분할무효의 주장은 회사법에서 회사분할무효소송으로서만 가능하다고 규정되어 있다(회사 828조 1항 9호·10호, 2항 9호·10호. 제소기간, 제소권자의 제한이 있다). 그러나 개개의 근로자에 대하여 노동계약승계법에서 근로계약이 신설(흡수)회사에 승계된다고 규정되어 있는데(3조, 4조), 이에 반하여 승계의 취급이 이루어지지 않는 경우, 또는 동법에서 근로계약이 신설(흡수)회사에 승계되지 않는다고 규정되어 있는데(5조), 이에 반하여 승계되는 것으로 취급되는 경우에는 노동계약승계법의 승계규칙이 부분적 포괄승계의 견해에 근거하여 규정되어 있는 점에서 보면, 해당 근로자에 대해서는 신설(흡수)회사 또는 분할회사로의 이 규칙대로의 근로계약의 승계가 자동적으로 발생하고 있는 것이다. 따라서 해당 근로자는 회사분할무효의 소송 방법에 따르지 않아도 신설(흡수)회사 내지 분할회사에 대하여 근로계약상의 지위확인 소송을 제기할 수 있다고 해석해야 한다. 개별 근로자에 관한 근로계약승계규칙의 위반을 회사분할의 무효원인으로 할 필요는 없고, 또 회사분할무효의 소송에서만 주장할 수 있다고 하는 것은 타당하지 않다.

(라) 단체협약의 승계 방식   또한 노동계약승계법은 회사분할이 체결되어 있는 단체협약의 승계에 대해서도 정하고 있다. 우선 단체협약(그 일부)도 분할계획(계약)에 기재함으로써 거기서 규정한 권리의무를 신설(흡수)회사로 승계시킬 수 있다(승계법 6조 1항). 그러나 단체협약상의 권리의무에 대해서는 회사분할에 의하여 조합원이 분할회사와 신설(흡수)회사로 분산하는 것이 통례이므로 특별한 처리가 필요하다.

먼저 단체협약 중의 규범적 부분(노조 16조)에 대해서는 협약체결조합의 조합원의 근로계약이 신설(흡수)회사로 승계될 때에는 해당 조합과 신설(흡수)회사 사이에 동일한 내용의 단체협약이 체결된 것으로 간주한다(승계법 6조 3항). 단체협약을 체결조합과 분할회사 사이에 유지하게 하면서, 이와 동일한 내용의 협약이 체결조합과 신설(흡수)회사와의 사이에도 체결된 것으로 하는 것으로, 이로 인하여 협약으로 정하고 있는 근로조건(근로자의 대우에 관한 기준)이 분할회사에 남는 조합원과 신설(흡수)회사로 옮기는 조합원 쌍방을 위하여 유지된다.

그 다음으로 단체협약의 채무적 부분에 대해서는 신설(흡수)회사로 이전될 부분만을 분할계획(계약)에 기재함으로써 권리의무를 분할회사와 신설(흡수)회사 사이에서 분할할 수 있도록 하였다(승계법 6조 2항). 이는 전형적으로 단체협약에서 정하고 있는 노동조합사무소·게시판, 조합휴가, 재적전임자 등의 편의제공을 염두에 둔 조치이며, 이들을 체결조합과 분할회사 간의 합의에 의해 분할회사와 신설(흡수)회사 간에서 적절히 분할할 수 있도록 한 것이다(예를 들어 종전에 2개소에 대여하고 있었던 조합사무소를 분할 후에는 분할회사와 신설(흡수)회사에 1개소씩 대여하기로 하는 것 등). 가령 이러한 권리의무분할의 합의가 성립하지 않는 경우에는 협약체결조합의 조합원이 신설(흡수)회사로 옮기는 한, 채무적 부분에 대해서도 해당 조합과 신설(흡수)회사 간에 동일한 내용의 협약이 체결된 것으로 된다. 바꾸어 말하면 분할되지 않는 완전한 권리의무가 분할회사와 신설(흡수)회사 쌍방에 대하여 생기게 된다(승계법 6조 3항).35)

(마) 회사분할의 절차　　　　회사분할시의 이상과 같은 근로계약·단체협약의 승계를 원활하게 하기 위하여, 회사법과 노동계약승계법은 분할회사에 대하여 다음과 같은 절차를 실천할 것을 규정하고 있다.

① 우선 회사분할을 계획할 때에는 회사분할을 하는 배경·이유, 분할회사·신설(흡수)회사가 분할 후에 부담해야 할 채무이행의 전망, 승계되는 사업에 주로 종사하는 자로 여겨지는 근로자의 범위, 단체협약의 승계방식, 분할시 노동관계상의 기타 여러 문제에 대하여 모든 사업장에서 근로자 과반수로 조직된 노동조합 또는 과반수를 대표하는 자와의 협의를 거쳐, 근로자들의 이해와 협력을 얻도록 노력하여야만 한다(승계법 7조. 동법 시행규칙 4조. 이른바 '7조 조치').

② 그 다음으로, 회사분할에 있어서 근로자 승계의 견해를 견실히 하는 단계에서는 승계영업에 종사하는 근로자와의 사이에서 신설(흡수)회사에 대한 근로계약의 승계 유무, 분할 후의 업무 내용·취업장소·취업형태 등에 대하여 회사의 견해를 설명하고, 본인의 희망을 청취하고 협의하지 않으면 안 된다(상법 등 개정법(2000년 법90) 부칙 5조. 이른바 '5조 협의'). 이것은 분할회사에 상기 근로자의 희망 등을 바탕으로 하면서 근로계약승계의 판단을 하게 함으로써 근로자의 보호를 도모하고자 하는 취지에서 나온 것이다.36) 이 협의는 종전에는 분할계획(계약)서를 본점에 비치하는 날까지 이뤄져야 한다고 되어 있었는데, 2005년 회사법 제정시에 분할계약 등의 통지기한일까지 해야 한다고 개정되었다(동조).37)

③ 분할계획(계약)서의 작성 후에는 계승사업에 종사하는 근로자에 대해, 승계되는 영업에 주로 종사하는지의 여부의 구별, 승계된 사업의 개요, 분할 후의 분할회사 및 신설(흡수)회사의 개요(명칭, 소재지, 사업내용, 근로자수), 분할의 시

---

35) 분할 전의 회사가 한 부당노동행위의 책임이 분할 후의 회사에 어떻게 승계되어야 하는지의 문제에 관한 판례로서 モリタほか事件 ― 東京地判 平20. 2. 27, 労判 967호, 48면.

36) 日本アイ・ビー・エム事件 ― 最二小判 平22. 7. 12, 民集 64권 5호, 1333면.

37) 사업양도목적에서의 신설분할에서 양도처(신설)회사에 의한 근로조건의 변경이 예정되어 있으며, 이러한 것을 양도회사가 고용승계된 근로자에게 주지시키는 것을 희망하고 있는 경우에는 양도(분할)회사는 근로계약상의 의무로서 그 근로자들에게 설명할 의무가 있다고 간주된 사례로서 EMIミュージック・ジャパン事件 ― 静岡地判 平22. 1. 15, 労判 999호, 5면.

기, 분할 후의 업무내용·취업장소·기타 취업형태, 분할회사 및 신설(흡수)회사
가 분할 후에 부담하는 채무이행의 전망, 고용승계·비승계에 관하여 행할 수
있는 이의신청의 방법 등을, 분할을 승계하는 주주총회 회의 날짜 2주 전까지
통지해야 한다(승계법 2조 1항, 동시행규칙 1조).

　④ 상기의 근로자에 대한 통지와 같은 기한까지, 근로계약을 체결하고 있는
노동조합에 대해서도 승계되는 사업의 개요, 분할 후의 분할회사 및 신설(흡수)
회사의 개요, 분할의 시기, 분할회사 및 신설(흡수)회사의 채무이행의 전망, 근
로계약이 신설(흡수)회사로 이전하게 되는 근로계약의 범위, 설립회사가 승계하
는 단체협약의 내용을 통지해야 한다(동법 2조 2항). 또 단체협약을 어떻게 신설
(흡수)회사에 승계시키는가는 분할계획(계약)에 기재되지 않으면 안 되기 때문
에, 이에 관한 노동조합과의 협의(합의)는 분할계획(계약)의 작성단계까지 행해
져야 한다.

　여기에서의 통지는 분할계획(계약) 작성단계까지 성취된 단체협약의 처리에
관한 합의가 분할계획(계약)에 정확하게 실현되어 있다는 것을 확인할 것 및 그
후에도 현안으로서 존속하는 노동관계상의 여러 문제(①의 노사협의에 의해서는
해결되지 않았던 사항 등)에 관한 노사간의 협의를 쉽게 할 것을 의도한 것이라
고 할 수 있다.[14]

---

[14] **7조 조치·5조 협의의 위반의 법적 의의**

　회사분할의 절차상 필요하다고 여겨지는 노동관계상의 7조 조치 및 5조 협의의 절차에
대해서는 후생노동대신의 지침(2000. 12. 27 노고 127호)은 5조 협의에 관해서만 '협의를 전
혀 실시하지 않은 경우 또는 실질적으로 이와 동일시할 수 있는 경우'에는 회사분할무효의
소송의 원인이 될 수 있다고 한다.

　그러나 그 후에 나온 최고법원 판례에서는 '5조 협의를 전혀 실시하지 않았을 때' 및 '5
조 협의가 실시된 경우라도 그 때의 분할회사로부터의 설명이나 협의의 내용이 현저하게 불
충분하기 때문에 법이 5조 협의를 정한 취지에 반하는 것이 명확한 경우'에는 회사분할무효
의 소송에 의하지 않고 분할회사와의 근로계약상의 지위확인 소송을 제기할 수 있다고 되어
있다. 이에 대하여 7조 조치 쪽은 분할회사의 노력의무이기 때문에, 이에 위반한 것 자체는
근로계약승계의 효력을 좌우하는 것이 아니고, 7조 조치에서 충분한 정보제공 등이 이루어지
지 않았기 때문에 5조 협의가 그 실질이 결여되게 되었다는 특단의 사정이 있는 경우에 5조
협의의무 위반의 유무를 판단하는 한 사정으로서 문제가 되는 것에 그친다고 되어 있다(이상
앞의 각주의 日本アイ·ビー·エム事件. 또한 최고법원은 이 사건에서 7조 조치나 5조 협의
에는 상기와 같은 불충분함은 없었다고 판단했다).

[그림 1] 주식회사의 회사분할절차의 흐름
(주주총회의 승인을 필요로 하는 경우·개요)

승계법·2000년 사법 등 개정법	회사법
○ 근로자의 이해와 협력을 얻기 위한 협의 (승계법 7) · 2000년 상법 등 개정법 부칙 5①의 협의 까지 개시하는 것이 바람직하다.	
○ 근로계약의 승계에 관한 근로자의 협의 (2000년 상법 등 개정부칙 5①) · 분할계약 등의 통지기한일(주주총회일의 2 주간전의 날의 전날)까지 협의 · 충분한 협의를 할 수 있는 시간적 여유를 보아 개시하는 것이 바람직하다. ○ 단체협약중의 분할계약 등에 정하는 부분의 노사협의(승계법 6②) · 분할계약체결전 또는 분할계획작성전의 합의가 바람직하다.	(○ 분할계약 등의 준비)
○ 근로자에 대한 통지(승계법 2①) ○ 노동조합에 대한 통지(승계법 2②) · 통지기한일까지 통지 · 분할계약 등의 본점 비치개시일 또는 분할계약 등 승인주주총회의 소집통지일을 통지일보다 빨리하는 경우에는 이러한 날과 같은 날에 통지하는 것이 바람직하다.	○ [흡수] 분할계약의 체결 (757) ○ [신설] 분할계획의 작성 (762①, ②) ○ 분할계획 등의 본점 비치 [흡수] 782①Ⅱ, 794① [신설] 803①Ⅱ
○ 근로계약의 승계 등에 대하여 근로자의 이의신청(승계법 4①, 5①) · 통지기한일의 다음날부터 주주총회일의 전날까지의 분할회사가 정하는 기간(적어도 13일간)에 신청	· 주주매입청구절차 등 개시일 또는 분할계약 등 승인주주총회일의 2주간 전의 날 가운데, 가장 빠른 것부터 효력발생일 후 6개월을 경과하는 날까지 비치 <u>○ 주주총회 소집통지(299①)</u> <u>· 주주총회의 날의 2주간 전까지 통지</u> ○ [흡수] 주식매입청구·통지·공고 (785①, ③, ④, 797①, ③, ④) ○ [흡수] 신주예약권 매입청구·통지·공고(787①Ⅱ, ③Ⅱ, ④) ○ [흡수] 채권자 이의진술·공고·최고 (789①Ⅱ, 799①Ⅱ②)
	<u>○ 주주총회에 의한 분할계약 등 승인</u> [흡수] 783①, 795① [신설] 804①
	○ <u>[신설] 주주매입청구·통지·공고 (806①, ③, ④)</u> ○ <u>[신설] 신주예약권 매입청구·통지·공고(808①Ⅱ, ③Ⅱ, ④)</u> ○ <u>[신설] 채권자 이의진술·공고·최고</u>

	<u>(810①Ⅱ, ②)</u>
	○ [흡수] 효력발생 (759①, 761①) ○ [신설] 등기(=효력발생) (924①ⅠⅡ, ②ⅠⅡ(49, 579, 764①, 766①))
	○ [흡수] 등기 (923)
	○ 회사분할의 무효 소송 [흡수] 828①Ⅸ [신설] 829①Ⅹ

출처: 厚生労働省労政担当参事官室　(밑줄은 주주총회의 승인을 필요로 하지 않는 경우와의 차이)

[그림 2]　주식회사의 회사분할절차의 흐름
(주주총회의 승인을 필요로 하지 않는 경우·개요)

승계법·2000년 상법 등 개정법	회사법
○ 근로자의 이해와 협력을 얻기 위한 협의 (승계법 7) · 2000년 상법 등 개정법 부칙5①의 협의까지 개시하는 것이 바람직하다.	
○ 근로계약의 승계에 관한 근로자와의 협의 (2000년 상법 등 개정법 부칙5①) · 분할계약 등의 통지기한일(계약체결일 또는 계획작성일부터 기산하여 2주간을 경과한 날)까지 협의 · 춘분한 협의를 할 수 있는 시간적 여유를 보아 개시하는 것이 바람직하다. ○ 단체협약중의 분할계약 등에 정하는 부분의 노사합의(승계법 6②) · 분할계약체결전 또는 분할계획작성전의 합의가 바람직하다.	(○ 분할계약 등의 준비)
○ 근로자에 대한 통지(승계법 2①) ○ 노동조합에 대한 통지(승계법 2②) · 통지기한일까지 통지 · 분할계약 등의 본점 비치개시일을 통지일보다 빨리 하는 경우에는 본점 비치개시일과 같은 날에 통지하는 것이 바람직하다.	○ [흡수] 분할계약의 체결 (757) ○ [신설] 분할계획의 작성 (762①, ②) ○ 분할계약 등의 본점 비치 [흡수] 782①Ⅱ, 794① [신설] 803①Ⅱ
○ 근로계약의 승계에 대한 근로자의 이의신청(승계법 4①, 5①) · 통지기한일의 다음날부터 주주총회일의 전날까지의 분할회사가 정하는 기간(적어도 13일간)에 신청	· 이하의 절차 개시일 또는 계약체결일 혹은 계획작성일부터 2주간을 경과한 날 중, 가장 빠른 것부터 효력발생일 후 6개월을 경과하는 날까지 비치
	○ 주식매입청구·통지·공고 [흡수] 785①, ③, ④, 797①, ③, ④

	[신설] 없음 ○ 신주예약권 매입청구·통지·공고 [흡수] 787①Ⅱ, ③Ⅱ, ④ [신설] 808①Ⅱ, ③Ⅱ, ④ ○ 채권자 이의진술·공고·최고 [흡수] 789①Ⅱ, ②, 799①Ⅱ, ② [신설] 810①Ⅱ, ②
	○ [흡수] 효력발생 (759①, 761①) ○ [신설] 등기(=효력발생) (924①ⅠⅢ, ②ⅠⅢ(49, 579, 764①, 766 ①)
	○ [흡수] 등기 (923)
	○ 회사분할의 무효 소송 [흡수] 828①Ⅸ [신설] 829①Ⅹ

출처: 厚生労働省労政担当参事官室 (밑줄은 주주총회의 승인을 필요로 하는 경우와의 차이)

제 2 절 해 고

'해고'란 사용자에 의한 근로계약의 해지이다.[38] 앞에서 서술했듯이, 고용계약에 기간의 정함이 있는 경우에는 사용자는 그 기간 중 근로자를 원칙적으로 해고할 수 없고, 다만 '부득이한 사유'가 있을 때에 해고를 할 수 있는 것에 그친다(노계 17조). 또한 그 사유가 사용자의 과실에 의해 발생되었을 때는 사용자는 근로자에 대해 손해배상의 책임을 진다(민 628조). 또 기간의 정함이 있는 경우는, 기간도래에 의해 근로계약이 종료한다. 기간의 정함이 있는 근로계약에서의 기간도중의 해고에 대해서는 기간만료에 의한 고용중지와 관련하여 이미 논했기 때문에, 본절에서는 기간의 정함이 없는 근로계약에서의 해고 문제에 대하여 논한다.

1. 개 설

민법에서는 고용에 기간의 정함이 없으면 각 당사자는 언제라도 해지의 신

---

38) 해고에 관한 기본문헌으로서는 大竹文雄＝大內伸哉＝山川隆一編, 雇用法制を考える[增補版], 「シンポジウム·解雇法制の再檢討」, 労働法, 99면; 東大労研, 注釈労基法上, 318면 이하[野田].

청을 할 수 있고, 이 경우에는 해고는 해지의 신청 후 2주간의 경과에 의해 종료된다고 규정하고 있다(627조 1항). 즉 민법상은 기간의 정함이 없는 계속적 계약관계에 대해서는 계약 당사자가 계약에 의하여 과도하게 구속되는 것을 방지하기 위해 언제라도 계약관계를 종료시킬 수 있는(해지할 수 있는) 원칙이 마련되어 있다. 단, 상대방의 예측 불가능한 손해를 막기 위해 일정한 예고기간이 요구된다. 이리하여 민법상으로는 사용자가 2주간의 예고기간을 두면 언제라도 근로자를 해고할 수 있다는 '해고의 자유'가 인정되고 있다.

계약 당사자 쌍방에 평등하게 인정된 시민법상의 '해지의 자유' 가운데, 근로자의 '사직의 자유'는 직업선택의 자유로서 그대로 유지되는 한편, 사용자의 '해고의 자유' 쪽은 경제적 내구력이 없는 근로자에게 주는 타격의 크기 때문에 노동법에 의한 규제에 따르게 된다.

일본에서는 제2차 세계대전 후의 노동법 체제에서, 노기법이 민법상의 해고의 자유를 전제로 하면서 산전산후·업무재해의 경우 해고의 제한(19조)과 해고의 예고의무(20조)를 규정하고, 또 국적·신조·사회적 신분, 노동조합 활동 등에 의한 차별적 취급금지 가운데, 그러한 해고를 금지했다(노기 3조, 노조 7조). 그 후, 판례법리로서 객관적이고 합리적인 이유가 없는 해고(해고권남용법리)가 발달하고, 또 여성에 대한 차별적 해고가 판례상 잇달아 입법(고용기회균등법)상 금지되었다.

이윽고 판례에서의 해고권남용법리를 입법상 명확히 하는 것이 과제가 되어 2003년에는 이 법리가 노기법 가운데 명문화되었다(구 노기 18조의 2).[39] 그리고 이 법리의 명문화는 해고의 계약법상의 유효요건으로서 이 법리가 본래 수납되어야 하는 '노동계약법'의 제정작업을 촉진하게 되어 2007년 11월의 노동계약법(2007년 법 128)의 제정에 이르렀다. 그 결과 노기법의 해고권남용에 관한 규정은 그대로 문언으로 노동계약법속으로 옮겨지게 되었다(노계 16조. 노기 18조의 2는 삭제).[40]

이하에서는 해고에 대한 실체법적 규제를 가장 기본적인, 노기법에서의 예고의무규정과 노동계약법에서의 해고권남용법리 규정을 중심으로 설명한다.

---

39) 또 동시에 근로자가 청구한 경우에는 해고이유의 증명서를 교부해야 하는 것도 사용자에게 의무화되었다(노기 22조 2항).

40) 또한 절차법으로서는 해고에 관한 분쟁을 사안에 입각하여 신속하게 해결하는 구조로서, 후생노동성 도도부현 노동국에 의한 상담·조언지도·알선 서비스가 2001년 10월부터 시작되었고 또 지방법원에서의 노동심판제도도 2006년도부터 실시되었다.

2. 노기법에 의한 해고의 예고의무

(1) 해고예고의무의 내용

사용자는 근로자를 해고하려고 하는 경우에는 적어도 30일 전에 그 예고를 해야 한다. 30일 전에 예고를 하지 않은 사용자는 30일분 이상의 평균임금을 지불해야 한다(노기 20조 1항). 이 예고일수는 평균임금을 1일분을 지불한 일수 만 단축할 수 있다(동 20조 2항). 상기와 같은 노기법이 입법초기부터 마련되어 온 기본적인 해고규제이다.

민법에 의하면 사용자 및 근로자의 해지예고기간은 2주간으로 족하나(627조 1항), 노기법은 사용자가 하는 해고에 대해 예고기간을 30일간 둘 것 또는 평균 임금 30일분의 예고수당을 지불할 것을 벌칙으로서 의무화한 것이다. 단, '천재 사변, 그 밖에 부득이한 사유 때문에 사업의 계속이 불가능해진 경우' 또는 '근 로자의 책임으로 돌려야 할 사유에 근거하여 해고하는 경우'에는 예고 혹은 예 고수당의 지불을 요하지 않는다(20조 1항 단서). 이러한 경우에 해당한다고 하여 즉시 해고하려면 행정관청(노동기준감독서장)의 인정을 요한다(동조 3항). 고용계 약 해지에 대한 민법규정(627조)은 사용자에 의한 기간 정함이 없는 근로계약에 서의 사용자에 의한 해지(해고)의 예고에 관한 한, 이 노기법의 규정(20조)에 의 해 대부분이 대체되었다.[41]囗15

[15] **해고예고의 제외사유**

해고예고의 제외사유의 하나인 '천재사변, 그 밖에 부득이한 사유'는 산전산후·업무재해 의 경우의 해고제한(노기 19조)에 있어서 그것과 기본적으로는 동일하나, 해고예고의 제외사 유의 경우에는 해당 해고에 대해 사용자에게 예고기간을 두게 하는 것이 가혹한지의 관점에 서 판단된다. 또 해고예고의 또 하나의 제외사유인 '근로자의 책임으로 돌려야 하는 사유'도 해당 근로자가 예고기간을 두지 않고 즉시 해고되어도 어쩔 수 없다고 인정될 정도로 중대한 복무규율위반 혹은 배신행위를 의미한다. 징계해고가 유효하다고 생각되는 경우에도 이러한 관점에서 판단하여 해고예고는 생략하지 않아야 한다고 인정되는 경우가 있을 수 있다.

해고예고에 관한 이러한 제외사유는 산전산후·업무재해에 관한 해고제한의 제외사유와 동일하게 행정관청의 인정을 요한다. 이 인정은 위의 해고제한의 경우와 마찬가지로 행정청 에 의한 사실의 확인절차에 지나지 않고, 행정관청의 인정을 받지 않고 이루어진 즉시해고가 인정을 받지 않았다는 점 때문에 무효가 되는 것은 아니다(판례로서, 上野労基署長[出雲商會] 事件 ─ 東京地判 平14. 1. 31, 労判 825호, 88면).

---

41) 노기법이 적용 제외되는 가사사용인이나 동거 친족만을 사용하는 근로자에 대해서는 해고 의 예고는 민법 627조에 의해 이루어진다.

(2) 예고의무위반의 해고

해고예고규정에 관한 특유의 문제는 동 규정위반의 해고(객관적으로 제외사유가 존재하지 않는데 30일 전의 예고 또는 30일분의 예고수당의 지불을 하지 않고 이루어지는 해고)는 사법상 과연 유효인가 무효인가이다. 이에 대해서는 절대적 무효설·유효설·상대적 무효설·선택권설 등이 주창되었다.42) 판례는 일찌기 상대적 무효설을 채택하였지만, 그 후의 판례는 일반적으로 말해서 ① 해고예고규정 위반을 이유로 해고무효확인과 해고기간중의 임금지불을 청구하는 사안에서는 판례의 상대적 무효설에 따라 해고를 유효하다고 하여 30일분의 미지불임금 청구만을 인용하고, ② 즉시해고의 효력은 다투지 않고 해고예고규정에 근거로 한 예고수당의 청구만을 하는 경우에는 선택권설이나 공법상의 의무이론 등에 따라 그 청구를 인용하고 있다.[16]

[16] **해고예고의무 위반의 해고 효력**

이 문제로부터 생겨난 설이 절대적 무효설인데 노기법의 예고의무(20조) 위반의 해고는 강행법규에 반하므로 항상 무효라고 주장한다(寺本廣作, 労働基準法解説, 197면). 동설은 명쾌하며 일견 근로자 보호에도 배려하고 있다(이 설에 따른 판례로서 小料理屋「尾婆伴」事件 — 大阪地決 平元 10. 25, 労判 551호, 22면). 그러나 무엇보다도 이 설에서는 근로자가 예고의무규정의 위반을 이유로 예고수당의 지불을 청구하는 것은 있을 수 없게 되지만, 이것은 동 규정 위반의 경우에는 예고수당 및 그것과 동액의 부가금 청구를 할 수 있다고 하는 노기법의 규정(114조)과 모순된다.

그래서 제2설로서 유효설이 생겨난다. 이것은 20조 위반 해고에 대해서는 사용자에 대해 벌칙(119조)이 적용되고 또 근로자가 예고수당청구 및 부가금청구를 할 수 있지만, 해고의 효력자체는 유효하다고 주장한다(西村信雄, 「解雇」, 労働法講座(5), 1135면). 이 설도 명쾌하나 노기법의 다른 행위규범에 비해 해고예고규정만이 강행규정이 아니게 되어 석연치 않다(東大労研, 注釈労基法上, 362면[森戸]는 이 설을 평가할 만한 가치가 있다고 한다).

이리하여 세 번째로 주창된 것이 상대적 무효설이다. 동설은 1949년 행정해석(1949. 5. 13 기수 1483호)으로 주창되어 1960년 최고법원 판례(細谷服装事件 — 最二小判 昭35. 3. 11, 民集 14권 3호, 403면)에서 채택되었다. 즉, 예고기간도 두지 않고 예고수당 지불도 하지 않은 채 한 해고통지는 즉시해고로서는 효력이 발생하지 않는데 사용자가 즉시해고를 고집하는 취지가 아닌 한, 통지 후 30일의 기간을 경과하든지 또는 통지 후 예고수당을 지불했을 때는 그 어느 한 시기에서 해고효력이 발생한다는 것이다(이 설에 따른 최근의 판례로서 小松新聞舗事件 — 東京地判 平4. 1. 21, 労判 600호, 14면). 이 설은 일견 중용을 얻고 있는 것 같은데 실제로는 각종 문제점을 포함하고 있다.

먼저, 사용자가 즉시해고를 고집했는지 아닌지의 기준은 사용자의 마음속 의도에 관련된 불명확한 것이다. 이 때문에 이 설은 실제상으로는 해고의 유효, 무효가 사용자의 해고 후 선택(행동)에 따라 달라지는 설이 된다.

또한 이 설에서는 근로자가 해고자체를 어쩔 수 없다고 하여 다투지 않고 따라서 노무제공을 단념하고 예고수당 청구를 한 경우에는 청구기각의 결론이 되어 버린다. 즉, 사용자가 즉

---

42) 저자는 선택권설을 지지한다. 野田進, 「解雇」, 現代講座(10), 222면; 下井, 労基法, 189면도 같다.

시 해고를 고집하지 않으면 해고는 통지 후 30일간을 경과하면 효력이 발생하고 근로자는 이 30일간의 임금을 받을 가능성만을 가지는 바, 노무제공을 단념했으므로 그 기간은 노무제공을 하지 않고 있다. 그래서 근로자가 노무제공을 단념한 것은 사용자가 즉시 해고의 의사표시로 오해받을 것 같은 예고의무위반 해고를 했기 때문이므로 그 해고가 30일 경과에 따라 효력이 발생한 시점에서 사용자는 해고예고수당을 지불해야 하고 공법상 의무를 부담하는 데 이른다고 하는 견해도 나타난다(フラス資材事件 — 東京地判 昭51. 12. 24, 判時 841호, 101면).

이렇게 상대적 무효설에도 난점이 있으므로 네 번째로 주장된 것이 선택권설이다. 동설은 사용자가 즉시 해고사유가 없는데 예고기간도 두지 않고 예고수당 지불도 하지 않은 채 해고 통지를 했을 때에는 근로자는 해고의 무효주장과 해고유효를 전제로 하는 예고수당 청구 중, 어느 하나를 선택할 수 있다고 주장한다(山口俊夫, 新版勞働判例百選, 49면; 有泉, 167면. 실제상 이 설에 따라 예고수당 청구를 인정한 것으로 해석되는 판례로서 セキレイ事件 — 東京地判 平4. 1. 21, 勞判 605호, 91면). 이 설에서는 근로자는 언제까지 선택권을 행사해야 하는지가 문제로 되는데 근로자가 상당기간 내에 선택권을 행사하지 않는 한 해고무효 주장을 할 수 없게 된다(그리고 예고수당 청구권 쪽은 노기법 115조의 2년간의 시효에 따른다)고 주장한다(有泉, 같은 곳; 安枝=西村, 勞基法, 464면).

(3) 해고예고 의무의 적용 유무

해고예고의무 규정은 ① 일일 고용된 자, ② 2개월 이내 기간(계절적 업무의 경우에는 4개월 이내의 기간)을 정하여 사용된 자 및 ③ 시용기간 중인 자에 대해서는 적용이 없다(노기 21조). 단 ①의 자가 1개월을 넘어 계속 사용되기에 이른 경우(이 1개월은 '휴일을 포함하는 역일의 1개월'의 의미이다), ②의 자가 '소정의 기간'(즉 ②에 있어서 2개월 혹은 4개월의 기간)을 넘어 계속 사용되기에 이른 경우, ③의 자가 14일(근로일 뿐만 아니라 휴일도 포함한 일수이다)을 넘어 계속 사용되기에 이른 경우에는 이 규정이 적용된다(동조 단서).[17]

---

[17] 근로계약의 기간만료와 해고예고

위와 같이 2개월(계절적 업무는 4개월)을 넘는 기간의 유기근로계약의 경우 및 2개월(계절적 업무는 4개월) 이내의 기간의 유기근로계약이 2개월(4개월)을 초과하여 계속 사용되도록 새롭게 기간이 설정된 경우에는 기간도중의 해고(민 628조, 629조)에는 노기법의 예고의무규정이 적용된다(노기 21조 단서). 문제는 이러한 경우에 계약기간만료에도 예고의무규정이 적용되어 30일 전의 예고를 필요로 하는가이다. 이를 긍정하는 설도 있는데(有泉, 164면; 安枝=西村, 勞基法, 461면) 예고의무(20조)는 '해고'에 관한 규정이므로 해석론상 무리가 있다. 이 점을 전제로 하여 '유기근로계약의 체결, 갱신 및 고용중지에 관한 기준'(노기법 14조 2항에 근거로 한 고시)은 유기근로계약에서는 고용된 날부터 해당 계약을 3회 이상 갱신한 자 또는 1년을 초과하여 계속 근무하고 있는 자에 대해 갱신거부를 하는 경우에는 30일 전의 예고를 필요로 한다고 한다.

3. 노동계약법상의 해고권남용 규제

(1) 해고권남용법리에 명문화

해고는 객관적으로 합리적인 이유가 결여되고 사회통념상 상당하다고 인정되지 않는 경우는 그 권리를 남용한 것으로서 무효로 한다(노계 16조).

노기법의 제정·시행 후 한동안 해고에는 정당 사유가 필요하다는 설이 주창되었지만, 이것은 민법상의 해고의 자유(627조 1항)를 기초로 하는 현행법에서는 무리가 있으므로, 곧 권리남용의 법리(민 1조 3항)를 응용하여 실질적으로 동일한 귀결을 가지고 오는 해고권남용법리가 다수의 판례가 축적되면서 확립되었다.[43]

그리고 최고법원 판례가 '사용자의 해고권 행사도 그것이 객관적으로 합리적인 이유가 결여되고 사회통념상 상당하다고 시인할 수 없는 경우에는 권리남용으로서 무효가 된다'고 언급하여 이 법리 내용을 정식화했다.[44] 이어 '보통해고의 사유가 있는 경우에도 사용자는 항상 해고할 수 있는 것이 아니라, 해당 구체적인 사정 하에서 해고에 처하는 것이 현저하게 불합리하며 사회통념상 상당한 것으로서 시인할 수 없을 때에는 해당 해고의 의사표시는 해고권 남용으로서 무효가 된다'고 언급하여 동법리의 '상당성 원칙'을 명확히 하였다.[45]

판례에 의한 상기의 해고권남용법리는 30일 전에 예고를 하면 해고는 자유롭다는 민법·노기법의 규정(민 627조, 노기 20조)을 크게 수정한 것이었으나, 구체적 기준이 사례의 축적에 맡겨진 점도 있고, 중소기업·외자계열 기업 등의 경영자나 일반 근로자에게는 그 존재 및 내용이 인식 곤란한 것이었다. 그래서 동 법리의 내용을 법률로 명문화하고, 해고에는 객관적이고 합리적인 이유가 필요하다는 기본 원칙과 그 판단기준을 명확히 해야 하지 않는가라는 입법과제가 여러 방면에서 제기되어 후생노동성의 노동정책심의회 근로조건 분과회에서 규정안이 마련되어 2003년 노기법 개정안에 포함되었다.[46] 이리하여 성립된 노

---

43) 학설에 대해서는 小西國友, 「解雇の自由(1)」, 法協 86권 9호, 1024면; 安枝=西村, 労基法, 442면 이하. 또한 판례의 축적에 의한 동법리의 확립 양상은 小西, 동논문(3)~(6), 法協 86권 11호~87권 2호에서 상세하게 분석되었다.

44) 日本食塩製造事件 ─ 最二小判 昭50. 4. 25, 民集 29권 4호, 56면.

45) 高知放送事件 ─最二小判 昭52. 1. 31, 労判 268호, 17면.

46) 국회에 제출된 법안에서는 '사용자는 이 법률 또는 다른 법률의 규정보다 이를 사용하는 근로자의 해고에 관한 권리가 제한되고 있는 경우를 제외하고, 근로자를 해고할 수 있다'고 먼저

기법의 해고권남용법리(구 노조 18조의 2)는 앞에서 언급한 바와 같이 2007년 11월에 노동계약법(2007년 법 128)이 성립됨에 따라 그대로 노동계약법의 내용으로 바뀌었다(노계 16조).

(2) 해고의 합리적 이유

해고권남용법리에서 말하는 해고의 '객관적이고 합리적 이유'는 네 가지로 대별된다.[47]

첫째로는 근로자의 노무제공 불능과 근로능력 혹은 적격성의 결여·상실이다. 상병과 그 치유 후의 장애로 인한 근로능력의 상실,[48] 근무성적이 현저한 불량,[49] '사고결근이 30일에 이르렀을 때' 등이 여기에 속한다. 중요한 경력의 사칭 등에 의한 신뢰관계의 상실도 여기에 속한다.[50]

둘째로는 근로자의 규율위반 행위이다. 그 내용은 이미 개설한 징계사유와 거의 동일하며, 단 이에 대해 징계처분이 내려지는 대신에 보통해고가 내려진 경우이다.[51] 이 의미에서는 보통해고도 실제상 징계처분의 하나로서의 기능을 하는 경우가 있다.

셋째로는 경영상 필요성에 근거한 이유로 합리화에 의한 직종의 소멸과 타 직종으로의 배치전환의 불능, 경영부진에 의한 인원정리(정리해고), 회사해산 등

사용자의 해고권을 선언한 후, 그 단서로서 '해고는 객관적이고 합리적인 이유가 결여되고 사회통념상 상당하다고 인정되지 않는 경우는 그 권리를 남용한 것으로서, 무효로 한다'고 규정한 것이었으나, 국회에서 야당을 통해 해고소송에서 사용자측에 주장 입증활동을 하게 하고 있는 현 상황을 변경하게 될지도 모른다는 근로자측의 강력한 우려가 표명되어, 사용자의 해고권을 선언한 본문을 삭제하는 수정이 이루어졌다.

47) 상세한 것은 野田進,「解雇」, 現代講座(10), 205면; 土田, 概説, 256면 이하; 根本到,「解雇事由の類型化と解雇権濫用の判断基準」, 労働法 99호, 52면.

48) 긍정한 판례로, 東京電力事件 ― 東京地判 平10. 9. 22, 労判 752호, 31면; 横浜市学校保健会事件 ― 東京高判 平17. 1. 19, 労判 890호, 58면. 부정한 판례로서 全日空輸事件 ― 大阪高判 平13. 3. 14, 労判 809호, 61면; K社事件 ― 東京地判 平17. 2. 18, 労判 892호, 80면.또 업무상 상병의 경우에는 노기법 19조의 해고제한이 있다는 전술한 바임.

49) 전문직의 성적불량·적격성 부족을 이유로 한 해고에 대해, 향후 향상의 기회를 부여한다고 해도 평균에 도달하는 것을 기대하는 것이 곤란하다고 하여 유효로 한 판례로서, プラウドフットジャパン事件 ― 東京地判 平12. 4. 26, 労判 789호, 21면; 日水コン事件 ― 東京地判 平15. 12. 22, 労判 871호, 91면. 한편, 해고할 만한 정도는 아니라고 여겨진 판례로서 森下仁丹事件 ― 大阪地判 平14. 3. 22, 労判 832호, 76면. 이사 겸 총괄사업부장에 대한 음주버릇에 따른 근무태도 불량을 이유로 한 해고에 대하여 해고사유에 해당되고 또한 상당성이 결여된다고는 할 수 없다고 한 판례로서 小野リース事件 ― 最三小判 平22. 5. 25, 労経速 2078호, 3면(부당행위청구를 기각).

50) 중상비방에 의한 신뢰관계 파괴를 이유로 하는 해고를 유효하게 한 사례로서 学校法人敬愛学園事件 ― 最一小判 平6. 9. 8, 労判 657호, 12면.

51) 정도가 심한 폭언 및 비방을 이유로 한 해고가 유효한 사례로서 大通事件 ― 大阪地判 平10. 7. 17, 労判 750호, 79면; 업무명령위반의 근로자에 대한 4회의 견책 후 해고를 무효로 한 사례로서 カジマ・リノベイト事件 ― 東京地判 平13. 12. 25, 労判 824호, 36면.

의 사유가 여기에 속한다.

넷째로는 유니언 숍(union shop) 협정에 근거한 조합의 해고요구로 이것은 관계 항목에서 후술한다.

해고권남용규정에 따르면, 해고에 대하여 이상의 어느 하나에 속하는 '객관적이고 합리적인 이유'가 인정되지 않으면 해당 해고는 해고권을 남용한 것으로서 무효가 된다. 또한 그러한 '객관적이고 합리적인 이유'가 인정되는 경우라고 해도 해당 해고가 '사회통념상 상당하다고 시인할 수 없는 경우'에는 해고권을 남용한 것으로서 무효가 된다. 후자의 이른바 상당성의 요건에 대해서는 법원은 일반적으로는 해고의 사유가 중대한 정도에 달하고 있으며 다른 해고회피의 수단이 없고, 또한 근로자 측에 관용을 베풀어야 할 사정이 거의 없는 경우에만 해고의 상당성을 인정하고 있다고 할 수 있다. 이러한 엄격한 판단경향은 장기고용 시스템 하에서 계속해서 근속할 정규종업원에게서 전형적으로 나타난다.[52][18] 그러나 한편에서는 상급 관리자, 기술자, 영업사원 등이 고도의 기술·능력을 평가받아 특정 포스트·직무를 위해 즉시 이용할 수 있는 전력으로서 중도채용이 되었지만, 기대하는 기술·능력을 갖추지 못하였다거나 해당 포스트·직무가 폐지된 경우에는 비교적 용이하게 해고사유의 존재를 인정하고 있다.[53)]

[18] **성적불량의 정규종업원의 정리해고**

기업이 성적불량으로 보는 장기고용 종업원을 기업 합리화를 위해 방출하려고 한 케이스에 대한 판례는 해고를 쉽게는 인정하지 않는 경향에 있다. 전형적으로는 어떤 판례는 장기고용 상태에 있는 정규종업원의 성적불량을 이유로 하는 해고에 대해서는, 장기고용·장기근속의 실적에 비추어 단순히 성적이 불량할 뿐만 아니라, 이것이 기업경영에 지장을 발생하는 등 기업으로부터 배척되어야 할 정도에 달하고 있다는 점을 필요로 한다고 서술한다(エース損害保険事件 ― 東京地判 平13. 8. 10, 労判 820호, 74면). 단, 장기고용 상태인 핵심적인 종업원에 대해서는 그러한 이유로 고도의 종합적인 직무수행능력을 요구할 수 있다는 점에 착안하여 해고를 완만하게 판단한 판례도 늘어나고 있다(장기 결근이 많기 때문에 종합직 종업원의 적격성을 가지고 있지 않다고 판단한 東京海上火災保険事件 ― 東京地判 平12. 7. 28, 労判 797호, 65면. 단 이 경우도 교육지도 등의 해고회피조치가 요구되고 있고, 이를 거치지 않는 해고는 해고권남용으로 간주되기 쉽다. セガ・エンタープライゼス事件 ― 東京地決 平11.

52) 앞의 高知放送事件.

53) 持田製薬事件 ― 東京地判 昭62. 8. 24, 労経速 1303호, 3면; フォード自動車事件 ― 東京高判 昭59. 3. 30, 労民 35권 2호, 140면; 日本エマソン事件 ― 東京地判 平11. 12. 15, 労経速 1759호, 3면; ヒロセ電機事件 ― 東京地判 平14. 10. 22, 労判 838호, 15면. 이와는 달리 매니저로서의 능력이 없다고는 할 수 없고, 다른 한편 해고회피노력이 이뤄지고 있지 않다고 하여 해고가 무효로 된 케이스로서 PwCフィナンシャル・アドバイザリー・サービス事件 ― 東京地判 平15. 9. 25, 労判 863호, 19면.

10. 15, 労判 770호, 34면).

(3) 취업규칙상 해고사유열거와 그 의의

해고사유는 징계사유의 경우와 마찬가지로 통상은 취업규칙에서 열거하고 있다. 2003년의 노기법 개정(2003년 법104)은 이 점을 전제로 하여 '해고의 사유'를 취업규칙의 절대적 필요기재사항으로 내세워(89조 3호), 기업에서 해고의 사유를 사전에 명시하도록 했다.

기본적인 법적 문제는 취업규칙상의 열거가 한정열거의 의의를 가지는지 아니면 예시열거에 지나지 않는지 여부이다.

학설·판례상으로는 해고권남용법리가 해고의 자유를 기초로 하여 이를 제한하는 이론이라는 점을 근거로 예시열거설에 입각하여, 사용자는 취업규칙상의 해고사유에 해당하는 사실이 없어도 객관적이고 합리적인 이유가 존재하면 근로계약을 종료시킬 수 있다고 주장하는 견해도 있다.54) 그러나 사용자가 취업규칙에 해고사유를 열거한 경우는 통상적으로는 사용자가 근로계약상 스스로 이러한 사유에 해고의 자유를 제한한 것으로서, 열거된 이외의 사유에 의한 해고는 허용되지 않게 될 것이다. 이러한 해석은 해고의 사유를 취업규칙상 반드시 명시해야 하는 것으로 한 2003년 노기법 개정(2003년 법104)의 취지에도 합치된다.55) 단 그렇게 해석해도, 실제로는 대부분 취업규칙에서 해고사유의 열거 중에 '그 외, 앞의 각호에서 내세운 사유에 준하는 중대한 사유'와 같은 포괄조항이 있으므로, 종업원으로서의 적격성의 결여와 신뢰관계의 상실이 '앞의 각호 …… 에 준하는' 합리적이고 상당한 이유로서 존재하는 경우에는 해고는 가능하게 된다. 이 실제적 귀결은 예시열거설도 주장해온 바이다.

해고의 효력을 다투는 소송의 실제에서는 사용자에 의한 '객관적이고 합리적인 이유'의 주장 입증은 취업규칙상의 해고사유에 해당하는 사유가 존재하는 주장을 입증하는 것으로 이루어져 취업규칙의 해고사유 해당성이 중심적인 쟁점이 된다. 취업규칙에 해고사유가 열거되어 있으면 이에 근거하지 않고 이루어진 해고는 '객관적이고 합리적인 이유'가 없다고 사실상 추정되어 버리기 때문이다. 그리고 해상성이 있다고 간주되는 경우에도 또한 해당 해고의 상당성이 검토된다.

---

54) 萩澤清彦, 労働基準法上卷, 276면. 최근에는 荒木, 労働法, 257면. 판례로서 ナショナル・ウエストミンスター銀行[第3次仮処分]事件 ― 東京地決 平12. 1. 21, 労判 782호, 23면. 본서도 제5판까지는 이 입장이었다.

55) 東大労研, 注釈労基法上補遺, 13면[野田].

또한, 해고사유의 열거에는 보통해고사유의 열거와 징계해고사유의 열거 두 가지가 있으나, 징계해고사유는 보통해고사유로서도 인정된다고 해석되어야 한다. 즉, 열거된 징계해고사유에 해당하는 경우에 보다 가벼운 보통해고를 행하는 것은 계약해석상도 당연히 허용되어야 하는 점이다.

⑷ 해고사유의 증명서

근로자가 해고의 예고를 받은 날부터 퇴직하는 날까지의 사이에 당해 해고의 이유에 대하여 증명서를 청구한 경우에는, 사용자는 지체 없이 증명서를 교부해야 한다(노기 22조 2항). 2003년의 노기법 개정(2003년 법104)시, 해고에는 객관적이고 합리적으로 사회통념상 상당한 이유가 필요하다고 한 것이 법문화 됨에 대응하여, 해고시에는 사용자가 근로자의 요구에 따라 해고이유를 명시해야 하는 것을 규정한 것이다. 이에 따라서 해고가 자의적으로 이루어지는 것을 방지할 것, 근로자가 해고에 대하여 부득이하다고 받아들이든지, 또는 이를 다투든지를 신속하게 판단할 수 있도록 할 것, 다투는 경우에도 제3자 기관이 해고의 유효성을 신속하고 정확하게 판단할 수 있도록 할 것 등을 목표로 한다.

증명서에서의 해고사유는 구체적으로 제시할 필요가 있고, 취업규칙의 일정한 조항에 해당하는 것을 이유로 해고한 경우에는 취업규칙의 당해 조항의 내용 및 당해 조항에 해당하기에 이른 사실관계를 증명서에 기입하지 않으면 안 된다(퇴직시의 증명서에 대해서는 1999. 1. 29 기발 45호; 해고이유의 증명서에 대해서 2003. 10. 22 기발 1022001호). 해고이유증명서에 대해서는 모델양식이 책정되어 있다(2003. 10. 22 기발 1022011호).

증명서의 실제적 효과로서는 사용자는 해고의 유효성을 다투는 알선, 노동심판, 민사소송 등에서 증명서에 기재한 해고이유와는 별개의 이유를 당해 해고에 대해 주장하는 것이 곤란하게 되는 경우가 있다. 그러나 당해 별개의 이유가 중대한 것이라면, 예비적인 해고를 하는 것을 막을 수 없다.[56]

해고이유에 대한 증명서는 퇴직시의 증명서의 규정(노기 22조 1항)을 이용해도 교부를 받을 수 있으나, 퇴직시의 증명서는 퇴직 후에밖에 청구할 수 없는 것에 대해, 해고이유의 증명서는 해고의 예고기간 중에도 청구할 수 있는 점에 차이가 있다. 또한 해고의 예고가 이뤄진 날 이후에 근로자가 당해 해고이외의

---

56) 해고통지(해고이유증명서가 아니다)에 기재되어 있지 않은 사유를 소송에서 추가하는 것을 인정한 판례로서 T社事件 ― 東京高判 平22. 1. 21, 労経速 2065호, 32면.

사유에 의해 퇴직한 경우에는, 퇴직시의 증명서를 이용하면 충분하기 때문에, 해고이유의 증명서는 교부하는 것을 필요로 하지 않는다고 여겨지고 있다(동조 2항 단서). 또 예고가 없는 즉시해고의 경우에는 해고이유의 증명서의 취득은 퇴직시의 증명 규정을 이용하게 된다.

(5) 해고무효 이론

해고권남용법리의 하나의 중요한 내용은 합리적 이유(내지 상당성)가 없는 해고는 '무효'로 취급되는 점이다. 즉, 합리적 이유가 없는 해고에 대해서는 법원은 사용자에 대해 근로관계의 계속을 일률적으로 강제하기 위해 '근로계약상의 권리를 가지는 지위'를 확인하고(본안소송), 또는 임시로 정한다(가처분).[19]

> [19] **해고무효 주장과 실효의 원리**
>
> 일본과 같이 합리적 이유가 없는 해고를 무료로 하는 원칙을 가진 경우에 발생하는 곤란한 문제는 그러한 해고를 당한 근로자는 '무효' 주장을 언제라도 또는 어떠한 경우에도 할 수 있는가이다. 예를 들어 해고된 근로자가 퇴직금을 수령하고 다른 곳에 취직하고 나서 수 년 후에 해고 무효를 주장하여 근로계약관계 존재확인소송을 제기한 경우, 법원은 어떻게 판단해야 하는가?
>
> 이에 대해서는 다수의 판례가 신의성실의 원칙(민 1조 2항. 노동계약법 3조 4항에서 근로계약의 원칙으로서도 규정되었다)의 한 내용인 권리실효의 법리를 적용하여 구체적 타당성을 꾀하고 있다. 즉, 해고된 근로자가 이의 없이 퇴직금을 수령하여 다른 곳에 취직하고 또한 장기간 해고의 효력을 다투지 않았던 점 등의 제반 사정에서 해당 해고를 승인한 것이라고 인정되는 경우에는 해당 근로자는 신의칙상 해고가 무효라는 점을 주장할 수 없게 된다고 보고 있다. 또 해고 후 장기간을 경과한 후의 무효확인소송의 제기에 대해서는 그러한 장기간 경과 후 소송제기는 신의칙상 허용되지 않게 된다고도 보고 있다. 단, 여기에서의 '장기간'이란 어느 정도인가는 법원에 의한 판단이 각기 다르며 사안별로 처리되고 있다(2년 수 개월 경과 후에도 무효를 주장할 수 없게 되거나, 8년 경과 후에도 아직 이를 주장할 수 있다고 여겨지고 있다(상세한 것은 小西國友,「解雇無效の主張と失效の原則」, 実務民訴講座(9), 343면)). 이 문제는 본래는 해고무효확인소송의 출소기간으로서 입법적으로 해결되어야 하는 것이다.

(6) 해고기간 중의 임금

합리적 이유 없이 해고된 근로자가 해고무효판결(혹은 가처분결정)을 받아 직장에 복귀할 경우에는 해고된 후 무효결정을 받기까지의 기간의 임금은 그 기간 동안 근로계약관계가 존재하고 있던 것으로서 쌍무계약의 일방채무 이행불능인 경우의 반대급부청구권의 문제(민 536조)로서 처리된다. 즉 객관적으로 합리적 이유가 없는(혹은 상당성이 없는) 해고를 한 사용자에게는 해고에 의한 근로자의 취업불능에 대해 원칙적으로 '책임으로 돌려야 하는 사유'가 있게 되므로 근로자는 해고기간 중 임금청구권을 잃지 않는다(동조 2항). 그러나 예외로서 예를 들어 취업규칙의 징계해고사유에 해당하는 비위행위이지만 징계해고는 조금 부적당(가혹)하고 사용자가 징계해고에 상당하다고 판단한 것도 무리는 아니었다는 경우와 유니언 숍 협정에 근거한 해고가 후에 제명처분 무효를 이유로 무효가 되었으나, 사용자가 해고시에 제명처분 무효인 점을 아는 것이 극히 곤란한 경우에는 사용자의 '책임으로 돌려야 하는 사유'가 부정된 경우도 있을 수 있다.[57]

해고기간 중 임금청구권이 긍정되는 경우에는 그 금액은 해당 근로자가 해고되지 않았다면 근로계약상 확실하게 지급되었을 것이라는 임금 합계액이 된다. 이것은 기본급, 제수당, 일시금 등에 이르는데 통근수당과 같이 실비보상적인 것과 잔업수당과 같이 현실적으로 잔업에 종사해야 비로소 청구권이 발생하는 것 등은 제외된다. 또 이들 임금액이 출근율, 생산고, 사정 등에 의해 다르게 산정되는 경우에는 가장 개연성 높은 기준(예를 들어 종업원 평균액, 해당 근로자의 해고되기 전의 실적)을 이용하여 산출해야 할 것이다.[58] 해고기간 중 임금개정(베이스 업)도 동일하게 개연성이 높은 배분기준을 이용하여 인정해야 하는데 승급과 승격은 사용자에 의한 발령(의사표시)이 있어야 비로소 성취되는 것이므로 인정하는 것이 곤란하다.[59] [20]

[20] 해고기간 중 임금과 중간수입

해고기간 중 임금에 대해 또 하나의 문제는 근로자가 해고된 후 해고무효판결을 얻기까지의 기간에 다른 사업소에서 일하고 수입을 얻고 있는 경우에 사용자는 이 중간수입을 근로자에게 소급하여 지불해야 할 임금액에서 공제할 수 있는가이다. 이것은 ① 중간수입은 반대급부를 받는 채무자가 상환해야 하는 '채무를 면함으로써' 얻은 이익(민 536조 2항)이라고 할 수 있는지, ② 만약에 할 수 있다고 해도 사용자가 그것을 상환청구 방법에 의하지 않고 직접적으로 소급임금에서 공제하는 것(소급임금과 상쇄하는 것)은 임금전액불의 원칙(노기 24조)에 위반되지 않는지, ③ 해고기간 중 취업불능도 '사용자의 책임으로 돌려야 하는 사유에 의한 휴업'으로서 휴업수당청구권(노기 26조)을 발생시키는데, 이것이 ①, ②의 논점에 어떻게 영향을 주는지 하는 세 가지의 논점이 얽힌 복잡한 문제이다.

---

57) 清心會事件 ― 最一小判 昭59. 3. 29, 労判 427호, 17면이 이러한 판단을 부정하는 취지라면 적절하지 않다.

58) 상여에 대해 최저평가액으로 임시지불을 인정한 사례로서 武富士事件 ― 東京地判 平6. 11. 29, 労判 673호, 108면. 이에 대하여 사정한 뒤 지급되고 있는 것을 이유로 청구를 인정하지 않았던 사례로서 トーコロ事件 ― 東京地判 平16. 3. 1, 労判 885호, 75면; 本圧ひまわり福祉会事件 ― 東京地判 平18. 1. 23, 労判 912호, 87면. 법인이 정한 일률적인 비율에서의 청구를 인정한 사례로서 学校法人純真学園事件 ― 福岡地判 平21. 6. 18, 労判 996호, 68면.

59) 판례 경향에 대해서는 最高裁判所事務総局編, 労働関係民事裁判例概観上卷, 141면 이하. 재판의 여지가 없는 승급분에 대하여 인정한 판례로서 앞의 각주 トーコロ事件.

이에 대해 판례는 해고된 근로자가 해고기간 중에 다른 직으로 일하여 수입을 얻을 때는 그 수입이 부업으로 해고가 없어도 당연히 취득할 수 있는 등의 특단의 사정이 없는 한, 채무를 면함으로써 얻은 이익으로서 이것을 사용자에게 상환해야 하는데(논점 ①), 다른 한편으로 피해고자는 해고기간에 대해 평균임금의 6할 이상의 휴업수당을 보장받고 있으므로 해고기간 중의 임금가운데 평균임금의 6할까지의 부분에 대해서는 이익상환의 대상으로 하는 것은 허용되지 않는다(논점 ③)고 해석하고 있다. 이렇게 한 후 피해고자·사용자간의 소급임금지불과 이익상환(중간수입공제)의 결재수단을 간이하게 하기 위해 평균임금의 6할을 넘는 임금부분에 대해서는 중간수입을 상환청구방법에 의하지 않고 직접 공제하는 것을 적법하게 하고 있다(논점 ②)(米軍山田部隊事件 — 最二小判 昭37. 7. 20, 民集 16권 8호, 1656면; あけぼのタクシー事件 — 最一小判 昭62. 4. 2, 判時 1243호, 126면). 이러한 해석은 순수히 논리적으로 생각하면 이해가 곤란한 면도 있으나 복잡한 법률문제에 대해 실제상 형평성을 가지는 간명한 처리기준을 짜맞춘 것으로 교묘한 창조적 해석으로서 지지할 수 있다(西村健一郎, あけぼのタクシー事件 [判批], 判時 1260호, 204면. 또한 盛誠吾, 「違法解雇と中間收入」, 一橋論叢 106권 1호, 19면 이하는 판례의 해석을 비판적으로 재검토하고 있다).

위의 같이 피해고 근로자에게 해고기간중의 중간수입이 있는 경우에는 근로자는 해고기간 중 평균임금의 6할까지는 소급임금의 지불이 확보됨과 동시에 그 금액을 초과하는 해고기간중의 임금에 대해서는 중간수입의 공제대상으로 삼게 된다. 그래서 6할을 초과하는 임금가운데 해고기간중의 일시금이 포함되어 있는 경우에는 이 일시금도 중간수입의 공제대상이 된다(앞의 あけぼのタクシー事件; いずみ福祉会事件 — 最三小判 平18. 3. 28, 労判 933호, 12면). 단 이렇게 하여 공제할 수 있는 중간수입은 그 발생기간이 임금의 지급대상기간과 시기적으로 대응하고 있다는 점을 필요로 하며, 어느 기간을 대상으로 하여 지급받는 임금에서 그것과는 시기적으로 다른 기간 내에 얻은 수입을 공제하는 것은 허용되지 않는다(앞의 あけぼのタクシー事件).

결국 해고기간중의 임금액에서 중간수입의 공제는 [그림 3]과 같이 이루어져야 된다(그림의 작성은 전 전국노동기준관계단체연합회 직원인 原山喜久男씨의 조력을 얻었다).

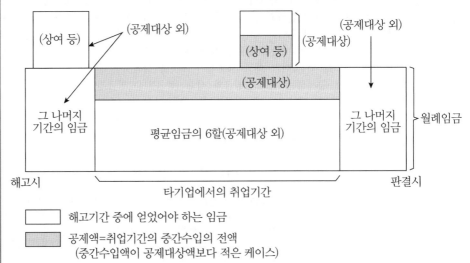

[그림 3] 소급지불 임금액으로부터 중간수입의 공제

(7) 징계해고와 해고규제

징계해고는 징계처분으로서의 성격과 해고의 성격 쌍방을 가지며 양자에 관한 법규제를 함께 받는다. 그리고 이것은 보통해고보다도 큰 불이익을 근로자에게 주는 것이므로 해고권남용법리의 적용상 보통해고보다 엄격한 규제를 받는다. 일반적으로는 여기에서 복무규율위반은 단순히 보통해고를 정당화할 정도로 족하지 않고 '제재로서의 노동관계로부터의 배제'를 정당화하는 정도에 달하고 있을 것을 필요로 한다.[21]

[21] **징계해고의 보통해고로의 전환**

징계해고 의사표시가 지나치게 가혹하여 무효라고 하는 경우에 그것은 보통해고의 의사표시도 포함하는 것으로서 보통해고로서는 유효라고 할 수 있는 것일까? 판례 중에는 징계해고와 보통해고의 차이는 퇴직금채권 발생을 저해하는 효력을 동반하는지의 여부에 지나지 않으므로 양자를 완전히 이질적인 것으로 볼 필요는 없고, 사용자가 징계해고사유에 해당한다고 생각한 사실을 징계해고사유에 해당한다고 평가할 수 없는 경우에도 보통해고로서의 효력이 발생하지 않는지의 여부를 검토할 필요가 있다고 판단하고 전환가능성을 인정한 경우가 있다(日本經濟新聞社事件 — 東京地判 昭45. 6. 23, 勞民 21권 3호, 980면). 그러나 징계제도가 존재하고 징계해고와 보통해고가 제도상 구별되고 있는 기업에서는 '징계해고'는 기업질서 위반에 대한 제재벌로써 보통해고와는 제도상 구별된 것이고 실제상으로도 보통해고에 비해 특별한 불이익을 근로자에게 주는 것이다. 따라서 징계해고의 의사표시는 어디까지나 징계해고로써 독자적으로 그 유효성을 검토해야 할 것이다(下井, 勞基法, 172면은 전환가능성을 취한다). 단 사용자는 동일 비위사실에 대해 보통해고사유에도 해당한다고 하여 예비적으로 보통해고 의사표시를 하는 것은 무방하다(징계해고와 보통해고의 관계에 대해 상세한 것은 萩澤淸彦, 勞働基準法上卷, 285면 이하를 참조). 또한 징계제도가 아무것도 존재하지 않는 기업에서 사용자가 실시하는 '징계해고'는 '징계'라는 명칭을 붙인 근로계약의 해지(해고)에 지나지 않고, 보통해고와 제도상 구별되는 징계해고와는 다르다(洋書センター事件 — 東京高判 昭61. 5. 29, 勞民 37권 2=3호, 257면).

(8) 해고와 불법행위

해고권남용법리의 하나의 파생법리(부산물)로서 해고권 남용에 해당하는 해고는 불법행위로서 사용자에게 손해배상의무를 발생하게 할 수 있다.[60]

즉 권리남용에 해당하는 해고는 사용자에게 고의·과실이 있는 한 근로자의 고용을 유지할 이익과 명예를 침해할 불법행위가 될 수 있다. 그러나 고의·과실, 손해 발생, 인과관계 등 불법행위 성립요건을 하나씩 음미한 후 결론을 내야하고 권리남용으로서의 해고가 당연히 불법행위가 된다고는 해석할 수 없다.[61]

---

60) 해고권남용에 해당하는 해고에 대하여 위자료의 청구를 인용한 판례로서 東海カーボン事件 — 福岡地小倉支判 昭52. 6. 23, 勞民 28권 3호, 196면; 女子学院事件 — 東京地判 昭54. 3. 30, 勞判 324호, 56면. 문헌으로는 本久洋一, 「違法解雇の效果」, 講座21世紀(4), 196면.

해고가 불법행위에 해당되는 경우의 일실이익에 대해서는 판례에서는 근로자가 지위확인·임금청구에 대신하여 불법행위에 의한 손해배상을 청구한 경우에 대하여 일정기간의 임금상당액을 일실이익으로서 인정한 것과 인정하지 않은 것이 있다.[62] 본래 해고권의 남용에 해당되는 해고는 무효이기 때문에 근로자는 해고기간 중의 임금청구 그 자체를 할 수 있어야 할 것이다.[63] 그러나 권리남용의 해고를 당한 근로자가 해고를 한 기업에 단념을 하면서 해고에 대해서는 그 부당성을 명확히 하기 위하여 손해배상을 청구한 경우에는 사안상 적당한 기간에 얻었어야 할 임금상당액을 일실이익으로서 인정하는 것도 실제상으로 타당한 결착방법이다.

(9) 정리해고의 법규제

정리해고란 기업이 경영상 필요하게 된 인원삭감을 위하여 실시하는 해고이다. 정리해고는 근로자의 사상병이나 비위행위 등 근로자의 책임으로 귀책되는 사유에 의한 해고가 아니라, 사용자의 경영상의 이유에 의한 해고이라는 점에 특징이 있으며, 해고권남용법리의 적용에서 보다 엄격하게 판단해야 하는 것이라고 생각된다. 또한 경영상의 이유에 의한 해고로서는 이 외에 회사해산에 의한 해고도 있고, 이에 대해서는 이미 검토하였다. 정리해고는 기업이 존속하기 위하여 경영상 필요에서 인원삭감을 하기 위한 해고라는 점에서 회사해산에 의한 해고와도 다르다.

정규종업원의 고용존중을 기본원칙으로 하는 일본의 대기업·중견기업의 장기고용시스템에서는 경기의 후퇴나 경제변동시의 구조조정은 노동조합과의 노사협의 하에 잔업규제, 중도채용중지, 배치전환, 신규채용의 감축·정지, 비정규종업원의 고용중지, 일시휴업 등의 수순을 밟아 실시된다. 그리고 이러한 수단에 의해서도 대처할 수 없을 정도의 인원삭감이 필요하다고 여겨지는 경우에는 퇴직금을 더 지불하여 희망퇴직자를 모집하고, 해고는 원칙적으로 하지 않는 것이 보통이다. 이러한 구조조정의 방법은 제1차 석유위기(1973년 말) 후의 대

---

61) 해고는 해고권남용으로 무효가 되지만, 지위확인·임금청구를 용인하면서 불법행위는 되지 않는다고 한 최근의 판례로서 トーコロ事件 ― 東京地判 平6. 10. 25, 労判 662호, 43면; 明治ドレスナー・アセットマネジメント事件 ― 東京地判 平18. 9. 29, 労判 930호, 56면; 学校法人尚美学園事件 ― 東京地判 平24. 1. 27, 労判 1047호, 5면.

62) 인정한 것은 S社[派遣添乗員]事件 ― 東京地判 平17. 1. 25, 労判 890호, 42면(연수입 1년분); インフォーテック事件 ― 東京地判 平19. 11. 29, 労判 957호, 41면(6개월분의 급여); テイケイ事件 ― 東京地判 平4. 9. 28, 労判 617호, 31면; 앞의 각주의 小野リース事件.

63) 앞의 각주의 吉村·吉村商会事件.

규모의 구조조정에서 수립되어 거품경제 붕괴 후의 장기경제침체하의 구조조정과 사업재구축에서도, 또한 2008년 가을의 리먼 브라더스 쇼크로 발단이 된 불황 하에서도 기본적으로는 답습되고 있다.64) 그래서 인원삭감을 위하여 해고가 이루어지는 것은 상기의 방법에 의하지 않는 근로자를 해고하는 등 상기 방법을 관철하기 위한 경우, 상기 방법에 따르기 어려운 도산·사업폐쇄의 경우, 상기 방법이 수립되어 있지 않은 중소기업·외자계열 기업에서의 인원삭감의 경우 등이다.

정리해고가 해고권 남용이 되지 않는지의 여부에 대해서 판례는 1975년경부터 기업에서의 구조조정의 상기 방법을 참고로 하여 다음의 네 가지 사항에 착안한 판단을 해오고 있다.65)

첫째는 인원삭감의 필요성이다. 즉 인원삭감조치(이것을 내용으로 하는 기업의 축소, 정비, 합리화계획) 실시가 불황, 사양화, 경영부진 등에 의한 기업경영상 충분한 필요성에 근거하고 있다는 점, 내지는 '기업의 합리적인 운영상 부득이한 조치'로 인정되는 것이다.66)[22]

둘째 요건은 인원삭감 수단으로서 정리해고(지명해고)를 선택하는 것의 필요성이다. 즉 인원삭감을 실현할 때에는 사용자는 배치전환, 출향, 일시귀휴, 희망퇴직 모집 등의 다른 수단에 의해 해고회피노력을 하는 신의칙상 의무('해고회피노력의무')를 지는 것으로 하고 있다. 그리고 배치전환, 임의퇴직자의 모집 등의 다른 수단을 시도하지 않고 바로 정리해고를 실시하는 경우에는 거의 예외 없이 그 해고는 해고권 남용으로 보고 있다.67) 단 지명해고를 회피하기 위해 어떠한 수단을 어떠한 절차로 시도할 것인가에 대해서는 개별상황과 상관없이 획일적 요건을 설정해서는 안 되고, 법원은 기업이 채택한 수단과 절차가 해당 인원정리의 구체적 상황 속에서 전체적으로 지명해고회피를 위한 진지하고 합리적인 노력이라고 인정할 수 있는지의 여부를 판정해야 할 것이다. 예를 들어, 경영위기에 처한 긴급피난형 정리해고와, 적극적 정리해고로서의 경영전략형 해고에서는 후자 쪽이 당연히 해고회피의 노력이 배려되어야 하는 것은 당연하

---

64) 거품경제 붕괴 후의 장기 경제침체하의 고용조정의 양상에 대해서는 菅野, 新·雇用社会の法 [補訂版], 83면 이하 참조.

65) 대표적인 것은 東洋酸素事件 — 東京高判 昭54. 10. 29, 労民 30권 5호, 1002면. 판례의 분석은 下井, 労基法, 178면 이하; 小西國友, 解雇と労働契約の終了, 23면 이하; 奥田香子, 「整理解雇の事業類型と判断基準」, 労働法 98호, 47면.

66) 앞의 각주 東洋酸素事件.

67) 예를 들어 あさひ保育院事件 — 最一小判 昭58. 10. 27, 労判 427호, 63면.

다.68)㉓

셋째 요건은 피해고자 선정의 타당성이다. 몇 명 근로자의 정리해고가 부득이하다고 인정되는 경우에도 사용자는 피해고자의 선정에 대해서는 객관적이고 합리적인 기준을 설정하고 이것을 공정하게 적용하여 실시할 것을 필요로 한다. 이리하여 기준을 완전히 설정하지 않고 시행된 정리해고와 법원이 객관적이고 합리적이지 않다고 간주한 기준에 의한 정리해고는 무효로 하고 있다.㉔

넷째 요건은 절차의 타당성이다. 단체협약에 해고 일반 또는 인원정리에 대해 사용자에게 조합과의 협의(경우에 따라서는 동의를 얻을 것)를 의무화하는 조항이 있는 경우에는 구체적인 인선기준과 타당성의 여부에 대해 충분한 협의를 거치지 않고 시행된 해고가 협약위반으로서 무효가 된다는 것은 오래 전부터 의견이 일치된 부분이다. 그러나 판례는 그러한 협약상의 규정이 없는 경우에도 사용자는 노동조합 또는 근로자에 대해 정리해고의 필요성과 그 시기·규모·방법에 대해 납득을 얻기 위해서 설명하고, 또 그러한 자와 성의를 가지고 협의해야 할 신의칙상 의무를 진다고 보고 있다.

법원은 최근까지는 거의 똑같이 이러한 네 가지의 사항을 정리해고가 유효하기 되기 위해서는 모두 충족해야 하는 '4요건'으로 해석해왔다. 그러나 거품경제붕괴 후의 장기적이고 심각한 경제변동을 겪는 가운데, 기존에 없는 확산과 다양성으로 인원삭감이 실시되는 양상을 접하여 이러한 네 가지의 사항을 정리해고의 유효성을 판단하는 네 가지의 포인트(요소)로 이해하고, 정리해고는 이러한 요소에 관한 여러 사정의 종합적인 판단에 의하는 것이라는 판단시스템을 채택하는 판례가 증가하고 있다.69)㉕㉖

㉒ 인원삭감의 필요성 정도

판례 중에는 이 '필요성' 내지 '부득이 함'에 대해 해당 인원삭감 조치를 실시하지 않으면 해당 기업이 '도산필지'의 상황에 있다는 것까지를 필요로 한다고 주장하는 경우도 있지만, 대부분은 채무초과와 적자누적으로 나타난 고도의 경영상 어려움에서 해당 조치가 요청되는 정도면 충분하다고 보고 있다(예를 들어 大阪曉明館事件 ─ 大阪地決 平7. 10. 20, 労判 685호, 49면). 그리고 판례는 이 필요성의 존재여부에 대해 해당 기업의 경영상태를 상세하게 검토하는데, 결론적으로 대부분의 사건에서는 그 요건의 구비를 인정하고 있다. 요컨대 법원은 인원삭감 필요성에 관한 경영전문가의 판단을 실제상으로는 존중하고 있다고 할 수 있다. 필요성을 부정하는 판례의 전형은 재정상황의 견적이 부정확하다고 인정되거나 인원삭감조치 결정 후 곧 대폭적인 임금인상이나 다수의 신규채용과 고율의 주식배당을 실시하는 등, 모순

---

68) 앞의 奧田論文, 52면.
69) 4요소설을 지지하는 학설로는 荒木, 労働法, 259면. 사견도 동일하다.

된 경영행동이 취해진 경우이다(최근에는 泉州学園事件 ― 大阪高判 平23. 7. 15, 労判 1035호, 124면). 또한 인원삭감조치가 흑자경영 속에서 경영합리화나 경쟁력강화를 위한 전략으로서 이루어진 경우에는 기업의 합리적인 운영상의 필요성은 인정된다고 해도, 인원삭감은 배치전환·출향이나 퇴직금을 더 주어 희망퇴직자를 모집하는 등으로 실현해야 하며, 인원삭감의 필요성과 해고회피노력의무의 어느 한 가지를 충족시키지 못하다고 간주되는 경우가 많을 것이다(東洋酸素事件 ― 東京高判 昭54. 10. 29, 労民 30권 5호, 1002면은 구인이 많았던 당시의 전직시장 등에 의하여 정리해고가 유효하다고 간주된 특수한 사안이라고 할 수 있다).

② 해고회피책으로서의 배치전환·출향·전적을 둘러싼 문제

인원삭감의 필요성으로 이를 실시하는 기업이 해고회피조치로서 배치전환과 출향·전적을 시도하려는 의무를 어느 범위에서 가지는가는 하나의 문제이다. 일반론으로는 직종·근무지를 한정하지 않고 고용된 정규종업원에 관해서는 이러한 회피조치를 폭넓게 인정해야 하지만, 기업규모와 근로자의 직업능력 등에서 회피조치를 기업에 기대할 수 없을 때에는 이를 획일적으로 강제해서는 안 된다(ティアール建材·エルゴテック事件 ― 東京地判 平13. 7. 6, 労判 814호, 53면). 문제는 직종·근무지가 한정된 종업원의 경우인데, 이 경우도 즉시 배치전환과 출향조치를 필요로 하지 않는 것이 아니라 해고회피를 위한 노력을 요구해야 할 것이다(근로자가 사전편집업무를 목적으로 고용된 것만을 이유로 해고회피노력의무의 전제가 결여되었다고 하여 해고가 유효하다고 판단한 角川文化振興財団事件 ― 東京地決 平11. 11. 29, 労判 780호, 67면은 의문).

또 기업이 해고회피책으로 관련 회사로의 출향과 전적을 시키려고 해서 거부당한 경우의 정리해고의 정당성도 문제가 된다. 이미 언급했듯이 고용조정의 필요성이 그 자체로서 근로자의 출향의무를 창설하는 것이 아니라, 출향의무의 존재여부는 취업규칙과 단체협약상 근거규정과 출향의 여러 조건에 비추어 해당 출향이 근로계약상 수용된 것인지의 여부로 판정된다. 이러한 관점에서 출향의무가 긍정되면 출향거부는 해고사유가 되고 이러한 면에서 해고가 정당화될 것이다. 이에 비해 출향의무가 긍정되지 않는 경우에는 이 자에 대한 정리해고 유효성은 정리해고의 여러 요건에 비추어 판단되어 그 가운데 출향에 의한 해고를 회피하려고 노력한 점이 고려되게 된다(이 입장에 서면서 정리해고를 부정한 판례로서 大阪造船所事件 ― 大阪地決 平元 6. 27, 労判 545호, 15면). 전적에 대해서도 마찬가지로, 전적거부자의 해고 유효성은 다른 해고회피조치의 가능성을 포함한 정리해고의 법리에 의해 판단되게 된다(사례로서 千代田化工建設事件 ― 東京高判 平5. 3. 31, 労判 629호, 19면).

② 합리적인 정리기준

객관적이고 합리적인 정리기준으로 인정되는 경우로서는 결근일수, 지각횟수, 규율(명령)위반도 등의 근무성적과 근속연수 등의 기업공헌도, 그리고 '30세 이하의 자' 등의 낮은 경제적 타격정도 등이 있다. 다만, 이러한 기준은 상호간에 모순될 수 있는 것들이다(특히 근무성적과 낮은 경제적 타격정도는 그러하다). 또 성적사정에만 근거한 피해고자의 선정은 다분히 주관적이고 합리성이 부족하다고 여겨지는 경향에 있는 등, 판례도 이 점에서는 판단이 일관되지 않는다. 결국 피해고자 인선 기준에 대해서는 기본적인 견해를 달리하는 몇 가지 계통의 기준이 있을 수 있는 이상, 그 중 어느 것을 선택할 것인가는 해당 노사의 전체적인 이해(납득)를 존중해야 할 것으로 생각된다(단, 예를 들어 연령을 중시하여 고령자(53세 이상)를 대상으로 한 경우도 조기할증퇴직금을 지급하거나, 능력 및 성적을 감안하는 등 유연하게 대처할 것이 요구된다. ヴァリグ日本支社事件 ― 東京地判 平13. 12. 19, 労判 817호, 5면).

25 정리해고에 관한 판례의 경향

　일본 경제의 장기침체를 배경으로 한 기업의 사업재구축의 진전 이후, 판례는 정리해고규제를 부분적으로 완화하는 경향을 제시하고 있다(상세한 것은 盛誠吾,「整理解雇法理の意義と限界」, 労旬 1497호, 6면; 土田道夫,「整理解雇」百選[7版], 170면 참조).

　즉, ① 이상의 정리해고의 4'요건'을 4'요소'로 해석하고(4요소설), 정리해고의 유효성을 이러한 4요소의 종합판단으로 해석하는 판례가 증가하고 있다(ナショナル・ウエストミンスター)銀行[3次仮処分]事件 ― 東京地決 平12. 1. 21, 労判 782호, 23면; ワキタ事件 ― 大阪地判 平12. 12. 1, 労判 808호, 77면; CSFBセキュリティーズ・ジャパン・リミテッド事件 ― 東京高判 平18. 12. 26, 労判 931호, 30면 등)

　② 인원삭감의 필요성에 관해서는 기업의 경영판단을 존중하여 사법심사를 삼가는 판례가 많고, 기업이 전체로서 경영위기에 빠지고 있지 않아도 경영합리화와 경쟁력강화를 위해 실시하는 인원정리에 필요성을 인정한 판례가 늘어나고 있다(앞의 ナショナル・ウエストミンスター銀行[3次仮処分]事件; 앞의 ワキタ事件; 北海道交運事業協同組合事件 ― 札幌地判 平12. 4. 25, 労判 805호, 123면).

　③ 해고회피노력의무에 관해서도 각종의 회피조치를 획일적으로 요구하는 판단은 후퇴하고 있고, 희망퇴직자 모집에 대해, 희망퇴직자 모집으로 유능한 종업원의 퇴직을 초래하거나, 종업원의 쓸데없는 불안을 초래할 경우의 모집 필요성을 부정한 판례(シンガポール・デベロップメント銀行[本訴]事件 ― 大阪地判 平12. 6. 23, 労判 786호, 16면)와, 해고회피조치를 기본으로 하면서도 이것이 곤란한 경우는 경제적 보상과 재취직 지원조치로 충분하다고 판단한 판례(앞의 ナショナル・ウエストミンスター銀行[第3次仮処分]事件)가 있다.

　④ 단, 이러한 경향이 정리해고법리의 전면적인 규제완화를 초래하고 있는 것은 아니다. 엄격한 4요건설을 견지하고 있는 판례도 있다(九州日誠電気事件 ― 熊本地判 平16. 4. 15, 労判 878호, 74면). 4요소설의 구조에서도 해고회피조치와 피고용자 선정의 합리성에 문제가 있는 사안에서는 그것만을 이유로 정리해고가 무효로 여겨지고 있다(전자로는 앞의 ワキタ事件, 후자로는 労働大学[第二次仮処分]事件 ― 東京地決 平13. 5. 17, 労判 814호, 132면). 해고회피조치에 대해서도 배치전환・출향과 희망퇴직자 모집이 사용자에게 기대 가능한 이상 전력을 다해야 할 조치로 여겨지고 있다(マルマン事件 ― 大阪地判 平12. 5. 8, 労判 787호, 18면. 소규모 기업이기에 배치전환 등의 회피조치가 곤란하다고 하여 해고(고용중지)가 유효하다고 한 판례로 앞의 ティアール建材・エルゴテック)事件). 또한 피고용자 선정의 타당성과 협의・설명의무도 정리해고의 중요한 요소로서 유지되고 있다(노동조합과의 교섭이 불충분하다고 하여 해고무효로 판단한 사례로서, 京都エステート事件 ― 京都地判 平15. 6. 30, 労判 857호, 26면).

　대체로 판례는 기업간 경쟁의 격화와 기업재편 등의 새로운 경향을 바탕으로 정리해고법리를 적절하게 수정하면서, 사용자의 자의적인 해고를 체크하는 자세를 견지하고 있다고 할 수 있다.

26 외부노동시장형 기업에서의 정리해고

　앞에서 언급한 것처럼, 정리해고의 4요건은 제1차 석유위기(1973년) 이후의 시기에 제조업을 중심으로 확산된, 기업이 기업별노조와 협의하면서 해고이외의 수단을 다하는 구조조정 방법을 판례가 법리화한 것이다. 이것은 종업원(정사원)을 장기적으로 육성・활용하고 불황시에는 노동력의 양과 인원수를 기업(기업그룹)내에서 조정하는 장기고용관행(내부노동시장)을 가진 기업에 적합한 법리로, 경제의 장기침체기에 4요건설을 수정하고 있지만, 그러한 기본적인 성격은 변함이 없다.

이에 대하여 경제의 세계화를 배경으로, 노동력의 조달·조정을 외부노동시장(전직시장)을 이용함으로써 행하는 기업도 외자계열 기업을 중심으로 어느 정도 존재하게 되었다. 이러한 기업은 전직시장의 존재를 전제로 부문이나 직종의 전문성을 중시한 엄격한 정원관리를 하여 직무와 성과에 따른 높은 수준의 임금·처우제도를 채택하고 있는 곳이 많다. 이러한 기업이 경기변동이나 구조변화에 대응할 때에는 내부노동시장의 고용조정방법을 동원하여 해고를 회피하고자 하기보다도, 불필요하게 된 직무에 종사하는 종업원에 대하여 '패키지(package)'라고 칭하는 퇴직조건의 제안을 하면서 전직을 촉구하고, 이에 응하지 않으면 정리해고를 실시하게 되기 쉽다. 이러한 정리해고도 4요소설에 비추어 판단하게 되지만, 그러한 적용에서는 상기와 같은 고용·처우의 구조적 차이를 고려대상으로 할 필요가 있다.

판례로서는 영국의 Y은행 도쿄지점이 국제금융사정이 격변하는 가운데 수익력이 현저하게 저하된 부문의 폐쇄를 결정하고 동부문의 관리직 X에 대하여 다른 부문의 관리직 포스트로의 배치전환은 불가능하다고 하여 소정의 퇴직금에 대한 특별퇴직금과 재취직 알선회사의 서비스를 받기 위한 금전적 원조를 제안하면서 합의해지를 신청하고, 또한 다른 부문의 직원으로의 배치전환과 임금저하분의 부분적 보전을 신청하여 X가 소속된 노동조합과 교섭했지만 수락하지 않기 때문에 특별퇴직금을 대폭적으로 더 지급하여 X를 해고한 사건이다. 이 사건에서는 법원은 4요소설을 적용하여 Y은행은 해당 근로자를 다른 부문에서 활용할 수 없고, 당분간의 생활유지 및 재취직의 편의를 위해 상응하는 배려를 하여 고용해소에 대하여 근로자의 납득을 얻기 위한 설명을 하는 등, 성의를 가지고 대응하였다고 하여 해고를 유효한 것이라고 했다(ナショナル・ウエストミンスター銀行[第3次仮処分]事件 ― 東京地決 平12. 1. 21, 労判 782호, 23면). 전직시장형의 고용·처우관리를 고려대상으로 한 판단사례라고 할 수 있을 것이다(또한 シンガポール・デベロップメント銀行[本訴]事件 ― 大阪地判 平12. 6. 23, 労判 786호, 16면에서는 4요건설 중에서 전직알선서비스를 포함한 패키지를 고려대상으로 하고 있어, 그러한 판단의 맹아(萌芽)가 보인다).

이에 대하여 2008년 가을의 리먼 브라더스 쇼크에 의하여 막대한 손실을 입은 외자계열 증권회사가 정리해고책의 일환으로서 하이리스크의 금융상품으로부터의 철퇴를 실시하여 이 상품을 취급하고 있던 X를 6개월간 자택대기(유급), 전직할 회사의 소개, 퇴직금에 대한 6개월분의 추가라는 패키지를 제공하고, 6개월 경과 후에 해고한 사안에 대해서 법원은 4요소설의 적용에서 해당 부문에서 4명에게 퇴직권장을 하면서 4명을 신규로 채용한 점, 남은 자에게 다액의 인센티브 보너스를 지급하거나 연봉을 인상하거나 한 점을 중시하여, 업무상의 필요성에 비하여 해고회피노력이 불충분하다고 하여 해고무효라고 했다(クレディ・スイス証券事件 ― 東京地判 平23. 3. 18, 労判 1031호, 48면). 사안의 차이는 큰 것 같지만, 내부노동시장형의 정리해고법리를 이용한 판단이라고 할 수 있을까.

4. 특별한 사유에 의한 해고제한

해고에 대해서는 이상의 해고예고의무와 해고권남용법리가 기본적으로 주요한 법규제이지만, 현행법상 이러한 것들 외, 특별한 사유가 있는 경우의 해고금지가 각종 입법에 강행규정으로 정해져 있다. 이러한 대부분은 각 관련부분에서 해설하기로 한다.

(1) 산전산후의 휴업 중·업무상 재해에 의한 요양 중의 해고금지

사용자는 근로자가 업무상 부상당하거나 또는 질병에 걸리거나 요양을 위해 휴업하는 기간 및 그 후의 30일간은 그 근로자를 해고할 수 없다(노기 19조 1항). 또, 산전산후의 여성이 노기법의 규정(동 65조)에 의해 휴업하는 기간 및 그 후의 30일간도 동일하다(동 19조 1항). 이러한 것은 근로자가 업무상의 부상·질병의 경우의 요양(동 75조) 및 산전산후의 휴업을 안심하고 할 수 있도록 하여 노기법이 제정 당초부터 마련해 온 해고금지이다.☒

이상의 해고금지의 예외는 첫째, 업무재해에 의한 요양의 경우의 해고금지에 대하여 사용자가 중단보상(노기 81조)을 지불한 경우이다(동 19조 1항 단서 전단).70) 이에 대해서는 산재보험급여와의 관계가 문제가 되지만, 피재근로자가 요양시작 후 3년을 경과한 날에 상병보상연금을 받고 있는 경우 또는 그 날 이후 상병보상연금을 받게 된 경우에는 3년을 경과한 날에 중단보상이 지불되는 것으로 간주된다(노재보 19조).

두 번째의 예외는 업무재해 및 산전·산후의 해고제한을 통하여 '천재지변, 그 외 부득이한 사유 때문에 사업의 계속이 불가능하게 된 경우'이다. 이 경우에는 그 사유에 대하여 행정관청(노동기준감독서장)의 인정을 받아야 한다(동 19조 1항 단서 후단, 2항).

업무재해의 경우의 해고제한을 초래하는 '요양'이란, 노기법 및 노재보험법상의 요양보상·휴업보상의 대상이 되는 '요양'과 같으며, 치유(증상고정) 후의 통원 등은 포함되지 않는다. 즉 업무상의 부상, 질병이 치유된 후에 직장복귀불능을 이유로 해고하는 것에 대해서는 이러한 해고제한은 적용되지 않는다.71) 한편, '요양을 위해 휴업한다'의 '휴업'에는 전부 휴업뿐만 아니라 일부 휴업도 포함된다(앞의 각주의 大阪築港運輸事件).72)

☒ **해고제한기간내의 해고예고**
이 해고제한에 대해서는 학설상으로는 해고제한을 보다 조심스럽게 하는 관점에서 사용

---

70) 업무상의 질병(우울성 장애)으로서 휴업보상을 지불해 온 종업원에 대한 중단보상을 지불한 해고를 유효하다고 인정한 판례로서, アールインベストメントアンドデザイン事件 ― 東京地判 平21. 12. 24, 労経速 2068호, 3면.

71) 光洋運輸事件 ― 名古屋地判 平元 7. 28, 労民 40권 4=5호, 463면; 名古屋埠頭事件 ― 名古屋地判 平2. 4. 27, 判タ 738호, 100면; 大阪築港運輸事件 ― 大阪地決 平2. 8. 31, 労判 570호, 52면.

72) 우울증에 의해 휴업기간이 만료되어도 직장복귀가 곤란하여 요양을 계속하고 있는 근로자에 대한 휴직기간 만료에 따른 해고에 대하여 우울증이 업무에 기인하는 것으로 인정되고, 사용자는 본조에 의한 해고제한을 받게 된다고 한 판례로 東芝事件 ― 東京高判 平23. 2. 23, 労判 1022호, 5면.

자는 해고 제한기간 내에는 해고예고도 포함하여 해고의사표시를 하는 것을 일절 금지하고 있다고 주장하는 학자도 많다(萩澤清彦, 「解雇」, 経営法学全集15 人事, 153면). 그러나 판례(東洋特殊土木事件 ― 水戸地龍ケ崎支判 昭55. 11. 18, 労民 31권 1호, 14면)는 사용자는 제한기간 내에 효력이 발생하는 해고를 금지시키는 것뿐이라고 해석하고 있고, 치료기간 중에 이루어진 치료 후 30일이 경과됨으로써 해고한다는 취지의 예고해고를 해고제한 위반은 아니라고 했다. 노기법이 휴업기간뿐만 아니라 '그 후의 30일간'도 해고금지기간으로 하고 있는 것은 휴업기간종료 시점에서의 해고예고를 예상하고 그 효과발생을 해고예고의무규정(노기 20조)에 입각하여 30일 먼저 하게 한 취지라고 보는 것이다. '해고'와 '해고예고'는 노기법상 명확하게 나눠져 사용되고 있으므로 규정 문언상 후설이 옳다고 생각된다(같은 취지: 寺本廣作, 労働基準法解説, 193면; 野田進, 「解雇」, 現代講座(10), 222면).

(2) 국적·신조·사회적 신분에 의한 불이익취급으로서의 해고 금지

노기법은 또 사용자가 근로자에 대해 국적·신조·사회적 신분에 의해 근로조건에 대하여 차별적 취급을 하는 것을 금지하고 있고(노기 3조), 그 일환으로서 그러한 사유에 의한 해고를 금지하고 있다.

(3) 부당노동행위로서의 해고 금지

노기법은 사용자에 대해 고용하는 근로자가 노동조합원인 것, 정당한 노동조합활동을 한 것을 이유로 하는 불이익 취급으로서의 해고를 금지하고 있다(노조 7조 1호, 4호).

(4) 고용기회균등법에 의한 해고 금지

고용기회균등법은 사업주에 대해 근로자가 성별을 이유로 하여 해고하는 것(6조 4호) 및 여성근로자가 혼인하여 임신하고 출산 또는 산전산후의 휴업(내지 그 청구)을 한 것 등을 이유로 해고하는 것을 금지하고 있다(9조 2항, 3항). 또한 이러한 성차별의 금지규정을 둘러싼 분쟁에 대하여 근로자가 도도부현 노동국장에게 해결의 원조를 요구한 것, 조정을 신청한 것을 이유로 하는 해고도 금지하고 있다(17조 3항, 18조 2항).

(5) 육아개호휴업법에 의한 해고 금지

육아개호휴업법은 육아휴업·개호휴업, 자녀의 간호휴업·개호휴업, 소정외근로의 제한, 시간외근로의 제한, 심야업의 제한, 소정근로시간의 단축 등의 육아·개호의 지원조치의 이용을 신청하거나 또는 이러한 것을 이용을 한 것을 이유로 하는 해고를 금지하고 있다(10조, 16조, 16조의 4, 16조의 7, 16조의 9, 18조의 2, 20조의 2, 23조의 2). 또한 이러한 조치를 둘러싼 분쟁에 대하여 근로자가

도도부현 노동국장에게 해결의 원조를 요구한 것, 조정을 신청한 것을 이유로
하는 해고도 금지하고 있다(52조의 4 제2항, 52조의 5 제2항).

(6) 파트타임노동법에 의한 해고의 금지

파트타임노동법(단시간근로자법)은 통상의 근로자와 동일시해야 하는 단시간
근로자에 대한 차별적 취급으로서의 해고를 금지하고 있다(8조 1항). 또한 동법
상의 규제를 둘러싼 분쟁에 대하여 단시간근로자가 도도부현 노동국장에게 분
쟁해결의 원조를 요구한 것, 조정을 신청한 것을 이유로 하는 해고를 금지하고
있다(21조 2항, 22조 2항).

(7) 노동보호법의 위반신고를 한 것을 이유로 하는 해고 금지

노기법 등 몇 가지의 노동보호입법에서는 근로자가 법위반을 감독관청에 신
고한 것을 이유로 당해 근로자를 해고하는 것을 금지하고 있다(노기 104조의 2
항, 최임 34조 2항, 노안위 97조 2항, 진폐 43조의 2, 임확 14조의 2항, 선원 112조 2항,
항만노동 44조 2항 등).

(8) 개별노동관계분쟁해결촉진법에 의한 해고의 금지

개별노동관계분쟁해결촉진법은 개별노동관계분쟁에 대하여 근로자가 도도부
현 노동국장에 해결의 원조를 요구한 것, 알선을 신청한 것을 이유로 하는 해
고를 금지하고 있다(4조 3항, 5조 2항).

(9) 공익통보를 했던 것을 이유로 하는 해고 금지

공익통보자보호법은 근로자가 일정 요건 하에서 공익통보를 했던 것을 이유
로 한 해고를 금지하고 있다(3조).

5. 변경해약고지

(1) 변경해약고지의 의의

사용자가 행하는 해고에도 근로자와의 근로계약의 해지 그 자체를 위해 실
시되는 것이 아니라, 근로조건을 변경수단으로서 이루어지는 것도 있다. 독일법
의 용어를 빌려 '변경해약고지'라고 한다(단, 일본에서는 소급효가 인정되지 않으므
로, 우리나라 표현으로는 「변경해지고지」라 함이 적당하나, 여기서는 원문을 그대로 인
용함; 역자 주).73) 그러나 여기에는 ① 근로조건변경을 신청하면서, 이것이 받아

들여지지 않는 경우에 근로계약을 해지하는 형태74)와, ② 새로운 근로조건에서의 재고용(계약체결) 신청을 하면서, 근로계약의 해지를 하는 형태가 있을 것이다. 또 이러한 방법과 같이, 근로조건 변경 내지는 새로운 근로조건에서의 재고용 신청도 해약고지가 동시에 하나가 되어 이루어지는 것이 아니라, ③ 먼저 근로조건의 변경신청을 하고, 이것이 거부된 경우에 거부된 것을 이유로 근로계약의 해지를 한다는 형태도 있다. 또한 ④ 새로운 근로조건에서의 모집과 해고를 동시에 실시한 뒤, 응모자를 줄여 재고용하고, 인원삭감과 근로조건 변경의 쌍방을 달성하는 양태도 있을 수 있다. 요컨대 형태변화(variation)는 다양하게 존재한다.75)

판례에서는 예로부터 도쿄지사에 채용된 스튜어디스가 배속된 곳을 파리본사로 이적시키기 위한 변경해약고지(①의 형태)가 문제가 되었으나, 그 개념과 의의를 탐구하지 않고 통상의 배치전환·해고의 판단기준에 의하여 적법하지 않다고 하였다.76) 그러나 그 후, 항공 산업의 국제적 사업재구축이 진행되는 가운데, 도쿄지사의 인원을 대폭적으로 삭감한 후, 잔존 종업원의 고용형태와 근로조건을 근본적으로 변경하기 위해 실시한 변경해약고지(②의 형태)를 정면으로 받아들여, 이에 입각한 판단기준을 설정하여 유효하다고 한 것이 나타났다.77) 또한, 호텔 배선인(配膳人)의 임금을 계산방법의 변경·수당폐지 등으로 인하하기 위한 배선인에 대한 고용중지(③의 형태)에서 근로조건변경에 대한 '조건부 유보 승낙'의 가부가 문제가 된 케이스78)와 인원삭감과 근로조건변경을 동시에 달성하고자 하는 변경해약고지(④의 형태)의 케이스79)도 나타나고 있다.

최근에는 사업의 재구축·재편성이 진행되는 가운데, 근로조건의 변경을 위

---

73) 변경해약고지에 관한 기본문헌으로서는 荒木尚志, 雇用システムと労働条件変更法理, 324면 이하; 山川隆一, 「労働契約における変更解約告知」中嶋士元也還暦·労働関係法の現代的展開, 315면 이하; 金井幸子, 「ドイツにおける変更解約告知の法理(1)~(4·完)」, 名古屋大学法政論集, 209호, 41면 이하, 214호, 205면 이하, 215호, 343면 이하, 219호, 183면 이하.

74) ①의 방법은 엄밀하게는 근로조건의 변경신청을 하면서, 이를 근로자가 승낙하는 것을 해제조건으로 내지는 이를 근로자가 거부하는 것을 정지조건으로, 근로계약 해지의 의사표시를 하는 방법이라는 것이 될 것이다. 山川隆一, 「労働契約における変更解約告知」中嶋士元也還暦·労働関係法の現代的展開, 317면 이하.

75) 労働政策研究·研修機構, 「個別労働関係紛争処理事案の内容分析」, 労働政策研究報告書 No.123 (2010), 42~46면은 중소기업에서 근로조건 변경 또는 해고(퇴직)의 양자택일을 강요받은 노동국 알선사안이 다수 예시되어 있다.

76) エール·フランス事件 ― 東京高判 昭49. 8. 28, 労民 25권 4=5호, 354면.

77) スカンジナビア航空事件 ― 東京地決 平7. 4. 13, 判時 1526호, 35면.

78) 日本ヒルトン事件 ― 東京高判 平14. 11. 26, 労判 843호, 20면. 또한 大阪労働衛生センター事件 ― 大阪地判 平10. 8. 31, 労判 751호, 38면도 ③의 형태의 사건이다.

79) 関西金属工業事件 ― 大阪高判 平19. 5. 17, 労判 943호, 5면.

한 해고가 다양한 형태로 이루어지고 있다고 추측되어 실제적인 관심을 불러일으키고 있다.

(2) 조건부 유보 승낙의 가부

변경해약고지에 대한 첫 번째 문제는 사용자에 의한 근로조건변경 신청에 대해, 근로자가 그 합리성을 다투는 것을 유보하면서 승낙하고, 잠정적으로 새로운 근로조건에 따라 취업함으로써 해고(근로관계의 종료)라는 사태를 회피할 수 없는가이다.

독일에서는 근로계약상, 직종과 근무장소가 특정되어 있는 경우가 많기 때문에, 이러한 변경(주로 배치전환)은 변경해약고지(Anderungskundigung)에 의해 실시될 필요가 있다. 이에 대해서는 해고제한법상 특별규제가 있고, 근로자는 근로조건변경에 승복하지 않으면 변경에 일단 따른 후 근로조건변경이 사회적으로 적합하지 않다는 취지의 소송을 3주간 이내에 노동법원에 제기할 수 있고, 이 소송에서 근로조건변경이 적합하지 않다고 여겨지면 종래의 조건에 복귀할 수 있고, 적합하다면 새로운 조건에 최종적으로 따르든가 아니면 해고가 되든지를 선택하게 된다.

일본 민법에는 신청에 조건을 붙인 승낙은 신청을 거절한 새로운 신청으로 간주한다는 규정(민 528조)이 있고, 다른 한편으로 변경해약고지에 대하여 독일과 같이 근로자에게 잠정적인 고용계속을 가능하게 하는 입법적 수단이 이루어지고 있지 않다. 그래서 상기와 같은 조건부 유보승낙은 인정되지 않는다는 것이 기존의 견해였지만, 최근 근로자가 근로조건변경의 합리성에 대하여 다투는 것을 유보하면서 승낙하고, 잠정적으로 변경후의 근로조건에 따라 취업하는 것을 인정하는 해석론이 주장되어[80] 논쟁을 불러일으키고 있다. 판례에서는 앞에서 언급한 호텔 배선인의 사건에서 조건부 유보승낙의 견해를 고려한 지방법원 판결도 나왔지만,[81] 공소심에서 부정되어[82] 아직 정립되지 않은 상황이다.[83] 조건부 유보승낙은 노동관계를 유지하면서 근로조건변경의 합리성을 다툰다는

---

80) 荒木尙志, 雇用システムと労働条件変更法理, 293면 이하; 山川, 「労働契約における変更解約告知」 中嶋士元也還暦・労働関係法の現代的展開, 331면 이하. 민법 528조는 근로계약과 같은 계속적 계약의 변경 문제에는 적용되지 않고 독자적인 법리를 정립할 수 있다고 한다.
81) 日本ヒルトン事件 — 東京地判 平14. 3. 11, 労判 825호, 13면.
82) 앞의 日本ヒルトン事件.
83) 최근에도 荒木, 労働法, 347면은 조건부 유보 승낙을 인정한 해석론을 재언하고 있다. 또한 西谷, 労働法, 430-431면도 같은 취지. 이에 대하여 野川忍, 「変更解約告知法理の構造と展開」, 渡辺章古稀・労働法が目指すべきもの, 309면은 입법적 해결 방향을 탐색한다.

점에서 고용의 안정·노사관계의 안정에 이바지하는 바람직한 시스템이다. 이를 가능하게 하는 해석론의 모색과 더불어 입법적인 해결도 추구되어야 할 것이다.[84]

(3) 변경해약고지의 효력

변경해약고지도 사용자에 의한 근로계약의 해지이기 때문에, 해고로서의 측면도 가지며 해고권남용법리의 규제에 따른다. 다만, 이것은 근로조건변경의 수단으로서 실시되고 있다는 특수성을 가진다. 그래서 해고권남용법리의 적용에서는 변경해약고지의 특수성을 충분히 고려 대상으로 삼고 판단기준을 만들어야 할 것이다.[85]

먼저, 일본에서는 근로조건변경에는 노동관계를 계속한 채 취업규칙을 합리적으로 변경한다는 보다 온건한 변경수단이 있기 때문에, 이 수단에 의해 대처할 수 있는 경우에는 변경해약고지의 합리성은 인정되지 않는다. 변경해약고지는 변경하고 싶은 근로조건이 개별 근로계약으로 정해져 있는 등, 취업규칙변경에 의해서는 대처할 수 없는 경우에 비로소 허용될 수 있는 것이다.

그래서 변경해약고지는 근로조건변경을 위한 해고이기 때문에, (a) 근로조건변경의 필요성·상당성과, (b) 이것을 해고라는 수단으로 실시하는 것의 상당성의 쌍방을 요건으로 해야 한다.[86] 또한 대상이 된 근로자(집단)와의 협의의 유무·정도도 고려 대상으로 삼아야 하는 사정이다. 다만 보다 구체적인 판단기준은 앞의 ①~④의 어느 형태로 이루어지는가에 따라서 달라지며, 근로조건변경의 상당성에 중점을 두고 판단해야 할 것인지(①은 이 타입), 해고에 중점을 두고 판단해야 할 것(②, ③은 이 타입), 정리해고 그 자체로서 판단해야 할 것

---

84) 2005년 9월 15일의 '今後の労働契約法制の在り方に関する研究会報告'는 이러한 입법적 해결로서 '고용계속형 근로계약변경제도'를 제안하였다. 荒木=菅野=山川, 詳説労働契約法, 173면 이하 참조.

85) 앞의 大阪労働衛生センター事件의 오사카 지방법원에서는 상근수준의 임률로 격리근무를 하는 의국(醫局) 직원에 대하여 병원이 재정난 때문에 상근수준의 임률이라면 매일근무로 바꾸어야 한다는 것을 신청하여 거부당하자 해고하였다. 판결은 근로조건변경을 위한 해고를 새로운 조건에서의 재고용 신청을 동반한다고 하여 완만하게 해석해서는 안 된다고 하지만(이 점에서 이 판결은 변경해약고지를 부정한 판례라고 해석된다), 결국은 '피고의 경영상태가 근로조건을 변경하지 않으면 안 되는 상황에 있었다고는 인정되지 않는다'고 하여 정리해고법리를 근로조건변경을 위해서라는 특색에 입각하여 수정한 구조로 본건 해고의 유효성 판단을 하고 있다.

86) 앞의 日本ヒルトン事件의 1심에서는 근로조건변경에는 경영상의 필요성이 있고, 노동조합과도 교섭하고 있으며 대다수의 근로자는 합의하고 있는 점에서 합리성이 인정되지만, 이 변경에 따르지 않는 것을 이유로 하는 해고에는 상당성이 인정되지 않는다고 판단했다. 이에 대해 2심은 당해 근로자가 일일고용의 고용형태에 있기 때문에, 고용중지에 대해서는 기간의 정함이 없는 근로자의 해고와는 자연히 합리적인 차이가 있다고 하여 고용중지의 상당성을 긍정했다.

(④는 이 타입) 등의 차이가 있을 것이다. 또 집단적인 인원정리가 진행되는 가운데 근로조건을 전체적으로 변경하는 수단으로 실시된 경우인지,87) 계약에 의해 특정되어 있는 직종이나 근무지의 변경이라는 개별적 근로조건을 변경하는 수단으로 실시된 경우인지 등, 근로조건변경의 내용과 상황에 따라서도 달라진다. 변경해약고지의 유효성 판단의 보다 구체적인 기준에 대해서는 조금 더 사안에 따란 판단의 축적을 기다려야 할 필요가 있다.

---

87) 앞의 スカンジナビア航空事件의 변경해약고지는 이 경우의 사례에 속한다. 그래서 판례의 취지는 그러한 종류의 변경해약고지의 유효성 판단 방법에 대하여 다음과 같이 서술하고 있다. '근로조건의 변경이 회사업무의 운영에 있어 필수불가결하고, 그 필요성이 근로조건의 변경에 의해 근로자가 받는 불이익을 상회하고 있으며, 근로조건의 변경에 따른 새로운 계약의 체결 신청이 이에 따르지 않는 경우의 해고를 정당화하기에 충분한 부득이 한 것으로 인정되고, 또한 해고를 회피하기 위한 노력을 충분히 다하고 있을 때에는 회사는 새로운 계약체결 신청에 따르지 않는 근로자를 해고할 수 있다.'

제**4**편

단체적 노동관계법

제 1 장

노동조합의 결성과 운영

　단체적 노사관계란 근로자의 노동관계상의 이익을 대표하는 근로자단체(현행법상으로는 노동조합)의 조직과 운영(이들에 있어 단체와 구성원간의 관계) 및 이 근로자단체와 사용자 또는 사용자단체간의 협의와 교섭을 중심으로 한 관계를 의미한다. 이러한 단체적 노사관계를 규정하는 법분야가 단체적 노사관계법이다. 개별적 노동관계법이란 근로계약관계의 내용을 다수의 노동보호법규가 종횡으로 규율하고 있는 법분야인데 비해, 단체적 노사관계법은 노사대등의 이념에 기초하여 노동조합의 자치 및 노동조합과 사용자간의 자치(노사자치)의 건전한 발전을 촉진할 것을 기본목표로 하고, 이를 위한 기본적 원칙과 원조절차를 설정하는 소극적인 제정법과 판례법리를 가지는 데 그친다.

제 1 절　서　　설

1. 노동조합에 관한 법률정책

　노동력의 거래에 있어서 근로자의 단결체인 노동조합에 관하여 선진자본주의의 여러 나라에서는 다음과 같은 네 가지 유형의 법률정책이 성립해 왔다.

⑴ 금　압(禁壓)

　자본주의 경제사회 초기에는 거래의 자유, 영업의 자유, 노동의 자유라는 개인적 자유가 기본적 법원칙으로서 강조되어, 그 사회의 법적 기초로서 개인적 시민적 자유를 옹호하는 입장에서 노동조합의 결성(단결)과 그 활동(특히 파업ㆍ피케팅)을 금압하는 법률 정책이 취해졌다. 즉 노동조합 결성을 형벌로써 금지하는 단결금지법과 파업·피케팅을 민사법(계약법·불법행위법)상 위법으로 하여 손해배상책임을 부과하는 법리 등이 성립했다.

(2) 법 인(法認, 방임)

근로자의 정치적 세력이 증대하고 또한 노동조합의 의의에 대한 사회의 인식이 바뀌자, 노동조합의 존재는 법 세계에서도 공인되게 되었다. 그러나 이 노동조합의 법인은 노동조합의 결성과 그 활동에 대한 시민법상의 형사책임과 민사책임을 제거(면책)하는 데 지나지 않고, 노동조합에 대해 적극적인 법의 조력을 준 것은 아니다. 즉 노동조합과 그 활동은 그 밖의 사적 단체 및 그 활동과 같이 각별한 법적 억제를 받지 않게 된 데 지나지 않았다. 영국에서는 이 법률정책이 임의주의(Voluntarism) 내지는 집단적 자유방임(Collective Laissez-Faire)이라는 이름하에 오랜 기간 동안 유지되었다.

(3) 조 성

다음으로 나타난 것이 노동조합의 결성과 활동의 적법성을 승인할 뿐만 아니라, 이들에 대한 사용자의 간섭·방해 행위로부터의 보호조치를 강구하여 노동조합의 결성·운영을 적극적으로 조성하는 법률정책이다. 그 전형은 미국의 와그너법(1935년, Wagner Act)으로 동법은 근로자가 단결하고 단체교섭하고 단체행동을 할 권리를 선언한 후에 이러한 권리를 침해하는 사용자의 행위(불이익 취급, 단체교섭거부, 지배개입)를 불공정 노동행위(unfair labor practice)로서 금지하고, 이 금지 위반에 대해 전문적인 행정위원회가 구제명령을 발할 수 있게 하였다. 일본의 노동조합법제도 동법의 영향을 받은 것으로 이 유형에 속한다.

(4) 현대적 규제

국가에 따라서는 이상의 법인과 조성에 의해 거대한 조직체가 된 노동조합의 권력남용이 문제가 되어, 이러한 남용으로부터 사회와 근로자개인의 이익을 옹호하기 위한 법규제가 이루어지는 경우가 있다. 미국에서는 클로즈드 숍(closed shop)의 금지, 노동조합의 세력다툼 파업 및 2차적 파업의 금지, 국민의 안전과 건강을 위협하는 대규모 파업에 대한 중지절차의 설치 등을 하였다(1947년 태프트-하틀리법(Taft-Hartley Act)). 또 조합간부의 부패와 권력남용을 방지하기 위해 조합내부의 민주적 절차와 조합원 개인의 권리를 수립하고, 아울러 조합재정에 대한 국가적 감독체제를 정비하였다(1959년 랜드럼 그리핀법

(Landrum-Griffin Act)). 영국도 1980년대 대처정권하에서 일련의 입법(1980년, 1982년, 1988년의 각 고용법; 1984년의 노동조합법 등)에 의해 2차적 쟁의행위의 위법화, 클로즈드 숍의 제한, 조합 내 각종 투표절차의 엄격화 및 조합원 개인권리의 보장 등을 위한 법규제를 도입했다.

2. 종업원대표제

미국과 유럽국가에서 당초에는 금지되었으나 얼마 지나지 않아 법인 내지는 조성된 것으로는 근로자의 경제적 이익을 직업별 내지는 산업별 단체교섭에 의해 옹호할 것을 주된 활동으로 하는 기업횡단적인 노동조합 운동이었는데, 유럽의 몇몇 국가에서는 직업별 내지는 산업별 단체교섭과는 별개로 기업 내지는 사업소에서 경영·노동관계상 근로자의 이익대표기관을 법으로 제도화하였다. 독일의 사업소위원회(Betriebsrat), 프랑스의 기업위원회(comité d'entrprise) 등이 대표적이다.[1] 이러한 종업원 대표기관은 일정 규모 이상의 기업에서 설치가 반강제되며, 기업·사업소의 단체교섭사항 이외의 종업원 이익에 관한 사항에 대하여 기업결정에 의견표명, 협의, 공동결정 등의 절차에 관여할 수 있는 권리가 부여된다. 이러한 종업원대표제도는 기업의 노사공동 이익을 근로자의 참가에 의하여 추진하려고 하는 제도로 노사대결을 예정한 단체교섭과는 달리 노사협력·협조를 기본이념으로 한다. 따라서 종업원 대표기관은 노동조합과는 달리, 종업원 전원이 당연히 참가하며 협의를 위한 대표자를 법정절차에 따라 선출되며, 사용자로부터 활동의 다양한 면에서 경비원조를 받는다.

이상과 같은 종업원 대표기관이 제도화된 국가에서는 근로자단체와 사용자 내지는 사용자단체와의 노사관계는 기업횡단적인 단체교섭제도와 기업의 종업원대표제도의 이원적(기능분담적)인 것이 된다. 즉 단체교섭은 산업(내지는 직업) 전반에 걸친 임금·근로조건의 기준을 정립하고, 종업원대표제도는 기업에서 종업원의 이익에 관련된 여러 결정에 관여한다.[2] 이에 대해 미국이나 일본과 같이 종업원대표제도가 제도화되지 않은 국가에서는 노사관계제도는 노동조합

---

1) 이들의 사상적 계보에 대해서는 村上淳,「ドイツにおける労働者代表制度の形成」, 法協 90권 1호, 94면; 田端博邦, 「フランスにおける労働者参加制度 ― 企業委員会制度の形成と展開(1)(2)」, 社会科学研究 26권 6호, 1면; 27권 1호, 34면.
2) 독일의 단체교섭과 종업원대표제도 관여에 대해서는 野川忍,「変貌する労働者代表」, 現代の法(12), 職業生活と法, 128면 이하.

에 의한 단체교섭제도를 중심으로 한 일원적인 것이 되는데, 실제상으로는 노동 조합이 기업수준의 경영·노동관계에 대해서도 단체교섭 이외의 절차를 발전시 켜 근로자의 이익을 옹호하게 된다(미국의 고충처리제도, 일본의 노사협의제도 등).

3. 노동조합에 관한 현행법의 개관

일본의 현행법에서 노동조합의 결성과 그 활동에 관하여 법규정을 하고 있 는 법률은 노동조합법(1947년 법 174, '노조법'이라고 약칭)이다. 이 법은 '근로자가 사용자와의 교섭에서 대등한 입장에 서는 것을 촉진함으로써 근로자의 지위를 향상시키는 것'을 근본적인 목적으로 하고 있다. 이 '노사대등'의 근본목적을 위 해 동법은 또한 '근로자가 그 근로조건에 대해 교섭하기 위해 스스로 대표자를 선출하는 것, 그 외에 단체행동을 하기 위해 자주적으로 노동조합을 조직하고 단결하는 것을 옹호하는 것', '또 사용자와 근로자의 관계를 규제하는 단체협약 을 체결하기 위한 단체교섭을 하는 것 및 그 절차를 조성하는 것'을 목적으로 하는 것이다(1조 1항). 요컨대 노조법의 목적은 노사대등의 이념에 근거한 단체 교섭의 조성으로 이를 위한 단결(노동조합의 결성·운영)과 단체행동의 옹호이다. 이러한 목적규정에 따라 동법은 형사면책(1조 2항) 및 민사면책(8조)을 규정하여 노동조합의 활동에 관련된 시민법상의 책임을 면책하는데 그치지 않고, 법인격 의 부여(11조), 부당노동행위 구제제도(7조, 27조 이하), 단체협약의 규범적 효력 (16조)·일반적 구속력(17조, 18조)을 규정하여 노동조합에 대해 단체교섭의 조 성을 위한 적극적인 보호를 하고 있다.[1]

또한 노동조합에 관한 기본적인 현행법규로서는 그 외에도 노동위원회에 의 한 노동쟁의 조정절차와 일정한 쟁의행위의 제한·금지를 정하는 노동관계조정 법(1946년 법 25)이 있다. 동법은 단체교섭조성의 기본정책에 서면서 당사자에 의한 분쟁해결을 원조하기 위한 절차를 설정하거나 또는 쟁의행위에 대해 인명 과 공익옹호를 위한 최소한의 규제를 실시하는 것이다.[3][2][3]

---

[1] **노동조합법의 여러 제도의 연혁**

노동조합법은 제2차 세계대전 후인 1945년 10월 11일에 연합국 군최고사령관 맥아더 장 군이 시데하라(幣原)총리에게 일본 민주화의 5대 개혁의 하나로서 제시했던 '노동조합결성의 촉진'에 응하여, 같은 해 12월에 제정되었다. 이 노동조합법은 우선 형사면책(1조 2항), 민사

3) 향후 노동조합법제의 방향에 대해서는 「特殊·勞働者組織と勞働法」, 勞働法 97호; 根本到, 「勞働者像の變化と勞働組合」, 講座21世紀(1), 200면 이하 참조.

면책(당시는 12조, 현재는 8조)이 규정되어 있었지만, 이러한 노동조합의 보호규정은 영국의 1875년 공모죄·재산보호법(Conspiracy and Protection of Property Act)에서의 형사면책의 규정 및 1906년 노동쟁의법(Trade Dispute Act)에서의 민사면책의 규정을 참고로 한 것이라고 생각된다. 또한 1945년 노동조합법에는 단체협약의 규범적 효력(당시는 22조, 현재는 16조)과 지역적인 일반적 구속력(당시는 24조, 현재는 18조)도 포함되어 있었는데, 이러한 것은 독일 바이마르의 1918년 노동협약법(Tarifvertragsgesetz)과 매우 닮은 규정을 찾아볼 수 있다. 이러한 영국 및 독일의 노동조합법제는 제2차 세계대전전의 학자나 관료의 연구에 의하여 당시 일본에 정확하게 전해져 있었으며(山中篤太郎, 労働組合法の生成と変転; 後藤清, ドイツ労働協約法の研究 등), 전전의 노동조합법제를 시도하는 가운데에서도 참조되었다. 법인격취득의 제도(11조)도, 전전의 노동조합법 제정이 시도되는 가운데, 영국의 1871년 노동조합법 등을 참고로 하여 그 필요성이 논의되었었다. 1945년 노동조합법은 후생성의 내부에 설치되었던 노무법제 심의위원회에서 연합국 군최고사령관 총사령부(GHQ)의 개입을 받지 않고 기초(起草)된 것으로, 그러한 신속한 작업은 이러한 종전의 비교법적인 연구와 노동조합법 제정의 시도가 기초가 되어 비로소 가능하였다.

이에 대하여 사용자의 부당노동행위의 금지(7조)와 그 행정구제의 구조(27조 이하)는 1945년 노동조합법이 GHQ의 의향에 따라 1949년에 개정되었을 때에 추가된 것이다. 1945년 노동조합법에서는 전전의 노동조합법안에 있었던 불이익취급의 금지(바이마르헌법에 같은 규정이 있음)에 한정하여 형사벌에 의한 구제(강제)의 제도로서 규정되어 있었다. 이것이 미국의 1935년 전국노동관계법(National Labor Relations Act: 와그너법)을 모방하여 단체교섭거부와 지배개입의 금지도 추가하여 정비되었고 또한 행정구제제도로 개조(改組)되었던 것이다(이상에 대하여 상세한 내용은 渡辺, 上, 63-69면 참조).

② 비현업공무원에 관한 특별 규제

비현업공무원(非現業公務員)에 대해서는 1948년 7월의 맥아더 서한을 계기로 하여 개정 국가공무원법(1948년 법 222) 및 지방공무원법(1950년 법 261)에 의하여 쟁의권은 말할 것도 없이 단체협약체결권도 부정되어 급여·근무조건의 결정은 근무조건 상세법정주의 하에서 인사원(내지 인사위원회)이 노동기본권 제한의 대상조치로서 민간과의 격차에 대하여 조사·권고하여 정부(지자체)와 국회(의회)가 이 권고에 대처한다는 구조가 취해져 왔다. 이러한 공무원 노사관계법제는 공무원의 근무조건결정에 대하여 단체교섭을 제도화한 뒤 의회제민주주의와의 조정을 도모하는 선진국가의 공무원 노동법제의 대세에 어울리지 않고 ILO 결사의 자유위원회에서도 오랜 기간 동안 문제로 여겨져 왔다. 또한 인사원 권고에 의한 국가공무원의 급여결정은 최근의 재정난 시대에는 유연성이 결여된 것으로도 의식되게 되었다.

이리하여 공무원 노사관계제도의 양상은 최근 공무원제도의 전체적인 개혁이 이루어지는 가운데 재검토되게 되어 2008년 6월 시행된 국가공무원제도개혁기본법에서 국가공무원에 단체협약체결권을 인정하는 '자율적 노사관계제도'의 구축이 정부가 조치해야 할 과제로 명시되었다. 이에 기초로 하여 국가공무원제도개혁추진본부에서 이 제도를 만드는 것이 추진되어 2011년 6월 3일에 간부인사의 일원관리화와 퇴직관리의 적정화 등과 더불어, 자율적 노사관계의 제도화를 도모하기 위한 국가공무원제도개혁 4법안이 통상국회에 제출되었다. 그 내용으로는 경찰·해상보안청·형사시설직원을 제외한 (비현업) 국가공무원의 근무조건에 대하여 쟁의행위금지와 근로조건상세 법정주의를 유지하면서 단체협약체결권을 동반하는 단체교섭을 제도화하여 정부에 단체협약을 실시하기 위한 법안의 국회제출, 정성령의 개정 등의 의무를 부과하여 단체교섭상의 분쟁에 대하여 중앙노동위원회에 의한 알선, 조정, 중재에 의한 해결을 도모하는 시스템이 규정되어 있다. 또한 인사원 및 인사원 권고제도는 폐지되게 되었다.

이 법안은 2011년 3월 11일에 발생한 동일본 대지진의 부흥재원에 이바지하기 위하여 국가공무원의 급여를 인사원 권고에 따르지 않고 2년 동안 7.8%를 삭감하는 법안과 함께 제출되어 모두 계속심의 중이었는데, 자공민(自公民)정당의 합의로 2011년도 급여를 0.23% 인하한다는 2011년 인사원 권고를 소급 실시하면서 2012년부터 2년간 또 급여를 7.8% 인하하는 법안이 2012년 2월 말일에 성립하였다. 한편 국가공무원제도개혁 4법안에 대해서는 계속심의인 채로 남겨져 근무조건결정제도의 전환을 성취하지 못했다.

또한, 비현업국가공무원의 자율적 노사관계제도화의 법안제출에 동반하여, 비현업지방공무원에 대해서도 마찬가지의 자율적 노사관계의 제도를 만드는 것이 검토되고 있다.

③ 특정독립행정법인 직원·현업공무원에 관한 특별규제

국영의 인쇄사업, 조폐사업, 병원사업 등의 특정독립행정법인(이른바 공무원형) 및 국유임야사업의 직원에 대해서는 과거의 3공사5현업직원에관한공공기업체등노동관계법(공노법)의 후신인 「특정 독립행정법인 등의 노동관계에 관한법률」(1948년 법 257)이, 또 지방공영기업 직원과 지방공무원법상의 단순 노무직원에 대해서는 「지방공영기업 등의 노동관계에 관한 법률」(1952년 법 289)이 존재하고, 이러한 특별법의 규제가 존재하지 않는 한도에서만 노동조합법이 적용되어 왔다(특노 3조 1항, 지공노 4조). 즉, 이러한 직원에 대해서는 쟁의행위를 금지한 단체교섭이 제도화되고, 교섭이 장벽에 부딪히는 경우에 대해서는 노동위원회에서의 조정·중재로 해결을 꾀하는 구조가 취해졌다. 여기에서는 공무원 관계라고 해도, 근무조건의 기본원칙만을 법령에서 정하고 상세한 내용은 단체교섭(단체협약)에 위임하는 방식이 취해졌고, 다만 예산상 또는 자금상 지출 불가능한 협정의 경우에는 정부가 의회의 승인을 요구하기로 하였다(특노 16조, 지공노 8조). 또 중재재정에 대해서는 정부에게 실시하는 노력의무를 부과하고 있다(특노 35조 2항, 지공노 16조).

또한 일본우정공사는 2007년 10월 1일부터 지주회사인 일본우정주식회사와 네 가지 사업회사(주식회사)로 분할 민영화되었기 때문에 특정독립행정법인등노동관계법의 적용에서 제외되어 노동조합법의 완전 적용 하에 들어갔다. 또한 국유임야사업은 오랫동안 특별회계제도 하에 놓여 있었지만, 최근의 행정제도개혁의 일환으로서 2013년도부터 일반회계제도 하로 이관되게 되어, 이 사업의 직원도 비현업 국가공무원의 취급을 받게 되었다(2012년 법 42에 의한 국유임야의관리경영에관한법률의 개정).

4. 노동조합의 형태·종류

(1) 조합원의 범위에 의한 종류

(가) **직능별 조합**(craft union)　　　동일 직업의 근로자(직인)가 자신들의 기능에 관련된 이익을 옹호하기 위해 넓은 지역에서 조직하는 노동조합으로 노동조합의 원초적 형태이다. 전형적으로는 기능의 습득과정과 자격을 통제하고 기능에 입각한 임금률을 설정하여 그 이하의 근로를 거부하고 공제활동을 한다. 그 성질상 조직범위를 둘러싸고 다른 조합과 세력다툼을 일으키기 쉽다.

(나) **산업별 조합**(industrial union)　　　동일 산업에 종사하는 근로자가 직접 가입하는 대규모의 횡단적 노동조합이다. 산업혁명에 의한 비숙련 근로자의 대량

출현에 의해 생성되었다. 당해 산업의 사용자단체 및 주요 대기업과 단체교섭을 실시하고 산업 횡단적인 임금·근로조건의 기준을 설정한다. 또한 당해 산업 근로자의 이익을 옹호하기 위한 정치활동을 한다. 유럽과 미국의 노동조합의 주요한 조직형태이다.

일본에서도 전일본해원조합(전일해), 전국항만노동자조합(전항만), 전국건설노동조합총연합(전건총련) 등, 직업별 내지 산업별 조합이 오래 전부터 존재하여 활동하고 있다. 그 외에 전후 조합운동이 산업별 조합을 목적으로 한 시기에 산업별 조합의 조식형태를 취하여 산업별 교섭을 표방한 조합은 상당수 있었으나, 실제로는 기업지부가 기업별 조합의 실태를 가지고 기업별 교섭으로 귀결된 경우가 많다.

(다) 일반 조합(general union) 직종, 산업 여하를 불문하고 넓은 지역에 걸쳐 근로자를 조직하는 노동조합이다. 유럽과 미국에서는 산업별 노동조합이 다른 산업에 조직의 손을 확장하여 거대한 일반 노조로 된 경우를 볼 수 있다. 일본에서는 후술하는 지역노조 가운데 소규모적인 일반 노조가 존재한다.

(라) 기업별 조합(enterprise union) 특정 기업 또는 사업장에서 일하는 근로자를 직종에 상관없이 조직한 노동조합으로 일본의 대·중견기업에서 정사원이 장기고용시스템(종신고용제)하에서 이익공동체가 되는 것을 기반으로 하여 성립하고 있다. 일본의 조직노동자의 약 9할이 이 조직형태 하에 있다. 이들 기업별 조합의 대부분이 상부단체로서 산업별 연합체(全國單産)를 조직하고(자동차총련, 전기노련, UI젠센동맹, 기간노련 등), 이러한 연합체를 통하여 연합(連合) 등의 전국적 조직(후술)에 가입하고 있다. 또한 산업 섹터에 걸친 협의회를 조직하고 있다(금속노협, 교운노협 등). 단 어느 상부단체에도 소속되지 않고 기업내 조합(company union)에 그치는 경우도 상당히 많다(약 4분의 1의 조직근로자가 이러한 조합에 소속되어 있다). 기업별 조합은 노사대결의 단체교섭이라는 관점에서 볼 때 조합원 의식보다도 기업의식 쪽이 강하다는 약점이 있지만, 노사의 공동체적 의식 하에 기업이 당면하는 문제에 대한 협동의 대응이 이루어지기 쉽다는 장점도 있다.④ 그러나 근래에는 정사원의 축소, 비정규종업원의 증가, 조합원의 노동조합 탈퇴, 근로자의 이해와 가치관의 다양화 등의 도전을 받고 있다.

④ **기업별 노동조합과 노동조합법**
일본의 지배적인 기업별 노동조합은 단체교섭에 의해 조합원에게 유리한 근로조건을 획득한다는 노사대항단체로서의 측면과 기업의 번영 및 종업원의 복리를 위하여 기업경영에 관여

하는 노사협력단체(종업원대표기관)로서의 측면을 함께 가지고 있다. 기업별 노동조합은 전자의 측면에서는 노사의 이해대립을 전제로 한 자발적 결사성, 독립성, 전투성을 요청받는 데 비해, 후자의 측면에서는 오히려 종업원의 당연 가입성, 노사협조성, 사용자에 의한 여러 종류의 원조 등에 친숙하기 쉽다. 노동조합법은 노동조합을 단체교섭의 적절한 주체가 될 수 있도록 규율한 후, 단체교섭의 촉진을 위한 여러 가지 법적 보호를 부여하는 것이므로, 따라서 기업별 노동조합에 대해서도 노사대항단체의 측면을 받아들이는 것이다. 보다 구체적으로는 동법은 노동조합의 사용자로부터의 자주독립성, 조합민주주의, 사용자에 의한 지배개입·차별적 취급의 금지, 사용자의 단체교섭의무, 정당한 노동조합활동·쟁의행위에 대한 면책 등을 기본원칙으로 하고 있으며, 기업별 노동조합 및 이를 일방의 주체로 하는 기업내 노사관계에 대해서도 위의 제원칙에 따른 형태의 운영을 요청한다. 그러나 한편으로는 동법은 이들 원칙에 따르는 한 기업내 노사가 어떠한 관계로 발전시킬 것인지에 대해서는 노사자치에 위임하고 있으며, 기업별 노동조합이 노사협력단체로서의 측면을 발달시키는 것도 자치의 한 형태로서 방임하고 있다.

　　(마) **지역노조**　　　　일본에서는 중소기업에서 일하는 근로자를 일정지역에서 기업, 산업에 상관없이 합동하여 조직화하는 운동이 1950년대 중반부터 이루어져 '합동노조'라고 불리는 조합이 존재해왔다(그 상당수는 전국 일반노동조합의 지방본부 내지는 지부로서 존재해 왔다). 최근에는 관리직자, 파트타임근로자, 파견근로자 등, 기업별 노조에 조직되기 어려운 근로자를 일정지역에서 기업을 초월하여 조직하는 커뮤니티 유니온(Community Union)이라고 하는 조합도 생성되었다. 그 외, 일정지역의 일정산업 내지는 직종에 종사하는 근로자가 기업의 틀을 초월하여 조직하는 조합도 존재한다. 이러한 지역노조의 대부분은 개별 근로자의 해고, 그 외의 고용관계상의 문제를 개개의 기업과의 교섭에 의하여 해결하는 것을 시도하는 것으로, 긴급피난적 기능(대리기능)을 하는 데 그 특징이 있다.[5]

> [5] **합동노조, 커뮤니티 유니온(Community Union)**
> 　합동조노란, 중소기업 근로자를 조직대상으로 하여 기업내부가 아니라 일정지역을 단결의 장으로서 조직된 노동조합으로, 개인가입의 일반노조를 순수한 형태로 하는 것으로 파악할 수 있다.
> 　합동노조를 조직하는 운동은 본격적으로는 총평(總評: 일본노동조합총평의회)이 1950년대 중반에 중소기업대책조직책(organizer)을 설치하여 중소기업 근로자의 조직화에 힘쓴 것에서 시작되었다. 그러한 노력이 진행되는 가운데, 중소기업에서 조직화된 근로자를 산업별조직이 아니라 지역의 일반노조로 규합하고 이러한 것들을 전국 규모로 제휴시키는 조직으로서 전국 일반노동조합이 만들어졌다(그 지방본부를 칭한 것이 많았다). 이러한 지역일반노조가 합동노조로 불리었지만, 거기에는 지역의 중소기업의 근로자가 개인으로서 직접 가입한 것 외에, 중소기업의 기업별조합과 근로자 개인이 함께 가입한 것도 있다(松井保彦, 合同労組運動の検証 — その歴史と論理 참조). 이러한 운동형태로서 출발한 합동노조도, 그 후 가입하는 내셔널 센터(national center)의 유무나 상이, 운동방침, 조직형태 등에 의하여 다양한 조합으로 분화

되었다.

또한 최근에는 지역노동운동의 새로운 담당자로서, 중소기업의 파트타임근로자 등이 개인적으로 가입하는 소규모 지역일반노조가 증가하고 있으며 '커뮤니티 유니온'이라고 불리고 있다. 이러한 것도 개별노동분쟁을 안고 직접 가입한 근로자를 위하여 조합이 사용자와의 교섭에 의하여 분쟁을 해결하는 것을 주요한 활동으로 삼고 있다(그 양상에 대해서는 呉学殊, 労働関係のフロンティア, 264면 이하).

대·중견기업에서의 기업별노동조합이 노사협의절차를 중심으로 협력적인 노사관계를 확립하였던 1980년대 후반 이후, 법원이나 노동위원회에서는 기업별노조가 당사자가 된 사건은 소수조합과 복수조합 병존을 둘러싼 사건 등에 한정되게 되었다. 이에 대신하여 집단적 노사분쟁에서 두드러진 것이 합동노조나 커뮤니티 유니온이 당사자가 된 사건으로, 특히 노동위원회에서는 이러한 사건이 부당노동행위 신청이나 쟁의조정신청의 6, 7할을 차지하고 있다. 그리고 최근 급격히 증가하고 있는 개별적 노사분쟁에 주로 관여하고 있는 노동조합도 합동노조나 커뮤니티 유니온이다.

일본의 노사관계에서는 대·중견기업의 기업별노조에 의한 기업별 노사관계를 주요한 구조로 하고, 이를 기초로 기업별 노사교섭을 산업별·산업 간에 제휴시키는 '춘투(春鬪)'나, 기업별노조의 연합체에 의한 정책형성에 참가하는 구조 등이 만들어졌다. 합동노조나 커뮤니티 유니온은 기업별노조를 조직하기 어려운 중소기업에서의 근로자의 근로조건의 유지 및 향상이나, 기업별노조가 담당하기 어려운 개별노동분쟁의 해결 등의 기능을 완수함으로써, 기업별노조에 의한 노사관계시스템을 보완하고 있다고 할 수 있다.

⑵ 구성원이 개인인가 단체인가에 의한 종류

(가) **단위조합**　　　구성원이 근로자 개인인 노동조합(노조 5조 2항 3호, 5호, 9호)을 말한다. 이들 중에 내부적으로 그 자체가 독자적 노동조합이라고 할 수 있는 하부조직을 가지는 것을 특별히 '단일조합'이라고 부르는 경우가 있다.[4] 일본에서는 단위조합은 기업단위 또는 사업소(공장)단위로 조직되는 것이 보통이다. 기업단위의 경우에는 각 사업소(공장)마다 하부조직인 지부 등이 설치된다.

(나) **연합조합**　　　이는 구성원이 노동조합인 노동조합을 말한다. 노조법에서는 '연합단체인 노동조합'이라고 부른다(5조 2항 3호, 5호, 9호). 또한 이 구성원인 노동조합을 특별히 '단위조합'이라고 부르는 경우도 있다. 대표적인 연합조합은 사업소(공장)마다 결성된 단위조합이 기업단위로 결집하는 기업련(企業連) 및 이들 기업련과 기업단위의 단위조합이 산업규모로 결집하는 전국단산이다. 또 최근에는 기업 그룹 내의 기업별 조합이 연합한 기업그룹 노조도 증가하고 있다.

---

4) '노동조합 기초조사(労働組合基礎調査)'에서는 '규약상 근로자가 해당 조직에 개인가입하는 형식을 취함과 동시에 그 내부에 독자적인 활동을 할 수 있는 하부조직(지부 등)을 가지지 않는 노동조합'을 '단위조직조합'이라 하고, '규약상 근로자가 해당 조직에 개인가입하는 형식을 취함과 동시에 그 내부에 하부조직(지부 등)을 가지는 노동조합'을 '단일조직조합'이라 한다(이 가운데 최하부의 조직을 '단위급(単位扱)조합', 최상부의 조직을 '본부'라고 한다)

(다) 혼합조직(조합)　　　　구성원이 근로자 개인과 노동조합의 쌍방인 노동조합이다. '일반합동노조'라고 불리는 조합에는 이러한 형태의 조직이 많다. 또한 지방공무원법이 적용되는 비현업 지방공무원과 지방공영기업등노동관계법이 적용되는 현업 지방공무원(또한 노조법적용의 민간근로자)이 함께 조직하는 조합도 '혼합노조'라고 부른다.

⑶ 노동조합의 전국적 중앙조직

앞에서 언급한 전국단산과 전국적 기업련이 가입하는 노동조합의 전국적 중앙조직(national center)으로서는 일본노동조합총평의회(총평), 전일본노동총동맹(동맹), 전국산업별노동조합연합(신산별), 중립노동조합연락회의(중립노련) 등이 존재했는데, 1987년 민간노조에 대해 이들 네 단체를 통일한 중앙조직으로서 전일본민간노동조합연합(민간연합)이 발족했다. 그리고 1989년에는 공공부문 근로자를 포함한 '전적(全的)통일'을 달성하여 일본노동조합총연합회(聯合, '렌고'라고 함; 역자 주)가 성립하였다. 연합은 전체 조직근로자의 6할 이상을 산하로 이끄는 일본노동운동사상 최대의 전국노동단체이다. 이 전국적 노동조합재편성의 과정에서 연합에 대항하여 조직된 전국적 조직으로서는 전국노동조합총연합(전노련) 및 전국노동조합연락협의회(전노협)가 있다.

⑷ 일본의 조직근로자의 현황

2010년 노동조합 기초조사에 의하면, 동년 6월말 현재 일본의 노동조합수는 2만 6,367개로, 노동조합원수는 1,005만 4,000명, 추정 조직률은 18.5%이다. 조직률은 1970년대 중반까지는 35% 정도의 수준이었는데, 이후 점점 감소하여 노동조합원수도 1995년 이후에는 감소추세로 돌아섰다. 노동조합원수는 2007년, 2009년에 미미하게 증가하여 조직률도 2009년에 전년대비 0.4포인트 증가하였지만, 2010년에 다시 조합원수가 감소하였다(조직률은 고용자수의 감소에 의해 전년과 같았다).

조직률은 산업에 따라 다르며, 공무, 공공사업, 금융·보험에서 높고(60~45%), 제조업에서는 28%에 약간 못 미치는 정도, 건설업은 22%에 약간 못 미치는 정도, 운수업은 27%를 약간 웃도는 정도, 도매·소매업은 12%이다. 또한 기업별 규모의 격차가 크고 종업원 1,000명 이상인 기업에서는 46%를 약간 웃도는 정도, 100명에서 999명인 기업에서는 14%를 약간 웃도는 정도, 99명 이하인 기업에서는 1.1%의 상황이다. 또 적용법규별로 보면, 84%를 약간 웃도는 정도가 노조법의 적용 하에 있고, 15%를 약간 밑도는 정도가 국공법·지공법 적용 하에 있으며, 1.8%가 특정독법노동관계법·지공노법의 적용 하에 있다. 최근 증가하고 있는 파트타임근로자에 대해서는 조직근로자는 72.6만 명으로 전년에 비하여 3.7% 증가하여(2005년부터는 33.7만명, 46.4%증가) 전체 노동조합원에 차지하는 비율은 7.3%, 추정 조직률은 5.6%이다.

제 2 절 노동조합의 개념과 요건

1. 현행법상의 노동조합의 개념

노조법은 노동조합에 대해 여러 종류의 법적 보호를 규정하고 있으므로 이들 법적 보호를 받는 '노동조합'이란 어떠한 것인가가 문제가 된다.

노조법은 이 점에 관하여 '이 법률에서 "노동조합"이란 근로자가 주체가 되어 자주적으로 근로조건의 유지개선, 그 밖의 경제적 지위향상을 꾀하는 것을 주된 목적으로서 조직하는 단체 또는 그 연합단체를 말한다'라고 정의한 후(2조 본문), 그 단서에서 '감독적 지위에 있는 근로자 및 그 외 사용자의 이익을 대표하는 자의 참가를 허용하는 것'(동 1호), '단체의 운영을 위한 경비지출에 대해 사용자의 경리(경비)상의 원조를 받는 것'(동 2호), '공제사업, 그 밖의 복리사업만을 목적으로 하는 것'(동 3호), '주로 정치운동 또는 사회운동을 목적으로 하는 것'(동 4호) 중 어느 하나에 해당하는 것은 '그러하지 아니 한다'라고 규정하고 있다(2조).

이들 단서 중 노동조합의 목적에 관한 것(3호, 4호)은 위의 정의의 본문에서도 당연히 발생하는 귀결을 만약을 위해 규정한 것에 지나지 않으며, 단서로서의 독자적인 의의를 가지는 것은 아니다. 이에 비해 사용자의 이익대표자의 참가를 허용하는 노동조합 및 경리원조를 받는 노동조합에 관한 단서(1호, 2호)는 본문의 '자주적으로'의 요건을 가중하는 특별한 요건을 설정한 것으로, 본문에 정립된 '노동조합'의 개념을 좁게 하는 독자적 의의를 가진다.[5]

노동조합은 노동위원회에 증거를 제출하여 위의 정의규정(2조) 및 규약의

---

5) 이에 비해 1호·2호를 본문의 '자주적으로'의 하나의 판단기준에 지나지 않고, 그것을 좁게 하는 의의는 없다고 하는 학설로서는 西谷, 79~80면 이하.

필요기재사항의 규정(5조 2항)에 적합하다는 것을 입증하지 않으면 노조법에 규정되는 절차에 참여할 자격을 가지지 못하며, 또한 동법이 규정하는 구제를 받을 수 없다고 규정하고 있다(5조 1항).

노동조합의 개념과 요건에 관한 이상과 같은 규정에서 볼 때 현행노조법상의 노동조합에 관한 어떠한 법적 보호를 받는 단체로서 다음의 것과 구별된다.

먼저 생각할 수 있는 것은 노동조합의 정의(2조 본문, 단서 1호·2호) 및 규약의 필요기재사항(5조 2항)의 모든 요건에 합치하는 노동조합으로 '법적합 노동조합'이라 부를 수 있다. 이 노동조합은 노조법이 규정하는 법적 보호의 전부, 즉 형사면책(1조 2항), 민사면책(8조), 법인격의 취득(11조), 부당노동행위의 구제(7조, 27조 이하), 단체협약의 규범적 효력(16조), 일반적 구속력(17조), 지역적인 일반적 구속력의 신청자격(18조), 노동위원회에 대한 근로자위원의 추천자격(19조의 3 제2항, 19조의 12 제3항)을 가진다.

'법적합 노동조합'과 대비할 수 있는 것은 노동조합의 정의(2조)의 본문의 요건은 충족하지만, 단서 1호·2호(사용자의 이익대표자의 가입을 인정하지 않는 것, 경리원조를 받지 않는 것) 중 어느 한 쪽 또는 쌍방의 요건을 충족하지 않는 조합이다. 이것은 단서 1호·2호가 설정하는 노동조합의 자주성에 관한 특별한 요건에 합치하지 않는 것으로 '자주성 불비 조합'으로 부를 수 있다. 이 노동조합은 노동조합법상의 '노동조합'이 아니므로, 동법이 창설한 법적 보호를 모두 받을 수 없다. 이 점은 이 노동조합이 규약상의 요건(5조 2항)을 충족하고 있어도 변함이 없다. 그러나 노동조합의 정의에 관한 기본적 요건(2조 본문)을 충족하면 헌법 28조가 단결권, 단체교섭권, 단체행동권의 향유주체로서 예정하고 있는 노동조합('헌법상의 노동조합')에는 해당한다고 생각할 수 있으므로, 관련 조합에서도 헌법상의 효력으로서 당연히 발생하게 되는 법적 보호, 즉 형사면책(1조 2항), 민사면책(8조) 및 불이익 취급의 민사소송에 의한 구제(7조 1호 이하)는 받을 수 있다.6)⑥

⑥ **규약불비조합**

'법적합 조합', '자주성 불비 조합' 외에 생각할 수 있는 노동조합의 종류로는 노동조합의 정의의 요건은 모두(2조 본문, 단서 1호·2호)충족하지만, 규약의 필요기재사항(5조 2항)의 요건을 충족하지 않는 노동조합이 있는데, 이를 '규약불비조합'이라고 부른다. 이 노동조합은 자격심사(5조 1항)를 통과하지 못하므로 노조법이 규정하는 절차에 참여할 자격을 가지지 못하며 또한 동법이 규정하는 구제를 받을 수도 없다. 또한 법인격도 취득할 수 없다(11조). 그

---

6) 石川, 30면. 반대: 山口, 26면.

러나 노동조합 정의의 기본적 요건(2조 본문)을 충족하므로 형사·민사상의 면책 및 법원에서 불이익취급으로부터의 보호를 받을 수 있는 것은 물론, 노동조합의 정의의 모든 요건에 합치하는 이상 단체협약의 체결주체로서의 노동조합(14조)에는 해당하므로, 단체협약을 체결하면 그 규범적 효력·일반적 구속력(16조~18조)의 적용을 받는다. 노동위원회에서의 자격심사의 실무에서는 보정지도에 의해 거의 모든 노동조합이 규약상의 요건을 갖추게 되므로 '규약불비조합'의 법적 지위를 논하는 실익은 적다.

2. 노조법상의 근로자

노조법에서 '노동조합'으로 인정되는 단체는 우선 '근로자'가 주체가 되어 조직하는 것이어야 한다(2조). 이 '근로자'는 동법에서 '직업의 종류를 불문하고 임금, 급료, 그 외 이에 준하는 수입으로 생활하는 자'로 정의되어 있다(3조).

(1) 노조법상의 근로자의 독자성

'근로자'의 정의는 노동조합에 의한 단체교섭을 조성하기 위한 동법의 보호가 미쳐야 하는 자는 어떠한 자인가라는 관점에서 정해진 정의이다. 현행 노동법제에서의 근로자의 주요한 정의로서는 이 외에 노동계약법 및 노동기준법에서의 정의(노계 2조 1항, 노기 9조)가 있지만, 이러한 것은 노동계약법상의 근로계약 규칙 및 노기법상의 근로조건 기준을 적용해야 하는 자는 어떠한 자인가 라는 관점에서의 정의로, 노조법의 정의와는 명확하게 관점(목적)을 달리한다.[7]

앞에서 언급한 '임금, 급료, 그 외 이에 준하는 수입으로 생활하는 자'라는 정의에서의 '임금, 급료'란 노조법 독자적인 용어로,[7] 아마도 지금까지의 사회적인 용어인 고용(雇傭)계약하의 노무자(블루칼라)의 보수로서의 '임금'과 동 계약하의 직원(화이트칼라)의 보수로서의 '급료'를 상정한 것일 것이다. 어느 경우든, 노조법의 단체교섭의 보호가 미쳐야 하는 자로서, 고용(雇傭)계약 하에 근로하는 근로자나 직원을 먼저 상정한 뒤, '이에 준하는 수입으로 생활하는 자'로까지 넓혀 정의를 했다고 생각된다. 다시 말하면, 근로계약[8]하의 노동관계에 유사한 노동관계(계약형태로 말하면 도급, 위임, 그 외의 계약에 의한 노무공급관계)에 의하여 '임금', '급료'에 준하는 보수를 얻는 자라고 해도, 단체교섭의 보호가

---

7) 노조법 3조의 '임금'이라는 용어도 노기법상의 '임금'의 정의(11조) 이전에 제정된 것이다.
8) 민법의 '고용(雇用)'계약(2004년 개정으로 현대용어로 되기 이전에는 '고용(雇傭)'계약), 노동기준법상의 '근로계약', 노동계약법상의 '근로계약'이 동일한 개념이라고 해석되는 것에 대해서는 앞에서 언급함.

미칠 필요성과 적절성이 인정되면 노조법상의 근로자로 인정하고자 했다고 이해된다.[9][8]

⑦ 입법계보에서 본 노조법상의 근로자

입법의 계보에서 살펴보면, 노조법은 근로자가 근로조건 등의 교섭에서 사용자와 대등한 입장에 설 수 있도록 노동조합의 결성, 단체교섭, 단체행동을 보장하는 법률로서 전전의 여러 종류의 노동조합법안과 그 배경이 된 유럽 및 미국의 노동조합법제를 참고하여, 종전 직후인 1945년 12월에 제정되었다. 한편, 노기법은 노동관계에서의 근로조건의 강행적인 최저기준을 정하는 법률로서, 전전의 공장법, 전시중의 노동조건통제법령, ILO의 국제노동기준 등을 참고로 1947년 4월에 제정되었다. 동법은 모두 후생성 노정국에 설치된 노무법제심의위원회의 심의에서 기초(起草)되었지만, 그 과정에 보는 한 각각의 입법목적과 내용에 따라 완전히 독자적으로 검토되었으며 적용대상인 근로자의 정의에 대해서도 양법간에 어떠한 통일이나 제휴가 의도된 형적은 인정되지 않는다(東大労研, 注釈労組法上, 221-222면; 東大労研, 注釈労基法上, 1-10면; 渡辺章編集代表, 日本立法資料全集, 52권, 労働基準法(2)의 관계 개소).

이렇게 노조법의 근로자의 정의는 노사대등화를 위한 단체교섭을 보장해야 할 자는 어떠한 자인가 라는 관점에서 노기법의 제정에 앞서 선제적으로 이루어진 것으로, 정의의 문언뿐만 아니라, 입법의 목적·경위·배경을 고려하여도 노기법의 근로자와는 다른 독자적인 개념으로 파악해야 한다. 그러나 학설상으로는 전후 한동안은 독일 노동법학의 종속노동론의 영향 하에서 노조법과 노기법의 근로자 개념을 종속근로의 개념을 축으로 통일적으로 파악하고자 하는 시도가 이루어졌지만, 이윽고 개념의 독자성을 인정하고 각각의 입법 목적에 상응하는 근로자 개념을 명확히 하는 견해가 지배적이게 되었다(東大労研, 注釈労組法上, 227-228면 참조).

⑧ 실업자도 근로자

노조법의 근로자의 정의규정은 '사용되어 임금을 지급받는' 관계에 있다는 점을 필요로 하는 노기법의 '근로자'의 정의규정(노조 9조)과는 대조적으로 '임금, 급료, 그 외 이에 준하는 수입으로 생활하는 자'로 되어 있으며, 현재 '임금, 급료, 그 외 이에 준하는 수입'을 얻고 있지 않아도, 이를 얻어 생활하는 직업에 있는 자, 즉 실업자도 포함된다. 이것은 노조법이 직업별 노동조합 등, 노무공급자가 특정기업과의 노무공급관계에 들어가기 전에 가입하고 이러한 관계가 끊겨도 계속 가입하는 초(超)기업적 노동조합의 존재를 기본적인 전제사실로서 입법된 점에 유래한다.

(2) 문제의 유형

실제상으로 노조법의 '근로자'에 해당하는지의 여부가 문제가 되는 것은 근로계약 이외의 계약형태로 노무공급을 행하는 자의 근로자성이다.

첫 번째 문제유형은 자택에서 임가공을 하는 가내근로자로, 중노위는 비교적 일찍부터 자택에서 헵번 샌들의 임가공을 하는 직인에 대하여 그 근로자성

---

9) 1945년 12월에 성립한 구 노동조합법(1945년 법 51)을 심의하는 제국회의의 노동조합법안위원회에서는 시간적 구속이 없고 보수도 성과급으로, 가족 등 본인 이외의 노동공급이 이루어지는 개인도급업자나 가내근로자도 동법의 근로자에 해당할 수 있다는 국무대신의 답변이 이루어졌다. 본서 제9판에서 상세하게 인용하였다.

을 긍정하였다.10)

두 번째의 유형은 개인사업자의 계약형태 하에 있는 특수기능자가 직업별 노동조합에 집결한 경우의 문제로, 먼저 직업음악가에 대하여 발생하였다. 최고법원은 과거 CBC관현악단사건(CBC管弦樂団事件)11)에서 자유출연계약(출연발주에 대해 자유롭게 승낙여부를 결정 할 수 있는 계약)하에 있는 관현악단원에 대해 관련 계약도 악단원을 사전에 회사의 사업조직에 편입시켜 그 방송사업 수행에 불가결한 연주노동력을 확보하는 수단인 점에는 변함이 없다는 점, '자유출연'이라고 해도 원칙적으로는 발주에 응할 의무가 있다는 점이 인정되는 점, 출연보수는 연주라는 노무제공 그 자체에 대한 대가라고 할 수 있다는 점 등에서 근로자성을 긍정하였다. 그 후 신국립극장운영재단사건(新国立劇場運営財団事件)에서 극장(그 재단)과의 사이에 1년마다 기능심사를 받고 출연기본계약을 체결한 뒤, 개별공연 출연계약을 체결하여 오페라공연 등에 출연하는 합창단원의 근로자성이 문제가 되어 중노위는 근로자성을 긍정했지만, 행정소송의 1심, 2심은 그 판단을 뒤집었다.12) 그래서 상고심이 주목을 받았지만, 최고법원은 중노위명령을 지지하는 판단을 내렸다.13)

그 외에도 동경노동위원회가 프로야구선수회의 노동조합자격의 인정(노조 5조 1항, 11조)에서 프로야구선수의 근로자성을 긍정하고,14) 판례도 이후 그 근로자성을 전제로 한 취급을 하고 있다.15) 프로야구선수는 개인의 기능에 따른 차이가 큰 연봉제하에 있지만, 통일야구협약에 의하여 흥업주(구단주: 역자 주)의 관리와 구속 하에 놓여 있으며 최저연봉, 연금, 장애보상, 트레이드제도 등등의 대우에 대하여 단체교섭의 필요성과 적절성이 인정된다고 할 수 있다.

세 번째의 문제유형은 최근 업무의 외주화와 종업원의 비정규화의 진전에 따라 증가하고 있는 업무위탁계약자의 근로자성이다. 중노위에서는 주택설비기기의 수리보수 업무를 위탁받은 기술자(INAXメンテナンス事件),16) 음향기기의

---

10) 東京ヘップサンダル工組合事件 — 中労委 昭35. 8. 1, 労委年報 15호, 31면: '직인은 매일 업자에게 직접 가서 그 지도에 따라 일을 받으며, 그 사업계획대로 노동력을 제공하여 그 대가로서의 공임(工賃)수입을 얻는 자로 … "임금, 급료, 그 밖의 여기에 준하는 수입으로 생활하는 자"라고 인정해도 무방하다.' 이 판단은 앞의 각주에서 언급한 노조법 입법시의 정부견해에 따른 것으로 이해할 수 있다.

11) CBC管弦楽団事件 — 最一小判 昭51. 5. 6, 民集 30권 4호, 437면.

12) 新国立劇場運営財団事件 — 中労委 平18. 6. 7, 命令集 135호, 783면; 東京地判 平20. 7. 31, 労判 967호, 5면; 東京高判 平21. 3. 25, 労判 981호, 13면.

13) 新国立劇場運営財団事件 — 最三小判 平23. 4. 12, 民集65권 3호, 943면.

14) プロ野球選手会に関する東京都地方労働委員会の資格認定(1985년 11월 14일).

15) 日本プロフェッショナル野球組織事件 — 東京高決 平16. 9. 8, 労判 879호, 90면

수리보수 업무를 위탁받은 개인대행점(ビクター事件),[17] 자전거로 배송업무를 하는 종사자(ソクハイ事件)[18] 등에 대해 근로자성이 긍정되고 있다. 그러나 앞의 두 경우에 대해서는 행정소송에서 중노위의 판단이 뒤집혀져 상고심이 주목받았다. 최고법원은 최초의 INAX메인티넌스사건(INAXメンテナンス事件)에 대하여 앞의 신국립극장운영재단사건(新国立劇場運営財団事件)과 같은 날에 근로자성에 대하여 중노위의 판단을 지지하는 판단을 하였다.[19] 또한 그 후 최고법원은 빅터사건(ビクター事件)에 대해서도 신국립극장운영재단사건과 INAX메인티넌스사건의 판단기준을 답습하면서 법인대행점의 존재와 타기업제품의 출장수리도 인수하고 있는 일부 대행점의 존재 등도 엿보이기 때문에 사업자성을 긍정하는 특단의 사정의 유무에 대하여 더욱 검토하라고 판단을 내렸다.[20]

　이러한 최고법원의 세 가지 판결은 사례판단이지만, 종합하면 제2, 제3의 유형의 근로자성에 관한 판단방법(기준)이 거의 명확하게 된다.

(3) 노조법상의 근로자의 판단기준

　앞에서 언급한 것처럼, 노조법상의 근로자는 노기법(근로계약)상의 근로자를 포섭하면서 단체교섭의 보호가 미치는 것이 필요하고 또한 적절한 유형의 노무공급자에게도 외연을 확장한 개념으로 이해된다.

　노기법상의 근로자에 대해서는 노동기준행정이나 판례는 1985년의 노동기준법연구회보고 이래 '사용되고'와 '임금을 지불받고' 라는 기준을 '사용종속성'으로 총칭하고, 그 존재여부를 ① 업무의뢰에 대한 승낙여부의 자유, ② 업무수행상의 지휘감독, ③ 시간적·장소적 구속성, ④ 대체성, ⑤ 보수의 산정·지불방법, ⑥ 기계·기기의 부담, 보수액 등에 나타난 사업자성, ⑦ 전속성 등의 판단요소를 이용하여 판정해왔다.

　그래서 노조법상의 근로자성에 대해서도 노기법상의 근로자성 판단을 이용하는 상기의 판단요소를 하나하나씩 검토한 뒤, 이를 종합하여 노기법상의 근로자와 얼마만큼 유사한지를 판단함으로써 노조법상의 근로자성을 판정하는 방법이 노동위원회의 실무상 취해지게 되었다.[21] 이른바 사용종속성의 여러 요소

---

16) INAXメンテナンス事件 ― 中労委 平19. 10. 3, 命令集 139(2)호, 1285면.
17) ビクター事件 ― 中労委 平20. 2. 20, 命令集 140집, 842면.
18) ソクハイ事件 ― 中労委 平22. 7. 7, 別册中労時(重要命令判例) 1026호, 27면.
19) INAXメンテナンス事件 ― 最三小判 平23. 4. 12, 労判 1026호, 27면.
20) ビクター事件 ― 最三小判 平24. 2. 21, 労判 1043호, 5면.
21) 예를 들어 앞의 각주 新国立劇場運営財団事件의 중노위 명령은 계약내용이 일방적으로 결

를 차용한 판단방법이다.

그러나 이 방법은 노기법상의 근로자라고는 할 수 없지만, 노조법상의 근로자에는 해당되는 자가 존재한다는 노조법상의 근로자의 독자성과 확장이 구체적으로 명확히 되기 어렵다. 그래서 노조법상의 근로자의 독자성을 명확히 하는 판단방법으로서는 종래의 사용종속성의 판단요소와 연속적이지만, 단체교섭의 보호가 미쳐야 하는 근로자는 어떠한 자인가라는 관점에서 고안된 독자적인 판단요소에 따라 구체적인 판단을 하는 방법을 생각할 수 있다.

그것은 업무위탁계약 등에 의한 노무공급자에 대하여 ① 발주기업의 업무수행에 불가결한 노동력으로서 회사조직에 편성되고, ② 계약내용이나 업무수행 방법을 일방적·정형적으로 결정되고, ③ 보수의 계산·결정방법 등에서 노무대가성 내지는 대가유사성이 긍정되는지의 여부를 중심적 판단요소로 하고, 여기에 ④ 개개의 업무의뢰를 거절하는 것이 사실상 곤란한지, ⑤ 업무수행의 일시·장소·방법에 대하여 회사의 구속을 받고 그 지휘감독 하에 놓여 있는지, ⑥ 설비·기계기구의 소유나 타인의 사용 등의 점에서 현저한 사업자성이 인정되는지를 보충적 판단요소로 하는 판단방법으로, 노동위원회의 명령 속에서 형성되어 왔다.[22]

이러한 것 가운데 ①과 ②는 앞에서 언급한 노기법연구회보고에서 제창되었던 '사용종속성'의 판단요소에는 보이는 않는 것으로, 단체교섭의 보호가 미치는 필요성과 적절성이라는 기본적 시점으로부터의 독자적인 판단요소라고 할수 있다. 왜냐하면, 기업의 업무수행에 불가결한 노동력으로서 그 사업조직에 편성되어 있으며 또한 근로조건이 해당 기업에 의하여 일방적·정형적으로 결정되어 있는 노무공급관계야 말로, 노조법이 예정하는 단체교섭에 의한 근로조건의 집단적 결정시스템이 필요·적절한 전형적 노동관계라고 할 수 있기 때문이다.[23]

한편, 노조법상의 근로자성의 판단요소는 이러한 두 가지 요소만으로 충분한 것은 아니다. ③ 보수의 계산·지불방법 등에서 본 노무대가성(내지 대가유사성)은 노조법 3조 정의에서의 '임금, 급료, 그 외 이에 준하는 수입'이라는 문언

정되어 있다는 점을 지적한 다음에는 출연승낙여부의 자유에 대한 실제적 제약, 지휘감독관계의 존재, 시간적 장소적인 구속성, 실제적인 전속성 등의 종합판단으로 노조법상의 근로자성을 긍정하고 있으며, 기본적으로는 그러한 방법을 이용했다고 할 수 있다.

22) 앞의 각주의 INAXメンテナンス事件 중노위 명령에서 채용되었다.

23) 山川隆一, 「労働者概念をめぐる覚書」, 労委労協 651호, 12～13면.

에 비추어 필수적 판단요소이다. 또한 ④ 업무의 의뢰에 대한 승낙여부의 자유가 없는 점과, ⑤ 업무수행에 대한 지휘감독성 및 업무수행의 시간·장소에 대한 구속성 등의 요소가 긍정되면, 노기법상의 근로자에 대한 유사성이 강하게 되므로, 이러한 것들도 판단요소로서 유용하게 된다. 그 외 기계기구의 부담이나 타인의 사용 등에 의한 사업자성의 유무·정도도 근로자성의 유무를 반대측에서 본 유용한 판단요소라고 말하지 않을 수 없다.

이상과 같이, 노조법상의 근로자에 입각한 판단방법으로서는 사업조직에 대한 편성, 계약내용의 일방적·정형적 결정, 보수의 노무대가성이라는 단체교섭 친화성을 중심적 요소로서 음미한 뒤, 업무의뢰에 대한 승낙여부의 자유나 지휘감독·시간적 장소적 구속의 유무·정도에 의한 사용종속성도 보충적으로 음미하고, 근로자성을 긍정할 수 있는 듯한 사정이 어느 정도 있는가를 살펴본 뒤, 근로자성을 부정하게 하는 현저한 사업자성을 인정해야 하는 사정의 유무·정도도 보고 종합적인 판단을 한다는 것이 주도적인 방법이 된다.24) '사용종속성과 연속적인 노조법 독자적인 판단요소에 의한 판단방법'으로 칭할 수 있다.25)

최근의 세 가지 최고법원 판결도 노조법상의 근로자성의 판단방법으로서 ① 사업조직에 대한 편성, ② 계약내용의 일방적 결정, ③ 보수의 노무대가성, ④ 업무의뢰의 승낙여부의 자유, ⑤ 업무수행에 대한 지휘감독·시간적 장소적 구속의 제요소를 종합하여 근로자성을 긍정할 수 있는가를 판정하고, 긍정할 수 있는 것 같은 경우에도 또한 ⑥ 사업자성의 실태의 유무·정도를 '특단의 사정'으로서 검토한다는 판단구조를 취하고 있다.⑨ 상기의 '사용종속성과 연속적인 노조법 독자적인 판단요소에 의한 판단방법'으로 이해할 수 있을 것이다.26)⑩

---

24) 2011년 7월에 제출된 후생노동성의 労働関係法研究会報告書, '労働組合法上の労働者性の判断基準について'도, 이와 마찬가지의 판단기준을 제시하고 있다.

25) 이상은 菅野, 「業務委託契約者の労働者性 ― 労組法上の範囲に関する最高裁二判決」, ジュリ 1426호, 4면 이하에 상세하게 기술하고 있기 때문에 상세한 내용은 이 논문을 참조하길 바란다.

26) 앞의 각주 ソクハイ事件 중노위 명령은 개인업무수탁자에 대해서는 ① 사업조직에 대한 편성, ② 계약내용의 일방적·정형적인 결정, ③ 보수의 노무대가성 내지 대가유사성이라는 세 가지 요소가 갖추어지면 노조법상의 근로자성이 인정된다고 하고, ④ 업무의뢰에 대한 승낙여부의 자유, ⑤ 시간적·장소적 구속성 및 ⑥ 전속성은 ①의 요소를 판단하는 보완적인 요소라는 점, 한편 ⑦ 설비·기계기구의 소유나 타인의 사용 등의 점의 현저한 사업자성이 있으면 근로자성은 부정되는 것을, 판단구조로서 제시하고 있다. 이러한 판단구조는 '사용종속성과 연속적인 노조법 독자적인 판단요소에 의한 판단방법'을 취하면서 노조법상의 근로자성의 독자성을 판단기준상 보다 명확히 제시하는 시도라고 할 수 있다.

이에 대하여, 사용종속성과 대치되는 경제적 종속성이야 말로 노조법상의 근로자의 본질적 요소라고 하여, 노조법상의 근로자를 노기법상의 근로자와는 완전히 별개의 독자적으로 판정해야 하

⑨ 최고법원 3판결의 판단방법

新国立劇場運営財団事件 최고법원 판결은, 출연기본계약을 체결한 오페라합창단원에 대하여 개별공연의 실시에 불가결한 가창노동력으로서 재단(극장)의 조직에 편성되어 있었던 점, 계약당사자의 인식이나 계약운용의 실제에서는 재단으로부터의 개별공연출연의 신청에 응해야 하는 관계에 있었던 점, 공연의 건수·연주목록·일정·횟수, 연습일정, 합창단의 구성 등은 재단이 일방적으로 결정하고 있어 교섭의 여지가 없었던 점, 재단의 지휘감독 하에 가창의 노무를 제공하고 있었다고 할 수 있는 점, 공연이나 연습 일시·장소에 대하여 일정한 시간적·장소적 구속을 받고 있었던 점, 보수는 가창의 노무제공 그 자체의 대가라고 할 수 있는 점을 이 사건의 사실관계에 비추어 순차 판단하여 노조법상의 근로자성을 긍정하였다.

또한 같은 날에 내려진 INAXメンテナンス事件 최고법원 판결은 회사의 물주기 기기의 수리보수업무를 위탁받은 기술자에 대하여 회사의 해당 사업수행에 불가결한 노동력으로서 회사의 조직에 편입되어 있었던 점, 계약내용은 회사가 정한 각서에 의하여 일방적으로 규율되어 있었던 점, 보수는 수리보수의 대상·내용이나 필요로 하는 시간에 따라 회사가 정한 기준에 의해 지불되고 있어 노무제공의 대가라고 보이는 점을 우선 판단하고 있다. 그리고 난 후에, 계약당사자의 인식이나 계약운용의 실제에서는 개별의 수리보수의 의뢰에 응해야 하는 관계에 있었다고 보이는 점, 회사가 지정하는 방법에 따라 그 지휘감독 하에서 업무를 수행하고 있으며 또한 업무수행에 대하여 일정한 시간적·장소적 구속을 받고 있었다고 할 수 있는 것을 사실관계에 비추어 지적하고 있다.

또한 ビクター事件 최고법원 판결은 회사의 음향기기의 출장수리 업무를 하는 개인대리점에 대하여 회사의 음향기기의 설치·수리사업의 수행에 불가결한 노동력으로서 그 항상적인 확보를 위해 회사의 조직에 편입되어 있는 점, 회사가 계약내용을 일방적으로 결정하고 있다고 할 수 있는 점, 개인대리점에 지불하는 위탁료는 실질적으로는 노무제공의 대가로서의 성질을 가지는 점, 개인대행점은 각 당사자의 인식이나 계약의 실제 운용에서 기본적으로는 개별적 출장수리업무의 의뢰에 응해야 하는 관계에 있었다고 할 수 있는 점, 개인대행점은 기본적으로 회사가 지정하는 업무수행방법에 따라 그 지휘감독 하에서 노무를 제공하고 있으며 또한 그 업무에 대하여 장소적으로나 시간적으로 상응하는 구속을 받고 있다고 할 수 있는 점을 우선 판단하고 있다. 그리고 이러한 여러 사정에 비추어 보면, 본건의 개인대행점에 대하여 타사 제품의 수주비율, 수리업무에서의 종업원 관여의 양태, 법인 등 대행점의 업무나 계약내용과의 등질성 등에서 여전히 독립 사업자로서의 실태를 갖추고 있다고 인정해야 할 '특단의 사정'이 없는 한, 노조법상의 근로자로 인정해야 한다고 판시하였다(그리고 이 특단의 사정의 유무에 대하여 판단하라고 하여 원판결을 파기하고 원심으로 반려했다).

⑩ 계약관계의 실태에 의한 판단

노기법이나 노조법은 말할 필요도 없이 당사자의 계약에 우월하여 강행법규에 의한 규제를 하는 입법이다. 따라서 이러한 강행법규가 적용되는 '근로자'에 해당되는지의 여부는 해당 노무공급관계에 대한 계약의 문언에 의할 것이 아니라, 그 실태(당사자의 실제 의식이나 계약의 실제 운용의 방법)에 의하여 판단해야 한다. 물론 계약의 문언도 실태에 대한 중요한 판단재료이지만, 계약의 문언을 '근로자'에 해당되지 않도록 정비만 되어 있으면 노기법이나

는 것이라고 하는 학설이 주장되고 있다(川口美貴,「労働者概念の再構成」, 季労 209호, 133면 이하; 古川景一,「労働組合法上の労働者 ― 最高裁判例法理と我妻理論の再評価」, 季労 224호, 166면). 그 후 川口美貴, 労働者概念の再構成, 277면 이하는 노동조합법상의 근로자의 판단기준을 '스스로 타인에게 유상으로 노무를 공급하고 노무의 공급을 받는 자와의 관계에서 독립사업자 도는 독립근로자가 아닌 자'라고 하는 입장을 상세하게 전개하고 있다.

노조법이 부과하고 있는 사용자로서의 법적 책임을 면할 수 있는 것은 아니고, 계약관계가 실제로는 문언대로 기능하고 있지 않는 경우에는 그 실제의 기능 쪽에 착안하여 해당 노무공급관계가 '근로자'의 관계인지의 여부를 판단해야 한다. 최근의 新国立劇場運営財団事件, INAXメンテナンス事件, ビクター事件의 항소심은 근로계약과는 크게 다른 계약형태를 취하고 있는 점을 중시하여 근로자성을 판단한 것에 비하여, 상기 세 사건의 상고심은 계약관계에서의 당사자의 실제 의식과 계약운용의 실제를 직시하여 근로자성을 판단한 것으로, 바람직한 판단방법이 취해졌다고 할 수 있다.

3. 법적합 노동조합의 요건

(1) '주체가 되어'

노조법이 인정하는 '노동조합'은 '근로자'가 '주체가 되어' 조직한 단체이다(2조). 이 '주체가 되어'란 '근로자'가 노동조합의 구성원인 주요 부분을 차지할 뿐만 아니라, 그러한 근로자가 조합의 운영·활동을 주도하는 것이라고 해석된다.27) 이러한 노동조합인 이상 구성원의 일부에 학생과 일반시민 등이 참가해도 '노동조합'으로 인정할 수 있다고 되어 있다.⑪

⑪ **혼합조합**

지방공공단체에서는 노동조합법이 적용되지 않는 비현업의 일반직 공무원과, 동법이 적용되는 공무원(지방공영기업직원, 단순노무자, 특별직 직원)을 함께 조직하고 있는 혼합조합이 존재한다. 중노위는 종래부터 이러한 혼합조합이 일반직 공무원을 다수로서 구성되어 있어도 노조법 적용하의 근로자인 조합원에 관해서는 동법상의 노동조합이기도 하다고 판단해왔다 (최근에는 大阪府·大阪府教育委員会事件 ― 中労委 平19. 1. 10, 別冊中労時(重要命令判例) 1355호, 1면). 그 이유는 따지고 보면 혼합조합을 노조법상의 노동조합이라고 인정하지 않는 것은 그러한 근로자의 단결권의 보호에 현저하게 결여된다는 것이다. 이에 대해서는 비현업 일반직공무원이 다수를 차지하는 혼합조합은 지방공무원법상의 직원단체로, 노조법상의 노동조합이라고는 인정되지 않는다고 판단한 판례도 있다(大阪教育合同労組事件 ― 大阪高判 平14. 1. 22, 労判 828호, 73면). 국가, 지방자치단체의 공무원은 당초의 노조법에서는 '임금, 급료, 그 외 이에 준하는 수입으로 생활하는 자'(노조 3조)로서 취급되었지만, 그 후 입법정책상 노조법의 적용이 제외되어 지공법상의 노사관계제도 하에 놓인 비현업 일반직 직원과, 노조법의 적용 하에 있는 지방공영기업직원 등으로 나뉜다. 이렇게 양자는 근로자로서의 공통 성격을 가지는 자로, 노동조합운동으로서는 양자를 함께 조직하고 양자의 근로조건의 유지·향상에 힘쓰는 것은 자연스러운 선택지가 된다. 양자의 근로자로서의 공통된 이해에 비추어 보면, 상기의 혼합노조는 양자의 인원수 비율에 관계없이 노조법 적용의 근로자를 대표하는 측면에서는 동법상의 노동조합으로 인정해야 한다(이렇게 해석해도 실무상의 혼란이 발생하지 않는 것을 설득적으로 주장하는 학설로서, 山口浩一郎, 「混合労組の救済申立人適格」, 中労時 1093호, 12면 이하 참조). 상기의 판례도 방론(傍論)이지만 노조법 7조 1호·4호에 대해서는 그 혼합노조에 대한 적용을 인정하고 노동위원회의 행정구제를 긍정한다.

---

27) 外尾, 40면.

(2) 자주성

(가) '자주적으로'　　　다음으로 노조법상의 '노동조합'이기 위해서는 근로자가 '자주적으로 … 조직하는' 단체이어야 한다. 이 '자주적으로'란 '자발적'이라는 의미인데, 특히 사용자로부터의 '독립성'을 중요한 내용으로 하고 있다. 이 독립성은 결성에 대해서뿐만 아니라 그 후의 유지·운영에 대해서도 명확하게 필요로 하게 된다. 문제는 '독립성'의 내용 내지는 그 정도이다. 이 점에 대해서는 결성과 운영에 대해 실질적으로 사용자의 지배를 받고 있다고 인정되는 노동조합은 노조법의 보호를 받을 수 없는 조합이라고 주장하는 (그리고 그러한 조합을 '어용조합'이라고 부른다) 견해도 유력하다.[28]

실질적으로 사용자의 지배를 받고 있는지의 여부에 대한 사항은 미묘한 판정을 필요로 할 뿐 아니라 노사대결이나 협력이라는 자주적 운동방침과도 혼동되기 쉽다. 또 실질적 지배를 꾀하는 사용자의 행동은 '지배개입'의 부당노동행위에 의해 대처하는 것이 예정되어 있다(7조 3호). 이러한 점을 생각하면, '자주적으로'란 실질적 독립성 그 자체를 가리키는 것이 아니라 오히려 조직·기구상의 독립성(제도적 독립성)을 의미한다고 해석해야 한다.[29] 예를 들어 노동조합 간부 선출이 제도상 직제에 따른 지명제로 되어 있는 노동조합은 '자주성'(독립성)을 가진다고는 할 수 없으나, 제도상으로는 조합원에 의한 선거제로 되어 있어 실질적으로는 직제에 의한 지명대로 투표하고 있는 노동조합의 경우에는 사용자에 의한 이 실질지배는 '지배개입'의 문제이며, 노동조합의 요건의 문제는 아니라고 생각한다.

(나) 사용자의 이익대표자의 제외, 경비 원조를 받지 않을 것　　　'노동조합'의 요건인 '자주적으로'에 대해서는 정의규정(2조) 단서에서 두 개의 특별한 요건을 두고 있다.

첫째는 사용자의 이익대표자를 참가시켜서는 아니 된다는 점이다(단서 1호). 이것은 노동조합의 자주성을 확보하는 견지에서 단체교섭관계에서 사용자측의 입장에 있는 자를 비조합원으로 한 규정이다. 이에 따라 비조합원으로 보는 경우는 ① '임원'(대표이사·감사·이사 등), ② '고용·해고·승진 또는 이동에 관하여 직접적인 권한을 가지는 감독적 지위에 있는 근로자'(인사권을 가진 상급관

---

28) '어용조합'의 개념에 대해서는 瀨元美知男,「御用組合」, 綜合判例研究叢書·労働法(5), 39면 이하.

29) 下井隆史=保原喜志夫=山口浩一郎, 労働法再入門, 91면을 참조.

리자), ③ '사용자의 노동관계에 대한 계획과 방침에 관한 기밀 사항을 접하고 그를 위해 그 직무상의 의무와 책임이 당해 노동조합의 조합원으로서의 성의와 책임에 직접 저촉되는 감독적 지위에 있는 근로자'30)(노무·인사과의 관리자 등) 및 ④ '그 밖의 사용자의 이익을 대표하는 자'(사장비서·회사경비의 수위 등. 단, 종업원에 대한 감독적 권한을 가지지 않고 외래자의 접수, 시설의 순시 등만을 실시하는 수위는 이에 속하지 않는다)이다.31)

기업별로 노동조합이 조직되어 있는 일본에서는 실제로 사용자와 조합이 단체협약에 의해 비조합원의 범위를 정하고 쌍방의 세력범위를 한정하는 경우가 많다. 이러한 설정은 회사이익대표자를 조합원에 포함할 경우에는 상기의 단서에 의해 시정을 요구할 수 있지만, 회사이익대표자에 해당하지 않는 자까지 비조합원으로 하는 경우에는 상기 단서와의 관계에서는 조합의 자치문제로서 방임되게 된다. 따라서 노동조합은 그 한도로 자주적으로 체결한 범위구분협약으로 구속된다.32)

회사이익대표자인 근로자도 헌법 28조의 '근로자'이므로, 이들 근로자의 가입을 허용하는 노동조합 또는 그러한 근로자만으로 조직되는 노동조합도 헌법 28조의 보호(형사면책, 민사면책, 불이익취급으로부터의 보호)를 받는다.⑫

두 번째 특별요건은 '단체운영을 위한 경비지출에 대해 사용자의 경리상 원조를 받지' 않는 것이다(2조 단서 2호). 단, 근로시간 내의 유급으로 사용자와의 협의 내지는 교섭, 노동조합의 복리후생기금으로의 사용자의 기부 및 최소한 공간의 사무소대여는 '경리상 원조'에 해당하지 않는다(동호 단서).

'경리상 원조'에 해당하는 것으로서는 노동조합 용무를 위한 출장여비·수당 지급, 노조전임자의 임금부담 등이 있다. 그러나 노동조합사무소의 광열비 부담, 노동조합휴가, 취업시간의 노동조합활동에 대한 임금의 불공제 등은 동 단서에 열거된 예외에 준하는 것으로서 여기에 해당하지 않는다고 해석해야 한다.

⑫ **관리직조합**

조합원과 비조합원의 경계는 과장직 이상은 비조합원이라는 형태로 이루어지는 경우가 지금까지는 전형이었다. 그러나 근래 기업의 연령·학력구성이 상승하는 추세 가운데 중고연

---

30) '총무과장'을 이에 해당한다고 한 사례로서 男鹿市農協事件 — 仙台高秋田支判 平元 1. 30, 労判 538호, 76면.

31) 상세한 것은 厚生労働省労政担当参事官室編, 5訂新版労働組合法, 労働関係調整法, 263면 이하; 大和哲夫=佐藤香, 労働委員会規則, 125면.

32) 이 점을 전제로 단체협약상의 범위구분 조항의 노동조합에 의한 해약을 인정한 판례로 日本アイ·ビー·エム事件 — 東京地判 平15. 10. 1, 労判 864호, 13면.

령자의 처우를 위해 관리직의 범위가 기업의 인사제도상 확대되어(이른바 스태프 관리직의 증가), 이와 함께 사용자의 이익대표자로서 비조합원(동시에 노기법 41조 2호의 관리감독자) 취급을 받는 종업원의 비율이 증가했다. 그런데 헤이세이(平成) 불황으로 기업의 구조조정이 진행되는 가운데 이러한 비대화된 고연령관리층을 대상으로 한 다양한 인원삭감 내지 인건비삭감(책)이 수행되게 되었다. 이러한 움직임에 대처하고 관리직이 기업 내에서나 혹은 기업의 틀을 넘어 노동조합을 구성하고 그 이익옹호를 꾀하는 시도가 이루어졌다. 또 기존의 기업별 조합 가운데에도 관리직 층이 어느 부분까지는 조합원화되고 조직의 확대를 꾀해야 한다는 문제의식을 가지는 경우가 많아졌다(문헌으로서 久本憲夫, 「管理職クラスと労働組合員の範囲」, 日労研 36권 10호, 2면).

기업이 비조합원으로 간주하는 관리직을 포함하는 노동조합 내지는 그러한 관리직만으로 조직된 노동조합에 대해서는 사용자가 이것을 노조법상의 노동조합으로 인정하지 않고 교섭 관계에 들어가는 것을 거부하는 경우가 많다. 그러나 법적으로는 노조법이 조합원의 범위에서 제외되고 있는 사용자의 이익대표자 개념은 그 문언에 나타나있듯이 극히 한정적이며 노동위원회와 법원의 판단에 의하면 노사간의 합의와 기업의 방침으로 비조합원이 되는 많은 관리직은 여기에 해당하지 않게 될 수 있다(기업내의 관리직 노동조합의 법적합성을 인정하고 사용자에 의한 단체교섭거부를 부당노동행위로 한 명령례로서 セメダイン事件 — 中労委 平10. 3. 4, 労判 734호, 81면 — 행정소송에서 지지된 확정 — 最一小決 平13. 6. 14, 労判 807호, 5면). 노조법의 보호를 인정하지 않고 헌법상의 보호밖에 누릴 수 없는 조합은, 이러한 한정적인 회사 이익대표자에 해당하는 진실한 관리직이 포함될 뿐이다(下井, 労働関係法, 24면 이하 참조).

(3) 목   적

노조법상 노동조합의 '목적'으로서는 '근로조건의 유지개선 및 그 밖의 경제적 지위향상을 꾀하는 것'을 주된 목적으로 하는 경우라는 것이 요구되고 있다(2조 본문). 그리고 이 정의의 단서에서 '공제사업 및 그 밖의 복리사업만을 목적으로 하는 것'(2조 단서 3호) 또는 '주로 정치운동이나 사회운동을 목적으로 하는 것'(동 4호)은 동법상의 '노동조합'은 아니라고 하여 목적상 요건이 이면(裏面)으로 부연되어 있다.

노동조합의 정의에 있어 '경제적 지위 향상을 꾀하는 것'이란 관련규정(노조 1조 1항, 2조 단서 4호)을 함께 해석하면 단체교섭을 중심으로 한 노사자치를 통하여 경제적 지위향상을 꾀하는 것이라고 해석된다. 또 상기의 단서(2조 단서 3호, 4호)는 반대해석으로서 노조법상의 노동조합도 부수적이라고 하면 공제사업, 정치운동, 사회운동을 목적으로 할 수 있다는 점을 제시하고 있다.

(4) 단 체 성

노조법이 정하는 노동조합의 마지막 요건은 '단체 또는 그 연합단체'라는 점이다. 여기서 말하는 '단체'란 복수인의 결합으로 규약을 가지고 그 운영을 위한 조직(의사결정기관, 업무집행기관, 임원, 회비)을 가지고 있다는 점(社團性)이 필요하다. 단, 이러한 단체가 사용자의 분열에 따라 조합원이 1명이 되어버린 경우에도 조합원 증가의 노력이 이루어져 그 가능성이 있는 한 단체성을 잃지 않는다고 생각된다. 또 일시적인(예를 들어 회사 청산중의) 존속만을 예정하고 있는 경우라도 단체일 수 있다.[33]

노조법은 '연합단체인 노동조합 이외의 노동조합'을 넓게 '단위노동조합'이라하고(5조 2항 3호), 이에 대한 동법의 적용을 전제로 한 규정을 두고 있으므로(동항 3호, 5호, 9호) 개인가입과 단체가입의 쌍방을 인정하고 있는 혼합조직도 '단위조합'에 포함되고 따라서 상기의 '단체'에 해당한다고 해석해야 한다.[34]

노조법이 예정하는 '단체 또는 그 연합단체'는 전항의 목적요건과 함께 생각하면 위와 같은 사단성뿐만 아니라 구성원에 대해 단체교섭수행에 필요한 통제력을 가지고 있다는 점이 필요하다. 이러한 통제력을 갖지 않는 근로자 조직은 아무리 근로자의 경제적 향상에 이바지하기 위한 사단 내지는 그 연합체라도 '노동조합'은 아니다. 노동조합의 연락·협의조직에 그치는 연합체조직은 그 전형이다.

(5) 규약상의 요건

노조법은 그 외에 조합규약이 필요적 기재사항을 정한다(5조 2항). '명칭'(동1호), '주된 사무소의 소재지'(동 2호) 등의 단체로서의 특정성에 관한 사항을 별도로 하면, 그러한 것은 노동조합의 공정하고 민주적인 운영을 확보하기 위해 만들어진 것이다. 즉, 조합원이 노동조합운영에 참여할 권리 및 평등하게 취급받는 권리(동 3호), 인종, 종교, 성별, 가문 또는 신분에 의한 조합원으로서의 자격 박탈금지(동 4호), 노동조합임원 선거의 직접무기명투표(동 5호), 총회의 개최(매년 1회, 동 6호), 회계감사와 보고(동 7호), 동맹태업개시에 대해 직접무기명투표의 과반수에 의한 결정 요건(동 8호), 규약개정의 요건(동 9호)이다.[35]

이들은 어디까지나 규약상의 요건으로 규약의 규정이 실제적으로 실시되고 있는지 여부에 노조법은 관여하지 않는다고 하는 것이 지금까지의 통설이다. 그러나 한편으로는 노동조합의 운영에 대해서는 노동조합민주주의의 법원칙이 있어 그 민주적 운영을 확보하기 위해 여러 종류의 강행법적 준칙이 인정되는

---

33) 諏訪康雄,「勞働協約の当事者」, 現代講座(6), 62면 참조.
34) 石川, 25면.
35) 상세한 것은 大和=佐藤, 앞의 책, 128면 이하.

것에 주의해야 한다.

4. 자격심사

앞에서 언급한 대로, 노동조합은 노동위원회에 증거를 제출하여 노동조합의 정의(노조 2조) 및 규약의 필요기재사항(동 5조 2항)의 규정에 적합하다는 것을 입증하지 않으면 노조법에 규정하는 절차에 참여하는 자격을 가지지 못하며 또한 동법에서 규정하는 구체를 받을 수 없다(동 5조 1항). 이 규정에 근거하여 노동위원회에 의해 이루어지는 노동조합이 위의 두 규정에 합치하는지 여부의 심사가 '자격심사'이다.

자격심사의 절차에 대해서는 노동위원회규칙(22조~27조)에서 상세히 규정하고 있다. 이에 따르면 노동조합이 증거(조합규약, 단체협약, 임원명부, 직제일람표 등)를 제출하여 관할 노동위원회에 심사신청을 하여 회장(내지 부회장) 또는 그 지명하는 공익위원이 심사한다. 심사결과, 위원회(내지 부회)는 신청조합이 앞에서 언급한 노조법의 규정에 적합한지의 여부를 결정한다.[36]

자격심사가 이루어지는 경우에는 ① 노동조합이 노조법에 규정하는 절차에 참여할 경우 즉, 노동위원회의 근로자위원의 추천(노조 19조의 3 제2항, 19조의 12 제3항), 부당노동행위의 구제신청(동 27조) 등(그 외의 동 18조의 신청)을 실시하는 경우, ② 노동위원회가 노동조합에 대해 노조법이 규정하는 구제 즉 부당노동행위의 구제(동 27조의 12)를 행하는 경우, ③ 노동조합이 법인등록을 하고자 하는 경우이다(동 11조).

자격심사는 규약의 필요기재사항(노조 5조 2항)에 대해서는 규약의 기재검토(형식검사)만으로 충분하나, 노동조합의 정의(동 2조)에 대해서는 본래 관련된 실질심사(경우에 따라서는 직권에 의한 조사)를 필요로 한다. 그러나 노동조합의 정의에 대해서도 노동위원회의 실무상으로는 제출서류 기재에 비추어 서면상의 심사로 끝내지 않을 수 없는 경우가 많다. 그리고 이러한 서면심사에서 노동조합의 정의 내지 규약의 필요기재사항의 여러 요건상 문제가 발견되는 경우에는 노동위원회는 서면상의 보정을 지도하는(노위칙 24조는 권고권을 규정) 것이 보통이며, 대부분의 조합은 이 지도에 따르고 있다. 또 부당노동행위 신청과 구제의 전제로서의 자격심사에서는 부당노동행위 명령을 발하기까지의 기간에 자격심

---

36) 절차에 대한 보다 상세한 것은 大和=佐藤, 앞의 책, 137면 이하.

사를 완료시키면 된다는 방침에서의 '병행심사'가 이루어지고 있다.[37) 또한 판
례는 자격심사는 노동위원회가 국가에 대해 지는 책무이므로 동 심사에 만약
절차상 또는 실체 판단상 하자가 있다고 해도 사용자는 이를 이유로 부당노동
행위 구제명령 취소를 구할 수 없다고 판시하여,[38) 대부분의 지지를 얻고 있
다.[39) 이러한 실무와 판례에 의해 자격심사는 부당노동행위 신청과 구제에 관
한 한 제도 본래의 기능을 현저하게 감축하고 있다고 할 수 있다.[40)

제 3 절 노동조합의 조직과 운영

1. 노동조합의 자치와 그 법적 규제

노동조합은 근로자가 자기의 이익을 옹호하기 위해 자주적으로 결성하는 임
의단체이므로, 그 운영에 대해서는 조합규약과 다수결에 의한 자치(자주적 운영)
를 원칙적으로 인정할 필요가 있으며 또한 바람직하다. 문제는 이 조합규약과
다수결에 의한 자치와 법적 규제를 어느 정도 할 것인가이다.[41) 일본의 법은
조합규약 및 다수결원칙을 조합운영의 제1차적 준칙으로서 승인하면서 주로 다
음의 두 종류의 법적 규제를 실시하고 있다.[13]

> **[13] 조합규약의 법적 성질**
> 노동조합의 규약·규정은 단체의 자치적 법규범으로 국가법 질서의 범위 내에서 법적 효
> 력을 가진다. 즉, 규약·규정은 노조법에서 정하는 법인으로서의 노동조합의 조합규정에 적합
> 하다는 것을 필요로 하고, 또한 후술하는 조합민주주의의 법원칙에 의한 규제를 받는다. 그러
> 나 이러한 강행법적 규정과 원칙의 틀 내에 있는 한, 그들은 조합운영상 법규범으로서 준수
> 되어야 하는 것이며 민사소송에 의한 소제기의 근거가 될 수 있는 것이다.

(1) 재산법상의 규제

첫째는 노동조합의 재산소유와 거래처분의 편의를 도모하고, 그 책임(권리의
무)을 명확히 하기 위한 법규제이다. 노조법은 종래 이 법규제로서 노동조합에
법인격을 취득할 방법을 제공하고(노조 11조), 또한 민법의 사단법인 권리·의무

---

37) 이것을 적법으로 하는 판례로서 東京光の家事件 — 最二小判 昭62. 3. 20, 労判 500호, 32면.
38) 日通会津若松支店事件 — 最三小判 昭32. 12. 24, 民集 11권 14호, 2336면.
39) 阪神観光事件 — 最一小判 昭62. 2. 26, 労判 492호, 6면은 이를 답습.
40) 자격심사의 실제와 기능에 대해서는 直井春夫=成川恵美子, 労委制度ノート, 105면 이하.
41) 문제 제기한 문헌으로서 三井正信, 「労働組合と労働者の自己決定」, 法時 66권 9호, 66면.

와 내부조직에 관한 제규정과, 법인의 청산에 관한 여러 규정을 준용하고 있었다(구 12조). 그러나 2006년에 민법의 사단법인·재단법인의 제도가 일반사단법인·재단법인과 공익사단법인·재단법인의 제도로 다양화되어 이러한 것에 대하여 특별법42)이 제정됨과 동시에, 법인의 설립, 조직, 운영 및 관리에 대해서는 민법에서 최소한의 기본사항(법인의 능력, 외국법인, 등기)에 관한 규정(민 34조~37조)을 마련하는 외에, 각각의 법인에 관한 법률에 따르게 되었다(민 33조). 그래서 노동조합법 속에서도 노동조합에 의한 법인격취득의 규정(노조 11조)에 계속하여, 법인인 노동조합의 조직, 운영 및 관리에 관한 다음과 같은 여러 규정이 마련되었다(2006년 법 50).

먼저 법인인 노동조합은 1명 또는 여러 명의 대표자를 두지 않으면 안 되고(노조 12조 1항), 대표자가 여러 명인 경우에 규약에 별단의 규정이 없을 때에는 그 사무는 대표자의 과반수로 정한다(동조 2항). 대표자는 법인인 노동조합의 모든 사무에 대하여 법인인 노동조합을 대표하지만 규약의 규정에 반할 수 없고, 또한 총회의 결의에 따라야 한다(12조의 2). 법인인 노동조합의 관리에 대해서는 대표자의 대표권에 가하는 제한은 선의의 제3자에 대항할 수 없다(12조의 3). 또 대표자는 규약 또는 총회의 결의에 의해 금지되고 있지 않은 한, 특정 행위의 대리를 타인에게 위임할 수 있다(12조의 4). 법인인 노동조합이 대표자의 채무를 보증하는 것, 그 외 대표자 이외의 자와의 사이에 법인인 노동조합과 대표자와의 이익이 상반하는 사항에 대해서는 대표자는 대표권을 가지지 않는다(12조의 5).43) 법인인 노동조합은 민사면책(8조)을 받는 경우를 제외하고 대표자가 그 직무를 행하는 것에 대하여 제3자에게 끼친 손해를 배상할 책임을 가진다(12조의 6, 일반법인 78조, 197조).44)

일반적으로 말하면 노조법은 법인인 노동조합의 운영에 대하여 규약에 따른 자치를 존중하고 있다.

(2) 조합민주주의의 법원칙

노동조합의 내부운영에 관한 두 번째 종류의 법규제로서는 조합민주주의의 법원칙을 들 수 있다. 노조법상의 노동조합은 단체교섭에 의해 조합원을 비롯

---

42) 일반사단법인및일반재단법인에관한법률(2006년 법48), 공익사단법인및공익재단법인의인정에관한법률(2006년 법49).

43) 이 경우에 법원은 이해관계인의 청구에 의하여 특별대리인을 선임하지 않으면 안 된다(12조의 5).

44) 그 외 개정 노조법은 노동조합의 청산에 관한 여러 규정을 두고 있다(13조~13조의 14).

한 근로자의 근로조건을 규제하는 권능(임무)을 받고 있으며(노조 16조~18조), 또한 일정 한도 내의 유니언 숍의 허용, 민사·형사의 면책(동 1조 2항, 8조), 부당노동행위 구제제도(동 7조, 27조 이하) 등에 의해 이 권능을 법적으로 강화하고 있다. 노동조합은 이러한 강력한 권능의 수탁에 의해 조합원을 비롯한 근로자의 경제적 이익에 절실한 영향을 미칠 수 있는 단체가 되었고, 그러한 까닭에 내부운영에 대해 통상의 사적 임의단체에서는 볼 수 없는 법규제를 받게 된다.45) 이 법규제는 '조합민주주의의 법원칙'으로 총칭할 수 있는 것으로 그 성질은 노조법에 의한 상기의 권능수탁의 반면으로서 동법에 포함되어 있는 강행법적 원칙이라고 할 수 있다.46)

이 법원칙의 기본이념은 '평등한 권리를 가지는 조합원의 이익과 의견을 다수결원칙에 의해 공정하게 조정하여 노동조합을 운영하는 것'이라고 표현할 수 있다. 그 실제적 의도는 조합간부와 조합원의 일부 집단이 노동조합의 운영에서 다른 조합원의 이익과 의견을 무시하고 독단적이거나 전제적으로 하는 것을 방지하는데 있다. 이 원칙의 기본적 내용은 ① 조합원이 조합운영에 평등하게 참여하고 평등한 취급을 받을 권리(특히 평등한 선거권·피선거권 및 인권, 종교, 신조, 성별, 사회적 신분 등에 의한 차별적 취급의 금지(노조 5조 2항 3호, 4호 참조)), ② 조합원의 언론의 자유, ③ 규약·규정의 준수, ④ 조합운영상의 중요사항에 대한 조합원의 직접 참여절차(동 5조 2항 5호~9호 참조), ⑤ 노동조합의 통제권의 한계규정 등이다.47)

2. 조합원자격의 상실

(1) 가   입

노동조합은 근로자가 자발적으로 결성하는 단체(임의단체)이므로 그 구성원의 자격을 취득하려면 '가입'이라는 자발적 행위를 필요로 한다. 가입은 노동조합마다 정해진 절차 내지 요식에 따라 이루어지는 것을 필요로 하며, 또한 그

---

45) 浜田富士郎,「勞働組合內部問題法の基礎理論的考察」, 勞働組合法の理論課題, 32면 이하 참조.
46) 全日本海員組合事件 ― 東京高判 平24. 9. 27, 判例集未登載 참조. 이 사건에서는 대립후보자의 입장을 거절하여 행해진 조합대회에서의 선거의 결과로서의 조합장의 당선 유효성 등이 다투어졌다(입장거절은 위법이지만, 선거를 무효로 하는 중대한 절차상의 하자라고는 할 수 없다고 간주되었다).
47) 각 항목에서 나눠서 설명하겠으나, 문헌으로서는 遠藤昇三,「判例法上の組合民主主義」, (1)~(2), 島大法学 30권 3호, 31권 1호, 67면, 2호, 73면 참조.

정하는 날에 효력을 발생한다. 그러나 각별한 규정이 없으면 의사표시의 양태를 묻지 않으며, 또한 그것이 이루어진 날로부터 효력을 발생한다고 생각할 수 있다.

문제는 노동조합이 가입자격을 어떻게 제한할 수 있는지이다. 노동조합은 기본적으로는 사적인 임의단체로서 구성원의 범위를 스스로 결정할 수 있는데, 노조법상 부여받고 있는 특별한 권능(근로조건의 규제권능)과 보호 때문에 조합원 자격의 결정에 대해서도 노동조합의 내부운영의 경우와 동일한 공정·평등한 취급을 요구받는다. 보다 구체적으로는 노동조합이 산업·기업·공장·직종·종업원의 종류(고용형태) 등의 근로자의 이해관계 차이를 기준으로 가입자격을 제한하는 것은 어떠한 이해집단을 결집하는 것이 효과적인가 하는 조직형태 결정에 속하며 노동조합의 자치에 위임된다.[48] 그러나 근로자의 인종, 종교, 성별, 가문, 신조 등을 이유로 가입을 거부하는 것은 노조법상 특별한 취급(특별한 권능과 보호)에 적합하지 않은 불공정한 차별적 취급으로 위법이라고 해석해야 한다.[49]⑭

⑭ **위법한 가입거부 구제**
가입거부가 위법이라도 현행법상으로는 노동조합에 대해 가입을 강제하는 법적 수단은 없다고 생각한다. 손해가 있다면 고작해야 이것을 불법행위로 구성하여 노동조합에 대해 배상청구를 할 수 있는 데 그친다(과장직에 있는 자의 조합가입 승인청구에 대해 가입청구권은 없다고 하고 불법행위책임도 부정한 사례로서, 全ダイエー労組事件 ― 横浜地判 平元 9. 26, 労判 557호, 73면). 또한 당해 노동조합이 유니언 숍 협정을 체결하고 있는 경우에는 이 협정은 위법하게 가입거부를 당한 자에게는 적용되지 않는다(東邦亜鉛事件 ― 東京地判 昭31. 5. 9, 労民 7권 3호, 462면. 또 日本食塩製造事件 ― 最二小判 昭50. 4. 25, 民集 29권 4호, 456면도 근로자가 정당한 이유가 있어 노동조합에 가입하지 않은 경우에는 사용자는 유니언 숍 협정상의 해고의무를 지지 않는다고 한다)

(2) 탈   퇴

노조법이 전제로 하는 노동조합은 종업원의 당연(강제) 가입조직이 아니라 근로자의 자발적 결합에 근거하는 결사이므로 조합원의 탈퇴의 자유는 단체의 성질상 당연한 이론적 귀결이다. 그래서 예를 들어 조합원의 탈퇴에는 집행위원회(또는 대회)의 승인을 요하는 규정은 무효로 해석되며,[50] 쟁의중의 탈퇴는 인정되지 않는다는 규정도 동일하게 해석된다.[51] 이들에 대해 탈퇴를 요식행위

---

48) 西谷, 89면. 단, 이러한 자격 제한도 조합규약상 명기되어야 한다.
49) 西谷, 89면.
50) 日本鋼管鶴見製作所事件 ― 東京高判 昭61. 12. 17, 労判 487호, 20면.
51) 浅野雨龍炭鉱労組事件 ― 札幌地判 昭26. 2. 27, 労民 3권 6호, 524면 이래, 판례의 대세.

로 하는 것과 며칠 전의 예고를 요구하는 것은 탈퇴의 자유를 침해하는 정도의
것은 아니다.

학설 중에는 탈퇴가 특히 단결을 어지럽히고 사용자에게 이익을 주려는 목
적·양태로 이루어지는 경우에는 권리남용으로서 그 효력을 인정할 수 없다는
견해도 유력하다.52) 그러나 당해 조합의 운동방침에 기본적으로 동조할 수 없
고 결별할 것을 결의한 자에 대해서 조합원으로서의 지위를 법적으로 강제하여
도 단결의 유지 강화에 이바지한다고 생각되지 않는다. 요컨대 탈퇴의 금지 그
자체는 법이 할 수 있는 일은 아니다.53) 한편, 근로자가 노동조합을 탈퇴한 이
상, 당해 노동조합이 전용사용권을 가진 명칭을 사용할 수 없는 것은 당연하
다.54)

또한 노동조합이 조합원의 탈퇴를 방지하는 수단으로서는 후술하는 바와 같
이 유니언 숍 협정이 있으며, 이것은 일정 한도에서 유효하게 인정되고 있다.

(3) 제　　　명

제명에 대해서는 '노동조합의 통제'에서 설명한다.

3. 유니언 숍(union shop)

(1) 유니언 숍의 의의

노동조합은 사용자와의 단체교섭에 의한 유리한 근로조건의 획득을 주요한 목
적으로 하는 단결체이므로 조직을 가능한 확대하고 노동력의 독점성을 가능한 높
이려고 하는 욕구를 가지는 것은 당연하다. 노동조합이 조직확대를 위해 취하는
수단은 다양한 양상을 보이는데, 특히 사용자에 대해 노동조합에 가입하지 않은
근로자를 고용하지 않거나 또는 해고하는 것을 단체협약에서 구속하는 수단이
보급되었다. 이렇게 조합원인 점을 고용조건으로 함으로써 조합원의 지위의 획득

---

52) 外尾, 132면; 西谷, 92면. 판례로서 全金協和精工支部事件 ― 大阪地決 昭55. 6. 21, 判時 982호, 148면.

53) 같은 취지: 山口, 39면. 학설·판례에 대한 상세한 것은 山下滿, 「脫退の自由」, 林豊=山川
隆一編, 勞働関係訴訟法 I, 291면. 최근 東芝勞働組合小向支部·東芝事件 ― 最二小判 平19. 2. 2,
勞判 933호, 5면은 기업별 조합에서 탈퇴하여 합동노조에 가입한 근로자의 회사간의, 기업별노조
에 복귀하고 그 후에는 탈퇴하지 않는다는 합의에 대하여 조합원의 탈퇴의 자유에 반하여 공서양
속위반으로서 무효이다고 판시했다.

54) 노동조합에 의한 중지청구를 인용한 판례로 全港湾勞組阪神本部事件 ― 大阪地決 平12. 12.
7, 勞判 807호, 61면.

과 유지를 강제하는 협약상의 제도를 일반적으로 '조직강제'(Organisationszwang;
Compulsory Membership)라고 한다. 유니언 숍은 이 '조직강제'의 한 형태이고
사용자가 단체협약에서 자기가 고용하는 근로자 중 해당 노동조합에 가입하지
않는 자 및 해당 조합의 조합원이 아니게 된 자를 해고하는 의무를 지는 제도
이다.[55][15]

일본의 노동조합은 그 과반수가 유니언 숍 협정을 체결하고 있으며('2011년
노동협약 등 실태조사(平成23年 労働協約等実態調査)'에서는 '어떠한 규정 있음'이 64.3%,
'단체협약 있음'이 61.2%), 특히 종업원수가 많은 기업의 노동조합에서 그 비율이
높아진다. 그러나 그 내용은 '원칙적으로 해고한다', '해고한다. 단 회사가 그 자
를 특별히 필요하다고 인정하는 경우에는 해고하지 않을 수 있다' 등의 '불완전
한 유니언'이 많다('尻抜けユニオン'-유니언 숍에서 사용자가 노동조합에서 제명한 자
또는 탈퇴한 자를 해고한다는 취지의 규정을 포함하지 않는 것: 역자 주).

[15] **그 밖의 '숍' 제도**

유니언 숍과 대비되는 다른 제도로서는 ① 사용자는 당해 노동조합의 조합원만을 고용할
수 있고, 또 자기의 피용자가 당해 노동조합의 조합원이 아니게 된 때에는 그를 해고해야 한
다는 클로즈드 숍(closed shop), ② 사용자는 당해 노동조합에 가입하지 않거나 또는 당해
노동조합의 조합원이 아니게 된 피용자 중 조합비와 동액의 금원을 당해 노동조합에 납부하
지 않은 자를 해고할 의무를 진다는 에이전시 숍(agency shop), ③ 일단 조합원이 된 이상
은 조합원 자격을 잃으면 해고된다는 조합원 자격유지제도(maintenance of membership),
④ 조합원을 근로조건 그 밖의 대우(예를 들어 lay off)에 대해 우대하는 조합원 우대제도
(preferential shop) 등이 있다. 이들 중 ②~④는 엄밀하게는 '조직강제'에 속하지 않는 것이
다. 유니언 숍 및 그 밖의 숍 제도(①~④)는 보다 넓게 조합조직의 유지를 보장하기 위한
협약상의 제도라는 의미에서 '조합보장'(Union Security)으로 총칭된다.

(2) 유니언 숍 협정의 유효성

유니언 숍을 정하는 협약조항은 원래부터 유효한가? 유니언 숍은 노동조합
조직의 유지를 강화하는 역할을 하는 반면, 비조합원이 ① 노동조합에 가입하
지 않을 자유(또는 조합을 탈퇴할 자유), ② 노동조합 선택의 자유(스스로 원하는
조합을 결성하거나 또는 이에 가입하는 자유), ③ 고용안정(보장)과 충돌한다.

이러한 이익과의 충돌 중, 지금까지 주로 문제가 되어 온 것은 ②의 이익과
의 충돌이다. 결국, 근로자의 조합선택의 자유는 일본헌법 28조의 단결권의 중
요한 한 내용이고, 이들과의 충돌이 유니언 숍 협정의 유효성을 의문시하는 최

---

55) 학설에 대해서는 盛誠吾, 「ユニオン・ショップ協定論」, 籾井常喜編, 戦後労働法学史, 254
면 이하.

대의 요인이라고 생각되었다. 그래서 일반적 조직강제(특정 조합에 대한 가입강제
가 아닌 어느 하나의 조합으로의, 결국은 노동조합 일반에 대한 가입강제)만을 유효하
다고 보는 학설이 주창되었다. 그러나 학설의 대세는 유니언 숍 제도가 한편에
서 가지는 효용에서 그것을 전부 무효로 해버리는 것에 주저하고 노동조합선택
의 자유(소수자의 단결권)와의 조정을 꾀하면서 일정 한도에서 이것을 유효로 하
는 입장을 취해왔다.56)

　　개인적으로도 헌법 및 노조법이 노동조합에 부과한 명령(단체교섭을 중심으로
한 노사자치 추진)에 유용하므로 유니언 숍 협정은 근로자의 앞에서 언급한
①~③의 여러 이익과 충돌함에도 불구하고 일정 한도에서는 유효하다고 생각
하고 있다. 단 유효한 유니언 숍 협정을 체결할 수 있는 노동조합은 당해 사업
장의 동종 근로자의 과반수를 조직하지 않으면 아니 된다고 해석된다(노조 7조
1호 단서 참조). 유니언 숍 협정에 법적 효력을 인정하는 경우, 그 체결주체인
노동조합이 조직대상으로 하는 동종 근로자 과반수를 조직하는 조합이라는 것
을 요구하는 것은 오히려 당연한 것이라고 생각된다.57)

　　근래의 근로자의 노동조합 이탈의 진전과 함께 앞의 ①의 시점에서의 유니
언 숍 무효론이 학설상 유력하게 되었다.58) 그러나 일본의 기업별 노동조합은
기업・사업장 수준에서 노사대항의 교섭단체로서의 기능뿐만 아니라, 노사협력
(경영참가)의 종업원 대표조직으로서의 기능을 가지고 있으며 최근에는 후자의
성격을 강화하고 있다.16 더구나 기업의 한계를 넘어 산업・지역에 연합체와 협
의회 등의 네트워크를 둘러싸고 있으며, 또한 전국적으로도 근로자의 대표조직
을 결성하여 춘계교섭의 지도, 정책참가 등의 중요한 기능을 맡고 있다.59) 이상
과 같은 기업별 조합의 다면적인 기능(사회적 역할)에 비추어 보면 개인적으로
는 유니언 숍 무효론에는 찬성하기 힘들다. 물론 노동조합이 시대 변화에 따른
활성화 노력을 요구받고 있다는 것도 부정하는 것은 아니다.

---

　　56) 일반적 조직강제만을 유효하다고 하는 것은 石井, 79면. 유효설은 石川, 73면; 外尾, 621면
이하. 최근 盛, 163면도, 유니언 숍의 조합승인기능에서 유효설에 동조한다.

　　57) 石川, 69면. 반대: 外尾, 620면 이하.

　　58) 西谷, 100면 이하; 籾井常喜, 「『戦後労働法学』見直しの視点」, 労旬 1335호, 10면 이하;
大内伸哉, 「ユニオン・ショップ協定が労働者団体法理論に及ぼした影響」, 神戸法学雑誌 49권 3호,
461면 이하.

　　59) K. Segeno, "Unions as Social Institutions in Democratic Market Economies",
International Labor Review, Vol. 133 No. 4, pp. 511.

⑯ 기업별 조합과 유니온 숍 제도

  앞에서 언급한 것처럼, 기업별 조합은 근로자의 임의적인 단결체(가입·탈퇴는 자유)인 노사대항단체로서의 성격과, 종업원이 당연히 가입하는 노사협력단체(종업원대표조직)로서의 성격을 함께 가지고 1980년대 이후에는 후자의 성격이 강하게 되었다. 그리고 사용자가 기업별 조합을 승인하고 이와 교섭관계에 들어가는 경우에는 비조합원의 범위를 정하고 그 범위의 근로자는 전원 해당 조합에 가입해야 한다는 유니온 숍 제도를 협정한 뒤, 해당 조합을 유일한 교섭단체로서 인정하고 해당 조합에 체크오프(check off), 조합사무실·게시판, 노조 전임자, 조합휴가 등의 편의공여조치를 제공하는 것이 통례이다. 이러한 조합승인 패키지 가운데, 유니온 숍 제도를 체결하는 기업의 의도는 노사대항단체로서의 노동조합의 단결력(노동력 독점도)을 높이기 위해서라기보다도 오히려 기업별 조합의 노사협력단체로서의 기능에 기대하여 종업원 당연 가입성이라는 그 조직적 성격을 강화하기 위해서라고 보는 것이 적절할 것이다.

⑶ 유니언 숍 협정의 효력이 미치는 범위

  조직대상 근로자의 과반수를 조직하는 노동조합의 유니언 숍 협정은 동 노동조합의 조합원이 아닌(또는 조합원 자격을 상실한) 근로자의 어느 범위까지 미치는가?[60]

  ㈎ 먼저 유니언 숍 협정의 체결당시 비조합원이 이미 별도의 노동조합을 조직하고 있는 경우에는 그러한 별도의 조합원의 단결권 보장 때문에 유니언 숍 협정은 이들에게는 미치지 않는다. 이 점은 논의의 여지가 없다.

  ㈏ 문제는 유니언 숍 협정 체결조합으로부터의 탈퇴자와 피제명자가 다른 노동조합을 결성하거나 기존의 다른 노동조합에 가입한 경우이다. 이들에 대해서는 견해가 나뉘어져 있는데, 예를 들어 탈퇴자와 피제명자를 구별하여 탈퇴자의 경우에는 합리적 기간 내의 다른 노동조합에 가입한 이상 당초부터 별도의 노동조합에 가입하고 있는 자와 동일하게 유니언 숍 협정은 미치지 않지만, 피제명자의 경우에는 노동조합에 있어 반가치적인 자이므로 합리적 기간 내의 가입 여부를 묻지 않고 유니언 숍 협정이 미친다고 하는 경우도 있다.[61]

  그러나 탈퇴자도 당해 노동조합에서 피제명자와 동일하게 반가치적일 수 있으며 또한 합리적 기간 내인지의 여부는 기준으로서 불명확하다. 결국 양자에 대해 노동조합이 유니언 숍 협정에 근거하여 사용자에 대해 해고를 요구하는 시점에서 다른 노동조합에 가입하고 있으면 조합은 해고요구를 할 수 없게 되고, 사용자가 해고를 행하는 시점까지 다른 조합에 가입하는 사용자는 해고를 할 수 없게 된다고 해석해야 한다.

---

  60) 판례의 요약은 山口, 185면 이하. 상세한 것은 東大労研, 注釈労組法上, 180면 이하.
  61) 石川, 75면.

판례도 유니언 숍 협정은 협정체결조합과는 별개의 노동조합에 가입하고 있는 자 및 체결조합으로부터 탈퇴하거나 또는 제명되었지만 별개의 노동조합에 가입했거나 새로운 노동조합을 결성한 자에 대해서는 무효가 된다고 판시하고 있다.62)ⅱ7

(다) 유니언 숍 협정체결 노동조합에 대량탈퇴가 생긴 경우에도 그 노동조합이 당해 사업장의 동종근로자의 과반수를 조직하고 있는 이상은 (나)와 동일한 문제로서 처리되면 된다. 즉, 집단적 탈퇴자가 노동조합에 의한 해고요구 시점까지 다른 노동조합을 결성하거나 또는 다른 노동조합에 가입하지 않으면 유니언 숍 협정의 효력이 미치게 된다.

ⅱ7 유니온 숍 제도의 실제 기능

탈퇴자·피제명자라고 해도 다른 조합에 가입하거나 다른 조합을 결성하면 유니온 숍 협정이 적용되지 않는다는 인적 적용범위의 제한에 의하여, 동 협정은 조합의 내부항쟁과정에서는 집행부파에게 있어 도움이 되지 않는 것이 된다. 한편 굳이 조합집행부와의 항쟁으로 달리지 않는 종업원 대중에 대해서는 유니온 숍은 어떤 시점까지 당연히 조합에 가입하지 않으면 안 되고, 또한 탈퇴할 수 없다는 점에서는 실제상으로 강한 효력을 가지고 기업별 조합의 조직적 지주가 되어 있다.

(4) 유니언 숍 협정에 근거한 해고의 효력

유니언 숍 협정은 노동조합과 사용자간에 일정한 경우의 사용자의 해고의무를 설정하는 협정에 지나지 않으며, 이 협정을 유효로 인정해도 이에 근거한 해고의 유효성은 이론적으로는 해고의 자유에 대한 법규제(해고권남용법리)에 비추어 개별적으로 검토할 필요가 있다. 유니언 숍 협정에 근거한 해고는 유니언 숍 제도의 효용, 근로자는 당해 노동조합이나 또는 다른 노동조합에 가입함으로써 해고를 면할 수 있다는 점, 사용자는 협약상의 의무에 근거하여 해고하는 것이고 자의적인 해고와는 다른 점 등에서 해고권의 남용이 되지 않는다고 할 수 있다. 이 결론은 학설·판례상의 대세이다(다음에 보는 日本食塩製造事件의 최고법원 판결도 이 입장에 선다).

(5) 제명이 무효인 경우의 유니언 숍 해고의 효력

앞에서 살펴본 바와 같이 해석할 경우, 문제는 노동조합이 행한 제명이 무

---

62) 三井倉庫港運事件 ― 最一小判 平元 12. 13, 民集 43권 12호, 2051면; 日本鋼管事件 ― 最一小判 平元 12. 21, 労判 553호, 6면. 전자는 탈퇴하여 별개의 조합에 가입한 자에 대해 후자는 탈퇴하여 별개의 조합에 가입한 후 제명된 자에 대해 유니언 숍 협정에 의한 해고를 무효로 했다. 최근에도 本四海峡バス事件 ― 神戸地判 平13. 10. 1, 労判 820호, 41면.

효인 경우의 유니언 숍 협정에 근거한 해고의 효력이다. 이에 대하여 판례는 세 가지 견해로 나누어져 있다.[63)]

첫째는, 제명이 무효이면 해고도 무효가 되는 것으로, 제명이 무효라면 유니언 숍 해고는 그 '원인이 결여된다', '전제가 결여된다', '전제인 법률관계에 요소의 착오가 있다' 등으로 설명되고 있다. 이것이 주류인 판례였는데, 이에 대해 한 판례[64)]는 제명이 무효라도 유니언 숍 해고는 유효라고 하여, 그 근거로서 사용자는 원래 해고의 자유를 가진다는 점 및 사용자는 제명의 유효·무효에 대해 조사해야 할 권한이 없다는 점을 들었다.[65)] 이어 이러한 무효설, 유효설의 절충설로서 제명에 중대한 하자가 있어 사용자가 용이하게 이것을 알 수 있는 경우에는 해고는 무효가 되지만, 그렇지 않은 경우에는 유효라고 하는 판례가 생겼다.[66)]

그러나 그 후 최고법원 판례는 다수설인 무효설을 채택하기에 이르게 되어,[67)] 이 문제도 거의 해결되게 되었다. 동 판례는 제명이 무효인 경우에는 유니언 숍 협정상의 해고의무는 발생하지 않으므로 무효인 제명을 한 자에 대한 유니언 숍 해고는 객관적으로 합리적인 이유가 없고 사회통념상 상당한 것으로서 시인할 수 없다고 판시했다.

무효설에 대한 유효설 또는 절충설의 비판은 사용자는 제명의 유효·무효에 대해 조사를 할 수 없는데도 불구하고 제명의 유효·무효의 위험을 떠맡게 하는 것은 이상하다는 점이다. 분명 유니언 숍 해고는 자기 판단과 책임으로 이루어진 해고가 아닌 측면을 가지고 있는데, 사용자는 유니언 숍 협정체결 시 이러한 위험을 맡았다고 볼 수 있을 것이다. 게다가 사용자는 제명이 무효인 경우에는 유니언 숍 협정상의 해고의무를 지지 않으므로 제명이유를 일단은 질문한 후 유효성이 의심스럽다면 자기 위험(노동조합에서 협정위반을 이유로 손해배상청구를 받는다는 위험)으로 해고요구를 거부할 수 있다. 결론적으로 개인적으로는 위 판결에 찬성한다.[68)]

---

63) 상세한 것은 東大勞研, 注釈勞組法上, 187면 이하.
64) 日本食塩製造事件 ― 東京高判 昭43. 2. 23, 勞民 19권 1호, 134면.
65) 石川, 81면은 이에 찬성한다.
66) 예를 들어 岐阜三星染整事件 ― 岐阜地判 昭45. 4. 16, 勞民 21권 2호, 593면.
67) 日本食塩製造事件 ― 最二小判 昭50. 4. 25, 民集 29권 4호, 456면.
68) 같은 취지: 山口浩一郎, 「除名の無効とユニオン・ショップ協定にもとづく解雇の効力」, 判夕 324호, 16면 이하.

4. 노동조합의 기관

(1) 각종 기관

노동조합에는 ① 의사를 결정하는 기관, ② 업무를 집행하는 기관, ③ 노동조합을 대외적으로 대표하는 기관, ④ 조합의 회계, 그 밖의 업무집행을 감사하는 기관, ⑤ 집행기관을 보조하여 일상적인 사무를 처리하는 기관, 그리고 ⑥ 특별한 임무를 수행하기 위한 기관 등이 있다.

의사결정기관(①)은 최고의사결정기관인 총회 또는 대의원회와 중간의결기관으로서의 대의원회, 중앙위원회 등이며, 업무집행기관(②)은 조합3역(위원장, 부위원장, 서기장)과 그 밖의 집행위원으로 구성되는 집행위원회로 하는 경우가 일반적이다. 대표기관(③)은 위원장으로 하는 것이 통례이다(부위원장이 여기에 첨가되는 경우도 있다. 대표자의 대표권에 대해서는 노조 12조~12조의 5를 참조). 감사기관(④)에는 감사위원이나 감사 등으로 불리는 임원이 이에 해당된다. 사무처리기관(⑤)으로서는 서기국이 있으며 조직부, 재정부, 법대(法對)부, 교선(敎宣)부 등으로 나누어진다. 또 '직장위원'으로 불리는 임원을 두고 있는 경우도 있다. 특별기관(⑥)으로서는 선거관리위원회, 사문(査問)위원회, 투쟁위원회, 고충처리위원회 등이 있다.

이 외에도 다른 차원의 기관으로서 단위조합 전체에 대한 하부조직인 지방본부, 지부, 분회 등을 설치하는 경우도 있다. 그리고 이러한 하부조직은 그 내부에서도 이상의 의사결정기관, 업무집행기관 등을 갖추는 경우가 많다.[69]

(2) 법률문제

(가) 노동조합에 권리의무가 귀속되어야 할 행위의 범위　　　노동조합은 법령의 규정에 따라 정관, 그 외의 기본약관에서 정해진 목적의 범위 내에서 권리를 가지고 의무를 진다(민 34조. 법인격이 없는 사단인 노동조합의 경우도 동일하다고 생각된다). '법령'상으로 노동조합은 '근로조건의 유지개선, 그 밖의 경제적 지위 향상'을 주된 목적으로 하고, 부차적으로 '공제사업, 그 밖의 복리사업'과 '정치운동이나 또는 사회운동'을 그 목적으로 할 수 있는 단체로 규정되고 있다(노조 2조). 한편 '정관'(규약)의 목적규정은 해당 사단의 목적을 달성하는 데 상당하다

---

69) 노동조합 기관에 대한 상세한 것은 労使関係法研究会報告書, 労使関係法運用の実情及び問題点(1), 225면 이하; 組合規約研究会, 「組合各級機関の構成」, 労旬 1054호, 40면 이하를 참조.

고 인정해야 할 모든 행위를 포함하는 것으로 보고 있고,[70] 실제의 조합규약도 목적규정으로서 '조합원의 경제적 지위향상을 도모한다'는 등의 광범한 문언을 이용하는 경우가 많다. 이리하여 결국 당해 행위가 노조법이 정하는 노동조합의 목적에 현저하게 비적합적이지 않는 한은 노동조합에 권리의무가 귀속한다고 할 수 있다.

(나) **노동조합의 업무집행과 대표**   노동조합의 업무집행과 대표에 대해서도 앞에서 언급한 것처럼 2006년 개정(2006년 법 50)의 노조법에서 법인인 노동조합에 대해서는 기본적인 사항이 규정되기에 이르렀다. 이에 의하면 조합의 대표자가 여러 명인 경우, 그 사무는 대표자의 과반수로 정하고(12조 2항), 조합의 대표자는 조합의 모든 사무에 대하여 조합을 대표한다(12조의 2). 그러나 이러한 규정은 어느 것도 규약에 별단의 규정이 있으면 그 규정이 우선하는 것으로 하고 있으며, 또한 대표자의 대표행위는 총회의 결의에는 따라야 하는 것으로 한다. 따라서 조합의 업무집행과 대표행위에 대해서는 규약의 규정이나 총회의 결의에 의한 조합자치가 우월하는 것으로, 규약이 정하는 의사결정·대표·업무집행의 절차를 밟는 것이 긴요하게 된다.

또한 노조법은 대표자의 대표권에 덧붙인 제한은 선의의 제3자에 대항할 수 없다고 규정하지만(12조 3), 조합과 사용자와의 협약교섭에 대해서는 조합대표자의 타결·협약체결의 권한에 관한 제한(예를 들면, '타결에는 대의원회의 승인을 필요로 한다', '협약체결에는 조합원의 투표에 의한 비준을 필요로 한다' 등)에 대하여 조합내의 절차에 정통한 사용자는 '선의의 제3자'라고는 할 수 없는 경우가 대부분일 것이다.[71]

(다) **노동조합의 대외적 책임**   이상과 같은 법규정에 의해 노동조합의 계약, 어음발행 등의 법률행위에 대한 책임발생 유무가 결정된다. 이것은 법인격 없는 노동조합에 대해서도 가능한 한 유추적용되어야 한다. 그리고 사단성의 명확한 노동조합이 해당 법률행위에 대한 책임을 지는 경우에는 책임주체는 사단으로서의 노동조합으로, 집행위원과 조합원에는 개인으로서도 계약 내지 보증을 한 경우가 아니라면 개인책임이 발생하지 않는다고 해석해야 한다.

다음으로 노동조합에 대해서는 불법행위 책임도 문제가 되는데, 이에 대해

---

70) 我妻榮, 新訂民法總則, 156면.
71) 같은 취지: 大阪白急タクシー事件 ― 大阪地判 昭56. 2. 16, 労判 360호, 56면; 淀川海運事件 ― 東京地判 平21. 3. 16, 労判 988호, 66면.

서는 집행위원회와 집행위원의 불법행위에 의한 책임은 이사의 불법행위에 의한 일반사단법인의 책임규정(일반법인 78조)에 의해 처리되며, 그 밖의 조합간부와 조합원의 불법행위에 의한 책임은 피용자의 불법행위에 의한 사용자책임의 규정(민 715조)에 의해 처리된다. 단, 두 규정에서 '직무를 행함에 있어' 내지는 '업무집행에 대하여'는 단체교섭과 단체행동의 조합간부와 조합원들의 행위에 대해서는 엄격하게 적용되어야 한다.

(라) 각종 기관의 대내적 책임 조합기관(이를 구성하는 자)이 그 임무를 수행함에 있어 규약과 상급기관의 지령 및 임무의 본래 취지에 반한 행위를 한 경우에는, 그 자의 조합에 대한 책임(대내적 책임)이 발생한다. 이 책임은 통상은 조합규약에 근거하는 통제처분의 형태로 추급되는데, 조합재산에 손해를 준 행위인 경우에는 손해배상책임으로서 추급되는 경우도 있다. 예를 들어 판례[72]에서는 지방본부의 운동방침에 반대하는 분회의 임원이 이 지방에 납입해야 할 조합비를 분회 회원에게 환불해 준 사건에 대해 분회임원들에게 환불조합비 상당액의 손해배상책임을 인정하였다. 판결은 조합 내에서 일정한 사무(여기에서는 조합비의 징수, 보관, 납입 등의 사무)의 수행을 위임받고 있는 기관(분회위원장)이 그 임무에 반하여 노동조합에 손해를 준 경우에는 위임규약상의 채무불이행책임을 진다고 하고 있다.[73]

(마) **조합규약에 위반한 회의운영** 노동조합 규약상 정해진 의사진행절차나 의결방법에 위반하여 이루어진 의결은 무효이다. 단, 판례[74]는 다수파가 소수파의 투표용지 배포방해를 이유로 규약상의 무기명 투표에 의하지 않고 기립방법으로 해산결의를 성립하게 한 사건에 대해 규약 소정 이외의 체결방법으로 이루어진 결의도 결의에 참가하는 자 전원이 미리 그 결의방법에 의한 것을 동의했다고 인정되는 경우 및 객관적으로 보아 그 체결방법에 의하지 않으면 안 된다고 인정하기에 충분한 정도의 특별한 사정이 존재하는 경우에는 예외적으로 유효하게 된다고 판시하고 있다. 이러한 예외는 학설상으로도 종래에 주장되어 온 것이다.[75]

또 판례에서는 집행위원회가 조합규약의 규정에 의하면 임시조합대회를 소

---

72) 国労天王寺分会事件 ― 東京高判 昭42. 3. 20, 労民 18권 2호, 189면.
73) 동종의 사안에서 책임을 인정한 경우로서 動労千葉地本事件 ― 東京地判 昭61. 11. 19, 労民 37권 6호, 448면; 全逓東京逓信病院事件 ― 東京地判 平2. 3. 27, 労判 559호, 7면.
74) 名古屋ダイハツ労組事件 ― 最一小判 昭49. 9. 30, 判時 760호, 97면.
75) 石井照久,「労働組合の分合と解散」, 労働法大系 1권, 86면; 瀬元美知男,「労働組合の分合と解散」, 新講座 2권, 173면.

집해야 하는데 이를 소집하지 않은 경우에 대해 일부 조합원들이 집행위원에 대해 동대회의 소집절차를 요구하는 가처분 신청이 인정되고 있다.76)

(바) 조합간부의 입후보 추천제 노동조합 중에는 조합규약상 '조합원은 선거규정이 정하는 바에 따라 조합간부선거에 대해 선거권 및 피선거권을 가진다'고 하면서 선거규정에서 조합원이 조합집행위원에 입후보하기 위해서는 각 직장마다 설치된 직장위원회의 추천을 얻을 것을 필요로 한다고 하는 입후보 추천제를 정하고 있는 경우가 있다. 이러한 추천제는 조합민주주의 법원칙의 한 내용인 평등한 피선거권의 원칙에 비추어 검토를 필요로 한다.77)

조합간부 선거를 위한 입후보에 대해서는 조합은 일정기간의 조합원 자격의 유지나 조합집회의 출석률, 보다 하위의 일정한 간부 경험 등을 입후보 요건으로 하는 것은 유효하게 설정할 수 있다고 생각된다. 또 직장 내에서의 동료조합원 5인 이상의 추천을 필요로 하도록 하는 추천제는 각별히 평등한 피선거권 원칙에 반하지 않는다고 할 수 있다. 그러나 직장위원회 등의 일정기관의 추천제는 동 위원회 등이 추천을 하는지 여부의 기준이 없고 추천을 거부당한 경우의 불복신청의 내부절차도 만들어져 있지 않은 경우에는 입후보의 가부를 특정한 기관의 재량적 판단에 의존하게 하는 점에서 평등한 피선거권의 룰에 저촉된다고 할 수 밖에 없다. 따라서 추천제를 취하는 것에 대한 노동조합 운영상의 충분한 합리성(필요성)이 구체적으로 주장·입증되지 않는 한 그것을 정하는 선거규정(規程)의 규정(規定)은 노동조합 운영상 강행법적 룰 위반으로써 무효가 된다.78)[18]

[18] 입후보추천제를 다투는 소송방법

상기와 같이 추천제의 규정이 무효로 해석되는 경우에는 추천을 거부당한 조합원은 노동조합에 대해 자기를 입후보자로 취급해야 한다는 취지의 청구를 할 수 있다(입후보자인 지위를 임시로 정하는 가처분을 요구할 수 있다. 사례로서 雪印乳業労組事件 ― 東京地決 昭61. 8. 7, 労判 481호, 46면). 또 그러한 청구를 했음에도 불구하고 해당 조합원을 후보자에서 제외한 채로 선거가 이루어진 경우에는 그 자의 입후보자가 될 권리를 침해한 불법행위책임이 문제가 될 것이다. 그러나 선거무효확인청구를 할 수 있는지 여부는 조합자치에 대한 사법개입의 문제로서 더욱 신중하게 검토해야 할 것으로 생각된다(선거금지 가처분을 인정한 판례로서 ダイハツ工業労組事件 ― 大阪地決 昭56. 7. 9, 労経速 1099호, 17면).

---

76) 全金光洋シカゴローハイド支部事件 ― 徳島地決 昭58. 10. 11, 労民 34권 5=6호, 868면.

77) 문헌으로서 浜田富士郎, 「組合役員の立候補資格と推薦制」, ジュリ 768호, 235면.

78) 조합간부선거에 입후보한 조합원의 선거 전단지의 일부를 선거관리위원회가 삭제한 행위에 대하여 조합원의 표현의 자유를 침해한 불법행위로 판단한 판례로서, 全日通労働組合事件 ― 大阪地判 平21. 9. 25, 労判 995호, 70면.

5. 노동조합에 대한 사용자의 편의제공

(1) 재적 전임

노동조합 간부가 종업원의 지위를 보유한 채 조합업무에 전념하는 것을 '재적 전임(노조전임자; 역자 주)'이라고 한다. 일본의 노동조합은 대부분 기업별 조합이라는 점에서 사용자에 대해 이 제도를 요구하는 경우가 많다. 그러나 법리상으로는 재적 전임을 요구할 권리가 헌법 28조의 단결권에 당연히 포함되어[79] 있지 않으며, 재적 전임은 사용자의 승낙이 있어야 비로소 성립하는 것으로 이 승낙을 할지의 여부는 사용자의 자유이다.[80]

(2) 체크오프(check off)

체크오프란 노동조합과 사용자간의 협정에 근거하여 사용자가 조합원인 근로자의 임금에서 조합비를 공제하여 이를 일괄하여 노동조합에 전해주는 것을 말한다. 일본 노동조합의 대부분('平成23年 労働協約等実態調査(2011년 노동협약 등 실태조사)'에서는 88.5%의 노동조합)이 체크오프를 실시하고 있다.

이러한 체크오프에 대해서는 먼저 노기법상 임금전액불 원칙(노기 24조 1항)과의 관계가 문제가 된다. 이 점에 대해서 학설상으로는 체크오프는 특정 노동조합 내지는 그 조합원의 이익을 위해 이루어지는 것이므로 임금으로부터의 공제이긴 하지만 동 원칙 규제를 받지 않으며, 따라서 동 원칙의 예외로 여겨지기 때문에 필요한 노사협정(노기 24조 1항 단서)을 필요로 하지 않는다는 견해가 유력하다.[81] 그러나 이러한 해석은 법문상 곤란하므로 판례는 체크오프도 노기법의 규제에 따르므로 노사협정이 필요하다고 판시하고 있다.[82] 이리하여 체크오프 협정이 당해 사업장의 과반수를 조직하는 노동조합에 의해 체결된 것이라면 그것은 전액불원칙의 예외협정(노기 24조 1항 단서)이 될 수 있는 데 비해,

---

79) 外尾, 89면; 西谷, 264면은 사용자는 업무상 합리적 이유가 없는 한 재적 전임 신청을 거부할 수 없다고 한다.

80) 和歌山市教組事件 ― 最大判 昭40. 7. 14, 民集 19권 5호, 1198면; 三菱重工業長崎造船所事件 ― 最一小判 昭48. 11. 8, 労判 190호, 29면. 재적 전임 협정을 체결할 권한이 없는 관리자와의 협정에 의해, 약 5년 남짓의 기간 동안 노조전임자인 노동조합 간부에 대한 징계해고가 유효하다고 한 판례로 香川県農協事件 ― 高松地判 平13. 9. 25, 労判 823호, 56면.

81) 예를 들어 中山和久, 「チェック・オフ」, 大系(1), 169면; 山本吉人, 労働委員会命令と司法審査, 176면 이하; 西谷, 271면.

82) 済生会中央病院事件 ― 最二小判 平元 12. 11, 民集 43권 12호, 1786면.

그렇지 않으면 어떠한 형태로(예를 들어 2인 이상의 소수조합이 연명으로 협정을 하여) 예외협정(단서협정)을 창출할 필요가 있다.83)

체크오프가 전액불원칙에 저촉되지 않는 경우라도 체크오프는 조합원에 의한 사용자에 대한 조합비 변제 위임이므로 개개의 조합원이 체크오프 중지를 사용자에게 신청하면 사용자는 이것을 중지해야 한다는 것이 판례의 입장이다.84) 그러나 체크오프는 노동조합과 조합원이 사용자에 대해 각각 조합비의 징수 및 변제를 위임하고 사용자가 그러한 위임을 이행하는 것으로 구성할 수 있다.85) 그리고 당해 노동조합의 규약·규정에서 조합비의 지불은 체크오프에 의해 실시하는 취지의 규정이 있어 조합이 조합원을 대표하여 사용자와의 사이에 체크오프 협정을 맺고 있는 한, 동 협정에 의한 변제위임과 징수위임에 의하여 사용자는 체크오프를 의무화한다고 해석된다.86) 체크오프에 의한 조합비 공제를 조합의 통제권 범위 밖의 사항으로 해석하는 견해도 있는데, 조합비의 납입의무가 조합원의 기본적 의무라는 점과 조합비 징수방법으로서의 체크오프의 간편함(그로 인한 그 보급)을 함께 생각하면 찬성할 수 없다.⑲ 이리하여 개인적으로는 체크오프는 조합원이 노동조합에 머물고 있는 한 개별적으로 중지를 제기할 수 있는 것은 아니라고 생각한다.87)

⑲ **체크오프와 상쇄**

체크오프에 대한 한 가지 문제점은 사용자는 체크오프 협정에 근거하여 노동조합에 양도해야 할 조합비를 조합에 대한 채권과 상쇄할 수 있는지 여부이다. 어떤 사건(ゼネラル石油精製事件 — 東京高判 昭52. 10. 27, 判時 873호, 103면)에서는 사용자는 노동조합의 위법한 유인물배포에 대한 손해배상청구권과 상쇄했다고 하여 손해상당액의 조합비를 넘겨주지 않았다. 그러나 법원은 공제한 조합비는 현실적으로 양도될 것을 필요로 하는 것이므로 체크오프 협정 중에는 이러한 상쇄를 배제하는 약정(민 505조 2항의 '반대의 의사표시')이 포함되어 있다는 이유로 이 상쇄 효력을 인정하지 않았다. 타당한 판단이다.

(3) 조합휴가

단체협약 등에 의해 노동조합업무를 위한 휴가(근무시간 중 노동조합업무종사

83) '과반수'의 요건은 협정체결시에만 필요하다고 본다. 東洋シート事件 — 最一小判 平9. 9. 24, 労判 737호, 11면 참조.
84) エッソ事件 — 最一小判 平5. 3. 25, 労判 650호, 6면; ネスレ日本霞ヶ浦工場事件 — 最一小判 平7. 2. 23, 労判 670호, 10면; ネスレ日本(東京·島田)事件 — 最一小判 平7. 2. 23, 民集 49권 2호, 281면.
85) 山口, 308면.
86) 노조 16조. 같은 취지: 小西國友,「チェック·オフの法的構造」, 季労 164호, 131면; 下井, 労使関係法, 155면.
87) 앞의 각주 エッソ事件の1審 — 大阪地判 平元 10. 9, 労判 551호, 31면; 西谷, 273면. 荒木·労働法, 489면도 체크오프 협정에는 규범적 효력(노조 16조)이 발생하는 것을 이유로 찬성.

의 허가)가 제도화되는 경우가 있다.[88] 이러한 '조합휴가'의 권리 범위와 그 행사의 절차·양태는 조합휴가를 정하는 단체협약 등에 의존하며 이에 명시하는 것이 바람직하다. 불명확한 경우에는 합리적 해석을 할 필요가 있으나, 판례에서는 취업규칙상의 조합휴가에 대하여 조합원의 권리로서 제도화되었던 것인 까닭에, 그 허가불허에는 통상 이상의 특별한 업무상의 지장을 요한다고 한 것[89]과 쟁의시라는 점을 이유로 하는 허가불허를 위법(지배개입의 부당노동행위)한 것으로 한 판례가 있다.[90] 또 단체협약상 부득이한 경우는 회사의 승인을 얻어 근무시간 중에도 노조활동을 할 수 있다는 규정 하에서 회사가 합리적인 이유 없이 승인을 하지 않는 경우는, 승인 없이 이뤄진 노동조합 활동에 대해 노동의무위반의 책임을 물을 수 없다고 한 것도 있다.[91]

(4) 조합사무소

일본의 노동조합은 자신의 사무소(건물)를 가지고 있는 경우도 많지만 전체적으로는 약 65%가 사용자로부터 조합사무소의 대여(그 중 약 85%가 무료)라는 편의공여를 받고 있다.[92] 일본의 노동조합이 기업별 조합이라는 점, 재정기반이 약하다는 점이 그 요인이다. 노조법은 이러한 현실을 고려하여 사용자에 의한 '최소한 공간의 사무소 제공'을 '노동조합'의 결격사유인 '경리상의 원조'에 해당하지 않고, 또한 부당노동행위에도 해당하지 않는다고 했다(노조 2조 2호 단서, 7조 3호 단서). 그러나 조합이 헌법 28조에 의해 당연히 조합사무소 대여 청구권을 가지는 것이 아니라는 점은 다른 편의제공의 경우와 동일하다.[93]

사용자가 노동조합에게 조합사무소를 무상으로 대여하는 경우, 그 대여계약의 법적 성질에 대해서는 많은 판례가 민법상 사용대차계약으로 파악하고 있다.[94] 이에 비해 소수의 판례가 그것을 편의제공(은혜)의 성격이 강한 독특한 무명계약으로 파악하고 거기에서 목적물의 내용과 사용방법·기간에 대한 사용자의 변경권한을 도출하고 있다.[95] 이것은 무상대여가 어떠한 계약형식(포괄적

---

88) '平成23年 労働協約等実態調査(2011년 노동협약 등 실체조사)'에서는 약 6할의 노동조합에 대해 노동조합 대회 등 정기회의의 출석이나 선교활동 등 일상적인 활동에 대해 신청(통지)을 하면(내지는 그것만을 필요로 하지 않고) 취업시간 중도 가능하다고 여겨져, 약 25%의 노동조합에 대해 허가제에 의해 가능하다고 여겨지고 있다.

89) 向日町郵便局事件 ― 最一小判 昭52. 10. 13, 労経速 966호, 7면.

90) 都城郵便局事件 ― 最一小判 昭51. 6. 3, 労判 254호, 20면.

91) 佐野第一交通事件 ― 大阪地岸和田支決 平14. 7. 22, 労判 833호, 5면.

92) 厚生労働省, 「平成18年労働協約等実態調査」.

93) 太陽自動車事件 ― 東京地判 平21. 3. 27, 労判 986호, 68면.

94) 예를 들어 興国人絹パルプ事件 ― 福岡高判 昭41. 12. 23, 労民 17권 6호, 1457면.

단체협약상의 규정, 개별협정서, 대차계약서, 구두약정, 사실상의 사용) 및 그 내용(목적물, 사용조건, 기간, 해약방법)에 의존하는 개별 문제인데, 대부분의 경우에는 사용대차계약 내지 그 수정형태로 해석하면 될 것이다.[20]

[20] **조합사무소의 인도청구**

조합사무소를 둘러싼 전형적인 법률문제는 사용자가 어떠한 경우에 조합사무소의 인도청구를 할 수 있는지 여부이다. 이것은 무상대여계약에 기간과 해약사유 규정이 있다면 그러한 규정에 따른다. 문제는 그러한 규정이 없는 경우인데, 이 경우에는 민법의 사용대차에 관한 규정(민 597조 2항)에 의하면 '계약에 정하는 목적'인 조합사무소로서의 사용을 끝내지 않는 동안은 해약(명도청구)이 허용되지 않는다고도 한다. 그러나 판례는 사무소 대여계약의 편의제공(은혜)적 성격을 고려하여 사용자측에게 명도를 요구할 정당한 사유가 있다면 대여계약을 해제하고 인도청구를 할 수 있다고 한다. 예를 들어 사용자가 경비절감을 위해 사옥의 일부를 임대인에게 반환한 결과 지금까지의 조합사무소를 영업상 사용할 필요가 생겼다는 사안에서는 조합사무소 사용대차계약은 동사무소 대여를 정한 단체협약의 해약에 의해 실효한다고 판시하였다(ラジオ関東事件 ― 東京高判 昭54. 1. 29, 判タ 386호, 123면).

특히 이 정당사유의 유무에 대해서는 많은 판례에서 대체사무소의 제공이 그 존재를 긍정하게 한 중요한 사정이 되고 있다(ラジオ関東事件에서도 이러한 사정을 고려하고 있다). 또 사용자가 명도청구를 자력으로 집행해 버린 경우에는, 노동조합은 점유권에 근거하여 방해배제청구를 할 수 있다(예를 들어 安藤運輸事件 ― 東京高決 昭54. 9. 20, 判時 942호, 130면). 또한 조합사무소의 대여불응과 명도요청에 대해서는 그것이 부당노동행위(지배개입)에 해당하지 않는지의 문제가 점차 발생한다. 이에 대해서 회사자체가 해산하여 청산절차에 들어간 단계에서는 정당사유는 쉽게 긍정된다(앞의 仲立証券事件).

6. 노동조합의 재정

(1) 조합비 납입의무의 범위

조합원은 조합재정을 유지하기 위해 조합규약이 정하는 기준과 절차에 따라 조합비 납입의무를 진다. 또한 노동조합은 통상 조합비 이외에 임시조합비 징수를 결정하고, 조합원에게 그 납입을 의무화하는 것도 노동조합 규약상 그러한 결정을 할 수 있다고 정하고 있고, 또한 소정의 절차(통상은 집행위원회의 결정과 총회의 결의)가 이행되면 가능하다.

문제는 노동조합이 어떠한 사항(목적)을 위해 임시조합비 납입을 의무화 할 수 있는지 하는 징수목적상의 한계이다. 국노(国労)관계의 세 가지 판례[96]에서

---

95) 예를 들어 中国放送事件 ― 広島地判 昭43. 3. 14, 労民 19권 2호, 401면. 최근에는 仲立証券事件 ― 大阪地判 平13. 5. 30, 労判 814호, 93면.

96) 国労広島地本事件 ― 最三小判 昭50. 11. 28, 民集 29권 10호, 1634면; 国労広島地本事件 ― 最三小判 昭50. 11. 28, 民集 29권 10호, 1698면; 国労四国地本事件 ― 最二小判 昭50. 12. 1, 判時 798호, 14면.

이 점이 문제가 되었다.

이 문제를 해결하기 위해 위의 세 가지 판례에서는 처음으로 노동조합의 결의가 어떠한 범위에서 조합원을 구속하고 조합원의 협력의무를 발생시키는지에 대해 다음과 같은 기본적 입장을 표명했다. 즉 노동조합이 다수결 원칙에 근거하여 어떤 활동을 결정하고 이에 반대하는 조합원의 협력(조합비납입도 그 중의 하나임)을 강제할 수 있기 위해서는 당해 활동이 노동조합 목적과 관련성을 가지는 것만으로는 충분하지 않고 '조합원이 일개 시민 또는 인간으로서 가지는 자유와 권리'에 관한 배려를 필요로 한다. 즉, '문제가 되고 있는 …… 조합활동의 내용·성질, 이것에 대해 조합원에게 요구되는 협력의 내용·정도·양태 등을 비교 고려하여 다수결 원칙에 근거하는 노동조합 활동의 실효성과 조합원 개인의 기본적 이익의 조화라는 관점에서 노동조합의 통제력과 그 반면으로서의 조합원의 협력의무 범위에 합리적인 한정을 가하는 것이 필요하다.' 그리고 이렇게 조합원 개인의 기본적 권리·이익에 대한 배려를 하는 반면, 노동조합 목적의 범위에 대해서는 오늘의 노동조합 활동범위의 확대와 그 사회적 필연성을 고려하여 그것을 탄력적으로 넓게 해석해야 한다.[97]

이에 대해 조합의 정치활동 자금에 대해서는 세 가지의 판례는 먼저 노동조합이 정치적 활동을 하는 것 및 그를 위한 비용을 조합기금에서 지출하는 것 자체는 법적으로 허용되어 있다고 한다. 그러나 노동조합이 다수결에 따라 정치적 활동[98]을 결정하고, 이것과 다른 정치적 견해를 가진 조합원에 대해 협력을 의무화하는 것은 조합원의 정치적 자유를 침해하는 것으로서 허용되지 않는다. 단 근로자의 권리·이익에 직접 관계하는 입법과 행정조치의 촉진이나 또는 반대를 위한 활동의 경우에는 조합의 본래적 목적 달성을 위한 활동이고 또한 조합원의 정치적 견해와 관련성이 희박하므로 협력의무를 긍정해야 한다고 한다.[99]

이상과 같이 판례는 조합비 납입의무를 비롯한 조합원의 협력의무 범위와 한계에 대해 '다수결원칙에 근거한 노동조합활동의 실효성과 조합원 개인의 기

---

97) 구체적으로는 탄노(炭労) 지원도 미나마타병(水俣病) 환자지원도 노동조합의 목적 범위 내에 있고 조합원의 시민적 자유에도 저촉되지 않으므로 그를 위한 조합비 징수결의는 구속력이 있다고 판단함.

98) 판결은 이 사건에서의 안보반대 투쟁 및 조합출신 입후보자의 선거활동 지원이 여기에 해당한다고 본다.

99) 단 판결문에서는 안보반대 투쟁에 의한 피처분자에 대한 구원에 대해서는 조합의 공제활동의 하나이며 조합원의 정치적 자유와의 관련은 희박하다고 하여 협력의무를 긍정했다.

본적 이익 조화'라는 관점에서의 체계적 판단기준을 설정했다.[100] 본래는 사인 간의 관계인 조합과 조합원의 관계에 대해 이렇게 조합원 개인의 시민적·정치 적 자유 존중이 요청되는 이유는 노동조합이 근로조건 규제권능을 부여받아 그 실효화를 위한 특별 보호를 받고 있는 점에 있다. 이리하여 조합원의 시민적· 정치적 자유의 존중도 조합민주주의의 법원칙의 중요한 한 내용을 이루고 있는 것이다.

(2) 노동조합이 할 수 있는 지출 범위

노동조합이 할 수 있는 지출 범위(지출목적상의 한계)에 대해서도 조합비 징 수의 경우와 동일한 문제가 발생한다. 즉, 노동조합은 다수결에 의해 그 기금을 ① 다른 노동조합과 사회운동 지원을 위해 또는 ② 정치적 목적을 위해 지출 할 수 있는지 하는 문제이다.

다른 노동조합과 사회운동의 지원을 위한 지출에 대해서는 문제는 그러한 지출이 조합의 목적 범위 내에 있는지가 문제로 된다. 먼저 다른 노동조합의 지원이 그러하다는 점은 의심할 여지가 없다. 사회운동 지원을 위한 지출도 대 부분의 경우에는 목적 범위 밖으로는 하기 힘들 것이다. 전술한 대로 노동조합 의 목적은 넓게 이해되어야 한다.

노동조합의 정치활동을 위한 지출에 대해서는 판례는 조합기금으로부터의 지출자체는 이에 반대하는 조합원의 정치적 자유를 침해하는 정도가 낮다고 보 았는지 일반적으로 적법하다고 하였다. 이에 대해 학설 중에는 조합원의 정치 적 자유를 존중하는 견지에서 이에 반대하며, 노동조합은 어디까지나 임의의 모금에 의해 얻은 자금만을 정치적 활동에 사용할 수 있다고 주장하는 경우가 있다.[101] 조합기금을 정치적 목적에 지출하는 것은 조합원의 정치적 자유와의 관계에서 문제가 있거나 또는 노동조합 내의 정치적 견해 대립에 기인하는 분 열을 초래할 수 있는 점에서 현행법상 노동조합의 사명(특히 단체교섭의 추진)과 의 관계에서도 문제가 있다. 따라서 위의 학설에 기본적으로 찬성하지만, 다만 '조직원의 권리이익에 직접적으로 관계되는 입법과 행정조치의 촉진 또는 반대 를 위해 하는 활동'에 대해서는 그러한 문제가 존재하지 않으므로 지출의 적법 성을 인정해야 할 것이라고 생각한다.[102] 21

---

100) 또한 앞의 각주의 세 가지 판례는 법령위반의 투쟁행위를 위한 조합비 납입의무에 대해서 도 판단기준을 정립하고 있다.

101) 石川, 54면.

21 위법한 조합비 지출을 다투는 소송방법

노동조합의 위법지출의 경우에는 반대조합원이 노동조합을 상대로 과연 어떠한 청구(소송)를 할 수 있을까하는 기술적 문제가 있다. 위법지출을 한 조합간부의 노동조합에 대한 책임을 추급하고, 노동조합기금에 대한 위법지출액의 반환을 요구하는 청구 및 조합간부를 상대로 자기가 납입한 조합비 중 위법한 목적으로 사용한 부분을 자기에게 반환하도록 요구하는 청구의 두 가지를 생각할 수 있는데, 전자는 주식회사에서와 같이 대표소송의 규정(회사360조, 847조)이 없는 노동조합에서 과연 인정될 수 있는지의 여부가 문제이며, 또 후자는 조합원이 자기가 납입한 조합비에 대해 원칙적으로 지분을 갖지 못하므로 청구권의 근거를 발견하는 것이 곤란하다. 따라서 반대 조합원이 노동조합에 대해 지출의 위법성 확인을 요구할수 있는 권리(법적 지위)를 가지는지의 여부, 그리고 이것을 피보전 권리로서 위법지출 금지가처분을 할 수 있는가의 여부를 검토해야 할 것이다.

(3) 조합재산의 소유형태

조합재산은 조합이라는 단체의 단독소유인가 아니면 각개 조합원은 이에 대해 지분을 가질 수 있는가 하는 문제가 생긴다.

이에 대해 판례103)는 법인격 없는 노동조합의 재산은 전체 조합원의 '총유(總有)'에 속하며, 전체 조합원의 동의로서 총유의 폐지, 그 밖의 처분을 하지 않는 한 탈퇴조합원은 공유지분권 내지 분할청구권을 갖지 못한다고 하였다. 그 이후 판례상으로는 법인격이 있는 노동조합의 재산은 노동조합의 '단독소유'에 속하며, 그렇지 않은 노동조합의 재산은 전체 조합원의 '총유'에 속한다고 하여 어느 경우라도 조합원 개인의 지분은 없다고 하고 있다.104)

이에 대해 학설은 법인격 없는 노동조합의 재산소유에 관한 '총유'의 법적 구성은 노동조합의 단일 사단성에 합치하지 않는다고 비판하고, 그 재산은 법인격의 유무에 상관없이 조합이라는 사단의 단독 소유에 속한다고 주장해왔다.105)

법인격 없는 사단에 관한 최고법원의 그 밖의 판례도 분석해 보면, 동사단의 재산소유에 관한 판례의 '총유' 개념은 전통적인 '총유' 개념과는 다분히 다르며, 오히려 '법인격 없는 사단'의 사단적 취급(사단법인에 관한 여러 규정을 준용)을 인정하고 그 재산의 독립성(구성원의 재산으로부터의 분리, 구성원의 공유지분의 부정)을 승인하면서 또한 그것이 단일 소유주체로서 인정될 수 없다는 점(사단 자신을 등기부상의 권리 명의인으로서 인정하지 않는다는 것은 이러한 하나의 효과가 된다)106)을 표현하기 위한 동 사단의 독자적 개념으로 볼 수 있다. 이러한

---

102) 같은 취지: 下井, 労使関係法, 42면.

103) 品川白煉瓦事件 — 最一小判 昭32. 11. 14, 民集 11권 12호, 1943면.

104) 国労大分地本事件 — 最一小判 昭49. 9. 30, 民集 28권 6호, 1382면.

105) 예를 들어 瀬元美智男, 新版労働判例百選, 118면. 최근에도 西谷, 129면.

권리능력이 없는 사단의 독자적 소유개념의 정립은 법인격의 결여를 생각하면 부적절하다고 생각되지는 않는다.107) 단, 판결이 '총유'의 폐지에는 구성원 전원의 동의를 요한다고 하고 있는 점에 대해서는 동 개념의 독자성을 고수하여 총유 재산의 처분도 사단적 결의(해산의 경우에 준하여 4분의 3 이상의 다수결)에 의해 가능하다고 해석해야 한다.108)

노동조합의 재산은 원칙적으로는 조합원 전원의 근로조건, 그 밖의 대우의 향상을 위해 결집된 독립된 목적의 재산으로 조합원 개인의 공유지분(조합재산의 분할·환불)을 허용해야 하는 성질의 것은 아니다. 또 조합원의 출연도 지분보유를 기대한 출자행위라기보다는 조직체의 필요경비의 분담이라고 해야 할 것이다. 이것이 법인격의 유무를 불문한 조합재산에 대한 조합원의 지분 존재를 부정하게 하는 실질적 이유라 할 수 있다.

단 주의할 것은 규약상 특별한 규정이 있으면 조합원의 지분권(일정한 사유가 있는 경우의 환불청구권)을 유보한 적립금 등을 설치할 수 있다. 판례109)에서는 매월 200엔씩 적립되어 장기파업의 경우 및 '퇴직·사망 등에 의해 조합원의 자격을 상실했을 때'및 해산시에는 조합원에게 환불된다고 규정되어 있는 '투쟁자금적립금'이 조합원 개인의 적립예탁금으로서의 성질을 가진다고 인정하였다.110)

(4) 복리사업기금의 유용 제한

'노동조합은 공제사업, 그 밖의 복리사업을 위해 특별히 설치한 기금을 다른 목적을 위해 유용하는 경우에는 총회의 결의를 거쳐야 한다'(노조 9조). 이것은 '공제사업, 그 밖의 복리사업' 기금을 다른 목적으로 유용하는 절차를 엄격하게 함으로써 그러한 사업에 대한 조합원의 경제적 이익을 보호함과 동시에 유용을 총회의 결의사항으로 함으로써 그 결정절차를 공정하게 하려 한 규정이다.111) 이 규정의 위반에 대해서는 각별한 제재규정이 없다. 그러나 유용한 조합간부

---

106) 幾代 通, 新版不動産登記法, 56면 이하.

107) 총유설을 지지하는 최근의 문헌으로서 森義之,「組合財産」, 労働訴訟法, 223면; 下井, 労使関係法, 55면.

108) 全金德島三立電機支部事件 ― 德島地判 昭62. 4. 27, 労判 498호, 50면 참조.

109) 全金大興支部事件 ― 最三小判 昭50. 2. 18, 判時 777호, 92면.

110) 탈퇴조합원의 환불청구권을 긍정함. 이에 대해 태업적립금에 대해 탈퇴조합원의 반환청구권을 부정한 판례로서는 中勢自動車学校分会事件 ― 津地判 平7. 1. 20, 労判 676호, 95면; 神奈川都市交通労働組合事件 ― 東京高判 平12. 11. 30, 判時 1735호, 140면.

111) 상세한 것은 東大労研, 注釈労働法上, 596면 이하.

가 조합의 통제처분을 받게 되거나, 노동조합 또는 조합원에 대한 손해배상책
임을 지는 것은 당연히 있을 수 있다.

7. 노동조합의 통제

(1) 문제의 소재

대부분의 조합규약에서는 '조합원이 조합의 통제를 문란하게 한 때에는 이
를 제재한다'라고 규정하며, 제재(통제처분)의 종류로서는 제명, 권리정지, 벌금,
견책, 경고 등을 나열하며 또한 제재절차를 규정하고 있다.

원래 노동조합이 순수한 사적 임의단체라면 그것이 행하는 통제도 형법규정
과 공적 질서·선량한 풍속(민 90조)에 반하지 않는 한 자유이며, 그 단체의 자
치에 위임된다. 그러나 노동조합은 앞에서 언급한 바와 같이, 근로자를 위해 근
로조건 규제권능을 가지며, 그 때문에 조합민주주의의 법원칙이 부과된 단체가
된다. 따라서 노동조합이 그 구성원에 대해 실시하는 통제처분에 대해서도 법
은 그것이 조합민주주의의 기본이념에 따라 공정하게 실시될 것을 요구하게 된
다. 여기에 노동조합의 통제권 행사에 대한 사법심사의 근거가 된다.112)

(2) 통제권의 근거

노동조합의 통제권의 한계를 생각하는데 있어 그 전제로서 생각해 둘 필요
가 있는 것은 노동조합의 통제권에 대한 근거이다. 이에 대해서는 노동조합의
단체로서의 성격상 당연한 권한으로 일반 단체가 구성원에 대해 가지는 통제권
의 한 예에 지나지 않는다고 보는 설(예를 들어 영국, 미국에서는 노동조합의 통제
권을 조합가입계약의 동의에 근거한 것으로 설명하고 있다)과 단결권을 보장하는 헌
법 28조에서 유래하는 것으로 노동조합에 있어서 특유의 권한이라는 설113)이
있다.114)

이러한 설은 서로 대립하는 두 가지 설이라기보다는 오히려 둘 다 문제의
한 면만을 강조한 것이라고 보아야 한다. 즉 노동조합은 일반적으로 임의의 단
체와 동일하게 구성원의 임의적 결합에서 유래하는 통제권을 가짐과 동시에,
헌법 28조 및 노동조합법의 특수한 법적 대우에 의해 그 통제권이 어떤 면에서

---

112) 상세한 것은 西谷, 122면.
113) 三井美唄労組事件 ― 最大判 昭43. 12. 4, 刑集 22권 13호, 1425면은 이 견해임.
114) 상세한 것은 島田陽一,「統制権論」, 籾井常喜編, 戦後労働法学史, 144면 이하.

는 강화되고 어떤 면에서는 규제되고 있다고 생각할 수 있다.115)

⑶ 통제사항

노동조합 조합원의 기본적 의무는 강령·규약의 준수의무, 결의·지령의 복종의무 및 조합비의 납입의무이며, 이들은 통상 조합규약에 명기되어 있다(이들 외에 회의출석의무, 간부취임의무, 투표참가의무, 단체협약 준수의무 등도 규정하고 있다).116) 조합원에 대한 통제사유로는 실제적으로 전자 두 가지의 의무위반과 '분파활동'이 많으나, 그들 중 특히 논의가 많은 문제를 살펴보기로 한다.

⒜ 조합원의 정치적 자유와의 관계   이 문제에 대해서는 세 가지 중요한 최고법원 판례가 있다.117) 이들 판례에 나타난 문제처리 기준을 요약하면 다음과 같다.

먼저 노동조합은 공직선거에서 특정 정당 내지 후보자를 지지하는 것을 결정할 수 있고, 또한 그를 위해 선거운동을 하는 것(따라서 그를 위한 자금지출을 하는 것)도 가능한데, 노동조합의 이 결정에 위반하여 행동하는 조합원에 대해 권고나 또는 설득의 범위를 넘어 통제처분을 행하는 것은 허용되지 않는다. 위의 세 판례는 조합원의 위반행동이 노동조합의 방침에 반하는 독자적 입후보인 경우(三井美唄労組事件), 노동조합이 지지하는 후보자(정당) 이외의 후보자(정당)의 지원활동인 경우(中里鉱業所事件), 그리고 노동조합의 선거활동을 위한 임시 조합비의 납입을 거부한 경우(国労白島地本事件)에 관한 것이다. 그러나 판례의 처리기준은 조합원의 위반행동이 다른 양상의 것인 경우에도 타당하다. 그 이후의 하급심에서는 조합간부가 노동조합의 지시에 반하여 노동조합의 선거(공직선거)대책위원회에 들어가는 것을 거부한 것과 조합원이 조합의 특정 정당(내지는 후보자) 지지결정을 비판한 것을 이유로 하는 통제처분을 무효로 하였다.118)

이렇게 조합의 정치적 결정에 위반하여 행동한 조합원에 대해 조합이 통제처분을 할 수 없다고 하는 판례법리는 정치적 결정 내용이 공직선거에 관한 것이 아니라 그 밖의 정치적 과제에 대한 조합자신의 정치활동(입법의 촉진이나 혹은 반대운동 등)에 관한 것인 경우에도 기본적으로는 마찬가지로 타당하다. 단

---

115) 통제처분의 근거와 한계에 관한 역작으로서 西谷敏, 労働法における個人と集団, 163면 이하; 西谷, 116면 이하.

116) 組合規約研究會,「組合員の基本的権利義務」, 労旬 1054호, 38면.

117) 앞의 각주 三井美唄労組事件; 中里鉱業所事件 ― 最二小判 昭44. 5. 2, 裁判集民 95호, 257면; 国労広島地本事件 ― 最三小判 昭50. 11. 28, 民集 29권 10호, 1698면.

118) 전자로는 動労広島地本事件 ― 広島地決 昭48. 11. 7, 判時 733호, 35면이 있고, 후자의 예로는 東京交通労組事件 ― 東京地決 昭49. 3. 6, 労経速 844호, 3면이 있다.

판례 중의 하나(위의 国労広島地本事件)는 조합원의 권리이익에 직접 관계가 있는 입법·행정조치의 촉진이나 또는 반대를 위한 조합활동에 대해서는 조합원의 협력의무가 생기는 것을 명언하고 있고, 따라서 그러한 활동에 대해서는 조합의 결정위반에 대한 통제처분도 허용됨을 시사하고 있다.

이상의 판례법리에 대해 최근의 학설은 이를 대체로 지지하고 있다.[119] 단 판례(国労広島地本事件)가 설정한 위의 예외영역(조합원의 권리이익에 직접 관계가 있는 입법·행정조치에 관한 정치활동)에 대해서는 노동조합원이라도 최저임금법의 제정에 반대하거나 또는 파업금지법에 찬성해서는 안 된다는 이유는 없으며, 그러한 것들도 조합원의 기본적인 정치적 자유에 속한다고 주장하는 설이 유력하다.[120] 이는 어려운 근본적인 문제인데, 개인적으로는 판례의 원칙·예외영역의 양측을 지지하고 싶다. 위의 예외영역에 대해서는 시민법상 허용된 수단에 의한 그러한 정치활동은 오늘날 노동조합의 사명 중의 하나가 되고 있다고 생각된다.[121]

(나) 조합원의 언론의 자유와의 관계　　통제사항에 관한 또 하나의 전형적인 문제는 조합원의 언론의 자유와의 관계이다. 일반적으로는 집행부에 대한 비판이나 노동조합의 방침에 대한 비판은 노동조합 내의 민주주의를 유지하기 위해 가능한 허용되어야 한다. 따라서 조합 내의 일부 집단에 의한 독자적인 학습회의 개최, 집행부를 비판하는 유인물의 배포, 춘투시의 독자적인 앙케이트 조사 등도 조합 내의 언론·비판활동으로서 허용된다.[122] 단 비판의 내용이 사실에 근거한 공정한 것이어야 한다는 것은 언론활동의 원칙으로서 당연한 것이다. 이리하여 판례에서는 언론(선전물의 배포 등)에 의한 비판활동이 사실을 속이거나 왜곡하거나 하여 집행부에 대한 중상과 악의에 찬 공격으로 평가되는 경우에는 통제처분 대상이 된다고 함과 동시에,[123] 기본적으로는 사실에 근거한 비판이라고 평가되는 것은 통제처분 대상이 될 수 없다고 보고 있다.[124]

(다) 노동조합의 방침과 결의 위반　　위의 언론의 자유와 관련하여 어려운

---

119) 상세한 것은 近藤昭雄, 「統制権の限界」, 現代講座(2), 199면. 최근에는 西谷, 119면.

120) 石川, 105면.

121) 결론부분에 대한 같은 취지: 西谷, 119면.

122) 全日産自動車労組事件 ― 横浜地判 昭62. 9. 29, 労判 505호, 36면.

123) 예를 들어 宇部曹達労組事件 ― 山口地判 昭37. 1. 16, 労民 13권 1호, 1면; 東京土建一般労組事件 ― 東京地判 昭59. 8. 27, 労経速 1199호, 3면; 新産別運転者労組東京地本事件 ― 東京地判 平7. 11. 30, 労判 686호, 30면.

124) 예를 들어 同盟昭和ロック労組事件 ― 大阪地判 昭56. 1. 26, 労判 357호, 18면.

문제로 되는 것은 조합이 일단 정규 절차를 거쳐 결정한 운동방침과 결의에 반하여 일부 조합원이 독자적으로 하는 활동이 '단결을 어지럽히는 것'으로서 통제처분 대상이 되는 경우이다. 이것도 조합통제가 특별히 요청되는 상황 속에서 이를 중대한 정도로 저해한 분파활동이었는지의 여부 등의 관점에서 개별적으로 결정하는 수밖에 없다.[22]

[22] **분파활동의 판례**

　　판례에서는 공장폐쇄에 동반한 전근문제에서 강제 전근을 하지 않는다는 의미의 노사간 협정을 구실로 자기의 근무 희망지역을 고집하고 회사 안(案)을 실현하기 위한 노동조합의 계속적인 설득에도 응하지 않은 조합원에 대한 제명처분이 동처분에 상당할 정도로 노동조합의 통제・질서를 어지럽히는 행위라고는 할 수 없다고 하였다(三菱製紙事件 ─ 大阪地判 昭49. 1. 30, 労民 25권 1=2호, 23면). 또 사내의 산재사고에 의한 손해배상의 지원활동이 노동조합의 특별재해 보상증액교섭을 불리하게 유도한다는 견지에서 노동조합이 조합원에 대해 지원단체로부터의 탈퇴를 권고하여 이에 응하지 않는 자를 제명한 사건에서는, 문제의 지원활동은 당해 소송지원에 한정되어, 노동조합의 교섭방침과 완전히 양립하지 않는 정도・양상의 것은 아니었다(제명에 처할 수 있는 정도는 아니다)라고 판단했다(東海カーボン事件 ─ 福岡地小倉支判 昭52. 1. 17, 労判 273호, 75면). 또한 조합원 유지(有志)회를 조직하여 집행부 비판을 전개한 후, 동회의 일원에 대한 징계해고에 대해 해고자를 지원하지 않는 취지의 조합대회 결의에 반하여 그 해고철회투쟁을 지원한 것이 조합원의 정당한 활동으로 평가되어 조합원에 대한 권리정지처분을 무효로 판단하였다(泉自動車組合事件 ─ 東京地決 昭53. 2. 24, 労判 293호, 48면).

　　이렇게 판례에서는 조합원의 독자적 활동은 보호하는 경향이 있는데, 그러한 활동이 내용과 방법에서 불공정한 경우에는 통제위반으로 보고 있다(예를 들어 帝都自動車交通労組池袋ハイヤー支部事件 ─ 東京地判 昭57. 10. 14, 労判 400호, 59면 ─ 근로시간 관리에 관한 조합방침에 반하는 주장의 유인물을 조합명의를 빌려 작성・배포. 경고유효).

　　(라) 단체교섭의 저해　　조합원이 노동조합의 단체교섭 수행을 위해 발하는 지령(예를 들어 파업지령)에 따르지 않거나 노동조합의 단체교섭을 저해하는 독자적 행동(예를 들어 山猫(살쾡이)파업 : 본부의 지령 없이 노동조합의 지부나 조합원의 일부가 분산적으로 하는 동맹파업)을 한 경우에는 통제처분 대상이 된다.[23]

[23] **단체교섭저해의 판례**

　　예를 들어 노동조합이 연말 일시금 투쟁의 종국을 맞이하여 단결 강화를 조합원에게 요청한 시기에 집행부의 교섭방침을 비판하고 스트라이크를 호소하는 유인물을 배포한 행위는 투쟁에 대한 집행부의 통제권한을 침해한다고 하여 제재처분(위약금, 시말서)이 유효하다고 하였다(ヤンマー滋賀労組事件 ─ 大津地判 昭54. 10. 31, 労判 346호, 68면).

　　그러나 한편으로 일부 조합원이 노동조합을 통하지 않고 직접 사용자에 대해 동료인 식당종업원의 임금증액에 관한 요망서를 제출하여 교섭을 요구했으나, 노동조합에 의해 통제위반으로서 제명처분을 받은 사건에서는, 판례는 일부 조합원이 노동조합의 승인 없이 개별적으로 교섭하는 것은 통제위반이 된다고 하면서, 동 사건에서는 노동조합이 식당종업원의 대우개선 요구를 들어 주지 않았다는 등 평소 조합활동을 소홀히 하고 조합원의 불만을 흡수해 주지 않았으므로 독자적 교섭요구는 제명할 정도로 악질적이고 중대한 행위라고는 할 수 없다고 판시하였다(姬路合同貨物自動車事件 ― 大阪地決 昭49. 3. 4, 労判 208호, 60면).

(마) **위법한 지령에 대한 복종의무의 유무**　　이 문제에 관한 저명한 판례[125]에서는 로크아웃 중의 강행취업지령에 따를 것을 거부한 조합원에 대한 제명처분이 '지령이나 혹은 지령에 근거한 행동이 객관적으로 위법이라면 이에 복종할 의무를 인정할 수는 없다'라고 하여 무효로 판정하였다.

단결체인 노동조합 내부에서의 지배적인 윤리는 위법지령에 대한 거부도 단결을 침해하는 것임에는 변함이 없을 것이다. 그러나 국가법을 분쟁해결의 규범으로 하는 법원으로서는 위법지령에 따를 것을 거부하여 국가법을 준수한 자에 대한 제재를 시인할 수 있는 것도 아니다.[126] 판례[127]도 노동조합은 공노법(公労法)에 위반한 위법 쟁의행위에 대한 참가를 강제할 수 없다라고 판시하고 있다.

(4) 통제처분의 내용

통상적인 조합규약에서는 제명, 권리정지, 벌금, 견책(경고) 등을 들고 있다. 조합원의 어떤 행위가 통제위반으로 평가되는 경우, 이들 중 어떠한 처분을 부과할 것인가는 원칙적으로 노동조합의 자주적 결정에 위임되어야 할 것이다. 그러나 이러한 처분은 사회통념에 비추어 너무 가혹한 경우에는 통제권의 남용으로 되어 무효가 된다.[128]

(5) 통제처분의 절차

통제처분에 대해서는 절차적 정의(due process)가 지켜져야 한다. 본인에게 변명할 기회를 충분히 줄 것, 제명은 총회의 결정을 거쳐야 하며 의결방법은 비밀투표에 의한 것이어야 한다는 등이 최소한의 절차적 요건이다. 예를 들어 조합대회에서 조합원의 제명결의가 규약소정의 무기명 투표에 의하지 않고 기립체결에 의해 이루어진 경우에는 무효라는 점, 규약소정의 조사위원회에서의

---

125) 大日本鉱業発盛労組事件 ― 秋田地判 昭35. 9. 29, 労民 11권 5호, 1081면.

126) 같은 취지: 西谷, 122면; 盛, 191면은 정규절차를 거친 지령은 결과적으로 위법이라도 구속력이 있다고 한다.

127) 国労広島地本事件 ― 最三小判 昭50. 11. 28, 民集 29권 10호, 1698면.

128) 제명에 대한 최근의 판례로는 關西職別労供労働組合事件 ― 大阪地判 平12. 5. 31, 労判 811호, 80면. 또한 경고처분은 조합원의 권리의무에 영향을 주지 않으면 무효확인의 이익은 없으며, 불법행위청구로서만 시비를 가릴 수 있다. 下津井電鉄事件 ― 広島高岡山支判 平元 10. 31, 労民 40권 4=5호, 610면.

본인의 변명청취는 제명결의의 효력요건이며, 이를 거치지 않고 이루어진 결의
는 무효가 된다는 점 및 제명예정자에 대해 변명할 기회를 주기 위한 조합대회
개회가 규약소정의 '5일 전'에 달하지 못한 전전날에 피제명자에게 통지된 경우
에는 적정하게 변명할 기회를 주었다고 볼 수 없다고 판시하고 있다.[129]

제 4 절 노동조합의 조직 변동

1. 해   산

(1) 해산사유

노동조합은 ① 규약으로 정한 해산사유가 발생한 경우, ② 조합원 또는 구
성단체의 4분의 3 이상의 다수에 의한 총회의 결의가 이루어진 경우에 해산한
다(노조 10조).[24]

[24] **'4분의 3'의 완화**

해산사유에 관한 중심적인 문제는 4분의 3 이상의 특정 다수에 의한 결의라는 요건이 강
행규정인가 임의규정인가(여기에서의 '4분의 3'을 조합규약의 정함에 따라 '3분의 2'나 '과반
수'로 할 수 있는가)이며, 학설·판례는 양설이 존재하여 쉽게 판단하기 힘들다(상세한 것은
東大勞働研, 注釈勞組法上, 612면 이하). 노조법은 해산사유를 기본적으로 조합규약의 규정
(자치)에 위임하면서, 이를 보충하는 형태로 4분의 3 이상의 총회결의를 해산사유로 삼고 있
기 때문에, '4분의 3'에 대해서도 조합규약에 의한 자치의 여지를 인정해야 할 것이다. 즉 해
산결의는 통상적인 다수결에는 적합하지 않는 점과 '4분의 3'은 과중하다는 점에서 '3분의 2'
까지는 조합규약의 규정에서 완화할 수 있다고 해석해야 할 것이다(西谷, 137면; 盛, 197면은
반대). 실무상의 편의적 방법으로서는 조합규약을 개정하여 해산사유를 부과하는('기업재편에
의한 회사의 해산' 등) 것을 생각할 수 있다고 한다(德住堅治, 「勞働組合の組織変動に関する
実務上の課題」, 安西愈古稀·経営と勞働法務の理論と実務, 610면).

(2) 재산의 청산

법인인 노동조합이 해산한 경우의 재산청산에 대하여 종래에는 사단법인의
청산에 관한 규정이 준용되었지만, 2006년의 노조법 개정(2006년 법 50)으로 노
동조합에 독자적인 규정이 마련되었다. 이에 의하면, 해산한 법인인 노동조합은
청산의 목적의 범위 내에서 그 청산의 완료에 이르기까지는 여전히 존속한다

---

129) 山梨貸切自動車事件 ― 東京高判 昭56. 1. 29, 判夕 442호, 2면; 関西職別勞供勞働組合事件
― 大阪地決 平10. 8. 17, 勞判 745호, 13면; 全日本建設運輸連帯勞組近畿地本事件 ― 大阪地判 平
19. 1. 31, 勞判 942호, 67면.

(13조). 청산인은 규약의 별단의 규정이나 총회결의에서의 다른 자의 선임이 없으면 대표자가 된다(13조의 2. 법원에 의한 선임이 이루어진 경우에 대해서는 13조의 3). 중요한 사유가 있는 경우에는 법원은 이해관계인의 청구에 의하여 청산인을 해임할 수 있다(13조의 4. 이 결정에 대한 즉시항고는 13조의 14). 청산인은 해산 후 2주간 이내에 주요 사무소의 소재지에서 청산인의 성명·주소 및 해산의 원인, 년·월·일을 등기해야 한다(13조의 5).

청산인은 현무의 완료, 채무의 징수·채무의 변제 및 잔여재산을 인도하는 직무를 한다(13조의 6). 이를 위해서 채권의 신청의 독촉 등을 한다(13조의 7, 13조의 8). 잔여재산이 채무를 완전히 변제하는 것이 충분하지 않다는 것이 명확히 된 때에는 청산인은 즉시 파산절차개시의 신청을 하고 파산의 결정이 이루어졌을 때에는 파산관재인에게 그 사무를 남겨주어 임무를 종료한다(13조의 9).

해산한 법인인 노동조합의 재산은 규약에서 지정한 자에게 귀속된다(13조의 10 제1항). 규약에서 권리가 귀속되어야 하는 자를 지정하지 않거나 또는 그 자를 지정하는 방법을 정하지 않았을 때에는 대표자는 총회의 결의를 거쳐 해당 조합의 목적에 유사한 목적을 위하여 그 재산을 처분할 수 있다(동조 2항). 이러한 방법으로 처분되지 않은 재산은 국고에 귀속된다(동조 3항). 실무상으로는 해산조합의 재산은 이를 출연해 온 조합원(및 그 OB)에게 배분(게다가 조합년수에 따라서)하는 것이 가장 지지받는 분배방법으로, 조합규약에 그러한 취지의 규정이 없으면 규약을 개정하여 그렇게 정하는 것이 편의적인 방법이라고 한다.130)

이상에 대하여 법인이 아닌 노동조합의 해산의 경우에는 재산관계의 사실상의 청산이 이루어지게 되지만, 잔여재산의 귀속에 대해서는 노동조합의 사단성의 실태에 따라 가능한 한 법인인 노동조합의 상기의 방법에 준한 처리가 이루어져야 할 것이다(총유의 폐지를 전체 조합원의 4분의 3의 동의에 의하여 이루어질 수 있다고 해석해야 하는 것인 앞에서 언급하였다).

2. 조직변경

(1) 조직변경의 양상과 절차

노동조합이 존속 중에 그 조직의 형태를 변경하는 것을 조직변경이라고 총

---

130) 德住堅治, 「労働組合の組織変動に関する実務上の課題」, 安西愈古稀・経営と労働法務の理論と実務, 612면

칭하고 있다. 조직변경에는 여러 종류의 것이 있으며, 그 종류에 따라 요건·절차도 다르다.131)

(가) **구성원 범위의 변경**　　예를 들어 조합원의 범위를 특정기업의 종업원에 한정하고 있는 조합이 관련기업의 종업원에게도 가입자격을 인정하기로 한 경우인데, 이러한 경우에는 구성원의 범위에 관한 규약변경에 의하여 가능하다.

(나) **단위조합에서 연합체로의 개조**　　단위조합(단일조합)을 그 하부조직을 구성조합으로 하는 연합체로 개조할 경우에는 당해 단위조합에서 그리고 독자적 규약을 가지는 하부조직이라면 하부조직에서도 총회(조합원대회)에서 그러한 의미의 결정을 함과 동시에 필요한 규약개정을 실시할 필요가 있다. 이 결정요건은 규약에 특별한 규정이 없는 한 규약의 개정요건(노조 5조 2항 9호)에 준하여 직접 무기명 투표에 의한 과반수의 찬성이면 된다고 생각할 수 있다.

(다) **연합체로부터 단위조합으로의 개조**　　연합체를 그 각 구성조합을 하부조직으로 하는 단위조합(단일조합)으로 개조하는 경우에는 연합체 및 각 구성조합에서, 총회에서 그러한 의미의 결정을 하고 또한 필요한 규약개정을 실시할 필요가 있다. 이 결정요건도 특별한 규정이 없는 한 직접 무기명 투표에 의한 과반수의 찬성이면 된다고 생각할 수 있다.

(라) **단위조합의 연합체로의 가입**　　단위조합이 연합체로 가입하여 그 구성조합이 되기 위해서는 단위조합에 있어서 총회에서의 그 결정(이것도 특별 규정이 없는 한 직접무기명 투표에 의한 과반수 찬성이면 된다고 생각할 수 있다)과 규약개정을 하고 또 연합체에서 규약에 따라 동조합의 가입을 받아들일 필요가 있다.

(마) **단위조합의 연합체로부터의 이탈**　　단위조합이 연합체로부터 탈퇴하기 위해서는 단위조합과 연합체의 규약에 특별한 규정이 없는 한 단위조합에서 총회에서의 결정(그 요건은 (나)~(라)와 동일)과 규약변경을 하면 충분하다고 해석된다.㉕

(바) **단위조합에서 별개 조합의 하부조직으로의 개조**　　예를 들어 기업별 조합이 횡단적 노조(산업별 조합, 합동노조) 지부로 개조하는 것은 조직의 형태 및 방침의 근본적 변경이 되므로 해산의 경우에 준한 절차(총회에서의 4분의 3 이상의 다수결)를 요한다고 해석해야 할 것이다.132)

---

131) 상세한 내용은 外尾, 102면 이하; 東大労研究, 注釈労組法上, 624면 이하.

132) 같은 취지: 西谷, 135면.

<u>25</u> **하부조직의 단위조합으로부터의 이탈(독립)**

　(마)와 대비되는 어려운 문제는 단위조합(단일조합) 내부에서의 지방본부, 지부, 분회 등의 하부조직이 전체로서 단위조합을 이탈하여 스스로 독립된 조합이 되는 것은 가능한지, 가능하다면 그 요건은 무엇인지이다. 단위조합의 조직원칙에서 보면 지방본부, 지부, 분회 등은 어디까지나 단위조합의 활동(운영)의 편의를 위한 하부조직일 뿐이며, 반대자도 구속한다는 의미에서의 하부조직 그 자체의 이탈과 같은 결정은 그 결정권한의 범위 밖이다. 그러나 문제는 그 하부조직이 원칙상 단위조합 내의 하부조직이긴 하지만 실상은 독자적 규약·재정·간부를 가지고 독자성 있는 단위조합에 가까운(따라서 전체로서의 단위조합은 실제로는 연합체에 가깝다) 경우이며, 이러한 경우에는 해산의 경우에 준하여 당해 하부조직 내부에서 총회의 4분의 3 이상의 다수결에 의한 결정을 하면 하부조직 그 자체는 이탈을 할 수 있다고 해석해서는 안 되지 않을까(하부조직의 단위조합으로부터의 이탈을 인정한 전형적 판례로서는 全自運東乳支部事件 ― 東京地決 昭42. 4. 12, 労民 18권 2호, 339면; 東京計器労組事件 ― 東京高判 昭62. 2. 25, 労判 493호, 42면. 西谷, 1326면은 구속적 효과를 부정한다. 또한 최근의 損害保険ジャパン労働組合事件 ― 東京地判 平16. 3. 24, 労判 883호, 47면은 하부조직의 이탈은 긍정하면서 구속효과(引きさらい効果)는 부정한다).

　또한 구속효과도 동반한 하부조직 그 자체의 이탈을 긍정할 수 있는 경우는 단위조합의 하부조직에 계속 잔류하는 소수조합원은 종래의 해당 하부조직에서 이탈하여 새로운 조합으로 해당 단위조합의 하부조직을 결성했다는 것이 된다(앞의 損害保険ジャパン労働組合事件은 이러한 사안).

(2) 조직변경의 효과

　조직변경이 성취된 경우에는 변경 후의 노동조합은 변경전의 노동조합과 동일성을 인정받아 변경전 조합의 재산, 단체협약 등을 승계한다.

　또한 조직변경은 현재 노동조합의 해산 및 새로운 조합의 결성절차를 밟아도 실질적으로 실현될 수 있다. 그러한 절차를 밟는 경우에도 실태로는 조직변경이 이루어진 것으로 구 조합과 신 조합간에 동일성이 인정되는 경우에도 재산과 협약의 승계를 인정해야 할 것이다. 연합체로부터 이탈하여 독립연합이 되기 위해 일단 해산절차를 밟는 단위조합에 대해 협약의 승계를 부정한 최고법원 판결이 있는데,133) 학설은 거의 일치하여 이에 반대하고 있다.134)

3. 분　열

(1) '분열' 개념도입의 시비

　노동조합의 '분열'이란 사회적으로는 하나의 노동조합이 내부 대립으로 두 개 이상의 별개의 노동조합으로 분해되어버린 현상이다. 이 사회현상이 법적인

---

　133) 朝日新聞小倉支店事件 ― 最大判 昭27. 10. 22, 民集 6권 9호, 857면.
　134) 예를 들어 色川幸太郎=石川吉右衛門編, 最高裁労働判例批評(2), 317면[山口俊夫].

문제가 되는 것은 주로 원래의 노동조합이 가지고 있던 재산(채무를 포함하여)을 어떻게 처리해야 하는가에 대해서이다.

이에 대해서는 당초에는 탈퇴조합원의 지분 분할청구로서 처리하려는 견해도 있었지만, 판례[135]가 탈퇴조합원은 분열의 경우인지 아닌지를 불문하고 지분분할청구권을 가지고 있지 않다고 판시하게 되면서 그러한 종류의 주장은 보이지 않게 되었다. 그 대신에 원래의 조합 재산을 원래의 조합명을 계속해서 쓰는 조합에게 모두 승계시키는 것은 부당하며, 조합재산은 잔존 조합과 분열 조합과의 사이에 분할되어야 한다는 주장이 유력하게 되었다.[136] 이 주장을 하는 논자는 '분열'이라는 특수한 법개념을 설정하고 이에 해당하면 재산분할이 인정된다고 주장하였다. 이에 대해 '분열'되는 법개념을 현행법상으로는 인정해서는 아니 된다는 주장이 '분열'개념의 법규정상의 근거의 결여 및 '분열'의 요건·효과를 해석론에 맡기는 것은 곤란하다는 것을 그 논거로 하고 있다.[137]

이러한 논의 가운데 최고법원 판례[138]는 법적인 의미에서의 '분열' 개념의 도입 가능성은 인정하면서도, 이 가능성을 극히 한정한다는 태도를 보였다. 즉, 노동조합에서 이질집단간의 대립항쟁이 대단하고, 그 때문에 조합이 통일적 조직체로서 존재하고 활동하는 것이 사실상 곤란하게 되어 결국 한쪽 집단에 속하는 조합원이 조합에서 집단적으로 이탈하여 새로운 조합을 결성하며, 구 조합의 잔류조합원에 의한 조합(잔존조합)과 대치되는 사태가 발생한 경우에도, 구 조합은 조직적 동일성을 해치지 않고 잔존조합으로서 존속하고 신 조합은 구 조합과는 조직상 별개의 존재로 볼 수 있다는 것이 통상적이며, 단지 '구 조합의 내부대립에 의해 그 통일적 존속·활동이 극히 고도하고 영속적으로 곤란하게 되며' 그 결과 신 조합이 성립하는 사태가 발생한 경우에 비로소 조합의 분열이라는 특별한 법리의 도입 가부에 대해 검토할 여지가 생긴다고 판시했다.🔲

요컨대 판례의 입장에서는 구 조합의 단체협약과 재산은 사실상 분열의 대부분의 경우에 잔존조합에 승계되게 된다. 또한 '분열'이 극히 예외적인 경우로서 긍정된다고 하면 구 조합은 잔존조합 및 신 조합의 어느 것과도 동일성을

---

135) 品川白煉瓦事件 ― 最一小判 昭32. 11. 14, 民集 11권 12호, 1943면.

136) 학설·판례에 대한 상세한 것은 東大労研, 注釈労組法上, 633면 이하; 森義之,「組合の分裂(1)」労働訴訟法, 225면.

137) 특히 '분열'의 효과에 대해 재산분할의 비율을 인원수 비율로 할 것인지, 아니면 평등하게 할 것인지 또한 채무에 대해서는 연대채무로 할 것인지가 문제로 된다. 최근의 下井, 労使関係法, 58면; 山口, 68면에서는 부정설의 입장을 취하고 있다.

138) 名古屋ダイハツ労組事件 ― 最一小判 昭49. 9. 30, 判時 760호, 97면.

갖지 않게 되어 구 조합의 단체협약, 조합사무소 사용권 등은 실효하게 된다.

> **㉖ '지극히 고도하고 영속적으로 곤란'한 판단방법**
>
> '구 조합의 내부대립에 의해 그 통일적 존속·활동이 극히 고도하고 영속적으로 곤란하게 되었는지'의 여부에 대해서는 다수결 원칙이 내부대립 때문에 완전히 또한 영속적으로 그 기능을 정지했는지의 여부가 주된 기준이 되고 있다. 예를 들어 조합의 종래 조직형태(상부단체소속)에 반대한 조합원 집단이 다수가 되어, 이러한 다수파가 대회에서 조직변경(상부단체로부터의 이탈)을 결의하려고 했는데 종래의 조직형태를 유지하려고 하는 소수파의 물리적 방해 등에 의해 결의를 성취하지 못하고 신 조합을 결성하게 된 사례에서는 아무리 일시적으로 대회에서의 다수결이 방해받았다 해도 여전히 장래에 다수결에 의한 결정 가능성이 존재하고 있는 이상, 아직도 통일적 존속이 고도하고 또한 영속적으로 곤란하게 되었다고는 할 수 없다고 판단하였다(앞의 名古屋ダイハツ労組事件, プリマハム労組事件 — 東京高判 昭59. 5. 9, 労判 413호, 30면).
>
> 그러나 최근에는 조합 내의 대립집단의 독자적 행동에 의해 당해 조합의 통일적 존속활동이 고도하고 또한 영속적으로 곤란하게 되었다고 하여 법적인 '분열'이 발생했다고 한 사례도 나타나고 있다(ネッスル日本労働組合事件 — 神戸地判 昭62. 4. 28, 労判 496호, 41면). 이 사건은 A노조 가운데 대립하는 두 개 집단이 집행부와 대의원을 서로 탈취하는 가운데 각각 동일한 'A조합'이라고 자칭하는 독자적 조합조직을 정비하게 된 사례로, 판례가 상정하고 있던 분열 타입(조합간의 두 집단의 항쟁 후 한 쪽의 집단이 탈퇴하여 새로운 조합을 결성하는 타입)과는 다르다. 이 새로운 타입에 대해서는 어느 한 쪽의 집단이 조합규약이 정하는 절차와 다수결 원칙에 따라 그 조합조직을 정비하기에 이르렀다면, 그 집단의 노동조합이 원래의 조합과의 관련성(동일성)을 가지는 정통한 조합이며, 다른 집단의 조합은 집단적 이탈자가 결성된 새로운 조합이 된다(이 사건의 2심(大阪高判 平元 6. 14, 労判 557호, 77면)은 한 쪽 집단의 조합이 종전의 조합과 동일성을 가진다고 하였다). 이에 대하여 어느 집단 조합도 이러한 정통성을 인정받지 못하면 원래의 조합은 통일적 존속활동이 영속적으로 불가능하게 되었다고 하여 법적인 '분열'을 인정하지 않을 수 없을 것이다. 이 경우에는 재산의 분할 비율 내지 지분은 분열시의 인원수 비율에 따라 처리하는 수밖에 없다고 생각된다.

(2) 단위조합 내의 하부조직의 분열

'분열'에 대해서는 단위조합(단일조합) 내의 하부조직의 분열을 어떻게 처리할 것인가 하는 문제도 있다.

먼저 하부조직의 다수파가 당해 하부조직을 단위조합에서 이탈시켜 독립된 단위조합으로 하는 것을 결정한 경우, 이에 반대하는 소수파가 이전부터 하부조직이 여전히 존속하고 있다는 것을 주장하여 하부조직의 집행부 등을 다시 정비하는 사례가 있다. 이 경우에는 위의 조직변경에 필요한 특별한 결의가 유효하게 여겨지고 있는 이상은 구 하부조직과 신 단위조합과는 동일성을 가지며 재산은 모두 승계된다고 보아야 한다. 반대파(잔류파)가 구 하부조직의 조직을 다시 정비해도 그것과 구 하부 조직과의 동일성을 인정할 수 없는 것은 물론 특정한 사정이 없는 한 반대파의 움직임을 '분열'로서 파악하여 재산의 분열을

인정해서는 안 된다고 생각된다.139)

이에 대해 하부조직 내에서 단위조합 이탈파가 유효한 조직변경(해산·새로운 조합결성의 형식을 취하는 경우도 있다) 결의를 하지 않은 채 이탈(내지는 집단적 탈퇴)과 새로운 조합을 결성한 경우에는 구 하부조직이 새로운 조합(이탈파)과 현 하부조직(잔류파)으로 '분열'했는지의 여부가 보다 현실적인 문제가 된다. 이러한 경우에 대해 판례140)는 단위조합 전체와의 관계에서 보면 현 하부조직은 구 하부조직과 동일성을 가지고 있다고 보아야 하며, 이탈파의 행동은 그 하부조직으로부터의 집단적 탈퇴와 새로운 조합의 결성에 지나지 않는다고 정당하게 판시했다.

이리하여 결국 양자의 경우를 통하여 단위조합 내의 하부조직의 경우에는 원칙적으로 '분열'(이탈조합과 잔류조합으로의 재산분할)은 있을 수 없으며, 조직변경(단위조합으로부터의 이탈과 독립조합화)을 위한 특별결의를 유효하게 했는지의 여부에 따라 재산이 이탈조합에 승계되거나 잔존조합으로 승계된다.

4. 합   동

노동조합의 합동(합병)이란 두 개 이상의 노동조합이 존속 중에 하나의 노동조합으로 통합되는 것으로, 회사의 합병과 비슷하여 '갑', '을' 두 조합이 합병하여 '병'조합이 되는 경우(신설 합동)와, '갑'조합이 '을'조합을 흡수하여 '갑'조합으로서 존속하는 경우(흡수합동)가 있을 수 있다.

노조법은 합동을 인정하는 규정이 없지만 학설은 일반적으로 가능성을 긍정한다.141) 합동의 요건으로서 갑, 을, 두 노동조합 간에 합병협정 체결 후 각각의 조합에서 합동 결의하는 것이 필요하다. 그리고 이 결의는 해산결의에 준하는 것을 요한다고 하는 것이 통설이다.142) 다만 흡수합병 후 존속하는 조합의 경우에는 조직이 확대할 뿐이므로 규약변경에 준한 결의로 충분하다는 설도 있다.

합동의 효과로서는 합동 전 양 조합의 적극재산, 각각의 조합원과의 권리의무관계, 각각의 교섭상대와의 단체협약 등은 합동 후 새로운 조합 혹은 잔존조합으로 승계되는 것이 원칙이다. 양 조합의 채무도 원칙적으로 승계된다고 보

---

139) 全自運東乳支部事件 — 東京地決 昭42. 4. 12, 労民 18권 2호, 339면.
140) 国労大分地本事件 — 最一小判 昭49. 9. 30, 民集 28권 6호, 1382면.
141) '합동'에 관한 학설·판례에 대한 상세한 것은 東大労働研, 注釈労組法上, 628면 이하.
142) 최근에도 西谷, 134면.

는 것이 통설이다.143) 실무상으로는 특히 '갑', '을'회사 합병에 따라 두 회사의 조합(갑, 을 노조)이 합동할 때의 단체협약의 처리가 어려운 문제가 된다고 한다.144) 실제로는 존속회사와 존속노조간의 협의에 의하여 처리되는 수밖에 없을 것이다.

---

143) 조직합동에 의하여 다른 조합을 흡수한 조합은 해당 다른 조합이 고용한 서기에 대한 퇴직금 채무를 승계했다고 하는 사례로서, 損害保険ジャパン労働組合事件 — 東京地判 平16. 3. 24, 労判 883호, 47면.

144) 德住堅治, 「労働組合の組織変動に関する実務上の課題」, 安西愈古稀・経営と労働法務の理論と実務, 616~620면

제 1 절   총   설

1. 단체교섭의 의의

(1) 단체교섭의 실제적 의의

단체교섭이란 시대에 따라 국가에 따라 다양한 의의와 기능을 가지고 있는데, 본래적으로는 다음과 같은 의의를 가지고 있다고 생각된다.[1]

첫째로는 노동력의 집합적 거래(collective bargaining)라는 원초적 의의이다. 즉 단체교섭이란 원래는 개개의 근로자가 자기의 근로조건에 대해 사용자와 개별적으로 결정하는 것을 대신하여 다수의 근로자가 단결하여 그 대표자를 선출하여 이 대표자를 통하여 집합적으로 거래를 한다(그리고 한 개의 공통계약='collective agreement'를 체결한다)는 운동을 의미한다.[2] 여기서 단체교섭은 근로조건에 관한 다수의 개별적 거래를 집합하여 일원화하고 대표자를 통하여 통일적인 교섭을 실시하는 것이 목표이다. 근로자에게 있어서 이러한 통일적 거래(교섭)의 이점은 최종적으로는 노동력의 집단적인 거부행위(=파업)로서 행사되는 단결력에 있다. 또한 단체교섭은 이러한 노동력의 집단적 거래를 하기 위한 노사간의 교섭의 절차나 원칙을 설정하는 것도 당연히 그 본래적 의의에 포함되는 것이다.

일본의 노동조합법은 그러한 관계규정(1조, 6조, 7조 2호, 8조, 14조, 16조)을

---

1) 단체교섭의 의의・법적 취급에 관한 기본문헌으로서는 秋田成就,「団体交渉権の権利の性格について」, 外尾健一編, 不当労働行為の法理, 227면 이하.

2) Sidney & Beatrice Webb, Industrial Democracy, 1897(高野岩三郎監訳, 産業民主制論 [1927년, 복각(復刻)판은 法政大学出版局으로부터 1969년]).

통합하면, 단체교섭을 근로자가 단결하여 노동조합을 결성하고, 스스로 대표자를 선출하고 필요가 있으면 동맹파업 등의 단체행동을 하면서 사용자와 대등한 입장에 서서 근로조건을 비롯한 사용자와 근로자의 관계를 규율하는 단체협약을 체결하기 위하여, 사용자 또는 사용자단체와 교섭하는 행위로 파악하고 있다고 할 수 있다. 또 노동조합법은 이러한 단체교섭의 절차를 조성하는 것도 그 목적의 한 가지로 내세우고 있으며(1조), 노동조합과 사용자 또는 사용자단체간의 단체교섭을 중심으로 한 단체적 노사관계의 원칙이나 절차를 설정하는 것도, 단체교섭의 기능으로서 당연히 예정하고 있는 것으로 볼 수 있다.

이상과 같이 단체교섭은 본래적으로는 근로조건에 관한 근로자의 교섭력 강화의 수단이었는데, 다른 한편으로는 근로조건의 통일적 형성이나 노사평화의 달성 등 사용자에게 있어서도 의의가 있는 효용을 영위한다. 그래서 노동조합과 사용자(그 단체)와의 관계가 확립되어 안정화된 오늘날에는 단체교섭은 노사관계(개별적 노동관계 및 단체적 노동관계 쌍방)에 관한 노사의 합의에 따른 원칙의 형성과 그 운용이라는, 보다 넓게 보다 적극적인 역할을 완수하고 있다. 다시 말하면, 단체교섭은 근로조건의 거래의 수단일 뿐만 아니라, 노사관계의 합의에 의한 운영(노사자치)의 수단이기도 하다.

(2) 단체교섭의 부차적 의의

이상이 단체교섭의 주요한 의의인데, 그 외에 부차적 의의로서는 첫째로 노사간 의사소통의 수단인 측면도 있다. 즉 단체교섭은 노사가 상대방에게 자기의 생각과 불만을 전달하고 상호 이해를 심화시키거나 이에 대한 대응을 촉구하는 수단으로서도 이용된다.

둘째로 일본에서는 후술하는 자족적인 고충처리절차가 수립되어 있지 않고, 기업별 조합이 직장에서의 개별 조합원의 권리문제('고충'=grievances)를 단체교섭으로 처리하는 것이 이루어져 법적으로도 인정되게 되었다. 즉, 단체교섭이 고충처리의 기능도 담당하게 되었다. 그리고 이러한 관행·법리와 후술하는 복수조합 교섭대표제가 결합하여, 합동노조 등이 해고·고용중지 등을 당하여(당하게 될 것 같아서) 긴급피난(駆け込み)으로 가입한 근로자를 위하여 해당 해고·고용중지 등의 문제해결을 단체교섭으로 시도한다는 운동이 정착되어 단체교섭이 개별노동분쟁 처리기능도 담당하기에 이르렀다.⨂

① 개별노동분쟁처리적인 단체교섭

일본에서는 지배적 조직형태인 기업별 노동조합과는 별개로, 이를 보완하는 조직형태로서 합동노조나 커뮤니티 유니온이라고 불리는 비교적 소규모의 지역노조가 상당수 존재하고 있는데, 이러한 조합은 해고·고용중지나 퇴직유도(강요) 등의 문제(개별적 노동분쟁)를 안은 근로자가 긴급피난(駆け込み)으로 가입을 해온 경우에, 사용자인 기업에 대하여 해당 문제의 해결을 위한 단체교섭을 요구하는 활동을 하고 있다. 이렇게 노동조합이 조합원 개인을 대리하여 그 분쟁의 해결을 요구하는 단체교섭에 대해서도 사용자는 단체교섭 의무를 가진다고 되어 있으며, 최근에는 노동위원회에 대한 쟁의 알선 신청이나 부당노동행위 구제신청의 상당 비율을 차지하고 있다.

(3) 현행법상 단체교섭의 개념

일본 헌법 28조는 단체교섭에 대하여 형사면책, 민사면책, 불이익취급으로부터의 보호를 부여하고 있으며, 노조법도 동일한 보호를 부여하고 있다(노조 1조 2항, 7조 1호, 8조). 또한 노조법은 노동위원회의 구제명령에 의하여 담보된 단체교섭의무를 사용자에게 부과하고 있다(7조 2호). 노조법의 관련규정(1조 1항, 6조, 7조 2호, 14조, 16조)을 단서로 하고, 또한 단체교섭의 이상과 같은 본래적·부차적인 의의와 기능을 참고로 하면, 먼저 형사·민사면책, 불이익취급의 보호를 받는 단체교섭이란 '근로자 집단 또는 노동조합이 대표자를 통하여 사용자 또는 사용자단체의 대표자와 근로자의 대우 또는 노사관계상의 원칙에 대해 합의 달성을 주된 목적으로 교섭하는 것'이라고 정의할 수 있다.[3] 또 노조법에 의한 단체교섭의무(7조 2호)의 보호를 받는 단체교섭은 보다 한정적으로, 노조법이 설정하는 요건(2조, 5조)을 충족시키는 노동조합(법적합 조합)과 사용자(7조)간의 상기와 같은 교섭을 말하게 된다.

이러한 단체교섭의 개념에 대해 특히 기본적인 점을 세 가지 정도 부연하면 다음과 같다.

첫째, 단체교섭은 쌍방이 양보를 거듭하면서 위와 같은 합의달성을 주된 목표로 하는 경우이다. 바꿔 말하면 여기에 있어서 교섭(대화)은 주로 합의를 달성하기(정리하기) 위한 것으로 쌍방의 주장과 의견을 대결시키기(그리고 그것을 방청자에게 듣게 하기) 위한 것은 아니다.

둘째, 단체교섭은 대표자를 통한 거래·원칙 형성의 절차이므로, 이에 관한 교섭권한이 대표자에게 부여되는 것이 필요하다. 결국 단체교섭은 교섭과정에

---

3) 학설·판례에 의하여 인정되고 있는 '단체교섭을 요구할 수 있는 법적 지위'의 보호를 받는 단체교섭은 이러한 정의 중에서 '근로자의 집단'을 제외한 것이라고 생각한다. 또한 단체교섭의 법적 개념을 분석한 문헌으로서는 萩澤淸彦, 団体交渉, 1면; 孫昌熹, 「団体交渉の法的構造(1)」, 日本労働協会雜誌, 220호, 21면을 참조.

있어서 교섭의사의 형성과 확인(조합원과 대표자간의 피드백)의 프로세스를 동반하면서, 교섭 그 자체는 대표자에게 일임하는 것을 필요조건으로 한다.②

셋째, 단체교섭은 거래 내지는 합의에 의한 원칙을 형성하는 행위이므로, 양보는 쌍방의 자유이며 합의가 달성되지 않는 경우도 있을 수 있다. 그 경우에는 근로자는 노무의 집단적 정지를 중심으로 한 쟁의행위로 사용자에게 양보를 요구할 수 있을 뿐이다. 따라서 사용자는 단체교섭의무에 따라 합의달성을 목표로 한 성실교섭을 강요받을 뿐, 양보와 합의 그 자체를 강제받는 일은 없다. 이러한 의미에서 단체교섭은 사용자가 근로자대표와의 합의 그 자체를 요구받는 공동결정(Mitbestimmung) 절차와는 그 성격을 달리한다.

> **② 대중교섭**
> '대중교섭'이란 교섭담당자를 정하지 않고 불특정 다수의 근로자(조합원)가 교섭을 담당하는 교섭방식, 또는 교섭담당자인 교섭위원 이외에 다수의 근로자가 교섭위원의 통제를 받지 않고 교섭에 참가하는 교섭방식으로 이해할 수 있다. 앞에서 서술한 바대로 헌법 28조 및 노조법이 보호대상으로 하는 '단체교섭'이란 대표자를 통한 통일적 교섭으로 거기에서는 충분한 교섭권한을 가진 통제가 있는 교섭단(교섭담당자)의 존재가 전제가 된다. 따라서 이러한 교섭체제가 근로자측에 구비되지 않았다면 사용자는 그 체제가 구비될 때까지 교섭을 거부할 수 있다는 것이 원칙이 된다(또한 函館厚生院事件 — 東京地判 平20. 3. 26, 労判 969호, 77면에서 문제가 되었던 '조합원 참가형 단체교섭'은 참가한 조합원이 교섭담당위원의 통제 하에서 발언하고 있다는 점에서 대중교섭과는 약간 다르며, 오랫동안 관행으로서 실시되어 온 이상, 그 변경에는 노사의 교섭을 필요로 한다).

2. 단체교섭의 법적 취급

근로자 집단이 단결력(파업의 위협)을 배경으로 하여 사용자에 대해 근로조건과 그 밖의 사항에 대한 개정을 요구하는 행위는 일찍이 '강박죄' 등의 명목으로 처벌대상으로 되어 왔다. 그러나 이러한 법적 억압은 점차 철폐되어, 각국에서는 단체교섭 그 자체를 금압하는 경우가 적어도 사기업 부문에서는 보이지 않게 되었다. 일본에서는 단체교섭과정에 대한 형벌 등에 의한 억제를 제거하기 위해 헌법 28조의 단체교섭권이 단체교섭을 요구하는 행위 및 단체교섭의 장에서의 언동에 대해 형사면책 및 민사면책을 부여하고 또한 '공서'(민 90조)의 형성을 통하여 불이익 취급으로부터의 보호를 하고 있다.

단체교섭과정에서의 법적 억압이 제거된 후의 선진자본주의 여러 나라에서는 단체교섭의 법적 취급으로서는 '방임형'과 '조성형'을 들 수 있다. 방임형은 단결(조합의 결성·운영)과 쟁의행위를 보장하여 단체협약에 특별한 효력을 부여한 후 단체교섭과정에는 쟁의조정의 한도에서만 관여(개입)하지 않는다는 법적 취급을 말하는데, 그 예로서는 독일의 경우를 들 수 있다. 독일에서는 사용자에 대해 단체교섭을 의무화하지 않고 단체교섭을 행할지의 여부 및 어떠한 양상으로 행할지는 당사자의 역학관계에 맡겨진다. 이에 대해 조성형은 사용자에 대해 단체교섭의 장에 나와 교섭에 임할 의무를 부과함으로써 근로자에게 단체교섭 그 자체에 대한 법적 조력을 부여하는 것으로, 미국에서 채택되고 있는 것이 전형적이다.[4] 일본의 법제도 이 조성형에 속하는데 사용자에 대한 단체교섭의 의무화에 대하여 관계근로자의 과반수의 지지를 요건으로 하는 미국의 법제와는 다르며, 인원수 요건을 부과하고 있지 않는 점을 단체교섭법제의 큰 특색으로 삼고 있다.[5][3]

③ 배타적 교섭대표제와 복수조합 교섭대표제

일본과 미국에서의 단체교섭법제는 동일한 조성형에 속하면서도 크게 다르다.

첫째로, 미국에서는 배타적 교섭대표제(exclusive representation)가 채택되어, 적정한 교섭단위(예를 들어 어떤 자동차조립공장의 현장근로자)에서 과반수 피용자의 지지를 얻은 노동조합만이 교섭권을 취득하며, 또한 그 조합이 교섭단위의 전체 피용자를 위해 배타적인 교섭권을 취득한다(상세한 것은 中窪裕也, アメリカ労働法[第2版], 37면 이하, 104면 이하). 이에 비해 일본에서는 이러한 제도는 채택되지 않고 노동조합은 자기의 조합원에 대해서만 단체교섭권을 가짐(노조 6조 참조)과 동시에 조합원이 극히 소수에 지나지 않더라도 단체교섭권이 인정되고 있다. 이리하여 사업장에 병존하는 복수노조는 각각 조합원인 피용자에 대하여 단체교섭권을 가진다(plural representation).

둘째로, 미국에서는 위의 교섭법제의 결과, 배타적 교섭대표인 조합은 당해 교섭단위에서의 근로조건의 형성권한을 독점하기 때문에 그러한 조합도 사용자에 대해 성실교의무를 가진다(노사쌍방에게 단체교섭권이 있다). 이에 비해 일본에서는 단체교섭의무는 사용자에게만 부과되며, 노동조합에는 부과되지 않는다(이상에 대하여 상세한 내용은 中窪裕也, アメリカ労働法[第2版], 104면 이하).

미국의 배타적 교섭대표제에서는 각 교섭단위에서 사용자와 다수조합과의 사이의 통일적 교섭이 보장되는 반면, 교섭 단위의 결정과 대표조합의 선정에 대해 복잡한 절차와 원칙이 설정되어 있다. 또 조합이 교섭대표자격의 취득을 목표로 하는 과정에서 이를 저지하는 사용자와의 사이에 심각한 대결과 분쟁이 발생하기 쉽다. 게다가 근로자의 직종, 그 외 이해관계의 차이를 고려하여 교섭단위가 세분화되는 경향도 있다. 이에 비해 일본의 복수조합 교섭대표제에서는 사용자는 병존하는 복수조합과 경합적 교섭을 강요당하며, 또한 사용자에 의한 복수조합의 교섭상의 취급의 차이를 둘러싸고 노사분쟁과 노노분쟁이 발생하기 쉽다. 그러나 한편 조합의 교섭자격 취득은 간단하여 이를 둘러싼 노사간 대결과 분쟁은 생기기 어렵다.

---

4) 그 외 프랑스에서는 1982년 법에 의해 기업차원의 단체교섭 조성이 이루어지고 있다. 盛誠吾,「フランスにおける企業交渉と企業協定」, 蓼沼謙一編, 企業レベルの労使関係と法, 372면 이하.

5) 기본문헌으로는 道幸哲也,「団体交渉権の法的構造」, 講座21世紀(8), 66면.

3. 단체교섭의 여러 형태

(1) 전형적 형태

단체교섭의 여러 형태 중 전형적인 것은 다음의 세 가지이다.

(가) **산업별 교섭**　　　산업별 노동조합이 산업별 사용자 단체와의 사이에서 당해 산업의 근로자에게 공통의 근로조건, 그 밖의 사항에 대해 실시하는 단체교섭이다. 서유럽의 여러 나라에서는 이 산업별 전국교섭 내지 지역교섭이 단체교섭의 전통적 형태이지만,6) 일본에서는 단지 몇 가지의 사례(전일본해운조합과 네 개의 선주단체간의 교섭 등)가 있을 뿐이다.

(나) **기업별 교섭**　　　어느 기업(혹은 공장 내지 사업장)의 종업원의 근로조건, 그 밖의 사항에 대해 이들 종업원으로 조직되고 있는 노동조합이 개개의 사용자와 행하는 단체교섭이다. 일본에서는 기업별 노동조합이 지배적이기 때문에 이 교섭형태가 통례이다. 또 미국의 산업별 노동조합의 경우도 기업·사업소 레벨에서의 로컬 유니언과 개개의 사용자와 공장단위의 교섭이 주요한 교섭형태의 하나가 되고 있다. 프랑스에서도 최근 기업레벨에서의 단체교섭 제도의 발전이 보인다.7)

(다) **직장교섭**　　　직장의 근로자 단체가 직장에서 발생하는 여러 문제에 대해 직장관리자와 실시하는 교섭이다. 일본에서는 직장투쟁의 일환으로서 노동조합에 의해 의식적으로 추진되는 경우가 많았다. 한편 산업별 노동조합과 산업별 교섭이 중심으로 기업 내의 활동이 소홀히 되기 쉬운 노사관계의 경우에는 조합의 의도에 반하여 이루어지는 현상이 생긴다.

(2) 기업별 교섭과 산업별 통일교섭의 중간형태

일본에 지배적인 기업별 교섭에 대해서는 기업의 벽(조합원 의식보다 종업원 의식 쪽이 강한 것, 기업의 지불능력 그 밖에 경영상의 특유한 사정)을 넘기 힘들다는 약점이 오래 전부터 지적되어 노동조합 운동에서 산업별 교섭으로 지향하였다. 이 기업별 교섭의 한계를 극복하기 위한 노력은 기업별 교섭과 산업별 교섭의 중간에 위치하는 다음과 같은 교섭형태를 만들어 냈다.

---

6) 독일·프랑스에 대해서는 蓼沼, 앞의 책에 수록된 毛塚勝利,「組合規制と從業員代表規制の補完と相克」; 盛, 앞의 논문을 참조.

7) 盛, 앞의 논문, 359면 이하.

(가) 기업별 교섭에 대한 상부단체 임원의 참가   상부단체의 임원이 산하의 기업별 노동조합에서 교섭권한의 위임을 받아 기업별 교섭에 참가하는 교섭형태이다.

(나) **공동(연명)교섭**   기업별 노동조합과 그 상부단체가 각각의 단체교섭권에 근거하여 공동으로 사용자와 교섭에 임하는 형태이다.

(다) **집단(연합)교섭**   집단(연합)교섭이란 본래는 산업별 노동조합의 통제 하에 몇 곳의 기업별 노동조합과 각 기업과의 교섭을 동일 테이블에서 동시에 실시하는 교섭형태를 의미하는데,[8] 단순히 산업별 노동조합의 통제 하에서 그 스케줄에 맞춰 기업별 조합이 일제히 기업별 교섭을 실시하는 방식도 그렇게 부르는 경우가 있다.

(라) **대각선교섭**   산업별 상부단체가 단독으로 개개의 사용자와 교섭하는 방식으로, 여기에도 교섭의 스케줄을 맞추지 않고 개별적으로 실시하는 경우와 이 스케줄에 맞춰 일제히 실시하는 경우가 있다. 또 대각선교섭의 상대방 사용자를 한 곳으로 모이게 하여 이 교섭을 동시에 집단적으로 실시하는 방식(대각선 집단교섭)이 시도되는 경우도 있다.④

---

④ **춘투(春鬪)**

일본의 노동조합의 대부분은 1960년대 후반부터 임금인상 교섭을 매년 3월부터 4월의 시기에 집중적으로 해왔다. 이러한 임금인상 교섭 자체는 각 기업마다 해당 기업과 기업별 조합과의 교섭에 의하여 실시되는데, 조합측에서는 산업별 연합체나 내셔널 센터에 의한 산업내 및 산업전체에서의 임금인상 목표의 설정, 산업내·산업간의 교섭스케줄 설정(패턴·센터의 설정) 등에 의하여 이러한 기업별 교섭이 산업횡단적으로 조정되어 연계되어 왔다. 또한 각 산업내에서는 주요 대기업의 임금인상 시세가 산업내의 서열을 통하여 기업의 임금인상 교섭에도 영향을 미쳐왔다. 이렇게 하여 형성된 춘투 임금인상 시세는 노동시장의 메커니즘 속에서 중소기업에도 영향을 파급되었다. 또 공노위의 중재재정이나 인사원권고를 통하여 공공부문이나 이에 따르는 특수법인·사립학교 등의 직원에게 연동되었다. 또한 지역별 최저임금의 인상에 반영되어 파트타임근로자나 영세기업근로자의 임금에도 영향을 미쳤다.

춘투(춘기 노사교섭)은 고도경제성장하의 임금인상 메커니즘으로서 매우 유효했지만, 제1차 석유위기(1973년) 후의 경제가 변동되는 가운데 오히려 임금인상을 국민경제적으로 조정하는 사회적 메커니즘으로도 되었다. 그리고 거품경제 붕괴 후에는 글로벌한 시장경쟁의 격화와 기업재편성이 진전되는 가운데 기업측의 파급 메커니즘은 약화되고 노동계에서도 고용유지가 우선과제가 되었다. 그러나 춘투는 기업·산업·국가의 각각의 레벨에서 노사가 경영·거시경제·노동정세 등에 대하여 공통의 과제를 논의하여 검토하는 의의가 있는 장과 기회로 계속 되고 있다.

---

8) 이전의 젠센동맹(ゼンセン同盟)의 업종별부회와 각 업종 단체가맹 기업간 집단교섭에 대해서는 明城哲夫,「繊維産業における交渉方式」, 中労時 709호, 14면.

4. 노사협의제

(1) 단체교섭 이외의 교섭방식

근로자의 대우에 관한 불만과 그 밖의 노사관계 운영을 둘러싸고 발생하는 여러 문제를 노동조합과 사용자가 자주적으로 교섭하여 해결하는 절차는 단체교섭에 국한되지 않는다. 그 대표적인 것으로서는 노사협의제와 고충처리절차⑤가 있다. 이러한 것은 단체교섭을 보완하는 노사간의 자주적 절차로서 헌법 28조는 이러한 절차도 포함하는 의미에서 '노사자치'의 발전에 필요한 기본적 원칙을 설정하고 있다. 비유적으로 말하면 헌법 28조는 노사자치라는 건축물의 토대(기초)를 설정한 규정이며, 이 토대 위에 어떠한 건축물을 지을지는 노사에 창의적인 노력에 위임하고 있다. '노사자치'의 내용에 대해서는 노사에 다양한 가능성이 남아있는 것이다.

⑤ **고충처리절차**

　　노동조합과 사용자간에 개개의 근로자의 노동관계상의 권리주장('고충'=grievances)을 처리하기 위해 두고 있는 절차가 고충처리절차(grievance procedures)이다. 이 절차가 발달 보급되어 있는 미국에서는 단체협약에서 노동관계상의 권리의무가 거의 포괄적으로 정해진 다음, 그 해석 적용에 관한 모든 분쟁은 노사간의 몇 가지 단계의 협의를 거친 후 최종적으로는 노사가 스스로 선임하는 중재원(arbitrator)의 중재판단에 의해 해결되는 구조가 규정되어 있다(中窪裕也, アメリカ労働法[第2版], 136면 이하).

　　일본에서도 상당히 많은 조합이 협약에 고충처리절차를 규정하고 있는데(후생노동성의 '2009년 노사커뮤니케이션 조사(平成21年 労使コミュニケーション調査)'에서는 37.6%), 이 절차는 조합과 직제간에 있어 1, 2 단계 협의를 정하는 간단한 경우가 많으며, 또 대상으로서 '고충'의 내용도, 그 해결기준도 협약 자체가 막연한 것이 되고 있다. 실제로도 장기고용시스템을 핵심으로 하는 기업 노사관계 중에 이 고충처리절차는 그다지 이용되지 않으며, 조합도 인사, 징계, 합리화 등에 관한 개별적 문제에 대해서는 사전의 노사협의절차와 사후의 단체교섭에 의해 대처하려는 경향이 있다(고충처리의 대상사항의 범위에 관한 보기 드문 판례로서는 高島屋工作所事件 ― 大阪地決 平7. 7. 26, 労判 685호, 55면). 또한 최근의 이른바 기업 구조조정이 진행되는 가운데 개별 근로자의 권리주장을 둘러싼 분쟁(개별노동분쟁)의 해결을 위해 사용자와 '단체교섭'하는 것을 주요 기능의 한 가지로 삼는 지역노조도 활발하다.

(2) 노사협의제의 특징과 상황

노사협의제란 광범한 의미를 가지는데, 여기에서는 단체적 노사관계에서 단체교섭과는 별개의 것으로 만들어져 있는 협의절차로 해석한다. '2009년 노사커뮤니케이션 조사'(후생노동성)에서는 노동조합이 있는 사업소의 약 83%가 노사협의기관을 가지고 있다. 노사협의제는 기업별 노사간의 정보공유·의사소통·

합의형성 수단이며, 산업, 기업, 사업소, 직장 등의 레벨에서 공식 또는 비공식의 다양한 협의절차로 이루어져 있다.[9]

기업·사업소 레벨에서의 대표적 노사협의제로서는 ① 단체교섭의 개시에 앞서 정보개시·의향타진 등을 실시하기 위한 단체교섭 전단계적 노사협의제, ② 단체교섭사항을 노사협의에 의해 해결하기 위한 단체교섭 대체적 노사협의제, ③ 단체교섭 사항과는 구별되는 경영생산사항을 협의하기 위한 경영참가적 노사협의제, ④ 협약상의 인사협의조항에 근거하여 실시되는 인사의 사전협의제 등이 있다. 이들의 공통된 특색은 노사간 합의(협정, 각서, 이해 등)에 근거하여 설치된 절차이며, 따라서 협의의 대상사항과 절차는 이 합의에 따를 것, 쟁의행위를 예정하지 않을 것, 협의의 대상사항은 단체교섭사항의 여부에 구애받지 않을 것 등이다. 또 협의의 정도(양상)에 대해서는 '설명·보고', '의견청취', '협의', '동의' 등으로 구별되며, 대상사항의 성질에 따라 나누어진다.[10] 실제로는 기업별 조합이 체결하고 있는 많은 단체협약이 노사협의를 전단계적 절차로 한 단체교섭에 의하거나(62%의 협약) 혹은 노사협의 절차만으로(22%의 협약) 체결되어 있으며(단체교섭절차만으로 체결된 협약은 9%뿐임),[11] 노사협의제는 기업별 노사관계의 운영에 있어 중심적 절차가 되고 있다.[6]

> [6] **미조직 기업에 있어서 노사협의**
> 노동조합이 존재하지 않는 기업에서도 경영자와 근로자간에 노사협의의 기관 내지 절차가 마련되어 있는 경우가 있다('2009년 노사커뮤니케이션 조사'에서는 노동조합이 없는 대상 사업소의 19.9%에서 노사협의기관이 만들어져 있다). 그 전형은 기업 내지 사업소에서의 종업원의 친목·공제단체인 종업원회가 급여·일시금 등의 근로조건에 대해 대화하거나, 경영·생산사항에 대해 회사의 설명을 듣거나 하는 경우이다(仁田道夫ほか, 中小企業における コミュニケーションの事態 참조).

(3) 노사협의제의 법적 지위

노사협의제는 노사간 이해 충돌(인사권의 규제)을 당초부터 예정한 인사협의제의 경우를 제외하고는 오히려 노사가 분쟁발생을 회피하는 목적으로 설치된 것이며, 따라서 절차적 운영도 분쟁을 회피하는 방향으로 이루어진다.[12] 다만

---

9) 문헌으로서 仁田道夫, 日本の労働者参加; 連合総研編, 労働組合の未来をさぐる, 57면 이하.
10) 경영의 방침·계획 등에 관한 사항은 '설명보고'가 많으며, 배치전환·출향·해고 등의 인사나 근로조건에 관한 사항은 협의사항이 많다. 노동조합의 '동의'를 요하는 사항은 인원정리·정년제 등의 고용에 관한 사항과 근로시간과 퇴직금제도 등이 많다.
11) 労働省, 平成 3 年労働協約実態調査. 2001년, 2006년, 2011년의 이 조사에서는 데이터 없음.
12) 노사협의절차를 둘러싼 보기 드문 분쟁의 예로서는 安田生命保険事件 ― 東京地判 平3. 12. 9, 労判 604호, 40면.

법률적으로는 노사협의절차도 법률상의 '단체교섭'에 해당하는 것은 그러한 보호를 받는다. 예를 들어 노동조합이 주체가 되어 의무적 단체교섭사항에 관하여 합의달성을 목표로 하는 절차라면 법률상으로 단체교섭이 되며 사용자에 대해 성실교섭의무가 발생한다. 다만 그러한 절차에서도 당사자는 당해 노사협의절차에 관한 합의(단체교섭의 전단계적 절차에 머무는 쟁의행위를 하지 않는다 등)에 구속되므로, 그 점이 단체교섭거부(노조 7조 2호)의 성립여부에 있어 고려된다. 또한 합의가 단체협약상의 것이라면, 이에 대한 위반은 협약상의 책임이 발생한다.[13]

제 2 절 단체교섭의 주체 · 대상사항 · 절차

1. 단체교섭의 주체

(1) 단체교섭의 당사자와 담당자

단체교섭의 주체문제를 생각함에 있어 먼저 단체교섭의 '당사자'와 '담당자'라는 두 가지의 개념을 구별할 필요가 있다. 단체교섭의 '당사자'란 단체교섭을 자신의 이름으로 수행하고, 그 성과로서의 단체협약의 당사자가 되는 자이다. 즉 그것은 단체교섭을 누구의 이름으로 수행하는가 하는 사안에 관한 것이다. 근로자측에서는 후술하듯이 단위조합(노조 5조 2항 3호) 및 연합단체(상부단체)가 원칙적인 당사자이다.

한편 단체교섭의 '담당자'란 단체교섭을 현실적으로 담당하는 자로, 이에 대해서는 교섭권한만을 가지는 경우, 타결권한까지 가지는 경우, 그리고 협약체결권한을 가지는 경우가 있다. 노동조합이 교섭담당자에 대해서는 노조법의 명문규정이 있다(노조 6조).

(2) 단체교섭의 근로자측 당사자

헌법 28조의 단체교섭권의 보호(단체교섭에 종사했던 것에 대한 형사 · 민사의

---

13) 또한 최근에는 노동계약법제의 입법론과의 관련에서, 주로 노동조합이 존재하지 않는 기업을 상정한 종업원대표제의 입법론이 이루어지고 있다. 「特集・労働者代表制度の再設計」, 季労 216호의 여러 논문을 참조. 또한 菅野, 「労働契約法制と労働者代表制 ― 労使委員会構想の趣旨」, 経営民主主義 34호, 26면 이하 참조.

면책과 불이익 취급으로부터의 공서법리를 개재시킨 보호)를 받는 단체교섭에 대해서는 그 근로자측의 당사자는 헌법 28조가 예정하는 노동조합(이른바 '헌법조합')으로, 노조법에서의 노동조합의 기본적 정의(2조 본문)의 요건을 충족하는 노동조합이 여기에 해당한다고 해석된다. 또한 사단성이 없는 쟁의단으로서의 근로자집단이 사용자와 행하는 교섭도, 단체교섭의 그러한 원초적 보호는 받는다고 해석해야 하며, 쟁의단도 헌법 28조의 단체교섭에 대해서는 근로자측의 당사자가 될 수 있다고 생각된다.

그러나 노조법이 부당노동행위 구제제도(7조 2호, 27조 이하)에 의하여 보호하고자 하는 단체교섭은 그 성과로서의 단체협약을 담당하는 자가 될 수 있는 근로자의 단체, 즉 노동조합을 근로자측의 당사자로서 예정하고 있으며, 노동조합으로는 인정되지 않는 일시적인 근로자의 집단을 당사자로서는 예정하고 있지 않다고 말하지 않을 수 없다. 또한 노조법은 단체협약의 체결당사자가 될 수 있는 노동조합에 대하여 상기의 기본적 정의에 더하여 자주성에 관한 특별한 요건(2조 단서 1호, 2호)을 부과하고 있다. 또 부당노동행위 구제제도의 보호를 받기 위해서는 여기에 더하여 조합규약상의 요건(5조 2항)을 설정하여 이러한 요건에 대한 적합성을 판정하는 절차(5조 1항)를 두고 있다. 이리하여 교섭거부에 대하여 부당노동행위라고 하여 노동위원회에 의한 구제명령을 받을 수 있는 단체교섭의 근로자측의 당사자는 단체협약의 당사자가 될 수 있는 노동조합만이며, 게다가 노조법이 설정하는 규약상의 요건도 충족하고 동법에 적합한 조합이라는 것을 인정받을 수 있는 노동조합('법적합 조합')이다.[14]

또한 노조법은 '사용자가 고용하는 근로자의 대표자와 단체교섭을 하는 것을 정당한 이유 없이 거부하는 것'을 부당노동행위로 규정하고 있는데(7조 2호), '고용하는 근로자의 대표자'라는 표현은 이 규정의 1949년 개정시의 기초과정(起草過程)의 특수성[15]에서 생겨난 부정확한 표현으로, 정확하게는 앞에서 언급

---

14) 이상의 것 외에, 후술하는 '단체교섭을 요구하는 지위의 확인청구를 할 수 있는 것'이라는 의미에서의 단체교섭의 당사자도 있지만, 이것은 노조법 2조 본문·단서의 요건을 충족시키는 노동조합이라고 해석된다.

15) 1949년 개정시에는 노동성은 이 개정을 주도한 GHQ의 의향에 따라 당초에는 미국의 전국노동관계법을 모방하여, 정당한 이유가 없는 단체교섭 거부를 포함하여 사용자의 부당노동행위를 상세하게 금지하면서, 단체교섭에 대해서는 배타적 교섭대표제도를 도입하고자 하였다. 노동성의 개정시안 단계에서는 부당노동행위로서의 단체교섭거부의 금지와 배타적 교섭대표제도가 개념·절차·상호의 관계 등 정리되지 못한 채 조문화되어 있었다. 결국 후자의 배타적 교섭대표제도 관계의 조문은 모두 삭제되고 전자만이 정리되어 남았는데, 이것 또한 잘 정련되어 있지는 못했다(労働省, 資料労働運動史[昭和24年], 932면 이하, 1091면 이하 참조).

한 바와 같이 '고용하는 근로자를 대표하는 노동조합'으로 이해해야 하는 것이
다.16)7

7 **'고용하는 근로자'의 의의**

사용자에게 단체교섭의무를 부과하기 위해서는 단체교섭을 신청한 노동조합이 사용자가 '고용하는 근로자'를 대표하는 조합조직이라는 것이 필요하다(노조 7조 2호). 이 문언 가운데 '근로자'란 '직업의 종류를 불문하고, 임금, 급료, 그 외 이에 준하는 수입으로 생활하는 자'로 정의되어 있으며(동법 3조), 근로계약에 의하여 노무를 공급하는 자 및 이에 준하여 단체교섭의 보호가 미칠 필요성과 적절성이 인정되는 노무공급자로 파악해야 하는 것은 앞에서 언급한 바와 같다.

1945년에 제정된 구 노동조합법은 기능근로자 등을 기업외에서 '고용하는' 관계의 유무를 불문하고 조직하는 직업별 조합 등도, 노동조합의 원초적 조직형태로서 당연히 상정하고 있으므로, 그 구성원으로서의 '근로자'를 특정 기업에 대하여 현재 노무를 공급하는 계약관계에 있는지의 여부를 불문하는 개념으로서 설정하였다. 이 점은 노조법이 그러한 기업외 조합이 사업주의 단체('사용자단체')와 기업횡단적인 단체교섭을 하여 단체교섭을 체결하는 경우에, 독일의 노동협약법제를 본떠서 그 단체협약에 대한 규범적 효력(16조)과 지역적인 일반적 구속력(18조)를 규정하고 있는 것에서 단적으로 나타나고 있다. 그래서 1945년 노동조합법은 노동조합을 조직할 수 있는 '근로자'에 대하여 특정 기업과의 관계가 아니라 '직업'의 관점에서 그 종류는 불문하지만, '임금, 급료, 그 외 이에 준하는 수입으로 생활하는 자'라는 점을 필요로 한다고 규정했다고 추측된다.

이에 대하여 1949년 개정시에 마련된 사용자(개별기업)의 부당노동행위금지규정(7조)은 노동조합이 특정기업과의 사이에서 근로계약관계 또는 이에 근사 내지 인접한 관계에 있는 근로자를 조직하고 있는 경우에, 이러한 조합원에 대한 단체교섭을 중심으로 한 단체적 노사 관계에서의 사용자의 일정한 반조합적 행위를 금지하기로 하고, 특정기업과 근로자간의 그러한 기초적인 관계를, 사용자가 '고용하는' 근로자로 표현했다고 해석된다. 같은 해 개정된 노동조합법이 공장·사업장에 고용된 일정 직종의 근로자를 교섭단위로 하는 기업레벨의 단체교섭관계를 보호하여 조성한다는 와그너법의 정책을 이어 받은 결과이다.

이상과 같은 부당노동행위금지규정의 입법경위에 비추어 보면, 사용자의 단체교섭의무(7조 2호)의 요건으로서의 '고용하는'이라는 유대는 민법상의 '고용'과 노동계약법상의 '근로계약'과 동의(同義)로 파악해서는 안 되며, 노조법상의 '근로자'로서의 노무공급관계가 특정 기업간에 존재하고 있는 것(내지는 존재하고 있다고 동일시할 수 있는 것)을 의미하는 것에 불과하다. '고용하는'을 그렇게 해석하지 않으면, 노조법이 '근로자'를 민법의 고용계약(노기법의 근로계약)뿐만 아니라, 이에 준하는 계약에 의한 노무공급자에게도 넓혀서 정의한 것이 단체교섭의 장면에서는 몰각되어버리기 때문이다(또한 '사용자'와 '사용자가 고용하는'의 관계에 대해서는 후술한다).

---

16) センダイン事件 — 東京地判 平11. 6. 9, 労判 763호, 12면은 '고용하는 근로자의 대표자'라는 표현을 이유로, 7조 2호의 보호를 받는 노동조합은 노조법 2조의 요건(본문·단서)을 필요로 하지 않는다고 언급하였는데(공소심에서의 東京高判 平12. 2. 29, 労判 807호, 7면에서도 인용), 노조법 2조가 동법에 의한 보호를 받는 노동조합에 대하여 본문과 단서 1호·2호의 요건을 설정하고 있는 점 및 노조법 5조 1항이 동법의 절차에 참여하여 구제를 받기 위해서는 동법 2조와 5조 2항의 요건을 충족시키는 것의 자격심사를 받아야 하는 점을 무시한 것으로, 잘못되었다고 말하지 않을 수 없다. 노동위원회의 오랫동안 확립된 실무도 노조법 2조 및 5조 2항을 충족시키는 법적합조합만이 7조 2호의 보호를 받는다는 해석에 의거하고 있다.

다음으로 이상의 기본적 이치를 바탕으로 하여 근로자측의 당사자를 설명한다.

(가) 상부단체   단위노동조합의 상부단체 중 단순히 연락협의기관에 지나지 않는 것은 그 단체 자신이 단체교섭권을 가지지 못하나, 노동조합의 정의(노조 2조)에 해당하고 또한 가맹조합에 대한 통제력을 가지는 것은 그 단체의 독자적인 사항(상부단체와의 교섭절차 등) 및 가맹조합에 통일적(공통)된 사항(근로조건의 통일적 요구 등)에 대해 그 단체고유의 단체교섭권(통일적 교섭의 당사자 적격)을 가진다. 또한 그것은 규약의 규정 혹은 관행이 있다면 단위조합만의 사항(각 기업·각 공장의 근로조건 등)에 대해 단위조합과 경합하여 단체교섭권(기업별 교섭의 당사자 적격)을 가진다.17)

이들 중 경합적 단체교섭권은 통상적으로는 상부단체가 그 산하의 각 기업별 조합과 공동(연명)으로 각 사용자에 대해 교섭을 제기하는 형태로 행사되는데, 사용자는 이 공동교섭을 양 단체간에 교섭권한이 통일되어 있는 한 원칙적으로 거부할 수 없다.

명령사례에서는 상부단체규약에 직접 사용자와 단체교섭을 할 수 있다는 취지의 명문 규정이 없고, 동단체가 스스로 교섭 당사자일 수 있는지 불명확한 경우와,18) 기업별 교섭의 관행 중에 각 기업에서 유일교섭단체조항이 존재하고 상부단체가 동 관행·조항을 폐기하는 운동을 했지만 좌절한 경우19)에는 사용자는 공동교섭에 응할 의무가 없다고 하고 있다. 이러한 것은 상부단체에 경합적 단체교섭권이 존재하지 않는 사례로 파악할 수 있다.

상부단체와 기업별 노동조합이 경합하여 단체교섭권을 가지는 상황에서는 어느 단체가 단독으로 사용자에게 단체교섭을 제기하는 경우에도 동일 사항에 대해 이중교섭의 우려가 생긴다. 이러한 우려가 심할 경우에는 사용자는 이중교섭을 회피하기 위해 두 조합간에 단체교섭권이 조정·통일되기까지 일시적으로 교섭을 거부할 수 있다.⑧⑨

⑧ **3권 위양(委讓)**
단위조합으로부터 상부단체로의 3권(교섭권·타결권·파업지령권) 위양의 첫 번째 의의는 상하 양 조합간의 경합적 단체교섭권의 조정(즉, 당해 교섭사항에 대해서는 하부조합이 단체교섭권의 행사를 삼가고 상부조합이 단체교섭을 수행한다는 결정)에 있다. 또 두 번째 의의는 상부조합의 통제에 따른 쟁의행위체제의 확립(당해 요구의 관철을 위해 하부조합은

---

17) 秋田成就,「上部団体の団体交渉権」, 現代講座(4), 72면 참조.
18) 合化労連事件 — 中労委 昭35. 4. 1, 命令集 22·23집, 89면.
19) 全鉱事件 — 中労委 昭31. 3. 20, 命令集 14집, 57면.

상부조합의 지령·지도에 따라 쟁의행위를 하는 것의 확인)에 있다.

⑨ **상부단체에 의한 초(超)기업적 단체교섭의 요건**

상부단체의 관여에 의한 초기업적(횡단적) 단체교섭형태가 법에 의해 강제될 수 있는가는 상부단체와 개개 기업 간의 교섭과는 별개의 문제이다. 먼저 상부단체가 산업별(업종별) '통일교섭'을 당해 산업(업종)의 사용자에 강제할 수 있기 위해서는, 사용자측에서 통일적인 단체교섭의 당사자가 될 수 있는 사용자 단체가 존재하거나 해당 사항에 대해 사용자 단체가 통일적인 교섭권한을 구성원으로부터 위임되고 있어 통일적 교섭을 위한 체제가 구비되지 않으면 안 된다(같은 취지: 本四海峽バス事件 ― 神戶地判 平13. 10. 1, 勞判 820호, 41면). 따라서 산업별 노동조합이 '집단교섭'이라 하여 복수사용자를 일정한 시간 및 장소로 집합시켜 조합과의 통일적 교섭을 하도록 하는 경우에도, 그러한 사용자간에 통일적 교섭을 하는 체제가 갖추어져 있지 않는 한 교섭의무는 발생하지 않는다(全金石川址本事件 ― 石川地勞委 昭35. 9. 29, 命令集 22·23집, 165면). 이에 대해 과거에 이러한 '집단교섭'이 관행화되어 온 경우에는 사용자측은 통일교섭 체제가 구비되어 있다고 통상 인정되어 개별 교섭으로 전환하는 데는 합리적 이유의 제시가 필요하다(北海道拓植バス事件 ― 北海道地勞委 昭52. 4. 18, 命令集 61집, 385면).

(나) 단위조합   법적합 노동조합인 단위조합(노조 5조 2항 3호)은 단체교섭의 기본적인 당사자이고, 사용자는 상부단체와는 이중교섭을 피하기 위해 단체교섭권의 조정을 요구하여 교섭을 일시적으로 연기할 수 있는 경우 이외에는, 이들과의 교섭을 거부할 수 없다. 그리고 노조법은 배타적 교섭대표제를 채용하지 않으므로, 비록 소수의 노동조합이라 할지라도 단체교섭권을 가지며 단체교섭의 당사자가 될 수 있다. 그래서 기업간에 종업원의 압도적 다수를 조직하는 기업별 조합과 더불어 존재하고 있는 조업원의 소수만을 조직하는 기업별 조합이나, 기업의 종업원의 극히 소수만을 조직하는 지역일반노조 등이, 자신들의 조합원인 종업원에 관한 이상, 해당 기업에 대하여 단체교섭을 요구할 수 있다. 이러한 이치에 대한 주요 문제는 다음과 같다.

① 사용자가 노동조합의 '법적합성' 및 자기 종업원의 가입 유무에 대해 의심을 품고 단체교섭을 거부하는 경우에도, 노동위원회는 당해 노동조합의 신청에 의해 그것이 법적합성을 가지며 또한 당해 사용자의 종업원을 조직하는 노동조합인지의 여부를 판정하여, 만약 그러하다면 사용자에 대해 단체교섭명령을 발한다. 이러한 법제 하에서는 사용자에게는 노동조합에 대해 법적합성과 종업원의 가입을 증명할 자료(조합규약 등)의 제출을 요구하는 권리는 각별히 인정되지 않게 된다.[20] 그러나 한편으로 노동조합측도 관련 자료를 사용자에게 제시하지 않는 한, 노동위원회에 의한 판정 및 구제명령을 구해야만 한다.

---

20) サンパウロ州立銀行事件 ― 中勞委 昭55. 10. 1, 命令集 68집, 777면 참조.

② 사용자는 상부단체나 소수조합과의 교섭을, 다수조합과의 단체협약상 해당 조합을 유일한 교섭상대로 인정하여 다른 조합과 교섭을 하지 않는다는 취지의 '유일교섭단체조항'이 존재하는 것을 이유로 거부하는 경우가 있다.[21] 그러나 그러한 조항은 다른 노동조합의 단체교섭권을 침해하는 경우로서 법적으로는 무효이며, 사용자는 이를 이유로 다른 노동조합의 단체교섭의 요구를 거부할 수 없다.[22]

③ 기업 외의 '갑'조합을 상부단체로 하는 A조합에서 다수파가 '갑'조합으로부터 탈퇴하여 기업 내의 조합인 B조합으로 되는 것을 결의한 데 비해, 탈퇴반대의 소수파가 A조합의 조직(집행부)을 새로이 정비한 경우, 원래의 A조합이 B조합으로 바뀌었는지(조직변경), 아니면 A조합인 채로 존속하고 있는지(다수파의 집단탈퇴)를 불문하고 사용자는 새롭게 병존하는 A · B 두 조합과 각각 단체교섭을 해야 한다.[23]⑩

⑩ **병존조합에 의한 공동교섭의 요건**

　　동일 기업 내의 복수조합이 사용자에 대해 공동교섭을 강제하기 위해서는, 두 조합간에 교섭을 통일적으로 수행하고 또한 타결할 수 있는 통일적인 단체의사가 형성되어 있어야 한다. 이들 중 교섭의 통일적 수행을 위해서는 요구내용의 통일과 통일대표(교섭담당자)의 선정(교섭권한의 단일화)이 요구되며, 통일적 타결을 위해서는 타결권한 · 협약체결권한의 통일(단일화)이 요구된다(같은 취지: 旭ダイヤモンド工業事件 — 東京高判 昭57. 10. 13, 労民 33권 5호, 891면; 同事件 — 最二小判 昭60. 12. 13, 労判 465호, 6면).

　(다) 지 부　　　　단위노동조합(단일조합이라고도 한다)의 내부에서 그 자체로 한 개의 노동조합으로서의 조직을 구비하고 있는 하부조직(지방본부와 지부)에도 당해 하부조직만의 사항에 대해서는 그 자신의 단체교섭권을 인정할 수 있지만, 이는 중앙본부의 통제에 따른다. 즉 당해 단위조합전체 가운데 교섭권의 분배에 따를 것, 단위조합 자신이 하는 단체교섭에 저촉되지 않을 것, 규약과 관행상 필요한 중앙본부의 승인을 얻거나 지령에 따를 것 등의 제약을 받는다.[24]

　(라) 직장조직　　　　노동조합으로서의 실체(독자적인 규약, 조직, 재정기반)를 가지지 못하는 직장조직은 그 자체의 단체교섭권을 가지지 못하며, 조합중앙에 의해 일정사항에 대한 단체교섭수행을 위임(교섭권한의 위임)받은 경우에만 단체

---

　21)「平成18年労働協約等実態調査」에서는 6할 이상의 조합이 이러한 협정을 맺고 있다.

　22) 東大労研, 注釈労組法上, 288면; 三田運送事件 — 中労委 昭56. 11. 18, 命令集 70집, 737면.

　23) 東洋シート事件 — 最一小判 昭61. 5. 29, 労判 484호, 38면.

　24) 산업별 노동조합의 기업지부가 그 조합사무소의 설치 요구에 대한 단체교섭을 공장분회로 위임한 경우에 대해 공장분회의 단체권을 긍정한 사례로서 オリエンタルモーター事件 — 東京高判 昭62. 5. 26, 労判 503호, 89면.

교섭에 종사할 수 있다. 예를 들어 단위조합의 본부가 직장조직(분회)에 의한 직장투쟁을 추진하고 있는 상황에서는 동 노조의 직장분회는 분회만의 사항에 대해 노동조합보다 포괄적으로 단체교섭을 하여 협약을 체결할 권한을 부여받았다고 할 수 있는 경우가 있다. 그러나 이러한 경우에도 직장조직은 노동조합으로부터 교섭수행을 위임받은 것에 불과하므로, 교섭이 잘 이루어지지 않은 경우에는 조합중앙의 판단을 따라야 하며 독자적 판단으로 쟁의행위를 하는 권한까지 가지지 못한다.25)

위와 같이 조합조직 내에서 공장·사업소 레벨의 지부가 단체교섭권의 주체로 인정되는 위의 (다)의 경우, 혹은 직장조직에 단체교섭권한이 위임되어 있는 경우에도 사용자측이 공장·사업소 내지 직장레벨의 관리자로서 교섭에 응해야 하는지, 본사 등의 보다 상급레벨의 대표자로 응해야 하는지는 별개의 문제이며, 기본적으로는 기업조직 내의 단체교섭권한 분배에 위임되어야 할 사안이다.26)

(마) 미조직 근로자 집단(쟁의단)   노동조합의 조직을 가지지 못한 근로자 집단도 대표자를 선정하여 교섭체제를 정비하면 헌법 28조의 단체교섭권의 보호는 받는다. 그러나 노조법의 부당노동행위 구제규정(7조 2호)의 보호는 받을 수 없다.27) 노조법(1조 1항 참조)은 노동조합의 결성을 조성하고 이를 통한 단체교섭관계의 수립과 단체협약의 실현을 목표로 하고 있다고 해석되기 때문이다. 또 노조법은 노동조합의 결성과 그 교섭자격의 취득을 용이하게 하는 법제를 취하고 있다는 점도 고려해야 할 것이다.

(3) 단체교섭의 사용자측 당사자

사용자측에서는 단체교섭의 당사자가 되고, 그 성과로서의 단체협약의 체결 당사자가 될 수 있는 것은 사용자단체 또는 사용자이다(노조 6조, 14조 참조).

(가) 사용자단체   단체교섭의 당사자가 될 수 있는 사용자단체는 단체 구성원을 위해 통일적으로 단체교섭을 하며, 또한 단체협약을 체결할 수 있는 사용자단체여야 한다. 즉 그 취지가 단체적 정관(규약)에 명기되어 있다는 점을 요하는 것이 원칙이다.⑴

---

25) 三井廣山三池鉱業所事件 — 福岡高判 昭48. 12. 7, 判時 742호, 103면.
26) 참고 판례, JR東海事件 — 大阪地判 平元 10. 5, 労判 548호, 6면; 国鉄事件 — 大阪地判 平元 10. 5, 労判 548호, 10면.
27) 같은 취지: 東大労研, 注釈労組法上, 400면; 山口, 154면. 반대: 西谷, 274면.

⑪ **사용자단체의 법적 지위**

　'사용자단체'는 노동조합의 교섭권한자에 관한 규정(노조 6조)과 단체협약의 정의규정(동 14조)에서는 '사용자'와 더불어 단체교섭 당사자로서 규정하고 있다. 따라서 사용자단체는 상대방 노동조합에 의한 '단체교섭을 요구할 수 있는 법적 지위'의 확인을 청구할 수 있는 피고가 될 수 있으며, 이들과의 사이의 협정에는 단체협약으로서의 효력이 발생할 수 있다. 또한 노동조합과 사용자단체간의 단체교섭이 결렬되면 노동관계 당사자간의 '노동쟁의'(노조(労調) 6조)로서 노동위원회에 의한 알선 등의 조정 서비스도 받을 수 있다. 그러나 사용자단체는 부당노동행위에 관한 규정(노조 7조, 27조 이하)에서는 단체교섭거부의 주체로서 그리고 구제신청의 당사자로 언급하고 있지 않으므로, 노동위원회의 부당노동행위 구제절차에서는 '사용자단체'로서 피신청자로 되는 것은 예정되어 있지 않다고 하지 않을 수 없다.

　다만, 부당노동행위 구제절차에서는 사용자가 속하는 어떠한 형태의 단체를 '사용자'로 간주하여 구제명령을 발해야 하는 경우는 존재할 수 있다(大阪兵庫生コン経営者会事件 ― 中労委 平24. 1. 8, 命令集未登録은 복수의 사용자가 노동문제처리를 위한 업계 임의단체에 교섭권한과 타결권한을 위임하여 단체교섭이 행해지는 과정에서 이 단체의 임원의 교섭태도가 7조 2호, 3호의 부당노동행위로 판정된 사안으로, 이 경우에 해당된다고 생각된다).

　(나) **개개의 사용자**　　　개개의 사용자가 단체교섭의 당사자가 될 수 있는 것은 법문상으로도 원리상으로도 명백하다(노조 1조 1항, 6조, 7조 2호, 14조). 단체교섭의 개념에서 보면 '사용자'란 단체협약상 권리의무의 주체가 될 수 있는 자라는 것을 필요로 한다. 즉 개인기업의 경우에는 당해 개인, 법인기업의 경우에는 당해 법인이다. 그러한 기업의 일부조직(사업소·지점 등)과 기관(이사·사업소장 등)은 '사용자'가 아니다.

　단체교섭 당사자로서의 '사용자'에 대해서는 근로계약상의 사용자와의 차이를 둘러싸고 복잡한 문제가 발생하는데, 이에 대해서는 후술한다.

　(4) **단체교섭의 근로자측 담당자**

　(가) **노동조합의 교섭담당자**　　　이에 대해 노조법은 '노동조합의 대표자 또는 노동조합의 위임을 받은 자'가 교섭권한을 가진다(교섭 담당자일 수도 있다)고 규정하고 있다(6조). '노동조합의 대표자'에는 조합규약상의 해당 조합의 대외적 노동조합 대표자(통상은 위원장)로서 명시되는 자로, 2006년의 노조법 개정(2006년 법 50)에 의하여 동법에서 그 지위와 권한이 규정되었다(12조~12조의 6). 그 '대표자' 이외의 자는 노동조합의 위임을 받고 교섭을 담당하게 된다.

　또한 타결권한 및 협약체결권한은, 규약 등에서 교섭권한과 명확하게 구별되고 있는 것이 통례이며, 이들은 대표자라고 해도 당연히 행사할 수 없고 일정한 절차를 거칠 필요가 있다. 특히 교섭타결시에는 잠정협약이 체결되며, 조합집행부는 이 잠정협약에 대해 조합총회에서 승인을 받은 후 정식협약을 조인

하는 것이 통상적 과정이다. 이러한 타결권한과 협약체결권한의 구별은 판례에
서도 명확하게 나타나고 있다.[28]

노동조합으로부터 교섭권한의 위임을 받을 수 있는 자의 범위에 대해서는
각별한 제한은 없다. 따라서 당해 노동조합의 임원과 조합원일 필요는 없으며,
다른 노동조합의 임원, 지역 노동단체의 임원, 변호사 등 어떠한 자라도 상관없
다. 문제는 상부단체 등의 단체로의 위임도 가능한가인데, 교섭권한은 단체교섭
의 구체적인 수행이라는 사실적인 행위를 내용으로 하므로, 노조법이 그 위임
을 받는 자로서 예정하고 있는 것은 자연인뿐이라고 해석된다.[29] ⑫

⑫ 단체로의 교섭권한 위임

　　판례(姫路赤十字病院事件 — 大阪高判 昭57. 3. 17, 勞民 33권 2호, 321면)는 총평(總評)의
현(縣)지방평의회 및 지구평의회로의 교섭권한의 위임을, ① 노조법(6조)은 문언상 교섭권한
의 수임자를 자연인에 한정하고 있지 않다는 점, ② 노동조합운동은 단체 상호간의 협력체재
를 통상적인 운동형태로 하고 있다는 점, ③ 노동조합은 스스로의 단체교섭권을 다른 단체에
위임하여 그 단체를 교섭당사자로 하는 것조차도 가능하다는 점 등의 이유에서 노조법(6조)
에 합치하는 것으로 판결하고 있다. 그러나 단체교섭의 수행은 교섭당사자의 통일적 의사에
근거하여 그 통제 하에 수행되어야 하는데, 교섭권한의 다른 단체로의 위임은 교섭의 수행에
대해 다른 단체의 의사도 개입시키게 되어 이러한 통일적 수행이라는 요청에 반한다. 게다가
단체교섭권을 다른 단체로 위임하여 다른 단체를 교섭당사자로 하는 사태는 스스로 단체교섭
권을 가지는 상부단체와 하부조직에 대해 단위조합이 교섭권을 '위임'하는(경합하는 단체교섭
권을 조정한다) 경우 이외에는 생각할 수 없고, 판결이 주장하는 단체교섭권 그 자체를 다른
단체로 위임하는 일반적 가능성 등은 인정되지 않는다.
　　다만, 교섭권한을 특정 단체로 위임했다고 표명되는 경우, 법률적으로는 이러한 권한을
당해 단체의 임원(임원 일반이나 혹은 특정 임원)에 위임했다고 해석해야 하는 경우가 많을
것이다. 판례의 사건도 자세히 보면 현평(縣評)·지구평(地區評)의 여섯 명의 특정 임원에 대
한 교섭권한 위임이 이루어졌는데, 사용자가 그러한 자와의 교섭을 단체로의 위임인지의 여
부를 둘러싼 논쟁을 구실로 거부한 사안으로, 교섭을 거부해서는 안된다는 구제명령은 결론
적으로 상당하다.

　(나) 위임금지조항　　　단체협약에서는 노동조합에 대해 단체교섭을 조합원
이외의 제3자에게 위임하는 것을 금지하는 조항을 두는 경우가 있다.[30] 기업
내의 교섭에 외부사람(특히 상부단체의 임원)의 관여를 배제하기 위해 체결되는
경우가 많다. 교섭담당자의 자주적인 제한에 지나지 않고 '유효'하다고 하는 설

---

28) 예를 들어 大阪白急タクシー事件 — 大阪地判 昭56. 2. 16, 勞判 360호, 56면은 노동조합원
집회에 의한 집행부 일임도 타결권한의 부여에 그치며, 협약체결에는 재차 수권을 필요로 한다고
판시하였다.
29) 찬성: 山口, 156면. 반대: 西谷, 278면. 이러한 교섭담당자가 의사통일을 위해 교섭위원회를
조직할 수 있다는 것은 당연하다.
30) 2006년의 단체협약 등 실태조사(勞働協約等實態調查)에 따르면, 전체의 35.1%의 협약이 있음.

과 헌법 28조의 단체교섭권의 부당한 제한 때문에 '무효'라고 보는 설이 대립하고 있는데,[31] 개인적으로는 전자에 찬성한다.[32]

(5) 단체교섭 사용자측 담당자

개인 기업의 개인(사업주), 회사기업의 대표자(대표권을 가지는 사원 내지 이사)가 단체교섭 담당자로서 교섭하고, 이를 타결시켜 협약을 체결할 수 있다는 것은 말할 필요도 없다. 대표자 이외의 자(노무담당 임원, 인사부장, 공장장, 사업소장 등)가 이러한 일을 할 수 있는지에 대해서는 당해 기업조직 내에서 관리·결정권한의 배분에 따라 단체교섭권한이 어느 수준의 관리자에게 어떻게 배분되고 있는가에 의존한다. 어려운 문제는 지사·지점 등의 하부조직의 장이 단체교섭에 응해야 하는 담당자인가의 여부인데, 당해 조직의 장에게 실질적인 결정권한이 귀속되는 사항인가 아닌가의 여부가 기본적인 판단기준이 된다.[33] 또한 교섭권한을 인정받는 사용자측의 자는 해당 사항에 대해 처리권한(타결권한, 협약체결권한)이 없다는 이유로 단체교섭을 거부할 수 있는 것이 아니고 교섭에 응한 후 타결 혹은 협약체결에 관해서는 권한 있는 자와 자문하여 적절한 처리를 취해야 한다.[34]

2. 단체교섭의 대상사항

(1) 총   설

단체교섭의 대상사항에 대해서는 먼저 기업으로서 처리할 수 있는 사항으로 사용자가 임의로 응하는 이상 어떠한 사항이라도 단체교섭의 대상이 될 수 있다. 따라서 주주총회 결정사항(예를 들어 회사법 329조가 정하는 임원의 선임, 동 467조가 정하는 영업양도 등) 등도 사용자가 임의로 응하는 한 단체교섭 그 자체는 이루어질 수 있다. 또 법률상 위법으로 되기 때문에 협약체결(따라서 단체교섭)의 대상이 될 수 없는 사항(예를 들어 노기법·노안위법 등에 위반하는 사항과 노조법상의 부당노동행위에 해당하는 사항)도 교섭 안건으로 하는 것 자체에는 각

31) 상세한 것은 東大労研, 注釈労組法上, 296면.
32) 山口, 157면; 西谷, 279면. 단 개별적 사안에 입각한 판단이 필요하다. 北海製紙事件 ― 北海道地労委 昭35. 11. 30, 命令集 22·23집, 34면 참조.
33) 지점장의 단체의무에 대해 상세하게 판단한 최근의 판례로서 JR東日本事件 ― 秋田地判 平5. 3. 1, 労判 644호, 52면.
34) 같은 취지: 都城郵便局事件 ― 最一小判 昭51. 6. 3, 労判 254호, 20면.

별한 법적 장애가 없다. 그러나 사용자가 단체교섭에 응할 것을 노조법에서 의무로 규정한 사항(의무적 단체교섭사항)은 그렇게 넓은 것은 아니며 당연히 일정 범위에 한정된다.

의무적 단체교섭 사항의 범위 여하에 대해서는 '경영권'의 주장(인사·생산방법 등 일정사항은 경영전권사항으로서 의무적 단체교섭 사항으로 할 수 없다는 주장)이 있지만, 법률상으로는 '경영권'이라는 단체교섭을 피하기 위한 특별한 권리가 사용자에게 인정되고 있는 것은 아니다. 즉 단체교섭이 강제되지 않는 일정한 사항을 결과적으로 '경영권 사항'으로 명명하는 것은 상관없지만, 처음부터 '경영권'에 속하는지의 여부로 의무적 단체교섭 사항인지의 여부를 결정하는 것은 적절하지 않다.35) 의무적 단체교섭 사항인지의 여부는 헌법 28조와 노조법이 근로자에게 단체교섭권을 보장한 목적(근로조건의 거래에 대한 노사간의 실질적 대등화, 노사관계에 관한 노사자치의 촉진)에서 판단해야 한다. 일반적으로는 이것을 '구성원인 근로자의 근로조건, 그 외의 대우와 당해 단체적 노사관계의 운영에 관한 사항으로 사용자가 처분 가능한 것'이라고 표현할 수 있을 것이다.36) 그러나 이것은 의무적 단체교섭사항에 관한 일단의 정의로, 구체적인 문제에 대해서는 여기서부터 출발하면서 사안에 입각한 판단이 필요하게 된다.

(2) 각   설

(가) 근로조건 그 밖의 대우   '근로조건'이란 근로자의 근로제공을 하는데 있어서의 계약상의 조건 내지 약속사항(terms and condition of employment)이며, '그 밖의 대우'란 노동관계에 있어 근로자의 그 밖의 경제적 취급을 말하는 것이다. 근로의 보수(월급·일시금·퇴직금·일부 복리후생급여), 시간(근로시간), 휴식(휴게·휴일·휴가), 안전성(안전위생), 보상(재해보상), 훈련(교육훈련) 등이 근로조건(경우에 따라 '그 밖의 대우')의 대표적인 것이다.

근로의 내용·밀도·방법·장소·환경도 원칙적으로 근로조건이 되는데, 일상적인 경미한 사항으로 그 성질상 사용자의 노무지휘권에 위임되어 있는 것은 근로조건이 아니고 의무적 단체교섭사항이 아니라고 볼 수 있다.

조합원의 배치전환, 징계, 해고 등의 인사 기준(이유 내지 요건)이나 절차(예를 들면 조합과의 협의, 조합의 동의)는 근로조건 그 밖의 대우에 관한 사항으로,

---

35) 萩澤淸彦, 団体交涉, 20면 이하.
36) 石川, 148면; エス·ウント·エー事件 — 東京地判 平9. 10. 29, 労判 725호, 15면; 本四海峡バス事件 — 神戸地判 平13. 10. 1, 労判 820호, 41면.

의무적 단체교섭사항이 된다. 인사고과의 기준, 절차도 원칙적으로 의무적 단체교섭사항이다.[37] 연봉제, 업적상여, 직무등급제 등, 평가에 크게 의존하는 임금·인사제도에서의 평가의 기준 및 구조도, 의무적 단체교섭사항이라고 생각할 수 있다.[38]

조합원의 채용의 기준·절차나 특정조합원의 채용도 의무적 단체교섭사항에 포함된다고 생각된다(다만, 그러한 사항의 단체교섭에 대해서는 '사용자'성의 문제가 발생할 수 있다).

근로조건 그 밖의 대우의 기준은 단체협약에 규정된 경우에는 규범적 효력(노조 16조)이 발생한다.[13]

[13] 비조합원의 근로조건

일본의 단체교섭법제에서는 노동조합은 조합원의 근로조건, 그 밖의 대우에 대해서만 단체교섭권을 가지며, 비조합원의 근로조건에 대해서는 단체교섭권을 가지지 못한다. 따라서 해당 조합의 조합원이 아닌 관리직이나 비정규근로자 등의 근로조건은 그 자체로서는 단체교섭권의 범위 밖이다. 그러나 그러한 비조합원의 근로조건 문제가 조합원의 근로조건문제와 공통의 내지는 밀접하게 관련된 것인 경우, 또는 조합원의 근로조건에 중요한 영향을 미치는 경우에는 사용자는 비조합원의 근로조건문제에 대하여 조합원의 근로조건에 미치는 영향의 관점에서 단체교섭의무를 가질 수 있게 된다(西谷, 303면. 실제로도 상당히 많은 기업별 조합이 비조합원인 근로자의 임금에 대하여 단체교섭을 실시하여 단체협약을 체결하고 있다). 마찬가지로 아직 조합에 가입하고 있지 않은 신규채용자의 초임의 문제도 조합원의 근속에 따른 임금커브의 출발점(베이스)가 되는 것이기 때문에, 조합원의 임금문제와 밀접하게 관련되거나 내지는 이 문제에 중요한 영향을 미치는 것으로서, 원칙적으로 의무적 단체교섭에 해당되게 된다(根岸病院事件 — 東京高判 平19. 7. 31, 勞判 946호, 58면. 신규채용자의 초임 인하에 대하여 장래에 걸쳐 조합원의 근로조건에 영향을 미칠 가능성이 크고, 조합원의 근로조건과의 관련이 강한 사항으로서 단체교섭의무가 있다고 판단했다). 실제로도 많은 기업별 조합의 단체협약에서 초임에 관한 결정이 이루어지고 있다.

(나) **경영·생산에 관한 사항**　　새로운 기계도입, 설비의 갱신, 생산방법, 공장사무소 이전, 경영자·상급 관리자의 인사, 사업양도, 회사조직변경, 업무하청 등의 경영·생산에 관한 사항은 일반적으로 말해서 근로조건과 근로자의 고용 그 자치에 관계가 있는(영향이 있는) 경우에만 그러한 면에서 의무적 단체교섭사항이 된다.

예를 들어 직장 재편성(어떠한 제품을 어떠한 작업조직으로 생산할지라는 생산계획)의 문제는 근로자의 직종·작업장소 등에 관한 한 의무적 단체교섭사항이 된다.[39] 회사 빌딩 내의 엘리베이터 운행 및 청소 업무의 하청은 그 자체로는

---

37) 石川, 349면.
38) 日本アイ·ビー·エム事件 — 東京地判 平14. 2. 27, 勞判 830호, 66면 참조.

사용자가 일방적으로 결정할 수 있는 사항인데, 여기에 수반하는 종업원의 직장변경 등은 의무적 단체교섭사항이다.40)

근로조건, 그 밖의 대우에 관계없는 사항은 예를 들어 '군수품 수주중단'이나 '공해를 유발하는 제조공정 반대'와 같은 노동조합의 사회적 사명감에 근거한 요구라도 의무적 단체교섭사항은 아니다.41)

(다) 개별인사 · 개별적 권리주장　　　많은 국가에서는 단체교섭은 집단적 근로조건 기준의 형성에 관한 절차로, 개별 근로자에 대한 배치전환, 해고 등의 취급이나 근로자 개인의 노동관계상의 권리주장은 노사 사이에서 단체교섭과는 구별하여 설치된 고충처리절차에 의하여 처리하는 사항으로 간주되는 것이 통례이다. 일본에서도 현업공무원이나 국영 · 공영 기업의 직원에 대해서는 개별인사는 단체교섭의 범위에서 제외됨과 동시에 고충처리절차의 대상으로 간주되어 왔다(현재도 특노 8조, 12조, 지공노 7조, 13조).⑭ 그러나 민간기업에서는 노사 간에 고충처리절차가 존재하지 않든지, 존재하더라도 기능하고 있지 못한 경우가 많고, 다른 한편으로는 조합이 기업별 조직이기 때문에 개별인사, 개별권리문제도 단체교섭으로 처리되는 경우가 많다. 이러한 경우도 있고 해서 노동위원회 및 법원에서는 개별인사나 개별적 권리주장도 의무적 단체교섭사항이라는 해석이 확립되어 있다.42) 이렇게 일본에서는 고충처리적인 (내지는 개별노동분쟁처리적인) 단체교섭이 단체교섭의 하나의 기능이 되었다.⑮ 그리고 최근에는 해고 · 고용중지 등의 개별적 노동분쟁을 안고 직접 가입한 근로자를 위해 해당 분쟁을 단체교섭으로 해결하고자 하는 합동노조, 커뮤니티 유니온의 운동이 활발해졌다.

⑭ **노사간의 고충처리절차에 위임되어 있는 개별인사와 단체교섭의무**
　　구 공공기업체계의 민간기업에서는 인사나 징계의 기준은 단체교섭사항으로 하면서, 개별인사나 징계의 조치는 이 사항에서 제외하여 고충처리절차에 맡긴다는 구 공노법의 취급을 민영화가 된 후에도 답습하여 단체협약에서 그렇게 정하여 운영하고 있는 곳이 많다. 단체협약에 의한 개별인사 등의 그러한 취급은 해당 고충처리절차가 제도적으로도 운용상으로도 개별인사 등에 대하여 노사의 대표자에 의한 실질적 협의나 심의를 보장하는 것으로, 단체교섭을 대신하기에 충분한 절차로 인정받으면, 노사자치(협약자치)의 한 형태로서 존중되어야 하는 것으로 된다. 한편, 고충처리절차가 제도적으로 또는 운용상 실질적인 협의나 심리를 보장

---

　　39) 栃木化成事件 — 東京高判 昭34. 12. 23, 労民 10권 6호, 1056면.
　　40) 明治屋事件 — 名古屋地判 昭38. 5. 6, 労民 14권 5호, 1081면. 공장이전에 대해서는 エスエムシー事件 — 東京地判 平8. 3. 28, 労判 694호, 43면.
　　41) 반대: 西谷, 301면.
　　42) 예를 들면, 日本鋼管事件 — 東京高判 昭57. 10. 7, 労判 406호, 69면.

하는 것이라고 인정되지 않는 경우에는 이 절차에 만족하지 못한 근로자가 소속하는 조합은 해당 개별인사 등에 대하여 단체교섭에 따른 해결을 요구하는 것을 인정하지 않을 수 없다 (같은 취지, JR西日本事件 — 中労委 平23. 9. 7, 別冊中労時(重要命令判例) 1421호, 1면).

⑮ **빌령진의 배치전환에 관한 단체교섭**
　　배치전환은 근로자의 직무내용 내지 근무장소의 변경을 초래하는 조치로 근로조건사항이 지만, 그것이 의무적 단체교섭사항이 되는 것은 사전협의조항이 없는 한, 발령 후로 해석된다. 다만 기업재편성 등에 의하여 상당수의 배치전환이 예정되어 있는 경우에, 개개의 배치전환 그 자체가 아니라 배치전환의 기준(개인적 사정도 고려해야 한다 등)이나 절차(사정청취를 정중하게 등)에 대하여 단체교섭을 요구하는 경우에는 사용자는 이에 응해야 된다(NTT 西日本事件 — 東京高判 平22. 9. 28, 労判 1017호, 37면, 중노위의 같은 취지의 판단을 시인).

　　(라) **단체적 노사관계의 운영에 관한 사항**　　유니언 숍, 노동조합 활동에 관한 편의제공과 원칙, 단체교섭 절차와 원칙, 노사협의절차, 쟁의행위에 관한 절차와 원칙 등, 노동조합과 사용자(그 단체)간의 관계를 운영함에 있어 필요한 여러 사항도 의무적 단체교섭사항이다. 단체협약에 규정되는 경우에는 채무적 부분에 속하는 사항이다.⑯

⑯ **단체협약의 기정 사항**
　　단체협약의 기정(既定)사항에 대해서는 사용자는 원칙적으로 교섭의무를 지지 않는다. 즉 단체협약의 유효기간 중에 그 기간만료와 해약에 의한 종료를 기다리지 않고 협약기정사항을 개폐(改廢)하려고 하는 노동조합의 교섭 제의에 대해서는, 사용자는 사정변경에 의한 단체협약의 해약을 정당화시킬 수 있을 정도의 사유가 발생한 경우 등을 별도로 한다면 교섭의무를 지지 않는다(外尾, 379면 참조).
　　또한 기존의 협약규정을 전제로 한 후, 그 해석 적용에 관한 문제는 위와 같은 협약규정의 개폐요구와는 성질을 달리하며, 당해 단체협약상 별개의 절차(고충처리절차 등)에 위임되어 있지 않는 한 의무적 단체교섭사항이 된다. 또 단체협약의 유효기간 중이라도 차기협약의 교섭기간에 들어가면 사용자는 차기협약을 위한 교섭의무를 진다.

3. 단체교섭의 절차 및 양상

　　(1) **사용자의 단체교섭의무의 기본적 내용**

　　(가) **성실교섭의무**　　사용자의 단체교섭의무의 기본적인 내용으로서 사용자에게는 근로자의 대표자와 성실하게 교섭에 임할 의무가 있다.[43] 즉 사용자는 단순히 조합의 요구와 주장을 들을 뿐만 아니라, 그러한 요구와 주장에 대해 그 구체성과 추구 정도에 따른 회답과 주장을 하고, 필요에 따라서는 그에 대해 논거를 제시하거나 필요한 자료를 제시할 의무가 있다.[44] 사용자에게는 합

---

43) 기본문헌으로 道幸哲也, 労使関係法における誠実と厚生, 96면 이하.

의를 요구하는 조합의 노력에 대해서는 그러한 성실한 대응을 통하여 합의달성의 가능성을 모색할 의무가 있는 것이다.⒄ 그러나 한편 사용자에게는 노동조합의 요구 내지 주장을 수용하거나 그에 대해 양보할 의무는 없으므로 충분한 토의를 한 후 쌍방의 주장이 대립하여 의견의 일치를 보지 못한 채 교섭이 중단되는 것은 성실교섭의무 위반이 아니다.45)

이러한 성실교섭의무에 반한다고 여겨지는 전형적인 예로는 합의달성의 의사가 없음을 처음부터 명확하게 한 교섭태도(예를 들어 '당회사에서는 단체협약을 체결할 의사는 없다'고 처음부터 선언하는 교섭태도), 실제상 교섭권한이 없는 자에 의해 시늉만 내는 단체교섭(사용자측의 교섭담당자가 실제상 교섭권한을 가지지 못하고 단지 '수용한다', '사장에게 물어서 답변한다'고 할 뿐, 어떤 진전도 없는 경우), 거부회답과 일반론에만 그칠 뿐 의제 내용에 대해서는 실질적 검토에 들어가려고도 하지 않는 교섭태도,46) 합리성이 의심스러운 응답에 대해 충분한 설명도 하지 않은 채 고집하는 것47)(예를 들어 종래의 기준에서 너무 거리가 먼 내용의 회답을 하고, 더구나 그 논거에 관한 구체적 설명을 하지 않은 채 그 회답을 고집하는 경우), 조합의 요구·주장에 대한 회답·설명·자료제시 등의 구체적 대응의 부족48) 등이다. 사용자가 조합요구에 대한 응답에서 합리성이 인정되지 않은 전제조건을 붙여 이를 고집하는 것도 성실교섭의무 위반이 될 수 있다. 이 경우, 노동위원회는 그러한 조건을 붙이지 않거나 또는 그러한 조건 없이 교섭해야 한다고 명령하게 된다.49)

한편 성실교섭의무 위반이 되지 않는 전형적인 예로는 교섭결렬에 의한 교섭이 중단이다. 즉 노사쌍방이 당해 의제에 대해 각각 자기의 주장·제안·설명을 충분히 제시하여 그 이상 교섭을 반복해도 진전될(어느 쪽이 양보하거나 새로운 제안을 할) 전망이 없는 단계에 이른 경우에는 사용자는 교섭을 중단할 수

---

44) 자료 제시는 그 자체로서가 아니라 특정 의제의 심의에 필요한 한도에서 의무로 규정된다. 日本アイ・ビー・エム事件 — 東京地判 平14. 2. 27, 労判 830호, 66면 참조.

45) カール・ツアイス事件 — 東京地判 平元 9. 22, 労判 548호, 64면은 본서 초판 425면에서 표명한 위의 사견과 같이 성실교섭의무를 정의하고 있다. 그 외 シムラ事件 — 東京地判 平9. 3. 27, 労判 720호, 85면.

46) 내용 없는 단체교섭의 최근 사례로서 앞의 カール・ツアイス事件 및 オリエンタルモーター事件 — 東京高判 平2. 11. 21, 労判 583호, 27면.

47) 판례로서는 エス・ウント・エー事件 — 東京地判 平9. 10. 29, 労判 725호, 15면.

48) 판례로서 앞의 シムラ事件; 普連土学園事件 — 東京地判 平7. 3. 2, 労判 676호, 47면; 大和交通事件 — 奈良地判 平12. 11. 15, 労判 800호, 31면; 高崎紙業事件 — 東京地判 平18. 1. 30, 労経速 1933호, 66면.

49) 예를 들어 西岡貞事件 — 中労委 昭47. 9. 20, 命令集 47집, 455면.

있다.50) 단, 교섭결렬에 의한 교섭중단 후에도 교섭재개가 의의가 있다고 기대되는 사정의 변화가 생기면 사용자는 교섭재개에 응할 의무가 있다.⒅ 또한 노사주장의 대립 강도에서 일방 혹은 쌍방에 의해 교섭결렬이 선언될 때에는 교섭이 한계에 달한 경우와 달하지 않은 경우(예를 들어 딩사자의 교섭으로 결렬을 선언하는 경우)가 있을 것이다. 후자의 경우에는 사용자의 단체교섭의무는 존속될 수 있다.

미국에서는 달성된 합의를 상대방의 요구에 따라 서면(단체협약)으로 할 의무도 성실교섭의무의 한 내용으로서 명시하고 있다. 일본에서도 당해 노사관계와 교섭과정에서 특단의 사정이 없는 한 같은 귀결이 될 것이다.51)

⒄ **회견하여 협의할 의무**

성실교섭의무는 사용자가 노동조합의 대표자와 만나서 협의하는 과정에 부과되는 것으로 만나서 협의할 의무를 내포하고 있다(미국 전국노동관계법 8조(d) 참조). 문서의 교환과 전화 등에 의한 협의는 당사자의 합의에 근거한 것이 아닌 이상 성실교섭의무를 이행한 것이 되지 않는다(清和電器産業事件 — 東京地判 平2. 4. 11, 判時 1352호, 151면).

⒅ **시일의 경과와 교섭재개**

교섭이 중단된 후 1년 상당한 유예기간이 경과한 경우에는, 기간경과 그 자체가 당해 의제에 관한 교섭재개가 의의를 가지게 하는 경우가 생길 수 있다. 판례는 이러한 사리(事理)는 인정하면서도 교섭이 중단된 이래 회사관리자에 대해 반복되어 온 노동조합의 폭행과 신체구속을 중시하여 교섭재개의 의의를 부정한 사례가 있다(寿建築研究所事件 — 東京高判 昭52. 6. 29, 労民 28권 3호, 223면).

(나) 병존하는 소수파 조합에 대한 성실교섭의무   기업내에 복수조합이 병존하는 경우의 그러한 조합과의 단체교섭에 대해서는 1985년의 닛산자동차(日産自動車) 최고법원 판결52)이 복수조합 병존 하에 있어서는 각 조합은 각각 고유의 단체교섭권·단체협약체결권이 보장되고 있으므로 사용자는 어느 조합과도 성실하게 교섭을 하는 것을 의무화하고 있으며, 각 조합의 성격, 경향이나 종래의 운동노선의 여하에 따라서 차별적 취급을 하는 것은 허용되지 않는다고 판시하고 있다. 한편 이 판결은 병존하는 조합간의 조직인원에 큰 차이가 있는 경우, 각 조합의 사용자에 대한 교섭력에 대소의 차이가 발생하는 것은 당연하며, 사용자가 각 조합과의 단체교섭에서 그 교섭상대가 가지는 현실적 교섭력

---

50) 사례로서 池田電器事件 — 最二小判 平4. 2. 14, 労判 614호, 6면.

51) 합의된 협정서의 조인거부를 부당노동행위로 본 사례로서 大阪貨物事件 — 中労委 昭48. 3. 7, 命令集 49집, 231면. 또한 文祥堂事件 — 大阪地判 平2. 10. 26, 労旬 1262호, 2면 및 菅野和夫＝喜勢陽一, 「労働判例研究」, ジュリ 1007호, 165면 참조.

52) 日産自動車事件 — 最三小判 昭60. 4. 23, 民集39권 3호, 730면.

에 대응하여 그 태도를 결정하는 것은 시인하지 않으면 안 된다고 하였다. 따라서 사용자에게 있어 복수의 병존조합에 대하여 거의 동일시기에 동일한 내용의 근로조건에 대한 제시를 하고 각각에게 단체교섭을 한 결과, 종업원의 압도적 다수를 가진 조합 사이에는 일정 조건의 합의가 성립되기에 이르렀지만 소수파 조합과의 사이에서는 의견의 대립이 여전히 큰 경우에는, 다수파 조합과 합의한 근로조건으로 소수파 조합과도 타결하고자 하는 것은 자연스러운 경과로, 소수파 조합 간에 같은 조건으로의 타결을 요구하고 이를 양보의 한도로 하는 교섭태도를 취해도 비난해서는 안 된다고 판시했다. 일본의 복수조합 교섭 대표제 가운데에서의 사용자의 기본적 행동규범을 명확히 한 판례 취지이다.[19]

[19] **소수파 조합에 대한 성실교섭의무의 부연**

상기의 판례 취지는 복수조합과의 단체교섭을 지도하는 판례법리가 되었지만, 중노위는 병존하는 소수파 조합과의 단체교섭에서 사용자의 성실교섭의무에 대하여 동 법리를 부연하여 다음과 같은 구체적 행위규범을 부가하고 있다(西日本電気電話事件 — 中労委 平20. 9. 3, 別冊中労時 不当労働行為重要命令·判例 2008년 12월호 1면).

즉, ① 사용자는 병존하는 노동조합에 공통되는 근로조건 등의 문제에 대하여 일정한 제한을 내세워 단체교섭을 하고자 하는 경우에는 특단의 합리적인 이유가 없는 한, 각 노동조합에 대하여 거의 같은 시기에 같은 내용의 제안을 함과 동시에 거의 같은 시기에 병행하여 단체교섭을 할 필요가 있다.

② 사용자는 병존하는 조합과의 단체교섭의 전개에서 각각의 조합에 대하여 성실교섭의무를 다해야 하기 때문에, 소수파 조합과의 단체교섭에서도 자기의 주장에 대하여 상대방이 이해하고 납득하는 것을 목표로 하여 성의를 가지고 단체교섭에 임하는 것이 필요하다. 따라서 다수파 조합과의 단체조합의 결과를 중시하는 것은 허용된다고 해도, 다수파 조합과의 단체교섭에서의 취급에 비하여 제안의 시기·내용, 자료제시, 설명내용 등에서 합리적 이유가 없는 차이를 두어서는 안 된다.

③ 사용자가 다수파 조합과의 사이에서 설치하고 있는 경영협의회에서 설명·협의를 함으로써, 병존하는 조합간에 교섭상의 취급에 차이가 발생할 때에는 그러한 설명·협의 자체는 어디까지 다수파 조합과의 사이의 합의로 설치한 협의의 제도에 근거로 하는 것으로, 사용자는 그러한 제도를 설치하고 있지 않은 다른 조합에 대하여 동일한 대응을 해야 할 의무를 지지는 않는다. 그러나 경영협의회에서의 설명·협의 및 그 중에서의 자료제시가 병존조합의 각각과 병행하여 이루어지고 있는 단체교섭의 다수파 조합와의 교섭에서 사용자의 설명·협의의 기초로 되어 있는 경우에는 사용자는 경영협의회를 실시하고 있지 않은 다른 조합과의 동일 사항에 관한 단체교섭에서 해당 다른 조합으로부터 동일한 자료제시나 설명을 요구받았을 때에는 단체교섭에서의 실질적인 평등 취급을 확보하는 관점에서 필요한 한 동일한 자료제시나 설명을 할 필요가 있다.

이러한 행위규범은 상기 사건의 행정소송에서 거의 그대로 시인되고 있다(NTT西日本事件 — 東京高判 平22. 9. 28, 労判 1017호, 37면).

(다) 근로조건 변경시 사용자의 교섭신청의무의 유무   사용자는 근로조건을 변

경할 시에, 노동조합에 의한 단체교섭의 신청이 없더라도 이에 대하여 노동조합에 단체교섭을 요구하여 조합과 교섭을 다할 의무를 가지는가? 미국의 배타적 교섭대표제하에서는 사용자가 배타적 교섭대표자인 노동조합과 교섭을 하지 않고 근로조건을 일방적으로 변경하는 것은 당연히 성실교섭의무 위반이 된다. 이에 비해 일본에서는 노동조합이 교섭권을 취득하기 위한 엄격한 절차와 요건이 없으며 또한 조합의 교섭의무도 부과되지 않고 있으므로 사용자가 반드시 위와 같은 교섭요구의무를 진다고는 할 수 없다.[53] 그러나 당해 사항의 성질과 노사관계의 경위 등에 비추어 보면, 사용자가 노사관계의 신의칙상 조합에 교섭을 타진해야 할 경우도 많다고 생각할 수 있으며, 그러한 경우에는 타진 없이 근로조건을 변경한 것을 부당노동행위 구제절차에서 문책되는 경우도 있을 수 있다. 또 취업규칙의 불이익 변경이 근로계약을 규율하는 효력을 가지기 위해서는 변경의 합리성이 필요하다고 여겨지고 있으며, 변경에 대하여 노동조합과의 협의를 했는지의 여부도 그 합리성 유무의 판단요소가 되므로(노계 10조), 사용자는 근로조건 변경을 성취하기 위해서는 실제상 조합(특히 다수조합)의 동의를 요구하여 이와 교섭을 할 필요가 있다.

　(다) 쟁의행위 중의 단체교섭 의무　　　노동조합이 쟁의행위를 실시하고 있어도 그 때문에 사용자의 성실단체교섭의무가 경감 내지 면제되는 것은 아니다.[54] 쟁의행위는 단체교섭을 촉진하기 위한 것으로 교섭이 진행 중일 때는 성실교섭의 필요성이 존속한다.

　　(2) 단체교섭의 개시절차

　(가) 당사자·담당자·교섭사항의 명확화　　　단체교섭을 개시할 때에는 교섭의 당사자, 담당자(교섭위원) 및 교섭사항을 명확히 할 것이 최소한 필요하며, 노동조합은 통상 이것을 '단체교섭 요구서'에 명확히 한다. 사용자가 이러한 사항에 대해 이의가 있어 노사간의 대화로서 해결될 수 없는 경우에는 당사자는 알선과 부당노동행위 구제절차에 의해 해결을 도모할 수 있다.[20]

　[20] 조합원의 수 및 성명의 명확화
　　사용자가 조합원의 수와 성명을 거의 파악하면서도 조합원 명부를 제출하지 않았다는 것을 구실로 당해 노동조합과의 단체교섭을 거부하는 것은 부당노동행위(노조 7조 2호)가 된다(사례로서 池上通信機事件 — 中労委 昭49. 6. 19, 命令集 53집, 516면). 그러한 경우가 아니라

---

53) 山口, 143면. 반대: 西谷, 297면.
54) 반대설: 山口, 148면 이하.

면 노동조합은 조합원의 수, 성명 등을 단체교섭 수행에 필요한 이상 명확하게 할 것이 요구된다. 따라서 교섭의 의제, 진전상황, 사용자측의 파악상황 등에 의존하는 개별문제가 된다 (東大労研, 注釈労組法上, 422면 참조).

(나) 교섭의 일시·장소·시간의 설정　　단체교섭을 언제, 어디서, 어느 정도의 시간 동안 할 것인지도 양측이 결정할 필요가 있다. 이 협상도 양자의 합의가 이루어지지 않으면 노동쟁의의 알선이나 부당노동행위의 구제절차로 해결을 도모할 수 있다. 사용자가 교섭의 일시·장소·시간에 대한 조건을 제시하고 이를 고집할 경우, 부당노동행위 구제절차에서는 조건의 합리성을 중심으로 하여 사용자 태도의 타당성이 판단된다.[55]

(다) 예비 절충　　단체교섭을 개시함에 있어 (가), (나)의 사항에 대해서는 당해 노사관계에 있어서의 협정, 합의, 관행 등에 의해 사전 협의 없이 예비절충을 하기로 하는 경우를 상당히 볼 수 있다. 이러한 사전 협의 없는 예비절충 그 자체도 단체교섭의 개최에 필요한 한 단체교섭의 법적 보호(노조 7조 2호)를 받는 경우이다.

(라) 노사협의 절차의 전치　　노동조합과 사용자간의 관계에 따라서는 단체교섭을 개시하기 전에 이와는 별도로 노사협의절차를 거쳐야 하는 것을 협약으로 정하거나 또는 관행으로 되어 있는 경우가 있다. 이러한 경우에는 이러한 절차를 거쳐야만 비로소 사용자의 '단체교섭' 개시의무가 발생하게 된다.

(3) 단체교섭의 양상

단체교섭이란 대표자에 의한 통일적인 거래 내지는 원칙 형성을 위한 협상으로, 집단에 의한 교섭이나 공개적 추궁의 장이 아니다. 폭언이나 폭행, 협박, 감금 등은 단체교섭권과는 무관하다. 따라서 단체교섭이 사회적 상당성을 넘어 그러한 양상에 이르렀을 경우에는 사용자는 그 시점에서 단체교섭을 중단하는 것도 허용된다. 또 노동조합이 사용자측에 대해 폭력적 행동을 반복하고 장래 이루어지는 교섭의 장에서도 동일한 행동을 할 개연성이 높은 경우에는 사용자는 노동조합이 폭력적 행동을 하지 않는다는 약속을 하지 않는 한 교섭에 응하지 않을 수도 있다.[56] 그러나 한편으로는 단체교섭을 둘러싼 노동조합의 온당치 못한 언동과 지나친 항의행동 등이 노사관계에 있어 사용자의 불공정 행위

---

55) 예를 들어 商大自動車教習所事件 — 中労委 昭48. 12. 19, 命令集 52집, 382면; 同事件 — 東京高判 昭62. 9. 8, 労判 508호, 59면.

56) マイクロ精機事件 — 東京地判 昭58. 12. 22, 労判 424호, 44면.

와 관련하여 발생하고 있는 경우, 노동위원회는 부당노동행위 금지규정(노조 7
조 2호)의 해석·적용으로서 지나친 노동조합의 행동에 배려하면서 사용자에 대
해 단체교섭을 명하는 경우가 있을 수 있다.[57]

제 3 절 단체교섭거부의 구제

1. 노동위원회에 의한 구제

(1) 부당노동행위의 구제신청

사용자가 단체교섭을 정당한 이유 없이 거부하거나 단체교섭에 응하면서 성
실한 교섭을 하지 않는 경우, 노동조합이 가지는 첫 번째 구제수단은 노조법이
금지하는 단체교섭거부에 따른 부당노동행위(7조 2호)를 이유로 노동위원회에
구제신청(27조)을 하는 것이다. 노동위원회는 신청을 심사하여, 그것이 이유가
있다고 판정할 때에는 당해 사항에 관한 단체교섭에 응하라(혹은 성의를 가지고
응하라)는 명령과 사용자가 내세우는 당해 사유에 의하여 단체교섭을 거부해서
는 안 된다는 명령 등을 구체적 사안에 따라 발한다.

노동조합이 단체교섭거부에 대한 구제신청을 한 후 심사절차 중에 사용자가
단체교섭 거부의 태도를 바꾸어 교섭에 성실하게 응한 경우에는, 단체교섭명령
을 발해야 할 구제이익은 통상 없어지며 과거 단체교섭거부에 대해 어떤 구제
(문서게시·교부 등)를 할 것인가 만이 문제로 남는다.

(2) 알선 신청

노동조합은 노동위원회에 대해 단체교섭거부 분쟁을 노조법(勞調法)상의 '노
동쟁의'(6조)라고 하여 동법상의 알선 신청(12조)을 할 수 있다. 이러한 종류의
신청은 '단체교섭촉진 알선'신청으로서 분류된다.[21]

> [21] **단체교섭거부 분쟁의 조정 사건적 성격**
> 단체교섭거부 분쟁은 원활한 단체교섭 관계를 향후 어떻게 수립해야 하는가(혹은 수립하
> 지 말아야 하는가)를 중심 과제로 하는 것이며, 그런 의미에서 기본적 성격은 쟁의조정사건인
> 경우가 많다. 그래서 일본의 노동위원회가 부당노동행위 구제권한과 노동쟁의 조정권한을 동
> 시에 보유한다는 것은 단체교섭거부 분쟁의 처리에 있어 장점이 되고 있다. 또 그것이 부당

---

57) 石川, 351면; 外尾, 381면 이하를 참조.

노동행위 사건으로서 제기된 경우에도 당사자는 노동위원회의 조력을 얻어 합의에 의한 단체교섭관계 수립을 도모하는 경우가 많다. 단체교섭의무의 법리에 의한 구제명령은 이러한 합의에 의한 단체교섭 관계수립을 기대할 수 없는 경우에 그 수립을 도모하는 법적 강제수단이라고 할 수 있다.

2. 법원에 의한 구제

(1) 단체교섭을 요구할 수 있는 법적 지위의 확인청구

사용자에 의해 정당한 이유 없이 단체교섭을 거부당한 노동조합은 노동위원회에 이상과 같은 구제를 요구할 수 있으며, 그 외에 법원에 대해서도 직접 법적 구제를 요구할 수 있게 되었다. 그 주된 시도가 헌법 28조 내지 노조법의 관련규정(6조, 7조 2호)이 단체교섭 청구권이라는 사법상의 청구권을 부여하고 있다는 것을 전제로 한 '단체교섭에 응하라' 혹은 '단체교섭을 거부해서는 안 된다'는 가처분 명령('단체교섭 응낙가처분')의 신청으로 1960년대 중반 이후에 이를 인용하는 판례가 증가했다. 그러한 가처분 명령은 거의 '법정(法定)'에 의해 간이·신속하게 내려지거나 또는 그 강제집행방법으로서는 간접강제가 이용되어 노동위원회의 명령 이상의 효과적 구제방법으로서 실무에서 확고한 지위를 구축하고 있는 듯이 보였다. 그러나 1970년대 중반부터 단체교섭 청구권의 법적 근거의 불명확함 및 급여내용의 특정 곤란성을 이유로 이러한 신청을 기각하는 판례가 증가하여, 특히 1975년에는 부정설을 상세히 논한 도쿄 고등법원의 결정[58]이 나왔다.[59]

그 후의 학설은 사법상의 단체교섭 청구권에 대해서는 이를 부정하면서도, 노동조합이 사용자에 대해 단체교섭에 응할 것을 요구할 수 있는 법적 지위를 가지는 점을 인정하고, 따라서 노동조합은 이 지위의 확인청구를 할 수 있다고 주장하게 되었다.[60] 그리고 판례도 이 학설의 영향을 받아 노동조합 사용자에 대한 단체교섭을 요구하는 지위확인청구를 인용하기에 이르렀다.[61]_□

노조법은 헌법 28조의 요청에 근거하여 노조법의 요건(2조)에 적합한 노동조합이 사용자 혹은 사용자 단체에 대해 일정 범위의 사항(의무적 단체교섭사항)

---

58) 新聞之新聞社事件 ― 東京高決 昭50. 9. 25, 労民 26권 5호, 723면.
59) 상세한 것은 菅野, 「団体交渉拒否および支配介入と司法救済」, 新実務民訴講座 11권, 97면.
60) 山口, 151면[初版, 129면]; 菅野, 本書初版, 430면 이하.
61) 国鉄事件 ― 東京高判 昭62. 1. 27, 労判 505호, 92면; 同事件 ― 最三小判 平3. 4. 23, 労判 589호, 6면.

에 대해 단체교섭을 요구할 수 있는 기초적 법적 지위를 사법상 설정하고 있다
고 해석된다. 이것은 노동조합의 대표자 또는 그 위임을 받은 자는 사용자 혹
은 사용자 단체와 단체협약의 체결, 그 밖의 사항에 관하여 교섭할 권한을 가
진다는 규정(6조)을 중심으로 하여, 그 외에 노조법의 목적규정(1조 1항)과 단체
협약에 관한 여러 규정(14조, 16조)을 종합하여 긍정할 수 있다. 따라서 단체교
섭의 당사자 적격을 가지는 노동조합이 교섭의 상대방 당사자로서의 적격성을
가지는 사용자 또는 사용자 단체에 의해 단체교섭을 요구할 수 있는 지위 그
자체가 부정된 경우에는 당해 노동조합은 위의 사용자 또는 사용자 단체를 상
대로 그 지위의 확인청구(혹은 그 지위를 임시로 정하는 가처분신청)를 할 수 있다.
또 단체교섭을 요구할 수 있는 지위는 단체교섭사항의 내용에 의해 좌우되는
것이므로 특정 교섭사항에 대해 위의 지위가 부정된 노동조합은 당해 사항에
대한 그러한 지위 확인 내지 보전을 요구할 수 있다고 생각된다.62)

　이리하여 노동조합은 헌법 28조의 요청에 근거하여 노조법에 의해 설정된
단체교섭에 관한 기초적인 법적 지위에 의해 노동조합 및 사용자(사용자 단체)
의 단체교섭 당사자 적격 문제(조합불인정도 포함하여) 및 의무적 단체교섭사항
의 범위 문제에 대해 단체교섭을 요구할 수 있는 법적 지위의 확인 내지 보전
을 요구할 수 있다. 그러나 단체교섭에 관한 그 밖의 구체적 분쟁(단체교섭의 담
당자, 단체교섭의 개최조건, 단체교섭의 성실성 등)은 단체교섭의 기초적인 권리의무
관계(단체교섭을 요구할 수 있는 지위)의 틀 내에서 발생하는 상대적 유동적 분쟁
으로 전문적 절차인 쟁의조정절차와 부당노동행위 구제절차에 위임되어야 하는
것이다.63)

22 단체교섭청구권의 유무

　사용자에 대해 성실교섭이라는 구체적 행위를 청구하는 청구권(단체교섭 청구권)이 사법
상 인정되는가 하는 문제는 사용자에 대해 단체교섭을 요구할 수 있는 기초적인 지위가 사법
상 인정되는가 하는 문제와는 구별할 필요가 있다. 최근에도 학설·판례의 단체교섭 청구권
의 부정설에 반론하여 예비절충에서 단체교섭의 일시, 장소, 의제 등이 명확하게 결정되어 있

---

　62) 노동조합 하부조직이 조합원의 해고문제 등의 사항에 대하여 단체교섭을 요구할 수 있는
지위에 대해 확인청구를 인정한 최근의 판례로서 本四海峽事件 ― 神戶地判 平13. 10. 1, 勞判 820
호, 41면; 동 확인청구권을 피보전권리로 한 가처분신청을 인정한 판례로 本四海峽事件 ― 神戶地
判 平12. 3. 14, 勞判 781호, 31면. 프로야구선수회가 일본 프로페셔널 야구조직을 상대로 단체교
섭을 요구할 수 있는 법적 지위를 임의로 정한 가처분신청에 대해, 피보전권리를 긍정하면서 보전
의 필요성을 부정한 판례로 日本プロフェッショナル野球組織事件 ― 東京高決 平16. 9. 8, 勞判
879호 90면.

　63) 상세하게는 菅野, 「司法救済から見た労働組合法7条の一側面」, 国家学会百年記念, 国家と市
民 제3권, 97면 이하 참조.

음에도 교섭을 거부하는 경우도 있으므로 종래의 경과에서 단체교섭 응낙의무의 내용이 어느
정도 특정되어 있을 때에는 구체적 청구권을 인정해야 한다고 주장하는 학설도 유력하다(西
谷, 301면).

그러나 단체교섭을 요구하는 지위를 인정하는 설에서는 예비절충 후에라도 사용자가 교
섭에 들어가는 것을 거부하고 있다면 단체교섭을 요구하는 지위에 있다는 점을 임의로 정하
는 가처분을 제기할 수 있다. 그 이상으로 구체적 청구권에 근거하여 '성실하게 교섭하라'라
는 가처분을 요구하는 것은 '요구되는 급여내용이 근로자측의 태도와 그때그때의 구체적 상
황에 의해 좌우되는 상대적 유동적인 것으로 … 주관적 요소를 제거하는 것은 불가능하고'
간접강제 절차에 회부하는 것도 곤란하므로 인정하기 힘들다(阪神高速道路公団等事件 ― 大阪
地決 平7. 5. 26, 労判 678호, 35면). 요컨대 성실교섭의무란 개시된 단체교섭에서 의제에 대
한 당사자의 주장이 대립하고 있는 경우에 사용자의 태도가 그 시점에서 상대적으로 보아 불
합리한지 아닌지 하는 미묘한 문제로 사법상 권리의무라고 하기 힘들다. 마찬가지로 단체교
섭의 개시조건(일시, 장소, 시간, 인원수 등)에 관한 주장의 대립도 그 시기의 구체적 상황에
따른 쌍방의 절충 하에 정해지는 상대적·유동적 분쟁이다. 이러한 대립은 노사관계 전문기
관인 노동위원회가 알선적 방법에 의해 해결을 도모하고, 이를 완수할 수 없는 경우에 사용
자측의 태도의 상대적 합리성을 판정하여 불합리하다면 사안의 내용에 입각한 유연한 구제조
치를 명령해야 하는 성질의 분쟁이다.

(2) 손해배상청구

헌법 28조의 단체교섭권 보장은 노사간에 근로자의 단체교섭권을 존중해야
하는 '공서(公序)'를 설정하고 있으며, 또 사용자에 의한 단체교섭거부금지를 포
함한 부당노동행위금지규정(노조 7조)도, 노사관계의 기본적인 법적 원칙으로서
그 위반 행위에 불법행위의 위법성을 띠게 한다. 따라서 사용자에 의한 부당한
단체교섭거부는 불법행위(민 709조)의 위법성을 띤다. 이 점은 학설상 오래 전
부터 주장되어 온 것인데,[64] 앞의 도쿄 고등법원 판례[65]도 이 사리를 판시하여
이후 실제적으로 손해배상을 명하는 판례가 증가하고 있다.[66]

이렇게 사용자에 의한 단체교섭의 부당한 거부가 불법행위의 위법성을 갖추
는 전형적 경우는 ① 단체교섭 그 자체의 거부(조합을 부인하는 단체교섭거부),
② 정당한 이유가 되지 않는 이유를 제시한 단체교섭거부(구실을 갖춘 단체교섭
거부), ③ 형식적인 단체교섭(성실성이 전혀 인정될 수 없는 교섭)의 각 경우이다.
그리고 위법성의 요건에 덧붙여서 고의, 과실 요건이 문제가 되는데, 여기에서
는 예를 들어 교섭거부의 정당한 이유가 있거나 또는 성실한(충분한) 교섭을 하
고 있다면 사용자가 믿은 것이 제반 상황에서 부득이하다고 인정되어 과실(위
법성의 인식가능성) 존재가 부정되는 경우도 생길 수 있다. 또한 손해발생 요건

法学協会, 註解日本国憲法上, 538면; 石井照久, 労働法総論[補正版], 318면; 石川, 15면.
新聞之新聞社事件 ― 東京高決 昭50. 9. 25, 労民 26권 5호, 723면.
山川隆一, 「不当労働行為と不法行為」 日本労働協会雑誌 341호, 21면 이하 참조.

에 있어서 무형손해의 발생은 전형적으로는 위의 각 경우(①~③)에서 고의의 존재가 인정되는 경우에 인정해야 하는 것이다.[67]

손해배상청구는 향후 원활한 단체교섭관계를 수립하기 위한 절차가 아니라, 과거의 위법행위에 대한 보상조치로서, 이는 어디까지나 부차적인 구제조치로서 해석하여야 할 것이다.

---

67) 최근 인용된 사례로서 佐川急便事件 ― 大阪地判 平10. 3. 9, 労判 742호, 86면; 神谷商事事件 ― 東京高判 平15. 10. 29, 労判 865호, 34면; スカイマーク事件 ― 東京地判 平19. 3. 16, 労判 945호 76면; 名古屋自動車学校事件 ― 名古屋地判 平24. 1. 25, 労判 1047호, 50면.

제 **3** 장

단체협약

제 1 절 총설 — 단체협약의 법적 취급

1. 단체협약의 의의·기능·법적 취급

(1) 단체협약의 의의

'단체협약'은 일본의 실정법상의 개념으로서는 그 성립요건에 관한 노조법의 규정(14조)에 근거하여 '노동조합과 사용자 또는 그 단체와의 사이의 근로조건, 그 외에 관한 협정으로 서면으로 작성되어 양 당사자가 서명 또는 기명날인한 것'으로 정의할 수 있다. 단체협약의 체결이 이렇게 요식행위로 간주되고 있는 것은 노사교섭은 다양한 단계·형태를 취하여 행해지는 한편, 그 결과의 합의에는 특별한 효력이 부여되므로 그러한 성립·내용을 명확하게 할 필요가 있기 때문이다.

단체협약은 연혁적으로나 통상적으로나 단체교섭의 결과 체결된 협정인데, 노조법은 단체협약으로 인정되기 위한 절차를 각별히 한정하지 않는다. 따라서 '노사협의'와 알선·화해 등의 절차로 체결되는 협정도 앞의 정의를 충족하는 한 단체협약이라고 인정할 수 있다.

일본에서는 노동조합의 주요한 형태가 기업별 조합이고, 단체교섭과 노사협의도 주로 각 기업에서 이루어지므로 단체협약도 개개의 사용자와 기업별 조합 간의 기업별 협약으로서 체결되는 것이 통상이다.[1] 이러한 협약에는 근로조건

---

1) '平成23年 勞働協約等實態調査(2011년 단체협약 등 실태조사)'에서는 노동조합의 91.4%가 단체협약을 맺고 있다. 체결주체로서는 당해 노동조합의 체결협약만이 71.4%, 상부조직의 체결협

과 노사관계의 원칙을 체계적 포괄적으로 설정한 것과 임금인상, 일시금, 시간
단축, 퇴직금, 노동조합을 위한 편의제공, 교섭 원칙·절차 등등의 특정사항에
관한 개별적 협정으로서 체결되는 경우도 많다.2)

(2) 단체협약의 기능

일본에서 지배적인 기업별 협약을 중심으로 단체협약의 기능을 살펴보면 단
체협약에는 첫째, 근로조건, 그 밖의 근로자의 대우 기준을 설정하여 이것을 일
정기간 보장하는 기능(근로조건규정기능)이 있다. 둘째, 노동조합과 사용자간의
관계에 관한 원칙을 설정하는 기능(노사관계통치기능)이 있다. 셋째, 사용자의 경
영상의 권한에 대한 노동조합의 관여(노사협의제, 인사에 대한 사전협의·동의제
등)를 제도화하는 기능(경영규정적 기능)이 인정된다. 직업별 또는 산업별 단체협
약의 경우에는 노동시장에서의 노동력 가격의 수준을 설정함으로써 사용자에
의한 임금 인하 경쟁을 배제하는 기능(카르텔(kartell)적 기능)이 인정된다.3)

(3) 단체협약의 법적 취급의 유형

한 나라의 법이 단체협약을 어떻게 취급하는가에 대해서는 다음과 같은 세
가지 타입으로 대별할 수 있다.

첫째, 단체협약의 준수가 당사자의 성의에 위임된 '신사(紳士)협정'으로서 취
급되는 주의이다. 즉 여기에서는 단체협약의 운영이 완전히 노사자치에 위임되
며 법은 이에 대해 일절 관여를 하지 않는다. 영국에서는 1871년 노동조합법의
제정 이래 임의주의(voluntarism)의 일환으로서 법률정책이 채택되어 왔다. 현재
도 단체협약은 양 당사자가 특히 법적 효력을 부여하는 것에 합의하고 이를 협약
에 명기하지 않는 한, 신사협정으로서 취급된다(1974·76년 노동조합·노동관계법).

둘째, 단체협약을 협약 당사자간의 계약으로 파악하고, 거기에 계약으로서의
한도에서 법적 효력을 인정하는 주의이다. 여기에서는 단체협약은 협약 당사자
(사용자 또는 그 단체와 노동조합)간의 채권채무관계를 설정하는 효력을 가지는데,
사용자와 개개의 근로자간의 근로계약을 규율하는 법적 효력까지는 가지지는
않는다.

셋째, 협약 당사자를 규율하는 계약으로서의 효력을 부여할 뿐만 아니라, 개

약만이 23.0%, 당해 노동조합과 상부조직 양측의 체결협약이 있는 경우는 5.0%이다.
  2) 앞의 조사에서는 단체협약을 체결하고 있는 노동조합의 65.5%가 포괄협약을 맺고 있다.
  3) 東大勞硏, 注釈勞組法下, 669면. 이하의 기술은 위 책에 힘입은 바가 크다.

개의 근로계약을 직접 규율하는 효력을 부여하는 주의이다. 독일의 협약법제는
이에 해당한다. 여기에서는 당초의 단체협약은 당사자간의 계약으로 여겨, 협약
상의 근로조건의 실현은 단결을 배경으로 한 힘의 행사에 의할 수밖에 없다고
생각되었다. 그리고 이러한 법적 상태를 개선하기 위한 법이론으로서 당사자의
협약실행의무(Durchführungspflicht)의 이론(협약 당사자인 사용자 단체는 구성원인
사용자에게 협약상의 임금·근로조건을 실현하게 할 의무가 있다는 이론) 등이 주장되
었다. 그러나 1918년 단체협약법(현행법은 1949년 단체협약법＝ Tarifvertragsgesetz)
은 단체협약에 대해 개개의 근로계약을 직접 규율하는 효력을 부여하고 또한
일정한 요건이 구비되면 행정기관이 협약을 당해 노사단체의 구성원 이외의 자
에게도 구속력이 있는 것으로서 선언할 수 있게 되었다. 이러한 '규범적 효력'
과 '일반적 구속력' 및 그때까지 이미 발달한 '평화의무'의 관념이 독일형 단체
협약 법제의 세 기둥이다. 독일 노동법학은 이러한 효력을 가진 단체협약에 높
은 법적 가치를 부여하여 그것을 노사관계질서가 필요로 하는 정밀하고 치밀한
체계적인 이론을 만들어냈다. 일본의 협약법제·이론은 이 독일형 협약법제 및
이론의 강한 영향을 받았다.

2. 단체협약의 법적 성질

일본에서는 단체협약에는 단순한 계약 이상의 효력이 인정되고 있으므로 그
법적 성질을 어떻게 해석할 것인가 하는 문제가 발생한다. 이것은 동시에 단체
협약의 규범적 효력을 어떻게 설명하는가 하는 문제이기도 하다.[4]

(1) 법규범설

이 문제에 대해서는 먼저 단체협약의 법적 성질을 법률과 동일한 '법규범'으
로 해석하는 학설이 주장되었다. 이것은 일정 지역의 직업·산업의 근로조건
기준을 기업횡단적으로 설정하는 직업별·산업별 조합과 사용자단체간의 단체
협약에 관한 독일의 법이론에서 나왔다. 일본에서는 단체협약에 그러한 실태가
없으므로, 단체협약이 가지는 노사의 합의에 의한 자주적 규범으로서의 의의를
높게 평가하고 여기에 높은 법적 지위와 효력을 부여하는 법이론으로서 주장되
었다. 이 학설도 사인으로서의 노사가 내리는 결정이 왜 법규범이 될 수 있는

---

4) 문헌으로서 諏訪康雄, 「労働協約の規範的効力」, 労働法の争点[新版], 92면; 西谷, 326면 이하.

가의 설명에서 단체협약을 사회에서의 자주적인 법으로서 관습법으로 취급해야
하는 것으로 보는 '사회자주법설'[5]과 일본의 사회 및 법질서에서는 단체협약을
국가법상의 법규범으로서 승인해야 하는 의미의 규범의식(법적 확신)이 존재하
고 있다고 주장하는 '법적 확신설',[6] 현행 노사관계법하에서는 노사가 자주적인
협정에 의해 스스로의 관계를 규율하는 법규범을 설정할 수 있다는 백지 관습
법이 성립하고 있다는 '백지 관습법설'[7] 등이 있다. 이러한 법규범설에서는 규
범적 효력(16조)은 노조법에 의해 특별히 창설된 효력이 아니라 당연히 인정되
는 효력이며, 동법은 그것을 주의 깊게 확인하고 있는 데 지나지 않게 된다.[8]

(2) 계 약 설

이에 대해 계약설은 단체협약은 법률적으로는 노동조합과 사용자(또는 그 단
체) 간의 계약이며, 단 노조법은 근로자 보호와 노사관계의 안정을 위해 특히
개개의 근로계약도 직접 규율하는 법적 효력(규범적 효력)을 부여하였다고 주장
한다. 즉 이 설은 규범적 효력을 법이 정책적 입장에서 부여한 것이라고 주장
하므로 '수권설'(노조법이 협약 당사자에게 법규범 설정 권한을 수권(授權)했다는 의
미)이라고도 불린다. 그리고 그 이유로서 일본에 지배적인 기업별 협약은 산업
별 협약과는 달리 객관적(보편적) 규범으로서의 성격이 부족하다는 점을 강조한
다.[9]

단체협약의 법적 성질론은 단체협약을 둘러싼 해석상의 여러 문제(규범적 효
력의 성질, 동효력이 발생하는 범위, 유리성 원칙의 유무, 채무적 효력의 유무·내용,
평화의무의 효력, 여후효(余後效)의 유무 등)를 고찰하기 위한 출발점으로서의 의의
를 가지는데, 이 출발점으로서는 계약설(수권설)이 법률론으로서 무리가 없고
또한 일본의 기업별 협약의 실태에 합치하고 있다. 게다가 단체협약은 체결 당
사자의 의사(의도)에 의해 그 성립 유무와 해석이 좌우될 수 있는 것으로, 이
점에서도 계약적 성질을 긍정하지 않을 수 없다. 이리하여 단체협약은 원래는
협약 당사자간의 계약이긴 하나 그 중요한 기능에 비추어볼 때 현행 노조법에
의해 개별적 노동관계를 직접 규율하는 특별한 효력(규범적 효력, 일반적 구속력)

---

5) 末弘嚴太郎, 労働法研究, 339면. '관습법'이란 구 법례 2조(현재는 법의적용에관한통칙법 3
  조)에 규정된 개념이다.
6) 沼田稻次郎, 労働協約の締結と運用, 163면.
7) 石井, 427면.
8) 최근에도 盛, 325면은 규범적 효력은 헌법 28조의 효력을 확인한 것으로 해석한다.
9) 久保敬治=浜田富士郎, 労働法, 180면 이하.

이 부여된 것이라고 해석하는 것이 옳다.[10]

제 2 절 단체협약의 성립요건

단체협약의 성립요건은 노조법에 규정되어 있으므로(14조) 이에 대해 알아본다.

1. 당 사 자

단체협약의 당사자가 될 수 있는 것은 '노동조합과 사용자 또는 그 단체'이다.

(1) '노동조합'

문제가 되는 것은 다음과 같다.

(가) **자주성을 결한 노동조합**   '노동조합'의 정의규정(2조)에 있어서 사용자의 이익대표자가 가입하는 노동조합 또는 사용자로부터 경비원조를 받는 노동조합은 노조법상의 노동조합이 아니라는 규정(2조 단서 1호, 2호)에 대해서는 그러한 규정에 합치하지 않는 자주성불비조합이라고 해도 실질적으로 노동조합으로서의 자주성이 확보되어 있으면(즉 2조 본문이 충족되어 있으면) '노동조합'으로서 취급되어야 한다는 설이 유력하다. 이 설에 의하면 이러한 노동조합도 단체협약의 성립요건(14조)에 있어서 '노동조합'으로서 취급되어야 하는(협약체결 자격이 있다) 것이 된다.[11] 그러나 노조법은 사용자의 이익대표자의 가입불가 및 경비원조의 수리불허라는 특별한 요건을 노동조합에 대해 설정했다고 해석하지 않을 수 없으므로, 그러한 요건을 충족시키지 못하는 자주성불비조합에게는 단체협약의 체결자격은 없다고 하지 않을 수 없다.[12] 또한 단체협약의 체결자격을 인정받기 위해서는 노동조합의 자격심사에 있어서 필요한 조합규약에 관한 요건(5조 2항)을 충족할 필요는 없다.

(나) **상부단체**   단위 노동조합의 상부단체인 연합체가 단체교섭의 당사자가 된 경우에는 단체협약을 체결할 수 있다.

---

10) 같은 취지: 石川, 171면; 東大労硏, 注釈労組法下, 793면. 山口, 174면은 '규범 설정 계약'이라고 해석하고, 渡辺, 上, 271면은 이 학설에 찬성한다.

11) 최근에는 西谷, 334면; 盛, 327면.

12) 같은 취지: 石川, 31면.

(다) 지부·분회   단위조합 내의 하부조직인 지부·분회가 단체협약을 체결할 수 있기 위한 요건으로는 첫째, 협약상의 권리의무의 주체가 될 수 있기 위한 사단적 조직(의사결정·업무집행기관, 임원, 회비)을 정비하고 있을 것, 둘째 당해 단위조합 내에서 당해 사항에 대해 독자적 단체교섭권을 기지고 있을 것이다.

(라) 직장협정   위와 같은 사단적 조직을 가지지 못한 직장집단이 직장교섭에 의해 협정을 체결한 경우에는, 직장집단 자신은 단체협약의 당사자는 될 수 없으므로 그 협정의 효력을 발휘하기 위한 방법으로는 두 가지가 있다. 그 하나는 그 협정이 노동조합을 당사자로서 체결된 것으로 구성하는 방법으로, 이를 위해서는 직장교섭을 한 직장위원이 노동조합에서 협약체결의 대표권한을 명시적 또는 묵시적으로 부여받고 있다고 해석이 가능한 것(그리고 해당 조합의 협약으로서의 요식을 갖추고 있는 것)을 필요로 한다. 또 다른 하나는 직장위원이 직장 근로자 개개인으로부터 대리권을 받아 그들의 근로계약을 일괄하여 체결했다고 구성하는 방법이다. 이 경우에는 단체협약으로서의 효력이 아니라 근로계약으로서의 효력만이 발생한다.

(마) 쟁의단   미조직 근로자가 일시적으로 단결하여 사단적 조직을 정비하지 않은 채 단체교섭을 하여 협정을 체결한 경우, 이 협정은 단체협약으로 인정할 수 없다. 1945년에 제정된 구 노조법에서는 이러한 협정도 노동위원회의 관여 하에 체결된 것이라면 단체협약으로서 취급하는 취지를 규정하고 있었지만, 1949년 개정 시에 이를 삭제하였다. 이 협정도 직장협정의 경우와 같이 개개의 근로자를 대리한 근로계약의 일괄체결로 구성하여 법적 효력을 인정할 수밖에 없다.

(2) '사용자 또는 그 단체'

단체협약의 사용자측의 당사자는 '사용자 또는 그 단체'이다. 이 중 '사용자'란 개인기업이라면 그 기업주 개인, 법인 내지 회사기업이라면 그 법인 내지 회사이다. 단체협약의 당사자가 될 수 있는 사용자단체는 구성원인 사용자를 위해 통일적인 단체교섭을 하여 단체협약을 체결할 수 있는 것이 규약(정관)이나 관행상 당연히 예정되어 그 체결을 위한 의사 통일과 통제를 할 수 있는 체제에 있는 단체라는 점을 요한다.[13] 단 일본에서는 이러한 체제를 정비한 단체

---

13) 판례로서는 大阪地区生コンクリート協同組合事件 ― 大阪地判 平元 10. 30, 労民 40권 4=5

의 수가 적으므로, 실제상 보다 많이 발생할 수 있는 것은 관련 체제를 정비하지 못한 사용자단체가 일시적으로 구성원으로부터 단체교섭과 협약체결을 위임받아 단체협약을 체결하는 경우이다. 그러한 위임은 교섭의 담당자로서의 권한위임이므로 그에 따른 협약체결의 경우에는 단체협약의 당사자는 사용자 단체가 아닌 개개의 사용자가 된다(그리고 단체교섭 권한과 협약체결 권한은 법적으로는 사용자 단체의 임원에게 위임한 것으로 된다).

2. 내   용

노조법은 단체협약의 내용을 '근로조건, 그 외'라고 표현하고 있다(14조). 여기에 해당하는 것으로서는 먼저 ① 근로조건, 그 외의 근로자의 대우 등 개별적 노동관계에 대한 여러 규정을 생각할 수 있으며, 다른 한편으로는 ② 노동조합과 사용자(또는 그 단체) 간의 단체적 노사관계에 관한 모든 원칙을 생각할 수 있다(조합원의 범위, 조합활동에 대한 편의제공과 원칙, 단체교섭절차, 노사협의제, 고충처리절차, 쟁의행위의 절차와 제한 등).[14] 요컨대 단체협약 내용은 단체협약의 성립요건(14조)과 노조법의 목적(1조 1항)을 함께 읽으면, 개별적 노동관계 또는 단체적 노사관계에 관련되어 있다는 점을 필요로 한다고 해석된다. 따라서 예를 들어 정치문제와 일반 경제문제에 관한 약속은 단체협약은 아니다. 문제는 생산과 경영에 관한 결정(예를 들어 '공장이전을 3년간은 하지 않는다', '새로운 기계의 도입을 취소한다', '○○업무를 하청주지 않는다' 등의 협정)인데, 이것은 근로조건과 관련된 것으로 단체협약으로서 인정해도 된다고 생각된다. 단 그 효력은 이른바 채무적 효력에 그친다.

3. 요   식

단체협약은 서면으로 작성되어 서명 또는 기명날인되어야 한다(14조). 앞에서 언급한 것과 같이 단체협약에는 특별 효력이 부여되므로 그 성립, 당사자, 내용을 가능한 명확하게 하려는 취지이다.[15]

호, 585면.

14) '平成23年労働協約等実態調査(2011년 노동협약 등 실태조사)'에서는 기업별 협약이 많은 일본의 단체협약에서는 ①의 근로조건 규정과 같은 정도의 다수 사항에 대하여, 같은 정도의 높은 비율로 ②의 단체적 노사관계 원칙이 정해져 있다.

(1) 서면작성

서면의 표제(명칭)와 형식은 불문한다. 즉 '단체협약'이라고 제목을 붙일 필요는 없으며 '임금협정', '단체교섭 의사확인서', '각서' 등이라도 단체협약이 될 수 있다.16) 표제를 붙이지 않는 것이라도 상관없다. 이에 비해 구두에 의힌 힙의나 서명 또는 기명날인이 결여된 서면에 의한 합의는 합의내용이 명확해도 단체협약으로 될 수 없다.17) 단 사용자가 합리적인 이유 없이 합의내용의 서면화를 거부하는 경우에는 부당노동행위의 문제가 발생한다.

문제는 교환문서(사용자의 회답서와 노동조합의 수락서 등)와 질의응답서와 같이 노사의 합의내용이 동일 서면 중에 기재되지 않고, 두 개의 문서를 조회해서야 비로소 확인이 가능한 경우이다. 학설·판례는 견해가 나누어져 있는데,18) 노조법(14조)이 단체협약으로서 예정하는 서면이라고는 할 수 없다고 생각되어 원칙적으로 부정적으로 해석해야 한다.19)

(2) 서명 또는 기명날인

서명 또는 기명날인에 의해 표기해야 하는 것은 정식으로는 당해 협약 양 당사자의 명칭과 雙方의 협약체결 권한ᅟ을 가지는 자의 명칭이다(예를 들어 '갑'주식회사 대표이사 A, '을'노동조합위원장 B). 단 당사자의 명칭만이 표기되어 있어도(위의 예에서는 '갑'주식회사, '을'노동조합), 성립요건(14조)의 문언상 지장이 없다. 또 협약체결권자의 명칭(위의 예에서는 A, B)밖에 기재되어 있지 않은 경우에도 협약 당사자가 누구인지가 명확하고, 그 자가 협약 당사자를 위해 서명 또는 기명날인한 것이 명확하다면(예를 들어 협약 전문에서 당사자가 명기되어 있는 경우), 그 요건을 충족하고 있다고 생각할 수 있다.

---

15) 판례는 요식성이 부과되어 있는 것은 ① 단체협약이 이해대립자간의 복수의 교섭 프로세스 중에서 복수의 교섭사항이 서로 얽혀서 양도나 획득이 이루어진 것이므로, 합의의 존재나 내용에 대하여 불명확함이나 다툼이 발생하기 쉬운 경우, ② 그럼에도 불구하고 통상의 계약에는 없는 특별한 효력(노조 16조)이 부여되어 노사관계를 안정화시키는 기능을 기대할 수 있게 되는 것에 따른다, 고 판시한다(都南自動車教習所事件 ― 最三小判 平13. 3. 13, 民集 55권 2호, 395면).

16) 정년연장기간의 임금비율에 관한 '확인서'가 임금비율에 관한 노사간의 합의성립을 나타낸 것이 아니라고 한 판례로 一橋出版事件 ― 東京地判 平15. 4. 21, 労判 850호, 38면.

17) 앞의 각주 都南自動車教習所事件은 기본급 인상에 관하여 노사합의가 성립되어 있었다고 해도, 이와 관련한 교섭사항에 관해 노동조합이 반대했기 때문에 합의가 서면화되지 않은 경우에 대해 협약 성립을 부정한 사례. 그 외 安田生命保険事件 ― 東京地判 平4. 5. 29, 労判 615호, 31면.

18) 幸地成憲,「成立·期間」, 現代講座(6), 81면 참조. 같은 논문 및 西谷, 341면은 긍정설을 취한다.

19) 山口, 171면; 松村雅司,「労働協約の成立」, 労働訴訟法, 274면. 부정한 판례로는 医療法人南労会事件 ― 大阪地判 平9. 5. 26, 労判 720호, 74면이 있다.

또한 법 소정의 요식을 갖추고 있지 않기 때문에 규범적 효력이 부정된 노사합의에서 어떠한 법적 효력(노사간 계약으로서의 효력, 이것이 개별 근로계약의 내용에 포함되는지 등)이 발생하는지의 여부는 합의의 내용, 성립상황 등의 개별사안에 따라 계약법리에 비추어 판단해야 한다.[20)

---

① 협약체결 권한

단체협약이 유효하게 성립되기 위해서는, 당사자 쌍방에서 협약체결 권한을 가지는 자에 의해 체결되었다는 점이 필요하다. 즉 사용자측에 있어서는 체결자가 기업조직 내에서 당해 사항에 대해 처분권한을 가지고 있거나 혹은 특별 수권을 가지고 있다는 점이 필요하다(권한이 없다고 한 사례로서는 国鉄池袋電車区事件 ― 東京地判 昭63. 2. 24, 労判 512호, 22면; 香川県農協事件 ― 高松地判 平13. 9. 25, 労判 823호, 56면; 中根製作所事件 ― 東京高判 平12. 7. 26, 労判 789호, 6면). 노동조합 측에서는 규약, 그 밖의 사항에 의해 교섭과정에서 필요한 협약체결 권한의 수권절차(조합대회의 결의 등)를 거친 점이 포인트가 된다(大阪白急タクシー事件 ― 大阪地判 昭56. 2. 16, 労判 360호, 56면).

제3절 단체협약의 효력

1. 단체협약의 효력 체계

단체협약은 원래 협약 당사자간의 규약인데, 그 중요한 기능에 비추어 보면 노조법에 의해 '근로조건, 그 외의 근로자 대우에 관한 기준'에 대해 규범적 효력(16조)이 부여되고 있다. 이 규범적 효력을 특히 부여받고 있는 협약부분은 '규범적 부분'으로 칭한다. 한편 규범적 효력의 입법화 후에도 단체협약은 전반에 걸쳐 계약으로서의 성격을 보유하고 있으므로, 전반에 걸쳐 계약으로서의 효력이 인정된다. 더구나 이 계약으로서의 효력은 단체협약은 노조법에 있어서 특별한 취급을 받고 있는 것과 단체협약의 계약으로서의 특수성에서 통상의 계약론에서는 다룰 수 없는 특별한 효력이 되므로 '채무적 효력'으로 불리고 있다. 채무적 효력이 발생하는 것은 협약의 전체(모든 부분)인데, 규범적 효력이 발생하지 않고 채무적 효력밖에 발생하지 않는 단체협약 부분을 특히 '채무적

---

20) 일시금 교섭에 대해 개별 근로계약상의 합의를 인정한 판례로서 秋保温泉タクシー事件 ― 仙台地判 平15. 6. 19, 労判 854호, 19면; 직무등급제에서 강급기준에 관한 구두로 맺은 노사합의에 대해 어떠한 법적 효력도 가지지 않는다고 한 판례로 エフ・エフ・シー事件 ― 東京地判 平16. 9. 1, 労判 882호, 59면. 또 ノース・ウエスト航空事件 ― 千葉地判 平14. 11. 19, 労判 841호, 15면은 회사가 전제조건으로 고집하고 있는 일시금 협정을 체결하지 않는 것은 신의칙상 허용되지 않는 것으로 협정성립과 동일시하고 있으나, 이론적으로 의문이 있다.

부분'으로 부른다.

이렇게 단체협약에는 규범적 효력(16조)과 특수 계약적인 채무적 효력이 있어, 전자는 규범적 효력밖에 생기지 않으나, 후자는 채무적 효력뿐만 아니라 규범적 효력도 생긴다.[21]

2. 규범적 효력

(1) 규범적 효력의 내용

단체협약 중 '근로조건, 그 외의 근로자의 대우에 관한 기준'에 위반하는 근로계약 부분은 무효로 되며, 무효가 된 부분은 단체협약상의 기준이 정하는 바에 의한다. 근로계약에 규정이 없는 부분에 대해서도 동일하다(16조). 이렇게 단체협약 중의 '근로조건, 그 외의 근로자의 대우에 관한 기준'은 개개의 근로계약을 직접 규율하는 효력을 가지고 있는데, 이것을 '규범적 효력'이라 한다.[22]②③ 보다 엄밀하게 말하면, 이에 위반하는 근로계약 부분을 무효로 하는 강행적 효력과 근로계약의 내용을 직접 규율하는 직률적 효력으로 이루어져 있다.

첫 번째 이론적 문제는 이 직률적 효력이 근로계약을 외부에서 규율하는 효력인가('외부규율설'), 아니면 근로계약 속에 포함되어 그 내용으로 되어버린 효력인가('화체(化體)설' 내지 '내용설')이며, 협약체결 조합으로부터의 이탈자와 협약종료 후의 조합원의 근로계약의 내용이 어떻게 되는지와 관련하여 논의된다.[23] 규범적 효력은 계약의 일종인 단체협약의 일정 부분에 노조법이 특히 부여한 독특한 법규범적 효력이므로, 근로계약에 대해서는 우월적이면서 외재적으로 이를 규율한다고 생각하는 것이 자연스럽다(외부규율설).[24] 단 단체협약이 체결할 때나 근로자를 채용할 때 등에 개개의 근로자에게 제시됨으로써 근로계약의 내용으로 되는 경우는 있을 수 있다.[25] 또 단체협약의 실효 후 및 노동조합을 탈퇴한 후의 근로계약에 대해서는 화체설에 가까운 처리가 이루어지게 된다.

---

21) 같은 취지: 東大労研, 注釈労組法下, 725면.

22) 2차 세계대전 전부터 지금까지의 학설의 변천을 추적한 문헌연구로서는 中窪裕也, 「労働協約の規範的効力」, 季労 172호, 94면; 西谷敏, 「労働協約論」, 籾井常喜編, 戦後労働法学説史, 401면 이하.

23) 화체설을 주장하는 문헌으로서 久保敬治＝浜田富士郎, 労働法, 188면; 西谷, 344면; 盛, 334면.

24) 山口, 176면.

25) 西谷, 345면.

② 규범적 효력의 전사(前史)

단체협약에 규범적 효력을 인정하는 법규정이 없었던 시대의 독일에서는, 동일한 결과를 도출하기 위해 각종 법적 구성이 고안되었다. 노동조합이 개개의 조합원을 대리하여 근로계약을 일괄적으로 체결한다는 대리설, 협약상의 근로조건은 관행으로 개개의 근로계약의 내용이 된다는 관행설(편입설), 제3자를 위하여 하는 계약설 등이다. 그러나 어떤 법적 구성에도 결함이 있었다. 예를 들어 대리설에서는 협약체결 후에 노동조합에 가입한 조합원은 협약을 원용할 수 없으며, 또한 노동조합 자신은 권리의무 주체가 될 수 없다. 관행설에서는 협약상의 근로조건이 언제 어떠한 경우에 관행이 되는지가 불명확하고, 또한 협약에 반하는 약정이 체결되면 그 특약 쪽이 우선한다. 제3자를 위하는 계약설에서는 노동조합은 권리의무의 주체가 아니게 되고, 근로자는 '수익'만 있을 뿐 의무는 지지 않는다. 이리하여 해석론에 의한 해결은 성과를 거두지 못하여 입법적 해결을 필요로 했던 것이다.

③ 규범적 효력의 규율대상인 '근로계약'의 특수성

근로계약의 규범적 효력의 규정(노조 16조)은 1945년 12월에 제정된 구 노동조합법에 이미 존재하던 것으로, 노동기준법이 1947년 4월에 제정되기 이전에 앞서 입법되었다. 따라서 이 규정에서의 '근로계약'이라는 문언은 노동기준법속의 '근로계약'과 관계시킬 필연성은 없고, 오히려 모범을 취했다고 생각되는 독일의 1918년 노동협약법에서 매우 닮은 규정의 Arbeitsvertrag라는 단어의 번역이라고 생각된다. 그리고 독일의 이 단어는 직업별·산업별 협약을 전제로 했기 때문에 일본의 당시의 민법에서의 고용계약보다도 넓은 계약개념이었다고 생각된다. 일본의 노동조합법의 해석으로서는 그 개념은 노조법의 근로자 개념(노조 3조. 즉 노기법·노동계약법상의 근로계약에 따른 노무공급자 또는 이에 준하여 단체교섭의 보호를 받을 필요성과 적절성이 인정되는 노무공급자)에 대응한 것으로, 노조법의 근로자의 노무공급계약을 의미하는 독특한 개념으로 해석해야 할 것이다(荒木, 労働法, 476면. 이 견해는 2011년 7월의 후생노동성의 労使関係法研究会報告書, 「労働組合上の労働者性の判断基準について」에서도 기본적으로 지지되었다).

(2) 유리성 원칙의 유무

규범적 효력에 관한 제2의 기본적 문제는 단체협약으로 정한 근로조건은 단순히 최저기준인가 아니면 그보다 유리한 근로계약상의 규정을 무효로 하는 것인가이다. 독일에서는 1918년 단체협약법 이래의 단체협약 입법에서 협약상의 근로조건은 최저기준에 지나지 않으며, 근로계약에서 이 보다 유리한 규정을 삼는 것은 유효하다는 취지가 명기되었다(이것을 유리성의 원칙(Günstigkeitsprinzip)이라고 한다). 일본에서는 이러한 규정이 없기 때문에 분쟁이 발생하는 것이다.

독일에서 유리성 원칙이 채택되고 있는 기반으로서는 단체교섭이 산업별 통일교섭으로 이루어지고 있다는 사정이 있다. 결국 산업별 통일교섭(협약)에서는 각 기업의 특유한 사정을 고려할 수 없으므로 교섭(협약)은 산업의 공통적 근로조건을 정립하는 데 그치지 않을 수 없다. 개개 기업을 위해서는 이 협약에 기초하여 각 기업의 사정에 입각한 근로조건을 근로계약에 의해 형성할 여지가 남게 된다.

이에 비해 유리의 원칙을 부정하는 것은 미국이다. 미국에서는 배타적 교섭대표제가 채택되어, 그 한 귀결로서 사용자가 단체협약보다 유리한 근로조건을 개개의 근로자에게 제시하는 것은 배타적 교섭대표와의 성실교섭의무에 반하는 불공정 노동행위로 여겨진다. 이 법적 원칙의 실제상 기반은 단체교섭이 산업별 조합의 각 지부(로컬 유니언)에 의해 공장별·기업별로 실시되어, 각 공장에서의 현실적 근로조건을 상세하게 규정한 단체협약이 체결되는 것이다.

노조법의 단체교섭법제는 미국과 같이 배타적 교섭대표제를 채택하지 않고 있으며, 또한 노조법의 규범적 효력 규정(16조)은 독일과 같이 유리성의 원칙을 규정하고 있지 않다. 이리하여 노조법은 유리성 원칙의 유무에 대해서는 소위 백지의 입장을 취하고 있으며, 개개의 단체협약의 취지에 위임하고 있다고 해석된다. 기업별 교섭의 경우, 노동조합이 교섭하여 협약으로 하는 것은 통상 당해 기업이나 사업소에 있어서 조합원의 현실적 근로조건으로 최저기준은 아니다. 따라서 기업별 협약의 경우, 협약은 일반적으로는 양면적으로 규범적 효력을 가진다고 할 수 있다. 다만 당해 기업의 최저임금 규정과 같이 최저기준을 설정할 수도 있을 수 있다.26)

(3) 협약자치의 한계

단체협약상의 '근로자의 대우에 관한 기준'을 정한 규정이 근로자에게 불리한 내용의 것인 경우에는 그러한 규정에도 규범적 효력이 발생하는가? 바꾸어 말하면 단체협약은 근로자에게 불이익과 의무를 부과하는 것도 가능한가? 이 문제는 과거에 막연하게 긍정적으로 생각해온 것인데 근래의 학설 중에 '협약자치의 한계'가 다면적으로 검토되어 부정설을 기조로 한 주장이 제창되게 되었다.27) 또 판례에서도 부정설을 지지하는 경우가 나타나게 되었다.28) 이 문제는 실제상으로는 단체협약과 취업규칙상의 근로조건을 새로운 단체협약에 의해 전부 혹은 일부 근로자의 불이익으로 변경하는 경우에 논할 수 있다.④

---

26) 西谷, 348면도 협약 당사자의 의도를 1차적 기준으로 하지만, 의도가 불명한 경우에는 유리성의 원칙을 긍정해야 한다고 한다. 이에 대하여 최근의 渡辺, 上, 178면은 유리성의 원칙을 긍정한다.

27) 後藤 淸, 「協約自治とその限界」, 現代講座(6), 26면; 東大労研, 注釈労組法下, 816면 이하; 西谷敏, 労働法における個人と集団, 288면 이하.

28) 大阪白急タクシー事件 ─ 大阪地決 昭53. 3. 1, 労判 298호, 73면 ─ 택시 운전사의 임금체계를 모두 누진 성과급제로 개정하는 협약의 효력을 부정. 北港タクシー事件 ─ 大阪地判 昭55. 12. 19, 判時 1001호, 121면 ─ 종래에는 정년이 적용되지 않고 있던 고령자를 1년 후에 정년제를 적용케 하는 새로운 협정의 효력을 부정.

④ 유리성 원칙의 문제와 협약 자치 한계의 문제와의 관계

유리성 원칙을 긍정하는 입장에서는 개별 근로계약상의 유리한 근로조건은 허용되고, 또한 취업규칙상의 유리한 근로조건도 단체협약에 반하는 것으로 되지 않아 허용된다. 따라서 이 입장에서는 새로운 단체협약에 의해 개별적 근로계약이나 또는 취업규칙상의 유리한 근로조건을 저하시키는 것은 논리적으로 불가능해진다. 더구나 단체협약의 규범적 효력이 근로계약의 내용으로 된다는 화체설을 취하면, 단체협약에 정해진 기준을 새로운 단체협약에 의해 저하시키는 것도 마찬가지로 불가능하게 된다. 따라서 유리성의 원칙을 긍정하는 입장에서는 단체협약에 의한 근로조건의 불이익 변경의 가부라는 문제는 규범적 효력에 대해 외부 규율설을 취하고 또한 협약보다 유리한 근로계약이 정하고 있지 않다는 상황에서 기존의 단체협약을 새로운 근로계약에 의하여 불이익 변경하는 경우에만 발생하게 된다.

이에 대해 유리성의 원칙을 부정하는 입장에서는 단체협약의 근로조건 기준이 개별적 근로계약 및 취업규칙을 양면적으로 규율하는(취업규칙은 양면적으로 '단체협약에 반해서는 안 된다') 것이 되므로, 취업규칙과 개별적 근로계약과 단체협약상의 근로조건을 새로운 단체협약에 의해 불이익하게 변경한 경우에는 그대로 규범적 효력이 발생할 가능성이 있다. 그래서 협약자치의 한계 여하로서 단체협약에 의한 근로조건 저하의 한계 문제가 발생하는 것이다.

일반적으로 말하자면 단체교섭은 상호가 양보한 결과, 단체협약에는 근로자에게 유리한 조항과 불리한 조항이 일체로서 규정되는 경우가 많다(예를 들어 휴일일수를 증가시키면서 변형근로시간제를 도입하는 협정). 또한 계속적 노사관계에서는 노사의 교섭은 불황시의 양보와 호황시의 획득 등, 시기를 달리 한 협약 교섭 간에도 발생할 수 있다. 더구나 유리한지 불리한지는 반드시 확실하지 않으며(예를 들어 징계와 해고기준의 설정), 그 자체로는 불리하지만 장기적으로 보아 조합원의 이익을 도모하고 있는 경우도 있다(예를 들어 경영위기에 직면한 기업의 위기타개책 책정에 조합이 참가한 결과, 임금의 인하와 근로시간의 연장이 협정되었다는 경우). 요컨대 노동조합으로서는 조합원의 이익을 전체적 장기적으로 옹호하려고 하여 그 자체로는 불이익하게 보이는 협정도 체결하는 것이다. 그러한 내용의 교섭을 하고 협약을 체결하는 권한을 노동조합이 가지고 있지 않다고 하는 것은 노동조합의 임무가 현저하게 축소되어 헌법 28조와 노조법이 취지로 하는 노사자치 이념에 비추어 적절한 해석이라고 생각할 수 없다. 따라서 일반론으로서 단체협약은 근로자에게 불리한 사항에 대해서도 규범적 효력을 가진다고 하지 않을 수 없다.

그러나 노동조합이 가지는 협약체결 권한에도 조합원의 수권을 전제로 한 요건(제약)이 존재한다. 예를 들어 경영위기의 타개책으로서 종업원 전체에 대한 이례적인 불이익 조치(임금인하, 근로시간 연장 등)를 협약으로 하려는 경우에는, 노동조합은 사안의 성질에 따라 통상의 단체교섭 프로세스와는 다른 특별한 집단적 의사집약(수권)적 절차(조합원 대회에서의 특별결의, 조합원 투표 등)를 거칠 필요가 있다. 또 근로조건 제도의 개혁 등에서 조합원(종업원)의 일부 집단에 특별히 불이익을 주는 조치를 협약으로 하는 경우에는, 당해 조합원(종업원)집단의 의견을 충분히 받아들여 그 불이익 완화에 힘쓰는 등, 조합원(종업원) 전체의 이익을 공정하게 조정하는 진지한 노력을 하는 것이 필요로 된다.

근래의 판례는 단체협약에 의한 근로조건의 불이익 변경 문제에 대해 노사교섭의 상호 양보적인 성격을 인정하고, 불이익 변경의 효력을 원칙적으로 긍정하면서 특단의 불합리성이 없는지의 여부를 음미하는 입장을 취해왔다.[29] 최고법원도 정년제 및 퇴직금 지급률을 불이익하게 변경하는 단체협약에 대하여 협약체결의 경위, 회사의 경영상황, 협약기준 등의 전체적 합리성에 비추어 보면, 특정 또는 일부 조합원에 대하여 더욱 불이익하게 취급하는 것을 목적으로 하는 등, 노동조합의 목적을 일탈하여 체결하였다고는 할 수 없다고 하여 규범적 효력을 긍정하고 있다.[30] 대체로 타당한 견해이나, 이에 대한 음미는 노동조합내의 의견집약·조정 프로세스의 공정함(미국의 공정대표의무)[31]이라는 관점과 내용의 합리성(변경의 필요성과 불이익의 비교 형량)이라는 관점이 혼동되고 있는 경우도 있다.[32] 단체협약의 경우에는 앞에서 기술했듯이 전자의 교섭 프로세스라는 관점에서 음미해야 한다.[33] 그리고 일부 조합원(종업원)에게 특히 불이익한 협약에 대해서는 내용에 현저한 불합리성이 없는지에 대한 판단 여부를 부가해야 할 것이다.[34]

---

29) 日本トラック事件 ― 名古屋高判 昭60. 11. 27, 勞民 36권 6호, 691면; 神姫バス事件 ― 神戸地姫路支判 昭63. 7. 18, 判時 1300호, 142면.

30) 朝日火災海上保險事件 ― 最一小判 平9. 3. 27, 勞判 713호, 27면.

31) 일본에서 이 의무에 대한 상세한 논의로 道夫哲也, 勞使關係法における誠實と公正, 219면 이하(특히 276면 이하).

32) 예를 들어 日魯造船事件 ― 仙台地判 平2. 10. 15, 勞民 41권 5호, 846면은 취업규칙변경의 합리성과 다름없는 상세한 합리성 판단을 하고 있으나, 노조법 16조를 무시하는 것으로 적절하지 않다. 최근에도 鞆鉄道[第2]事件 ― 広島高判 平20. 11. 28, 勞判 994호, 69면(다만, 규약상 협약체결에 필요한 조합대회에서의 결의가 행해지지 않았다는 절차상의 하자도 지적하고 있다.

33) 菅野, 「就業規則変更と勞使交渉」, 勞判 718호, 6면 참조. 같은 취지: 荒木, 勞働法, 518면. 최근 판례도 이렇게 판단하고 있는 것 같다. 예를 들어 53세 이상 고령자의 월급을 23% 삭감하는 협약에 대해 의견청취 및 토의가 불충분하다고 하여 절차상의 하자를 인정하여 규범적 효력을 부정한 사례로서 中根製作所事件 ― 東京高判 平12. 7. 26, 勞判 789호, 6면. 그 외 中央建設国民健康保険組合事件 ― 東京高判 平20. 4. 23, 勞判 960호, 25면. 역으로 교섭 프로세스·협약체결 절차가 준수되었다고 하여 규범적 효력을 인정한 사례로서 茨木高槻交通事件 ― 大阪地判 平11. 4. 28, 勞判 765호, 29면; 日本鋼管事件 ― 横浜地判 平12. 7. 17, 勞判 792호, 74면.

34) 앞의 각주 朝日火災海上保險 최고법원 판결에서는 이러한 취지에서 이해할 수 있다. 내용의 현저한 불합리성이 인정되었다고 보이는 최근의 사례로서 鞆鉄道事件 ― 広島高判 平16. 4. 15, 勞判 879호, 82면 ― 희망퇴직에 응하지 않은 56세 이상의 종업원의 기본급을 30% 삭감한 협약에

또한 조합원 개개인에 대하여 이미 발생하고 있는 권리의 처분(예를 들어 회사 도산시의 체불 임금·퇴직금의 일부 포기)과 특정 조합원의 고용종료(예를 들어 정년의 신설 내지 인하에 따른 특정 근로자가 고용을 상실하는 경우) 등은 노동조합의 일반적 단체협약 체결권의 범위 밖이며, 당해 개개인의 특별 수권을 얻는 것이 필요하다.35)

(4) 규범적 부분의 범위

노조법의 문언에 의하면 규범적 효력이 발생하는 범위는 '근로조건, 그 외의 근로자의 대우에 관한 기준'이다(16조).

이 중 '근로조건, 그 외의 근로자의 대우'란 임금, 근로시간, 휴일, 휴가, 안전위생, 직장환경, 재해보상, 복무규율, 징계, 인사, 휴직, 해고, 정년제, 교육훈련, 복리후생 등 기업에 있어 근로자의 개별적 또는 집단적 취급의 거의 대부분을 포함할 수 있는 넓은 개념이다. 단 규범적 효력은 근로계약 성립 후의 그 계약내용을 규율하는 효력이므로 '채용'에 대한 협약규정은 규범적 효력을 가질 수 없다.

다음으로 '기준'이란 개별적 노동관계에서의 근로자의 처우('근로조건, 그 외의 근로자의 대우')에 관한 구체적이고 객관적인 준칙이라는 것이다.36) 그래서 '회사는 시간외 근로의 삭감에 노력한다', '연 2회 상여지급에 노력한다' 등 사용자의 추상적 노력의무는 기준이라 할 수 없다.37) 이에 비해, 공동시설의 이용방법, 작업환경(온도, 습도, 조명), 작업속도 등 근로자의 개인적 이해에 완전히 환원할 수 없는 사항도 근로자의 집단적 처우에 관한 구체적이고 객관적인 준칙인 이상은 '근로자의 대우에 관한 기준'이다.

위의 '기준'에 대한 주요한 해석문제는 두 가지이다. 첫째는 불특정 다수 근로자의 처우에 관한 준칙이 아니라, 특정 1인 혹은 여러 명의 근로자의 처우에

대하여 절차적 하자가 있을 뿐만 아니라, 내용적으로도 합리성이 결여되었다고 하여 규범적 효력을 부정함.

35) 松崎建設工業事件 ― 東京高判 昭28. 3. 23, 労民 4권 3호, 26면 참조. 같은 취지: 西谷, 361면. 또한 西谷, 362~4면; 盛, 358면은 배치전환·출향 의무와 시간외·휴일근로의 의무도 조합의 협약체결권한의 범위 밖으로 하는데, 이에 대해서는 찬성할 수 없다.

36) '기준'을 이렇게 해석하여, 노사확인서에서의 FA(flight attendant)의 직위확보의 노력의무를 '기준'에 해당하지 않고 규범적 효력은 발생하지 않는다고 한 판례로서 ノース・ウエスト航空事件 ― 東京高判 平20. 3. 27, 労判 959호, 18면. 渡辺, 上, 282면도 출향·전적응낙의무에 대하여 동일한 주장을 하지만, 전적은 고용의 종료를 초래하므로 협약에 의해 의무화할 수 없다고 생각된다.

37) 임금에 대해 '다음해 춘투에서 개선한다'는 의미의 확인서에 관한 日本運送事件 ― 神戸地判 昭60. 3. 14, 労判 452호, 60면.

관한 구체적인 취급은 '기준'이라 할 수 있는가이다(예를 들어 1인 혹은 여러 명의 조합원의 해고를 철회하게 하는 협정이나 고과사정이 낮았기 때문에 임금등급이 낮은 여러 명의 조합원을 위한 특별 승급을 약속하게 한 협정). 이에 대해서는 '기준'이라는 말의 본래적인 의미(객관적 일반적인 준칙)를 중시하여 '기준'이라고 할 수는 없다고 하는 견해도 있는데, 그리한 본래적 기준에 준하여 규범적 효력을 인정해야 할 것이다.[38] 분명 그러한 협정은 조합이 특정 개인을 대리하여 개별계약을 체결한 것으로 간주하면 되는 경우도 있는데,[39] 전체적 협약 가운데 다른 규정과 관련하여 만들어진 경우 등에서는 그것만을 단체협약이 아닌 근로계약으로 취급하는 것은 아무래도 부자연스럽다. 또 그러한 협정은 본래적 기준과 적어도 같은 정도로 강행적 직률적 효력을 필요로 하고 있다고 생각된다.

둘째는 해고, 징계, 배치전환 등의 인사에 대한 조합과의 사전협의와 조합의 사전동의를 요건으로 하는 조항이 '기준'에 해당하는가이다.[40] 이러한 협의·동의조항은 '근로자의 대우'(인사)에 관한 절차로 '기준'이 아니므로, 이에 위반하는 해고를 무효가 되지 않는 것이 아닌가 하는 의문이 생기지만, 인사협의·동의조항도 '대우에 관한 기준'에 해당한다고 하거나 또는 그에 준한다고 하여, 규범적 효력을 인정하여 이러한 조항에 위반한 해고를 무효로 하는 것이 학설·판례의 대세가 되고 있다.[41] 그러나 해고, 징계, 배치전환 등에 대해서는 권리남용법리에 의한 법규제가 확립되어 있는 것이므로, 협의조항 및 동의조항에 위반한 해고, 징계, 배치전환 등은 중요한 절차를 준수하지 않은 것으로 권리남용이 된다고 해석하는 것이 적절하다.⑤

⑤ **해고협의조항에서의 '협의'**

해고협의조항에 있어 '협의'는 판례상 단순한 부의(付議)로는 충분하지 않고 충분한 심의를 필요로 한다고 되어 있다(협의를 충분히 하지 않음으로써 해고가 무효로 된 판례는 무수히 많다. 최근에는 東京金属事件 ― 水戸地下妻支決 平15. 6. 19, 労判 855호, 70면). 그러나 노동조합이 해고 절대반대의 태도를 취함으로써 협의에 응하지 않으면 사용자가 협의를 단념하고 해고를 하여도 협의의무 위반이 되지 않는다(池貝鉄工事件 ― 最一小判 昭29. 1. 21, 民集 8권 1호, 123면; 洋書センター事件 ― 東京高判 昭61. 5. 29, 労民 37권 2=3호, 257면). 마찬가지로 해고동의조항에 대해서도 사용자가 노동조합과 충분히 협의를 다하여 그 해고가 부

38) '기준'이라고 할 수 없다고 한 문헌으로 東大労研, 注釈労組法下, 804면; 필자의 사견과 같은 취지는 西谷, 351면.

39) 사례로서 日本鋼管事件 ― 横浜地川崎支判 昭60. 9. 26, 労判 460호, 7면.

40) '平成23年 労働協約等実態調査(2011년 노동협약 등 실태조사)'에서는 24.9%의 노동조합이 해고에 대하여 '협의'의 관여를 하고, 11.2%의 노동조합이 '동의'의 관여를 하고 있다. 징계처분에 대해서는 각각 22.0%, 9.4%이고, 배치전환에 대해서는 9.4%, 5.0%이다.

41) 최근의 西谷, 356면도 규범적 효력을 긍정.

득이 한 것임에도 불구하고 노동조합이 마지막까지 동의를 거부한 것이라면 사용자는 동 조항상의 의무를 다했다고 간주된다(萩澤淸彦, 「解雇」, 経営法学全集 15, 人事, 166면; 西谷, 357면).

(5) 규범적 효력의 인적 적용범위

이상의 규범적 효력의 적용을 받는 자는 노동조합측에 있어서는 협약 당사자인 노동조합의 조합원뿐이다. 이것은 노조법상의 단체교섭법제가 각 노동조합에게 자기 구성원에 대해서만 단체교섭을 하여 단체협약을 체결하는 권한을 주고 있다는 것(6조 참조)의 귀결이다. 예외는 일반적 구속력(17조, 18조)뿐이다. 또한 단체협약 가운데 그 전체 혹은 일부분의 적용범위를 일부 조합원에게 한정한 경우에는 한정한 대로 적용범위가 된다.

협약 당사자인 노동조합의 조합원인 이상 당해 단체협약의 체결 후에 조합에 가입한 자라도 동 협약의 규범적 효력의 적용을 받는다. 적용개시 시기는 협약상 특단의 규정이 없는 한 조합이 가입하는 시점이 된다. 이에 대해 문제는 협약 당사자인 노동조합 탈퇴나 제명에 의해 이탈한 자에게도 당해 협약의 유효기간 중에는 규범적 효력이 계속 미치는가이다. 독일에서는 그 취지가 입법화되어 있는데(1949년 단체협약법), 그 기초에는 단체협약이 산업별 노사단체에 의해 산업에 공통된 최저 근로조건으로서 정립되는 것으로서 체결되는 경우가 있다. 이에 비해 기업별 협약으로 동시에 단체교섭에 있어 복수조합주의가 채택되고 있는 일본에서는 협약 당사자인 노동조합을 이탈한 자에 대해서는 이탈한 시점에서 협약의 규범적 효력이 미치지 않게 된다고 해석할 수밖에 없다.[42] 기업연금제도를 정하는 단체협약도 퇴직에 의해 기업별 조합으로부터 탈퇴한 퇴직자에 대해서는 규범적 효력을 가지지 못하며, 이러한 퇴직자들을 수익자로 하는 제3자를 위한 계약으로서의 효력을 가지게 될 것이다.[43]

3. 채무적 효력

(1) 개 설

(가) 채무적 부분의 개요   앞에서 언급했듯이 단체협약 중 규범적 부분에

---

42) 東大労研, 注釈労組法下, 819면; 앞의 각주의 北港タクシー事件; 安田生命保険事件 ― 東京地判 平7. 5. 17, 労判 677호, 17면; 京王電鉄事件 ― 東京地判 平15. 4. 28, 労判 851호, 35면 등. 또한 이탈자의 근로계약 내용이 어떻게 되는가에 대해서는 후술함. 화체설에서는 반대의 결론이 되는 것에 대해서도 후술함.

43) 阪和銀行事件 ― 和歌山地判 平13. 3. 6, 労判 809호, 67면 참조.

는 속하지 않고 채무적 효력밖에 생기지 않는 부분을 채무적 부분이라고 한다면, 사용자와 노동조합 간에 단체적 노사관계의 운영에 관해 어떠한 원칙을 설정하는 것이 그 주된 내용으로 된다. 즉 ① 비조합원의 범위, ② 유니언 숍, ③ 조합활동에 관한 편의제공과 원칙(노조전임, 조합사무소·게시판, 조합휴가 등. 이에 비해 체크오프는 이미 서술한 대로 복합적인 협정으로 이해된다), ④ 단체교섭의 절차와 원칙(위임금지조항, 단체교섭의 시간·순서 등), ⑤ 노사협의제, ⑥ 쟁의행위의 제한(후술하는 절대적 평화의무, 평화조항), ⑦ 쟁의행위 중의 원칙(보안협정, 스캡(scab)금지협정) 등이다. 또한 ⑧ 배치전환·출향·해고 등 인사에 관한 사전협의 내지 동의조항과, ⑨ 고충처리절차 등과 같이 개개의 근로자의 처우와 불만에 관한 사용자와 조합간의 협의절차를 정한 경우도 이에 속한다(④나 ⑤도 이러한 의미를 가질 수 있다).

(나) 채무적 효력의 성질   앞에서 서술한 바와 같이 단체협약은 사용자와 노동조합 간의 계약으로서 전체적으로는 채무적 효력을 가진다. 단 단체협약은 근로조건과 노사관계의 원칙 설정이라는 독특한 기능을 하며, 그로 인해 특별한 법적 효력이 부여되고 있으므로 통상 채무불이행의 법리(손해배상, 동시이행의 항변권, 해제, 이행강제 등)를 그대로는 미치게 할 수 없다. 결국 단체협약의 계약으로서의 특수성과 현행법에서의 특별한 취급(효력부여)에서 생각하면, 이 채무적 효력도 이미 단체협약에 특유한 효력이 되고 있다고 해야 하며, 문제의 조항마다 계약법리를 일단 출발점으로 하면서 당해 조항의 의의·기능에 입각하여 그 효력의 내용을 정해나가야 할 것이다.

(2) 이행의무

먼저 협약당사자는 단체협약 규정 전반에 대해 계약당사자로서 이를 준수하고 이행할 의무를 진다. 그래서 일방 당사자는 상대방이 협약규정에 위반하거나 이를 실행하지 않으면 그 이행을 청구하거나 혹은 불이행(위반)에 의해 발생한 손해에 대한 배상을 요구할 수 있는 것이 원칙이다. 이 점은 채무적 부분에 대해서는 특히 타당하다.44) 또 이행해야 할 의무의 내용이 배치전환, 출향, 해고 등의 인사절차에 관계되는 것으로(전형적으로는 앞의 (1)(가)의 ⑧), 사용자는

---

44) 기업변동의 경우, 조합과의 협의·동의조항에 관한 이행청구권을 인정한 사례로서 エム·ディー·エス事件 — 東京地決 平14. 1. 15, 労判 819호, 81면. 노동조합과 사전에 협의하고 일방적으로 해산을 강행하지 않는다고 약속한 기업에 대하여 이 취지의 의사록확인서에 근거하여 생산설비 등 반출금지 가처분을 인정한 판례로, 東京金属事件 — 水戸地下妻支決 平15. 6. 19, 労判 855호, 12면.

해당 절차를 실천하지 않고 배치전환 등을 실시한 경우에는 해당 배치전환 등은 권리남용으로 평가되어야 한다.[45]

문제는 규범적 부분이다. 이 부분의 규정에 대해서는 조합원인 근로자는 규범적 효력에 의해 직접 사용자에 대해 청구권을 취득하는 경우가 많다. 또한 그 내용은 개개의 근로자와 사용자 간의 개별적 노동관계상의 기준이므로 노동조합에 직접 구체적 권리가 귀속해야 할 사안이 아니라고도 생각할 수 있다. 그러나 규범적 부분에 대한 계약상의 구속관계가 규범적 효력의 부여에 의해 제거된 것은 아니므로 협약당사자는 이 부분에 대해서도 여전히 상대방 당사자에 대해 성실한 이행을 해야 할 의무를 지고 있다고 해야 할 것이다.[46] 단 이행의무에 근거하여 노동조합이 행하는 규범적 부분의 이행청구 및 확인청구는 개개의 조합원이 규범적 효력에 의해 직접 구체적 권리를 취득하기 위해 소송의 이익이 부정되는 경우가 많아진다고 생각할 수 있다.⑥

⑥ 규범적 부분의 이행의무 · 보론

노동조합의 사용자에 대한 규범적 부분의 이행청구는, 개개의 조합원이 청구권을 행사하면 충분한 내용의 사안인 이상 소송이익이 없다고 본다(山口, 214면). 그러나 그러한 개개인에 의한 청구권 행사에서는 규범적 부분의 실현을 기대할 수 없는 경우에는 조합자신에 의한 이행청구가 허용되어야 한다. 이러한 경우로서는 예를 들어 직장환경, 작업체제 등 종업원의 집단적 대우(실온, 습도, 세면장의 설치, 작업밀도, 기계가동 인원 등)에 관한 규정의 불이행을 생각할 수 있다(그 외, 후술하는 山手モ―タ―ス事件의 협약규정의 예도 생각할 수 있다).

그리고 규범적 부분의 확인청구 쪽은 소송이익이 더욱 엄밀하게 음미되어야 하는데, 사용자와 조합원간에 단체협약상의 근로조건의 불명확함에 기인하여 다툼이 생겨나, 단체협약의 해석이 공권적으로 이루어진다면 당해 근로조건을 둘러싼 분쟁이 일거에 해결된다고 예상되어 노동조합에 의한 단체협약규정에 대한 확인청구가 개개의 조합원에 의한 근로계약상의 지위확인청구보다도 직접적인 분쟁해결방법이라고 하는 경우에는, 확인이익을 인정해도 된다고 생각된다(판례로서는 佐野安船渠事件 ― 大阪高判 昭55. 4. 24, 労民 31권 2호, 524면이 있으며, 이러한 견해로부터 노동조합에 의한 단체협약상의 7시간 노동규정의 유효확인청구를 인용하고 있다. 같은 취지: 黒川乳業事件 ― 大阪高判 平18. 2. 10, 労判 924호, 124면). 다만, 이 견해에 대해서는 노동조합과 사용자 간의 확인소송의 기판력(旣判力)이 조합원과 사용자간의 근로계약관계에는 미칠 수 없으므로, 아무리 근로계약관계상의 분쟁이 확인소송에 의해 실제로 해결된다고 생각할 수 있는 경우에도 법률적으로는 확인이익이 인정되지 않는다는 반론도 강하다(萩澤淸彦, [判批], ジュリ 741호, 143면).

규범적 부분에 대한 이행의무로부터는 이상의 것 이외에 손해배상청구가 가능하고, 이에

---

45) 항공회사가 조합과의 사이에 FA(flight attendant) 직위확보의 노력의무를 규정한 노사확인서에 반하여 FA를 지상직으로 배치전환한 조치에 대하여 배치전환명령의 남용으로 평가해야 할 특단의 사정이 있다고 하여 지위확인과 위자료의 청구를 인정한 판례로서 ノース・ウエスト 航空事件 ― 東京高判 平20. 3. 27, 労判 959호, 18면.

46) 西谷, 369면.

대해서는 이상과 같은 소송법상의 장애가 생기지 않는다. 판례(山手モータース事件 — 神戸地 判 昭48. 7. 19, 判タ 299호, 387면)는 일시금에 있어 성과급 부분의 최고액과 최저액의 차를 1만 엔 이상으로 해야 한다는 취지의 일시금 협정 규정에 위반하여 2만 엔 이상의 차를 둔 사용자에 대해, 노동조합의 청구에 의해 20만 엔의 위자료 지불을 명하고 있다.

또한 이상의 문제와 관련하여 노동조합이 조합원으로부터 수권을 받아 조합원의 근로계 약상의 권리의무에 대해 소송을 담당할 수 있는가 하는 문제가 있는데, 이것은 순전히 소송 법상의 문제이다(新堂幸司, 新民事訴訟法[第5版], 298면 참조).

(3) 평화의무·평화조항

이행의무와 함께 주요한 채무적 효력은 '평화의무'이다.47)

(가) 개 념   '평화의무'란 협약 당사자가 단체협약 유효기간 중에 당해 단체협약으로 기정(해결된) 사항의 개폐를 목적으로 한 쟁의행위를 하지 않을 의무를 말한다. 이것은 단체협약이 노사간의 평화협정으로서의 의의를 가지는 점, 계약법에 있어서 신의칙상으로도 계약으로 일정사항을 약정한 이상 그 유 효기간 중에는 그 내용을 계속 존중하는 것이 당연한 의무라고 생각되는 점 등 에서, 협약에 명시되어 있지 않아도 당연히 발생하는 의무라고 해석되고 있다.⑦ 평화의무는 실제상 거의 오로지 노동조합의 의무로 기능하는데, 이론상으로는 협약 당사자 쌍방에 부과된 의무이다.

이렇게 협약을 체결함으로써 당연히 발생하는 평화의무는 당해 협약에 규정 된 사항에 대해서만 발생하는 상대적 의무이므로 '상대적 평화의무'라고도 부른 다. 또한 상대적 평화의무의 위와 같은 내용에 비추어 보면 단체협약이 유효기 간 중이라도 차기 협정의 교섭기간에 들어가면 차기 협약의 내용을 둘러싸고 쟁의행위를 하는 것은 동 의무에 위반하는 것은 아니라고 해석된다.48) 또 협약 유효기간 중에 협약상의 기정 사항에 대한 개폐를 요구하여 교섭을 제기하는 것 자체는 쌍방 모두 자유인데, 사용자는 이에 대해 교섭의무를 지지 않는다.

그 다음, 협약 당사자는 당해 협약의 유효기간 중에는 협약으로 정한 사항 뿐만 아니라, 일체의 사항에 대해 쟁의행위를 하지 않는다는 것을 특별히 협정 하는 경우가 있다. 이러한 협정상의 의무를 '절대적 평화의무'라고 한다. 또 단 체협약에서는 노사간에 분쟁이 발생한 경우에 일정한 절차(일정 기간의 협의, 알 선, 조정, 예고 등)를 거치지 않으면 쟁의행위에 호소할 수 없다고 정하는 경우가 있는데,49) 그러한 협정을 일본에서는 '평화조항'으로 부르고 있다.

---

47) 평화의무에 대한 노작으로서는 中嶋士元也, 勞働関係法の解釈基準(上), 3면 이하.

48) 같은 취지: 山口, 179면.

49) '平成23年 勞働協約等実態調査'에서는 58.2%의 노동조합이 '쟁의조정'을 단체협약으로 규정

⑦ 평화의무 배제조항의 효력

상대적 평화의무에 대해서는 그것을 특약으로 배제할 수 있는가 하는 문제가 있다. 단체협약은 기본적으로는 사용자와 조합 간의 계약이므로 평화의무는 계약상의 묵시적 합의에 의한 의무에 지나지 않으며 특약에 의해 배제할 수 있다고도 생각할 수 있다(西谷, 372면). 그러나 단체협약의 기본적 성질을 계약으로 해석하더라도 그것이 현행법상 특별한 법적 취급을 받고 있다는 것을 생각하면, 평화의무와 같은 기본적이고 중요한 의무의 유무를 당사자의 자유에 위임하는 것은 적절하지 않다. 평화의무는 노사관계의 원칙을 형성하고 그것을 안정시킨다는 단체협약의 중요한 기능을 법적으로 담보하는 것으로, 이를 배제하는 조항은 단체협약법제의 목적을 몰각한 것으로 효력을 인정하기 힘들다.

(나) 의무위반의 효력

① 손해배상:　협약 당사자가 평화의무에 위반한 경우, 상대방 당사자는 위반 당사자에 대해 이를 이유로 하여 발생한 손해에 대해 배상을 청구할 수 있다. 이것은 평화의무의 주요한 효과로서 학설상 다툼이 없이 인정되고 있다. 단 문제는 손해배상책임의 범위인데, 통설은 평화의무 위반행위에 의해 야기된 전체 손해(상당인과관계가 있는 범위 내의 것)라고 보는데, 이것을 노사관계상의 신의칙 위반의 무형손해(위자료)에 그쳐야 한다고 주장하는 학설도 있다.[50] 현행법에 있어 단체협약의 특별 취급은 통설이 주창하는 채무불이행 법리(민 416조)를 강하게 할지언정 약하게는 하지 않으므로 통설을 옳다고 해야 할 것이다. 이 책임의 주체는 협약 당사자인 단체(노동조합의 쟁의행위의 경우에는 당해 조합)뿐이며, 그 구성원인 쟁의행위 실행자는 아니다. 또한 이상은 어디까지나 단체협약상의 채무불이행에 의한 책임내용이지만, 후술하는 바와 같이 평화의무위반의 쟁의행위는 정당성도 잃는 경우도 있고, 그러한 경우에는 이에 의한 별개의 손해배상책임(불법행위책임, 근로계약상의 채무불이행 책임)이 발생할 수 있다.

② 중지청구:　그러면 평화의무에 위반한 당사자에 대한 위반행위의 중지청구는 어떠한가? 학설상으로는 논쟁의 여지가 있으며, 또한 평화의무는 그러한 중지청구권까지를 내용으로 하는 것은 아니라는 판례도 있다.[51] 그러나 법리상으로는 계약상의 이행청구권의 한 내용으로서 의무위반행위의 금지 내지 중지를 청구하는 것에 각별한 장애가 없을 것이다. 또 단체협약의 노사관계 안정기능에 있어서의 평화의무의 의의에서 볼 때 그러한 권리는 더욱 인정되어야 할 것으로 생각된다. 다만 금지 가처분 신청이 이루어진 경우, 법원은 보전의

하고, 62.2%의 노동조합이 '쟁의행위의 예고'를 단체협약에서 규정하고 있다.

50) 岩井養吉,「債務の效力」, 現代講座(6), 164면.

51) 日本信託銀行事件 ― 東京地決 昭35. 6. 15, 労民 11권 3호, 674면.

필요성을 신중하게 검토해야 할 것이다.52)

③ 징계처분:　　　평화의무와 평화조항에 위반하는 쟁의행위가 노동조합에 의해 이루어진 경우, 그 참가자에 대해 사용자가 징계처분을 할 수 있는가의 여부도 곤란한 문제이다. 이 점에 대해 판례는 '평화의무에 위반하는 쟁의행위는 …… 단순히 계약상의 채무불이행으로, 이것으로서 …… 기업질서의 침범에 해당한다고는 할 수' 없다고 판결하여 이에 부정적으로 판단했다.53) 이 문제는 판결문 그대로이지만, 평화의무 위반과 징계처분 문제에 대해서는 특히 평화의무에 위반한 쟁의행위의 정당성 문제가 남게 된다(후술함).

제 4 절　단체협약의 효력확장(일반적 구속력)

단체교섭에 대해 복수노동조합 교섭대표제를 채택하는 일본의 경우, 단체협약을 체결한 노동조합의 조합원에 대해서만 효력을 발생하며, 그러한 조합원 이외의 근로자에게는 효력이 생기지 않는다. 그러나 노조법은 이 원칙에 두 가지의 예외를 두고 있다. 사업장 단위의 일반적 구속력(17조) 및 지역적인 일반적 구속력(18조)이 그러하다.54)

1. 사업장 단위의 일반적 구속력

(1) 제도의 취지

먼저 노조법은 '하나의 공장 사업장에 상시 사용되는 동종 근로자의 4분의 3 이상의 근로자가 하나의 단체협약의 적용을 받게 되었을 때에는, 당해 공장 사업장에 사용되는 다른 동종 근로자에 대하여도 당해 단체협약이 적용되는 것으로 한다'고 규정한다(17조).

이 사업장 단위의 일반적 구속력에 대해서는 입법취지가 불명확하고 해석상 분규를 초래하는 원인이 되고 있다. 이에 대해서는 ① 협약 당사자 조합에 가

---

52) 보전의 필요성이 없다고 한 판례로서 ノース・ウェスト航空事件 — 東京高決 昭48. 12. 27, 判タ 306호, 185면.

53) 弘南バス事件 — 最三小判 昭43. 12. 24, 民集 22권 13호, 3194면.

54) 기본문헌으로서 東大労研, 注釈労組法下, 821면 이하; 諏訪康雄, 「労働組合法17条とは何だったのか」, 労働法 90호, 135면.

입하지 않은 소수 근로자의 노동력을 염가로 판매(이로 인한 근로조건 수준의 저하)하는 것을 저지함으로써 다수 조합의 근로조건 규제권한을 강화하기 위한 규정으로 보는 견해,55) ② 소수 근로자의 근로조건을 다수 조합의 협약선까지 끌어올림으로써 소수 근로자를 보호하기 위한 규정으로 보는 견해,56) ③ 4분의 3 이상의 다수조합이 획득한 근로조건을 사업장의 공정 근로조건으로 간주하여 사업장의 근로조건을 통일하기 위한 규정으로 보는 견해57) 등이 있다. 판례는 '당해 사업장의 근로조건을 통일하여 노동조합의 단결권 유지 강화와 당해 사업장에서의 공정 타당한 근로조건의 실현을 꾀하는 것'이라고 하여, 위의 ①설과 ③설을 융합하여 설명하고 있다.58)

단체협약의 사업장 단위의 확장적용제도는 노동조합이 해당 사업장의 동종 근로자의 4분의 3 이상을 조직하고 있는 경우에는 그 조합의 협약상의 근로조건을 다른 동종 근로자에게도 미쳐서 해당 사업장의 동종 근로자의 근로조건을 통일한다는 제도이다. 그리고 후술하는 것처럼 '동종의 근로자'는 기본적으로는 협약당사자 조합의 조직대상(내지는 해당 협약의 적용대상자)의 범위를 기준으로 하여 판단되므로, 확장적용이 이루어지는 것은 기본적으로는 협약당사자 조합의 조직대상으로 간주되면서 동조합에 가입하고 있지 않은 동종 근로자이다. 이러한 확장적용제도는 그러한 비조합원인 근로자에 대하여 4분의 3 이상을 조직하고 있는 조합의 단체협약을 확장 적용함으로써, 협약당사자 조합의 근로조건 교섭의 담당자로서의 권위(존재의의)를 향상시키는 제도이다. 또한 확장 적용된 협약은 비조합원의 동종 근로자에게 있어서 유리한 근로조건을 많이 포함할 수 있으므로, 비조합원은 4분의 3 이상을 조직하고 있는 조합이 획득한 근로조건을 조합에 들어가지 않고 향수한다(협약당사자 조합에 있어서는 이른바 '무임승차'의 허용을 강요받는다)는 제도이기도 하다. 그리고 노조법이 이러한 기능을 가진 제도를 둔 것은 4분의 3 이상을 조직하는 조합이 체결한 단체협약상의 근로조건을 공정하고 타당한 근로조건으로 간주하고 있다는 것이라고 할 수 있다. 이리하여 개인적으로도 본제도의 취지·목적은 상기의 ①설과 ③설을 융합한 것이라고 생각한다.59)

---

55) 예를 들어 久保敬治=浜田富士郎, 労働法, 199면; 外尾, 646면.

56) 예를 들어 楢崎次郎, 「一般的拘束力制度論」, 沼田稻次郎還暦下, 434면 이하.

57) 東大労研, 注釈労組法下, 844면.

58) 朝日火災海上保険事件 ― 最三小判 平8. 3. 26, 民集 50권 4호, 1008면.

59) 西谷, 381면 이하는 ①, ②의 절충적 견해를 취한다.

이렇게 생각하면, 사업장의 단체협약의 확장적용제도는 협약당사자 조합의
이익만을 위한 제도는 아니므로, 동 조합이 단체협약에서 동제도의 적용을 배
제하거나 또는 제한하는 조항을 마련해도 그것은 무효라고 해야 한다. 이런 의
미에서 동제도를 정하는 법규정(17조)는 강행규정이다.

(2) 확장적용의 요건

확장적용의 요건은 '하나의 공장 사업장에 항시 사용되는 동종 근로자의 4
분의 3 이상의 근로자가 하나의 단체협약의 적용을 받게 된' 경우이다(17조).
이 요건은 확장적용의 개시요건임과 동시에 존속요건이기도 하다. 즉 이 요건
을 충족하지 않게 된 때에는 그 시점에서 확장적용은 종료한다.[60]

(가) '하나의 공장 사업장'   '공장 사업장'을 '기업'과 동일시해야 한다는 견
해가 있다.[61] 어떤 기업의 종업원의 4분의 3 이상으로 조직된 노동조합이 기업
별 단체협약을 체결한 경우, 동 조합이 그 기업의 일부 사업장에서는 4분의 3
이상으로 조직되지 않아도 전체 사업장에서 그 협약이 확장 적용되어야 한다는
것이다. 그러나 이러한 해석은 명문에 반할 뿐만 아니라, 그 노동조합이 일부
사업장에서는 소수파에 그치고 있는 경우에는 당해 사업장에서의 다수 근로자
의 이익을 무시하게 될 수도 있으므로 찬성할 수 없다.[62]

출향자도 출향기업에 의하여 임금이 결정되고 지불받고 있는 경우에는 출향
기업이 소속 사업장으로 간주되어 출향기업에서의 동종 근로자에 관한 임금협
약의 확장적용을 받는다.[63]

(나) '상시 사용되는 동종 근로자'   '상시 사용된다'고 할 수 있는지의 여부
가 문제가 되는 것은 일용 근로자와 임시 근로자 등인데, 계약형식에 구애되지
않고 실질적으로 판단해야 하는 것이라고 여겨지고 있다. 즉 단기계약이 반복
갱신되어 실질적으로 상시 사용되고 있는 자는 여기에 해당한다.

노동조합은 근로자의 처우상의 이해가 공통된 집단을 조직대상 범위로 하고
이러한 조직대상 범위 내에서 협약의 적용대상 범위를 정하므로, '동종 근로자'
는 기본적으로는 협약체결 조합의 조직대상 범위 내지는 협약의 적용대상 범위
를 기본으로 정해야 한다. 예를 들어, 공원(직원)만을 조직대상으로 하는 조합이

---

60) 東大労研, 注釈労組法下, 851면. 반대: 久保敬治, 労働法[第4版], 205면.
61) 판례에서는 第四銀行事件 ― 新潟地判 昭63. 6. 6, 判時 1280호, 25면.
62) 東大労研, 注釈労組法下, 845면.
63) 都市開発エキスパート事件 ― 横浜地判 平19. 9. 27, 労判 954호, 67면.

공원(직원)을 적용대상으로 하여 체결한 협약에 대해서는 공원(직원)만이 '동종의 근로자'로서 확장적용의 대상이 된다. 또 공원과 직원 모두 조직하는 조합이 공원과 직원의 쌍방을 적용대상으로 하여 체결한 협약에 대해서는 공원과 직원의 양족이 '동종 근로자'가 된다. 이에 대하여 공원과 직원의 양쪽을 함께 조직하는 조합이 공원(직원)만을 적용대상으로 하여 협약을 체결하면 공원(직원)만이 '동종 근로자'가 된다.

통상의 기업별 조합은 정사원을 공원·직원 등의 직종의 차이에 관계없이 전체적으로 조직하고 정사원에게 공통된 근로조건을 교섭하여 협약을 체결하고 있기 때문에, 정사원의 전체가 동종 근로자고 간주되는 경우가 많다. 한 가지의 문제는 사용자와의 사이에서 그 범위가 협정되어 비조합원으로 간주되는 관리직이다. 이러한 관리직은 임금, 근로시간 등의 처우에서 조합원과 명확하게 구별된 처우를 받으며 따라서 협약의 적용범위에서도 제외되는 것이 통례이다. 그러한 경우에는 관리직은 '동종의 근로자'라고는 할 수 없게 된다. 그러나 관리직은 과거의 조합원으로 조합원의 미래상이기도 하므로, 정사원의 노동조합이 그 근로조건도 시야에 넣어 관리직도 포함하여 근로조건을 협정으로 정하는 경우가 있고, 그러한 경우에는 해당 근로조건을 정한 협약에 대해서는 관리직도 '동종의 근로자'가 될 수 있다. 종업원의 정년이나 정년후의 재고용 제도 등을 정하는 단체협약은 그 전형적인 사례이다.

보다 큰 문제는 계약사원, 파트타임근로자, 아르바이트 등의 비정규근로자이다. 기업별 조합은 종래 정사원만을 조직대상으로 하고 그러한 비정규근로자를 조직대상 외로 삼아 왔다. 그것은 비정규근로자가 정사원과 직무내용, 처우의 체계·내용, 고용보장의 방법 등(즉 종업원의 종류)을 달리하고, 따라서 정사원과는 이해(利害)를 달리 해왔기 때문이다. 그러한 상황에서는 비정규근로자는 정사원과 '동종의 근로자'라고는 할 수 없다고 하지 않을 수 없다.[64]

그러나 최근에는 주 근로시간이 일정 이상의 파트타임 근로자 등, 일부 비정규근로자를 조직대상에 포함하는 기업별 조합도 증가하고 있으며, 그러한 조합이 조합원인 해당 비정규근로자도 적용대상으로 하여 체결한 단체협약에 대

---

64) 비정규근로자에 대하여 정규종업원과 동종의 근로자라는 것을 부정한 사례로서 大平製紙事件 ― 東京地判 昭34. 7. 14, 労民 10권 4호, 645면(촉탁); 関西電力事件 ― 大阪地判 昭38. 7. 19, 労民 14권 4호, 923면(6개월 계약의 잡역부); 富士重工宇都宮製作所事件 ― 宇都宮地判 昭40. 4. 15, 労民 16권 2호, 256면(임시공); 日野自動車工業事件 ― 最一小判 昭59. 10. 18, 労判 458호, 4면(3개월 계약의 준사원).

해서는 적용대상의 비정규근로자의 종류에 속하는 비조합원도 당연히 '동종의 근로자'가 된다.⑧

⑧ **비정규근로자의 공정한 처우의 과제와 사업장 단위의 일반적 구속력**
최근의 비정규근로자의 비약적인 증가와 함께, 2007년의 개정 파트타임노동법에서 파트타임근로자를 위한 균등대우·균형처우가 원칙화되고, 2007년에 제정된 노동계약법에는 균형처우의 기본이념이 규정되고, 2012년 8월에는 유기계약근로자를 위한 균형처우원칙을 노동계약법에 추가하는 개정이 성립되었다. 이렇게 정사원과 비정규근로자간의 공정한 처우의 실현은 그 자체로 노동법제의 큰 입법정책과제로, 최근에 그러한 노력이 진행되고 있다. 이러한 입법정책의 움직임이 전혀 없었던 시대에는 단체협약의 사업장 단위의 확장적용제도에 의하여 비정규근로자의 공정한 취급을 실현하고자 하는 해석론적인 시도도 있었지만, 노조법은 근로자가 직종, 산업, 지역, 고용형태 등의 이해를 달리하는 집단마다 단결하여 단체교섭을 하는 것을 용인하고, 그러한 단결과 단체교섭을 옹호하는 입법이므로 그 근로계약법제에서 이해를 달리하는 근로자집단간의 공평한 처우의 과제를 해결하고자 하는 것에는 무리가 있었다고 하지 않을 수 없다.

(다) '4분의 3 이상의 근로자가 하나의 단체협약의 적용을 받게 된 때'   '하나의 단체협약의 적용을 받는' 자에 산입되는 것은 당해 단체협약의 본래적 적용 대상자뿐이라고 해석해야 한다. 사실상 당해 협약의 적용을 받고 있는 미조직 근로자와 그 일반적 구속력에 의해 협약이 확장 적용되는 근로자는 이에 포함되어서는 아니 된다. 요컨대 이 제도는 당해 단체협약이 단독으로 4분의 3 이상의 적용규모를 가지고 있는 경우에 비로소 그것을 확장할 수 있는 근로기준으로 간주하는 것이다.[65]

(3) 확장적용의 효과

확장적용의 효과는 '다른 동종의 근로자에 관해서도 당해 단체협약이 적용되는' 것이다. '다른 동종 근로자'란 '상시 사용되는 다른 동종 근로자'로 그 의미는 앞에서 서술한 바와 같다. 확장 적용되는 단체협약 부분은 단체협약의 규범적 부분으로 한정된다.[66] 즉 단체협약의 규범적 효력의 인적 적용범위를 확장하는 것이 이 제도의 목표이다.

단체협약의 사업장 단위의 확장 적용제도는 노동조합이 해당 사업장의 동종 근로자의 4분의 3 이상을 조직하고 있는 경우에는 그 조합의 협약상의 근로조건을 공정하고 타당한 근로조건으로 간주하여 다른 동종 근로자에게도 확장 적용하고, 해당 사업장의 동종 근로자의 근로조건을 통일한다는 제도이다. 또 단

---

65) 같은 취지: 西谷, 384면.
66) 三菱重工業長崎造船所事件 ― 最一小判 昭48. 11. 8, 労判 190호, 29면.

체협약의 규범적 부분은 협약적용 대상인 조합원에 대하여 유리하게도 불리하게도 규범적 효력을 가진다. 따라서 본 제도에 의한 일반적 구속력은 확장 적용의 대상자에 대하여 유리하게도 불리하게도 양면적으로 규범적 효력을 미치게 된다고 해석해야 한다.67) 이 문제는 실제로는 단체협약에 의한 근로조건의 불이익 변경의 경우에 발생하는 경우가 많지만, 이 경우에 대하여 규범적 효력이 긍정되는 것은 조합이 협약체결교섭에서 조합원뿐만 아니라 관계종업원 전체의 의견을 공정하게 집약하여 진지한 교섭을 실시한 점, 특히 불이익을 받은 종업원 그룹이 있는 경우에는 조합원의 유무를 불문하고 그 의견을 충분히 수렴하여 불이익의 완화를 꾀하는 등 관계 종업원의 이익을 공정하게 조정했다는 점이 필요하다.

판례는 일부 불리한 단체협약도 확장 적용이 된다고 하면서도, 비조합원은 다수 조합의 의사결정에 참가하는 입장에 없으므로 확장 적용이 '현저히 불합리하다고 인정되는 특단의 사정이 있을 때는' 확장 적용되지 않는다고 하며, '특단의 사정'의 유무는 '단체협약에 의해 특정 미조직 근로자에게 초래되는 불이익의 정도·내용, 단체협약이 체결되기에 이른 경위, 당해 근로자가 노동조합의 조합원 자격을 인정하고 있는지의 여부 등에 비추어' 판단하는 것으로 하고 있다.68) '특단의 사정'의 유무는 위와 같은 교섭 과정(이익조정)의 공정함의 관점에서 이루어져야 한다.69)

⑷ 소수자가 노동조합을 결성하고 있는 경우의 확장 적용의 유무

사업장 단위의 일반적 구속력에 대해 가장 논의가 많은 문제는 4분의 1 이상의 소수자가 스스로 노동조합을 결성하고 있는 경우에도 그것이 적용되는가이다. 이에 대해서는 학설도 판례도 긍정·부정 두 설로 나뉘어 대립하고 있다.70) 긍정설은 동 규정에는 소수 근로자가 노동조합을 결성하고 있는 경우에

---

67) 학설은 소수자가 협약체결 의사결정에 참가할 수 없다는 것을 이유로 반대하는 경우가 많다. 山口, 198면; 諏訪康雄, 「勞働組合法17條をめぐる基礎的な考察」, 一橋論叢 99권 3호, 366면; 下井, 勞使關係法, 162면; 西谷, 387면.

68) 朝日火災海上保險事件 ― 最三小判 平8. 3. 26, 民集 50권 4호, 1008면 ― 이 사건에서는 협약의 일부가 일정 한도로 확장 적용되어서는 아니 되는 특단의 사정이 있다고 보았다. 특히 이러한 해석은 하급심 판례의 흐름이었다. 東京商エリサーチ事件 ― 東京地判 昭59. 9. 13, 判時 1132호, 168면; 第四銀行事件 ― 新潟地判 昭63. 6. 6, 判時 1280호, 25면. 최근에는 都市開發エキスパート事件 ― 橫浜地判 平19. 9. 27, 勞判 954호, 67면.

69) 위의 朝日火災海上保險事件의 구체적 판단에 관한 의문으로서는 菅野, 「就業規則變更と勞使交涉 ― 判例法理の發展のために」, 勞働判例 718호, 13면을 참조.

70) 상세한 것은 名古道功, 「勞働協約の變更と擴張適用」, 講座21世紀(3), 126면 이하.

는 적용을 제외한다는 취지의 명문이 없는 점이나 혹은 확장 적용을 인정해도 소수조합이 보다 유리한 협약을 요구하여 단체교섭·쟁의행위를 하는 것은 자유이므로 소수 조합의 자주성을 빼앗는 것으로 되지 않고 오히려 약한 소수 조합의 보호에 이바지하는 것 등을 이유로 한다.

　개인적으로는 소수 조합의 단체교섭권을 다수 조합의 단체교섭권과 동등하게 보장하고 있는 현행 법제 하에서는 이 문제에 대해서는 부정설이 필연적이 된다고 생각한다.[71] 더구나 이것은 소수 조합이 당해 사항에 대해 이미 협약을 체결하고 있는지의 여부를 불문한다고 생각한다.[72]

　우선 만약 긍정설을 채택하여 소수 조합의 조합원에게도 다수 조합의 단체협약이 확장 적용되게 된다고 하면, 소수 조합이 다수 조합의 협약의 성과를 자동적으로 이용할 수 있음과 동시에 거기에 만족하지 않으면 보다 유리한 단체협약을 요구하여 단체교섭과 쟁의행위가 가능하게 된다. 요컨대 조직인원이 4분의 1 미만의 소수 조합 쪽이 4분의 3 이상의 다수 조합보다도 단체교섭상 유리한 법적 지위를 보장받는 결과가 된다. 분명 사용자가 다수 조합과는 임금인상·일시금 협정을 체결하면서 소수 조합과는 단체교섭을 거부하고 있다는 상황에서는 소수 조합원이 협정의 확장 적용을 요구하는 주장은 공감을 얻을 것이다.[73] 그러나 이러한 상황은 현행 법체계상으로는 부당노동행위의 구제절차에 의해 대처해야 할 것이다.

　또 긍정설은 한편으로는 다수 조합의 단체교섭권을 소수 조합의 단체교섭권에 우월하게 하여 소수 조합의 단체교섭상의 독자적 입장을 침해하는 귀결을 가져올 수 있다. 즉 사용자의 근로조건변경의 제안에 다수 조합이 찬성하고 소수 조합이 반대하고 있는 경우에는 다수 조합의 협약을 소수 조합에 미치게 하는 것은 이 문제에 관한 소수 조합의 독자적 단체교섭권을 소홀히 여기는 것이 된다(앞의 각주의 ネスレ日本事件 참조). 그것이 통일적 처리를 요하는 사항이라면 사용자는 먼저 소수 조합과의 동일 협약 체결을 목표로 하고 그것이 성취되지 않는 경우에는 취업규칙의 합리적인 개정을 단행해야 한다.

---

　71) 같은 취지: 山口, 199면; 下井, 労使関係法, 161면; 西谷, 388면; 大輝交通事件 ― 東京地判 平7. 10. 4, 労判 680호, 34면; ネスレ日本事件 ― 東京地判 平12. 12. 20, 労判 810호, 67면.
　72) 소수 조합이 당해 사항에 대해 이미 협약을 체결하고 있는 경우에 한하여 확장적용이 없다고 보는 견해로서 桂川精螺製作所事件 ― 東京地判 昭44. 7. 19, 労民 20권 4호, 813면; 최근에는 盛, 347면.
　73) 福井放送事件 ― 福井地判 昭46. 3. 26, 労民 22권 2호, 355면.

2. 지역적인 일반적 구속력

(1) 취지 · 연혁

노조법은 사업장 단위의 일반적 구속력에 이어 '하나의 지역에서 종업하는 동종 근로자의 대부분이 하나의 단체협약의 적용을 받게 된 경우에는 당해 단체협약의 당사자 쌍방 혹은 일방의 신청에 의해 노동위원회의 결의에 따라 후생노동대신 또는 도도부현 지사는 해당 지역에서 종업하는 다른 동종 근로자 및 그 사용자도 당해 단체협약 …… 의 적용을 받아야 한다는 결정을 할 수 있다'고 규정하고 있다(18조 1항).74) 이 지역적인 일반적 구속력의 연혁은 거의 명확한데, 이러한 제도는 독일의 1918년 노동협약법으로 규정되어 현재까지 계승되고 있다. 또 프랑스에도 동일한 제도가 있다. 그 입법취지는 일정 지역에서 지배적 의무를 가지는 단체협약상의 근로조건을 그 지역의 동종 근로자를 위한 공정 근로기준으로 간주함으로써 사용자간 및 근로자간의 근로조건 절하 경쟁을 배제하는데 있다.

지역적인 일반적 구속력 제도는 직종별 혹은 산업별 노동조합이 체결하는 횡단적 단체협약을 전제로 하는데, 기업별 협약이 지배적인 일본에서는 활용의 여지가 적지만,75) 젠센(ゼンセン)동맹이 아이치현 오니시(愛知県尾西)지역의 사염업(糸染業)의 주도적 기업 42사(連名)와 체결한 연간 휴일을 86일 이상으로 하는 취지의 협정에 대해, 아이치현 지사가 위의 동맹 신청과 동현 지방노동위원회의 결의에 근거하여 1982년 5월 6일에 이것을 동지역의 다른 사염업자의 상용 근로자에게도 확장 적용하는 취지의 결정을 했다는 예가 있다.76)

(2) 요 건

확장 적용의 효과를 발생시키기 위해서는 일정한 실질적 요건의 구비와 함께, 일정한 절차적 요건의 이행과 실천이 필요하다. 먼저 실질적 요건은 '하나의 지역에서 종업하는 동종 근로자의 대부분이 하나의 단체협약의 적용을 받게 된' 것이다(18조 1항). 그리고 절차적 요건은 ① 당해 단체협약의 당사자 쌍방

---

74) 이 제도의 연혁, 취지, 요건에 관한 포괄적인 고찰을 시도한 문헌으로서 古川景一=川口美貴, 労働協約と地域的拡張適用－UI－ゼンセン同盟の実践と理論的考察 가 있다.
75) 1945년대의 여섯 가지의 사례는 東大労研, 注釈労組法下, 863면 이하 참조.
76) 위 협정은 노조법 17조에 의한 확장 적용자를 포함한다면, 동지역의 동종 근로자 중 74.2%의 근로자에게 적용되고 있었다. 상세한 것은 中労時報, 688호, 8면.

또는 일방에 의한 후생노동대신 또는 도도부현 지사에 대한 확장적용 결정의
신청, ② 이 신청에 대한 노동위원회(중앙노동위원회 또는 지방노동위원회)의 확장
적용해야 한다는 취지의 결의, ③ 이 결의를 받은 후생노동대신 또는 도도부현
지사의 확장 적용 결정과 그 공고이다(18조 1항, 3항). 또한 노동위원회는 ②의
결의를 하는 경우에 당해 단체협약에 부적당한 부분이 있다고 인정한 때에는
이것을 수정할 수 있다(동조 2항).

(3) 효   과

후생노동대신 또는 도도부현 지사의 위의 결정은 당해 지역에 종업하는 다
른 동종 근로자 및 그 사용자도 당해 단체협약(노동위원회에 의한 수정도 포함하
여)의 적용을 받아야 한다는 것을 내용으로 한다(동조 1항). 결정은 그 공고일
또는 정하는 발효일부터 시작된다. 또한 이렇게 하여 확장 적용되는 것이 당해
단체협약의 규범적 부분에 한정되는 것은 여기에서도 마찬가지다. 확장 적용되
는 단체협약이 기간만료 등에 의해 실효되었을 때에는 결정 효력도 당연히 종
료한다.

제 5 절 단체협약의 종료

1. 단체협약의 종료 사유

단체협약은 유효기간의 만료, 해지, 목적의 달성, 당사자의 소멸, 반대협약의
성립 등의 사유에 의해 종료하고 효력을 잃는다.[77]

(1) 유효기간의 만료

노조법은 단체협약에 유효기간을 정할 경우에는 3년을 넘는 기간을 정해서
는 안 된다고 하고 있으며, 그보다 긴 기간을 정하고 있는 단체협약은 3년 기
간을 정한 단체협약으로 간주한다고 하고 있다(15조 1항, 2항). 기간이 너무 긴
협약은 노사가 상황의 변화에 적절하게 대처하는 것을 방해하고 더 나아가 노
사관계의 안정을 해치기 때문이다.[78]

---

77) 상세한 것은 東大労研, 注釈労組法下, 762면 이하.
78) '平成23年 労働協約等実態調査'에 의하면, 포괄협약의 64.3%기 유효기간의 규정이 있고, 그

유효기간을 만료한 협약은 당연히 종료(실효)되는데, 기간만료시의 합의에 근거한 갱신 또는 연장(기간을 정한 경우에는 3년 이내로 한정한다)도 가능하다. 또 협약상의 규정에 근거한 '자동갱신'도 가능하다. 즉 단체협약에서는 그 유효기간의 만료 전 일정 기일까지 양당사자의 어느 측으로부터도 협약의 개정 또는 파기의 통고가 없는 한, 당해 협약을 계속해서 동일 기간 또는 일정 기간 유효한 것으로서 존속(갱신)시키는 취지의 규정을 둘 수가 있다. 더구나 기간이 만료하여도 새로운 협약의 내용에 대해 노사교섭이 타결되지 않은 때에는, 새로운 협약의 성립까지 또는 일정 기간, 당해 협약의 유효기간을 연장한다는 '자동연장' 규정도 유효하다.79)

이들 중 '자동갱신'은 협약만료 전의 일정 기간까지 어떤 당사자도 갱신에 대한 이의를 제기하여 현 단체협약을 만료시킬 수 있는 것이므로, 갱신기간은 현 협약의 유효기간과 연속한 것으로는 볼 수 없고, 갱신기간이 독립하여 최장기간 제한에 따르는데 지나지 않는다. 이에 비해 '자동연장'의 경우에는 협약만료시까지는 협약개정 교섭이 타결되지 않는 한, 어느 당사자도 자동연장을 방해할 수 없으므로 연장기간은 현 협약의 유효기간과 연속한 것으로 간주된다. 그래서 자동연장이 유효기간을 정하지 않고 이루어지든가 또는 '신협약의 성립까지의 기간'으로서 이루어지는 경우(이러한 경우에는 15조 3항, 4항에 의해 일방 당사자는 언제라도 90일 전의 예고로 연장된 협약을 해지할 수 있다)를 제외하고 연장기간은 현 협약의 유효기간과 합쳐 3년을 초과하지 않을 것을 필요로 한다(초과하면 합쳐서 3년간으로 단축된다).80) ⑨

또한 협약의 법정 최장기간은 '협약 성립일로부터 ○년 간'과 같은 확정 기간부 협약뿐만 아니라 '○○공사 완성까지'와 같은 불확정 기한부 협약에도 적용된다고 해석하는 것이 다수설이다.81) 이 설에 의하면 불확정 기한부 협약이 기한이 도래하지 않은 채 3년을 경과하면 그 협약은 기간만료에 의해 종료된다. 그러나 이에 대해서는 그러한 협약은 3년 경과시에 불확정 기한부의 자동갱신이 이루어진다 해석해야 한다는 견해도 생각할 수 있다.82)

규정은 65.1%가 '1년 이하', 27.8%가 '1년 초과 3년 미만', 7.1%가 '3년'이다.

79) 위의 조사에 따르면, 유효기간이 있는 포괄협약 가운데, 41.8%가 자동연장 규정을, 39.1%가 자동갱신 규정을 가지고 있다.

80) 幸地成憲, 「成立・期間」, 現代講座(6), 96면.

81) 幸地, 앞의 논문, 93면.

82) 有泉亨=山口浩一郎, 「労働協約の終了」, 労働法大系(2), 176면 참조.

⑨ **자동갱신과 자동연장의 구별**

　자동갱신은 협약만료시 양 당사자의 합의에 의해 동일 단체협약을 간이한 방법으로 일정 유효기간에 걸쳐 다시 체결하는 제도인데 비해, 자동연장은 단체협약의 기간만료시의 개정교섭이 타결되지 않는 사태에 대처하는 제도이다. 그러나 실제상으로는 양자의 어느 쪽인지가 명확하지 않은 연장(내지 갱신)규정도 있으며, 또한 양자의 성질을 겸비한 연장규정도 있다. 판례에서는 전자의 예로서 '기간 만료 1개월 전에 사용자 또는 조합으로부터 개정 의사표시가 이루어지지 않은 때에는 본 협약의 효력은 자동적으로 연장하는 것으로 한다'는 협정이 자동연장조항이 아니라 유효기간을 동일기간으로 한 자동갱신조항이라고 해석되었다(日本亞鉛事件 ― 福井地決 昭24. 8. 13, 勞判集 5호, 152면). 또 후자의 예로서는 '본 협약의 유효기간만료 1개월 이전에 당사자의 일방으로부터 개정 의사표시가 없을 때에는 본 협약은 자동적으로 다시 1년 연장되는 것으로 한다. 단 유효기간 중에 개정협약이 성립하지 않은 경우에는 성립할 때까지 유효한 것으로 한다'는 협정이 있다. 동 협약은 그 유효기간만료 1개월 전에 어느 당사자로부터도 개정 의사표시가 없으면 1년간 갱신됨과 동시에 개정 의사표시가 이루어져도 유효기간만료시까지 개정협약이 성립하지 않은 경우에는 개정협약이 성립할 때까지 연장된다고 보았다(国光電機事件 ― 東京地判 昭41. 3. 29, 勞民 17권 2호, 273면).

　(2) 해지·해제

　기간의 정함이 없는 단체협약은 당사자 일방이 서명하거나 또는 기명날인한 문서로서 적어도 90일 전에 예고함으로써 이를 해약할 수 있다(15조 3항 전단, 4항). 기간을 정하지 않고 자동 연장된 협약도 동일하다(동조 3항 후단). 예고기간은 '적어도 90일 전'으로 되어 있으므로(동조 4항), 90일보다 긴 경우라도 된다. 예고기간을 제시하지 않았거나 90일보다 짧은 예고기간을 제시하여 해지가 이루어진 경우에는, 해지문서가 도달한 후 90일의 경과와 함께 해지효과가 발생한다고 해석해야 한다.[83] 해지에는 각별한 이유를 필요로 하지 않지만 너무나 자의적이고 노사관계의 안정을 현저히 해치는 해지는 해지권 남용으로 보는 경우도 있을 수 있다.

　또한 기간 설정의 유무를 불문하고 단체협약에 대해서도 채무불이행에 의한 해제 가능성은 있는데, 그것은 상대방에 의한 중대한 위반에 대해 예외적으로만 허용된다고 해석해야 한다.[84] 또 마찬가지로 기간설정의 유무를 불문하고 협약 당사자는 언제라도 합의에 의해 단체협약을 즉시 또는 일정 기간을 두고 해지할 수 있다고 해석된다. 단 이 합의해지는 단체협약의 체결·해지의 요식성(노조 14조, 15조 3항, 4항)과의 형평상, 서면으로 양 당사자의 서명 또는 기명날인이 된 것을 필요로 한다고 생각할 수 있다.[85]

---

83) 外尾, 653면; 西谷, 395면.
84) 石井, 445면; 山口, 206면.
85) 山口, 206면. 西谷, 377면은 채무적 부분에 한하여 구두에 의한 합의해약이 가능하다고 한다.

사정변경에 의한 단체협약(그 전부 또는 일부)의 해지는 당사자가 협약 체결 시에 전혀 예견할 수 없었던 이상한 사태가 발생하여 당해 협약(그 규정)을 유지하는 것이 사회통념상 현저하게 부적당한 경우에만 예외적으로 인정될 수 있다.[86] 즉 그것은 단체협약의 노사관계 안정기능을 희생으로 하여도 어쩔 수 없다고 생각할 수 있을 정도의 비상사태가 발생한 경우에만 인정되어야 하는 것이다.[87]

이상을 통하여 단체협약의 일방적 해지는 특별 규정과 상대방의 동의가 없는 한, 당해 단체협약 전체에 대해만 할 수 있다는 것이 원칙이다.[88] 바꾸어 말하면 협약은 통상 일체적인 계약이므로 당사자는 자기에게 불리한 부분만을 해지하는 것은 허용될 수 없다. 단 협약 중 독립성이 강한 일부로서, 협약체결 후 예기할 수 없는 사정변경에 의해 이를 유지하기가 힘들게 되어, 그 합의해지를 위한 충분한 교섭을 거쳤으나 상대방의 동의를 얻지 못하고 더구나 협약 전부의 해지보다도 노사관계상 온당한 수단이라는 경우에는 예외적으로 협약의 일부 해지가 인정되는 경우도 있을 수 있다.[89]

(3) 목적 달성

단체협약에 각별한 기간 설정이 없는 경우에도 그것이 일시적인 문제의 처리를 위한 여러 사항을 정한 것인 경우에는, 당해 문제의 처리가 종료되면 당해 협약은 목적달성에 의해 종료한다고 생각할 수 있다.[90] 예를 들어 어느 시기의 임금인상, 일시금, 합리화, 인원정리 등에 관한 협정은 각별히 기간을 붙이지 않아도 당해 임금인상의 실시, 일시금의 지불, 합리화·인원정리의 완료에 의해 그 임무를 마치고 종료하게 된다.

(4) 당사자의 변동

(가) 사용자　　　단체협약은 당사자 기업의 해산에 의해 종료한다(엄밀한 종료=실효시기는 청산 종료시가 될 것이다). 합병의 경우에는 피합병 회사의 협약은

---

86) 外尾, 653면.
87) 부정한 예로서는 ニチバン事件 — 東京地判 昭54. 6. 5, 労判 322호, 27면.
88) 일부 해지가 부정된 사례로서 光洋精工事件 — 大阪地判 平元 1. 30, 労民 40권 1호, 51면.
89) ソニー事件 — 東京地決 平6. 3. 29, 判時 1492호, 141면; ソニー事件 — 東京高決 平6. 10. 24, 労判 675호, 67면. 日本アイ・ビー・エム事件 — 東京高判 平17. 2. 24, 労判 892호, 29면. 다양한 협약의 다양한 조항의 일부 해지에 대하여 하나하나 유효성을 긍정·부정하는 판단을 한 사례로서, 黒川乳業事件 — 大阪高判 平18. 2. 10, 労判 924호, 124면. 또한 下井, 労使関係法, 156면 참조.
90) 山口, 209면.

합병회사의 협약으로서 계속된다. 영업양도의 경우에는 단체협약의 승계에는 양도계약에서 그러한 취지의 특약을 할 것을 요한다.[91] 회사분할의 경우, 단체협약의 승계방법에 대해서는 노동협약승계법이 상세한 규정을 마련하고 있다 ('회사분할'의 부분을 참조).

(나) 노동조합   노동조합의 해산에 의해 그 조합이 체결된 협약은 종료한다. 이에 대해 조직변경의 경우에는 변경 전 조합의 협약은 변경 후 조합으로 계승된다. 합동의 경우에도 마찬가지이다. 노동조합이 사실상 소멸해버린 경우에는, 당해 노동조합이 체결한 단체협약은 종료한다고 해석하지 않을 수 없다.[10]

> **[10] 조직분열과 협약의 운명**
> A조합에서 다수가 이탈하여 B조합을 결성하고, 한편으로 잔류파가 계속해서 A조합을 이어나갈 경우에는, 원래의 A조합의 협약의 운명은 다음과 같이 된다. 먼저 A조합이 조직변경에 의해 B조합이 되었다고 인정되면, B조합이 A조합의 협약을 승계한다. 그러나 B조합에 대한 조직변경이 유효하게 성립하지 않았으며 한편으로 법률적인 '분열'에도 해당하지 않는다면, 원래의 A조합에 있어서 대량탈퇴와 탈퇴자에 의한 새로운 조합결성이 이루어진데 지나지 않고 A조합 자체는 존속하고 계속해서 협약의 당사자가 된다. 이에 대해 A조합이 법률적으로 새로운 A조합과 B조합으로 '분열'되었다고 인정되는 경우에는, A조합은 소멸한 것이 되므로 그 단체협약은 종료한다.

(5) 반대협약의 성립

기존의 협약규정에 명백하게 반하는 협약규정을 양당사자가 새롭게 체결한 경우에는 양당사자의 협약관계에 있어 옛 규정에 대신하여 새로운 규정이 설정된 것으로, 옛 규정은 새로운 규정의 발효와 함께 종료한다고 해석하지 않을 수 없다.

이에 대해 기존의 협약규정에 명백히 반하는 노사관행이 형성되어 노사관계상의 원칙이 실제상 변해버린 경우는 어떠할까? 노사관행의 법적 성질에서는 그 관행의 형성에도 불구하고 단체협약 자체는 기간만료나 해지시까지는 존재한다고 해석하지 않을 수 없다. 그러나 노사관행에 의한 새로운 노사관계 원칙은 부당노동행위의 성립여부에서 충분히 고려할 수 있게 될 것이다.

2. 단체협약 종료 후의 노사관계

단체협약이 기간만료와 해지 등에 의해 종료된 경우에는, 그때까지 단체협

---

91) 石井, 446면.

약의 규정에 준거해 온 노사관계(노동관계)는 무엇을 준칙으로 해야 하는가 하는 문제가 발생한다.

(1) 채무적 부분

먼저 노동조합에 대한 편의제공, 사업장 내 노동조합 활동의 취급, 단체교섭의 절차·원칙, 노사협의제 등에 관한 단체협약이 실효한 경우에는 그러한 편의, 절차, 원칙은 그 법적 근거를 잃는다(채무적 효력의 실효). 그러나 그때까지의 노사관계가 그러한 협약규정에 따라 운영되어 왔다는 사실은 관행적 사실로서 이후의 노사관계에 있어서도 의미를 가진다. 예를 들어 사용자가 합리적인 이유 없이 또는 노동조합과 협의를 거치지도 않고 종래의 취급을 폐지 내지는 변경해 버린 경우에는, 노사관계의 상황에 따라서는 노동조합활동을 곤란하게 하여 이를 약화시키는 부당노동행위(지배개입)로 판정되는 경우가 있을 수 있다.

(2) 규범적 부분

단체협약의 종료를 둘러싼 가장 곤란한 문제는 단체협약이 종료한 경우, 해당 협약상의 규범적 효력에 의하여 규율되어 온 근로조건은 어떻게 되는가(근로자는 해당 협약상의 근로조건의 기준을 향수할 수 없게 되는가), 라는 문제이다.[92] 독일에서는 1949년 단체협약법이 제정된 이래, 단체협약상의 법규범(규범적 부분)은 협약의 기간만료 후에도 단체협약, 사업소협정, 근로계약 등으로 새로이 달라지는 규정을 두지 않는 한 그 효력은 지속된다고 규정하고 있다. 이것이 단체협약의 여후효(Nachwirkung)라고 불리는 것으로, 이 규정이 만들어지기까지는 단체협약의 규범적 부분이 근로계약에 포함되어 그 내용으로 되어버렸다고 설명하여 동일한 귀결을 도출해내고 있었다. 또 일본에서는 동일한 문제가 협약체결 조합으로부터의 이탈(제명, 탈퇴)에 의해 협약의 적용을 받지 않게 된 근로자의 근로조건에 대해서도 발생한다.

예를 들어, 사용자가 임금협약이 실효된 후 경영위기를 이유로 새로운 임금안을 독자적으로 작성하여, 이것에 근거하여 조합원에게 종전보다 낮은 임금을 지불했으므로 조합원이 협약 임금과의 차액을 소구(訴求)한 사안에서는 판결은 단체협약이 기간만료에 의해 실효한 이상, 협약상의 규정 자체가 효력을 지속

---

92) 앞에서 언급한 일시적 단체협약으로 그 목적의 달성에 의해 종료하는 것에 대해서는 이러한 문제는 발생하지 않는다(学校法人大阪経済法律学園事件 ― 大阪地判 平20. 11. 20, 労判 981호, 124면 참조).

하는 일은 있을 수 없으나, 협약실효 후의 근로계약에 있어서 당사자의 합리적 의사는 협약상의 근로조건을 존속하게 하는데 있다고 해석해야 한다고 판시했다. 따라서 이것과 다른 새로운 합의가 성립하지 않은 한 종전의 근로조건은 통용된다고 하여 소송을 용인했다.[93]

학설로서는 위의 판결과 같이 단체협약 규정이 그 종료 후에도 효력을 유지한다고 하는 의미에서의 여후효(余後效)를 부정하면서, 근로계약 당사자의 합리적 의사해석의 방법에 의해 종전의 근로조건의 존속을 도출해내는 견해가 '다수설'이라고 할 수 있다. 이에 대해 다른 학설은 독일이 입법적으로 해결하기 전의 이론처럼 단체협약의 규범적 부분은 직률적 효력에 의해 근로계약의 내용이 되므로 이 계약내용이 협약이 실효한 후에도 존속한다고 주장한다.[94]

단체협약의 규범적 효력은 협약의 유효기간 중에 한정하여 근로계약을 (외부로부터) 규율하는 특별 효력이므로, 단체협약이 종료하면 근로계약은 자기를 규율하고 있던 규범을 잃게 된다. 따라서 단체협약의 종료 후에는 근로계약의 내용은 일단 공백이 되는데, 노동관계가 계속되기 위해서는 이 공백을 어떠한 방법으로든 잠정적으로 보충할 필요가 생긴다. 이에 대해서는 계약법의 원칙(예를 들어 no work no pay 원칙) 등의 보충규범(할증률에 관한 노기법 37조, 연휴의 일수에 관한 동39조 등도 보충규범이 될 수 있다)이 당해 노동관계에 대해 존재하면, 그것이 이 공백을 보충한다고 생각해야 할 것이다. 그리고 그러한 보충규범이 존재하지 않은 경우에는, 종래의 타당했던 협약내용이 잠정적으로 공백부분을 보충한다는 것이 계속적 계약관계의 합리적인 처리방법이라 할 수 있다.[95] 독일과 같은 입법적 수단이 없는 일본에서는 이 처리방법이 근로계약에 있어서 하나의 원칙으로서 승인되어야 한다고 생각된다.[11]

위의 잠정적 처리는 새로운 단체협약이 성립하거나 취업규칙의 합리적 개정이 이루어지면 종료하며, 이후에는 그러한 새로운 규정이 근로계약을 규율하게 된다.[96]

▎[11] **퇴직금 협정의 실효와 취업규칙에 의한 보충**
어떤 사건에서는 퇴직금의 지급사유·계산방법 등을 정하는 퇴직금 협정이 기간만료에

---

93) 朝日タクシー事件 ― 福岡地小倉支判 昭48. 4. 8, 判タ 298호, 335면.

94) 西谷, 400면.

95) 이러한 입장에서 협약종료 후의 근로조건을 처리한 사례로 金蘭交通事件 ― 札幌地判 平11. 8. 30, 労判 779호, 69면.

96) 山口, 211면도 이러한 견해와 거의 같음. 판례로 九州自動車学校事件 ― 福岡地小倉支判 平13. 8. 9, 労判 822호, 78면.

의해 실효되었는데, 새로운 협정이 성립되지 않고 퇴직금의 지급기준에 대한 공백기간이 발생해 버렸다. 판례는 이에 대해 취업규칙에는 '퇴직금은 퇴직금 협정에 의한다'고 정해져 있으므로, 이미 실효한 퇴직금 협정이라도 취업규칙의 내용이 됨으로써 실효 후에도 계속 지급기준이 된다라고 판결했다(香港上海銀行事件 — 最一小判 平元 9. 7, 労判 546호, 6면). 이렇게 취업규칙의 관계규정을 이용하여 실효한 협약의 기준을 유지하는 것도 협약 실효 후의 근로계약 보충의 한 방법이다.

제 4 장

단체행동

제 1 절   단체행동의 법적 보호 내용

1. 단체행동의 법적 보호 · 서설

이 장에서 다루는 '단체행동'이란 헌법 28조에서 말하는 '단체행동'을 의미한다. 즉 이것은 헌법 28조의 단체행동권에 의해 보호를 받을 수 있는 유형의 행동이다. 그리고 단체행동권에는 쟁의권과 조합활동권이라는 두 종류의 권리가 포함되어 있으므로, '단체행동'에도 쟁의권에 의해 면책을 받을 수 있는 유형의 행위와 조합활동권에 의해 면책을 받을 수 있는 유형의 행위라는 두 종류가 있게 된다. 전자를 '쟁의행위'라고 칭하고 후자를 '조합활동'이라고 칭하는 것이 적절할 것이다.[1]

근로자의 단결활동 가운데 시민법 질서와의 충돌 때문에 오래 전부터 곤란한 문제를 발생해 온 것은 파업, 피케팅, 보이콧 등의 쟁의행위이다. 이들은 집단적 근로의무 위반성이나 사용자의 업무를 고의로 집단적으로 저해한다는 집단적 가해성 때문에, 선진 자본주의국가에서는 당초 입법과 판례에 의해 형사책임이 지워지고, 이어서 계약위반 내지는 불법행위를 근거로 하는 손해배상책임의 추급과 금지명령에 의한 억압을 받아왔다. 그러한 형사책임과 민사책임을 면책하는 입법과 판례의 축적에 의해 수립된 것이 쟁의권이다. 일본의 헌법 28조 · 노동조합법의 형성에 특히 영향을 미친 영국, 미국, 독일의 노동조합법제에서는 이러한 쟁의권의 수립을 가져온 기본적 정책은 단체교섭의 용인 내지 장려로, 파업이나 피케팅은 단체교섭이 기능하게 하기 위해서 필요한 수단이기 때문에, 그러한 시민법상의 책임을 일정 요건 하에서 면제되게 되었다. 또 이러한 쟁의권의 확립과 서로 전후하여 그때까지 쟁의행위와 동일하게 법적 억압의 대상으로 여겨지기 쉬웠던 단체교섭을 요구한 행위도 형사책임 등의 법적 책임에서 면책되었다.

헌법 28조의 단체행동권은 선진 자본주의국가에서 수립된 쟁의권을 계승함과 동시에, 그 법적 보호를 그 외의 조합활동에도 확장하여 규정한 것으로 해석된다. 이렇게 헌법 28조의 단체행동권은 선진국에서의 쟁의권 보장의 많은 법적 효과를 계승하고 더욱이 쟁의행위 이외의 조합활동도 보호 대상에 포함되어 있어 다른 나라들에 비해 두터운 보호가 이루어지고 있다.②

① 쟁의행위의 개념의 다양성

'쟁의행위'의 법률상의 개념으로서는 위와 같은 ① 헌법 28조의 쟁의권에 의해 보호를 받을 수 있는 행위로서의 '쟁의행위' 외에, ② 특로법, 지공로법, 국공법, 지공법 등에 있어서의 쟁의행위 금지규정(국공 98조 2항, 지공 37조, 특로 17조, 지공로 11조)상의 '쟁의행위', ③ 노조법상의 '쟁의행위'(노조법(労調法) 6조의 '노동쟁의'의 존재유무 및 동법 제5장의 쟁의행위의 제한·금지와의 관계에서 동법 7조가 정의하는 '쟁의행위'), ④ 평화의무·평화조항에 의해 금지된 '쟁의행위'가 있으며, 이들은 어떤 것도 정립의 목적을 달리 하는 개별 개념이다(상세한 내용은 石川, 197면 이하). 이 장에서는 특별히 이의가 없는 한, ①의 의미로 '쟁의행위'라는 단어를 사용한다.

② 쟁의행위의 감소와 쟁의권의 현대적 의의

노동성의 노동쟁의 통계에서 보면, 일본에서는 파업, 그 밖의 쟁의행위는 발생건수, 노동상실 일수, 참가인원 등에 있어서 1973년 제1차 석유위기 이후의 시기를 정점으로 하여 그 후에는 급격히 감소하여 근래에는 최소한에 그치고 있다. 그 배경에는 기업별 노사관계에서 노사협의제를 주요한 수단으로 한 노사의 협력체제가 발달·보급한 적이 있다. 요컨대 일본의 주류의 노사관계에서는 노사간의 현안은 상호 밀접한 의사소통과 협의에 의해 해결하는 것이 가능하고 적절하며, 파업 그 밖의 쟁의행위는 교섭의 해결수단으로서 적절하지 않다는 견해에서 운영되고 있다고 할 수 있다. 또한 주류의 조합운동과는 달리 전투적 조합운동을 표방하고 있는 노동조합도 당해 기업에서의 조직인원이 소수이며 쟁의행위를 하기 힘든 상황에 있는 경우도 많다.

그러나 이러한 상황 속에서도 쟁의권의 보장과 쟁의행위법의 내용이 일본 노사관계에 있어서 중요성을 잃고 있는 것은 아니다. 쟁의권은 역시 노동조합과 사용자의 관계를 대등하게 하는 제도적 기반이며, 노사협의제도 이러한 기반이 있어야 비로소 노사대등의 협의제도로서 기능할 수 있는 것이라 할 수 있다. 또 학설과 판례에 의해 수립된 쟁의행위법의 원칙도 노사대결의 경우의 법적 귀결을 예측하게 함으로써, 노사가 안정적 노사관계 형성을 지향할 수 있는 한 요인이 되고 있다고 생각할 수 있다. 또한 쟁의행위가 드물게 되면 될수록 그것이 발생한 경우의 처리는 곤란해지므로 노사는 평소에 그 원칙을 명확히 해두는 것이 바람직하다.

2. 쟁의행위의 법적 보호

먼저 단체행동권 가운데의 쟁의권의 내용에 대해 약술한다.

(1) 형사면책

쟁의권의 첫 번째 내용은 정당한 쟁의행위는 형법상의 위법성이 부정되어 형벌이 부과되지 않는 형사면책이다. 이것은 '법령 또는 정당한 업무에 의한 행위는 벌하지 않는다'는 형법 규정(35조)은 '노동조합의 단체교섭, 그 외의 행위로 앞항에서 열거한 목적을 달성하기 위해서 한 정당한 것에 대하여 적용이 있는 것으로 한다'고 표현되어 있다(노조 1조 2항). 요컨대 노동조합[3]의 정당한 행위, 형법에서의 '정당행위'의 한 종류로서 범죄성립요건(구성요건 해당성·위법성·유책성)의 하나인 위법성이 조각된다는 것이다.

오늘날 사기업 부문에 대해서는 파업과 피케팅 등의 쟁의행위 그 자체를 처벌하는 형벌규정은 존재하지 않으나, 그래도 노동쟁의에서 강요(형 223조), 위력업무방해(형 234조), 주거침입(내지 불퇴거, 형 130조), 공무집행방해(형 95조) 등에 해당될 수 있는 행위가 행해질 수 있다. 형사면책은 정당성이 있는 행위라고 인정되는 한, 쟁의행위를 이러한 형벌규정의 발동으로부터 방어한다는 중요한 의의를 가지고 있다.

③ **헌법조합 · 쟁의단과 형사면책**
노동법의 형사면책 규정은 '노동조합의' 정당한 행위에 대해서만 면책을 규정하고 있지 않지만, 그것은 헌법 28조의 법적 효과의 확인규정이므로 헌법상의 조합(자주성 불비조합)과 쟁의단이 하는 단체행동에도 적용된다(의회의 심의과정에서 그 취지가 확인되었다). 또한 이러한 것은 헌법 28조에 포함된 형사면책의 법적 효과에 의해서도 형사면책을 향수한다.

(2) 민사면책

다음으로 노조법은 '사용자는 동맹파업, 그 밖의 쟁의행위로서 정당한 행위에 의해 손해를 입었다고 하여 노동조합 또는 그 조합원에 대해 배상을 청구할 수 없다'는 이른바 민사면책을 규정하고 있다(8조). 민사면책도 헌법 28조의 쟁의권이 당연히 가지는 법률효과를 확인적으로 규정하고 있는 것이다(따라서 형사면책과 동일하게 헌법상 조합과 쟁의단이 하는 쟁의행위에도 적용된다).

이 민사면책의 의의인데 동맹파업(파업), 태업, 피케팅 등의 쟁의행위는 시민법상의 채무불이행책임과 불법행위책임을 발생하게 하는 것으로서 책임추급을 받아왔다. 즉 파업 및 태업은 근로계약상 근로의무 위반행위이고 보이콧도 동 계약상의 성실의무에 저촉된다. 또 이러한 계약위반(채무불이행)을 유치하는 지 도자의 행위는 채권(사용자의 노무급부청구권)을 침해하는 불법행위에 해당할 수 있다. 더구나 파업, 태업, 피케팅, 직장점거 등은 사용자의 조업(영업수행)의 권 리를 고의로 침해하는 불법행위이기도 하다. 그리고 쟁의 중에는 피케팅, 직장 점거 등 사용자의 기업시설과 생산수단에 대해 소유권, 그 밖의 권리를 침해하 는 행위도 종종 이루어진다. 민사면책은 이러한 쟁의행위 가운데 정당성이 인 정되는 경우에 대해 이상의 채무불이행과 불법행위 책임을 면제하는(면책하는) 법리이다. 이 책임면제의 법률적 의미는 채무불이행과 불법행위의 성립요건의 하나인 '위법성'이 부정되는 것이다.[1)

(3) 불이익 취급으로부터의 보호

근로자가 정당한 쟁의행위에 참가하거나 또는 이를 지도하거나 또는 방조한 것을 이유로 하는 사용자에 의한 해고, 징계 등의 불이익 취급은 사법상의 효 력으로서는 무효이며, 또한 사실행위의 측면에서는 불법행위의 위법성을 갖출 수 있다. 이것은 정당한 쟁의행위의 실행자에 대한 불이익 취급은 헌법 28조의 단체행동권 보장의 취지를 명시한 '공서'(민 90조)에 반하기 때문인데, 사법상의 무효성은 노조법상의 불이익 취급금지 규정(7조 1호)에서도 도출할 수 있다.

3. 노동조합활동의 법적 보호

(1) 법적 보호 내용

다음으로 노동조합활동의 법적 보호(조합활동권)의 내용에 대해서는, 먼저 형 사면책은 '노동조합의 단체교섭, 그 외의 행위로 앞항에서 열거한 목적을 달성 하기 위해 한 정당한 것'일반에 대해 규정하고 있으므로(노조 1조 2항), 정당한 조합활동에도 형사면책이 미치는 것은 의심의 여지가 없다. 이와 마찬가지로 불이익 취급으로부터의 보호에 대해서도 헌법 28조의 단체행동권의 보호 중에 쟁의권의 보장부분만이 '공서'(민 90조)가 된다고 해석해야 할 이유가 없으므로 역시 조합활동권 보장도 '공서'의 내용으로 되며, 따라서 정당한 조합활동에 대 한 불이익 취급도 '공서'위반이 된다(이 점은 노조법 7조 1호에서 생각할 경우에도

---

1) 상세한 것은 東大勞硏, 注釈労組法上, 499면 이하.

이 규정은 '노동조합의 정당한 행위' 일반에 대해 불이익 취급을 금지하고 있으므로 같은 결과가 된다).

이에 대해 민사면책에 대해서는 노조법이 일견 한정적으로 '쟁의행위'에 대해서만 규정하고 있으므로(8조), 쟁의행위 이외의 조합활동에는 민사면책은 인정할 수 없다는 학설이 있다.2) 이 학설은 더구나 일상적 노동조합 활동은 민사상 위법으로 되지 않는 범위 내에서 하더라도 충분히 목적을 달성할 수 있으므로, 민사면책의 실제상 필요성도 없다고도 지적한다. 그러나 정당한 일상적 조합활동(선전물 부착, 선전물 배포 등)도 사용자의 시설관리권 침해나 신용훼손 등을 이유로 하는 손해배상청구에 당면하는 것은 충분히 있을 수 있는 것으로 민사면책의 필요성을 인정할 수 있다.3) 그리고 헌법 28조의 단체행동권 보장이 그러한 조합활동에 대한 민사책임을 특히 제외했다고 해석할 근거는 보이지 않는다. 이리하여 통설은 쟁의행위 이외의 노동조합 활동에 대해서도 민사면책을 긍정한다.4)

(2) 쟁의행위의 법적 보호와의 차이

이렇게 노동조합활동도 쟁의행위와 마찬가지로 형사면책, 민사면책 및 불이익 취급으로부터의 보호를 받는데, 쟁의권은 단체교섭에서의 근로자 입장을 강화하거나 또는 교섭부진을 타개하기 위한 근로자의 압력행동을 보장하는 권리인데 비해, 조합활동권은 근로자의 단결체 활동을 일상적으로 보장하는 권리이므로, 두 활동의 정당성의 기준은 활동의 주체, 목적, 양상 등의 관점에서 중요한 차이가 있게 된다.

먼저 쟁의행위가 정당성을 인정받기 위해서는 단체교섭 주체에 의해 단체교섭상의 목적을 추구하고 수행되지 않으면 안 된다. 그 대신 그것은 파업, 태업, 피케팅, 직장점거 등, 사용자의 근로계약상의 권리와 조업권, 소유권, 시설관리권 등과 충돌하는 수단·방법으로 이루어져도 정당성을 인정할 수 있다. 요컨대 단체교섭상의 분쟁시에 교섭을 기능시키기 위해 평상시에는 허용되지 않는 특별한 행동을 보장할 때에 쟁의권의 독자적 의의가 존재한다.

---

2) 下井隆史=保原喜志夫=山口浩一郎, 労働法再入門, 211면; 山口, 290면; 下井, 労使関法, 82면.

3) 사례로서 北港タクシー事件 — 広島地判 昭58. 9. 29, 判時 1116호, 136면; 全国一般美浦トレーニング競馬分会事件 — 水戸地土浦支判 平元 9. 27, 労判 550호, 104면; エイアイジー・スター生命事件 — 東京地判 平17. 3. 28, 労判 894호, 54면; スカイマーク事件 — 東京地判 平19. 3. 16, 労判 945호, 76면; 全労連府中地域合同労働組合[トラストシステム]事件 — 東京地判 平19. 9. 10, 労判 953호, 48면.

4) 상세한 것은 東大労研, 注釈労組法上, 493면 이하; 최근의 西谷, 239면; 盛, 382면.

이에 비해 노동조합 활동의 경우에는 쟁의권과 같이 단체교섭을 촉진하기 위한 수단적 권리라는 한정을 지우지 않으므로, 정당성 요건으로서는 그 주체는 단결체의 통제 하에 있는 자라는 정도로 한정하면 되며, 목적사항은 단체교섭상의 사항에 한정되지 않고 근로자의 그 밖의 상호부조 내지 상호보호 사항에 미친다. 그러나 그 양상에 있어서는 쟁의행위의 경우와 같이 근로의무 위반(파업, 태업), 사용자의 업무운영의 고의적 저해 등은 허용되지 않으며, 원칙적으로 취업시간외에 업무를 저해하지 않도록 실시해야 한다는 제한에 따른다. 또 사용자의 시설관리와의 조화가 필요하다.④

④ '쟁의행위'와 '조합활동'의 구별

이상과 같이 쟁의행위와 노동조합 활동의 법적 보호가 그 요건에서 크게 다르다고 하면 양자를 어떻게 구별하는가? 다시 말해 노동조합활동과의 대비에서 쟁의행위의 개념을 어떻게 정할 것인가가 중요한 문제가 된다.

이 문제의 중심은 쟁의행위로서 특별 보호를 받는 행위의 유형을 한정하는지의 여부이다. 이 점에 대해서는 사용자 업무의 정상적인 운영을 저해하는 일체의 행위가 파업, 피케팅 등의 행위 유형을 불문하고 법적으로 '쟁의행위'로서 취급된다는 견해가 다수설이라 할 수 있다(예를 들어 石井, 366면; 外尾, 395면; 山口, 224면; 西谷, 389면; 盛, 380면).

그러나 개인적으로는 쟁의권은 파업권을 중심으로 하여 이것에 파업을 유지·강화하기 위해 사용자를 교섭상 고립시키기 위한 행동보장이 부수된 권리라고 생각한다. 바꿔 말하면 쟁의권이란 노동력의 집단적 거래로서의 측면을 가지는 단체교섭에서 노동력을 집단적으로 이용하지 못하게 함으로써 사용자의 조업을 정지시키고 사용자에게 경제적 압력을 가하는 권리이며, 또한 이 경제적 압력을 유지·강화하기 위해 사용자가 다른 노동력을 사용하거나 거래처를 확보하거나 하는 것을 방해할 수 있는 권리이다. 따라서 쟁의권에 의해 보호될 수 있는 행위로서의 '쟁의행위'는 '근로자집단이 그 주장의 시위 또는 관철을 목적으로 하여 노무를 완전 또는 불완전하게 정지하고, 필요에 따라 이 노무정지를 유지하기 위한 피켓행위 및 사용자와의 거래 거부를 요청하는 것'이라고 정의되어야 하며, 결국 파업, 태업, 피케팅, 직장 점거, 보이콧 등의 행위를 포함하는 데 그친다(菅野, 爭議行爲と損害賠償, 15면 이하 참조). 이것이 단체교섭권을 기능하게 하는 수단이라는 권리의 목적에서도 또한 동 권리의 생성 연혁에서도 적절한 해석이다. 선진국의 법제 등을 보아도 쟁의권이 파업권을 핵심으로 한 권리라는 점은 거의 분명하다(같은 견해로서는 下井, 勞使關係法, 169면; 荒木, 勞働法, 537면; 渡辺, 上, 79면).

이러한 사견에서는 리본 투쟁, 선전물 부착 투쟁 등 쟁의시에 노동조합이 하는 그 밖의 압력행동은 쟁의권에 의해 보호될 수 있는 유형의 행위가 아니라, 조합활동권에 의해 보호될 수 있는 행위이다. 따라서 그 정당성의 기준은 앞에서 언급한 노동조합 활동의 정당성 기준에 따른다. 그 정당성 판단 가운데 쟁의시 행동이라는 구체적 사정이 고려되게 된다.

제 2 절   단체행동의 정당성

1. '정당성'의 의의

쟁의행위와 노동조합활동(그리고 단체교섭을 요구하는 행위)에 대한 법적 보호(형사면책, 민사면책, 불이익 취급으로부터의 보호)는 어떤 것도 그러한 것들이 '정당한 것'인 경우에 한하여 인정된다(노조 1조 2항, 8조 참조). 이러한 의미에서 단체행동의 '정당성'은 헌법 28조 및 노조법의 단체행동권 보장의 범위와 한계를 구분하는 통일적 개념이다.[5]

근로자의 쟁의행위와 그 밖의 단체행동이 당초 시민법리에 의해 위법으로 되어, 이러한 시민법리를 수정하기 위해 단체행동권이 정립된 것을 생각하면 '정당성'은 본래는 시민법상의 '위법성'에서 출발하여 그 효과를 부정하기 위한 개념이라고 할 수 있다. 즉 시민법상으로는 위법이 되어 형사책임과 민사책임 그리고 징계처분의 대상이 되는 행위를 노동법상으로는 합법으로 특별히 보호하는 점에 '정당성' 개념의 진가가 있다. 따라서 정당성의 유무 판정에 있어서는 당해 행위가 시민법상 위법인지 아닌지를 불문하며, 시민법상 위법이라도 노동법상으로는 특별히 합법이 된다고 할 수 없는지가 문제가 되지 않을 수 없다.

그러나 주의해야 할 것은 '정당성' 판단은 항상 시민법상 합법성의 확대를 결과로 하는 것은 아니다. 정당성 유무는 다른 한편에서 당해 행위에 의해 침해될 사용자와 제3자의 권리·이익이 현행 노동법에서 어떻게 취급되고 있는가, 결국에는 사용자(내지 제3자)의 그러한 권리·이익에 대한 시민법상의 보호가 노동법에 의해 어느 정도 수정되고 있는가에 의존한다. 또 시민법상 적법한 행위로 동법상 책임추급의 대상으로 볼 수 없는 단체행동도 노동법상의 '정당한 행위'로 표현되는 경우가 있다. 이것은 그러한 적법한 행위도 법적 제재(책임추급)를 받지 않는다고 하는 공통된 성질 때문에 '정당한 행위'에 포섭되어버리기 때문이다.

또한 어떤 단체행동에 대해 정당성이 부정되는 경우라도 당연히 민사·형사책임이 긍정되는 것은 아니다. 정당성이 부정되는 것은 그러한 책임의 성립요건의 하나인 위법성이 긍정된다는 것에 지나지 않는다. 형사책임에 있어서는 이외에 구성요건 해당성과 유책성 요건이, 손해배상책임에 있어서는 고의·과실(특히 위법성의 인식가능성)과 손해와의 인과관계 요건이, 그리고 징계와 해고 등에 있어서는 취업규칙 해당성, 처분의 상당성 등의 요건을 별도로 음미하지 않으면 안 된다.[5]

⑤ **제3자의 손해와 정당성**

　노동조합(근로자)이 사용자에 대하여 행하는 쟁의행위, 그 밖의 단체행동이 정당한 경우에는 노사관계의 상대방인 사용자뿐만 아니라 당해 노사관계 밖에 있으면서 단체행동에 의해 손해를 입은 제3자(사용자의 거래처·고객·빌딩 동거인 등)도 그 손해의 감수가 요청된다. 이에 대해 당해 단체행동의 정당성이 부정되는 경우에는 그에 따라 권리를 침해받거나 손해를 입은 제3자는 노동조합(근로자)에 대해 금지청구나 손해배상청구를 할 수 있다. 이리하여 '정당성'은 노사관계 밖에 있는 제3자와의 관계에서도 책임 유무를 결정하는 기준이 된다.

2. 쟁의행위의 정당성

　쟁의행위의 정당성은 그 주체, 목적, 개시시기·절차, 양상의 4가지 측면에서 검토할 필요가 있다.

(1) 쟁의행위의 주체에 의한 정당성

　먼저 정당한 쟁의행위의 주체가 될 수 있는 자는 어떠한 자인가? 이에 대한 일반적 기준은 쟁의권보장의 취지에서 당해 쟁의행위를 수행한 자가 단체교섭의 주체가 될 수 있는 자인가의 여부이다. 이러한 관점에서는 '쟁의단'도 및 '자주성 불비 노동조합'도 헌법 28조의 단체교섭권의 보호는 받으므로 동조의 쟁의권 보호를 받는다.[6] 그러나 살쾡이 파업은 정당성을 인정받지 못하며 또한 비공인 파업도 경우에 따라 정당성이 부정된다.[6]

⑥ **비공인 파업·살쾡이**(山猫) **파업**

　비공인 파업 및 살쾡이 파업은 개념 자체가 종종 혼동되어 사용되지만, 비공인 파업을 '하부조합이 상부조합의 승인을 얻지 않고 독자적으로 실시하는 파업'이라고 정의하고, 살쾡이 파업은 '조합원의 일부 집단이 조합 소정기관의 승인을 얻지 않고 독자적으로 실시하는 파업'이라고 정의하면 다음과 같이 될 것이다.

　먼저 비공인 파업에는 단위조합이 규약상 필요한 상부단체(연합체)의 승인을 얻지 않고 실시하는 파업과 단위조합(단일조합) 내에서 그 자체도 노동조합으로서의 조직을 갖춘 하부조직(지부·분회 등)이 조합 소정기관의 승인을 얻지 않고 실시하는 파업의 두 종류가 있다.

---

5) 이상 상세한 것은 東大労研, 注釈労組法上, 505면 이하.

6) 외국인연수생 5명이 작업방법이나 업무할당의 변경에 반대하여 실시한 작업거부를 헌법 28조에 의하여 보호받는 파업으로 파악한 판례로서 三和サービス事件— 津地四日市支判 平21. 3. 18, 労判 983호, 27면.

어느 경우도 단체교섭의 주체는 될 수 있지만, 그 단체교섭권이 상부조합의 통제 하에 있는 것에 의한 쟁의행위이므로 당해 쟁의행위가 상부조합과의 사이에 단체교섭권 배분에 반하거나 상부조합이 수행하는 단체교섭을 저해하여 단체교섭 질서를 어지럽히지 않는지의 여부를 검토하여 정당성 유무를 결정해야 한다. 이에 대해 살캣이 파업은 단체교섭의 당사자가 될 수 없는 자에 의한 쟁의행위이므로 원칙적으로 성낭성을 인정할 수 없다(西谷, 435면은 목적을 관철하기 위한 파업은 정당성이 없지만, 단시간의 시위 파업은 정당성이 있다고 본다). 이러한 조합원 집단이 직장투쟁의 일환으로서 조합 본부로부터 단체교섭 권한을 위임받은 경우에도 그 독자적 판단으로 쟁의행위를 하는 것은 마찬가지로 정당성을 인정할 수 없다(三井鑛山三池鑛業所事件 — 福岡高判 昭48. 12. 7, 判時 742호, 103면).

(2) 쟁의행위의 목적에 의한 정당성

(가) 일반적 기준　　헌법 28조는 단체교섭을 중심으로 한 노사자치에 법적 기초를 부여하는 것을 취지로 하여, 단체교섭을 기능하게 하기 위한 권리로서 쟁의권을 보장하고 있으므로, 쟁의행위가 쟁의권 보장의 범위에 들어가기 위해서는 그것이 단체교섭상의 목적사항을 위해 수행되어야 한다.

(나) 정치파업　　'정치파업'이란 국가 또는 지방공공단체 기관을 직접적인 수신인으로 하여 근로자의 특정 정치적 주장의 시위나 혹은 관철을 목적으로 하여 행하는 파업이라고 정의할 수 있다. 쟁의행위가 단체교섭을 기능하게 하는 수단으로서 보장받고 있다고 해석하는 입장에서는, 정치파업은 단체교섭과는 무관한 쟁의행위로서 정당성을 가지지 못한다.[7] 이에 비해 쟁의권 보장의 취지를 보다 넓게 이해하는 입장에서는 정치파업의 정당성을 주장하는 학설이 생긴다. 이 가운데에서도 '경제적 정치파업'(근로조건과 단결권 그리고 사회보장 등의 근로자의 경제적 이익에 직접관계 있는 입법과 정책에 관한 파업)과 '순수정치파업'(근로자의 경제적 이익에 직접적으로는 관계하지 않는 정치문제에 관한 파업)을 구별하여, 전자는 헌법 28조에 의해 보장받고 있는 데 비해, 후자는 헌법 21조(표현의 자유)의 영역에 속한다는 설이 유력하다.[8] 그리고 그 실질적인 근거로서 국가의 정치가 국민의 일상생활의 구석구석에까지 침투하고 있는 오늘날의 사회에서는 근로자의 생활이익의 옹호를 위해서는 정치운동이 불가결하다고 주장한다.

분명히 근로자의 경제적 이익에 관계된 국정상의 정책에 적극적으로 관여하는 것은 오늘날의 노동조합의 중요한 과제가 되고 있다. 그러나 노동조합은 이러한 국책상의 과제와 주장을 위해서 이미 집회, 데모, 선거운동, 가두에서의

---

7) 石井, 377면. 石川, 212면은 정당성은 문제가 되지 않는다고 한다.
8) 沼田稻次郎, 勞働基本權論, 381면 이하; 外尾, 422면 이하; 西谷, 400면 이하; 盛, 388면.

선전물 배포 등의 시민법상에 보장된 수단을 가지고 있다.9) 이러한 것들 외에 파업이라는 수단을 보장받는가의 여부는 별개의 문제이며, 여기에서는 파업은 시민법상의 근로계약 위반이며 불법행위가 되는 행위라는 점을 고려하지 않을 수 없다. 파업은 단체교섭을 기능하게 하기 위해 필요한 수단이며, 이 단체교섭 은 근로조건의 결정에 대한 근로자의 사용자에 대한 대등성을 확보하게 할 뿐 아니라, 노사자치의 형성과 노사관계의 안정을 가져오며 사용자의 이익으로 연 결된다. 또한 사용자는 단체교섭에서 어떻게 대응하느냐에 따라 파업을 회피할 수 있다. 이것이 파업의 시민법상의 위법성을 제거하는 실질적 이유이다. 단체 교섭에 의해 해결할 수 없는 정치문제에 대해서는 근로자가 다른 사회적 약자 와 일반 국민에 비해 파업권을 보장받을 정도로 우세적 입장에 있다고 보는 것 은 적절하지 않다.

또한 정치파업이 헌법 28조의 보호를 받는 행동이 아니라는 점은 최고법원 판례에서 일관되게 주장되고 있다.10)

(다) **동정파업**   '동정파업'이란 '근로자가 자기의 노동관계에 대한 요구를 제기하지 않고 이미 사용자와 쟁의상황에 있는 다른 근로자의 요구 실현을 지 원하는 목적으로 수행하는 파업'이라고 정의할 수 있는 것으로, '지원파업'이라 고 부르는 쪽이 보다 적절하다. 이러한 지원파업은 일반적으로 말하자면 단체 교섭에 의한 해결가능성을 가지지 못한 것으로서 정당성을 인정할 수 없다. 근 로자간에 연대성(solidarity)을 인정할 수 있는 것과 근로자 계급의 경제적 향상 으로 이어지는 것은 그 정당성을 긍정하는 근거는 될 수 없다. 또 지원파업 참 가자가 원래 쟁의의 내용에 대해 실질적인 이익을 가지고 있는 경우에는 정당 성 있다고 보는 견해도 많은데,11) 그러한 경우에도 지원파업의 상대방 사용자 로서는 단체교섭과 무관한 사항에 대해 파업을 당하는 것과 다를 바 없다.12)⑦

---

⑦ **2차적 쟁의행위**

어느 기업(X사)의 근로자로 조직된 노동조합이 당해 기업과의 노동쟁의를 해결하기 위해 그 기업의 거래처 기업과 모(母)기업(Y사)의 사업장에서 피케팅 등으로 종업원의 노무정지를

---

9) 또 연합(連合: 렌고)계열의 조합은 노동정책에 관한 3자 구성의 심의회를 비롯하여, 정부 내 의 많은 정책분야에서의 심의회에 대한 참가를 인정하고 있다.

10) 全逓東京中郵事件 ― 最大判 昭41. 10. 26, 刑集 20권 8호, 901면; 全司法仙台高裁事件 ― 最 大判 昭44. 4. 2, 刑集 23권 5호, 685면; 全農林警職法事件 ― 最大判 昭48. 4. 25, 刑集 27권 4호, 547면; 三菱重工業事件 ― 最二小判 平4. 9. 25, 労判 618호, 14면.

11) 西谷, 424면은 이 견해에 대해 보다 상세한 기준을 세우고 있다.

12) 산업별 통일 지원파업에 대해서는 杵島炭礦事件 ― 東京地判 昭50. 10. 21, 労民 26권 5호, 870면 및 菅野, [判批], ジュリ 656호, 146면.

외치거나 업무를 방해하는 것은, Y사가 X사의 종업원에 대해 단체교섭상의 사용자로 인정되는 특별한 경우 이외에는 정당성을 인정할 수 없다. 이러한 쟁의행위(영국과 미국에서는 '이차적 쟁의행위'라고 부른다)는 상대방 기업(Y사)에서의 단체교섭과는 무관하고, 동기업(Y사)에 있어서는 다른 기업(X사)에서의 단체교섭상의 분쟁에 말려들게 되기 때문이다(미국에서의 2차적 쟁의행위 취급에 대해서는 中窪裕也, アメリカ労働法[第2版], 165면 이하). 판례에서는 노동조합이 사용자의 거래처에 대해 거래 중지를 요구한 행동에 대하여 양태상 내지 내용상의 과도함(거리 홍보차나 스피커를 사용하여 평온함을 방해하는 방법으로 요구, 거래제품의 품질 등에 대하여 잘못된 선전을 하는 것 등)을 이유로 중지 가처분을 인정한 사례가 상당수 보인다(예를 들어 真壁組事件 — 大阪地決 平4. 1. 13, 労判 623호, 75면; 大沢生コン事件 — 東京地決 平7. 3. 31, 労経速 1559호, 3면; 大沢生コン事件 — 東京地決 平8. 1. 11, 労経速 1611호, 22면).

(라) 경영·생산·인사에 관한 요구　　경영방침, 생산방법, 경영자·관리자 등의 인사에 관한 요구를 들어 실시하는 쟁의행위의 정당성은, 근로조건, 그 밖의 근로자의 대우와 관련지어 생각하여 개별 구체적으로 판정해야 한다.

예를 들어 광업소장의 추방과 편집국 차장의 해고철회 등 일견 관리자의 인사에 간섭하는 요구라도 그 진의가 조합원의 근로조건의 개선요구에 있다고 인정되면 정당성이 긍정된다.[13] 그러나 이사 선임에 대해 노동조합의 동의와 노동조합과의 협의를 요건으로 하는 것을 요구하거나, 특정인에 대한 이사로의 선임의 가부를 요구하는 것은 의무적 단체교섭사항이 아니라, 쟁의행위에 의해 강제할 수 있는 성질의 사안은 아니다. 이에 비해 해고나 배치전환, 징계 등 조합원의 인사에 대해 조합의 협정과 조합의 동의를 요건으로 할 것을 요구하거나, 개개의 인사 철회를 요구하는 것은 의무적 단체교섭 사항이며 쟁의행위의 정당한 목적일 수 있다.

합리화 반대, 외주(하청화) 반대, 공장폐쇄 반대 등을 요구하는 쟁의행위도 그러한 결정이 조합원의 고용과 근로조건에 미치는 영향에 대한 쟁의행위로서 정당성을 가질 수 있다. 제조공정과 제품의 종류 등도 근로자의 안전위생 등의 근로조건에 관한 문제로서만 쟁의행위의 목적 사항이 될 수 있다(그렇지 않은 이상, 예를 들어 군수품의 생산반대나 공해반대 등은 그 자체로서는 쟁의행위의 목적 사항일 수 없다⑧⑨).[14]

⑧ **항의 파업**
　사용자의 단체교섭 거부나 노동조합의 와해 등의 부당노동행위에 항의하여, 이를 그만두

13) 大浜炭鉱事件 — 最二小判 昭24. 4. 23, 刑集 3권 5호, 592면; 高知新聞社事件 — 最三小判 昭35. 4. 26, 民集 14권 6호, 1004면.
14) 반대: 西谷, 425면.

게 하기 위해 행해지는 쟁의행위와 사용자의 협약위반에 항의하여 협약을 이행하게 하기 위한 쟁의행위도 정당성을 인정할 수 있다. 단 노동조합은 쟁의행위에 들어가기 전에 사용자에 대해 부당노동행위와 협약위반 사항을 밝혀내어 그 중지나 시정을 요구하는 절차를 밟아야 한다. 또 협약해석 분쟁에 대해 협약상 해결절차가 정해져 있을 때에는 먼저 그것을 이행 실천해야 한다(東大勞研, 注釈勞組法上, 523면).

그 외에 산업재해 등에 대한 항의파업도 노동안전유지 등의 근로조건 요구가 포함되어 있고, 또한 먼저 파업에 호소할 필요가 있을 정도의 긴급 중대사로 인정할 수 있는 한, 단체교섭으로 발전시켜 나갈 쟁의행위로서 정당성을 인정할 수 있다(明治乳業事件 ― 東京地判 昭 44. 10. 28, 勞民 20권 5호, 1415면).

⑨ **단체교섭 원칙과 방식에 관한 요구**
판례는 택시회사 3사와의 집단교섭을 요구한 파업에 대해 위의 3사에는 집단교섭에 응할 법적 의무(단체교섭 응낙의무)는 없지만, 집단교섭 방식의 실현은 근로자의 경제적 지위 향상을 도모하는데 밀접하게 관련되어 있으므로, 쟁의행위의 정당한 목적일 수 있다고 판결한 경우가 있다(全自交一関支部事件 ― 盛岡地一関支判 昭55. 4. 4, 判時 981호, 130면). 이렇게 단체교섭의 방식과 원칙에 관한 쟁의행위도 단체교섭의 일종인 예비절충을 기능하게 하기 위한 쟁의행위로서 정당성을 인정하는 것이 원칙이 될 것이다.

(3) 쟁의행위의 개시시기 · 절차에 의한 정당성

다음으로 쟁의행위는 그 개시시기와 순서에 따라 정당성이 부정될 수 있다.

(가) 단체교섭을 거치지 않은 쟁의행위   쟁의권은 단체교섭에 있어서 구체적인 절충을 진전시키기 위해 보장된 권리이므로 정당한 쟁의행위 개시에는 사용자가 근로자의 구체적 요구에 대한 단체교섭을 거부했거나 또는 단체교섭에서 그러한 요구를 거부하는 응답을 한 사실이 원칙적으로 필요하다.15) 따라서 노동조합이 사용자에 대해 임금인상 요구를 들어 교섭을 요구하면서 사용자의 어떤 응답도 있기 전에 쟁의행위를 하는 것은 정당성이 인정될 수 없다.16) 이와 마찬가지로 사용자에 대해 단체교섭을 요구하기 전에 먼저 위협과 세력과시를 위한 쟁의행위를 하는 것도 원칙적으로 정당성이 없다. 단 단체교섭에서 절충이 일단 개시된 이상, 그 어떤 단계에서 쟁의행위를 하는가는 노동조합이 전술로서 결정할 수 있는 사안으로, 쟁의행위는 교섭에 있어 협상이 이루어진 후 최후의 수단으로서만 실시할 수 있다고는 해석할 수 없다.17)

(나) 예고를 거치지 않은 쟁의행위   단체교섭 과정에서 예고를 거치지 않고 갑자기 실시하는 쟁의행위와 예고를 했지만 이에 반하여 행하는 쟁의행위는 노사관계상 신의칙에 반한다고 볼 수 있는 경우가 많은데(대다수의 노동조합에서는

---

15) 반대: 西谷, 432면.
16) 富士文化工業事件 ― 浦和地判 昭35. 3. 30, 勞民 11권 2호, 280면.
17) 東大勞研, 注釈勞組法上, 524면.

협약이나 또는 관행상 쟁의행위 예고를 필요로 하고 있다), 그 정당성 유무는 쟁의가 예고 없이 이루어짐으로써 사용자의 사업운영에 혼란과 마비를 초래했는가, 그리고 그러한 혼란이 의도되었는지 등을 개별 구체적으로 판단하여 결정하는 수밖에 없다. 판례에서는 항공기 승무원 조합에 의해 비행기가 출발 직전에 느닷없이 이루어진 승무원의 지명파업에 대해 이러한 입장을 취하면서, 본건에서는 회사가 이러한 지명파업을 예측할 수 있었다는 점, 개시 후 지체 없이 통고가 이루어진 점, 그리고 업무 전반에 마비를 초래하는 종류의 것이 아니었다는 점(대부분의 파업은 회사가 그 대책을 고려하는 중에 해제되었다) 등에서 그 정당성을 인정한 경우가 있다.[18] 한편 여객철도의 승무원조합이 일단 파업 개시시간을 예고하면서, 회사가 사내 출입을 제한한 것에 항의할 목적으로 파업을 12시간이나 앞당겨 실시한 것에 대해, 이로 인한 열차운행의 혼란을 인정하여 당해 행위를 정당화할 정도의 목적상의 긴급성·중요성이 없다고 하여 그 정당성을 부정한 사례도 있다.[19] 특히 협약상의 예고의무 위반에 대해서는 정당성 문제와는 별개로 협약위반의 책임이 발생한다.⑩

> ⑩ **조합규약 위반의 쟁의행위**
> 대부분의 조합규약은 파업개시에 대해 조합원 또는 대의원에 의한 직접 무기명 투표를 의무화하고 있으므로(노조 5조 2항 8호 참조), 이러한 조합규약상의 쟁의행위 개시절차에 반하여 개시된 쟁의행위의 정당성 여부가 문제로 된다. 이에 대해서는 학설·판례상 쟁의행위 개시에 있어 중대한 절차위반으로서 정당성을 잃는다는 견해와, 단순히 조합내부의 의사형성상의 하자에 지나지 않으며 쟁의행위의 대외적 책임으로서의 정당성 문제에는 영향을 주지 않는다는 견해가 대립하고 있다(東大勞硏, 注釈労働法上, 525면). 개인적으로서는 기본적으로 전자의 학설에 찬성한다(西谷, 433면; 盛, 390면은 후설에 따른다. 참고 판례로서 西神テトラパック事件 — 神戸地判 平10. 6. 5, 労判 747호, 64면 — 파업 투표를 대신하는 절차를 밟고 있는 사안).

   (다) **평화의무·평화조항에 위반한 쟁의행위**   단체협약의 법적 성질을 법규범으로 해석하는 종래의 학설은, 평화의무(특히 상대적 평화의무) 위반은 법규범의 설정 그 자체와 모순되는 자살현상이므로 정당성을 가지지 못하는데 비해, 평화조항은 절차위반에 지나지 않고 정당성에는 영향이 없다고 주장해 왔다. 또 단체협약의 성질을 계약이라고 해석하는 학설은, 평화의무 및 평화조항 위반도 계약위반에 지나지 않으며 따라서 정당성이 부정되는 일은 없다고 주장해 왔다.[20]

---

18) 日本航空事件 — 東京地決 昭41. 2. 26, 労民 17권 1호, 102면.
19) 国鉄千葉動労事件 — 東京高判 平13. 9. 11, 労判 817호, 57면.

단체협약은 원래 노동조합과 사용자 또는 그 단체간의 계약이지만, 근로조건의 규정과 노사관계의 통치라는 그 중요한 기능에 비추어 볼 때, 현행법상 특별한 효력이 부여된 것이다. 이러한 단체협약에 있어서 평화의무·평화조항이 그 중요한 기능을 법적으로 담보한다는 것을 생각하면, 그러한 위반이 계약위반에 그친다고 일률적으로 결론짓는 것은 의문의 여지가 있다. 오히려 그러한 것에 위반하는 쟁의행위는 정당성의 평가에 영향을 초래하는 하자를 가지고 있다고 해야 할 것이다. 단 이 정당성의 평가는 개별 구체적인 문제이므로, 당해 단체협약의 형태, 평화의무·평화조항의 내용, 당사자의 기대, 실시된 쟁의행위의 형태, 책임의 종류 등을 종합하여 개별적으로 판단해야 하는 것이라고 생각된다.

⑷ 쟁의행위 수단·양상에 의한 정당성

(가) 일반적 기준   쟁의행위 정당성의 최후의 국면은 어떠한 수단·양상으로 실시된 경우에 정당성을 인정할 수 있는가이다. 이 기준으로서는 다음의 것이 있다.[21]

첫째, 노무의 완전 또는 불완전한 제공의 거부(정지)라는 소극적 양상에 그치는 한, 원칙적으로 정당성이 인정된다. 노무의 완전한 정지인 파업은 전면파업, 부분파업, 지명파업,[11] 파상(波狀)파업, 시한파업 등 다양한 형태가 있는데, 어떠한 경우도 원칙적으로 정당하다.[22] 일제 휴가투쟁은 노기법상 연차유급휴가로서 유효하게 성립하는지의 여부문제는 별도로 따져봐야 하지만, 쟁의행위의 정당성 문제로서는 파업과 마찬가지로 정당성을 가진다. 정시출근 및 정시퇴사, 시간외 거부 등도 시한파업의 일종에 지나지 않아 정당성을 가진다.

다음으로 노무의 불완전한 정지로서는 태업(슬로우 다운)[12]이 있는데, 이것도 작업능률을 저하시키거나 작업의 속도를 떨어뜨리는 소극적인 양상에 그치는 한 정당성을 인정할 수 있다. 그러나 기계나 제품 등의 파괴·훼손을 초래하는 적극적 수단을 이용하는 경우는 정당성을 가지지 못한다.[23]

둘째, 노사관계의 신의칙에서 발생하는 페어 플레이(fair play) 원칙이 있다. 근로자의 쟁의권도 단체교섭이라는 거래를 자기에게 유리하게 낙착시키기 위한

20) 상세한 것은 中嶋士元也, 労働関係法の解釈基準(上), 198면 이하. 이 책은 계약설에 서면서 민사면책을 부정한다.
21) 東大労研, 注釈労組法上, 526면 이하.
22) 미니파업의 사례로서 文英堂事件 — 京都地判 平3. 11. 13, 労判 604호, 61면.
23) 보다 자세한 것은 下井, 労使関係法, 186면 이하 참조.

경제적 압력 수단을 근로자에게 보장하는 권리에 지나지 않는다. 이 경제적 압력에 의한 항쟁은 단체교섭이 결착된 후의 노사관계의 계속을 예정한 것으로, 정당한(fair) 투쟁이라는 점이 요청된다. 따라서 쟁의행위의 개시에는 그 내용, 개시 시기, 기간 등을 상대방에게 분명하게 하는 것이 원칙이고, 그 종료에 대해서도 시기를 명확하게 한 통지를 해야 한다.[24]

셋째, 쟁의권의 행사라고 해도 만능은 아니며, 사용자의 기업시설에 대한 소유권, 그 밖의 재산권과의 조화가 요청된다. 오히려 쟁의권의 주된 내용은 근로자의 수중에 있는 노동력의 집단적 철수(거부)를 발생시키는 시민법상의 위법성을 제거하는 것에 있으며, 이로써 사용자의 재산권에 대항하는 힘을 부여하는 데 있다. 즉 사용자에 대한 재산권의 귀속은 쟁의권 승인의 법제 하에 있어서도 전제되고 있는 사안이다.[25]

넷째, 폭력행사는 신체의 자유・안전이라는 법질서의 기본원칙에 반하며 정당성을 가지지 못한다. 이것은 형사면책에 대해서는 노조법에 만약을 위해 규정되어 있지만(1조 2항), 민사면책, 불이익 취급에서의 보호에 대해서도 다르지 않다. 또한 업무의 성질상 그 정지나 폐지가 관계자의 생명・신체・건강에 대한 위험을 발생하게 하는 직장에서는, 그러한 위험을 방지하기 위한 배려를 하여야 비로소 쟁의행위가 허용된다. 이 사리(事理)는 공장 사업장의 안전유지시설(노조(勞調) 36조), 전기공급사업, 석탄 광업의 보안업무(파업규제 2조, 3조) 등에 대해서는 명문으로써 규정하고 있다. 또 판례[26]는 병원의 쟁의행위에 대해 이러한 논리를 주장하고 있다.[27]

다섯째, 마찬가지로 현행법의 기본 질서인 사생활의 자유와 평온을 해쳐서는 안 된다. 노동쟁의의 경우에도 노동조합의 쟁의행위와 그 외의 압력행위는 기본적으로는 노동관계가 이루어지는 장에서 영위되어야 하고, 경영자의 사택에서 사생활의 자유와 평온을 침해하는 행위는 해서는 안 된다.[28]

---

24) 예를 들어 사용자에 대한 통지 없이 이루어진 태업의 정당성을 부정한 日本テキサス・インスツルメント)事件 — 浦和地判 昭49. 12. 6, 労民 25권 6호, 552면.

25) 山田鋼業所事件 — 最大判 昭25. 11. 15, 刑集 4권 11호, 2257면(생산관리의 정당성을 부정).

26) 新潟精神病院事件 — 最三小判 昭39. 8. 4, 民集 18권 7호, 1263면.

27) 병원의 약사・간호사의 지명파업에 대해 정당성이 인정된 사례로서는 亮正会事件 — 東京高判 平3. 7. 15, 労民 42권 4호, 571면.

28) 판례에서는 경영자의 자택으로 찾아와 면회를 강요하거나 그 부근에서 확성기를 사용하여 연설이나 집단으로 슬로건을 외치거나 횡단막을 내거는 등의 노동조합 행동에 대해, 인격권을 근거로 하는 중지가처분이 상당수 인정되고 있다(예를 들어 東京ふじせ企画労働組合事件 — 東京地決 平元 3. 24, 労判 537호, 14면; 全日本建設運輸労組関西地区生コン支部事件 — 大阪地決 平3. 5. 9, 労判 608호, 84면; 全国金属機械労組港合同南労会支部事件 — 大阪地決 平7. 1. 26, 労判 677

⑪ 부임거부 지명 파업

노동조합이 전근명령의 철회를 요구하여 명령을 받은 근로자를 지명파업에 넣는 것은, 그 것이 명령이행의 회피(부임거부) 그 자체를 목적으로 하는 것이 아니라, 명령철회요구에 관한 단체교섭 수단으로서 이루어지고 있다고 인정할 수 있는 경우에는 정당성을 가진다(新興サービス事件 ― 東京地判 昭62. 5. 26, 判時 1232호, 147면. 또한 靑森銀行事件 ― 靑森地判 昭45. 4. 9, 勞民 21권 2호, 492면 참조. 학설에서는 下井, 勞使関係法, 184면).

⑫ 준법투쟁

준법투쟁이란 쟁의수단으로서 법규를 평상시보다 엄격하게 준수하는 양상으로 노무를 수 행함으로써, 평상시에 비해 사업의 능률을 저하시키는 행위를 말한다. 전형적인 것으로서는 국철의 안전운전투쟁과 같이 쟁의행위가 금지된 공공부문 근로자에 의해 실시되어 공무원법 과 공로법상 금지된 '쟁의행위'에 해당하는지가 문제로 되었다. 이에 대해 민간부문에서는 안 전위생에 관한 법령을 준수하는 안전위생투쟁과 도로교통법규 준수를 내용으로 하는 안전운 송투쟁 등의 정당성이 문제가 된다. 이러한 행위가 제 법규를 당해 법규가 객관적으로 요구 하는 정도로 준수하는 양상의 것이라고 한다면, 그 목적이 사용자로 하여금 법규를 준수하게 하는 그 자체에 있는지 또는 그 밖의 요구의 시위·관철에 있는지에 관계없이 이를 문책할 수 없다. 이에 비해 위의 행동이 관계법규를 당해 법규가 객관적으로 요구하는 정도와 내용 이외의 방법으로 '준수'하여 사업의 능률을 저하시키는 것일 경우에는, 그것은 태업에 유사한 쟁의행위로서 태업의 정당성과 동종의 판단을 해야 한다(상세한 것은 東大勞硏, 注釈勞組法 上, 529면 이하).

최근의 명령례에서는 열차의 최고속도를 10km/h 낮추어 왕복운전은 하지 않는다는 안전 운전투쟁에 대하여 법령 등에 의한 운행계획에 근거로 하는 열차의 정시운행 규정 등에 반 하여 정시운행체제에 의도적·적극적으로 지장을 발생시킨 것으로, 적극적인 부분적 노무제 공거부로서의 태업이라는 범주를 넘어서 정당성을 가지지 않는다고 판단하고 있다(東日本旅 客鉄道[千葉動勞]事件 ― 中勞委 平23. 4. 23, 別册中勞委(重要命令判例) 1415, 16면 ― 이 쟁 의행위는 치바(千葉)지사 관내의 전선구(全線区)의 조합소속 운전수에 대하여 9일간에 걸쳐 치바지사 관내의 전선구에서 실시되어 열차 15사에 대하여 특정한 승무구간에서 1~4분의 지연을 발생시켰다).

(나) 피케팅   여기에서는 피케팅을 '파업을 하고 있는 근로자들이 그 파 업을 유지하거나 또는 이를 강화하기 위해 노무를 제공하려고 하는 근로자, 업 무를 수행하려고 하는 사용자측의 자 또는 출입을 하려고 하는 거래처에 대해 망보기(감시), 호소, 설득, 실력저지, 그 밖의 설득하는 행동'이라고 정의해 둔다. 문제는 이러한 설득의 정도 여하인데, 순전히 언론활동과 실력저지와의 사이에 어느 정도의 행동을 할 수 있는지가 문제이다.

이 점에 대해 최고법원 판례는 오랫동안 정당성을 인정할 수 있는 쟁의행위 는 집단적 노무제공의 거부라는 소극적 행위에 한정시켜 실력에 의한 업무방해 는 허용할 수 없다는 입장을 취하면서,[29] 또한 당해 행위의 형사상의 위법성

호, 85면.

29) 朝日新聞小倉支店事件 ― 最大判 昭27. 10. 22, 民集 6권 9호, 857면.

유무에 대해서는 '제반 사정'을 고려한다는 정식을 이용해 왔다.[30] 그리고 최고법원에 등장한 형사사건은 대다수가 이러한 입장에 의해 정당성이 없다고 판단되어, '제반 사정'에 의해 정당성을 인정받은 것은 겨우 특수한 두 가지 사건[31]에 불과한 상황이었다.

그 후 판례는 '근로자의 조직적·집단적 행동으로서의 쟁의행위시에 이루어진 범죄구성요건 해당행위에 대하여 형법상의 위법성 조각사유의 유무를 판단함에 있어서는, 그 행위가 쟁의행위시에 일어난 것이라는 사실도 포함하여 당해 행위의 구체적 상황 및 그 밖의 제반 사정을 고려하여 그것이 법질서 전체적 견지에서 허용되어야 할 것인지 아닌지를 판정하지 않으면 안 된다'는 일반적 처리기준을 정립했다.[32] 그리고 이러한 '법질서 전체적 견지'에서 종합적 위법성론 하에서 최고법원 판결은 실제상으로는 실력행사를 엄격하게 평가하는 입장을 일관하고 있다.[33]

한편 민사사건(지나친 피케팅에 대한 사용자의 방해배제 가처분신청과 징계처분의 적합 여부를 둘러싼 사건)에 대해 최고법원은 당초의 판례(朝日新聞小倉支店事件) 이후 괄목할 만한 판례가 없이 다수의 하급심 판례가 정당성 판단기준을 형성해 왔다. 이들은 거의 ① 언론에 의한 설득(평화적 설득)에 한정한다고 하는 것, ② '언론에 의한 설득과 단결의 시위'를 정당성의 한계로 하는 것(인간띠를 만들거나, 스크럼을 짜거나, 노동가를 크게 부르는 등의 집단적 시위를 허용), ③ 어느 정도의(내지는 필요 최소한의) 실력행사(스크럼으로 밀어 부치거나, 설득을 하기 위해 정지시키는 등)도 허용한다고 하는 경우의 세 가지로 대별되는데, 주류는 평화적 설득론(①) 및 단결 시위론(②, 특히 후자)으로 실력행사 허용론(③)은 소수였다.[34] 최근의 최고법원 판례[35]는 택시회사에서의 차량확보 전술로서 차고 앞에서의 연좌농성 행위에 관한 것인데, 당초의 판례(朝日新聞小倉支店事件)의 견해에 따라 쟁의행위의 본질은 근로자가 단결하여 노동력을 사용자가 이용하지 못하게

---

30) 三友炭坑事件 — 最三小判 昭31. 12. 11, 刑集 10권 12호, 1605면; 羽幌炭鑛事件 — 最大判 昭33. 5. 28, 刑集 12권 8호, 1694면.

31) 하나는 위의 三友炭坑事件, 또 다른 하나는 札幌市電事件 — 最三小決 昭45. 6. 23, 刑集 24권 6호, 311면.

32) 国労久留米駅事件 — 最大判 昭48. 4. 25, 刑集 27권 3호, 418면. 국노 조합원의 집단적 피케팅을 동반한 신호소 침입행위의 형사책임이 문제가 된 케이스.

33) 이 입장을 따르는 경우로서 鈴木コンクリート工業事件 — 東京高判 昭61. 5. 14, 判タ 632호, 250면.

34) 상세한 것은 東大労研, 注釈労組法上, 531면 이하.

35) 御國ハイヤー事件 — 最二小判 平4. 10. 2, 判時 1453호, 167면.

하는데 있는 것으로서, 영업용 차량을 설득활동의 범위를 넘어 배타적으로 점유하여 그 운행을 저지하는 것은 허용되지 않는다는 입장을 분명하게 하고 있다. 피케팅에 관한 민사사건에서도 판례가 평화적 설득론을 취하고 있음을 시사하고 있다.

피케팅에 있어서의 언론에 의한 설득활동도 기업의 부지와 시설을 이용하여 이루어진 경우에는 그에 대한 기업의 소유권이나 관리권과 충돌할 요소를 가지고 있으며, 또한 설득활동의 양상에 따라서는 불법행위의 색채를 띤다(예를 들어, 음향). 즉 언론에 의한 설득 피케팅도 시민법상으로는 당연히 적법이라 할 수 없고, 역시 쟁의권에 의한 면책을 필요로 하는 경우가 많다. 그 면책 범위로서는 피케팅이 비조합원이나 하청업자에 대해 원래 업무에 종사하지 못하게 하기 위해 실시되는 경우와 고객에 대해 사내출입을 못하게 하기 위해 실시하는 경우에는, 파업의 대상외 업무와 활동에 대해 이루어지는 것이므로 언론에 의한 설득활동에 한정되는 것이 원칙이 된다. 이에 대해 피케팅이 사용자측에 대해서 파업대상으로 한 업무의 수행을 중지하게 하기 위해 실시되는 경우에는, 피케팅 참가자는 단결 시위를 동반한 설득활동에까지 미칠 수 있다고 생각한다. 그리고 일반적으로는 단결의 시위란 다수의 피케팅 참가자를 집합시켜 파업 조합에 대한 지지자가 많음을 보임으로써, 피케팅 상대방에 대해 '자유의사에 의해 출입을 결정할 수 있는 여지를 남겨둘 정도로 설득하는 것'이라고 해석하는 것이 적절하다.36) 이러한 한도를 넘어 스크럼이나 지그재그·데모, 방해물 등에 의해 상대방의 자유를 제압하여 출입을 저지하는 것은 신체의 자유라는 현행법의 기본원칙에 반하여 허용되지 않는다.37)

(다) **직장점거**   직장점거란 파업을 하는 근로자가 단결을 유지하며 동시에(또는) 파업 중인 조업을 방해(저지)하기 위해 직장(사업장의 시설)을 점거하는 행위이다. 이러한 행위는 몇몇 선진국(영국·미국·독일)에서는 사용자의 사업장 시설에 대한 소유권(그 밖의 물권)의 침해로서 당연히 위법이 된다. 그러나 일본에서는 기업별 조합이 지배적인 점에서, 거기에 어느 정도 정당성을 인정하는 견해가 지배적이다. 이에는 대별하여 두 가지 설이 있다. 하나는 '협의의 합법

---

36) 利昌工業事件 — 大阪地決 昭30. 9. 3, 労民 6권 5호, 662면.

37) 山口, 239면 이하도 거의 같은 취지임. 이에 대하여 外尾, 463면; 西谷, 443면 이하; 盛, 403면은 파업을 깨는 것에 대한 실력행사를 정당성이 있다고 한다. 판단 사례로서는 ミツミ電機事件 — 東京地八王子支判 平6. 10. 24, 労判 674호, 45면; 神友興産事件 — 大阪地決 平7. 11. 14, 労判 687호, 44면; 自治労·公共サービス清掃労働組合ほか事件 — 東京地判 平18. 12. 26, 労判 934호, 5면.

론'이라고 칭하는 것으로, 사용자의 점유를 배제하지 않고 그 조업도 방해하지 않는 '체류'만을 정당하다고 인정하는 것이다.[38] 다른 하나는 '광의의 합법론'이라 칭하는 것으로, 사용자의 점유(지배)를 배제하고 그 업무를 방해하는 점거('배타적 직장점거')에도 파업의 실효성을 확보하기 위해 필요한 한도에서 정당성을 인정하는 견해이다.[39] 판례의 주류는 앞의 설에 의거하고 있고,[40] 개인적으로도 쟁의권의 취지에 비추어 이 견해에 찬성한다.[13][14]

[13] 차량확보전술

택시회사나 버스회사 등에 있어서는 차량과 차 검증, 엔진 키를 노동조합의 배타적 점유하로 옮겨버리는 행위('차량확보전술')가 이루어지는 경우가 있다. 이것도 사용자의 소유권 행사를 고도로 방해하는 점에서 배타적 직장점거와 동일하게 정당성을 인정할 수는 없다. 쟁의권의 보장이라 하더라도 이러한 사용자의 재산권의 적극적 침해까지 정당화하는 취지는 아니다(御國ハイヤー事件 ― 最二小判 平4. 10. 2도 이미 전술한 바와 같이 관리자들에 의한 차량 반출 요청을 거부한 차고 앞에서 한 연좌농성 행위에 대해 정당성이 없다고 했다. 최근의 판례로는 大和交通事件 ― 奈良地判 平12. 11. 15, 労判 800호, 31면. 선원이 쟁의목적으로 승선 중인 선박의 운행을 정지하고 이를 점거한 행위를 정당성이 없다고 한 판례로서 八興運輸事件 ― 宮崎地延岡支判 平16. 11. 25, 労判 902호, 117면).

[14] 보이콧

근로자가 쟁의수단으로서 쟁의 상대방인 사용자의 제품에 대한 불매를 고객이나 공중에 호소하는 제품 보이콧에 대해서는 쟁의권 보장의 범위 내에 있는 것으로 정당성을 긍정하는 것이 일반적 견해이다(판례로서는 福井新聞社事件 ― 福井地判 昭43. 5. 15, 労民 19권 3호, 714면). 개인적으로도 기본적으로 여기에 찬성이지만, 근로자가 자기가 고용된 기업 제품에 대해 불매를 호소하는 것은 근로계약상의 성실의무와 충돌하므로 피케팅이나 직장점거와 마찬가지로 파업을 유지·강화하기 위한 보조수단으로서만 정당성을 가진다고 해야 할 것이다.

또한 이렇게 원칙적으로 정당성을 인정할 수 있는 제품 보이콧도 양상에 따라서는 정당성이 인정되지 않는 경우도 있다. 예를 들어 허구의 사실을 꾸며내어 사용자나 제품에 대한 험담을 하여 제품에 대한 불매를 호소하려는 경우는 정당성을 인정할 수 없다(예를 들어 昭和電工川崎工場事件 ― 東京地決 昭31. 8. 15, 労民 7권 4호, 780면; 岩田屋事件 ― 福岡高判 昭39. 9. 29, 労民 15권 5호, 1036면).

이에 비해 산업별 내지 직능별 조합이 그 협약상의 근로조건 기준을 채용하지 않는 기업과의 거래를 그만두도록 거래처에 대해 설득하는 행위는, 헌법 28조의 조합 활동권에 의해 보장받을 수 있는 행위이며, 언론에 의한 타당한 방법으로 이루어지는 한 정당성을 인정할 수 있다(전일본해원조합의 편의 선적선(船籍船) 대책활동으로서의 하역 보이콧에 대해, 수단·방법의 면에서 정당성이 없다고 판결한 사례로서 東京商船事件 ― 東京地判 平10. 2. 25, 労判 743호, 49면. 미국에서도 이러한 거래처에 대한 설득은 협박·위압·방해가 있어야 비로소 위법한 2차적 행위로 본다. 中窪裕也, アメリカ労働法[第2版], 165면 이하).

---

38) 石井, 399면.

39) 外尾, 466면; 西谷, 444면 이하.

40) 東大労研, 注釈労組法上, 537면 참조. 최근에는 岡惣事件 ― 東京高判 平13. 11. 8, 労判 815호, 14면.

3. 쟁의행위 이외의 단체행동(조합활동)의 정당성

쟁의행위 이외의 단체행동(이하 '조합활동'으로 약칭)도 그 주체·목적·양상의 세 가지 국면으로 나누어 정당성의 기준을 검토할 필요가 있다.

(1) 노동조합 활동의 주체에 의한 정당성

미조직 근로자의 활동이라도 근로조건과 대우의 유지·개선을 위한 단결활동인 이상, 헌법 28조의 단체행동권의 보호(직접효과로서의 형사면책·민사면책 및 공서(公序)를 통한 간접 효과로서의 불이익 취급으로부터의 보호)를 받는다.

노동조합에 조직되어 있는 근로자의 활동이 헌법 28조의 조합활동권에 의해 보호되기 위해서는, 어느 정도 조합의 통제에 따르고 있다는 점을 필요로 하는가라는 문제가 발생한다. 조합원이 노동조합의 기관결정이나 지령(지시)에 근거하지 않고 자발적으로 한 행위라도 노동조합의 운동방침의 수행행위로 볼 수 있는 경우에는 '조합활동'으로서의 보호를 받는다. 이러한 경우에는 조합의 묵시적 수권이나 또는 승인이 있다고도 생각할 수 있다.[15]

[15] 조합 내 소수파의 활동의 '조합활동'성
  노동조합 간부나 대의원 선거에서의 소수파의 선거활동과 노동조합의 방침결정 과정에서의 소수파의 언론(집행부 비판)행동 등은 조합의 민주적 운영에 도움이 되는 노동조합 활동으로서 보호를 받는다. 문제는 조합원 일부가 노동조합의 기관결정이나 방침에 반하는 독자적 행동을 하거나 그러한 결정이나 방침을 비판하는 언동(선전물 배포 등)을 하는 경우인데, 그러한 행동이 노동조합의 통제처분의 대상이 될 수 있는 경우에는 대외적으로도(사용자에 대한 관계에서도) 보호를 받는 노동조합 활동은 아니라고 해야 한다(下井, 労使関係法, 246면도 이에 가깝다). 예를 들어 노동조합에 의한 단체교섭을 무시한 독자적 단체교섭의 요구나 쟁의행위의 수행에 대해 이미 결정한 조합의 구체적 방침을 비판하는 문서의 배포 등은 노동조합 활동으로서 보호를 받지 못한다. 반대설도 있는 것 같지만(渡辺, 上, 172면), 조합내의 통제위반의 행위까지를 '노동조합의 행위'로서 보호하라는 것은 논리모순이다.

(2) 노동조합활동의 목적에 의한 정당성

헌법 28조나 노조법의 보호를 받는 노동조합활동은 단체교섭에 관련된 활동이라는 점을 필요로 한다는 견해도 있는데, 대다수의 학설은 그러한 제한을 두지 않고, 노동조합이 실시하는 활동은 서클활동, 사회활동, 정치활동에 이르기까지 보호의 대상이 된다고 주장한다.[41]

---

41) 상세한 것은 萬井隆令, 「労働組合の政治·文化活動」, 現代講座(3), 85면 이하.

문제의 중심은 정치활동이다. 판례는 정치활동이 노동조합 목적의 범위 내의 행위이며, 동시에 목적달성에 필요한 행위임을 정면으로 인정하는 판결요지를 들고,[42] 또한 이러한 취지를 승인하면서 '조합원의 권리이익에 직접 관계되는 입법과 행정조치의 촉진 또는 반대를 위한 활동'에 대해서는 조합원의 협력의무가 있다고 판시했기 때문에,[43] 노동조합이 결정한 활동이 정치적인 것이기 때문에 즉각 헌법과 노조법의 보호를 부정하는 입장은 취하지 않고, 적어도 '근로자의 권리이익에 직접 관계되는 입법이나 행정조치의 촉진 또는 그 반대를 위해 하는 활동'에 대해서는 보호를 긍정하는 입장을 채택하고 있다고 이해할 수 있다(위법지령의 구속력을 인정하지 않는 판례의 입장에서는 만약 위의 활동이 위법이라면 협력의무=지령의 구속력을 긍정할 수 없기 때문이다).

개인적으로는 '단체교섭 또는 그 밖의 근로자의 상호부조 내지는 상호보호'[16]라는 표현이 조합활동의 보호범위를 긋는 기준으로서 적절하다고 생각하고 있다. 보다 구체적으로는 노동조합의 운영, 단체교섭, 고충처리, 노사협의제 등에 관련된 행위, 공제활동 등은 위의 표현에 먼저 포함된다. 또한 정치활동, 사회활동, 문화활동 등도 근로자의 '상호부조 내지는 상호보호'의 활동으로 간주할 수 있는 한 보호 범위에 들어가게 된다. 정치활동에 대해서 말하자면 결국 판례가 말하는 대로 '근로자의 권리이익에 직접 관여하는 입법이나 행정조치의 촉진 또는 그 반대를 위해 하는 활동'에 한해서는 노동조합 활동으로서 보호를 받게 될 것이다.

16 근로자의 상호부조 내지 상호보호

미국의 전국노동관계법은 근로자의 단체행동권을 '단체교섭, 그 밖의 근로자의 상호부조 내지는 상호보호를 위해'(for the purpose of collective bargaining or other mutual aid or protection) '단체행동(concerted activities)에 종사할 권리'라고 표현하고 있다(7조).

(3) 조합활동의 양상에 의한 정당성

(가) 일반적 기준　　　노동조합활동의 양상면에서의 정당성에 대해서는 일반적으로 다음의 세 가지 원칙이 존재한다.

① 첫째, 취업시간 내의 노동조합 활동이 원칙적으로 정당성을 인정받지 못하는 경우이다. 이 근거는 근로자의 근로계약상의 근로의무이다. 단, ① 취업규칙과 단체협약상에 허용규정이 있는 경우, ② 관행상 허용되어 있는 경우, ③

---

42) 三井美唄労組事件 ― 最大判 昭43. 12. 4, 刑集 22권 13호, 1425면.
43) 国労広島地本事件 ― 最三小判 昭50. 11. 28, 民集 29권 10호, 1698면.

사용자의 승낙이 있는 경우에는 근로의무의 내용이 수정되어 취업시간 중의 노동조합 활동이 허용된다.[17]

근로자는 근로계약의 가장 기본적인 의무로서 사용자의 지휘명령에 복종하면서 직무를 성실히 수행할 의무를 지며, 따라서 근로시간 중에는 직무에 전념하여 다른 사적 활동을 삼갈 의무를 진다. 이 의무는 취업규칙에서 통상은 '종업원은 회사의 지시 명령을 지키며 직무상의 책임을 자각하고, 성실히 직무를 수행해야 한다', '종업원은 전력을 다해 그 직무의 수행에 전념해야 한다' 등으로 규정되어 있다.

문제는 직무전념의무가 요구하는 주의의무의 정도인데, 주로 근무시간 중의 반전(反戰) 플레이트의 착용과 노동조합의 리본투쟁, 노동조합 뱃지의 착용 등이 직무전념의무에 반하는지의 여부가 문제시 되어 왔다. 판례는 '직원은 전력을 다해 그 직무수행에 전념하지 않으면 안 된다'는 일본전신전화공사법의 규정을, 직원은 근무시간 및 직무상의 모든 주의력을 직무수행을 위해 이용하고 직무에만 종사해야 한다는 뜻으로 근무 중 직장 동료에게 호소하는 반전 플레이트 착용은 정신적 활동면에서 이 의무에 위반한다고 판단했다(電電公社目黑電報電話局事件 — 最三小判 昭52. 12. 13, 民集 31권 7호, 974면). 그러나 민간 호텔에서 춘투시의 리본투쟁사건에 대한 법정의견은, 정당성 없다는 원심을 시인하는 결론만으로 일반론을 진술하는 것을 피하는 한편, 이토(伊藤) 재판관은 보충의견에서 근로의무에 포함되는 '직무전념의무'도 성실근로의무의 한 내용으로서 구체적 근로를 성실하게 수행하는 데 필요한 한도에 그쳐야 하며, 근무시간 중이라도 이러한 의무와 지장 없이 양립하므로, 따라서 이 의무에 반하지 않는다고 보는 동작·활동은 있을 수 있다고 하였다(大成観光事件 — 最三小判 昭57. 4. 13, 民集 36권 4호, 659면).

이렇게 최고법원 판결상으로는 직무전념의무를 포괄적(추상적) 전념의무로 받아들이는 견해와 구체적(실질적) 전념의무로 받아들이는 견해로 나누어졌다. 그 후 국철 분할 민영화 과정에서의 국노(国労) 조합원의 노동조합 뱃지착용(회사의 뱃지 제거명령에 대한 불복종)이 문제가 된 사건에서 최고법원은 '직원은 전력을 다해 그 직무를 수행해야 한다'는 취업규칙규정을 모든 주의력을 직무에 사용해야 하는 포괄적 전념의무로 해석한 원심판단을 시인하고 있다(国鉄鹿児島自動車営業所事件— 最二小判 平5. 6. 11, 労判 632호, 10면; JR東海[新幹線支部]事件 — 最二小判 平10. 7. 17, 労判 744호, 15면).

개인적으로는 위의 이토 재판관의 보충의견에 찬성한다. 바꿔 말하면 근무시간 중의 어떤 활동이 직무전념의무 위반이 되는 것은 그것이 근로계약상의 성실근로의무와의 관계에서 어떠한 지장을 발생시킨 경우라고 생각할 수 있다. 이렇게 생각하면 취업시간 중 조합활동 금지원칙에도 근로의무의 이행으로서 해야 할 신체적 정신적 활동과 모순되지 않고 업무에 지장을 줄 우려가 없는 노동조합활동의 경우라는 좁은 예외를 인정할 수 있다(같은 취지: 下井, 労使関係法, 71면; 西谷, 259면).

② 둘째, 사업장 내의 노조활동에 대해서는 사용자의 시설관리권에 근거하는 규율과 제약에 따르는 경우이다. 단 이러한 규율과 제약은 사업의 원활한 수행을 위해 어떠한 합리성(필요성)을 인정하는 경우라는 것을 필요로 한다고 해석해야 한다.

시설관리권과 노동조합활동과의 관계에 대해서는 학설 가운데는 일본의 기업별 노동조합은 사업장의 시설을 이용하는 것이 노동조합 활동상 필수불가결하므로, 단결권 내지 조합활동권에 근거하여 기업시설을 일정 한도에서 이용할 권한을 가지고, 사용자는 이 이용을 감수할 의무가 있다는 '수인(受忍)의무설'이 유력했다.44) 그러나 판례는 노동조합에 의한 기업시설의 이용은 본래 사용자와의 단체교섭에 의한 합의에 근거하여 이루어져야 하며, 이용의 필요성이 크기 때문에 노동조합이 이용권한을 취득하거나 사용자가 감수할 의무를 지는 것이 아니라 노동조합이 사용자의 허락을 얻지 않고 기업시설에서 조합활동을 하는 것은 그 이용을 허용하지 않은 것이 사용자의 시설관리권 남용으로 인정할 수 있는 특단의 사정이 없는 한 정당성을 가지지 못한다는 입장을 취하고 있다.45)

　기업 레벨의 조합에 의한 기업시설의 이용 양상은 기업 레벨의 노사관계운영에 있어서 중요한 과제인데, 노사당사자에 의해 자주적인 원칙의 형성이 시도되어야 하는 사안이다. 따라서 노동조합은 그러한 원칙 형성의 교섭을 먼저 시도해야 하며, 그것이 주효하지 않은 경우에 조합활동권에 의한 보호가 문제시되어야 한다. 이 보호의 내용은 기업시설 이용의 형태(시설관리권과의 충돌 양상)에 의해 다른데, 기본적으로는 그것은 사용자의 허락을 얻을 수 없다는 하자(위법성)가 노동조합 활동상의 부득이한 필요성에서 일정 한도에서 조각된다는 견해에 따라야 할 것이다.46)

　(나) 리본·완장·휘장·머리띠 등의 착용　　　일본에서는 리본·휘장·플레이트·완장·머리띠 등을 취업시간 중에 착용하는 조합활동이 전개되는 경우가 있는데, 이들이 '리본투쟁', '머리띠투쟁'으로 불리는 소위 쟁의중의 압력수단으로서 실시되는 경우가 많다. 이 취업시간 중의 리본 등의 착용에 대해서, 판례는 당초에는 정당성을 원칙적으로 인정하는 경향에 있었는데, 그 후에는 반대로 정당성을 원칙적으로 부정하는 경향으로 전환하였다.47) 최고법원 판례도 일

---

　44) 이에 대한 상세한 것은 籾井常喜, 経営秩序と組合活動, 188면 이하. 盛, 439면은 수인의무설을 노사간의 권리 및 이익의 비교형량론으로 재평가한다.

　45) 国鉄札幌運転区事件 ― 最三小判 昭54. 10. 30, 民集 33권 6호, 647면.

　46) 판례의 입장에 서면서 이러한 실질적 고찰을 한 판례로서는 ミツミ電機事件 ― 東京高判 昭63. 3. 31, 判タ 682호, 132면. 또한 国産自動車交通事件 ― 最三小判 平6. 6. 7, 労旬 1349호, 58면은 회사구내에서 허가 없이 행한 시간내 조합대회에 대해, 회사의 업무저해가 없다는 점 등으로부터 위법이라고까지는 할 수 없다는 원심판단을 시인하고 있다. 이에 대하여 병원정문에서 4개의 조합깃발을 3개월간 계속 설치한 행위는 병원의 시설관리권을 침해하는 위법행위라고 하여 조합 및 조합간부의 손해배상책임이 인정되었다(全国一般労働組合長崎地本·支部[光仁会病院·組合旗]事件 ― 福岡高判 平20. 6. 25, 労判 1004호, 134면 ― 단, 조합간부의 3개월의 정직처분은 너무 무겁다고 하였다). 또한 시설관리권의 행사와 부당노동행위 문제에 대해서는 후술함.

　47) 国鉄青函局事件 ― 札幌高判 昭48. 5. 29, 労民 24권 3호, 357면을 전기로 한다. 東大労研,

류 호텔 내에서 종업원인 조합원이 '요구관철', '호텔노련'을 기입한 리본을 단결강화를 위해 약 5일간 착용한 리본투쟁에 대해, 그것이 취업시간 중에 이루어진 노동조합활동으로 정당성이 없다는 원심판단을 시인했다.[48] 또 직장규율의 해이함을 비판받고 있던 국철(国鉄) 내지 그 시정을 목적으로서 분할 민영화된 JR 각 사에 있어서의 국노(国労)조합원의 조합뱃지 착용에 대해, 취업규칙상의 직무전념의무 및 복장규정에 반하며 또한 조합간의 대립을 의식시키는 것으로, 이에 대해 떼어내라는 명령은 적법하다는 원심판단을 시인하고 있다.[49]

정당성을 원칙적으로 인정하는 경향에 있었던 당초의 판례는 근로의무와 모순되지 않고 업무의 지장을 발생시킬 우려가 없는 조합활동은 취업시간 중이라도 허용된다는 입장을 취하고 있다.[50] 이에 대해 정당성을 인정하지 않는 판례는 리본 등의 착용은 직무에 대한 정신적 집중을 방해하거나 단결과시의 지속적 효과를 가지는 점 등에서 업무수행상의 그 실해(實害)의 유무를 불문하고 직무전념의무에 반한다는 입장을 취하고 있다.[51]

앞에서 언급한 것처럼, 근로자는 근로계약상 성실근로의무의 내용으로 취업시간 중에는 직무에 전념해야 할 의무를 가지므로, 조합원이 취업시간 중에 조합활동으로서 리본이나 뱃지 등을 착용하는 행위는 원칙적으로 동의무 내지 동의무를 구체화한 취업규칙규정에 반하여 정당성이 부정된다. 또 사용자가 경영상의 필요성에서 취업규칙상, 일정 기장 등 이외의 착용을 금지하는 복장정정(服裝整正) 규정을 정하고 있는 경우에는 리본이나 뱃지 등의 착용행위는 동 규정에도 원칙적으로 위반하여 정당성을 가지지 못한다. 그러나 리본이나 뱃지 등의 착용행위라고 해도, 근로계약상 근로의무와 각별한 지장 없이 양립하고 사용자의 업무를 저해할 우려가 없는 경우, 내지는 복장정정의 규율위반을 묻는 것이 불합리하다고 인정되어야 하는 경우는 존재할 수 있어,[52] 그러한 경우라고 인정해야 할 특단의 사정이 존재하는 경우에는 예외적으로 직무전념의무

注釈労組法上, 540면.

48) 大成観光事件 ― 最三小判 昭57. 4. 13, 民集 36권 4호, 659면.

49) 国鉄鹿児島自動車営業所事件 ― 最二小判 平5. 6. 11, 労判 632호, 10면; JR東海[新幹線支部]事件 ― 最二小判 平10. 7. 17, 労判 744호, 15면.

50) 앞의 大成観光事件의 최고법원 판례에서의 이토(伊藤) 재판관의 보충의견도 그러한 입장에 서면서, 동 사건에서는 호텔 업무에 구체적인 지장을 발생시켰기 때문에 정당성을 인정할 수 없다고 했다. 東大労研, 注釈労組法上, 542면. 下井, 労使関係法, 71면도 같은 입장에 선다.

51) 이를 지지하는 유력설로서 山口, 300면 이하.

52) 최고법원도 조합벨트의 착용을 구체적 실질적으로 업무에 지장을 발생시키고 있지 않다고 판단한 원심을 시인하고 있다(JR東日本[本荘保線区]事件 ― 最二小判 平8. 2. 23, 労判 690호, 12면).

(이를 구체화한 취업규칙규정) 내지는 복장정정규정의 위반으로 취급하여 정당성을 부정해서는 안 된다. 그리고 이러한 특단의 사정의 유무에 대해서는 리본이나 뱃지 등의 형상·착용양상, 착용자의 업무내용·직장상황, 착용의 목적 내지는 필요성 등이 구체적으로 검토되어야 하고, 또한 착용을 규제하는 경영상의 특별한 필요성이 있으면 이 점도 고려해야 한다.[53]

(다) 전단지 부착   근로자가 사업장의 여러 시설에 대해 전단지를 부착하는 것도 어려운 법률문제를 발생하게 한다. 먼저 형사적인 면에서는 건조물 파손죄(형 260조) 또는 기물 파손죄(동 261조)를 성립하지 않는지의 여부가 문제가 된다. 예를 들어 전형적인 사례[54]에서는 택시회사에서 조합간부가 회사에 대한 투쟁수단으로서 사절지 신문지 등에 요구사항을 기재한 전단지 수십 장을 회사 사무실과 계단 벽, 창유리, 입구 미닫이, 칸막이 등에 풀을 이용하여 부착하고, 회사가 이것을 떼자 다시 부착하는 것을 세 번이나 반복한 행위가 유죄로 판정되었다.

법률적으로는 이 두 죄의 구성요건에 있어서 '파손'의 성립여부가 먼저 문제가 된다. 이에 대해서는 '파손'에는 물리적 유형적 훼손뿐만 아니라, 그 물건의 본래적 효용의 감소도 포함된다는 효용감손설에 따른 판단이 이루어진다. 법원은 전단지의 매수, 부착장소, 외관, 시설의 사용에 대해 초래한 지장, 원상회복의 난이함, 전단지의 문언 등에 착안하여 구체적 판단을 하고 있다. 이상의 판단에 의해 '파손'에 해당한다고 판단되는 경우에는 그 전단지의 부착은 그 양상면에서 대부분의 경우 정당성이 부정되지 않을 수 없다고 생각된다.[55]

전단지 부착에 대한 징계처분의 가부(이와 관련한 전단지 부착의 정당성)에 대

---

53) 같은 취지, 西日本旅客鉄道[訓告処分等]事件 ― 中労委 平22. 10. 6, 命令集 1403호, 1면; 東日本旅客鉄道[減給処分等]事件 ― 中労委 平22. 10. 20, 命令集 1403호, 31면 ― 이러한 사건에서는 취업시간중의 조합뱃지의 착용자에 대한 업무명령에 따르지 않은 자에 대한 징계처분의 부당노동행위성이 문제가 되었는데, 직장규율의 확립이 개혁의 주요한 이유의 하나가 되었다고 하는 국철개혁(분할민영화)의 과정에서 보면, 새로운 회사에서는 조합뱃지 착용을 취업규칙에 따라서 규제하는 경영상의 특별한 필요성이 있다는 점, 본건의 뱃지착용은 이를 지시·장려한 조합이 국철개혁에 찬동하여 회사와 화해하도록 방침을 전환한 후에, 방침전환에 반대하는 조합원에 의하여 이루어진 것으로, 조합활동으로서 보호해야 할 필요성도 낮았던 점 등에서, 조합활동으로서의 정당성을 인정해야 할 특단의 사정은 존재하지 않는다고 하였다. 다만, 후자의 사건에서는 착용자에 대한 처분이 훈고, 감봉, 출근정지로 단계적으로 격화되어 간 것은 너무 과도한 것으로서, 감봉, 출근정지의 처분에 대해서는 소수파의 약체를 꾀한 지배개입으로 판단되었다.

54) 金沢タクシー事件 ― 最一小決 昭43. 1. 18, 刑集 22권 1호, 32면.

55) 단 '파손'에 해당하면서 쟁의 원인과 과정에서 사용자의 죄를 중시하여 위법성 조각을 인정한 경우로서 東邦製鋼事件 ― 最三小決 昭47. 3. 28, 判時 667호, 95면; 関扇運輸事件 ― 最一小決 昭47. 4. 13, 判時 667호, 95면.

해서는 종래의 학설 및 판례의 대부분은 사업장 시설에 사용자의 허락 없이 이루어진 전단지 부착도 당연히 위법이 아니며, 조합활동권과 시설관리권과의 충돌·조정의 문제가 된다고 파악하여, 전단지 부착의 조합활동으로서의 필요도와 그에 따라 사용자가 입은 업무운영상·시설관리상의 지장을 비교 형량하여 결정해야 한다고 판단해 왔다. 그리고 그때는 부착장소 내지는 시설의 성질, 부착된 범위, 전단지의 형상·문언·매수·부착방법 등을 종합 고려해야 한다고 하였다.56) 이 견해는 앞에서 언급한 '수인의무설'에 근거한 것이다. 이에 대해서는 노동조합에는 기업시설의 이용권한은 없다고 하면서도, 그 전단지 부착활동은 업무운영상이나 또는 시설관리상 실질적인 지장을 초래하지 않는 한, 사용자의 허락을 얻지 않았다는 위법성이 조각된다는 '위법성 조각설'이 주장되었다.57) 이에 비해 근래의 판례58)는 앞에서 언급한 바와 같이 수인의무설을 부정한 후에, 노동조합이 사용자의 승낙을 얻지 않고 기업시설을 이용하여 노동조합활동을 하는 것은 그 이용을 허용하지 않는 것이 사용자의 시설관리권 남용이라고 인정할 수 있는 특단의 사정이 없는 한 정당성을 갖지 않는다고 판단한 것이다. 아마도 이 판단의 취지는 노동조합에는 기업시설 이용권이 없으므로 노동조합의 활동이기 때문에 특별 보호는 있을 수 없고, 사용자가 일반 종업원이나 다른 단체에 대해 인정하는(또는 인정해야 하는) 이용을 인정하지 않는 경우에만 시설관리권의 남용이 된다고 하는데 있다.

개인적으로는 다음과 같이 생각한다. 종업원이 기업시설을 이용할 수 있는 한도는 앞의 판결이 진술하는 바대로 '특단의 합의가 있지 않은 이상, 고용계약의 취지에 따라 노무를 제공하기 위해 필요한 범위에서 또한 정해진 기업질서에 따르는 양상'에 그친다. 그러나 이것은 종업원의 기업시설이용 일반에 대한 사리이고 노동조합활동으로서 이루어진 경우에는 조합활동권에 의한 특별한 보호가 한정된 범위에서 발생할 수 있다. 특히 사용자가 노동조합의 시설 이용상의 편의제공에 응하지 않는 등, 조합의 정보전달과 의사표시의 적절한 수단이 달리 없는 경우에는 조합활동이기 때문에 보호를 받기 쉽다고 할 수 있을 것이다. 그 기준은 종래의 위법성 조각설과 마찬가지로 부착된 시설의 성질, 부착범위, 전단지의 매수·형상·문언, 부착방법 등을 종합하여 본 경우, 조합활동

---

56) 예를 들어 外尾, 343면.

57) 상세한 것은 最高裁判例解説[民事編], 昭54, 354면[時岡泰]. 최근에는 山口, 294면; 下井, 労使関係法, 81면.

58) 国鉄札幌運転区事件 — 最三小判 昭54. 10. 30, 民集 33권 6호, 647면.

나 태업의 행위자를 누구로 보는가 하는 문제는 존재하지만, 그 수행자의 누군가에게는 불법행위의 개인책임이 발생하게 된다.[20]

[20] **위법쟁의행위에 있어서 개인책임 부정론**

일본에서는 단체의 조직적 통일행동으로서 이루어진 위법 쟁의행위에 있어 개인책임의 일체를 부정하는 학설이 성행하였다. 그 대표적인 것이 '쟁의행위의 이면(二面) 집단적 본질'을 주장하는 것으로, 즉 노동조합의 쟁의행위는 노동조합이라는 단체의 행위임과 동시에 개개인의 집단적 행위로서만 실현된다는 두 가지 양상으로 집단적인 성격을 가지며, 그러한 가운데에서 개개인의 행위는 다수결 원리에 의해 형성된 단체의 의사에 완전히 구속되는 행위라는 특색을 가진다고 주장한다. 이리하여 개개인은 완전히 단체의 통일적·집단적 행동 속으로 매몰하여 책임을 져야 하는 주체가 없어지며, 단체만이 책임주체가 된다고 주장한다(浅井清信, 「団体行動としての争議行為」, 労働法 15호, 10면. 최근의 西谷, 431면은 사용자의 '단결승인의무'라는 개념을 이용하여 이 설을 보강하고 있다). 그러나 이 학설은 위법 쟁의행위에의 결정·지령에도 법적 구속력을 인정한다고 하는 기본적 전제에 서 있다는 점에서 근본적으로 의문이며, 또한 지적하는 바와 같이, 다수 근로자의 집단행위에 의해서만 실현할 수 있다고 하는 쟁의행위의 특질도 '개인의 매몰'과는 반대의 '개인의 실행행위자성'을 의미할 수 있다(菅野, 争議行為と損害賠償, 35면 이하, 204면 이하. 또는 사용자의 단결승인의무는 부당노동행위의 금지는 초래하지만, 위법행위의 책임추급의 금지까지는 가져오지 않는다).

(2) 개인책임의 소재·내용

정당성이 없는 파업이나 태업에 있어서 노무정지자의 채무불이행 책임의 내용은, 당해 파업이나 태업에 의한 사용자의 손해 전체에 대한 연대책임이라고 해석할 것이 아니라, 손해 전체 중에서 각자의 노무정지에 귀책되는 손해 부분에만 개별적 책임으로 파악되어야 한다. 손해 전체는 이러한 개개의 채무불이행에 의해서가 아니라, 이들을 조직하고 집단화함으로써 발생한 것이므로, 불법행위책임에 의해 전보되어야 하는 것이다.

다음으로 정당성이 없는 파업이나 태업에 있어서의 불법행위책임에 대해서는, 그 '행위자'는 노무정지를 조직하여 집단화한 '조직자'라고 생각되어야 하며, 그들이 정당성이 없는 파업이나 태업에 의한 손해 전체에 대해 연대책임을 부과 받게 된다. 보다 구체적으로는 정당성이 없는 파업이나 태업을 기획, 지휘, 지도한 투쟁위원회의 위원 레벨의 자에게 불법행위의 개인책임이 집중되게 된다. 이들에게 집중되는 이유는 첫째, 파업이나 태업은 개별적으로는 채무불이행(근로계약위반)에 지나지 않는 행위를 조직하고 집단화함으로써 사용자의 조업을 저해하는 행위이며, 그러한 것이 시민법상의 불법행위로 여겨지는 이유는 그러한 조직적 집단적인 가해력에 있기 때문이다. 둘째, 이러한 파업이나 태업에 대한 노동법상의 면책(정당성의 범위 내에서의 민사면책)을 상실하게 되는 사정(목적,

그 밖의 면에서의 정당성 결여의 이유)도 조직적이고 집단화되는 행위에 의해 만들어지기 때문이다.

이에 비해 피케팅, 직장점거, 전단지 부착 등의 집단적 근로정지 이외의 행동이 정당성을 인정받지 못하는 경우에는, 그 행위자 책임은 바로 그러한 위법한 행동을 실행한 근로자들에게 발생한다. 또 그러한 행동을 결정·지령·지도한 간부들도 공동불법행위자 또는 교사자·방조자(민 719조)의 책임을 진다.[70]

(3) 단체책임의 법적 구성

쟁의행위가 위법하게 이루어진 경우에 노동조합에게 발생할 수 있는 민사책임은 단체협약(평화의무·평화조항)에 위반한 경우의 책임을 별도로 하면, 불법행위에 의한 손해배상책임뿐이다. 이 노동조합의 손해배상책임도 민법의 정통적인 견해에 따라 단체에 대한 불법행위책임의 귀속에 관한 기본규정(노조 12조의 6, 민 709조, 715조 1항, 719조)에 의하여 기초화되는 것이 적절하다.[71]

(4) 단체책임과 개인책임과의 관계

이상과 같이 기초화된 단체책임과 개인책임과의 관계는 단체의 불법행위책임(민 715조 1항, 일반법인 78조 등)에 관한 정통적인 견해에서는 부진정연대(不眞正連帶)책임이 될 것이다. 즉 행위자인 모든 개인은 한 사람 한 사람이 단체와 함께 위법 쟁의행위에 의한 모든 손해에 대해 연대책임을 진다고 본다.[72] [21]

[21] **단체책임과 개인책임의 관계·개인적 의견**
이러한 '부진정연대'라는 처리는 각별히 실정법의 명문에 근거한 결론은 아니므로, 위법 쟁의행위의 사실관계에 더욱 적합한 새로운 해석론을 모색해야 할 것이다. 즉 조합원의 투표(노조 5조 1항 8호 참조)에 의해 결정된 위법 쟁의행위의 경우에는, 노동조합의 책임을 제1차적인 것으로 하며, 그리고 행위자 내지 참가자 책임을 제2차적인 것으로 파악해야 한다. 바꿔 말하면 위법 쟁의행위가 조합원의 다수의 승인에 의해 정규조합의 행위로서 이루어진 경우에는, 개인책임은 단체책임의 배후책임으로 되며, 단체책임에 대해 종속성(단체책임이 소멸되면 개인책임도 소멸)과 보충성(최고와 검색의 항변권)을 취득한다고 해석해야 한다(菅野, 爭議行爲と損害賠償, 234~7면; 下井, 勞使關係法, 209면).

---

70) 사례로서 書泉事件 ― 東京地判 平4. 5. 6, 勞旬 1299호, 52면; 岡惣事件 ― 東京高判 平13. 11. 8, 勞判 815호, 14면; 本山製作所事件 ― 仙台地判 平15. 3. 31, 勞判 858호, 141면. 이상에 대해서는 菅野, 爭議行爲と損害賠償, 204~234면.
71) 菅野, 爭議行爲と損害賠償, 234~244면; 판례로서는 みすず豆腐事件 ― 長野地判 昭42. 3. 28, 勞民 18권 2호, 237면; 앞의 書泉事件.
72) 앞의 みすず豆腐事件; 書泉事件.

2. 징계처분

(1) 징계처분의 가부

정당성이 없는 쟁의행위가 이루어진 경우, 사용자에 의한 책임추급으로서 가장 빈번하게 이용되는 것은 징계처분이다. 앞에서 언급한 개인책임을 부정하는 첫 번째 주장('투쟁행위의 이면(二面)집단적 본질'의 주장)은 이러한 징계처분 가능성을 부정하는 것을 내용으로 하며, 실제상의 주안점은 오히려 여기에 있었다고도 할 수 있다. 위법쟁의행위에 대한 징계처분을 취급하는 판례 중에는 그러한 개인책임부정론의 영향을 받은 경우를 볼 수 없는 것은 아니나,[73] 대부분의 경우에는 위법쟁의행위는 단체행동임과 동시에 개인의 행동이기도 하다고 하여 그러한 주장을 배척하고 있다.[74] 개인책임부정론은 위법쟁의 행위시에 단체만이 책임을 져야 하고 개인은 책임을 지지 않는다는 것인데, 단체가 지는 책임은 손해배상책임뿐이므로 이 단체책임이 개인의 징계처분 가부에 대해 영향을 미칠 수 없다. 징계처분은 손해의 보전과는 별개인 기업규율과 질서유지의 문제이다.[75][22]

[22] 쟁의중의 행동과 취업규칙

위법 쟁의행위에 대한 징계처분의 가능성을 부정하는 하나의 학설로서, 취업규칙의 직장규율에 대한 규정은 평상시 노동관계를 전제로 하는 것으로 쟁의시 근로자의 행위에는 적용되지 않는다는 주장이 있다(최근의 西谷, 454면 이하). 그러나 직장규율과 지휘명령으로부터의 이탈도 정당한 쟁의행위의 경우에 한정하여 인정할 수 있는 것이고, 위법한 쟁의행위의 경우에는 그러한 위반에는 면책은 발생하지 않는다. 또 쟁의 중에 노동조합이 하는 행동에는 업무에 종사하면서 실시하는 쟁의행위와 사업장 시설을 이용하는 쟁의행위 내지 조합활동 등, 기업질서와 직장규율과 밀접한 관계에 있는 경우가 다수 존재하므로 사용자가 취업규칙 제정시에 쟁의 중의 조합의 행동을 획일적으로 대상 외로 했다고는 도저히 말할 수 없다. 쟁의행위에 대한 사용자의 취업규칙발동을 제어하는 것도 역시 헌법 28조의 쟁의권이고 노조법의 부당노동행위 구제제도이다(朝日新聞小倉支店事件 — 最大判 昭27. 10. 22, 民集 6권 9호, 857면도 위의 주장을 배척하고 있다).

(2) 간부책임

위법쟁의행위에 대한 징계처분은 그 행위를 지령·지도한 노조간부에 대한

---

73) 七十七銀行事件 — 仙台地判 昭45. 5. 29, 労民 21권 3호, 689면.
74) 全逓東北地本事件 — 最三小判 昭53. 7. 18, 判時 906호, 19면도 이를 확인.
75) 따라서 쟁의행위가 위법이라도 기업질서침해의 정도나 전례 등에 비추어 징계처분이 무효로 되는 경우도 있다. 大和交通事件 — 奈良地判 平12. 11. 15, 労判 800호, 31면.

책임추급으로서 이루어지는 경우가 많은데, 노동조합의 3간부(위원장, 부위원장, 서기장: 역자 주)와 집행위원 등의 간부가 그 지위에 있다는 이유로 당연히 위법 쟁의행위에 대해 조합원을 대표하여 책임을 져야 할 이유는 없다. 징계처분의 가부는 문제가 된 행동에 있어 각 행위자의 현실적 행위와 역할을 기업질서침범의 정도·양상 여하의 관점에서 실질적으로 검토하여 결정해야 하기 때문이다.76) 그러나 반대로 조합간부는 그 지위에 근거하여 당연히 결과에 대한 책임을 지지 않는다고 하더라도, 위법쟁의행위를 현실적으로 기획, 지령, 지도하고 위법쟁의행위에 의한 기업질서침범에 대해 실질적으로 중요한 역할을 한 경우에는 현실적 행동에 대한 책임으로서 일반조합원보다 무거운 제재가 부가되어도 어쩔 수 없다. 이러한 기획, 지령, 지도 현실적 행위책임도 부정하는 것은 쟁의행위의 조직적 집단적 특질을 오히려 무시하는 것이 될 것이다. 판례에서도 이러한 지도책임을 긍정한 예는 매우 많다.77)☒

☒ **위법행위의 제지의무**

　　조합간부의 기획, 지도를 무시한 위법한 쟁의행위가 이루어진 경우에는, 그러한 조합간부에 대해 그 직책상 위법행위의 방지나 또는 저지에 진력해야 할 의무가 있음에도 이를 태만히 하였다고 하여 징계상의 책임추급을 할 수 있는지가 문제로 된다. 판례 중에는 위법행위 방지(저지)의무를 강조하고 그 의무위반의 책임을 인정한 것이 상당수 있다(예를 들어 品川白煉瓦事件 — 東京高判 昭31. 9. 29, 労民 7권 5호, 874면; 岩田屋事件 — 福岡高判 昭39. 9. 29, 労民 15권 5호, 1036면). 이러한 판례의 대부분은 피케팅 라인에 있어서 지나친 조합원의 행동에 대해 지도임무를 맡고 있던 조합간부가 그러한 지나친 행위발생을 예상할 수 있었음에도 불구하고 그것을 방지할 적절한 조치를 강구하지 않았다는 점, 또는 현장에서 위법행위의 발생을 알면서(내지는 알 수 있었는데)도 그에 대한 저지(제지)에 진력하지 않았다는 점을 문책하고 있다. 위법한 행동의 내용과 조합간부가 처한 상황 등의 구체적 사정에 크게 의존하게 되는데, 일반적으로는 당해 위법행위를 시인했다고 보아도 어쩔 수 없고 그러한 행위를 조장한 것과 동일시될 수 있는 경우에는 이에 대한 제지의무위반의 책임을 지게 된다고 해야 할 것이다.

---

　　76) 예를 들어 다수조합원을 결집하여 배의 입거(入渠)작업을 실력으로 저지한 행동에 대해 그러한 기획, 지령, 실행의 어느 단계에서도 자택에서 와병 중이던 중앙투쟁위원장에게는 아무리 지령이 중앙투쟁위원장의 이름으로 내려졌다고 하더라도 책임을 지게 할 수는 없다. 三井造船玉野事件 — 東京高判 昭30. 10. 28, 労民 6권 6호, 843면.

　　77) 예를 들어, ミツミ電機事件 — 東京高判 昭63. 3. 31, 判タ 682호, 132면. 또한 日本郵政公社事件 — 東京高判 平16. 6. 30, 判時 1878호, 146면은 전체(全遞: 우정직원의 노동조합)의 통제와 지도하에서 이루어진 쟁의행위(우편물배송업무의 태업)에 대하여 공노법이 금지하는 쟁의행위를 실시하여 우편사업의 대규모 혼란을 초래한 것에 대한 책임은 노동조합 및 그 의사결정에 관계된 자가 제1차적으로 지는 것으로, 그 의사결정에 따랐던 조합원은 개개의 질서위반행위의 양상에 따라서 징계처분을 받는 것에 불과하다고 판단하였다.

제 4 절 쟁의행위와 임금

1. 쟁의행위 참가자의 임금

(1) 무노동 무임금(no work no pay)의 원칙

파업 근로자의 경우, 파업 기간에는 노무제공을 정지한 것이므로 이 기간 중의 임금청구권을 가지지 못하는 것이 원칙이다. 임금청구권은 노무의 급여와 대가관계에 있으며(노계 6조), 노무의 급여가 근로자의 의사에 의해 이루지지 않는 경우에는 반대급부인 임금도 지불되지 않는 것이 당연한 원칙이 된다.[78] 이것이 이른바 무노동 무임금(no work no pay)의 원칙으로 헌법 28조 쟁의권의 보장도 이 원칙까지 수정한 것은 아니다. 단 이 원칙은 계약해석상의 원칙에 지나지 않고, 당해 근로계약의 취지로서 이와 다르게 규정하고 있다고 인정되는 경우(예를 들어 순수한 월급제나 성과급제)에는 그 규정에 따라야 한다.[79]

(2) 임금삭감의 범위

무노동 무임금의 원칙에서 사용자는 파업에 의한 취업거부 중의 임금청구권이 발생하지 않았다고 하여, 파업에 근접한 임금지불날짜에 예정되어 있던 임금액에서 파업 기간 중의 임금액을 공제한 뒤 임금을 지불하게 된다. 문제는 이 공제를 할 수 있는 임금의 범위인데, 예를 들어 가족수당, 주택수당 등 구체적인 노무급여에는 반드시 대응할 수 없고 오히려 생활보조비적 영향이 있는 여러 수당도 파업 기간에 대응하여 공제할 수 있는가이다. 이에 대해서는 임금을 종업원 지위에 대응하는 보상적 내지 보장적 부분과 구체적인 노동력의 공제에 대응하는 교환적 부분으로 나누어 후자는 임금삭감의 대상이 되어도 전자는 되지 않는다는 설(이른바 임금 이분론)이 성행하게 되었다.[80]

그러나 파업에 의한 임금 삭감의 문제는 그 성질상 해당 근로계약 내용으로서 파업에 의해 결근하여도 공제하지 않는 임금부분이 마련되어 있는지의 여부

---

78) 이러한 해석에 대한 비판으로서 山口, 248면 이하.
79) 明治生命事件 — 最二小判 昭40. 2. 5, 民集 19권 1호, 52면은 이 취지로 이해해야 한다.
80) 本多淳亮,「労働契約と賃金」, 季労 25호, 92면 등. 앞의 각주의 明治生命事件 도 '노동의 대가로서 지급되는 것은 아니라고 하여 직원에 대한 생활보조비의 성질을 가지는 것'도 당연히 파업 공제 대상이 되지 않는다고 판시.

에 대한 계약해석의 문제이며, 위의 설명과 같이 임금과 근로관계의 본질론에서 대체로 임금은 두 가지의 부분으로 나뉘어진다는 해석은 적절하지 않다. 학설상 이러한 비판이 성행하게 됨에 따라,[81] 판례도 임금삭감의 범위는 '해당 단체협약 등의 규정이나 노동관행의 주요한 취지에 비추어 개별적으로 판단하는 것을 상당하다고 하여 …… 이른바 추상적·일반적 임금 이분론을 전제로 하는 …… 주장은 적절치 못하다'라고 판시했다. 그리고 파업의 경우에 있어서 가족수당의 삭감이 임금규칙(취업규칙)의 규정에 근거하여 약 20년간 실시되고, 임금규칙에서 그 규정이 삭제된 후에도 세부 취급 가운데 정해져 계속하여 이의 없이 시행되어 왔다는 사실관계에서는 가족수당은 파업에 의한 임금삭감의 대상이 된다고 판단했다.[82]

요컨대 파업에 의한 임금삭감의 범위에 대해서는 이에 관한 단체협약 내지 취업규칙의 규정과 종래의 관행 및 통상의 결근·지각·조퇴에 관한 임금삭감 취급 등을 자료로 하여 문제의 임금항목이 앞에서 언급한 무노동 무임금(no work no pay) 원칙의 예외로서 근로계약상 삭감의 대상에서 제외되고 있는가의 여부를 탐구해야 한다.[24]

[24] 재량근로제와 파업의 임금삭감

재량근로제에서는 근로자는 정상적인 노무제공의 의무를 지기 때문에 파업으로서 노무를 제공하지 않으면, 제공하지 않은 노무에 대해서는 당연히 임금삭감을 받을 수 있다. 다만, 재량근로제에서는 시간배분과 업무수행방법이 근로자의 재량으로 맡겨지기 때문에, 노무를 제공하지 않은 시간과 정도를 인정하는데 곤란함이 발생할 수 있다. 그래서 사용자의 입장에서는 노동조합과의 협정으로 파업의 경우 노무가 제공되지 않은 범위의 인정방법을 명확히 해두는 것이 필요할 것이다. 또 재량근로제가 성과주의 임금 하에서 운영되고 있는 경우에는 성과급의 경우의 임금삭감과 마찬가지의 문제가 발생할 수 있으므로, 결근의 경우의 취급과 더불어 파업의 경우의 임금 취급을 단체협약 등에 따라 명확히 해두어야 할 것이다.

(3) 일시금의 임금삭감의 가부

개개의 근로자에 대해 일시금액을 산출할 때에는 그 산식상의 한 계수로서 사용되는 해당 대상기간의 출근율이 이용된 후, 파업 참가일수를 결근일수 취급으로 하는 것은 해당 출근율이 지급대상기간중의 노동의 양(결근의 양)에 따라 기계적으로 정해지고 있으며, 파업으로 인해 취업을 하지 않은 것을 결근으로 취급하는 것에 불과하다고 인정되는 경우에는 무노동 무임금 원칙의 한 적용례로서 적법하다고 해석된다. 단 이 문제도 일시금 산정의 산식을 정한 단체

81) 東大労研, 注釈労組法上, 556면; 下井隆史, 雇用関係法, 191면 이하 참조.
82) 三菱重工業事件 — 最二小判 昭56. 9. 18, 民集 35권 6호, 1028면.

협약 혹은 취업규칙 조항의 해석이라는 개별적 문제이고 해당 조항의 해당 노사관계에 있어서의 취지를 탐구하여 결정해야 한다(파업으로 인해 취업을 하지 않은 것을 결근취급으로 하는지의 여부에 대해 취지가 불분명한 경우에는 위의 원칙으로 되돌아가도 된다고 생각할 수 있다. 또한 부당노동행위의 성립여부의 문제는 후술한다).

이에 대하여 기계적인 출근율상의 결근취급이 아니고 파업참가를 일시금 산출상의 근무성적평가에서 마이너스 평가를 하는 것은 정당한 쟁의행위를 이유로 하는 불이익 취급(노계 7조 1호)이 되며, 또한 쟁의권 존중의 공서(민 90조)에 반한다.

(4) 태업적 행위와 임금

태업(slow down)과 노무의 일부 거부가 이루어진 경우에도 근로자는 성과급의 경우를 제외하고는 계약상 요구되는 노무를 이행하지 않은 비율로 임금청구권을 취득하지 못한다. 노무를 이행하지 않은 비율에 대해서는 평상시에 해야 할 노무의 질과 양에 비추어 어느 정도 불이행(불완전이행)이 있었는지를 개별구체적으로 산정해야 한다. 그리고 판례는 이에 대해 상당히 정밀한 산정을 요구하고 있다.[83]

다음으로 출장·외근거부투쟁과 같이 사용자가 명하는 종류의 노무(출장업무·외근업무)를 거부하고 사용자가 시인하지 않은 종류의 업무(내근업무)에 종사하는 쟁의행위가 이루어진 경우의 임금삭감 문제가 있다. 근로계약상 사용자가 출장·외근명령을 내릴 권한을 가지고 있다면, 그러한 명령이 내려진 이상 내근업무는 채무의 본지에 따른 노무 제공이라고 할 수 없다. 사용자가 이를 수령했다고 인정할 수 없는 한 사용자는 위의 명령 대상기간 중의 임금을 파업의 경우와 마찬가지로 삭감할 수 있다.[84] ▧

▧ **리본 · 완장 · 머리띠 등 착용자의 근로수령거부와 임금청구권**

사용자가 노동조합활동으로 리본·완장·머리띠 등을 착용하고 취업하려고 하는 근로자의 취업을 거부한 경우에는 이 자의 임금청구권은 어떻게 될까.

사용자가 취업하려고 하는 근로자의 취업을 거부하여도 임금지불의무를 지지 않는 경우는, 첫째로 근로자가 근로계약의 본래의 취지에 따른 이행 제공을 하지 않고 더구나 그 노무 제공상의 불완전함이 수령을 완전히 거부할 수 있는 정도·양상이라는 경우가 있다(沖繩米軍基地事件 — 福岡高那覇支判 昭53. 4. 13, 労民 29권 2호, 253면은 미군기지에서의 머리띠 착용 취업거부를 이러한 견지에서 정당하다고 하였다. 이에 대해 第一交通事件 — 福岡高判 昭

---

83) 東大労研, 注釈労組法上, 559면. 단, 東洋タクシー事件 — 釧路地帯広支判 昭57. 11. 29, 労判 404호, 67면은 택시회사에서의 태업에 대해 임금삭감을 시인했다.

84) 水道機工事件 — 最一小判 昭60. 3. 7, 労判 449호, 49면.

58. 7. 28, 判時 1104호, 141면은 택시운전수의 완장착용에 대해 사용자의 노사관계상의 비위를 강조하고 노무수령거부를 정당하지 않다고 하였다). 바꿔 말하면 근로계약의 본래의 취지에 따른 이행제공이라고는 할 수 없으나, 그 불완전함(리본 등의 착용)이 노무수행에 실질적인 지장을 초래할 정도·양상의 것이 아닌 경우에는 사용자는 노무를 수령한 후에 그 불완전함에 대해서는 노무관리상의 수단으로 대응해야 한다(여기에서는 조합활동으로서의 정당성이 문제가 된다).

다음으로 사용자는 노무제공의 양상 그 자체로서는 수령을 거부할 수 있는 정도의 하자를 가지는 경우는 아니지만, 그 수령을 거부할 정당이유를 가지는 경우에는 수령거부에 대해 임금지불의무를 지지 않는다(민 536조 1항). 예를 들어 판례는 탄광의 갱도 안에서 제킨(번호표)을 착용한 취업은 노무수행에 지장을 주지 않지만 대립 조합원과의 분의(紛議)를 일으키므로 보안상 구체적 위험을 가진다고 하여 사용자의 취업거부를 정당한 이유가 있다고 판시했다(三井鑛山三池鑛業所事件 — 福岡地判 昭46. 3. 15, 勞民 22권 2호, 268면).

2. 쟁의행위 불참자의 임금

(1) '부분파업'·'일부파업'과 임금

'부분파업'(어떤 조합이 해당 단체교섭의 단위 내에 있는 조합원의 일부에만 실시하게 하는 파업)과 '일부파업'(종업원의 일부만을 조직하는 노동조합이 실시하는 파업)이 시행되는 경우에는 그 결과 취업할 수 없었던 파업 불참 근로자의 임금청구권은 어떻게 되는가 하는 문제가 발생한다.[85]

이에 대해서는 먼저 사용자가 파업 당일 파업 불참자의 노무제공을 수령하고 그들을 자신의 지휘감독 하에 둔 경우에는 각별히 곤란함이 발생하지 않는다. 이 경우에는 부분파업과 일부파업의 결과, 아무리 파업 불참자가 해야 할 본래의 업무가 존재하지 않게 되었다고 해도 그들은 사용자의 지휘감독 하에 근로시간을 보내게 되어, 임금청구권을 갖는 것은 분명하다.[86]

문제는 대별하여 두 가지 경우에 발생한다. 첫째는 사용자가 파업 불참자의 취업신청을 거부하고 노무를 수령하지 않는 경우이고, 둘째는 사용자에게는 파업 불참자의 노무를 수령할 의사가 있음에도 불구하고 그들이 파업 근로자의 피켓행위에 저지되어 노무제공을 할 수 없는 경우이다.

첫째 경우에 대해서는 먼저 그 가운데에서도 파업 불참자가 해야 할 노무가 평상시에 하고 있던 노무 그 자체 혹은 쟁의시에 발생하는 관련 업무로서 파업 기간 중에도 존속되고 있어 그들의 취업이 객관적으로는 가능했음에도 불구하

---

85) 이하의 상세한 것은 東大勞研, 注釈勞組法上, 563면 이하.
86) 高知県ハイヤータクシー労組事件 — 高松高判 昭51. 11. 10, 勞民 27권 6호, 587면.

고, 사용자의 주관적 의사에 의해 수령이 거부된 경우에는 '채권자의 책임으로 돌려야 하는 사유'에 따라 이행을 할 수 없게 된 때(민 536조 2항)로 파업 불참자는 '반대급부'인 임금청구권을 잃지 않는다.[87]

이에 대해 부분파업이나 일부파업의 결과, 파업 불참 근로자의 일이 객관적으로도 존재하지 않게 된 경우에는 판례는 오래 전부터 일관되게 '파업은 쟁의권 보장에 따라 사용자가 어떻게 할 수 없는 어려운 현상이므로 파업 불참자는 쌍무계약상의 일방 채무이행불능의 경우의 채무자 부담주의 원칙(민 536조 1항)에 의해 임금청구권을 갖지 않는다고 해왔다.[88] 그리고 최고법원도 부분파업에 대해 같은 해석을 분명히 했다.[89]

또 둘째의 피켓행위에 의한 취업불능의 경우에 대해서도 판례는 이 피켓행위를 사용자의 책임으로 돌릴 수 없는 사유로 간주하고 취업이 저지된 자의 임금청구권을 부정하고 있다.[90]

(2) '부분파업'·'일부파업'과 휴업수당

다음으로 부분파업과 일부파업에 의해 취업할 수 없었던 파업 불참 근로자에 대해서는 사용자는 노기법상의 휴업수당(26조)을 지불할 의무가 있는가. 이 점에 대해서는 휴업수당의 발생사유인 '사용자의 책임으로 돌려야 할 사유에 의한 휴업'은 앞에서 서술한 대로 민법상의 사용자의 '책임으로 돌려야 할 사유'(536조 2항)보다 넓다는 점에 주의할 필요가 있다. 판례는 이 해석을 따라 한편으로는 일부파업 사례에 대해 동 파업은 사용자에 있어서 민법상의 귀책사유라고는 할 수 없으나, 노기법상의 '책임으로 돌려야 할 사유'에 해당한다고 판단하고(앞의 각주의 明星電気事件), 다른 한편으로는 별도 사업장에서의 노동조합의 파업(부분 파업)에 의해 취업을 할 수 없었던 조합원에 대해 사용자측에게 기인하는 휴업이라 할 수 없다고 판단하고 있다.[91]

휴업수당 규정의 해석에는 근로자의 임금생활 보호라는 휴업수당제도(노기 26조)의 기본이념을 반영하게 해야 하므로 일부파업에 의해 부득이 휴업하게

---

87) 日本油脂王子工場事件 — 東京地判 昭26. 1. 23, 労民 2권 1호, 67면.

88) パインミシン製造事件 — 宇都宮地判 昭35. 11. 22, 労民 11권 6호, 1344면; ノース・ウエスト航空事件 — 東京地判 昭53. 8. 9, 労民 29권 4호, 578면 등.

89) ノース・ウエスト航空事件 — 最二小判 昭62. 7. 17, 民集 41권 5호, 1350면. 일부 파업에 대한 판례로서 高槻交通事件 — 大阪地判 平元 5. 15, 労民 40권 2=3호, 340면.

90) 明星電気事件 — 前橋地判 昭38. 11. 14, 労民 14권 6호, 1419면.

91) ノース・ウエスト航空事件 — 最二小判 昭62. 7. 17, 民集 41권 5호, 1283면.

된 다른 조합의 조합원과 비조합원에게는 휴업수당을 청구할 권리는 발생한다고 해석해야 한다. 그러나 부분파업에 의해 부득이 휴업하게 된 파업 노동조합의 조합원은 파업 참가자와 일체성이 있으므로 사용자측에게 파업을 야기한 위법행위가 있는 등의 특별의 경우를 제외하고는 휴업수당청구권도 갖지 않는다고 말하지 않을 수 없다.92)

결국 한쪽의 채무이행불능의 경우 반대급부청구권의 유무에 관한 채무자 분담주의(민 536조 1항)는 휴업수당의 규정(노기 26조)에 의한 임금생활 보호가 존재하기 때문에 일부파업에 대해서도 유지할 수 있는 것이다.

제 5 절   사용자의 쟁의대항행위

1. 조업의 계속

⑴ 조업의 자유

노동조합에 의한 파업 중이라도 사용자가 관리자나 비조합원을 동원하여 조업을 계속하려고 노력하는 것은 자유이며, 또 이를 위해 대체근로자(파업 대치근로자)를 고용하는 것도 자유이다. 조업을 계속하기 위해 취하는 이러한 조치는 부당노동행위가 되는 것은 아니며, 노동조합은 이에 대해 평화적 설득과 단결시위를 넘어 저지행동을 할 수 있는 것은 아니다.

이러한 사용자의 '조업의 자유'는 지금까지의 대부분의 판례에서 노동조합이 한 피케팅의 정당성 유무를 논할 때에 명언되고 있으며, 최고법원 판례도 노동조합이 한 차량확보전술의 죄책(위력업무방해죄, 건조물 침입죄)을 논하는 전제로서 '사용자는 …… 파업 중이라도 업무 수행 자체를 정지해야 하는 것은 아니며 조업저지를 목적으로 하는 근로자측의 쟁의수단에 대해서는 조업을 계속하기 위해 필요한 대항조치를 취할 수 있다'고 논하고 있다.93)

또한 사용자는 로크아웃(lockout) 중에도 조업의 자유를 포기한 것은 아니므로 관리직, 비조합원, 파업 대치근로자 등을 사용하여 조업의 계속을 꾀할 수

---

92) 東大労研, 注釈労組法上, 566면. 이에 대해 浜田富士郎,「部分スト・一部ストと賃金・休業手当請求権」, 労働法の争点[新版], 141면은 의문을 제기.

93) 山陽電気軌道事件 ― 最二小判 昭53. 11. 15, 刑集 32권 8호, 1855면.

있다.⑳

⑳ **파업 근로자의 직장복귀**
　미국에서는 파업 대체근로자의 고용은 반드시 파업기간에 한정된 임시의 경우로서 실시할 필요는 없고, 파업 근로자는 파업 종료시 자기 담당 부서가 대체근로자에 의해 대치되지 않은 한 직장복귀를 할 수 있는데 지나지 않는다. 그러나 고용관행을 달리 하는 일본에서는 파업 근로자는 파업 종료시 직장 복귀 권리를 가지고 파업 대치근로자의 존재를 이유로 해고 당하면 '정당한 파업 참가를 이유로 하는 해고' 또는 '해고권의 남용'으로서 법적 구제를 받게 된다. 이러한 의미에서 사용자는 실제로 파업 대치근로자의 고용을 파업기간 중으로 한정한 임시적인 경우에만 시행할 수 있게 된다.

(2) 스캡(scab: 파업이탈자) 금지 협정

　노동조합과 사용자 간에 파업기간 중의 파업 대치근로자의 고용을 금지하거나 조업의 계속을 위해 사용할 수 있는 자의 범위를 제한하는 협정이 체결되는 경우가 있다. 이러한 '스캡(scab)금지 협정'이 존재하는 경우는 사용자는 이에 구속되어 위반하면 협약위반 책임을 진다.

2. 로크아웃(lockout: 직장폐쇄)

(1) 문제의 소재

　로크아웃(노조(勞調) 7조, 독노 17조, 지공노 11조에서는 '작업소 폐쇄'로 불리고 있다)이란 사용자가 노동쟁의의 상대방인 근로자들에 대해 노동쟁의를 자기에게 유리하게 이끄는 수단으로서, 노무수령을 집단적으로 거절하거나 사업장으로부터 집단적으로 내쫓거나(내지 퇴거를 요구) 하는 행위이다. 이에 대해서는 문제는 주로 로크아웃과 임금청구권의 문제, 즉 로크아웃이 어떠한 상황에서 실시되고, 어떠한 요건을 충족시키면 사용자는 노무를 제공하는 근로자에 대하여 임금지불의무를 면하는가이다.94)

(2) 로크아웃권의 유무

　로크아웃과 임금의 문제를 둘러싸고 학설·판례상 단적으로 사용자의 쟁의권으로서의 로크아웃(권)을 인정하고, 정당한 로크아웃이라면 임금지불의무를 면하기로 하는가, 아니면 그러한 문제는 어디까지나 민법상의 여러 원칙(민 413조 내지 536조)에 따라 해결해야 하는지가 논쟁이 되었다.

---

　94) 기본문헌으로서 小西國友, 「ロックアウト」, 現代講座(5), 234면 이하.

이러한 이론적인 대립이 이루어지는 가운데 판례[95]는 헌법 28조의 근로자의 쟁의권은 노사대등의 촉진과 확보를 위해서이고 궁극적으로는 공평한 원칙에 입각하고 있기 때문에 '개개의 구체적인 노동쟁의의 장에서 근로자측의 쟁의행위에 의해 오히려 노사간의 세력 균형이 깨지고 사용자측이 현저하게 불리한 압력을 받는다 …… 경우에는 형평의 원칙에 비추어 사용자측에서 이러한 압력을 저지하고 노사간의 세력 균형을 회복하기 위한 대항 방위수단으로서 상당성을 인정받는 한 ……, 사용자의 쟁의행위도 정당한 것으로서 시인된다'고 진술하였다. 그리고 사용자의 쟁의행위의 한 형태로서 로크아웃(노무수령의 집단적 거부)도 '개개의 구체적인 노동쟁의에 있어서 노사간의 교섭태도, 경과, 노동조합측의 쟁의행위 양상, 그에 따라 사용자측이 받는 타격의 정도 등에 관한 구체적 여러 사정에 비추어 형평의 견지에서 보아 근로자측의 쟁의행위에 대한 대항 방위수단으로서 상당한 것이라고 인정된다 …… 경우에는 정당한 쟁의행위 …… 로서 위의 로크아웃 기간 중의 대상 근로자에 대한 …… 임금지불의무를 면한다'고 판시했다.

이에 따라 로크아웃과 임금청구권 문제에 대해서는 로크아웃을 노동법상의 권리로서 인정하고 사용자의 쟁의행위의 정당성 문제로서 처리하는 방식이 확립되었다. 그러나 판례가 수립한 로크아웃권이란 사용자가 근로자의 업무저해행동에 의해 현저하게 불리한 압력을 받는 경우에 형평의 원칙에 근거로 노사의 세력균형을 회복하는 수단으로 인정되는 방어적인 권리에 불과하다.

이에 대해 사용자가 자기의 요구를 관철하기 위한 수단으로서의 본래적인 로크아웃권(쟁의권)은 위의 판례에서는 '힘의 관계에서 우위에 서는 사용자에 대해 …… 인정해야 할 이유는 없다'고 하고 있다. 이것은 사용자는 취업규칙의 합리적인 변경수단에 의해 그 한도에서 근로조건의 신설·변경을 할 수 있다는 점[96]을 고려한 일관된 해석이라고 할 수 있을 것이다.

(3) 로크아웃의 요건

근로자가 아직 업무저해행위를 하지 않고 있는데 사용자가 실시하는 로크아웃을 '선제적 로크아웃'이라고 명명하면, 이것은 크게 구별하여 사용자가 자기 주장의 관철을 위한 압력수단으로 삼는 로크아웃('공격적 로크아웃')과 근로자의

---

95) 丸島水門事件 ― 最三小判 昭50. 4. 25, 民集 29권 4호, 481면.
96) 秋北バス事件 ― 最大判 昭43. 12. 25, 民集 22권 13호, 3459면 이후의 판례법리로, 노동계약법에서 명문화되었다(노계 10조).

취업저해행위가 예상되는 경우에 그에 의한 저해를 예방하기 위해 실시하는 로크아웃('예방적 로크아웃')이 있을 수 있다. 그러나 앞에서 언급한 판례의 입장에서는 이러한 선제적 로크아웃은 어떤 것도 정당성을 가질 수 없다.

다음으로 근로자가 업무저해행위에 들어간 후에 실시하는 로크아웃을 '대항적 로크아웃'이라고 부른다면, 여기에도 근로자의 취업저해행위에 의한 손해를 경감하여 방어하기 위한 것('방어적 로크아웃')과 방어의 목적을 넘어 반대로 사용자의 주장을 노동조합에 받아들이게 하기 위한 것('공격적 로크아웃')이 있을 수 있다.

앞에서 언급한 판례의 기본적 입장에 의하면 대항적 로크아웃 가운데 방어적 로크아웃만이 정당성을 가질 수 있고, 공격적 로크아웃은 정당성을 인정받지 못한다. 그 후 최고법원 판결에서 공격적 로크아웃으로 본 사례로서는 노동조합의 평화의무위반 행동에 자구하여 노동조합의 요구사항에 대해 사용자에게 유리한 해결을 도모하는 것을 목적으로 한 로크아웃[97]과 사용자가 일방적으로 실시한 새로운 교대제를 노동조합에 승인하게 하기 위해 조합의 새로운 교대제 반대 파업 해제 후에도 21일간 계속된 로크아웃[98] 등이 있다.

이에 대해 방어적인 로크아웃은 노동조합이 태업, 그 밖의 업무저해행동에 의해 임금에는 아무런 손실이 없는 채 회사의 업무를 마비시키고 경영의 존속 그 자체에 지장을 초래할 우려가 발생한 경우[99]나, 출하업무의 시한파업에 예고 없이(또는 직전의 예고) 들어가 당일 출하를 단념하게 만든 직후에 이를 해제하는 전술을 반복했기 때문에 수주가 격감하여 자금융통이 현저하게 악화된 경우[100]에는 정당성이 인정된다.[101] 이에 대하여 노동조합의 쟁의행위에 대해 응급조치를 강구하여 업무에 중대한 지장을 초래할 우려가 발생하지 않은 경우에는 대항방어수단으로서의 상당성이 인정되지 않는다.[102] 또한 당초에는 정당한 방어적 로크아웃도 노동조합이 쟁의행의를 중지하고 취업을 신청해 온 후에는

97) ノース・ウエスト航空事件 ― 最一小判 昭50. 7. 17, 労経速 916호, 3면.
98) 日本原子力研究所事件 ― 最二小判 昭58. 6. 1, 民集 27권 5호, 636면.
99) 앞의 각주의 丸島水門事件. 쓰레기수집작업원의 준법투쟁에 대한 로크아웃을 정당성이 있다고 한 판례로서 日光産業ほか1社事件 ― 大阪地堺支判 平22. 5. 14, 労判 1013호, 127면.
100) 安威川生コンクリート工業事件 ― 最三小判 平18. 4. 18, 民集 60巻 4号, 1548면.
101) 하급심의 사례로서 이 유형에 가까운 것은 三重ホーロー事件 ― 津地四日市支判 昭61. 6. 10, 判時 1218호, 138면.
102) 山口放送事件 ― 最二小判 昭55. 4. 11, 民集 34권 3호, 330면. 앞의 日本原子力研究所事件은 동력시험로의 운전재개를 불능하게 한 부분파업에 의해서도 사용자가 아직 현저하게 불리한 압력을 받지 않는다고 본 사례이기도 하다.

방어적 성격을 상실하고 정당성을 잃는 것이 통례가 된다.103)27 28

☒ **로크아웃의 상대방**

　　로크아웃이 노동쟁의에 있어서 근로자의 업무저해행위에 대한 대항방위수단으로서의 상당성을 인정받는 경우에도 로크아웃의 상대방은 업무저해행위를 하고 있는 해당 노동조합 내지 근로자집단 및 그 구성원(혹은 그 원조자)으로 한정되어야 할 것이다. 사용자의 로크아웃권은 노동쟁의 상대방인 노동조합 내지 근로자 집단과의 대항관계의 방어적 권리로서 인정된 것이기 때문이다. 따라서 그 법적 효과를 비조합원과 다른 조합원에게 미치게 하는 것은 허용될 수 없다고 해석된다.

☒ **쟁의근로자의 직장으로부터의 배제**

　　로크아웃에 대해서는 쟁의근로자가 직장을 점거하거나 직장에 체류하는 경우에, 그들에게 직장으로부터 배제하는 수단(법적 근거)이 될 수 있는가 하는 문제도 존재한다. 근로자의 직장점거의 정당성에 대하여 '체류'만을 인정하는 '좁은 합법론'을 취하는 개인적인 견해와 판례의 입법에서 살펴보면, 체류의 영역을 넘어서 정당성을 인정받지 못하는 양상으로 점거하고 있는 쟁의근로자에 대해서는 사용자는 시설관리권에 근거하여 퇴거를 요구하고, 퇴거하지 않는 경우에는 이 권기를 피보전권리로서의 방해배제 가처분을 구할 수 있게 된다(로크아웃은 필요하지 않다). 이에 대하여 직장에 '체류'하는 것에 그치는 쟁의근로자를 직장 밖으로 퇴거시키기 위한 로크아웃의 경우에는 판례의 방어적 로크아웃의 견해에서는 해당 체류에 의하여 노사간 세력균형이 무너질 정도로 현저하게 불리한 압력을 사용자가 받는다는 매우 특별한 경우에 한하여 퇴거수단으로서의 로크아웃을 인정받게 될 것이다.

---

　　103) 第一小型ハイヤー事件 — 最二小判 昭52. 2. 28, 判時 850호, 97면; 杉之井ホテル事件 — 大分地判 平元 12. 1, 判時 1341호, 154면에서도 로크아웃이 단결을 위한 임시건물 등을 철거한 후에도 계속되었다는 점에서 공격적 성격을 인정할 수 있다. 노동조합의 파업해제 및 취업신청 후의 로크아웃 계속을 정당하다고 인정한 판례로서 教育社事件 — 東京地判 平8. 10. 24, 労判 707호, 50면.

제 5 장

부당노동행위의 금지

제 1 절 부당노동행위 구제제도

1. 부당노동행위 구제제도의 의의

　노동조합법(1949년 법 174)은 '부당노동행위'라고 일컬어지는 노동조합과 근로자에 대한 사용자의 일정한 행위를 금지한 후(7조), 이 금지 위반에 대해 노동위원회에 의한 특별한 구제절차 정하고 있다(27조 이하). 노조법이 제정한 이 금지규범과 그 위반에 대한 구제절차를 합친 것이 '부당노동행위 구제제도'①이다.

> ① **부당노동행위구제제도의 연혁**
> 　1945년 12월에 제정된 구 노동조합법(1945년 법 51)은 '불이익 취급의 금지'라고 하여, 사용자가 근로자에 대해 노동조합의 조합원이라는 점을 이유로 하여 해고, 그 밖의 불이익 취급을 하는 것 및 노동조합에 가입하지 않는 것 또는 이를 탈퇴하는 것을 고용조건으로 하는 황견(黃犬)계약을 금지하고(11조), 그러한 금지에 위반한 자는 6개월 이하의 금고 또는 500엔 이하의 벌금에 처하며, 단 그 죄는 노동위원회의 청구에 의하여 논한다고 규정했다(33조). 이 제도는 현재에는 과벌(科罰)주의의 부당노동행위 구제제도라고도 약칭하는데, 그 계보는 현행 제도와 완전히 다르며, 2차 대전 전의 노동조합법안에 그 연원을 가지고 있었다. 즉 1920년 내무성안과 1926년의 사회국 사안(私案)은 '조합원임을 이유로 하는' 해고와 황견(黃犬)계약을 금지하고 이를 위반할 시에는 500엔 이하의 과태료를 부과하는 것으로 하고 있었는데, 구 노조법은 이러한 금지규정안의 과태료를 형벌로 개정하고 벌칙에 대하여 노동위원회라는 전문적 행정위원회의 선의권(先議權)을 인정한 것이었다. 이어 1946년 9월에 제정된 노동관계조정법(1946년 법 25)도 동법에 의한 노동쟁의 조정 중의 근로자의 발언 및 쟁의행위를 이유로 한 근로자에 대한 불이익 취급을 금지함과 동시에 그 위반에 대해서는 형벌을 부과하되, 다만 이 죄는 노동위원회의 청구에 의하여 논하는 것으로 했다(구 40조).
> 　구 제도는 금지되는 행위가 적을 뿐만 아니라, 구제시스템이 불충분하다는 것을 이유로 연합군총사령부(GHQ)는 이 제도에 대한 개정이 필요하다고 생각하게 되었다. 그리고 미국의 와그너법(1935년)의 불공정 노동행위(unfair labor practices)를 본보기로 한 제도로 개정을

시도하게 되었다. 이리하여 1949년 노동조합법의 개정에서는 먼저 금지규정(7조)의 표제를 '부당노동행위'로 개정한 후, 종래의 불이익 취급과 황견계약(1호)뿐만 아니라 단체교섭거부(2호)와 지배개입·경비원조(3호)도 금지 대상으로서 언급하였다(또한 불이익 취급의 금지는 노조법(勞調法) 제정시에 '노동조합이 정당한 행위를 한 점을 이유로 하는' 경우의 전반에 미치도록 개정되었다). 그리고 금지 위반에 대한 구제시스템에 대해서도 과벌주의를 폐지하는 대신에 노동위원회가 구제신청에 대하여 조사와 심문을 하여 금지 위반 여부를 판정하여 구제 또는 기각명령을 내리도록 하는 준사법적 행정구제절차가 마련되었다(또한 이 절차상의 권한은 공익위원만이 행사하고 노사위원은 이에 참여만 할 수 있도록 하였다).

2. 부당노동행위 구제제도의 목적

노조법상의 부당노동행위 구제제도는 헌법 28조의 단결권 등을 실질적으로 보장하기 위해 노조법에 의해 입법정책으로서 창설된 것이다. 따라서 부당노동행위 구제제도의 목적은 노조법의 목적규정(1조 1항)에서와 같이 '근로자가 그 근로조건에 대해 교섭하기 위해 스스로 대표자를 선출하는 것, 그 밖의 단체행동을 하기 위해 자주적으로 노동조합을 조직하고 단결하는 것을 옹호하는 것 및 사용자와 근로자와의 관계를 규제하는 단체협약을 체결하기 위한 단체교섭을 하는 것 및 그 절차를 조성하는 것'에 있다. 요컨대 부당노동행위 구제제도의 목적은 사용자로 하여금 노동조합을 대등한 교섭상대로서 승인 존중하고 이들과 단체교섭 관계를 영위해야 한다는 노사관계의 기본 원칙(속칭 '단결권')을 옹호하는데 있다. 이러한 원칙에 입각하여 향후 노사관계의 정상화를 꾀하는 것이 이 제도의 목적이다.②

② 부당노동행위 구제제도와 헌법 28조와의 관계
일본에서는 근로자의 단결권, 단체교섭권, 단체행동권이 헌법에서 보장되며, 그 구체적인 효과로서 법원에서 몇 가지의 법적 보호가 존재하기 때문에, 이들과 노조법상의 부당노동행위 구제제도간의 관계를 어떻게 이해하여야 하는지 하는 이론적 문제가 발생하며, 이에 관한 견해의 차이에 따라 동 제도의 목적에 대한 이해도 달라지고 있다.
이러한 문제점에 관한 첫 번째 대표적 학설은 노조법의 부당노동행위는 헌법 28조가 보장하는 단결권 등의 침해행위이며, 부당노동행위 구제제도는 헌법의 단결권 등의 보장을 구체화한 제도라고 주장한다(外尾, 193면; 中山和久, 不当労働行為論, 57~58면; 西谷, 143면). 결국 이 설은 부당노동행위 구제제도를 헌법 28조의 권리보장의 일부이며, 동조의 직접적 효과의 틀 내에 편입시킨 것이라고 이해한다. 이것에 대비될 만한 두 번째 학설은 부당노동행위 구제제도는 헌법 28조의 입법 수권적 효과를 기초로 하여 노조법이 원활한 단체교섭관계의 실현을 위해 특별히 정책적으로 창설한 것이라고 주장한다. 그리고 노조법의 부당노동행위는 원활한 단체교섭의 방해가 되는 사용자의 행위의 유형이라고 본다(石川, 276면 이하). 결국 이 설은 부당노동행위 구제제도를 헌법 28조에 기초를 두면서도 노조법이 원활한 단체교섭을 위해 별개로 정책적으로 만든 것이라고 본다.

　이상에 대해 첫 번째 학설에 거의 가까운데 두 학설의 중간설이라고 해야 하는 세 번째 학설은, 부당노동행위 구제제도는 헌법상의 단결권 등의 보장을 실효성 있게 하기 위한 제도이지만, 단결권 등의 보장 그 자체를 목적으로 하는 것이 아니라 그 보장 위에 확립되어야 할 공정한 노사관계질서의 확보를 목적으로 하는 것이라고 한다. 부당노동행위는 이러한 공정한 노사관계질서에 위반하는 행위이고, 그 구제절차는 이 질서위반행위의 시정절차라고 하는 것이다(岸井貞男, 不当労働行為の法理論, 16면; 久保敬治, 労働法[4版], 100면; 道幸哲也, 不当郎党行為の行政救済法理, 59면도 부당노동행위를 '집단적 노사관계 원칙에 위반한 행위'로 간주하고 있다). 최고법원은 第二鳩タクシー事件(最大判 昭52. 2. 23, 民集 31권 1호, 93면) 이래, 현행 행정구제방식의 목적을 '정당한 집단적 노사관계질서의 신속한 회복, 확보'라고 표현하고 있으며, 이 학설의 영향을 받고 있다고 할 수 있다. 개인적으로도 기본적으로는 두 번째의 견해에 동의한다.

3. 부당노동행위 구제제도의 특색

　부당노동행위 구제제도는 부당노동행위의 내용과 구제시스템의 쌍방에 대해 다음과 같은 특수성을 가진다.

(1) 금지된 행위의 특수성

　먼저 부당노동행위로서 금지되는 행위(노조 7조)에 대해서는 이들 중 상당부분이 시민법상 사용자의 권리와 자유에 속하는 것이다.[1] 즉 불이익 취급 및 황견계약의 금지(1호, 4호)는 사용자의 해고권과 그 밖의 권한(인사권 등)에 속하는 행위와 계약자유에 속하는 행위를 금지하고, 단체교섭거부의 금지(2호)는 타인과 면회하고 대화를 할 것인지 여부에 대한 기본적 자유에 속하는 행위를 금지하고 있다. 그리고 지배개입·경비원조의 금지(3호)는 사용자의 모든 종류의 행동의 자유에 속하는 행위를 금지하고 있다. 이러한 모든 행위는 시민법상 아무리 사용자의 권리와 자유에 속하는 행위라도 근로자가 단결하고 단체교섭을 하는 것을 옹호하고 조성한다는 관점에서 바람직하지 않은 행위로서 금지되며 시정의 대상으로 여겨지는 것이다.[2]

(2) 구제 기관과 절차의 특수성

　다음으로 부당노동행위가 이루어진 경우, 이에 대한 구제체계는 노동위원회라는 노사관계에 전문적인 행정위원회가 준사법적 절차로 판정을 하여 구제명

---

1) 石川, 13면 이하 참조.
2) 石川, 277면.

령을 내린다는 것이다. 이러한 체계를 만든 이유는 사용자의 부당노동행위에 의해 발생한 상태를 공적인 기관이 직접 시정하는 조치를 취하는 것이 바람직하다고 생각되며, 또한 이 시정에 대해서는 다양한 사안에 따라 적절한 조치를 규정할 재량권을 부여할 필요가 있으며, 노사관계 전문 행정기관에 그 임무를 맡기는 것이 바람직하다고 생각된 점, 그리고 이러한 조치는 신속하게 이루어질 필요가 있음과 동시에 사적 관계에 대한 권력적 개입 조치로서 공정한 절차에 의해 이루어질 필요가 있다는 점 등을 고려한 것이라고 생각한다.3)③

③ '원상회복'이라는 견해

현행 행정구제방식은 부당노동행위에 의해 발생한 상태를 노동위원회가 구제명령에 의해 직접 시정하는 것을 하나의 특징으로 하는데, 이 직접 시정에 대해서는 그것을 부당노동행위가 없었던 상태로 회복시키는 '원상회복'이라고 성격을 규정한 뒤, 현행 행정구제방식의 목적은 '원상회복'에 있다고 파악하는 견해가 보급되었다. 이러한 견해는 원상회복을 넘어 구제를 하는 것은 위법이라는 견해를 도출하여 구제명령에 관한 노동위원회 재량권의 한계를 설정하는 작용을 하였다. 그러나 '원상회복'이라는 목적규정은 그 후 학설과 노동위원회의 실무가에 의해 각별히 근거가 있는 것이 아니라고 비판받아, 위의 第二鳩タクシー事件의 최고법원 판결도 이러한 용어의 사용을 피하고 있다. 부당노동행위의 직접 시정이라 해도 엄밀한 의미에서의 부당노동행위가 없었던 상태(원상)로의 회복은 불가능하며, 또한 시정내용을 엄밀하게 그러한 원상회복으로 그치게 하는 것도 적절하지 않다(石川, 380면. 예를 들어 장래에 대한 부작위명령은 '원상회복'으로는 설명할 수 없다. 塚本, 155면).

제2절 부당노동행위의 성립요건

1. 개 설

(1) 부당노동행위로서 금지되는 행위의 유형

노조법(7조)은 부당노동행위로서 금지되는 각종 행위를 4호에 걸쳐 열거하고 있다. 이들은 통상 ① '불이익 취급'(1호), ② '황견계약'(1호), ③ '단체교섭거부'(2호), ④ '지배개입'(3호), ⑤ '경비원조'(3호), ⑥ '보복적 불이익 취급'(4호)의 여섯 가지 유형으로 나뉜다. 이들 중 황견계약은 불이익 취급에, 그리고 경비원조는 지배개입에 각각 부속되는 특별한 유형이며, 또한 보복적 불이익 취급은 그 내용상 부가적인 특별한 유형이다. 따라서 기본적으로 일반적인 부당노동행위의 유형은 불이익취급, 단체교섭거부, 지배개입의 세 가지 유형이다.④

---

3) 第二鳩タクシー事件 — 最大判 昭52. 2. 23, 民集 31권 1호, 93면.

④ 소수조합과의 유니언 숍 협정

불이익 취급 금지규정(1호)은 '단 노동조합이 특정 공장사업장에 고용되는 근로자의 과반수를 대표하는 경우에 그 근로자가 그 노동조합의 조합원이라는 점을 고용조건으로 하는 단체협약을 체결하는 것을 방해하는 것은 아니다'라고 하여, 사용자가 다수조합과의 사이에서 유니언 숍(혹은 클로즈드 숍)협정을 체결하는 것은 허용하지만, 이 단서에 대응하는 본문(노동조합의 조합원이라는 점을 고용조건으로 하는 것의 금지 및 조합원이 아니라는 점을 이유로 하는 해고, 그 밖의 불이익 취급의 금지)이 없다. 학설 가운데에는 불이익 취급금지에 위의 본문을 넣어 소수조합과의 유니언 숍 체결을 부당노동행위로 하는 설(塚本重賴, 不当労働行為の認定基準, 176면; 石川, 336면)이 있지만, 위의 단서는 유니언 숍 협정의 하나의 유효요건(사업장의 과반수 근로자를 조직하는 조합이라는 점)을 규정하는 위치는 나쁘지만, 이를 연결해주는 것으로서 규정한 것에 지나지 않는다고 해석해야 한다(山口, 91면).

(2) 각 유형의 상호관계

불이익 취급, 단체교섭거부, 지배개입의 세 종류의 상호관계에 대해서는 일찍이 지배개입이 원칙규정이고 그 이외는 그 특칙이라고 주장된 적이 있는데, 현재는 이들은 대등한 의의를 가지고 병렬적으로 이어지는 것이라는 병렬설이 지배적인 견해가 되고 있다. 이 병렬설에서는 주장된 행위가 어떠한 부당노동행위에 해당하는지(혹은 해당하지 않는지)는 각 유형마다 판단되고 그 결과 두 개 이상의 유형에 동시에 해당하는 부당노동행위도 간혹 존재하게 된다(예를 들어 조합위원장의 해고는 불이익 취급과 지배개입의 쌍방에 해당한다고 볼 수 있다). 그리고 구제방법에 대해서도 각 유형마다 전형적인 구제내용은 정형화되어 있지만, 각 유형에 의한 구제내용의 한정이 있는 것은 아니라고 생각되고 있다. 오히려 노동위원회는 각 유형을 구별하지 않고 상호 보완적으로 활용하고 사안의 내용에 입각한 구성과 구제를 도모하고 있다.

2. 사 용 자

(1) 사용자성의 문제와 판단구조

(가) 노조법상의 사용자성의 기본적 의의   부당노동행위에 관한 한 가지 기본문제는 불이익 취급, 단체교섭거부, 지배개입 등의 부당노동행위가 금지된 '사용자'(노조 7조)란 어떠한 자인가이다. 노동조합과 사용자와의 단체적 노사관계를 조성하는 노조법에서의 사용자의 행위규범은 거의 부당노동행위 금지규정(동조)에 집약되어 있으므로, 이 규정의 '사용자'의 개념은 노조법 전체의 사용자 개념이며, 또한 단체적 노사관계의 일방 당사자인 '사용자'의 개념이기도 하

다. 이 '사용자'는 '부당노동행위의 현실의 행위자'라는 별개의 개념이다.4)

(나) **사용자성의 판단 구조**　　　노조법상의 '사용자'의 의의에 관한 학설로서는 당초에는 이를 근로계약상의 고용주와 동일시하는 견해가 표명되어 있었는데,5) 사내업무도급(위탁)에 종사하는 도급(수탁)기업 종업원과의 관계에서의 발주기업, 자회사 종업원과의 관계에서의 모회사, 피흡수회사 종업원과의 관계에서의 흡수합병기업, 양도받은 사업의 종업원과의 관계에서의 양수기업, 지역노조에 직접 가입한 피해고자와의 관계에서의 해고기업 등, 고용주라고는 할 수 없는 기업을 동조의 사용자로서 다루어야 할 경우가 있다는 것이 노동위원회의 실무상 명확하게 되었다.

그래서 부당노동행위제도는 노동관계상의 여러 이익을 직접 위협하는 형태에서의 반조합적 행위를 배제 또는 방지하는 것이 목적이므로, 노동관계상의 여러 이익에 어떠한 직접적인 영향력이나 지배력을 미칠 수 있는 자는 부당노동행위제도상의 사용자일 수 있다는 학설이 주장되게 되었다.6) 노조법상의 사용자를 부당노동행위 구제제도에 독특한 개념으로 이해하고, 이에 '지배력(영향력)'의 유무를 판단기준으로 하는 포괄적인 정의를 부여하는 학설로 '지배력설'이라고 불린다. 동설은 노조법상의 '사용자'가 근로계약상의 고용주와는 다른 독자적인 개념이라는 것을 명확하게 제시한 것으로,7) 고용주라고는 할 수 없는 기업의 부당노동행위책임을 추급하는 사건을 접하고 있던 노동위원회에서 한 시기 넓게 사용되었다.8)

---

4) 예를 들어, 조합탈퇴의 권장, 조합간부선거에 대한 개입 등의 지배개입 행위는 현실에는 '사용자'인 기업 직제 등의 지위에 있는 자에 의하여 행해지는 경우가 많다. 또한 사용자인 기업이 교섭을 위임한 변호사가 불성실한 단체교섭을 행하거나 하는 등, 현실의 부당노동행위의 행위자가 기업조직외의 제3자가 되는 경우도 생각할 수 있다. 이러한 경우에는 이러한 행위자가 행한 당해 부당노동행위의 책임을 사용자인 기업에게 귀책할 수 있는지의 여부가 일정 기준에 따라 판단할 필요가 있다.

5) 예를 들어 淺井淸信, 新訂勞働法論, 98면.

6) 本多淳亮ほか, 不当勞働行為論, 30면; 岸井貞男, 不当勞働行為法の原理(上), 148면. 이 학설의 견해에 공감하면서, 동조의 사용자를 '근로자의 자주적인 단결과, 단결목적에 관련하여 대항관계에 서는 것'으로 정의하는 학설(外尾, 209면)도 이 계보에 속한다.

7) 石川, 280면도, 명확한 정의는 부여하고 있지 않지만, '노조법 7조의 "사용자"는 부당노동행위제도에서의 특수한 개념이다'라고 언급하고 있다.

8) 1970년대 중반부터 1980년대 중반에 걸쳐 노위에는 TV프로그램 제작현장 등의 사내하도급업무에서, 파견된 하도급근로자가 실제상으로는 발주기업의 지휘명령을 받고 동 기업 종업원과 혼연일체가 되어 업무를 수행하고 있는 상황에 대하여, 발주기업의 단체교섭의무 등이 주장된 사안이 상당수 계류하여 지배력설의 영향을 받은 명령이 내려졌다(각주 8의 朝日放送事件의 大阪地労委 및 中労委命令은 그 중 한 가지이다. 그 외 朝日放送事件 ― 大阪地労委 昭49. 12. 12, 命令集 54집 474면; 近畿放送事件 ― 京都地労委 昭50. 11. 7, 命令集 57집 164면; 朝日放送事件 ― 大阪地労委 昭56. 10. 23, 命令集 70집, 386면).

그러나 부당노동행위 금지규정의 사용자는 근로계약상의 고용주와는 다른 독자적인 개념이라고는 하나, 기본형은 고용주여야 하는데 지배력설에서는 그러한 점이 정의 속에 명시되어 있지 않고, 이 때문에 동설의 사용자의 정의는 기본형을 가지지 못하는 탄력개념이 되었다.[9] 현재 지배력설은 해고된 근로자에 대한 해고한 기업이나, 채용과정에 있는 근로자에 대한 채용기업 등, 현 시점에서는 고용주는 아니지만 고용관계의 전후에 있는 기업의 사용자성의 문제와, 사내도급근로자에 대한 발주기업이나 자회사 종업원에 대한 모회사와 같이 고용주와 근사한 관계인 까닭에 사용자성이 문제가 되는 기업의 사례와 구별하지 않고, 동일 기준에서 판단한다는 미정리 상태에 빠져 있었다. 뿐만 아니라 지배개입행위를 실행한 임원 및 관리자 등의 이익대표자도 그 포괄개념에 포함되는 것이므로 '사용자'로 간주해야 하는 것과 같은 '지배개입의 행위자'와 '사용자'를 혼동한 논의에까지 빠져 있었다.

따라서 노조법상의 사용자 개념을 명확히 한 후의 출발점이 되는 이론문제는 이 개념과 근로계약성의 고용주와의 관계를 명확히 하는 것이었다. 이러한 문제의식에서 개인적으로는 본서의 초판(1985년) 이래 다음과 같은 견해를 취해 왔다.

노조법상의 '사용자'는 노조법이 조성하는 단체교섭을 중심으로 한 단체적 노사관계의 당사자로서의 사용자로, 근로계약의 당사자로서의 고용주와는 다르다. 그러나 단체적 노사관계라고 해도, 근로자의 근로관계상의 여러 이익에 대한 교섭을 중심으로 하여 전개하는 것이므로 근로계약관계를 그 기반으로 하여 성립하는 것이 통상적이고, 그러하지 못해도 근로계약관계에 근사 내지 인접한 관계를 그 기반으로서 필요로 한다. 이 점은 노조법 7조가 금지하는 행위가 '고용, 그 외의 [근로관계상의] 불이익 취급'(1호), '고용하는 근로자의 대표자와의 단체교섭'의 거부 등이라는 점과, 단체교섭의 결과 체결된 단체협약에서 정해진 근로자의 대우 기준에는 근로계약을 규율하는 규범적 효력이 예정되어 있다는 점에서도 분명하다. 이리하여 노조법상의 '사용자'란, 근로계약관계 내지는 그에 근사 내지 인접한 관계를 기반으로 하여 성립하는 단체적 노사관계의 일방 당사자를 의미한다.

이 견해는 노조법의 '사용자'를, 단체적 노사관계의 일방 당사자를 가리키는

---

9) 最高裁判所判例解説(民事篇), 平成7年度, 222면[福岡右武]는 '외연이 얼마든지 확대되는 개방적인 개념'으로 칭하고 있다.

독자적인 개념으로 파악하면서, 단체적 노사관계는 기본적으로는 근로계약관계를 기반으로 하여 성립하는 것으로, 그러하지 못해도 근로계약관계에 근사 내지 인접한 관계를 기반으로 하여 필요로 하는 것이라고 주장하는 입장으로, '근로계약 기본설'로 칭해진다.10)

그 후, 최고법원은 후술하는 것과 같이 사내업무도급에서의 발주기업의 사용자성이 문제가 된 아사히방송사건(朝日放送事件)11)에서 뒤에서 언급하는 것과 같이 근로계약상의 고용주이외의 사업주라고 해도 그 근로자의 기본적인 근로조건 등에 대하여 고용주와 부분적이라고는 하나 동일시할 수 있는 정도로 현실적이고 구체적으로 재배·결정할 수 있는 지위에 있는 경우에는, 이에 한하여 '사용자'에 해당한다고 판시하였다. 이 판례취지는 사내업무도급에서의 노조법상의 사용자에 대하여 고용주를 기본으로 하면서 이와 부분적으로 동일시할 수 있는 자를 그 한도에서 고용주와 근사한 사용자로서 취급하는 취지라고 이해할 수 있다. '근로계약 기본설'의 입장에 선 것은 분명하다.12)[5]

⑤ '사용자'와 '사용자가 고용하는'의 관계

부당노동행위의 금지는 사용자와의 고용관계를 둘러싼 단체교섭관계에서 노동조합의 단결력·조직력을 보호하고자 하는 취지에서 나온 것이라고 이해되므로, 단체교섭거부의 금지에서 필요로 여겨지고 있는 '사용자가 고용하는'이라는 요건(7조 2호)은 다른 각 호(동조 1호, 3호, 4호)의 부당노동행위금지에 대해서도 필요하다고 여겨지고 있다고 생각된다. 따라서 부당노동행위금지규정(7조)의 본문에 있는 '사용자'의 여부와, 단체교섭거부금지에서의 '사용자가 고용하는'의 여부란, 그대로 중첩된다고 할 수 있다. 그리고 부당노동행위 금지규정 전체에서의 '사용자'는, 상기와 같이 근로계약관계 또는 이에 근사 내지 인접한 관계를 기반으로 하여 성립된 단체적 노사관계상의 일방 당사자로 해석해야 하는 것이므로, '사용자가 고용하는'에서의 '고용하는'이란, 결국 '근로계약관계 또는 이에 근사 내지 인접한 관계'를 의미하게 된다.

(2) 근로계약관계에 근사한 관계를 기반으로 하는 사용자

(가) 사내업무도급에서의 발주기업   앞에서 언급한 것처럼, 노동위원회의 부당노동행위 사건에서 고용주 이외의 사업주에 대하여 노조법상의 '사용자'성이 상당히 빈번하게 문제가 되어 온 것이 업무도급(위탁)관계 중에서 자기 사업장에 도급(위탁)기업의 종업원을 받아들여 업무에 종사시키는 발주기업의 사용자

---

10) 最高裁判所判例解説(民事篇), 平成7年度, 224면은 개인적으로는 이렇게 명명하고 있다. 최근의 荒木, 570면도 '근로계약관계 또는 이와 근접 내지 동일시할 수 있는 관계'라는 표현을 취하지만, 개인적으로도 거의 같은 취지이다.

11) 朝日放送事件 — 最三小判 平7. 2. 28, 民集 49권 2호, 559면.

12) 最高裁判所判例解説(民事篇), 平成7年度, 225면은 아사히방송 최고법원 판례도 이 입장에 서 있다고 해설.

성이다. 즉, 발주기업이 자기 사업장에서 도급근로자를 사용하고 있는 관계가 근로계약관계에 근사한 것으로서 이 기업이 도급근로자의 조합에 대하여 단체교섭을 행해야 하는 지위에 있는가라는 문제이다.

최고법원의 판단으로서는 먼저 발주기업이 사외의 설계업자로부터 장기간에 걸쳐 제품의 설계기술자의 파견을 받고 그러한 자를 사외공으로서 발주기업의 작업장 내에서 취업시키고 있던 관계에서, 해당 도급업자가 실질적으로 독립된 사업자로서의 실체를 가지지 않고 발주기업이 사외공을 각각 개인으로서 받아들여 그들의 근무 및 작업에 관하여 자기 종업원과 동일하게 지휘감독하고, 그 임금액에 대해서도 실질적으로 결정하고 있는 등의 사정이 있을 때에는 발주기업은 부당노동행위 금지규정의 사용자에 해당한다는 판단이 내려졌다.[13] 이는 사내업무 도급업자에게 기업으로서의 실체가 없고, 발주기업이 받아들인 근로자를 실질적으로 자기 종업원인 것처럼 취급하고 양자 간에 거의 노무제공과 임금지급의 관계가 성립하고 있는 사안(근로계약관계에 매우 근사한 관계의 사안)으로, 따라서 발주기업의 전면적인 사용자성이 인정되었다고 볼 수 있다.[14]

사내업무도급에서 보다 빈번하게 발생하는 문제는 도급업자가 임금 등의 기본적인 근로조건을 지배결정하고, 한편으로 발주기업이 취업의 스케줄·장소·환경 등의 기본적 제 조건을 지배결정하고 있는 상황이다. 이에 대해서는 앞에서 언급한 아사히방송사건(朝日放送事件)의 최고법원 판례가 '고용주이외의 사업주라고 해도, 고용주로부터 근로자의 파견을 받아 자기의 업무에 종사시키고, 그 근로자의 기본적인 근로조건 등에 대하여 고용주와 부분적이라고는 하나 동일시할 수 있는 정도로 현실적이고 구체적으로 지배, 결정할 수 있는 지위에 있는 경우에는 이에 한하여 위의 사업주는 동조의 "사용자"에 해당한다'는 판단기준을 제시하였다. 뿐만 아니라 발주기업의 사내에서 도급업무에 종사하는 근로자는 그 기업의 작업질서에 편성되어 그 기업의 근로자와 공동으로 작업에 종사하고, 도급근로자의 작업 일시·시간·장소·내용을 세부에 이르기까지 그 기업이 결정하고 있던 사실관계에서는 발주기업은 기본적인 근로조건의 일부에

---

13) 油研工業事件 — 最一小判 昭51. 5. 6, 民集 30권 4호, 409면.

14) 그 외, 阪神観光事件 — 最一小判 昭62. 2. 26, 労判 492호, 6면에서는 밴드마스터와의 계약에 근거하여 자기가 경영하는 카바레에 악단원 그룹(밴드)을 받아들여 연주시키고 있던 발주기업에 대하여, 악단원을 영업조직에 편성시켜 악단연주라는 노무제공에 대가를 지불하고 연주노동에 대하여 일반적인 지휘명령권을 가지고 있었던 것이므로, 발주기업은 악단원의 조합에 대하여 단체교섭상의 사용자로서의 지위에 있다고 판단하였다. 발주기업의 사용자성과 악단원의 근로자성이 동시에 판단되었다고 할 수 있다.

대하여 고용주와 동일시할 수 있는 정도로 지배·결정할 수 있는 지위에 있는
것으로, 그 한도에서 사용자로 인정된다고 판단하였다.15) 요컨대, 사내업무도급
(위탁)의 유형으로 발주기업이 도급(위탁)기업 근로자의 기본적 근로조건의 일부
를 '고용주와 동일시할 수 있는 정도로 현실적이고 구체적으로 지배·결정할
수 있는 지위'에 있는 경우에는 해당 근로조건에 관한 발주기업의 부분적인 사
용자성을 인정하기로 한 것이다.

아사히방송사건 최고법원 판례는 사내업무도급의 사안에서 발주기업이 현실
적이고 구체적으로 지배하고 있는 근로조건에 관한 사용자성에 대하여 처음으
로 일반적인 판단기준을 제시한 것이므로, 그 이후 이러한 종류의 부분적 사용
자성에 대해서는 이 사건의 최고법원 판례의 판단기준에 따라 판단을 해야 하
는 것으로 되었다. 사내업무도급에서의 발주기업의 사용자성에 관한 대표적인
사안은 발주기업의 업무를 전속적으로 도급받아 온 기업이 발주기업에 의한 대
폭적인 단가의 절하나 도급계약의 해지에 의하여 사업의 계속을 단념하고 해산
한 경우에, 도급기업의 근로자가 발주기업에 대하여 고용의 확보 등에 대하여
단체교섭을 요구한 것이다. 아사히방송사건 최고법원 판례의 법리에 따르면, 발
주기업이 그러한 단체교섭 요구에 응해야 하는 사용자라고 할 수 있기 위해서
는 발주기업이 도급기업 근로자의 취업의 제 조건에 그치지 않고, 그러한 근로
자의 고용 그 자체(채용, 배치, 고용종료 등)에 대하여 현실적이고 구체적으로 지
배를 하고 있는 것이 필요하게 될 것이다.16)

---

15) 앞의 각주 朝日放送事件. 이 사건에서는 TV회사(Y사)가 도급기업으로부터 그가 고용한 기
술자를 받아들여 동사의 프로그램 제작현장에서 동사 제작의 일정·진행표에 따라 동사의 종업원
과 함께 프로그램 제작업무에 종사시켰다. 이러한 기술자의 실제 작업의 진행은 모두 동사의 디렉
터의 지휘감독 하에서 이루어지고 작업시간·휴게의 예정이나 그 변경도 마찬가지였다. 한편, 도
급회사는 기술자의 신고에 따라 잔업시간의 계산을 한 뒤 매월 임금을 지급하였다. 또 도급기업은
각각 취업규칙을 가지고 노동조합과의 임금인상·일시금 등에 대하여 교섭하여 단체협약을 체결
하고 있었다. 이러한 상황에서 기술자 조합이 Y사를 상대로 조합원의 근로조건 개선 등을 의제로
하여 단체교섭을 신청하여 거부당하였다. 중노위는 '조합원들의 프로그램 제작업무에 관한 근무의
할당 등 취업에 관계되는 제 조건'에 한하여 Y사에 대하여 '이러한 기술자들의 사용자가 아니라는
이유로' 단체교섭을 거부해서는 안 된다고 명령했지만, 행정소송 2심에서 취소되고 최고법원에서
역전 승소하였다.
16) 지방자차단체가 업무위탁을 중단할 때에 수탁기업 종업원의 조합으로부터 고용책임에 관한
단체교섭을 요구받고, 사용자가 아니라고 거부한 사건도 보이는 등 비슷한 판단이 이루어지고 있
다. 예를 들면 杉並区·杉並障害者福祉会館運営協議会事件 ― 中労委 平15. 7. 2, 命令集 126집,
886면(사용자성 부정).
또한, 사기업간의 사내업무위탁을 중단할 경우의 도급(위탁)기업 근로자 조합의 발주기업에 대
한 고용확보의 단체교섭요구에 대해서는 全日本空輪·大阪空港事業事件 ― 中労委 平14. 7. 3, 命
令集 123집, 699면; 西日本旅客鉄道事件 ― 東京地判 平17. 3. 30, 労経速 1902호, 13면; 福岡大和
倉庫·日本ミルクコミュニティ事件 ― 中労委 平20. 7. 2, 命令集 141집, 1018면이 있으며, 모두

또한 노동자파견법에 의한 근로자파견을 둘러싼 사용기업의 사용자성에 대해서는 관계개소를 참조하길 바란다.

(나) 모자회사에서의 모회사　　　근로계약에 근사한 관계를 기반으로 하는 노조법상의 '사용자'성이 문제가 되는 다음의 유형은 어떤 두 곳의 기업이 모자회사의 관계에 있고, 모회사가 자회사의 업무운영이나 근로자의 대우에 대하여 지배력을 가지고 있는 경우에 모회사가 자회사 종업원의 조합에 대하여 '사용자'(노조 7조)의 지위에 있다고 간주된 사례(모자회사의 유형)이다.

노동위원회의 부당노동행위사건에서는 모회사가 주식소유, 임원파견, 하청관계 등으로 자회사의 경영을 지배하에 두고 있던 가운데, 자회사 종업원의 조합이 고용과 근로조건의 문제에 대하여 모회사에 대해 단체교섭을 요구하는 등의 사안이 자주 보인다. 특히 자회사 사업의 통폐합17)이나 자회사의 해산18)이 이루어진 경우에는 자회사 종업원의 노동조합은 이러한 것이 모회사의 지배결정에 의한 것이라고 주장하고 모회사에 대하여 고용확보 등을 요구하기 쉽게 된다. 또한 자회사 종업원에 대한 해고·고용중지 등을 둘러싼 개별노동분쟁에 대해서도 모회사에 대하여 해결을 위한 단체교섭을 요구하는 것이 눈에 띈다.19)

이러한 자회사 종업원의 노동조합에 대한 모회사의 사용자성의 사안에서는 사내업무도급의 유형에 대하여 언급한 아사히방송사건 최고법원 판례의 기준(기본적 근로조건에 대하여 고용주와 동일시할 수 있는 정도로 현실적·구체적으로 지배 결정할 수 있는 지위에 있는가)이 유형을 넘어서 응용되고 있다. 아사히방송사건 최고법원 판례의 모자회사의 유형에 대한 응용은 고용주이외의 기업에 대한 사용자 개념의 확장이라는 문제에서 앞에서 언급한 근로계약 기본설을 취하는 한, 오히려 필연이 된다고 할 수 있다.

다만, 모자회사에도 연결결산을 통한 기업 그룹, 단순지주회사를 가지고 있는 기업 그룹, 투자펀드와 이에 따라 매수된 회사와의 관계 등 다양한 사례가 있고, 자회사의 경영이나 인사·노무에 대한 모회사의 지배력의 강약·양상은

하청기업 근로자의 근로조건에 대한 발주기업의 현실적이고 구체적 지배력은 인정되지 않는다고 하여, 사용자성을 부정하고 있다.

17) シマダ事件 ― 中労委 平16. 12. 15, 命令集 130집, 1118면; ブライト証券ほか事件 ― 東京地判 平17. 12. 7, 労経速 1929호, 3면; 高見澤電機製作所ほか2社事件 ― 中労委 平20. 11. 12, 命令集 142(2)집, 1308면(東京地判 平23. 5. 12, 別冊中労時(重要命令判例) 1412호, 14면에서 지지되었다).

18) 大仁事件 ― 北海道地労委 平21. 1. 9, 命令集 143집, 37면; 大阪証券取引所事件 ― 東京地判 平16. 5. 17, 労判 876호, 5면.

19) 京都新聞社事件 ― 中労委 平23. 4. 6, 別冊中労時(重要命令集) 1413호, 19면.

다양하다. 그리고 기업 그룹에서는 그룹 기업에 걸친 노사협의 등의 노사관계가 형성되어 있는 사례도 상당히 있어[20] 정책적인 문제로도 되었다.[21] 따라서 아사히방송사건 최고법원 판례의 판단기준을 이용한다고 해도, 해당 모회사의 관계에 충분히 입각한 구체적 판단을 할 필요가 있다는 점은 말할 필요도 없다.[22]

명령이나 판례에서의 모회사의 사용자성의 사례에 대한 아사히방송사건 최고법원 판례 기준의 적용에서는 모회사가 주식보유·임원파견·거래관계 등을 통하여 자회사의 경영방침·경영관리·노무관리·근로조건에 대하여 어느 정도의 지배력을 발휘하고 있는지가 검토되지만, 자회사가 모회사와는 별개의 경영체로서 자주적인 관리운영을 하고 있으며 근로조건에 대해서도 모회사의 개입 없이 독자적으로 정하고 있는 경우에는 모회사의 사용자성이 부정된다.[23]

이에 대하여 자회사가 실질상 모회사의 일부문으로서 경영상 전면적으로 모회사의 지배를 받고 자회사의 근로조건도 모회사가 결정하고 있는 경우에는 그러한 근로조건에 관한 모회사의 단체교섭상의 사용자성이 긍정되게 된다.[24] 다만 자회사의 해산이나 사업재편성의 경우에 모회사에 대하여 자회사 종업원의 고용확보에 관한 단체교섭상의 사용자성을 인정하기 위해서는 모회사가 자회사 종업원의 근로조건뿐만 아니라 고용 그 자체(채용, 배치, 고용종료 등)에 대하여 현실적이고 구체적인 지배를 해 온 것이 필요하게 될 것이다.[25] 또 모회사에

---

20) 吳学殊, 労使関係のフロンティア, 102면 이하에는 기업 그룹에서의 모회사의 경영·인사 노무에 대한 지배력의 양상이나 그룹 노사협의가 유형화되어 구체적으로 설명되어 있으며 참고가 된다.

21) '持株会社解禁に伴う労使関係懇談会中間とりまとめ', 1999年 12月 24日; 投資ファンド等により買収された企業の労使関係に関する研究会報告書', 2006年 5月 26日.

22) 高見澤電機製作所ほか2社事件의 초심 명령(長野県労委 平17. 3. 23, 命令集 131집, 854면; 長野県労委 平17. 9. 28, 命令集 133집, 274면)의 일반적 고찰은 참고가 된다.

23) 지주회사의 모회사성이 문제가 된 앞의 사건 ブライド証券ほか事件에서는 지주회사는 사업회사의 종업원의 기본적 근로조건의 일부(임금, 인사)에 대해 어느 정도 중대한 영향력을 가지고 있는 점은 인정되지만, 그 양태 및 정도를 살펴보면 지주회사가 그룹의 경영전략적 관점에서 자회사에 대하여 실시하는 관리·감독의 영역을 넘어서는 것이라고는 말하기 어렵고, 자회사 종업원의 기본적인 근로조건 등에 대하여 지배주주로서의 지위를 넘어 고용주와 동일시할 수 있는 정도로 현실적이고 구체적으로 지배력, 결정력을 가지고 있다고 볼 수 없다고 판단되어, 자회사에서의 임금감액문제에 관한 단체교섭에 대하여 모회사의 사용자성이 부정되었다.

24) 앞의 シマダヤ事件에서는 Y사(모회사)가 제품운동을 위탁하고 있던 S사(자회사)의 노조에서 운임인하에 동반하는 근로조건변경에 대하여 단체교섭을 요구받고 사용자가 아니라고 하여 이를 거부했다. 중노위는 Y사는 S사의 자본·인사·조직 및 사업활동 모두 전면적으로 지배하에 두고, S사의 임금·근로조건은 Y사가 제시하는 운임으로 실질적으로 결정되는 관계에 있었기 때문에, S사 종업원의 임금·근로조건에 대하여 Y사는 고용주인 S사로 동일시할 수 있는 정도로 현실적·구체적으로 지배할 수 있는 지위에 있었다고 할 수 있다고 하여, Y사의 사용자성을 인정했다. 그 외 앞의 大仁事件도 비슷한 판단을 하고 있다.

대하여 불이익 취급(7조 1호)이나 지배개입(3호)의 사용자성을 인정하고 자회사 종업원을 그 종업원으로서 취급하도록 명령하기 위해서는 자회사를 거의 완전히 모회사의 한 조직으로 간주할 수 있는 실태가 있고, 그 결과 자회사 종업원의 노무제공과 그들에 대한 임금지급의 관계가 거의 그들과 모회사 간에 성립하고 있다고 인정되는 것이 필요하다고 생각된다.

(다) 근로계약관계에 근사한 그 외의 사례   부당노동행위 사건에 등장하는 근로계약관계에 근사한 관계를 기반으로 하는 사용자의 사례는 이상의 사내업무도급이나 모자회사의 유형에 그치지 않는다. 최근에는 특정 파견업자에게 등록되면서 여행대리점에 그 기획에 따른 해외여행이나 국내여행의 수행업무를 위해 빈번하게 파견되어 그 때마다 해당 파견업자와 단기의 근로계약을 맺고 있는 파견수행원의 해당 파견업자와의 등록 중의 관계가 문제가 되었다. 중노위는 이 관계는 그 실태에서는 파견수행업무 때마다의 단기 근로계약이 전속적이고 계속적으로 반복되어 온 것으로, 또한 취업규칙도 각 근로계약의 기간과 그 동안의 등록기간을 일체적인 기간으로서 적용대상으로 삼아 온 것이기 때문에 상용형 파견에 근사하다고 하여, 파견업자는 각 파견수행 동안의 등록기간 중이라고 해도 파견수행원에 대하여 노조법상의 사용자에 해당한다고 판단하였다.[26]

또 몇몇 버스회사에 버스가이드를 소개하여 파견하고 있던 기업이 버스가이드와 버스회사와의 사이의 고용관계 성립을 알선한다는 직업소개의 범위를 초월하여 버스가이드에 대하여 업무의 할당과 임금 등의 중요하고 기본적인 근로조건을 결정하는 입장에 있고, 버스가이드와의 사이에는 노조법의 적용을 받아야 할 고용관계가 성립하고 있었다고 해야 한다고 하여 소개기업의 사용자성을 긍정한 명령이 나왔다.[27]

25) 사안으로서는 앞의 高見澤電機製作所ほか 2 社事件. 또 앞의 大阪証券取引所事件에서 중노위는 Y증권회사(모회사 상당)가 N증권회사(자회사 상당)의 재건책 및 지점폐지·자발폐업에 대하여 적극적으로 관여한 것을 중시하고, 조합원의 고용확보 등을 의제로 하는 단체교섭신청에 대한 Y증권거래소의 사용자성을 긍정했다(中労委 平15. 3. 19, 命令集 125集, 1139면). 그러나 행정소송에서는 그러한 관여가 있었어도 Y증권거래소가 N증권회사 종업원의 고용확보를 하지 않으면 안 될 정도로 동인들의 기본적 근로조건을 지배 결정할 수 있는 지위에 있다고는 할 수 없다고 판단되었다.
26) 阪急トラベルサポート事件－中労委 平23. 11. 16, 別冊中労時(重要命令判例) 1422호, 37면.
27) フジ企画事件－中労委 平24. 1. 11, 別冊中労時(重要命令判例) 1424호, 27면. 이 사건에서는 소개기업이 버스가이드에 대하여 임금·근로시간 등의 근로조건을 결정하고 임금도 버스회사로부터 일괄 수령한 후 사무비·관리비·연수교육비·보험료·제복비 등을 공제하고 각 버스가이드의 계좌에 입금(급여명세표도 교부), 관광안내나 접객태도에 대하여 수시 연수를 하고, 근로조건, 업무상의 주의, 버스회사로부터의 클레임에 대하여 대화를 하는 미팅을 실시하고 버스가이드의 희망을 청취하여 공통의 제복을 제작하고 있었다.

(3) 근로계약관계와 인접한 관계를 기반으로 하는 사용자

다음으로 근로계약관계와 인접한 관계를 기반으로 하는 사용자는 피해고자에 대한 해고기업과 채용과정에 있는 근로자에 대한 채용기업 등, 현 시점에서는 고용주가 아니지만 근로계약관계의 전후에 있는 기업에 대하여 문제가 된다.

(가) 가까운 장래의 근로계약관계의 가능성을 기반으로 하는 사용자　　먼저, 해당 근로자(들)와 가까운 장래에 근로계약관계가 성립할 가능성이 현실적·구체적으로 존재하는 기업은 노조법상의 사용자로서 부당노동행위가 금지된다.

예를 들어 어떤 기업에 몇 차례나 고용되어 온 계절근로자의 재채용에 대해서는 동 기업은 그 근로자가 속하는 조합과의 관계에서 '사용자'로서 부당노동행위 금지규정의 규제를 받는 경우가 있다.[28] 또한 회사가 합병되어 가는 과정에서 흡수회사가 피흡수회사의 종업원이 소속하는 노동조합에 대하여 지배개입을 한 경우에는 흡수회사를 '사용자'로 간주하게 된다.[29]

또한 어떤 사업을 그 근로자의 대부분(내지 주요부분)을 계승하여 양도받는 과정에서, 양수기업이 조합원을 채용에서 배제하거나 내지는 채용후의 근로조건에 대하여 조합과의 단체교섭을 거부한 경우에도, 양수기업은 해당 사업에 종사해 온 근로자에 대하여 가까운 장래의 근로계약관계성립의 가능성이 현실적·구체적으로 존재하는 것으로서, 사용자성을 인정받는 경우가 있다.[30]

---

28) 万座硫黄事件－中労委 昭27. 10. 15, 命令集 7집, 181면.

29) 日産自動車事件－東京地労委 昭41. 7. 26, 命令集 34=35집, 365면(지배개입에 대해서는 부정).

30) 盛岡観山荘病院事件－中労委 平20. 2. 20, 命令集 140집, 813면에서는 개인병원의 개설자인 의사가 사망하고, 동 병원에 근무하고 있던 의사 Y가 동 병원의 경영을 인계하기로 했지만(명칭은 변경), 종업원 중 자신이 선택한 자만을 채용하기로 했다(응모자 129명 가운데 89명을 채용. 그 중 65명은 동 병원노조의 조합원이었지만 조합간부는 채용되지 못했다. 그 후 채용된 조합원의 대부분이 탈퇴하고 9명만 남았다). 본건은 Y의 신 병원 개설과정에서 발생한 ① 개설 후의 직원 설명회에서의 조합탈퇴신고의 서식을 배부한 탈퇴권장, ② 개설 전에 행한 개설 후의 고용조건에 관한 단체교섭신청의 거부 등을 Y의 부당노동행위로서 구제를 신청한 사건이다. 중노위는 모두 부당노동행위로 인정되고, 탈퇴권장의 금지와 단체교섭명령 등을 내렸다. Y의 사용자성에 대해서는 단체교섭 신청의 시점에서는 조합원을 포함한 구 병원의 종업원을 신 병원에서 계속하여 고용할 가능성이 현실적이고 구체적으로 존재하고 있었다고 할 수 있다고 하여 이를 긍정했다.

이에 대하여 青山会事件 ― 東京高判 平14. 2. 27, 労判 824호, 17면에서는 마찬가지로 병원의 양도에 동반되는 양수사업주에 의한 채용(구병원의 종업원의 선별)과정에서 조합차별이 이루어졌다는 사안이지만, 채용차별은 부당노동행위금지규정(7조)의 규제를 받는지가 논쟁되었다. 초심, 재심, 행정소송 제1심은 정면에서 이를 긍정하고, 제2심은 양수사업주에 의한 채용거부는 종업원의 선별행위로서 실질적으로는 정리해고에 해당하므로 부당노동행위가 될 수 있다고 판단했지만, 모두 사업양수기업의 사용자성에 대한 판단을 하고 있지 않다. 사안으로서는 가까운 장래의 사용자성(근로계약관계성립의 현실적이고 구체적 가능성)을 검토해야 했다고 생각된다(菅野, 「会社解散をめぐる不当労働行為事件と使用者」安西愈古希·経営と労働法務の理論と実務, 522~527면 참조).

마찬가지로, 新関西システム事件 ― 大阪地労委 平7. 11. 27, 命令集 103집, 237면은 구 Y사가 그 사업을 신 Y사에게 양도하여 해산하는 과정에서 종업원의 일부가 신 Y사에 채용되지 못했기 때문에, 조합이 신 Y사에 대하여 불채용에 대하여 단체교섭을 요구한 사건이지만, 지노위는 신 Y

국철 JR 각 회사에 대한 분할민영화(1987년)의 과정에서는 각 회사 직원은 국철직원 중에서 선정하여 채용하는 방침 하에서, 각 회사의 설립위원이 채용후보자 결정의 책임주체가 된 후, 국철에 채용후보자 명부의 작성이 위임되었다. 따라서 이 채용후보자 명부작성에서의 조합차별의 부당노동행위에 대해서는 개인적으로는 설립위원이 가까운 장래의 사용자로서의 지위에 서야 하는 것이라고 본다.[31]

최근에는 노동자파견법에 의한 근로자파견에서 사용기업이 지금까지 받아들여 온 파견근로자를 직접 고용하는 것을 결정한 후에는 이 기업이 파견근로자와 가까운 장래 근로계약관계가 성립할 가능성이 현실적·구체적으로 존재하는 자로서, 직접고용의 근로조건에 대하여 파견근로자의 조합과의 사이에서 단체교섭을 해야 하는 것이 인정되고 있다.[32]

(나) 가까운 과거의 근로계약관계를 기반으로 하는 사용자   다음으로 가까운 과거에 근로계약관계가 존재한 경우에도 이를 기반으로 한 노조법상의 사용자성이 긍정될 수 있다. 먼저 어떤 기업에 의하여 해고(고용중지)된 근로자가 소속된 조합이 해고(고용중지)의 철회를 요구하여 단체교섭을 요구한 경우에는 근로계약관계의 종료 그 자체가 다투어지고 있으므로, 해당 기업은 단체교섭을 거부할 수 없는 것은 말할 필요도 없다. 또한 해고(고용중지)를 승인하거나 임의퇴직한 근로자가 가입한 조합이 퇴직 후 상당기간 내에 퇴직의 조건(퇴직금의 할증, 잔여연휴의 구매, 잔여연휴의 구매 등)에 대하여 교섭을 요구하거나 근로계약 존속중의 미지급 시간외 근로수당의 지급 등의 근로조건에 대하여 교섭을 요구한 경우에도, 해당 기업은 가까운 과거에 존재했던 근로계약관계의 청산을 요

사는 출자자, 대표자, 본점 소재지, 사업내용, 자산·부채, 주요 거래처에서 구 Y사와 동일하고 종업원의 대부분도 인계되어 있었기 때문에, 실질적으로 구 Y사와 동일 기업이라고 할 수 있고, 신 Y사에 의한 불채용은 실질적으로 해고에 해당되므로 신 Y사는 불채용에 대하여 단체교섭의무를 진다고 판단했다. 이 명령은 신 Y사의 가까운 장래의 사용자성(근로계약관계성립의 현실적이고 구체적 가능성)을 암묵리에 긍정하고 있는 것이 될 것이다.

한편, 日立精機事件 — 千葉地労委 平15. 10. 29, 命令集 127집, 138면은 가까운 장래의 고용관계 성립의 가능성이 현실적이고 구체적으로 존재한다고는 할 수 없다고 하여, 사용자성을 부정한 사례이다.

31) 즉 국철(国鉄)의 채용후보자 명부작성에서 차별의 책임을 설립위원에 귀책할 수 있는가라는 문제였다. 상세한 내용은 본서 제7판 590면(제8판 624면)을 참조.

32) クボタ事件 — 中労委 平21. 9. 2, 命令集 145집, 844면 – 본건에 관한 東京地判 平23. 3. 17, 労判 1034호, 87면도 같은 취지. 이에 대하여 2심의 東京高判 平23. 12. 21, 判例集未搭載는 사용기업이 직접고용을 결정한 후에 파견근로자에게 그 취지와 근로조건을 설명하여 동의서를 제출하게 하고 있기 때문에, 이미 직접고용의 근로계약이 성립하고 있었다고 판단했지만, 가령 그러하지 않다고 해도, 라고 하여 중노위의 논지를 시인하는 판단을 하고 있다.

구받고 있으므로 근로계약관계가 이미 종료했다는 것(그러한 까닭에 사용자성이 없는 것)을 이유로 단체교섭을 거부할 수는 없다.[6]

---

[6] 근로관계종료 후, 장기간을 경과한 후의 단체교섭 신청

   상기와 같이 피해고자가 속하는 조합이 해고회피나 퇴직조건에 관한 단체교섭을 신청한 경우에는 해고를 한 기업은 교섭에 응해야 할 지위(사용자인 지위)에 서는 것이 원칙으로, 이 것은 피해고자가 해당 조합에 해고 후에 가입한 경우(이른바 긴급피난(駆け込み訴え)의 경우) 라고 해도 변함이 없다. 그러나 해고가 교섭의 대상으로 여겨지지 않고 오랜 시간을 경과해 버린 경우에는 피해고자는 해고를 한 기업에 대하여 이미 '사용자가 고용한 근로자'인 지위를 가지지 않게 되었다고 판단되게 된다(東洋鋼板事件 — 中労委 昭53. 11. 15, 命令集 64집, 777 면; 三菱電機事件 — 東京地判 昭63. 12. 22, 労民 39권 6호, 703면; 日立メディコ事件 — 中労 委 昭60. 11. 13, 命令集 78집, 43면. 모두 해고 후 10년 정도 경과한 단체교섭 신청에 관한 것 이다). 다만, 해고 후 수 년을 경과한 교섭신청이라고 해도, 여전히 사용자로서 교섭에 응해야 하는 것으로 판정되는 경우도 있다(日本鋼管事件 — 最三小判 昭61. 7. 15, 労判 484호, 21면).
   최근에는 근로자가 재직시의 업무종사 중에 석면에 노출됨에 따른 폐암 등의 질병이나 폐의 변이를 퇴직 후 장기간 경과한 시점에서 알게 되어, 노동조합에 가입하고 종전의 고용 주인 기업에게 그 보상에 관한 단체교섭을 요구한 사건에서 '사용자가 고용한 근로자'라는 것 을 인정한 고등법원 판례가 나와 있다(住友ゴム工業事件 — 大阪高判 平21. 12. 22, 労判 994 호, 81면). 이 판결은 재직 중 석면작업에 종사하고 퇴직 후 6년~16년 경과한 자(이직시 흉 막플라크를 앓게 되어 건강관리수첩을 교부받았다)가 가입한 조합으로부터의 석면피해보상에 관한 단체교섭 신청에 대하여, 고용관계종료 후 오랜 시간이 경과한 후의 단체교섭 요구라고 해도, 고용관계에 밀접하게 관련된 분쟁으로 전 고용주에게 해당 분쟁을 처리하는 것이 가능 하며 적당하고 단체교섭 신청이 고용관계종료 후 합리적인 기간 내에 이루어진 경우에는 전 고용주는 해당 분쟁에 대하여 단체교섭의무를 가진다고 판시하고, 전 고용주의 단체교섭 의 무를 긍정하였다(이 사건에 대해서는 회사의 상고수리신청이 거절되었다. 最一小判 平23. 11. 10, 別冊中労委(重要命令判例) 1418호, 4면. 또한 ニチアス事件 — 東京地判 平24. 5. 16, 労 経速 2149호, 3면; 本田技研工業事件 — 中労委 平24. 9. 5, 命令集未登載)를 참조). 병의 증세 가 나타나는 것이 매우 장기간(폐암은 20~40년 등)이 걸린다는 석면관련 질환에 특수한 문제 라고 생각된다.

(4) 사용자성의 승인

   이상이 근로계약관계 또는 이와 근사 내지 인접한 관계를 기반으로 하는 사용자성의 개요에 대하여 설명하였는데, 추가로 설명할 필요가 있는 것은 그러한 사용자로서의 부당노동행위책임이 일정한 경우에는 다른 기업에 승계되는 것이다. '사용자성의 승계'라고 해야 하는 법현상이다.

   먼저 어떤 기업의 법적 지위의 포괄승계가 법정되어 있는 경우에는 사용자로서의 부당노동행위책임(사용자성)도 승계된다. 예를 들어 부당노동행위를 행해 온 회사를 흡수 합병한 회사는 포괄승계라는 합병의 법적 효과에 의하여 부당 노동행위의 사용자로서의 지위를 승계한다. 회사분할의 경우에도 그 부분적 포괄승계라는 법적효과에 의하여, 신설(흡수)회사는 분할에 의하여 승계하는 사업 (이에 주로 종사하고 있던 근로자)에 관계되는 분할회사의 부당노동행위책임(사용자인 지위)을 승계한다.[33] 국철개혁법에 의한 국철의 분할민영화의 과정에서도 설립위원의 행위의 법적 책임은 설립 후에는 새로운 회사에 승계되게 되어 있었으므로, 설립위원의 채용행위에 부당노동행위가 있었다고 하면 그 책임(사용자성)은 새로운 회사에 승계되어야 하는 것이었다.

그 외, 노동조합을 소멸시키기 위해서 회사를 해산하면서 다른 회사에 의하여 실질상으로 동일 사업을 계속하는 '위장해산'의 경우에는 ① 해산·사업승계에 대한 조합파산의 의도와, ② 해산회사와 사업승계회사와의 자본, 경영자, 사업내용 등에서의 실질적 동일성이라는 두 가지의 요건이 갖추어지면, 사업승계기업이 해산회사의 사용자로서의 지위(책임)를 승계한다는 법리가 확립되어 있다.[34]

3. 불이익 취급

여기에서는 불이익 취급의 성립요건에 대하여 설명하고, 아울러 이에 부속하거나 또는 근사한 황견계약 및 보복적 불이익 취급의 부당노동행위 성립요건에 대해서도 설명한다.[35]

(1) '노동조합'

학설상으로는 불이익 취급금지(노조 7조 1호)의 보호를 받는 '노동조합'이란 그 기본적 정의(노조 2조 본문)를 충족하면 된다는 해석이 우세하다. 그러나 부당노동행위 구제제도가 노조법상의 독자적 제도로서 창설된 것이라는 점에서 본다면, '노동조합'이란 노조법의 정의(2조)에 합치하는 것이라는 점, 즉 그 기본적 정의(2조 본문)뿐만 아니라 자주성을 위한 특별요건(2조 단서 1호, 2호)도 충족

---

33) モリタほか事件 — 東京地判 平20. 2. 27, 労判 967호, 48면 – 이 사건에서는 분할 전 회사의 조합사무소 등 대여금지와 불성실 단체교섭의 부당노동행위에 대하여 중노위는 분할 후에 조합원의 고용을 승계한 쪽의 회사에는 조합사무소 등 대여에 관한 성실 단체교섭과 동 대여를 명령하고, 조합원의 고용을 승계하고 있지 않은 쪽의 회사에 대해서는 법인격으로서는 동일성이 있는 이상, 가까운 과거에서의 근로계약관계를 기초로 하는 사용자성이 있다고 하여 문서수교를 명령했다. 지방법원도 이를 지지.

34) 최근에는 吾妻自動車交通事件 — 中労委 平21. 9. 16, 命令集 145집, 890면. 앞의 菅野, 「会社解散をめぐる不当労働行為事件と使用者」, 515~519면을 참조.

35) 기본문헌으로서 道幸哲也, 不当労働行為法理の基本構造, 22면 이하.

할 것을 요한다고 해석된다.[36] 단 자주성을 위한 특별요건을 충족하지 않는 노동조합의 조합원이 그 노동조합을 특별 요건에 합치시키기 위해 활동한 경우에는 부당노동행위 구제제도의 기본취지에서 예외적으로 '노동조합'의 행위로서 보호받는다고 해석해야 한다.[37]

다음으로 '노동조합'에는 쟁의단 등 근로자의 일시적인 단결체(노동조합 조직을 정비하고 있지 않은 것)가 포함된다고 하는 것이 유력설인데,[38] 문리면에서도 또한 부당노동행위 구제제도는 근로자가 노동조합을 결정하여 단결활동을 하는 것, 특히 그로 인하여 단체교섭을 실시하는 것을 옹호하고 조성하려고 하는 제도라는 점에서도(노조 1조 1항 참조) 찬성할 수 없다. 이 제도 하에서는 미조직 근로자의 단결활동은 '노동조합에 가입하거나 이를 결성하려고 한 것'이라는 측면에서 불이익 취급의 보호를 받는다(결성준비행위 등을 평온하게 해결해야 하는 것은 (3)에서 후술).

(2) 노동조합의 '조합원이라는 것'

불이익 취급은 우선 노동조합의 '조합원이라는 점'을 이유로 하는 경우에 대해서 성립한다. 이 문언에 대해서는 조합원 중 특정 종류의 조합원이라는 점이 이에 해당하는지가 문제로 된다. 예를 들어 노동조합의 간부라는 이유로 인한 불이익 취급은 사용자에 대해 노동조합을 단체교섭의 상대로서 승인하고 존중하게 한다는 불이익 취급 금지의 기본취지에 반하며, 당연히 조합원(그 일종)이라는 이유로 인한 불이익 취급으로서 구제되어야 하는 것이다. 노동조합의 운동방침에 대해 기본적 견해를 달리 하는 복수의 조합원 집단 중의 하나(전형적으로는 집행부 비판파)에 속한다는 이유로 인한 불이익 취급도 동일하게 취급해야 한다고 생각된다.[39]

(3) 노동조합에 '가입'하려 했거나 또는 이를 '결성'하려고 한 것

불이익 취급이라는 부당노동행위는 노동조합에 가입하려고 한 것, 또는 이를 결성하려고 한 것을 이유로 하는 경우에도 성립한다. 가입하려고 했다는 것이란 기존의 노동조합에 가입하고 싶다는 희망을 나타내거나 가입을 위한 상담과 준비 등을 하는 것이다(노동조합에 가입했다는 점을 이유로 한 불이익 취급은 '조

---

36) 같은 취지: 石川, 299면.
37) 石川, 301면.
38) 石川, 459면; 外尾, 234면.
39) 같은 취지: 北辰電機製作所事件 ― 東京地判 昭56. 10. 22, 判時 1030호, 99면.

합원이라는 점'을 이유로 하는 불이익 취급이 된다). 또 노동조합을 '결성하려고 한 것'이란 노동조합결성을 희망했거나 또는 노동조합결성 준비활동을 한 것을 말한다. 미조직 근로자가 근로조건상의 문제에 당면하여 단결활동을 하는 경우에는, 이러한 노동조합결성을 희망하거나 이를 위한 준비에 열중하였다고 볼 수 있는 경우가 많을 것이다.40)

⑷ '노동조합의 정당한 행위'

불이익 취급의 부당노동행위는 나아가 '노동조합의 정당한 행위'를 한 것을 이유로 하는 경우에 대해서도 성립한다. 이 문언에 대해서는 문제가 많다.

⑺ **개인적 행위인가 노동조합의 행위인가** 첫 번째 문제는 조합원이 하는 여러 종류의 행위 중 어떠한 행위가 그 조합원의 개인적 행위가 아니라 노동조합의 행위로서 보호되는가이다. 이에 대해서는 노동조합 소정기관의 결정에 근거하는 행위, 조합간부의 조합대리인으로서의 행위, 노동조합 소정기관의 사전적 명시나 혹은 묵시적 수권에 근거한 행위 등은 문제없이 노동조합 행위로서 보호를 받는다. 또 조합원이 노동조합 내의 결정과 명시적 수권이 없는 채 노동조합의 방침에 각별히 반대되지 않는 단결활동(예를 들어 노동조합가입의 권고, 단결강화 서클활동)을 하는 경우에도 통상은 노동조합의 묵시적 수권이나 혹은 승인이 있다고 인정되므로 '노동조합의 행위'로서 보호해도 된다. 문제는 노동조합 내의 소수파의 독자적 활동인데, 이것도 임원선거에 있어 독자적 활동과 노동조합의 방침결정과정에서의 의견표명활동인 이상은 이것도 '노동조합의 행위'에 포함된다. 그러나 노동조합의 조직상 또는 운동상의 결정과 방침에 반하여 일부 조합원이 통제처분의 대상이 될 수 있는 독자적 행동을 한 경우에는 '노동조합의 행위'로 볼 수는 없다.

㈏ **활동 종류** 이상과 같은 '노동조합의 행위'(활동)에도 단체교섭, 쟁의행위, 선전활동 등 여러 경우가 있을 수 있는데, 다음 문제는 이러한 행위(활동) 중 어떠한 것이 '노동조합의 정당한 행위'가 될 수 있는가이다.

학설상은 부당노동행위 구제제도가 원활한 단체교섭의 실현을 목적으로 하는 것이라는 점에서 보면 불이익 취급금지에 있어서 '노동조합의 행위'도 단체교섭에 관련하는 것에 한정되며, 서클활동이나 사회운동, 정치운동 등은 이에 포함되지 않는다는 견해도 있다.41) 그러나 다수설은 정치활동, 사회운동 등을

---

40) 상세한 것은 岸井貞男, 不当労働行為法の原理(下), 65면.

포함하여 노동조합 활동범위 내에 있다고 해석되는 활동이라면 불이익 취급의 부당노동행위를 성립하게 할 수 있다고 한다. 부당노동행위 구제제도는 근로자가 단체교섭을 하는 것, 이를 위해 노동조합을 조직하고 단결하는 것을 조성하고 옹호하는 것을 주요한 목적으로 하는데, 옹호해야 할 노동조합의 활동내용으로서는 '그 밖의 단체행동'도 이 범주에 들어간다(노조 1조 1항). 따라서 개인적으로는 양설의 중간설로서 조합활동권 범위의 경우와 동일하게 '단체교섭 또는 그 밖의 근로자의 상호부조 내지 상호보호'가 '노동조합 행위'의 범위를 구분하는 기준으로서 적절하다고 생각한다.42)

(다) 정당성   '노동조합의 행위'가 불이익 취급금지에 의해 보호되기 위해서는 '정당한' 행위라는 점을 필요로 한다. 이 정당성 판단기준에 대해서는 '단체행동의 정당성'에 대한 검토가 거의 타당하나, 부당노동행위사건에서의 정당성 판단은 장래를 위해 원활한 단체교섭 관계를 수립한다는 과제를 위해 과거의 노동조합의 행위를 어떻게 평가하는가를 검토하는 것으로, 권리의무의 체계를 바탕으로 한 후, 건전한 노사관계의 양상(노사관계의 조리)을 기본으로 삼은 판단이 된다.

(5) '이유로서'

불이익 취급의 그 다음 성립요건은 노동조합의 조합원이라는 점, 노동조합에 가입하거나 또는 이를 결성하려고 했다는 점 혹은 노동조합의 정당한 행위를 했다는 점을 '이유로 하여' 불이익 취급을 하는 것이다(보복적 불이익 취급에서는 '이유로서'라고 표현하고 있다).

통설은 '이유로 하여'(4호의 '이유로서')의 문언을 '부당노동행위의 의사'를 요건으로 한 것이라고 해석하고 있다.43) 그리고 '부당노동행위의 의사'란 반조합적 의도 내지 동기로 본다.44) 단 이 설은 이러한 반조합적 의도 내지 동기는 간접사실(제 사정)에서 인정되는 '추정의사'라도 된다고 한다.45)

이에 비해 '부당노동행위의 의사'를 필요로 하지 않고 조합원이라는 점 또는

---

41) 石川, 302면. 이들은 지배개입금지에 의해 구제되어야 한다고 한다.

42) 또한 沢の町モーターブール事件 ― 最一小判 昭37. 5. 24, 訟月 8권 5호, 926면은 노동조합 임원의 지방의회 입후보를 위한 휴가신청을 사용자가 인정하지 않은 것에 대하여 항의하는 노동조합뉴스의 배포를 '노동조합 행위' 범위 밖의 정치활동으로 판단하고 있는데, 이는 적절하지 않다.

43) 岸井, 不当労働行為法の原理(下), 134면 이하.

44) 外尾, 222면은 '의사', '의도', '동기'를 정밀하게 구별하고, 여기서 문제가 되는 것은 '동기'라고 본다.

45) 石井, 462면.

정당한 조합활동을 했다는 점과 불이익 취급과의 사이에 객관적인 관계(인과관계)가 인정되면 된다고 보는 설(객관적 인과관계설)도 유력하다. 이 설은 부당노동행위제도는 사용자의 행위를 악으로서 엄중 처벌하고 그 책임을 추급하는 제도가 아니라 원활한 단체교섭의 실현을 위한 제도라는 점을 강조한다.46) 단 이설도 사용자의 내심의 의도를 탐구해서는 안 된다고 주장하는 것이 아니라, 만약 사용자가 조합가입과 조합활동을 혐오하여, 이에 보복을 할 의도를 가지고 있었다는 점이 인정되면 그것을 고려대상으로 삼아 판단하는 것은 말할 필요도 없다.47)

불이익 취급의 부당노동행위는 사람의 의사에 의한 행위인 이상, 이에는 객관적인 원인 및 결과의 인과관계 등은 개입할 수 없고,48) 해당 불이익 취급을 만들어낸 사용자의 의사를 문제로 하지 않을 수 없다. 그러나 이 의사에 관한 성립요건을 반조합적 의도 내지 동기라고 표현하는 것만으로는 너무 막연한데, 예를 들어 노동조합을 싫어하는 사용자가 하는 '불이익 취급'은 모두 부당노동행위가 된다는 등의 오해를 초래할지 모른다. 결국 불이익 취급의 부당노동행위는 그 구성요건(7조 1호)에 입각하여 생각하면, 사용자가 ① '근로자가 노동조합의 조합원이라는 점, 노동조합에 가입하거나 또는 이것을 결성하려고 한 점 혹은 노동조합의 정당한 행위를 한 점'이라는 사실을 인식('법적 평가'가 아니다. 따라서 정당성 유무에 관한 판단착오는 문제가 되지 않는다)하고, ② 그 사실로 인해 (그 노동조합에 가입해 있거나 또는 조합활동을 했으므로, 등) 그 근로자에게 '불이익 취급'을 하려는 의욕을 가지고, ③ 그 의욕을 실현한다는 행위이다. 이러한 인식 및 의욕이 불이익 취급의 주관적 성립요건(부당노동행위 의사)이 되는 것인데, 이들은 사용자 내심의 상태에 관한 사항이므로 노동위원회는 노사관계의 경험칙을 이용하여 간접사실에서 종합적으로 판정하지 않을 수 없다.

이 판정에 있어서는 사용자는 항상 평상시부터 노동조합에 대한 대응에서 보아 사용자가 해당 노동조합의 존재와 해당 조합원의 조합활동을 혐오하고 있었다고 인정되고 해당 불이익 취급이 노동조합의 조직과 활동에 효과적으로 타격을 주고 있다면, 해당 노동조합의 조합원이라는 점 내지는 조합활동을 한 점

---

46) 石川, 297면.

47) 최근에도 의사가 필요하지 않다는 설에 가까운 견해를 주장하는 것으로서 道幸哲也, 不当労働行為の行政救済法理, 80면 이하; 小宮文人, 「不当労働行為の認定基準」, 講座21世紀 (8), 87면 이하.

48) 山口, 106면.

을 이유로 해당 불이익 취급을 하려고 한 사용자의 의욕이 추인되기 쉽다. 그리고 이 추인은 불이익 취급의 정당화 이유가 인정되지 않거나 혹은 불충분한 경우에 완전한 것이 되므로 반대로 정당성 이유가 충분히 인정된다는 경우에는 뒤집히게 된다.49)789

7 이유의 경합

학설에서는 부당노동행위 의사의 존재도 인정되는데, 다른 한편에서는 사용자가 주장하는 처분의 정당화 이유도 충분히 성립되는 경우, 불이익 취급의 부당노동행위는 성립하는가라는 문제가 '처분이유의 경합'으로서 논의될 수 있다. 예를 들어 노동조합의 중심인물인 조합간부가 중대한 비위행위(예를 들어 경리상의 부정)를 하여 해고되어, 비위행위는 해고이유로서 충분히 성립하지만 다른 한편에서는 회사가 그 조합간부를 어떻게 해서든 배제하고 싶다고 생각하고 있었다는 점도 인정되는 케이스의 경우이다. 그리고 이러한 처분이유의 경합문제에 대해서는 조합소속 혹은 조합활동과 정당화 이유 중 어느 한 가지가 불이익 취급의 결정적(우월적) 이유였는가를 묻는 설('결정적 원인(이유)설')과, 조합소속 혹은 조합활동이 만약 없었다면 해고되지 않았을 것이라고 인정된다면 불이익 취급이 성립한다고 보는 설(상당인과관계설이라고도 한다)이 주장되고 있다(학설에 대한 상세한 내용은 道幸哲也, 不当労働行為の行政救済法理, 78면 이하). 이러한 케이스에서도 기본 정식은 조합활동가이기 때문에 해고하려는 의욕을 사용자가 가지고, 또한 그것을 실현했다고 추인할 수 있는지의 여부인데, 예를 들어 해당 기업의 그때까지의 전례 등에 비추어 보면 그 자가 조합활동가가 아니라 통상 근로자라면 해고되지 않았을 것이라고 인정된다면 그러한 추인은 가능하게 된다(西谷, 194면에서 시사점을 얻었다).

8 제3자의 강요에 의한 불이익 취급

사용자의 거래처 내지 융자회사인 제3자가 해당 사용자의 종업원의 정당한 조합활동을 혐오하여 거래계약의 해제와 융자중단 등의 경제적 압박 하에서 사용자에 대해 해당 종업원의 해고를 요구하고, 사용자가 그 요구를 받아들이지 않으면 자기 영업의 속행이 곤란하게 된다는 판단 하에 부득이 그 자를 해고한 경우에는 당해 해고는 부당노동행위에 해당될까?

이 문제에 관한 주요한 논점은 제3자의 강요에 의해 부득이하게 이루어진 해고는 조합활동의 '이유로서' 이루어진 것이라고 할 수 있는가, 즉 사용자에게 부당노동행위의 의사가 있었다고 할 수 있는 가이다. 이에 대해서는 조합활동가의 해고는 제3자의 압력이 결정적 원인이 되어 이루어진 것이므로 부당노동행위 의사가 있었다고는 할 수 없다는 견해도 존재했지만, 학설 및 판례는 스스로 해고를 결의한 경우이든 제3자의 압력에 의해 부득이 하게 결의한 경우이든 조합활동을 이유로 해고한 것이라는 점에는 변함이 없다고 해석해 왔다(石井, 463면 등). 그리고 판례도 조합활동가를 배제하려는 제3자의 의도는 사용자가 제3자의 의도를 알면서 그 요구에 응했다는 점에서 사용자의 의사와 직결되며 사용자의 의사내용을 형성한다고 판시했다(山惠木材事件 ― 最三小判 昭46. 6. 15, 民集 25권 4호, 516면). 타당한 견해이다.

9 유니언 숍 해고와 '이유로 하여'

사용자가 유니언 숍 협정의 이행으로서 체결조합의 요구에 따라 피제명자 또는 탈퇴자인 근로자에 대해 행한 해고도 사용자가 해당 근로자의 체결조합 내에서의 정당한 노동조합 활

---

49) 보다 상세한 것은 直井春夫=成川美惠子, 労委制度ノート, 257면 이하.

동(정당한 집행부 비판활동)과 별도 노동조합의 결성 내지는 그에 대한 가입을 혐오하고 그로 인해 유니언 숍 협정을 이용하여 해당 근로자를 기업에서 배제하려고 한 것이라고 인정되면 불이익 취급의 부당노동행위로 인정할 수 있다(사례로서 日本鋼管事件 ― 東京地判 昭63. 6. 30, 勞判 521호, 12면). 이에 대해 사용자에게는 그러한 집행부 비판활동 내지 별도의 노동조합결성 등에 대한 불이익 취급의 의도 없이 단순히 체결조합 요구에 따라 유니언 숍 협정을 이행한데 지나지 않는다고 할 경우에는, '이유로 하여'의 요건은 충족되지 않고 부당노동행위는 성립할 수 없다.

(6) 불이익 취급

불이익 취급의 마지막 성립요건이 '그 근로자를 해고하고, 그 외 이에 대해 불이익한 취급을 하는 것'이다. '불이익한 취급'으로 되는 것에는 여러 종류·행태가 있다.[50]

첫째로는 종업원 지위의 취득·상실에 관한 불이익 취급이 있다. 해고, 퇴직원의 제출강요, 근로계약의 갱신거부, 본채용의 거부, 징계해고, 휴직 등이 이에 속한다. 채용거부에 대해서, 다수설은 채용거부도 '불이익 취급'이 된다고 하는데,[51] 최근의 JR사건의 최고법원 판결[52]은 부당노동행위는 사용자와 근로자의 근로계약관계가 성립한 후의 사용자의 행위를 규제하는 것으로, 사용자의 채용자유까지 개입하는 것은 아니라는 소수설[53] 쪽을 채택했다. 실제로 문제가 되는 것은 계절근로자의 재채용 거부,[54] 정년 후의 재채용 거부, 사업양도시의 양수회사에 의한 채용 거부 등이며, 이들은 해고·고용중지와 유사하다는 관점에서도 불이익 취급이 될 수 있다.[55] 위의 최고법원 판결도 '종전의 고용계약관계에서의 불이익 취급과 다름없다고 하여 부당노동행위의 성립을 긍정할 수 있는 경우'는 다르다고 판시하고 있다.[10]

둘째로는 인사상의 불이익 취급으로 근로자에 대한 불이익한 배치전환, 출향, 전적, 장기출장 등의 명령을 먼저 언급할 수 있다. 불이익인지의 여부는 지위, 직종, 임금, 그 밖의 대우, 통근 사정, 가정 사정 등에 비추어 판단된다. 또 승진이나 승격에서 불리한 취급을 하는 것도, 이러한 종류에 속하는 전형적인

---

50) 상세한 것은 塚本重賴, 不当労働行為の認定基準, 88면 이하를 참조.

51) 石川, 330면; 山口, 88면; 西谷, 167면 등.

52) JR北海道·日本貨物鉄道[北海道·国労]事件 ― 最一小判 平15. 12. 22, 民集 57권 11호, 2335면.

53) 石井, 465면.

54) 万座硫黄事件 ― 中労委 昭27. 10. 15, 命令集 7집, 181면.

55) 사업양도에 있어서 양수기업에 의한 채용거부를 부당노동행위로 본 최근 판례로서는 青山会事件 ― 東京高判 平14. 2. 27, 労判 824호, 17면. 이 판결은 병원의 사업양도에서의 조합원의 고용승계로부터의 배제를 실질적인 해고로 파악하고, 그러한 실질적 해고를 조합원이라는 이유로 행한 것이기 때문에, 불이익 취급의 부당노동행위(노조 7조 1호)에 해당한다고 판단하였다.

불이익 취급이다.56) 더구나 출근정지, 견책 등의 징계처분도 여기에 속한다. 노조법 2조의 사용자의 이익 대표자에 해당하는 관리직에 조합원이라는 이유로 승진시키지 않는 것도 물론 불이익 취급의 부당노동행위가 된다.57) 단 구체방법에서 승진명령은 원칙적으로 무리일 것이다.

세 번째 종류는 경제적 대우상의 불이익 취급이다. 기본급, 여러 수당, 일시금, 퇴직금, 복리후생급여 등에서의 불이익 취급이 여기에 속한다. 승급ㆍ임금 인상과 일시금에 있어서 사정 차별은 이 전형적인 예이다. 잔업을 시키지 않는 것도 이 종류의 불이익 취급이다.

그 외의 불이익 취급은 기업에 의한 종업원의 처우(취급)의 여러 측면에 걸쳐 성립할 수 있다. 예를 들어 등급ㆍ임금은 같아도 평가가 낮은 직장이나 업무에 배치한다, 일을 주지 않는다, 잡일을 시킨다, 망년회나 운동회 등의 회사 행사에 참가시키지 않는 등의 사례를 들 수 있다. 노동조합활동가를 영전시켜 전근을 시킴으로써, 그 자의 노동조합활동을 곤란하게 하는 것도 조합활동상의 불이익한 취급으로서 불이익 취급(7조 1호)이 성립할 수 있다고 보는 것이 통설 및 실무이다.58)

⑩ 채용차별과 부당노동행위

일본의 부당노동행위 구제제도의 모법인 미국의 전국노동관계법(National Labor Relations Act)은 불이익취급 금지규정(동법 8조(a)(3). 일본의 노조법 7조 1호에 대응한다) 중에 '채용'에 대한 차별적 취급 금지를 명시하고 있다. 그리고 노동위원회는 채용에 있어서 차별적 취급에 대해서는 채용명령을 발할 수 있는데 오랜 기간 동안 판례가 되어 오고 있다 (Phelps Dodge, Corp. v. NLRB 313 U.S. 177 (1941)). 이렇게 노동조합이 직업별 내지 산업별 노동조합으로서 기업 외에 존재하는(기업과의 고용관계 이전에 노동조합 가입이 이루어진다) 산업사회에서 조합조직과 단체교섭을 부당노동행위 구제제도에 의해 옹호하려고 하는 경우에는 채용거부도 불이익 취급이 된다는 것은 필연적인 귀결이다.

일본에서는 불이익 취급 금지규정(노조 7조 1호)에는 '해고'의 예시가 있을 뿐 '채용차별'의 예시는 없으며, 또 조합조직으로서도 기업별 조합이 대다수이므로 채용차별의 불이익 취급도 재채용과 사업양도의 경우에 있어서의 차별 등을 제외하면 상정하기 힘들다. 그러나 일본에서도 직업별 조합, 산업별 조합, 일반조합 등의 기업 외 노동조합은 상당히 많이 존재하며, 고용의 유동화가 진전되는 이후에는 증가가 예상된다. 그래서 기업외 노동조합의 조합원 또는 활동가라는 이유로 채용에서 차별당하는 케이스도 당연히 발생할 수 있다. 이에 대해서는 근로자가 '노동조합을 조직하고 단결하는 것을 옹호하는 것' 및 '단체교섭 … 을 조성하는

---

56) 부당노동행위를 긍정한 판례로 朝日火災海上保險事件 ― 東京地判 平13. 8. 30, 勞判 816호, 27면; 부정한 사례로서 芝信用金庫事件 ― 東京高判 平12. 4. 19, 勞判 783호, 36면.

57) 이것과 반대 논지의 放送映画製作所事件 ― 東京地判 平6. 10. 27, 勞判 662호, 14면에는 찬성할 수 없다.

58) 山口, 89면 참조.

것'을 목적으로 하는 노동조합법(1조 참조)이 부당노동행위 금지규정(7조 1호, 3호)에 있어서 기업외 노동조합을 보호의 대상외에 두었던 것은 도저히 생각하기 힘들다. 그러한 규정은 조합원 내지 조합활동가라는 이유의 채용거부의 대상으로 하고 있다고 해석해야 한다. 사용자의 '채용의 자유'와의 관계에서 말하자면 노조법 7조는 그에 대한 '법률, 그 외에 의한 특별 제한'(三菱樹脂事件 — 最大判 昭48. 12. 12, 民集 27권 11호, 1536면)이 된다.

(7) 황견계약(黃犬契約)

황견계약의 부당노동행위(노조 7조 1호)는 '근로자가 노동조합에 가입하지 않거나 혹은 노동조합에서 탈퇴하는 것을 고용조건으로 하는 것' 그 자체로 성립된다. 즉 사용자가 근로자에 대해 그러한 고용조건을 제시하거나 또는 그렇게 규정함으로서 성립한다. 노동조합에 가입하더라도 적극적인 노조활동을 하지 않는다는 약정도 이에 해당한다고 해석된다.[59]ⅲ 그것이 하나의 부당노동행위의 유형으로서 별개로 규정되어 있는 것은 노동조합운동에 대한 기업의 원초적인 대항수단으로서 역사상 현저했었던 것에 의한다. 그것은 1949년의 개정 노조법에서 부당노동행위규정이 현재와 같이 형태를 갖추기 전인 1945년 노조법에서 이미 규정되어 있던 것으로, 불이익 취급이란 다른 종류의 독자적인 부당노동행위이다.

ⅲ 보복적 불이익 취급

보복적 불이익 취급의 부당노동행위(노조 7조 4호)는 근로자가 노동위원회에 대해 부당노동행위의 신청을 한 것(노동조합을 통하여 신청을 한 것도 당연히 포함된다), 재심사 신청을 한 것, 또는 노동위원회에서 부당노동행위의 심사절차(조사·심문·화해) 내지는 노동쟁의 조정절차에서 증거를 제시하거나 혹은 발언을 했다는 것을 이유로 하여 불이익 취급을 함으로써 성립한다. 부당노동행위의 신청인·보좌인·증인에 대한 임금취급은 취업규칙 등의 규정에 따라서 일률적으로 이루어지는 한 불이익 취급은 아니지만, 해당조합의 보좌인·증인과 신청인에 대해서만 다른 경우와 구별하여 무급취급으로 한다는 것은 이 불이익 취급에 해당할 수 있다. 조사와 심문의 방청자에 대한 불이익 취급은 이 규정에는 해당하지 않고 불이익 취급(1호)이나 지배개입(3조)의 문제가 될 수 있는데 지나지 않는다.

4. 단체교섭거부

(1) 서   설

'단체교섭거부'의 부당노동행위 성립요건은 '사용자가 고용하는 근로자의 대표자와 단체교섭을 하는 것을 정당한 이유 없이 거부하는 것'(노조 7조 2호)이다. 여기에는 단체교섭을 당초부터 정당한 이유 없이 거부할 뿐만 아니라, 도중

---

59) 石川, 335면; 山口, 90면.

에 정당한 이유 없이 거부하는 것도 당연히 포함되며, 또 단체교섭에 형식적으로는 응하면서 불성실한 태도를 취하는 것도 포함된다. 원활한 단체교섭관계의 수립이라는 위 규정의 목적에서 생각하면 사용자가 '성실한 교섭을 하지 않는 것'은 실질적인 '단체교섭거부'로서 규제를 받는 것이다.

이러한 성립요건 중 먼저 분명히 해야 하는 것이 '사용자'와 '근로자 대표자'의 의의이다. 전자의 '사용자'에 대해서는 기업은 자기가 고용하는 근로자에 대해서만 '사용자'로서 단체교섭의무를 진다는 것이 원칙이지만, 고용(근로계약)에 인접한 관계에 있는 자(예를 들어 반복하여 채용하고 있는 계절근로자, 자기가 해고한 근로자)나 고용에 근사한 관계에 있는 자(예를 들어 자기가 현실적이면서 구체적으로 근로조건을 결정하고 있는 자회사 종업원과 사내도급근로자) 등에 대해서는 '사용자'로서 단체교섭이 강제되는 경우가 있다. 또 '근로자의 대표자'는 '근로자를 대표하는 노동조합'의 뜻이며, 노조법의 정의규정(2조)과 규약(5조 2항)의 요건을 충족한 노동조합으로 해석해야 한다.

(2) '단체교섭거부'의 개관

'정당한 이유 없는 단체교섭의 거부'나 또는 '성실교섭의무 위반'이 어떠한 경우에 성립하는가는 '제2장 단체교섭'에서 상술한 대로인데, 이에 대해 요약하면 다음과 같다.

'정당한 이유 없는 단체교섭거부'로서는 이유를 전혀 언급하지 않고 하는 노동조합 부인적인 교섭거부를 필두로 하여, 교섭당사자나 담당자에 관한 각종 정당하지 않은 이유를 대는 교섭거부('사용자'인 자가 그렇지 않다고 주장하여 실시하는 교섭거부, 유일교섭단체조항 존재의 주장, 상부단체의 교섭권 부정, 기업외의 자를 교섭담당자로 하고 있다는 것을 이유로 하는 교섭거부 등), 의무적 단체교섭사항을 그렇지 않다고 주장하는 교섭거부, 교섭일시·장소·시간·인원수 등에 관한 정당하지 않은 이유를 주장하여 교섭을 거부하는 것 등이 있을 수 있다. 반대로 말하자면 단체교섭을 거부할 수 있는 정당한 이유는 '사용자'가 아닌 점, 사용자측 또는 노동조합측에 체제가 정비되어 있지 않음에도 불구하고 통일교섭·공동교섭·집단교섭 등을 요구할 때, 단위조합의 단체교섭권과 상부단체의 단체교섭권의 조정이 이루어지지 않았기 때문에 이중교섭의 우려가 있을 때, 교섭담당자에게 교섭권한이 없을 때, 의무적 단체교섭사항이 아닌 사항에 대해 교섭을 요구할 때, 교섭의 일시·장소·시간·인원수 등 교섭 원칙에 관한 정당한 이유 등이다.

다음으로 '성실한 교섭을 하지 않는 것'(성실교섭의무의 위반)이란, 불성실한 교섭태도의 계속과 교섭결렬 이전의 교섭중단 등이다. 역으로 말하면 사용자는 성실한 태도를 계속 취하는 한 양보나 합의를 하지 않아도 성실교섭의무위반은 되지 않는다. 또 노동조합측의 교섭체제가 정비되어 있지 않은 경우(예를 들어 다수의 교섭위원간에 통일교섭을 위한 통제가 존재하지 않는 경우, 타결 혹은 협약체결 단계임에도 노동조합 교섭담당자에게 타결권한과 협약체결권한이 존재하지 않는 경우), 교섭사항이 의무적 교섭사항이 아닌 경우, 노동조합측의 교섭상의 태도와 대응에 현저한 무례함이 있는 경우, 교섭이 육체적·정신적 한도를 넘어 장시간에 걸친 경우, 교섭이 결렬된 경우 등은 사용자의 입장에서 교섭을 일시적 혹은 종국적으로 중지할 정당한 이유가 될 수 있다.

'정당한 이유 없는 교섭거부' 또는 '성실하지 않은 교섭'으로 판정된 경우에는, 사용자가 정당한 이유가 있다고 믿었거나 혹은 성실한 교섭을 하고 있다고 믿었던 것이 부득이 했다고 인정되는 경우에도 단체교섭거부의 부당노동행위가 성립하여 시정의 대상이 된다.

단체교섭거부(내지 불성실 단체교섭)의 부당노동행위의 한 가지 특징은 심사의 과정에서의 사용자의 교섭태도의 변화에 따라서 부당노동행위성이 변화할 수 있다는 것이다. 즉 구제신청단계에서는 정당이유가 없는 단체교섭(내지는 불성실한 교섭태도)으로 판단되는 사용자의 태도도, 심사과정에서의 사용자의 교섭상의 대응의 변화에 따라 심사의 종결시에는 부당노동행위성이 소멸 내지 완화되는 경우가 또 보인다. 이러한 경우에는 노동위원회는 부당노동행위의 성립여부와 구제방법의 판단에서 깊은 생각을 필요로 한다.[60]

5. 지배개입

(1) 제   설

'지배개입'의 부당노동행위(노조 7조 3호)는 노동조합이 사용자와의 대등한

---

60) 단체교섭(불성실 단체교섭)시간의 심사과정에서의 부당노동행위의 변화는 초심단계에서도 발생할 수 있지만, 재심사단계에서는 빈번히 발생할 수 있다. 단체교섭의 장소·시간을 둘러싼 사용자의 교섭태도가 초심에서 부당노동행위로 판단된 후의 재심사단계에서의 사용자의 교섭태도의 변화에 따라서 구제방법이 변경된 최근의 판례로는 大阪大学事件 ― 中労委 平24. 6. 6, 別冊中労委(重要命令判例) 1433호, 1면.

교섭주체이기 위해서 필요한 자주성(독립성), 단결력, 조직력을 저해할 우려가 있는 사용자 행위의 유형으로, 사용자의 조합결성·운영에 대한 간섭행위나 여러 종류의 조합약체화 행위 등을 내용으로 한다. '경비원조'도 같은 취지로, 이와 더불어 부당노동행위로 간주된다.

여기에서의 노동조합도 그 정의규정(노조 2조)과 규약의 요건(5조 1항)을 충족할 필요가 있다. 단 경비원조를 받고 있는 것(노조 2조 단서 2호)은 말 그대로 경비원조 금지규정(7조 3호)이 시정하고자 하는 것이므로, 그 시정을 요구하는 경우에는 상관없다.

(2) 지배개입행위의 사용자에 대한 귀책

부당노동행위에 대해서는 그 책임주체로서의 '사용자'와 '실질적 행위자'와는 반드시 일치하지 않고, 부당노동행위가 사용자 이외의 자에 의해 이루어진 경우에는 현실적 행위를 사용자에게 귀책할 수 있는지의 문제가 발생한다. 이 문제는 부당노동행위가 해고, 배치전환 등의 법률행위(법적 효과를 가지는 행위)뿐만 아니라 다양한 사실행위에 의해서도 이루어지는 '지배개입'에서 전형적으로 발생한다. 결국 지배개입에 해당하는 다양한 행위는 경영자 자신에 의해서뿐만 아니라 관리감독자, 일반종업원, 다른 조합원 그리고 기업외 제3자에 의해서도 이루어지며, 해당 현실 행위자에 대한 '사용자'(법인의 경우에는 그 대표자)에 관여에도 지시, 공모, 용인, 묵시 등의 모든 종류의 양상이 존재할 수 있다(또 전혀 관여하지 않는 경우도 있을 수 있다). 바꿔 말하면 지배개입에 해당하는 행위는 사용자인 사업주의 행위로 간주할 수 있는 경우뿐만 아니라, 해당 조합과 경쟁관계에 있는 다른 노동조합의 행위로 간주해야 할 경우, 해당 행위자의 독자(개인적)적 행위로 간주해야 할 경우 등이 있다. 그래서 어떠한 경우에 사용자의 행위로 간주해야 하는지(사용자에게 귀책될 수 있는가)가 실무상 곤란한 문제가 되는 것이다. 그 판단기준으로서는 사용자(회사 상층부)의 관여의 유무, 사용자의 조합에 대한 평상시 태도, 행위자의 회사조직 내에서의 지위 등등이 사안의 내용에 따라 이용될 수 있다.[12]

---

[12] 사용자에 대한 귀책의 판단기준

퇴직권장 등의 지배개입행위를 사용자게에 귀책할 수 있는가에 대해서는 우선 사용자(회사상층부)와 행위자간에 해당 지배개입행위의 실행에 대하여 의사의 연락(행위자에 대한 지시 내지 시사, 행위자와의 공모 등)이 인정되는 경우가 있고, 그러한 경우에는 사용자에 대한 귀책은 당연히 긍정된다. 그러나 그러한 의사의 연락(사용자의 직접 관여)이 인정되지 않는 경우에도 지배개입행위의 행위자가 사용자의 의사(의향)를 받고 내지는 그러한 의사를 구체화하여 해당 행위를 행한 경우에서도 사용자에 대한 귀책이 인정된다고 간주되어 왔다. 이러한 후자의 경우에 대해서는 여기에서의 사용자의 '의사'란 무엇인가, 그리고 어떠한 상황이라면 '사용자의 의사를 받고' 내지는 '의사를 구체화하여' 행했다고 할 수 있는지가 문제가 되었다.

이 문제에 대해서는 최고법원 판결(JR東海事件 — 最二小判 平18. 12. 8, 劳判 929호, 5면)이 노조법상의 '사용자의 이익을 대표하는 자'(2조 1호)에 근접한 직제상의 지위에 있는 자가 사용자의 의사를 구체화하여 노동조합에 대한 지배개입을 한 경우에는, 사용자와의 구체적인 의사의 연락이 없어도, 해당 지배개입으로 사용자의 부당노동행위라고 평가할 수 있다고 판시한 뒤, 도쿄 운전소의 M과장(보좌역의 일원이기도 하다)이 부하인 A노동조합원에 대하여 동 조합으로부터 탈퇴하고 자신이 소속한 B노조에 가입할 것을 권유한 발언을 한 본건의 사안에 대하여 ① 도쿄 운전소의 보좌역은 현장장인 소장을 보좌하는 입장에 있고, 특히 과장은 그러한 보좌역의 업무를 총괄하여 지시를 하는 자이므로, M과장은 사용자의 이익대표자인 소장에 근접한 지위에 있다고 할 수 있고, ② 회사는 노사협조노선을 취하는 B노조에 호의적이었던 바, 본건 발언에는 회사의 그러한 의향에 따라 상사로서의 입장에서 이루어졌다고 보지 않을 수 없는 발언이 포함되어 있다고 지적하고, ③ 이상과 같은 사정 하에서는 M과장의 본건 발언은 B노조의 조합원의 발언이라든지 상대방의 개인적 관계에서의 발언이라는 것이 명확하다는 등의 특단의 사정이 없는 한, 회사의 의사를 구체화하여 이루어진 것이라고 인정하는 것이 상당하다고 판단했다.

이상의 판단의 의의는 첫째, '사용자의 의사를 구체화하여' 행했다고 하여 사용자에 대한 귀책이 이루어지는 경우의 '사용자의 의사'란, 구체적인 지배개입 행위(본건에서는 A조합으로부터의 탈퇴의 권장)의 의욕 내지 바람일 필요는 없고, 해당 조합에 대한 사용자의 선호의 의향, 즉 대립관계에 있는 복수조합 가운데 노사협조노선을 취하는 한쪽의 조합 쪽을 바람직하다(조직을 확대하는 쪽이 좋다)고 생각하여, 다른 쪽 조합을 바람직하지 않다(조직을 축소하는 쪽이 좋다)고 생각하는 의향으로 족하다는 것을 명확히 한 점이다. 둘째로는 사용자의 이익대표자에 근접한 직제상의 지위에 있는 자가 행한 퇴직권장이, 상사로서의 입장에서 실시했다고 보이는 발언을 포함하고 있는 경우에는, 그 자가 동시에 다른 조합의 조합원이라고 해도 사용자의 의사를 구체화한 행위로 사실상 추정되는 것으로, 이를 뒤집기 위해서는 다른 조합의 조합원으로서 행했다든지 개인적 관계에서 행했다는 것을 명확히 하는 특단의 사정의 입증을 필요로 한다고 한 점이다. 이상의 판례의 취지는 민법상의 사용자 책임(민 715조)과의 권형(權衡)과 복수조합 병존하의 사용자의 중립유지의무의 관점에서 고려하면 적절한 판단이라고 생각된다.

그 후의 동종 판례(JR西日本岡山脱退勧奨事件 — 東京高判 平19. 6. 27, 判例集未登載)에서는 과장이 아닌 보좌역(다른 조합원)의 탈퇴권장에 대하여 보좌역으로서의 인사에 대한 사실상의 영향력을 가미하여 '이익대표자에 근접한 지위'에 있다고 판단하고, 직제의 입장을 암시한 탈퇴권장을, 해당 조합을 혐오하는 회사의 의사를 구체화한 행위로, 회사에 귀책할 수 있다고 판단하고 있다.

또한 사용자가 기업 외의 제3자(노무 컨설턴트, 변호사, 인사노무 수탁기업 등)에게 노사관계의 처리를 위탁하여, 해당 제3자에 의해 부당노동행위에 해당하는 행위가 이루어진 경우에는 사용자는 현실 관여 유무를 불문하고 부당노동행위 책임을 면할 수 없다고 해석하지 않을 수 없다. 바꿔 말하면 이 경우에는 사용자는 위탁한 노사관계 처리에 대해 부당노동행위가 이루어지지 않도록 감독할 의무가 있다.

(3) 지배개입의 의사

지배개입에 대한 부당노동행위의 성립에는 사용자의 지배개입의 의사가 필요한지도 문제로 된다. 지배개입에 대한 부당노동행위의 의사가 필요한지의 여부인데 학설상으로는 의사를 필요로 하는지의 유무, 필요로 하는 경우에는 그 의사내용을 어떻게 정립할 것인가에 대해 아직 혼란스런 상태에 있다.61) 이것은 먼저 지배개입의 구성요건(노조 7조 3호)이 광범위하고 불명확하며, 게다가 여기에 해당할 수 있는 행위도 다종다양하다는 것에 기인한다. 또 이 문제에 대해서는 예를 들어 조합결성이 비밀리에 진행되고 있는 것을 사용자가 정말 모르고 그 중심인물을 전근시킨 사례를 상정한 경우에는, 사용자의 인식결여로 인해 지배개입을 부정해야 한다고 생각할 수 있는 반면,62) '객관적으로 노동조합활동에 대한 비난과 노동조합활동을 이유로 하는 불이익 취급의 암시를 포함하는 것이라고 인정되는 발언에 의해 조합운영에 대해 영향을 미친 사실이 있는 이상, 가령 발언자에게 이 점에 대해 주관적 인식 내지 목적이 없었다고 하더라도, 또한 … 조합운영에 대한 개입이 있었다63)'라고도 해석해야 하는 복잡함도 존재하는 것이다.

생각건대 '지배개입'에 해당하는지의 여부는 노동위원회(행정소송에서는 법원)가 해야 할 법적 판단이므로 '지배개입'이라고 평가되는 행위를 하려는 의사(인식·의욕)는 성립요건이 되어야 하는 것은 아니다.64) 그러나 '지배개입'을 구성하는 사용자의 행위는 어떤 구체적인 양상으로 노동조합의 결성을 저지 내지 방해하려고 하거나 노동조합을 회유(어용화)하고 약체화하려고 하거나 조합의 운영·활동을 방해하려고 하거나 노동조합의 자주적 결정에 간섭하려고 하는 행위라고 평가되는 행위이며, 이들은 일정한 구체적 의사를 가진 행위이다. 지배개입에 대해서는 사용자의 이러한 구체적인 행위(반조합적 행위)의 의사가 성립요건이 되는 경우라고 해석할 수 있다. 그리고 사용자의 이러한 의사 유무는 불이익 취급의 의사 판정과 마찬가지로 각종 간접사실을 종합하여 판정하지 않을 수 없는 것이다.65)

---

61) 학설에 대해서는 東大勞硏, 注釈勞組法上, 448면.
62) 岸井貞男, 不当勞働行為法の原理(下), 141면.
63) 山岡內燃機事件 ― 最二小判 昭29. 5. 28, 民集 8권 5호, 990면.
64) 앞의 山岡內燃機事件의 판지는 이 취지로도 이해할 수 있다.
65) 西谷, 199~200면은 사견을 비판적으로 검토하여 보다 정밀한 견해를 내고 있다.

(4) 지배개입의 양상

(가) 개 설   '지배개입'의 부당노동행위를 성립할 수 있게 하는 사용자의 행위로서는 다종다양한 경우가 있다.66) 이에 대한 극히 일부만을 예시한다면 첫째, 노동조합의 결성에 대한 지배개입으로서는 노동조합결성에 대한 노골적인 비난, 노동조합결성의 중심인물의 해고 또는 배치전환, 종업원에 대한 탈퇴와 불가입 권유 내지 공작, 선수를 치거나 노조결성과 때를 같이하여 친목단체를 결성하게 하는 것 등이다.

둘째, 노동조합의 운영에 대한 지배개입으로서는, 마찬가지로 조합활동가의 해고·배치전환, 정당한 노동조합활동에 대한 방해행위, 조합간부를 회유하기 위한 매수·공모, 평상시 또는 쟁의행위 중 노동조합 와해공작(탈퇴권유, 비판파에 대한 격려·원조), 임원선거, 그 밖의 노동조합 내부운영에 대한 개입, 별도의 노동조합의 결성 지원, 별도 노동조합의 우대 등을 들 수 있다. 노동조합 내의 대립집단 일방에 대한 지원과 불이익 취급도 노동조합운영에 대한 개입으로 인정할 수 있다.

불이익 취급(7조 1호)과 단체교섭거부(동 2호)에 해당하는 행위도 노동조합에 대한 사용자의 약체화 공작이라고 인정되면, 이는 지배개입에 해당할 수 있다. 예를 들어 임금인상·일시금·승급·승격 등에 대한 조합원 전반에 대한 차별행위 등은 불이익 취급과 지배개입에 동시에 해당한다. 또 다수조합과는 임금인상과 일시금 협정을 연계하면서 소수조합과는 이에 관한 단체교섭을 정당한 이유 없이 거부하는 행위도 소수조합에 대한 약체화공작으로서 지배개입행위라고 인정할 수 있다.

또 조합활동에 정당성이 인정되지 않는 경우라고 해도, 해당 조합활동에 대하여 행해진 징계처분이 이러한 활동의 양상 등에 비하여 현저하게 과중한 것으로, 해당 처분이 사용자의 해당 조합에 대한 혐오의 생각을 드러내고 있다고 인정되면, 해당 조합에 대한 약체화 행위로서의 지배개입에 해당한다.67)

(나) 사용자의 의견표명과 지배개입   지배개입의 성립여부에 관한 어려운 문제 중의 하나로 노동조합의 양상과 활동에 관한 사용자의 의견표명이 어떠한 경우에 지배개입이 되는가(사용자의 언론의 자유는 지배개입의 부당노동행위법리에 의해 어느 정도 제한되는가) 하는 문제가 있다.

---

66) 상세한 것은 塚本重賴, 不当労働行為の認定基準, 253면 이하.
67) 医療法人光仁会事件 ― 東京地判 平21. 2. 18, 労判 981호, 38면.

이 문제에 대해서는 학설상 지배개입의 성립을 넓게 인정하는 견해와 사용자의 언론의 자유를 가능한 존중하려는 견해의 대립을 볼 수 있었다. 즉 전자는 사용자의 반조합적 발언은 일반적인 것이든 구체적인 것이든 노동조합의 결성·운영에 영향을 줄 가능성이 있는 것이라면 지배개입이 될 수 있다고 본다. 이에 대해 후자는 사용자의 발언은 일반적인 노사관계의 양상에 관한 것이든 노동조합의 구체적 방침을 비판하는 것이든 원칙적으로 지배개입이 되지 않고 단지 보복, 폭력의 위협 혹은 이익의 공여를 시사하고 있는 경우에만 지배개입이 된다고 주장한다.[68]

그러나 오늘날에는 실무에서는 두 학설의 중간적인 입장에 서면서 발언의 내용, 그것이 이루어진 상황, 그것이 노동조합의 운영과 활동에 준 영향, 추인되는 사용자의 의도 등을 종합하여 지배개입 성립여부를 구체적으로 판정하는 방식이 확립되고 있다.[13]

[13] **사용자의 의견표명에 관한 판단**

대표적인 사례를 약간 언급하면, 먼저 사장이 공장종업원과 그 부형(父兄)의 집회에서 공장노조가 기업연맹에 가입한 것을 비난하고 거기에서 탈퇴하지 않으면 인원정리도 있을 수 있다고 언급한 것은 조합운영에 대한 명백한 개입행위로 보고 있다(山岡內燃機事件—最二小判 昭29. 5. 28, 民集 8권 5호, 990면). 이렇게 노동조합의 자주성을 존중해야 하는 내부운영상의 방침에 대해 구체적인 공작을 하는 것은 그 자체로 지배개입으로 보기 쉬우며, 특히 이 사례와 같이 위협, 불이익의 시사, 이익 유도 등을 동반하여 이루어지는 경우에는 명백한 개입행위로 본다.

이에 대해 회사가 경영위기에 직면하여 그 타개책을 종업원에게 호소하는 가운데 '파업을 하면 회사는 망한다'고 발언하면서 파업의 자숙을 호소한 것은 온당치 못한 부분은 있으나 전체적으로 회사의 솔직한 의견표명의 영역에 그친다고 보고 있다(日本液体運輸事件—中労委 昭57. 6. 2, 命令集 71집, 636면). 이렇게 사용자측에도 사업의 운영에 관한 자기의 견해·방침을 표명하고 협력을 구할 자유가 존재하는 것이고, 그 행위는 그러한 표명·협력 요청의 영역을 넘어 조합(원)을 위협하거나 동요시키는 양상으로 이루어진 것이 아니라면 지배개입이 되지 않는다.

단체교섭이 결렬되어 노동조합이 파업에 돌입하려고 할 때에는 사용자가 자기입장을 설명하고 자숙을 요청하는 것도 동일하게 사용자의 기본적 자유에 속하지만, 그것이 노동조합을 위협하거나 조합원간의 어려운 문제를 발생시키기 위해 이루어졌다고 인정되는 경우에는 지배개입으로 볼 수 있다. 예를 들어 단체교섭 결렬 후 사장명의의 성명을 게재하고 파업에 대한 '회사의 중대한 결의'를 표명한 바, 파업 반대파의 움직임이 확산되어 어쩔 수 없이 파업을 중단하게 된 사건에서 사장성명은 집행부 비판파에게 용기를 주어 파업 좌절을 노린 지배개입행위로 비판받고 있다(プリマハム事件—最二小判 昭57. 9. 10, 労経速 1134호, 5면). 또 노동조합이 상부단체의 지령으로 파업에 들어가기 직전에 관리자가 조합원에 대해 파업을 하면 경쟁회사에 고객을 빼앗긴다고 호소하자, 노동조합이 파업 불참을 결정한 사건에서는

---

68) 山口, 103면은 여기에 가깝다.

그 호소의 위협적·위축적 효과가 중시되어, 의견표명의 자유를 넘어선 지배개입행위로 보고 있다(北日本倉庫港運事件 — 札幌地判 昭56. 5. 8, 労判 372호, 58면).

상급관리자나 직제가 개인적으로 종업원과 좌담하는 가운데 노동조합의 양상을 비판하고 노동조합 탈퇴나 별개 노동조합 가입을 권유하는 것도 미묘한 문제가 된다. 판례에서는 우편 국장이 자택에서 직원들과 환담하는 가운데 노동조합의 투쟁주의를 비판하고 동석한 과장보좌도 당시 결성준비 중의 다른 노동조합으로의 가입을 권고한 케이스에 대해, 분명 그 공정함은 의문스럽지만 사용자에게도 기본적으로 언론의 자유가 있으므로 지배개입에 해당한다고까지는 할 수 없다고 판시한 것이다(新宿郵便局事件 — 最三小判 昭58. 12. 20, 判時 1102호, 140면).

(다) 시설관리권의 행사와 지배개입   지배개입의 성립여부에 관한 주요한 문제 중의 또 하나는 노동조합의 집회를 위한 회사시설 사용을 허가하지 않는 것, 허가를 얻지 않고 이루어진 노동조합의 시설사용(집회)에 대해 퇴거명령과 경고문을 내는 것 등, 사용자의 시설관리권의 행사가 어떠한 경우에 지배개입의 부당노동행위로 성립시키는가이다.

이에 대해서 노동위원회는 노동조합집회를 한 시간·장소·양상, 집회의 필요성, 집회가 기업의 시설이용과 업무운영에 초래한 지장의 유무·정도 등을 고려하여 사용자의 조치에 대한 부당노동행위성을 구체적으로 판단하는 태도를 취해 왔다. 그리고 무허가 노동조합집회가 조합활동상 긴요한 필요성에 근거하여 이루어지고 업무상 지장도 최소한의 부득이한 정도의 것이라고 인정되며, 사용자의 해산명령 등의 조치가 조합활동에 대한 지나친 방해라고 인정되는 경우에는 이것을 지배개입이라고 판단해 왔다. 그러나 판례는 앞의 국철 삿포로 운전구 사건(国鉄札幌運転区事件)[69]의 판결에 따라 시설사용을 허가하지 않는 것이 사용자의 시설관리권 남용이라고 인정되는 특단의 사정이 없는 한 중지명령, 집회방해, 경고서 교부 등의 조치는 지배개입에 해당되지 않는다는 입장을 취하고 있다.[70] 판례는 당초에는 노사관계상 구체적 사정 여하에 관계없이 특단의 사정의 존재를 인정하지 않는 태도를 취하고 있었지만(앞의 각주 済生会中央病院事件判決), 최근에는 구체적 사정을 (노동조합측에 엄격하게) 검토하는 태도를 보이고 있다.[71]

---

69) 最三小判 昭54. 10. 30, 民集 33권 6호, 647면.

70) 新宿郵便局事件 — 最三小判 昭58. 12. 20, 判時 1102호, 140면; 池上通信機事件 — 最三小判 昭63. 7. 19, 判時 1293호, 173면; 日本チバガイギー事件 — 最一小判 平元 1. 19, 労判 533호, 7면; 済生会中央病院事件 — 最二小判 平元 12. 11, 民集 43권 12호, 1786면; オリエンタルモーター事件 — 最二小判 平7. 9. 8, 労判 679호, 11면.

71) 위의 オリエンタルモーター事件判決. 또한 전단배포에 관한 倉田学園事件 — 最三小判 平6. 12. 20, 民集 48권 8호, 1496면을 참조.

권리의무관계로서는 분명 사용자에게는 판례가 말하는 시설관리권이 귀속하는데, 단체교섭을 기축으로 한 대등한 노사관계 조성을 제도 목적으로 하는 부당노동행위(지배개입) 성립 여부에 있어서는 이에 더해 노사관계상의 몇몇 구체적 사정을 고려해야 한다. 거기에서는 해당시설의 이용에 대한 노동조합 이용의 필요성과 시설관리상의 실질적 지장의 유무·정도, 그리고 사용자가 취한 조치의 상당성을 고려하지 않을 수 없다. 또 원래 노동조합의 기업시설 이용은 본래 노사간의 합의로 설정된 자주적 준칙(룰)에 따라 이루어지는 것이 바람직하므로, 노동조합 및 사용자가 관련 준칙정립에 대해 어떠한 태도를 취했는가도 중요한 고려사항이 된다. 법원은 이들을 '특단의 사정' 속에서 고려해야 한다.72)*

(라) 조합게시판에서 게시물의 철거와 지배개입   단체협약에 근거로 하여 사업장내에 설치되어 있는 노동조합의 게시판에 대해서는 게시된 선전물이 회사의 신용을 훼손하고 개인을 비방하고 사실에 반하여 직장질서를 어지럽히는 등의 경우에는 사용자가 선전물을 철거할 수 있다고 규정되어 있는 경우가 많고, 그러한 철거규정에 따른 사용자의 게시물 철거행위가 지배개입이 되는지의 여부가 문제로 되는 경우가 있다. 이러한 종류의 사건에서는 조합의 게시물이 이용조건에 반했다고 할 수 있으면 철거규정에 근거로 한 사용자의 철거행위는 지배개입이 되지 않는 것이 원칙이 되지만, 이용조건에 반했는지의 여부에 대하여 노동위원회는 조합게시판은 노동조합의 사정전달이나 주장의 선전을 위해서 단체협약에 근거하여 설치되는 것이므로, 해당 게시물에 관계되는 노사관계의 상황, 조합활동으로서의 필요성, 게시물이 사용자의 시설관리·신용 등에 미치는 영향 등, 해당 게시물에 관한 제반 사정을 종합하여 실질적으로 판단해야 한다는 입장을 취해 왔다.

이에 대하여 최근의 두 가지 중앙노동위원회 명령73)에 관한 행정소송 제1심74)에서는 상기와 같은 이용조건은 문언대로 이해되어야 하고, 또한 게시물의 내용이 상세한 부분에서라도 이용조건의 문언에 반하는 경우에는 사용자의 철거행위가 권리남용이 되지 않는 특단의 사정을 조합이 입증할 수 없는 한, 이

72) 위의 オリエンタルモーター事件의 결정은 이들을 고려하여 판단하고 있고, 이 사건에서의 河合재판관의 반대의견은 사건에 보다 가까운 판단을 제시하고 있다.

73) JR東海[大一両·揭示物撤去第1]事件 — 中労委 平17. 5. 11, 別冊中労時 1331호, 434면; JR東海[大一両·揭示物撤去第2]事件 — 中労委 平17. 7. 20, 別冊中労時 1293호, 185면.

74) 앞의 JR東海[大一両·揭示物撤去第1]事件에 대하여 東京地判 平18. 5. 15, 判時 1947호, 142면; JR東海[大一両·揭示物撤去第2]事件에 대하여 東京地判 平18. 10. 5, 労判 949호, 83면.

행위는 지배개입이 되지 않는다는 견해가 나왔다. 그러나 제2심[75]은 이용조건의 위반을 판단할 때에는 해당 게시물이 전체적으로 무엇을 호소하고자 하는가를 중심으로 실질적으로 판단해야 하고, 게시물의 기재내용 중 세부내용에 의하여 판단해야 하고, 이러한 견지에서 해당 노사관계의 상황, 게시의 경위, 게시물의 내용이 회사의 신용이나 업무수행에 미치는 영향 등을 고려하여 해당 게시물의 게시가 정당한 조합활동으로서 허용되는 범위를 일탈하고 있다고 인정된다면, 사용자에 의한 게시물의 철거는 조합활동에 대한 방해로서 지배개입에 해당한다는 견해를 제시하였다.[76][77]⑭

⑭ 조합게시판에서 게시물 철거와 지배개입 · 보론

조합게시판에서 게시물 철거와 지배개입의 문제에 대해서는 상기의 제2심의 견해가 타당하지만, 여전히 기본적인 점을 보충하고자 한다.

우선, 조합게시판으로부터의 게시물 철거의 가능여부는 단체협약에 의해 조합에 이용권이 있는 것을 전제로 한 이용조건(철거요건)에 관한 다툼으로, 이용조건에 관한 협약해석의 문제이다. 따라서 이용권이 없는 이용행위에 대한 징계처분에 관한 国鉄札幌運転区事件 최고법원 판결의 취지나, 이용권이 없는 이용행위에 대한 사용자의 대항조치가 지배개입인가에 관한 済生会中央病院事件 판결의 취지는 미치지 않는다.

또한, 조합게시판에서의 제시물 철거의 가능여부는 조합게시판에서의 게시물이 노사합의에 의하여 설정된 이용 규칙에 비추어, 사용자가 규칙위반으로서 철거할 수 있는 것인가, 아니면 사용자가 철거해버린 것이 지배개입이라는 노사관계상의 위법행위가 되는가라는 문제로, 문서의 게시행위가 기업외의 제3자나 일반 공중에게 사용자의 명예를 침해하는 불법행위가 되는가 하는 문제는 아니다. 또 게시판에서의 게시물에서는 사용자에 비하여 정보량이 뒤처진 조합이 노사의 대립 속에서 자신의 주장을 강조하기 위해서 부정확하고 과장된 표현을 이용하기 쉽지만, 노사의 대립관계나 해당 쟁점의 내용에 관련된 정보는 상당 정도, 기업구성원에 공유되고 있으므로 조합의 주장내용의 진실성에 대해서는 노사 당사자 및 기업구성원이 상당 정도 판단가능하다. 또 게시물의 내용이 사용자의 입장에서 문제가 있는 경우에는 사용자는 게시, 사원보 등으로 비교적 용이하게 반박을 하는 것이 가능하다. 따라서 게시물이 게시 장소에 출입하는 일부 외부자의 눈에 띄는 경우는 있다고 해도, 신문잡지 등에 의한 일반 명예훼손의 정도에는 진실성의 요청은 엄격하지 않아도 좋다고 생각한다. 적어도 세부에 걸친 기술의 구석구석까지 진실성을 요구하는 것은 상당하지 않다.

또 게시물의 철거에 관한 분쟁은 노사가 합의로 설정한 규칙의 해석 및 적용에 관한 것으로, 게시물 내용의 상당성도 노사가 판단하기 쉬운 것이므로 노사가 협의하여 해결하는 것이 바람직하다.

---

75) 앞의 JR東海[大一両·揭示物撤去第1]事件에 대하여 東京高判 平19. 8. 28, 判時 949호, 35면; JR東海[大一両·揭示物撤去第2]事件에 대하여 東京高判 平19. 5. 30, 労判 949호, 83면.

76) 이 견해에 근거하여 철거행위를 지배개입이라고 한 이러한 판결에 대한 사용자의 상고수리 제기에 대해서는 불수리 결정=最三小決 平20. 12. 25이 나왔다.

77) 그 후 중노위는 조합게시판에서의 게시물 철거의 지배개입 해당성에 대하여 상기의 제2심의 견해를 상세하게 전개한 명령을 내려(JR東海[大阪第二運輸所]事件 — 中労委 平19. 12. 19, 命令集139(2)호, 1534면), 행정소송 제1심, 제2심에서 기본적으로 지지되고 있다. 東京地判 平21. 3. 12 労判 1014호, 75면; 東京高判 平21. 9. 29, 労判 1014호, 63면.

(5) 경비원조

이상의 '지배개입'에 부속되는 부당노동행위는 '노동조합의 운영을 위한 경비지불에 대해 경리상의 원조를 주는 것'이다. 단 '근로자가 근로시간 중에 시간 또는 임금을 상실하는 일 없이 사용자와 협의하거나 또는 교섭하는 것', 노동조합의 후생자금 또는 복리기금에 대한 사용자의 기부 및 최소한의 공간인 사무소 공여는 제외한다고 되어 있다(노조 7조 3호).

'경비원조'에 해당하는 것으로서는 예를 들어 재적 전임자의 급여, 조합용무 출장경비, 통신비 등에 대한 회사 부담을 생각할 수 있다. 그러나 이 부당노동행위에 대해서는 형식적으로는 이에 해당하는 것처럼 보여도 실질적으로 노동조합의 자주성을 저해하지 않는 것은 여기에 해당하지 않는다고 주장하는 학설이 많다.78) 경비원조는 사용자와 노동조합의 의도 여하에 상관없이 교섭당사자로서의 노동조합의 자주성과 독립성을 침식한다는 것이 이를 금지한 입법취지이므로,79) 실제로 어용화하지 않으면 어떠한 원조를 받아도 괜찮다고는 할 수 없으나, 노동조합활동의 편의를 지나치게 저해하지 않도록 금지하는 원칙을 좁게 해석할 필요는 있다. 예를 들어 조합사무소의 광열비 부담과 유급·무급의 조합휴가(허위 노조전임자로 되지 않는 정도의 것) 등은 명문상 예외로 되어 있는 근무시간 중의 교섭과 조합사무소의 대여와 같은 성질의 것으로서 허용되어야 한다(또 무급 재적 전임자와 체크오프는 원래 '경리상의 원조'라고는 할 수 없다).

6. 공통적 부당노동행위

실제로 부당노동행위는 복수의 유형에 걸쳐 이루어지거나 복수 유형에 공통적 문제로서 나타나는 경우가 많다. 여기서는 이러한 형태로 노동위원회에 등장하는 몇 개의 전형적 부당노동행위를 들고 그 성립요건을 검토한다.

(1) 대량 사정차별

불이익 취급 및 지배개입에 대한 전형적인 사건으로서 1970년대~1980년대에 임금인상, 일시금, 승격 등에 관한 인사고과(사정) 후에 소수노동조합의 조합원을 모두 차별했다고 제기된 사건이 상당수 제기되었다. 이러한 종류의 사건에 있어서는 다수의 신청인이 장기간에 걸친 임금인상, 일시금 혹은 승격에 대

---

78) 예를 들어 外尾, 290면; 岸井貞男, 団体活動と不当労働行為, 117면; 西谷, 205면.
79) 같은 취지: 石井, 475면; 山口, 100면.

한 차별을 다투는 것, 그리고 차별의 근원이 인사고과라는 기업 내부의 미묘한 판정절차이며, 기업이 이에 대해 인사비밀을 이유로 기록과 자료의 제출을 꺼리는 것 등에서 차별 성립여부에 관한 입증이 곤란해지고 또한 심리가 장기화되는 경향이 발생했다. 그래서 노동위원회는 이 곤란한 사건의 심리를 용이하게 하기 위해 '대량 관찰방식'이라고 칭하는 심리방식을 채택하기에 이르렀다.[80]

즉 어떤 노동조합의 조합원 전반에 대한 인사고과상의 대량차별에 대해 이의를 제기하면, 노동위원회는 먼저 이의를 제기한 노동조합에 대하여, 조합원의 해당 승급, 일시급, 승격 등에 관한 사정이 다른 노동조합의 조합원이나 또는 종업원에 비해 전체적으로 낮은 수준에 있는 것(이를 제기한 조합원들과 그 밖의 자와의 비교는 동기·동학력·동직종 그룹마다 이루어진다), 그리고 그러한 낮은 수준은 사용자의 이의를 제기한 조합에 대한 약체화 의도 또는 이의 제기 조합원에 대한 차별적 의도에 따른 것에 대하여 일단 입증을 하게 하였다. 여기서는 사용자가 과거에 이의를 제기한 노동조합을 혐오하고 약화에 주력해온 점, 이의제기 조합원에 대한 사정이 이의제기 노동조합의 전투화 후, 이의제기 노동조합의 가입 후나 또는 협조적인 다른 노동조합의 결성 후에 전체적으로 평가가 낮아졌다는 점 등을 입증한다.

이상이 이의제기 조합원과 그 이외의 종업원간의 사정상의 일반적 격차가 신청조합의 조합원이라는 이유로서 이루어진 것이라고 일단 입증('차별의 외형적 입증')하는 것이고, 입증이 되면 노동위원회는 불이익 취급의 부당노동행위가 성립한다고 일단 추정한다. 이에 따라 피신청인측에 상기의 격차에는 이의제기를 한 조합원들의 근무성적·태도를 근거로 한 합리적인 이유가 존재한다는 입증을 할 필요가 발생하고, 그러한 입증에 의해 추정을 뒤집지 않으면 부당노동행위의 성립이 인정된다. 이 입증은 이의제기 조합원(이의제기인들)의 한 사람 한 사람에 대해 직제 등을 증인으로서 사정의 공평함을 입증하게 되므로 개별입증이라고 한다. 하지만, 이의제기 조합의 조합원의 사정이 전체적으로 낮은 수준인 점, 그리고 사용자가 해당 조합에 대하여 와해공작, 단체교섭거부, 불이익 취급 등의 약체화 책동을 해온 점이 인정되는 케이스에서는 노동위원회는 부당노동행의 성립의 추정을 용이하게 뒤집지 못하는 경향이 있다.[81]⑮

---

80) 상세한 것은 高田正昭,「賃金差別」, 現代講座(8), 200면; 直井春夫=成川美惠子,「査定差別」, 講座21世紀の労働法(8), 103면 이하.

81) 대량관찰방법에 의한 부당노동행위의사의 추인이 가능한 전형적인 사례로는 紅屋商事事件 ― 最二小判 昭61. 1. 24, 判時 1213호, 73면.

대량사정차별에 관한 이상의 통계적 심리방법은 대부분의 기업에서 직능자격제도가 근속년수를 기본적인 지표로 삼아 연공적으로 설계되어 있으며, 승진·승격·승급·상여 등이 정의(情意: 의욕, 적극성 등)나 장기적 능력을 중시하여 연공적으로 운용되어 온 것을 실제적인 기반으로 해 왔다. 그러나 최근에는 대부분의 기업의 인사제도가 이른바 성과주의·개별관리의 방향으로 수정되어 종업원의 처우에서의 평가에서 단기적 성과나 발휘능력(competency)을 중시하는 기업이 증가하였다. 그래서 중앙노동위원회에서도 '대량관찰방식'을 재검토하여 상기의 일단 추정을 행하기까지 이의제기인이 행해야 하는 입증가운데, 차별받았다고 주장하는 조합원들이 비교대상이 되는 종업원 집단과의 관계에서 근무성적·능력에서 뒤떨어져 있지 않은 집단이라는 것을, 근태의 실적(지각·조퇴·결근), 규율에 따른 근무태도(상세에 의한 주의나 징계처분의 유무 등), 능력의 상황(업무상의 실수, 달성도) 등에 대하여 일단 입증하는 것을 요청하기로 하였다.[82]

⑮ 개별적 사정차별사건과 입증

대량관찰방식은 차별받은(차별받았다고 주장하는) 조합원집단과 그 이외의 종업원 집단이 근무성적에서 전체적으로 동질 집단이라는 점을 전제로 한 양적인 추인 수법이므로, 본래는 양적 비교를 가능하게 하는 규모에서의 어떤 노동조합의 조합원 전체와 조합 내의 특정 조합원 집단 전체에 대해 사정차별이 주장되는 사건(전체적 사정차별 사건)에서만 타당한 것이고, 그러한 규모가 없는 노동조합과 노동조합·조합원 집단의 일부의 자에 대하여 사정차별이 주장되는 사건(소규모 내지 부분적 사정차별사건)에서는 이용될 수 있는 것은 아니다(北辰電機製作所事件 ― 東京地判 昭56. 10. 22, 判時 1030호, 99면; 최근에도 芝信用金庫事件 ― 東京高判 平12. 4. 19, 勞判 783호, 36면). 소규모(부분적) 사정차별사건에서는 노동위원회는 당해 조합원 집단에 대한 사정의 저위성과 사용자의 지금까지의 조합약체화 책동과 더불어, 당해 집단 내지 개개인의 근무성적의 동등성을 신청인에게 입수 가능한 자료로 신청인에게 입증하게 한 후, 사정의 정당성에 대하여 사용자(피신청인)에게 반증시키게 된다(オリエンタルモーター事件 ― 東京地判 平14. 4. 24, 勞判 868호, 20면; 同事件 ― 東京高判 平15. 12. 17, 勞判 868호, 20면 참조).

한편, 조합활동가 6명이 동기·동성·동학력자인 가운데 현저하게 낮은 직능자격등급과 임금에 놓였다는 사건에서, 조합활동 때문에 저평가가 이루어졌다는 사실상의 추정이 이루어져 회사가 평가의 합리성에 관하여 이 추정을 뒤집기에 충분한 반증을 하지 않으면 안 되었는데, 그러한 반증을 하고 있지 않다고 한 판례도 있다(중노위의 이 취지의 판단을 시인. 昭和シェル石油事件 ― 東京高判 平22. 5. 13, 勞判 1007호, 5면). 이 사건에서는 인사평가가 목표관리에 따른 개별적 평가의 체제를 취하고 있으며, 또 6명이 목표관리에 협력하지 않는 태도를 취하고 있는 사정이 있었지만, 회사의 직능자격제도가 실제상으로는 연공주의적 요소를 가미하여 운용되고 있다고 하여 그러한 판단이 이루어졌다.

---

82) 中央勞働委員會, 「勞働委員會における『大量観察方式』の實務上の運用について」, 中勞時 1055호, 16면.

(2) 쟁의행위를 이유로 하는 임금삭감과 부당노동행위

쟁의행위에 따른 노무정지자에 대한 임금삭감의 범위와 정도에 관한 사법상의 (임금청구권의 유무의) 문제는 전술했다. 여기에서의 문제는 그러한 임금삭감이 어떠한 경우에 불이익 취급 및 지배개입으로 부당노동행위가 되는지인데, 결과적으로는 사법상 명확하게 적법한 삭감은 부당노동행위의 의사가 인정되지 않아 그 성립이 부정되는데 비해, 사법상 명확하게 위법한 삭감은 그 의사가 긍정(추인)되게 된다. 그러나 이 문제는 부당노동행위 성립요건(7조 1호, 3호)에 입각하여 독자적으로 검토할 필요가 있는 것이며, 사법상의 관점에서만 검토해야 하는 것은 아니라 오히려 사용자에게 보복과 약체화 의도가 인정되는지의 여부가 핵심이 된다. 예를 들어 합리적 이유 없이 종래의 관행에 반하여 보다 불리한 삭감을 하거나 통상 결근에 비해 파업에 의한 결근을 보다 불리하게 취급하는 경우 등에는 그러한 의도가 인정되기 쉽다.[16][17]

[16] **파업 참가자에 대한 일시금 삭감과 부당노동행위**

파업 참가자에 대해 정당한 파업참가를 이유로 일시금 사정을 낮게 하는 것은 불이익 취급규정(7조 1호)에 해당하는 부당노동행위이다. 이에 비해 어려운 문제는 일시금의 계산에서 출근율의 산정상 파업 참가일을 결근으로 취급하는 것이다. 이에 대해서는 기계적 계산이며 통상 결근과 동일하게 취급한 것이라면 결근을 이유로 하는 불이익 취급에 지나지 않으며 원칙적으로 부당노동행위가 되지 않는다고 생각해야 할 것이다. 그러나 그것이 예를 들어 노동조합이 병존하는 상황 속에서 해당 조합에 대한 약체화 책동이라고 인정되는 등, 사용자측에게 정당한 파업에 대한 보복과 노동조합 약체화 의도가 인정되는 특별한 사정이 있는 경우에는 불이익 취급 내지 지배개입이 성립한다(西日本重機事件 ― 最一小判 昭58. 2. 24, 判時 1071호, 139면. 菅野, [判批], ジュリ 818호, 103면 참조). 또 출근율 계산이 기계적이지 않고 사정의 일종이라고 인정되거나 파업에 의한 결근이 통상 결근에 비해 보다 불이익하게 취급되고 있다면 불이익 취급 내지 지배개입이 성립하기 쉽다.

[17] **파업 중에 취업한 근로자에 대한 위로금 지급과 지배개입**

파업시에 취업하여 업무수행의 확보에 협력한 비조합원이나 다른 조합원의 종업원에 대하여 감사금 등의 명목으로 특별수당이나 금원을 지급하는 것은 파업의 효과를 감쇄시킨다는 등의 점에서 파업조합을 약체화시키는 지배개입행위가 되지 않는지가 노동위원회 명령에서 판단되었다(中窪裕也, 「ストライキ期間中に臨時に業務に従事した他組合員らに対する報奨金の支給と不当労働行為の成否」, 中労時 1105호, 14〜15면).

최근에도 일련의(4회)의 파업시에 철도운송업무를 확보하기 위하여 임시근무에 취업한 근로자에 대하여 '재해・사고시 등의 운송확보에 협력한 사원에 대한 포상에 대하여'라는 사장 통달에 근거하여 1일당 3,000엔(근무연장・변경자) 또는 5,000엔(휴일근무자)의 포상금을 지불한 회사의 조치가 문제가 되어 치바의 지방노동위원회도 중앙노동위원회도 이를 지배개입으로 인정하였다(JR東日本[千葉動労・褒賞金]事件 ― 中労委 平17. 9. 7, 中労時 1335호, 67면). 그러나 동 사건의 행정소송인 제1심(東京地判 平18. 9. 27, 労判 948호, 38면)은 회사는 본건 파업시에 철도노선 운행을 확보하기 위하여 다수의 종업원에게 임시업무명령을 내려 통상시의 근무에는 없는 고생을 시켰기 때문에, 그 고생에 보상하기 위해서 대상자를 한정하여 거액이라고 하기 어려운 금원을 지급한 것으로, 파업에 대한 악영향도 엿볼 수 없다고 하여 종래의 동종행위를 금지한 중앙노동위원회 명령을 취소하였다. 이에 대하여 제2심(東京高判 平 19. 5. 17, 労判 948호, 23면)은 상기의 사장통달은 파업조합과는 대립하는 다른 조합이 파업 중에 협력한 것에 대한 대응을 요청한 것에 응하여 만들어졌고, 1회째의 파업시에 소급하여 적용된 것으로 그 금액도 고려하면 다른 조합과의 관계를 양호하게 유지하고 파업조합의 쟁의행위에 대한 대응을 보다 쉽게 함과 동시에, 파업조합에 의한 쟁의행위의 효과를 감쇄시키고 그 견제를 꾀한 것이라고 인정된다고 판단하여 중노위명령을 지지하였다.

(3) 회사해산에 의한 전원 해고와 부당노동행위

경영자가 자기 회사 노동조합의 존재나 또는 노동운동을 혐오하여 노동조합을 궤멸 또는 사업의욕을 상실하게 하기 위해 회사를 해산하고 조합원 전원을 해고하는 경우에는 이 해산이나 해고는 불이익 취급과 지배개입에 해당하는 것일까?

부당노동행위의 금지는 사업폐지의 자유까지를 제한하는 것은 아니므로, 사업이 해산결의로 인하여 진실로 폐지되어 버리면, 설령 해산결의가 노동조합을 혐오하여 그 궤멸을 의도하여 이루어져 지배개입에 해당한다고 하더라도, 사법상으로는 유효함과 동시에 노동위원회로서도 사업의 재개명령은 할 수 없고, 기껏해야 청산절차 중에 원직복귀와 임금지불을 명령할 수 있는 데 지나지 않는다.[83] 이에 비해 해산결의가 있더라도 실제로는 동일한 사업자본과 경영자에 의해 계속되고 있는 경우에는 근로계약 관계에서 보면 해고는 사업폐지라는 실질적인 이유가 없는 것으로서 무효가 되지만, 실질적으로 동일 사업을 승계하고 있는 기업이 해산회사와 다른 법인인 경우에는 법인격을 부정하지 않는 한, 해당 다른 법인과의 근로계약 관계를 인정하는 것은 곤란하다. 이에 대하여 노동위원회에서의 부당노동행위의 문제로서는 노동조합을 궤멸시키기 위한 위장해산은 지배개입에 해당하고, 노동위원회는 그 실제상의 동일 기업에 대해 행정상의 조치로서 종업원으로서의 취급과 백 페이(back pay)를 명령할 수 있다.[84]

---

83) 石川, 332면; 外尾, 263면. 최근의 판례로서 仲立証券事件 ― 大阪地判 平14. 2. 27, 労判 826호, 44면 ― 해산에 대하여 부당노동행위 목적은 인정되지 않는다고 판단.
84) 佐藤香, 「救済命令の内容の限界」, 外尾健一編, 不当労働行為の法理, 461면; 菅野, 「会社解散をめぐる不当労働行為事件と使用者 ― 4つの類型とその判断基準」, 安西愈古稀・経営と労働法務の理論と実務, 515~6면.

(4) 단체협약과 부당노동행위

사용자에 의한 단체협약 위반은 당연히 부당노동행위가 되는 것이 아니라, 사용자에 의한 해당 위반이 해당 협약에 결실된 노사간 교섭의 성과를 경시하여 조합의 교섭상의 입장을 현저하게 불안정하게 함으로써 조합을 약체화하는 행위로 인정되는지의 여부, 등을 독자적으로 검토할 필요가 있다.[85] 또한 사용자는 기간의 설정이 없는 단체협약을 90일 전에 예고함으로써 해지할 수 있지만(노조 15조 3항, 4항), 이 해지도 그 사법상의 효과와는 별도로 부당노동행위에 해당하지 않는지의 여부가 문제로 될 수 있다(예를 들어 노사관계의 원칙과 편의 제공에 관한 단체협약의 해약에 대해서는 노사관행 파기의 경우와 동일한 문제가 발생할 수 있다).[86][18] 또한 다수 노동조합과의 단체협약 확장적용(노조 17조)은 소수 조합원과의 관계에서는 인정되지 않다고 해석해야 하는 바, 소수조합원에 불이익이 되는 협약을 동 노동조합과의 단체교섭을 거치는 경우 없이 확장 적용하는 것은 노조법 7조 1호, 3호의 부당노동행위가 될 수 있다.[87]

[18] **노사관행의 파기와 부당노동행위**

노동조합과 사용자 간에는 노사관계상 여러 사항(단체교섭절차·조건, 조합활동의 취급, 편의제공 등)에 대해 일정한 취급이 쌍방의 사실상의 양해 아래 장기간 반복되고 있는 경우가 많다. 이러한 노사관행은 극히 일반적으로는 노사자치 및 노사관계안정이라는 관점에서 노사간 일종의 자주적 원칙으로서 존중되어야 하는 것이며, 당사자가 이것을 파기하기 위해서는 상대방에 대해 그 이유를 제시하여 원칙 변경을 위한 교섭을 할 것이 요청되는 경우를 말한다. 따라서 사용자가 이러한 절차를 밟지 않고 관행을 파기하는 경우에는 그 양상에 따라 지배개입 등의 부당노동행위로 될 가능성이 있다(상세한 것은 堺鉱二郎, 「便宜供与観光の破棄」, 現代講座(8), 150면; 高橋貞夫, 「専従慣行·組合活動をめぐる慣行の破棄」, 現代講座(8), 176면).

(5) 병존 노동조합과의 단체교섭과 지배개입

사용자는 사업장에 병존하는 복수 노동조합을 각각 독자적 교섭상대로서 승인·존중하고 단체교섭과 그 밖의 노사관계 국면에서 각 노동조합에 대해 중립적인 태도를 취해야 한다. 바꿔 말하면 사용자는 각 노동조합을 그 성격과 운동방침의 차이에 의해 합리적 이유 없이 차별하거나 일방 노동조합에 대한 약화를 꾀해서는 안 된다.[88] 따라서 예를 들어 사용자가 일방 노동조합에게 제공

---

85) 같은 취지: 石川, 318면.

86) 종전 협정의 해약을 부당노동행위로 본 판례로서 駿河銀行事件 — 東京高判 平2. 12. 26, 労判 583호, 25면.

87) 상여의 공제기준을 포함한 상여협정의 확장 적용에 대해, ネスレ日本事件 — 東京地判 平12. 12. 20, 労判 810호, 67면.

88) 日産自動車事件 — 最三小判 昭60. 4. 23, 民集 39권 3호, 730면.

한 근로조건과 편의제공을 합리적인 이유 없이 다른 쪽 노동조합에게 제공하지
않는 것은 다른 노동조합을 약체화시키는 행위로서 지배개입으로 될 수 있다.[89]

한편 병존 노동조합의 조직인원에게 압도적인 차이가 있는 경우에는, 사용
자가 사업장의 통일적 근로조건의 형성을 위해 병존 노동조합과의 노사관계를
다수 노동조합과의 단체교섭 및 합의를 중심으로 하여 운영하는 것은 자연의
이치이다. 따라서 사용자가 병존 노동조합에 대해 거의 동일 시기에 동일한 근
로조건을 제시하여 각각 교섭한 결과, 다수 노동조합과는 합의에 도달하고 소
수 노동조합과는 주장의 대립이 더욱 큰 경우에는 사용자가 다수 노동조합과의
합의내용으로 소수 노동조합과 타결하기 위해 이에 고집하는 것은 교섭에서 충
분한 설명과 협의를 하는 한 비난받아야 할 태도는 아니다. 또 사용자의 그러
한 태도에 대해 소수 노동조합 쪽도 자신의 주장을 고집한 결과 합의가 달성되
지 않아, 동 노동조합(그 조합원)에 불이익이 발생했다고 해도 그것만으로 사용
자를 비난할 수는 없다.[90]

그러나 위와 같은 소수조합과의 합의실패와 이에 따른 소수 노동조합(그 조
합원)의 불이익 초래라는 사태가 사용자가 해당 노동조합의 약체화를 꾀하기
위해 병존 노동조합과의 단체교섭을 조작하여 이를 초래했다고 인정되는 특별
한 경우에는, 소수 노동조합에 대한 지배개입과 그 조합원에 대한 불이익 취급
으로 부당노동행위가 성립한다.[91]

이러한 부당노동행위의 대표적 타입은 사용자가 각각의 병존 노동조합과의
임금인상과 일시금 교섭에 있어서 다수 노동조합은 저항 없이 받아들이지만,
소수 노동조합은 그 운동노선상 강하게 반대할 것 같은 전제조건을 의도적으로
언급하고, 이 조건을 받아들인 다수 노동조합에게는 임금인상 내지는 일시금
지급을 실시하면서, 전제조건에 계속 반대하는 소수 노동조합에 대해서는 같은
조건을 고집하여 교섭을 타결하지 못하고 임금인상 내지 일시금 지급을 하지
않는 행위이다. 단 사용자가 각각의 병존 노동조합과 어떠한 내용의 근로조건
을 형성하는가는 해당 노사의 자유로운 단체교섭에 위임되어 있으며, 교섭이

---

89) 병존 노동조합의 한쪽에 대한 조합사무소 등의 편의제공의 중단을 이러한 관점에서 지배개
입으로 판단한 판례로서 日産自動車事件 一 最一小判 昭62. 5. 8, 判時 1247호, 131면. 최근의 사례
로서는 東洋シート事件 一 最一小判 平9. 9. 24, 労判 737호, 23면.

90) 앞의 日産自動車事件. 高知県観光事件 一 最二小判 平7. 4. 14, 判時 1530호, 132면은 소수
노동조합과의 시간외 근로에 대해 합의가 이루어지지 않자 소수조합원에 대해 시간외 근로를 배
제한 사안.

91) 반대설로서 山口, 114면.

타결되지 않는 것은 전제조건을 받아들이지 않은 소수 노동조합의 자주적 선택이라고도 할 수 있는 것, 게다가 사용자는 병존 노동조합의 쌍방에 대해 동일한 내용의 전제조건을 제시하고 있고 두 노동조합의 차별적 취급은 표면상 인정될 수 없다는 점에서 보면, 이러한 종류의 케이스에서는 사용자가 두 조합의 운동방침의 차이를 이용하여 그러한 결과의 초래를 의도했다는 등, 사용자에게 소수 노동조합에 대한 약체화의 의도가 인정되는 경우에만 부당노동행위의 성립을 긍정할 수 있다. 그래서 이러한 부당노동행위의 의사를 파악하기 위해 노사관계 전체의 흐름 속에서 사용자의 교섭상의 태도의 합리성 여부를 검토하게 된다.[19]

[19] 병존조합과의 단체교섭을 조작한 지배개입의 구체적 예

전제조건을 언급한 단체교섭 조작의 전형적인 예로서는 사용자가 병존 노동조합과의 연말 일시금 단체교섭에서 '생산성 향상에 협력한다'는 항목을 전제조건으로서 언급하자, 다수 노동조합은 이를 수용하여 타결했지만 소수 노동조합은 그러한 조건에 계속해서 반대하여 사용자도 동 조건을 고집하여 타결하지 못한 사례가 있다(日本メール・オーダー事件 — 最三小判 昭59. 5. 29, 民集 38권 7호, 802면). 상고심은 '생산성 향상에 협력한다'는 전제조건이 당시 사회적 상황 속에서 노동조합에게 문제가 있는 것이었음에도 불구하고, 사용자가 그 의미 내용의 구체적 설명을 충분하게 하지 않은 점에서 소수 노동조합이 수락을 거부하는 태도를 취한 것은 이유가 있으며, 사용자의 전제조건에 대한 고집은 합리성이 없다고 판단하여, 이러한 점에서 사용자가 전제조건의 제시와 그 조건에 대한 고집에 대해 소수 노동조합 약체화의 의도를 가지고 있었다고 평가해도 어쩔 수 없다고 판시했다.

이러한 유형에 속하는 다른 전형적 예로서는 임금인상교섭에 있어서 '타결 월내 실시'라는 전제조건에 대한 고집과 그에 따른 임금인상의 미실시가 해당 조합에 대한 약체화 의사에 근거하는 부당노동행위가 된 사례가 있다(済生会中央病院事件 — 東京高判 昭61. 3. 27, 労民 37권 4＝5호, 307면. 이를 부정한 판례로서는 名古屋放送事件 — 名古屋高判 昭55. 5. 28, 労判 343호, 32면; 日本チバガイギー事件 — 最一小判 平元 1. 19, 労判 533호, 7면).

병존 노동조합과의 단체교섭을 조작한 지배개입으로서 판례상 인정된 또 하나의 유형에는 잔업배당 문제에 관한 소수 노동조합과의 교섭을 성실히 하지 않음으로써, 그 조합원에게 잔업이 배당되지 않게 된 부당노동행위가 있다(日産自動車事件 — 最三小判 昭60. 4. 23, 民集 39권 3호, 730면). 이 사건에서는 회사가 다수 노동조합과의 협의에 의해 2교대제 및 계획잔업의 근무체제를 도입하는데 있어, 소수 노동조합의 강제잔업 반대・야근 반대라는 공식견해를 역이용하여 동 조합과 어떤 협의를 하지 않은 채 그 노동조합에게 잔업을 일체 주지 않기로 한 것, 그 후 소수 노동조합의 요구에 의해 이루어진 잔업배당 문제에 대한 교섭에서도 위의 근무체제의 타당성・필요성에 대해 충분한 설명을 하지 않고 성의 있는 교섭태도를 취하지 않았다는 점에서, 회사는 소수 노동조합을 약체화할 의도를 가지고 동 조합원에게 잔업을 명령하지 않는 조치를 취한 후, 이 기정사실을 유지하기 위해 형식적으로 단체교섭을 했다고 판단하고 있다(이상의 문제에 대한 문헌으로서 高橋貞夫, 「組合併存下の前提条件の諾否と差別」, 季労 161호, 79면 이하; 道幸哲也, 不当労働行為の行政救済法理, 145면 이하).

제3절 부당노동행위의 사법(私法)상의 구제(司法救濟)

1. 부당노동행위 금지규정의 사법상의 효력

(1) 학설·판례의 개황

노조법상의 부당노동행위 금지규정에 위반하는 행위가 이루어진 경우에, 부당노동행위를 당한 근로자 또는 노동조합은 노동위원회에 행정적인 구제를 요구하는 것이 아니라, 직접 법원에 소송을 제기하여 위반한 법률행위의 무효확인, 손해배상, 작위·부작위명령 등을 청구할 수 있는 것일까? 이는 주로 부당노동행위 금지규정의 사법상 효과에 의존하는 문제이다.

일본에서는 부당노동행위 구제제도의 모델로 삼은 미국의 불공정노동행위(unfair labor practice) 구제제도에서는 이 행위의 구제는 전문적 행정기관인 NLRB(전국 노동관계위원회)의 전속적 임무라는 것이 명확하게 되어 있어, 법원에 의한 구제는 이루어지지 않는다.

이에 대해 일본에서는 부당노동행위 구제제도가 1945년 구 노조법의 불이익 취급의 벌칙이 있는 금지에서 출발하여, 그러한 구법 시대에서 동 규정에 위반한 해고가 강행법규 위반으로 무효가 되는 것이 재판실무상 빠르게 확립되었다. 그리고 이 제도가 1949년의 노조법의 전면개정으로 행정구제제도로 재편된 후에도, 불이익 취급에 해당하는 해고의 무효성이 판례에서 특별한 의심의 여지없이 승계되었다. 또한 최고법원도 1968년에 불이익 취급 금지규정(노조 7조 1호)에 위반되는 해고는 당연히 무효라고 판시하고, 이 규정이 사법상의 강행규정이기도 하다는 것을 판례로 확립했다.[92]

이러한 재판실무의 흐름도 있고, 학설에서는 부당노동행위 금지규정을 노동위원회에 의한 행정구제의 근거규정이 아니라, 사법상의 강행규정이고 권리규정이라고 해석하는 견해가 다수설이라고 할 수 있는 상황이 되었다.[93] 다만, 이에 대해서는 미국의 제도와 마찬가지로 동 규정은 어디까지나 노동위원회에 의한 행정구제제도를 위한 규정으로, 사법규정과는 관계가 없는 것이라는 유력설

---

92) 医療法人新光会事件 ― 最三小判 昭43. 4. 9, 民集 22권 4호, 845면.
93) 예를 들어 外尾, 295면 이하; 久保敬治, 労働法[4版], 101면; 西谷, 144면.

도 주장되고 있어,94) 대립해 왔다.

그 후 최근의 판례에서는 단체교섭거부 금지규정(노조 7조 2호)을 근거로 하여 단체교섭을 요구하는 지위확인청구를 인정하는 판례95)가 확립되고 또 불이익 취급·단체교섭거부·지배개입의 금지를 통하여 이러한 위반행위에 대한 손해배상청구를 인정한 판례가 축적되고 있다. 이리하여 오늘날에는 부당노동행위 금지규정은 판례상 불이익 취급 조치의 무효, 단체교섭을 요구할 수 있는 지위의 확인, 부당노동행위 금지위반 전반에 대한 손해배상(불법행위)라는 한도에서는 사법상의 효과를 부여받고 있다. 또 부당노동행위 금지규정을 오로지 행정구제를 위한 규정으로 해석하는 유력설에서도 다른 한편으로는 헌법 28조의 단결권 등이 '공서'의 내용이 되기 때문에, 불이익 취급에 해당되는 해고는 공서위반으로 무효가 되고, 단결권 등을 침해하는 행위는 공서위반으로서 불법행위의 위법성을 갖추게 된다고 주장했기 때문에,96) 위반행위의 무효·손해배상의 한도에서는 결론적으로는 비슷한 효과를 승인하고 있다.

(2) 부당노동행위금지 규정의 독자성과 복합성

현행 부당노동행위 구제제도는 노조법의 1949년 개정시에 근본적으로 확충·개조된 것으로, 사용자의 노동조합결성·운영에 대한 방해·간섭과 단체교섭거부에 대해 종래의 사법체계 가운데에서는 시행할 수 없는 적극적이면서 유연한 구제를 전문적 행정기관에 의한 시정조치에 의해 실현하고, 노조법의 노사대등의 기본이념(1조 1항)에 입각하여 노사관계의 정상화를 꾀하려고 하는 제도이다. 따라서 그 제도 중의 금지규정은 노동조합(근로자)과 사용자 간의 사법상의 권리의무를 설정한 것이 아니라, 대등한 노사관계 형성을 위한 노사관계상의 원칙을 설정한 것이다. 다만, 이러한 원칙은 노동위원회의 행정구제에 의해 실현이 도모되게 된다고 하나, 사법상(사법구제상)의 의미를 가지지 않는 것은 아니다. 첫째, 앞에서 서술한 대로 불이익 취급 금지규정(7조 1호)은 구 노조법 시대에 사법상의 강행규정으로서의 효력을 재판실무에서 확립하고, 1949년 개정 후에도 그 효력을 당연한 사리로서 유지했다. 이러한 연혁 속에서는 이 규정은 강행법규로서의 성격도 계승하고, 행정구제의 근거규정으로서의 성격과

---

94) 石川, 15면.

95) 国鉄事件 ― 東京高判 昭62. 1. 27, 労判 505호, 92면; 同事件 ― 最三小判 平3. 4. 23, 労判 589호, 6면.

96) 石川, 15면.

그러한 사법규정으로서의 성격을 함께 보유하고 있다고 보지 않을 수 없다. 둘째는 부당노동행위금지의 각각의 원칙(불이익 취급·단체교섭거부·지배개입 등의 금지)은 현행 노사관계법상의 기본 원칙인 만큼, 금지위반의 행위에 대해서는 불법행위의 성립요건의 하나인 위법성(민법 709조에서의 '법률상 보호받는 이익의 침해'의 요건)도 갖추게 된다고 해석된다.

그러나 부당노동행위 금지규정의 복합적인 사법상의 의의는 이러한 한도에서 그 이상의 것은 아니다. 불이익 취급·단체교섭거부·지배개입금지의 여러 규정은 노동위원회에서는 모든 종류의 재량적인 작위·부작위 명령에 의해 집행이 도모되는 것이나, 법원에서는 그러한 적극적인 구제는 행할 수 없다. 즉, 이러한 규정은 법원에 의한 작위·부작위 명령을 기초로 한 청구권의 근거규정으로는 도저히 해석할 수 없다. 이러한 점에서 부당노동행위 금지규정은 주로 노동위원회에 의한 행정구제를 염두에 둔 노사관계의 원칙이라고 할 수 있다.97) 판례도 지금까지는 이 점을 전제로 이 규정의 사법상의 효력을 검토해 왔다고 할 수 있다. 판례에 의한 위의 단체교섭을 요구할 수 있는 법적 지위의 승인은 단체교섭거부의 금지규정(7조 2호)이 청구권 규정이 아니라는 점을 전제로 하면서, 이에 법적 지위설정 한도에서의 효력을 인정한 것이다. 그러나 단체교섭을 요구할 수 있는 법적 지위는 단체교섭거부의 금지규정에서 발생하는 것이 아니라, 헌법 28조의 요청에 따라 단체교섭의 기초적인 법적 지위를 설정하고 있는 노조법의 일련의 규정(1조, 6조, 16조, 17조)에서 발생한다고 해석하는 것이 그러한 한정적인 내용과 효력을 잘 이해하고 설명할 수 있다.

이 외, 유력설이 주장하듯이 헌법 28조의 단결권 등의 보장이 '공서'를 형성하고 있는 것도 긍정할 수 있기 때문에, 단결권 등의 침해행위는 이 '공서'의 위반으로 무효로 여겨지거나 위법(불법) 행위로 여겨질 수 있다.

2. 사법상의 구제(사법구제)의 내용

현재 부당노동행위에 대하여 재판실무에서 주어진 사법상의 구제(사법구제)는 보다 구체적으로는 다음과 같다. 이러한 것은 또 노동위원회에 의한 행정

---

97) 예를 들어 어떤 노동조합의 조합원에 대한 불이익취급으로서의 해고에 대하여 노동위원회에 구제신청을 한 경우에는, 해당 조합원이 아니라 해당 조합이 신청권자가 될 수 있고, 실제상으로는 대다수의 사건에서 그렇게 되어 있는 것이 행정구제의 독자성을 극단적으로 나타나고 있다. 사법구제의 독자성에 관한 상세한 고찰로는 道幸哲也, 不当労働行為の行政救済法理, 106～111면.

구제와는 다음과 같이 다른 법적 구제이다.

(1) 법률행위의 효력

예를 들어, 노동조합의 조합원 내지 지도자라는 것을 이유로 하는 해고, 징계처분, 불이익 배치전환, 출향, 휴직 등의 인사상의 불이익 조치로 법적 효력을 동반하는 것(법률행위)은 강행규정으로서의 불이익 취급 금지규정(7조 1호)에 위반하는 것으로 무효가 되기 때문에, 당해 조치의 대상자(근로자)는 법원에 그 효력의 무효(그 결과로서의 권리관계상의 지위) 확인을 요구할 수 있다. 근로자가 노동조합의 정당한 단체행동에 종사한 것을 이유로 하는 해고, 징계처분에 대해서도 마찬가지이다. 실제로는 이러한 구제를 부여하는 판례는 너무 많아 일일이 열거할 수 없다.

다만, 해고가 불이익 취급 금지규정에 위반하는 것으로 무효로 여겨지는 경우에도, 근로자에게는 취업청구권이 존재하지 않기 때문에 사법구제에서는 피해고자에 대해 종업원인 지위의 확인(본안소송) 내지 보전(가처분)이 이루어지는데 불과하고, 직장복귀의 강제는 이루어지지 않는다. 이에 대해 이 규정에 위반하는 해고를 노동위원회가 구제하는 경우에는 원직복귀 그 자체가 명령되고 강제된다. 또 해고기간 중의 임금에 대하여 법원이 사법(민 536조 2항)상 지급을 명한 경우에는 그 기간 중의 중간수입이 평균 임금의 6할을 넘는 소급임금 부분에서 공제된다. 이에 대해 노동위원회에 의한 백 페이(back pay) 명령의 경우에는 중간수입을 공제할지의 여부는 일정한 기준에 따른 노동위원회의 재량에 위임된다.

(2) 손해배상

예를 들어, 노동조합의 결성, 이 노동조합으로의 가입, 정당한 활동을 한 자에 대한 차별대우는 불이익 취급 금지 내지 지배개입 금지에 반하는 위법행위로, 불법행위가 될 수 있다(민법 709조에서 말하는 '법률상 보호받는 이익'의 '침해'에 해당된다). 그래서 당해 근로자 및 노동조합은 사용자에 대해 그에 따른 재산적·정신적 손해배상을 청구할 수 있다.[98] 또 사용자에 의한 조합와해 등의 약체화 책동은 지배개입금지(7조 3호) 위반으로서, 마찬가지로 조합에 대한 손해배상책임을 발생시킨다.[99] 결성된 노동조합을 인정하지 않고, 이와의 단체교섭

---

98) 최근의 사례로서 奥道後温泉観光バス事件 ― 松山地判 平21. 3. 25, 労判 983호, 5면; 学校法人森教育学園事件 ― 広島高岡山支判 平23. 3. 10, 労判 1028호, 33면.

을 거부한 행위와 소수 노동조합과의 교섭을 거부한 행위도, 단체교섭거부 금
지규정에 반하는 불법행위로 여겨진다.

다만, 법원에서는 '침해행위'뿐만 아니라, 불법행위의 다른 요건도 음미하게
되므로, 예를 들어 사용자가 단체교섭거부에 정당한 이유가 있다고 잘못 확신
한 경우에 대하여 부득이한 사정이 인정되는 경우에는 노동위원회에서는 단체
교섭 명령을 내리는 데 비해, 법원에서는 '고의 또는 과실'의 요건을 구비하지
않았다고 하여 불법행위의 성립을 부정하는 경우가 있을 수 있다. 한편, 사용자
인 기업 중에서 해당 부당노동행위를 한 행위자(임원, 관리직 등)도 동 기업에
더불어 불법행위책임을 가진다.[100] 그뿐만이 아니라, 동 기업의 모회사나 거래
처에 의한 근로자의 단결권 등을 침해한 경우에 대해서는 그러한 것이 노동위
원회의 구제명령의 대상이 되는 '사용자'가 아니라도 단결권 등의 '공서'위반의
불법행위에 의한 손해배상청구의 대상이 될 가능성이 있다.

사용자의 부당노동행위(내지 단결권 등의 침해행위)에 대해 노동조합 또는 근
로자의 손해배상청구를 인정한 판례는 최근 증가하는 경향이 있다.[101]

손해배상은 사법상의 구제에서 독특한 것으로, 노동위원회에서는 할 수 없
는 구제이다. 그러나 한편으로 이것은 어디까지나 손해배상법리의 시스템에서
이뤄지는 것으로, 예를 들어 임금인상에서의 사정차별 사례에서는 법원은 과거
의 차별금액을 전보할 수 있는 데 지나지 않고, 장래에 대한 임금액의 시정은
이루어지지 않는다. 이에 대해 노동위원회는 이러한 시정을 포함하여 부당노동
행위를 사실상 시정하고 향후의 노동관계를 정상화시키기 위해, 각종 작위・부
작위 명령을 사안 내용에 따라 내릴 수 있다.

⑶ 단체교섭을 요구할 수 있는 지위의 확인 내지 가처분

이 근거규정을 부당노동행위 금지규정 가운데 단체교섭거부의 금지(7조 2호)
에서 요구하는지의 여부를 불문하고, 노동조합은 사용자 또는 사용자단체에 의

---

99) 사례로서 위의 日産自動車事件 — 東京地判 平2. 5. 16, 労民 41권 3호, 408면; 大栄交通事
件 — 横浜地判 昭49. 3. 29, 労判 200호, 39면; 横浜税関事件 — 最一小判 平13. 10. 25, 労判 814
호, 34면; 渡島信用金庫事件 — 札幌高判 平14. 3. 15, 労判 826호, 5면; 山本隆一, 「不当労働行為
の司法救済」百選[7版], 268면 참조.

100) 최근의 사례로서 日産プロンス千葉販売事件 — 東京地判 平19. 2. 22, 労判 944호, 72면.

101) 사정차별의 사례로서 門司信用金庫事件 — 福岡地小倉支判 昭53. 12. 7, 判時 931호, 122
면; 배차 차별의 사례로서는 サンデン交通事件 — 最三小判 平9. 6. 10, 労判 718호, 15면; 잔업차
별의 사례로서는 朝日火災海上保険事件 — 最二小判 平5. 2. 12, 労判 623호, 9면; 일시금 교섭을
통한 일시금의 차별에 대하여 明石運輸事件 — 神戸地判 平14. 10. 25, 労判 834호, 39면. 1989년~
2008년까지의 77건의 판례를 분석한 문헌으로서 道幸哲也, 労働組合の変貌と労使, 153면 이하 참조.

해 단체교섭을 요구할 수 있는 법적 지위가 부정된 경우에는 당해 사용자 또는 사용자단체에 대해 그 지위의 확인청구 내지는 그러한 지위를 가정한 가처분 신청을 할 수 있다.

다만, 단체교섭을 요구할 수 있는 법적 지위에 근거하여 확인청구를 할 수 있는 것은 사용자 또는 사용자단체에 의하여 일반적으로 또는 특정한 사항에 대하여 그 지위가 부인된 경우에 한정된다. 바꾸어 말하면, 이것은 단체교섭의 당사자, 단체교섭의 개최조건, 단체교섭의 성실성 등이 유동적·조정적 성격의 단체교섭거부 분쟁에까지 영향을 미쳐, 구제를 부여할 수 있는 법적 지위는 아니라고 해석해야 한다. 한편, 사용자단체에 대한 청구[102]는 부당노동행위의 금지규정으로는 부여받을 수 없는 구제이다.

---

102) 日本プロフェッショナル野球組織事件 ― 東京高決 平16. 9. 8, 労判 879호, 90면은 사용자단체에 대한 단체교섭을 요구할 수 있는 지위를 피보전 권리로서 인정하고 있다(보전의 필요성을 부정).

제**5**편

노동관계분쟁의 해결절차

제 1 장

총   론

제 1 절 노사분쟁과 그 해결제도 및 서설

1. 노사관계분쟁의 개념

노사관계분쟁[1]이란 강학상 노동조합과 기업간의 단체교섭 등의 관계에서 발생하는 '집단적 노사분쟁'(collective labour disputes)과, 근로자 개개인과 기업 간의 노동관계에서 발생하는 '개별 노동분쟁'(individual labour disputes)로 대별 된다. 또 약속한 임금을 지불해주지 않거나, 정당한 이유 없이 해고되는 등, 계 약상의 결정이나 법의 원칙의 위반(즉 권리의 유무나 내용)에 관한 '권리분쟁 '(disputes of rights)과, 임금인상 및 일시금 요구 등의 교섭에서의 새로운 합의 (원칙)의 형성을 둘러싼 '이익분쟁'(disputes of interest)으로 대별된다.[2]

권리분쟁은 집단적 노사분쟁이든 개별 노동분쟁이든, 당사자간에 자주적인 해결을 할 수 없는 경우에는 계약의 이행이나 법의 원칙의 적용(권리관계의 판 정과 실현)을 요구하여 법원에 소를 제기할 수 있는 분쟁이다. 이에 대하여 이

---

1) '노사분쟁'의 개념에 대해서는 노사분쟁처리의 법적제도에 관한 기준(standard)이 되는 해설 서인 山川隆一, 労働紛争処理法, 1면이 六本佳平, 法社会学, 98면의 '분쟁'의 정의를 이용하여 '[노 동관계의] 당사자간에 구체적인 이해의 대립을 기초로 하여 일방당사자에 의한 자신의 주장실현을 위한 압력과, 이에 대립하는 다른 당사자의 반응이 상호로 이루어지고 있는 상태'로 정의하고 있 다. 본서도 이에 따르기로 한다. 山川의 동서도 지적하듯이, 노사분쟁의 전 단계로서는 '불만'이나 '고충'이 존재하는 것이 통상적이고, 넓은 의미에서의 노사분쟁해결제도는 '불만'이나 '고충'에 대한 적절한 대응을 도모하는 제도도 필요하게 된다.

2) 이러한 노사분쟁의 분류는 반드시 엄밀한 구별은 아니다. 예를 들어 취업규칙의 변경에서의 합리성에 관한 분쟁은 법률상으로는 (법원에서는) 해당 변경의 법적 효력이 다투어지는 권리분쟁 으로서 발현되지만, 실질적으로는 노사간의 새로운 원칙의 형성을 둘러싼 이익분쟁으로서의 성격 을 가진다. 또한 비조합원인 근로자가 해고된 후에 조합에 가입하고 그 조합이 사용자에게 단체교 섭을 신청하여 거부당하는 경우에는 실질상의 개별노동분쟁이 집단적 노사분쟁의 형태를 취하게 된다.

익분쟁은 집단적 노사분쟁으로서 발생하는 것이 통례이지만, 교섭에 의하여 결착되어야 하는 분쟁으로 법원에 대한 소제기의 대상은 되지 못한다. 그러나 노동조합에 의한 파업 등의 쟁의행위를 야기할 수 있는 것이기 때문에 많은 국가에서 산업평화의 관점에서 특별한 분쟁해결제도가 마련되어 있다.

일본에서 실정법상으로는 노동관계조정법(1946년 법25)이 집단적 노사분쟁 가운데 쟁의행위가 발생하고 있거나 발생할 우려가 있는 것을 '노동쟁의'로 명명하고(6조), 그 해결을 위한 노동위원회의 조정절차(알선, 조정, 중재)를 규정하고 있다. 또한 「개별노동관계분쟁의 해결의 촉진에 관한 법률」(2001년 법112)(이하, '개별노동분쟁해결촉진법'으로 약칭)이 개별 노동분쟁을 넓게 정의한 '개별노동관계분쟁'이라는 개념을 세우고(1조), 이에 대한 노동행정기관에 의한 간이하고 신속한 분쟁해결의 절차를 규정하고 있다. 더 나아가 노동심판법(2004년 법 45)은 개별노동분쟁 가운데 민사소송의 전단계로서의 노동심판제도에 적합한 것을 '개별노동관계 민사분쟁'이라고 명명하여 이를 정의하고 있다(1조).①

① 노사분쟁의 특색

노동관계는 교섭력에서 우월한 사용자가 기업질서를 정립하여 근로자를 조직적이고 집단적으로 통제하는 관계가 되기 때문에, 노사분쟁은 근로자가 우월한 힘을 가진 사용자의 통제에 반항한다는 성격을 가지게 된다. 따라서 근로자 개인은 분쟁을 일으키기 어렵고(분쟁해결기관으로 가져가기 위해서는 대부분이 고용이 단절된 후의 분쟁으로, 고용계속 중의 분쟁은 적다), 분쟁을 일으키기 위해서는 대리나 중계의 지원이 필요하게 되는 경우가 많다. 이러한 근로자와 사용자의 관계를 대등하게 하기 위하여 제도화된 것이 단체적 노사관계로, 여기서 발생하는 것이 집단적 노사분쟁이다(단체적 노사관계에서는 고용계속 중에도 분쟁을 일으키기 쉽다). 집단적 노사분쟁은 필연적으로 집단적 성격을 띠지만, 순수한 개별노동분쟁이라고 해도 노동관계의 조직적 집단적인 통제의 구조 속에서는 기업의 질서나 인사제도 전체에 영향을 미칠 수 있게 된다.

또한, 노동관계를 둘러싸고는 최근 새로운 입법이나 법개정이 잇따르고 있고 노동법의 내용이 현저하게 복잡화되고 있지만, 근로자나 사업주(특히 중소영세기업의)는 그러한 노동법이나 인사제도에 대하여 충분한 지식을 가지고 있지 못한 것이 통례이다. 그래서 특히 개별노동분쟁에 대해서는 해당 고충이나 분쟁에 노동법을 적용한 경우의 권리관계의 상황을 설명하고 이해시키기 위한 상담기능이 매우 중요하게 된다. 그리고 근로자는 재력이 부족한 점이나, 가능한 한 빨리 분쟁을 종결시켜 재출발할 필요가 있는 점에서, 개별노동분쟁의 해결절차는 간이·신속·저렴한 것이 요구된다.

2. 노사분쟁해결제도의 양상

(1) 기업내에서의 분쟁의 예방 · 해결제도

노동관계에서는 이해대립이나 불만이 발생하는 것이 불가피하지만, 그것이 분쟁으로서 드러나기 전에 당사자간에 예방할 수 있으면, 분쟁해결에 따른 시간이나 비용의 면에서의 코스트를 회피할 수 있다. 또 실제로 분쟁이 발생한 경우에도 해당 노동관계를 숙지한 관계자에 의하여 기업내에서 공평하고 자주적인 해결을 도모할 수 있으면 그것이 바람직하다.[3]

노동조합과 사용자간의 단체적 노사관계에서는 단체교섭, 노사협의 등의 공식적인 교섭절차가, 이에 따른 비공식적 의사소통의 수단과 함께 분쟁(집단적 노사분쟁)의 예방이나 해결의 기능을 발휘한다. 또 공식 · 비공식의 교섭으로 해결할 수 없는 경우에 대비하여, 제3자에 의한 조정이나 중재의 구조를 설치하는 것도 가능하다.

개별노동분쟁에서 발전할 수 있는 근로자의 고충에 대해서도 해당 조합 내지 조직과 사용자간의 자주적인 해결 절차를 당사자간의 결정으로 제도화할 수 있다. 그 대표적인 것이 미국의 노동조합이 기업과의 단체협약에서 보급시킨 고충중재절차(grievance airitration)로, 조합의 조직률이 저하되는 가운데, 노동조합이 없는 기업에서도 비슷한 절차를 마련하는 곳이 늘어나고 있다.[4] 또 최근에 사장 직속으로 중립성과 비밀 준수를 취지로 하여 종업원의 고민이나 고충의 상담을 받고 비공식의 해결을 도모하는 사내 옴부즈퍼슨(corporate ombudspersons)의 제도도 기업이나 대학 등에서 채택되고 있다.[5]

(2) 공적기관에 의한 해결제도

노사분쟁이 기업내에서 해결되지 못한 경우에는 기업외의 분쟁해결제도에

---

3) 개별노동분쟁해결촉진법 및 노동관계조정법도 개별분쟁과 집단분쟁의 각각에 대하여 분쟁을 자주적으로 해결해야 할 노력의무를 당사자에게 부과하고 있다(각 2조).

4) 미국에서는 종업원의 해고, 레이오프, 징계, 임금, 근로시간 등등의 처우에 대하여 규칙을 설정하는 포괄적인 단체협약이 체결된 뒤에, 그 해석적용에 관한 고충에 대해서는 노사간에 몇 가지 단계의 교섭을 하고, 거기에서 합의할 수 없는 경우에는 어느 한 당사자가 전문적인 중재인에 의한 중재판단을 요구할 수 있다. 중재판단은 원칙적으로 양당사자를 구속하고 분쟁을 종결시킨다. 중재진의 보수 등의 비용은 조합과 사용자가 절반씩 부담한다.

5) 菅野, 「米国企業における苦情処理ADRと社内オンブズパーソン」, 花見古稀 · 労働関係法の国際的潮流, 147면.

맡겨지게 되는데, 그 중심이 되는 것이 행정이나 사법 등의 공적기관에 의한 분쟁해결제도이다. 한 나라의 공적인 노사분쟁해결제도의 전체적인 방법6)을 보면, ① 노사간의 권리분쟁에 대하여 특별한 법원으로서의 '노동법원'(노사실무가가 법관으로 참가하여 간이·신속한 해결절차를 제공하는 전문적인 법원)을 설치하여, 이를 그 나라의 노사분쟁해결제도의 중심에 두는 타입(전형적으로는 독일,7) 프랑스), ② 노동법원과 더불어 노사분쟁해결을 위한 간이·신속·유연한 특별한 행정서비스기관을 설치하고 양자를 병존 연계시키는 타입(전형적으로는 영국8)), ③ 노사의 권리분쟁은 원칙적으로 통상의 법원에 위임하면서, 집단적 노사분쟁이나 고용차별분쟁 등 특별한 입법정책(단체교섭의 조성, 고용차별의 철폐)을 둘러싼 분쟁에 대해서는 전문적인 행정기관을 설치하여 해당 정책의 운용을 담당하게 하는 타입(미국9)) 등이 있다.

3. 일본에서의 노사분쟁해결제도의 전체상

(1) 기업내에서의 노사분쟁의 방지·해결

기업별 노동조합을 가진 일본의 기업에서는 근로자에게 영향을 미치는 시책을 행하는 경우, 노사협의제에 의해 집단적인 이해 조정을 실시함으로써 상당 정도 분쟁을 예방해 온 것으로 보인다. 또 노동조합의 유무를 불문하고, 직장에서의 일상적인 불만이나 고충은 상사가 비공식적인(informal) 커뮤니케이션으로 흡수 내지 대처해 왔다.

기업내 분쟁의 사후적인 해결시스템으로서는 기업별 노동조합이 존재하는

---

6) 참고문헌으로서 毛塚勝利編, 個別労働紛争処理システムの国際比較.

7) 독일에서는 기업내에서 해결할 수 없는 노동관계의 권리분쟁은 각지의 노동법원(Arbeitsgerichts)에서 신속하게 해결을 도모하는 체제를 취하고 있다. 한편 노동보호입법의 행정감독기관은 기업에 대한 법준수의 감독에만 전념하고, 법위반에 관계되는 개별분쟁의 해결에는 관여하지 않는다.

8) 영국에서는 고용심판소(Employment Trubunals) 외에, 개별노동분쟁에 대하여 상담이나 알선을 하는 조언·알선·중재국(Advisory Conciliation and Arbitration Service: ACAS)이 존재한다. 고용심판소에 제기된 사건은 모두 일단 ACAS으로 이송되어 알선에 의한 해결이 도모되고, 알선이 주효하지 못한 사건만이 재차 고용심판소로 이송되어 고용심판소에서 심리가 이루어진다.

9) 미국의 연방 레벨에서는 전국노동관계법(National Labor Relations Act)의 단체교섭조성정책을 담당하는 기관으로서 전국노동관계위원회(National Labor Relations Board)가 있고, 동법 위반의 부당노동행위의 고발에 대하여 자주적 해결을 도모하고, 자주적 해결을 할 수 없는 경우에는 부당노동행위의 성립여부를 판정하여 명령을 내리고 있다. 또 인종, 피부색, 종교, 성, 출신국에 따른 차별을 금지하는 1964년의 공민권법 제7편(Civil Rights Act Title VII)의 정책을 실시하는 기관으로서의 고용기회균등위원회(Equal Employment Opportunities Commission)가 동법 위반의 제기에 대하여 조언·지도, 알선, 소송제기 등을 하고 있다. 이러한 특별입법에 의한 특별한 행정절차를 거칠 수 없는 개별노동분쟁은 연방이나 주의 통상의 법원에 맡겨진다.

기업을 중심으로 설치되어 있는 고충처리제도를 들 수 있다. 동 제도는 경영측의 위원과 조합측의 위원으로 구성된 고충처리위원회에서 근로자로부터 고충을 청취한 뒤 협의하여 결론을 내리는 것이 대표적인 것이지만, 공정하고 실효적인 해결절차라고 까지는 할 수 없는 경우가 많고, 실제로 사용되는 경우도 적다. 그래서 고충을 가진 근로자가 소속된 노동조합이 해당 고충의 해결을 도모하는 경우에는 고충처리제도의 유무에 관계없이 단체교섭을 통하게 되는 경우가 많다.

⑵ 노동관계분쟁의 공적 해결절차

〈가〉 행정기관   노동관계분쟁이 기업 내에서 해결되지 않는 경우나 또는 기업 내에서 해결하는 것이 적절하지 않는 경우에는 공적 기관에 의한 해결이 필요하다. 분쟁 일반에 대한 공적인 해결절차는 사법기관인 법원에 의한 것이지만, 노동관계분쟁에 관해서는 행정기관에 의한 해결서비스가 실제적으로 커다란 역할을 하고 있다.

우선 집단적 노사분쟁에 대해서는 종래부터 노동위원회라는 전문적 행정위원회가 보다 직접적인 분쟁해결기능을 제공해 왔다. 노동위원회는 노동관계조정법에 의하여 알선·조정·중재라고 하는 쟁의조정서비스를 제공함과 동시에, 노동조합법에 의해 동법 소정의 부당노동행위에 대한 판정과 구제를 하는 가운데, 화해나 명령을 통하여 해당 노사분쟁의 해결기능을 완수하고 있다.

다음으로 노동법규의 실시를 감독하는 행정기관이 사실상 분쟁해결기능을 하고 있는 경우도 적지 않다. 예를 들어 노동기준감독서는 노기법 등의 노동보호법규의 준수에 관한 감독과 단속을 책임지고 있지만, 노사분쟁이 노기법 등의 위반을 둘러싼 것으로 노동기준감독서에 대한 위반신고를 동반하는 경우에는 벌칙을 배경으로 하는 행정지도를 통하여 사용자에게 법위반을 시정하게 함으로써 결과적으로 분쟁의 해결을 실현하는 경우가 있다.[10]

2001년의 개별노동분쟁해결촉진법(2001년 법112)은 ① 후생노동성의 지방행정기관인 도도부현 노동국(종합노동상담코너)에서의 상담·정보제공, ② 도도부현 노동국장에 의한 조언·지도, ③ 분쟁조정위원회에 의한 알선으로 이루어진 개별노동분쟁해결시스템을 창설하였다. 또한 동법이 ④ 각 지방공공단체로 상

---

10) 권한에는 차이가 있지만 고용기회균등법이나 노동자파견법·직업안정법의 위반을 소관하는 도도부현 노동국도 비슷한 기능을 하고 있다.

담·정보제공·알선 등에 의하여 개별분쟁의 해결을 추진하도록 노력하기로 규정하였기에 대부분의 도도부현이 노정주관부국이나 노동위원회에서 개별노동분쟁의 상담이나 알선을 행하도록 되어 있다.

(나) 법 원   법원은 종전부터 권리분쟁으로서의 노사분쟁을 최종적으로 해결하는 궁극의 공적기관이다. 법원에서의 노사분쟁해결절차로서는 종전부터 민사소송절차와 그 보전절차로서의 가처분절차가 있다. 법원은 이러한 절차에서의 권리의무의 판정 등을 통하여 해당 분쟁을 처리할 뿐만 아니라, 노동법의 해석·적용을 통하여 판례법리를 형성하여 일본의 고용·노사관계에 큰 영향을 끼쳐왔다.[11]

그 후 2004년 4월, 사법제도개혁의 일환으로서 법관과 노사전문가가 합의체(노동심판위원회)를 구성하여 개별노동분쟁에 대하여 원칙적으로 3회 이내의 기일에서 조정과 그것이 주효하지 못한 경우의 심판을 실시하는 노동심판절차가, 노동심판법(2004년 법45)의 제정으로 제도화되어 2006년부터 시행되고 있다. 개별노동분쟁에 적합한 간이·신속한 전문적 해결절차가 법원에서 발족되어 이용이 증가하고 있다.

그 외 소액소송절차나 민사조정절차도 개별노동분쟁의 해결에 이용되고 있다.

(3) 그 외 기업외 노사분쟁해결제도

이 외에도 기업의 틀을 초월한 중간단체에 의한 분쟁해결시스템도 존재한다. 예를 들어 노동단체, 변호사그룹, 사회보험노무사회 등이 행하는 상담이나 조정서비스[12]가 있고, 또한 노동관계분쟁에 한정되지는 않지만 중재센터를 설치하여 중재 등에 통하여 분쟁해결서비스를 제공하고 있는 변호사회도 있다.②

② **사적 중재와 노동관계분쟁**

법률관계 당사자가 당해 관계로부터 발생하였거나 또는 발생할 가능성이 있는 분쟁을 양당사자가 사전 또는 사후의 합의(중재계약)에 따라 중재를 통하여 해결하는 제도(사적 중재)에 대해서는「공시최고절차 및 중재절차에 관한 법률」(1890년 법률29)이 중재판단에 대하여 확정판결과 동일한 효력을 부여하는 등, 그 절차에 관한 규정을 두고 있었다. 그러나 사적 중재제도는 일본에 있어서는 국제상사중재 등에 한정된 분야를 제외하고는 그다지 발달하지 못했으며, 노동관계에 있어서도 전문직업인으로서의 중재인이 존재하지 않은 것도 있고 하여 거의 이용되지 않았다. 2001년 6월에 사법제도개혁심의회 의견서는 향후 발전을 도모해야 할 ADR(재판을 대신할 분쟁해결절차)의 한 주요한 형태로서의 사적 중재를 평가한 후, 새롭게

---

11) 菅野,「労使紛争と裁判所の役割」, 曹時, 52권 7호, 1957면 참조.
12) 1996년에 발족한 효고(兵庫)노사상담센터와 같이, 지방의 노사단체(지방연합과 지방경영자협회)가 공동으로 운영하는 경우도 있다.

중재법제를 정비하도록 제언하고 있다. 이러한 제언에 따라 사법제도개혁추진사무국에 중재 검토회가 설치되어 새로운 중재법의 구상이 추진되어, 2003년 7월 25일에 성립되었다(2003년 법 138. 2004년 3월 1일 시행).

　　새로운 중재법에 있어서는 중재계약의 의의·방식, 중재인의 자격·선정 절차, 중재기관의 권한, 바람직한 중재절차, 중재판단의 효력과 집행 등에 걸쳐서 법규정이 정비되고 있다. 노동관계분쟁에 관한 중재계약도 장래에는 새로운 중재법제의 적용 하에 들어가게 될 예정이지만, 분쟁이 개시하기 전(예를 들어 채용시)에 체결된 중재계약에 그대로 효력을 인정하는 것은 노사간의 교섭력의 불균형 등의 관점에서 검토해야 할 문제점이 있다고 지적되었다. 따라서 당분간은 분쟁발생 후의 중재계약만이 동 법제 하에서 유효하며, 사전의 중재계약에 대해서는 전문적 검토가 이루어질 때까지 당분간은 무효로 하도록 되어 있다(부칙 4조).

제 2 절　전후의 노사분쟁과 그 해결제도의 변천

　　일본에서의 제2차 세계대전 이후부터 오늘날까지의 노사분쟁의 변천을 보면, 1980년대까지는 집단적 노사분쟁(이익분쟁) 중심의 시대가 계속되었지만, 1990년대 초반의 거품경제의 붕괴를 계기로 하여 개별노동분쟁(권리분쟁)의 시대로 전환이 이루어졌고, 그 이후 개별노동분쟁은 일관되게 증가하는 경향이다. 이러한 노사분쟁의 구조적인 변화에 대응하여 전후 노동법제에서의 노사분쟁해결제도도 크게 재편성되었다.

1. 1980년대까지: 집단적 노사분쟁(노동위원회) 중심의 시대

　　1980년대까지는 개별노동분쟁은 적고, 노사분쟁이라고 하면 노동조합과 기업간의 집단적 노사분쟁이 중심이었다. 분쟁해결제도로서도 전후 노동법제 중에서 집단적 노사분쟁해결의 전문기관으로서 설치된 노동위원회에 의한, 노동쟁의의 조정절차와 부당노동행위의 구제절차가 중심이었다.

(1) 노동쟁의의 추이

　　[그림 1]은 1947년부터 오늘날까지의 쟁의행위(파업 등)를 동반한 노동쟁의의 건수의 추이를 막대그래프로 나타내고, 그러한 노동쟁의에 의한 노동손실일수를 꺾은 선 그래프로 나타낸 것이다.

　　(가) 노사대결 대쟁의 시대　　1960년대 중반까지는 노동쟁의건수는 그다지 많지는 않았지만, 노동쟁의에 의한 노동손실일수가 높은 수준에 있었다. 전후

많은 산업·기업에서 결성된 노동조합이 패전으로 인하여 궁핍한 생활을 하는 가운데, 경영측의 전쟁책임을 추급하면서 '생활할 수 있는 임금'을 요구하고 생산관리 등의 과격한 쟁의행위를 하였다. 또 1948~49년의 악성 인플레이션 억제의 과감한 조치나, 1952년의 한국전쟁이 끝난 후의 불황시에는 대기업에서의 대량인원정리가 다수 실시되어 노동조합은 여기에 격렬하게 저항하였다. 노사대결 대쟁의13)는 사양화된 석탄산업에서의 대량구조조정을 둘러싸고 무기한 파업과 로크아웃이 약 1년간 이루어진 미츠이 미이케(三井三池) 대쟁의③에서 정점에 달했다. 각 쟁의가 대규모이며 장기의 쟁의행위가 심각한 시대였다.

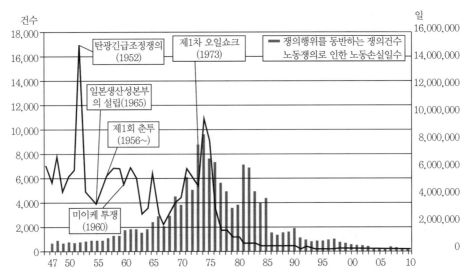

주: 반일 이상의 동맹파업 및 작업장 폐쇄로 인한 노동손실일수의 합계.
　　표 속의 사건에 대해서는 高梨昌, 変わる春鬪－歷史的総括と展望, 日本労働機構를 참조.
자료출처: 厚生労働省, 「労働争議統計調査」
[그림 1] 노동쟁의건수와 노동손실일수의 추이

(나) **춘투투쟁의 시대**　　다음으로 1960년대 중반부터 1980년대 중반까지는 1973년경 및 1981년경을 피크로 노동쟁의건수의 고조를 보였다. 노동손실일수

---

13) 이러한 노사대결 대쟁의의 전형적인 패턴은 ①~④와 같은 경과를 밟는다. ① 노동조합의 '생활할 수 있는 임금'요구나 대량해고반대를 둘러싸고 치열한 노사대결이 발생한다. ② 기업과 조합간의 단체교섭은 정면에서 대립한 채 결렬되고, 조합은 조직을 앞세워 무기한 장기파업에 돌입하고 조합원 집단으로 직장을 점거하여 기업측의 생산을 저지하지만, 결국 장기파업에 따른 임금상실에 견딜 수 없었던 조합원이 대량으로 파업한 조합에서 탈퇴한다. ③ 기업은 탈퇴자를 생산수행을 위해 동원하고, 조합원 집단을 돌파하여 생산을 재개한다. ④ 조합은 노동위원회에 알선을 신청하고 위원회의 알선안에 의하여 쟁의를 수습한다.

도 1973년경까지는 쟁의건수의 고조에 더불어 증가했지만, 1970년대 중반부터는 급속하게 감소하고, 1970년대 후반부터 80년대 중반에는 쟁의건수는 높은 수준이지만 노동손실일수는 낮은 수준인 상황이 되었다.

보다 상세한 내용은 1960년대 중반부터 고도경제성장이 본격화되고 노조운동도 생산성 향상에 협력하여 기업수익의 파이를 크게 한 뒤, 그 배분에 맡기는 노선이 주류가 되었다. 이리하여 노사대결의 대쟁의는 거의 발생하지 않고, 이를 대신하여 고도경제성장의 성과를 사회전체에 배분하는 '춘투'가 발전되어, 그러한 가운데에서의 임금인상쟁의가 전형적인 노사분쟁이 되었다. 공공부문에서도 1966년에 쟁의행위금지에 대하여 합헌적인 한정해석을 한 최고법원 판결이 나왔고, 또 국철, 우정 등의 조합이 춘투에서 소바(相場: 근로조건의 기준)를 확정하는 역할을 담당하기에 이르러서 쟁의행위가 활발하게 이루어지게 되었다. 1960년대 후반부터 1970년대 중반 이후의 춘투에서는 산업간·산업내의 임금인상 교섭을 연계시키기 위한 교섭스케줄에 따라, 철강, 전기, 자동차 등의 기간금속산업에서의 교섭=파업이 실시되어, 최종단계에서 사철총련(私鉄総連)과 공노협(公労協)이 협력한 '교통 총파업(general strike)'이 실시되었다. 특히 제1차 석유위기(1973년) 직후에는 노사는 해고이외의 방법으로 구조조정을 하는 수법을 확립하여 치열한 노사대결은 회피하였지만, 한편으로 노동조합은 물가앙등을 되찾기 위하여 대부분의 파업에서 춘투를 활성화시켜 대폭적인 임금인상을 획득하였다. 그러나 그 후에는 민간노사는 임금인상을 자숙하여 고용을 지킨다는 사회계약노선을 선택하였다. 이리하여 대부분의 춘투 임금인상 교섭은 기업노사의 자치 속에서 결착되게 되고, 파업은 단기화되고 또한 건수도 감소했다. 공공부문에서도 최고법원이 1973년~77년에 쟁의행위 금지를 전면적으로 합헌으로 하는 판례 변경을 실시하고, 한편으로 공노협의 1975년 11월 26일부터 12월 3일까지의 8일간에 걸친 '파업권 파업'이 실패로 끝나 위법파업은 종식되어 갔다.

(다) 노동쟁의의 감소   이리하여 1980년대 중반 이후, 노동쟁의 건수는 급속하게 감소하여 90년대부터는 낮은 수준을 유지하게 되었다. 최대의 요인은 앞에서 언급한 것처럼 생산성 3원칙에 다른 노사관계의 운영으로서, 노사협의 절차가 발전하고 또 해고에 의하지 않는 구조조정방법이 확립되었기 때문이다.

③ 미츠이미이케(三井三池) 대쟁의
석탄산업은 전후의 경제 부흥의 담당자였지만, 1950년대 말에는 석유로 주요한 에너지의

전환이 시작되어 생산축소의 길을 걷게 되었다. 각지의 탄광에서는 대량의 인원정리가 실시되었는데, 탄광근로자의 산업별 노동조합(탄노)은 당시에 가장 전투적인 조합으로서 이에 격렬하게 저항했다. 특히 큐슈(九州)의 미츠이 광산 미이케 광업소에서의 대량인원정리(1,278명의 지명해고)에 대해서는 미츠이 미이케 노조가 무기한 파업을 내세우고, 기업측은 광업소의 로크아웃으로 대항하였다. 총평(総評)은 산하의 노동조합에 대하여 동원체제를 취하고 또 생활비 지원의 자금모금운동을 대대적으로 실시하였다. 한편 재계도 미츠이광산회사를 일제히 지원하여, 미츠이 미이케 투쟁은 '총자본 대 총노동'의 대결로 불리었다. 그러나 파업개시 4개월째에 파업이탈집단이 다른 노동조합을 결성하여 파업조합 피켓대원과 충돌하면서 입갱을 강행하여 쌍방에서 다수의 부상자가 나왔지만 생산은 재개되었다. 이에 대하여 파업조합은 지원노조원과 함께 저탄시설을 점거하고 석탄 출하를 저지했다. 그래서 회사측은 방해배제 등의 가처분명령을 법원으로부터 받았는데, 파업조합은 저탄시설의 점거(피켓)를 풀지 않았다. 이리하여 약 2만 명의 노조원과 약 1만 명의 경찰대의 충돌이 우려되는 사태가 되었는데, 중노위가 노동조합의 알선신청에 응하여 필사적으로 알선정책을 실시하였다. 결국 약 1년간에 걸친 대쟁의는 중노위의 제3차 알선안을 쌍방이 받아들여 종결되었다.

(2) 노동위원회에서의 집단적 노사분쟁의 추이

전후, 집단적 노사분쟁의 전문적 기관으로서 창설된 노동위원회가 다루었던 쟁의조정 계류건수와 부당노동행위구제 신규신청건수의 추이는 [그림 2]와 같다.

(가) 노동쟁의의 조정건수　　　노동위원회는 1960년대 중반까지 일어났던 노사대결 대쟁의의 대부분에 대하여, 노동관계조정법(1946년 법 25)에 근거하여 알선이나 조정을 실시하여 노동조합과 기업간의 합의를 달성하여 쟁의를 해결하였다. 또한 그 후 활발했던 춘투 임금인상쟁의도 사철파업은 중노위에서, 국철=

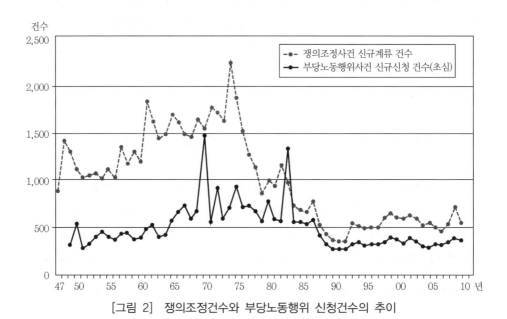

[그림 2] 쟁의조정건수와 부당노동행위 신청건수의 추이

공노협 파업은 공노위(공공기업체 등 노동위원회)에서 각각 대체로 노조법(勞調法)에 따른 알선과 공노법(공공기업체 등 노동관계법)에 따른 조정·중재로 해결되었다.

이리하여 노동위원회에서의 쟁의조정 계류건수는 1960년대부터 70년대 후반까지는 연간 1,500건을 넘어, 1974년에는 2,249건에 달했다. 그러나 노사협의제의 발전으로 기업노사는 현안 사항을 자율적으로 해결하는 관행을 확립하여 제3자 기관의 조력을 필요로 하지 않았다. 이러한 것의 상징으로서 사철노사의 춘투 임금인상교섭이 1977년부터 중노위의 알선신청을 거치지 않고 자주적으로 해결되게 되었다. 이리하여 70년대 후반 이후, 노동위원회에서의 쟁의조정건수는 급속하게 감소하여 90년대 초에는 300건대로까지 감소했다.

(나) **부당노동행위분쟁**   실제로는 부당노동행위(노조 7조)의 구제신청사건은 집단적 노사분쟁의 한 형태로, 노동위원회는 3자 구성의 특색을 살려 많은 사건에서 노사 당자사간의 화해를 달성하고, 달성할 수 없는 사건은 부당노동행위의 성립여부를 판정하여 분쟁의 해결과 그에 따른 노사관계의 정상화를 도모하고 있다.

1960년대에는 주요 기업에서의 노동조합의 주된 세력이 노사대결파에서 노사협력파로 교체되었지만, 이 과정에서는 '노사의 계급대립'을 표방하는 전투적 조합에 대한 와해·약체화 공작이 경영측에 의하여 활발하게 이루어져, 노동위원회에 대한 다수의 구제신청이 이루어졌다. 이리하여 부당노동행위 신청건수는 1960년대 후반부터는 연간 500건을 넘게 되었다.

그 후, 민간의 기업별 노사관계는 노사협력노선으로 안정화되었지만, 그래도 1980년대까지는 상기의 노동조합의 세력교체 과정에서 소수노조로 전락한 노사대결파 조합과 사용자간의 부당노동행위를 둘러싼 심각한 분쟁이 일부의 대기업에서 존속되었다. 이러한 소수노조의 대부분은 노사협력노선을 취하는 다수파 노동조합과의 관계에서 경영측에 의하여 조합원의 임금인상·일시금·승격 등에서 차별적 취급을 계속 받고, 또 자주적 교섭 그 자체를 거부당했다. 이러한 노동조합은 계속적인 차별적 취급에 대하여 70년대부터 80년대 전반에 걸쳐 노동위원회로 다수의 구제신청을 하였다. 노동위원회에서는 오랜 시간의 노사 대립을 배경으로 한 수많은 조합원에 대한 계속적인 임금인상·일시금·승격의 차별이 쟁점이 되었기 때문에, 심리가 난항하여 장기화되었다.

노동조합 병존상황에서의 전투적인 소수노조에 관계되는 분쟁의 가장 심각한 문제는 국철의 분할민영화(1987년) 과정에서의 국노(國勞)조합원에 대한 대량의 채용·배속차별 등의 사건으로, 1987년에서 15~16년간에 걸쳐 전국의 노동위원회에 사백 수십 건의 부당노동행위 구제신청이 이루어졌다. 이러한 사건도 복잡한 사실관계를 둘러싼 어려운 법적 문제에 관한 것이고, 게다가 노사대립이 격렬했기 때문에 화해가 곤란하여 심리는 장기화되었다.[14)]

그러나 1990년대 말에는 그러한 소수조합 분쟁도 극히 일부의 기업에 한하게 되고, 노동위원회로의 부당노동행위 신청건수는 300건 정도로까지 감소했다.

2. 1990년대 이후: 개별노동분쟁 중심의 시대

(1) 1980년대까지의 개별노동분쟁

개별노동분쟁으로 관심을 돌리면, 노동관계 민사소송은 1980년대까지는 지방법원 신규수리 사건이 가처분과 통상소송을 합쳐 연간 1,000건 정도에 불과했다([그림 3]).[15)] 일본에서는 1980년대까지는 장기고용시스템을 기반으로 하여 고용·노사관계가 안정되고, 기업공동체 중에서 직장의 중간관리자나 기업별 노동조합을 가진 분쟁방지기능(통제기능)이 유효하게 작용하여 분쟁 그 자체가 적었다고 보인다. 또한 최근에는 노동문제의 연원이 되고 있는 비정규근로자도 장기고용시스템의 구성요소로서 계속 존재해왔지만, 그 비율은 1980년대 중반에 15% 정도, 90년대 후분까지는 20% 정도로, '주부 파트타임', 학생 아르바이트, 문자그대로의 프리터, 정년퇴직 후의 촉탁 등의 자발적 선택자가 대다수였

---

14) 각 지노위는 국철의 새로운 회사 채용명부작성에서의 국노조합원에 대한 차별을 인정하고, JR신회사에 대하여 채용차별을 시정해야 한다는 구제명령을 잇따라 내렸고, 중노위도 재심사에서 일괄 화해에 실패한 후, 각 지노위의 판단을 시인하는 명령을 내렸다. 그러나 중노위의 명령은 지방법원과 고등법원에서 국철개혁법에서는 국철이 행한 차별에 대하여 새로운 회사는 책임을 지지 않는 구조로 되어 있다고 하여 잇따라 취소되었고, 최고법원은 2003년에 중노위의 상고를 3대 2의 근소한 차이로 물리치는 판단을 내렸다. 그 후 2006~2008년에는 중노위에서 후속 관련사건중의 백 몇 건에 관한 화해가 성립되었다. 채용차별사건 그 자체에 대해서도 2000년의 4당 합의와 2009년의 정권교체 후의 여당 3당과 공명당의 합의로, 1,047명의 구제신청자에 대한 해결금 및 관계단체에 대한 가산금의 지불과, 55세 미만의 자 약 200명의 JR각사 등에 대한 고용요청을 내용으로 하는 정치적 해결이 2010년 5월에 성취되었다. 실로 23년 이상의 세월을 거친 최종 결착이었다.

15) 선진국에서는 노동사건이 법원으로 와서 해결되는 것이 분쟁해결의 대표적 유형으로 되어 왔는데, 이와 비교하면 일본의 법원에서의 노동사건은 국제적으로 이상하게 적은 건수였다. 예를 들면, 미국에서는 2006년도에 연방지방법원에서 개시된 고용관련 민사소송건수는 약 24만 4,000건, 영국에서는 2005~2006년에 고용심판소(Employment Tribunal)에 제기된 사건수는 약 11만 5,000건, 독일에서는 2005년도에 노동법원(Arbeitsgericht)에 수리된 사건수는 약 52만 3,500건, 프랑스에서는 2004년에 노동심판소(Conseil de prud'hommes)에 수리된 사건수는 약 15만 6,400건이었다. JILPT・企業内紛争処理システムの整備支援に関する調査研究・中間報告書, 労働政策研究報告書 2007 No.86, 125면, 156면, 285면, 320면.

다고 보인다. 발생한 분쟁도, 접근이 나쁘고 시간과 비용이 드는 법원의 절차를 회피하여 노동기준감독서 등의 노동행정기관에 노동상담이나 법위반의 신고를 하는 형태로 가져오는 경우가 많고, 이러한 기관이 사실상 분쟁해결기능을 완수해 왔다고 추측된다.

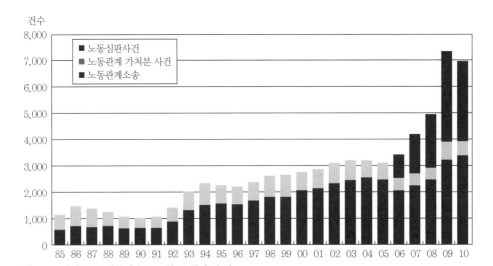

주) 2006년의 노동심판건수는 4월~2월의 수치.
자료출처: 最高裁判所事務總局行政局,「労働関係民事・行政事件の概要」, 各年の法曹時報.

[그림 3] 지방법원 신규수리건수의 추이(노동관계소송, 노동관계가처분, 노동심판)

(2) 개별노동분쟁의 증가

그러나 1990년대가 되자 상황이 일변한다. 1990년대 초반의 거품경제 붕괴 후의 장기경제침체 속에서 기업은 대규모의 구조조정을 수행하여 고용정세는 악화되었다. 특히 90년대 후반부터는 기업은 인원삭감, 사업 재구축, 기업 재편성을 반복하고, 또 다양한 형태로 임금인하를 실시하거나 연봉제, 업적상여, 직무등급제 등의 성과주의적 임금・인사제도를 도입하였다. 이러한 고용정세의 악화나 인사관리의 변화를 배경으로 감소된 집단적 노사분쟁을 대신하여, 90년대부터 개별노동분쟁이 현저하게 증가하는 경향을 보이고 있다.

먼저, [그림 3]과 같이, 노동관계의 민사소송사건은 1992년부터 증가해서 1997년에는 2,600건대에 이르게 되었다.[16] 그 이상으로 성황하게 된 것은 노동

---

16) 민사소송 전체에서도 같은 시기에는 지방법원 연간 신규수리 사건이 약 12만 건에서 18만 건으로 약 1.5배로 증가했지만, 노동관계 민사소송은 그 이상인 2.6배의 증가율이었다. 노동관계 민사소송의 내용으로서는 통상소송에서는 임금・제수당・퇴직금 청구가 3분의 2, 해고・고용중지

행정기관으로, 도도부현의 노정사무소는 해고·고용중지, 근로조건 인하 등에 대하여 종전부터 전화·면접 등에 의한 노동상담을 실시하였는데, 이러한 상담이 1996년에는 전국에서 10만 건을 넘었다.17) 이러한 지방자치제의 상담·알선 서비스의 성황에 새로운 행정 니즈를 발견한 노동성은 1998년의 노동기준법 개정으로 노동기준감독서에서 개별노동분쟁의 상담과 조언·지도를 행할 수 있도록 하였고,18) 노동기준감독서도 마찬가지로 성황을 보였다.

또 본래 집단적 노사분쟁의 해결기관인 노동위원회에서도 쟁의조정사건이나 부당노동행위사건 중에, 해고·고용중지 등의 개별노동분쟁이 집단적 노사분쟁으로 가장하여 제기되는 경우가 많아졌다.④

④ '실질적 개별노동분쟁'

　　노동위원회에서는 기업별 노동조합이 존재하지 않는 중소기업에서 해고나 고용중지를 당한(당할 것 같은) 근로자가 합동노조나 커뮤니티 유니온에 직접 가입하고, 해당 노동조합이 해당 기업에 대하여 해고·고용중지의 철회나 보상금요구를 하여 단체교섭을 신청하고, 교섭이나 요구를 거부당하면 바로 노동위원회에 노동쟁의 알선신청이나 부당노동행위(단체교섭거부)의 구제를 제기하는 사건이 증가했다. 이러한 종류의 사건에서 노동위원회에 요구되는 것은 단체교섭의 실현과 원활화라기보다는 해고·고용중지의 철회나 보상금의 지불로, 이를 위한 노사합의의 달성이다. 이러한 종류의 '실질적 개별노동분쟁'은 1990년대에 증가하여 노동위원회에서의 쟁의알선사건이나 부당노동행위사건의 3～4할을 차지하게 되었다.

(3) 개별노동분쟁 해결제도의 정비

이러한 개별노동분쟁의 증가경향에 대응하여 이러한 분쟁을 신속하고 적정하게 해결하기 위한 전문적인 공적구조를 정비하는 것이 큰 정책과제가 되었다.19)

(가) 행정의 전문적 서비스의 수립　　가장 먼저 실시된 2001년의 개별노동분쟁해결촉진법(2001년 법 112)에 의한 노동행정기관의 전문적 서비스의 수립이다. 이 법률에 따라 국가와 도도부현의 쌍방에서의 개별노동분쟁해결에 관한 서비스가 정비되었다.

국가에서는 후생노동성의 지방행정기관인 도도부현 노동국(전국 약 300개소의 종합노동상담코너)에서의 원스톱 서비스로서의 종합노동상담과 개별노동상담에

등 노동관계의 종료를 다투는 것이 2할, 가처분에서는 해고·고용중지 등 노동관계의 종료를 다투는 것이 3분의 2였다.

17) 가장 이용이 활발한 도쿄도의 노정사무소에서는 연간 5만 건을 넘고, 그 중 약 1,500건에 간이 알선 서비스가 실시되었다.

18) 규정으로서는 도도부현 노동국장이 개별노동분쟁에 대하여 조언·지도를 할 수 있다는 것이었다.

19) 菅野,「新たな労使紛争処理システム」, ジュリ 1275호, 6면 이하.

대한 조언·지도 및 알선이 제도화되어 같은 해부터 실시되고 있다. 이 서비스는 실시가 되자 일찍부터 성황을 보여 연간 110만건을 넘는 종합노동상담이 이루어졌고(그 중 민사소송이 23~24만건), 7,000~8,000건에 대하여 조언·지도, 알선이 이루어졌다.

　　(나) 사법의 전문적 절차의 수립　　　증가하는 개별노동분쟁을 해결하기 위한 행정서비스의 정비에 계속하여 사법의 장에서도 전문적 절차가 수립되기에 이르렀다. 그것이 사법제도개혁의 일환으로서 실시된 2004년의 노동심판법(2004년 법 45)의 제정으로, 동법에 근거하여 2006년도부터 지방법원에서 개별노동분쟁에 대하여 법관(노동심판관)과 노사의 실무가(노동심판원) 각 1명씩 3명으로 구성된 노동심판위원회가 원칙적으로 3회 이내의 기일로 권리관계를 심리한 뒤 조정에 따른 해결을 시도하고, 그러한 시도가 주효하지 못한 경우에는 권리관계에 근거하여 사안의 실정에 입각한 해결을 심판으로 제시한다는 '노동심판절차'가 실시되고 있다. 노동심판절차도 개별노동분쟁에 전문적이고 간이신속한 해결절차로서, 도입 당초부터 활발히 이용되어, [그림 3]과 같이 연간 약 3,500건으로 수리건수가 늘어났다. 노동심판절차의 성공으로, 법원이 근로자에게 보다 가까운 기관이 되었기 때문인지, 노동관계의 권리분쟁에 관한 가처분, 통상소송도 증가하고 있다. 2009년도에는 지방법원의 신규수리 사건 수는 노동심판, 가처분, 통상소송을 합쳐 7,000건을 넘어, 1980년대까지의 1,000건 정도와 비교하면 현저하게 증가하였다.

제 2 장

행정에 의한 노동관계분쟁의 해결절차

제 1 절   도도부현 노동국에 의한 개별노동분쟁의 처리서비스

1. 개별노동분쟁해결촉진법

(1) 법제정의 경위

일본의 노동법제는 집단분쟁에 대하여 노동위원회에 의한 쟁의조정과 부당노동행위 구제제도를 두고 있지만, 개별노동분쟁에 대하여는 법률상 특별한 분쟁해결시스템을 두고 있지 않다.

그러나 이미 논했듯이 최근에 와서 집단분쟁이 감소하고 있는 반면에 개별분쟁이 증가하는 경향을 보이고 있다. 따라서 새로운 개별분쟁해결시스템에 대한 제도설계가 대상으로 되어,[1] 노동위원회에 의한 조정절차의 제도화나 간이법원에서의 고용관계조정의 도입 등 여러 가지 제도가 제안되었다. 그러한 가운데 후생노동성은 지방분권일괄법의 성립으로 조직재편에 따라 탄생한 도도부현 노동국에서 개별노동분쟁 전반에 대하여 조정을 실시하는 위원회를 설치하는 구상을 하게 되었다.

이리하여 2001년 10월에 제정된 개별노동분쟁해결촉진법(2001년 법112)은 국가가 도도부현 노동국에서의 상담·정보제공 및 동 국장에 의한 조언·지도 및 새로이 설치되는 분쟁조정위원회에 의한 알선을 하도록 하는 한편, 지방공공단체에서도 도도부현 노동위원회 등에 의하여 개별노동분쟁의 알선 등의 서비스를 실시할 수 있는 '복선형 서비스'의 시스템이 채택되게 되었다.[2]

---

1) 1998년 労使関係法研究会報告書, 「我が国における労使紛争の解決と労働委員会制度の在り方に関する報告」 등을 참조.

2) 또한 고용기회균등법상의 분쟁에 대해서는 종전처럼 도도부현 노동국장의 조언·지도·권고

(2) 제도의 대상

이렇게 제정된 개별노동분쟁해결촉진법은 모집·채용에 관한 분쟁을 포함하여 근로조건과 기타 노동관계에 관한 사항에 대하여 개별적 근로자(구직자)와 사용자 간의 분쟁('개별노동관계분쟁')을 대상으로 하며, 조정에 의하여 보다 신속하고 공정한 해결이 되도록 하는 것이다(1조). 이처럼 본법의 적용대상으로 되는 것은 개별 근로자와 사업주간의 개별적 관계에 관하여 발생하는 분쟁이다. 따라서 근로자의 가족이나 상속인, 혹은 노동조합은 근로자측 당사자가 될 수 없다. 또 사용자측 당사자도 노기법 10조에서 말하는 '사용자' 전반을 말하는 것이 아니라, 사업주에 한정된다.[3] 다만, 모집·채용시의 분쟁도 포함된다고 되어 있는 점이 하나의 특색이다.

2. 노동국에 의한 상담·조언 지도

(1) 종합노동상담

개별노동관계의 당사자(근로자와 중소기업사업주)는 복잡하게 된 노동법규나 판례법리의 지식을 충분히 가지고 있지 못한 것이 일반적이기 때문에, 개별노동관계에 관한 고충·불만이나 분쟁에 대하여 우선은 폭넓게 상담에 응하여 해당 당사자의 권리관계의 상황을 정리하고, 그 해결을 위한 법적 수단(절차)을 설명하는 공적 서비스를 정비하는 것이 긴요하게 된다. 그러한 원스톱 서비스의 상담은 개별노동분쟁에 대하여 법의 원칙(권리관계)에 따른 해결을 도모하기 위해서 가장 필요한 것으로, 그에 따라 개별노동관계의 고충·불만의 상당수를 해결하는 것을 기대할 수 있다.

그래서 개별노동관계분쟁촉진법에서는 도도부현 노동국장은 개별노동관계분쟁의 예방과 자주적인 해결을 촉진하기 위하여, 근로자와 사업주 등에 대하여 정보의 제공, 상담, 기타 원조를 행하는 것으로 되어 있다(3조). 이는 전국 47개의 도도부현의 현청 소재지에 있는 도도부현 노동국 및 전국 300개소 이상의 노동기준감독서에 설치된 종합노동상담코너에서 기업의 인사노무관리의 실무가[4]를 상담원에 위촉하고, 상시 전화 또는 면접으로 실시하는 '종합노동상담'이다.

제도가 적용되지만, 기회균등조정위원회는 분쟁조정위원회로 개조되었다.
 3) 厚生労働省大臣官房地方課労働紛争処理業務室編, 個別労働紛争解決促進法, 102면 이하.
 4) 실제로는 기업의 인사노무의 OB, 사회보험노무사, 조합간부OB 등이다.

매년 종합노동상담 코너에는 약 111만 건의 상담이 쇄도되지만, 그 중 약 6
할이 근로자로부터의 상담이다. 근로자의 상담가운데, 임금·시간외 휴일근로수
당·해고예고수당의 미지급 등의 노동기준법 위반의 조건은 위반신고사건으로
서 노동기준감독관에 의하여 처리된다. 거기에서는 감독관은 벌칙을 배경으로
한 행정지도로 미지급 임금·수당을 지불하게 한다는 사실상의 분쟁해결기능을
완수하고 있다. 그 외의 상담 중에서 노동관계의 권리의무에 관한 민사사건(개
별노동분쟁)에 해당되는 분쟁은 2008년 이후 23~25만 건 정도이다.[5]

1 종합노동상담의 기능

종합노동상담의 실제 기능은 ① 전국의 다수의 상담코너에 전문 상담원을 배치하고, 상
시 폭넓게 노동관계의 상담을 접수하고 상담자의 질문이나 안건에 대하여 노동법의 법적 상
황을 설명하는 것(상설 전국적 상담서비스), ② 상담안건 가운데, 노동기준법 위반의 안건은
즉시 노동기준감독관에게 송부하여 위반신고안건으로서 처리시키는 것(노동기준감독행정으로
의 중개), ③ 상담안건 가운데 민사소송의 성격을 가진 것에 대해서는 노동국에서의 조언·
지도, 알선도 포함한 다른 분쟁해결절차는 교시하는 것(분쟁의 교통정리), ④ 노동국의 알선
이용을 희망하는 상담자에 대해서는 알선에서는 무엇을 어떠한 근거로 청구해야 하는 가 등
을 교시하는 것(노동국 알선의 유리한 대처) 등이다. 이 외, 상담원은 비교적 단단한 민사노
동분쟁에 대해서는 스스로 다음의 (2)의 조언·지도를 행하는 경우(간이한 분쟁해결기능)도
있다. 종합노동상담은 이렇게 개별노동분쟁의 해결을 위해서 다면적인 기능을 영위하는 전국
적인 원스톱 서비스(one-stop servive)로, 일본의 개별노동분쟁 해결제도 가운데 가장 기본
적인 위치를 차지한다.

(2) 도도부현 노동국장의 조언·지도

도도부현 노동국장은 개별노동관계분쟁에 대하여 당사자 일방 또는 쌍방이
분쟁해결을 위하여 원조를 요청하는 경우에는 필요한 조언 또는 지도를 할 수
가 있다(개분 4조 1항). 조언·지도를 하기 위한 필요가 있는 경우, 도도부현 노
동국장은 산업사회의 실정에 정통한 노동문제 전문가의 의견을 청취하는 것으
로 되어 있다(동조 2항). 사업주는 이러한 분쟁해결의 원조를 요구한 것을 이유
로 근로자에게 해고, 그 외의 불이익 취급을 해서는 안 된다(개분 4조 3항).

실제로는 조언·지도는 종합노동상담에 제기된 개별노동분쟁에 대하여 노동
국에서의 간이·신속한 해결을 요구하는 상담자를 위해 실시하는 절차의 하나
로, 종합노동상담의 상담원 또는 노동국의 직원이 상대방(기업)을 호출하여 사
정청취를 한 뒤, 노동법제에 따른 해결안을 구두로 조언 또는 지도(대부분은 조
언)함으로써 이루어진다. 2011년도에는 9,590건의 조언·지도를 요구한 신청이

---

5) 2013년도에는 약 111만 건의 종합노동상담이 쇄도하였고, 25만 6,343건의 민사상의 개별노
동분쟁이 포함되어 있다.

있었으며, 그 대부분은 1개월 이내에 처리되었다. 조언·지도는 해고·고용중지·퇴직강요 등의 고용종료형 분쟁에 대해서도 이용되지만, 고용계속 중의 괴롭힘·따돌림의 시정 등의 고용계속형 분쟁에 자주 이용된다.

또한 고용기회균등법, 파트타임노동법(이하 '단시노'라고 약칭) 및 육아개호휴업법 하에서의 분쟁에 대해서는 개별노동분쟁해결촉진법이 정하는 도도부현 노동국장의 조언·지도의 규정은 적용되지 않고(고균 16조, 단시노 20조, 육개 52조3), 그러한 법률이 스스로 분쟁 당사자의 요구가 있는 경우의 도도부현 노동국장에 의한 조언·지도·권고의 권한을 규정하고 있다(권고까지 가능하다는 것이 특징. 고균 17조, 단시노 21조, 육개 52조의4).② 그 외 법원에서 계류 중이거나 또는 확정판결이 나와 있는 분쟁 등은 조언·지도의 필요성이 없는 것으로 판단된다.

> ② **고용기회균등법상의 일반적 권한**
> 고용기회균등법에서는 상기와 같은 분쟁 당사자의 요구가 있는 경우, 도도부현 노동국장의 조언·지도·권고의 권한과는 별도로 후생노동대신은 이 법률의 시행에 관하여 필요가 있다고 인정할 때에는, 사업주에 대하여 보고를 요구하거나, 조언·지도·권고를 할 수 있다(29조 1항). 이러한 후생노동대신의 권한은 근로자에 의한 상담이나 원조의 요청유무에 상관없이 행사할 수 있고, 또는 당해 사업주와의 사이에서 발생하는 특정 분쟁에 대해서뿐만 아니라, 당해 기업의 고용관리 일반에 대하여도 행사할 수 있다(그래서 일반적 지도권한이라고 부른다). 실제로는 이 권한은 실제로 도도부현 노동국장에게 위임되어, 노동국장이 이를 행사한다(동조 2항). 차별규제규정(5조~7조·9조 1항~3항) 및 사업주가 강구해야 할 조치(11조~13조)에 위반하고 있는 사업주에 대해서는 이 권한행사로서 시정권고가 이루어지고, 사업주가 이를 따르지 않는 경우에는 후생노동대신의 명으로 해당 위반과 권고불복종의 공표를 할 수 있다(30조).

3. 분쟁조정위원회에 의한 알선

(1) 분쟁조정위원회로의 알선 위촉

개별노동분쟁해결촉진법은 당사자 일방 또는 쌍방으로부터 알선 신청이 있는 경우에, 도도부현 노동국장이 필요하다고 인정하는 경우에는 각 노동국에 설치되어(6조 1항) 학식경험자로부터 후생노동대신이 임명하는 위원(비상근으로 임기 2년) 3명 이상으로 조직되는(7조, 8조) 분쟁조정위원회에 개별노동관계분쟁의 알선을 하도록 하고 있다(5조). 대상으로 되는 분쟁의 범위는 앞에서 언급한 개별노동관계분쟁(모집·채용에 관한 분쟁은 제외)이지만, 고용기회균등법, 파트타임노동법 및 육아개호휴업법상의 분쟁에 대해서는 이러한 법률이 정하는

분쟁조정위원회에 의한 조정제도가 이용된다(고균 18조, 단시노 22조, 육개 52조의 5).③④⑤

③ 고용기회균등법상의 조정(調停)

도도부현 노동국장은 모집·채용에 관한 분쟁을 제외하고 고용기회균등법의 차별금지규정 및 사업주가 강구해야 할 조치에 관한 분쟁에 대하여 관계 당사자의 일방 또는 쌍방으로부터 조정신청이 있을 경우, 당해 분쟁을 해결하기 위하여 필요하다고 인정되는 경우에는 분쟁조정위원회로 하여금 조정을 하도록 할 수가 있다(18조). 종전에는 당사자 일방의 조정신청에 대해서는 당사자의 상대방이 이에 동의하지 않으면 조정에 부치지 못하도록 되어 있었으나, 1997년의 개정(1997년 법92)으로 당사자의 상대방이 동의를 하지 않더라도 조정을 개시할 수 있도록 하였다. 조정은 분쟁조정위원회(위원회)의 위원 중에서 미리 지명된 3명의 조정위원에 의하여 이루어진다(19조). 위원회는 조정을 위해 필요하다고 인정될 때에는 관계 당사자 등의 출두를 요구하여 그 의견을 청취할 수 있다(20조. 2006년 법82에서 추가). 위원회는 조정안을 작성하여 관계 당사자로 하여금 이를 수락하도록 권고할 수 있다(22조). 사업주는 조정신청을 한 것을 이유로 해당 근로자에게 해고, 그 외 불이익 취급을 해서는 안 된다(18조 2항).

④ 파트타임노동법상의 조정

파트타임노동법이 단시간 근로자를 위해서 설정한 근로조건에 관한 문서교부 등의 의무(6조 1항), 차별적 취급의 금지(8조 1항), 교육훈련에 관한 조치의무(10조 1항), 복리후생시설에 관한 배려의무(11조), 통상근로자로의 전환 조치의무(12조 1항), 대우의 결정에 관한 설명의무(13조)에 대해서는 도도부현 노동국장은 이러한 행위규범에 관한 분쟁에 대하여 당사자 쌍방 또는 일방으로부터 조정신청이 있는 경우에 해당 분쟁의 해결이 필요하다고 인정될 경우에는 개별노동분쟁해결촉진법에서 정하는 분쟁조정위원회에 조정을 하게 한다(22조 1항). 사업주는 고용하는 단시간근로자가 도도부현 노동국장에게 분쟁해결원조의 신청을 한 것 또는 조정신청을 한 것을 이유로 하여 해당 근로자에게 해고, 그 외 불이익 취급을 해서는 안 된다(21조 2항, 22조 2항). 이러한 분쟁조정위원회에 의한 조정에 부칠 수 있는 분쟁에 대해서는 개별노동분쟁해결촉진법에서의 조언·지도나 알선절차는 적용되지 않는다(20조). 그리고 그 조정절차에 대해서는 고용기회균등법의 조정에 관한 규정이 준용된다(23조).

⑤ 육아개호휴업법상의 조정

도도부현 노동국장은 육아휴업, 개호휴업, 자녀의 간호휴가, 개호휴가, 소정시간외 근로의 제한, 시간외근로의 제한, 심야업의 제한, 소정근로시간의 단축 등, 육아 또는 돌봄(개호)에 종사하는 근로자를 위해서 사업주에게 의무화된 조치에 대한 분쟁에 관하여 분쟁당사자의 쌍방 또는 일방으로부터 조정신청이 있는 경우에 해당분쟁의 해결을 위해서 필요가 있다고 인정될 경우에는 개별노동분쟁해결촉진법에서 정하는 분쟁조정위원회(동법 6조 1항)로 하여금 조정을 하게 한다(육개 52조의 5 제1항). 사업주는 조정신청을 한 것을 이유로 해당 당사자에게 해고, 그 외 불이익 취급을 해서는 안 된다(동 52조의 4 제2항). 이 조정의 절차에 대해서는 고용기회균등법상의 조정에 관한 절차규정의 대부분이 준용된다(동 52조의 6). 2009년의 육아개호휴업법의 개정(2009년 법65)으로 마련된 조정제도이다.

(2) 알선절차

알선은 알선위원이 당사자 사이에서 위치하여 대화를 촉진하는 것을 목적으로 하는 비공개 조정절차(출석은 강제하지 않음)로, 제도상으로는 조정안의 수락 요구에 중점을 두고 있는 조정에 비해 당사자의 자주성에 중점을 두고 있다는 점에서 그 특색이 있다(후술하는 알선안의 제시도 당사자에게 합의에 대한 방향성을 제시하기 위한 것이다).

알선절차는 당사자의 쌍방이나 일방으로부터 신청이 있는 경우, 도도부현 노동국장이 필요성을 인정하여(알선을 하기가 부적당한 사안(시행규칙 5조 2항)은 제외) 분쟁조정위원회에게 알선을 위임함으로써 개시된다. 이에 따라서 분쟁조정위원회의 회장은 알선위원 3명(시행규칙 7조 1항에 의하여, 3명 중 1명이 알선절차의 일부를 담당할 수 있다)을 지명하면, 알선위원은 당사자 등으로부터 사정을 청취하고 쌍방이 주장하는 요점을 확인하고 실정에 맞게끔 사건이 해결되도록 노력한다(12조 2항).

알선위원은 필요에 따라 참고인으로부터 의견청취 등을 하는 외에, 사건의 해결에 필요한 알선안을 전원일치로 작성하여 당사자에게 제시할 수가 있다(13조. 노사관계대표로부터 의견을 청취할 수도 있다(14조)). 당사자 쌍방이 알선안을 요구하는 경우(시행규칙 9조 1항) 등이 사건해결에 알선안이 필요한 경우에 해당한다. 알선안에 입각하여 당사자 사이에 합의가 성립한 경우에는 통상 민법상의 화해계약으로 간주된다.

알선위원은 필요에 따라 참고인으로부터의 의견청취 등을 하는 등, 사건의 해결에 필요한 알선안을 작성하여 당사자에게 제시할 수 있다(13조. 관계노사의 대표로부터 의견을 청취할 수도 있다. 14조). 당사자 쌍방이 알선안의 제시를 요구한 경우(시행규칙 9조 1항) 등이, 사건의 해결에 알선안이 필요한 경우에 해당된다. 알선안에 따라 당사자간에 합의가 성립된 경우에는 통상적으로 민법상의 화해계약으로서 취급된다.

분쟁이 해결될 가능성이 없는 경우(시행규칙 12조)에는 알선위원은 절차를 중단할 수가 있다(51조). 알선이 중단된 경우, 당해 알선을 신청한 자가 그러한 취지의 통지를 받고 나서 30일 이내에 그 대상이 된 청구에 대하여 소송을 제기한 때에는, 시효중단과의 관계로(민 147조) 알선을 신청한 시점에서 소송을 제기한 것으로 간주된다(법 16조). 사업주는 알선을 신청한 것을 이유로 근로자에 대해 해고 등의 불리한 취급을 해서는 아니 된다(5조 2항).[6]

[6] **노동국 알선의 실제**
노동국에서의 알선은 실제는 종합노동상담에 계기된 개별노동분쟁 가운데, 상담자가 노동

국에서의 간이·신속한 해결을 희망하는 경우의 조언·지도와 병행하는 절차로서 기능하고 있으며(근로자와 기업이 변호사를 동반하는 경우는 없다), 2011년도에는 6,510건의 신청이 있었다. 알선은 노동국이 사전에 선정한 분쟁조정위원(변호사나 학자가 많다) 중 1명이 알선원이 되어 행하고, 사무국 직원이 보좌한다. 이 절차의 최초의 단계는 노동국이 상대방 기업에 알선신청이 있었음을 통지하고 출석하도록 요청하는 것인데, 출석을 강제할 수는 없다(상대방 기업이 출석을 거부하는 사례는 전체의 4할 정도이다). 노동국은 이러한 경우에는 출석하지 않는 이유를 서면으로 제출하도록 만들고, 이를 신청자에게 교부하여 노동심판절차 등 다른 이용가능한 절차를 알리면서 절차를 종료한다. 출석하는 경우에는 일반적으로 신청 후 1~2개월 이내에 개최되는 1회(2~3시간)의 기일로 알선작업이 이루어지고, 출석한 사건의 7할 정도는 화해가 성립하고 있다. 합의가 성립되지 못한 경우에는 다른 이용가능한 절차를 알려줌으로써 절차를 종료한다. 노동국 알선은 대부분 해고·고용중지·퇴직강요 등의 고용종료형 분쟁에 대하여 신속한 금전적 해결을 도모하는 절차로서 이용되고 있다.

제 2 절   노동위원회에 의한 노동관계분쟁의 해결절차

제 1 관   노동위원회

1. 총   설

노동위원회제도는 1945년의 구 노동조합법(1945년 법51)의 법안을 답신한 노무법제심의위원회에서, 민간대표로 민주적으로 구성된 독립성을 가진 노동행정기관을 설치하여 노동관계의 민주화에 이바지한다는 구상에서 만들어진 것이다. 구 노조법 하에서는 노동조합의 결성 및 정당한 활동에 대한 불이익취급의 처벌청구와, 다음 해에 제정된 노동관계조정법(1946년 법25)에 의한 노동분쟁의 조정을 주요한 임무로 삼고 있었으나, 그 외 근로조건의 개선에 관한 건의도 임무로 하고 있다. 그러나 1949년에 노동조합법이 개정(1949년 법174)됨에 따라 불이익 취급의 벌칙에 의한 금지가 부당노동행위의 행정구제제도로 개편 조직되어 그 구제절차와 노동쟁의의 조정(그 외 노동조합의 자격심사 등)을 담당하는 기관으로 특화되었다.

노동위원회는 이러한 노동관계조정법상의 쟁의조정과 노조법상의 부당노동행위 구제를 담당함으로써, 집단적 노사관계의 전문적인 분쟁해결기관으로서의 역할을 해왔다. 특히 2차 대전 후의 혼란기부터 부흥기에 걸쳐 빈번히 발생한 격렬한 노동쟁의의 조정, 고도경제성장기의 춘투 임금인상분쟁의 조정, 민간 노사관계의 세력교체기에 빈번하게 발생한 부당노동행위 분쟁의 조정·판정, 국철 JR 각사에 대한 분할민영화 과정에서의 부당노동행위 분쟁의 판정 등에서 중요한 역할을 해왔다. 제도적으로는 그 사이에, 3공사의 민영화에 따른 '공공기업체 등 노동위원회'(공노위)의 '국영기업노동위원회'(국노위)로의 개편 조직, 그리고 중노위로의 통합이 실시되었다.⑦

　　그 후, 노동위원회제도에 대해서는 협력적 노사관계의 진전으로 집단적 노사분쟁이 감소하고, 쟁의조정과 부당노동행위 구제 쌍방에서 사건수가 감소했다. 동시에 사정차별사건과 JR관계사건 등, 사건이 복잡하고 곤란해져 부당노동행위사건의 처리기간의 장기화와 행정소송의 높은 취소율이 문제시되는 상황이 되었다. 한편, 개별노동분쟁의 증가에 대응하여 노사분쟁해결제도 재편성의 움직임이 진전되고 또 국가의 사법제도 전반에 대해서도 대규모 개혁에 대한 움직임이 보이기 시작했다. 이러한 움직임에 유도되어 노동위원회제도에 대해서도 전국노동위원회연락협의회, 후생노동성 그리고 사법제도개혁추진본부에서 주로 부당노동행위 심사의 신속화와 정확화의 관점에서 개혁 검토가 이루어져 2004년 11월에 노동위원회의 부당노동행위 심사제도이 신속화와 정확화를 위해 대폭적인 개혁을 시도하는 노조법 개정(2004년 법140)이 성립되었다(2005년 1월 1일 시행).6)

　⑦ **국노위의 중노위로의 통합**
　　종전의 3공사(일본 국유철도, 일본 전신전화공사, 일본 전매공사)와 5현업(우편, 국유임야, 인쇄, 조폐, 알코올 전매)의 노동관계에 대해서는 '공공기업체노동관계법'이 있고, 동법으로 '공공기업체 등 노동위원회'(공노위)가 설치되었다. 그러나 3공사의 민영화에 따라 동법은 1987년 4월부터 국영기업(1982년에 민영화된 알코올 전매를 제외한 4현업)의 노동관계만을 대상으로 하는 '국영기업노동관계법'이 되어, 공노위도 '국영기업노동위원회'(국노위)로 개편 조직되었다(1986년 법93). 그리고 국노위도 1988년 9월에는 중노위로 통합되어 폐지되었다(1988년 법82). 또 국영기업노동관계법은 일련의 행정개혁의 흐름 속에서 2001년 1월에는 '국영기업 및 특정독립행정법인의 노동관계에 관한 법률'(1999년 법104)로 개칭되었고, 또한 2003년 4월부터는 '특정독립행정법인 등의 노동관계에 관한 법률'(2002년 법98)로 개칭되었다. 그 후 2012년의 국유임야관리경영법의 개정으로 국유임야사업이 일반 회계화되어 동법은 '특정독립행정법인의 노동관계에 관한 법률'로 개정되었다(2012년 법42).

2. 노동위원회의 종류

　　현행법상 주된 노동위원회는 노조법에 규정되어 있는 중앙노동위원회(중노

────────────
6) 菅野,「新たな労使紛争処理システム」, ジュリ 1275호, 6면 이하 참조.

위)와 도도부현 노동위원회(도도부현노위)이다(노조 19조 2항). 중노위는 전국에 하나이며, 후생노동대신의 관할이다(동 19조의 2 제1항, 국행조 3조 2항, 4항, 별표 1). 도도부현노위는 도도부현 지사관할기관으로 각 도도부현에 설치되어 있다(노조 19조의 12 제1항, 지방자치 180조의 5 제2항).⑧⑨

---

⑧ **지노위의 도도부현노위로의 개칭**

　　종래의 각 도도부현에 설치된 노동위원회는 '지방노동위원회'(지노위)로 총칭되어, 이에 '당해 도도부현의 이름을 붙인다'고 되어 있었다. 그러나 지방분권화를 위해 1999년 지방자치법 개정(1999년 법87)에서, 지노위의 사무가 도도부현 고유의 자치사무로 되었기 때문에, 자치사무 담당자에게 적합한 기관으로 삼기 위한 재검토가 현안이 되었다. 이리하여 2004년의 노조법 개정(2004년 법140)시에는 지노위의 명칭을 '도도부현노동위원회'(도도부현노위)로 개칭하여 여기에 부분적인 규칙제정권을 부여하고, 중노위의 일반적 지시권을 권고·원조의 권한으로 하는 개정 등이 실시되었다.

⑨ **선원노동위원회의 폐지**

　　선원법의 적용을 받는 선원의 노동관계에 대해서는 노조법에 의하여 운수대신(그 후 국토교통대신) 관할의 선원노동위원회(선원중앙노동위원회 및 국토교통성의 각 해운국의 관할구역마다 합계 11개의 선원지방노동위원회)가 설치되어 있었는데(노조 구 19조 2항, 구 19조의 13 제1항, 노조령 구 29조 1항), 선원에 관한 부당노동행위사건이나 노동쟁의조정사건이 적어져, 이에 대하여 독자적인 노동위원회를 설치하지 않기로 하고 중앙노동위원회 및 도도부현노동위원회의 관할에 포함시키기로 하고 선원노동위원회는 폐지되었다(2008년의 노조법 개정, 2008년 법 26). 또한 지금까지 선원노동위원회가 담당하고 있던 선원법이 노동기준법 등의 조사·심의나 선원의 근로조건에 관한 건의 기능은 국토교통성의 교통정책심의회 등의 권한으로 되었다(선원 110조).

---

3. 노동위원회의 구성

(1) 3자 구성

　노조법상 노동위원회는 사용자를 대표하는 자(사용자위원), 근로자를 대표하는 자(근로자위원) 및 공익을 대표하는 자(공익위원) 각 같은 수로 조직된다(노조 19조의 3, 19조의 12 제2항). 이른바 3자 구성이다. 3자 구성의 이유는 노동위원회가 다루는 노사분쟁에서 공·노·사 위원이 각각 전문적 식견으로 공익 및 노사이익을 적절하게 조화시키는 것을 기대한 점, 그리고 노사위원이 노사당사자와의 사이를 중재하여 자주적 해결을 촉진할 것을 기대한 점에 있다고 해석된다. 이 3자 구성에 따라 노동위원회는 독자의 전문기관인 성격을 가진다.[7]⑩

---

7) 3자 구성의 의의에 대해서는 塚本, 11면.

⑩ **3자구성제의 연원**

일본 노동법에서 3자 구성제를 처음으로 규정한 것은 1926년의 노동쟁의조정법(1926년 법57)이라고 생각된다. 그 법에서는 노동쟁의가 발생할 때에 설치되는 노동위원회는 해당 쟁의의 각 당사자가 3명씩의 위원을 선임한 뒤, 이러한 위원이 쟁의에 직접적인 이해관계를 가지지 않는 자 3명을 선임(선임할 수 없을 때에는 행정관청이 선임)함으로써 합계 9명으로 구성되었다. 즉, 동법에서는 조정위원회는 노동쟁의마다 설치되고, 각 당사자의 이익대표자와 이해관계가 없는 중립위원으로 구성되었다. 당사자의 이익대표자를 조정위원회에 포함시킨 것은 당사자간의 이해대립이 격렬한 쟁의에서는 위원회와 당사자와의 의사소통의 어려움이 예상되어 이를 원활하게 행하기 위해서는 당사자의 의견을 대변하는 자를 위원회 속에 포함시키는 쪽이 좋다고 생각했기 때문이 아닐까?

1945년의 구 노동조합법(1945년 법51)은 '사용자를 대표하는 자, 근로자를 대표하는 자 및 제3자 각 동수로 노동위원회를 설치'하기로 하고, '사용자를 대표하는 자는 사용자단체의 추천에 근거로 하고, 근로자를 대표하는 자는 노동조합의 추천에 근거로 하고, 제3자는 사용자를 대표하는 자 및 근로자를 대표하는 자의 동의를 얻어 행정관청이 이를 위촉한다'고 하였다. 이리하여 노사단체의 추천에 근거하여 임명된 노사위원과 이들 위원의 동의를 얻어 임명된 중립위원으로 구성된 상설위원회, 라는 현재의 3자 구성제가 출발하였다.

다만, 노사위원의 역할에서 보면, 동법에서는 노동위원회는 ① 노동조합의 자격인정, 규약의 변경명령, 법령위반·안녕질서문란의 노동조합에 대한 해산명령, 등의 노동조합의 국가적 단속에 대한 관여, ② 단체협약에 대한 일반적 구속력의 부여, ③ 불이익취급·황견계약의 금지위반에 대한 처벌청구,④ 노동쟁의의 예방 및 해결, ⑤ 근로조건의 개선에 관한 건의, ⑥ 노동사정의 조사라는 폭넓은 임무를 담당하고 있다. 그리고 이러한 임무 수행에 대하여 노사위원과 중립위원과의 역할을 구별하지 않았다. 즉, 구 노조법에서는 노사위원은 중립위원과 함께 분쟁의 조정자로서의 역할, 법적용의 판정자로서의 역할, 노동정책의 심의자로서의 역할을 담당하고 있었다. 그리고 심각한 노동쟁의가 잇따르는 가운데, 다음해 인 1946년 9월에는 노동관계조정법(1946년 법25)이 공포되어 노동위원회에 의한 노동쟁의조정절차가 재빨리 정비되었기 때문에 노사위원의 주요한 역할은 노동쟁의의 조정자가 되었다.

(2) 위원의 임명

위원의 임명은 중노위에 대해서는 내각총리대신, 도도부현노위에 대해서는 도도부현 지사에 의해 이루어진다(중노위의 공익위원에 대해서는 양 의원의 동의도 필요하다)(노조 19조의 3 제2항, 19조의 12 제3항). 그러나 이 임명은 사용자위원에 대해서는 사용자단체의 추천에 근거하고, 근로자위원에 대해서는 노동조합의 추천에 근거하여 이루어지고,⑪ 또한 공익위원에 대해서는 사용자위원 및 근로자위원의 동의를 얻어 이루어진다(노조법의 위의 각 규정).8) 공익위원의 임명에 노사위원의 동의가 요구되는 것은 일본 노동위원회제도의 하나의 특색이고, 공익위원의 중립성 확보의 수단을 노사에게 부여하고 있다는 의미를 갖는다.9)

---

8) 공익위원의 임명은 그 후보자의 명부를 노사위원에게 제시하고, 그들 위원(관례로서 그 전원)의 동의를 얻은 자 중에서 선출된다(노조 19조의 3 제2항, 노조령 21조 2항).

9) 공노사위원의 임명과정에 대해서는 大和田敢太, 「労働委員会委員の選任制度の実態と課題」, 甲南法学 50권 4호, 117면 이하가 있다.

각 노동위원회에는 회의업무를 총괄하기 위하여 회장을 둘 수 있다. 회장은 위원이 공익위원 중에서 선거로 선출한다. 또 회장이 그 직무를 수행할 수 없을 때에 회장의 직무를 대행하는 회장대리도 동일한 방법으로 선출된다(이상 노조 19조의 9, 19조의 12 6항).

⑪ 노사위원의 임명과 추천제

노동조합 또는 사용자 단체에 의한 근로자위원 또는 사용자위원의 추천에 대해서는 관계 노동조합이나 또는 사용자단체 사이에 조정이 이루어지며, 노사위원의 정수만큼 추천이 이루어지는 것이 통례인데, 이 조정이 난항을 겪어 법률문제가 되는 경우가 있을 수 있다. 먼저 후보자를 정수로 줄이는 조정이 이루어지지 않아 정수를 충족할 수 있는 추천이 이루어지지 않은 경우에는, 임명권자는 추천받지 않은 자를 노사위원으로 임명할 수 있는지의 문제가 발생한다. 이에 대해서는 노동위원회의 3자 구성의 취지와 구 노조법하에서 존재한 직권위촉제도의 폐지 경위(労使関係法研究会報告書, 労使関係法運用の実情及び問題点(4), 350면 참조)를 함께 고려하면, 현 노조법하에서는 추천된 자 중에서의 선임이 노사위원임명의 절대적 요건이 된다고 해석되므로, 추천이 이루어지지 않은 경우에는 관계단체의 양식에 기대하여 그 추천을 기다리는 수밖에 없다고 생각할 수 있다(또한 노조 19조의 5 제3항 참조).

다음으로 위의 조정이 이루어지지 않고 관계단체에 의해 정수 이상의 후보자가 추천된 경우에는, 그 중에서 누구를 선임할지는 실체법상으로는 임명권자의 건전한 재량에 맡겨지고 있는 것으로, 그 판단은 실제상의 당부의 문제를 발생하게 하는 데 지나지 않는다고 생각된다. 판례(大阪府地労委事件 — 大阪高判 昭58. 10. 27, 労民 34권 5＝6호, 874면; 千葉地労委事件 — 千葉地判 平8. 12. 25, 労判 710호, 28면; 東京地労委事件 — 東京地判 平10. 1. 29, 労判 731호, 6면; 福岡地労委事件 — 福岡地判 平15. 7. 18, 労判 859호, 5면; 中労委事件 — 東京高判 平19. 12. 5, 判例集未登載)는 근로자위원의 추천권한은 특정 노동조합의 이익을 위해서가 아니라 근로자 일반의 이익(내지 이 이익과 연결된 노위제도의 적정한 운영이라는 공익)을 위해서 인정된 것이고, 또한 임명권자는 추천된 자 중 누구를 선정하는가에 대해 자유로운 재량을 가지므로, 자기가 추천한 후보자가 선임되지 않은 노동조합은 다른 후보자의 임명처분취소를 요구하는 원고적격을 가지지 못하며 재량권 남용의 손해배상청구도 이유가 없다고 판시하고 있다(비판적 견해로서는 阿部泰隆, 「労働委員会委員人事に対する司法審査」, 法時 55권 10호, 66면; 西谷, 210면. 위의 福岡地労委事件 판결은 임명권자의 재량권 일탈을 긍정하면서 구체적 손해의 발생은 없다고 하여 국가배상청구도 기각하였다.).

(3) 임기・대우・신분보장

위원의 임기는 2년이다. 보결위원은 전임자의 남은 임기 동안 재임한다. 위원은 재임할 수 있다. 위원의 임기가 만료된 대에는 해당 위원은 후임자가 임명될 때까지 계속하여 재임한다(이상 19조의 5, 19조의 12 제6항).

위원은 일반직 내지 특별직 공무원이다(중노위의 공익위원과 도도부현노위의 위원은 특별직이며 중노위의 노사위원은 일반직, 국공 2조 3항 9호, 지공 3조 3항 2호). 그리고 별도로 법률로 정하는 바에 의해 봉급, 수당, 그 밖의 급여를 받으며, 정령이 정하는 바에 의해 그 직무를 수행하기 위해 필요한 비용의 변상을 받는다(노조 19조의 8, 19조의 12 제6항, 노조령 23조, 24조 참조). 위원(혹은 위원이었던 자)에게는 직무상의 비밀유지의무가 부과된다(노조 23조, 29조).

임명권자는 노동위원회의 위원이 심신의 문제로 직무집행을 할 수 없다고 인정한 때 또는 위원에게 직무상 의무위반, 그 밖의 위원으로서 적절하지 않은 비행이 있다고 인정할 때에는 양 의원의 동의(중노위의 공익위원의 경우) 또는 노동위원회의 동의를 얻어 그 위원을 파면할 수 있다(노조 19조의 7 제2항, 19조의 12 제6항).

노동위원회의 위원(특히 공익위원)은 별도의 직업을 가지고 있는 자(아울러 행정직 공무원이 아닌 자, 이른바 민간인) 중에서 선출되는 비상근제가 채택되고 있다(구 노조 19조의 3 제6항, 구 19조의 12 제4항. 단 중노위의 공익위원 중 2인 이내는 상근으로 할 수 있다고 되어 있었지만(현행 노조 19조의 3 제6항 단서) 현실로는 임명되고 있지 못하다). 비상근제는 노사관계의 식견을 가지는 인재를 넓게 민간에서 구할 수 있고, 또 공익위원이 그 지위에 집착하지 않으므로 노사당사자에 대해 중립성을 지키기 쉽다는 장점이 있다. 그러나 시간적 제약 때문에 사건처리에 전념하기 어려운 단점도 있다. 2004년의 노조법 개정(2004년 법140)을 계기로 중노위에서는 심사촉진을 위해 2명 이내의 상근공익위원이 임명되었고, 도도부현노위에서도 2명의 상근위원을 조례의 규정에 따라 둘 수 있게 되었다(노조 19조의 3 제6항 단서, 19조의 12 제6항). 종래 중노위 및 지노위의 공익위원 중, 7～8할은 변호사 및 대학교수이고 또 지노위의 회장의 6～7할이 변호사이다.

⑷ 사 무 국

노동위원회에는 그 사무를 처리하기 위해 사무국을 두고 국장 이하 직원이 배치된다. 직원의 임명은 후생노동대신(중노위) 또는 각 도도부현 지사(도도부현노위)에 의해 이루어지는데, 그에 대해서는 회장의 동의가 필요하다(노조 19조의 11 제1항, 19조의 12 제6항). 위원이 대부분 비상근인 경우도 있어 노동위원회의 임무수행에 대한 사무국의 역할은 매우 크다. 그래서 사무국 직원의 숙련도를 높이는 것이 위원을 뽑는 것 못지않게 중요하다(또한 사무국 직원에게도 직무상의 비밀유지의무가 부과된다(노조 23조, 29조)).

4. 노동위원회의 권한

노동위원회는 독립 행정위원회이고(국행조 3조 2항, 4항, 지방자치 138조의 4 제1항, 180조의 5 제2항, 202조의 2 제3항), 노조법 및 노조법(勞調法)에서 규정하는 권한을 독립하여 실시한다(노조령 16조). 즉 그것은 관할기관인 후생노동대신이나 도도부현 지사의 지휘명령을 받지 않고 독립적으로 권한을 행사한다. 노동위원회의 임무는 노사간의 분쟁에 대해 공평한 입장에서 그 자주적 해결을 촉진하거나 노사관계의 원칙을 강제하거나 하는데 있으므로 관련 권한행사의 독립성을 보장한 것이다.

노동위원회의 권한으로서는 다음의 것이 있다. 이들 중 자격심사, 부당노동행위심사 및 중노위 재심사의 각 권한은 증거에 의한 사실인정과 인정된 사실에 대한 법률적용이라는 작용을 포함하므로 준사법적 성격을 가진다.

(1) 노동조합의 자격심사

노동조합이 노조법상 그 정의(2조) 및 규약의 필요기재사항(5조 2항)을 충족시키고 있는가의 여부를 심사하고 판정하는 권한이다(동 5조 1항, 20조). 이 처분에는 공익위원만이 참여한다(동 24조). 이 자격심사는 노동조합이 법인등기를 받아(동 11조) 부당노동행위의 구제를 받기 위한 경우(동 27조의 12) 등을 위해 필요하다. 자격심사의 의의 및 절차에 대해서는 전술한 바와 같다.

(2) 부당노동행위의 심사와 구제

노동위원회의 가장 중요한 권한의 하나가 근로자 또는 노동조합의 신청을 받아 사용자의 부당노동행위(노조 7조)의 성립여부를 심사하고 구제명령과 기각명령을 발하는 권한이다(동 27조 이하, 20조). 이 권한은 공익위원이 담당하지만, 사용자위원 및 근로자위원은 조사, 심사 및 화해를 권고하는 절차에 참여하고, 또 증인 등 출두명령, 물건제출명령 및 구제·기각명령을 내릴 때에 의견을 말할 수 있다(동 24조).

실제로는 부당노동행위사건도 화해로 해결하는 경우가 많고, 화해의 성취에는 노사위원이 중요한 역할을 맡는다. 그래서 동 사건의 절차도 공익위원회의 합의과정을 제외하고는 통상적으로 공·노·사 3자 위원이 일체가 되어 함께 담당한다.

(3) 노동쟁의의 조정

노동위원회의 또 하나의 주요한 권한으로서는 노조법(勞調法)에 근거한 노동쟁의의 조정, 즉 알선, 조정, 중재권한이 있다(노조 20조). 이러한 조정절차는 노동위원회(그 회장·총회)가 임명 또는 설치하는 알선인, 조정위원회 혹은 중재위원회에 의해 수행된다.

(4) 단체협약의 확장적용 결의

지역적인 일반적 구속력의 신청(노조 18조)이 있을 때에는 노동위원회는 그 신청을 수용해야할지 여부를 심사하여 수용해야 한다고 판정될 때에는 그 취지의 결의를 한다(동 18조, 20조. 관할에 대해서는 노조령 15조).

(5) 강제권한

노동위원회는 그 사무를 실시하기 위해 필요가 있다고 인정될 때에는 사용자 또는 그 단체, 노동조합, 그 밖의 관계자에 대해 출두, 보고의 제출 혹은 필요한 장부서류의 제출을 요구하거나 또는 위원 혹은 노동위원회의 직원에게 관계공장 사업장에 임검하여 업무상황 혹은 장부서류, 그 밖의 물건을 검사하게 할 수 있다(노조 22조). 이러한 출두, 보고, 서류제출 또는 검사를 거부하거나 허위보고 또는 검사를 방해를 한 자는 30만엔 이하의 벌금에 처하게 된다(동 30조).

이 강제권한은 총회의 결의사항이기도 하고, 종래 조정절차 및 부당노동행위 심사절차에서 여러 차례 발동되었을 뿐으로, 특히 근래에는 발동한 사례가 보이지 않는다. 예를 들어 조합원에 대한 임금 및 승격상의 대량차별이 제기된 사건에 있어서는 사용자가 제출하려하지 않는 인사고과자료에 대해 노동위원회가 강제권한을 발동하여 제출을 강제해야 한다고 주장되는 경우가 있는데, 노동위원회는 그러한 강권발동을 피하는 대신 대량관찰방식 등 입증상의 테크닉을 이용하여 인사고과자료가 제출되지 않음으로 인한 심사상의 장애에 대처하고 있다.[10][12][13]

2004년의 노조법 개정(2004년 법140)에서는 부당노동행위의 심사를 위해, 공익위원회의 결의로 행사할 수 있는 증인 등 출두명령 및 물건제출명령이 마련되었다(동 27조의 7 제1항~4항).

---

10) 권한활용을 요구하는 주장으로서 宮里邦雄, 勞働委員会, 43면 이하.

(6) 개별노동분쟁의 조정

1999년의 지방자치법 개정(1999년 법87)으로 지방노동위원회의 사무가 자치사무로 된 점, 또 2001년의 개별노동분쟁해결촉진법(2001년 법112)에서 지방공공단체가 개별분쟁의 자주적 해결촉진을 위해 필요한 조치를 추진하도록 노력하는 것으로 간주된 점들을 바탕으로, 44개(2012년 4월 현재)의 도도부현노동위원회가 조례 또는 지사가 정하는 요강 등으로 개별분쟁의 조정권한을 가지고 있다.

⑫ 중노위의 특별권한

이상과 같은 노조법상의 노동위원회에 공통된 권한 외에, 중노위에는 다음과 같은 특별한 권한이 인정되고 있다. ① 특정독립행정법인직원의 노동관계에 대한 사건의 알선, 조정, 중재 및 처분에 대하여 전속적으로 관할한다(노조 25조 1항). 또한 국유임야직원의 노동관계도 전속관할사항으로 되어 있었지만, 국유임야사업을 일반회계로 옮기는 국유임야관리경영법의 개정(2012년 법42)으로 국유임야직원은 비현업의 국가공무원 취급을 받게 되어, 중노위의 전속관할사항에서 제외되었다. ② 두 개 이상의 도도부현에 걸친 사건이나 또는 전국적으로 중요한 문제에 관련된 사건의 알선, 조정, 중재 및 처분에 대해 우선하여 관할한다(동항). ③ 자격심사 및 부당노동행위심사에 관한 도도부현노위의 처분을 재심사하여 해당 처분을 취소, 승인 혹은 변경하거나 또는 재심사 신청을 각하할 수 있다. 재심사는 도도부현노위 처분의 당사자의 어떤 한쪽의 신청에 근거하거나 또는 직권으로 실시한다(동조 2항). ④ 실시하는 절차 및 도도부현노위가 실시하는 절차에 관한 규칙을 제정하고 공포할 권한을 가진다(동 26조). 이 권한에 근거하여 노동위원회 규칙(1949년 중노위규 1)이 제정되어 있고 노동위원회의 회의 종류와 운영, 관할, 자격심사 절차, 부당노동행위의 심사절차, 노동쟁의의 알선·조정·중재·실정조사 절차 등에 대해 상세한 규정을 두고 있다(2004년 노조법 개정에 따라 대폭적으로 개정되었다). ⑤ 도도부현노위에 대해 해당 도도부현노위에서 처리하고 있는 사무에 대해 보고를 요청하거나 법령의 적용, 기타 해당사무 처리에 관하여 필요한 권고, 조언 혹은, 위원·사무국 직원의 연수, 기타 원조를 할 수 있다(노조 27조의 22). ⑥ 도도부현노위가 행하는 개별노동관계분쟁의 조정 등에 관하여, 조언·지도를 행할 수 있다(개별노동분쟁해결촉진법 20조 3항).

⑬ 총회와 공익위원 회의·부회

노동위원회에는 합의제 결정기관으로서 위원의 전원이 실시하는 총회와 공익위원만이 실시하는 공익위원 회의(노조 24조) 및 공익위원 5명 또는 7명에 의한 부회제를 가지는 노동위원회에서의 부회가 있다(노조 24조의2 제1항·제3항, 노위칙 3조 1항).

총회는 매월 1회 날을 정하여 회장이 소집하는 외에, 일정한 경우 혹은 일정한 자가 청구하는 경우에 임시로 회장이 소집한다(노위칙 4조). 총회의 부의사항은 회장·회장대리 선거, 알선인 후보자 및 임시 알선인의 위촉, 조정·중재 개시 등이 주가 된다. 그 밖에 단체협약의 효력확장 결의, 위원의 파면 동의, 강제권한의 행사, 특별조정위원(후술)의 임명 등도 총회의 결정에 속한다(노위칙 5조 1항). 총회는 정족수에 대해서는 노조법상으로는 공로사위원 각 1인 이상으로 규정되어 있지만(21조 3항), 노위칙상으로는 공·노·사위원의 각 과반수로 정하고 있다(노위칙 6조 1항). 후자는 운용상 바람직한 정족수를 제시한 것이라고 할 수 있다. 총회의 의사는 회장을 포함한 출석위원의 과반수로 결정하며 가부 동수일 때에는 회장이 결정한다(노조 21조 4항, 노위칙 7조 2항).

이에 대해 공익위원회의는 회장이 필요에 따라 소집한다(노위칙 8조 1항). 부의사항은 주로 노동조합의 자격 심사(노조 5조, 11조)와 부당노동행위 심사·명령(긴급명령 신청도 포함된다(노조 7조, 24조, 27조의 12, 노위칙 42조))이다. 2004년 노조법 개정으로 신설된 증인 등 출두명령 및 물건제출명령도 공익위원회의 결의사항이다(노조칙 41조의 14 제1항, 41조의 19 제1항). 공익위원회의는 공익위원의 과반수 출석이 없으면 의사를 열 수 없으며(노조령 26조 1항), 의사는 공익위원의 과반수로 결정한다(노조령 26조 2항, 노위칙 10조 3항).

2004년 개정은 중노위의 절차신속화를 위해, 중노위의 부당노동행위심사를 원칙적으로 5인의 공익위원으로 구성되는 부회에서 합의하기로 했다(노조 24조의 2 제1항). 부회도 공익위원의 과반수가 정족수이며 결의요건이다(노조령 26조, 노위칙 10조의 4). 도도부현노위에서도 조례에서 부회제를 취할 수 있다(노조 24조의 2 제3항).

5. 노동위원회 제도의 특색

이상과 같은 노동위원회 제도의 기본적 특색으로서 다음의 같은 점들을 들 수 있겠다.[11]

첫째, 노동위원회는 독립된 전문적 행정위원회이다. 즉 노동위원회는 노동관계상의 분쟁 내지 문제를 전문적으로 취급하기 위하여 설치된 독립성을 가지는 합의제 행정기관(행정위원회)이다. 그리고 노동위원회가 실시하는 절차와 조치는 전문적인 행정작용으로서의 성격을 기본으로 하여 사법상의 절차나 조치와는 다르다.

둘째, 노동위원회의 위원구성에 대해서는 공익·노·사의 대표에 의한 3자 구성이 채택되고 있다. 이것은 노동위원회에 노사관계의 전문기관으로서의 실질을 부여함과 동시에 그 절차에 민사소송에서는 볼 수 없는 독특한 성격을 띠고 있다.

셋째, 노동위원회의 권한에는 준사법적(판정적) 권한과 조정적 권한이 병존하고 있고, 또한 그 외 중노위에는(일정한도에서 도도부현노위에도) 입법적 권한(규칙제정권한)도 인정되고 있다. 특히 부당노동행위의 구제와 노동쟁의의 조정 권한의 병존은 일본 노동위원회제도의 특색이며, 두 절차의 평행적 혹은 대체적 이용을 가능하게 하고 있다. 이 점도 민사소송절차에서는 볼 수 없는 특색이다.

넷째, 노동위원회제도의 전체적 구도로서 중노위와 도도부현노위의 이층구

---

11) 노동위원회의 지금까지의 역할에 대해서는 山口浩一郎,「わが国の労使関係における労働委員会の役割」, 日労研 473호, 66면 참조.

조(초심·재심의 관계)가 채택되고 있고(중노위의 특별 권한), 한편으로는 도도부현
노위는 각 도도부현의 기관이 되어 지방분권제가 채택되고 있다. 이것은 중앙
기관에 의한 통합권한 하에서의 지방분권이며, 그 한도에서 지방기관마다 제도
운용상의 특색을 살리고 있다. 이 지방분권제는 노동위원회 사무를 '자치사무'
로 하는 1999년 지방자치법 개정과 지노위를 도도부현노위로 개칭한 2004년
노조법 개정으로 인하여 강화되었다.12)

제2관 노동위원회에 의한 노동관계분쟁의 조정절차

1. 쟁의조정 총설

단체적 노사관계의 당사자간에 노동관계상의 사항에 관한 주장의 불일치에
기인하여 분쟁이 발생하고, 그로 인하여 쟁의행위가 발생하거나 발생할 우려가
있는 경우에 외부의 제3자가 양자의 주장을 조정하고 분쟁을 해결하도록 노력
하는 절차를 '노동쟁의의 조정'(쟁의조정)이라고 한다. 즉 쟁의조정은 노사간의
교섭에 대한 조력의 절차이며 또한 쟁의행위의 회피 또는 종결을 꾀하는 절차
이다.

쟁의조정절차는 대별하여 노사 스스로가 단체협약, 그 밖의 합의로 설정하
는 것과 국가가 법률로 설정하는 것이 있다. 전자는 교섭이 타결되지 않는 경
우에 노사가 사전에 혹은 그때마다 선정하는 제3자에게 그 분쟁조정을 의뢰하
는 절차이다. 이에 대하여 후자는 국가가 노사관계의 안정화의 관점에서 법률
상 쟁의조정의 공적 기관과 절차를 설치하여 노사가 자주적 조정절차를 갖지
못하는 경우에도 노사나 공적 기관 등의 발의에 의해 노사분쟁에 대한 조정을
할 수 있도록 하는 제도를 말한다.

국가가 위와 같은 법정조정절차를 마련한 주된 이유는 노사관계의 불안정과
쟁의행위가 국민경제나 공중생활에 악영향을 미칠 우려가 있다는 데 있다. 그

---

12) 노동위원회는 지방분권제를 기본으로 하고 있지만, 그 주요한 임무는 노동쟁의의 조정과
부당노동행위의 구제라는 법률상의 전국적인 제도로, 전국 종합적인 운영을 필요로 하며, 이를 위
한 정보교환이나 협력연계가 필요하게 된다. 또 도도부현 지사의 위임으로 행하는 개별노동분쟁의
처리에 대해서도 상호의 정보교환과 협력이 필요하다. 이 때문에, 도도부현노위와 중노위에 의하
여 전국노동위원회연락협의회(전노위협의회)가 조직되어 있으며, 총회, 운영위원회, 소위원회, 연수
등의 활동을 실시하고 있다. 또한 중노위에는 앞에서 언급한 것처럼 도도부현노위와의 연계조정을
도모하기 위한 일정한 권한이 부여되어 있으며 전노위협의회의 사무국도 맡고 있다.

러나 한편으로 법정조정절차는 조정형태의 여하에 따라서는 단체교섭권과 쟁의권을 전제로 하는 노사자치의 기본이념에 반하는 것이 된다. 이러한 균형이 입법자가 가장 심려해야 할 사항이다.

2. 노동관계조정법에 의한 조정절차

(1) 노조법의 기본사항

일본에서 쟁의조정절차를 정하는 법률은 노동관계조정법(1946년 법25. 이하 '노조법(劳調法)'으로 약칭)이다. 동법은 '노동조합법과 함께 노동관계의 공정한 조정을 꾀하고 노동쟁의를 예방 또는 해결하며 산업의 평화를 유지하고 나아가 경제 부흥에 기여하는 것을 목적으로 한다'(1조). 그리고 동법은 노동관계 당사자의 자주적 조정에 조력을 함으로써 정부가 쟁의행위를 가능한 한 방지하도록 노력해야 한다고 강조하고(3조), 이러한 조력의 수단으로서 여러 종류의 절차를 규정하고 있다.[13]

(가) 자주적 해결의 기본원칙   노조법(労調法)이 노동쟁의의 조정에 대해 첫째로 강조하는 것이 자주적 해결의 기본원칙이다. 먼저 노동관계의 당사자는 자주적 조정절차를 단체협약 속에 규정하도록 노력해야 하며, 또한 노동쟁의가 발생했을 때에는 성의를 다해 자주적으로 그 해결에 노력해야 한다(2조). 또 정부가 취해야 할 태도는 노동관계의 당사자의 이러한 자주적 조정노력에 조력을 하는 것이다(3조). 그리고 노조법의 조정절차는 노동관계의 당사자의 자주적 해결 노력을 방해하는 것이 아니며 그 책무를 면제하는 것도 아니다(4조).

이러한 자주적 해결의 기본원칙은 이상의 이른바 총론에서뿐만 아니라 동법의 알선, 조정, 중재의 각 절차에서도 일관되고 있다. 즉 노동쟁의의 당사자는 쌍방의 합의 혹은 단체협약의 규정에 따라 별도의 알선, 조정, 중재 방법을 제정하여 사건의 해결을 꾀하는 것을 방해할 수 없다(16조, 28조, 35조).

(나) 조정의 대상   조정절차의 대상이 되는 '노동쟁의'는 '노동관계의 당사자간에 노동관계에 관한 주장이 일치하지 않고 그 때문에 쟁의행위가 발생하는 상태 혹은 발생할 우려가 있는 상태'를 말한다(6조). 그리고 이 정의 중 '쟁의행위'란 '동맹파업, 태업, 작업장 폐쇄, 그 밖의 노동관계의 당사자가 그 주장을 관철하는 것을 목적으로 실시하는 행위 및 이에 대항하는 행위로 업무의 정상

---

13) 기본문헌으로서 塚本, 273면 이하.

적인 운영을 저해하는 것을 말한다'(7조).[14]

'노동쟁의'의 정의에서 말하는 '노동관계에 관한 주장'이란 개별적 노동관계와 단체적 노사관계의 어느 것에 관한 주장도 포함한다. 또 그것은 단체협약과 근로계약상의 새로운 합의의 형성을 목표로 한 주장('이익주장')뿐만 아니라, 그러한 것에 있어서의 권리의 주장('권리분쟁')도 포함한다. 다음으로 '쟁의행위가 발생할 우려'는 실무상은 완만하게 해석되고 있으며, 교섭상의 주장의 불일치가 있으면 대부분 자동적으로 인정되고 있다. 다만 이 요건에 따라 '노동쟁의'란 노동조합과 사용자(혹은 사용자단체)간 또는 근로자집단과 사용자간의 단체적 노사관계상의 분쟁에 한정되게 된다. 그래서 노조법(勞調法)이 '쟁의행위'의 정의를 포함하여 종종 사용하는 '노동관계의 당사자'란 이러한 의미에서 단체적 노사관계상의 당사자가 되는 것이다.[15]

또한 쟁의행위가 발생했을 때 그 당사자는 바로 그 취지를 노동위원회나 또는 도도부현 지사에게 신고해야 한다(9조. 단 벌칙은 없음. 또 실효도 거두고 있지 못하다).

[14] **노조법상 쟁의행위의 독자성**

　노조법(勞調法)상 '쟁의행위'란 동법상 노동쟁의의 조정 및 쟁의행위의 제한·금지와의 관계에서 설정된 개념으로 쟁의권 보호를 받을 수 있는 행위로서의 '쟁의행위'와는 다르다. 이것은 본래 쟁의권이 없는 사용자가 실시하는 작업장 폐쇄도 노조법(勞調法)상의 쟁의행위에 포함되어 있다는 점에 단적으로 나타나고 있다. 결국 동법상의 쟁의행위에는 정당성이나 적법성 여하를 불문하고 쟁의조정과 규제를 요한다고 생각되는 노사의 집단적 업무저해행동 일반이 포함되어 있는 것이다. 또 이것은 노동위원회가 노동쟁의를 통하여 행해지는(행해질 것 같은) 노사당사자의 압력행동의 적법성과 정당성을 원칙적으로 문제 삼지 않고 쟁의조정을 해야 한다는 것을 나타내고 있다.

[15] **조정사항의 내역**

　실제로 노동위원회에 회부되는 조정사건의 조정사항에는 먼저 임금인상(2010년에 1.9%), 일시금(동 5.6%), 근로시간·휴일·휴가(3.6%) 등의 경제적 사항이 있다(38.5%). 그 밖의 사항으로서는 경영·인사(사업의 휴·폐업과 축소, 인원정리, 해고, 배치전환 등 22.4%), 단체교섭 촉진(교섭의 당사자, 담당자, 교섭사항, 교섭의 원칙 등에 관한 분쟁 27.5%), 조합승인·조합활동(3.3%) 등의 비경제적 사항(60.5%) 및 협약의 체결·전면개정(1.0%)이 있다(中勞委事務局, 平成22年 勞働委員會年報, 159면).

　(다) 공익사업　　　노조법(勞調法)은 쟁의행위가 발생한 경우에 공중의 일상생활에 중요한 영향을 미치는 몇몇 사업을 '공익사업'으로 지정하고, 이에 대해서는 쟁의행위 방지와 해결을 위한 특별한 체제를 정비하고 있다. 즉 '공익사업'이란 ① 운수사업, ② 우편·서신편·전기통신사업, ③ 수도, 전기 혹은 가

스 공급사업, ④ 의료 혹은 공중위생의 사업으로 공중의 일상생활에 불가결한 것을 말한다(8조 1항).14)

공익사업에 대해서는 먼저 관계당사자가 쟁의행위를 하기 위해서는 개시하기 10일 전까지 노동위원회 및 후생노동대신 또는 도도부현 지사에게 그러한 취지를 통지해야 한다(37조). 이를 위반할 경우에는 10만엔 이하의 벌금이 부과된다(39조). 위의 통지를 받은 후생노동대신이나 도도부현 지사는 바로 공중이 알 수 있는 방법으로 이를 공표해야 한다(노조령(労調令) 10조의4 제4항). 이 예고 의무는 쟁의행위에 의한 공중의 불의의 손해를 방지하는 것과 쟁의행위방지를 위한 조정활동을 노동위원회에 가능하게 하는 것을 목적으로 한다. 노동조합에 의한 이러한 예고는, 조합원의 전부 또는 일부가 문제해결에 이르기까지의 기간파업을 포함하는 쟁의행위의 전부 혹은 일부를 실시하는 취지의 개괄적인 내용으로 이루어지는 경우가 많다.15)

(라) 관 할   노동쟁의의 조정절차에 대한 관할은 그 노동쟁의가 하나의 도도부현의 구역 내에만 관계될 때에는 해당 도도부현노위에, 노동쟁의가 두 개 이상의 도도부현에 걸쳐 있는 때, 중노위가 전국적으로 중요한 문제와 관련된다고 인정했을 때,16) 또는 긴급조정 결정에 관련될 때에는 중노위가 관할한다. 중노위는 자기 관할사건에 대해 관계 도도부현노위를 지정하여 그곳에서 사건을 처리하게 할 수 있다(노조령 2조의2).⑯

⑯ **쟁의조정 역할의 변천**
    노동위원회에 의한 쟁의조정은 제2차 대전 후, 일본 노사관계의 안정화 과정에서 중요한 역할을 해 왔다. 첫째, 전후 노사대결이 계속되고 있던 1960년경까지 다수의 큰 쟁의가 발생했는데, 그러한 쟁의의 대부분은 노동위원회에 의한 알선 등의 조정절차에 의해서 해결되었다. 이리하여 이 당시에는 알선 등의 신청 건수는 매년 1,500건을 넘었다.
    둘째, 계속되는 1960년대 및 70년대에는 쟁의조정절차는 매년 춘투(춘계 임금인상 교섭)의 과정에서 매우 활발히 이용되었다. 특히 춘투의 클라이맥스로서 사철과 국철 조합에 의한 공동투쟁파업('교통총파업(general strike)')이 조직되었던 1960년대 중반부터 약 10년 동안

---

14) 내각총리대신은 이러한 사업 외에 국회의 승인을 거쳐 업무의 정지로 국민경제가 현저하게 저해되거나 또는 공중의 일상생활을 현저하게 위태롭게 하는 사업을 1년 이내의 기간을 한정하여 공익사업으로서 지정할 수 있는데, 그러한 전례는 아직 없다(8조 2항).

15) 塚本, 270면. 그러한 개괄적인 예고라도 적법하게 보고 있다. 順天堂病院事件 ― 東京地判 昭40. 11. 10, 労民 16권 6호, 909면; 全日空事件 ― 東京地決 昭41. 2. 26, 労民 17권 1호, 177면. 그러나 예고 후 장기간을 거쳐 쟁의행위가 이루어지지 않은 경우에는 그 일시, 장소, 개요에 대하여 통보하는 것이 바람직하다.

16) 중노위는 두 곳 이상의 도도부현에 걸친 사건 및 전국 중요사건에 관계되는 중노위의 우선 관할권에 대하여 '노동쟁의조정의 우선관할 등의 기준 및 절차에 대하여(労働争議調整の優先管轄等の基準及び手続きについて)'(2009년 7월)를 책정하였다.

사철 및 국철의 임금인상교섭에 대한 중노위 및 공노위의 조정절차는 춘투 메커니즘의 중요
한 일부가 되어 왔다. 이리하여 이 시기도 위의 제1의 시기 이상으로 많은 알선 등의 신청이
이루어졌다(절정기인 1974년에는 2,249건에 달함). 그러나 1970년대 말부터 사철노사를 시작
으로 하여 주요산업(기업)의 노사가 춘계교섭 등을 자주적으로 해결하는 태도를 취하게 되어
노동위원회에 대한 알선 등의 신청건수는 대폭 감소하고 있다(1984년 736건, 1990년 374건).

셋째, 1990년대 이후의 개별노동분쟁이 증가하는 가운데, 노동위원회의 쟁의알선 신청도,
중소기업 등의 근로자가 합동노조(내지 커뮤니티 유니온)에 가입하여 자신의 해고·고용중
지·배치전환 등에 대하여 교섭에 의한 해결을 도모하는 것에서 발생하는 실질적 개별노동분
쟁이 증가했다. 2000년경부터, 노동위원회로의 쟁의알선신청 중에서 합동노조가 신청인인 사
건이 차지하는 비율은 증가하여 현재는 약 6~7할에 달하고 있으며, 또한 해고·고용중지 등
의 후에 합동노조에 가입하여 교섭을 하게 하는 사건('긴급피난수단으로서의 구제신청(역자
주)'이라고 한다)의 비율도 약 4~5할로 증가하고 있다. 실질적 개별노동분쟁도 조합이 집단
적 교섭력으로 보다 높은 해결금 등으로 해결하고자 함으로써, 상당히 해결이 곤란하게 되었
다. 이러한 쟁의조정도 개별노동분쟁의 증가라는 시대의 변화에 따른 노동위원회의 새로운
역할이라고 할 수 있을 것이다. 상기와 같은 신청을 많이 포함한 쟁의조정신청은 최근 경제
의 침체상황에서 증가하는 경향이며, 리먼브라더스 쇼크 이후인 2009년에는 헤이세이(平成:
1989년 이후)에 들어서 최대인 733건에 달했다.

(2) 노동쟁의의 조정절차

(가) 알 선   노조법(勞調法)의 조정절차의 첫째는 알선이다. 알선이란 알
선인이 관계 당사를 중재하여 쌍방이 주장하는 요점을 확인하여 사건이 해결되
도록 노력하는 절차이다(13조).

알선인은 노동위원회가 미리 제작한 알선인 명부에 기재되어 있는 자 중에
서 노동위원회의 회장이 지명한다(12조 1항, 10조). 회장은 명부에 기재되지 않
은 자를 임시 알선인으로 위촉할 수 있는데, 이 경우에는 노동위원회의 동의를
요한다(12조 1항 단서). 그러나 이러한 실례는 적으며, 대부분의 경우 알선인은
후보자 명부에서 지명된다. 이 후보자에게 위촉되는 자는 대개는 노동위원회위
원(혹은 전 위원) 및 동 사무국 직원이다. 그리고 실제로 알선인에게 지명되는
자는 노동위원회 위원이 압도적으로 많고(전체 건수의 8할 정도), 게다가 공노사
3자 구성으로 지명된 경우가 많다(전체 건수의 7할 정도). 한편 사무국 직원이 단
독으로 혹은 노동위원회 위원과 동시에 알선인으로 지명되는 경우도 상당히 볼
수 있다(합하여 2할 정도).

알선절차의 개시(알선인의 지명)는 노동쟁의가 발생했을 때에 당사자의 쌍방
혹은 일방의 신청에 근거하거나 노동위원회의 회장의 직권에 근거하여 이루어
진다(12조 1항. 당사자의 신청이 있어도 회장이 알선이 불필요하거나 또는 부적당하다
고 인정할 때는 알선을 개시하지 않아도 된다. 노위칙 65조 2항). 실제로 알선은 일방

당사자(대부분은 노동조합)의 신청에 의해 개시되는 경우가 대부분이다. 이 경우에는 상대방 당사자는 단체협약상의 규정이 있는 경우를 제외하고 알선에 따를 의무를 지지 않으며, 그 의무에 따르지 않으면 알선은 알선인의 지명으로 종료될 뿐이다. 그러나 실제상 따르지 않는 태도를 취하는 사례는 적다. 또한 직권 알선도 실제상으로는 적으며, 병원이나 사철 등의 공익사업의 노동쟁의에 한정되는 경향이다.

알선인은 양 당사자로부터 사정을 청취하여 알선에 노력을 하는데, 이 과정에서 알선안을 내는 경우도 있고 이를 내지 않는 경우도 있다. 알선인이 제시하는 해결안을 받아들일 것인가의 여부는 당사자의 자유이다. 알선인은 자신의 손에서 사건이 해결될 전망이 없을 때는 그 사건에서 손을 떼고(알선중지), 사건의 요점을 노동위원회에 보고한다(14조).

이러한 알선은 근래에는 노동위원회에 의한 쟁의조정건수의 대다수(99%)를 차지하고, 실제로 노동위원회에 의한 조정절차의 주역이 되고 있다(그 해결비율은 종래에는 7할을 넘었는데, 근래에는 6할 정도이다). 이렇게 알선이 노동위원회에 의한 조정절차의 주역을 점하고 있는 것은 일방 당사자의 신청만으로 개시할 수 있고 절차가 가장 간이하고 신속하며, 아울러 당사자간의 교섭을 중재한다는 본래의 예정된 기능뿐만 아니라 쟁점을 집중 조명하여 해결안을 제시한다는 조정의 기능을 할 수 있다는 점 등에 기인한다.[17]

(나) **조정**(調停)　　　　노조법(勞調法)이 규정하고 있는 제2의 조정(調整)절차인 조정(調停)은 노동위원회에 설치되어 있는 조정위원회(調停委員会)가 관계당사자로부터 의견을 듣고 조정안을 작성한 뒤, 이에 대한 수락을 양 당사자에게 권고하는 절차이다(17조 이하).

조정은 ① 당사자 쌍방으로부터의 신청, ② 당사자의 쌍방이나 일방으로부터의 단체협약의 규정에 근거한 신청, ③ 공익사업의 사건에 대해 당사자의 일방으로부터의 신청, ④ 공익사업의 사건에 대해 노동위원회의 결의, ⑤ 공익사업에 있어서의 사건, 그 밖의 공익에 현저한 지장을 초래하는 사건에 대해 후생노동대신이나 도도부현 지사의 청구 중 어느 하나가 있을 때 노동위원회에 의해 개시된다(18조). 알선의 경우와 같이 일반적으로 일방 당사자의 신청만으로 개시할 수 있는 것이 아니라는 점에 주의해야 한다.

조정은 공노사 3자 구성의 조정위원회에 의해 실시되며, 동 위원회 중의 공

---

17) 大野雄二郞, 「争議の調整」, 新講座 4권, 368면 이하.

노사를 각각 대표하는 위원이, 회장에 의하여 노동위원회의 공노사위원이나 특별 조정위원[17] 중에서 지명되게 된다(19조, 21조). 그리고 이러한 위원 중 공익을 대표하는 위원 중에서 위원장이 선출된다(22조).

조정위원회는 기일을 정하여 관계당사자의 출두를 요구하고 그 의견을 구한다(24조). 그리고 조정안을 작성하여 이것을 관계당사자에게 제시하고 그 수락을 권고한다(26조 1항). 조정안은 이유를 첨부하여 신문, 라디오 등에 공표할 수 있다(동항. 수락을 위한 여론의 압력을 기대하려는 경우이다). 그러나 조정안을 당사자가 수락할지의 여부는 자유이다. 그리고 조정안에 대해 관계당사자로부터 회답이 있을 때에 조정위원회의 임무는 종결되며 동 위원회는 조정경과를 서면으로 회장에게 보고한다(노위칙 75조). 또한 조정은 이렇게 당사자에 대한 임의적 해결안으로서 조정안 제시를 본래의 모습으로 하는데, '어쩔 수 없는 사유'가 있는 경우에는 조정안 제시에 이르지 않는 조정중지도 가능하다(동칙 74조). 또 조정절차는 신청 철회에 의해서도 종료한다(동칙 73조).

조정의 이용 상황은 노동위원회에 의한 쟁의조정건수의 1~2% 정도이다. 이것은 조정이 절차의 개시, 조정인의 구성, 절차의 진행, 해결안의 작성 등의 점에서도 알선보다 형식적이며 신중한 절차로 여겨진다는 점과, 그리고 알선도 조정의 기능을 할 수 있으므로 그 독자적 장점이 별로 없다는 점 등에 기인한다.[18]

[17] 특별조정위원

중노위 및 도도부현노위에서 실시하는 노동쟁의 조정 혹은 중재에 참여시키기 위해 특별조정위원을 둘 수 있다. 특별조정위원도 3자로 구성된다. 임명권자 및 임명절차는 전술한 노동위원회의 공노사 각 위원의 임명과 동일하다(노조 8조의2).

[18] 조정안 해석에 관한 분쟁처리

조정안이 당사자의 쌍방에 의해 수락된 후에 조정안의 해석이나 그 이행에 대해 의견이 일치하지 않을 때에는 관계당사자는 해당 조정위원회에 그에 관한 견해를 분명히 할 것을 신청하지 않으면 안 되며, 동 위원회는 이에 대해 신청한 날로부터 15일 이내에 그 견해를 제시해야 한다. 그리고 이 견해가 제시되기까지는 당사자는 그 쟁점에 대해 쟁의행위를 하는 것이 금지된다(26조 2항~4항).

(다) **중 재**　　노조법(勞調法)상 제3의 조정절차는 중재이다. 이것은 노동위원회에 설치된 중재위원회가 양 당사자에 대해 구속력이 있는 중재재정을 내리는 절차이다(29조 이하).

---

18) 大野, 앞의 논문 참조.

중재는 관계당사자의 쌍방의 신청이나 또는 단체협약 규정에 근거하는 당사자 쌍방 혹은 일방으로부터의 신청에 의해 개시된다(30조). 그것은 3명의 중재위원으로 구성되는 중재위원회에 의해 실시되며(31조),[19] 위원은 노동위원회의 공익위원 또는 공익을 대표하는 특별조정위원 중에서 당사자의 합의에 의해 선정된 자에 대해 노동위원회의 회장이 지명한다. 단 관계당사자의 합의에 의한 선정이 이루어지지 않았을 때에는 노동위원회의 회장이 상기의 사람 중에서 당사자의 의견을 들어 지명한다(31조의2). 이러한 위원의 호선(互選)에 의해 위원장을 두게 된다(31조의3).

중재위원회는 당사자로부터 사정을 청취한 후 회의를 열어 재정내용을 협의하는데, 이 회의에는 당사자에 의해 지명된 노동위원회의 노사위원 또는 특별조정위원이 중개위원회의 동의를 얻어 출석하여 의견을 진술할 수 있다(31조의5). 중재재정은 서면을 작성하여 이루어지고, 이 서면에는 효력발생 기일도 기재된다(33조). 그리고 재정은 단체협약과 동일한 효력을 가진다(34조). 중재절차는 조정절차의 경우와 동일하게 중지 또는 신청취하에 의해서도 종료될 수 있다(노위칙 81조).

중재는 그 결과가 양당사자를 당연히 구속하는 조정절차라는 점에서 실제로 실시되는 건수는 적다(노동위원회 총 조정건수의 1%에도 미치지 못한다).[19][20]

[19] **실정(實情)조사**

이상의 정식 조정절차 외에 노위규칙에서 정하고 있는 절차에 실정조사가 있다. 이것은 노동쟁의가 발생했을 때, 노동위원회의 회장이 필요에 따라 위원회의 위원, 알선인 후보자, 직원 등에게 그 실정을 조사하게 하는 절차이다(노위칙 62조의2). 그리고 노동쟁의가 공익사업에 관련된 것일 때에는 회장은 신속하게 실정조사를 하도록 해야 하며 그 결과는 회장에게 보고한다(동조). 실정조사는 노동위원회가 공익사업에서 쟁의행위실시에 대한 예고를 받거나, 알선신청의 동향이 짐작되었을 때에 법정 조정절차의 기초자료를 얻기 위해 이루어지는 것이 일반적이다.

[20] **긴급조정**

쟁의행위가 그 규모나 사업의 성질 등에 비추어 국민의 일상생활과 국민경제를 현저하게 위태롭게 하는 경우에 대해서는 이 쟁의행위를 중지하게 한 후에 쟁의행위의 원인이 된 분쟁의 해결을 꾀하는 조정절차가 몇몇 국가에서 마련되어 있다. 특히 미국의 1947년 태프트-하틀리법(Taft-Hartley Act)상의 '전국적 긴급사태'(National Emergencies)의 절차가 그 전형적인 사례이다.

일본에서도 1952년 법개정(1952년 법 288)을 통하여 노조법(勞調法)상의 긴급조정절차가

---

19) 지역의 자주성·자립성을 향상시키는 개혁추진법안이 2012년 8월 현재 국회에 계류 중으로, 이에 의해 중재위원의 수가 '3명'에서 '3명 이상의 홀수'로 개정될 예정.

마련되었다. 즉 내각총리대신은 사건이 공익사업 또는 규모가 큰 사업이나 또는 특별한 성질의 사업에 관한 것이기 때문에 쟁의행위에 의해 해당 업무가 정지될 때에는 국민경제의 운행을 현저하게 저해하거나 또는 국민의 일상생활을 현저하게 위협할 우려가 있다고 인정되는 사건에 대해 그러한 우려가 현실에 존재할 때에 한하여 긴급조정 결정을 할 수 있다. 내각총리대신은 이 결정을 하려고 할 때는 미리 중노위의 의견을 들어야 한다. 그리고 이러한 결정을 했을 때에는 즉시 그 이유를 첨부하여 그 취지를 공표함과 동시에 중노위 및 관계당사자에게 통지한다(35조의2).

결정의 공표가 있었을 때에는 관계당사자는 공표일로부터 50일간은 쟁의행위를 할 수 없다(38조). 이 쟁의행위 금지를 위반한 경우에는 위반에 대한 책임이 있는 단체와 그 대표자는 20만엔 이하의 벌금에 처해진다(40조). 그리고 중노위는 결정 통지를 받았을 때에는 그 사건을 해결하기 위해 최대한 노력을 해야 하며, 이를 위해 알선, 조정, 중재, 실정조사와 그 공표, 혹은 해결안의 권고조치를 강구할 수 있다. 단 중재는 앞에서 언급한 중재개시 요건이 구비되어 있을 때에만 실시할 수 있다. 이에 비해 조정은 전술한 조정개시 요건이 구비되지 않아도 실시할 수 있다(35조의3). 또 중노위는 긴급조정결정에 관련된 사건을 이외의 다른 사건에 우선하여 처리한다(35조의4).

내각총리대신이 한 긴급조정 결정에 대해서는 행정불복심사법에 의한 불복신청을 할 수 없다(35조의5). 그러나 노조법(勞調法)이 정하는 그 요건(35조의2 제1항)을 충족하고 있는가의 여부에 대해서는 행정소송의 대상이 된다고 해석된다.

긴급조정은 쟁의행위 그 자체를 중지시키는 점에서 노동쟁의에 대한 가장 강도 높은 개입이며 '전가(傳家)의 보도(寶刀)'로서 좀처럼 이용되어서는 안 된다. 긴급조정이 발동된 예로서는 1952년 10월 하순부터 60일간에 걸친 탄광노조(炭勞)의 임금인상 파업으로 인하여 석탄이 극도로 부족하여 국민생활이 어려워지는 것을 구제하기 위해 중노위의 동의를 얻어 같은 해 12월 17일에 이르러 발동되었을 뿐이다. 이때에는 탄광노조는 긴급조정의 결정이 내리자마자 바로 파업을 중지하고 같은 날 중에 중노위의 알선안을 수락했다.

3. 개별노동분쟁의 해결서비스

(1) 노동위원회에 의한 개별노동분쟁 해결서비스의 개시

지방분권을 추진하기 위한 1999년의 지방자치법 개정(1999년 법87)으로 지방노동위원회(현재 도도부현노동위원회)의 사무는 국가의 기관위임사무(개정 전의 지방자치법 202조의2, 별표 제3)에서 지방공공단체의 고유한 '자치사무'로 되었기 때문에(지방자치법 180조의5 제2항 2호), 각 지방공공단체의 장이 스스로의 판단에 근거로 하여 그 권한사무를 위임하는 형태로 개별노동분쟁의 해결서비스를 노동위원회로 하여금 담당하게 것이 가능하게 되었다(동 180조의2). 그리고 2001년에 제정된 개별노동분쟁해결촉진법(2001년 법112)에서 지방공공단체는 해당 지역의 실정에 따라 개별분쟁의 미연방지 및 자주적 해결의 촉진을 위하여, 근로자와 사업주 등에 대한 정보제공, 상담, 알선, 그 외의 필요한 조치를 추진하도록 노력하여야 한다(20조 1항). 또한 이러한 지방공공단체의 시책을 지원하기 위하여 국가는 정보제공, 그 외 필요한 조치를 강구하여야 하고(동조 2항), 중앙 노동위원회는 도도부현노동위원회가 개별노동분쟁에 해당되는 경우에는 필요한 조언·지도를 할 수 있다(동조 3항).

종래 도도부현에서는 노동위원회가 집단적 노사분쟁에 특화된 노사분쟁 해 결기관으로 여겨져, 개별노동분쟁에 대해서는 해결서비스를 규정하는 특별법이 없고, 노정사무소 등의 노정주관부국이 노동상담이나 알선서비스를 행하여 실 적을 거두고 있는 상황이었다. 개별노동분쟁해결촉진법의 제정 후에는 노동위 원회도 참가시킨 도도부현의 개별노동분쟁 해결서비스의 양상이 과제가 되어 전국노동위원회연락협의회에서 노동위원회의 동 분쟁해결절차의 근거마련과 역 할, 지사부국(知事部局)의 서비스와의 관계 등에 대하여 검토가 이루어졌다. 이 리하여 도도부현의 대부분은 조례·요강·요령 등으로 2004년도부터 도도부현 노동위원회로 하여금 개별노동분쟁의 해결기능을 담당하게 하였다.

⑵ 노동위원회에 의한 개별노동분쟁 해결서비스의 내용

2012년 4월 현재, 거의 모든 도도부현 노정주관부국에서 노동상담이 이루어 지고 있는 외에, 41개의 노동위원회에서 노동상담이 이루어지고 있다. 또 44개 도부현(道府県)의 노동위원회에서 알선이 실시되고, 6개의 도부현(都府県)의 노 정주관사무소에서 알선이 실시되고 있다(<표 1> 참조).

이들 가운데, 노동위원회에 의한 개별노동분쟁의 알선은 신청이 이루어진 경우, 회장으로부터 지명을 받은 공노사 3자 위원으로 구성된 알선인이 상대방 당사자를 호출하여 비공개로 알선을 하는 것이 일반적이다. 상대방이 알선절차 에 따를지(기일에 출석할지)의 여부는 임의이며, 알선의 결과, 합의가 성립하여도 노동심판절차와 같이 재판상의 화해(노심 21조 4항)로서가 아니라, 민사상의 화 해(민 695조)로서 다루어진다. 또한 합의가 성립되지 못한 경우에는 도도부현 노동국의 알선과 같이 시효중단의 효과(개분 16조)가 주어지지 않는다.

노동위원회에 의한 알선의 최대 특징은 공노사 3자 위원에 의하여 이루어진 다는 점이다. 그래서 절차에 응낙할지 어떨지 주저하는 상대방에 대하여 사무 국이 3자 구성제를 배경으로 응낙을 설득하는 것과, 당초 알선응낙을 하지 않 는다는 의사를 표명한 상대방에게는 사용자위원이 응낙을 설득하게 된다. 이에 따라 노동위원회의 알선에 대한 상대방의 응낙을 하지 않는 비율은 도도부현

노동국의 40% 정도인 것에 대하여, 25%로 상대적으로 낮다(2010년도). 또 기일에서는 3자 위원이 당사자로부터 번갈아 가며 사실관계나 주장을 청취하는 외에, 노사위원이 별실에서 개별적으로 각 당사자와 접촉하여 의견청취나 설득을 한다. 그리고 알선기일은 반드시 1회에 한정되지 않으며, 또한 각 회 3~4시간에 걸쳐 실시된다. 이러한 결과, 상대방이 절차에 응낙한 사건의 75% 정도에서[20] 합의(화해)가 달성되고 있다. 한편, 신청후의 평균처리일수도 30일대로 신속성도 달성되었다.

다만, 상담이나 알선의 건수에서 보면, 노동위원회의 (그리고 노정담당부국도 포함한 도도부현의) 취급건수는 도도부현 노동국에 비하여 현저하게 적고,[21] 행정에 의한 개별노동분쟁 해결서비스에서 보충적 기능을 수행하는데 그친다. 또 지방분권 하에서 각 도도부현이나 노동위원회의 취급 자세도 당연히 크게 다르다.[22] 그래서 전국 노동위원회 연락협의회에서는 노동위원회의 활성화 프로젝트[23]의 일환으로서, 노동위원회가 지역의 개별노동분쟁해결 니즈에 따라 보다 큰 역할을 완수하기 위한 방책에 힘쓰고 있다. 노동위원회 자신의 혹은 지사부국이나 도도부현 노동국 등의 노동상담과, 노동위원회의 알선을 어떻게 연계시킬 것인가가 하나의 열쇠라고 생각된다.

---

20) 2010년도는 73.7%. 또한 노동국도 이 비율은 거의 비슷한 70.0%이지만, 노동위원회의 알선은 상대방의 응낙비율이 좋기 때문에, 종결건수(취하를 제외)에 대한 해결건수의 비율은 노위 58.6%, 노동국 39.2%(2010년도)이다. 이상에 대하여 「労働委員会活性化のための検討委員会」第三次報告書, 2012년 7월 참조(중노위 홈페이지 등).

21) 2010년도 알선의 계류건수는 도도부현 노동국의 6,390건에 비하여, 지사부국의 919건(그 중 도쿄도(東京都)가 639건, 카나가와현(神奈川県)이 137건), 노동위원회는 397건이다.

22) 홋카이도(北海道), 미야기(宮城), 토야마(富山), 교토(京都), 돗토리(鳥取), 코치(高知), 토쿠시마(徳島), 쿠마모토(熊本) 등의 노동위원회가 개별노동분쟁의 해결서비스에 힘을 쏟고 있다.

23) 全国労働委員会連絡協議会, '労働委員会活性化のための検討委員会', 第一次報告書, 第二次報告書, 第三次報告書 를 참조(중노위 홈페이지 등).

〈표 1〉 개별노동분쟁에 관한 각 도도부현의 대응 일람

(2010년도 현재)

| 도도부현 | 노동위원회 | | | |
| | 상 담 | | 알 선 | |
	통상 상담 (주1)	특별상담·출장상담 (주2)	근거	알선원의 구성
홋카이도	○	×	요강·요령	삼자구성
아오모리	○	○	요강·요령	삼자구성
이와테	○	○	조례·규칙·요강	삼자구성
미야기	○	×	규칙·요령	삼자구성
아키타	○	×	요강·요령	삼자구성
야마가타	○	×	요강·요령	삼자구성
후쿠시마	○ ※	○	요강·요령	삼자구성
이바라기	○	×	요령	삼자구성
토치기	○	○	요강·요령	위원+사무국직원
군마	○	×	요강·요령	삼자구성
사이타마(주3)	○	×	요강·요령	유식자
치바	×	×	요강·요령	삼자구성
도쿄	도쿄도 노동상담정보센터(6개소)에서 상담 및 알선			
카나가와(주4)	×	×	요강·요령	삼자구성
니가타	○	○	요강·요령	삼자구성
야마나시	○	×	요강·요령	삼자구성
나가노	○	×	요강·요령	위원+사무국직원
시즈오카	○	×	요강·요령	삼자구성
토야마	○ ※	×	요강·요령	삼자구성
이시카와	×	×	요강·요령	삼자구성
후쿠이	○		요강·요령	삼자구성
기후	○	×	요강·요령	삼자구성
아이치	×	×	요강·요령	삼자구성
미에	○	×	요강·요령	위원+유식자, 유식자
시가	○	×	요강·요령	삼자구성
교토	○	×	요강·요령	삼자구성,

				위원+유식자
오사카(주5)	×	×	요강·요령	위원+위원경험자
효고	효고 노사상담센터(효고현 경영자협회 및 연합효고의 공동운영)에서 현노위 노사위원 경험자 등에 의한 상담			
나라	○	×	요강·요령	삼자구성
와카야마	○※	○	요강·요령	삼자구성
돗토리	○※	○	조례·규칙·요령	삼자구성, 위원+위원경험자, 위원+유식자
시마네(주6)	○	×	요강·요령	삼자구성
오카야마	○※	×	요강·요령	삼자구성
히로시마	×	×	조례·규칙·요령	위원+사무국직원
야마구치	○	×	요강·요령	삼자구성
도쿠시마	○	○	요강·요령	삼자구성
카가와	○※	○	요강·요령	삼자구성
에히메	○※	○	요강·요령	삼자구성
코치	○※	×	요강·요령	삼자구성
후쿠오카	후쿠오카현 근로자지원사무소(4개소)에서 상담 및 알선			
사가	○	○	요령	삼자구성
나가사키	○	×	요강·요령	삼자구성
쿠마모토	○	○	규칙·요령	삼자구성
오이타(주7)	○	×	요강·요령	삼자구성
미야자키	○※	×	요강·요령	삼자구성
카고시마	○	○	요강·요령	삼자구성
오키나와	○	×	규정	삼자구성

주1) ※는 요강·요령에 근거로 하여 실시하고 있는 것으로, 그 이외는 사실상 실시하고 있다.
주2) '특별상담'이란, 월 1회 정도 이상, 정기적으로 공익위원, 3자구성 위원 또는 법률사무의 전문가 등에 의한 노동상담회를 가리키고, '출장상담'이란 노위의 소재지 이외의 원격지에서 월 1회에 미치지 못하게 실시하는 것으로 담당자는 위원·직원을 불문한다.
주3) 사이타마현에서는 노동위원회 외, '노동상담센터'(현내 1개소)에서 상담, 알선업무를 하고 있다.
주4) 카나가와현에서는 노동위원회 외, '카나가와노동센터'(현내 1개소) 등에서 상담, 알선업무를 하고 있다.
주5) 오사카후에서는 노동위원회 외, '종합노동사무소'(현내 1개소)에서 상담, 알선업무를 하고 있다.
주6) 시마네현 노동위원회에서는 현고용정책과가 행하는 노동상담과 연계하여 조언, 알선업무를 하고 있다.
주7) 오이타현에서는 노동위원회 외, 현청내의 '노정상담·정보센터'에서 상담, 알선업무를 하고 있다.
비고: ○는 실시, ×는 실시하고 있지 않은 것을 의미한다.

제 3 관   부당노동행위의 행정구제절차

1. 총   설

(1) 기본적 특색

노조법이 금지하는 부당노동행위(7조)의 구제절차는 노동위원회라는 전문적 행정위원회에서 신청인과 피신청인을 양 당사자로 한 공식적인 대심(対審)절차로서 실시된다. 노동위원회는 이 절차에서 최종적으로 부당노동행위의 성립여부를 판정하고 신청에 대한 기각명령이나 또는 구제명령을 행정처분으로서 내리는데, 구제명령의 내용에 대해서는 사안에 따른 구제조치를 결정하는 재량권이 인정된다.

(2) 절차의 기본구조

부당노동행위의 구제를 둘러싼 절차는 초심절차, 재심사 절차, 행정소송으로 대별된다. 초심·재심사는 신청, 조사, 심문, 합의, 명령의 순서로 절차가 진행된다(재심사에 대해서는 직권에 따른 재심사도 규정되어 있다). 그러나 이 사이에 신청의 취하, 신청의 기각 또는 화해에 의한 절차종료가 발생할 수 있다. 행정소송(노동위원회명령에 대한 취소소송)에 대해서는 출소기간과 재심사와의 관계에 대해 노조법상 특별규정이 있는 외에는 행정사건소송법의 절차에 따른다. 단 노조법에는 행정소송 중에 구제명령을 잠정적으로 이행하게 하는 긴급명령이라는 제도를 두고 있다.

(3) 절차의 구조

다음으로, 부당노동행위의 구제절차에서 노동위원회가 당사자의 노력에 대해 어느 정도 주도권을 가지는가라는 관점에서, 그 절차구조를 개관한다.

첫째로, 부당노동행위의 구제절차는 신청에 의해서만 개시된다(노조 27조 1항). 또 신청이 취하되면 신청은 처음부터 계류하지 않은 것으로 된다(노위칙 34조 4항). 이것이 구제절차(초심절차)의 개시와 유지에 대한 신청주의이다. 즉, 현행법에서는 부당노동행위의 구제라는 행정개입의 한도에 대하여 부당노동행위를 당한 자가 구제를 요구하는 이상 이를 실시한다는 정책적 입장을 취하고 있다.24)

둘째로 신청주의의 귀결로서 심사대상도 신청대상이 된 '부당노동행위를 구성하는 구체적인 사실'(노위칙 32조 2항 3호)로 한정되어, 노동위원회는 구제를 신청할 수 없는 사실에 대하여 명령을 내릴 수 없다. 요컨대, 심사의 대상에 대해서도 신청주의를 취하고 있다. 이 점을 노조법은 노동위원회는 '신청인의 청구에 관련되는 구제의 전부 또는 일부를 인정하거나 신청을 기각하는 명령을 내린다'고 표현하고 있다(27조의12 1항).

셋째로, 절차진행에 대해서는 주재자로서의 노동위원회가 당사자의 의견을 모으면서, 이를 공정하게 실시할 권한과 책임을 가진다. 이리하여 심사절차는 조사, 심문, 합의, 명령의 흐름으로 이루어지며 일정 사항을 공익위원회에서 결정하면서 회장(심사위원)의 지휘 아래에서 이루어진다(노조 27조 이하, 노위칙 9조, 10조의3, 35조의 2항, 37조). 예를 들어 심사의 실효확보조치, 당사자의 추가, 신청의 각하, 명령의 결정 등은 공익위원회의 결정사항이고, 심사기일의 결정, 증서·증인의 채택여부, 증인심문의 지휘, 심사의 종결·재개, 심사의 병합·분리 등은 회장(심사위원)의 권한이다. 그리고 노동위원회의 절차실시권한에 대해서는 2004년의 노조법 개정으로 심사의 신속하고 정확하게 하기 위해 몇 가지 준칙이 추가되었다.

넷째로 증거수집에 대해서는 '당해 사용자 및 신청인에 대해 증거를 제출하고, 증인에게 반대심문을 할 충분할 기회가 주어져야 한다'고 되어 있고(노조 27조 1항), 당사자의 신청에 의한 증거조사와 노동위원회의 직권에 의한 증거조사 두 가지가 예정되어 있다(27조의7). 그리고 2004년 개정으로 사실인정을 위해 진술시킬 필요가 있는 당사자·증인에게 출두를 명하고, 조사가 필요한 일정 물건에 대하여 소지자에게 제출을 명할 권한이 규정되었다(27조의7, 노위칙 41조의14, 41조의19).

다섯째로, 사실인정에 대해서도 민사소송의 경우와 같이 주장·입증책임의 원칙이 엄격하게 정립되어 있는 것은 아니다. 부당노동행위를 구성하는 사실입증책임은 일단 신청인에게 있다고 생각할 수 있는데, 위원회가 입증사실의 내용과 성질에 따라 제도 취지와 당사자간 형평의 관점에서 입증책임 경감과 부분적 전환을 하는 것은 방해할 수 없다. 또 자백과 다툼이 없는 사실의 구속성

---

24) 보다 상세한 사항은 塚本, 74면. 민사소송절차에서의 처분권주의에 상당하지만, 동 주의가 민사실체법상의 사적자치원칙의 절차법적 귀결인 것에 대하여, 신청주의는 노사대등한 이념에 따른 노사자치의 수립이라는 정책에 유리하는 절차적 선택이라고 할 수 있을 것이다.

도 존재하지 않는다.

　여섯째로, 구제의 내용 내지 한도에 대해서는 부당노동행위의 구제가 전문적 행정기관에 의한 재량적 시정조치라는 점에서, 노동위원회는 당사자가 요구하는 구제내용에 구속되지 않고 그 내용을 정할 수 있다.[25] 노조법의 '신청인의 청구에 관련된 구제의 전부 혹은 일부를 용인하고'라는 표현(27조의 12 제1항)은 전술한 바와 같이 심판 대상에 대한 신청주의를 표현한 것에 지나지 않고, 구제 내용과 한도에 대한 신청주의를 정하고 있는 것은 아니다.[21]

---

[21] **부당노동행위심사의 신속화와 정확화**

　노동위원회에 의한 부당노동행위의 심사절차에서는 1970년대 중반 이후, 복수조합 병존 하의 소수조합의 대량임금·승격차별사건을 처리하는 가운데 초심의 명령·결정의 평균처리 일수가 1980년대에는 건수가 많은 지노위에서 700일대, 적은 지노위에서 600일대로 지연의 문제가 진행되었다(労働省労使関係法研究会, 「労働委員会における不当労働行為事件の審査の迅速化等に関する報告」, 1982년 참조). 심사절차의 지연은 1987년 국철분할민영화시에 채용·배속차별 등을 주장하는 다수의 구제신청사건을 처리하는 가운데 악화되어, 초심·재심사 모두 평균처리일수가 1,000일대를 넘는 이상한 상황이 되었다. 또 이러한 JR채용거부·배속관계사건에 대하여 중노위가 내린 대부분의 명령이 법해석의 차이로 인하여 행정소송에서 취소되고, 중노위 명령의 행정소송취소율은 이상하게 높은 비율이 되었다(1990년대 후반에는 제1심에서 약 4할). 또한 중노위 명령에 대한 행정소송의 기소율은 1990~2004년의 기간에 대하여 6~7할로 높았다(5년마다의 누적평균치). 이리하여 부당노동행위의 구제신청에 대한 노동위원회에서의 초심, 재심, 행정소송의 제1심, 공소심, 상고심의 긴 결착과정이 '사실상의 5심제'로서 비판받았다.

　앞에서 언급한 것처럼, 이러한 문제 상황에 대처하여 부당노동행위 심사의 신속화와 정확화를 도모하기 위하여, 2004년에 노조법에서의 심사절차가 대폭적으로 개정되었다(2004년 법 140). 특히 신속한 심사를 실시하기 위해서 각 노동위원회는 심사기간의 목표를 정하여 목표의 달성상황, 그 외 심사의 실시상황을 공표하게끔 하였다(노조 27조의 18). 또한 노동위원회(특히 중노위)의 심사체제의 효율화를 도모하기 위해서 부회제가 마련되었다(동 24조의 2). 심사절차에 대해서는 심사가 쟁점을 정리하여 계획적으로 이루어질 수 있도록, 노동위원회는 심문개시 전에 당사자 쌍방의 의견을 청취하여 심사계획을 정하도록 되었다(동 27조의 6). 한편 심사절차의 정확화를 위해서는 공익위원의 배척·기피·회피(동 27조의 2, 27조의 3, 노위칙 39조), 증인 등 출두명령·물건제출명령(노조 27조의 7, 노위칙 41조의 11, 41조의 9), 증인 등의 선서(노조 27조의 8), 심문정의 질서유지조치(동 27조의 11) 등을 규정하였다. 이에 더불어 부당노동행위분쟁의 해결에 대한 노동위원회의 중요한 기능에도 불구하고, 법률상의 규정이 없었던 화해에 대하여 규정이 정비되었다(동 27조의 14).

　2004년 법개정은 다음해 1월 1일부터 시행되었지만, 노동위원회는 전국노동위원회연락협의회를 통하여 협력하고, 가능한 한 통일적으로 이에 대응해왔다. 그 결과, 개정법 시행시에 초심에서 250건, 재심사에서 205건 계류하고 있던 1년 6개월을 넘는 장기체류사건은 2010년 말에는 각각 68건과 29건으로 감소했다. 또한 법시행 후 제기된 사건에서 2010년 말까지 종결된 것(6년간의 누적)의 평균처리일수는 초심에서 313일, 재심사에서 418일로 단축되었다.

---

　25) 第二鳩タクシー事件 ― 最大判 昭52. 2. 23, 民集 31권 1호, 93면.

정확화 쪽은 2005~2010년의 중노위 재심사명령(누적)의 제1심에서의 취소율은 13%로, 2011년 1년간에는 5.6%로 저하되었다. 이러한 점도 작용하여 중노위 명령에 대한 행정소송 제기율은 법시행 전의 6년간의 누적에서 59.5%였던 것이, 법시행 후 6년간의 누적에서 47%로 저하하였다.

　부당노동행위사건에 관한 분쟁해결력이라는 관점에서 보면, 노동위원회는 개정법 시행 후의 누적에서 초심에서 80% 정도, 재심사에서 75%의 사건을 화해·취하(초심에서 약 70%, 재심사에서 약 45%) 또는 명령(초심에서 약 10%, 재심사에서 약 30%)에 의하여 종결되고 있다. 부당노동행위분쟁사건의 해결의 어려움을 고려하면, 평가할만한 실적이라고 할 수 있다(이상의 데이터는 중노위 사무국에 의함).

2. 초심절차

(1) 관　할

　부당노동행위의 구제절차를 관할하는 노동위원회는 원칙적으로 당사자(노·사 쌍방)의 주소지(주로 사무소의 소재지)를 관할하는 도도부현노위 또는 부당노동행위가 이루어진 곳을 관할하는 도도부현노위이다(노조 7조 4호 사건에 대해서는 해당 부당노동행위에 관계되는 동호의 위원회도 그러하다. 이상, 노조령 27조 1항).[22][23]

[22] 관할에 관한 보충규정

　부당노동행위의 관할에 대해서는 노조법 시행령이 다음과 같이 정하고 있다. 먼저 위의 토지관할 원칙에 의해 동일 부당노동행위에 대해 두 곳 이상의 노동위원회에 사건이 계류되어 있을 때는, 처음에 신청을 받은 노동위원회가 관할한다(노조령 27조 2항). 그러나 어떤 노동위원회에 관할이 정해지는 경우라도 중노위가 그 사건에 대해 토지관할을 가지는 다른 노동위원회를 지정했을 때는, 그 노동위원회가 관할권을 가진다(동 3조). 또 두 개 이상의 관련사건이 각별히 두 곳 이상의 노동위원회에 계류될 경우, 중노위는 하나의 도도부현노위를 모든 사건의 관할 노동위원회로 지정할 수 있다(동 4항). 그리고 전국적 중요사건이라고 중노위가 인정한 사건(그 판단기준에 대하여 중노위는 '不当労働行為事件審査の優先管轄等の基準及び手続について'(2009년 7월)을 책정하였다)의 관할은 중노위에 속한다(동 5항). 그러나 이 사건에 대해서도 중노위는 관계 도도부현노위 중 한 곳에 관할 지정을 할 수 있다(노조령 27조의2). 관할에 대해서는 노위규칙에 더욱 상세한 규정이 있다(29조~31조).

[23] 외국 현지법인의 노사분쟁에 대한 관할

　어느 일본기업의 외국 현지법인의 사업소에서의 노사분쟁에 대하여 해당 법인의 조합이 일본의 산별노조에 가입하고 해당 산별노조가 해당 일본기업에 대하여 해당 분쟁의 해결을 요구하여 단체교섭을 신청했는데 거부당했다. 해당 산별노조는 해당 일본기업을 상대로 단체교섭거부의 부당노동행위가 있다고 하여 구제신청을 했다. 그러나 중노위는 동 사건은 그 실질에서 노동조합법의 적용이 없는 외국에서의 노사관계에 관한 것으로, 노동위원회의 관할에는 속하지 않는다고 판단하고(フィリピン・トヨタ事件－中労委 平18. 12. 6, 命令集 136집, 1258면), 법원도 이 판단을 시인하였다(東京高判 平19. 12. 26, 労経速 2063호, 3면)(비판적 학설로서 米津孝司,「国際的労使紛争に関する日本国会社の団交拒否」, 中労時 1111호, 19면).

(2) 신 청

부당노동행위 구제절차는 사용자가 부당노동행위 금지규정(노조 7조)에 위반했다는 취지의 신청에 의해 개시된다(노조 27조 1항).

(가) 신청 방법   신청은 신청서를 관할위원회에 제출함으로써 실시된다. 신청서에는 신청인·피신청인의 성명·주소, '부당노동행위를 구성하는 구체적 사실', '청구하는 구제의 내용'및 신청 일시를 기재하고 신청인이 서명 또는 기명날인해야 한다(노위칙 32조 2항).[24]

> **[24] 구두 신청**
> 신청은 구두로도 할 수 있다. 이 경우 사무국 직원은 신청서 기재사항을 분명하게 하게 하고, 이것을 녹취하여 신청인에게 서명 또는 기명날인하게 한다. 이 녹취서면은 신청서로 간주된다(노위칙 32조 3항). 사건과 입증활동의 복잡성 때문에, 구두신청은 실제상으로는 행해지지 않는다.

(나) 신청인   신청인이 될 수 있는 자를 부당노동행위의 각 유형별로 기술하면,[26] 불이익 취급(노조 7조 1호, 4호)사건에서는 불이익 취급을 받은 근로자와 이 근로자가 속하는 노동조합(노동조합 결성과정에서의 불이익 취급의 경우는 노동조합이 아닌 경우도 있다)의 어느 쪽도 신청할 수 있다. 노동조합이 해당 근로자가 불이익 취급을 받은 후에 가입한 노동조합이라도, 해당 노동조합과 사용자에 대하여 불이익 취급의 시정을 요구하여 단체교섭을 신청하고 있으면, 그러한 관점에서의 신청적격이 인정된다.

문제는 노동조합의 신청사건에서 해당 근로자가 다툴 의사를 가지지 않는 경우인데, 이러한 경우에는 노동조합도 신청을 할 수 없게 된다는 설도 있지만,[27] 불이익 취급은 노동조합에 대한 침해행위이기도 하므로 노동조합은 신청할 수 있으나,[28] 다만 구제내용이 노동조합을 대상으로 한 것에 한정되게 된다.

단체교섭을 거부(2호)한 사건에서는 단체교섭을 정당한 이유 없이 거부당한 노동조합만이 구제신청을 할 수 있고, 소속조합원은 신청을 할 수 없다.[29] 이에는 반대하는 설도 있는데,[30] 단체교섭의 주체(당사자)는 어디까지나 노동조합이며 조합원은 아니기 때문이다(노동조합을 결성하지 않은 근로자 집단 내지 그 대표

---

26) 이에 대해 상세히 검토한 문헌으로서는 道幸哲也, 「組合申立の法構造(1)(2)」, 北大法学論集 38권 5=6호, 1139면; 39권 1호, 75면.
27) 石井, 456면.
28) 大和哲夫＝佐藤香, 労働委員会規則, 196면.
29) 塚本, 39면.
30) 大和＝佐藤, 앞의 책, 196면.

자가 단체교섭 거부신청을 할 수 없다고 해석해야 하는 것은 전술함).

지배개입(동조 3호)에 대해서는 지배개입을 받은 노동조합과 그 조합원 중 어느 쪽이든지 신청할 수 있다.[31] 예를 들어 노동조합이 어용화되어 지배개입을 다툴 의사가 없을 것 같은 경우에는, 조합원 개인이 이를 문제 삼을 수 있다. 노동조합 결성에 대한 지배개입에 의해 결성이 성취되지 않은 경우에는, 노조결성에 관여한 근로자가 신청을 할 수 있다는 것은 말할 필요도 없다.

노동조합이 신청인이 되는 경우에는 노동조합의 정의(노조 2조) 및 규약 요건(동 5조 2항)에 적합하다는 자격심사를 받아야 한다.[32] 자격심사에 대해서는 '병행심사'가 이루어져, 구제명령시까지 자격이 인정되면 된다고 정하고 있다. 근로자 개인이 신청인이 된 경우에는 자격심사는 실시되지 않는다(노조 5조 1항 단서).

(다) 피신청인   피신청인은 노조법에서 부당노동행위가 금지되어 있는 '사용자'(7조)인데(27조 1항 참조), 즉 노조법이 조성하려고 하는 단체적 노사관계(단체교섭·단체협약 등)의 법적 당사자인 사용자이다. 따라서 이것은 개인기업이라면 기업주 개인, 법인기업이라면 법인이다. 공장·지점·영업소 등의 법인기업의 부분조직은 단체교섭의 법적 당사자가 될 수 없으며, 또한 명령위반 경우에도 과태료(32조)가 부과될 수 없고 피신청인이 될 능력이 없다.[33] 또한 부당노동행위의 구체적인 행위자도 위와 같은 '사용자'라고는 할 수 없으므로 피신청인이 될 수 없다.[34] 학설 및 명령사례에서는 반대설이 유력한데,[35] 노사관계(부당노동행위)의 법적 당사자와 현실적 행위자 내지는 행위조직을 혼동하고 있다고 생각된다.[36] ⑤

---

⑤ 파산·회사갱생과 피신청인

회사가 갱신절차의 개시결정을 받았을 때에는 갱생관재인이 위의 사용자가 된다(회사갱신 72조. 塚本, 66면). 이에 대해 파산절차개시결정을 받은 경우에는 파산회사와 파산관재인 중 어느 한쪽이 법적으로 사용자인 지위에 있는지가 문제가 된다(명령사례에 대해서는 塚本, 66면). 파산회사로 보는 설(塚本, 66면; 園部秀信, 「株式会社가 不当히 解雇한 労働者의 会社破産 또는 更正手続中에 있어서의 救済」, 松田判事在職40年記念・会社と訴訟(下), 903면)도 유력했는데, 근래

---

31) 塚本, 39면; 京都市交通局事件 ― 最二小判 平16. 7. 12, 労判 875호, 5면.
32) 혼합노조의 신청인 적격에 대해서는 전술함.
33) 済生会中央病院事件 ― 最三小判 昭60. 7. 19, 民集 39권 5호, 1266면.
34) 石川, 189면.
35) 大和=佐藤, 앞의 책, 200면; 塚本, 53면 등. 명령사례에 대해서도 塚本, 52면 이하 참조.
36) 판례의 견해에 대한 상세한 반론에 대해서는 山本吉人, 労働委員会命令と司法審査, 222면 이하.

에는 파산관재인으로 보는 설이 우세하다(今井ほか, 硏究, 45면). 파산재단에 속하는 재산의 관리·처분에 관한 사항(예를 들어 미지불임금의 지불, 해고의 철회·백 페이)에 대해서는 전권을 가진 파산관재인이 사용자가 되지만, 상기 재산의 관리·처분에는 영향이 없는 비금전적 사항(예를 들어 포스트 노티스(post notice)명령의 이행)에 대해서는 파산회사도 계속 사용자일 수 있다고 생각된다(池田電器事件 ― 高松高判 平3. 3. 29, 労判 614호, 14면; 同事件 ― 最二小判 平4. 2. 14, 労判 614호 6면은 이 점을 전제로 하여 파산회사의 단체교섭 의무의 소멸을 판단하고 있다. 그 외에 誠光社事件 ― 大阪地判 平9. 10. 29, 労判 727호, 18면).

(라) 신청기간   신청은 행위가 있었던 날(계속되는 행위에 대해서는 종료된 날짜)로부터 1년 이내에 해야 한다(노조 27조 2항). 1년을 넘긴 후에 이루어진 신청은 기각된다(노위칙 34조 1항 3호). 이렇게 신청기간을 1년으로 한정한 것은 1952년 법개정에 따른 것인데, 그 입법이유는 행위 후 장기간을 경과하면 증거수집·실정파악이 곤란해진다는 점, 노사관계가 형성되어 안정된다는 점, 구제 실익도 빈약해진다는 점 등을 들고 있다.[37]

문제는 위의 '계속되는 행위'란 무엇인가이다. 이것은 가장 좁게는 예고를 한 해고와 로크아웃 등, 바로 완결되지 않고 일정 기간 계속되는 하나의 행위를 가리킨다고도 해석할 수 있을 것이다.[38] 그러나 일찍이 동일(단일) 부당노동행위 의사에 근거하여 여러 개의 행위가 연속적으로 이루어진 경우에는 이들을 신청기간과의 관계에서는 한 개의 행위로 평가해야 한다는 견해에서 일련의 계속적 지배개입행위와 불이익 취급행위를 '계속하는 행위'라고 보는 명령이 출현했다.[39] 그리고 조합원에 대한 인사고과의 낮은 평가에 의한 승급·일시금 또는 승계의 차별사건이 증가하는 가운데, 이러한 차별이 계속되는 행위라고 할 수 있는가가 큰 문제가 되었다.[40] [26]

[26] **심사차별과 '계속되는 행위'**

엄밀하게는 다음의 세 가지 문제를 구별할 필요가 있다. 첫째로 승급차별에 관한 것으로, 승급액 결정을 위한 인사고과에 있어서 낮은 사정, 이 낮은 사정에 근거한 승급액의 결정, 그리고 이 결정에 근거한 낮은 승급액의 지불이라는 일련의 행위가 '하나의 행위' 내지 '계속되는 행위'라고 할 수 있는가이다. 이에 대해 판례는 차별적 불이익 사정과 그것에 근거한 (해당 연도의) 매월의 임금지불과는 일체로서 하나의 (계속되는) 부당노동행위를 성립하므로, 낮은 사정에 근거한 임금상의 차별취급의 시정을 요구하는 구제신청은 동 사정에 근거하는 (해당 연도의) 마지막 임금지불시부터 1년 이내에 이루어졌을 때에는 신청기간 내의 신청으로서

---

37) 労働省労政局, 改正労働関係法の詳解, 170면.
38) 色川幸太郎, 「労働委員会における救済手続」, 講座(2), 392면.
39) 三菱製紙事件 ― 大阪地労委 昭40. 8. 31, 命令集 32＝33집, 320면; 京都ホテル事件 ― 京都地労委 昭45. 2. 13, 命令集 42집, 67면.
40) 문헌으로서 佐藤香, 「いわゆる『継続する行為』に関する考察」, 大和哲夫還暦·労働委員会と労働法, 253면 이하; 岡田克彦, 「申立機関と『継続する行為』」, 現代講座(14), 108면.

적법하다고 보고 있다(紅屋商事事件 — 最三小判 平3. 6. 4, 民集 45권 5호, 984면; 千代田化工建設[昇給昇格]事件 — 東京地判 平9. 7. 23, 勞判 721호, 16면). 요컨대 위의 일련의 행위를 차기 승급사정에 근거한 승급이 이루어질 때까지의 기간 동안 임금지불의 한도에서 계속되는 행위라고 인정한 것이다.

두 번째 문제는 승진·승급 차별에 관한 첫 번째 문제와 동일한 문제인데, 승진·승급 결정을 위한 인사평가(여기에서의 차별적인 저평가·저사정), 이에 근거한 승진보류·승격보류 결정, 그 후 있어야 할 승진·승급이 되지 않는 상황의 3가지가 하나의 행위(내지 계속되는 행위)라고 할 수 있는가이다. 이에 대해서는 명령례에서는 각 연도마다 승진·승급결정행위는 승진보류·승격보류의 결정때마다 완결하는 1회 한정의 행위라는 견해가 대표적인 것이지만(승격에 대하여 放送映畵製作所事件 — 中勞委 昭59. 4. 4, 命令集 75집, 530면. 계장·계장대우 승진에 대해 芝信用金庫事件 — 中勞委 平4. 8. 5, 命令集 95집, 893면), 최근의 판례·명령례에서는 첫 번째의 승격차별과 마찬가지로, 연도 당초의 승진보류·승격보류의 결정은 연도 중에는 승진시키지 않는다는 의사를 포함하므로 다음의 승진시기까지의 1년간은 계속되는 것이라고 하는 견해를 취했다(芝信用金庫事件 — 東京高判 平12. 4. 19, 勞判 783호, 36면; 住友重機械工業事件 — 東京地判 平20. 11. 13, 勞判 974호, 5면; 昭和シェル[大阪]事件 — 中勞委 平16. 11. 4, 命令集 130집, 1027면).

셋째로 사용자가 매년 승급, 일시금, 승격 등의 사정차별을 반복할 경우에, 이러한 매년마다의 승급, 일시금, 승격차별이 상호 '계속되는 행위'라고 할 수 있는지이다. 이 점에 대해서는 당초에는 명령례에서 승격이나 승급 그리고 일시금도 결정시 1회에 한정되는 별개의 행위라는 부정설이 채택되고 있었는데(특히 內田洋行事件 — 中勞委 昭46. 12. 15, 命令集 45집, 789면), 점차적으로 수년간에 걸쳐 반복되어 온 승급, 일시급, 승격 차별은 일관된 부당노동행위 의사에 근거한 의도적 차별의 누적인 한, '계속되는 행위'라고 할 수 있다는 긍정설이 다수를 차지하게 되었다(그 효시는 日本計算器事件 — 京都地勞委 昭47. 11. 17, 命令集 48집, 153면). 또 이 긍정설에 서면서 노동조합이 차별에 대한 항의를 반복해왔는데, 이를 무시하고 계속해서 차별해 온 경우에만 계속적 차별의사에 근거한 계속적 차별행위의 존재를 인정한 뒤, 구제명령의 재량권 행사로서 신청하기 전 3년 동안에 이루어진 승급 등의 차별에 한정하여 구제를 해야 한다는 입장도 있다(共立事件 — 東京地勞委 昭56. 7. 7, 命令集 70집, 85면). 뿐만 아니라 부정설에 서면서도 임금이나 또는 승급상 누적된 격차가 신청하기 전 1년 동안 해소되지 않은 채 존재하고 있을 때에는, 그 격차를 향후 일괄적으로 해소할 수 있다고 하는 절충설에 가까운 명령(효시는 長野鍛工事件 — 長野地勞委 昭52. 4. 18, 命令集 61집, 388면)도 유력하게 되었다(日本シェーリング事件 — 中勞委 昭61. 11. 12, 命令集 80집, 742면; 松蔭学園[賃金差別]事件 — 中勞委 平17. 2. 2, 命令集 131집, 988면; 千代田化工建設[昇給昇格]事件 — 東京地判 平9. 7. 23, 勞判 721호, 16면).

(마) 신청 취하　　　신청인은 명령서의 사본이 교부될 때까지는 언제라도 신청의 전부 또는 일부를 취하할 수 있다(노위칙 34조 1항). 취하된 신청(의 부분)은 처음부터 계류되지 않은 것으로 간주된다(동조 4항. 재신청은 가능하지만 새로운 신청으로서 신청기간에 따른다). 취하의 대부분은 화해성립에 의한 것이다.

(3) 심　　사

(가) 심사의 의의와 체제　　　부당노동행위를 신청받았을 때는 노동위원회는

'지체 없이 조사를 실시하고 필요하다고 인정했을 때에는 해당신청이 이유가 있는지 없는지에 대해 심문을 해야 한다'(노조 27조 1항). 이러한 조사 및 심문의 모든 절차를 '심사'라고 부른다.

심사는 회장이 지휘하여 실시하는데(노조칙 33조 2항), 회장은 공익위원 전원에 의한 심사를 대신하여 공익위원 중에서 한 사람 또는 여러 명의 위원('심사위원')을 선출하여 심사를 담당하게 할 수 있다.[27] 이 경우, 심사위원 또는 심사위원장은 회장의 권한을 대행한다(노위칙 37조). 사건이 많은 도도부현노위에서는 심사위원이 선임되어 심사를 담당하는 것이 보통이다. 심사에서는 당사자는 회장의 허가를 얻어 타인에게 대리하게 할 수 있다(노위칙 35조 4항. 실제상 대부분의 사건에 있어서 당사자는 변호사를 대리인으로 하고 있다).

[27] **공익위원이 배척 · 기피 · 회피**
노동위원회의 공익위원은 부당노동행위사건 심판절차를 공정하게 실시하고, 심사결과에 공정하게 법을 적용해야 할 임무를 가지고 있다. 이러한 임무는 소송절차에서의 법관에 비유해야 하는 것으로, 2004년 노조법 개정은 심판절차에서의 권한을 강화하였다. 이에 따라 공익위원은 준(準)사법절차의 주재자로서의 공정성을 한층 더 강력하게 요청받게 되었기 때문에, 동 개정은 공익위원에 대하여 소송절차에서의 법관과 마찬가지로 배척·기피의 제도를 마련했다.
즉, 공익위원은 ① 자기 또는 배우자 혹은 배우자였던 자가 사건 당사자 또는 법인인 당사자의 대표자이거나 대표자이었던 때, ② 자기가 사건 당사자의 4촌 이내의 혈족, 3촌 등 이내의 인척 또는 동거 중인 친족이거나 친족이었던 때, ③ 자기가 사건 당사자의 후견인, 후견감독인, 보좌관, 보좌감독인, 보조인 또는 보조감독인인 때, ④ 자기가 사건에 대하여 증인이 되었던 때, ⑤ 자기가 사건에 대하여 당사자의 대리인이거나 대리인이었던 때, 어느 사항에 해당하는 경우는 해당 사건의 심사에 관련 직무의 집행에서 배척된다(27조의 2 1항). 이러한 배척의 원인이 있었던 때는 당사자는 배척신청을 할 수 있다(동조 2항). 또 공익위원에 대하여 심사의 공정함을 방해할 만한 사정이 있는 경우는 당사자는 이를 기피할 수 있다(27조의 3 제1항). 당사자는 사건에 대하여 노동위원회에 대해 서면 또는 구두로 진술한 후에는 공익위원을 기피할 수 없다. 다만, 기피의 원인이 있는 것을 몰랐던 경우나 기피의 원인이 그 후에 발생한 경우는 그러하지 아니하다(동조 2항).
배척 또는 기피의 신청이 있었던 경우는 신청에 관련된 공익위원을 제외하고 노동위원회(공익위원회의, 노위칙 38조 3항)가 결정을 한다(27조의 4). 결정까지는 심사 절차는 긴급을 요하는 행위를 제외하고 중지된다(27조의 5). 또 공익위원은 이러한 배척 또는 기피의 사유가 있는 경우에는 회장의 허가를 얻어 심사에 관련된 직무 집행을 회피할 수 있다(노위칙 39조).

(나) 조 사   조사는 양 당사자에게 주장과 입증방법을 명확하게 하여 쟁점을 정리하고 또한 심문계획을 세우는 것을 주안점으로 하는 심문준비를 위한 절차이다.

조사를 개시할 때 위원회는 지체 없이 그 취지를 당사자에게 통지하고 신청인에게 신청이유를 소명하기 위한 증거제출을 요청함과 동시에, 피신청인에게 신청서 사본을 송부하여 그에 대한 답변서 및 그 이유를 소명하기 위한 증거제출을 요청해야 한다(노위칙 41조의 2 제1항). 피신청인은 신청서 사본이 송부된 날부터 원칙적으로 10일 이내에 답변서를 제출해야 한다(동조 2항). 단, 피신청인은 회장이 지정하는 기일에 출두하여 구두로 답변할 수 있다(동항. 단체교섭거부 사건에서는 회장은 조사개시 후에 신속하게 기일을 지정하여 구두에 의한 답변을 요구할 수 있다. 동 3항. 2003년 개정). 이상이 조사의 첫 단계이다. 두 번째 단계는 양 당사자가 조사 기일에 회장(심사의원)에 대해 주장과 그 입증방법을 제출하고 회장이 이들을 정리함과 동시에 심사의 계획을 정하는 과정이 된다.[41] 이 과정에서는 회장은 필요하다고 인정될 때에는 노사위원의 참여를 요구할 수 있다(동조 5항). 노사위원의 협력은 특히 화해의 가능성을 찾거나 그것을 원조하는 것에 유효하다. 또 회장은 담당직원에게 조사하게 할 수 있다(동조 6항).

심사계획의 책정은 심사의 신속화와 정확화를 위해 2004년의 노조법 개정으로 도입된 것이다. 심사계획은 당사자 쌍방의 의견을 청취하고, 심문개시 전에 정하지 않으면 안 되고(27조의 6 제1항), 여기에서는 ① 조사에서 정리된 쟁점 및 증거, ② 심문기간·회수 및 증인의 수, ③ 명령교부의 예정시기를 정하지 않으면 안 된다(동조 2항). 심사계획은 모든 사건에 대하여 책정해야 할 것이나, 심문을 하지 않고 화해를 권고하거나 사건을 종결시키는 경우에는 해당 사항이 아니다(2004년 후노정발 1201001호). 일단 정해진 계획은 심사 현황, 기타 사정을 고려하여 필요가 있는 경우는 변경할 수 있다(동조 3항). 심사 도중에 화해를 권고하는 경우에는 계획을 변경할 필요는 없지만, 화해가 성립되지 않고 당초 계획과 비교하여 심문의 기간이 대폭 지연되어 버린 경우에는, 계획을 변경해야 할 전형적인 경우가 된다(2004년 후노정발 1201001호). 노동위원회 및 당사자는 적정하고 신속한 심사의 실현을 위해, 심사계획을 근거로 하여 심사가 이루어지도록 노력해야 한다(동조 4항). 심사계획의 책정 또는 변경은 회장(심사위원)이 한다(노위칙 41조의 5).

조사에서는 심문준비로서 증서, 그 외 증거물건의 제출을 받고, 동시에 심문에서 심문해야 할 증인·당사자를 결정한다. 증인의 심문신청은 증인의 이름 및 주소, 심문시간 및 증명해야 할 사항을 명확히 하여 실시해야 하고, 동시에

---

41) 상세한 것은 塚本, 79면.

심문사항을 개별적이고 구체적으로 기재한 심문사항서를 제출하여 실시하지 않으면 안 된다(노위칙 41조의 10). 심문결정이 있었던 증인에 대해서는 심문사항서를 첨부한 호출장이 보내지지만(동 41조의 11), 심문신청을 한 당사자는 증인을 기일에 출두하게 하도록 노력해야 한다(동 41조의 12). 위의 규정은 당사자의 심문에 대해서도 준용된다(동 41조의 13). 이렇게 하여, 증인과 당사자의 심문은 일반적으로는 노동위원회가 필요하다고 인정된 자에 대하여 당사자가 임의로 출두시킴으로써 실시되지만, 이것이 곤란하고 또한 심문이 필요한 경우에는 노동위원회가 당해 증인·당사자에 대해 출두를 명하는 것도 가능하다(27조의 7 제1항 1호).[28] 증서, 그 외 물건에 대해서도 당사자가 수집한 것이 임의로 제출되는 것이 일반적이지만, 이에 대해서도 일정한 경우에는 제출을 명하는 것이 가능하다(동항 2호).[29][30]

[28] **증인 등 출두명령**

노동위원회는 당사자의 신청에 의해 또는 직권으로 사실인정에 필요한 한도에서 당사자 또는 증인에 대해 출두를 명하여 진술하게 할 수 있다(27조의 7 제1항 1호). 심사의 신속화 및 정확화를 위해 2004년 개정으로 신설된 권한이다. 증인 등 출두명령은 참여위원의 의견을 구한 후(동조 4항, 노위칙 41조의 14 제2항), 공익위원회의(중노위에서는 부회)의 결정에 따라 행한다(동조 1항).

도도부현노위의 증인 등 출두명령에 대해서는 중노위에 대해 심사신청을, 중노위의 증인 등 출두명령에 대해서는 중노위에 대해 이의신청을, 명령을 받은 날부터 1주간 이내에 가능하다(27조의 10 제1항, 제3항). 중노위는 심사신청에 이유가 있는 경우는 명령의 전부 또는 일부를 취소하고(동조 2항), 이의신청에 이유가 있는 경우는 명령의 전부 또는 일부를 취소하거나 이를 변경한다(동조 4항). 모두 공익위원회의의 결정에 따라 이루어지고(노위칙 41조의 22 제1항, 41조의 24 제2항), 이러한 심리는 서면으로 행하나(27조의 10 제5항), 직권으로 신청인을 심문할 수 있다(동조 6항).

정당한 이유 없이 명령에 위반하여 출두하지 않거나 진술하지 않은 자는 30만엔 이하의 과태료가 부과된다(32조의 2 제1호). 그래서 명령에 대해서는 행정소송의 제기가 가능하다(2004년 후노정발 1201001호).

증인 등 출두명령에 대해서는 중노위가 현(県)노위의 동 명령의 취소사례(高橋運輸事件-中労委 平18. 11. 15, 別冊中時報 1384호, 617면)와 중노위의 발출례(緑光会事件-中労委 平22. 5. 21, 命令集未搭載)가 있다(藤田壮＝植田裕紀久, 「緑光会事件証人等出頭命令について」, 中労時 1143호, 4면 참조).

[29] **물건제출명령**

노동위원회는 사건에 관계가 있는 장부서류, 기타 물건으로 '당해 물건에 의하지 않으면 당해 물건으로 인정해야 하는 사실을 인정하는 것이 곤란하게 될 우려가 있다고 인정되는 것'의 소지자에 대해, 당해 물건의 제출을 명하거나 제출된 물건을 맡아둘 수 있다(27조의 7 제1항 2호). 마찬가지로 2004년 개정으로 신설된 권한이다.

노동위원회는 물건제출명령을 내려야 하는지의 여부 결정에 있어서는 개인의 비밀 및 사업자의 사업상 비밀보호를 배려하지 않으면 안 된다(동조 2항). 입안과정에서의 심리경과에서 개인적인 메모나 기재내용은 일반적으로 이러한 것에 해당되나, 임금대장이나 인사고과결과를 기재한 문서는 이러한 비밀에 바로 해당되는 것은 아니라고 해석된다(후노정발 1201001호). 물건의 제출을 명할 시에는 제출을 명할 필요가 없는 부분 또는 비밀보호의 배려로 제출을 명하는 것이 적당하지 않은 부분을 제외하고 명령을 내릴 수 있다(동조 3항). 물건제출명령의 신청은 ① 물건의 표시, ② 물건의 취지, ③ 물건의 소지자, ④ 증명해야 할 사실을 명확히 하여 이루어지지 않으면 안 된다. 노동위원회는 물건제출명령을 공익위원회의(중노위에서는 부회)에서 결정하지만(노위칙 41조의 19 제1항), 제출하려고 하는 경우에는 물건의 소지자를 심문해야 한다(27조의 7 제7항).

물건제출명령에 대해서도 증인 등 제출명령과 마찬가지로 이의신청 또는 심사의 신청이 가능하다(27조의 10). 명령에 위반하여 물건을 제출하지 않은 자에 대한 제재도 마찬가지로 30만엔 이하의 과태료가 부과된다(32조의 2 제2호). 명령에 대해 행정소송의 제기가 가능한 것도 마찬가지이다.

물건제출명령에 대해서는 현(県)노위의 동 명령을 취소한 판단 사례가 있고(智香寺学園事件－中労委 平17. 9. 21, 別冊中労時 1314호, 87면; 大阪京阪タクシー事件－中労委 平21. 3. 18, 別冊中労時(重要命令集) 1373호, 66면), 또 중노위의 공익위원회의에 의한 집무자료가 나와 있다(「物件提出命令の運用について」, 中労時 1060호, 2면).

⑳ 조사에서의 증거조사

조사에서도 심문준비의 취지에서의 증거조사가 가능하지만, 당사자・증인의 심문은 공개되고 반대심문의 기회를 보장받는 심문에서만 행할 수 있다(27조의 7 제1항 참조). 따라서 심문에서 증거조사를 한다고 해도, 증거, 그 외의 물건 조사가 주요한 방법이 된다(이에 대해서는 물건제출명령도 가능하다고 되어 있다. 27조의 7 제1항). 그 외, 조사에서 당사자로부터의 사정청취가 사실상 심문준비로서의 증거조사 기능을 가지고 있다고 할 수 있다.

(다) 신청 기각   일정한 사유가 있을 때는 노동위원회는 공익위원회의 결정에 의해 신청을 기각할 수 있다(노위칙 33조). 기각사유는 ① 신청이 그 요건을 갖추지 않고 있어 보충되지 않을 때, ② 자격심사에서 신청인이 노동조합의 자격이 입증되지 않을 때, ③ 신청이 신청기간을 지나서 이루어진 때,42) ④ 신청 사실이 부당노동행위에 해당하지 않는다는 사실이 분명할 때, ⑤ 신청 사실에 관한 구제내용이 법령상 혹은 사실상 실현이 불가능하다는 것이 분명할 때, ⑥ 신청인의 소재를 알 수 없을 때, 신청인이 사망 또는 소멸하여, 6개월 이내에 신청을 승계해야 하는 상황에서 승계신청이 없을 때, 혹은 신청인이 신청을 유지할 의사를 포기한 것이라고 인정될 때이다.

이외에도 피신청인 적격 결여('사용자'가 아닌 경우)도 기각사유가 된다. 이에 대해 구제이익이 없는 경우는 신청 기각사유이다. 신청각하도 그 사유의 존재 여부에 대해 상세한 사실인정을 필요로 할 때(예를 들어 모회사의 사용자성) 등은

---

42) 지공노법상의 쟁의행위금지(11조)에 위반하여 해고(12조)된 경우의 해고에 관계된 신청이 해당 해고로부터 2개월을 경과한 후에 이루어진 것일 때에도 기가사유가 된다(노위칙 33조 4호).

심문종료 후 합의에서 처음으로 판단이 이루어진다.43)

(라) 심 문   조사가 종료됐을 때는 신청기각과 취하가 이루어지지 않는 한, 항상 '필요가 있는'(노조 27조 1항) 것으로서 심문으로 이행되는 것이 원칙이다. 즉, 부당노동행위 성립여부는 공개, 당사자 대석(對席), 노사위원의 참여 등을 보장받은 심문의 절차에서 판정되는 것이 절차의 공정성이라는 관점에서 원칙이 된다.③1

③1 **심문을 거치지 않는 명령발출**
  부당노동행위의 성립여부는 심문을 거쳐 판정되어야 한다는 상기의 원칙 이외에는, 종래에는 초심에서의 심사를 거치고 있는 재심사에 대하여 초심의 기록 및 재심사 신청서, 그 외 당사자로부터 제출된 서면 등에 의한 명령방법이 규정되어 있었다(노위칙 55조 2항). 이번 (2012년 10월), 전노위협의회의 노동위원회 활성화 검토위원회의 제2차 보고서(2011년 6월)의 제언에 따라, 노동위원회규칙의 개정(2012년 중노위칙 1호)이 이루어져 초심에 대해서도 '위원회는 사건의 내용에 비추어 신청서, 그 외 당사자로부터 제출받은 서면 등에 의해 명령을 내리기에 무르익었다고 인정할 때에는 심문을 거치지 않고 명령을 내릴 수 있다'는 규정이 마련되었다(노위칙 43조 4항). 이것은 조사에서 양 당사자에게 주장서면·증서의 제출이나 진술의 기회가 충분히 부여되어 쟁점의 정리나 증서의 조사 등이 실시된 결과, 당사자간에 주요한 사실관계에 쟁점이 없어 쉽게 사실을 인정할 수 있다는 점이 판명되고, 심문으로 증인(내지 당사자) 심문을 할 필요가 없다고 인정되는 경우를 상정하고 있다. 절차적으로는 심문을 거치지 않고 증거조사를 종결시키는 것에 대하여 당사자 쌍방의 의향 및 참여위원의 의견을 청취하여 이러한 점들을 종합적으로 감안하여 행해야 한다(2012년 후노발중 1001 제1호 참조).

  심문은 회장(심사위원)이 지휘하여 실시하며(노위칙 33조 2항), 노사위원은 미리 회장에게 신청한 후에 참여한다(동 41조의 6 제4항). 심문은 당사자 입회하에 실시하지만, 당사자가 출두하지 않은 경우라도 적당하다고 인정했을 때에는 실시할 수 있다(동 41조의 7 제1항). 당사자는 회장(심사위원)이 허가를 얻어 보좌인을 동반하여 출두할 수 있다(동조 3항). 심문은 공개로 진행된다(단 공익위원회의에서 필요하다고 인정했을 때에는 예외적으로 비공개로 할 수 있다. 동조 2항).

  심문의 증거조사44)에 대해서는 심문에서는 신청인, 피신청인에 대하여 증거를 제출하고 증인에게 반대심문을 할 충분한 기회가 주어져야 한다는 것이 기본적 사항으로서 법정되어 있다(노조 27조 1항). 심문은 주로 당사자 또는 증인의 심문을 위해 행해지고, 증거 등의 물건 조사도 당사자·증인심문 중에 이와 관련시켜 이루어지는 것이 일반적이다.

---

43) 이러한 경우, 노동위원회의 실무상 '기각'으로 취급되는 경우도 있다.
44) 상세한 것은 塚本, 89면 이하.

2004년 개정 노조법은 노동위원회의 심사기능 강화의 일환으로 진술하는 증인에게는 선서를 하게 해야 하고(27조의8 제1항), 진술하는 당사자에게는 선서하게 할 수 있다(동조 2항). 선서는 심문 전에 기립하여 엄숙하게 이루어져야 한다(노위칙 41조의16 제1항, 제2항). 선서시에는 선서를 낭독하게 하고, 동서에 서명·날인하게 한다(동조 3항). 선서한 증인이 허위의 진술을 했을 때는 3월 이상 10년 이하의 징역에 처하고(28조의2), 선서한 당사자가 허위의 진술을 했을 때는 30만엔 이하의 과태료가 부과된다(32조의3). 또 노동위원회가 명하는 선서를 하지 않은 자는 30만엔 이하의 과태료가 부과된다(32조의2 제3호).

회장(심사위원)은 심문에서 당사자 또는 증인을 심문할 수 있다(노위칙 41조의15 제1항). 참여위원은 회장에게 요청하여 당사자 또는 증인을 심문할 수 있다(동조 3항). 그리고 당사자, 대리인 혹은 보좌인은 회장의 허가를 얻어 진술하고, 당사자 또는 증인을 심문하거나 또는 반대심문을 할 수 있다(동조 2항).[45] 회장은 당사자(대리인 혹은 보좌인)에 의한 진술 혹은 심문이 이미 이루어진 진술이나 또는 심문과 중복할 때, 쟁점과 관계없는 사항에 해당할 때, 그 밖에 적당하지 않다고 인정할 때는 이것을 제한할 수 있다(동조 4항). 또 노동위원회(회장 내지 심사위원)는 심문을 방해하는 자에 대해 퇴정을 명하고, 그 외 심문의 질서를 유지하기 위해 필요한 조치를 취할 수 있다(노조 27조의11, 노위칙 41조의7 제7항). 2004년 노조법 개정으로 노동위원회의 심사기능의 강화를 위해 신설된 규정이다. 이 규정에 따른 처분에 위반하여 심문을 방해한 자는 10만엔 이하의 과태료에 처해진다(32조의4).

심문결과, 명령을 내리기에 충분하다고 인정될 때는 회장은 심문을 종결한다(노위칙 41조의8 제2항). 단 이에 앞서 당사자에 대해 종결일을 예고하여 최후의 진술을 할 수 있는 기회를 주어야 한다(동조 1항).[46] 심문을 종결한 후에도 회장은 합의 때까지 참여위원의 의견을 청취한 뒤 심문을 재개할 수 있다(동조 2항). 또 합의가 개시한 후에도 합의결과 심리부진이 명백해지면 공익위원회의 결정에 따라 심문을 재개할 수 있다(동 42조 4항).㉜

▎㉜ **심사 실효확보 조치**
　위원회는 당사자로부터 신청이 있을 때, 혹은 회장이 필요하다고 인정할 때는 공익위원회

---

45) 실제로는 당사자의 대리인에 의하여 주심문, 반대심문이 이루어진 후에, 담당 공노사위원이 보충적으로 심문을 하는 것이 일반적이다.
46) 실제로는 심문종결을 선언할 때에 그 날의 날짜에서의 최후진술서를 일정 기한 내에 제출하도록 지시하는 것이 일반적이다.

의의 결정에 의해 당사자에 대해 심사 중이라도 심사의 실효를 확보하기 위해 필요한 조치를 권고할 수 있다(노위칙 40조).

'심사의 실효를 확보하기 위해 필요한 조치'로서는 먼저 증인의 출두방해금지와 증인이 된 자에 대한 불이익 취급 금지 등, 심사절차의 실효성 확보를 위한 조치가 있다. 그러나 심사의 실효성 확보조치가 이러한 심사절차상의 조치에 한정되지 않은 것은 1952년 규칙개정시의 신설 경위에서도 분명하다(大和哲夫=佐藤香, 労働委員会規則, 248면 이하). 그 외에 생각할 수 있는 조치로서는 해고사건에 있어 사택의 명도유예 등, 해당 사건에서 있을 수 있는 구제의 기초를 확보하기 위한 조치를 들 수 있다. 또 예를 들어 노동조합 와해 등의 지배개입 신청사건에서 계속하여 일어날 것 같은 동종의 의심스러운 행위를 삼가도록 권고하는 등의 분쟁 확대 방지조치도 해당 사건에 대한 심사의의가 현저하게 작아지는 것을 방지한다는 관점에서 허용될 수 있다. 배치전환사건에서 배치전환 거부를 이유로 한 해고를 잠시 행하지 않도록 권고하는 것 등도, 마찬가지의 관점에서 허용될 수 있다(塚本, 84면). 이상에 대해 배치전환과 해고사건의 배치전환·해고의 철회 등 해당 사건의 구제 그 자체를 미리 부여하는 조치는 심문과 합의를 거친 구제라는 구제절차의 기본 원칙에 비추어 곤란하다고 생각된다(塚本, 84면. 이에 대해 伊藤幹郎, 「審査の実効性確保の措置勧告」, 現代講座(14), 195면은 가처분의 권고도 가능하다고 상세히 논한다. 또한 실무적 상황에 대해서는 宮里邦雄, 労働委員会, 35면 이하).

(마) 화 해　　부당노동행위사건의 화해에 대해서는 종래, 노조법상 이를 상정한 규정은 존재하지 않고, 노위칙상으로는 회장(심사위원)은 적당하다고 인정했을 때는 언제라도 당사자에 대해 화해를 권고할 수 있으며, 화해가 성립했을 때는 사건은 종료한다고 규정하는데 그치고 있었다(노위칙 구 38조). 그리고 이론상은 근로자의 단결권이라는 공권에 대해 화해로 양보하는 것은 적절하지 않다는 견해가 존재한다. 그러나 실제로는 당사자도 노동위원회도 화해를 바라는 경우가 많고, 초심·재심사건의 6~7할은 화해로 해결해 왔다.[47] 오히려 실무상으로는 공노사 3자 위원이 부당노동행위사건은 명령으로 흑백을 가리는 것보다는 서로 양보하여 화해하는 쪽이 분쟁을 보다 실질적으로 조기에 해결하고 또 노사관계를 보다 원활히 할 수 있는 것이라고 생각하여, 심사절차에서 항상 화해의 기회를 엿보고 기회가 무르익었다고 보이면 당사자에게 촉구하여 해결안을 도출, 끈기 있게 합의달성에 노력해 왔다. 이러한 작업에서는 노사교섭의 경험이 풍부한 노사위원이, 공익위원을 도와 개개 당사자에 대해 진심을 이끌어내어 설득을 할 수 있다는 3자 구성의 장점이 발휘되어 왔다.

2004년의 노조법 개정시에는 심사의 신속화·정확화를 이해 노동위원회의 심사권한 강화를 도모함과 동시에, 실제로 중요한 노동위원회의 화해기능을 법률상 인지하고, 그 효력의 제도화를 꾀하기로 하였다. 개정법에 따르면, 노동위

---

47) 화해의 실태에 대해서는 全国労働委員会連絡協議会審査促進等実行委員会実務第二作業部会·不当労働行為和解事例集; 宮里邦雄, 労働委員会, 58면 이하.

원회(회장 내지 심사위원은 심사도중에 언제라도 당사자에게 화해를 권고할 수 있다(노조 27조의 14 제1항, 노위칙 45조의 2 제1항). 화해를 권고하는 절차에는 조사·심문절차에 참여하는 노사위원이 참여할 수 있다. 구제명령 등이 확정될 때까지 사이에 당사자간에 화해가 성립하고, 당사자 쌍방의 신청이 있는 경우에, 노동위원회(회장 내지 심사위원)가 당해 화해의 내용이 당사자간의 노동관계의 정상적인 질서를 유지시키거나 확립시키기 위해 적당하다고 인정될 때는 심사의 절차는 종료하고(노조 27조의 14 제2항, 노위칙 45조의 2 제3항), 화해에 관련된 사건에 대하여 이미 내려져 있는 구제명령 등은 그 효력을 잃게 된다(노조 27조의 14 제3항). 이른바 화해결정이다. 당사자간에 화해가 성립된 경우에, 심사절차를 종료시키기 위해서는 신청의 취하라는 종래의 방법이 존재하지만, 이와 동시에 화해결정에 따른 종료라는 방법이 마련되게 되었다. 이 방법이 특히 유용한 것은 재심사에서로, 재심사절차 중의 화해의 경우에는 재심사 신청을 취하해도 초심명령은 남기 때문에, 양 당사자가 바라고 노동위원회도 화해내용을 적당하다고 인정하면 초심명령이 효력을 잃는 방도를 마련한 것이다.

또 개정법에 따르면, 노동위원회는 상기의 인정(認定)화해에 금전의 일정액의 지불 또는 그 외의 대체물 혹은 유증권의 일정 수량의 급여를 내용으로 하는 합의가 포함되어 있는 경우는 당사자 양측의 신청에 따라 당해 합의에 대하여 화해조서를 작성할 수 있다(노조 27조의 14 제4항. 또한 동조 3항 괄호안 참조). 화해조서는 ① 사건의 표시, ② 위원회 이름, ③ 당사자 및 이해관계인의 성명 또는 명칭 및 주소, ④ 화해가 성립한 날, ⑤ 금전의 일정액 지불 또는 그 외의 대체물 혹은 유가증권의 일정 수량의 급여에 관한 사항을 기재하고, 회장(심사위원)이 서명 또는 기명날인함과 동시에 화해를 권고하는 절차에 참여한 위원의 이름을 기재해야 한다(노위칙 45조의 3). 화해조서는 민사집행법상 채무명의(동법 22조 5호)로 간주되어(노조 27조의 14 제5항), 그 집행문의 부여는 노동위원회의 회장이 행한다(동조 6항). 노동위원회는 화해조서를 작성했을 때에는 원본을 당사자 쌍방에게 송달한다(노조령 29조). 또 당사자 및 이해관계를 소명한 제3자는 원본의 교부를 청구할 수 있다(동령 31조).㉝

㉝ **3자 위원에 의한 사건해결을 위한 권고**
   2012년 10월의 노동위원회규칙의 개정(2012년 중노위칙 1호)은 '사건의 해결을 위한 권고'라는 제목으로 회장(심사위원)이 노사 참여위원의 의견을 청취하여 3자 위원(심사위원과 참여위원)이 서명 또는 기명날인한 서면으로 3자 위원의 견해를 제시하고, 당사자에 대하여

사건의 해결을 위한 권고를 할 수 있다는 규정을 마련하였다(노위칙 45조의 8, 45조의 9). 이 것은 전노위협의회의 노동위원회 활성화 검토위원회의 제2차 보고서(2011년 6월)에서의 제언에 근거한 규정이다. 즉, 당사자간의 감정적인 대립 등에서 노동위원회가 화해를 시도하고자 해도 화해가 매우 어려운 경우라고 해도, 노사 참여위원이 당사자와 접촉하는 가운데 당사자의 진의를 파악하고 그 뜻을 바탕으로 한 해결책을 3자 위원이 제시하면 당사자 쌍방이 이를 받아들여 분쟁이 종결할 가능성이 있는 경우를 생각할 수 있기 때문에, 그러한 경우에는 3자 위원이 해결책을 권고하여 사건의 종결을 촉구할 수 있는 점을 규칙화해야 한다는 제언이다.

3자 위원에 의한 사건해결을 위한 권고는 대부분의 경우, (a) 화해작업의 과정에서의 화해달성을 위한 제의에 이용될 것이다. 예를 들어, 당사자간의 대립 때문에 당사자간의 의사소통 자체가 곤란한 상황인 경우에는 먼저 사전준비로서 3자 위원의 입회하에서의 대화를 몇 차례 행하도록 권고하는 것이나, 해결금액의 차이가 3자 위원의 조정으로 좁혀졌지만, 당사자간의 감정적인 대립이 있어 아무리해도 그 이상의 양보와 타협이 이루어지지 않는 경우에, 3자 위원이 생각하는 타당한 금액에 따른 화해를 권고하는 것, 등을 생각할 수 있다.

동 권고는 또 (b) 3자 위원에 의한 화해의 제의가 주효하지 못하고, 당사자가 화해를 거부하고 있는 상황에 3자 위원이 일치하여 적절하다고 생각하는 해결책을 제시하여 사건의 종결을 촉구한다는 방법도 있을 수 있다. 예를 들어, 협약개정교섭에서 쌍방 모두 속마음으로는 새로운 협약의 체결을 바라고 또한 그 내용에 대해서도 일치하고 있지만, 노동조합이 과거의 부당노동행위에 대한 사용자의 사죄 없이는 새로운 협약을 체결하지 않는다는 공식적인 입장을 취하고 있는 경우에는 3자 위원이 새로운 협약의 체결로 분쟁을 종결시키는 것을 권고하는 것을 생각할 수 있다.

어느 경우든, 3자 위원에 의한 해결책의 권고는 양 당사자에게 받아들여져도 그 자체로는 심사절차를 종결시키는 효력은 없고, 또한 화해나 취하의 형식을 정비하게 하는 것이 필요하게 된다.

(4) 합   의

사건이 명령을 발하기에 이르렀을 때는 회장은 공익위원회의를 열어 합의를 행한다(노위칙 42조 1항). 합의목적은 심문결과에 근거한 사실인정과 이 사실에 대한 노조법(7조)의 적용, 그리고 명령내용의 결정이다. 공익위원회의는 합의에 앞서 심문에 참여한 노사위원의 출석을 요청하여 그 의견을 듣는다(27조의12 제2항, 노위칙 42조 2항).[48] 합의는 공개하지 않는다(노위칙 42조 3항).[34]

[34] **사실인정의 증명도**
　　부당노동행위 신청에 관한 사실인정에서 어느 정도의 증명도(확신도)가 요구되는가는 법규정상 명확하지 않다. 노위규칙상은 '소명'(즉 일단 확실하다는 추측을 얻은 상황)으로 충분하다고 보는 규정도 존재하지만(노위칙 41조의2 제1항, '신청이유를 소명하기 위한 증거 제출'), 행정소송과의 관계를 생각하면 행정소송에서도 지지될 수 있는 증명도, 즉 '증명'이 요구된다고 해석하지 않을 수 없다(新堂幸司, 「不当労働行為審査における証明の程度」, 新実務民訴講座月報 5 참조). 노위칙규칙상의 '소명'이라는 문언은 증거방법상의 제한이 존재하지 않는다고 표현하고 있는데 지나지 않는다(塚本, 98면).

---

48) 정식으로 의견을 듣지 않았다고 해도 명령효력에는 영향이 없다. あけぼのタクシー事件 — 最一小判 昭62. 4. 16, 判時 1243호, 140면.

(5) 명 령

(가) **명령절차**　　노동위원회는 신청사실의 전부 또는 일부를 이유가 있다(부당노동행위가 성립한다)고 판정했을 때는 그 전부 또는 일부에 대한 구제명령을 발하고, 신청사실의 전부 또는 일부가 이유가 없다고 판정했을 때에는 그 전부 혹은 일부에 대해 신청을 기각하는 명령을 발한다(노조 27조의 12 제1항, 노위칙 43조 1항). 이러한 명령은 지체 없이 서면에 의해 내려져야 한다(노조 27조의 12 제3항, 노위칙 43조 1항). 명령서에는 ① 명령서의 취지, ② 당사자, ③ 주문(구제명령의 내용이나 또는 신청을 기각하는 취지), ④ 이유(인정한 사실 및 법률상의 근거), ⑤ 판정일시, ⑥ 위원회명(및 부회명)을 기재하고 회장이 서명 또는 기명날인하여야 함과 동시에, 판정에 관여한 위원의 성명을 기재해야 한다(노위칙 43조 2항). 신청인 및 피신청인에게는 이 사본이 교부된다(노조 27조의 12 제3항, 노위칙 44조).

(나) **노동위원회의 재량권**　　신청의 전부 또는 일부가 이유가 있다고 인정될 때에 노동위원회가 발하는 구제명령은 불이익 취급에 대해서는 원직복귀(불이익 취급의 이전의 지위로의 복귀)와 백 페이(불이익 취급이 없었다면 받을 수 있었을 임금상당액의 지불), 단체교섭거부에 대해서는 사용자가 언급하는 사유를 이유로서는 단체교섭을 거부해서는 안 된다는 명령, 혹은 일정 사항에 대해 성실하게 단체교섭하라는 명령, 지배개입에 대해서는 지배개입행위를 구체적으로 특정하여 금지하는 명령 및 향후 동일한 행위를 하지 않는다는 취지의 문서를 사업장 내에 게시할 것(post notice) 또는 조합에 대한 교부 등을 내용으로 하는 경우가 많다. 그러나 구제명령의 내용은 이상과 같은 전형적인 것에 한정되지 않고, 사건의 다양함에 따라 노동위원회의 재량권에 위임되어야 하는 것이다. 즉 노동위원회는 그 재량에 의해 개개의 사안에 따른 적절한 시정조치를 결정하고 명령하는 권한을 가지며, 구제명령의 취소소송에 있어서는 법원은 노동위원회의 이러한 재량권을 존중할 것이 요청된다.49)

(다) **구제명령의 한계**　　위와 같이 구제명령의 내용상 적법성은, 그 내용결정에 대해 노동위원회가 가지는 재량권의 범위 내지 한계의 문제가 되고, 이것은 부당노동행위 구제제도의 취지 내지 목적에 비추어 확정된다. 따라서 구제명령의 적법성에 대해서는 부당노동행위를 사실상 시정함으로써 장래 노사관계를 노동조합의 승인존중·단체교섭관계의 원활화의 기본이념(노조 1조 1항)에

---

49) 第二鳩タクシー事件 — 最大判 昭52. 2. 23, 民集 31권 1호, 93면.

입각하여 정상화한다는 제도의 목적달성에 필요하고도 적절한 명령인가의 여부가 일반적 기준이 될 것이다.50) 앞의 第二鳩タクシー事件 대법정 판결에서는 이 점은 구제명령은 '사용자에 의한 노동조합활동의 침해행위에 의해 발생한 상태를 …… 직접 시정함으로써 정상적인 집단적 노사관계질서의 신속한 회복, 확보를 꾀한다'는 것이어야 하며, 또한 '부당노동행위에 의한 피해구제로서의 성질을 가지는 것이어야 한다'고 표현되어 있다.51)

구제명령은 부당노동행위를 사실상 시정하기 위해 실시하는 행정상의 조치이므로, 그 적법성 여하는 행정처분의 적법성의 틀(행소 30조)에 의한 것이며, 해당 명령이 사법상 가능(적법)한지의 여부에 의한 것은 아니다. 그러나 행정처분이라고 해도 국법체제 속에서 이루어지는 것이므로 강행법규(예를 들어 노기법)에 반할 수 없고,52)⑤ 또 사법상의 법률관계를 참고로 하는 것도 필요하게 된다.53)

> ⑤ **체크오프 계속의 지배개입 구제방법**
> 체크오프 협정체결조합에서 탈퇴하여 별개의 노동조합에 가입한 근로자들로부터 체크오프 중지 신청을 받았음에도 불구하고 사용자가 체크오프를 계속하는 지배개입에 대한 구제로서, 노동위원회는 위의 체크오프를 한 조합비 상당액을 해당 근로자에 대해서가 아니라 별개 노동조합에 대해서 지불하도록 명령했다. 그러나 판례는 관련 구제는 별개 노동조합과 체크오프 협정체결과 해당 근로자들의 지불위임 사실이 없는 상황에서는, 사법적 법률관계에서 현저하게 동떨어지고 또한 노기법(24조 1항)의 취지에도 저촉되는 것으로 노동위원회의 재량권의 범위를 벗어났다고 판시했다(ネスレ日本霞ケ浦工場事件 ― 最一小判 平7. 2. 23, 労判 670호, 10면; ネスレ日本[東京·島田]事件 ― 最一小判 平7. 2. 23, 民集 49권 2호, 281면). 판례는 구제명령의 적법성에 관한 위 본문의 기본적 틀 속에서 개별 사안에 대한 구체적인 판단을 한 것이다.

따라서 이상과 같은 구제명령의 재량권의 일반적 한계에서 출발하여 구제명령의 내용상의 적법성에 관한 몇몇 대표적인 문제에 대하여 개략적으로 설명한다.

① 백 페이(back pay)와 중간수입의 공제: 노동위원회는 부당노동행위인 해고의 구제로서 원직복귀와 함께 백 페이를 명령함에 있어, 피해고자가 해고되어 원직에 복귀하기까지의 기간 동안에 다른 곳에 취직하여 얻은 수입(중간수

---

50) 塚本, 153면 참조.
51) 구제명령의 한계를 체계적으로 검토하는 문헌으로서는 塚本, 153면 이하; 中労委事務局, 「不当労働行為救済命令における救済方法の実際」, 中労時 111호 참조.
52) 塚本, 177면.
53) 山口, 128면. 사법원칙에서 동떨어진 명령은 재량권 남용이 된다고 본다.

입)을 백 페이 금액에서 공제해야만 할 것인가.54) 이 문제에 대해서 노동위원회
는 당초부터 공제불요설을 당연한 것으로 생각하여 실무상 공제를 해오지 않았
지만, 판례55)는 중간수입의 불공제는 '원상회복'이라는 구제명령의 목적을 일탈
하며, 사용자에 대해 징계를 부과하게 된다고 하여 공제필요설을 수용했다. 그
러나 그 후에도 노동위원회는 '원상회복'론과 '징계'론을 비판하고 공제불요설을
계속 취했으므로, 문제는 다시 최고법원으로 넘겨져 위의 第二鳩タクシー事件56)
에 의해 판례가 변경되기에 이르렀다.

　즉 동 사건의 대법정 판결은 전술한 바와 같이 구제명령의 내용에 대해 노
동위원회의 재량권을 대폭으로 인정하는 기본적 판단을 진술한 후, 백 페이에
서 중간수입의 공제의 필요여부 및 정도에 대해서는, 피해고자의 개인적 피해
의 구제와 해고에 의한 노동조합활동 일반에 대한 침해 제거라는 두 개의 관점
에서 검토해야 하며, 전자의 관점에서는 중간수입 공제가 원칙이 되지만, 또한
재취직의 어려움이나 취직기업의 노무의 성질·내용 및 임금의 많고 적음, 해
고가 노조활동에 미친 제약적 효과 등을 고려하면서 양자의 관점에서 종합적으
로 결정해야 한다고 판시했다.

　이 판결은 중간수입의 공제문제에 관한 노동위원회의 재량권에 대해 기준을
설정한 것이다. 이 기준에 의하면 노동위원회는 피해고자의 재취직이 곤란했다
는 점, 재취직 회사에서의 노무가 곤란한 것이었고 그 대우가 나빴다는 점, 해
고가 해당 노동조합의 조직과 활동에 미치게 한 제약적 효과가 컸다는 점 등의
사정으로부터 전액 백 페이를 명령하는 것이 적절하다고 인정되면 그 명령을
내릴 수 있다고 해석된다.57)

　② 추상적 부작위 명령:　　노동위원회는 부당노동행위를 구제를 할 경우, 향
후에도 그 사용자가 동종의 행위를 반복할 우려가 있다고 판단될 때에는, 해당
종류의 행위를 장래에 대해 금지하는 부작위 명령을 내릴 수 있다.58) 문제는

---

　　54) 문헌으로서 稲垣正明, 「バックペイと中間収入」, 現代講座(14), 156면.
　　55) 在日米軍調達部事件 ― 最三小判 昭37. 9. 18, 民集 16권 9호, 1985면.
　　56) 第二鳩タクシー事件 ― 最大判 昭52. 2. 23, 民集 31권 1호, 93면.
　　57) 이러한 사정이 인정될 수 없다고 하여 전액 백 페이 명령을 위법으로 한 최근의 판례로서
あけぼのタクシー事件 ― 最一小判 昭62. 4. 2, 判時 1243호, 126면. 吾妻自動車交通事件―中労委
平21. 9. 16, 命令集 145집, 890면은 23명의 피해고자 가운데 해고 전의 수입을 명확히 상회하는
수입을 얻고 있던 3명에 대해서만 백 페이에서 그 금액의 1할을 공제할 수 있다고 하였다(종전과
동일 노무로 중간수입을 얻은 택사운전수의 사안이지만, 한편으로 위장해고의 사건이며 노동조합
에 대한 타격이 크고, 또 조합원의 재취직에 대한 제약적 효과도 있었다).
　　58) 檜木化成事件 ― 最三小判 昭37. 10. 9, 民集 16권 10호, 2084면. 이 사건에서는 '피신청인
(상고인회사)은 종업원의 임금지불에 대해 신청인(보조참가인 노동조합)의 조합원과 임시공인 비

금지된 행위를 특정한 부작위 명령이 아니라 넓은 범위의 행위를 일반적·포괄적으로 금지한 추상적 부작위 명령(예를 들어 '피신청인 회사는 신청인 노동조합의 운영에 영향을 주는 일체의 언동을 해서는 안 된다'라든가 '피신청인 회사는 신청인 노동조합의 운영을 지배하거나 또는 이에 개입해서는 안 된다'는 명령)이 허용되는가이다.

일반적으로 말하자면, 그러한 추상적 명령은 해당 부당노동행위를 사실상 시인함으로써 노사관계의 정상화를 꾀한다는 구제명령의 목적을 일탈하며, 장래에 대해 제재 보장적 성격을 가진 일반적 법규를 설정하고 있는 것으로서 위법이라고 하지 않을 수 없다.[59] 현재 실시되고 향후에도 예상되는 지배개입 양상이 다양한 경우에도 노동위원회로서는 가능한 명령주문에서 전형적 행위를 판시하는 등으로 금지된 행위의 내용을 특정해야 한다.[60]

③ 승급. 승격에 관한 차별적 구제방법: 승급차별의 경우에는 사용자에 대해 일정한 기준(예를 들어 차별받은 조합원들의 고과점 최저치와 평균치를 다른 종업원의 수치에 일치시킨 것)을 적시하여 재사정을 명령하고, 그 결과 임금액과의 차액 지불을 명령하는 타입(재사정명령)과, 노동위원회 자신이 차별된 조합원들 한 사람 한 사람에 대해 지불되어야 할 승급액을 결정하고 그 결과 차액지불을 명령하는 타입(직접 시정명령)으로 대별된다. 후자에는 신청조합원의 고과점수에 조합원들과 비조합원들에 관한 고과점수의 평균과의 차이를 더하는 것을 신청조합원들이 가져야 할 고과점수(승급액)로 하는 방법과, 비조합원들에 관한 평균승급액과의 차이를 일률적으로 지불하게 하는 방법 등이 있다.[61] 이러한 것은 노동위원회가 사안에 따라 선택할 수 있는 것이라고 생각할 수 있다.[62]

다음으로 승격차별에 대해서는 명령례에서는 차별이 없었다면 이루어졌을 승격을 실행하도록 명령하는 경우가 많다. 승격이 근로자의 능력에 따른 처우를 위한 자격제도이고, 기본적으로는 임금 액수의 상승(수당의 지급)을 동반하는 데 지나지 않는 경우에는 그러한 승격명령을 내리는데 어떤 문제도 없다. 또 지휘명령(관리)의 계통으로서 보직제도상의 승격(승진)이라도 그 보직의 레벨과

조합원과의 사이에 앞으로 지속(遲速)상의 차별을 해서는 안 된다'는 명령이 적법하다고 판결했다.

59) 塚本, 173면.

60) 이유와 함께 읽을 경우, 주문상의 금지사항은 특정되어 있다고 한 판례로서는 第一小型ハイヤー事件 ― 札幌高判 昭47. 10. 17, 労民 23권 5=6호, 575면.

61) 상세한 것은 塚本, 214면 이하.

62) 판례로서는 紅屋商事事件 ― 最二小判 昭61. 1. 24, 判時 1213호, 73면이 일시금에 관한 사정차별에 대해 조합원·비조합원 간의 고과점수 평균의 차이를 더하게 하는 시정명령을 노동위원회의 재량권에 속한다고 했다.

권한이 상급 보직자의 보조적인 것에 머무르는 경우와, 연공·연령·학력 등의 객관적 요소에 의해 승격이 기계적으로 이루어지고 있는 경우에는 해당 보직으로의 승진을 명령할 수 있다고 생각된다. 이에 대해 관리상 중요한 보직으로의 승진이 적격성을 종합적으로 판정하여 결정되는 경우에는, 사용자의 판정권한에 대한 배려가 필요하다고 생각된다.63)③⑥③⑦③⑧ 노조법 2조의 이익대표자인 관리직으로의 승진에 대해서는 승진자의 조합원적의 이탈도 조건으로 하지 않을 수 없으므로 승진명령은 더욱 곤란하다.

③⑥ **포스트 노티스(post notice)**

　　포스트 노티스에 있어서 게시문의 표현으로서는 부당노동행위를 한 점을 인정하고 이를 사죄하고 향후 반복하지 않을 것을 맹세한다는 엄격한 표현 형식과, 노동위원회에서 부당노동행위로 인정되었으므로 유감의 뜻을 나타내고 향후 이러한 행위를 반복하지 않도록 유의한다는 보다 온건한 형식을 전형으로 하는 다양한 것이 있다. 위의 엄격한 형식에 대해서는 사용자의 양심의 자유(헌 19조)에 침해된다는 주장되는 경우도 있으나, 노사관계가 정상화될 수 있는 계기를 형식으로 명확하게 하기 위한 것이고, 헌법이 보장하는 양심의 자유까지는 침해하지 않는다고 보아야 한다(亮正会事件 — 最三小判 平2. 3. 6, 判時 1357호, 144면; オリエンタルモーター事件 — 最二小判 平3. 2. 22, 判時 1393호, 145면 — '깊이 반성', '진심으로 사죄', '서약' 등의 문언은 동종의 행위를 반복하지 않는다는 취지의 약속을 강조하는 의미이며, 반성 등의 의사표명을 요구하는 것에 그 취지가 있는 것은 아니라고 판시. エスエムシー事件 — 最一小判 平9. 10. 22, 労判 734호, 13면). 노동위원회로서는 사안의 내용·성질에 따라 포스트 노티스 명령을 발할지의 여부, 발할 경우에 문서의 표현, 형상, 게시 등의 방법(노동조합에 대한 교부를 명령하는 데 그치는 경우도 있다) 등을 합리적인 재량에 따라 선택할 수 있는 것으로 생각된다(直井春夫=成川美惠子, 労委制度ノート, 233면 이하; 道幸哲也, 不当労働行為の行政救済の法理, 114면 이하).

　　또한 포스트 노티스는 '명령교부 후 ○일 이내에 게시하시오'라고 명령하는 것이 통례인데, 이것은 게시의 이행을 유예하는 기간에 지나지 않으므로 사용자가 그것을 그냥 지나쳤다고 하여 게시의무가 소멸되거나 이행불능이 되는 것은 아니다(明輝製作所事件 — 最二小判 昭60. 7. 19, 労判 457호, 4면; 済生会中央病院事件 — 最三小判 昭60. 7. 19, 民集 39권 5호, 1266면).

③⑦ **조건부 구제명령**

　　신청인이 일정한 행위를 하는 것(예를 들어 '노동조합측의 행동에 지나침이 있었던 점을 인정하고 유감의 뜻을 표현하는' 문서를 교부하는 것)을 정지조건으로 하는 구제명령(그 실례는 塚本, 227면)은 신청인인 노동조합에 대해서도 일정한 행위를 명령하는 것과 실제로 동등한 것이며, 부당노동행위를 한 사용자에 대해 명령을 발함으로써 부당노동행위를 당한 노동조합(근로자)을 구제한다는 제도의 기본적 틀에 반한다는 견해도 유력하다(후술하는 延岡郵便局事件 제1심). 그러나 일정한 행위를 정지조건으로 하는 것은 그 행위를 명령하는 것과는 다른 것이고, 또한 노동조합측의 비리가 있는 행동이 직접적인 원인이 되어 사용자의 부당노동행위가 이루어진 경우에는 '사용자측의 비리만을 비난하는데 그치지 않고 근로자측의 비리

---

　　63) 石川, 327면; 高田正昭, 「賃金差別」, 現代講座(8), 218면. 판례로서는 第一小型ハイヤー事件 — 札幌高判 昭52. 10. 27, 判時 876호, 120면; 男鹿市農協事件 — 仙台高秋田支判 平3. 11. 20, 労判 603호, 34면; 朝日火災海上保険事件 — 東京高判 平15. 9. 30, 労判 862호, 41면 참조.

도 책망함으로써 균형을 취하고 적절 타당한 해결을 꾀하는 것'은 향후 노사관계의 정상화를 꾀한다는 제도 목적에 합치하는 조치이다(延岡郵便局事件 ― 東京高判 昭53. 4. 27, 労民 29권 2호, 262면; 石川, 396면 참조). 그것을 이유 중의 판단으로 하는 것만으로 충분하지 않고, 명령 그 자체에 대해 실시할 필요가 있다고 판단되는 사건에서는 조건부 명령도 노동위원회 재량권의 범위 내에 있다고 해야 한다(이후의 조건부 명령의 사례로는 日本原子力研究所事件 ― 茨城地労委 昭59. 7. 13, 命令集 76집, 88면. 문헌으로서 山本吉人, 労働委員会の命令と司法審査, 285면 이하; 최근의 같은 취지의 견해로서 荒木, 労働法, 600면).

38 손해보상명령

　　노동위원회는 부당노동행위에 의해 노동조합이 입은 손해에 대한 금전적 보상을 명령할 수 있을까? 예를 들어 사용자의 와해공작에 의해 조합원이 감소한 경우, 탈퇴자의 조합비 상당액과 부당노동행위에 대한 방위활동에 필요한 경비 등의 보상이다. 이러한 명령을 가능케 하는 학설도 있으나(秋田成就, 「労使関係と損害賠償」, 季労 112호, 9면; 山口, 129면), 학설의 대세와 노동위원회의 실무는 부당노동행위 구제명령은 해당 부당노동행위를 사실상 시정할 것을 목적으로 하는 것이고, 노동조합과 근로자가 부당노동행위로 인해 입은 여러 종류의 손해배상은 제도 목적에 포함되지 않는다고 본다(塚本, 159면. 이에 대해서 상세한 검토를 한 문헌으로서는 佐藤香, 「救済命令の内容の限界」, 外尾健一編, 不当労働行為の法理, 452면 이하). 기본적으로는 그렇게 생각할 수 있는데, 행정구제의 전형적 수단인 백 페이와 유사한 것으로 기준이 명확한 금전적 시정조치는 구제명령의 내용이 될 수 있다고 생각된다(백 페이에 대한 이자지급 등은 이러한 관점에서 적법하다고 생각할 수 있다. 紅屋商社事件 ― 東京地判 昭54. 3. 15, 労民 30권 2호, 426면. 또 일시금지급 지연의 부당노동행위에 대한 지연손해금 상당액의 지불명령도 이에 속한다. 亮正会事件 ― 最三小判 平2. 3. 6, 判時 1357호, 144면 참조. 또한 今井外, 研究, 159면을 참조).

　　(라) 구제의 필요성　　　　부당노동행위 구제제도는 사용자의 부당노동행위에 의해 발생한 노사관계의 왜곡을 시정함으로써 향후 노사관계의 정상화를 꾀하는 제도이므로, 과거에 있어서 부당노동행위의 성립은 인정되지만, 그로 인해 발생한 왜곡은 이미 당사자간에 시정되고 있고 노사관계의 정상화가 달성되고 있는 경우에는, 노동위원회는 구제의 필요성(신청인 측에서는 '구제(를 받을)이익')이 없다고 하여 구제신청을 기각할 수 있다.[64]

　　예를 들어 불이익 취급의 부당노동행위에서 사용자가 불이익 취급을 철회하고 원상복귀 조치를 취한 경우, 단체교섭거부에서 사용자가 태도를 고쳐 단체교섭에 응한 경우, 지배개입에서 사용자가 시정조치를 강구하여 그 결과로 지배개입이 제거된 경우에는 구제의 필요성(구제이익)이 없다는 판단이 내려질 수 있다. 그러나 이러한 경우에도 노사관계의 정상화를 위해서는 과거의 부당노동행위에 대해 문서의 게시와 수교 등을 명령하는 것이 필요한(신청인에게는 이 한도에서는 구제이익이 있다) 사안도 있을 수 있다.39

---

64) 新宿郵便局事件 ― 最三小判 昭58. 12. 20, 判時 1102호, 140면.

또 불이익 취급의 사건에서 근로자 본인이 불이익 취급 조치를 승인한 경우와 불이익 시정을 요구하는 의사를 상실한 경우에는 해당 근로자의 불이익 시정 그 자체에 대해서는 구제의 필요성(경우에 따라서는 구제의 실현가능성)이 없어진다. 단 노동조합이 신청인이 되는 사건에서 노동조합 자신은 불이익 취급에 의한 피해구제를 계속 요청하는 경우에는, 노동조합의 피해를 제거하기 위한 구제(포스트 노티스)의 필요성(구제이익)은 인정할 수 있다.65)40

39 확인적 명령

신청사건에 대하여 부당노동행위의 성립은 인정되지만, 기업조직이나 노사관계의 변화로 인하여 작위·무작위를 명령하는 구제를 하는 것이 불필요·부적당하게 되고, 한편으로는 해당 사건에 대한 부당노동행위의 책임을 명확하게 하여 당사자의 향후의 노사관계운영에서 고려하게 할 필요가 있는 특수한 경우에는 부당노동행위를 확인하는 명령을 발하는 것도, 부당노동행위를 사실상 시정하는 조치의 특별한 것으로서 재량권의 범위 내라고 해석해야 한다(판례로서 日本電信電話公社事件 — 中労委 平18. 2. 15, 命令集 134(2)집, 1348면; 本田技研工業事件 — 中労委 平24. 9. 5, 命令集未搭載. 道行哲也, 「確認的救済命令の適否」中労時 1049호, 9면).

40 조합원자격의 상실과 구제이익

조합원에게 고용관계상의 불이익을 주는 부당노동행위에 대해 노동조합이 신청인이 되어 구제를 요청하는 사건에서는 해당 조합원이 신청한 후에 퇴직, 탈퇴 등에 의해 조합원자격을 상실한 경우, 그 근로자는 구제를 요구할 의사를 잃었다고 하여 고용관계상의 불이익 시정에 대해 노동조합의 구제이익을 부정해야 하는지가 문제가 된다. 이에 대해 판례는 부당노동행위에 해당하는 경제적 불이익 조치의 시정에 대해서는 노동조합은 고유의 경제이익을 가지고 있으므로 퇴직에 의한 경우이든 탈퇴에 의한 경우이는 조합원 자격을 상실한 조합원이 적극적으로 불이익 시정을 꾀할 의사가 없다는 것을 표명하지 않는 한, 조합은 시정을 요구할 수 있다고 판시하고 있다(旭ダイヤモンド事件 — 最三小判 昭61. 6. 10, 民集 40권 4호, 793면; 亮正会事件 — 最三小判 平2. 3. 6, 判時 1357호, 144면; 明輝製作所事件 — 東京高判 昭63. 8. 31, 判時 1286호, 146면). 그러나 자격상실이 탈퇴에 의해 발생한 경우에는 근로자의 적극적인 의사표시가 없어도 구제를 꾀할 의사의 상실을 추인하여 불이익 시정에 관한 노동조합의 구제이익을 부정해야 한다는 사례도 있을 것이다(또한 포스트 노티스 명령에 대해서는 해당 조합원의 탈퇴(조합으로부터의 이탈)에도 불구하고 노동조합은 구제이익을 가진다. 小南記念病院事件 — 最一小判 平9. 3. 13, 労判 722호, 30면).

(마) **명령의 효력** 노동위원회의 명령은 명령을 교부한 날부터 효력이 발생한다(노조 27조의 12 제4항). 따라서 신청사실의 전부 또는 일부를 용인하는 구제명령에 대해서는, 사용자는 명령서 사본을 교부받은 때부터 지체 없이 그 명령을 이행해야 한다(노위칙 45조 1항). 회장은 사용자에 대해 명령의 이행에

---

65) 구제이익에 관한 본격적 연구로서 山川隆一, 不当労働行為争訟法の研究, 2면 이하; 道幸哲也, 「組合申立の法構造(2)」, 北大法学論集 39권 1호, 103면 이하.

관하여 보고를 요구할 수 있다(동조 2항).

이처럼 사용자는 구제명령이 확정되지 않더라도 이를 이행할 의무를 지는데, 이를 이행하지 않을 경우에 명령위반으로 되어 벌칙이 적용되는 것은 구제명령이 확정된 이후이다. 이 때문에 후술하는 중노위에 의한 초심명령의 이행권고와 법원에 의한 긴급명령제도를 두고 있다. 또한 구제명령의 이행확보 체제는 노조법상 자족(自足)적으로 정해져 있으므로 구제명령은 대집행(행정대집행 2조)의 대상이 되지 않는다고 해석해야 한다.66)

명령은 당사자에게 교부된 후에는 명령을 내린 위원회 자신도 이를 취소 또는 변경할 수 없다(변경 불가). 그것은 재심의 신청이나 또는 행정소송의 제기에 의해서만 취소 또는 변경될 수 있다(공정력).⑪ 또한 구제명령은 각별히 사법상의 효력을 가지지 않는다. 예를 들어 불이익 취급인 해고에 대한 원직복귀명령은 피해고자를 사실상 해고하기 이전의 원직으로 복귀시켜야 한다는 것을 명령하고 있을 뿐이며, 해당 해고를 사법상 무효로 하는 것은 아니다.67) 백 페이 명령도 민사집행법상 채무명의로 되는 것은 아니다.

⑪ 명령확정과 과태료

도도부현노위의 초심명령은 재심사 신청기간(후술한 바와 같이 신청인, 피신청인의 쌍방에 대해 15일간) 중에 재심사 신청이 이루어지지 않은 상태에서, 또한 취소소송이 제기되지 않을 때에 확정된다(노조 27조의 13 제1항). 또 초심명령에 대하여 신청기간내에 이루어진 재심사 신청에 대해 중노위가 명령을 내리고, 이에 대해 취소소송 제기기간 내에 취소소송이 제기되지 않았을 때에는 재심사 명령이 확정된다(동항, 27조의 17). 이로써 확정된 명령에 구제명령이 포함되어 있으며, 해당 구제명령에 사용자가 위반한 경우에는 50만엔(해당 명령이 작위를 명령하는 것일 때는 그 명령일 다음날부터 기산하여 불이행일이 5일을 초과한 경우에는 그 초과일수 1일에 대해 10만엔의 비율로 산정한 금액을 더한 금액) 이하의 과태료가 부과된다(노조 32조). 과태료 재판은 비송사건절차법상 심리절차에서 그 이유를 첨부한 결정에 의해 이루어진다(비송 162조 1항). 노동위원회는 사용자가 확정한 구제명령에 따르지 않을 때에는 사용자의 주소지의 지방법원에 그 취지를 통지한다. 이 통지는 노동조합 및 근로자도 할 수 있다(노조 27조의 13 제2항).

3. 재심사 절차

(1) 서   설

도도부현노위의 각하결정이나 또는 구제 내지 기각명령에 대해서는 중노위

---

66) 萩澤淸彦, 「救済命令と司法審査」, ジュリ 651호, 73면. 반대: 塚本, 106면.
67) 塚本, 106면.

에 대해 재심사를 청구할 수 있다(노조 25조 2항, 27조의 15 제1항, 제2항). 단 이 신청은 명령의 효력을 정지시키지 않고 명령은 중노위가 재심사 결과를 취소 또는 변경했을 때에 한하여 그 효력을 잃는다(동 27조의 15 제1항 단서).

(2) 재심사 신청

(가) 신청기간　　재심사 신청은 도도부현노위 명령을 교부받은 날부터 15 일 이내(천재지변이나 그밖에 이 기간 내에 신청할 수 없는 부득이한 사유가 있을 때 는 그 이유가 끝난 날부터 기산하여 1주간 이내)에 하여야 한다(노조 27조의 15).

(나) 신청권자　　재심사 신청은 도도부현노위에서 불이익한 처분을 받은 당사자가 이를 할 수 있다.[68] 초심에서 노동조합이 신청인이었을 경우에는 그 사건의 직접 당사자인 근로자 개인에 대하여도 신청이 허용된다.[69]

(다) 신청절차　　재심사 신청은 재심사 신청서를 초심의 도도부현노위를 경유하거나 또는 직접 중노위에 제출함으로써 할 수 있다(노위칙 51조 1항). 재 심사 신청서에는 불복의 요점과 그 이유(사실인정의 잘못을 주장할 때는 해당 개 소)등을 기재하고 명령집 사본을 첨부한다(동조 2항). 도도부현노위에 신청서가 제출되었을 경우, 도도부현노위는 이를 중노위에 송부하고 중노위에 제출되었 을 때에는 중노위가 도도부현노위에 그 취지를 통지한다(동조 3항. 전자의 경우에 는 신청서가 도도부현노위에 제출된 날을 재심사를 신청할 수 있는 날로 간주한다. 동 조 4항). 중노위는 도도부현노위에 대해 해당 사건의 기록에 대한 제출을 요구 할 수 있다(동 53조).[42][43]

---

[42] 재심사 신청 범위

　초심 신청인측이 도도부현노위의 각하결정이나 또는 기각명령에 대해 재심사 신청을 할 경우에는, 재심사 신청에 있어서 청구할 수 있는 것은 그러한 취소나 혹은 변경이다. 또 초심 신청인이 도도부현노위의 구제명령에 대해 재심사 신청을 할 경우에는, 재심사 신청으로 청 구할 수 있는 것은 구제조치의 추가 내지 변경이다. 이 점에 대해 노위규칙은 '불복신청은 초 심에서 청구한 범위를 넘어서는 안 된다'고 규정하고 있는데(54조), 이 '청구한 범위'란 '청구 한 구제내용의 범위'로 해석해야 할 것이 아니라, '구제를 청구한(신청한) 사실의 범위'라고 해석해야 한다(塚本, 125면). 즉 위의 규정은 재심사 신청에 있어서는 초심에서 구제를 요청 하지 않은 사실에 대해 구제를 요청할 수 없다는 당연한 법리를 규정한 데 지나지 않는다.
　피신청인이 재심사를 신청할 경우에는 신청에 있어서 청구할 수 있는 것은 구제명령의 취소 또는 변경이다.

---

68) 구제신청을 기각한 초심 명령에 대해서는 그 피신청인의 사용자는 이유중의 판단에 불복이 있다고 하여 재심사 신청을 할 수는 없다. GABA事件 ― 中労委 平22. 10. 6, 別冊中労時(重要命 令判例) 1409호, 20면.
69) 東北船舶事件 ― 中労委 昭25. 12. 13, 命令集 3집, 406면 등.

43 직권에 의한 재심사

중노위는 당사자의 신청이 없어도 직권으로 도도부현노위 명령의 재심사를 할 수 있다 (노조 25조 2항). 직권에 근거한 재심사를 할 때에는 공익위원회의 의결이 필요하며(노위칙 52조 1항), 이러한 결의가 있는 경우에는 중노위는 그 취지를 당사자 및 초심 도도부현노위 에 서면으로 통지한다(동조 2항). 이 재심사는 중노위가 결정한 범위에서 이루어진다. 직권에 의한 재심사는 지금까지 그 실례가 없다.

(3) 신청의 각하

중노위는 ① 재심사 신청서의 기재사항이 기재되어 있지 않고 그것이 보충 되지 않을 때, 또는 ② 재심사 신청기간을 경과하였을 때, 또는 ③ 증인 등 출 두명령 또는 물건제출명령의 옳고 그름을 불복의 이유로 하는 경우는 신청을 각하할 수 있다(노위칙 51조 5항).

(4) 초심명령의 이행권고

중노위는 사용자가 재심사 신청을 하고 명령의 전부 또는 일부를 이행하지 않은 경우, 필요가 있다고 인정될 때에는 사용자에 대해 명령의 전부 혹은 일 부에 대한 이행을 권고할 수 있다. 이 권고를 이행할 때에는 미리 사용자에 대 해 변명을 구하지 않으면 안 된다(노위칙 51조의 2). 이 권고는 어디까지나 '권 고'이고, 위반에 대해서는 각별한 제재가 없다.

(5) 재심사의 범위

노위규칙에서는 '재심사는 신청된 불복의 범위에서 이루어진다'고 규정하고 있다(노위칙 54조 1항). 여기에서 '신청된 불복의 범위'란, 초심에서 부당노동행위 의 성립여부가 판단된 구제신청사실에 입각하여 보아야 하고, 이 규정은 그러 한 사실이 복수 있는 초심사건에 대하여 당사자가 그 일부에 대해서만 초심의 부당노동행위의 성립여부의 판단을 다투어 재심사를 신청한 경우에는 재심사의 범위는 재심사가 신청된 사실에 한정된다는 초심과 마찬가지의 신청주의를 다 시 표현한 것이라고 할 수 있다. 중노위는 초심의 처분을 승인, 취소하거나, 변 경할 수 있는 완전한 권한을 가지고 재심사를 하는 것으로(노조 25조 2항), 부당 노동행위가 성립한다고 판단하는 경우의 구제방법에 대해서는 그 자신의 재량 권을 가지고 있기 때문에 재심사의 범위는 초심명령의 구제방법(원직복귀, 백 페 이, 포스트 노티스 등)에 입각하여 보아서는 안 된다.[70]

---

70) 따라서 예를 들어 사용자가 해고는 부당노동행위가 되지 않는다고 하여 원직복귀·백 페이 명령의 취소를 요구했지만, 포스트 노티스 명령의 취소를 요구하지 않은 재심사 사건에서도, 부당 노동행위의 성립을 인정한 뒤, 포스트 노티스 없는 구제명령을 하는 것은 지장이 없다.

그래서 예를 들어 사용자의 어떤 행위(예를 들면 해고)를 부당노동행위(예를 들면 노조 7조 1호)라고 주장한 구제신청에 대하여, 부당노동행위의 성립은 인정했지만, 노동조합이 요구하는 구제방법의 일부(예를 들면 원직복귀)만 인정하고, 다른 방법(예를 들면 백 페이)은 인정하지 않은 초심명령에 대하여, 노동조합이 구제방법의 불충분함을 주장하여 재심사를 요구하는 사건에서는 재심사의 범위는 해당 부당노동행위의 신청 사실에 관한 초심판단 그 자체이며, 구제방법의 적법성뿐만 아니라 부당노동행위의 성립여부도 판단의 대상이 되는 것으로 해석된다.71)

다만, 한편으로는 노위규칙은 '초심의 구제명령 등의 변경은 불복신청의 한도에서만 행할 수 있다'(노위칙 55조 1항)고 하여, 불이익변경의 금지를 규정하고 있는 점에 유의할 필요가 있다.72) 즉 중노위는 도도부현노위의 '처분을 취소하고, 승인하고 혹은 변경하는 완전한 권한을 가지고 재심사'한다는 노조법 본칙(노조 25조 2항)을, 상기 노위규칙이 특칙으로서 어느 한도에서 수정하고 있는지가 문제이다. 이에 대해서는 상기의 초심 명령에 대하여 노동조합의 상기 재심사 신청에 더불어, 사용자도 부당노동행위의 불성립을 주장하여 재심사를 청구한 경우(이 경우는 통상 두 사건은 병합된다)를 제외하고는 초심명령을 취소하고 구제명령을 기각하는 명령을 내리는 것은 적절하지 않다고 생각된다.73) 이에 대하여 초심의 구제명령에 대하여 구제방법이 불충분하다고 하여 노동조합이 재심사를 신청한 경우에 중노위가 구제방법을 축소하는 것 또는 구제방법이 과대하다고 하여 사용자가 재심사를 청구한 경우에 중노위가 구제방법을 확대하는 것은 중노위가 구제방법에 대하여 가지는 재량권의 행사로서 허용된다고 해석된다.74)

(6) 재심사 절차

재심사 절차에는 초심 절차가 그 성질에 반하지 않는 한 준용된다(노조 27조

---

71) 藤田運輸事件 ─ 東京高判 平15. 4. 23, 判時 1830호, 146면.

72) 石川吉右衛門, 「不当労働行為事件不可分の原則」, 大和哲夫還暦・労働委員会と労働法, 15면은 이 '불이익변경 금지'를 노조법 25조 3항(현행 2항)에서 말하는 재심사의 '완전한 권한'에 맞지 않다고 주장한다.

73) 福岡大和倉庫・日本ミルクコミュニティ事件 ─ 中労委 平20. 7. 2, 命令集 141집, 1018면; 菅野, 「不当労働行為事件の最審査における不利益変更禁止の原則について」明治大学法科大学院論集 6호, 195～199면.

74) 池田稔, 「不当労働行為申立事件の審査手続及び救済命令等取消訴訟をめぐる問題」, 渡辺章古希・労働法が目指すべきもの, 245면 이하 참조.

의 17, 노위칙 56조 1항). 즉 재심사도 초심과 동일한 조사, 심문, 합의, 명령의 절차에 의해 이루어진다. 심사의 실효확보 조치와 화해에 대해서도 동일하다. 단 중노위는 초심의 기록 및 재심사 신청서, 그 밖의 당사자로부터 제출된 서면 등에 의해 명령을 발하는데 적합하다고 인정할 경우에는 심문을 거치지 않고 명령을 발할 수 있다(노위칙 55조 2항).

(7) 재심사 명령

중노위는 재심사에서 도도부현노위의 처분을 취소하고, 승인하거나 또는 변경하는 완전한 권한을 가지며, 또한 그 처분에 대한 재심사 신청을 각하할 수 있다(노조 25조 2항). 그래서 중노위는 재심사 결과, 그 신청에 이유가 있다고 인정한 때에는 도도부현노위의 처분을 취소하고 이것을 대신할 명령을 내릴 수 있다. 단 심사대상은 신청사실의 범위에 한정되고, 초심명령의 변경은 '불복신청의 한도'에서만 이루어진다(노위칙 55조 1항).[44]

[44] **재심사의 성격**

이상과 같은 재심사는 초심의 심사자료를 계승하면서 재심사에서 새롭게 수집된 자료를 첨가하여 재심사 신청의 정당성(부당노동행위 성립과 구제명령의 정당성)을 심사하는 것이며, 그 성격은 기본적으로 민사소송의 공소와 동일한 2심(복심(覆審), 사후심(事後審)은 아니다)이라고 할 수 있다(池田, 不当労働行為申立事件の審査手続及び救済命令等取消訴訟をめぐる問題」, 244면; 宮里邦雄, 労働委員会, 74면은 이에 대해 기본적으로 사후심(事後審)이고 계속심적 성격을 함께 가지고 있다고 한다. 민사소송의 공소심 성격에 대해서는 新堂幸司, 新民事訴訟法[第5版], 895면). 실제상으로 재심사에서는 초심명령에 대한 불복이유와 이에 대한 상대방의 반론에 의해 쟁점을 정한 후, 초심에서의 증거자료를 전제로 하면서 재심사에서의 쟁점과의 관련에서 보충적으로 증거조사를 하는데 그치고 있다.

4. 취소소송

(1) 취소소송의 제기

도도부현노위 혹은 중노위의 각하결정 또는 명령에 대해서는 행정처분(내지는 재결[75])의 일종으로서 행정사건소송법상의 취소소송을 제기할 수 있다.[76]

(가) **출소기간**　　사용자가 도도부현노위 또는 중노위의 명령에 대해 취소소송을 제기하기 위해서는 명령교부일부터 30일 이내에 해야 한다(노조 27조의

---

75) 중노위의 재심사 사건에서의 각하결정·명령은 행소법상 '재결(裁決)'이다.

76) 문헌으로서 今井ほか, 研究; 道幸哲也, 不当労働行為の行政救済法理, 28면 이하, 223면 이하; 同, 不当労働行為法理の基本構造, 74면 이하.

19 제1항). 이에 대해 노동조합이나 또는 근로자가 도도부현노위 또는 중노위 처분·재결에 대해 취소소송을 제기하는 경우, 출소기간은 통상 취소소송과 동일하게 처분이 있었다는 것을 알게 된 날로부터 6개월간이 된다(행소 14조 1항).

(나) **출소와 명령의 효력**　　취소소송의 제기는 구제명령의 효력을 정지시킬 수 없다(행소 25조 1항, 29조). 구제명령 집행정지(동 25조, 29조)의 가능성은 있지만, 긴급명령이 내려진 경우를 제외하고 실제로는 그 요건(처분 내지 그 집행으로 인하여 발생하는 중대한 손해를 피하기 위한 긴급의 필요성이 있는 것)의 구비가 대부분 인정되지 않는다.77)

(다) **당사자**　　취소소송의 원고(행소 9조)는 사용자측이 제기할 경우에는 구제명령의 수신인(피신고인)이 된 사용자이다. 단 구제명령이 공장, 지소 등 사용자인 법인의 일부 조직에 대해 이루어지거나 회사사장, 공장장, 지소장 등의 경영자나 또는 관리자에 대해 이루어졌을 경우에는 그것이 사용자인 법인에 대해 내려진 것으로 간주되며, 해당 법인만이 원고가 될 수 있다고 해석해야 한다.78) 한편 근로자 또는 노동조합측이 제소할 경우에는 해당 결정이나 또는 명령을 내리도록 한 신청의 신청인에게는 당연히 원고적격이 인정된다. 당해 부당노동행위의 상대방이면서 신청인이 되지 않는 근로자나 또는 노동조합은 당해 결정 또는 명령의 취소를 요구할 수 있는 '법률상의 이익'(행소 9조)이 없으며, 원고적격이 인정되지 않는다.79)

취소소송의 피고는 해당 명령 또는 결정을 내린 행정청(노동위원회)으로 여겨져 왔으나(행소 구 11조), 2004년의 행소법 개정(2004년 법 84)으로 당해 처분 또는 재결을 한 행정청이 소속하고 있는 지방정부나 공공단체가 된다(신 11조). 그리고 사용자가 취소소송을 제기한 경우의 상대방 근로자 내지 노동조합, 및 근로자 내지 노동조합이 제기한 경우의 상대방 사용자는 '소송의 결과에 대해 이해관계를 가지는 제3자'로서 해당 취소소송에 대해 보조참가(민소 42조)를 할 수 있고(행소 7조), 또 실제로도 그것을 하는 것이 통례이다.45 또 이러한 상대방 당사자는 노동위원회의 명령 중 전제적 법률판단에 승복할 수 없다고 하는 경우에는 보조참가에 의해서는 그 판단을 다툴 수 없으므로(민소 45조 2항 참조), '소송의 결과(엄밀히 말하면 그 구속력: 필자 주)에 의해 권리를 침해당한 제3자'로

---

77) 東大労研, 注釈労組法下, 1063면.

78) 済生会中央病院事件 ― 最三小判 昭60. 7. 19, 民集 39권 5호, 1266면.

79) 芝信用金庫事件 ― 東京高判 平12. 4. 19, 労判 783호, 36면; 山川, 労働紛争処理法, 146면.

서 소송참가(행소 22조 1항)가 인정되는 경우가 있다.[80] 단 노동위원회 단계에서 신청인으로 되지 않은 부당노동행위의 상대방인 근로자는, 노동조합이 신청한 사건에 대한 구제명령 취소소송에 소송참가가 인정되지 않는다.[81]

㊺ 취소소송과 재심사와의 관계

사용자는 도도부현노위의 구제명령에 대해 재심사 신청과 취소소송의 어느 한쪽만을 할 수 있다. 즉 사용자는 초심 명령에 대해 '재심사 신청을 하지 않을 때(는) … 취소소송을 제기할 수 있다'(노조 27조 19 제1항)고 되어 있으므로, 재심사의 신청을 했을 때는 취소소송을 제기할 수 없다(단 재심사 신청을 하고 있다는 것을 이유로 하는 취소소송의 각하는 구두변론 종결시를 판단 기준시로 하여 이루어지므로 그때까지 재심사 신청을 취하하면 소송은 적법하게 된다). 이에 비해 취소소송을 먼저 제기했을 때는 아직 재심사 신청기간 중인 이상 재심사 신청을 할 수 있지만, 이것을 했을 경우에는 다시 위의 규정에 의해 취소소송이 각하된다.

다음으로 근로자 혹은 노동조합이 도도부현노위의 처분을 다투는 경우에는 사용자에 대한 위의 규정이 준용되지 않으므로, 재심사 신청과 취소소송제기 쌍방을 병행하여 할 수 있다. 단, 이 병행 중에 재심사 신청에 대한 중노위의 명령(결정)이 내려지면 취소소송은 이 중노위의 명령에 대해서만 허용되는 결과(27조의 19 제3항), 그때까지의 도도부현노위 처분에 대한 취소소송은 적법하지 못하다고 하여 각하된다(三好達, 「救済命令の取消訴訟」, 実務民事訴訟講座(9), 191면; 住友重機械工業事件 ― 東京高判 平19. 10. 4, 労判 949호, 20면 ― 동 사건에서는 12명의 승격거부에 대한 3명만을 일부 구제한 도쿄도노위 명령에 대하여 사용자가 취소소송을 제기하는 한편, 노동조합은 구제되지 못한 9명에 대하여 취소소송을 제기하였고, 또한 12명에 대하여 초심에서 청구한 구제내용대로의 구제를 요구하는 재심사 신청을 했다. 동 판결은 상기 3명과 9명의 승격거부는 별개의 신청 사실이라고 할 수 있기 때문에(승격거부의 부당노동행위는 각자마다 한 개의 신청사실), 초심명령에 대한 사용자의 취소소송은 노동조합의 재심사 신청에 대한 중노위 명령에 의해서는 영향을 받지 않는다고도 판단했다). 또한 상기의 병행 중에 취소소송 쪽에서 도도부현노위의 명령에 대하여 판결이 내려진 경우에는 그것이 확정적이어도 중노위는 도도부현노위(본건에서는 3명에 관한 도노위 명령)의 명령에 대해 재심사할 권한을 잃지 않는다고 해석된다.

도도부현노위 명령에 대해 사용자는 행정소송을 제기하고, 근로자(노동조합)는 재심사를 신청한 경우에, 명령의 전부 혹은 일부가 확정판결에 의해 지지되었을 때는 재심사 신청은 각하된다(27조의 16항. 이 판단례로서, 藤田運輸事件 ― 東京高判 平15. 4. 23, 判時 1830호, 146면 ― 해고를 부당노동행위라고 하여 원직복귀는 명령했지만 백 페이는 명령하지 않은 지노위 명령에 대하여 회사는 취소소송을 제기하고, 노동조합은 중노위에 재심사를 청구하자, 취소소송에서 회사의 청구가 기각되어 확정되었다. 그래서 중노위는 본조에 근거하여 노동조합의 재심사 신청을 각하했다. 노동조합이 백 페이 명령을 요구할 수 없게 된 것은 부당하다고 하여 취소소송을 제기한 것에 대해, 중노위의 각하결정을 지지한 판결).

---

80) 西日本旅客鉄道事件 ― 最三小決 平8. 11. 1, 労判 721호, 83면. 또한 참가신청을 각하한 결정에 대해서는 행소법 22조 3항에 의해 즉시 항고를 할 수 있지만, 참가를 인정하는 결정에 대해 상대방은 불복신청을 할 수 없다. オリエンタルモーター事件 ― 最三小決 平14. 2. 12, 労判 821호, 5면.

81) 東日本旅客鉄道事件 ― 最一小決 平14. 9. 26, 労判 836호, 40면.

(2) 긴급명령

(가) 의 의   사용자가 도도부현노위 혹은 중노위 명령에 대해 취소소송을 제기했을 때는 관할법원(受訴法院)은 해당 노동위원회의 신청에 의해 결정으로 사용자에 대해 판결이 확정에 이르기까지 그 노동위원회 명령의 전부 혹은 일부를 이행해야 한다는 취지를 명령할 수 있다(노조 27조의 20). 이 명령은 '긴급명령'이라고 불린다(동조의 표제).

(나) 제도의 취지   구제명령은 명령교부일로부터 효력을 발생하고, 취소소송의 제기도 그 효력을 정지시키지 못하지만, 명령위반에 대한 벌칙은 명령을 지지하는 판결이 확정되어야 비로소 발동된다(노조 28조). 그래서 구제명령의 실효성의 관점에서 취소소송의 진행 중에 관할법원이 명령을 내린 위원회의 신청에 의해 구제명령의 전부 또는 일부를 잠정적으로 강제이행하게 할 수 있게 한 것이 이 제도이다.

(다) 요 건   긴급명령발령의 요건으로서 법문상 명백한 것은 ① 도도부현노위 혹은 중노위의 구제명령, 또는 도도부현노위의 구제명령에 대한 재심사신청의 기각명령이 존재하고, ② 사용자가 그 명령에 대해 취소소송을 제기하고 동시에, ③ 해당 명령을 내린 노동위원회(재심사의 명령이 나와 있는 경우에는 중노위)가 긴급명령을 신청한 경우이다. 이들 외에 긴급명령제도는 구제명령이 본래 취소소송을 기각하는 판결이 확정되어야 비로소 벌칙을 발동시킨다는 점을 전제로 하면서 잠정적으로 그 이행을 강제하는 것이므로, ④ 잠정적으로 이행을 강제할 필요성이 요건이 된다. 즉 구제명령을 바로 이행하도록 하지 않으면 그 소기의 효과(부당노동행위의 시정에 의한 노사관계의 정상화)의 실현이 곤란해진다는 절박한 사정이 있다는 것이 필요하다.[82]

문제는 긴급명령 신청을 받은 법원이 구제명령의 위법성 유무에 대해서 어느 정도 심사를 할 수 있는가이다.[83] 이에 대해 법원은 구제명령의 위법성 유무에 대해 심사를 할 수 없다(구제명령에 위법성이 없다고 인정되는 것은 긴급명령 발령을 위해서는 필요하지 않다)고 하는 견해가 주장되었다. 그러나 긴급명령신청을 받은 법원이 노동위원회 및 사용자로부터 제출된 심사기록과 증거자료에 의해 구제명령이 위법이 아닌지 중대한 의심을 가질 때에는 동일 법원이 후에 본

---

82) 이 필요성의 구체적 내용에 대해서는 近藤寿邦,「緊急命令(1)」, 渡辺昭=小野寺則夫, 裁判実務体系 5 巻, 労働訴訟法, 468면.

83) 문헌으로서 今井ほか, 研究, 201면 이하; 和田健,「緊急命令」, 林豊=山川隆一編, 新裁判実務体系 17巻, 労働関係訴訟法Ⅱ, 166면 이하.

안에서 구제명령을 취소할 가능성이 커지므로 긴급명령을 발하여 구제명령을 잠정적으로 이행을 강제하는 것은 부적절하다. 그래서 긴급명령발령의 요건으로서 ⑤ 법원이 증거자료에서 구제명령이 위법성에 대한 중대한 의문을 갖지 않을 것이라는 소극적 요건을 내세우지 않을 수 없다.[84] 단 취소소송 중 잠정적 이행강제라는 제도의 취지에서는 법원으로서는 당사자가 제출한 자료를 잠정적으로 검토하여 명령의 적법성(유지가능성)에 관한 중대한 의문이 발생하지 않으면, 그 이상 명령의 적법성을 탐구해서는 안 된다(중대한 의문이 생기는 경우에는 적법성의 탐구를 인정하지 않을 수 없다).

(라) 절　차　　　노동위원회는 사용자가 취소소송을 제기한 사실을 알았을 때에는 바로 공익위원회의를 열어 관할법원에 긴급명령 신청을 할 것인지의 여부를 결정해야 한다(노위칙 47조 1항). 이 신청을 받은 관할법원은 법정절차로 이를 심리한다. 법원은 쌍방이 제출한 소명자료에서 앞에서 예시한 요건이 충족된다고 인정될 때는 긴급명령을 내리고, 그렇지 않을 때에는 신청을 각하한다. 구제명령 내용과의 관계에서는, 포스트 노티스에 대해 긴급명령을 내리지 않는 경향이 있다.[85]

(마) **명령위반에 대한 과태료**　　　사용자가 긴급명령에 위반했을 때에는 50만엔(해당 명령이 작위를 명하는 것일 때에는 그 명령의 다음날부터 기산하여 불이행 일수가 5일을 초과한 경우에는 그 초과일수 1일에 대해 10만엔의 비율로 산정한 금액) 이하의 과태료를 물어야 한다(노조 32조). 과태료의 재판은 비송사건절차법에 따라 이루어진다. 과태료의 결정에는 즉시항고가 가능한데, 즉시항고 중에는 긴급명령의 적법성은 가릴 수 없다(명령위반의 유무만을 가릴 수 있다).[46][47][48]

[46] **긴급명령 취소·변경**
　　긴급명령은 당사자에게 송부된 날부터 효력이 발생하고, 취소소송의 판결이 확정되기까지 효력을 지속된다. 단 관할재판소는 재차 고안(考案)으로 당사자의 신청에 의하거나 혹은 직권으로 긴급명령의 결정을 취소 또는 변경할 수 있다(노조 27조의 20). 이 취소·변경의 주요한 이유는 긴급명령의 필요성에 관한 사정변경이다.

[47] **긴급명령에 관한 결정과 항고**
　　긴급명령의 결정에 대해서는 사용자는 그 취소·변경신청을 할 수 있을 뿐, 상급법원에 대한 항고는 할 수 없다. 이 결정은 항고를 할 수 있는 재판('소송절차에 관한 신청을 각하한 결정', 민소 328조 1항)에는 해당하지 않고, 그 외에 다른 근거규정도 존재하지 않기 때문이

---

84) 吉野石膏事件 ― 東京高決 昭54. 8. 9, 労民 30권 4호, 826면.
85) 단체교섭명령에 대해서는 내리고 있다. 이에 대한 보다 상세한 것은 今井ほか, 硏究, 236면 이하.

다. 이에 비해 긴급명령의 각하결정에 대해서는 위의 규정(민소 328조 1항)을 준용하여 항고를 인정해야 한다고 하는 것이 실무상의 통설이다(今井ほか, 硏究, 251면 이하).

48 긴급명령이 내려진 경우의 구제명령의 집행정지

구제명령의 취소소송이 제기되고 있는 경우에는 구제명령의 집행정지제도(행소 25조 2항)의 적용이 있다. 그리고 구제명령에 대하여 취소소송 중에 긴급명령이 내려지면, 동 명령이 잠정적으로 강제되게 되므로, 그 집행정지의 요건인 '명령의 집행으로 인해 발생하는 중대한 손해를 피하기 위해 긴급한 필요가 있을 때'를 충족시키는 경우가 있을 수 있게 된다. 법원으로서는 취소소송 제1심에서 취소청구를 기각하고 긴급명령을 내리자, 제2심에서 구제명령의 집행을 정지시킨 것이 있다(敷島タクシー事件 ― 広島高決 昭49. 1. 21, 労民 25권 1=2호, 1면; INAX メンテナンス事件 ― 東京高決 平21. 9. 16, 判例集未搭載).

(3) 심리의 범위

취소신청의 소송물은 처분이나 혹은 재결(裁決)의 위법성이 일반적이므로, 노동위원회의 명령이나 또는 법정 취소소송에 있어서도 해당 명령 또는 결정을 취소해야 할 위법성이 있는지 없는지의 문제 전체가 판단의 대상이 된다. 그래서 취소소송에서 심리되는 것은 ① 노동위원회의 사실인정의 정당성 여부, ② 인정된 사실이 부당노동행위를 성립시키는지의 여부(노조 7조 각 호의 해당성)의 판단, ③ 구제명령이 내려진 경우에는 구제조치의 내용에 대한 적법성의 세 가지이다. 또한 때로는 ④ 명령·결정에 이르는 절차의 위법성이 주장되어 그 점이 판단되는 경우도 있다.

이들 중 사실인정 심사(①)에 대해서는 독금법(80조~82조)에서와 같은 실질적 증거법칙과 새로운 증거의 제출제한이 규정되어 있지 않으므로, 법원은 노동위원회에 제출된 증거만을 자료로 하여 노동위원회의 사실인정의 합리성을 판단하는 것이 아니라, 노동위원회에는 제출되지 않았던 증거를 포함하여 증거조사를 다시 하여 독자적 사실인정을 하게 된다.[86]

단, 2004년 노조법 개정(2004년 법140)으로 노동위원회가 물건제출명령을 했음에도 불구하고, 물건을 제출하지 않은 당사자는 취소소송에서는 당해 물건제출명령에 관계되는 물건으로 인정해야 할 사실을 증명하기 위해서는, 당해 물건에 관계되는 증거신청을 할 수 없다(노조 27조의 21)고 되었다(노동위원회에 대해 해당 물건을 제출하지 않은 것에 대하여 정당한 이유가 있다고 인정된 경우에는 그

---

86) 행정소송단계에서 비로소 제출된 사실의 주장과 증거신청을 신의칙위반으로 배척한 원판결을 유지한 사례로서 近畿システム管理事件 ― 最三小判 平7. 11. 21, 労判 694호, 22면이 있다. 2004년 개정으로 새로운 증거의 제출 제한(노조 27조의 21)이 제도화된 후에도 동조 소정의 경우에 해당되지 않는 사안에 대해 신의칙에 따른 제약이 인정되는 경우가 있을 수 있다(2004년 후노정발 1201001호).

러하지 아니하다. 동조 단서).

그리고 노동위원회도 처분의 동일성을 침해하는 등의 사정이 없는 한 명령의 이유와 다른 사유를 적법성의 근거자료로 주장할 수 없다.[87] 또한 노동위원회에 의한 사실인정의 잘못은 부당노동행위의 성립여부에 관한 결론에 영향을 주는 한에서만 취소의 이유가 된다.

다음으로 부당노동행위의 성립여부(②)에 대해서는 부당노동행위의 성립요건(노조 7조)에는 '정당한 행위'(1호), '정당한 이유'(2호), '지배'·'개입'(3호)과 같은 규범적인 요건이 이용되고 있으므로, 그 해석적용에 대해서는 노동위원회의 재량('요건재량')[88]을 인정할 수 없을까하는 근본적 문제가 발생한다.[89] 이 점에 대해서는 부당노동행위 금지규정은 사용자의 이익에 중대한 영향을 주는 행정처분(권력개입)의 발동요건을 정하는 것이므로, 그 해석적용은 법률의 원칙적인 해석적용권자인 법원의 본격적인 심사를 확보해야 하는 성질의 것으로 생각할 수 있다. 따라서 그러한 요건재량은 인정할 수 없다고 해석하는 수밖에 없다.[90] 그러나 이 점은 법원이 노동위원회의 판단을 우월적으로 심사할 수 있다는 것을 의미하는데 그치며, 부당노동행위의 요건이 독특한 것이라는 점까지 부정하는 것은 아니다. 부당노동행위사건의 행정소송에서는 법원은 부당노동행위의 성립여부가 노동위원회라는 전문적인 판정기관이 마련되어 있는 노사관계적 문제라는 점을 의식하여 판단하는 것이 바람직하다.[91]

구제명령의 내용(③)에 대해서는 노동위원회는 전문적 행정위원으로서 재량권을 인정받는다. 이 재량권의 범위의 문제는 이미 상술했다.[92] 49 50

49 명령의 적법성 판단 기준시(基準時)

법원이 노동위원회 명령의 적법성을 판단하는 기준시점에 대해서는 명령시점(처분시점)설과 구두변론 종결시점(판결시점)설이 대립하고 있다. 예를 들어 구제명령 발령 후에 제2차 유효한 해고와 노동조합의 해산 소멸 등, 구제명령을 그대로 유지해서는 안 된다고 생각하게

---

87) JR東日本・日本貨物鉄道・JR東海[不採用]事件 ― 東京高判 平12. 11. 8, 労判 801호, 49면.

88) 宮田三郎, 「行政裁量」, 現代行政法体系(2), 55면 참조.

89) 요건재량을 긍정하는 견해로서 本間義信, 「労働委員会の審判に対する不服申立と実際」, 小室直人, 小山昇還暦・裁判と上訴(下), 277면.

90) 寿建築研究所事件 ― 最二小判 昭53. 11. 24, 労判 312호, 54면도 7조의 성립에 관한 노동위원회의 재량을 부정한다.

91) 법원과 노동위원회의 판단방법의 상관관계에 대하여는 中嶋士元也, 「裁判所の手法と労働委員会の苦境」, 日労研 473호, 56면 이하; 菅野, 「中労委命令と行政訴訟」, 渡辺章古希・労働法が目指すべきもの, 271면 이하를 참조.

92) 이 문제 전반에 관한 본격적 연구로서는 山川隆一, 不当労働行為訴訟法の研究, 138면 이하; 道幸哲也, 不当労働行為の行政救済法理, 223면 이하가 있다.

하는 사정이 명령 후에 생긴 경우에 분쟁이 생기게 된다. 취소소송은 그 행정처분의 정당성을 심리하는 것이 목적이므로, 통상의 행정처분과 동일한 처분시점설이 타당할 것이다. 단 명령시점 후에 있어서 구제명령의 이행을 객관적으로 불능하게 만드는 사정이 발생한 경우(예를 들어 지배개입을 금지하는 명령 후에 해당 노동조합이 소멸하거나 원직복귀명령 후에 제2차 유효한 해고가 내려진 경우)에는 구제명령은 그 시점 이후에는 그 기초를 잃고 구속력을 상실(실효)하기 때문에, 사용자에게는 그 명령의 취소를 요청하는 법률상의 이익이 없어지게 된 것으로서 소송은 각하된다(富里商社事件 — 東京高判 昭59. 11. 29, 判時 1134호, 146면; ネスレ日本・日高乳業事件 — 最一小判 平7. 2. 23, 民集 49권 2호, 393면; 熊谷海事工業事件 — 最二小判 平24. 4. 27, 判時 2157호, 127면. 상세한 것은 今井ほか, 研究, 30면). 다만 명령 발령 후 해당 기업에 해당 조합의 조합원이 존재하지 않게 되었다고 해도, 해당 조합자체가 존속하고 있는 경우에는 구제명령의 내용에 따라서는 그 이행의 가능성과 의의가 존속하고 있으며, 구제명령은 구속력을 잃지 않는다고 간주될 수 있다(문서수교 명령에 대하여 ネスレ日本島田工場事件 — 東京高判 平20. 11. 12, 労判 971호, 15면; ネスレ日本霞ケ浦工場事件 — 東京高判 平21. 5. 21, 労判 988호, 46면. 또 앞의 熊谷海事工業事件을 참조).

또한 사용자는 구제명령을 구두변론 종결시까지로 긴급명령에 의해 또는 임의적・잠정적으로 이행했다고 해도 명령의 취소를 요청하는 이익을 원칙적으로 잃는 것은 아니라고 해석해야 한다(반대해석은 구제명령은 발령시점부터 효력을 발생한다는 원칙과 중노위의 이행권고・법원의 긴급명령의 여러 제도와 조화되지 않는다). 단 단체교섭명령의 취소소송 중에 해당 사항에 대해 단체교섭이 타결되어버린 경우에는 소송이익이 없어지는 경우도 있을 수 있다(北海製紙事件 — 札幌地判 昭37. 2. 16, 労民 13권 1호, 118면. 체크오프의 재개명령을 종국적으로 이행해버린 사안에 대해 명령취소를 요청하는 이익을 부정한 岡山電気軌道事件 — 広島高岡山支判 平7. 10. 31, 労判 696호, 84면을 참조).

50 **입증책임**

취소소송에 있어서 입증책임의 분배에 대해서는 규정(노조 7조)의 원칙상 부당노동행위 사실의 존재 여부가 불명확한 경우에는 부당노동행위가 성립되지 않는다고 재판을 해야 하므로, 구제명령의 취소소송에 있어서는 피고인 국가(노동위원회)가 입증책임을 지며, 구제신청기각명령의 취소소송에 있어서는 원고인 근로자 또는 노동조합이 입증책임을 진다고 해석해야 한다(三菱電機事件 — 東京地判 昭63. 12. 22, 労民 39권 6호, 703면). 또 명령 절차상의 적법성에 대해서는 피고측이 입증책임을 진다(三好達, 「救済命令の取消訴訟」, 実務民訴講座(9), 194면. 이상에 대하여 상세한 내용은 山川, 労働紛争処理法, 123~125면).

(4) 판결과 그 후의 처리

(가) 취소판결의 경우　　취소판결은 해당 처분 또는 재결을 한 행정청인 노동위원회를 구속한다(행소 33조 1항). 그래서 구제신청을 각하 또는 기각한 도도부현노위의 처분이 취소된 경우, 혹은 재심사 신청을 각하 또는 기각한 중노위 처분이 취소되었을 때에는, 그 도도부현노위 또는 중노위는 판결의 취지에 따라 다시 신청에 대한 명령을 내려야 한다(동조 2항). 구제신청을 용인한 도도부현노위 또는 중노위의 명령(구제명령) 또는 재심사 신청을 용인한 중노위의 명령이 절차에 위법이 있다고 하여 취소된 경우도 동일하다(동조 3항). 이러한 경

우 노동위원회는 공익위원회의에서 해당 사건의 심사를 재개할 것을 결정하고, 재개결정서를 당사자에게 송부한다(노위칙 48조). 재개 후의 심사범위는 판결에 따라 취소된 부분으로 한정하여 판결이유에 입각하여 이루어진다. 또한 도도부현노위 또는 중노위의 구제명령이 실제상의 이유(부당노동행위는 성립하지 않는다는 이유)로 취소된 경우에는 취소판결의 확정에 의해 명령의 효력은 잃게 된다(재차 기각명령을 내릴 필요는 없다. 도도부현노위의 구제명령에 대하여 재심사신청을 기각한 중노위 명령이 실체상의 이유로 취소된 경우도 마찬가지라고 해석된다. 이상 같은 취지, 山川, 労働紛争処理法, 129면).

도도부현노위 혹은 중노위의 구제명령이 구제방법의 부적법을 이유로 취소된 경우에는 도도부현노위 혹은 중노위는 취소판결의 구속력(행소 33조 1항)을 이유로 심사를 재개하고 판결취지에 따라 명령을 내려야 한다.[93] 초심의 구제명령을 취소하여 구제신청을 기각한 중노위 명령이 부당노동행위가 성립한다는 이유로 취소된 경우도 중노위는 동일한 이유로 재심사를 재개하고 재심사 신청을 기각하는 명령 또는 독자적 구제명령을 내려야 한다.[94]

(나) **청구기각판결의 경우**   구제명령이 지지된 경우, 그 판결이 확정되면 명령에 위반한 자는 1년 이하의 금고 내지 100만엔 이하의 벌금에 처해지거나 또는 이들이 병과된다(노조 28조). 처벌을 받은 자는 위반되는 '행위를 한 자'(현실적 책임자)로, '사용자'는 아니라는 점에 주의를 요한다.[95] 노동위원회 회장은 공익위원회의 결정에 따라 검찰관에게 지체 없이 위반 사실을 통지하여야 한다(노위칙 50조 2항, 56조 1항).

(5) 화   해

구제명령의 취소소송 중에 원고인 사용자와 보조참가인인 근로자 또는 노동조합이 화해를 하는 경우가 있다. 이 경우 사용자는 취소소송을 취하하고 노동위원회는 이에 동의함으로써 취하되는 것이 통례이다. 그러나 이 화해는 각별히 구제명령의 효력을 좌우하는 것이 아니므로, 화해와 소송취하 후에도 구제

---

93) 三好達, 「救済命令の取消訴訟」, 実務民訴講座(9), 201면.
  중노위의 구제명령에 대하여 부당노동행위의 성립은 긍정하면서 구제방법에 잘못이 있다고 하여 동 명령을 취소하는 확정판결이 내려져, 중노위가 이에 따라 심사를 재개한 경우에는 회사가 부당노동행위의 성립을 재차 다투는 것은 국가기관에서 최종판단이 이루어져 결착이 끝난 사항을 다시 문제삼는 것으로, 신의칙에 반하여 허용되지 않는다(東急バス[審査再開]事件 — 中労委 平24. 7. 29, 命令集未搭載).
  94) 이상의 문제를 상세하고 정밀하게 분석・해석한 것으로서는 原山喜久男=池田稔, 「労働委員会命令取消訴訟事件の判決確定後の措置について」, 中労時 941호, 26면 이하.
  95) 東大労研, 注釈労組法下, 1092면.

명령은 효력이 지속된다. 단 노동위원회는 명령의 불이행을 사실상 추급하지 않게(노위칙 50조 1항, 2항의 불이행 통지를 하지 않는다) 된다.96)

2004년 노조법 개정은 화해의 제도화로서, 분쟁 당사자인 노사간에 성립한 화해에 대하여 노동위원회의 인정을 받으면, 구제명령은 효력을 잃게 된다. 이 인정은 명령이 확정될 때까지는 가능하므로, 행정소송단계에서의 화해에도 이용되고 있다.

---

96) 이에 대해서는 今井ほか, 硏究, 106면 이하.

제 3 장

법원에 의한 노동관계분쟁의 해결절차

　노동관계분쟁은 법원에서 주로 민사분쟁으로 일반적인 해결절차에 의해 처리되어 왔다.[1] 법원에서의 민사분쟁의 해결절차는 판정을 하는 소송절차와 조정을 하는 조정절차 등으로 구성되며(소송절차 중에 화해에 의해 사건이 해결되는 경우가 많다), 소송절차는 또 본안소송(통상소송)과 부수절차로서의 보전소송(가압류·가처분)으로 분류할 수 있다. 또 본안소송 중에는 소액소송 등의 특별한 절차가 마련되어 있다. 그러나 사법제도개혁 중에 2004년 4월에「노동심판법」이 제정되어 지방법원에서 노동관계분쟁의 調整(調停)과 판정(심판)의 쌍방을 행하는 전문적인 노동심판절차가 2006년 4월부터 실시되고 있다.

　개별노동분쟁은 후생노동성의 지방출장기관인 도도부현 노동국 등의 행정기관의 분쟁해결서비스에서 최근에 일관되게 증가하고 있지만, 법원에서도 1990년대부터 증가하여 특히 2006년부터 시행되고 있는 노동심판절차 중에서 증가하고 있다.[2]

---

　1) 노동관계분쟁은 그 외, 산업재해의 업무상 인정이 부정된 경우 등에서는 행정소송으로서 제기되는 경우도 있다.

　2) 지방법원 신규수리 노동민사사건 수는 1980년대까지는 통상소송과 가처분을 합쳐도 1,000건 정도였지만, 1990년대 초반의 거품경제 붕괴 후부터 증가하여 노동심판절차가 시행되기 전에는 3,000건 정도(2004년도는 통상소송 2,480건, 가처분 652건)였다. 그리고 동 절차가 시행된 다음해인 2007년에는 노동심판사건과 합쳐 4,058건으로, 이후 2009년에는 7,248건, 2011년에는 7,281건(노동심판 3,586건, 가처분 571건, 통상소송 3,124건)이다.

제1절 노동심판절차

1. 노동심판절차의 성립

제2차 세계대전 후의 노동법 체제에서는 노사분쟁의 해결제도에 대해서는 노동조합과 사용자간의 단체적 노사분쟁해결을 위해서 노동위원회에서의 전문적 절차(노동쟁의의 조정절차와 부당노동행위의 구제절차)가 마련된 되에는 특별한 전문적 절차는 마련되지 않았고, 특히 근로자와 사용자간의 노동관계에서 발생하는 권리분쟁(개별노동분쟁)은 민사소송 등의 일반적인 사법절차에 위임되었다. 그러나 1990년대 초반의 거품경제붕괴 후, 개별노동분쟁이 현저한 증가경향을 보이는 가운데, 2001년에 개별노동분쟁해결촉진법(2001년 법112)이 제정되어 행정기관에 의한 개별노동분쟁에 대한 전문적인 분쟁해결서비스가 설치되었다. 이에 이은 정책적인 대응으로서 사법제도개혁 가운데 법원에서의 전문적인 개별노동분쟁해결제도의 창설에 대한 노력이 이루어져, 2004년의 노동심판법(2004년 법45)이 제정되었다.[3] 동법은 2006년 4월 1일부터 시행되어 노동심판절차는 법원에 의한 노동관계분쟁해결절차의 중심이 되고 있다.[4]⬚

⬚ **노동심판절차의 성립경위**

거품경제 붕괴 후 두드러지게 증가한 개별노동분쟁에 대해서는 앞에서 서술한 것처럼 후생노동성 도도부현 노동국을 중심으로 상담·조언·알선 등의 행정서비스가 정비되고, 남은 과제는 동 분쟁해결의 사법시스템에서 일정한 형태의 개혁이 필요하게 되었다. 같은 시기에, 1999년 7월에 국민에게 보다 가깝고 이용하기 쉬운 사법제도의 구축을 목표로 하여 사법제도개혁심의회가 설치되어 노동관계분쟁에 관한 사법시스템의 방향도 검토되었다.

여기서는 노동관계소송이 매우 적은 일본 사법제도의 현황을 외국의 노동재판제도와 개별노동분쟁의 증가경향에 비추어 어떻게 해석해야 하는지가 먼저 논해지고, 동 분쟁에 적합한 구조를 만들 필요성이 검토되었다. 일경련(日経連: 당시)이 제창한 노동조정제도는 그러한 시스템의 하나이지만, 사법제도개혁의 여파 중에는 보다 넓고 심도 있는 개혁이 도마 위에 오르게 되었다.

---

3) 菅野,「新たな労使紛争処理システム」, ジュリ 1275호, 6면 이하 참조.

4) 검토회의 심의과정에 대해서는 菅野和夫＝山川隆一＝齊藤友嘉＝定塚誠＝男澤聡子, 労働審判制度[第2版], 13~24면 참조. 또 노동심판제도의 내용에 대해서는 定塚誠＝男澤聡子,「新しく誕生した労働審判制度について」, NBL 789호, 31면 이하; 菅野和夫＝山川隆一＝齊藤友嘉＝定塚誠＝男澤聡子, 労働審判制度[第2版]; 日弁連編, 労働審判－事例と運用実務, ジュリ特別増刊 2008년 12월를 참조.

　　동 심의회는 2001년 6월에 사법제도전반에 걸친 개혁과제를 제시하는 최종보고를 했지만, 노동관계사건이 고용노사관계의 제도·관행 등의 이해 필요성과, 간이하고 신속한 처리의 필요성 등에서 특별한 전문적 성격을 가지는 것을 인정한 후, 제도적 과제로서 ① 고용노사관계에 관한 전문적 지식을 가진 자가 참가하는 노동조정제도를 도입해야 하고, 그 제도내용을 검토해야 한다고 했다. 그 후에 ② 고용노사관계에 관한 전문적 지식을 가진 자가 관여하는 재판제도 도입에 대한 정당성 여부와, ③ 노동관계사건에 고유한 소송절차의 정비가 필요한지의 여부에 대하여, 조속히 검토해야 한다고 했다.

　　이 보고에 따라 사법제도개혁추진본부 중에 노동검토회가 설치되어 보고가 제시한 상기 ①~③의 과제에 대한 대응이 이루어졌지만, ②의 노동참심제의 시비 및 ③ 노동관계 고유의 소송절차의 필요성 여부에 대해서는 논의가 대립하여 교착상태에 빠졌다. 그러나 이러한 대립 가운데, 개별노동관계사건의 증가경향은 경영환경, 기업조직, 노동시장 등의 변화에 근거한 중장기적인 것이라는 인식이 공유되고, 동 사건의 전문적 성격은 무언가에 관한 인식을 심화시켰다. 그래서 개별 노동관계사건에 적합한 일본의 독특한 사법시스템을, 도입이 결정되어 있는 노동조정제도를 기초로 하여 구상하는 것이 시도되어 법관과 노사전문가로 구성하는 합의체가 개별노동관계분쟁을 3회 이내의 기일에 심리하고 조정에 의한 해결을 시도하여, 해결되지 않으면 심판을 하는 '노동심판제도'가 합의되었다. 그리고 상대방 당사자는 노동심판절차에 대한 응낙을 의무화해야 하는 것이지만, 심판에 불복하는 당사자는 2주간 이내에 불복을 신청할 수 있고, 그 경우에는 심판은 효력을 잃어 심판을 신청한 날로 소급하여 심판신청을 내용으로 하는 민사소송의 제기가 있었던 것으로 간주된다고도 합의되었다.

　　이렇게 하여 성립된 노동검토회의 합의에 근거하여, 사법제도개혁추진본부에서 법안이 만들어져 노동심판법안이 2004년 3월 제159국회에 제출되었다. 동 법안은 모든 정당의 지지를 받아 2004년 4월 28일에 성립되었다.

2. 노동심판절차의 특색

　　노동관계에서 분쟁은 기업과 노동조합 사이의 집단적 노사분쟁과, 기업과 개개 근로자 사이의 개별노동분쟁으로 대별되지만, 노동심판법은 후자에 대상을 한정하여 그 중 권리의무에 관한 분쟁('개별노동관계민사분쟁')을 대상으로 조정(調停)절차를 포함한 심판절차를 창설한 것이다(1조).

　　노동심판절차의 특색은 첫째로 지방법원에서 심판관 1명과 노동관계의 전문적인 지식경험을 가진 자 2명(노사 각각으로부터 1명씩, 비상근)으로 구성되는 합의체(노동심판위원회)가 분쟁처리를 행하는 것이다(7조~9조). 개별노동관계 민사분쟁이 고용노사관계의 제도·관행을 바탕으로 대처할 필요가 있기 때문에, 노사심판원의 전문적인 지식·경험을 살림으로써 분쟁에 대해 보다 적정한 판단을 꾀하려 하는 것이다(1조). 민사소송절차에서 판단주체에 대한 노사전문가의 참가(노동심판제)는 찬성론·반대론이 격렬하게 대립하여 일단 보류되었지만, 노동관계에 전문적인 비송사건 절차로서의 노동심판절차에서 노사 참가가 시행되게 되었다.

둘째로는 이 분쟁이 근로자의 생활을 건 분쟁이기 때문에 원칙으로 '3회 이내의 기일에서 심리를 종결해야 한다'고 하여(15조 2항), 분쟁의 신속하고 집중적인 해결을 도모하는 것에 있다. 이 3회 이내의 기일에서 신속한 처리는 노동심판절차의 주안점이라고도 할 수 있는 특색으로, 노동심판위원회의 중대한 책무이지만, 당사자의 협력이 없으면 도저히 실현할 수 없는 것이기에 당사자가 신속한 진행에 힘쓰는 책무도 규칙에서 주장되었다(노심칙 2조). 노동심판절차에서 대리인이 주장·입증 활동을 조기에 집중하여 행하는 관행을 확립하면, 그것이 민사소송에도 바람직한 영향을 주게 될 것이라고 기대되고 있다.

세 번째 특징은 당사자가 서로 양보하는 것에 의한 화해가 분쟁을 보다 신속하게 실질적으로 해결하는 것이기 때문에, '조정의 성립에 의한 해결 전망이 있는 경우에는 이를 시도한다'고 하여(1조), 절차 중에 조정을 포함하고 있는 것이다. 조정안은 쟁점에 입각한 권리관계의 심리를 바탕으로, 심판의 전단계로 나온 것이기 때문에 그 내용도 권리관계를 바탕으로 하면서 분쟁해결을 꾀하는 것이 될 것이다.[5] 조정에 의한 해결이 성립되면, 이것은 재판상의 해결과 동일한 효력을 가진다(29조, 민조 16조).

네 번째 특징은 조정에 의해 분쟁을 해결할 수 없는 경우에 권리관계를 바탕으로 하면서 사안의 실정에 입각한 해결을 하기 위한 심판을 내리는 것이다(1조). 심판에서는 권리관계를 확인하거나 금전지불 등의 재산상의 급여를 명하는 것 등을 할 수 있고, 그 외의 분쟁해결을 위해서 상당하다고 인정되는 사항을 규정할 수 있다(20조 2항). 이 심판을 당사자가 수락하면 분쟁은 해결되지만(이 경우, 심판은 재판상의 화해와 동일한 효력을 가진다. 21조 4항), 당사자가 수락할 수 없는 경우는 2주간 이내에 이의를 신청해야 하는 것으로 되어 있다(21조 1항).

다섯 번째 특징은 소송절차와의 연계이다. 당사자로부터 이의신청이 있으면, 노동심판은 효력을 잃고(21조 3항), 노동심판을 신청한 시점으로 소급되어 소송의 제기가 있었던 것으로 간주된다(22조 1항). 이렇게 노동심판은 강제적인 분쟁해결제도는 아니지만, 당사자의 이의로 실효한 경우에는 노동심판절차에서 분쟁해결 노력을 기초로 하여 분쟁이 종국적으로 해결되도록 소송절차로 자동

---

5) 따라서 쟁점정리나 증거조사가 불확실하고 권리관계에 관한 심증형성이 불충분한 채로 조정안을 제시하여 당사자를 강인하게 설득하는 운용은 바람직하지 않다. 鵜飼良昭, 「労働審判手続の運用の実情と検討課題」, 日弁連編, 労働審判－事例と運用実務, 71면.

적으로 이행된다.

　노동심판절차는 노사분쟁해결시스템 중에서는 민사소송의 가처분절차나 통상소송절차란 선택적인 제도로, 당사자가 어느 쪽을 선택해도 무방한 제도로 마련되어 있다. 또 행정시스템인 도도부현 노동국에 의한 조언·지도·알선(및 노동위원회에 의한 알선)의 시스템도 모두 선택적이다. 한편, 기업 대 노동조합의 집단적 노사분쟁은 위에서 서술한 대로 노동심판제도에서는 다루지 않고 노동위원회에 위임된다는 구조이다. 노동심판절차는 강학상(講學上) '쟁송적 비송사건'으로 칭하게 되는 비송사건 절차로 비송사건절차법의 많은 규정이 준용된다 (29조).[2][3]

② 노동심판절차와 민사조정절차와의 차이

　노동심판절차는 사법제도개혁심의회의 의견서에 의해 도입이 결정된 민사조정제도의 일종으로 노동조정제도에서 출발하여 노동조정을 포함한 노동심판의 제도에 구상을 발전시킨 것이다. 노동심판절차를 구상하기 위해서는 민사조정절차에서 조정이 성공하지 않은 경우에 이루어질 수 있는 '조정을 대신하는 결정'의 제정(민조 17조)을 단서로 하여, 이를 심판절차로 발전시켜 이 절차에 조정절차를 포섭하는 사고의 전환이 이루어졌다. 이 경우에는 '조정을 대신하는 결정'은 조정위원회를 조직하는 조정위원의 의견을 청취한 뒤, 법원이 필요하다고 인정한 경우에만 신청취지의 범위내에서 당사자의 상호 양보에 의한 합의한(조정안)을 결정으로 내리는 것으로, 당사자가 이의를 신청하면 실효하고 분쟁은 그대로 방치되게 된다. 이에 대하여 노동심판은 조정을 시도한 노동심판위원회 자신이, 조정이 주효하지 못한 경우에 원칙적으로 항상 심판절차의 심리로 명확하게 된 권리관계를 바탕으로 하면서, 심판절차의 과정에서 명확하게 된 당사자의 의향을 감안한 해결안을 제시하는 것으로, 당사자의 이의에 의하여 실효되지만, 민사소송으로 자동적으로 이행하여 소송에 의한 분쟁해결이 도모된다.

　이상과 같이 노동심판절차는 민사소송절차와는 많이 다른 점을 가지지만, 조정절차를 포함하고 있기 때문에 민사조정법의 몇 가지 규정이 준용되고 있다(노심 29조).

③ 노동심판절차의 전체적 운용상황

　노동심판절차의 사건수는 대도시권 지방법원을 중심으로 도입 1년째(2006년도)의 1,160건에서 매년 증가하여, 6년째인 2011년에는 3,500건이 되었다. 사건의 내용은 해고·고용중지사건이나 임금지불청구사건 등의 전형적인 개별노동분쟁이 주가 되는 것이지만 다양하고, 정리해고, 잔업수당청구, 파워 하라스먼트(power harassment) 등의 비교적 복잡하고 어려운 사건도 조정에 의한 해결의 의향이 있는 경우에는 신청이 이루어지고 있다(사례는 労働判例, 週刊労働新聞, 中央労働時報에 연재로 소개되고, ジュリスト増刊, 「労働審判－事例と運用実務」, 2008년 12월호에도 게재되었다. 최신의 좋은 문헌으로서 鵜飼良昭, 事例で知る労働審判制度の実際가 있다).

　절차의 운용으로서는 대부분의 사건은 3회 이상의 기일에서 종결하고, 평균 심리일수는 시행 이후 70일대에 그치고 있다. 또한 신청사건의 약 7할은 조정으로 해결되고 있으며 심판에 이른 사건은 전체의 약 2할(취하사건이 7.8%), 약 4할이 심판에 대한 당사자로부터의 이의 없이 확정되고 있다. 이리하여 조정성립, 심판확정 및 절차외의 화해(취하사건의 절반 정도로 추측)를 합하면, 노동심판절차는 해결률이 약 8할 정도에 미치고 있다고 한다(林俊之,

「労働審判制度の最近の運営状況について」, 中労時 1079호, 6면 참조).

　　노동심판절차의 신속성과 높은 해결률은 직업법관(심판관)과 노사의 심판원이 신청서・답변서와 심문으로 신속하고 효율적으로 권리관계를 심리한 후, 동 사건을 근거로 하여 조정을 꾀하고, 조정이 주효하지 못하더라도 즉시 동 판결을 바탕으로 하면서 사실의 실정에 입각한 심판을 내리는 것에 있다고 할 수 있다. 많은 사건에서는 노사양측에 대리인으로서 변호사가 있지만, 그러한 대리인이 직접주의・구두주의의 새로운 절차 모델에 순응하면서 당사자를 지도하고 있는 것도 큰 요인이다. 또한 관계기관・단체가 제도설계의 장에서 합의를 달성하고, 제도의 원활한 시행에 서로 협력하고 있는 것도 배경이 되고 있다고 할 수 있을 것이다(또한 이용자의 평가에 대해서는 2011년 10월의 東京大学社会科学研究所,「労働審判制度についての意識調査基本報告書」를 참조).

3. 노동심판절차의 내용[6]

(1) 대상이 되는 사건

　　노동심판절차는 '개별노동관계 민사분쟁', 즉 '근로계약의 존재 여부, 기타 노동관계에 관한 사항에 대하여 개개의 근로자와 사업주 사이에 발생하는 민사에 관한 분쟁'을 대상으로 한다(노심 1조). 구체적으로는 해고, 고용중지, 배치전환, 출향, 임금・퇴직금 청구권, 징계처분, 근로조건 변경의 구속력 등을 둘러싼 개개의 근로자와 사업주 사이에 발생한 권리분쟁이 대상이 된다.

　　노동조합과 사용자 사이의 단체적(집단적) 노사관계상의 분쟁은 전문적 기관으로서의 노동위원회가 있기 때문에 대상에서 제외되어, 증가경향에 있는 개개 근로자와 사업주 사이의 분쟁만이 대상으로 된다. 단, 개개 근로자가 행하는 개별 노동관계상의 권리주장인 한, 노동조합과 사용자 사이의 단체협약을 근거로 한 청구 및 부당노동행위의 금지규정(노조 7조)을 근거로 한 권리주장(해고무효, 손해배상 등)도 대상이 된다. 마찬가지로 개개 근로자의 권리주장인 한 남녀차별, 근로조건제도의 변경, 정리해고 등과 같이 집단적인(다수의 근로자에 관계되는) 분쟁도 포함되고, 실제적으로 노동조합이 근로자의 주장을 뒷받침하고 있는 분쟁도 포함된다.④

④ **대상이 되는 분쟁・보론(補論)**

　　임금인상・근로시간 단축의 요구 등, 향후 근로조건 형성에 관계되는 이익분쟁은, 개개 근로자가 요구하는 것이라고 해도 노동심판절차의 대상은 아니다. 그러나 사용자에 의한 근

---

6) 노동심판절차의 내용에 대해서는 最高裁判所事務総局行政局監修, 条解労働審判規則; 菅野和夫＝山川隆一＝齊藤友嘉＝定塚誠＝男澤聡子, 労働審判制度[第2版]; 鴨田＝君和田＝棗, 労働審判制度－その仕組みと活用の実際; 石嵩信憲, 労働審判法. 절차 실제의 양상에 대해서는 日弁連編, 労働審判－事例と運用実務; 山川, 労働紛争処理法 등이 좋은 문헌이다.

로조건 변경의 효력을 근로자가 다투는 경우에는 근로계약상의 권리의무의 문제로서 본 절차의 대상이 된다. 연봉제나 실적상여에서의 평가에 관한 분쟁도 평가권의 남용에 의한 손해배상청구 등의 권리주장으로서 구성되면 본 절차의 대상이 된다.

근로계약관계가 아닌 노동관계인 파견근로자와 사용기업과의 관계에 대해서는 노동기준법의 몇 가지 규정이 준용되고(노동자파견 44조), 안전배려의무도 긍정된다는 점, 노동심판법이 대상이 되는 분쟁을 '근로자·사용자 간'이 아니라 '근로자·사업주 간'으로 표현하고 있는 점을 고려하면, 여기서 말하는 '노동관계'에 포함된다고 생각된다(사외근로자와 취업하는 기업 간의 묵시적 근로계약을 주장한 신청이나 업무위탁계약에 의한 취업자나 전무이사 등의 신청도 노동심판절차에서 처리된 사례가 보고되고 있다. 日弁連編, 労働審判－事例と運用実務, 84면). 한편, 모집·응모의 단계는 노동관계라고는 말하기 어렵지만 근로계약관계가 해약권이 유보된 채 성립한 채용내정관계에 포함되면 '노동관계'라고 할 수 있다. 국가공무원법이나 지방공무원법으로 규정되어 있는 공무원 관계는 민사분쟁이 아니기 때문에 포함되지 않는 것으로 정리되고 있다.

(2) 관할법원

노동심판절차에 관련되는 사건은 ① 상대방의 주소, 주거, 영업소 혹은 사무소의 소재지를 관할하는 지방법원, ② 개별노동관계 민사분쟁이 발생한 근로자와 사업주의 노동관계에 근거하여 당해 근로자가 현재 취업하고 있거나 또는 마지막으로 취업한 당해 사업소의 소재지를 관할하는 지방법원 또는 ③ 당사자의 합의로 정한 지방법원의 관할로 된다(노심법 2조). ②는 노동관계의 특질로부터 규정된 토지관할로, 예를 들어 임금청구사건이라면 현재 취업하고 있는 사업장, 해고사건이라면 해고된 때에 취업하고 있던 사업장을 관할하는 지방법원에 노동심판을 신청할 수 있다.[7]

(3) 신   청

당사자는 개별노동관계 민사소송의 해결을 꾀하기 위해, 법원에 노동심판절차의 신청을 할 수 있다(노심법 5조 1항). 신청은 신청서를 제출하여 하지 않으면 안 되며, 신청서에는 우선 당사자와 신청 취지 및 이유를 기재해야 한다(노심법 5조 2항, 3항, 노심칙 9조 1항), 신청이유는 신청을 특정하는 데 필요한 사실 및 신청의 이유가 되는 구체적인 사실을 포함하는 것이어야 한다(노심칙 9조 2항). 이러한 사항 외, ① 예상된 쟁점 및 당해 쟁점에 관련되는 중요한 사실,

---

7) 2011년의 비송사건절차법의 개정(2011년 법51)에 따라 노동심판법도 개정되어(2011년 법53), 다음의 관할규정이 추가되었다. 노동심판사건의 상대방의 주소 또는 주거(상대방이 법인, 그 외의 사단 또는 재단인 경우에는 그 사무소 또는 영업소)가 일본 국내에 없을 때, 또는 알 수 없을 때에는 그 최후의 주소지(법인, 그 외의 사단 또는 재단인 경우에는 대표자, 그 외 주요한 업무담당자의 주소지)를 관할하는 지방법원의 관할로 한다(노심법 2조 2항, 3항). 동 사건의 상대방이 외국의 사단 또는 재단인 경우에 일본 국내에 그 사무소 또는 영업소가 없을 때에도 일본에서의 대표자, 그 외의 주요한 업무담당자의 주소지를 관할하는 지방법원의 소관으로 한다(동조 4항).

② 예상된 쟁점에 대한 증거, ③ 당사자간에 이루어진 교섭(알선, 그 외 절차에서 이루어진 것을 포함), 그 외 신청에 이른 경위에 대한 개요, ④ 대리인(대리인이 없는 경우에는 신청인)의 주소의 우편번호 및 전화번호(팩스번호를 포함)를 기재하지 않으면 안 된다(노심칙 9조 1항). 그리고 ②의 증거 중 증거서류에 대해서는 그 사본을 신청서에 첨부해야 한다(동조 3항). 신청서의 사본은 상대방의 수에 3을 더한 수를, 증거서류의 사본은 상대방의 수와 같은 수를 제출하지 않으면 안 된다(동조 4항).

'신청의 취지'는 소송에서의 '청구의 취지'에, '신청의 이유'는 '청구의 원인'에 상응하는 것이다(민소 133조 2항 2호 참조). 노동심판절차로부터 소송절차로 이행하는 경우에는 신청서는 소장으로 간주되기 때문에(노심법 22조 3항), 이러한 사항이 명확히 기재되어 있을 필요가 있다.

3회 이내의 기일로 심리를 종결짓기 위해서는 첫 번째 기일을 내실화시킬 필요가 있다. 그 때문에 신청서에는 신청의 이유, 쟁점, 쟁점마다의 증거, 당사자간의 교섭경위(사안 실정의 파악에 필요) 등을 구체적으로 기재하게 함과 동시에, 증거서류의 사본도 첨부하게 하고 있다.[5][6]

⑤ 신청의 각하·취하

법원은 신청이 부적법하다고 인정될 때는 결정에서 그 신청을 각하하지 않으면 안 된다(노심법 6조). 신청을 각하하는 경우를 제외하고 법원은 신청서의 사본 및 증거서류의 사본(증거설명서가 제출되어 있으면 그것도)을 상대방에게 송부해야 한다(노심칙 10조). 신청은 노동심판이 확정될 때까지의, 그 전부 또는 일부를 취하할 수 있다(노심법 24조의 2[2011년 법 53에서 추가]. 취하는 노동심판절차의 기일에 할 경우(이 경우는 조서에 기재된다)를 제외하고 서면으로 하지 않으면 안 되고, 법원서기관에 의해 상대방에게 통지된다(노심칙 11조). 취하가 이루어지면 사건은 종료한다.

⑥ 대리인

노동심판절차에서는 법령에 따라 재판상의 행위를 할 수 있는 대리인 외, 변호사가 아니면 대리인이 될 수 없다(노심법 4조). 단, 법원은 당사자의 권리이익의 보호 및 노동심판절차의 원활한 진행을 위해서 필요하고 동시에 상당하다고 인정될 때는 변호사가 아닌 자를 대리인으로 하는 허가를 할 수 있다. 허가된 경우에도 그 대리활동에 대해서는 변호사법에 의한 비변(非辯)활동의 규제(동법 72조)가 영향을 미친다.

노동심판은 개별노동관계분쟁 전문절차로, 자금력이 부족한 근로자가 스스로 수행할 수 있도록 정형 신청서를 준비하는 등 배려가 필요하다. 그러나 한편으로는 노동심판은 3회 이내의 기일에서 사실관계를 명확히 하고, 권리관계를 바탕으로 조정과 심판을 하는 신속하고 충실한 절차이기 때문에, 대리인이 함께 하는 쪽이 그 취지에 입각한 절차를 실현하기 쉽다(실제상으로도 대부분의 사건에서 변호사가 함께 하고 있다). 근로자·사업주 각각이 변호사 대리인을 쉽게 구할 수 있도록 노동심판절차에 변호사가 쉽게 엑세스할 수 있게 함과 동시에, 변호사의 전문성을 향상시킬 필요가 있다.

(4) 노동심판위원회

법원은 노동심판관 1명 및 노동심판원 2명으로 조직된 노동심판위원회에서 노동심판절차를 수행한다(노심법 7조). 즉, 관할 관할심판법원은 당해 사건에 대하여 노동심판위원회를 조직하여 동위원회에 당해 사건의 노동심판절차의 추행(追行)을 맡기게 된다.

노동심판관은 관할 관할심판법원이 당해 법원의 재판관 중에서 지정한다(동법 8조).

노동심판원은 노동심판위원회의 일원으로 중립적이고 공정한 입장에서 사건을 처리하기 위해 필요한 직무를 행하는 자로(동법 9조 1항), 노동관계에 관한 전문적인 지식·경험을 가진 자 중에서 임명된다(동조 2항).[7] 법원은 사전에 임명된 노동심판원 중에서 사건마다 노동심판원을 지정하지만(동법 10조 1항), 지정을 함에 있어서는 노동심판원이 가지는 지식·경험, 기타 사정을 종합적으로 감안하여 노동심판위원회에서의 노동심판원 구성에 대하여 적정성을 확보하도록 배려하지 않으면 안 된다(동조 2항). 결국은 노사간의 균형을 취하여 지정해야 한다. 노동심판원에 대해서는 비송사건절차법상의 배제제도가 준용된다(동법 11조, 2011년 법 53에 의하여 개정).

노동심판위원회의 합의에 대해서는 노동심판관도 노동심판원도 평등한 결의권을 가지고, 결의는 과반수의 의견에 따른다(동법 12조 1항). 평의는 비밀로 된다(동조 2항).[8] 노동심판절차의 지휘는 절차운영의 전문가인 노동심판관이 행한다(동법 13조).

노동심판원은 노동심판관과 같은 입장에 있기 때문에, 절차의 과정에서 당사자에 대하여 노사가 어느 출신인가 등은 명확하지 않고, 또 당사자가 직접 접촉하여 진심을 탐구하거나 설득하거나 하는 일은 하지 않는다. 이러한 점에서 근로자 또는 사용자를 대표하는 입장에 있는 노동위원회의 노사참여위원과는 다르다.

---

8) 노동심판원 또는 노동심판원이었던 자가 정당한 이유 없이 평의의 경과 또는 노동심판관 혹은 노동심판원의 의견 또는 다소(多少)의 수(數)를 누설한 경우는 30만엔 이하의 벌금에 처해진다(노심법 33조). 또 노동심판원 또는 노동심판원이었던 자가 그 직무상 다루었던 사항에 대하여 알게 된 사람의 비밀을 누설한 때에는 1년 이하의 징역 또는 50만엔 이하의 벌금에 처하게 된다(동법 34조).

7 노동심판원의 임명 등

노동심판원의 임명 등에 대해서는 최고법원에 의해 노동심판원규칙(노심원칙)이 정하고 있다(2005년 최규 제3호). 이에 따르면 노동심판원은 노동관계에 관한 전문적인 지식·경험을 가진 자로 68세 미만인 자 중에서 최고법원이 임명한다. 단, 특히 필요가 있는 경우에는 68세 미만의 자라는 사항을 필요로 하지 않는다(노심원칙 1조). 노동심판원에 대해서는 '금고 이상의 형을 받은 자', '노동심판원에서 해임된 자' 등의 결격사유를 규정하고 있다(동 2조). 임기는 2년으로(동 3조), 최고법원이 정하는 지방법원 소속된다(동 4조, 5조). 노동심판원은 결격사유에 해당하기에 이른 때에는 해임되고(동 6조 1항) 또는 '심신의 문제 때문에 직무를 집행할 수 없을 때', '직무상의 의무위반이 있다고 인정된 때', '중립적이고 공정한 입장에서 직무를 수행할 수 없다고 인정되는데 충분된 행위 …… 가 있다고 인정된 때' 등의 경우에는 해임될 수 있다(동 6조 2항). 노동심판원은 비상근으로(노심법 9조 3항), 법률·규칙 소정의 수당, 여비, 일당, 숙박료가 지급된다(노심법 9조 4항, 노심원칙 7조).

노동심판절차의 성공을 위해서는 노동심판원으로 적절한 인재를 임명하는 것이 중요하다. 실제적으로는 전국적인 노사단체가 선정하고 추천한 노사실무가 중에서 법원이 노사 거의 같은 수로 선임하는 방법이 취해지고, 그 선정·선임에 대해서는 후생노동성이 위탁하여 실시하는 '기업내 개별노동분쟁해결연수·기초연수'의 이수가 중요 참고자료가 된다.

지금까지 노동심판원은 당사자, 법원의 양측으로부터 그 열의, 능력, 윤리에서 전체적으로는 양호한 평가를 받고 있는 것처럼 보인다. 바꾸어 말하면, 노동심판원은 노동심판관에게 부족하기 쉬운 고용노사관계의 전문적 지견을 가지고 사실의 해명·조정의 성립, 심판내용의 형성에 상당한 공헌을 하고 있다고 할 수 있을 것이다. 또 대체적으로 말하면 공정하고 중립적인 입장을 관철하고 있으며, 또 평의(評議)에서도 대부분의 경우에 의견의 일치를 보이고 있다고 한다.

(5) 기일지정·호출

노동심판권은 노동심판절차의 기일을 정하여 사건의 관계인을 호출한다(노심법 14조). 첫 번째 기일은 특별한 사유가 있는 경우를 제외하고 신청이 된 날로부터 40일 이내의 어느 날로 지정하지 않으면 안 된다(노심칙 13조). 당사자에 대한 첫 번째 기일의 호출장에는 동 기일 전에 사전의 주장, 증거의 신청 및 증거조사에 필요한 준비를 해야 한다는 취지를 기재한다(동 15조 1항). 또 상대방에 대한 첫 번째 기일의 호출장에는 답변서를 제출기한 내에 제출해야 한다는 취지를 기재한다(동조 2항).

민사소송에서는 첫 번째 구두변론기일을 원칙적으로 소송제기일로부터 30일 이내의 어느 날로 지정한다고 되어 있지만(민소칙 60조 2항), 노동심판절차에서는 첫 번째 기일에서의 쟁점정리와 입증계획작성을 충실하게 하기 위해서 '40일 이내의 날'로 하여 주장, 증거의 신청 등을 위한 준비기간을 보다 길게 부여하기로 했다.

노동심판관이 호출을 받은 사건 관계인이 정당한 이유 없이 출두하지 않은 경우, 법원은 5만엔 이하의 과태료를 부과한다(노심법 31조).

(6) 답변서의 제출

노동심판관은 신청인이 첫 번째 기일까지 준비하기 위한 기일을 고려하여(노심칙 14조 2항), 답변서의 제출기한을 정하지 않으면 안 되고(동조 1항), 상대방은 정해진 기간까지 답변서를 제출해야 한다(동 16조 1항). 답변서에는 ① 신청의 취지에 대한 답변, ② 신청서에 기재된 사실에 대한 인정여부, ③ 답변의 이유가 되는 구체적인 사실, ④ 예상된 쟁점 및 해당 쟁점에 관련된 중요한 사실, ⑤ 예상된 쟁점마다의 증거, ⑥ 당사자간에 이루어진 교섭(알선, 그 외 절차에서 이루어진 사항을 포함), 그 외 신청에 이른 경위의 개요, ⑦ 대리인(대리인이 없는 경우에는 신청인) 주소의 우편번호 및 전화번호(팩스번호를 포함)를 기재하지 않으면 안 된다(동항). 그리고 ⑤의 증거 중 증거서류에 대해서는 그 사본을 답변서에 첨부해야 한다(동조 2항). 답변서에 대해서는 동시에 사본 3통을 제출해야 한다(노조 3항).

답변서에 대해서도 첫 번째 기일을 충실히 하게 하기 위해서 주장·입증계획을 명확히 하게하고, 동시에 분쟁의 경위를 파악하기 위해 신청서와 마찬가지로 실질적인 기재와 증거서류의 사본 첨부가 요구된다. 답변서 및 증거서류의 사본은 신청인에 대해서는 상대방이 직접 송부하지 않으면 안 된다(노심칙 20조 3항 1호). 그리고 법원에 대해서는 그 노동심판위원회용의 3부만 제출하게 되어 있다.[8]

---

[8] **이해관계인의 참가**

노동심판절차의 결과에 대해서 이해관계를 가진 자는 노동심판위원회의 허가를 받고 동 절차에 참가할 수 있다(임의참가). 또 동 위원회는 상당하다고 인정된 경우에는 노동심판절차의 결과에 대하여 이해관계를 가지는 자를 이 절차에 참가시킬 수 있다(강제참가, 노심법 29조에서 민사조정법 11조를 준용). 동 위원회는 이러한 참가에 대하여 사전에 당사자의 의견을 듣지 않으면 안 된다(노심칙 24조). 단, 조정절차에 이해관계인이 참가하는(이해관계인을 참가시키는) 것은 특별히 문제는 없으나, 심판의 당사자와 더불어 당사자와 마찬가지로 이의신청권을 인정하는 것에는 실제로는 의문이 있다. 민사조정법이 조정을 대신하는 결정에 대해 이의를 신청할 수 있는 자를 '당사자 또는 이해관계인'으로 하고 있는 것에 대해(18조 1항), 노심법은 '당사자'만으로 하고 있기 때문에(21조 1항), 이해관계인의 참가가 이루어져도 심판의 당사자가 될 수 없다고 생각하는 것이 적당할 것이다.

(7) 3회 이내의 기일에서의 집중심리

노동심판위원회는 신속하게 당사자의 진술을 듣고 쟁점 및 증거의 정리를 해야 한다(노심법 15조 1항). 동 위원회는 이 때문에 앞에서 언급한 바와 같이 기일을 지정하여 당사자를 호출하여 이를 개최하는 것이지만, '노동심판절차에서는 특별한 사정이 있는 경우를 제외하고, 3회 이내의 기일에 심리를 종결하지 않으면 안 된다'(동조 2항). 노동심판절차를 신속한 절차로 하기 위해서 굳이 기일은 3회까지라는 제한을 설정하고 있는 것이다.

3회 이내의 기일에서 쟁점에 입각하여 증거조사를 하고, 조정을 시도하여 성공을 거두지 못한 경우에 심판을 하기 위해서는 신청서·답변서가 실질적인 것이 되어, 사전준비가 잘 이루어져 각 기일이 충실한 절차가 될 필요가 있다. 특히 당사자가 주장·입증계획을 조기에 충분히 제출할 것, 추가적인 주장·입증활동을 억제할 것, 구두주의를 활용하여 주장서면의 제출은 최소한으로 할 것 등이 필요하게 된다. 이렇게 노동심판절차의 주안점인 3일 이내의 기일에 심리를 하기 위해서는 당사자(대리인)의 전면적인 협력이 반드시 필요하다.

그래서 규칙에서는 '당사자는 조기에 주장 및 증거를 제출하고, 노동심의절차의 계획적이고 신속한 진행에 힘쓰고, 신의에 따라 성실하게 노동심판절차를 추행하지 않으면 안 된다'고 규정되어 있다(노심칙 2조). 또 상대방의 답변에 대한 신청인의 반론 및 이에 대한 재반론 등은 기일에 구두로 하는 것으로 되어 있고, 주장서면은 이러한 구두에서의 주장을 보완하는 '보완서면'으로서 제출해야 한다고 되어 있다(동 17조 1항). 신청서, 답변서, 보완서면은 가능한 한, 신청 또는 답변의 이유가 되는 사실에 대한 주장과 그 이외의 사실에 대한 주장을 구별하여 간결하게 기재해야 한다(동 18조). 노동심판관은 보완서면의 제출 또는 증거신청을 해야 하는 기간을 정할 수 있다(동 19조). 보완서면도 답변서와 마찬가지로 상대방 당사자에게는 직접 송부되어야 하는 것이다(동 20조 3항 2호. 법원에는 사본 3통과 함께 제출, 동 17조 2항).⑨⑩⑪

---

⑨ **기일의 비공개**

노동심판절차는 공개하지 않는다. 다만, 노동심판위원회는 상당하다고 인정된 자의 방청을 허가할 수 있다(노심법 16조). 노동심판절차가 비송사건절차일 것(비송법 30조 참조), 비공식적인 솔직한 대화가 필요한 조정을 포함한 절차일 것 등에서 비공개로 되었다. 방청허가의 대상이 되는 '상당하다고 인정되는 자'의 여부는 당해 사건에 대한 이해관계의 유무·내용 및 절차의 원활한 진행에 방해가 되지 않는지의 여부에 따라 판단되게 될 것이다.

⑩ **절차의 분리·병합**

노동심판위원회는 하나의 노동심판절차에서 복수의 신청이 병합되어 있는 경우에 이를 별개의 노동심판절차로 분리할 것, 또 별개의 노동심판절차에 계류되어 있는 복수의 신청을 하나의 노동심판절차에 병합할 수 있다(노심칙 23조 1항). 절차의 병합에 대해서는 사전에 당사자의 의견을 듣지 않으면 안 된다(동조 2항).

⑪ 신청의 취지 · 이유의 변경

신청인은 신청의 기초에 변경이 없는 한, 신청의 취지 또는 이유를 서면으로 변경할 수 있다(노심칙 26조 1항, 2항). 노동심판위원회는 그 변경에 의해 3회 이내의 기일에 심리를 종결하는 것이 곤란하게 된다고 인정될 때는 그 변경을 허가하지 않는 것이 가능하다(동조 4항).

(8) 제1회 기일

노동심판위원회는 첫 번째 기일에서 당사자의 진술을 듣고 쟁점 및 증거를 정리하고, 동 기일에 행하는 것이 가능한 증거조사를 실시한다(노심칙 21조 1항). 3회 이내의 기일에서 심리를 하기 위해서는 첫 번째 기일에서 신청서·답변서나 구두에서의 반론·재반론 등에 따라 쟁점을 확정하고, 가능한 증거조사(신청서·답변서 첨부의 증거서류의 조사나 당사자의 심문 등)를 실시하고, 이와 함께 분쟁의 경위에 관한 상황도 신청서·답변서의 기재와 당사자의 사정청취에 의하여 파악해야 한다. 그 결과, 심리를 종결할 수 있으면 종결하고, 종결할 수 없으면 다음 기일을 지정하여 해당 기일에서 행할 절차 및 해당 기일까지 준비해야 하는 것을 당사자간에서 확인하기로 한다(동조 2항).

증거조사는 '민사소송의 사례에 의한다'고 되어(노심법 17조 2항), 증인심문, 감정, 검증, 서증의 조사, 당사자 심문(尋問), 심심(審尋) 등이 이루어질 수 있지만, 노동심판절차에서는 양 당사자, 관계자를 동석시켜 노동심판위원회가 주도하는 심문(민소 187조)이 주요한 양상으로, 직접주의·구두주의에 의해 심증을 리얼하게 형성해가는 것이 심리의 특징이 된다. 직장의 실정을 숙지한 노동심판원의 지견이 이를 가능하게 하는 하나의 제도요소라고 할 수 있다(또한 노동심판위원회는 신청에 의한 증거조사뿐만 아니라, 직권에 의한 사실의 조사와 증거조사도 실시할 수 있다. 노심법 17조 1항).

(9) 제2회 기일 · 제3회 기일

두 번째 기일에서도 보완적으로 주장이나 증거서류의 제출이 가능하지만, 이러한 제출은 '부득이한 사유가 있는 경우를 제외하고' 두 번째 기일까지로 된다(노심칙 27조). 두 번째 기일은 주로 쟁점에 입각한 증거조사를 위해 사용되고 더욱 조정작업이 이루어진다. 그리고 심리를 종결할 수 없을 때에는 제3회 기일을 지정하여 해당 기일에 행할 절차 및 해당 기일까지 준비해야 하는 것을 당사자간에서 확인할 필요가 있다.

세 번째 기일에서는 반드시 필요한 보완적 증거조사가 있으면, 이를 행하고 나서 조정작업을 하고, 그것이 성공하지 않은 경우에는 심리를 종결하여 당일 구두로 또는 후일 서면으로 심판을 행하게 된다. 노동심판위원회는 심리를 종결할 때는 노동심판절차의 기일에 그 취지를 선언하지 않으면 안 된다(노심법 19조).[12]

[12] **'3회 이내의 기일에서의 처리'의 실제**

'3회 이내의 기일에서의 신속처리'에 대해서는 제도 구상시에는 대립이 엄격한 노사분쟁에 대하여 구두주의에 경사된 집중심리의 절차가 성공할지의 여부에 큰 불안이 있었다. 또한 그러한 절차는 대리인 변호사가 없으면 기능하기 어렵다고 생각되었지만, 민사소송의 절차모델에 익숙한 변호사가 새로운 구두주의·직접주의의 절차모델에 즉응해 줄지가 우려되었다.

그러나 시행 후 6년간의 실적에서는 대다수의 사건이 3회 이내의 기일에서 종결하고 있으며, 평균심리일수는 70일대 전반이라는 실적을 보였다. 아울러 구상시에는 제1회 기일에서 쟁점정리를 일단 증거조사, 제2회 기일에서 주요한 증거조사와 조정작업 개시, 제3회 기일에서 보충적 증거조사, 조정안 제시, 잘되지 않으면 심판, 이라는 기일운영이 상정되어 있었는데, 실제로는 제1회 기일부터 증거조사에 의한 심증형성과 이를 근거로 하는 조정작업이 이루어지는 등, 기일운영을 앞당겨 실시되고 있다(林俊之, 「労働審判制度の最近の運営状況について」, 中労時 1079호, 8∼9면; 日弁連, 労働審判－事例と運用実務, 94∼95면 등 참조). 이리하여 제1회의 기일에서도 20% 정도, 제2회 기일에서는 40% 정도의 사건이 절차종료가 되고(대부분은 조정성립에 의함), 제3회에서 종료하는 것이 30% 정도(제4회 이상이 3% 정도)로 되어 있다.

이러한 기일운영에 대해서는 구상시에 상정했듯이, 노동심판사건의 대부분에 변호사 대리인이 붙어 노동심판위원회에 의한 구두주의·집중주의의 기일운영에 협력적으로 대응하고 있는 것이 큰 원인이 되고 있다고 생각된다. 그리고 당사자 양측에 대리인이 있는 경우의 조정성공률이 양측에 대리인이 없는 경우에 비해 비율이 크게 상회하고 있다는 점에서 나타나듯이, 조정성립에 대한 대리인의 역할도 명확하다(林俊之, 「労働審判制度の最近の運営状況について」, 中労時 1079호, 10면).

(10) 조정(調停)

노동심판위원회는 심리의 종결에 이르기까지, 노동심판절차의 기일에서 조정을 행할 수 있다(노심칙 22조 1항). 법원서기관은 조정에서 합의가 성립한 때는 당해 합의의 내용 및 당사자의 이름(명칭)·주소 및 대리인의 이름을 조서[13]에 기재하지 않으면 안 된다(동조 2항). 조서에서의 조정합의의 기재는 재판상의 화해와 동일한 효력을 가진다(노심법 29조에 의해 준용되는 민사조정법 16조). 민사조정에서의 조정전의 조치(12조)도 준용되어 있다.

노동심판위원회가 쟁점에 관한 증거조사를 진행하여 권리관계를 파악하면서, 당사자간의 교섭경위에 관한 신청서·답변서의 기재와, 기일에서 당사자로부터의 사정청취로 합의 성립의 가능성과 성립할 수 있는(해야 하는) 합의내용을 검토하게 된다. 그리고 조정안 제시 당일의 응답이 곤란하다고 판단되는 경우에는 다음 번 차례의 기일에서 승낙여부의 유무를 응답받고, 필요에 따라 더욱 조정의 협력을 하게 된다.

<u>⑬ **조서의 작성**</u>

　　간이・신속한 비송사건절차인 노동심판절차에서는 조서는 반드시 작성해야 한다고 되어 있지 않고, 노동심판관이 명한 경우에만 작성해야 한다고 되어 있다(노심칙 14조 3항[2011년 법53에서 추가]). 조서를 작성하지 않는 기일에 대해서는 법원서기관은 그 경과 요청을 기록상 명확히 해둔다(노심법 14조 2항[2011년 법53에서 추가], 노심칙 25조 1항). 기일에서 신청의 취하, 조정의 성립, 구두에 의한 심판 등 중요사항이 있을 때에는 조서가 작성된다.

(11) 심　　판

노동심판위원회는 조정에 의한 해결에 이르지 않는 때에는 '당사자간의 권리관계를 바탕으로 하면서 사안의 실정에 입각한 해결을 하기 위해 필요한 심판'을 한다(노심법 1조). 보다 구체적으로는 이 노동심판은 '심리의 결과 인정된 당사자간의 권리관계 및 노동심판절차의 경과를 바탕으로', 해야 하는 것으로 되어 있고(동 20조 1항), '당사자간의 권리관계를 확인하고 금전의 지불, 물건의 인도, 그 외 재산상의 급여를 명하여 기타 개별 노동관계 민사분쟁의 해결을 위해 상당하다고 인정되는 사항을 규정할 수 있다'(동조　2항).

이렇게 노동심판에서는 당사자간의 권리관계에 따른 확인이나 금전지불을 명할 수 있으나, 노동심판절차의 경과 중에 명확하게 된 분쟁해결의 방법에 관한 당사자의 희망내용을 바탕으로 재산상의 급여를 명하고, 그 외 개별 노동관계 민사분쟁의 해결을 하기 위해 상당하다고 인정하는 사항을 규정할 수 있다. 즉, 노동심판절차가 비송사건으로서의 성격을 가지는 것에 더불어, 상기와 같은 법의 규정방식 및 불복이 있는 당사자가 이의를 신청하면 심판자체는 효력을 잃게 되는 점에 비추어 보면, 심판내용은 권리관계와 절차의 경과를 바탕으로 한 것 일 필요는 있다. 하지만 반드시 실체법상의 권리를 실현하는 것에는 한정되지 않고 노동심판위원회에서 유연하게 규정할 수 있다고 생각해야 한다. 예를 들어, 근로자가 합리적 이유가 없는 해고를 당했다고 하여, 근로계약관계의 확인을 요구하는 노동심판신청사건에서는 증거조사의 결과, 해고의 합리적 이유가 없다는 점은 분명히 되었지만, 절차의 경과 중에 당해 근로자가 진실하게 바라고 있는 것은 해고의 무효를 확인한 다음 일정액 이상의 보상금 지불로, 상대방 사용자도 금전해결을 바라고 있는 것이 판명된 경우에는, 노동심판위원회는 해고의 합리적 이유가 없다는 이유를 요지로 제시하면서, 상대방에게 동위원회가 상당하다고 생각하는 일정액의 금전지불을 명할 수 있다고 해석된다.

노동심판은 주문 및 이유의 요지를 기재한 심판서를 작성하여 실시하는 것이 원칙이다(노심 20조 3항). 심판서에는 그 외, 사건의 표시, 당사자의 이름(명칭)·주소, 대리인의 이름, 심판의 연월일, 법원의 표시를 기재하여 노동심판위원회를 구성하는 노동심판관 및 노동심판원이 기명·날인해야 한다(노심칙 28조 1항). 심판서는 당사자에게 송달되지 않으면 안 되고, 그 경우 노동심판의 효력은 당사자에게 송달되었을 때 발생된다(노심법 20조 4항).[14][15] 그러나 노동심판은 구두로 이루어지고, 이를 조서로 기재하는 방법으로도 이루어질 수도 있으며(동조 6항), 실제로는 이쪽이 더 일반적이다. '3회 이내의 기일에서'라는 기본적 요청을 생각하면 시인해야 할 운용방법이기는 하지만, '권리관계를 바탕으로'라는 제도의 기본취지를 고려하면, 노동심판위원회의 권리관계에 관한 개괄적인 심증은 어떠한 방법으로든 당사자에게 전달되어야 할 것이다.

[14] **조서심판**

노동심판위원회는 상당하다고 인정할 때에는 심판서 작성을 대신하여 모든 당사자가 출두하는 노동심판절차의 기일에 노동심판의 주문 및 이유의 요지를 구두로 고지하는 방법으로 노동심판을 행할 수 있다. 이 경우에는 노동심판의 효력은 고지된 때에 발생한다(노심법 20조 6항). 법원은 기일에서의 고지방법으로 노동심판이 이루어진 때는 법원 서기관에게 그 주문 및 이유의 요지를 조서에 기재하게 하지 않으면 안 된다(동조 7항).

[15] **조정과 심판의 실제적 관계**

노동심판절차를 구상하는 과정에서는 조정과 심판의 관계를 어떻게 정할지가 논의되어 '조정을 포함한 심판의 절차'로서의 제도화가 되었다. 이 점에 대해서는 노동심판절차 실시의 6년간의 운용실적에서는 사건의 거의 7할이 조정으로 해결되고 있으며, 심판이 이루어진 사건은 신청의 약 2할 정도에 불과하고, 조정의 실제적인 비중의 크기가 제시되어 있다. 또한 심판이 이루어진 경우의 운용으로서도, 근로계약상의 지위확인을 청구내용으로 하는 해고사건에서는 노동심판위원회가 해고무효의 심증을 표명한 경우에서도 대부분의 경우에 금전해결의 조정이 이루어져, 결과가 좋지 못해도 비슷한 내용의 조정적 심판이 내려지고 있는 것 같다. 또한 심판 선고의 방법에 대해서는 법의 규정상 예외로 여겨지고 있는 간이한 구두선고의 방법이 일반적으로 되었다. 이렇게 노동심판제도는 전체로서 조정절차에 경사한 운용으로 되어 있다고도 볼 수 있다.

한편, 노동심판절차 중에서 내려진 조정안은 대부분의 경우, 권리관계에 관한 노동심판위원회의 심증을 표명한 뒤에 내려지고 있는 것 같다. 그리고 조정이 주효하지 못한 경우의 심판도 이러한 판정적 조정과 부합하는 내용으로 내려지는 경우가 많고, 설령 정형문언의 이유를 붙여 구두로 선고받아도, 권리관계에 관한 노동심판위원회의 심증은 당사자에게 전달되고 있는 경우가 많다(日弁連, 労働審判－事例と運用実務, 97~98면에서는 심증표시의 불충분함을 지적하고 있다). 권리관계의 신속하고 적확한 심리를 바탕으로 조정 및 심판이 이루어지는 것이, 행정기관에 의한 개별노동분쟁의 알선에 필적한 만한 노동심판절차의 진수(眞髓)라고 생각되므로, 구두에 의한 심판의 선고에서도 '권리관계를 바탕으로' 심판이 이루어지고 있는 것이 당사자에게 인식가능한 것, 즉 노동심판위원회의 권리관계에 관한 심증이 조정작업의 과정 등에서 명확히 되는 것이 중요하다.

(12) 이의 신청

당사자는 노동심판에 대해, 심판서의 송달 또는 노동심판의 고지를 받은 날부터 2주간의 불변기간 내에 법원에 이의신청을 할 수 있다(노심법 21조 1항). 노동심판위원회의 임무는 노동심판을 함으로써 종료하고, 이의는 법원에 대해 해야 하는 것으로 되어 있다. 이의신청은 서면으로 하지 않으면 안된다(노심칙 31조 1항).

적법한 이의신청이 있으면 노동심판은 그 효력을 잃는다(노심법 21조 3항). 이 경우, 법원서기관은 이의신청을 하고 있지 않은 당사자에 대해, 지체 없이 그 취지를 통지해야 한다(노심칙 31조 2항). 이의가 부적법할 때로는 예를 들어 신청기간의 경과 후에 이루어진 경우이다.

이에 대해, 적법한 이의신청이 아닐 때에는 노동심판은 확정되고, 재판상의 화해와 동일한 효력을 가진다(노심법 21조 4항). 이 경우에 각 당사자는 지출한 비용 중 노동심판의 비용부담에 대한 규정이 없는 부분은 스스로 부담한다(동조 5항).

(13) 소송으로의 이행

노동심판에 대해 적법한 이의신청이 있을 때에는 노동심판절차의 신청에 관계되는 청구에 대해서는 당해 노동심판절차의 신청시에 당해 노동심판이 이루어진 때에 노동심판절차가 계속하고 있던 지방법원에 소송을 제기한 것으로 간주된다(노심법 22조 1항). 이 경우 당해 사건은 당해 지방법원의 관할에 속한다(동조 2항). 또 이행한 소송절차에서의 소장심사(민소 137조), 소송송달(동 138조), 소장 등의 진술의 의제(동 158조)에 대해서는 당해 사건의 신청서를 소장으로 간주한다(노심법 22조 3항).[9]16 17

16 **사건기록의 열람 등**

당사자 및 이해관계를 소명한 제3자는 법원서기관에 대해 노동심판사건의 기록열람 혹은 등사, 그 정본, 등본 혹은 초본의 교부 또는 노동심판사건에 관한 사항의 증명서 교부를 청구

---

9) 도쿄지방법원 등에서는 원고에게 노동심판에서의 심리내용을 바탕으로 한 상세한 소장을 대신하는 준비서면이 요구되고, 그 제출을 기다려 제1회 기일이 포함되어 있다고 한다. 岩出誠, 実務労働法講義(下)[第 3 版], 1503면.

할 수 있다(노심법 26조 1항). 민사소송기록의 열람 등에서의 녹음테이프·비디오테이프의
취급에 관한 규정(민소 91조 4항, 5항) 및 비밀보호를 위한 열람 등의 제한에 관한 규정(동
92조)은 열람 등에 준용된다(노심법 26조 2항).

⑰ **소송절차의 중지**
　노동심판절차의 신청이 있은 사건에 대해서도 신청 전후를 불문하고, 또한 신청인, 상대
방을 불문하고 소송제기가 가능하다. 그러나 신청이 있었던 사건에 대하여 소송이 계속하는
때에는 담당(受訴)법원은 노동심판절차가 종료할 때까지 소송절차를 중지할 수 있다(노심법
27조). 즉 3회 이내의 기일에서 신속하게 종료하는 것이 예정되고 동시에 노동사건에 전문적
인 절차인 노동심판절차의 성과를 기다린다는 태도를 취할 수 있다. 또한 소송절차가 중지되
어 있던 사건에 대하여 노동심판절차에서 심판이 이루어져, 당사자의 이의에 따라 소송이행
이 발생한 경우에는 신청과 소송제기 중 뒤에 이루어진 쪽에 관계하는 소송이 이중기소의 금
지(민소 142조)에 따라 부적법하게 된다.

　　(14) **노동심판에 의하지 않는 사건의 종료**

　노동심판위원회는 사안의 성질에 비추어보아 노동심판절차를 행하는 것이
분쟁의 신속하고 적정한 해결을 위해 적당하지 않다고 인정될 때는, 노동심판
절차를 종료시킬 수 있다(노심법 24조 1항). 이 경우에는 노동심판에 대해 적법
한 이의신청이 있는 경우와 마찬가지로, 당해 신청에 관계되는 청구에 대해서
는 신청시에 소송의 제기가 있었던 것으로 간주된다(동조 2항).

　노동심판절차는 3회 이내의 기일에 심리를 종료하게 하는 신속한 절차이기
때문에, 다수 사람의 장기간에 걸친 차별에 관계되는 사건 등 쟁점이 다기(多
岐)에 걸쳐 있고, 3회 이내의 기일에서는 심리가 곤란한 사건 등은 제도에 적합
하지 않다. 이러한 사건의 존재를 예상하고 노동심판에 따르지 않는 절차를 종
료시키는 길을 마련한 것이다. 이 종료는 어디까지나 예외적인 조치로, 노동심
판위원회는 가능한 한 조정 또는 노동심판을 하도록 해야 한다(2007~2011년의
5년간에는 이러한 이른바 '24조 종류'는 신청건수 전체의 3.4%에 그친다).

제 2 절 민사통상소송

1. 서 설

　노동관계에서의 권리의 실현은 궁극적으로는 민사상의 권리의 실현을 도모
하는 사법제도인 민사소송절차에 위임된다. 동 절차는 민사소송법(1996년 법

109)에 그 절차가 규정되어 있다.

민사소송은 사법 자치를 기본으로 하는 권리관계에서의 권리의 실현을 도모하는 제도이기 때문에, 절차를 개시할지의 여부, 절차의 대상(소송물)을 어떻게 특정할지, 절차를 계속할지는 기본적으로 당사자의 결정에 맡겨진다. 바꾸어 말하면, 민사소송은 권리관계의 당사자가 권리주장의 내용을 특정하여 소송의 개시를 신청(소송을 제기)함으로써 시작된다. 법원은 해당 신청(소송)의 내용에 구속되고 그 이외의 사항에 대하여 재판하는 것은 허용되지 않는다. 그리고 당사자는 소송절차 중에도 신청(소송)을 취하하거나 청구를 포기 내지 인낙(認諾)하거나, 화해를 하여 소송을 종료시킬 수 있다. 민사소송절차에서의 '처분권주의'라고 일컬어지는 원칙이다.

또한 민사소송은 사적 자치를 기본으로 하는 권리관계에 관한 재판절차이므로, 재판의 기초가 되는 사실의 확정에 필요한 자료의 제출은 당사자의 권능이며 책임이라고 간주된다. 즉, 권리관계를 기초화하는 주요 사실에 대해서는 당사자가 주장·입증해야 하고, 주장이 없는데 재판의 기초로 삼거나 법원이 직권으로 탐지하거나 할 수는 없다. 당사자가 자신의 불리한 주요 사실을 인정하는(자백하는) 경우에는 여기에 구속된다. 변론주의라고 불리는 원칙이다.10)

2. 관   할

법원은 '법률상의 분쟁'(재판소법 3조), 즉 법령의 적용에 따라 해결할 수 있는 쟁송에 대하여 재판을 할 권한을 가지지만, 이러한 쟁송에 대하여 어느 법원이 권한을 가지는지가 관할 문제이며, 직분관할·사물관할·토지관할 등이 또 문제가 된다.

직분관할은 상소에 관한 심급의 분담이나 판결절차와 집행절차의 분담 등에 관계된다. 일본에서는 여러 외국에서 볼 수 있는 노동법원 등은 존재하지 않기 때문에, 일반적인 법원이 노동사건을 취급하지만, 도쿄나 오사카 등의 대규모 지방법원에서는 오로지 노동사건만 또는 집중적으로 다루는 전문부·집중부가 설치되어 있다. 다음으로 사물관할은 간이법원과 지방법원의 제1심 법원으로서의 권한에 관한 것으로, 소송액 140만엔 이하의 사건11)은 간이법원(재판소법 33

---

10) 이상에 대하여 新堂幸司, 民時訴訟法[第 5 版], 328면 이하, 470면 이하; 伊藤真, 民事訴訟法 [第 4 版], 292면 이하, 365면 이하.

조 1항 1호), 그 이외의 사건은 지방법원의 관할에 속한다.

토지관할은 어느 지역의 법원이 심판권한을 가지는가에 관한 문제로, 민사소송법(4조 이하)에 일반적 기준이 정해져 있다. 노동사건에서는 회사의 본점 소재지(회사 4조) 등의 피고 보통재판적(籍) 소재지(민소 4조 1항)이나, 의무이행지·분쟁이 발생한 사무소 등의 소재지·불법행위지(동 5조 1호, 5호, 9호) 등이 관할법원이 되는 경우가 많다.[12)]

3. 소송의 제기

소송제기는 원고가 소장을 법원에 제출함으로써 개시된다(민소 133조 1항). 소장에는 당사자, 법정대리인, 청구의 취지 및 원인(청구의 특정에 필요한 사실)을 규정하는 것이 필요하고(동조 2항), 또 청구의 이유가 될 수 있는 사실 등에 관한 기재도 요구된다(민소칙 53조). 노동사건에서 청구의 취지로는 임금 등의 지불청구나, 근로계약상의 권리를 가지는 지위의 확인청구(해고 등의 무효를 다투는 경우) 등이 전형적인 것이다. 제출된 소장은 방식 등의 심사를 거친 후 피고에게 송달되어(민소 137조, 138조), 구두변론기일의 지정과 당사자에 대한 호출이 이루어진다(동 139조).

소송이 적법한 것으로 인정되기 위해서는 당사자 능력·소송 능력·당사자 적격·소송의 이익 등의 소송 요건을 갖추는 것이 필요하다. 당사자 능력은 법인격이 없는 노동조합에 대해 문제가 되는 경우가 있고, 당사자의 규정이 있는 사단(社団)이라면 이는 긍정된다(민소 29조). 미성년자는 소송능력이 결여되어 있기 때문에, 일반적으로는 법정대리인에 의해 소송이 추행되나, 노기법에서 미성년자는 독립하여 임금을 청구할 수 있다고 규정(노기 59조)하고 있기 때문에, 임금청구소송에 대해서는 소송능력이 인정되고 또 미성년자가 법정대리인의 동의를 얻어 근로계약을 체결한 경우에는 당해 근로계약상의 청구 일반에 대해 소송능력이 인정된다고 해석된다. 당사자 적격에 관해서는 노동조합원의 개별노동분쟁에 관하여 노동조합 자신이 이를 가지는가, 즉 임의적 소송담당의 가부

---

11) 사법제도개혁의 일환으로서 2003년 개정으로 간이법원의 사물관할이 소송액 90만엔에서 140만엔으로 확대되었다(2003년 법108).

12) 배치전환된 곳에서 근무할 의무를 지지 않는 것을 임시로 규정한 가처분신청에 대해, 배치전환된 사업장을 관할하는 법원에 토지관할을 인정한 판례로서 カワカミ事件 ― 東京高決 平14. 9. 11, 労判 838호, 24면.

가 문제로 되지만, 판례는 부정적으로 해석하고 있다.13)

소송의 이익은 해고 및 징계처분 등의 무효확인청구에서 문제가 된다. 단순한 사실이나 과거의 법률관계의 확인은 소송의 이익이 없고, 원칙적으로 허용되지 않는다고 해석되고 있다. 하지만 이러한 청구는 현재의 근로계약상의 지위의 확인이나 징계처분이 부착하지 않는 계약상의 지위를 확인하는 취지로 바꿔 다루는 것이 가능하다. 또 소송의 이익은 확인소송이라는 수단의 적절성과의 관계에서도 문제가 되지만, 기본이 되는 법률관계의 확인에 의해 파생적인 분쟁을 단번에 해결할 수 없다는 점에서 확인의 이익이 인정되는 경우가 적지 않다.14) 단 취업규칙의 변경에 의해 퇴직금이나 일정 연령 이후의 임금수준을 낮추는 경우 등에는 퇴직 전 또는 당해 연령도달 전인 근로자가 그 무효확인을 청구하는 소송의 이익이 있는지에 대해서는 사안에 따라 판단이 갈라진다.15)

4. 구두변론

민사소송에서는 결정으로 완결해야 하는 사건이나 소송이 부적법으로 보정할 수 없기 때문에 각하해야 하는 사건 등을 제외하고는 사건은 공개 법정에서 양 당사자가 대치하는 구두변론에서 심리되어 판결이 내려진다(민소 87조 1항, 140조). 구두변론기일은 지방법원에서는 1명 또는 3명의 법관에 의하여 주재되고, 당사자가 소장, 답변서, 준비서면(동 161조)의 진술 등으로 주장을 진술하고, 증인심문 등의 증거조사도 이루어진다. 당사자의 쌍방 또는 일방이 구두변론기일에 출두하지 않거나 또는 변론을 하지 않고 퇴정한 경우에는, 법원은 심리의 현상황 및 당사자의 소송추행의 상황을 고려하여 상당하다고 인정할 때에는 최종판결을 할 수 있다(피고결석의 경우의 결석판결이 전형적인 사례, 동 244조). 재판장은 구두변론의 기일 또는 기일 외에 소송관계를 명확히 하기 위해서 사실상 또는 법률상의 사항에 대하여 당사자에게 질문을 하거나 또는 입증을 촉구할 수 있다(석명권, 동 149조 1항). 또 당사자도 구두변론의 기일 또는 기일 외에 재판장에게 필요한 질문을 요구할 수 있다(구석명, 동조 3항).

---

13) 最二小判 昭35. 10. 21, 民集 14권 12호, 2651면 등.

14) 단체협약 이행청구권의 확인을 인정한 것으로서 佐野安船渠事件 ― 大阪高判 昭55. 4. 24, 労民 31권 2호, 524면이 있다.

15) 부정한 판례로는 ハクスイテック事件 ― 大阪地判 平12. 2. 28, 労判 781호, 43면; 긍정한 판례로는 大阪府精薄者コロニー事業団事件 ― 大阪地堺支判 平7. 7. 12, 労判 628호, 64면 등이 있다.

5. 쟁점정리절차

민사소송에서는 구두변론에서의 심리준비를 위해서 쟁점 및 증거정리를 할 필요가 있다. 이를 위한 절차로서는 공개법정에서 이루어진 쟁점과 증거의 정리를 위한 증인심문도 할 수 있는 준비적 구두변론(민소 164조 이하), 법정이외의 준비실 등에서 이루어져 공개는 필요로 하지 않고, 증인심문은 할 수 없는 변론준비절차(동 168조 이하), 원격지 당사자를 위한 서면에 의한 준비절차(동 175조 이하), 구두변론에서의 증거조서와 쟁점 관계 등, 구두변론을 원활하게 하기 위한 진행협의기일(민소칙 95조 이하)을 들 수 있지만, 실제로는 변론준비절차가 많이 이용되고 있다. 또한 제3자의 절차에 대해서는 당사자가 원격지에 거주하는 경우를 위해서 TV회의가 가능하다고 되어 있다(민소 170조 3항, 176조 3항, 민소칙 96조 1항). 그 외, 당사자 상호에 의한 주장입증의 준비를 위한 당사자 조회제도(민소 163조)도 존재한다.

이상의 절차나 답변서·준비서면 등의 제출, 혹은 법원의 석명권 행사를 통하여 원고의 청구원인사실의 주장, 이에 대한 피고의 인정여부와 항변사실의 주장, 이에 대한 원고의 인정여부와 재항변의 주장 등이 정비되고, 또 다툼이 있기 때문에 증거조사가 필요한 사실이 확정된다.

민사상의 권리 실현을 도모하는 민사소송에서는 권리의 발생사유를 근거화하는 요건사실은 해당 권리를 주장하는 자가 주장 입증해야 하고, 권리의 장애사유나 소멸사유를 근거화하는 요건사실은 이러한 사유를 주장하는 자가 주장 입증해야 하게 된다. 그리고 노동법에서 자주 볼 수 있는 것으로서, 권리의 발생사유나 장애·소멸사유가 객관적인 합리성, 사회통념상의 상당성, 정당성, 안전(건강)배려 등의 규범적인 평가를 필요로 하는 요건을 포함하고 있는 경우에는 규범적 요건에 대한 해당성을 주장하는 자가 규범적 평가를 근거화하는 사실을 주장 입증하고, 이 요건에 대한 해당성을 부정하는 자가 이 평가를 방해하는 사실을 주장 입증해야 하게 된다.[16]

---

16) 상세한 내용은 山川, 労働紛争処理法, 196~197면. 그 외 山口幸雄＝三代川三千代＝難波孝一, 労働事件審理ノート[第3版]; 大江忠, 要件事実労働法를 참조.

6. 증거조사절차

소송에서 법원의 판단은 당사자에게 다툼이 없는 사실이나 법원에 현저한 사실을 제외하고(민소 179조), 증거로 확정할 것을 요하기 때문에, 증거조사의 절차가 필요하게 된다. 증거조사는 당사자가 신청한 증거에 대해, 법원이 필요하다고 인정한 경우에 행해지는 것이 원칙이다(동 180조, 181조). 증거조사 방법에는 증인 심문(동 190조 이하), 당사자 심문(동 207조 이하), 감정(동 212조 이하), 서증[18] 조사(동 219조 이하), 검증(동 232조 이하)이 있다.

증거에 의한 사실인정은 증거조사의 결과 등에 기초하여 법관이 자유로운 심증을 바탕으로 행한다(동 274조). 사실의 존재 여부에 대해 법원이 심증을 형성할 수 없는 경우에는 입증책임의 배분에 따라 법령을 적용하게 된다. 이러한 입증책임은 일방당사자의 입증활동의 결과, 상대방이 이에 대항하는 입증활동을 하는 사실상의 부담으로서 증명의 필요와는 구별되는 것으로, 그 배분은 판례법을 포함한 실체법의 해석에 따라 결정된다(요건사실은 이러한 증명책임배분의 원칙에 따라 확정된다).

[18] **문서제출명령**

　서증(書証)에 대해서는 문서제출의무가 규정되어 있고(민소 220조), 법원은 이 의무를 가지는 자에 대해 문서제출명령을 발할 수 있다(동 223조). 이 문서제출의무에 관해서는 종래는 거증자를 위해 작성된 문서(이익문서)나 거증자와 문서소지자의 법률관계에 대해 작성된 문서(법률관계문서) 등에 한하여 제출의무를 인정하는 한정열거주의가 취해졌지만, 1998년부터 시행된 신민사소송법(1996년 법 109)에 따라 문서제출의무가 일반적인 것으로서 인정되게 되었다(상기의 이익문서 등 제출의무가 있는 문서가 예시된 후, 이러한 것 이외에 대해서는 오로지 문서소지자의 이용에 제공하기 위한 자기사용문서나 직업상의 비밀을 기재한 문서 등이 예외로 된다고 여겨졌다).

　개정 후의 판례에서는 임금대장에 대한 예외로서의 자기사용문서나 직업상의 비밀문서 어느 것에도 해당되지 않는다고 판단한 것이 눈에 띈다(高砂建設事件 ― 浦和地川越支決 平11. 1. 19, 労判 760호, 32면; 住友生命保険事件 ― 大阪地決 平11. 1. 11, 労判 760호, 33면; 藤沢薬品工業事件 ― 大阪高決 平17. 4. 12, 労判 894호, 14면[근로자 명부도]; 石山事件 ― 東京高決 平17. 12. 28, 労判 915호, 107면 등). 단, 개인정보 보호의 관점에서 임금대장 중 원고 이외의 부분에 대해서는 범위를 한정함과 동시에, 구체적인 이름을 삭제하여 제출을 명령한 사례도 있다(京都ガス事件 ― 大阪高決 平11. 7. 12, 労判 762호, 80면). 그 외, 본인의 인사고과 결과를 기재한 고과표 등(商工組合中央金庫事件 ― 大阪高決 平11. 3. 31, 労判 784호, 86면), 산재확정에 관한 노기서장 소유의 청취서・복명서・조회결과 등(神戸東労基署長事件 ― 神戸地決 平14. 6. 6, 労判 832호, 24면), 취업규칙의 임금규정 변경 효력을 다투는 소송에서의 법인세 신고서의 첨부서류(全日本検数協会事件 ― 神戸地決 平16. 1. 14, 労判 868호, 5

면), 컴퓨터 데이터로서의 '인사정보' 중의 종업원의 '자격경력', '연수경력'(앞의 藤沢薬品工業
事件) 등에 대하여 문서제출의무가 인정되고 있다(문헌으로서 開本英幸, 「文書提出命令制度の
構造と最近の決定例」, 労判 873호, 5면).

7. 판 결

소송의 종료원인에는 소송의 취하나 소송상의 화해 등 당사자의 행위에 의
한 것도 있지만, 법원에 의한 것으로서는 최종판결이 전형적인 것이다. 최종판
결은 소송요건의 결여를 이유로 소송을 각하하는 소송판결과, 소송물에 대해
청구인용이나 기각 등 실체법상의 판단을 행하는 본안판결이 있다. 판결이 적
법하다고 선고된 경우에는, 그 내용에 따라 기판력(확정판결의 경우)이나 집행력
(확정판결 또는 가집행 선언이 부쳐진 판결의 경우. 후자에 대해서는 공소에 따라 민소
403조에 의해 집행정지가 인정되는 경우가 있다) 등의 효력이 발생한다.[19]

또한 2010년 1월~12월에 종결한 노동관계 민사사건(제1심)의 평균 심리기
간은 11.8월로, 2001년의 평균 심리기간(13.5월)보다 12.6% 단축되었다.[17]

> [19] **화 해**
> 민사소송에 관계되는 분쟁은 실제로는 당사자간의 교섭에 의한 화해에 따라 해결되는 경
> 우가 많고, 노동관계사건에 대해서도 마찬가지이다(문헌으로 草野芳郎, 「裁判所における労働
> 事件と訴訟上の和解」, 日労研 463호, 13면). 화해는 소송절차의 어떤 단계에서도 가능하다.
> 화해는 전형적으로는 당사자가 소송절차 외에 자주적으로 행하여 소를 취하하게 되는 경우
> 와, 법원의 관여에 따라 소송절차 중에 행해지는 경우(민소 89조, 264조, 265조 참조)가 있다.
> 화해의 내용은 조서에 기재된 경우에는 확정판결과 동일한 효력을 가진다(동 267조).

8. 항소절차

최종판결에 따라 불이익(신청의 전부 또는 일부 배척)을 받은 당사자는 판결서
의 송달을 받은 후, 2주 이내에 항소할 수 있다(민소 281조, 285조). 항소심 법원
은 항소심에서 제출된 주장과 증거도 첨가하여(속심주의), 불복신청의 한도에서
심리를 한 후(동 269조 1항), 항소각하, 항소기각 또는 항소인용(원판결을 파기한

---

17) 다만 2010년의 11.8월이라는 결과도 민사 제1심 소송(과다지급금을 제외)의 평균 심리기간
(8.3월)의 1.4배이다. 이것은 노동관계 민사사건에서의 ① 규범적 요건이 많기 때문에 입증·판단
의 곤란성, ② 원고다수의 사건이 많음, ③ 인증(人証) 실시율의 높음, ④ 당사자간 대립의 엄격
함, 등의 요인에 의한다고 여겨지고 있다. 最高裁判所事務総局, 裁判の迅速化に係る検証に関する
報告書(概況·資料編), 94면; 最高裁判所事務総局, 裁判の迅速化に係る検証に関する報告書(分析
編), 76면(2011년 7월).

후 자판(自判) · 반려 · 이송을 한다) 등의 판단을 내린다.

9. 상고절차

항소심 판결에 대해서는 최종적인 상소 수단으로서 상고(민소 311조 이하)가 있지만, 1998년에 시행한 신민사소송법에 따라 상고이유로는 헌법위반(동 312조 1항)과 법원의 구성상의 위법이나 이유의 불비 · 이유의 다름 등의 절대적 상고이유(동조 2항)만이 인정되게 되었다. 그 외, 판례위반, 기타 법령해석상의 중요한 사항에 대해서는 당사자의 상고 수리신청에 근거하여 상고법원이 수리결정을 한 경우에, 상고가 있은 것으로 간주된다(동 381조).

상고나 상고수리신청은 항소심판결의 송달을 받은 후 2주간 이내에 원법원에 상고장 또는 상고수리신청서를 제출하여 이루어진다(동 313조, 318조 5항). 상고법원은 상고의 상고이유나 수리신청이유에 대해 법률판단만을 한 후, 상고각하, 상고기각 또는 상고인용(원판결 파기를 하고 난 후 자판 · 반려 · 이송을 한다) 등의 판단을 내린다(동 325조, 326조). 반려 · 이송을 받은 법원은 파기의 이유가 된 사실상 및 법률상의 판단에 구속된다(동 325조 3항).[20]

[20] **노동소송협의회**

사법제도개혁의 동향 가운데, 노동소송의 현상과 과제도 사법제도개혁심의회 및 사법제도개혁추진본부 노동검토회의 장에서 심의되었다. 이를 배경으로, 현행 민사소송법의 운용으로서, 노동사건 민사소송의 절차를 보다 신속하게 하고 동시에 내실화시키기 위해서는 어떠한 방법을 고려할 수 있는가에 대하여, 도쿄지방법원 노동부의 법관 및 서기관 유지와 노사양측의 대리인 변호사 측이 2003년에 7회에 걸쳐 '노동소송협의회'로서 협의를 거듭했다. 그 결과 ① 소송제기 단계에서의 주장 · 서증제출의 방법(소장 · 답변서의 기재 방식 등), ② 타임 · 타겟의 설정에 따른 계획적 심리의 추진방법(기일지정, 구두변론, 준비적 변론절차의 방법), ③ 쟁점정리의 방식(증거설명서 · 시계열표의 제출, 쟁점정리의 정리방법), ④ 인증조사 방법(서증의 사전제출, 집중적 실시, 심문시간) 등에 대해서 제언을 정리했다(座談会, 「労働訴訟協議会」, 判夕 1143호, 4면 이하). 노동소송절차에 대하여, 법관 및 노사대리인측이 입장 차이를 극복하고, 추진해야 할 모델을 합의해 왔다는 점에서 의의가 크다. 그 후에도 노동심판절차의 방법 등에 대하여 마찬가지의 협의가 이루어지고 있다.

제3절 보전소송

1. 보전소송의 개요

보전소송은 이상과 같은 통상소송(본안소송)에 의한 권리의 실현을 보전하기 위해, 간이·신속한 심리에 의해(입증도 소명으로 충분하다), 법원이 일정한 임시 조치를 취하는 잠정적·부수적인 소송절차이다(민사보전절차라고도 한다). 조치의 내용으로는 금전채권자가 향후 강제집행을 보전하기 위해, 채무자의 책임재산을 임시로 압류하여 처분권을 다투는 가압류, 물건에 관한 급여청구권에 대한 강제집행을 보전하기 위해 그 현상유지를 명하는 계쟁물에 관한 가처분 및 향후의 강제집행과는 별개의 관점에서 다툼이 있는 권리관계에 대하여 현저한 손해와 급박한 위험을 피하기 위해 가정적으로 일정한 법률상의 지위의 실현을 명하는 임시 지위를 정한 가처분이다.

노동관계분쟁에서 압도적으로 많은 것은 가처분 사건으로, 해고된 근로자가 종업원인 지위를 임시로 정함(지위보전 가처분)과 동시에, 임금의 가불을 명하는 가처분(임금가불 가처분)을 청구하는 것이 전형적인 사례이다. 이 가운데, 지위보전 가처분은 강제집행에 의한 실현을 예정하고 있지 않기 때문에, 임의의 이행에 기대하는 가처분이라고 한다. 이러한 가처분을 명할 수 있는지의 여부에 대해서는 다툼이 있고, 현재로는 일반적으로 적법설을 취하고 있으나, 최근에는 발령에 있어 보전의 필요성에 대해 엄격한 판단이 이루어지는 경향이 있다(본절 2. 참조). 그 외, 임금채권의 집행을 보전하기 위해 사용자의 재산에 대해 가압류를 하는 사례도 있으나, 다음에서는 가처분 절차를 살펴본다.

위와 같이, 가처분 절차는 본래 간이·신속한 절차로 잠정적인 구제를 부여하는 제도이다. 그러나 노동사건에서는 가처분 명령에 의해 실제로 분쟁이 해결되는 경우가 많은 점과, 사건이 복잡하게 됨에 따라 1950년대 중반경부터 본안절차와 비슷한 시간을 들여 신중하게 심리를 하고 본안소송의 경우에 가까운 심증으로 판단하는 경향(가처분의 본안화)이 생겨났다.[18]

그러나 1991년부터 시행된 민사보전법(1989년 법91)에 의해 가처분 사건은

---

18) 萩澤淸彦,「解雇をめぐる仮処分」, 中野貞一郎ほか編, 民事保全講座 3권, 432면 이하 참조.

모두 결정으로 재판을 하는 것으로 간주된(종래는 구두변론을 개최한 경우는 판결에 의한 것이라고 여겨졌다) 점과, 실무상 간이한 심문절차에 의한 심리가 이용되게 된 점 등에서 현재는 노동사건에서도 상당정도 신속한 처리가 이루어지게 되었다.[19] 또한 2006년 4월에 개시된 노동심판제도에 의해 개별노동관계 민사사건이 전문적인 절차로 간이·신속하게 처리되게 되었기 때문에 노동사건에 대한 가처분 신청은 상당하게 감소하고 있었지만, 2009년에는 반대로 증가하는 경향을 보이고 있다.

2. 가처분의 신청

가처분 신청은 신청서를 법원에 제출함으로써 이루어진다(민사보전 2조, 13조 1항, 동규칙 1조). 관할권을 가지는 법원은 임시의 지위를 정한 가처분에 대해서는 본안의 관할법원이다(민사보전 12조 1항). 또 가처분에는 피보전 권리와 보전의 필요성을 소명하지 않으면 안 된다(동 13조 2항). 또한 신청서에는 당사자와 신청의 취지·이유를 기재하지 않으면 안 되고, '신청의 이유'에는 피보전 권리와 보전의 필요성을 구체적으로 기재하고, 입증을 필요로 하는 사유마다 증거를 기재해야 한다(민사보전 13조 1항, 동규칙 13조).

피보전 권리란, 본안소송으로 보존해야 할 권리 내지 법률관계를 말하고, 예를 들어 해고의 무효를 다투는 사건에서는 본안소송이 근로계약상의 권리를 가지는 지위의 확인청구이기 때문에, 근로계약에 근거로 한 종업원의 지위가 피보전 권리가 된다. 보전의 필요성은 보전절차 특유의 요건으로 다툼이 있는 권리관계에 대하여 채권자에게 현저한 손해 또는 급박한 위험이 발생할 우려가 있어 이를 피하기 위해 잠정적인 조치를 취할 필요가 있는 것을 말한다(민사보전 23조 2항).

보전의 필요성에 관해서는 먼저 해고의 무효를 다투는 가처분 사건 등에서 종업원의 지위 그 자체를 보전할 필요성이 있는지가 자주 문제가 된다. 사안의 내용에도 의하지만, 최근에는 이러한 종류의 가처분이 임의의 이행을 기대하는 가처분이라는 점 등에서, 임금가불을 명령하면 충분하다고 하여 보전의 필요성을 부정하는 판례가 두드러지고 있다. 한편, 사회보험의 자격 유지와 복리후생시설의 이용 등 임금 이외의 사정을 고려하여 이를 긍정하는 판례도 보인다.[20]

---

19) 2008년에는 가처분 명령신청사건의 처리기간은 평균 3.3개월이다.

또 임금가불 가처분에서는 근로자는 임금을 유일한 생계수단으로 삼는 것이 일반적이므로, 해고 등에 의해 임금을 받지 못하게 되는 것은 일반적으로 보전의 필요성을 기초화할 수 있는 것이지만, 가불의 금액과 가불기간 등을 어떻게 고려해야 하는지가 문제가 된다. 이 점도 사안에 따라 다양한 판단이 이루어지고 있고, 법원의 운용에도 차이가 보인다.21) 최근에는 종전의 임금금액이 아니라, 채권자와 가족의 생활에 필요한 한도의 금액으로 가불금액을 한정함과 동시에, 가불기간에 관해서도 장래분에 대해서는 본안 1심 판결을 내릴 때까지로 하는 경우가 비교적 많고(도쿄법원에서는 원칙적으로 1년간으로 한정하여 운용한다), 과거분에 대해서도 신중하게 판단하는 경향이 보인다.22)

3. 가처분 사건의 심리

민사보전 절차에서는 일반적으로 구두변론의 개최는 임의적이지만, 임시로 지위를 정하는 가처분 명령은 원칙적으로 구두변론 또는 채무자가 입회할 수 있는 심문기일을 거치지 않으면 명할 수 없기 때문에(민사보전 23조 4항), 임금가불 가처분과 지위보전 가처분 등, 대부분의 노동가처분에 대해서는 이러한 조치가 취해지게 된다(실제로는 구두변론보다도 심문기일이 많이 개최되고 있는 것 같다).

심문기일에서는 당사자에 대해서밖에 심문할 수 없는 것이 원칙이지만, 당사자를 위해 사무를 처리하거나 보조하는 자(회사의 인사담당자나 집단분쟁 등에서의 노동조합 간부 등을 생각할 수 있다)로, 법원이 상당하다고 인정하는 자에 대해서는 진술을 하게 할 수 있다(민사보전 9조). 이러한 자 이외에 대해서는 구두변론을 개최하지 않는 한 심문을 할 수 없기 때문에 실제 운용에는 진술서가 서증으로 제출되는 경우가 일반적이다.

가처분 사건의 사실인정을 위한 입증은 피보전 권리와 보전의 필요성의 쌍방에 대해 구두변론을 개최한 경우라도 소명으로 충분하다(동 13조 2항). 소명이란, 일단 확실하다고 인정되는 정도의 입증을 말하지만, 실제로는 가처분의 유

---

20) 판례 상황에 대해서는 判例体系第2期版, 労働法(17)※労働訴訟6(1) 참조. 최근의 운용상황에 대해서는 岩出 誠, 実務労働法講義(下)[第 3 版], 1510~1511면 참조.

21) 도쿄지방법원의 운용에 대해서는 飯島健太郎, 「賃金仮処分の必要性」, 林豊＝山川隆一編, 新裁判実務体系 16권, 労働関係訴訟法Ⅰ, 249면 참조.

22) 전국적인 운용상황에 대해서는 岩出 誠, 実務労働法講義(下)[第 3 版], 1512~1513면 참조.

형과 내용 등에 따라 요구되는 소명의 정도에 차이가 있다고 지적되고 있다.[23]

4. 가처분의 결정

가처분 신청에 대한 재판은 구두변론을 개최했는지의 여부를 불문하고 결정으로 한다. 신청을 용인한 경우, 법원은 신청의 목적을 달성하기 위해 채무자에 대해 일정한 행위를 명하거나 또는 금지하거나, 급여를 명하거나 또는 보관인에게 목적물을 보관하게 하는 처분, 그 외 필요한 처분을 할 수 있다(민사보전 24조). 즉, 가처분 명령의 내용에 대해서는 법원에게 일정한 재량이 인정되고 있다. 법원은 명령의 조건으로서 담보를 내세우게 할 수 있으나(동 14조 1항), 노동사건에서는 그다지 이용되고 있지 않다.

노동사건에서는 앞에서 언급한 바와 같이, 해고의 효력을 다투는 사안의 지위보전 가처분 등, 임의의 이행에 기대하는 가처분이 이용되는 경우가 자주 보인다. 또 배치전환 명령이 다투어지는 사안에서는 배치전환의 명령이 효력을 정지하거나, 배치전환이 된 곳에서의 취업의무를 지지 않는 지위를 임시로 정하거나 하는 사례가 보인다(출향과 휴직, 징계처분 등에 대해서도 비슷한 주문이 이용된다). 부당노동행위의 사법구제의 일환으로서 단체교섭에 응할 것을 명령하는 가처분 등에 대해서는 사법상 그 피보전 권리가 인정되는지의 여부가 문제가 된다.

한편, 사용자측 신청의 가처분으로서는 노동쟁의의 업무방해금지 가처분이 내려지거나, 경영자의 자택에서의 가두선전활동을 금지하는 가처분 등이 명령되는 경우가 있다.[24]

5. 가처분의 이의 절차·취소절차

가처분 명령, 즉 가처분 신청을 용인한 명령에 대해서는 명령을 내린 법원에 보전이의를 신청할 수 있다(민사보전 26조). 이 이의 제도는 명령을 내린 법원에서 신중한 절차에 따라 재차 재심사를 하도록 하는 것이다. 이 때문에, 심

---

23) 竹下守夫=藤田耕三編, 民事保全法, 186면[藤田].
24) 각종 가처분 전반에 대해서는 앞의 林豊, 「仮処分」, 林=山川編, 林豊=山川隆一編, 新裁判實務体系 16권, 労働関係訴訟法Ⅰ, 230면 이하 참조.

리는 구두변론 또는 당사자 양측이 입회할 수 있는 심문기일에 따라 실시되지 않으면 안 되고(동 29조), 심문시에는 제3자(참고인)의 심문도 가능하다(동 7조, 민소 187조). 심리의 결과, 법원은 보전명령을 인가하고 변경하거나 취소결정을 내린다(민사보전 32조 1항).

다음으로, 가처분 명령을 내린 법원은 채무자의 신청에 따라 채권자에 대해 2주간 이내의 일정기간 내에 본안소송의 제기 등을 명하고, 이를 증명하는 서면을 채권자가 제출하지 않은 경우에는 가처분 명령이 취소되어야 한다(민사보전 37조 1항~3항). 또 피보전 권리와 보전의 필요성의 소멸 등, 명령 후의 사정의 변경이 있었던 경우, 발령 법원 또는 본안 법원은 채무자의 신청에 따라 명령을 취소할 수 있다(동 38조). 가처분 명령으로 보상할 수 없는 손해를 발생하는 등의 특별한 사정이 있는 경우도 마찬가지이다(동 39조).

가처분 명령이 위의 이의절차와 취소절차에 따라 취소된 경우, 법원은 채무자의 신청에 따라 가처분 명령으로 인도된 물건의 반환을 명하는 등, 원상회복 재판을 할 수 있다(동 33조, 40조 1항). 해고사건에서 임금가불명령이 내려진 경우, 당해 명령이 취소된 때에는 이미 가불이 이루어진 임금의 반환을 근로자에게 명령할 수 있는지가 문제가 되지만, 그 사이에 근로자가 현실에 취업하고 있는 등의 사정이 없는 이상, 가불임금도 원상회복명령의 대상이 된다고 간주된다.[25)

6. 가처분 결정에 대한 항고

가처분 신청을 각하하는 재판에 대해서는 채권자는 그 고지를 받은 날로부터 2주간 이내에 즉시 항고를 할 수 있다(민사보전 19조 1항). 즉시항고는 항고장을 원법원에 제출하여 실시하고, 원법원은 항고에 이유가 있다고 인정할 때에는 그 재판을 경정하고(민소 333조), 이유가 없다고 할 때에는 그 의견을 부쳐 항고법원에 송부한다(민소칙 206조). 즉시항고는 집행정지의 효력을 가진다(민소 334조 1항).

위의 가처분의 이의 또는 가처분 취소의 신청에 대한 재판에 대해서는 마찬

---

25) 宝運輸事件 — 最三小判 昭63. 3. 15, 民集 42권 3호, 107면. 단 취업청구권을 인정하여 노무의 수령을 명한 가처분 명령이 내려진 경우는 다른 논의이다. 山崎 潮, 新民事保全法の解說(增補改訂版), 232면.

가지로 고지 후 2주간 이내에 보전항고를 할 수 있다(민사보전 41조 1항). 즉시 항고를 각하하는 재판(용인하는 재판에 대해서는 보전이의의 제도가 있다)과 보전항고에 대한 재판에 대해서는 재항고를 할 수는 없다(동 19조 2항, 41조 3항). 다만, 헌법 위반을 이유로 한 특별항고 또는 판례위반, 그 외 법령의 해석에 관한 중요한 사항에 대한 허가항고는 최고법원에 대하여 제기 가능한 경우가 있다(민소 336조, 337조).

제 4 절 소액소송

1. 소액소송제도의 개요

소액소송이란, 일정한 소규모의 민사분쟁에 대해 특히 간이·신속한 절차에 따라 심리 및 재판을 하는 절차이다. 이 절차는 소액분쟁에 관해 기존의 간이법원의 절차보다도 더욱 간편한 절차를 창설하여 시민의 사법에 대한 접근을 향상시키기 위해, 1998년에 시행된 신민사소송법(1996년 법108)에 의해 도입되었다. 이 제도의 대상이 되는 것은 소액 60만엔 이하의 금전청구사건으로,[26] 간이법원이 사물관할을 가진다(민소 368조 1항).

소액 노동관계분쟁(체불임금의 청구 및 해고예고수당의 청구가 많음)에 대해서는 이 소액소송은 비교적 자주 이용되고 있고, 도쿄간이법원의 2002년 상황을 보면, 새로 접수된 건수의 합계 2,971건 중, 임금 등 청구가 328건, 해고예고수당 청구가 85건으로, 전체의 13.9%를 차지한다. 노동심판제도가 시작된 2006년 이후에도 독자적인 존재의의를 유지하고 있다.

2. 소액소송의 절차

소액소송은 원칙적으로 1회의 구두변론에서 심리를 완료하도록 되어 있다(민소 370조 1항). 증거조사의 대상도 즉시 조사할 수 있는 것으로 한정(371조)되기 때문에, 출두하고 있는 당사자 본인과 재정(在廷)증인의 심문, 또는 지참한

---

26) 사법제도개혁의 일환으로 2003년 개정(2003년 법108)으로 소액소송의 대상에 대하여 '소액 30만엔 이하'가 '60만엔 이하'로 확대되었다.

서증과 검증물의 조사가 일반적으로 취해지는 수단이 된다.

판결은 구두변론 종결 후 즉시 행하는 것이 원칙이다(동 374조 1항). 항소도 금지되고 있고(동 377조), 담당법원에 대한 이의신청만이 인정된다(이 경우는 통상소송의 절차에 의해 심리·판결이 이루어진다. 동 378조). 또 피고는 판결 전에도 일정 요건 하에 통상소송 절차로의 이행을 요구할 수 있다(동 373조).

소액소송에 의한 체불임금의 청구 및 해고예고수당의 청구(노기 20조)에 대해서는 소송제기를 쉽게 하기 위해 법원에 의해 정형소장이 준비되어 있다.

제 5 절 민사조정

1. 민사조정 제도의 개요

민사조정은 민사분쟁에 대해 법관(조정주임)과 민사조정위원(민간인에서 선임된다)으로 구성되는 조정위원회가 당사자의 합의를 근거로 분쟁해결을 꾀하는 조정형식의 절차이다. 민사조정은 일반 민사사건을 다루지만, 택지건물이나 농지를 둘러싼 사건 등에 관해서는 특칙이 마련되어 있다(민사조정 24조 이하). 그외, 가사사건에 대해서는 가사조정의 제도가 존재한다(가사사건 244조[2013년 1월 1일 시행]). 노동관계분쟁도 민사소송인 이상 민사조정의 대상이 되지만, 지금까지 민사조정은 그다지 이용되지 않았다. 노동심판제도의 시행 후에는 이 제도가 절차 중에 조정을 포함하고 있기 때문에, 노동관계에 전문적인 조정제도의 필요성은 기본적으로 충족되게 된다. 다만, 노동심판제도는 지방법원에 설치되어 있기 때문에 간이법원에서의 민사조정은 일정한 보충적 기능을 할 가능성이 있다.[27]

2. 민사조정의 절차

민사조정의 신청은 상대방의 소재 등을 관할하는 간이법원 또는 당사자가 합의로 정한 지방법원 혹은 간이법원에 대해 행한다(민사조정 3조). 그 외, 통상

---

27) 도쿄간이법원에서는 2011년도부터 노동관계사건의 민사조정에 대하여 노동법에 상세한 변호사를 조정원에 포함시키는 운용을 하고 있다.

의 소송사건이 계류되어 있는 법원에서 직권으로(쟁점·증거의 정리가 완료한 후
는 당사자의 동의를 필요로 한다) 사건을 조정에 부칠 수 있다(동 20조).

조정절차에서는 조정위원회가 당사자로부터 사정을 청취하고 조정안을 작성
하는 등, 당사자가 합의에 의해 해결하도록 시도한다. 조정이 성립한 경우는 재
판상의 화해와 동일한 효력을 가진다(민사조정 16조). 법원은 조정이 성립하지
않은 경우로 상당하다고 인정되는 때는 민사조정위원의 의견을 듣고 조정을 대
신하는 결정을 할 수 있다(동 17조). 이 결정에 대해 당사자는 2주간 이내에 이
의를 신청할 수 있고, 이의신청을 할 경우에는 결정은 효력을 잃지만, 신청이
없는 때에는 결정은 소송상의 화해와 동일한 효력을 가진다(동 18조).

법원용

소　　장

사건명　　　　　급료지불청구사건

□ 소액소송에 의한 심리 및 재판을 요구합니다. 본년, 이 법원에서 소액소송에
　의한 심리 및 재판을 요구하는 것은 (　　　)회째입니다.

간이법원 御 中　　　年 月 日

원고(신청인)	〒 주소 성명 TEL　　　　　　　FAX	
	송달장소등의 신고	원고(신청인)에 대한 서류 송달은 다음의 장소로 하여 주십시오. 　□ 상기주소 등 　□ 근무처 명칭 　〒 　주소 　TEL 　□ 그 외의 장소(원고등과의 관계) 　〒 　주소 　TEL
		□ 원고(신청인)에 대한 서류 송달은 다음 주소로 하여 주십시오. 성명
피고(상대방)	〒 주소 (소재지) 성명 (회사명·대표자명) TEL　　　　　　　FAX	
	근무처의 명칭 및 주소 　TEL	

소송물의 가격		엔	취급자
첨용인지 금액		엔	
예납우편 우표		엔	
첨용인지	뒷면 붙임대로		

법원용

청 구 의 취 지	1. 피고는 원고에 대해 다음의 금원을 지불하라. 　　　금　　　　　　　엔 　　□ 상기 금액에 대한 □　년　월　일 　　　　　　　□ 소장송달일의 다음날 　로부터 지불완료까지 년　　　퍼센트의 비율에 의한 금원 2. 소송비용은 피고의 부담으로 한다 는 판결(및 가집행 선언)을 요구합니다.
분 쟁 의 요 점 (청 구 의 원 인)	1. 피고는　　　업을 영업하는 자이다. 2. 계약 내용 　(1) 업무의 내용 　(2) 급료 □ 월급 □ 일급 □ 시급　금　　　엔 　(3) 지불기일 □ 매월　　일(□ 월 일 기한) 　　　　　　　□ 3. 근무하고 있던 기간 　　년　월　일부터　　년　월　일까지 4. 미지불 급료 　　년　월　일부터　　년　월　일까지 　(□ 월분 □ 일분 □ 시간분)의 급료 　합계금　　　　　　　엔
	그 외의 참고사항
첨 부 서 류	□ 급여등 지불명세서　　　　　　　　□ 사업등기부등본(등기사항증명서) □ □

판례색인

[最高裁判所(대법원)]

［高等裁判所(고등법원)］

[地方裁判所(지방법원)]

[勞動委員會(노동위원회) 命令]

사항색인

[저자 및 역자 약력]

스게노 카즈오(菅野和夫)
동경대학 법학부 졸업과 동시에 사법시험 합격.
사법연수소 수료 후, 동경대학 법학부 교수로 부임.
하버드대학·옥스퍼드대학 교환교수, 일본노동법학회 회장 역임.
명치대학 Law School 교수, 중앙노동위원회 위원장 역임.
세계노동법·사회보장법학회 회장 역임.
　현재는 일본노동연수연구기구(JILPT) 이사장으로, 일본노동법학계를 대표하는 학자임.
최근 저서로는,
『勞働法』(弘文堂, 10판, 2015)을 비롯하여,
『雇用社會の法』(有斐閣, 개정판, 2002)
『判例で學ぶ雇用關係の法理』(總合勞働研究所, 1994년)
『Japanese Labor Law』(University of Washington Press, 1992) 등이 있음.

이 정(李 鋌) E-mail: societylaw@hanmail.net
저자인 스게노 카즈오 교수의 지도하에서 약 10년간 노동법 전공.
동경대학 법학정치학연구과 연구생과정, 석사과정 및 박사과정 졸업.
동경대학 법학부 특별연구원, 동경오비린대학 강사, 큐우슈우(九州) 국립대학
　법학부 문부교관 조교수를 거쳐, 현재 한국외국어대학교 법학전문대학원에 재직 중임.
최근 저서로는
『解雇紛爭解決の法理』(信山社, 2001년)를 비롯하여
『整理解雇と雇用保障の韓日比較』(日本評論社, 2002년)
『노동법의 세계』(한국외대출판부, 2009년)
『임금법제 이론과 실제』(법문사, 2013년)
『파견과 도급에 관한 비교법적 연구』(법문사, 2014년) 등이 있으며,
역서로는
『고용사회와 노동법』(박영사, 2001년) 등이 있음.

일본노동법 [전면개정판]

2007년 1월 31일　초판 발행
2015년 9월 10일　전면개정판 1쇄발행

저　자　菅　　野　　和　　夫
역　자　이　　　　　　　　정
발행인　裵　　　　孝　　　　善

발행처　도서
　　　　출판　　法　文　社

주　소　413-120 경기도 파주시 회동길 37-29
등　록　1957년 12월 12일 / 제2-76호(윤)
전　화　(031)955-6500~6　　FAX (031)955-6525
E-mail　(영업) bms@bobmunsa.co.kr
　　　　(편집) edit66@bobmunsa.co.kr
홈페이지　http://www.bobmunsa.co.kr

조　판　(주) 성　지　이　디　피

정가 45,000원　　　　ISBN 978-89-18-09003-0